LA

SAINTE BIBLE

ISBN : 9798870903897

© 2023 Editions ToutChemin

LA SAINTE BIBLE,

TRADUITE SELON LA VULGATE

PAR LEMAÎTRE DE SACI.

LE NOUVEAU TESTAMENT DE CETTE ÉDITION COMPREND
TOUS LES LIVRES QUI SE TROUVENT DANS LE TEXTE HÉBREU.

Le Nouveau Testament

ÉVANGILE

DE

SAINT MATTHIEU.

CHAPITRE PREMIER.

LIVRE de la généalogie de Jésus-Christ, fils de David, fils d'Abraham.

2 Abraham engendra Isaac ; Isaac engendra Jacob ; Jacob engendra Juda et ses frères ;

3 Juda engendra, de Thamar, Pharès et Zara ; Pharès engendra Esron ; Esron engendra Aram ;

4 Aram engendra Aminadab ; Aminadab engendra Naasson ; Naasson engendra Salmon ;

5 Salmon engendra Booz, de Rahab ; Booz engendra Obed, de Ruth ; Obed engendra Jessé ; et Jessé engendra David, *qui fut* roi.

6 Le roi David engendra Salomon, de celle qui avait été *femme* d'Urie ;

7 Salomon engendra Roboam ; Roboam engendra Abias ; Abias engendra Asa ;

8 Asa engendra Josaphat ; Josaphat engendra Joram ; Joram engendra Ozias ;

9 Ozias engendra Joatham ; Joatham engendra Achaz ; Achaz engendra Ezéchias ;

10 Ezéchias engendra Manassé ; Manassé engendra Amon ; Amon engendra Josias ;

11 Josias engendra Jéchonias et ses frères, vers le temps où les Juifs furent transportés à Babylone.

12 Et depuis qu'ils furent transportés à Babylone, Jéchonias engendra Salathiel ; Salathiel engendra Zorobabel ;

13 Zorobabel engendra Abiud ; Abiud engendra Eliacim ; Eliacim engendra Azor ;

14 Azor engendra Sadoc ; Sadoc engendra Achim ; Achim engendra Eliud ;

15 Eliud engendra Eléazar ; Eléazar engendra Mathan ; Mathan engendra Jacob ;

16 et Jacob engendra Joseph, l'époux de Marie, de laquelle est né Jésus, qui est appelé Christ.

17 Il y a donc en tout, depuis Abraham jusqu'à David, quatorze générations ; depuis David jusqu'à ce que les Juifs furent transportés à Babylone, quatorze générations ; et depuis qu'ils furent transportés à Babylone jusqu'à Jésus-Christ, quatorze générations.

18 Quant à la naissance de *Jésus*-Christ, elle arriva de cette sorte : Marie, sa mère, ayant épousé Joseph, fut reconnue grosse, ayant conçu dans son sein, *par l'opération* du Saint-Esprit, avant qu'ils eussent été ensemble.

19 Or Joseph, son mari, étant juste, et ne voulant pas la déshonorer, résolut de la renvoyer secrètement.

20 Mais lorsqu'il était dans cette pensée, un ange du Seigneur lui apparut en songe, et lui dit : Joseph, fils de David, ne craignez point de prendre *avec vous* Marie, votre femme : car ce qui est né dans elle, a été *formé* par le Saint-Esprit :

21 et elle enfantera un fils, à qui vous donnerez le nom de Jésus, *c'est-à-dire, Sauveur* ; parce que ce sera lui qui sauvera son peuple, *en le délivrant* de ses péchés.

22 Or tout cela se fit pour accomplir ce que le Seigneur avait dit par le prophète, en ces termes :

23 Une vierge concevra, et elle enfantera un fils, à qui on donnera le nom d'Emmanuel, c'est-à-dire, Dieu avec nous.

24 Joseph s'étant donc éveillé, fit ce que l'ange du Seigneur lui avait ordonné, et prit sa femme *avec lui.*

25 Et il ne l'avait point connue quand elle enfanta son fils premier-né, à qui il donna le nom de Jésus.

CHAPITRE II.

JÉSUS étant donc né dans Bethléhem, *ville de la tribu* de Juda, du temps du roi Hérode, des mages vinrent de l'Orient à Jérusalem ;

2 et ils demandèrent : Où est le Roi des Juifs qui est *nouvellement* né ? Car nous avons vu son étoile en Orient, et nous sommes venus l'adorer.

3 Ce que le roi Hérode ayant appris, il en fut troublé, et toute la ville de Jérusalem avec lui.

4 Et ayant assemblé tous les princes des prêtres, et les scribes *ou* docteurs du peuple, il s'enquit d'eux, où devait naître le Christ.

5 Ils lui dirent *que c'était* dans Bethléhem, *de la tribu* de Juda, selon ce qui a été écrit par le prophète :

6 Et toi, Bethléhem, terre de Juda, tu n'es pas la dernière d'entre les principales villes de Juda : car c'est de toi que sortira le Chef qui conduira mon peuple d'Israël.

7 Alors Hérode ayant fait venir les mages en particulier, s'enquit d'eux avec grand soin du temps auquel l'étoile leur était apparue ;

8 et les envoyant à Bethléhem, il leur dit : Allez, informez-vous exactement de cet enfant ; et lorsque vous l'aurez trouvé, faites-le-moi savoir, afin que j'aille aussi moi-même l'adorer.

9 Ayant entendu ces paroles du roi, ils partirent. Et en même temps l'étoile qu'ils avaient vue en Orient allait devant eux, jusqu'à ce qu'étant arrivée sur le lieu où était l'enfant, elle s'y arrêta.

10 Lorsqu'ils virent l'étoile, ils furent transportés d'une extrême joie ;

11 et entrant dans la maison, ils trouvèrent l'enfant avec Marie, sa mère ; et se prosternant *en terre*, ils l'adorèrent : puis ouvrant leurs trésors, ils lui offrirent pour présents de l'or, de l'encens et de la myrrhe.

12 Et ayant reçu pendant qu'ils dormaient un avertissement *du ciel* de n'aller point retrouver Hérode, ils s'en retournèrent en leur pays par un autre chemin.

13 Après qu'ils furent partis, un ange du Seigneur apparut à Joseph pendant qu'il dormait, et lui dit : Levez-vous, prenez l'enfant et sa mère, fuyez en Égypte, et demeurez-y jusqu'à ce que je vous dise *d'en revenir* : car Hérode cherchera l'enfant pour le faire mourir.

14 Joseph s'étant levé, prit l'enfant et sa mère durant la nuit, et se retira en Égypte ;

15 ou il demeura jusqu'à la mort d'Hérode : afin que cette parole que le Seigneur avait dite par le prophète, fût accomplie : J'ai rappelé mon fils de l'Égypte.

16 Alors Hérode voyant que les mages s'étaient moqués de lui, entra dans une grande colère ; et il envoya tuer dans Bethléhem, et dans tout le pays d'alentour, tous les enfants âgés de deux ans et au-dessous, selon le temps dont il s'était enquis exactement des mages.

17 On vit alors s'accomplir ce qui avait été dit par le prophète Jérémie :

18 Un grand bruit a été entendu dans Rama ; *on y a entendu* des plaintes et des cris lamentables : Rachel pleurant ses enfants, et ne voulant point recevoir de consolation, parce qu'ils ne sont plus.

19 Hérode étant mort, un ange du Seigneur apparut à Joseph en Égypte pendant qu'il dormait ;

20 et lui dit : Levez-vous, prenez l'enfant et sa mère, et retournez dans le pays d'Israël : car ceux qui cherchaient l'enfant pour lui ôter la vie, sont morts.

21 Joseph s'étant levé, prit l'enfant et sa mère, et se mit en chemin pour revenir dans le pays d'Israël.

22 Mais ayant appris qu'Archélaüs régnait en Judée en la place d'Hérode, son père, il appréhenda d'y aller ; et ayant reçu pendant qu'il dormait un avertissement *du ciel*, il se retira dans la Galilée,

23 et vint demeurer dans une ville appelée Nazareth : afin que cette prédiction des prophètes fût accomplie : Il sera appelé Nazaréen.

CHAPITRE III.

EN ce temps-là Jean-Baptiste vint prêcher au désert de Judée,

2 en disant : Faites pénitence : car le royaume des cieux est proche.

3 C'est lui qui a été marqué par le prophète Isaïe, lorsqu'il dit : *Voici* la voix de celui qui crie dans le désert : Préparez la voie du Seigneur : rendez droits ses sentiers.

4 Or Jean avait un vêtement de poil de chameau, et une ceinture de cuir autour des reins ; et sa nourriture était des sauterelles et du miel sauvage.

5 Alors la ville de Jérusalem, toute la Judée et tout le pays des environs du Jourdain venaient à lui ;

6 et confessant leurs péchés, ils étaient baptisés par lui dans le Jourdain.

7 Mais voyant plusieurs des pharisiens et des saducéens qui venaient à son baptême, il leur dit : Race de vipères ! qui vous a appris à fuir la colère qui doit tomber *sur vous* ?

8 Faites donc de dignes fruits de pénitence.

9 Et ne pensez pas dire en vous-mêmes, Nous avons Abraham pour père : car je vous déclare que Dieu peut faire naître de ces pierres mêmes des enfants à Abraham.

10 La cognée est déjà mise à la racine des arbres : tout arbre donc qui ne produit point de bon fruit sera coupé et jeté au feu.

11 Pour moi je vous baptise dans l'eau pour *vous porter à* la pénitence ; mais celui qui doit venir après moi, est plus puissant que moi ; et je ne suis pas digne de porter ses souliers : c'est lui qui vous baptisera dans le Saint-Esprit et dans le feu.

12 Il a son van en sa main, et il nettoiera parfaitement son aire : il amassera son blé dans le grenier ; mais il brûlera la paille dans un feu qui ne s'éteindra jamais.

13 Alors Jésus vint de la Galilée au Jourdain trouver Jean, pour être baptisé par lui.

14 Mais Jean s'en défendait, en disant : C'est moi qui dois être baptisé par vous ; et vous venez à moi ?

15 Et Jésus lui répondit : Laissez-moi faire pour cette heure : car c'est ainsi que nous devons accomplir toute justice. Alors Jean ne lui résista plus.

16 Or Jésus ayant été baptisé, sortit aussitôt hors de l'eau ; et en même temps les cieux lui furent ouverts : il vit l'Esprit de Dieu qui descendit comme une colombe, et qui vint *se reposer* sur lui.

17 Et au même instant une voix se fit entendre du ciel, qui disait : Celui-ci est mon Fils bien-aimé, dans lequel j'ai mis toute mon affection.

CHAPITRE IV.

ALORS Jésus fut conduit par l'Esprit dans le désert, pour y être tenté par le diable ;

2 et ayant jeûné quarante jours et quarante nuits, il eut faim ensuite.

3 Et le tentateur s'approchant de lui, lui dit : Si vous êtes Fils de Dieu, dites que ces pierres deviennent des pains.

4 Mais Jésus lui répondit : Il est écrit : L'homme ne vit pas seulement de pain, mais de toute parole qui sort de la bouche de Dieu.

5 Le diable alors le transporta dans la ville sainte ; et le mettant sur le haut du temple,

6 il lui dit : Si vous êtes Fils de Dieu, jetez-vous en bas : car il est écrit, Qu'il a ordonné à ses anges *d'avoir soin* de vous, et qu'ils

vous soutiendront de leurs mains, de peur que vous ne vous heurtiez le pied contre quelque pierre.

7 Jésus lui répondit : Il est écrit aussi : Vous ne tenterez point le Seigneur, votre Dieu.

8 Le diable le transporta encore sur une montagne fort haute ; et lui montrant tous les royaumes du monde, et *toute* la gloire qui les accompagne,

9 il lui dit : Je vous donnerai toutes ces choses, si en vous prosternant *devant moi* vous m'adorez.

10 Mais Jésus lui répondit : Retire-toi, Satan ! car il est écrit : *C'est* le Seigneur, votre Dieu, *que* vous adorerez, et *c'est* lui seul *que* vous servirez.

11 Alors le diable le laissa ; et en même temps les anges s'approchèrent, et ils le servaient.

12 Or Jésus ayant entendu dire que Jean avait été mis en prison, se retira dans la Galilée ;

13 et quittant la ville de Nazareth, il vint demeurer à Capharnaüm, *ville* maritime sur les confins de Zabulon et de Nephthali ;

14 afin que cette parole du prophète Isaïe fût accomplie :

15 Le pays de Zabulon et le pays de Nephthali, le chemin qui conduit à la mer, *le pays qui est* au delà du Jourdain, la Galilée des nations ;

16 ce peuple qui était assis dans les ténèbres a vu une grande lumière, et la lumière s'est levée sur ceux qui étaient assis dans la région de l'ombre de la mort.

17 Depuis ce temps-là Jésus commença à prêcher, en disant : Faites pénitence, parce que le royaume des cieux est proche.

18 Or Jésus marchant le long de la mer de Galilée, vit deux frères, Simon, appelé Pierre, et André, son frère, qui jetaient leur filet dans la mer ; car ils étaient pêcheurs ;

19 et il leur dit : Suivez-moi, et je vous ferai devenir pêcheurs d'hommes.

20 Aussitôt ils quittèrent leurs filets, et ils le suivirent.

21 De là s'avançant il vit deux autres frères, Jacques, *fils* de Zébédée, et Jean, son frère, qui étaient dans une barque avec Zébédée, leur père, et qui raccommodaient leurs filets ; et il les appela.

22 En même temps ils quittèrent leurs filets et leur père, et ils le suivirent.

23 Et Jésus allait par toute la Galilée, enseignant dans leurs synagogues, prêchant l'Evangile du royaume, et guérissant toutes les langueurs et toutes les maladies parmi le peuple.

24 Sa réputation s'étant répandue par toute la Syrie, ils lui présentaient tous ceux qui étaient malades, et diversement affligés de maux et de douleurs, les possédés, les lunatiques, les paralytiques ; et il les guérissait :

25 et une grande multitude de peuple le suivit de la Galilée, de la Décapole, de Jérusalem, de la Judée, et de delà le Jourdain.

CHAPITRE V.

JÉSUS voyant tout ce peuple, monta sur une montagne, où s'étant assis, ses disciples s'approchèrent de lui ;

2 et ouvrant sa bouche, il les enseignait, en disant :

3 Bienheureux les pauvres d'esprit ; parce que le royaume des cieux est à eux.

4 Bienheureux ceux qui sont doux ; parce qu'ils posséderont la terre.

5 Bienheureux ceux qui pleurent : parce qu'ils seront consolés.

6 Bienheureux ceux qui sont affamés et altérés de la justice ; parce qu'ils seront rassasiés.

7 Bienheureux ceux qui sont miséricordieux ; parce qu'ils obtiendront eux-mêmes miséricorde.

8 Bienheureux ceux qui ont le cœur pur : parce qu'ils verront Dieu.

9 Bienheureux les pacifiques ; parce qu'ils seront appelés enfants de Dieu.

10 Bienheureux ceux qui souffrent persécution pour la justice ; parce que le royaume des cieux est à eux.

11 Vous serez heureux lorsque les hommes vous chargeront de malédictions, qu'ils vous persécuteront, et qu'ils diront faussement toute sorte de mal contre vous à cause de moi.

12 Réjouissez-vous *alors*, et tressaillez de joie ; parce qu'une grande récompense vous est réservée dans les cieux : car c'est ainsi qu'ils ont persécuté les prophètes qui ont été avant vous.

13 Vous êtes le sel de la terre. Si le sel perd sa force, avec quoi le salera-t-on ? Il n'est plus bon à rien qu'à être jeté dehors, et à être foulé aux pieds par les hommes.

14 Vous êtes la lumière du monde : une ville située sur une montagne ne peut être cachée :

15 et on n'allume point une lampe pour la mettre sous le boisseau ; mais on la met sur un chandelier, afin qu'elle éclaire tous ceux qui sont dans la maison.

16 Ainsi que votre lumière luise devant les hommes, afin qu'ils voient vos bonnes œuvres, et qu'ils glorifient votre Père qui est dans les cieux.

17 Ne pensez pas que je sois venu détruire la loi ou les prophètes : je ne suis pas venu les détruire, mais les accomplir.

18 Car je vous dis en vérité, que le ciel et la terre ne passeront point, que tout ce qui est dans la loi ne soit accompli parfaitement jusqu'à un seul iota et à un seul point.

19 Celui donc qui violera l'un de ces moindres commandements, et qui apprendra aux hommes à les violer, sera regardé dans le royaume des cieux comme le dernier ; mais celui qui fera et enseignera, sera grand dans le royaume des cieux.

20 Car je vous dis, que si votre justice n'est plus abondante que celle des scribes et des pharisiens, vous n'entrerez point dans le royaume des cieux.

21 Vous avez appris qu'il a été dit aux anciens : Vous ne tuerez point ; et quiconque tuera, méritera d'être condamné par le jugement.

22 Mais moi je vous dis, que quiconque se mettra en colère contre son frère, méritera d'être condamné par le jugement ; que celui qui dira à son frère, Raca, méritera d'être condamné par le conseil ; et que celui qui lui dira, Vous êtes un fou, méritera d'être condamné au feu de l'enfer.

23 Si donc, lorsque vous présentez votre offrande à l'autel, vous vous souvenez que votre frère a quelque chose contre vous,

24 laissez-là votre don devant l'autel, et allez vous réconcilier auparavant avec votre frère, et puis vous reviendrez offrir votre don.

25 Accordez-vous au plus tôt avec votre adversaire, pendant que vous êtes en chemin avec lui ; de peur que votre adversaire ne vous livre au juge, et que le juge ne vous livre au ministre *de la justice*, et que vous ne soyez mis en prison.

26 Je vous dis en vérité, que vous ne sortirez point de là, que vous n'ayez payé jusqu'à la dernière obole.

27 Vous avez appris qu'il a été dit aux anciens : Vous ne commettrez point d'adultère.

28 Mais moi je vous dis, que quiconque aura regardé une femme avec un mauvais désir pour elle, a déjà commis l'adultère dans son cœur.

29 Si donc votre œil droit vous scandalise, arrachez-le, et jetez-le loin de vous : car il vaut mieux pour vous qu'un des membres de votre corps périsse, que si tout votre corps était jeté dans l'enfer.

30 Et si votre main droite vous scandalise, coupez-la, et la jetez loin de vous : car il vaut mieux pour vous qu'un des membres de votre corps périsse, que si tout votre corps était jeté dans l'enfer.

31 Il a été dit encore : Quiconque veut renvoyer sa femme, qu'il lui donne un écrit, par lequel il déclare qu'il la répudie.

32 Et moi je vous dis, que quiconque aura renvoyé sa femme, si ce n'est en cas d'adultère, la fait devenir adultère ; et que quiconque épouse celle que son mari aura renvoyée, commet un adultère.

33 Vous avez encore appris, qu'il a été dit aux anciens : Vous ne vous parjurerez point ; mais vous vous acquitterez envers le Seigneur des serments que vous aurez faits.

34 Et moi je vous dis, de ne jurer en aucune sorte, ni par le ciel, parce que c'est le trône de Dieu ;

35 ni par la terre, parce qu'elle sert comme d'escabeau à ses pieds ; ni par Jérusalem, parce que c'est la ville du grand Roi.

36 Vous ne jurerez pas aussi par votre tête, parce que vous ne pouvez en rendre un seul cheveu blanc ou noir.

37 Mais contentez-vous de dire, Cela est, cela est ; ou, Cela n'est pas, cela n'est pas : car ce qui est de plus, vient du mal.

38 Vous avez appris qu'il a été dit : Œil pour œil, et dent pour dent.

39 Et moi je vous dis, de ne point résister au mal *que l'on veut vous faire* : mais si quelqu'un vous a frappe sur la joue droite, présentez-lui encore l'autre.

40 Si quelqu'un veut plaider contre vous pour vous prendre votre tunique, abandonnez-lui encore votre manteau.

41 Et si quelqu'un veut vous contraindre de faire mille pas avec lui, faites-en encore deux mille.

42 Donnez à celui qui vous demande, et ne rejetez point celui qui veut emprunter de vous.

43 Vous avez appris qu'il a été dit : Vous aimerez votre prochain, et vous haïrez votre ennemi.

44 Et moi je vous dis : Aimez vos ennemis, faites du bien à ceux qui vous haïssent, et priez pour ceux qui vous persécutent et qui vous calomnient :

45 afin que vous soyez les enfants de votre Père qui est d'ans les cieux, qui fait lever son soleil sur les bons et sur les méchants, et fait pleuvoir sur les justes et sur les injustes.

46 Car si vous n'aimez que ceux qui vous aiment, quelle récompense en aurez-vous ? Les publicains ne le font-ils pas aussi ?

47 Et si vous ne saluez que vos frères, que faites-vous en cela de plus *que les autres* ? Les païens ne le font-ils pas aussi ?

48 Soyez donc, vous autres, parfaits, comme votre Père céleste est parfait.

CHAPITRE VI.

PRENEZ, garde de ne faire pas vos bonnes œuvres devant les hommes pour en être regardés : autrement vous n'en recevrez point la récompense de votre Père qui est dans les cieux.

2 Lors donc que vous donnerez l'aumône, ne faites point sonner la trompette devant vous, comme font les hypocrites dans les synagogues et dans les rues, pour être honorés des hommes. Je vous le dis en vérité, ils ont reçu leur récompense.

3 Mais lorsque vous faites l'aumône, que votre main gauche ne sache point ce que fait votre main droite ;

4 afin que votre aumône soit dans le secret : et votre Père qui voit *ce qui se passe* dans le secret, vous en rendra la récompense.

5 De même lorsque vous priez, ne ressemblez pas aux hypocrites, qui affectent de prier en se tenant debout dans les synagogues et aux coins des rues pour être vus des hommes. Je vous le dis en vérité, ils ont reçu leur récompense.

6 Mais vous, lorsque vous voudrez prier, entrez dans votre chambre, et la porte en étant fermée, priez votre Père dans le secret ; et votre Père qui voit *ce qui se passe* dans le secret, vous en rendra la récompense.

7 N'affectez pas de parler beaucoup dans vos prières, comme font les païens qui s'imaginent que c'est par la multitude des paroles qu'ils méritent d'être exaucés.

8 Ne vous rendez donc pas semblables à eux ; parce que votre Père sait de quoi vous avez besoin, avant que vous le lui demandiez.

9 Vous prierez donc de cette manière : Notre Père, qui êtes dans les cieux ! que votre nom soit sanctifié !

10 Que votre règne arrive ! Que votre volonté soit faite sur la terre comme au ciel !

11 Donnez-nous aujourd'hui notre pain de chaque jour.

12 Et remettez-nous nos dettes, comme nous remettons nous-mêmes à ceux qui nous doivent.

13 Et ne nous abandonnez point à la tentation ; mais délivrez-nous du mal. Ainsi soit-il !

14 Car si vous pardonnez aux hommes les fautes qu'ils font *contre vous*, votre Père céleste vous pardonnera aussi vos péchés.

15 Mais si vous ne pardonnez point aux hommes *leurs fautes*, votre Père ne vous pardonnera point non plus vos péchés.

16 Lorsque vous jeûnez, ne soyez point tristes comme les hypocrites : car ils affectent de paraître avec un visage défiguré, afin que les hommes connaissent qu'ils jeûnent. Je vous dis en vérité, qu'ils ont reçu leur récompense.

17 Mais vous, lorsque vous jeûnez, parfumez votre tête, et lavez votre visage :

18 afin de ne pas faire paraître aux hommes que vous jeûnez, mais à votre Père qui est présent à ce qu'il y a de plus secret : et votre Père qui voit *ce qui se passe* dans le secret, vous en rendra la récompense.

19 Ne vous faites point de trésors dans la terre, où la rouille et les vers les mangent, et où les voleurs les déterrent et les dérobent.

20 Mais faites-vous des trésors dans le ciel, où ni la rouille ni les vers ne les mangent point, et où il n'y a point de voleurs qui les déterrent et qui les dérobent.

21 Car où est votre trésor, là est aussi votre cœur.

22 Votre œil est la lampe de votre corps : si votre œil est simple, tout votre corps sera lumineux.

23 Mais si votre œil est mauvais, tout votre corps sera ténébreux. Si donc la lumière qui est en vous n'est *que* ténèbres, combien seront grandes les ténèbres mêmes !

24 Nul ne peut servir deux maîtres : car ou il haïra l'un et aimera l'autre, ou il se soumettra à l'un et méprisera l'autre. Vous ne pouvez servir Dieu et les richesses.

25 C'est pourquoi je vous dis : Ne vous inquiétez point où vous trouverez de quoi manger pour *le soutien de* votre vie, ni d'où vous aurez des vêtements pour couvrir votre corps : la vie n'est-elle pas plus que la nourriture, et le corps plus que le vêtement ?

26 Considérez les oiseaux du ciel : ils ne sèment point, ils ne moissonnent point, et ils n'amassent rien dans des greniers ; mais votre Père céleste les nourrit : n'êtes-vous pas beaucoup plus qu'eux ?

27 Et qui est celui d'entre vous qui puisse avec tous ses soins ajouter à sa taille la hauteur d'une coudée ?

28 Pourquoi aussi vous inquiétez-vous pour le vêtement ? Considérez comment croissent les lis des champs : ils ne travaillent point, ils ne filent point :

29 et cependant je vous déclare que Salomon même dans toute sa gloire n'a jamais été vêtu comme l'un d'eux.

30 Si donc Dieu a soin de vêtir de cette sorte une herbe des champs, qui est aujourd'hui, et qui sera demain jetée dans le four ; combien aura-t-il plus de soin de vous vêtir, ô hommes de peu de foi !

31 Ne vous inquiétez donc point, en disant, Que mangerons-nous ? ou, Que boirons-nous ? ou, De quoi nous vêtirons-nous ?

32 comme font les païens qui recherchent toutes ces choses : car votre Père sait que vous en avez besoin.

33 Cherchez donc premièrement le royaume de Dieu et sa justice, et toutes ces choses vous seront données par surcroît.

34 C'est pourquoi ne soyez point en inquiétude pour le lendemain ; car le lendemain aura soin de lui-même : à chaque jour suffit son mal.

CHAPITRE VII.

NE jugez point, afin que vous ne soyez point jugés.

2 Car vous serez jugés selon que vous aurez jugé les autres ; et on se servira envers vous de la même mesure dont vous vous serez servis *envers eux*.

3 Pourquoi voyez-vous une paille dans l'œil de votre frère, qui ne voyez pas une poutre dans votre œil ?

4 Ou comment dites-vous à votre frère, Laissez-moi tirer une paille de votre œil ; vous qui avez une poutre dans le vôtre ?

5 Hypocrite ! ôtez premièrement la poutre de votre œil, et alors vous verrez comment vous pourrez tirer la paille de l'œil de votre frère.

6 Gardez-vous bien de donner les choses saintes aux chiens, et ne jetez point vos perles devant les pourceaux ; de peur qu'ils ne les foulent aux pieds, et que se tournant *contre vous*, ils ne vous déchirent.

7 Demandez, et on vous donnera ; cherchez, et vous trouverez ; frappez *à la porte*, et on vous ouvrira.

8 Car quiconque demande, reçoit ; et qui cherche, trouve ; et on ouvrira à celui qui frappe *à la porte*.

9 Aussi, qui est l'homme d'entre vous qui donne une pierre à son fils, lorsqu'il lui demande du pain ?

10 Ou, s'il lui demande un poisson, lui donnera-t-il un serpent ?

11 Si donc, étant méchants comme vous êtes, vous savez donner de bonnes choses à vos enfants ; à combien plus forte raison votre Père qui est dans les cieux, donnera-t-il les *vrais* biens à ceux qui les lui demandent !

12 Faites donc aux hommes tout ce que vous voulez qu'ils vous fassent : car c'est là la loi et les prophètes.

13 Entrez par la porte étroite ; parce que la porte de la perdition est large, et le chemin qui y mène est spacieux, et il y en a beaucoup qui y entrent.

14 Que la porte de la vie est petite ! que la voie qui y mène est étroite ! et qu'il y en a peu qui la trouvent !

15 Gardez-vous des faux prophètes, qui viennent à vous couverts de peaux de brebis, et qui au dedans sont des loups ravissants.

16 Vous les connaîtrez par leurs fruits : peut-on cueillir des raisins sur des épines, ou des figues sur des ronces ?

17 Ainsi tout arbre qui est bon, produit de bons fruits ; et tout arbre qui est mauvais, produit de mauvais fruits.

18 Un bon arbre ne peut produire de mauvais fruits, et un mauvais arbre ne peut en produire de bons.

19 Tout arbre qui ne produit point de bon fruit, sera coupé et jeté au feu.

20 Vous les reconnaîtrez donc par leurs fruits.

21 Ceux qui me disent, Seigneur ! Seigneur ! n'entreront pas tous dans le royaume des cieux : mais celui-là seulement y entrera, qui fait la volonté de mon Père qui est dans les cieux.

22 Plusieurs me diront en ce jour-là : Seigneur ! Seigneur ! n'avons-nous pas prophétisé en votre nom ? n'avons-nous pas chassé les démons en votre nom ? et n'avons-nous pas fait plusieurs miracles en votre nom ?

23 Et alors je leur dirai hautement : Je ne vous ai jamais connus ; retirez-vous de moi, vous qui faites des œuvres d'iniquité.

24 Quiconque donc entend ces paroles que je dis, et les pratique, sera comparé à un homme sage, qui a bâti sa maison sur la pierre ;

25 et *lorsque* la pluie est tombée, *que* les fleuves se sont débordés, *que* les vents ont soufflé et sont venus fondre sur cette maison, elle n'est point tombée, parce qu'elle était fondée sur la pierre.

26 Mais quiconque entend ces paroles que je dis, et ne les pratique point, sera semblable à un homme insensé, qui a bâti sa maison sur le sable ;

27 et *lorsque* la pluie est tombée, *que* les fleuves se sont débordés, *que* les vents ont soufflé et sont venus fondre sur cette maison, elle a été renversée, et la ruine en a été grande.

28 Or, Jésus ayant achevé ces discours, les peuples étaient dans l'admiration de sa doctrine.

29 Car il les instruisait comme ayant autorité, et non pas comme les scribes, ni *comme* les pharisiens.

CHAPITRE VIII.

JÉSUS étant descendu de la montagne, une grande foule de peuple le suivit ;

2 et en même temps un lépreux vint à lui, et l'adora, en lui disant : Seigneur ! si vous voulez, vous pouvez me guérir.

3 Jésus étendant la main le toucha, et lui dit : Je le veux ; soyez guéri. Et à l'instant la lèpre fut guérie.

4 *Alors* Jésus lui dit : Gardez-vous bien de parler de ceci à personne ; mais allez vous montrer au prêtre, et offrez le don prescrit par Moïse, afin que cela leur serve de témoignage.

5 Jésus étant entré dans Capharnaüm, un centenier vint le trouver, et lui fit *cette* prière :

6 Seigneur ! mon serviteur est couché et malade de paralysie dans ma maison, et il souffre extrêmement.

7 Jésus lui dit : J'irai, et je le guérirai.

8 Mais le centenier lui répondit : Seigneur ! je ne suis pas digne que vous entriez dans ma maison ; mais dites seulement une parole, et mon serviteur sera guéri.

9 Car quoique je ne sois moi-même qu'un homme soumis à la puissance *d'un autre*, ayant *néanmoins* des soldats sous moi, je dis à l'un, Allez là, et il y va ; et à l'autre, Venez ici, et il y vient ; et à mon serviteur, Faites cela, et il le fait.

10 Jésus entendant ces paroles, en fut dans l'admiration, et dit à ceux qui le suivaient : Je vous le dis en vérité, je n'ai point trouvé une si grande foi dans Israël *même*.

11 Aussi je vous déclare, que plusieurs viendront d'Orient et d'Occident, et auront place au festin dans le royaume des cieux avec Abraham, Isaac et Jacob ;

12 mais que les enfants du royaume seront jetés dans les ténèbres extérieures : c'est là qu'il y aura des pleurs, et des grincements de dents.

13 Alors Jésus dit au centenier : Allez, et qu'il vous soit fait selon que vous aurez cru. Et son serviteur fut guéri à la même heure.

14 Jésus étant venu en la maison de Pierre, vit sa belle-mère qui était au lit, et qui avait la fièvre ;

15 et lui ayant touché la main, la fièvre la quitta : elle se leva *aussitôt*, et elle les servait.

16 Sur le soir on lui présenta plusieurs possédés, et il en chassa les *malins* esprits par sa parole, et guérit tous ceux qui étaient malades :

17 afin que cette parole du prophète Isaïe fût accomplie : Il a pris lui-même nos infirmités, et il s'est chargé de nos maladies.

18 Or, Jésus se voyant environné d'une grande foule de peuple, ordonna *à ses disciples* de *le* passer à l'autre bord du lac.

19 Alors un scribe, *ou docteur de la loi*, s'approchant, lui dit : Maître ! je vous suivrai en quelque lieu que vous alliez.

20 Et Jésus lui répondit : Les renards ont des tanières, et les oiseaux du ciel ont des nids ; mais le Fils de l'homme n'a pas où reposer sa tête.

21 Un autre de ses disciples lui dit : Seigneur ! permettez-moi d'aller ensevelir mon père avant *que je vous suive*.

22 Mais Jésus lui dit : Suivez-moi, et laissez aux morts le soin d'ensevelir leurs morts.

23 Il entra *ensuite* dans la barque, accompagné de ses disciples :

24 et aussitôt il s'éleva sur la mer une si grande tempête, que la barque était couverte de flots ; et lui cependant dormait.

25 Alors ses disciples s'approchèrent de lui, et l'éveillèrent, en lui disant ; Seigneur ! sauvez-nous, nous périssons.

26 Jésus leur répondit : Pourquoi êtes-vous timides, hommes de peu de foi ? Et se levant en même temps, il commanda aux vents et à la mer, et il se fit un grand calme.

27 Alors ceux qui étaient présents furent dans l'admiration, et ils disaient : Quel est celui-ci, à qui les vents et la mer obéissent ?

28 Jésus étant arrivé à l'autre bord au pays des Géraséniens, deux possédés qui étaient si furieux que personne n'osait passer par ce chemin-là, sortirent des sépulcres, et vinrent au-devant de lui ;

29 ils se mirent en même temps à crier, et à lui dire : Jésus, fils de Dieu ! qu'y a-t-il entre vous et nous ? Êtes-vous venu ici pour nous tourmenter avant le temps ?

30 Or il y avait en un lieu peu éloigné d'eux un grand troupeau de pourceaux qui paissaient ;

31 et les démons le priaient, en lui disant : Si vous nous chassez d'ici, envoyez-nous dans ce troupeau de pourceaux.

32 Il leur répondit : Allez. Et étant sortis ils entrèrent dans ces pourceaux : en même temps tout ce troupeau courut avec impétuosité se précipiter dans la mer, et ils moururent dans les eaux.

33 Alors ceux qui les gardaient s'enfuirent ; et étant venus à la ville, ils racontèrent tout ceci, et ce qui était arrivé aux possédés.

34 Aussitôt toute la ville sortit *pour aller* au-devant de Jésus ; et l'ayant vu, ils le supplièrent de se retirer de leur pays.

CHAPITRE IX.

JÉSUS étant monté dans une barque, repassa *le lac*, et vint en sa ville.

2 Et comme on lui eut présenté un paralytique couché sur un lit, Jésus voyant leur foi, dit à ce paralytique : *Mon* fils, ayez confiance ; vos péchés vous sont remis.

3 Aussitôt quelques-uns des scribes dirent en eux-mêmes : Cet homme blasphème.

4 Mais Jésus ayant connu ce qu'ils pensaient, leur dit : Pourquoi avez-vous de mauvaises pensées dans vos cœurs ?

5 Car lequel est le plus aisé, ou de dire, Vos péchés vous sont remis ; ou de dire, Levez-vous, et marchez ?

6 Or, afin que vous sachiez que le Fils de l'homme a sur la terre le pouvoir de remettre les péchés : Levez-vous, dit-il alors au paralytique ; emportez votre lit, et vous en allez en votre maison.

7 *Le paralytique* se leva *aussitôt*, et s'en alla en sa maison.

8 Et le peuple voyant *ce miracle*, fut rempli de crainte, et rendit gloire à Dieu de ce qu'il avait donné une telle puissance aux hommes.

9 Jésus sortant de là, vit en passant un homme assis au bureau des impôts, nommé Matthieu, auquel il dit : Suivez-moi. Et lui aussitôt se leva, et le suivit.

10 Et Jésus étant à table dans la maison *de cet homme*, il y vint beaucoup de publicains et de gens de mauvaise vie, qui s'y mirent à table avec Jésus et ses disciples.

11 Ce que les pharisiens ayant vu, ils dirent à ses disciples : Pourquoi votre Maître mange-t-il avec des publicains et des gens de mauvaise vie ?

12 Mais Jésus les ayant entendus, leur dit : Ce ne sont pas ceux qui se portent bien, mais les malades, qui ont besoin de médecin.

13 C'est pourquoi allez, et apprenez ce que veut dire *cette parole* : J'aime mieux la miséricorde que le sacrifice. Car je ne suis pas venu appeler les justes, mais les pécheurs.

14 Alors les disciples de Jean vinrent le trouver, et lui dirent : Pourquoi les pharisiens et nous jeûnons-nous souvent, et que vos disciples ne jeûnent point ?

15 Jésus leur répondit : Les amis de l'époux peuvent-ils être dans la tristesse *et* dans le deuil pendant que l'époux est avec eux ? Mais il viendra un temps où l'époux leur sera ôté, et alors ils jeûneront.

16 Personne ne met une pièce de drap neuf à un vieux vêtement ; autrement le neuf emporterait une partie du vieux, et le déchirerait encore davantage.

17 Et on ne met point non plus du vin nouveau dans de vieux vaisseaux ; parce que si on le fait, les vaisseaux se rompent, le vin se répand, et les vaisseaux sont perdus : mais on met le vin nouveau dans des vaisseaux neufs ; et ainsi le vin et les vaisseaux se conservent.

18 Lorsqu'il leur disait ceci, un chef *de synagogue* s'approcha de lui, et l'adorait, en lui disant : Seigneur ! ma fille est morte présentement ; mais venez lui imposer les mains, et elle vivra.

19 Aussitôt Jésus se levant, le suivit avec ses disciples.

20 Alors une femme qui depuis douze ans était affligée d'une perte de sang, s'approcha *de lui* par derrière, et toucha la frange qui était au bas de son vêtement :

21 car elle disait en elle-même : Si je puis seulement toucher son vêtement, je serai guérie.

22 Jésus se retournant alors, et la voyant, lui dit : *Ma* fille, ayez confiance ; votre foi vous a sauvée. Et cette femme fut guérie à la même heure.

23 Lorsque Jésus fut arrivé en la maison du chef *de synagogue*, voyant les joueurs de flûte, et une troupe de personnes qui faisaient grand bruit, il leur dit :

24 Retirez-vous : car cette fille n'est pas morte, mais elle n'est qu'endormie. Et ils se moquaient de lui.

25 Après donc qu'on eut fait sortir tout ce monde, il entra, et lui prit la main ; et cette petite fille se leva.

26 Et le bruit s'en répandit dans tout le pays.

27 Comme Jésus sortait de ce lieu, deux aveugles le suivirent, en criant et en disant : Fils de David ! ayez pitié de nous.

28 Et lorsqu'il fut venu en la maison, ces aveugles s'approchèrent de lui. Et Jésus leur dit : Croyez-vous que je puisse faire ce *que vous me demandez* ? Ils lui répondirent : Oui, Seigneur !

29 Alors il toucha leurs yeux, en disant : Qu'il vous soit fait selon votre foi.

30 Aussitôt leurs yeux furent ouverts. Et Jésus leur défendit fortement d'en parler, en *leur* disant : Prenez bien garde que qui que ce soit ne le sache.

31 Mais eux s'en étant allés, répandirent sa réputation dans tout ce pays-là.

32 Après qu'ils furent sortis, on lui présenta un homme muet possédé du démon.

33 Le démon ayant été chassé, le muet parla, et le peuple en fut dans l'admiration, et ils disaient : On n'a jamais rien vu de semblable en Israël.

34 Mais les pharisiens disaient *au contraire* : C'est par le prince des démons qu'il chasse les démons.

35 Or Jésus allant de tous côtés dans les villes et dans les villages, enseignait dans leurs synagogues, et prêchait l'Évangile du royaume, guérissant toutes sortes de langueurs et de maladies *parmi le peuple*.

36 Et voyant tous ces peuples, il en eut compassion : parce qu'ils étaient accablés de maux ; et couchés *çà et là*, comme des brebis qui n'ont point de pasteur.

37 Alors il dit à ses disciples : La moisson est grande ; mais il y a peu d'ouvriers.

38 Priez donc le Maître de la moisson, qu'il envoie des ouvriers en sa moisson.

CHAPITRE X.

ALORS Jésus ayant appelé ses douze disciples, leur donna puissance sur les esprits impurs pour les chasser, et ; pour guérir toutes sortes de langueurs et de maladies.

2 Or voici les noms des douze apôtres : Le premier, Simon, qui est appelé Pierre, et André, son frère ;

3 Jacques, *fils* de Zébédée, et Jean, son frère ; Philippe, et Barthélemy ; Thomas, et Matthieu le publicain ; Jacques, *fils* d'Alphée, et Thaddée ;

4 Simon le Cananéen, et Judas Iscariote, qui est celui qui le trahit.

5 Jésus envoya ces douze, après leur avoir donné les instructions suivantes : N'allez point vers les gentils, et n'entrez point dans les villes des Samaritains ;

6 mais allez plutôt aux brebis perdues de la maison d'Israël.

7 Et *dans les lieux* où vous irez, prêchez, en disant que le royaume des cieux est proche.

8 Rendez la santé aux malades, ressuscitez les morts, guérissez les lépreux, chassez les démons : donnez gratuitement ce que vous avez reçu gratuitement.

9 Ne vous mettez point en peine d'avoir de l'or ou de l'argent, ou d'autre monnaie dans votre bourse.

10 *Ne préparez* ni un sac pour le chemin, ni deux tuniques, ni souliers, ni bâton : car celui qui travaille, mérite qu'on le nourrisse.

11 En quelque ville ou en quelque village que vous entriez, informez-vous qui y est digne *de vous loger*, et demeurez chez lui jusqu'à ce que vous vous en alliez.

12 Entrant dans la maison, saluez-la, en disant : Que la paix soit dans cette maison.

13 Si cette maison en est digne, votre paix viendra sur elle ; et si elle n'en est pas digne, votre paix reviendra à vous.

14 Lorsque quelqu'un ne voudra point vous recevoir, ni écouter vos paroles, secouez, en sortant de cette maison ou de cette ville, la poussière de vos pieds.

15 Je vous le dis en vérité : au jour du jugement Sodome et Gomorrhe seront traitées moins rigoureusement que cette ville.

16 Je vous envoie comme des brebis au milieu des loups : soyez donc prudents comme des serpents, et simples comme des colombes.

17 Mais donnez-vous de garde des hommes : car ils vous feront comparaître dans leurs assemblées, et ils vous feront fouetter dans leurs synagogues ;

18 et vous serez présentés à cause de moi aux gouverneurs et aux rois, pour leur servir de témoignage, aussi bien qu'aux nations.

19 Lors donc qu'on vous livrera entre leurs mains, ne vous mettez point en peine comment vous leur parlerez, ni de ce que vous leur direz : car ce que vous devez leur dire vous sera donné à l'heure même ;

20 puisque ce n'est pas vous qui parlez, mais que c'est l'Esprit de votre Père qui parle en vous.

21 Or le frère livrera le frère à la mort, et le père le fils ; les enfants se soulèveront contre leurs pères et leurs mères, et les feront mourir ;

22 et vous serez haïs de tous *les hommes* à cause de mon nom ; mais celui-là sera sauvé qui persévérera jusqu'à la fin.

23 Lors donc qu'ils vous persécuteront dans une ville, fuyez dans une autre. Je vous le dis en vérité : vous n'aurez pas achevé *d'instruire* toutes les villes d'Israël avant que le Fils de l'homme vienne.

24 Le disciple n'est point au-dessus du maître, ni l'esclave au-dessus de son seigneur.

25 C'est assez au disciple d'être comme son maître, et à l'esclave d'être comme son seigneur. S'ils ont appelé le père de famille Béelzébub, combien plutôt traiteront-ils *de même* ses domestiques !

26 Ne les craignez donc point : car il n'y a rien de caché qui ne doive être découvert, ni rien de secret qui ne doive être connu.

27 Dites dans la lumière ce que je vous dis dans l'obscurité, et prêchez sur le haut des maisons ce qu'on vous dit à l'oreille.

28 Ne craignez point ceux qui tuent le corps, et qui ne peuvent tuer l'âme ; mais craignez plutôt celui qui peut perdre et l'âme et le corps dans l'enfer.

29 N'est-il pas vrai que deux passereaux ne se vendent qu'une obole ? et néanmoins il n'en tombe aucun sur la terre sans *la volonté de* votre Père.

30 Mais pour vous, les cheveux mêmes de votre tête sont tous comptés.

31 Ainsi ne craignez point : vous valez beaucoup mieux qu'un grand nombre de passereaux.

32 Quiconque donc me confessera *et* me reconnaîtra devant les hommes, je le reconnaîtrai aussi moi-même devant mon Père qui est dans les cieux ;

33 et quiconque me renoncera devant les hommes, je le renoncerai aussi moi-même devant mon Père qui est dans les cieux.

34 Ne pensez pas que je sois venu apporter la paix sur la terre : je ne suis pas venu *y* apporter la paix, mais l'épée.

35 Car je suis venu séparer l'homme d'avec son père, la fille d'avec sa mère, et la belle-fille d'avec sa belle-mère :

36 et l'homme aura pour ennemis ceux de sa propre maison.

37 Celui qui aime son père ou sa mère plus que moi, n'est pas digne de moi ; et celui qui aime son fils ou sa fille plus que moi, n'est pas digne de moi.

38 Celui qui ne prend pas sa croix et ne me suit pas, n'est pas digne de moi.

39 Celui qui conserve sa vie, la perdra ; et celui qui aura perdu sa vie pour l'amour de moi, la retrouvera.

40 Celui qui vous reçoit, me reçoit : et celui qui me reçoit, reçoit celui qui m'a envoyé.

41 Celui qui reçoit un prophète en qualité de prophète recevra la récompense du prophète ; et celui qui reçoit un juste en qualité de juste, recevra la récompense du juste ;

42 et quiconque aura donné seulement à boire un verre d'eau froide à l'un de ces plus petits, comme étant de mes disciples, je vous le dis en vérité, il ne perdra point sa récompense.

CHAPITRE XI.

JÉSUS ayant achevé de donner ces instructions à ses douze disciples, partit de là pour s'en aller enseigner et prêcher dans les villes *d'alentour*.

2 Or Jean ayant appris dans la prison les œuvres *merveilleuses* de *Jésus*-Christ, envoya deux de ses disciples

3 lui dire : Êtes-vous celui qui doit venir, ou si nous devons en attendre un autre ?

4 Jésus leur répondit ; Allez raconter à Jean ce que vous avez entendu et ce que vous avez vu.

5 Les aveugles voient, les boiteux marchent, les lépreux sont guéris, les sourds entendent, les morts ressuscitent, l'Évangile est annoncé aux pauvres ;

6 et heureux est celui qui ne prendra point de moi un sujet de scandale *et de chute*.

7 Lorsqu'ils s'en furent allés, Jésus commença à parler de Jean au peuple *en cette sorte :* Qu'êtes-vous allés voir dans le désert ? un roseau agité du vent ?

8 Qu'êtes-vous, *dis-je,* allés voir ? un homme vêtu *avec luxe et* avec mollesse ? Vous savez que ceux qui s'habillent de cette sorte, sont dans les maisons des rois.

9 Qu'êtes-vous donc allés voir ? un prophète ? Oui, je vous le dis, et plus qu'un prophète.

10 Car c'est de lui qu'il a été écrit : J'envoie devant vous mon ange, qui vous préparera la voie où vous devez marcher.

11 Je vous le dis en vérité : entre ceux qui sont nés de femmes, il n'y en a point eu de plus grand que Jean-Baptiste ; mais celui qui est le plus petit dans le royaume des cieux, est plus grand que lui.

12 Or, depuis le temps de Jean-Baptiste jusqu'à présent, le royaume des cieux se prend par violence, et *ce sont* les violents *qui* l'emportent.

13 Car jusqu'à Jean tous les prophètes, aussi bien que la loi, ont prophétisé :

14 et si vous voulez comprendre ce que je vous dis, c'est lui-même qui est cet Élie qui doit venir.

15 Que celui-là l'entende, qui a des oreilles pour entendre.

16 Mais à qui dirai-je que ce peuple-ci est semblable ? Il est semblable à ces enfants qui sont assis dans la place, et qui criant à leurs compagnons,

17 leur disent : Nous avons chanté pour vous *réjouir*, et vous n'avez point dansé ; nous avons chanté des airs lugubres *pour vous*, et vous n'avez point témoigné de deuil.

18 Car Jean est venu ne mangeant ni ne buvant, et ils disent : Il est possédé du démon.

19 Le Fils de l'homme est venu mangeant et buvant, et ils disent : Voilà un homme qui aime à faire bonne chère et à boire du vin ; il est ami des publicains et des gens de mauvaise vie : mais la sagesse a été justifiée par ses enfants.

20 Alors il commença à faire des reproches aux villes dans lesquelles il avait fait beaucoup de miracles, de ce qu'elles n'avaient point fait pénitence.

21 Malheur à toi, Corozaïn ! malheur à toi, Bethsaïde ! parce que si les miracles qui ont été faits au milieu de vous, avaient été faits dans Tyr et dans Sidon, il y a longtemps qu'elles auraient fait pénitence dans le sac et dans la cendre.

22 C'est pourquoi je vous déclare, qu'au jour du jugement Tyr et Sidon seront traitées moins rigoureusement que vous.

23 Et toi, Capharnaüm, t'élèveras-tu *toujours* jusqu'au ciel ? Tu seras abaissée jusqu'au fond de l'enfer ; parce que si les miracles qui ont été faits au milieu de toi, avaient été faits dans Sodome, elle subsisterait peut-être encore aujourd'hui.

24 C'est pourquoi je te déclare, qu'au jour du jugement le pays de Sodome sera traité moins rigoureusement que toi.

25 Alors Jésus dit ces paroles : Je vous rends gloire, *mon* Père, Seigneur du ciel et de la terre ! de ce que *tandis que* vous avez caché ces choses aux sages et aux prudents, vous les avez révélées aux simples *et* aux petits.

26 Oui, *mon* Père ! *je vous en rends gloire,* parce qu'il vous a plu *que cela fût* ainsi.

27 Mon Père m'a mis toutes choses entre les mains : et nul ne connaît le Fils que le Père ; comme nul ne connaît le Père que le Fils, et celui à qui le Fils aura voulu le révéler.

28 Venez à moi, vous tous qui êtes fatigués et qui êtes chargés, et je vous soulagerai.

29 Prenez mon joug sur vous, et apprenez de moi que je suis doux et humble de cœur, et vous trouverez le repos de vos âmes :

30 car mon joug est doux, et mon fardeau est léger.

CHAPITRE XII.

EN ce temps-là Jésus passait le long des blés un jour de sabbat ; et ses disciples ayant faim se mirent à rompre des épis, et à en manger.

2 Ce que les pharisiens voyant, ils lui dirent : Voilà vos disciples qui font ce qu'il n'est point permis de faire aux jours du sabbat.

3 Mais il leur dit : N'avez-vous point lu ce que fit David, lorsque lui et ceux qui l'accompagnaient furent pressés de la faim ?

4 comme il entra dans la maison de Dieu, et mangea des pains de proposition, dont il n'était permis de manger, ni à lui, ni à ceux qui étaient avec lui, mais aux prêtres seuls.

5 Ou n'avez-vous point lu dans la loi, que les prêtres aux jours du sabbat violent le sabbat dans le temple, et ne sont pas néanmoins coupables ?

6 Or je vous déclare, qu'il y a ici quelqu'un plus grand que le temple.

7 Si vous saviez bien ce que veut dire cette parole, J'aime mieux la miséricorde que le sacrifice ; vous n'auriez jamais condamné des innocents.

8 Car le Fils de l'homme est maître du sabbat même.

9 Étant parti de là, il vint en leur synagogue,

10 où il se trouva un homme qui avait une main sèche ; et ils lui demandèrent, pour *avoir un sujet de* l'accuser, s'il était permis de guérir aux jours de sabbat.

11 Mais il leur répondit : Qui sera l'homme d'entre vous, qui ayant une brebis qui vienne à tomber dans une fosse aux jours de sabbat, ne la prendra pas pour l'en retirer ?

12 Or combien un homme est-il plus excellent qu'une brebis ? Il est donc permis de faire du bien les jours de sabbat.

13 Alors il dit à cet homme : Étendez votre main. Il l'étendit, et elle devint saine comme l'autre.

14 Mais les pharisiens étant sortis, tinrent conseil ensemble contre lui sur les moyens qu'ils pourraient prendre pour le perdre.

15 Jésus le sachant, se retira de ce lieu-là ; et beaucoup de personnes l'ayant suivi, il les guérit tous.

16 Et il leur commanda de ne le point découvrir :

17 afin que cette parole du prophète Isaïe fût accomplie :

18 Voici mon serviteur, que j'ai élu ; mon bien-aimé, dans lequel j'ai mis toute mon affection : je ferai reposer sur lui mon Esprit, et il annoncera la justice aux nations.

19 Il ne disputera point, il ne criera point, et personne n'entendra sa voix dans les places publiques.

20 Il ne brisera point le roseau cassé, et n'achèvera point d'éteindre la mèche qui fume encore, jusqu'à ce qu'il fasse triompher la justice *de sa cause ;*

21 et les nations espéreront en son nom.

22 Alors on lui présenta un possédé, aveugle et muet ; et il le guérit, en sorte qu'il commença à parler et à voir.

23 Tout le peuple en fut rempli d'admiration ; et ils disaient : N'est-ce point là le Fils de David ?

24 Mais les pharisiens entendant cela, disaient : Cet homme ne chasse les démons que par la vertu de Béelzébub, prince des démons.

25 Or Jésus connaissant leurs pensées, leur dit : Tout royaume divisé contre lui-même sera ruiné, et toute ville ou maison qui est divisée contre elle-même ne pourra subsister.

26 Si Satan chasse Satan, il est divisé contre soi-même : comment donc son royaume subsistera-t-il ?

27 Et si c'est par Béelzébub que je chasse les démons, par qui vos enfants les chassent-ils ? C'est pourquoi ils seront eux-mêmes vos juges.

28 Si je chasse les démons par l'Esprit de Dieu, le royaume de Dieu est donc parvenu jusqu'à vous.

29 Mais comment quelqu'un peut-il entrer dans la maison du fort, et piller ses armes *et* ce qu'il possède, si auparavant il ne lie le fort, pour pouvoir ensuite piller sa maison ?

30 Celui qui n'est point avec moi, est contre moi ; et celui qui n'amasse point avec moi, dissipe.

31 C'est pourquoi je vous déclare, que tout péché et tout blasphème sera remis aux hommes ; mais le blasphème contre le *Saint*-Esprit ne leur sera point remis.

32 Et quiconque aura parlé contre le Fils de l'homme, il lui sera remis ; mais si quelqu'un a parlé contre le Saint-Esprit, il ne lui sera remis ni en ce siècle, ni dans le siècle à venir.

33 Ou dites que l'arbre est bon, et que le fruit en est bon aussi ; ou dites que l'arbre étant mauvais, le fruit aussi en est mauvais : car c'est par le fruit qu'on connaît l'arbre.

34 Race de vipères ! comment pouvez-vous dire de bonnes choses, vous qui êtes méchants ? car c'est de la plénitude du cœur que la bouche parle.

35 L'homme qui est bon, tire de bonnes choses du bon trésor *de son cœur* ; et l'homme qui est méchant, tire de mauvaises choses de *son* mauvais trésor.

36 Or je vous déclare, qu'au jour du jugement les hommes rendront compte de toute parole inutile qu'ils auront dite.

37 Car vous serez justifié par vos paroles, et vous serez condamné par vos paroles.

38 Alors quelques-uns des scribes et des pharisiens lui dirent : Maître ! nous voudrions bien que vous nous fissiez voir quelque prodige.

39 Mais il leur répondit : Cette race méchante et adultère demande un prodige ; et on ne lui en donnera point d'autre que celui du prophète Jonas.

40 Car comme Jonas fut trois jours et trois nuits dans le ventre de la baleine, ainsi le Fils de l'homme sera trois jours et trois nuits dans le cœur de la terre.

41 Les Ninivites s'élèveront au jour du jugement contre cette race, et la condamneront ; parce qu'ils ont fait pénitence à la prédication de Jonas : et cependant il y a ici plus que Jonas.

42 La reine du Midi s'élèvera au jour du jugement contre cette race, et la condamnera ; parce qu'elle est venue des extrémités de la terre pour entendre la sagesse de Salomon : et cependant il y a ici plus que Salomon.

43 Lorsque l'esprit impur est sorti d'un homme, il va dans des lieux arides cherchant du repos, et il n'y en trouve point.

44 Alors il dit : Je retournerai dans ma maison d'où je suis sorti. Et revenant il la trouve vide, nettoyée et parée.

45 En même temps il va prendre avec lui sept autres esprits plus méchants que lui ; et entrant *dans cette maison*, ils y demeurent : et le dernier état de cet homme devient pire que le premier. C'est ce qui arrivera à cette race criminelle.

46 Lorsqu'il parlait encore au peuple, sa mère et ses frères *étant arrivés, et* se tenant au dehors, demandaient à lui parler.

47 Et quelqu'un lui dit : Voilà votre mère et vos frères qui sont dehors, et qui vous demandent.

48 Mais il répondit à celui qui lui dit cela : Qui est ma mère, et qui sont mes frères ?

49 Et étendant sa main vers ses disciples : Voici, dit-il, ma mère et mes frères.

50 Car quiconque fait la volonté de mon Père qui est dans les cieux, celui-là est mon frère, ma sœur, et ma mère.

CHAPITRE XIII.

CE même jour Jésus étant sorti de la maison, s'assit auprès de la mer.

2 Et il assembla autour de lui une grande foule de peuple ; c'est pourquoi il monta dans une barque où il s'assit, tout le peuple se tenant sur le rivage ;

3 et il leur dit beaucoup de choses en paraboles, leur parlant *de cette sorte :* Celui qui sème, s'en alla semer ;

4 et pendant qu'il semait, quelque partie de la semence tomba le long du chemin, et les oiseaux du ciel étant venus la mangèrent.

5 Une autre tomba dans des lieux pierreux, où elle n'avait pas beaucoup de terre ; et elle leva aussitôt, parce que la terre où elle était n'avait pas de profondeur.

6 Mais le soleil s'étant levé ensuite, elle en fut brûlée ; et comme elle n'avait point de racine, elle sécha.

7 Une autre tomba dans des épines ; et les épines venant à croître l'étouffèrent.

8 Une autre enfin tomba dans de bonne terre ; et elle porta du fruit, quelques grains rendant cent pour un, d'autres soixante, et d'autres trente.

9 Que celui-là l'entende, qui a des oreilles pour entendre.

10 Ses disciples s'approchant ensuite, lui dirent : Pourquoi leur parlez-vous en paraboles ?

11 Et leur répondant, il leur dit : C'est parce que pour vous autres, il vous a été donné de connaître les mystères du royaume des cieux ; mais pour eux, il ne leur a pas été donné.

12 Car quiconque a *déjà*, on lui donnera *encore*, et il sera dans l'abondance ; mais pour celui qui n'a point, on lui ôtera *même* ce qu'il a.

13 C'est pourquoi je leur parle en paraboles ; parce qu'en voyant ils ne voient point, et qu'en écoutant ils n'entendent ni ne comprennent point.

14 Et la prophétie d'Isaïe s'accomplit en eux, lorsqu'il dit : Vous écouterez de vos oreilles, et vous n'entendrez point ; vous regarderez de vos yeux, et vous ne verrez point.

15 Car le cœur de ce peuple s'est appesanti, et leurs oreilles sont devenues sourdes, et ils ont fermé leurs yeux ; de peur que leurs yeux ne voient, que leurs oreilles n'entendent, que leur cœur ne comprenne, et que s'étant convertis, je ne les guérisse.

16 Mais *pour vous*, vos yeux sont heureux de ce qu'ils voient, et vos oreilles de ce qu'elles entendent.

17 Car je vous dis en vérité, que beaucoup de prophètes et de justes ont souhaité de voir ce que vous voyez, et ne l'ont pas vu ; et d'entendre ce que vous entendez, et ne l'ont pas entendu.

18 Écoutez donc, vous autres, la parabole de celui qui sème :

19 Quiconque écoute la parole du royaume, et n'y fait point d'attention, l'*esprit* malin vient, et enlève ce qui avait été semé dans son cœur : c'est là celui qui a reçu la semence le long du chemin.

20 Celui qui reçoit la semence au milieu des pierres, c'est celui qui écoute la parole, et qui la reçoit à l'heure même avec joie ;

21 mais il n'a point en soi de racine, et il n'est que pour un temps ; et lorsqu'il survient des traverses et des persécutions à cause de la parole, il en prend aussitôt un sujet de scandale *et de* chute.

22 Celui qui reçoit la semence parmi les épines, c'est celui qui entend la parole ; mais ensuite les sollicitudes de ce siècle, et l'illusion des richesses, étouffent *en lui* cette parole, et la rendent infructueuse.

23 Mais celui qui reçoit la semence dans une bonne terre, c'est celui qui écoute la parole, qui y fait attention, et qui porte du fruit, et rend cent, ou soixante, ou trente pour un.

24 Il leur proposa une autre parabole, en disant : Le royaume des cieux est semblable à un homme qui avait semé de bon grain dans son champ.

25 Mais pendant que les hommes dormaient, son ennemi vint, et sema de l'ivraie au milieu du blé, et s'en alla.

26 L'herbe ayant donc poussé, et étant montée en épi, l'ivraie commença aussi à paraître.

27 Alors les serviteurs du père de famille vinrent lui dire : Seigneur, n'avez-vous pas semé de bon grain dans votre champ ? D'où vient donc qu'il y a de l'ivraie ?

28 Il leur répondit : C'est un homme ennemi qui l'y a semée. Et ses serviteurs lui dirent : Voulez-vous que nous allions l'arracher ?

29 Non, leur répondit-il ; de peur qu'en arrachant l'ivraie, vous ne déraciniez en même temps le bon grain.

30 Laissez croître l'un et l'autre jusqu'à la moisson ; et au temps de la moisson je dirai aux moissonneurs : Arrachez premièrement l'ivraie, et liez-la en bottes pour la brûler ; mais amassez le blé pour *le porter dans* mon grenier.

31 Il leur proposa une autre parabole, en leur disant : Le royaume des cieux est semblable à un grain de sénevé qu'un homme prend et sème en son champ.

32 Ce grain est la plus petite de toutes les semences : mais lorsqu'il est crû, il est plus grand que tous les *autres* légumes, et il devient un arbre ; de sorte que les oiseaux du ciel viennent se reposer sur ses branches.

33 Il leur dit encore une autre parabole : Le royaume des cieux est semblable au levain qu'une femme prend, et qu'elle mêle dans trois mesures de farine, jusqu'à ce que la pâte soit toute levée.

34 Jésus dit toutes ces choses au peuple en paraboles ; et il ne leur parlait point sans paraboles :

35 afin que cette parole du prophète fût accomplie : J'ouvrirai ma bouche *pour parler* en paraboles ; je publierai des choses qui ont été cachées depuis la création du monde.

36 Alors Jésus ayant renvoyé le peuple, vint en la maison ; et ses disciples s'approchant de lui, lui dirent : Expliquez-nous la parabole de l'ivraie semée dans le champ.

37 Et leur répondant, il leur dit : Celui qui sème le bon grain, c'est le Fils de l'homme.

38 Le champ est le monde : le bon grain, ce sont les enfants du royaume ; et l'ivraie, ce sont les enfants d'iniquité.

39 L'ennemi qui l'a semée, c'est le diable : *le temps de* la moisson, c'est la fin du monde ; les moissonneurs, ce sont les anges.

40 Comme donc on arrache l'ivraie, et qu'on la brûle dans le feu ; il en arrivera de même à la fin du monde.

41 Le Fils de l'homme enverra ses anges, qui ramasseront et enlèveront hors de son royaume tous ceux qui sont des occasions de chute *et* de scandale, et ceux qui commettent l'iniquité ;

42 et ils les précipiteront dans la fournaise du feu : c'est là qu'il y aura des pleurs, et des grincements de dents.

43 Alors les justes brilleront comme le soleil dans le royaume de leur Père. Que celui-là l'entende, qui a des oreilles pour entendre.

44 Le royaume des cieux est semblable à un trésor caché dans un champ, qu'un homme trouve, et qu'il cache ; et dans la joie qu'il en ressent, il va vendre tout ce qu'il a, et achète ce champ.

45 Le royaume des cieux est semblable encore à un homme qui est dans le trafic, et qui cherche de bonnes perles ;

46 et qui en ayant trouvé une de grand prix, va vendre tout ce qu'il avait, et l'achète.

47 Le royaume des cieux est semblable encore à un filet jeté dans la mer, qui prend toutes sortes de poissons ;

48 et lorsqu'il est plein, *les pêcheurs* le tirent sur le bord, où s'étant assis, ils mettent ensemble tous les bons dans des vaisseaux, et jettent dehors les mauvais.

49 C'est ce qui arrivera à la fin du monde : les anges viendront, et sépareront les méchants du milieu des justes ;

50 et ils les jetteront dans la fournaise du feu : c'est là qu'il y aura des pleurs, et des grincements de dents.

51 Avez-vous bien compris tout ceci ? Oui, *Seigneur !* répondirent-ils.

52 Et il ajouta : C'est pourquoi tout docteur *qui est bien* instruit en ce qui regarde le royaume des cieux, est semblable à un père de famille, qui tire de son trésor des choses nouvelles et des choses anciennes.

53 Lorsque Jésus eut achevé ces paraboles, il partit de là ;

54 et étant venu en son pays, il les instruisait dans leurs synagogues ; de sorte qu'étant saisis d'étonnement, ils disaient : D'où est venue à celui-ci cette sagesse et ces miracles ?

55 N'est-ce pas là le fils de ce charpentier ? Sa mère ne s'appelle-t-elle pas Marie ? et ses frères, Jacques, Joseph, Simon et Jude ?

56 Et ses sœurs ne sont-elles pas toutes parmi nous ? D'où viennent donc à celui-ci toutes ces choses ?

57 Et ainsi ils prenaient de lui un sujet de scandale. Mais Jésus leur dit : Un prophète n'est sans honneur que dans son pays et dans sa maison.

58 Et il ne fit pas là beaucoup de miracles, à cause de leur incrédulité.

CHAPITRE XIV.

EN ce temps-là Hérode le tétrarque apprit ce qui se publiait de Jésus ;

2 et il dit à ses officiers : C'est Jean-Baptiste qui est ressuscité d'entre les morts ; et c'est pour cela qu'il se fait par lui tant de miracles.

3 Car Hérode ayant fait prendre Jean, l'avait fait lier et mettre en prison, à cause d'Hérodiade, femme de son frère *Philippe ;*

4 parce que Jean lui disait : Il ne vous est point permis d'avoir cette femme.

5 Hérode voulait donc le faire mourir ; mais il appréhendait le peuple, parce que Jean en était regardé comme un prophète.

6 Mais comme Hérode célébrait le jour de sa naissance, la fille d'Hérodiade dansa devant *tous les conviés* ; et elle plut de telle sorte à Hérode,

7 qu'il lui promit avec serment de lui donner tout ce qu'elle lui demanderait.

8 Cette fille ayant donc été instruite auparavant par sa mère, lui dit : Donnez-moi présentement dans un bassin la tête de Jean-Baptiste.

9 Le roi ressentit de la tristesse *de cette demande :* néanmoins à cause du serment *qu'il avait fait*, et de ceux qui étaient à table avec lui, il commanda qu'on la lui donnât.

10 Il envoya en même temps couper la tête à Jean dans la prison.

11 Et sa tête fut apportée dans un bassin et donnée à cette fille, qui la porta à sa mère.

12 Après cela ses disciples vinrent prendre son corps et l'ensevelirent ; et ils allèrent le dire à Jésus.

13 Jésus ayant donc appris *ce qu'Hérode disait de lui,* partit de là dans une barque, pour se retirer à l'écart dans un lieu désert ; et le peuple l'ayant su, le suivit à pied *de diverses* villes.

14 Lorsqu'il sortait *de la barque,* ayant vu une grande multitude de personnes, il en eut compassion, et il guérit leurs malades.

15 Le soir étant venu, ses disciples vinrent lui dire : Ce lieu-ci est désert, et il est déjà bien tard ; renvoyez le peuple, afin qu'ils s'en aillent dans les villages acheter de quoi manger.

16 Mais Jésus leur dit : Il n'est pas nécessaire qu'ils y aillent : donnez-leur vous-mêmes à manger.

17 Ils lui répondirent : Nous n'avons ici que cinq pains et deux poissons.

18 Apportez-les-moi ici, leur dit-il.

19 Et après avoir commandé au peuple de s'asseoir sur l'herbe, il prit les cinq pains et les deux poissons ; et levant les yeux au ciel, il *les* bénit ; puis rompant les pains, il les donna à ses disciples, et les disciples les distribuèrent au peuple.

20 Ils en mangèrent tous, et furent rassasiés ; et on emporta douze paniers pleins des morceaux qui étaient restés.

21 Or ceux qui mangèrent étaient au nombre de cinq mille hommes, sans compter les femmes et les petits enfants.

22 Aussitôt Jésus obligea ses disciples de monter dans la barque, et de passer à l'autre bord avant lui, pendant qu'il renverrait le peuple.

23 Après l'avoir renvoyé, il monta seul sur une montagne pour prier ; et le soir étant venu, il se trouva seul en ce lieu-là.

24 Cependant la barque était fort battue des flots au milieu de la mer, parce que le vent était contraire.

25 Mais à la quatrième veille de la nuit, Jésus vint à eux, marchant sur la mer.

26 Lorsqu'ils le virent marcher *ainsi* sur la mer, ils furent troublés, et ils disaient : C'est un fantôme. Et ils s'écrièrent de frayeur.

27 Aussitôt Jésus leur parla, et leur dit : Rassurez-vous ; c'est moi, ne craignez point.

28 Pierre lui répondit : Seigneur ! si c'est vous, commandez que j'aille à vous *en marchant* sur les eaux.

29 Jésus lui dit : Venez. Et Pierre descendant de la barque, marchait sur l'eau pour aller à Jésus.

30 Mais voyant un grand vent, il eut peur ; et commençant à enfoncer, il s'écria : Seigneur ! sauvez-moi.

31 Aussitôt Jésus lui tendant la main, le prit, et lui dit : Homme de peu de foi, pourquoi avez-vous douté ?

32 Et étant montés dans la barque, le vent cessa.

33 Alors ceux qui étaient dans cette barque s'approchant de lui, l'adorèrent, en lui disant : Vous êtes vraiment Fils de Dieu.

34 Ayant passé l'eau, ils vinrent au territoire de Génésar.

35 Les hommes de ce lieu-là l'ayant connu, ils envoyèrent dans tout le pays d'alentour, et lui présentèrent tous les malades ;

36 le priant qu'il leur permît seulement de toucher la frange *qui était au bas* de son vêtement : et tous ceux qui la touchèrent, furent guéris.

CHAPITRE XV.

ALORS des scribes et des pharisiens *qui étaient venus* de Jérusalem, s'approchèrent de Jésus, et lui dirent :

2 Pourquoi vos disciples violent-ils la tradition des anciens ? car ils ne lavent point leurs mains lorsqu'ils prennent leurs repas.

3 Mais Jésus leur répondit : Pourquoi vous-mêmes violez-vous le commandement de Dieu pour *suivre* votre tradition ? Car Dieu a fait ce commandement,

4 Honorez votre père et votre mère ; et cet autre, Que celui qui dira des paroles outrageuses à son père ou à sa mère, soit puni de mort.

5 Mais, vous autres, vous dites : Quiconque aura dit à son père ou à sa mère, Tout don que je fais *à Dieu* vous est utile, *satisfait à la loi*,

6 encore qu'après cela il n'honore *et* n'assiste point son père ou sa mère. Et ainsi vous avez rendu inutile le commandement de Dieu par votre tradition.

7 Hypocrites ! Isaïe a bien prophétisé de vous, quand il a dit :

8 Ce peuple m'honore des lèvres ; mais son cœur est loin de moi :

9 et c'est en vain qu'ils m'honorent, enseignant des maximes et des ordonnances humaines.

10 Puis ayant appelé le peuple, il leur dit : Écoutez, et comprenez bien *ceci :*

11 Ce n'est pas ce qui entre dans la bouche, qui souille l'homme ; mais c'est ce qui sort de la bouche de l'homme, qui le souille.

12 Alors ses disciples s'approchant, lui dirent : Savez-vous bien que les pharisiens ayant entendu ce que vous venez de dire, s'en sont scandalisés ?

13 Mais il répondit : Toute plante que mon Père céleste n'a point plantée, sera arrachée.

14 Laissez-les ; ce sont des aveugles qui conduisent des aveugles : si un aveugle en conduit un autre, ils tombent tous deux dans la fosse.

15 Pierre prenant la parole, lui dit : Expliquez-nous cette parabole.

16 Et Jésus lui répondit : Quoi ! êtes-vous encore vous-mêmes sans intelligence ?

17 Ne comprenez-vous pas, que tout ce qui entre dans la bouche descend dans le ventre, et est jeté ensuite dans un lieu secret ;

18 mais que ce qui sort de la bouche part du cœur, et que c'est ce qui rend l'homme impur ?

19 Car c'est du cœur que partent les mauvaises pensées, les meurtres, les adultères, les fornications, les larcins, les faux témoignages, les blasphèmes *et les médisances :*

20 ce sont là les choses qui rendent l'homme impur ; mais de manger sans avoir lavé ses mains, ce n'est point ce qui rend un homme impur.

21 Jésus étant parti de ce lieu, se retira du côté de Tyr et de Sidon ;

22 et une femme chananéenne, qui était sortie de ce pays-là, s'écria, en lui disant : Seigneur, Fils de David ! ayez pitié de moi : ma fille est misérablement tourmentée par le démon.

23 Mais il ne lui répondit pas un *seul* mot ; et ses disciples s'approchant de lui, le priaient en lui disant : Accordez-lui ce qu'elle demande, afin qu'elle s'en aille, parce qu'elle crie après nous.

24 Il leur répondit : Je n'ai été envoyé qu'aux brebis de la maison d'Israël qui se sont perdues.

25 Mais elle s'approcha *de lui*, et l'adora, en lui disant : Seigneur ! assistez-moi.

26 Il lui répondit : Il n'est pas juste de prendre le pain des enfants, et de le donner aux chiens.

27 Elle répliqua : Il est vrai, Seigneur ! mais les petits chiens mangent *au moins* des miettes qui tombent de la table de leurs maîtres.

28 Alors Jésus répondant, lui dit : Ô femme, votre foi est grande ; qu'il vous soit fait comme vous le désirez. Et sa fille fut guérie à l'heure même.

29 Jésus ayant quitté ce lieu, vint le long de la mer de Galilée ; et étant monté sur une montagne, il s'y assit.

30 Alors de grandes troupes de peuple vinrent le trouver, ayant avec eux des muets, des aveugles, des boiteux, des estropiés, et beaucoup d'autres *malades* qu'ils mirent à ses pieds ; et il les guérit :

31 de sorte que ces peuples étaient dans l'admiration, voyant que les muets parlaient, *que les estropiés étaient guéris,* que les boiteux marchaient, que les aveugles voyaient ; et ils rendaient gloire au Dieu d'Israël.

32 Or Jésus ayant appelé ses disciples, leur dit : J'ai compassion de ce peuple, parce qu'il y a déjà trois jours qu'ils demeurent continuellement avec moi, et ils n'ont rien à manger ; et je ne veux pas les renvoyer qu'ils n'aient mangé, de peur qu'ils ne tombent en défaillance sur le chemin.

33 Ses disciples lui répondirent : Comment pourrons-nous trouver dans ce lieu désert assez de pains pour rassasier une si grande multitude de personnes ?

34 Et Jésus leur repartit : Combien avez-vous de pains ? Sept, lui dirent-ils, et quelques petits poissons.

35 Il commanda donc au peuple de s'asseoir sur la terre ;

36 et prenant les sept pains et les poissons, après avoir rendu grâces, il les rompit, et les donna à ses disciples, et ses disciples les donnèrent au peuple.

37 Tous en mangèrent, et furent rassasiés : et on emporta sept corbeilles pleines des morceaux qui étaient restés.

38 Or ceux qui en mangèrent étaient au nombre de quatre mille hommes, sans compter les petits enfants et les femmes.

39 Jésus ayant ensuite renvoyé le peuple, il monta sur une barque, et vint sur les confins de Magédan.

CHAPITRE XVI.

ALORS les pharisiens et les saducéens vinrent à lui pour le tenter, et ils le prièrent de leur faire voir quelque prodige dans le ciel.

2 Mais il leur répondit : Le soir vous dites : Il fera beau, parce que le ciel est rouge.

3 Et le matin *vous dites :* Il y aura aujourd'hui de l'orage, parce que le ciel est sombre et rougeâtre.

4 *Hypocrites !* vous savez donc reconnaître *ce que présagent* les diverses apparences du ciel ; ne pouvez-vous donc pas aussi discerner les signes des temps *que Dieu a marqués ?* Cette nation corrompue et adultère demande un prodige, et il ne lui en sera point donné d'autre que celui du prophète Jonas. Et les laissant, il s'en alla.

5 Or ses disciples étant passés au delà de l'eau, avaient oublié de prendre des pains.

6 Jésus leur dit : Ayez soin de vous garder du levain des pharisiens et des saducéens.

7 Mais ils pensaient et disaient entre eux : *C'est* parce que nous n'avons point *pris* de pains.

8 Ce que Jésus connaissant, il leur dit : Hommes de peu de foi, pourquoi vous entretenez-vous ensemble de ce que vous n'avez point *pris* de pains ?

9 Ne comprenez-vous point encore, et ne vous souvient-il point que cinq pains ont suffi pour cinq mille hommes, et combien vous en avez remporté de paniers ;

10 et que sept pains ont suffi pour quatre mille hommes, et combien vous en avez remporté de corbeilles.

11 Comment ne comprenez-vous point que ce n'est pas du pain *que je vous parlais, lors*que je vous ai dit de vous garder du levain des pharisiens et des saducéens ?

12 Alors ils comprirent qu'il ne leur avait pas dit de se garder du levain qu'on met dans le pain, mais de la doctrine des pharisiens et des saducéens.

13 Jésus étant venu aux environs de Césarée de Philippe, interrogea ses disciples, et leur dit : Que disent les hommes touchant le Fils de l'homme ? *Qui disent-ils que je suis ?*

14 Ils lui répondirent : Les uns disent *que vous êtes* Jean-Baptiste, les autres Élie, les autres Jérémie, ou quelqu'un des prophètes.

15 Jésus leur dit : Et vous autres, qui dites-vous que je suis ?

16 Simon-Pierre prenant la parole, lui dit : Vous êtes le Christ, le Fils du Dieu vivant.

17 Jésus lui répondit : Vous êtes bienheureux, Simon, fils de Jean ; parce que ce n'est point la chair, ni le sang, qui vous ont révélé *ceci*, mais mon Père qui est dans les cieux.

18 Et moi aussi, je vous dis que vous êtes Pierre, et que sur cette pierre je bâtirai mon Église ; et les portes de l'enfer ne prévaudront point contre elle.

19 Et je vous donnerai les clefs du royaume des cieux : et tout ce que vous lierez sur la terre, sera aussi lié dans les cieux ; et tout ce que vous délierez sur la terre, sera aussi délié dans les cieux.

20 En même temps il commanda à ses disciples de ne dire à personne, qu'il fût Jésus le Christ.

21 Dès lors Jésus commença à découvrir à ses disciples, qu'il fallait qu'il allât à Jérusalem ; qu'il y souffrît beaucoup de la part des sénateurs, des scribes, et des princes des prêtres ; qu'il y fût mis à mort ; et qu'il ressuscitât le troisième jour.

22 Et Pierre le prenant à part, commença à le reprendre, en lui disant : À Dieu ne plaise, Seigneur ! cela ne vous arrivera point.

23 Mais Jésus se retournant, dit à Pierre : Retirez-vous de moi, Satan ! vous m'êtes un sujet de scandale ; parce que vous n'avez point de goût pour les choses de Dieu, mais pour celles des hommes.

24 Alors Jésus dit à ses disciples : Si quelqu'un veut venir après moi, qu'il renonce à soi-même, qu'il se charge de sa croix, et qu'il me suive.

25 Car celui qui voudra sauver sa vie, la perdra ; et celui qui perdra sa vie pour l'amour de moi, la retrouvera.

26 Et que servirait-il à un homme de gagner tout le monde, et de perdre son âme ? ou par quel échange l'homme pourra-t-il racheter son âme *après qu'il l'aura perdue ?*

27 Car le Fils de l'homme doit venir dans la gloire de son Père avec ses anges ; et alors il rendra à chacun selon ses œuvres.

28 Je vous le dis en vérité, il y en a quelques-uns de ceux qui sont ici, qui n'éprouveront point la mort, qu'ils n'aient vu le Fils de l'homme venir en son règne.

CHAPITRE XVII.

SIX jours après, Jésus ayant pris avec lui Pierre, Jacques, et Jean, son frère, les mena à l'écart sur une haute montagne,

2 et il fut transfiguré devant eux : son visage devint brillant comme le soleil, et ses vêtements blancs comme la neige.

3 En même temps ils virent paraître Moïse et Élie, qui s'entretenaient avec lui.

4 Alors Pierre prenant la parole, dit à Jésus : Seigneur ! nous sommes bien ici ; faisons-y, s'il vous plaît, trois tentes : une pour vous, une pour Moïse, et une pour Élie.

5 Lorsqu'il parlait encore, une nuée lumineuse les couvrit ; et il sortit de cette nuée une voix qui fit entendre ces paroles : Celui-ci est mon Fils bien-aimé, dans lequel j'ai mis toute mon affection : écoutez-le.

6 Les disciples les ayant entendues, tombèrent le visage contre terre, et furent saisis d'une grande crainte.

7 Mais Jésus s'approchant, les toucha, et leur dit : Levez-vous, et ne craignez point.

8 Alors levant les yeux, ils ne virent plus que Jésus seul.

9 Lorsqu'ils descendaient de la montagne, Jésus leur fit ce commandement, et leur dit : Ne parlez à personne de ce que vous venez de voir, jusqu'à ce que le Fils de l'homme soit ressuscité d'entre les morts.

10 Ses disciples l'interrogèrent alors, et lui dirent : Pourquoi donc les scribes disent-ils qu'il faut qu'Élie vienne auparavant ?

11 Mais Jésus leur répondit : Il est vrai qu'Élie doit venir, et qu'il rétablira toutes choses.

12 Mais je vous déclare qu'Élie est déjà venu, et ils ne l'ont point connu ; mais ils l'ont traité comme il leur a plu. C'est ainsi qu'ils feront souffrir le Fils de l'homme.

13 Alors ses disciples comprirent que c'était de Jean-Baptiste qu'il leur avait parlé.

14 Lorsqu'il fut venu vers le peuple, un homme s'approcha de lui, qui se jeta à genoux à ses pieds, et lui dit : Seigneur ! ayez pitié de mon fils qui est lunatique, et qui souffre beaucoup : car il tombe souvent dans le feu, et souvent dans l'eau.

15 Je l'ai présenté à vos disciples ; mais ils n'ont pu le guérir.

16 Et Jésus répondit, en disant : Ô race incrédule et dépravée ! jusques à quand serai-je avec vous ? jusques à quand vous souffrirai-je ? Amenez-moi ici cet enfant.

17 Et Jésus ayant menacé le démon, il sortit de l'enfant, lequel fut guéri au même instant.

18 Alors les disciples vinrent trouver Jésus en particulier, et lui dirent : Pourquoi n'avons-nous pu nous autres chasser ce démon ?

19 Jésus leur répondit : C'est à cause de votre incrédulité. Car je vous le dis en vérité, si vous aviez de la foi comme un grain de sénevé, vous diriez à cette montagne, Transporte-toi d'ici là ; et elle s'y transporterait ; et rien ne vous serait impossible.

20 Mais cette sorte *de démons* ne se chasse que par la prière et par le jeûne.

21 Lorsqu'ils étaient en Galilée, Jésus leur dit : Le Fils de l'homme doit être livré entre les mains des hommes ;

22 ils le feront mourir, et il ressuscitera le troisième jour. Ce qui les affligea extrêmement.

23 Étant venus à Capharnaüm, ceux qui recevaient le tribut des deux drachmes, vinrent trouver Pierre, et lui dirent : Votre Maître ne paye-t-il pas le tribut ?

24 Il leur répondit : Oui, *il le paye.* Et étant entré dans le logis, Jésus le prévint, et lui dit : Simon, que vous en semble ? De qui

est-ce que les rois de la terre reçoivent les tributs et les impôts ? est-ce de leurs propres enfants, ou des étrangers ?

25 Des étrangers, répondit Pierre. Jésus lui dit : Les enfants *en* sont donc exempts.

26 Mais afin que nous ne les scandalisions point, allez-vous-en à la mer, et jetez votre ligne, et le premier poisson que vous tirerez de l'eau, prenez-le, et lui ouvrez la bouche ; vous y trouverez une pièce *d'argent* de quatre drachmes, que vous prendrez, et que vous leur donnerez pour moi et pour vous.

CHAPITRE XVIII.

EN ce même temps les disciples s'approchèrent de Jésus, et lui dirent : Qui est le plus grand dans le royaume des cieux ?

2 Jésus ayant appelé un petit enfant, le mit au milieu d'eux,

3 et leur dit : Je vous dis en vérité, que si vous ne vous convertissez, et si vous ne devenez comme de petits enfants, vous n'entrerez point dans le royaume des cieux.

4 Quiconque donc s'humiliera *et* se rendra petit comme cet enfant, celui-là sera le plus grand dans le royaume des cieux ;

5 et quiconque reçoit en mon nom un enfant tel *que je viens de dire*, c'est moi-même qu'il reçoit.

6 Si quelqu'un scandalise un de ces petits qui croient en moi, il vaudrait mieux pour lui qu'on lui pendît au cou une de ces meules qu'un âne tourne, et qu'on le jetât au fond de la mer.

7 Malheur au monde à cause des scandales ! car il est nécessaire qu'il arrive des scandales ; mais malheur à l'homme par qui le scandale arrive !

8 Si votre main ou votre pied vous est un sujet de scandale, coupez-les, et les jetez loin de vous : il vaut bien mieux pour vous que vous entriez dans la vie n'ayant qu'un pied ou qu'une main, que d'en avoir deux et être jeté dans le feu éternel.

9 Et si votre œil vous est un sujet de scandale, arrachez-le, et le jetez loin de vous : il vaut mieux pour vous que vous entriez dans la vie n'ayant qu'un œil, que d'en avoir deux et être précipité dans le feu de l'enfer.

10 Prenez bien garde de ne mépriser aucun de ces petits : je vous déclare que dans le ciel leurs anges voient sans cesse la face de mon Père qui est dans les cieux.

11 Car le Fils de l'homme est venu sauver ce qui était perdu.

12 Si un homme a cent brebis, et qu'une seule vienne à s'égarer, que pensez-vous qu'il fasse alors ? ne laisse-t-il pas les quatre-vingt-dix-neuf autres sur les montagnes, pour aller chercher celle qui s'est égarée ?

13 Et s'il arrive qu'il la trouve, je vous dis en vérité, qu'elle lui cause plus de joie que les quatre-vingt-dix-neuf qui ne se sont point égarées.

14 Ainsi votre Père qui est dans les cieux, ne veut pas qu'un seul de ces petits périsse.

15 Si votre frère a péché contre vous, allez lui représenter sa faute en particulier, entre vous et lui : s'il vous écoute, vous aurez gagné votre frère.

16 Mais s'il ne vous écoute point, prenez encore avec vous une ou deux personnes, afin que tout soit confirmé par l'autorité de deux ou trois témoins.

17 S'il ne les écoute pas non plus, dites-le à l'Église ; et s'il n'écoute pas l'Église même, qu'il soit à votre égard comme un païen et un publicain.

18 Je vous le dis en vérité, tout ce que vous lierez sur la terre, sera lié aussi dans le ciel ; et tout ce que vous délierez sur la terre, sera aussi délié dans le ciel.

19 Je vous dis encore, que si deux d'entre vous s'unissent ensemble sur la terre, quelque chose qu'ils demandent, elle leur sera accordée par mon Père qui est dans les cieux.

20 Car en quelque lieu que se trouvent deux ou trois personnes assemblées en mon nom, je m'y trouve au milieu d'eux.

21 Alors Pierre s'approchant, lui dit : Seigneur ! combien de fois pardonnerai-je à mon frère lorsqu'il aura péché contre moi ? *sera-ce* jusqu'à sept fois ?

22 Jésus lui répondit : Je ne vous dis pas jusqu'à sept fois, mais jusqu'à septante fois sept fois.

23 C'est pourquoi le royaume des cieux est comparé à un roi qui voulut faire rendre compte à ses serviteurs ;

24 et ayant commencé à le faire, on lui en présenta un qui lui devait dix mille talents.

25 Mais comme il n'avait pas le moyen de *les* lui rendre, son maître commanda qu'on le vendît lui, sa femme et ses enfants, et tout ce qu'il avait, pour satisfaire à cette dette.

26 Ce serviteur se jetant à ses pieds, le conjuriait, en lui disant : *Seigneur,* ayez un peu de patience, et je vous rendrai tout.

27 Alors le maître de ce serviteur étant touché de compassion, le laissa aller, et lui remit sa dette.

28 Mais ce serviteur ne fut pas plutôt sorti, que trouvant un de ses compagnons qui lui devait cent deniers, il le prit *à la gorge,* et l'étouffait presque, en lui disant : Rends-moi ce que tu me dois.

29 Et son compagnon se jetant à ses pieds, le conjuriait, en lui disant : Ayez un peu de patience, et je vous rendrai tout.

30 Mais il ne voulut point *l'écouter ;* et il s'en alla le faire mettre en prison, *pour l'y tenir* jusqu'à ce qu'il lui rendît ce qu'il lui devait.

31 Les autres serviteurs, ses compagnons, voyant ce qui se passait, en furent extrêmement affligés, et avertirent leur maître de tout ce qui était arrivé.

32 Alors son maître l'ayant fait venir, lui dit : Méchant serviteur, je vous avais remis tout ce que vous me deviez, parce que vous m'en aviez prié :

33 ne fallait-il donc pas que vous eussiez aussi pitié de votre compagnon, comme j'avais eu pitié de vous ?

34 Et son maître étant ému de colère, le livra entre les mains des bourreaux, jusqu'à ce qu'il payât tout ce qu'il lui devait.

35 C'est ainsi que mon Père qui est dans le ciel vous traitera, si chacun de vous ne pardonne du fond de son cœur à son frère *les fautes qu'il aura commises contre lui.*

CHAPITRE XIX.

JÉSUS ayant achevé ces discours, partit de Galilée, et vint aux confins de la Judée, au delà du Jourdain,

2 où de grandes troupes le suivirent, et il guérit leurs malades au même lieu.

3 Les pharisiens vinrent aussi à lui pour le tenter, et ils lui dirent : Est-il permis à un homme de renvoyer sa femme pour quelque cause que ce soit ?

4 Il leur répondit : N'avez-vous point lu, que celui qui créa l'homme dès le commencement, les créa mâle et femelle, et qu'il *est* dit :

5 Pour cette raison l'homme quittera son père et sa mère, et il s'attachera à sa femme, et ils ne seront plus tous deux qu'une seule chair.

6 Ainsi ils ne sont plus deux, mais une seule chair. Que l'homme donc ne sépare pas ce que Dieu a joint.

7 Mais pourquoi donc, lui dirent-ils, Moïse a-t-il ordonné qu'on donne à sa femme un écrit de séparation, et qu'on la renvoie ?

8 Il leur répondit : C'est à cause de la dureté de votre cœur, que Moïse vous a permis de renvoyer vos femmes : mais cela n'a pas été ainsi dès le commencement.

9 Aussi je vous déclare, que quiconque renvoie sa femme, si ce n'est en cas d'adultère, et en épouse une autre, commet un adultère ; et que celui qui épouse celle qu'un autre a renvoyée, commet aussi un adultère.

10 Ses disciples lui dirent : Si la condition d'un homme est telle à l'égard de sa femme, il n'est pas avantageux de se marier.

11 Il leur dit : Tous ne sont pas capables de cette résolution, mais ceux-là *seulement* à qui il a été donné *d'en haut.*

12 Car il y a des eunuques qui sont nés tels dès le ventre de leur mère ; il y en a que les hommes ont faits eunuques ; et il y en a qui se sont rendus eunuques eux-mêmes pour *gagner* le royaume des cieux. Qui peut comprendre ceci, le comprenne.

13 On lui présenta alors de petits enfants, afin qu'il leur imposât les mains, et qu'il priât *pour eux* : et comme ses disciples les repoussaient avec des paroles rudes,

14 Jésus leur dit : Laissez là ces enfants, et ne les empêchez pas de venir à moi : car le royaume du ciel est pour ceux qui leur ressemblent.

15 Et leur ayant imposé les mains, il partit de là.

16 Alors un *jeune* homme s'approcha, et lui dit : Bon Maître ! quel bien faut-il que je fasse pour acquérir la vie éternelle ?

17 Jésus lui répondit : Pourquoi m'appelez-vous bon ? Il n'y a que Dieu seul qui soit bon. Si vous voulez entrer dans la vie, gardez les commandements.

18 Quels commandements ? lui dit-il. Jésus lui dit : Vous ne tuerez point ; Vous ne commettrez point d'adultère ; Vous ne déroberez point ; Vous ne porterez point de faux témoignage ;

19 Honorez votre père et votre mère ; et. Aimez votre prochain comme vous-même.

20 Ce jeune homme lui répondit : J'ai gardé tous ces commandements dès ma jeunesse : que me manque-t-il encore ?

21 Jésus lui dit : Si vous voulez être parfait, allez, vendez ce que vous avez, et le donnez aux pauvres, et vous aurez un trésor dans le ciel : puis venez, et me suivez.

22 Ce jeune homme entendant ces paroles, s'en alla tout triste ; parce qu'il avait de grands biens.

23 Et Jésus dit à ses disciples : Je vous dis en vérité, qu'il est bien difficile qu'un riche entre dans le royaume des cieux.

24 Je vous le dis encore une fois : il est plus aisé qu'un chameau passe par le trou d'une aiguille, qu'il ne l'est qu'un riche entre dans le royaume des cieux.

25 Ses disciples entendant ces paroles, en furent fort étonnés, et ils disaient : Qui pourra donc être sauvé ?

26 Jésus les regardant, leur dit : Cela est impossible aux hommes ; mais tout est possible à Dieu.

27 Alors Pierre prenant la parole, lui dit : Pour nous autres, vous voyez que nous avons tout quitté, et que nous vous avons suivi : quelle sera donc la récompense que nous en recevrons ?

28 Et Jésus leur dit : Je vous dis en vérité, que pour vous qui m'avez suivi, lorsqu'au temps de la régénération le Fils de l'homme sera assis sur le trône de sa gloire, vous serez aussi assis sur douze trônes, et vous jugerez les douze tribus d'Israël.

29 Et quiconque aura quitté pour mon nom sa maison, ou ses frères, ou ses sœurs, ou son père, ou sa mère, ou sa femme, ou ses enfants, ou ses terres, en recevra le centuple, et aura pour héritage la vie éternelle.

30 Mais plusieurs *qui avaient été les* premiers, seront les derniers ; et *plusieurs qui avaient été* les derniers, *seront* les premiers.

CHAPITRE XX.

LE royaume des cieux est semblable à un père de famille, qui sortit dès le grand matin, afin de louer des ouvriers pour *travailler à sa vigne* :

2 et étant convenu avec les ouvriers qu'ils auraient un denier pour leur journée, il les envoya à sa vigne.

3 Il sortit encore sur la troisième heure *du jour* ; et en ayant vu d'autres qui se tenaient dans la place sans rien faire,

4 il leur dit : Allez-vous-en aussi vous autres à ma vigne, et je vous donnerai ce qui sera raisonnable.

5 Et ils s'y en allèrent. Il sortit encore sur la sixième et sur la neuvième heure *du jour*, et fit la même chose.

6 Enfin étant sorti sur la onzième heure, il en trouva d'autres qui étaient là *sans rien faire*, auxquels il dit : Pourquoi demeurez-vous là tout le long du jour sans travailler ?

7 C'est, lui dirent-ils, que personne ne nous a loués. Et il leur dit : Allez-vous-en aussi vous autres à ma vigne.

8 Le soir étant venu, le maître de la vigne dit à celui qui avait le soin de ses affaires : Appelez les ouvriers, et payez-les, en commençant depuis les derniers jusqu'aux premiers.

9 Ceux donc qui n'étaient venus *à la vigne* que vers la onzième heure, s'étant approchés, reçurent chacun un denier.

10 Ceux qui avaient été loués les premiers venant à leur tour, crurent qu'on leur donnerait davantage ; mais ils ne reçurent non plus qu'un denier chacun :

11 et en le recevant ils murmuraient contre le père de famille,

12 en disant : Ces derniers n'ont travaillé qu'une heure, et vous les rendez égaux à nous, qui avons porté le poids du jour et de la chaleur.

13 Mais pour réponse il dit à l'un d'eux : Mon ami, je ne vous fais point de tort : n'êtes-vous pas convenu avec moi d'un denier *pour votre journée ?*

14 Prenez ce qui vous appartient, et vous en allez : pour moi, je veux donner à ce dernier autant qu'à vous.

15 Ne m'est-il donc pas permis de faire ce que je veux ? Et votre œil est-il mauvais, parce que je suis bon ?

16 Ainsi les derniers seront les premiers, et les premiers seront les derniers : parce qu'il y en a beaucoup d'appelés, mais peu d'élus.

17 Or, Jésus s'en allant à Jérusalem, il prit à part ses douze disciples, et leur dit :

18 Nous allons à Jérusalem, et le Fils de l'homme sera livré aux princes des prêtres et aux scribes, qui le condamneront à la mort,

19 et le livreront aux gentils, afin qu'ils le traitent avec moquerie, et qu'ils le fouettent et le crucifient : et il ressuscitera le troisième jour.

20 Alors la mère des enfants de Zébédée s'approcha de lui avec ses *deux* fils, et l'adora en témoignant qu'elle voulait lui demander quelque chose.

21 Il lui dit : Que voulez-vous ? Ordonnez, lui dit-elle, que mes deux fils que voici soient assis dans votre royaume, l'un à votre droite, et l'autre à votre gauche.

22 Mais Jésus *leur* répondit : Vous ne savez ce que vous demandez, Pouvez-vous boire le calice que je dois boire ? Ils lui dirent : Nous le pouvons.

23 Il leur repartit : Il est vrai que vous boirez le calice que je boirai : mais pour ce qui est d'être assis à ma droite ou à ma gauche, ce n'est pas à moi à vous le donner, mais *ce sera* pour ceux à qui mon Père l'a préparé.

24 Les dix autres *apôtres* ayant entendu ceci, en conçurent de l'indignation contre les deux frères.

25 Et Jésus les ayant appelés à lui, leur dit : Vous savez que les princes des nations les dominent, et que les grands les traitent avec empire.

26 Il n'en doit pas être de même parmi vous : mais que celui qui voudra devenir plus grand parmi vous, soit votre serviteur ;

27 et que celui qui voudra être le premier d'entre vous, soit votre esclave :

28 comme le Fils de l'homme n'est pas venu pour être servi, mais pour servir, et donner sa vie pour la rédemption de plusieurs.

29 Lorsqu'ils sortaient de Jéricho, il fut suivi d'une grande troupe de peuple ;

30 et deux aveugles qui étaient assis le long du chemin, ayant entendu dire que Jésus passait, commencèrent à crier, en disant : Seigneur, Fils de David ! ayez pitié de nous.

31 Et le peuple les reprenait pour les faire taire : mais ils se mirent à crier encore plus haut, en disant : Seigneur, Fils de David ! ayez pitié de nous.

32 Alors Jésus s'arrêta, et les ayant appelés, il leur dit : Que voulez-vous que je vous fasse ?

33 Seigneur ! lui dirent-ils, que nos yeux soient ouverts.

34 Jésus étant donc ému de compassion à leur égard, leur toucha les yeux : et au même moment ils recouvrèrent la vue, et le suivirent.

CHAPITRE XXI.

LORSQU'ILS approchèrent de Jérusalem, et qu'ils furent arrivés à Bethphagé, près de la montagne des Oliviers, Jésus envoya deux de ses disciples,

2 et leur dit : Allez à ce village qui est devant vous, et vous y trouverez en arrivant une ânesse liée, et son ânon auprès d'elle ; déliez-la, et me l'amenez.

3 Si quelqu'un vous dit quelque chose, dites-lui que le Seigneur en a besoin ; et aussitôt il les laissera emmener.

4 Or tout ceci se fit afin que cette parole du prophète fût accomplie :

5 Dites à la fille de Sion : Voici votre Roi qui vient à vous, plein de douceur, monté sur une ânesse, et sur l'ânon de celle qui est sous le joug.

6 Les disciples s'en allèrent donc, et firent ce que Jésus leur avait commandé.

7 Et ayant amené l'ânesse et l'ânon, ils les couvrirent de leurs vêtements, et le firent monter dessus.

8 Une grande multitude de peuple étendit aussi ses vêtements le long du chemin ; les autres coupaient des branches d'arbres, et les jetaient par où il passait :

9 et tous ensemble, tant ceux qui allaient devant lui, que ceux qui le suivaient, criaient : Hosanna, *salut et gloire,* au Fils de David ! béni soit celui qui vient au nom du Seigneur ! Hosanna, *salut et gloire, lui soit* au plus haut des cieux !

10 Lorsqu'il fut entré dans Jérusalem, toute la ville *en* fut émue, et chacun demandait : Qui est celui-ci ?

11 Mais ces peuples *qui l'accompagnaient,* disaient : C'est Jésus le prophète, qui est de Nazareth en Galilée.

12 Jésus étant entré dans le temple de Dieu, chassa tous ceux qui vendaient et qui achetaient dans le temple : il renversa les tables des changeurs, et les sièges de ceux qui y vendaient des colombes ;

13 et il leur dit : Il est écrit : Ma maison sera appelée la maison de la prière : et vous autres vous en avez fait une caverne de voleurs.

14 Alors des aveugles et des boiteux vinrent à lui dans le temple, et il les guérit.

15 Mais les princes des prêtres et les scribes voyant les merveilles qu'il avait faites, et les enfants qui criaient dans le temple, et qui disaient, Hosanna, *salut et gloire,* au Fils de David ! en conçurent de l'indignation,

16 et lui dirent : Entendez-vous bien ce qu'ils disent ? Oui, leur dit Jésus. Mais n'avez-vous jamais lu *cette parole :* Vous avez tiré la louange la plus parfaite de la bouche des petits enfants, et de ceux qui sont à la mamelle ?

17 Et les ayant laissés là, il sortit de la ville, et s'en alla à Béthanie, où il demeura *pendant la nuit.*

18 Le matin, lorsqu'il revenait à la ville, il eut faim ;

19 et voyant un figuier sur le chemin ; il s'en approcha ; mais n'y ayant trouvé que des feuilles, il lui dit : Qu'à jamais il ne naisse de toi aucun fruit. Et au même moment le figuier sécha.

20 Ce que les disciples ayant vu, ils furent saisis d'étonnement, et *se dirent l'un à l'autre :* Comment ce figuier s'est-il séché en un instant ?

21 Alors Jésus leur dit : Je vous dis en vérité, que si vous avez de la foi, et que vous n'hésitiez point *dans votre cœur,* non-seulement vous ferez *ce que vous venez de voir* en ce figuier ; mais quand même vous diriez à cette montagne, Ôte-toi de là, et te jette dans la mer ; cela se fera :

22 et quoi que ce soit que vous demandiez dans la prière avec foi, vous l'obtiendrez.

23 Étant arrivé dans le temple, les princes des prêtres et les sénateurs du peuple *juif* vinrent le trouver comme il enseignait, et lui dirent : Par quelle autorité faites-vous ces choses, et qui vous a donné ce pouvoir ?

24 Jésus leur répondit : J'ai aussi une demande à vous faire : et si vous m'y répondez, je vous dirai par quelle autorité je fais ces choses.

25 D'où était le baptême de Jean, du ciel ou des hommes ? Mais eux raisonnaient *ainsi* en eux-mêmes :

26 Si nous répondons *qu'il était* du ciel, il nous dira : pourquoi-donc n'y avez-vous pas cru ? Et si nous répondons *qu'il était* des hommes, nous avons à craindre le peuple. Car Jean passait pour un prophète dans l'estime de tout le monde.

27 Ils répondirent donc à Jésus : Nous ne savons. Et il leur répondit aussi : Je ne vous dirai point non plus par quelle autorité je fais ces choses.

28 Mais que vous semble *de ce que je vais vous dire ?* Un homme avait deux fils ; et s'adressant au premier, il lui dit : Mon fils, allez-vous-en aujourd'hui travailler à ma vigne.

29 Son fils lui répondit : Je ne veux pas y aller. Mais après, étant touché de repentir, il y alla.

30 Il vint ensuite trouver l'autre, et lui fit le même commandement. Celui-ci répondit : J'y vais, seigneur. Et il n'y alla point.

31 Lequel des deux a fait la volonté de son père ? Le premier, lui dirent-ils. Et Jésus ajouta : Je vous dis en vérité, que les publicains et les femmes prostituées vous devanceront dans le royaume de Dieu.

32 Car Jean est venu à vous dans la voie de la justice, et vous ne l'avez point cru : les publicains au contraire et les femmes prostituées l'ont cru : et vous, après même avoir vu *leur exemple,* vous n'avez point été touchés de repentir, ni portés à le croire.

33 Écoutez une autre parabole : Il y avait un père de famille, qui ayant planté une vigne, l'enferma d'une haie, et creusant dans la terre, il y fit un pressoir, et y bâtit une tour : puis l'ayant louée à des vignerons, il s'en alla en un pays éloigné.

34 Or le temps des fruits étant proche, il envoya ses serviteurs aux vignerons pour recueillir le fruit de sa vigne.

35 Mais les vignerons s'étant saisis de ses serviteurs, battirent l'un, tuèrent l'autre, et en lapidèrent un autre.

36 Il leur envoya encore d'autres serviteurs en plus grand nombre que les premiers, et ils les traitèrent de même.

37 Enfin il leur envoya son *propre* fils, disant en lui-même : Ils auront quelque respect pour mon fils.

38 Mais les vignerons voyant le fils, dirent entre eux : Voici l'héritier ; venez, tuons-le, et nous serons maîtres de son héritage.

39 Ainsi s'étant saisis de lui, ils le jetèrent hors de la vigne, et le tuèrent.

40 Lors donc que le seigneur de la vigne sera venu, comment traitera-t-il ces vignerons ?

41 On lui répondit : Il fera périr misérablement ces méchants, et il louera sa vigne à d'autres vignerons, qui lui en rendront les fruits en leur saison.

42 Jésus ajouta : N'avez-vous jamais lu *cette parole* dans les Écritures : La pierre qui a été rejetée par ceux qui bâtissaient, est devenue la principale pierre de l'angle : c'est ce que le Seigneur a fait, et nos yeux le voient avec admiration.

43 C'est pourquoi je vous déclare, que le royaume de Dieu vous sera ôté, et qu'il sera donné à un peuple qui en produira les fruits.

44 Celui qui se laissera tomber sur cette pierre, s'y brisera ; et elle écrasera celui sur qui elle tombera.

45 Les princes des prêtres et les pharisiens ayant entendu ces paraboles de Jésus, connurent que c'était d'eux qu'il parlait.

46 Et voulant se saisir de lui, ils appréhendèrent le peuple, parce qu'il le regardaient comme un prophète.

CHAPITRE XXII.

JÉSUS parlant encore en paraboles, leur dit :

2 Le royaume des cieux est semblable à un roi qui voulant faire les noces de son fils,

3 envoya ses serviteurs pour appeler aux noces ceux qui y étaient conviés ; mais ils refusèrent d'y venir.

4 Il envoya encore d'autres serviteurs, avec ordre de dire de sa part aux conviés : J'ai préparé mon dîner, j'ai fait tuer mes bœufs et tout ce que j'avais fait engraisser ; tout est prêt : venez aux noces.

5 Mais eux ne s'en mettant point en peine, s'en allèrent, l'un à sa maison des champs, et l'autre à son négoce :

6 les autres se saisirent de ses serviteurs, et les tuèrent, après leur avoir fait plusieurs outrages.

7 Le roi l'ayant appris, en fut ému de colère ; et ayant envoyé ses armées, il extermina ces meurtriers, et brûla leur ville.

8 Alors il dit à ses serviteurs : Le festin des noces est tout prêt ; mais ceux qui y avaient été appelés, n'en ont pas été dignes.

9 Allez donc dans les carrefours, et appelez aux noces tous ceux que vous trouverez.

10 Ses serviteurs s'en allant alors par les rues, assemblèrent tous ceux qu'ils trouvèrent, bons et mauvais ; et la salle des noces fut remplie de personnes qui se mirent à table.

11 Le roi entra ensuite pour voir ceux qui étaient à table ; et y ayant aperçu un homme qui n'était point revêtu de la robe nuptiale,

12 il lui dit : Mon ami, comment êtes-vous entré ici sans avoir la robe nuptiale ? Et cet homme demeura muet.

13 Alors le roi dit à ses gens : Liez-lui les mains et les pieds, et jetez-le dans les ténèbres extérieures : c'est là qu'il y aura des pleurs, et des grincements de dents.

14 Car il y *en* a beaucoup d'appelés, mais peu d'élus.

15 Alors les pharisiens s'étant retirés, firent dessein entre eux de le surprendre dans ses paroles.

16 Ils lui envoyèrent donc leurs disciples avec les hérodiens, lui dire : Maître ! nous savons que vous êtes véritable, et que vous enseignez la voie de Dieu dans la vérité, sans avoir égard à qui que ce soit ; parce que vous ne considérez point la personne dans les hommes :

17 dites-nous donc votre avis sur ceci : *Nous* est-il libre de payer le tribut à César, ou de ne le payer pas ?

18 Mais Jésus connaissant leur malice, leur dit : Hypocrites, pourquoi me tentez-vous ?

19 Montrez-moi la pièce d'argent qu'on donne pour le tribut. Et eux lui ayant présenté un denier,

20 Jésus leur dit : De qui est cette image et cette inscription ?

21 De César, lui dirent-ils. Alors Jésus leur répondit : Rendez donc à César ce qui est à César, et à Dieu ce qui est à Dieu.

22 L'ayant entendu parler de la sorte, ils admirèrent sa réponse ; et le laissant, ils se retirèrent.

23 Ce jour-là les saducéens, qui nient la résurrection, vinrent le trouver, et lui proposèrent une question,

24 en lui disant : Maître ! Moïse a ordonné, que si quelqu'un mourut sans enfants, son frère épousât sa femme, et suscitât des enfants à son frère *mort*.

25 Or il y avait parmi nous sept frères, dont le premier ayant épousé une femme, est mort ; et n'ayant point eu d'enfants, il a laissé sa femme à son frère.

26 La même chose arriva au second, et au troisième, *et à tous les autres,* jusqu'au septième.

27 Enfin cette femme est morte aussi après eux tous.

28 Lors donc que la résurrection arrivera, duquel de ces sept sera-t-elle femme, puisqu'ils l'ont tous eue ?

29 Jésus leur répondit : Vous êtes dans l'erreur, ne comprenant pas les Écritures, ni la puissance de Dieu.

30 Car après la résurrection les hommes n'auront point de femmes, ni les femmes de maris ; mais ils seront comme les anges de Dieu dans le ciel.

31 Et pour ce qui est de la résurrection des morts, n'avez-vous point lu ces paroles que Dieu vous a dites :

32 Je suis le Dieu d'Abraham, le Dieu d'Isaac et le Dieu de Jacob ? Or Dieu n'est point le Dieu des morts, mais des vivants.

33 Et le peuple entendant ceci,était dans l'admiration de sa doctrine.

34 Mais les pharisiens ayant appris qu'il avait fermé la bouche aux saducéens, s'assemblèrent ;

35 et l'un d'eux, qui était docteur de la loi, vint lui faire cette question pour le tenter :

36 Maître ! quel est le grand commandement de la loi ?

37 Jésus lui répondit : Vous aimerez le Seigneur, votre Dieu, de tout votre cœur, de toute votre âme et de tout votre esprit.

38 C'est là le plus grand et le premier commandement.

39 Et voici le second qui est semblable à celui-là : Vous aimerez votre prochain comme vous-même.

40 Toute la loi et les prophètes sont renfermés dans ces deux commandements.

41 Or les pharisiens étant assemblés, Jésus leur fit cette demande,

42 et leur dit : Que vous semble du Christ ? De qui doit-il être fils ? Ils lui répondirent : De David.

43 Et comment donc, leur dit-il, David l'appelle-t-il en esprit *son* Seigneur par ces paroles :

44 Le Seigneur a dit à mon Seigneur : Asseyez-vous à ma droite, jusqu'à ce que je réduise vos ennemis à vous servir de marchepied ?

45 Si donc David l'appelle son Seigneur, comment est-il son fils ?

46 Personne ne put lui rien répondre : et depuis ce jour-là nul n'osa plus lui faire de questions.

CHAPITRE XXIII.

ALORS Jésus parla au peuple et à ses disciples,

2 en leur disant : Les scribes et les pharisiens sont assis sur la chaire de Moïse.

3 Observez donc, et faites tout ce qu'ils vous disent ; mais ne faites pas ce qu'ils font : car ils disent *ce qu'il faut faire,* et ne *le* font pas.

4 Ils lient des fardeaux pesants et insupportables, et les mettent sur les épaules des hommes ; et ils ne veulent pas les remuer du bout du doigt.

5 Ils font toutes leurs actions afin d'être vus des hommes. C'est pourquoi ils portent *les paroles de la loi écrites sur* des bandes de parchemin plus larges que les autres, et ont aussi des franges plus longues *à leurs robes.*

6 Ils aiment les premières places dans les festins, et les premières chaires dans les synagogues.

7 *Ils aiment* qu'on les salue dans les places publiques, et que les hommes les appellent Rabbi, *ou docteurs.*

8 Mais pour vous, ne désirez point qu'on vous appelle Rabbi, *ou docteurs ;* parce que vous n'avez qu'un seul Maître, *ou docteur,* et que vous êtes tous frères.

9 N'appelez aussi personne sur la terre votre père ; parce que vous n'avez qu'un Père, qui est dans les cieux.

10 Et qu'on ne vous appelle point maîtres, *ou conducteurs ;* parce que vous n'avez qu'un Maître, *ou conducteur,* qui est le Christ.

11 Celui qui est le plus grand parmi vous, sera votre serviteur.

12 Car quiconque s'élèvera, sera abaissé ; et quiconque s'abaissera, sera élevé.

13 Mais malheur à vous, scribes et pharisiens hypocrites ! parce que vous fermez aux hommes le royaume des cieux : car vous n'y entrez point vous-mêmes, et vous vous opposez encore à ceux qui désirent d'y entrer.

14 Malheur à vous, scribes et pharisiens hypocrites ! parce que sous prétexte de vos longues prières vous dévorez les maisons des veuves : c'est pour cela que vous recevrez un jugement plus rigoureux.

15 Malheur à vous, scribes et pharisiens hypocrites ! parce que vous courez la mer et la terre pour faire un prosélyte ; et après qu'il l'est devenu, vous le rendez digne de l'enfer deux fois plus que vous.

16 Malheur à vous, conducteurs aveugles ! qui dites : Si un homme jure par le temple, ce n'est rien ; mais quiconque jure par l'or du temple, est obligé à son serment.

17 Insensés et aveugles que vous êtes ! lequel doit-on plus estimer, ou l'or, ou le temple qui sanctifie l'or ?

18 Et si un homme, *dites-vous,* jure par l'autel, ce n'est rien ; mais quiconque jure par le don qui est sur l'autel, est obligé à son serment.

19 Aveugles que vous êtes ! lequel doit-on plus estimer, ou le don, ou l'autel qui sanctifie le don ?

20 Celui donc qui jure par l'autel, jure par l'autel et par tout ce qui est dessus.

21 Et quiconque jure par le temple, jure par le temple et par celui qui y habite.

22 Et celui qui jure par le ciel, jure par le trône de Dieu, et par celui qui y est assis.

23 Malheur à vous, scribes et pharisiens hypocrites ! qui payez la dîme de la menthe, de l'aneth et du cumin, et qui avez abandonné ce qu'il y a de plus important dans la loi : la justice, la miséricorde et la foi. C'était là les choses qu'il fallait pratiquer, sans néanmoins omettre les autres.

24 Conducteurs aveugles ! qui avez grand soin de passer *ce que vous buvez, de peur d'avaler* un moucheron, et qui avalez un chameau.

25 Malheur à vous, scribes et pharisiens hypocrites ! parce que vous nettoyez le dehors de la coupe et du plat, et que vous êtes au dedans pleins de rapine et d'impureté.

26 Pharisien aveugle ! nettoyez premièrement le dedans de la coupe et du plat ; afin que le dehors en soit net *aussi*.

27 Malheur à vous, scribes et pharisiens hypocrites ! parce que vous êtes semblables à des sépulcres blanchis, qui au dehors paraissent beaux aux yeux des hommes ; mais qui au dedans sont pleins d'ossements de morts, et de toute sorte de pourriture.

28 Ainsi au dehors vous paraissez justes aux yeux des hommes ; mais au dedans vous êtes pleins d'hypocrisie et d'iniquité.

29 Malheur à vous, scribes et pharisiens hypocrites ! qui bâtissez des tombeaux aux prophètes, et ornez les monuments des justes,

30 et qui dites : Si nous eussions été du temps de nos pères, nous ne nous fussions pas joints avec eux pour répandre le sang des prophètes.

31 Ainsi vous vous rendez témoignage à vous-mêmes, que vous êtes les enfants de ceux qui ont tué les prophètes.

32 Achevez donc aussi de combler la mesure de vos pères.

33 Serpents, race de vipères ! comment pourrez-vous éviter d'être condamnés au feu de l'enfer ?

34 C'est pourquoi je vais vous envoyer des prophètes, des sages et des scribes ; et vous tuerez les uns, vous crucifierez les autres, vous en fouetterez d'autres dans vos synagogues, et vous les persécuterez de ville en ville :

35 afin que tout le sang innocent qui a été répandu sur la terre, retombe sur vous, depuis le sang d'Abel le juste, jusqu'au sang de Zacharie, fils de Barachie, que vous avez tué entre le temple et l'autel.

36 Je vous le dis en vérité : tout cela viendra *fondre* sur cette race qui est aujourd'hui.

37 Jérusalem, Jérusalem, qui tues les prophètes, et qui lapides ceux qui sont envoyés vers toi, combien de fois ai-je voulu rassembler tes enfants, comme une poule rassemble ses petits sous ses ailes, et tu ne l'as pas voulu !

38 Le temps s'approche que votre maison demeurera déserte.

39 Car je vous déclare que vous ne me verrez plus désormais, jusqu'à ce que vous disiez : Béni soit celui qui vient au nom du Seigneur !

CHAPITRE XXIV.

LORSQUE Jésus sortit du temple pour s'en aller, ses disciples s'approchèrent de lui, pour lui faire remarquer la structure *et la* grandeur de cet édifice.

2 Mais il leur dit : Voyez-vous tous ces bâtiments ? Je vous le dis en vérité, ils seront tellement détruits qu'il n'y demeurera pas pierre sur pierre.

3 Et lorsqu'il était assis sur la montagne des Oliviers, ses disciples s'approchèrent de lui en particulier, et lui dirent : Dites-nous quand ces choses arriveront, et quel signe il y aura de votre avènement et de la consommation du siècle.

4 Et Jésus leur répondit : Prenez garde que quelqu'un ne vous séduise ;

5 parce que plusieurs viendront sous mon nom, disant : Je suis le Christ. Et ils en séduiront plusieurs.

6 Vous entendrez aussi parler de guerres, et de bruits de guerres : mais gardez-vous bien de vous troubler ; car il faut que ces choses arrivent : mais ce ne sera pas encore la fin.

7 Car on verra se soulever peuple contre peuple, et royaume contre royaume ; et il y aura des pestes, des famines et des tremblements de terre en divers lieux.

8 Et toutes ces choses *ne* seront *que* le commencement des douleurs.

9 Alors on vous livrera *aux magistrats* pour être tourmentés, et on vous fera mourir ; et vous serez haïs de toutes les nations à cause de mon nom.

10 En ce même temps plusieurs trouveront des occasions de scandale *et* de chute ; ils se trahiront, et se haïront les uns les autres.

11 Il s'élèvera plusieurs faux prophètes, qui séduiront beaucoup de personnes.

12 Et parce que l'iniquité abondera, la charité de plusieurs se refroidira.

13 Mais celui-là sera sauvé, qui persévérera jusqu'à la fin.

14 Et cet Évangile du royaume sera prêché dans toute la terre, pour *servir de* témoignage à toutes les nations : et c'est alors que la fin arrivera.

15 Quand donc vous verrez que l'abomination de la désolation, qui a été prédite par le prophète Daniel, sera dans le lieu saint (que celui qui lit entende bien ce qu'il lit) :

16 alors, que ceux qui seront dans la Judée, s'enfuient sur les montagnes ;

17 que celui qui sera au haut du toit, n'en descende point pour emporter quelque chose de sa maison ;

18 et que celui qui sera dans le champ, ne retourne point pour prendre ses vêtements.

19 Mais malheur aux femmes qui seront grosses ou nourrices en ces jours-là !

20 Priez donc *Dieu* que votre fuite n'arrive point durant l'hiver, ni au jour du sabbat.

21 Car l'affliction de ce temps-là sera si grande qu'il n'y en a point eu de pareille depuis le commencement du monde jusqu'à présent, et qu'il n'y en aura jamais.

22 Et si ces jours n'avaient été abrégés, nul homme n'aurait été sauvé ; mais ces jours seront abrégés en faveur des élus.

23 Alors si quelqu'un vous dit, Le Christ est ici ; ou Il est là ? ne le croyez point.

24 Car il s'élèvera de faux christs et de faux prophètes, qui feront de grands prodiges et des choses étonnantes, jusqu'à séduire, s'il était possible, les élus mêmes.

25 J'ai voulu vous en avertir auparavant.

26 Si donc on vous dit, Le voici dans le désert ; ne sortez point *pour y aller*. Si *on vous dit*, Le voici dans le lieu le plus retiré de la maison ; ne le croyez point.

27 Car comme un éclair qui sort de l'orient, paraît *tout d'un coup* jusqu'à l'occident, ainsi sera l'avènement du Fils de l'homme.

28 Partout où le corps se trouvera, là les aigles s'assembleront.

29 Aussitôt après ces jours d'affliction, le soleil s'obscurcira et la lune ne donnera plus sa lumière, les étoiles tomberont du ciel, et les puissances des cieux seront ébranlées.

30 Alors le signe du Fils de l'homme paraîtra dans le ciel, et tous les peuples de la terre seront dans les pleurs et dans les gémissements ; et ils verront le Fils de l'homme qui viendra sur les nuées du ciel avec une grande puissance et une grande majesté.

31 Et il enverra ses anges, qui feront entendre la voix éclatante de leurs trompettes, et qui rassembleront ses élus des quatre coins du monde, depuis une extrémité du ciel jusqu'à l'autre.

32 Apprenez une comparaison prise du figuier : Quand ses branches sont déjà tendres, et qu'il pousse des feuilles, vous savez que l'été est proche :

33 de même lorsque vous verrez toutes ces choses, sachez que *le Fils de l'homme* est proche, et *qu'il est comme* à la porte.

34 Je vous dis en vérité, que cette race ne passera point, que toutes ces choses ne soient accomplies.

35 Le ciel et la terre passeront ; mais mes paroles ne passeront point.

36 Quant à ce jour et à cette heure-là, personne n'en a connaissance, non pas même les anges du ciel, mais seulement *mon* Père.

37 Et il arrivera à l'avènement du Fils de l'homme, ce qui arriva au temps de Noé.

38 Car comme dans les derniers jours avant le déluge les hommes mangeaient et buvaient, se mariaient, et mariaient leurs enfants, jusqu'au jour où Noé entra dans l'arche ;

39 et qu'ils ne connurent le *moment du* déluge que lorsqu'il survint et emporta tout le monde : il en sera de même à l'avènement du Fils de l'homme.

40 Alors de deux hommes qui seront dans un champ, l'un sera pris et l'autre laissé.

41 De deux femmes qui moudront à un moulin, l'une sera prise et l'autre laissée.

42 Veillez donc, parce que vous ne savez pas à quelle heure votre Seigneur doit venir.

43 Car sachez que si le père de famille savait à quelle heure *de la nuit* le voleur doit venir, il est sans doute qu'il veillerait, et qu'il ne laisserait pas percer sa maison.

44 Tenez-vous donc aussi, vous autres, toujours prêts ; parce que le Fils de l'homme viendra à l'heure que vous ne pensez pas.

45 Qui est le serviteur fidèle et prudent, que son maître a établi sur tous ses serviteurs, pour leur distribuer dans le temps leur nourriture ?

46 Heureux ce serviteur, si son maître à son arrivée le trouve agissant de la sorte.

47 Je vous dis en vérité, qu'il l'établira sur tous ses biens.

48 Mais si ce serviteur est méchant, et que disant en son cœur, Mon maître n'est pas près de venir ;

49 il se mette à battre ses compagnons, et à manger et à boire avec des ivrognes ;

50 le maître de ce serviteur viendra au jour qu'il ne s'y attend pas, et à l'heure qu'il ne sait pas :

51 il le séparera, et lui donnera *pour* partage *d'être puni* avec les hypocrites : c'est là qu'il y aura des pleurs, et des grincements de dents.

CHAPITRE XXV.

ALORS le royaume des cieux sera semblable à dix vierges, qui ayant pris leurs lampes, s'en allèrent au-devant de l'époux et de l'épouse.

2 Il y en avait cinq d'entre elles qui étaient folles, et cinq qui étaient sages.

3 Les cinq qui étaient folles, ayant pris leurs lampes, ne prirent point d'huile avec elles.

4 Les sages, au contraire, prirent de l'huile dans leurs vases avec leurs lampes.

5 Et l'époux tardant à venir, elles s'assoupirent toutes, et s'endormirent.

6 Mais sur le minuit on entendit un grand cri : Voici l'époux qui vient ; allez au-devant de lui.

7 Aussitôt toutes ces vierges se levèrent, et préparèrent leurs lampes.

8 Mais les folles dirent aux sages : Donnez-nous de votre huile, parce que nos lampes s'éteignent.

9 Les sages leur répondirent : De peur que ce que nous en avons ne suffise pas pour nous et pour vous, allez plutôt à ceux qui en vendent, et achetez-en ce qu'il vous en faut.

10 Mais pendant qu'elles allaient en acheter, l'époux vint, et celles qui étaient prêtes entrèrent avec lui aux noces, et la porte fut fermée.

11 Enfin les autres vierges vinrent aussi, et lui dirent : Seigneur, seigneur, ouvrez-nous !

12 Mais il leur répondit : Je vous le dis en vérité, je ne vous connais point.

13 Veillez donc, parce que vous ne savez ni le jour ni l'heure.

14 Car *le Seigneur agit* comme un homme qui, devant faire un long voyage hors de son pays, appela ses serviteurs, et leur mit son bien entre les mains.

15 Et ayant donné cinq talents à l'un, deux à l'autre, et un à l'autre, selon la capacité différente de chacun d'eux, il partit aussitôt.

16 Celui donc qui avait reçu cinq talents, s'en alla ; il trafiqua avec cet argent, et il en gagna cinq autres.

17 Celui qui en avait reçu deux, en gagna de même encore deux autres.

18 Mais celui qui n'en avait reçu qu'un, alla creuser dans la terre, et y cacha l'argent de son maître.

19 Longtemps après, le maître de ces serviteurs étant revenu, leur fit rendre compte.

20 Et celui qui avait reçu cinq talents, vint *lui* en présenter cinq autres, en lui disant : Seigneur, vous m'aviez mis cinq talents entre les mains : en voici, outre ceux-là, cinq autres que j'ai gagnés.

21 Son maître lui répondit : Ô bon et fidèle serviteur, parce que vous avez été fidèle en peu de chose, je vous établirai sur beaucoup *d'autres* : entrez dans la joie de votre seigneur.

22 Celui qui avait reçu deux talents, vint aussi se présenter *à lui*, et *lui* dit : Seigneur, vous m'aviez mis deux talents entre les mains : en voici, outre ceux-là, deux autres que j'ai gagnés.

23 Son maître lui répondit : Ô bon et fidèle serviteur, parce que vous avez été fidèle en peu de chose, je vous établirai sur beaucoup *d'autres* : entrez dans la joie de votre seigneur.

24 Celui qui n'avait reçu qu'un talent, vint ensuite, et *lui* dit : Seigneur, je sais que vous êtes un homme dur, que vous moissonnez où vous n'avez point semé, et que vous recueillez où vous n'avez rien mis ;

25 c'est pourquoi, comme je vous appréhendais, j'ai été cacher votre talent dans la terre : le voici, je vous rends ce qui est à vous.

26 Mais son maître lui répondit : Serviteur méchant et paresseux, vous saviez que je moissonne où je n'ai point semé, et que je recueille où je n'ai rien mis :

27 vous deviez donc mettre mon argent entre les mains des banquiers, afin qu'à mon retour je retirasse avec usure ce qui est à moi.

28 Qu'on lui ôte donc le talent qu'il a, et qu'on le donne à celui qui a dix talents.

29 Car on donnera à tous ceux qui ont *déjà*, et ils seront comblés de biens ; mais pour celui qui n'a point, on lui ôtera même ce qu'il semble avoir.

30 Et qu'on jette ce serviteur inutile dans les ténèbres extérieures : c'est là qu'il y aura des pleurs, et des grincements de dents.

31 Or, quand le Fils de l'homme viendra dans sa majesté, accompagné de tous les anges, il s'assiéra sur le trône de sa gloire.

32 Et toutes les nations étant assemblées devant lui, il séparera les uns d'avec les autres, comme un berger sépare les brebis d'avec les boucs :

33 et il placera les brebis à sa droite, et les boucs à la gauche.

34 Alors le Roi dira à ceux qui seront à sa droite : Venez, vous qui avez été bénis par mon Père, possédez le royaume qui vous a été préparé dès le commencement du monde.

35 Car j'ai eu faim, et vous m'avez donné à manger ; j'ai eu soif, et vous m'avez donné à boire ; j'ai eu besoin de logement, et vous m'avez logé ;

36 j'ai été nu, et vous m'avez revêtu ; j'ai été malade, et vous m'avez visité ; j'étais en prison, et vous m'êtes venus voir.

37 Alors les justes lui répondront : Seigneur ! quand est-ce que nous vous avons vu avoir faim, et que nous vous avons donné à manger ; ou avoir soif, et que nous vous avons donné à boire ?

38 Quand est-ce que nous vous avons vu sans logement, et que nous vous avons logé ; ou sans habits, et que nous vous avons revêtu ?

39 Et quand est-ce que nous vous avons vu malade, ou en prison, et que nous vous sommes venus visiter ?

40 Et le Roi leur répondra : Je vous le dis en vérité, autant de fois que vous l'avez fait à l'égard de l'un de ces plus petits de mes frères, c'est à moi-même que vous l'avez fait.

41 Il dira ensuite à ceux qui seront à la gauche : Retirez-vous de moi, maudits ! allez au feu éternel, qui a été préparé pour le diable et pour ses anges.

42 Car j'ai eu faim, et vous ne m'avez pas donné à manger ; j'ai eu soif, et vous ne m'avez pas donné à boire ;

43 j'ai eu besoin de logement, et vous ne m'avez pas logé ; j'ai été sans habits, et vous ne m'avez pas revêtu ; j'ai été malade et en prison, et vous ne m'avez pas visité.

44 Alors ils lui répondront aussi : Seigneur ! quand est-ce que nous vous avons vu avoir faim, ou avoir soif, ou sans logement, ou sans habits, ou malade, ou dans la prison ; et que nous avons manqué à vous assister ?

45 Mais il leur répondra : Je vous le dis en vérité, autant de fois que vous avez manqué à rendre ces assistances à l'un de ces plus petits, vous avez manqué à me les rendre à moi-même.

46 Et *alors* ceux-ci iront dans le supplice éternel, et les justes dans la vie éternelle.

CHAPITRE XXVI.

JÉSUS ayant achevé tous ces discours, dit à ses disciples :

2 Vous savez que la pâque se fera dans deux jours ; et le Fils de l'homme sera livré pour être crucifié.

3 Au même temps les princes des prêtres et les anciens du peuple s'assemblèrent dans la cour du grand prêtre, appelé Caïphe ;

4 et tinrent conseil ensemble pour trouver moyen de se saisir adroitement de Jésus, et de le faire mourir.

5 Et ils disaient : Il ne faut point que ce soit pendant la fête, de peur qu'il ne s'excite quelque tumulte parmi le peuple.

6 Or, Jésus étant à Béthanie dans la maison de Simon le lépreux,

7 une femme vint à lui avec un vase d'albâtre, plein d'une huile de parfum de grand prix, qu'elle lui répandit sur la tête lorsqu'il était à table.

8 Ce que ses disciples voyant, ils s'en fâchèrent, et dirent : À quoi bon cette perte ?

9 Car on aurait pu vendre ce parfum bien cher, et en donner l'argent aux pauvres.

10 Mais Jésus sachant *ce qu'ils disaient,* leur dit : Pourquoi faites-vous de la peine à cette femme ? Ce qu'elle vient de faire envers moi est une bonne œuvre.

11 Car vous aurez toujours des pauvres parmi vous ; mais pour moi, vous ne m'aurez pas toujours.

12 Et lorsqu'elle a répandu ce parfum sur mon corps, elle l'a fait pour m'ensevelir *par avance.*

13 Je vous le dis en vérité, partout où sera prêché cet Évangile, *c'est-à-dire,* dans tout le monde, on racontera à la louange de cette femme ce qu'elle vient de faire.

14 Alors un des douze, appelé Judas Iscariote, alla trouver les princes des prêtres,

15 et leur dit : Que voulez-vous me donner, et je vous le livrerai ? Et ils convinrent *de* lui *donner* trente pièces d'argent.

16 Depuis ce temps-la il cherchait une occasion favorable pour le livrer *entre leurs mains.*

17 Or, le premier jour des azymes, les : disciples vinrent trouver Jésus, et lui dirent : Où voulez-vous que nous vous préparions ce qu'il faut pour manger la pâque ?

18 Jésus leur répondit : Allez dans la ville chez un tel, et lui dites : Le Maître vous envoie dire : Mon temps est proche ; je viens faire la pâque chez vous avec mes disciples.

19 Les disciples firent ce que Jésus leur avait commandé, et préparèrent *ce qu'il fallait pour* la pâque.

20 Le soir étant donc venu, il se mit à table avec ses douze disciples.

21 Et lorsqu'ils mangeaient, il leur dit : Je vous dis en vérité, que l'un de vous me trahira.

22 Ce qui leur ayant causé une grande tristesse, chacun d'eux commença à lui dire : Serait-ce moi, Seigneur ?

23 Il leur répondit : Celui qui met la main au plat avec moi, est celui qui me trahira.

24 Pour ce qui est du Fils de l'homme, il s'en va selon ce qui a été écrit de lui ; mais malheur à l'homme par qui le Fils de l'homme sera trahi ! il vaudrait mieux pour lui qu'il ne fût jamais né.

25 Judas, qui fut celui qui le trahit, prenant la parole, lui dit : Maître ! est-ce moi ? Jésus lui répondit : Vous l'avez dit.

26 Or, pendant qu'ils soupaient, Jésus prit du pain ; et l'ayant bénit il le rompit, et le donna à ses disciples, en disant : Prenez, et mangez : ceci est mon corps.

27 Et prenant le calice, il rendit grâces, et le leur donna, en disant : Buvez-en tous :

28 car ceci est mon sang, *le sang* de la nouvelle alliance, qui sera répandu pour plusieurs, pour la rémission des péchés.

29 Or je vous dis, que je ne boirai plus désormais de ce fruit de la vigne, jusqu'à ce jour auquel je le boirai nouveau avec vous dans le royaume de mon Père.

30 Et ayant chanté le cantique *d'action de grâces,* ils s'en allèrent à la montagne des Oliviers.

31 Alors Jésus leur dit : Je vous serai à tous cette nuit une occasion de scandale : car il est écrit : Je frapperai le Pasteur, et les brebis du troupeau seront dispersées.

32 Mais après que je serai ressuscité, j'irai avant vous en Galilée.

33 Pierre lui répondit : Quand vous seriez pour tous les autres un sujet de scandale, vous ne le serez jamais pour moi.

34 Jésus lui repartit : Je vous dis en vérité, qu'en cette même nuit, avant que le coq chante, vous me renoncerez trois fois.

35 Mais Pierre lui dit : Quand il me faudrait mourir avec vous, je ne vous renoncerai point. Et tous les autres disciples dirent aussi la même chose.

36 Alors Jésus arriva avec eux en un lieu appelé Gethsémani ; et il dit à ses disciples : Asseyez-vous ici, pendant que je m'en irai là pour prier.

37 Et ayant pris avec lui Pierre et les deux fils de Zébédée, il commença à s'attrister, et à être dans une grande affliction.

38 Alors il leur dit : Mon âme est triste jusqu'à la mort : demeurez ici, et veillez avec moi.

39 Et s'en allant un peu plus loin, il se prosterna le visage contre terre, priant, et disant : Mon Père ! s'il est possible, *faites* que ce calice s'éloigne de moi : néanmoins *qu'il en soit,* non comme je le veux, mais comme vous voulez.

40 Il vint ensuite vers ses disciples, et les ayant trouvés endormis, il dit à Pierre : Quoi ! vous n'avez pu veiller une heure avec moi ?

41 Veillez et priez, afin que vous ne tombiez point dans la tentation ; l'esprit est prompt, mais la chair est faible.

42 Il s'en alla encore prier une seconde fois, en disant : Mon Père ! si ce calice ne peut passer sans que je le boive, que votre volonté soit faite.

43 Il retourna ensuite vers eux, et les trouva encore endormis, parce que leurs yeux étaient appesantis *de sommeil.*

44 Et les quittant, il s'en alla encore prier pour la troisième fois, disant les mêmes paroles.

45 Après, il vint trouver ses disciples, et leur dit : Dormez maintenant, et vous reposez ! voici l'heure qui est proche, et le Fils de l'homme va être livré entre les mains des pécheurs.

46 Levez-vous, allons : celui qui doit me trahir est près d'ici.

47 Il n'avait pas encore achevé ces mots, que Judas, un des douze, arriva, et avec lui une grande troupe de gens armés d'épées et de bâtons, qui avaient été envoyés par les princes des prêtres, et par les anciens du peuple.

48 Or celui qui le trahissait leur avait donné un signal *pour le connaître,* en leur disant : Celui que je baiserai, c'est celui-là même *que vous cherchez :* saisissez-vous de lui.

49 Aussitôt donc il s'approcha de Jésus, et lui dit : Maître ! je vous salue. Et il le baisa.

50 Jésus lui répondit : *Mon* ami, qu'êtes-vous venu faire ici ? Et en même temps tous les autres s'avançant, se jetèrent sur Jésus, et se saisirent de lui.

51 Alors un de ceux qui étaient avec Jésus, portant la main sur son épée, et la tirant, en frappa un des serviteurs du grand prêtre, et lui coupa une oreille.

52 Mais Jésus lui dit : Remettez votre épée en son lieu : car tous ceux qui prendront l'épée, périront par l'épée.

53 Croyez-vous que je ne puisse pas prier mon Père, et qu'il ne m'enverrait pas ici en même temps plus de douze légions d'anges ?

54 Comment donc s'accompliront les Écritures, *qui déclarent* que cela doit se faire ainsi ?

55 En même temps Jésus s'adressant à cette troupe, leur dit : Vous êtes venus ici armés d'épées et de bâtons pour me prendre, comme si j'étais un voleur : j'étais tous les jours assis au milieu de vous, enseignant dans le temple, et vous ne m'avez point arrêté.

56 Mais tout cela s'est fait afin que ce que les prophètes ont écrit fût accompli. Alors les disciples l'abandonnant, s'enfuirent tous.

57 Ces gens s'étant donc saisis de Jésus, l'emmenèrent chez Caïphe, qui était grand prêtre, où les scribes et les anciens étaient assemblés.

58 Or Pierre le suivait de loin jusqu'à la cour *de la maison* du grand prêtre ; et étant entré, il s'assit avec les gens pour voir la fin *de tout ceci.*

59 Cependant les princes des prêtres et tout le conseil cherchaient un faux témoignage contre Jésus pour le faire mourir :

60 et ils n'en trouvèrent point *qui fût suffisant,* quoique plusieurs faux témoins se fussent présentés. Enfin il vint deux faux témoins,

61 qui dirent : Celui-ci a dit : Je puis détruire le temple de Dieu, et le rebâtir en trois jours.

62 Alors le grand prêtre se levant, lui dit : Vous ne répondez rien à ce que ceux-ci déposent contre vous ?

63 Mais Jésus demeurait dans le silence. Et le grand prêtre lui dit : Je vous commande par le Dieu vivant, de nous dire, si vous êtes le Christ, le Fils de Dieu.

64 Jésus lui répondit : Vous l'avez dit : *je le suis :* mais je vous déclare que vous verrez un jour le Fils de l'homme assis à la droite de la majesté de Dieu, venir sur les nuées du ciel.

65 Alors le grand prêtre déchira ses vêtements, en disant : Il a blasphémé : qu'avons-nous plus besoin de témoins ? Vous venez d'entendre le blasphème :

66 que vous en semble ? Ils répondirent : Il a mérité la mort.

67 Alors on lui cracha au visage, et on le frappa à coups de poing ; et d'autres lui donnèrent des soufflets,

68 en disant : Christ ! prophétise-nous, *et dis* qui est celui qui t'a frappé.

69 Pierre cependant était au dehors, assis dans la cour ; et une servante s'approchant, lui dit : Vous étiez aussi avec Jésus de Galilée.

70 Mais il le nia devant tout le monde, en disant : Je ne sais ce que vous dites.

71 Et lorsqu'il sortait hors de la porte *pour entrer dans le vestibule,* une autre servante l'ayant vu, dit à ceux qui se trouvèrent là : Celui-ci était aussi avec Jésus de Nazareth.

72 Pierre le nia une seconde fois, en disant avec serment : Je ne connais point cet homme.

73 Peu après, ceux qui étaient là s'avançant, dirent à Pierre : Certainement vous êtes aussi de ces gens-là : car votre langage vous fait assez connaître.

74 Il se mit alors à faire des serments exécrables, et à dire en jurant, Qu'il n'avait aucune connaissance de cet homme : et aussitôt le coq chanta.

75 Et Pierre se ressouvint de la parole que Jésus lui avait dite : Avant que le coq chante, vous me renoncerez trois fois. Étant donc sorti dehors, il pleura amèrement.

CHAPITRE XXVII.

LE matin étant venu, tous les princes des prêtres et les sénateurs du peuple *juif,* tinrent conseil contre Jésus pour le faire mourir.

2 Et l'ayant lié, ils l'emmenèrent, et le mirent entre les mains de Ponce Pilate, leur gouverneur.

3 Cependant Judas qui l'avait livré, voyant qu'il était condamné, se repentit *de ce qu'il avait fait ;* et reportant les trente pièces d'argent aux princes des prêtres et aux sénateurs,

4 il leur dit : J'ai péché en livrant le sang innocent. Ils lui répondirent : Que nous importe ? c'est votre affaire.

5 Alors il jeta cet argent dans le temple, et s'étant retiré, il alla se pendre.

6 Mais les princes des prêtres ayant pris l'argent, dirent : Il ne nous est pas permis de le mettre dans le trésor, parce que c'est le prix du sang.

7 Et ayant délibéré là-dessus, ils en achetèrent le champ d'un potier, pour la sépulture des étrangers.

8 C'est pour cela que ce champ est appelé encore aujourd'hui Haceldama, c'est-à-dire, le champ du sang.

9 Ainsi fut accomplie cette parole du prophète Jérémie : Ils ont reçu les trente pièces d'argent, qui étaient le prix de celui qui avait été mis à prix, et dont ils avaient fait le marché avec les enfants d'Israël ;

10 et ils les ont données pour *en acheter* le champ d'un potier, comme le Seigneur me l'a ordonné.

11 Or Jésus fut présenté devant le gouverneur ; et le gouverneur l'interrogea en ces termes : Êtes-vous le Roi des Juifs ? Jésus lui répondit : Vous le dites.

12 Et étant accusé par les princes des prêtres et les sénateurs, il ne répondit rien.

13 Alors Pilate lui dit : N'entendez-vous pas de combien de choses ces personnes vous accusent ?

14 Mais il ne répondit rien à tout ce qu'il put lui dire ; de sorte que le gouverneur en était tout étonné.

15 Or le gouverneur avait accoutumé au jour de la fête *de Pâque,* de délivrer celui des prisonniers que le peuple lui demandait ;

16 et il y en avait alors un insigne, nommé Barabbas.

17 Lorsqu'ils étaient donc tous assemblés, Pilate leur dit : Lequel voulez-vous que je vous délivre, de Barabbas, ou de Jésus, qui est appelé Christ ?

18 Car il savait bien que c'était par envie qu'on l'avait livré *entre ses mains.*

19 Cependant, lorsqu'il était assis dans son siège de justice, sa femme lui envoya dire : Ne vous embarrassez point dans l'affaire de ce juste : car j'ai été aujourd'hui étrangement tourmentée dans un songe à cause de lui.

20 Mais les princes des prêtres et les sénateurs persuadèrent au peuple de demander Barabbas, et de faire périr Jésus.

21 Le gouverneur leur ayant donc dit, Lequel des deux voulez-vous que je vous délivre ? ils lui répondirent : Barabbas.

22 Pilate leur dit : Que ferai-je donc de Jésus, qui est appelé Christ ?

23 Ils répondirent tous : Qu'il soit crucifié. Le gouverneur leur dit : Mais quel mal a-t-il fait ? Et ils se mirent à crier encore plus fort, en disant : Qu'il soit crucifié.

24 Pilate voyant qu'il n'y gagnait rien, mais que le tumulte s'excitait toujours de plus en plus, se fit apporter de l'eau, et se lavant les mains devant le peuple, il leur dit : Je suis innocent du sang de ce juste : ce sera à vous à en répondre.

25 Et tout le peuple lui répondit : Que son sang retombe sur nous et sur nos enfants.

26 Alors il leur délivra Barabbas ; et ayant fait fouetter Jésus, il le remit entre leurs mains pour être crucifié.

27 Les soldats du gouverneur menèrent ensuite Jésus dans le prétoire ; et là ayant assemblé autour de lui toute la cohorte,

28 ils lui ôtèrent ses habits, et le revêtirent d'un manteau d'écarlate ;

29 puis ayant fait une couronne d'épines entrelacées, ils la lui mirent sur la tête, avec un roseau dans la main droite : et se mettant à genoux devant lui, ils se moquaient de lui, en disant : Salut au Roi des Juifs !

30 Et lui crachant au visage, ils prenaient le roseau *qu'il tenait,* et lui en frappaient la tête.

31 Après s'être *ainsi* joués de lui, ils lui ôtèrent ce manteau *d'écarlate ;* et lui ayant remis ses habits, ils l'emmenèrent pour le crucifier.

32 Lorsqu'ils sortaient, ils rencontrèrent un homme de Cyrène, nommé Simon, qu'ils contraignirent de porter la croix de Jésus.

33 Et étant arrivés au lieu appelé Golgotha, c'est-à-dire, le lieu du Calvaire,

34 ils lui donnèrent à boire du vin mêlé de fiel ; mais en ayant goûté, il ne voulut point en boire.

35 Après qu'ils l'eurent crucifié, ils partagèrent entre eux ses vêtements, les jetant au sort : afin que cette parole du prophète fût accomplie : Ils ont partagé entre eux mes vêtements, et ont jeté ma robe au sort.

36 Et s'étant assis, ils le gardaient.

37 Ils mirent aussi au-dessus de sa tête le sujet de sa condamnation, écrit *en ces termes :* C'est Jésus, le Roi des Juifs.

38 En même temps on crucifia avec lui deux voleurs, l'un à sa droite et l'autre à sa gauche.

39 Et ceux qui passaient par là le blasphémaient en branlant la tête,

40 et lui disant : Toi qui détruis le temple de Dieu, et qui le rebâtis en trois jours, que ne te sauves-tu toi-même ? Si tu es le Fils de Dieu, descends de la croix.

41 Les princes des prêtres se moquaient aussi de lui, avec les scribes et les sénateurs, en disant :

42 Il a sauvé les autres, et il ne peut se sauver lui-même. S'il est le Roi d'Israël, qu'il descende présentement de la croix, et nous croirons en lui.

43 Il met sa confiance en Dieu ; si donc Dieu l'aime, qu'il le délivre maintenant, puisqu'il a dit : Je suis le Fils de Dieu.

44 Les voleurs qui étaient crucifiés avec lui, lui faisaient aussi les mêmes reproches.

45 Or, depuis la sixième heure du jour jusqu'à la neuvième, toute la terre fut couverte de ténèbres.

46 Et sur la neuvième heure Jésus jeta un grand cri, en disant : Éli ! Éli ! lamma sabacthani ? c'est-à-dire, Mon Dieu ! mon Dieu ! pourquoi m'avez-vous abandonné ?

47 Quelques-uns de ceux qui étaient présents, l'ayant entendu *crier de la sorte,* disaient : Il appelle Élie.

48 Et aussitôt l'un d'eux courut emplir une éponge de vinaigre ; et l'ayant mise au bout d'un roseau, il lui présenta à boire.

49 Les autres disaient : Attendez, voyons si Élie viendra le délivrer.

50 Mais Jésus jetant encore un grand cri, rendit l'esprit.

51 En même temps le voile du temple se déchira en deux, depuis le haut jusqu'en bas ; la terre trembla ; les pierres se fendirent ;

52 les sépulcres s'ouvrirent ; et plusieurs corps des saints, qui étaient dans le sommeil *de la mort,* ressuscitèrent ;

53 et sortant de leurs tombeaux après sa résurrection, ils vinrent en la ville sainte, et furent vus de plusieurs personnes.

54 Le centenier, et ceux qui étaient avec lui pour garder Jésus, ayant vu le tremblement de terre, et tout ce qui se passait, furent saisis d'une extrême crainte, et dirent : Cet homme était vraiment Fils de Dieu.

55 Il y avait là aussi plusieurs femmes qui se tenaient éloignées, et qui avaient suivi Jésus depuis la Galilée, ayant soin de l'assister ;

56 entre lesquelles étaient Marie-Magdeleine, Marie, mère de Jacques et de Joseph, et la mère des fils de Zébédée.

57 Sur le soir, un homme riche, de la ville d'Arimathie, nommé Joseph, qui était aussi disciple de Jésus,

58 vint trouver Pilate, et lui ayant demandé le corps de Jésus, Pilate commanda qu'on le lui donnât.

59 Joseph ayant donc pris le corps, l'enveloppa dans un linceul blanc,

60 le mit dans son sépulcre, qui n'avait point encore servi, et qu'il avait fait tailler dans le roc ; et après avoir roulé une grande pierre jusqu'à l'entrée du sépulcre, il se retira.

61 Marie-Magdeleine et l'autre Marie étaient là, se tenant assises auprès du sépulcre.

62 Le lendemain, qui était le jour d'après *celui qui est appelé* la préparation *du sabbat,* les princes des prêtres et les pharisiens s'étant assemblés, vinrent trouver Pilate,

63 et lui dirent : Seigneur, nous nous sommes souvenus que cet imposteur a dit, lorsqu'il était encore en vie : Je ressusciterai trois jours après *ma mort.*

64 Commandez donc que le sépulcre soit gardé jusqu'au troisième jour, de peur que ses disciples ne viennent dérober son corps, et ne disent au peuple : Il est ressuscité d'entre les morts. Et ainsi la dernière erreur serait pire que la première.

65 Pilate leur dit : Vous avez des gardes : allez, faites-le garder comme vous l'entendrez.

66 Ils s'en allèrent donc, et pour s'assurer du sépulcre, ils en scellèrent la pierre, et y mirent des gardes.

CHAPITRE XXVIII.

MAIS cette semaine étant passée, le premier jour de la suivante commençait à peine à luire, que Marie-Magdeleine et l'autre Marie vinrent pour voir le sépulcre.

2 Et tout d'un coup il se fit un grand tremblement de terre : car un ange du Seigneur descendit du ciel, et vint renverser la pierre *qui était à l'entrée du sépulcre,* et s'assit dessus.

3 Son visage était *brillant* comme un éclair, et ses vêtements *blancs* comme la neige.

4 Les gardes en furent tellement saisis de frayeur, qu'ils devinrent comme morts.

5 Mais l'ange s'adressant aux femmes, leur dit : Pour vous, ne craignez point : car je sais que vous cherchez Jésus qui a été crucifié :

6 il n'est point ici : car il est ressuscité comme il l'avait dit. Venez, et voyez le lieu où le Seigneur avait été mis ;

7 et hâtez-vous d'aller dire à ses disciples qu'il est ressuscité. Il sera devant vous en Galilée : c'est là que vous le verrez : je vous en avertis auparavant.

8 Ces femmes sortirent aussitôt du sépulcre avec crainte, et avec beaucoup de joie ; et elles coururent annoncer ceci aux disciples.

9 En même temps Jésus se présenta devant elles, et leur dit : Le salut vous soit donné ! Et elles s'approchant, lui embrassèrent les pieds, et l'adorèrent.

10 Alors Jésus leur dit : Ne craignez point. Allez dire à mes frères qu'ils aillent en Galilée : c'est là qu'ils me verront.

11 Pendant qu'elles y allaient, quelques-uns des gardes vinrent à la ville, et rapportèrent aux princes des prêtres tout ce qui s'était passé.

12 Ceux-ci s'étant assemblés avec les sénateurs, et ayant délibéré ensemble, donnèrent une grande somme d'argent aux soldats,

13 en leur disant : Dites que ses disciples sont venus la nuit, et l'ont enlevé pendant que vous dormiez.

14 Et si le gouverneur vient à le savoir, nous l'apaiserons, et nous vous mettrons en sûreté.

15 Les soldats ayant reçu cet argent, firent ce qu'on leur avait dit ; et ce bruit qu'ils répandirent dure encore aujourd'hui parmi les Juifs.

16 Or les onze disciples s'en allèrent en Galilée sur la montagne où Jésus leur avait commandé de se trouver.

17 Et le voyant là, ils l'adorèrent : quelques-uns néanmoins furent en doute.

18 Mais Jésus s'approchant, leur parla ainsi : Toute-puissance m'a été donnée dans le ciel et sur la terre.

19 Allez donc, et instruisez tous les peuples, les baptisant au nom du Père, et du Fils, et du Saint-Esprit ;

20 et leur apprenant à observer toutes les choses que je vous ai commandées. Et assurez-vous que je serai toujours avec vous jusqu'à la consommation des siècles.

ÉVANGILE

DE

SAINT MARC

CHAPITRE PREMIER.

COMMENCEMENT de l'Évangile de Jésus-Christ, Fils de Dieu.

2 Comme il est écrit dans le prophète Isaïe : J'envoie mon ange devant votre face, qui *marchant* devant vous, vous préparera le chemin.

3 *Voici* la voix de celui qui crie dans le désert : Préparez la voie du Seigneur ; rendez droits ses sentiers.

4 *Ainsi* Jean était dans le désert, baptisant, et prêchant un baptême de pénitence pour la rémission des péchés.

5 Tout le pays de la Judée, et tous les habitants de Jérusalem venaient à lui, et confessant leurs péchés, ils étaient baptisés par lui dans le fleuve du Jourdain.

6 Or Jean était vêtu de poil de chameau : il avait une ceinture de cuir autour de ses reins, et vivait de sauterelles et de miel sauvage. Il prêchait, en disant :

7 Il en vient après moi un autre qui est plus puissant que moi : et je ne suis pas digne de délier le cordon de ses souliers, en me prosternant *devant lui.*

8 Pour moi, je vous ai baptisés dans l'eau : mais pour lui, il vous baptisera dans le Saint-Esprit.

9 En ce même temps Jésus vint de Nazareth, *qui est* en Galilée, et fut baptisé par Jean dans le Jourdain.

10 Et aussitôt qu'il fut sorti de l'eau, il vit les cieux s'ouvrir, et l'Esprit comme une colombe, descendre et demeurer sur lui.

11 Et une voix se fit entendre du ciel : Vous êtes mon Fils bien-aimé ; c'est en vous que j'ai mis toute mon affection.

12 Aussitôt après, l'Esprit le poussa dans le désert ;

13 où il demeura quarante jours et quarante nuits. Il *y* fut tenté par Satan ; et il était parmi les bêtes sauvages, et les anges le servaient.

14 Mais après que Jean eut été mis en prison, Jésus vint dans la Galilée, prêchant l'Évangile du royaume de Dieu,

15 et disant : Le temps est accompli, et le royaume de Dieu est proche : faites pénitence, et croyez à l'Évangile.

16 Or, comme il passait le long de la mer de Galilée, il vit Simon et André, son frère, qui jetaient leurs filets dans la mer ; car ils étaient pêcheurs :

17 et Jésus leur dit : Suivez-moi, et je vous ferai devenir pêcheurs d'hommes.

18 En même temps ils quittèrent leurs filets, et le suivirent.

19 De là s'étant un peu avancé, il vit Jacques, *fils* de Zébédée, et Jean, son frère, qui étaient aussi dans une barque, où ils raccommodaient leurs filets :

20 il les appela à l'heure même, et ils le suivirent, ayant laissé dans la barque Zébédée, leur père, avec ceux qui travaillaient pour lui.

21 Ils vinrent ensuite à Capharnaüm ; et Jésus entrant d'abord aux jours du sabbat dans la synagogue, il les instruisait ;

22 et ils étaient étonnés de sa doctrine, parce qu'il les instruisait comme ayant autorité, et non pas comme les scribes.

23 Or il se trouva dans leur synagogue un homme possédé de l'esprit impur, qui s'écria,

24 disant : Qu'y a-t-il entre vous et nous, Jésus de Nazareth ? Êtes-vous venu pour nous perdre ? Je sais qui vous êtes : *vous êtes* le Saint de Dieu.

25 Mais Jésus lui parlant avec menaces, lui dit : Tais-toi, et sors de cet homme.

26 Alors l'esprit impur, l'agitant avec de violentes convulsions, et jetant un grand cri, sortit hors de lui.

27 Tous en furent si surpris qu'ils se demandaient les uns aux autres : Qu'est-ce que ceci ? et quelle est cette nouvelle doctrine ? Il commande avec empire, même aux esprits impurs, et ils lui obéissent.

28 Sa réputation se répandit en même temps dans toute la Galilée.

29 Sitôt qu'ils furent sortis de la synagogue, ils vinrent avec Jacques et Jean en la maison de Simon et d'André.

30 Or la belle-mère de Simon était au lit ayant la fièvre ; ils lui parlèrent aussitôt d'elle ;

31 et lui s'approchant, la prit par la main, et la fit lever. Au même instant la fièvre la quitta, et elle les servait.

32 Sur le soir, le soleil étant couché, ils lui amenèrent tous les malades et les possédés ;

33 et toute la ville était assemblée devant la porte.

34 Il guérit plusieurs personnes de diverses maladies, et il chassa plusieurs démons ; mais il ne leur permettait pas de dire qu'ils le connaissaient.

35 Le lendemain s'étant levé de fort grand matin, il sortit, et s'en alla dans un lieu désert, où il priait.

36 Simon et ceux qui étaient avec lui, l'y suivirent ;

37 et quand ils l'eurent trouvé, ils lui dirent : Tout le monde vous cherche.

38 Il leur répondit : Allons aux villages et aux villes d'ici alentour, afin que j'y prêche aussi : car c'est pour cela que je suis venu.

39 Il prêchait donc dans leurs synagogues, et par toute la Galilée ; et il chassait les démons.

40 Or il vint à lui un lépreux, qui le priant, et se jetant à genoux, lui dit : Si vous voulez, vous pouvez me guérir.

41 Jésus eut pitié de lui ; et étendant la main, il le toucha, et lui dit : Je le veux, soyez guéri.

42 Dès qu'il eut dit cette parole, la lèpre quitta cet homme, et il fut guéri.

43 Jésus le renvoya aussitôt, après lui avoir défendu fortement *d'en parler,*

44 en lui disant : Gardez-vous bien de rien dire de ceci à personne ; mais allez vous montrer au prince des prêtres, et offrez pour votre guérison ce que Moïse a ordonné, afin que cela leur serve de témoignage.

45 Mais cet homme l'ayant quitté, commença à parler de sa guérison, et à la publier partout : de sorte que Jésus ne pouvait plus paraître dans la ville ; mais il se tenait dehors dans des lieux déserts, et on venait à lui de tous côtés.

CHAPITRE II.

QUELQUES jours après il revint à Capharnaüm.

2 Aussitôt qu'on eut entendu dire qu'il était en la maison, il s'y assembla un si grand nombre de personnes, que *ni le dedans du logis,* ni tout l'espace qui était devant la porte, ne pouvait les contenir ; et il leur prêchait la parole *de Dieu.*

3 Alors *quelques-uns* vinrent lui amener un paralytique, qui était porté par quatre hommes.

4 Mais comme ils ne pouvaient le lui présenter à cause de la foule, ils découvrirent le toit *de la maison* où il était, et y ayant fait une ouverture, ils descendirent le lit où le paralytique était couché.

5 Jésus voyant leur foi, dit au paralytique : Mon fils, vos péchés vous sont remis.

6 Or il y avait là quelques scribes assis, qui s'entretenaient de ces pensées dans leur cœur :

7 Que veut dire cet homme ? il blasphème. Qui peut remettre les péchés que Dieu seul ?

8 Jésus connaissant aussitôt par son esprit ce qu'ils pensaient en eux-mêmes, leur dit : Pourquoi vous entretenez-vous de ces pensées dans vos cœurs ?

9 Lequel est le plus aisé, de dire à ce paralytique, Vos péchés vous sont remis ; ou de lui dire, Levez-vous, emportez votre lit, et marchez ?

10 Or, afin que vous sachiez que le Fils de l'homme a sur la terre le pouvoir de remettre les péchés,

11 Levez-vous, dit-il au paralytique, je vous le commande ; emportez votre lit, et vous en allez en votre maison.

12 Il se leva au même instant, emporta son lit, et s'en alla devant tout le monde : de sorte qu'ils furent tous saisis d'étonnement ; et rendant gloire à Dieu, ils disaient : Jamais nous n'avons rien vu de semblable.

13 Jésus étant sorti une autre fois du côté de la mer, tout le peuple venait à lui, et il les enseignait.

14 Et lorsqu'il passait, il vit Lévi, *fils* d'Alphée, assis au bureau des impôts, et il lui dit : Suivez-moi. Il se leva *aussitôt*, et le suivit.

15 Et Jésus étant assis à table dans la maison de cet homme, beaucoup de publicains et de gens de mauvaise vie y étaient assis avec lui et avec ses disciples : car il y en avait même plusieurs qui le suivaient.

16 Les scribes et les pharisiens voyant qu'il mangeait avec les publicains et avec les gens de mauvaise vie, dirent à ses disciples : Pourquoi votre Maître mange-t-il et boit-il avec des publicains et des gens de mauvaise vie ?

17 Ce que Jésus ayant entendu, il leur dit : Ce ne sont pas ceux qui se portent bien, mais les malades, qui ont besoin de médecin. Je ne suis pas venu appeler les justes, mais les pécheurs.

18 Or les disciples de Jean et ceux des pharisiens jeûnaient *souvent* ; et étant venus le trouver, ils lui dirent : Pourquoi les disciples de Jean et ceux des pharisiens jeûnent-ils, et que vos disciples ne jeûnent pas ?

19 Jésus leur répondit : Les amis de l'époux peuvent-ils jeûner pendant que l'époux est avec eux ? *Non, sans doute ;* ils ne peuvent pas jeûner pendant qu'ils ont l'époux avec eux.

20 Mais il viendra un temps où l'époux leur sera ôté ; et ce sera alors qu'ils jeûneront.

21 Personne ne coud une pièce de drap neuf à un vieux vêtement ; autrement la pièce neuve emporterait encore une partie du vieux, et la rupture en deviendrait plus grande.

22 Et on ne met point non plus du vin nouveau dans de vieux vaisseaux ; parce que le vin nouveau romprait les vaisseaux, le vin se répandrait, et les vaisseaux se perdraient ; mais il faut mettre le vin nouveau dans des vaisseaux neufs.

23 Il arriva encore, que le Seigneur passant le long des blés un jour de sabbat, ses disciples en marchant commencèrent à rompre des épis.

24 Sur quoi les pharisiens lui dirent : Pourquoi *vos disciples* font-ils le jour du sabbat ce qu'il n'est pas permis de faire ?

25 Il leur répondit : N'avez-vous jamais lu ce que fit David dans le besoin où il se trouva, lorsque lui et ceux qui l'accompagnaient furent pressés de la faim ?

26 comment il entra dans la maison de Dieu du temps du grand prêtre Abiathar, et mangea les pains de proposition, et en donna *même* à ceux qui étaient avec lui, quoiqu'il n'y eût que les prêtres à qui il fût permis d'en manger.

27 Il leur dit encore : Le sabbat a été fait pour l'homme, et non pas l'homme pour le sabbat.

28 C'est pourquoi le Fils de l'homme est maître du sabbat même.

CHAPITRE III.

JÉSUS entra une autre fois dans la synagogue, où il se trouva un homme qui avait une main sèche.

2 Et ils l'observaient *pour voir* s'il le guérirait un jour de sabbat, afin *d'en prendre sujet* de l'accuser.

3 Alors il dit à cet homme qui avait une main sèche : Levez-vous, *tenez-vous là* au milieu.

4 Puis il leur dit : Est-il permis au jour du sabbat de faire du bien ou du mal ? de sauver la vie, ou de l'ôter ? Et ils demeurèrent dans le silence.

5 Mais lui les regardant avec colère, affligé qu'il était de l'aveuglement de leur cœur, il dit à cet homme : Étendez votre main. Il l'étendit, et elle devint saine.

6 Aussitôt les pharisiens étant sortis, tinrent conseil contre lui avec les hérodiens, sur les moyens de le perdre.

7 Mais Jésus se retira avec ses disciples vers la mer, où une grande multitude de peuple le suivit de Galilée et de Judée,

8 de Jérusalem, de l'Idumée, et de delà le Jourdain ; et ceux des environs de Tyr et de Sidon ayant entendu parler des choses qu'il faisait, vinrent en grand nombre le trouver.

9 Et il dit à ses disciples, qu'ils lui tinssent là une barque, afin qu'elle lui servît pour n'être pas accablé par la foule du peuple.

10 Car comme il en guérissait beaucoup, tous ceux qui étaient affligés de quelque mal, se jetaient sur lui pour le toucher.

11 Et quand les esprits impurs le voyaient, ils se prosternaient devant lui, en criant :

12 Vous êtes le Fils de Dieu. Mais il leur défendait avec de grandes menaces de le découvrir.

13 Il monta ensuite sur une montagne, et il appela à lui ceux que lui-même voulut, et ils vinrent à lui.

14 Il en établit douze pour être avec lui, et pour les envoyer prêcher ;

15 et il leur donna la puissance de guérir les maladies, et de chasser les démons :

16 *Le premier fut* Simon, à qui il donna le nom de Pierre ;

17 puis Jacques, *fils* de Zébédée, et Jean, frère de Jacques, qu'il nomma Boanergès, c'est-à-dire, enfants du tonnerre ;

18 André, Philippe, Barthélemy, Matthieu, Thomas ; Jacques, *fils* d'Alphée ; Thaddée ; Simon le Cananéen,

19 et Judas Iscariote, qui fut celui qui le trahit.

20 Et étant venus en la maison, il s'y assembla une si grande foule *de peuple*, qu'ils ne pouvaient pas même prendre leur repas.

21 Ce que ses proches ayant appris, ils vinrent pour se saisir de lui : car ils disaient qu'il avait perdu l'esprit.

22 Et les scribes qui étaient venus de Jérusalem, disaient : Il est possédé de Béelzébub, et c'est par le prince des démons qu'il chasse les démons.

23 Mais Jésus les ayant appelés auprès de lui, leur disait en parabole : Comment Satan peut-il chasser Satan ?

24 Si un royaume est divisé contre lui-même, il est impossible que ce royaume subsiste ;

25 et si une maison est divisée contre elle-même, il est impossible que cette maison subsiste.

26 Si donc Satan se soulève contre lui-même, le voilà divisé, il est impossible qu'il subsiste : mais il faut que *sa puissance* prenne fin.

27 Nul ne peut entrer dans la maison du fort *armé*, et piller ses armes *et* ce qu'il possède, si auparavant il ne lie le fort, pour pouvoir ensuite piller sa maison.

28 Je vous dis en vérité, que tous les péchés que les enfants des hommes auront commis, et tous les blasphèmes qu'ils auront proférés, leur seront remis ;

29 mais si quelqu'un blasphème contre le Saint-Esprit, il n'en recevra jamais le pardon, et il sera coupable d'un péché éternel.

30 *Il leur dit ceci* sur ce qu'ils l'accusaient d'être possédé de l'esprit impur.

31 Cependant sa mère et ses frères étant venus, et se tenant dehors, envoyèrent l'appeler.

32 Or le peuple était assis autour de lui, et on lui dit : Votre mère et vos frères sont là dehors qui vous demandent.

33 Mais il leur répondit : Qui est ma mère ? et qui sont mes frères ?

34 Et regardant ceux qui étaient assis autour de lui : Voici, dit-il, ma mère et mes frères ;

35 car quiconque fait la volonté de Dieu, celui-là est mon frère, ma sœur et ma mère.

CHAPITRE IV.

IL se mit de nouveau à enseigner auprès de la mer ; et une si grande multitude de personnes s'assembla autour de lui, qu'il monta sur mer dans une barque, et s'y assit, tout le peuple se tenant sur le rivage de la mer ;

2 et il leur enseignait beaucoup de choses en paraboles, et leur disait en sa manière d'instruire :

3 Écoutez : Celui qui sème, s'en alla semer :

4 et lorsqu'il semait, une partie de la semence tomba le long du chemin ; et les oiseaux du ciel étant venus, la mangèrent.

5 Une autre tomba dans des endroits pierreux, où elle n'avait pas beaucoup de terre ; et elle leva aussitôt, parce que la terre n'avait pas de profondeur :

6 le soleil s'étant levé ensuite, elle en fut brûlée ; et comme elle n'avait pas de racine, elle sécha.

7 Une autre tomba dans des épines : et les épines étant venues à croître, l'étouffèrent, et elle ne porta point de fruit.

8 Une autre enfin tomba dans une bonne terre ; et elle porta son fruit, qui poussa et crût *jusqu'à la maturité* : quelques grains rapportant trente *pour un*, d'autres soixante, et d'autres cent.

9 Et il leur disait : Que celui-là l'entende, qui a des oreilles pour entendre.

10 Lorsqu'il fut en particulier, les douze qui le suivaient lui demandèrent *le sens* de cette parabole ;

11 et il leur dit : Pour vous, il vous est donné de connaître le mystère du royaume de Dieu ; mais pour ceux qui sont dehors, tout se passe en paraboles ;

12 afin que voyant ils voient et ne voient pas, et qu'écoutant ils écoutent et ne comprennent pas ; de peur qu'ils ne viennent à se convertir, et que leurs péchés ne leur soient pardonnés.

13 Eh quoi ! leur dit-il encore, n'entendez-vous pas cette parabole ? Comment donc pourrez-vous les entendre toutes ?

14 Celui qui sème, sème la parole.

15 Ceux qui sont *marqués par* ce qui est le long du chemin où la parole est semée, sont ceux qui ne l'ont pas plutôt entendue, que Satan vient et enlève cette parole qui avait été semée dans leurs cœurs.

16 De même ceux qui sont *marqués par* ce qui est semé en des endroits pierreux, sont ceux qui écoutant la parole la reçoivent aussitôt avec joie ;

17 mais n'ayant point en eux-mêmes de racine, ils ne sont que pour un temps ; et lorsqu'il survient des traverses et des persécutions à cause de la parole, ils en prennent aussitôt un sujet de scandale.

18 Les autres, qui sont *marqués par* ce qui est semé parmi les épines, sont ceux qui écoutent la parole ;

19 mais les sollicitudes de ce siècle, l'illusion des richesses, et les autres passions, s'emparant *de leurs esprits*, y étouffent la parole, et font qu'elle demeure sans fruit.

20 Enfin ceux qui sont *marqués par* ce qui est semé dans la bonne terre, sont ceux qui écoutent la parole, qui la reçoivent, et qui portent du fruit, l'un trente *pour un*, l'autre soixante, et l'autre cent.

21 Il leur disait aussi : Fait-on apporter la lampe pour la mettre sous le boisseau, ou sous le lit ? N'est-ce pas pour la mettre sur le chandelier ?

22 Car il n'y a rien de caché qui ne doive être découvert, et rien ne se fait en secret qui ne doive paraître en public.

23 Si quelqu'un a des oreilles pour entendre, qu'il l'entende.

24 Il leur dit encore : Prenez bien garde à ce que vous entendez : *car* on se servira envers vous de la même mesure dont vous vous serez servis envers les autres ; et il vous sera donné encore davantage :

25 car on donnera à celui qui a déjà ; et pour celui qui n'a point, on lui ôtera même ce qu'il a.

26 Il disait aussi : Le royaume de Dieu est semblable à ce qui arrive lorsqu'un homme a jeté de la semence en terre :

27 soit qu'il dorme, ou qu'il se lève durant la nuit et durant le jour, la semence germe et croît sans qu'il sache comment :

28 car la terre produit d'elle-même, premièrement l'herbe, ensuite l'épi, puis le blé tout formé qui remplit l'épi.

29 Et lorsque le fruit est dans sa maturité, on y met aussitôt la faucille ; parce que le temps de la moisson est venu.

30 Il dit encore : À quoi comparerons-nous le royaume de Dieu ? et par quelle parabole le représenterons-nous ?

31 Il est semblable à un grain de sénevé, qui étant la plus petite de toutes les semences qui sont dans la terre, lorsqu'on l'y sème,

32 monte, quand il est semé, jusqu'à devenir plus grand que tous les légumes, et pousse de si grandes branches, que les oiseaux du ciel peuvent se reposer sous son ombre.

33 Il leur parlait ainsi sous diverses paraboles, selon qu'ils étaient capables de l'entendre ;

34 et il ne leur parlait point sans parabole : mais étant en particulier il expliquait tout à ses disciples.

35 Ce même jour sur le soir, il leur dit : Passons à l'autre bord.

36 Et après qu'ils eurent renvoyé le peuple, ils l'emmenèrent avec eux dans la barque où il était, et il y avait encore d'autres barques qui le suivirent.

37 Alors un grand tourbillon de vent s'éleva, et les vagues entraient dans la barque, de telle sorte qu'elle s'emplissait déjà *d'eau*.

38 Jésus cependant était sur la poupe, dormant sur un oreiller ; et ils le réveillèrent, en lui disant : Maître ! ne vous mettez-vous point en peine de ce que nous périssons ?

39 Alors s'étant éveillé, il parla au vent avec menaces, et dit à la mer : Tais-toi, calme-toi. Aussitôt le vent cessa, et il se fit un grand calme.

40 Puis il leur dit : Pourquoi êtes-vous *ainsi* timides ? *Comment* n'avez-vous point encore de foi ? Ils furent saisis d'une extrême crainte ; et ils se disaient l'un à l'autre : Quel est donc celui-ci, à qui les vents et la mer obéissent ?

CHAPITRE V.

AYANT passé la mer, ils vinrent au pays des Géraséniens.

2 Et Jésus ne fut pas plutôt descendu de la barque, qu'un homme possédé de l'esprit impur vint à lui, sortant des sépulcres,

3 où il faisait sa demeure ordinaire ; et personne ne pouvait plus le lier, même avec des chaînes :

4 car souvent ayant les fers aux pieds, et étant lié de chaînes, il avait rompu ses chaînes et brisé ses fers, et nul homme ne le pouvait dompter.

5 Il demeurait jour et nuit dans les sépulcres et sur les montagnes, criant et se meurtrissant lui-même avec des pierres.

6 Ayant donc vu Jésus de loin, il courut *à lui*, et l'adora ;

7 et jetant un grand cri, il lui dit : Qu'y a-t-il entre vous et moi, Jésus, Fils du Dieu très-haut ? Je vous conjure par *le nom de* Dieu, de ne me point tourmenter.

8 Car Jésus lui disait : Esprit impur, sors de cet homme.

9 Et il lui demanda : Comment t'appelles-tu ? À quoi il répondit : Je m'appelle Légion, parce que nous sommes plusieurs.

10 Et il le priait avec instance, de ne le point chasser hors de ce pays-là.

11 Or il y avait là un grand troupeau de pourceaux qui paissaient le long des montagnes ;

12 et *tous* ces démons le suppliaient, en lui disant : Envoyez-nous dans ces pourceaux, afin que nous y entrions.

13 Jésus le leur permit aussitôt ; et ces esprits impurs, sortant *du possédé*, entrèrent dans les pourceaux ; et tout le troupeau, qui était environ de deux mille, courut avec impétuosité se précipiter dans la mer, où ils furent *tous* noyés.

14 Ceux qui menaient paître les pourceaux s'enfuirent, et en allèrent porter la nouvelle dans la ville et dans les champs : *ce qui fit que plusieurs* sortirent pour voir ce qui était arrivé.

15 Et étant venus à Jésus, ils virent celui qui avait été tourmenté par le démon, assis, habillé, et en son bon sens : ce qui les remplit de crainte.

16 Et ceux qui avaient vu *ce qui s'était passé*, leur ayant rapporté tout ce qui était arrivé au possédé et aux pourceaux,

17 ils commencèrent à le prier de sortir de leur pays.

18 Comme il rentrait dans la barque, celui qui avait été tourmenté par le démon, le supplia qu'il lui permît d'aller avec lui :

19 mais Jésus le lui refusa, et lui dit : Allez-vous-en chez vous trouver vos proches, et leur annoncez les grandes grâces que vous avez reçues du Seigneur, et la miséricorde qu'il vous a faite.

20 Cet homme s'en étant allé, commença à publier dans la Décapole les grandes grâces que Jésus lui avait faites ; et tout le monde en était dans l'admiration.

21 Jésus étant encore repassé dans la barque à l'autre bord, lorsqu'il était auprès de la mer une grande multitude de peuple s'assembla autour de lui.

22 Et un chef de synagogue, nommé Jaïre, vint le trouver ; et le voyant, il se jeta à ses pieds ;

23 et il le suppliait avec grande instance, en lui disant : J'ai une fille qui est à l'extrémité : venez lui imposer les mains pour la guérir et lui sauver la vie.

24 Jésus s'en alla avec lui ; et il était suivi d'une grande foule de peuple, qui le pressait.

25 Alors une femme malade d'une perte de sang depuis douze ans,

26 qui avait beaucoup souffert entre les mains de plusieurs médecins, et qui ayant dépensé tout son bien, n'en avait reçu aucun soulagement, mais s'en était *toujours* trouvée plus mal,

27 ayant entendu parler de Jésus, vint dans la foule par derrière, et toucha son vêtement :

28 car elle disait : Si je puis seulement toucher son vêtement, je serai guérie.

29 Au même instant la source du sang *qu'elle perdait* fut séchée, et elle sentit dans son corps qu'elle était guérie de cette maladie.

30 Aussitôt Jésus connaissant en soi-même la vertu qui était sortie de lui, se retourna au milieu de la foule, et dit : Qui est-ce qui a touché mes vêtements ?

31 Ses disciples lui dirent : Vous voyez que la foule vous presse *de tous côtés*, et vous demandez qui vous a touché ?

32 Et il regardait tout autour de lui pour voir celle qui l'avait touché.

33 Mais cette femme, qui savait ce qui s'était passé en elle, étant saisie de crainte et de frayeur, vint se jeter à ses pieds, et lui déclara toute la vérité.

34 Et Jésus lui dit : Ma fille, votre foi vous a sauvée ; allez en paix, et soyez guérie de votre maladie.

35 Lorsqu'il parlait encore, il vint des gens du chef de synagogue, qui lui dirent : Votre fille est morte ; pourquoi voulez-vous donner au Maître la peine d'aller plus loin ?

36 Mais Jésus ayant entendu cette parole, dit au chef de synagogue : Ne craignez point ; croyez seulement.

37 Et il ne permit à personne de le suivre, sinon à Pierre, à Jacques, et à Jean, frère de Jacques.

38 Étant arrivés dans la maison de ce chef de synagogue, il y vit une troupe confuse de personnes qui pleuraient, et qui jetaient de grands cris ;

39 et en entrant il leur dit : Pourquoi faites-vous tant de bruit ? et pourquoi pleurez-vous ? Cette fille n'est pas morte, elle n'est qu'endormie.

40 Et ils se moquaient de lui. Alors ayant fait sortir tout le monde, il prit le père et la mère de l'enfant, et ceux qui étaient *venus* avec lui, et il entra au lieu où la fille était couchée.

41 Il la prit par la main, et lui dit : Talitha, cumi ; c'est-à-dire, *Ma fille, levez-vous, je vous le commande.*

42 Au même instant la fille se leva, et se mit à marcher ; car elle avait douze ans : et ils furent merveilleusement étonnés.

43 Mais il leur commanda très-expressément *de prendre garde* que personne ne le sût ; et il leur dit, qu'on lui donnât à manger.

CHAPITRE VI.

JÉSUS étant sorti de ce lieu, vint en son pays, où ses disciples le suivirent.

2 Le jour du sabbat étant venu, il commença à enseigner dans la synagogue ; et plusieurs *de ceux* qui l'écoutaient étant extraordinairement étonnés de l'entendre ainsi parler, disaient : D'où sont venues à celui-ci toutes ces choses ? Quelle est cette sagesse qui lui a été donnée ? et *d'où vient* que tant de merveilles se font par ses mains ?

3 N'est-ce pas là ce charpentier, ce fils de Marie, frère de Jacques, de Joseph, de Jude et de Simon ? Et ses sœurs ne sont-elles pas ici parmi nous ? Et ils se scandalisaient à son sujet.

4 Mais Jésus leur dit : Un prophète n'est sans honneur que dans son pays, dans sa maison, et parmi ses parents.

5 Et il ne put faire là aucun miracle, sinon qu'il y guérit un petit nombre de malades, en leur imposant les mains ;

6 de sorte qu'il admirait leur incrédulité : il allait cependant enseigner de tous côtés dans les villages d'alentour.

7 Or, Jésus ayant appelé les douze, il commença à les envoyer deux à deux ; et il leur donna puissance sur les esprits impurs.

8 Il leur commanda de s'en aller avec leur bâton seulement, et de ne rien préparer pour le chemin, ni sac, ni pain, ni argent dans leur bourse ;

9 mais de ne prendre que leurs sandales, et de ne se pourvoir point de deux tuniques.

10 Et il leur dit : Quelque part que vous alliez, étant entrés dans une maison, demeurez-y jusqu'à ce que vous sortiez de ce lieu-là ;

11 et lorsqu'il se trouvera des personnes qui ne voudront ni vous recevoir, ni vous écouter, secouez, en vous retirant, la poussière de vos pieds, afin que ce soit un témoignage contre eux.

12 Étant donc partis, ils prêchaient *aux peuples*, qu'ils fissent pénitence ;

13 ils chassaient beaucoup de démons ; ils oignaient d'huile plusieurs malades, et les guérissaient.

14 Or, la réputation de Jésus s'étant beaucoup répandue, le roi Hérode entendit *parler de lui* ; ce qui lui faisait dire : Jean-Baptiste est ressuscité d'entre les morts ; et c'est pour cela qu'il se fait par lui tant de miracles.

15 D'autres disaient : C'est Élie. Mais d'autres encore disaient : C'est un prophète, égal à l'un des *anciens* prophètes.

16 Hérode entendant ces bruits différents, disait : Cet homme est Jean, à qui j'ai fait trancher la tête, et qui est ressuscité d'entre les morts.

17 Car Hérode ayant épousé Hérodiade, quoiqu'elle fût femme de Philippe, son frère, avait envoyé prendre Jean, l'avait fait lier et mettre en prison à cause d'elle ;

18 parce que Jean disait à Hérode : Il ne vous est pas permis d'avoir la femme de votre frère.

19 Depuis cela Hérodiade avait toujours cherché l'occasion de le faire mourir ; mais elle n'avait pu y parvenir,

20 parce qu'Hérode sachant qu'il était un homme juste et saint, le craignait et avait du respect pour lui, faisait beaucoup de choses selon ses avis, et l'écoutait volontiers.

21 Mais enfin il arriva un jour favorable *au dessein d'Hérodiade*, qui fut le jour de la naissance d'Hérode, auquel il fit un festin aux grands de sa cour, aux premiers officiers de ses troupes, et aux principaux de la Galilée :

22 car la fille d'Hérodiade y étant entrée, et ayant dansé devant Hérode, elle lui plut tellement, et à ceux qui étaient à table avec lui, qu'il lui dit : Demandez-moi ce que vous voudrez, et je vous le donnerai.

23 Et il ajouta avec serment : Oui, je vous donnerai tout ce que vous me demanderez, quand ce serait la moitié de mon royaume.

24 Elle étant sortie, dit à sa mère : Que demanderai-je ? Sa mère lui répondit : La tête de Jean-Baptiste.

25 Étant rentrée aussitôt en grande hâte où était le roi, elle fit sa demande, en disant : Je désire que vous me donniez tout présentement, dans un bassin, la tête de Jean-Baptiste.

26 Le roi en fut fort fâché ; néanmoins, à cause du serment qu'il avait fait, et de ceux qui étaient à table avec lui, il ne voulut pas le refuser.

27 Ainsi il envoya un de ses gardes avec ordre d'apporter la tête *de Jean* dans un bassin ; *et ce garde étant allé* dans la prison, lui coupa la tête,

28 l'apporta dans un bassin, et la donna à la fille, et la fille la donna à sa mère.

29 Les disciples de Jean l'ayant su, vinrent prendre son corps, et le mirent dans un tombeau.

30 Or les apôtres s'étant rassemblés auprès de Jésus, lui rendirent compte de tout ce qu'ils avaient fait, et de tout ce qu'ils avaient enseigné.

31 Et il leur dit : Venez vous retirer en particulier dans quelque lieu solitaire, et vous reposez un peu. Car comme il y avait beaucoup de personnes qui venaient vers lui, les uns après les autres, ils n'avaient pas seulement le temps de manger.

32 Étant donc entrés dans une barque, ils se retirèrent à l'écart dans un lieu désert ;

33 mais le peuple les ayant vus partir, et plusieurs *autres* en ayant eu connaissance, ils y accoururent à pied de toutes les villes *voisines*, et ils y arrivèrent avant eux ;

34 de sorte que Jésus sortant *de la barque*, vit une grande multitude de peuple, et il en eut compassion, parce qu'ils étaient comme des brebis qui n'ont point de pasteur ; et il se mit à leur dire beaucoup de choses pour leur instruction.

35 Mais le jour étant déjà fort avancé, ses disciples vinrent à lui, et lui dirent : Ce lieu est désert, et il est déjà tard ;

36 renvoyez-les, afin qu'ils s'en aillent dans les villages et les bourgs d'ici autour, acheter de quoi manger.

37 Il leur répondit : Donnez-leur vous-mêmes à manger. Ils lui repartirent : Irons-nous donc acheter pour deux cents deniers de pain, afin de leur donner à manger ?

38 Jésus leur dit : Combien avez-vous de pains ? allez voir. Et y ayant regardé, ils lui dirent : Nous en avons cinq, et deux poissons.

39 Alors il leur commanda de les faire tous asseoir, en diverses troupes, sur l'herbe verte ;

40 et ils s'assirent en divers rangs, les uns de cent personnes, et les autres de cinquante.

41 Jésus prit donc les cinq pains et les deux poissons ; et levant les yeux au ciel, il *les* bénit ; et ayant rompu les pains, il les donna à ses disciples, afin qu'ils les présentassent au peuple ; et il partagea à tous les deux poissons.

42 Tous en mangèrent, et furent rassasiés.

43 Et *les disciples* remportèrent douze paniers pleins des morceaux qui étaient restés *des pains* et des poissons,

44 *quoique* ceux qui avaient mangé *de ces pains*, fussent au nombre de cinq mille hommes.

45 Il obligea aussitôt ses disciples de monter dans la barque, et de passer avant lui à l'autre bord, vers Bethsaïde, pendant qu'il renverrait le peuple.

46 Et après qu'il l'eut renvoyé, il s'en alla sur la montagne pour prier.

47 Le soir étant venu, la barque se trouvait au milieu de la mer, et Jésus était seul a terre ;

48 et voyant que *ses disciples* avaient grande peine à ramer, parce que le vent leur était contraire, vers la quatrième veille de la nuit il vint à eux marchant sur la mer, et il voulait les devancer.

49 Mais eux le voyant marcher *ainsi* sur la mer, crurent que c'était un fantôme, et ils jetèrent un grand cri ;

50 car ils l'aperçurent tous, et en furent épouvantés. Mais aussitôt il leur parla, et leur dit : Rassurez-vous, c'est moi ; ne craignez point.

51 Il monta ensuite avec eux dans la barque, et le vent cessa ; ce qui augmenta encore beaucoup l'étonnement où ils étaient ;

52 car ils n'avaient pas fait *assez* d'attention sur *le miracle* des pains, parce que leur cœur était aveuglé.

53 Ayant passé l'eau, ils vinrent au territoire de Génésareth, et y abordèrent.

54 Et dès qu'ils furent sortis de la barque, les gens du pays reconnurent Jésus ;

55 et parcourant toute la contrée, ils commencèrent à lui apporter de tous côtés les malades dans des lits, partout où ils entendaient dire qu'il était.

56 Et en quelque lieu qu'il entrât, soit bourgs, villes ou villages, on mettait les malades dans les places publiques, et on le priait de permettre qu'ils pussent seulement toucher la frange de son vêtement ; et tous ceux qui la touchaient, étaient guéris.

CHAPITRE VII.

LES pharisiens et quelques-uns des scribes qui étaient venus de Jérusalem, s'assemblèrent auprès de Jésus.

2 Et ayant vu quelques-uns de ses disciples prendre leur repas avec des mains impures, c'est-à-dire, qui n'avaient pas été lavées, ils les en blâmèrent :

3 car les pharisiens et tous les Juifs ne mangent point sans avoir souvent lavé leurs mains, gardant *en cela* la tradition des anciens ;

4 et lorsqu'ils reviennent de la place publique, ils ne mangent point non plus sans s'être lavés. Ils ont encore beaucoup d'autres observations qu'ils ont reçues, et qu'ils gardent ; comme de laver les coupes, les pots, les vaisseaux d'airain, et les *bois de* lit.

5 C'est pourquoi les pharisiens et les scribes lui dirent : D'où vient que vos disciples n'observent point la tradition des anciens, mais qu'ils prennent leur repas avec des mains impures ?

6 Il leur répondit : C'est avec grande raison qu'Isaïe a fait de vous autres hypocrites cette prophétie qui se lit dans l'Écriture : Ce peuple m'honore des lèvres, mais leur cœur est bien éloigné de moi ;

7 et c'est en vain qu'ils m'honorent, publiant des maximes et des ordonnances humaines.

8 Car laissant là le commandement de Dieu, vous observez avec soin la tradition des hommes, lavant les pots et les coupes, et faisant encore beaucoup d'autres choses semblables.

9 N'êtes-vous donc pas, leur disait-il, des gens bien religieux, de détruire le commandement de Dieu, pour garder votre tradition ?

10 Car Moïse a dit, Honorez votre père et votre mère ; et, Que celui qui outragera de parole son père, ou sa mère, soit puni de mort.

11 Mais vous dites, vous autres : Si un homme dit à son père, ou à sa mère, Tout don que je fais *à Dieu* vous soit utile ; *il satisfait à la loi.*

12 Et vous ne lui permettez pas de rien faire davantage pour son père, ou pour sa mère ;

13 rendant ainsi inutile le commandement de Dieu par votre tradition, que vous-mêmes avez établie ; et vous faites encore beaucoup d'autres choses semblables.

14 Alors ayant appelé de nouveau le peuple, il leur dit : Écoutez-moi tous, et comprenez bien ceci :

15 Rien de ce qui venant de dehors entre dans l'homme, n'est capable de le souiller ; mais ce qui sort de l'homme, est ce qui le souille.

16 Si quelqu'un a des oreilles pour entendre, qu'il l'entende.

17 Après qu'il eut quitté le peuple, et qu'il fut entré dans la maison, ses disciples lui demandèrent ce que voulait dire cette parabole.

18 Et il leur dit : Quoi ! vous avez encore vous-mêmes si peu d'intelligence ? Ne comprenez-vous pas que tout ce qui du dehors entre dans *le corps de* l'homme, ne peut le souiller ;

19 parce que cela n'entre pas dans son cœur, mais cela va dans son ventre, d'où ce qui était impur dans tous les aliments, est séparé, et jeté dans le lieu secret ?

20 Mais ce qui souille l'homme, leur disait-il, c'est ce qui sort de l'homme même.

21 Car c'est du dedans, *c'est-à-dire,* du cœur des hommes, que sortent les mauvaises pensées, les adultères, les fornications, les homicides,

22 les larcins, l'avarice, les méchancetés, la fourberie, la dissolution, l'œil malin *et* envieux, les médisances, l'orgueil, la folie, *et* le dérèglement de l'esprit.

23 Tous ces maux sortent du dedans, et souillent l'homme.

24 Il partit ensuite de ce lieu-là, et s'en alla sur les confins de Tyr et de Sidon ; et étant entré dans une maison, il désirait que personne ne le sût ; mais il ne put être caché :

25 car une femme dont la fille était possédée d'un esprit impur, ayant entendu dire qu'il était là, vint aussitôt se jeter à ses pieds.

26 Elle était païenne, et Syro-Phénicienne de nation. Et elle le suppliait de chasser le démon *du corps* de sa fille.

27 Mais Jésus lui dit : Laissez premièrement rassasier les enfants : car il n'est pas bon de prendre le pain des enfants pour le jeter aux chiens.

28 Elle lui répondit : Il est vrai, Seigneur ! mais les petits chiens mangent au moins sous la table les miettes *du pain* des enfants.

29 Alors il lui dit : À cause de cette parole, allez, le démon est sorti de votre fille.

30 Et s'en étant allée en sa maison, elle trouva que le démon était sorti de sa fille, et qu'elle était couchée sur son lit.

31 Jésus quitta ensuite les confins de Tyr, et retourna par Sidon vers la mer de Galilée, passant au milieu du pays de la Décapole.

32 Et quelques-uns lui ayant présenté un homme qui était sourd et muet, le suppliaient de lui imposer les mains.

33 Alors Jésus le tirant de la foule, et le prenant à part, lui mit ses doigts dans les oreilles, et de sa salive sur la langue ;

34 et levant les yeux au ciel, il jeta un soupir, et lui dit : Éphphétha, c'est-à-dire, Ouvrez-vous.

35 Aussitôt ses oreilles furent ouvertes, et sa langue fut déliée, et il parlait fort distinctement.

36 Il leur défendit de le dire à personne : mais plus il le leur défendait, plus ils le publiaient ;

37 et ils disaient dans l'admiration extraordinaire où ils étaient : Il a bien fait toutes choses ; il a fait entendre les sourds, et parler les muets.

CHAPITRE VIII.

EN ce temps-là le peuple s'étant trouvé encore une fois en fort grand nombre *auprès de Jésus*, et n'ayant point de quoi manger, il appela ses disciples, et leur dit :

2 J'ai compassion de ce peuple ; parce qu'il y a déjà trois jours qu'ils demeurent continuellement avec moi, et ils n'ont rien à manger ;

3 et si je les renvoie en leurs maisons sans avoir mangé, les forces leur manqueront en chemin ; parce que quelques-uns d'eux sont venus de loin.

4 Ses disciples lui répondirent : Comment pourrait-on trouver dans ce désert assez de pain pour les rassasier ?

5 Il leur demanda : Combien avez-vous de pains ? Sept, lui dirent-ils.

6 Alors il commanda au peuple de s'asseoir sur la terre ; il prit les sept pains, et rendant grâces, les rompit, les donna à ses disciples pour les distribuer ; et ils les distribuèrent au peuple.

7 Ils avaient encore quelques petits poissons, qu'il bénit aussi ; et il commanda qu'on les leur distribuât de même.

8 Ils mangèrent donc, et furent rassasiés ; et on remporta sept corbeilles pleines des morceaux qui étaient restés.

9 Or ceux qui mangèrent, étaient environ quatre mille ; et Jésus les renvoya.

10 Aussitôt étant entré dans une barque avec ses disciples, il vint dans le pays de Dalmanutha ;

11 où les pharisiens étant venus le trouver, ils commencèrent à disputer avec lui, et lui demandèrent pour le tenter, *qu'il leur fît voir* quelque prodige dans le ciel.

12 Mais Jésus jetant un soupir du fond du cœur, dit : Pourquoi ces gens-là demandent-ils un prodige ? Je vous le dis en vérité, il ne sera point donné de prodige à ces gens-là.

13 Et les ayant quittés, il remonta dans la barque, et passa à l'autre bord.

14 Or les disciples avaient oublié de prendre des pains, et ils n'en avaient qu'un seul dans leur barque.

15 Jésus leur donna alors ce précepte ; Ayez soin de vous bien garder du levain des pharisiens, et du levain d'Hérode.

16 Sur quoi ils pensaient et se disaient l'un à l'autre : C'est parce que nous n'avons point *pris* de pains.

17 Ce que Jésus connaissant, il leur dit : Pourquoi vous entretenez-vous de cette pensée, que vous n'avez point de pains ? N'avez-vous point encore de sens, ni d'intelligence ? et votre cœur est-il encore dans l'aveuglement ?

18 Aurez-vous *toujours* des yeux sans voir, et des oreilles sans entendre ? et avez-vous perdu la mémoire ?

19 Lorsque je rompis les cinq pains pour cinq mille hommes, combien remportâtes-vous de paniers pleins de morceaux ? Douze, lui dirent-ils.

20 Et lorsque je rompis les sept pains pour quatre mille hommes, combien remportâtes-vous de corbeilles pleines de morceaux ? Sept, lui dirent-ils.

21 Et il ajouta : Comment *donc* ne comprenez-vous pas encore *ce que je vous dis* ?

22 Étant arrivés à Bethsaïde, on lui amena un aveugle, qu'on le pria de toucher.

23 Et prenant l'aveugle par la main, il le mena hors du bourg, lui mit de la salive sur les yeux ; et lui ayant imposé les mains, il lui demanda s'il voyait quelque chose.

24 Cet homme regardant, lui dit : Je vois marcher des hommes *qui me paraissent* comme des arbres.

25 Jésus lui mit encore une fois les mains sur les yeux, et il commença à *mieux* voir ; et *enfin* il fut tellement guéri, qu'il voyait distinctement toutes choses.

26 Il le renvoya ensuite dans sa maison, et lui dit : Allez-vous-en en votre maison ; et si vous entrez dans le bourg, n'y dites à personne *ce qui vous est arrivé*.

27 Jésus partit de là avec ses disciples, pour s'en aller dans les villages *qui sont aux environs* de Césarée de Philippe ; et il leur fit en chemin cette question : Qui dit-on que je suis ?

28 Ils lui répondirent : *Les uns disent que vous êtes* Jean-Baptiste ; les autres, Élie ; les autres, *que vous êtes* égal à l'un des *anciens* prophètes.

29 Mais vous, leur dit-il alors, qui dites-vous que je suis ? Pierre lui répondit : Vous êtes le Christ.

30 Et il leur défendit avec menaces de le dire à personne.

31 Il commença en même temps à leur déclarer, qu'il fallait que le Fils de l'homme souffrît beaucoup ; qu'il fût rejeté par les sénateurs, par les princes des prêtres et par les scribes ; qu'il fût mis à mort, et qu'il ressuscitât trois jours après ;

32 et il en parlait tout ouvertement. Alors Pierre le tirant à part, commença à le reprendre.

33 Mais lui se retournant, et regardant ses disciples, reprit Pierre, et lui dit : Retirez-vous de moi, Satan ! parce que vous n'avez point de goût pour les choses de Dieu, mais seulement pour celles de la terre.

34 Et appelant à soi le peuple avec ses disciples, il leur dit : Si quelqu'un veut venir après moi, qu'il renonce à soi-même, qu'il porte sa croix, et qu'il me suive.

35 Car celui qui voudra se sauver soi-même, se perdra ; et celui qui se perdra pour l'amour de moi et de l'Évangile, se sauvera.

36 En effet, que servirait à un homme de gagner tout le monde, et de se perdre soi-même ?

37 Et *s'étant perdu une fois*, par quel échange pourra-t-il se racheter ?

38 Car si quelqu'un rougit de moi et de mes paroles parmi cette race adultère et pécheresse, le Fils de l'homme rougira aussi de lui, lorsqu'il viendra accompagné des saints anges dans la gloire de son Père.

39 Et il ajouta : Je vous dis en vérité, qu'il y en a quelques-uns de ceux qui sont ici qui ne mourront point, qu'ils n'aient vu arriver le règne de Dieu dans sa puissance.

CHAPITRE IX.

SIX jours après, Jésus ayant pris Pierre, Jacques et Jean, les mena seuls *avec lui* sur une haute montagne à l'écart ; et il fut transfiguré devant eux.

2 Ses vêtements devinrent tout brillants de lumière, et blancs comme la neige, en sorte qu'il n'y a point de foulon sur la terre qui puisse en faire d'aussi blancs.

3 Et ils virent paraître Élie et Moïse, qui s'entretenaient avec Jésus.

4 Alors Pierre dit à Jésus : Maître ! nous sommes bien ici ; faisons-y trois tentes : une pour vous, une pour Moïse, et une pour Élie.

5 Car il ne savait ce qu'il disait, tant ils étaient effrayés.

6 En même temps il parut une nuée qui les couvrit ; et il sortit de cette nuée une voix qui fit entendre ces mots : Celui-ci est mon Fils bien-aimé ; écoutez-le.

7 Aussitôt regardant de tous côtés, ils ne virent plus personne que Jésus, qui était demeuré seul avec eux.

8 Lorsqu'ils descendaient la montagne, il leur commanda de ne parler à personne de ce qu'ils avaient vu, jusqu'à ce que le Fils de l'homme fût ressuscité d'entre les morts.

9 Et ils tinrent la chose secrète, s'entre-demandant ce qu'il voulait dire par ce mot : Jusqu'à ce que *le Fils de l'homme* fût ressuscité d'entre les morts.

10 Alors ils lui demandèrent : Pourquoi donc les pharisiens et les scribes disent-ils, qu'il faut qu'Élie vienne auparavant ?

11 Il leur répondit : Il est vrai qu'auparavant Élie doit venir, et rétablir toutes choses ; et qu'il souffrira beaucoup, et sera rejeté avec le même mépris qu'il a été écrit que le Fils de l'homme doit l'être.

12 Mais je vous dis qu'*il est vrai* aussi qu'Élie est déjà venu, selon ce qui avait été écrit de lui ; et ils lui ont fait *souffrir* tout ce qu'ils ont voulu.

13 Lorsqu'il fut venu au lieu où étaient ses *autres* disciples, il vit une grande multitude de personnes autour d'eux, et des scribes qui disputaient avec eux.

14 Aussitôt tout le peuple ayant aperçu Jésus, fut saisi d'étonnement et de frayeur ; et étant accourus, ils le saluèrent.

15 Alors il leur demanda : De quoi disputez-vous ensemble ?

16 Et un homme d'entre le peuple prenant la parole, *lui* dit : Maître ! je vous ai amené mon fils, qui est possédé d'un esprit muet ;

17 et en quelque lieu qu'il se saisisse de lui, il le jette contre terre, et l'enfant écume, grince les dents, et devient tout sec. J'ai prié vos disciples de le chasser ; mais ils ne l'ont pu.

18 Jésus leur répondit : Ô gens incrédules ! jusques à quand serai-je avec vous ? jusques à quand vous souffrirai-je ? Amenez-le-moi.

19 Ils le lui amenèrent ; et il n'eut pas plutôt vu Jésus, que l'esprit commença à l'agiter avec violence, et il tomba par terre, où il se roulait en écumant.

20 Jésus demanda au père de l'enfant : Combien y a-t-il que cela lui arrive ? Dès son enfance, dit le père ;

21 et *l'esprit* l'a souvent jeté tantôt dans le feu, et tantôt dans l'eau, pour le faire périr : mais si vous pouvez quelque chose, ayez compassion de nous, et nous secourez.

22 Jésus lui répondit : Si vous pouvez croire, tout est possible à celui qui croit.

23 Aussitôt le père de l'enfant s'écriant, lui dit avec larmes : Seigneur ! je crois ; aidez *moi dans* mon incrédulité.

24 Et Jésus voyant que le peuple accourait en foule, parla avec menaces à l'esprit impur, et lui dit : Esprit sourd et muet, sors de cet enfant, je te le commande, et n'y rentre plus.

25 Alors *cet esprit* ayant jeté un grand cri, et l'ayant agité par de violentes convulsions, sortit, et l'enfant demeura comme mort ; de sorte que plusieurs disaient qu'il était mort.

26 Mais Jésus l'ayant pris par la main, et le soulevant, il se leva.

27 Lorsque Jésus fut entré dans la maison, ses disciples lui dirent en particulier : D'où vient que nous n'avons pu chasser ce démon ?

28 Il leur répondit : Ces sortes *de démons* ne peuvent être chassés par aucun autre moyen que par la prière et par le jeûne.

29 Au sortir de ce lieu, ils traversèrent la Galilée ; et il voulait que personne ne le sût.

30 Cependant il instruisait ses disciples, et leur disait : Le Fils de l'homme sera livré entre les mains des hommes, et ils le feront mourir, et il ressuscitera le troisième jour après sa mort.

31 Mais ils n'entendaient rien à ce discours ; et ils craignaient de lui en demander l'éclaircissement.

32 Ils vinrent ensuite à Capharnaüm ; et lorsqu'ils furent à la maison, il leur demanda : De quoi disputiez-vous *ensemble* pendant le chemin ?

33 Mais ils demeurèrent dans le silence ; parce que le sujet de la dispute qu'ils avaient eue entre eux dans le chemin, avait été qui d'entre eux était le plus grand.

34 Et s'étant assis, il appela les douze, et leur dit : Si quelqu'un veut être le premier, il sera le dernier de tous, et le serviteur de tous.

35 Puis il prit un petit enfant qu'il mit au milieu d'eux ; et l'ayant embrassé, il leur dit :

36 Quiconque reçoit en mon nom un petit enfant comme celui-ci, me reçoit ; et quiconque me reçoit, ne me reçoit pas *seulement*, mais *il reçoit* celui qui m'a envoyé.

37 Alors Jean prenant la parole, lui dit : Maître ! nous avons vu un homme qui chasse les démons en votre nom, *quoiqu'*il ne nous suive pas ; et nous l'en avons empêché.

38 Mais Jésus lui répondit : Ne l'en empêchez pas : car il n'y a personne qui ayant fait un miracle en mon nom, puisse aussitôt après parler mal de moi.

39 Qui n'est pas contre vous, est pour vous ;

40 et quiconque vous donnera à boire *seulement* un verre d'eau en mon nom, parce que vous appartenez au Christ, je vous dis en vérité, qu'il ne perdra point sa récompense.

41 Mais si quelqu'un est un sujet de scandale à l'un de ces petits qui croient en moi, il vaudrait mieux pour lui qu'on lui attachât au cou une de ces meules qu'un âne tourne, et qu'on le jetât dans la mer.

42 Et si votre main vous est un sujet de scandale, coupez-la : il vaut mieux pour vous que vous entriez dans la vie n'ayant qu'une main, que d'en avoir deux et d'aller en enfer, dans ce feu qui brûle éternellement ;

43 où le ver qui les ronge ne meurt point, et où le feu ne s'éteint jamais.

44 Et si votre pied vous est un sujet de scandale, coupez-le ; il vaut mieux pour vous, que n'ayant qu'un pied vous entriez dans la vie éternelle, que d'en avoir deux et être précipité dans l'enfer, dans ce feu qui brûle éternellement ;

45 où le ver qui les ronge ne meurt point, et où le feu ne s'éteint jamais.

46 Et si votre œil vous est un sujet de scandale, arrachez-le : il vaut mieux pour vous, que n'ayant qu'un œil vous entriez dans le royaume de Dieu, que d'en avoir deux et être précipité dans le feu de l'enfer ;

47 où le ver qui les ronge ne meurt point, et où le feu ne s'éteint jamais.

48 Car ils doivent tous être salés par le feu, comme toute victime doit être salée avec le sel.

49 Le sel est bon ; mais si le sel devient fade, avec quoi l'assaisonnerez-vous ? Ayez du sel en vous, et conservez la paix entre vous.

CHAPITRE X.

JÉSUS étant parti de ce lieu, vint aux confins de la Judée *par le pays qui est* au delà du Jourdain ; et le peuple s'étant encore assemblé auprès de lui, il recommença aussi à les instruire, selon sa coutume.

2 Les pharisiens y étant venus, lui demandèrent pour le tenter : Est-il permis à un homme de renvoyer sa femme ?

3 Mais il leur répondit : que vous a ordonné Moïse ?

4 Ils lui repartirent : Moïse a permis de renvoyer sa femme, en lui donnant un écrit par lequel on déclare qu'on la répudie.

5 Jésus leur dit : C'est à cause de la dureté de votre cœur qu'il vous a fait cette ordonnance.

6 Mais dès le commencement du monde, Dieu *ne* forma *qu'*un homme et une femme.

7 C'est pourquoi *il est dit* : L'homme quittera son père et sa mère, et il s'attachera à sa femme ;

8 et ils ne seront plus tous deux qu'une seule chair. Ainsi ils ne sont plus deux, mais une seule chair.

9 Que l'homme donc ne sépare pas ce que Dieu a joint.

10 Étant dans la maison, ses disciples l'interrogèrent encore sur le même sujet ;

11 et il leur dit : Quiconque renvoie sa femme et en épouse une autre, commet un adultère à l'égard de celle *qu'il a renvoyée* ;

12 et si une femme quitte son mari et en épouse un autre, elle commet un adultère.

13 Alors on lui présenta de petits enfants, afin qu'il les touchât ; et comme ses disciples repoussaient avec des paroles rudes ceux qui les lui présentaient,

14 Jésus le voyant s'en fâcha, et leur dit : Laissez venir à moi les petits enfants, et ne les *en* empêchez point : car le royaume de Dieu est pour ceux qui leur ressemblent.

15 Je vous le dis en vérité, quiconque ne recevra point le royaume de Dieu comme un enfant, n'y entrera point.

16 Et les ayant embrassés, il les bénit en leur imposant les mains.

17 Comme il sortait pour se mettre en chemin, un *jeune* homme accourut, et se mettant à genoux devant lui, lui dit : Bon Maître ! que dois-je faire pour acquérir la vie éternelle ?

18 Jésus lui répondit : Pourquoi m'appelez-vous bon ? Il n'y a que Dieu seul qui soit bon.

19 Vous savez les commandements : Vous ne commettrez point d'adultère ; Vous ne tuerez point ; Vous ne déroberez point ; Vous ne porterez point de faux témoignage ; Vous ne ferez tort à personne ; Honorez votre père et votre mère.

20 Il lui répondit : Maître ! j'ai observé toutes ces choses dès ma jeunesse.

21 Et Jésus jetant la vue sur lui, l'aima, et lui dit : Il vous manque encore une chose : allez, vendez tout ce que vous avez, donnez-le aux pauvres, et vous aurez un trésor dans le ciel ; puis venez, et me suivez.

22 Mais cet homme, affligé de ces paroles, s'en alla tout triste, parce qu'il avait de grands biens.

23 Alors Jésus regardant autour de lui, dit à ses disciples : Qu'il est difficile que ceux qui ont des richesses, entrent dans le royaume de Dieu !

24 Et comme les disciples étaient *tout* étonnés de ce discours, Jésus ajouta : Mes enfants, qu'il est difficile que ceux qui mettent leur confiance dans les richesses, entrent dans le royaume de Dieu !

25 Il est plus aisé qu'un chameau passe par le trou d'une aiguille, qu'il ne l'est qu'un riche entre dans le royaume de Dieu.

26 Ils furent remplis d'un étonnement beaucoup plus grand, et ils se disaient l'un à l'autre : Et qui peut donc être sauvé ?

27 Mais Jésus les regardant, *leur* dit : Cela est impossible aux hommes, mais non pas à Dieu : car tout est possible à Dieu.

28 Alors Pierre prenant la parole, lui dit : Pour nous, vous voyez que nous avons tout quitté, et que nous vous avons suivi.

29 Jésus répondit : Je vous le dis en vérité, personne ne quittera pour moi et pour l'Évangile sa maison, ou ses frères, ou ses sœurs, ou son père, ou sa mère, *ou sa femme,* ou ses enfants, ou ses terres,

30 que présentement dans ce siècle même il ne reçoive cent fois autant de maisons, de frères, de sœurs, de mères, d'enfants et de terres, avec des persécutions ; et dans le siècle à venir, la vie éternelle.

31 Mais plusieurs *qui auront été les* premiers, seront les derniers ; et *plusieurs qui auront été les* derniers, seront les premiers.

32 Lorsqu'ils étaient en chemin pour aller à Jerusalem, Jésus marchait devant eux, et ils étaient tout étonnés, et le suivaient saisis de crainte. Et Jésus prenant à part de nouveau les douze *disciples*, commença à leur dire ce qui devait lui arriver :

33 Nous allons, comme vous voyez, à Jérusalem ; et le Fils de l'homme sera livré aux princes des prêtres, aux scribes et aux sénateurs ; ils le condamneront à la mort, et le livreront aux gentils ;

34 ils lui insulteront, lui cracheront au visage, le fouetteront, le feront mourir ; et il ressuscitera le troisième jour.

35 Alors Jacques et Jean, fils de Zébédée, vinrent à lui, et lui dirent : Maître ! nous voudrions bien que vous fissiez pour nous ce que nous vous demanderons.

36 Il leur répondit : Que voulez-vous que je fasse pour vous ?

37 Accordez-nous, lui dirent-ils, que dans votre gloire nous soyons assis, l'un à votre droite, et l'autre à votre gauche.

38 Mais Jésus leur répondit : Vous ne savez ce que vous demandez. Pouvez-vous boire le calice que je dois boire, et être baptisés du baptême dont je dois être baptisé ?

39 Ils lui dirent : Nous le pouvons. Et Jésus repartit : Vous boirez en effet le calice que je dois boire, et vous serez baptisés du baptême dont je dois être baptisé :

40 mais pour ce qui est d'être assis à ma droite ou à ma gauche, ce n'est point à moi à vous le donner ; mais *ce sera* pour ceux à qui il a été préparé.

41 Et les dix *autres apôtres* ayant entendu ceci, en conçurent de l'indignation contre Jacques et Jean.

42 Mais Jésus les appelant à lui, leur dit : Vous savez que ceux qui sont regardés comme les maîtres des peuples, les dominent, et que leurs princes les traitent avec empire.

43 Il n'en doit pas être de même parmi vous ; mais si quelqu'un veut y devenir le plus grand, il faut qu'il soit prêt à vous servir ;

44 et quiconque voudra être le premier d'entre vous, doit être le serviteur de tous.

45 Car le Fils de l'homme même n'est pas venu pour être servi, mais pour servir, et donner sa vie pour la rédemption de plusieurs.

46 Après cela ils vinrent à Jéricho ; et comme il sortait de Jéricho avec ses disciples, suivi d'une grande troupe de peuple, un aveugle, *nommé* Bartimée, fils de Timée, qui était assis sur le chemin pour demander l'aumône,

47 ayant appris que c'était Jésus de Nazareth, se mit à crier : Jésus, Fils de David ! ayez pitié de moi.

48 Et plusieurs le reprenaient, et lui disaient qu'il se tût ; mais il criait encore beaucoup plus haut : Fils de David ! ayez pitié de moi.

49 Alors Jésus s'étant arrêté, commanda qu'on l'appelât. Et quelques-uns appelèrent l'aveugle, en lui disant : Ayez bonne espérance ; levez-vous, il vous appelle.

50 Aussitôt il jeta son manteau, et se levant il vint à Jésus.

51 Et Jésus lui dit : Que voulez-vous que je vous fasse ? L'aveugle lui répondit : Maître ! *faites* que je voie.

52 Allez, lui dit Jésus ; votre foi vous a sauvé. Et il vit au même instant, et il suivait Jésus dans le chemin.

CHAPITRE XI.

LORSQU'ILS approchaient de Jérusalem, étant près de Béthanie, vers la montagne des Oliviers, il envoya deux de ses disciples,

2 et leur dit : Allez à ce village qui est devant vous ; et sitôt que vous y serez entrés, vous trouverez un ânon lié, sur lequel nul homme n'a encore monté ; déliez-le, et me l'amenez.

3 Si quelqu'un vous demande, Pourquoi faites-vous cela ? dites-lui : C'est que le Seigneur en a besoin. Et aussitôt il le laissera amener ici.

4 S'en étant donc allés, ils trouvèrent l'ânon qui était attaché dehors auprès d'une porte entre deux chemins, et ils le délièrent.

5 Quelques-uns de ceux qui étaient là, leur dirent : Que faites-vous ? Pourquoi déliez-vous cet ânon ?

6 Ils leur répondirent comme Jésus leur avait ordonné ; et ils le leur laissèrent emmener.

7 Ainsi ayant amené l'ânon à Jésus, ils le couvrirent de leurs habits, et il monta dessus.

8 Plusieurs aussi étendirent leurs vêtements le long du chemin : d'autres coupaient des branches d'arbres, et les jetaient par où il passait.

9 Et tant ceux qui marchaient devant, que ceux qui suivaient, criaient : Hosanna, *salut et gloire !*

10 Béni soit celui qui vient au nom du Seigneur ! béni soit le règne de notre père David, que nous voyons arriver ! Hosanna, *salut et gloire,* au plus haut des cieux !

11 Jésus étant ainsi entré dans Jérusalem, *s'en alla* au temple ; et après avoir tout regardé, comme il était déjà tard, il s'en alla à Béthanie avec les douze *apôtres.*

12 Le lendemain, lorsqu'ils sortaient de Béthanie, il eut faim ;

13 et voyant de loin un figuier qui avait des feuilles, il y alla pour voir s'il pourrait y trouver quelque chose ; et s'en étant approché, il n'y trouva que des feuilles, car ce n'était pas le temps des figues.

14 Alors Jésus dit au figuier : Que jamais nul ne mange de toi aucun fruit. Ce que ses disciples entendirent.

15 Ils vinrent ensuite à Jérusalem ; et Jésus étant entré dans le temple, commença par chasser ceux qui y vendaient et qui y achetaient : il renversa les tables des changeurs, et les sièges de ceux qui vendaient des colombes ;

16 et il ne permettait pas que personne transportât aucun ustensile par le temple.

17 Il les instruisait aussi, en leur disant : N'est-il pas écrit : Ma maison sera appelée la maison de prière pour toutes les nations ? et cependant vous en avez fait une caverne de voleurs.

18 Ce que les princes des prêtres et les scribes ayant entendu, ils cherchaient un moyen de le perdre : car ils le craignaient, parce que tout le peuple était ravi en admiration de sa doctrine.

19 Quand le soir fut venu, il sortit de la ville.

20 Le lendemain matin ils virent en passant le figuier, qui était devenu sec jusqu'à la racine.

21 Et Pierre se souvenant *de la parole de Jésus,* lui dit : Maître ! voyez comme le figuier que vous avez maudit, est devenu sec.

22 Jésus prenant la parole, leur dit : Ayez de la foi en Dieu.

23 Je vous dis en vérité, que quiconque dira à cette montagne, Ôte-toi de là, et te jette dans la mer ; et cela sans hésiter dans son cœur, mais croyant fermement que tout ce qu'il aura dit arrivera, il le verra en effet arriver.

24 C'est pourquoi je vous le dis : quoi que ce soit que vous demandiez dans la prière, croyez que vous l'obtiendrez, et il vous sera accordé.

25 Mais lorsque vous vous présenterez pour prier, si vous avez quelque chose contre quelqu'un, pardonnez-lui, afin que votre Père qui est dans les cieux vous pardonne aussi vos péchés.

26 Si vous ne pardonnez point, votre Père qui est dans les cieux ne vous pardonnera point non plus vos péchés.

27 Ils retournèrent encore à Jérusalem ; et Jésus se promenant dans le temple, les princes des prêtres, les scribes et les sénateurs vinrent le trouver,

28 et lui dirent : Par quelle autorité faites-vous ceci ? et qui vous a donné l'autorité de faire ce que vous faites ?

29 Jésus leur répondit : J'ai aussi une demande à vous faire ; et après que vous m'y aurez répondu, je vous dirai par quelle autorité je fais ces choses.

30 Le baptême de Jean était-il du ciel ou des hommes ? répondez-moi.

31 Mais ils raisonnaient *ainsi* en eux-mêmes : Si nous répondons, *qu'il était* du ciel ; il nous dira : Pourquoi donc ne l'avez-vous pas cru ?

32 Si nous disons, *qu'il était* des hommes ; nous avons à craindre le peuple : parce que tout le monde considérait Jean comme ayant été véritablement prophète.

33 Ainsi ils répondirent à Jésus : Nous ne savons. Et Jésus leur répliqua : Je ne vous dirai point non plus de quelle autorité je fais ceci.

CHAPITRE XII.

JÉSUS commença ensuite à leur parler en paraboles : Un homme, *dit-il,* planta une vigne, l'entoura d'une haie, et creusant *dans la terre* y fit un pressoir, y bâtit une tour ; et l'ayant louée à des vignerons, il s'en alla dans un pays éloigné.

2 La saison étant venue, il envoya un de ses serviteurs aux vignerons, pour recevoir *ce qu'ils lui devaient* du fruit de sa vigne.

3 Mais l'ayant pris, ils le battirent, et le renvoyèrent sans lui rien donner.

4 Il leur envoya encore un autre serviteur, et ils le blessèrent à la tête, et lui firent *toutes sortes d'*outrages.

5 Il leur en envoya encore un autre, qu'ils tuèrent ; et plusieurs autres *ensuite,* dont ils battirent les uns, et tuèrent les autres.

6 Enfin, ayant un fils unique qu'il aimait tendrement, il le leur envoya encore après tous les autres, en disant : Ils auront quelque respect pour mon fils.

7 Mais ces vignerons dirent entre eux : Voici l'héritier ; allons, tuons-le, et l'héritage sera à nous.

8 Ainsi s'étant saisis de lui, ils le tuèrent, et le jetèrent hors de la vigne.

9 Que fera donc le maître de cette vigne ? Il viendra lui-même ; il exterminera ces vignerons, et il donnera sa vigne à d'autres.

10 N'avez-vous point lu cette parole de l'Écriture : La pierre qui avait été rejetée par ceux qui bâtissaient, est devenue la principale pierre de l'angle :

11 c'est ce que le Seigneur a fait, et nos yeux le voient avec admiration ?

12 Alors ils cherchaient les moyens de l'arrêter : car ils virent bien que c'était d'eux qu'il voulait parler dans cette parabole : mais ils craignirent le peuple ; c'est pourquoi le laissant là, ils se retirèrent.

13 Voulant ensuite le surprendre dans ses paroles, ils lui envoyèrent quelques-uns des pharisiens et des hérodiens,

14 qui vinrent lui dire : Maître ! nous savons que vous êtes sincère *et* véritable, et que vous n'avez égard à qui que ce soit : car vous ne considérez point la qualité des personnes, mais vous enseignez la voie de Dieu dans la vérité. *Nous* est-il libre de payer le tribut à César ? ou ne le payerons-nous pas ?

15 Mais Jésus connaissant leur hypocrisie, leur dit : Pourquoi me tentez-vous ? Apportez-moi un denier, que je le voie.

16 Ils lui en apportèrent un ; et il leur demanda : De qui est cette image et cette inscription ? De César, lui dirent-ils.

17 Jésus leur répondit : Rendez donc à César ce qui est à César, et à Dieu ce qui est à Dieu. Et ils admirèrent sa réponse.

18 Après cela les saducéens, qui nient la résurrection, vinrent le trouver, et lui proposèrent cette question :

19 Maître ! Moïse nous a laissé par écrit, Que si un homme en mourant laisse sa femme sans enfants, son frère doit épouser sa femme, pour susciter des enfants à son frère *mort.*

20 Or il y avait sept frères, dont le premier ayant pris une femme, mourut sans laisser d'enfants.

21 Le second l'ayant épousée ensuite, mourut aussi sans avoir laissé d'enfants ; et le troisième de même ;

22 et tous les sept l'ont ainsi eue *pour femme,* sans qu'aucun d'eux ait laissé d'enfants ; et enfin cette femme est morte elle-même, la dernière.

23 Lors donc qu'ils ressusciteront dans la résurrection *générale*, duquel d'entre eux sera-t-elle femme, puisqu'elle l'a été de tous les sept ?

24 Jésus leur répondit : Ne voyez-vous pas que vous êtes dans l'erreur ; parce que vous ne comprenez ni les Écritures, ni la puissance de Dieu ?

25 Car lorsque les morts seront ressuscités, les hommes n'auront point de femmes, ni les femmes de maris ; mais ils seront comme les anges *qui sont* dans les cieux.

26 Et quant à la résurrection des morts, n'avez-vous point lu dans le livre de Moïse ce que Dieu lui dit dans le buisson : Je suis le Dieu d'Abraham, le Dieu d'Isaac, et le Dieu de Jacob ?

27 Or il n'est point le Dieu des morts, mais des vivants ; et ainsi vous êtes dans une grande erreur.

28 Alors un des scribes, qui avait entendu cette dispute, voyant que Jésus avait si bien répondu aux saducéens, s'approcha de lui, et lui demanda : Quel est le premier de tous les commandements ?

29 Jésus lui répondit : Le premier de tous les commandements est *celui-ci* : Écoutez, Israël : Le Seigneur, votre Dieu, est le seul Dieu.

30 Vous aimerez le Seigneur, votre Dieu, de tout votre cœur, de toute votre âme, de tout votre esprit et de toutes vos forces. C'est là le premier commandement.

31 Et voici le second, qui est semblable au premier : Vous aimerez votre prochain comme vous-même. Il n'y a point d'autre commandement plus grand que ceux-là.

32 Le scribe lui répondit : Maître ! ce que vous avez dit est très-véritable, qu'il n'y a qu'un seul Dieu, et qu'il n'y en a point d'autre que lui ;

33 et que de l'aimer de tout son cœur, de tout son esprit, de toute son âme et de toutes ses forces, et son prochain comme soi-même, est *quelque chose de* plus grand que tous les holocaustes et que tous les sacrifices.

34 Jésus voyant qu'il avait répondu sagement, lui dit : Vous n'êtes pas loin du royaume de Dieu. Et depuis ce temps-là personne n'osait plus lui faire de questions.

35 Mais Jésus enseignant dans le temple, leur dit : Comment les scribes disent-ils que le Christ doit être fils de David ;

36 puisque David lui-même a dit par le Saint-Esprit ; Le Seigneur a dit à mon Seigneur : Asseyez-vous à ma droite, jusqu'à ce que j'aie réduit vos ennemis à vous servir de marchepied ?

37 Puis donc que David l'appelle lui-même son Seigneur, comment est-il son fils ? Une grande partie du peuple prenait plaisir à l'écouter.

38 Et il leur disait en sa manière d'instruire : Gardez-vous des scribes, qui aiment à se promener avec de *longues* robes, et à être salués dans les places publiques ;

39 à occuper les premières chaires dans les synagogues, et les premières places dans les festins ;

40 qui dévorent les maisons des veuves, sous prétexte qu'ils font de longues prières. Ces personnes en recevront une condamnation plus rigoureuse.

41 Après cela Jésus étant assis vis-à-vis du tronc, considérait de quelle manière le peuple y jetait de l'argent ; et que plusieurs gens riches y en mettaient beaucoup.

42 Il vint aussi une pauvre veuve, qui y mit seulement deux petites pièces de la valeur d'un quart *de sou*.

43 Alors Jésus ayant appelé ses disciples, leur dit : Je vous le dis en vérité, cette pauvre veuve a donné plus que tous ceux qui ont mis dans le tronc :

44 car tous les autres ont donné de leur abondance ; mais celle-ci a donné de son indigence même, tout ce qu'elle avait, et tout ce qui lui restait pour vivre.

CHAPITRE XIII.

LORSQU'IL sortait du temple, un de ses disciples lui dit : Maître ! regardez quelles pierres et quels bâtiments !

2 Mais Jésus lui répondit : Voyez-vous tous ces grands bâtiments : ils seront tellement détruits, qu'il n'y demeurera pas pierre sur pierre.

3 Et lorsqu'il était assis sur la montagne des Oliviers, vis-à-vis du temple, Pierre, Jacques, Jean et André lui demandèrent en particulier :

4 Dites-nous, quand ceci arrivera, et quel signe il y aura que toutes ces choses seront prêtes à être accomplies.

5 Sur quoi Jésus commença à leur dire : Prenez garde que quelqu'un ne vous séduise :

6 car plusieurs viendront sous mon nom, et diront : C'est moi *qui suis le Christ*. Et ils en séduiront plusieurs.

7 Lorsque vous entendrez parler de guerres et de bruits de guerres, ne craignez point ; parce qu'il faut que cela arrive : mais ce ne sera pas encore la fin.

8 Car on verra se soulever peuple contre peuple, et royaume contre royaume ; et il y aura des tremblements de terre en divers lieux, et des famines ; et ce *ne* sera là *que* le commencement des douleurs.

9 Pour vous autres, prenez bien garde à vous. Car on vous fera comparaître dans les assemblées des juges ; on vous fera fouetter dans les synagogues ; et vous serez présentés à cause de moi aux gouverneurs et aux rois, afin que vous me rendiez témoignage devant eux.

10 Il faut aussi auparavant que l'Évangile soit prêché à toutes les nations.

11 Lors donc qu'on vous mènera pour vous livrer entre leurs mains, ne préméditez point ce que vous devez leur dire ; mais dites ce qui vous sera inspiré à l'heure même : car ce ne sera pas vous qui parlerez, mais le Saint-Esprit.

12 Alors le frère livrera le frère à la mort, et le père le fils ; les enfants s'élèveront contre leurs pères et leurs mères, et les feront mourir.

13 Et vous serez haïs de tout le monde à cause de mon nom : mais celui qui persévérera jusqu'à la fin, sera sauvé.

14 Or, quand vous verrez l'abomination de la désolation établie au lieu où elle ne doit pas être (que celui qui lit entende *ce qu'il lit*) : alors que ceux qui seront dans la Judée, s'enfuient sur les montagnes ;

15 que celui qui sera sur le toit, ne descende point dans sa maison, et n'y entre point pour en emporter quelque chose ;

16 et que celui qui sera dans le champ, ne retourne point sur ses pas pour prendre son vêtement.

17 Mais malheur aux femmes qui seront grosses ou nourrices en ces jours-là !

18 Priez *Dieu* que ces choses n'arrivent point durant l'hiver.

19 Car l'affliction de ce temps-là sera si grande, que depuis le premier moment où Dieu créa toutes choses, jusqu'à présent, il n'y en a point eu de pareille, et il n'y en aura jamais.

20 Si le Seigneur n'avait abrégé ces jours, nul homme n'aurait été sauvé ; mais il les a abrégés à cause des élus qu'il a choisis.

21 Si quelqu'un vous dit alors, Le Christ est ici ; ou, Il est là ; ne le croyez point.

22 Car il s'élèvera de faux christs et de faux prophètes, qui feront des prodiges et des choses étonnantes, pour séduire, s'il était possible, les élus mêmes.

23 Prenez-y donc garde ; vous voyez que je vous ai tout prédit.

24 Mais dans ces jours-là, et après cette affliction, le soleil s'obscurcira, et la lune ne donnera plus sa lumière ;

25 les étoiles tomberont du ciel, et les puissances qui sont dans les cieux seront ébranlées.

26 Alors on verra le Fils de l'homme qui viendra sur les nuées avec une grande puissance et une grande gloire.

27 Et il enverra ses anges pour rassembler ses élus des quatre coins du monde, depuis l'extrémité de la terre jusqu'à l'extrémité du ciel.

28 Apprenez *sur ceci* une comparaison tirée du figuier : Lorsque ses branches sont déjà tendres, et qu'il a poussé ses feuilles, vous savez que l'été est proche.

29 De même, lorsque vous verrez ces choses arriver, sachez que *le Fils de l'homme* est proche, et qu'il est déjà à la porte.

30 Je vous dis en vérité, que cette race ne passera point, que toutes ces choses ne soient accomplies.

31 Le ciel et la terre passeront, mais mes paroles ne passeront point.

32 Quant à ce jour-là, ou à cette heure, nul ne la sait, ni les anges qui sont dans le ciel, ni le Fils, mais le Père seul.

33 Prenez garde à vous, veillez et priez ; parce que vous ne savez quand ce temps viendra.

34 *Car il en sera* comme d'un homme qui, s'en allant faire un voyage, laisse sa maison sous la conduite de ses serviteurs, *marquant* à chacun ce qu'il doit faire, et recommande au portier qu'il soit vigilant.

35 Veillez donc *de même* ; puisque vous ne savez pas quand le maître de la maison doit venir : si ce sera le soir, ou à minuit, ou au chant du coq, ou au matin :

36 de peur que survenant tout d'un coup, il ne vous trouve endormis.

37 Or, ce que je vous dis, je le dis à tous : Veillez.

CHAPITRE XIV.

LA pâque où l'on commençait à manger des pains sans levain, devait être deux jours après : et les princes des prêtres, avec les scribes, cherchaient le moyen de se saisir adroitement de Jésus, et de le faire mourir.

2 Mais ils disaient : il ne faut pas que ce soit le jour de la fête, de peur qu'il ne s'excite quelque tumulte parmi le peuple.

3 Jésus étant à Béthanie, dans la maison de Simon le lépreux, une femme qui portait un vase d'albâtre, plein d'un parfum de nard d'épi de grand prix, entra lorsqu'il était à table, et ayant rompu le vase, lui répandit le parfum sur la tête.

4 Quelques-uns en conçurent de l'indignation en eux-mêmes, et ils disaient : À quoi bon perdre ainsi ce parfum ?

5 car on pouvait le vendre plus de trois cents deniers, et le donner aux pauvres. Et ils murmuraient fort contre elle.

6 Mais Jésus leur dit : Laissez là cette femme ; pourquoi lui faites-vous de la peine ? Ce qu'elle vient de me faire est une bonne œuvre.

7 Car vous avez toujours des pauvres parmi vous, et vous pouvez leur faire du bien quand vous voulez ; mais pour moi, vous ne m'aurez pas toujours.

8 Elle a fait ce qui était en son pouvoir ; elle a embaumé mon corps par avance, pour *prévenir* ma sépulture.

9 Je vous le dis en vérité, partout où sera prêché cet Évangile, *c'est-à-dire,* dans tout le monde, on racontera à la louange de cette femme ce qu'elle vient de faire.

10 Alors Judas Iscariote, l'un des douze, s'en alla trouver les princes des prêtres, pour leur livrer Jésus.

11 Après qu'ils l'eurent écouté, ils en eurent beaucoup de joie, et lui promirent de lui donner de l'argent : et dès lors il chercha une occasion favorable pour le livrer *entre leurs mains.*

12 Le premier jour des azymes, auquel on immolait l'agneau pascal, les disciples lui dirent : Où voulez-vous que nous allions vous préparer ce qu'il faut pour manger la pâque ?

13 Il envoya donc deux de ses disciples, et leur dit : Allez-vous-en à la ville ; vous rencontrerez un homme qui portera une cruche d'eau ; suivez-le :

14 et en quelque lieu qu'il entre, dites au maître de la maison : Le Maître vous envoie dire : Où est le lieu où je dois manger la pâque avec mes disciples ?

15 Il vous montrera une grande chambre haute, toute meublée ; préparez-nous là *ce qu'il faut.*

16 Ses disciples s'en étant allés, vinrent en la ville, et trouvèrent *tout* ce qu'il leur avait dit ; et ils préparèrent *ce qu'il fallait pour* la pâque.

17 Le soir étant venu, il se rendit là avec les douze.

18 Et lorsqu'ils étaient à table, et qu'ils mangeaient, Jésus leur dit : Je vous dis en vérité, que l'un de vous, qui mange avec moi, me trahira.

19 Ils commencèrent à s'affliger, et chacun d'eux lui demandait : Est-ce moi ?

20 Il leur répondit : C'est l'un des douze qui met la main avec moi dans le plat.

21 Pour ce qui est du Fils de l'homme, il s'en va selon ce qui a été écrit de lui ; mais malheur à l'homme par qui le Fils de l'homme sera trahi ! Il vaudrait mieux pour cet homme-là que jamais il ne fût né.

22 Pendant qu'ils mangeaient *encore*, Jésus prit du pain ; et l'ayant bénit, il le rompit, et le leur donna, en disant : Prenez ; ceci est mon corps.

23 Et ayant pris le calice, après avoir rendu grâces, il le leur donna, et ils en burent tous ;

24 et il leur dit : Ceci est mon sang, *le sang* de la nouvelle alliance, qui sera répandu pour plusieurs.

25 Je vous dis en vérité, que je ne boirai plus désormais de ce fruit de la vigne, jusqu'à ce jour où je le boirai nouveau dans le royaume de Dieu.

26 Et ayant chanté le cantique *d'action de grâces*, ils s'en allèrent sur la montagne des Oliviers.

27 Alors Jésus leur dit : Je vous serai à tous cette nuit une occasion de scandale : car il est écrit : Je frapperai le Pasteur, et les brebis seront dispersées.

28 Mais après que je serai ressuscité, j'irai devant vous en Galilée.

29 Pierre lui dit : Quand vous seriez pour tous les autres un sujet de scandale, vous ne le serez pas pour moi.

30 Et Jésus lui repartit : Je vous dis en vérité, que vous-même aujourd'hui, dès cette nuit, avant que le coq ait chanté deux fois, vous me renoncerez trois fois.

31 Mais Pierre insistait encore davantage : Quand il me faudrait mourir avec vous, je ne vous renoncerai point. Et tous les autres en dirent autant.

32 Ils allèrent ensuite au lieu appelé Gethsémani ; où il dit à ses disciples : Asseyez-vous ici jusqu'à ce que j'aie fait ma prière.

33 Et ayant pris avec lui Pierre, Jacques et Jean, il commença à être saisi de frayeur, et pénétré d'une extrême affliction.

34 Alors il leur dit : Mon âme est triste jusqu'à la mort : demeurez ici, et veillez.

35 Et s'en allant un peu plus loin, il se prosterna contre terre, priant que s'il était possible, cette heure s'éloignât de lui ;

36 et il disait : Abba, *mon Père* ! tout vous est possible, transportez ce calice loin de moi ; mais néanmoins que votre volonté s'accomplisse, et non pas la mienne.

37 Il vint ensuite *vers ses disciples*, et les ayant trouvés endormis, il dit à Pierre : Simon, vous dormez ! Quoi ! vous n'avez pu seulement veiller une heure ?

38 Veillez et priez, afin que vous n'entriez point en tentation : l'esprit est prompt ; mais la chair est faible.

39 Il s'en alla pour la seconde fois, et fit sa prière dans les mêmes termes.

40 Et étant retourné *vers eux*, il les trouva endormis : car leurs yeux étaient appesantis *de sommeil* ; et ils ne savaient que lui répondre.

41 Il revint encore pour la troisième fois, et il leur dit : Dormez maintenant, et vous reposez : c'est assez ; l'heure est venue : le Fils de l'homme va être livré entre les mains des pécheurs.

42 Levez-vous, allons : celui qui doit me trahir, est bien près d'ici.

43 Il parlait encore, lorsque Judas Iscariote, l'un des douze, parut suivi d'une grande troupe de gens armés d'épées et de bâtons, qui avaient été envoyés par les grands prêtres, par les scribes et les sénateurs.

44 Or celui qui le trahissait, leur avait donné ce signal, et leur avait dit : Celui que je baiserai, c'est celui-là même *que vous cherchez* : saisissez-vous de lui, et l'emmenez sûrement.

45 Aussitôt donc qu'il fut arrivé, il s'approcha de Jésus, et lui dit : Maître ! je vous salue. Et il le baisa.

46 Ensuite ils mirent la main sur Jésus, et se saisirent de lui.

47 Un de ceux qui étaient présents, tirant son épée en frappa un des gens du grand prêtre, et lui coupa une oreille.

48 Mais Jésus prenant la parole, leur dit : Vous êtes venus pour me prendre, armés d'épées et de bâtons, comme si j'étais un voleur.

49 J'étais tous les jours au milieu de vous, enseignant dans le temple, et vous ne m'avez point arrêté : mais il faut que les Écritures soient accomplies.

50 Alors ses disciples l'abandonnèrent, et s'enfuirent tous.

51 Or il y avait un jeune homme qui le suivait, couvert seulement d'un linceul ; et *les soldats* ayant voulu se saisir de lui,

52 il laissa aller son linceul, et s'enfuit tout nu des mains de ceux qui le tenaient.

53 Ils amenèrent ensuite Jésus chez le grand prêtre, où s'assemblèrent tous les *princes des* prêtres, les scribes et les sénateurs.

54 Pierre le suivit de loin, jusque dans la cour *de la maison* du grand prêtre, où s'étant assis auprès du feu avec les gens, il se chauffait.

55 Cependant les princes des prêtres, et tout le conseil, cherchaient des dépositions contre Jésus pour le faire mourir, et ils n'en trouvaient point.

56 Car plusieurs déposaient faussement contre lui ; mais leurs dépositions n'étaient pas suffisantes.

57 Quelques-uns se levèrent, et portèrent un faux témoignage contre lui, en ces termes :

58 Nous lui avons entendu dire : Je détruirai ce temple bâti par la main *des hommes*, et j'en rebâtirai un autre en trois jours, qui ne sera point fait par la main *des hommes*.

59 Mais ce témoignage-là même n'était pas encore suffisant.

60 Alors le grand prêtre se levant au milieu de l'assemblée, interrogea Jésus, et lui dit : Vous ne répondez rien à ce que ceux-ci déposent contre vous ?

61 Mais Jésus demeurait dans le silence, et il ne répondit rien. Le grand prêtre l'interrogea encore, et lui dit : Êtes-vous le Christ, le Fils du Dieu béni *à jamais* ?

62 Jésus lui répondit : Je le suis ; et vous verrez *un jour* le Fils de l'homme assis à la droite de la majesté de Dieu, et venant sur les nuées du ciel.

63 Aussitôt le grand prêtre déchirant ses vêtements, *leur dit :* Qu'avons-nous plus besoin de témoins ?

64 Vous venez d'entendre le blasphème *qu'il a proféré* : que vous en semble ? Tous le condamnèrent comme ayant mérité la mort.

65 Alors quelques-uns commencèrent à lui cracher au visage ; et lui ayant couvert la face, ils lui donnaient des coups de poing, en lui disant : Prophétise, *et dis qui t'a frappé*. Et les valets lui donnaient des soufflets.

66 Cependant Pierre étant en bas dans la cour, une des servantes du grand prêtre y vint ;

67 et l'ayant vu qui se chauffait, après l'avoir considéré, elle lui dit : Vous étiez aussi avec Jésus de Nazareth.

68 Mais il le nia, en disant : Je ne le connais point, et je ne sais ce que vous dites. Et étant sorti dehors *pour entrer* dans le vestibule, le coq chanta.

69 Et une servante l'ayant encore vu, commença à dire à ceux qui étaient présents : Celui-ci est de ces gens-là.

70 Mais il le nia pour la seconde fois. Et peu de temps après, ceux qui étaient présents dirent encore à Pierre : Assurément vous êtes de ces gens-là : car vous êtes aussi de Galilée.

71 Il se mit alors à faire des serments exécrables, et à dire en jurant : Je ne connais point cet homme dont vous me parlez.

72 Aussitôt le coq chanta pour la seconde fois. Et Pierre se ressouvint de la parole que Jésus lui avait dite : Avant que le coq ait chanté deux fois, vous me renoncerez trois fois. Et il se mit à pleurer.

CHAPITRE XV.

AUSSITOT que le matin fut venu, les princes des prêtres, avec les sénateurs et les scribes, et tout le conseil, ayant délibéré ensemble, lièrent Jésus, l'emmenèrent, et le livrèrent à Pilate.

2 Pilate l'interrogea, *en lui disant :* Êtes-vous le Roi des Juifs ? Jésus lui répondit : Vous le dites.

3 Or, *comme* les princes des prêtres formaient diverses accusations contre lui,

4 Pilate l'interrogeant de nouveau, lui dit : Vous ne répondez rien ? Voyez de combien de choses ils vous accusent.

5 Mais Jésus ne répondit rien davantage ; de sorte que Pilate en était tout étonné.

6 Or il avait accoutumé de délivrer à la fête *de Pâque* celui des prisonniers que le peuple demandait.

7 Et il y en avait un alors, nommé Barabbas, qui avait été mis en prison avec d'*autres* séditieux, parce qu'il avait commis un meurtre dans une sédition.

8 Le peuple étant donc venu *devant le prétoire*, commença à lui demander la grâce qu'il avait toujours accoutumé de leur faire.

9 Pilate leur répondit : Voulez-vous que je vous délivre le Roi des Juifs ?

10 Car il savait que c'était par envie que les princes des prêtres le lui avaient mis entre les mains.

11 Mais les princes des prêtres excitèrent le peuple à *demander* qu'il leur délivrât plutôt Barabbas.

12 Pilate leur dit encore : Que voulez-vous donc que je fasse du Roi des Juifs ?

13 Mais ils crièrent de nouveau, *et lui dirent :* Crucifiez-le !

14 Pilate leur dit : Mais quel mal a-t-il fait ? Et eux criaient encore plus fort : Crucifiez-le !

15 Enfin Pilate voulant satisfaire le peuple, leur délivra Barabbas ; et ayant fait fouetter Jésus, il le livra pour être crucifié.

16 Alors les soldats l'ayant emmené dans la cour du prétoire, assemblèrent toute la cohorte.

17 Et l'ayant revêtu *d'un manteau* de pourpre, ils lui mirent *sur la tête* une couronne d'épines entrelacées :

18 puis ils commencèrent à le saluer, *en lui disant :* Salut au Roi des Juifs !

19 Ils lui frappaient la tête avec un roseau, et lui crachaient *au visage*, et se mettant à genoux *devant lui*, ils l'adoraient.

20 Après s'être ainsi joués de lui, ils lui ôtèrent ce *manteau de pourpre* ; et lui ayant remis ses habits, ils l'emmenèrent pour le crucifier.

21 Et comme un certain homme de Cyrène, nommé Simon, père d'Alexandre et de Rufus, revenant des champs, passait par là, ils le contraignirent de porter la croix de Jésus.

22 Et ensuite l'ayant conduit jusqu'au lieu appelé Golgotha, c'est-à-dire, le lieu du Calvaire,

23 ils lui donnèrent à boire du vin mêlé avec de la myrrhe ; mais il n'en prit point.

24 Et après l'avoir crucifié, ils partagèrent ses vêtements, les jetant au sort pour savoir ce que chacun en aurait.

25 Il était la troisième heure du jour, quand ils le crucifièrent.

26 Et la cause de sa condamnation était marquée par cette inscription : Le Roi des Juifs.

27 Ils crucifièrent aussi avec lui deux voleurs, l'un à sa droite, et l'autre à sa gauche.

28 Ainsi cette parole de l'Écriture fut accomplie : Et il a été mis au rang des méchants.

29 Ceux qui passaient par là, le blasphémaient en branlant la tête, et lui disant : Eh bien ! toi qui détruis le temple de Dieu, et qui le rebâtis en trois jours !

30 sauve-toi toi-même, et descends de la croix.

31 Les princes des prêtres, avec les scribes, se moquant aussi de lui entre eux, disaient : Il en a sauvé d'autres, et il ne peut se sauver lui-même.

32 Que le Christ, le Roi d'Israël, descende maintenant de la croix, afin que nous voyions et que nous croyions. Et ceux qui avaient été crucifiés avec lui, l'outrageaient aussi de paroles.

33 À la sixième heure *du jour*, les ténèbres couvrirent toute la terre jusqu'à la neuvième.

34 Et à la neuvième heure, Jésus jeta un grand cri, en disant : Éloï ! Éloï ! lamma sabachthani ? c'est-à-dire, Mon Dieu ! mon Dieu ! pourquoi m'avez-vous abandonné ?

35 Quelques-uns de ceux qui étaient présents, l'ayant entendu, disaient : Voilà qu'il appelle Élie.

36 Et l'un d'eux courut emplir une éponge de vinaigre, et l'ayant mise au bout d'un roseau, il la lui présenta pour boire, en disant : Laissez, voyons si Élie viendra le détacher *de la croix*.

37 Alors Jésus ayant jeté un grand cri, rendit l'esprit.

38 *En même temps* le voile du temple se déchira en deux, depuis le haut jusqu'en bas.

39 Et le centenier qui était là présent vis-à-vis de lui, voyant qu'il avait expiré en jetant ce grand cri, dit : Cet homme était vraiment Fils de Dieu.

40 Il y avait aussi là des femmes qui regardaient de loin, entre lesquelles étaient Marie-Magdeleine, Marie, mère de Jacques le mineur et de Joseph, et Salomé ;

41 qui le suivaient lorsqu'il était en Galilée, et l'assistaient *de leur bien* ; il y en avait encore plusieurs autres, qui étaient venues avec lui à Jérusalem.

42 Le soir étant venu (parce que c'était le jour de la préparation, c'est-à-dire, la veille du sabbat),

43 Joseph d'Arimathie, qui était un homme de considération et sénateur, et qui attendait aussi le royaume de Dieu, s'en vint hardiment trouver Pilate, et lui demanda le corps de Jésus.

44 Pilate s'étonnant qu'il fût mort sitôt, fit venir le centenier, et lui demanda s'il était déjà mort.

45 Le centenier l'en ayant assuré, il donna le corps à Joseph.

46 Joseph ayant acheté un linceul, descendit Jésus de la croix, l'enveloppa dans le linceul, le mit dans un sépulcre, qui était taillé dans le roc, et roula une pierre jusqu'à l'entrée du sépulcre.

47 Cependant Marie-Magdeleine, et Marie, *mère* de Joseph, regardaient où on le mettait.

CHAPITRE XVI.

LORSQUE le *jour du* sabbat fut passé, Marie-Magdeleine, et Marie, *mère* de Jacques, et Salomé, achetèrent des parfums pour venir embaumer Jésus.

2 Et le premier jour de la semaine, *étant parties* de grand matin, elles arrivèrent au sépulcre au lever du soleil.

3 Elles disaient entre elles : Qui nous ôtera la pierre de devant l'entrée du sépulcre ?

4 Mais en regardant, elles virent que cette pierre, qui était fort grande, en avait été ôtée.

5 Et entrant dans le sépulcre, elles virent un jeune homme assis du côté droit, vêtu d'une robe blanche ; elles en furent fort effrayées.

6 Mais il leur dit : Ne craignez point : vous cherchez Jésus de Nazareth, qui a été crucifié ; il est ressuscité ; il n'est point ici : voici le lieu où on l'avait mis.

7 Mais allez dire à ses disciples et à Pierre, qu'il s'en va devant vous en Galilée : c'est là que vous le verrez, selon ce qu'il vous a dit.

8 Elles sortirent aussitôt du sépulcre, et s'enfuirent : car elles étaient saisies de crainte et de tremblement ; et elles ne dirent rien à personne, tant leur frayeur était grande.

9 Jésus étant ressuscité le matin, le premier jour de la semaine, apparut premièrement à Marie-Magdeleine, dont il avait chassé sept démons.

10 Et elle s'en alla le dire à ceux qui avaient été avec lui, et qui étaient alors dans l'affliction et dans les larmes.

11 Mais eux lui ayant entendu dire qu'il était vivant, et qu'elle l'avait vu, ils ne la crurent point.

12 Après cela il apparut en une autre forme à deux d'entre eux, qui s'en allaient en une maison de campagne :

13 ceux-ci vinrent le dire aux autres *disciples* ; mais ils ne les crurent pas non plus.

14 Enfin il apparut aux onze, lorsqu'ils étaient à table ; il leur reprocha leur incrédulité et la dureté de leur cœur, de ce qu'ils n'avaient point cru ceux qui avaient vu qu'il était ressuscité.

15 Et il leur dit : Allez par tout le monde, prêchez l'Évangile à toutes les créatures.

16 Celui qui croira et qui sera baptisé, sera sauvé ; mais celui qui ne croira point, sera condamné.

17 Ces miracles accompagneront ceux qui auront cru : Ils chasseront les démons en mon nom ; ils parleront de nouvelles langues ;

18 ils prendront les serpents *avec la main* ; et s'ils boivent quelque breuvage mortel, il ne leur fera point de mal ; ils imposeront les mains sur les malades, et ils seront guéris.

19 Le Seigneur Jésus après leur avoir ainsi parlé, fut élevé dans le ciel, où il est assis à la droite de Dieu.

20 Et eux étant partis, prêchèrent partout, le Seigneur coopérant avec eux, et confirmant sa parole par les miracles qui l'accompagnaient.

ÉVANGILE

DE

SAINT LUC.

———

CHAPITRE PREMIER.

PLUSIEURS ayant entrepris d'écrire l'histoire des choses qui ont été accomplies parmi nous,

2 suivant le rapport que nous en ont fait ceux qui dès le commencement les ont vues de leurs propres yeux, et qui ont été les ministres de la parole :

3 j'ai cru, très-excellent Théophile, qu'après avoir été exactement informé de toutes ces choses, depuis leur *premier* commencement, je devais aussi vous en représenter par écrit toute la suite ;

4 afin que vous reconnaissiez la vérité de ce qui vous a été annoncé.

5 IL y avait, sous le règne d'Hérode, roi de Judée, un prêtre, nommé Zacharie, de la famille *sacerdotale* d'Abia, l'une de celles qui servaient *dans le temple*, chacune en leur rang ; et sa femme était *aussi* de la race d'Aaron, et s'appelait Élisabeth.

6 Ils étaient tous deux justes devant Dieu, et ils marchaient dans tous les commandements et les ordonnances du Seigneur d'une manière irréprochensible.

7 Ils n'avaient point de fils, parce qu'Élisabeth était stérile, et qu'ils étaient déjà tous deux avancés en âge.

8 Or, Zacharie faisant sa fonction de prêtre devant Dieu, dans le rang de sa famille,

9 il arriva par le sort, selon ce qui s'observait entre les prêtres, que ce fut à lui à entrer dans le temple du Seigneur, pour y offrir les parfums :

10 cependant toute la multitude du peuple était dehors, faisant sa prière à l'heure où l'on offrait les parfums ;

11 et un ange du Seigneur lui apparut, se tenant debout à la droite de l'autel des parfums.

12 Zacharie le voyant, en fut tout troublé, et la frayeur le saisit.

13 Mais l'ange lui dit : Ne craignez point, Zacharie : parce que votre prière a été exaucée ; et Élisabeth, votre femme, vous enfantera un fils, auquel vous donnerez le nom de Jean.

14 Vous en serez dans la joie et dans le ravissement, et beaucoup de personnes se réjouiront de sa naissance :

15 car il sera grand devant le Seigneur ; il ne boira point de vin, ni rien de ce qui peut enivrer ; et il sera rempli du Saint-Esprit dès le sein de sa mère.

16 Il convertira plusieurs des enfants d'Israël au Seigneur, leur Dieu ;

17 et il marchera devant lui dans l'esprit et dans la vertu d'Élie, pour réunir les cœurs des pères avec leurs enfants, et rappeler les désobéissants à la prudence des justes, pour préparer au Seigneur un peuple parfait.

18 Zacharie répondit à l'ange : À quoi connaîtrai-je *la vérité de* ce que vous me dites ? car je suis vieux, et ma femme est déjà avancée en âge.

19 L'ange lui répondit : Je suis Gabriel, qui suis *toujours* présent devant Dieu : j'ai été envoyé pour vous parler, et pour vous annoncer cette heureuse nouvelle :

20 et dans ce moment vous allez devenir muet, et vous ne pourrez plus parler jusqu'au jour où ceci arrivera ; parce que vous n'avez point cru à mes paroles, qui s'accompliront en leur temps.

21 Cependant le peuple attendait Zacharie, et s'étonnait de ce qu'il demeurait si longtemps dans le temple.

22 Mais étant sorti il ne pouvait leur parler ; et comme il leur faisait des signes *pour se faire entendre,* ils reconnurent qu'il avait eu une vision dans le temple ; et il demeura muet.

23 Quand les jours de son ministère furent accomplis, il s'en alla en sa maison.

24 Quelque temps après, Élisabeth, sa femme, conçut, et elle se tenait cachée durant cinq mois, en disant :

25 C'est là la grâce que le Seigneur m'a faite en ce temps où il m'a regardée, pour me tirer de l'opprobre où j'étais devant les hommes.

26 Or, comme Élisabeth était dans son sixième mois, l'ange Gabriel fut envoyé de Dieu en une ville de Galilée, appelée Nazareth,

27 à une vierge qu'un homme de la maison de David, nommé Joseph, avait épousée ; et cette vierge s'appelait Marie.

28 L'ange étant entré où elle était, lui dit : Je vous salue, ô pleine de grâce ! le Seigneur est avec vous : vous êtes bénie entre *toutes* les femmes.

29 Mais elle l'ayant entendu, fut troublée de ses paroles, et elle pensait *en elle-même* quelle pouvait être cette salutation.

30 L'ange lui dit : Ne craignez point, Marie : car vous avez trouvé grâce devant Dieu.

31 Vous concevrez dans votre sein, et vous enfanterez un fils, à qui vous donnerez le nom de Jésus.

32 Il sera grand, et sera appelé le Fils du Très-Haut : le Seigneur Dieu lui donnera le trône de David, son père : il régnera éternellement sur la maison de Jacob ;

33 et son règne n'aura point de fin.

34 Alors Marie dit à l'ange : Comment cela se fera-t-il ? car je ne connais point d'homme.

35 L'ange lui répondit : Le Saint-Esprit surviendra en vous, et la vertu du Très-Haut vous couvrira de son ombre ; c'est pourquoi le *fruit* saint qui naîtra de vous, sera appelé le Fils de Dieu.

36 Et sachez qu'Élisabeth, votre cousine, a conçu aussi elle-même un fils dans sa vieillesse, et que c'est ici le sixième mois *de la grossesse* de celle qui est appelée stérile ;

37 parce qu'il n'y a rien d'impossible à Dieu.

38 Alors Marie lui dit : Voici la servante du Seigneur ; qu'il me soit fait selon votre parole ! Ainsi l'ange se sépara d'elle.

39 Marie partit en ce même temps, et s'en alla en diligence vers les montagnes *de Judée,* en une ville *de la tribu* de Juda ;

40 et étant entrée dans la maison de Zacharie, elle salua Élisabeth.

41 Aussitôt qu'Élisabeth eut entendu la voix de Marie qui la saluait, son enfant tressaillit dans son sein, et Élisabeth fut remplie du Saint-Esprit.

42 Alors élevant sa voix, elle s'écria : Vous êtes bénie entre *toutes* les femmes, et le fruit de votre sein est béni ;

43 et d'où me vient ce bonheur, que la mère de mon Seigneur vienne vers moi ?

44 Car votre voix n'a pas plutôt frappé mon oreille, lorsque vous m'avez saluée, que mon enfant a tressailli de joie dans mon sein.

45 Et vous êtes bienheureuse d'avoir cru ; parce que ce qui vous a été dit de la part du Seigneur, sera accompli.

46 Alors Marie dit *ces paroles :* Mon âme glorifie le Seigneur,

47 et mon esprit est ravi de joie en Dieu, mon Sauveur ;

48 parce qu'il a regardé la bassesse de sa servante : car désormais je serai appelée bienheureuse dans la suite de tous les siècles ;

49 parce qu'il a fait en moi de grandes choses, lui qui est tout-puissant, et de qui le nom est saint.

50 Sa miséricorde *se répand* d'âge en âge sur ceux qui le craignent.

51 Il a déployé la force de son bras : il a dissipé ceux qui s'élevaient d'orgueil dans les pensées de leur cœur.

52 Il a renversé les grands de leurs trônes, et il a élevé les petits.

53 Il a rempli de biens ceux qui étaient affamés, et il a renvoyé vides ceux qui étaient riches.

54 Il s'est souvenu de sa miséricorde, et il a pris en sa protection Israël, son serviteur,

55 selon la promesse qu'il a faite à nos pères, à Abraham et à sa race pour toujours.

56 Marie demeura avec Élisabeth environ trois mois ; et elle s'en retourna *ensuite* en sa maison.

57 Cependant le temps auquel Élisabeth devait accoucher arriva, et elle enfanta un fils.

58 Ses voisins et ses parents ayant appris que le Seigneur avait signalé sa miséricorde à son égard, s'en réjouissaient avec elle ;

59 et étant venus le huitième jour pour circoncire l'enfant, ils le nommaient Zacharie, du nom de son père.

60 Mais sa mère prenant la parole, leur dit : Non ; mais il sera nommé Jean.

61 Ils lui répondirent : Il n'y a personne dans votre famille qui porte ce nom.

62 Et en même temps ils demandaient par signe au père de l'enfant, comment il voulait qu'on le nommât.

63 Ayant demandé des tablettes, il écrivit dessus : Jean est son nom. Ce qui remplit tout le monde d'étonnement.

64 Au même instant sa bouche s'ouvrit, sa langue *se délia,* et il parlait en bénissant Dieu.

65 Tous ceux qui demeuraient dans les lieux voisins, furent saisis de crainte. Le bruit de ces merveilles se répandit dans tout le pays des montagnes de Judée ;

66 et tous ceux qui les entendirent, les conservèrent dans leur cœur, et ils disaient entre eux : Quel pensez-vous que sera *un jour* cet enfant ? Car la main du Seigneur était avec lui.

67 Et Zacharie, son père, ayant été rempli du Saint-Esprit, prophétisa, en disant :

68 Béni soit le Seigneur, le Dieu d'Israël, de ce qu'il a visité et racheté son peuple ;

69 de ce qu'il nous a suscité un puissant Sauveur dans la maison de son serviteur David,

70 selon qu'il avait promis par la bouche de ses saints prophètes, qui ont été dans les siècles passés,

71 de nous délivrer de nos ennemis, et des mains de tous ceux qui nous haïssent :

72 pour exercer sa miséricorde envers nos pères, et se souvenir de son alliance sainte ;

73 selon qu'il a juré à Abraham, notre père, qu'il nous ferait *cette grâce,*

74 qu'étant délivrés des mains de nos ennemis, nous le servirions sans crainte,

75 dans la sainteté et dans la justice, *marchant* en sa présence tous les jours de notre vie.

76 Et vous, petit enfant, vous serez appelé le prophète du Très-Haut : car vous marcherez devant la face du Seigneur, pour lui préparer ses voies ;

77 pour donner à son peuple la connaissance du salut, afin qu'il obtienne la rémission de ses péchés,

78 par les entrailles de la miséricorde de notre Dieu, qui a fait que ce *Soleil* levant est venu nous visiter d'en haut,

79 pour éclairer ceux qui sont assis dans les ténèbres et dans l'ombre de la mort, et pour conduire nos pieds dans le chemin de la paix.

80 Or l'enfant croissait, et se fortifiait en esprit ; et il demeurait dans le désert jusqu'au jour où il devait paraître devant le peuple d'Israël.

CHAPITRE II.

VERS ce même temps on publia un édit de César Auguste, pour faire un dénombrement *des habitants* de toute la terre.

2 Ce fut le premier dénombrement qui se fit par Cyrinus, gouverneur de Syrie.

3 Et *comme* tous allaient se faire enregistrer, chacun dans sa ville,

4 Joseph partit aussi de la ville de Nazareth, qui est en Galilée, et vint en Judée à la ville de David, appelée Bethléhem ; parce qu'il était de la maison et de la famille de David ;

5 pour se faire enregistrer, avec Marie, son épouse, qui était grosse.

6 Pendant qu'ils étaient là, il arriva que le temps auquel elle devait accoucher, s'accomplit :

7 et elle enfanta son Fils premier-né ; et l'ayant emmaillotté, elle le coucha dans une crèche ; parce qu'il n'y avait point de place pour eux dans l'hôtellerie.

8 Or il y avait aux environs, des bergers qui passaient les nuits dans les champs, veillant tour à tour à la garde de leur troupeau ;

9 et tout d'un coup un ange du Seigneur se présenta à eux, et une lumière divine les environna : ce qui les remplit d'une extrême crainte.

10 Alors l'ange leur dit : Ne craignez point : car je viens vous apporter une nouvelle qui sera pour tout le peuple le sujet d'une grande joie :

11 c'est qu'aujourd'hui, dans la ville de David, il vous est né un Sauveur, qui est le Christ, le Seigneur ;

12 et voici la marque *à laquelle vous le reconnaîtrez :* Vous trouverez un enfant emmaillotté, couché dans une crèche.

13 Au même instant il se joignit à l'ange une grande troupe de l'armée céleste, louant Dieu, et disant :

14 Gloire à Dieu au plus haut des cieux ! et paix sur la terre aux hommes chéris de Dieu !

15 Après que les anges se furent retirés dans le ciel, les bergers se dirent l'un à l'autre : Passons jusqu'à Bethléhem, et voyons ce qui est arrivé, et ce que le Seigneur nous a fait connaître.

16 S'étant donc hâtés d'y aller, ils trouvèrent Marie et Joseph, et l'enfant couché dans une crèche.

17 Et l'ayant vu, ils reconnurent *la vérité de* ce qui leur avait été dit touchant cet enfant.

18 Et tous ceux qui l'entendirent, admirèrent ce qui leur avait été rapporté par les bergers.

19 Or Marie conservait toutes ces choses *en elle-même,* les repassant dans son cœur.

20 Et les bergers s'en retournèrent, glorifiant et louant Dieu de toutes les choses qu'ils avaient entendues et vues, selon qu'il leur avait été dit.

21 Le huitième jour, auquel l'enfant devait être circoncis, étant arrivé, il fut nommé Jésus, qui était le nom que l'ange avait annoncé avant qu'il fût conçu dans le sein *de sa mère.*

22 Et le temps de la purification de Marie étant accompli, selon la loi de Moïse, ils le portèrent à Jérusalem pour le présenter au Seigneur,

23 selon qu'il est écrit dans la loi du Seigneur : Tout enfant mâle premier-né sera consacré au Seigneur ;

24 et pour donner ce qui devait être offert en sacrifice, selon qu'il est écrit dans la loi du Seigneur, deux tourterelles, ou deux petits de colombe.

25 Or il y avait dans Jérusalem un homme juste et craignant *Dieu,* nommé Siméon, qui vivait dans l'attente de la consolation d'Israël, et le Saint-Esprit était en lui.

26 Il lui avait été révélé par le Saint-Esprit, qu'il ne mourrait point, qu'auparavant il n'eût vu le Christ du Seigneur.

27 Il vint donc au temple par *un mouvement de* l'Esprit *de Dieu.* Et comme le père et la mère de l'enfant Jésus l'y portaient, afin d'accomplir pour lui ce que la loi avait ordonné,

28 il le prit entre ses bras, et bénit Dieu, en disant :

29 C'est maintenant, Seigneur ! que vous laisserez mourir en paix votre serviteur, selon votre parole,

30 puisque mes yeux ont vu le Sauveur que vous nous donnez,

31 et que vous destinez pour être exposé à la vue de tous les peuples,

32 comme la lumière qui éclairera les nations, et la gloire d'Israël, votre peuple.

33 Le père et la mère de Jésus étaient dans l'admiration des choses que l'on disait de lui.

34 Et Siméon les bénit, et dit à Marie, sa mère : Cet enfant est pour la ruine et pour la résurrection de plusieurs dans Israël, et pour être en butte à la contradiction des hommes ;

35 (*jusque-là que* votre âme même sera percée *comme* par une épée ;) afin que les pensées *cachées* dans le cœur de plusieurs soient découvertes.

36 Il y avait aussi une prophétesse, nommée Anne, fille de Phanuel, de la tribu d'Aser, qui était fort avancée en âge, et qui n'avait vécu que sept ans avec son mari, depuis qu'elle l'avait épousé étant vierge.

37 Elle était alors veuve, âgée de quatre-vingt-quatre ans ; et elle demeurait sans cesse dans le temple, servant *Dieu* jour et nuit dans les jeûnes et dans les prières.

38 Étant donc survenue en ce même instant, elle se mit aussi à louer le Seigneur, et à parler de lui à tous ceux qui attendaient la rédemption d'Israël.

39 Après que *Joseph et Marie* eurent accompli tout ce qui était ordonné par la loi du Seigneur, ils s'en retournèrent en Galilée, à Nazareth, leur ville.

40 Cependant l'enfant croissait et se fortifiait, étant rempli de sagesse ; et la grâce de Dieu était en lui.

41 Son père et sa mère allaient tous les ans à Jérusalem, à la fête de Pâque.

42 Et lorsqu'il fut âgé de douze ans, ils y allèrent, selon qu'ils avaient accoutumé, au temps de la fête.

43 Quand les jours de la fête furent passés, lorsqu'ils s'en retournèrent, l'enfant Jésus demeura dans Jérusalem, sans que son père, ni sa mère, s'en aperçussent.

44 Et pensant qu'il était avec quelqu'un de ceux de leur compagnie, ils marchèrent durant un jour ; et ils le cherchaient parmi leurs parents et parmi ceux de leur connaissance.

45 Mais ne l'ayant point trouvé, ils retournèrent à Jérusalem pour l'y chercher.

46 Trois jours après, ils le trouvèrent dans le temple, assis au milieu des docteurs, les écoutant et les interrogeant.

47 Et tous ceux qui l'entendaient, étaient ravis en admiration de sa sagesse et de ses réponses.

48 Lors donc qu'ils le virent, ils furent remplis d'étonnement ; et sa mère lui dit : *Mon fils,* pourquoi avez-vous agi ainsi avec nous ? Voilà votre père et moi qui vous cherchions, étant tout affligés.

49 Il leur répondit : Pourquoi me cherchiez-vous ? Ne saviez-vous pas qu'il faut que je sois *occupé* à ce qui regarde le service de mon Père ?

50 Mais ils ne comprirent point ce qu'il leur disait.

51 Il s'en alla ensuite avec eux, et vint à Nazareth ; et il leur était soumis. Or sa mère conservait dans son cœur toutes ces choses.

52 Et Jésus croissait en sagesse, en âge, et en grâce devant Dieu et devant les hommes.

CHAPITRE III.

OR, l'an quinzième de l'empire de Tibère César (Ponce Pilate étant gouverneur de la Judée ; Hérode, tétrarque de la Galilée ; Philippe, son frère, de l'Iturée et de la province de Trachonite ; et Lysanias, d'Abilène ;

2 Anne et Caïphe étant grands prêtres), le Seigneur fit entendre sa parole à Jean, fils de Zacharie, dans le désert ;

3 et il vint dans tout le pays qui est aux environs du Jourdain, prêchant un baptême de pénitence pour la rémission des péchés :

4 ainsi qu'il est écrit au livre des paroles du prophète Isaïe : *Voici la voix de celui qui crie dans le désert : Préparez la voie du Seigneur ; rendez droits ses sentiers :*

5 *toute vallée sera remplie, et toute montagne et toute colline sera abaissée ; les chemins tortus deviendront droits, et les raboteux unis ;*

6 *et tout homme verra le Sauveur, envoyé de Dieu.*

7 Il disait donc au peuple, qui venait en troupes pour être baptisé par lui : Race de vipères ! qui vous a avertis de fuir la colère qui doit tomber sur vous ?

8 Faites donc de dignes fruits de pénitence ; et n'allez pas dire : Nous avons Abraham pour père. Car je vous déclare, que Dieu peut faire naître de ces pierres mêmes des enfants à Abraham.

9 La cognée est déjà à la racine des arbres : tout arbre donc qui ne produit point de bons fruits, sera coupé et jeté au feu.

10 Et le peuple lui demandant, Que devons-nous donc faire ?

11 il leur répondit : Que celui qui a deux vêtements, en donne à celui qui n'en a point : et que celui qui a de quoi manger, en fasse de même.

12 Il y eut aussi des publicains qui vinrent à lui pour être baptisés, et qui lui dirent : Maître ! que faut-il que nous fassions ?

13 Il leur dit : N'exigez rien au delà de ce qui vous a été ordonné.

14 Les soldats aussi lui demandaient : Et nous, que devons-nous faire ? Il leur répondit : N'usez point de violence, ni de fraude, envers personne, et contentez-vous de votre paye.

15 Cependant le peuple étant dans une grande suspension d'esprit, et tous pensant en eux-mêmes, si Jean ne serait point le Christ ;

16 Jean dit devant tout le monde : Pour moi, je vous baptise dans l'eau ; mais il en viendra un autre plus puissant que moi, et je ne suis pas digne de dénouer le cordon de ses souliers. C'est lui qui vous baptisera dans le Saint-Esprit et dans le feu.

17 Il a le van en main, et il nettoiera son aire ; il amassera le blé dans son grenier, et il brûlera la paille dans un feu qui ne s'éteindra jamais.

18 Il disait encore beaucoup d'autres choses au peuple, dans les exhortations qu'il leur faisait.

19 Mais Hérode le tétrarque étant repris par lui au sujet d'Hérodiade, femme de son frère *Philippe*, et de tous les autres maux qu'il avait faits,

20 il ajouta encore à tous ses crimes celui de faire mettre Jean en prison.

21 Or il arriva que tout le peuple recevant le baptême, et Jésus ayant aussi été baptisé, comme il faisait sa prière le ciel s'ouvrit,

22 et le Saint-Esprit descendit sur lui en forme corporelle comme une colombe, et on entendit cette voix du ciel : Vous êtes mon Fils bien-aimé ; c'est en vous que j'ai mis *toute* mon affection.

23 Jésus avait environ trente ans, lorsqu'il commença à *exercer son ministère,* étant, comme l'on croyait, fils de Joseph, qui fut *fils* d'Héli, qui fut *fils* de Mathat,

24 qui fut *fils* de Lévi, qui fut *fils* de Melchi, qui fut *fils* de Janna, qui fut *fils* de Joseph,

25 qui fut *fils* de Mathathias, qui fut *fils* d'Amos, qui fut *fils* de Nahum, qui fut *fils* d'Hesli, qui fut *fils* de Naggé,

26 qui fut *fils* de Mahath, qui fut *fils* de Mathathias, qui fut *fils* de Seméi, qui fut *fils* de Joseph, qui fut *fils* de Juda,

27 qui fut *fils* de Joanna, qui fut *fils* de Résa, qui fut *fils* de Zorobabel, qui fut *fils* de Salathiel, qui fut *fils* de Néri,

28 qui fut *fils* de Melchi, qui fut *fils* d'Addi, qui fut *fils* de Cosan, qui fut *fils* d'Elmadan, qui fut *fils* d'Her,

29 qui fut *fils* de Jésus, qui fut *fils* d'Éliézer, qui fut *fils* de Jorim, qui fut *fils* de Mathat, qui fut *fils* de Lévi,

30 qui fut *fils* de Siméon, qui fut *fils* de Juda, qui fut *fils* de Joseph, qui fut *fils* de Jona, qui fut *fils* d'Éliakim,

31 qui fut *fils* de Méléa, qui fut *fils* de Menna, qui fut *fils* de Mathatha, qui fut *fils* de Nathan, qui fut *fils* de David,

32 qui fut *fils* de Jessé, qui fut *fils* d'Obed, qui fut *fils* de Booz, qui fut *fils* de Salmon, qui fut *fils* de Naasson,

33 qui fut *fils* d'Aminadab, qui fut *fils* d'Aram, qui fut *fils* d'Esron, qui fut *fils* de Pharès, qui fut *fils* de Juda,

34 qui fut *fils* de Jacob, qui fut *fils* d'Isaac, qui fut *fils* d'Abraham, qui fut *fils* de Tharé, qui fut *fils* de Nachor,

35 qui fut *fils* de Sarug, qui fut *fils* de Ragaü, qui fut *fils* de Phaleg, qui fut *fils* d'Héber, qui fut *fils* de Salé,

36 qui fut *fils* de Caïnan, qui fut *fils* d'Arphaxad, qui fut *fils* de Sem, qui fut *fils* de Noé, qui fut *fils* de Lamech,

37 qui fut *fils* de Mathusalé, qui fut *fils* d'Énoch, qui fut *fils* de Jared, qui fut *fils* de Malaléel, qui fut *fils* de Caïnan,

38 qui fut *fils* d'Énos, qui fut *fils* de Seth, qui fut *fils* d'Adam, qui fut *créé* de Dieu.

CHAPITRE IV.

JÉSUS étant plein du Saint-Esprit, revint des bords du Jourdain, et fut poussé par l'Esprit dans le désert.

2 Il y demeura quarante jours, et y fut tenté par le diable. *Car* il ne mangea rien pendant tout ce temps-là ; et lorsque ces jours furent passés il eut faim.

3 Alors le diable lui dit : Si vous êtes Fils de Dieu, commandez à cette pierre qu'elle devienne du pain.

4 Jésus lui répondit : Il est écrit, que l'homme ne vit pas seulement de pain, mais de toute parole de Dieu.

5 Et le diable le transporta sur une haute montagne, d'où lui ayant fait voir en un moment tous les royaumes du monde,

6 il lui dit : Je vous donnerai toute cette puissance, et la gloire de ces royaumes : car elle m'a été donnée, et je la donne à qui il me plaît.

7 Si donc vous voulez m'adorer, toutes ces choses seront à vous.

8 Jésus lui répondit : Il est écrit : C'est le Seigneur, votre Dieu, *que* vous adorerez, et *c'est* lui seul que vous servirez.

9 Le diable le transporta encore à Jérusalem ; et l'ayant mis sur le haut du temple, il lui dit : Si vous êtes le Fils de Dieu, jetez-vous d'ici en bas :

10 car il est écrit, qu'il a ordonné à ses anges d'avoir soin de vous, et de vous garder ;

11 et qu'ils vous soutiendront de leurs mains, de peur que vous ne vous heurtiez le pied contre quelque pierre.

12 Jésus lui répondit : Il est écrit : Vous ne tenterez point le Seigneur, votre Dieu.

13 Le diable ayant achevé toutes ces tentations, se retira de lui pour un temps.

14 Alors Jésus s'en retourna en Galilée par la vertu de l'Esprit *de Dieu ;* et sa réputation se répandit dans tout le pays d'alentour.

15 Il enseignait dans leurs synagogues, et il était estimé *et* honoré de tout le monde.

16 Étant venu à Nazareth, où il avait été élevé, il entra, selon sa coutume, le jour du sabbat, dans la synagogue, et il se leva pour lire.

17 On lui présenta le livre du prophète Isaïe ; et l'ayant ouvert, il trouva l'endroit où ces paroles étaient écrites :

18 L'Esprit du Seigneur *s'est reposé* sur moi ; c'est pourquoi il m'a consacré par son onction : il m'a envoyé pour prêcher l'Évangile aux pauvres, pour guérir ceux qui ont le cœur brisé ;

19 pour annoncer aux captifs leur délivrance, et aux aveugles le recouvrement de la vue ; pour mettre en liberté ceux qui sont

brisés *sous leurs fers ;* pour publier l'année favorable du Seigneur, et le jour où il se vengera *de ses ennemis.*

20 Ayant fermé le livre, il le rendit au ministre, et s'assit. Tout le monde dans la synagogue avait les yeux arrêtés sur lui.

21 Et il commença à leur dire : *C'est* aujourd'hui *que* cette Écriture que vous venez d'entendre est accomplie.

22 Et tous lui rendaient témoignage ; et dans l'étonnement où ils étaient des paroles *pleines* de grâce qui sortaient de sa bouche, ils disaient : N'est-ce pas là le fils de Joseph ?

23 Alors il leur dit : Sans doute que vous m'appliquerez ce proverbe, Médecin, guérissez-vous vous-même ; *et que vous me direz :* Faites ici, en votre pays, d'aussi grandes choses que nous avons entendu dire que vous en avez fait à Capharnaüm.

24 Mais je vous assure, ajouta-t-il, qu'aucun prophète n'est bien reçu en son pays.

25 Je vous le dis en vérité, il y avait beaucoup de veuves dans Israël au temps d'Élie, lorsque le ciel fut fermé durant trois ans et six mois, et qu'il y eut une grande famine dans toute la terre ;

26 et *néanmoins* Élie ne fut envoyé chez aucune d'elles, mais chez une femme veuve de Sarepta, dans le pays des Sidoniens.

27 Il y avait de même beaucoup de lépreux dans Israël au temps du prophète Élisée ; et *néanmoins* aucun d'eux ne fut guéri, mais seulement Naaman qui était de Syrie.

28 Tous ceux de la synagogue l'entendant parler de la sorte, furent remplis de colère ;

29 et se levant ils le chassèrent hors de leur ville, et le menèrent jusque sur la pointe de la montagne sur laquelle elle était bâtie, pour le précipiter.

30 Mais il passa au milieu d'eux, et se retira.

31 Il descendit à Capharnaüm, qui est une ville de Galilée, et il les y enseignait les jours de sabbat ;

32 et sa manière d'enseigner les remplissait d'étonnement, parce que sa parole était accompagnée de puissance *et* d'autorité.

33 Il y avait dans la synagogue un homme possédé d'un démon impur, qui jeta un grand cri,

34 en disant : Laissez-nous : qu'y a-t-il *de commun* entre nous et vous, Jésus de Nazareth ? Êtes-vous venu pour nous perdre ? Je sais qui vous êtes : *vous êtes* le Saint de Dieu.

35 Mais Jésus lui parlant avec menaces, lui dit : Tais-toi, et sors de cet homme. Et le démon l'ayant jeté *à terre* au milieu *de tout le peuple,* sortit de lui, sans lui avoir fait aucun mal.

36 Tous *ceux qui étaient là,* en furent épouvantés ; et ils se parlaient l'un à l'autre, en disant : Qu'est-ce *donc* que ceci ? Il commande avec autorité et avec puissance aux esprits impurs, et ils sortent *aussitôt.*

37 Et sa réputation se répandit de tous côtés dans le pays d'alentour.

38 Jésus étant sorti de la synagogue, entra dans la maison de Simon, dont la belle-mère avait une grosse fièvre ; et ils le prièrent pour elle.

39 Aussitôt s'étant approché de la malade, il commanda à la fièvre *de la quitter,* et la fièvre la quitta ; et s'étant levée aussitôt, elle les servait.

40 Le soleil étant couché, tous ceux qui avaient des malades *affligés* de diverses maladies, les lui amenaient ; et imposant les mains sur chacun d'eux, il les guérissait.

41 Les démons sortaient aussi *du corps* de plusieurs, en criant et disant : Vous êtes *le Christ,* le Fils de Dieu. Mais il les menaçait, et les empêchait de dire qu'ils sussent qu'il était le Christ.

42 Lorsqu'il fut jour, il sortit dehors, et s'en alla en un lieu désert ; et tout le peuple vint le chercher jusqu'où il était ; et comme ils s'efforçaient de le retenir, ne voulant point qu'il les quittât,

43 il leur dit : Il faut que je prêche aussi aux autres villes l'Évangile du royaume de Dieu : car c'est pour cela que j'ai été envoyé.

44 Et il prêchait dans les synagogues de Galilée.

CHAPITRE V.

UN jour que Jésus était sur le bord du lac de Génésareth, se trouvant accablé par la foule du peuple, qui se pressait pour entendre la parole de Dieu,

2 il vit deux barques arrêtées au bord du lac, dont les pêcheurs étaient descendus, et lavaient leurs filets.

3 Il entra donc dans l'une de ces barques, qui était à Simon, et le pria de s'éloigner un peu de la terre ; et s'étant assis, il enseignait le peuple de dessus la barque.

4 Lorsqu'il eut cessé de parler, il dit à Simon : Avancez en pleine eau, et jetez vos filets pour pêcher.

5 Simon lui répondit : Maître ! nous avons travaillé toute la nuit sans rien prendre ; mais néanmoins, sur votre parole, je jetterai le filet.

6 L'ayant donc jeté, ils prirent une si grande quantité de poissons, que leur filet se rompait.

7 Et ils firent signe à leurs compagnons, qui étaient dans l'autre barque, de venir les aider. Ils y vinrent, et ils remplirent tellement les deux barques, qu'il s'en fallait peu qu'elles ne coulassent à fond.

8 Ce que Simon-Pierre ayant vu, il se jeta aux genoux de Jésus, en disant : Seigneur ! retirez-vous de moi, parce que je suis un pécheur.

9 Car il était tout épouvanté, aussi bien que tous ceux qui étaient avec lui, de la pêche des poissons qu'ils avaient faite.

10 Jacques et Jean, fils de Zébédée, qui étaient compagnons de Simon, étaient dans le même étonnement. Alors Jésus dit à Simon : Ne craignez point ; votre emploi sera désormais de prendre des hommes.

11 Et ayant ramené leurs barques à bord, ils quittèrent tout, et le suivirent.

12 Lorsque Jésus était *près d'entrer* dans une certaine ville, un homme tout couvert de lèpre l'ayant vu, se prosterna *le visage* contre terre, et le priait, en lui disant : Seigneur ! si vous voulez, vous pouvez me guérir.

13 Jésus étendant la main, le toucha et lui dit : Je le veux, soyez guéri. Et au même instant sa lèpre disparut.

14 Jésus lui commanda de n'en parler à personne : Mais allez, *dit-il,* vous montrer au prêtre, et offrez pour votre guérison ce que Moïse a ordonné, afin que cela leur serve de témoignage.

15 Cependant, comme sa réputation se répandait de plus en plus, les peuples venaient en foule pour l'entendre, et pour être guéris de leurs maladies ;

16 mais il se retirait dans le désert, et il y priait.

17 Un jour, comme il enseignait, étant assis, et que des pharisiens et des docteurs de la loi, qui étaient venus de tous les villages de la Galilée, *du pays* de Judée, et *de la ville* de Jérusalem, étaient assis *près de lui,* la vertu du Seigneur agissait pour la guérison de leurs malades ;

18 et quelques personnes portant sur un lit un homme qui était paralytique, cherchaient le moyen de le faire entrer *dans la maison,* et de le présenter devant lui.

19 Mais ne trouvant point par où le faire entrer à cause de la foule du peuple, ils montèrent sur le haut de la maison, d'où ils le descendirent par les tuiles avec le lit où il était, *et le mirent* au milieu *de la place* devant Jésus ;

20 lequel voyant leur foi, dit au malade : Mon ami, vos péchés vous sont remis.

21 Alors les scribes et les pharisiens dirent en eux-mêmes : Qui est celui-ci qui blasphème *de la sorte ?* Qui peut remettre les péchés, que Dieu seul ?

22 Mais Jésus connaissant leurs pensées, leur dit : À quoi pensez-vous dans vos cœurs ?

23 Lequel est le plus aisé, ou de dire, Vos péchés vous sont remis ; ou de dire, Levez-vous, et marchez ?

24 Or, afin que vous sachiez que le Fils de l'homme a sur la terre le pouvoir de remettre les péchés : Levez-vous, je vous le

commande, dit-il au paralytique ; emportez votre lit, et vous en allez en votre maison.

25 Il se leva au même instant en leur présence ; et emportant le lit où il était couché, il s'en retourna en sa maison, rendant gloire à Dieu.

26 Ils furent tous remplis d'un extrême étonnement, et ils rendaient gloire à Dieu ; et dans la frayeur dont ils étaient saisis, ils disaient : Nous avons vu aujourd'hui des choses prodigieuses.

27 Après cela Jésus étant sorti, vit un publicain, nommé Lévi, assis au bureau des impôts, et il lui dit : Suivez-moi.

28 Et lui, quittant tout, se leva et le suivit.

29 Lévi lui fit ensuite un grand festin dans sa maison, où il se trouva un grand nombre de publicains et d'autres, qui étaient à table avec eux.

30 Mais les pharisiens et les docteurs des Juifs *en* murmuraient, et disaient aux disciples de Jésus : D'où vient que vous mangez et buvez avec des publicains et des gens de mauvaise vie ?

31 Et Jésus prenant la parole, leur dit : Ce ne sont pas ceux qui se portent bien, mais les malades, qui ont besoin de médecin.

32 Je suis venu pour appeler non les justes, mais les pécheurs, à la pénitence.

33 Alors ils lui dirent : Pourquoi les disciples de Jean, aussi bien que ceux des pharisiens, font-ils souvent des jeûnes et des prières ; et que les vôtres mangent et boivent ?

34 Il leur répondit : Pouvez-vous faire jeûner les amis de l'époux, tandis que l'époux est avec eux ?

35 Mais il viendra un temps où l'époux leur sera ôté, et alors ils jeûneront.

36 Il leur proposa aussi cette comparaison : Personne ne met une pièce de drap neuf à un vieux vêtement : car si on le fait, le neuf déchire *le vieux*, et cette pièce de drap neuf ne convient point au vieux vêtement.

37 Et l'on ne met point le vin nouveau dans de vieux vaisseaux : parce que si on le fait, le vin nouveau rompra les vaisseaux, et il se répandra, et les vaisseaux se perdront.

38 Mais il faut mettre le vin nouveau dans des vaisseaux neufs, et ainsi tout se conserve.

39 Et il n'y a personne qui buvant du vin vieux, veuille aussitôt du nouveau ; parce qu'il dit : Le vieux est meilleur.

CHAPITRE VI.

UN jour de sabbat, *appelé* le second-premier, comme Jésus passait le long des blés, ses disciples se mirent à rompre des épis ; et les froissant dans leurs mains, ils en mangeaient.

2 Alors quelques-uns des pharisiens leur dirent : Pourquoi faites-vous ce qu'il n'est point permis *de faire* aux jours de sabbat ?

3 Jésus prenant la parole, leur dit : N'avez-vous donc pas lu ce que fit David, lorsque lui et ceux qui l'accompagnaient furent pressés de la faim ?

4 comment il entra dans la maison de Dieu, et prit les pains qui y étaient exposés, en mangea, et en donna *même* à ceux qui étaient avec lui, quoiqu'il n'y ait que les prêtres seuls à qui il soit permis d'en manger.

5 Et il ajouta : Le Fils de l'homme est maître du sabbat même.

6 Une autre fois étant encore entré dans la synagogue un jour de sabbat, il enseignait ; et il y avait là un homme dont la main droite était desséchée ;

7 et les scribes et les pharisiens l'observaient, *pour voir* s'il le guérirait le jour du sabbat, afin d'avoir sujet de l'accuser :

8 mais comme il connaissait leurs pensées, il dit à cet homme qui avait la main desséchée : Levez-vous, tenez-vous là au milieu *de ce monde.* Et se levant, il se tint debout.

9 Puis Jésus leur dit : J'ai une question à vous faire : Est-il permis aux jours de sabbat de faire du bien ou du mal ; de sauver la vie, ou de l'ôter ?

10 Et les ayant tous regardés, il dit à cet homme : Étendez votre main. Il l'étendit ; et elle devint saine *comme l'autre :*

11 ce qui les remplit de fureur ; et ils s'entretenaient ensemble de ce qu'ils pourraient faire contre Jésus.

12 En ce temps-là Jésus s'en étant allé sur une montagne pour prier, il y passa toute la nuit à prier Dieu.

13 Et quand il fut jour, il appela ses disciples, et en choisit douze d'entre eux, qu'il nomma Apôtres :

14 Simon, auquel il donna le nom de Pierre ; et André, son frère ; Jacques, et Jean ; Philippe, et Barthélemy ;

15 Matthieu, et Thomas ; Jacques, *fils* d'Alphée ; et Simon, appelé le Zélé ;

16 Judas, *frère* de Jacques ; et Judas Iscariote, qui fut celui qui le trahit.

17 Il descendit ensuite avec eux, et s'arrêta dans un lieu plus uni, étant accompagné de la troupe de ses disciples, et d'une grande multitude de peuple de toute la Judée, de Jérusalem, et du pays maritime de Tyr et de Sidon,

18 qui étaient venus pour l'entendre, et pour être guéris de leurs maladies, parmi lesquels il y en avait aussi qui étaient possédés d'esprits impurs ; et ils étaient guéris.

19 Et tout le peuple tâchait de le toucher, parce qu'il sortait de lui une vertu qui les guérissait tous.

20 Alors Jésus levant les yeux vers ses disciples, leur dit : Vous êtes bienheureux, vous qui êtes pauvres, parce que le royaume de Dieu est à vous.

21 Vous êtes bienheureux, vous qui avez faim maintenant, parce que vous serez rassasiés. Vous êtes bienheureux, vous qui pleurez maintenant, parce que vous rirez.

22 Vous serez bienheureux, lorsque les hommes vous haïront, qu'ils vous sépareront, qu'ils vous traiteront injurieusement, qu'ils rejetteront votre nom comme mauvais, à cause du Fils de l'homme.

23 Réjouissez-vous en ce jour-là, et soyez ravis de joie, parce qu'une grande récompense vous est réservée dans le ciel : car c'est ainsi que leurs pères traitaient les prophètes.

24 Mais malheur à vous, riches ! parce que vous avez votre consolation *dans ce monde.*

25 Malheur à vous qui êtes rassasiés ! parce que vous aurez faim. Malheur à vous qui riez maintenant ! parce que vous serez réduits aux pleurs et aux larmes.

26 Malheur à vous lorsque les hommes diront du bien de vous ! car c'est ce que leurs pères faisaient à l'égard des faux prophètes.

27 Mais pour vous qui m'écoutez, je vous dis : Aimez vos ennemis ; faites du bien à ceux qui vous haïssent ;

28 bénissez ceux qui font des imprécations contre vous, et priez pour ceux qui vous calomnient.

29 Si quelqu'un vous frappe sur une joue, présentez-lui encore l'autre ; et si quelqu'un vous prend votre manteau, ne l'empêchez point de prendre aussi votre tunique.

30 Donnez à tous ceux qui vous demandent ; et ne redemandez point votre bien à celui qui vous l'emporte.

31 Traitez les hommes de la même manière que vous voudriez vous-mêmes qu'ils vous traitassent.

32 Si vous n'aimez *que* ceux qui vous aiment, quel gré vous en saura-t-on ? puisque les gens de mauvaise vie aiment aussi ceux qui les aiment.

33 Et si vous *ne* faites du bien *qu'*à ceux qui vous en font, quel gré vous en saura-t-on ? puisque les gens de mauvaise vie font la même chose.

34 Et si vous *ne* prêtez *qu'*à ceux de qui vous espérez de recevoir *la même grâce,* quel gré vous en saura-t-on ? puisque les gens de mauvaise vie s'entre-prêtent de la sorte, pour recevoir le même avantage.

35 Mais pour vous, aimez vos ennemis, faites du bien *à tous,* et prêtez sans en rien espérer ; et alors votre récompense sera très-grande ; et vous serez les enfants du Très-Haut, parce qu'il est bon aux ingrats *mêmes* et aux méchants.

36 Soyez donc pleins de miséricorde, comme votre Père est plein de miséricorde.

37 Ne jugez point, et vous ne serez point jugés ; ne condamnez point, et vous ne serez point condamnés ; remettez, et on vous remettra.

38 Donnez, et on vous donnera ; on vous versera dans le sein une bonne mesure, pressée et entassée, et qui se répandra par-dessus : car on se servira envers vous de la même mesure dont vous vous serez servis *envers les autres.*

39 Il leur proposait aussi cette comparaison : Un aveugle peut-il conduire un autre aveugle ? Ne tomberont-ils pas tous deux dans la fosse ?

40 Le disciple n'est pas plus que le maître ; mais tout disciple est parfait lorsqu'il est semblable à son maître.

41 Pourquoi voyez-vous une paille dans l'œil de votre frère, lorsque vous ne vous apercevez pas d'une poutre qui est dans votre œil ?

42 Ou comment pouvez-vous dire à votre frère, Mon frère, laissez-moi ôter la paille qui est dans votre œil ; vous qui ne voyez pas la poutre qui est dans le vôtre ? Hypocrite ! ôtez premièrement la poutre qui est dans votre œil, et après cela vous verrez comment vous pourrez tirer la paille qui est dans l'œil de votre frère.

43 Car l'arbre qui produit de mauvais fruits, n'est pas bon ; et l'arbre qui produit de bons fruits, n'est pas mauvais :

44 car chaque arbre se connaît à son *propre* fruit. On ne cueille point de figues sur des épines, et on ne coupe point de grappes de raisins sur des ronces.

45 L'homme de bien tire de bonnes choses du bon trésor de son cœur ; et le méchant en tire de mauvaises du mauvais trésor *de son cœur :* car la bouche parle de la plénitude du cœur.

46 Mais pourquoi m'appelez-vous, Seigneur ! Seigneur ! et que vous ne faites pas ce que je dis ?

47 Je vais vous montrer à qui ressemble celui qui vient à moi, qui écoute mes paroles, et qui les pratique :

48 Il est semblable à un homme qui bâtit une maison, et qui, après avoir creusé bien avant, en a posé le fondement sur la pierre : un débordement d'eaux étant arrivé, un fleuve est venu fondre sur cette maison, et il n'a pu l'ébranler, parce qu'elle était fondée sur la pierre.

49 Mais celui qui écoute mes paroles sans les pratiquer, est semblable à un homme qui a bâti sa maison sur la terre, sans y faire de fondement : un fleuve est venu ensuite fondre sur cette maison ; elle est tombée aussitôt, et la ruine en a été grande.

CHAPITRE VII.

APRÈS qu'il eut achevé tout ce discours devant le peuple qui l'écoutait, il entra dans Capharnaüm.

2 Il y avait là un centenier, dont le serviteur, qu'il aimait beaucoup, était fort malade, et près de mourir.

3 Et ayant entendu parler de Jésus, il lui envoya quelques-uns des sénateurs juifs, pour le supplier de venir guérir son serviteur.

4 Étant donc venus trouver Jésus, ils l'en conjuraient avec grande instance, en lui disant : C'est un homme qui mérite que vous lui fassiez cette grâce :

5 car il aime notre nation ; et il nous a *même* bâti une synagogue.

6 Jésus s'en alla donc avec eux ; et comme il n'était plus guère loin de la maison, le centenier envoya ses amis au-devant de lui, pour lui dire de sa part : Seigneur ! ne vous donnez point tant de peine : car je ne mérite pas que vous entriez dans mon logis.

7 C'est pourquoi je ne me suis pas même cru digne d'aller vous trouver ; mais dites *seulement* une parole, et mon serviteur sera guéri :

8 car quoique je ne sois qu'un homme soumis à d'autres, ayant néanmoins des soldats sous moi, je dis à l'un, Allez là, et il y va ; et à l'autre, Venez ici, et il y vient ; et à mon serviteur, Faites cela, et il le fait.

9 Jésus ayant entendu ces paroles, admira *cet homme ;* et se tournant vers le peuple qui le suivait, il leur dit : Je vous le dis en vérité, je n'ai point trouvé tant de foi dans Israël même.

10 Et ceux que le centenier avait envoyés, étant retournés chez lui, trouvèrent ce serviteur qui avait été malade, parfaitement guéri.

11 Le jour suivant Jésus allait en une ville appelée Naïm, et ses disciples l'accompagnaient avec une grande foule de peuple.

12 Lorsqu'il était près de la porte de la ville, il arriva qu'on portait en terre un mort, qui était fils unique de sa mère, et cette femme était veuve ; et il y avait une grande quantité de personnes de la ville avec elle.

13 Le Seigneur l'ayant vue, fut touché de compassion envers elle, et lui dit : Ne pleurez point.

14 Puis s'approchant, il toucha le cercueil : ceux qui le portaient s'arrêtèrent ; alors il dit : Jeune homme, levez-vous ; je vous le commande.

15 En même temps le mort se leva en son séant, et commença à parler ; et Jésus le rendit à sa mère.

16 Tous ceux qui étaient présents, furent saisis de frayeur, et ils glorifiaient Dieu, en disant : Un grand prophète a paru au milieu de nous, et Dieu a visité son peuple.

17 Le bruit de ce *miracle* qu'il avait fait, se répandit dans toute la Judée et dans tout le pays d'alentour.

18 Les disciples de Jean lui ayant rapporté toutes ces choses,

19 il en appela deux, et les envoya à Jésus, pour lui dire : Êtes-vous celui qui doit venir ? ou devons-nous en attendre un autre ?

20 Ces hommes étant venus trouver Jésus, ils lui dirent : Jean-Baptiste nous a envoyés à vous, pour vous dire : Êtes-vous celui qui doit venir ? ou devons-nous en attendre un autre ?

21 Jésus à l'heure même délivra plusieurs personnes des maladies et des plaies *dont ils étaient affligés,* et des malins esprits *qui les possédaient ;* et il rendit la vue à plusieurs aveugles ;

22 après quoi il leur répondit en ces termes : Allez rapporter à Jean ce que vous venez d'entendre et de voir : Que les aveugles voient, que les boiteux marchent, que les lépreux sont guéris, que les sourds entendent, que les morts ressuscitent, que l'Évangile est annoncé aux pauvres ;

23 et que bienheureux est celui qui ne prendra point de moi un sujet de scandale *et* de chute.

24 Ceux qui étaient venus de la part de Jean s'en étant retournés, Jésus s'adressa au peuple, et leur parla de Jean en cette sorte : Qu'êtes-vous allés voir dans le désert ? un roseau agité du vent ?

25 Qu'êtes-vous, *dis-je,* allés voir ? un homme vêtu avec luxe *et* avec mollesse ? Vous savez que c'est dans les palais des rois que se trouvent ceux qui sont vêtus magnifiquement, et qui vivent dans les délices.

26 Qu'êtes-vous donc allés voir ? un prophète ? Oui, certes, je vous le dis, et plus qu'un prophète.

27 C'est de lui qu'il est écrit : J'envoie devant vous mon ange, qui vous préparera la voie.

28 Car je vous déclare, qu'entre tous ceux qui sont nés de femmes, il n'y a point de plus grand prophète que Jean-Baptiste : mais celui qui est le plus petit dans le royaume de Dieu, est plus grand que lui.

29 Tout le peuple et les publicains l'ayant entendu, ont justifié *la conduite de* Dieu, ayant été baptisés du baptême de Jean.

30 Mais les pharisiens et les docteurs de la loi ont méprisé le dessein de Dieu sur eux, ne s'étant point fait baptiser par Jean.

31 À qui donc, ajouta le Seigneur, comparerai-je les hommes de ce temps-ci ? et à qui sont-ils semblables ?

32 Ils sont semblables à ces enfants qui sont assis dans la place, et qui se parlant les uns aux autres, disent : Nous vous avons joué de la flûte, et vous n'avez point dansé ; nous avons chanté des airs lugubres, et vous n'avez point pleuré.

33 Car Jean-Baptiste est venu ne mangeant point de pain, et ne buvant point de vin ; et vous dites de lui : Il est possédé du démon.

34 Le Fils de l'homme est venu mangeant et buvant, et vous dites : C'est un homme de bonne chère, et qui aime à boire du vin : c'est l'ami des publicains et des gens de mauvaise vie.

35 Mais la sagesse a été justifiée par tous ses enfants.

36 Un pharisien ayant prié Jésus de manger chez lui, il entra en son logis, et se mit à table.

37 En même temps une femme de la ville, qui était de mauvaise vie, ayant su qu'il était à table chez ce pharisien, y vint avec un vase d'albâtre, plein d'huile de parfum ;

38 et se tenant derrière lui à ses pieds, elle commença à les arroser de ses larmes, et elle les essuyait avec ses cheveux, les baisait, et y répandait ce parfum.

39 Ce que voyant le pharisien qui l'avait invité, il dit en lui-même : Si cet homme était prophète, il saurait qui est celle qui le touche, et que c'est une femme de mauvaise vie.

40 Alors Jésus prenant la parole, lui dit : Simon, j'ai quelque chose à vous dire. Il répondit : Maître ! dites.

41 Un créancier avait deux débiteurs : l'un lui devait cinq cents deniers, et l'autre cinquante ;

42 mais comme ils n'avaient pas de quoi les lui rendre, il leur remit à tous deux leur dette : lequel des deux l'aimera donc davantage ?

43 Simon répondit : Je crois que ce sera celui auquel il a plus remis. Jésus lui dit : Vous avez fort bien jugé.

44 Et se tournant vers la femme, il dit à Simon : Voyez-vous cette femme ? Je suis entré dans votre maison : vous ne m'avez point donné d'eau pour *me laver* les pieds ; et elle, au contraire, a arrosé mes pieds de ses larmes, et les a essuyés avec ses cheveux.

45 Vous ne m'avez point donné de baiser ; mais elle, depuis qu'elle est entrée, n'a cessé de baiser mes pieds.

46 Vous n'avez point répandu d'huile sur ma tête ; et elle a répandu *ses* parfums sur mes pieds.

47 C'est pourquoi je vous déclare, que beaucoup de péchés lui sont remis, parce qu'elle a beaucoup aimé : mais celui à qui on remet moins, aime moins.

48 Alors il dit à cette femme : Vos péchés vous sont remis.

49 Et ceux qui étaient à table avec lui, commencèrent à dire en eux-mêmes : Qui est celui-ci, qui remet même les péchés ?

50 Et Jésus dit *encore* à cette femme : Votre foi vous a sauvée ; allez en paix.

CHAPITRE VIII.

QUELQUE temps après, Jésus allait de ville en ville, et de village en village, prêchant l'Évangile, et annonçant le royaume de Dieu ; et les douze *apôtres* étaient avec lui.

2 Il y avait aussi quelques femmes, qui avaient été délivrées des malins esprits, et guéries de leurs maladies : *entre lesquelles étaient* Marie, surnommée Magdeleine, de laquelle sept démons étaient sortis ;

3 Jeanne, femme de Chuza, intendant de la maison d'Hérode ; Susanne, et plusieurs autres qui l'assistaient de leurs biens.

4 Or, le peuple s'assemblant en foule, et se pressant de sortir des villes pour venir vers lui, il leur dit en parabole :

5 Celui qui sème, s'en alla semer son grain : et une partie de la semence qu'il semait, tomba le long du chemin, où elle fut foulée aux pieds, et les oiseaux du ciel la mangèrent.

6 Une autre partie tomba sur des pierres ; et ayant levé elle se sécha, parce qu'elle n'avait point d'humidité.

7 Une autre tomba au milieu des épines ; et les épines croissant avec la semence, l'étouffèrent.

8 Une autre partie tomba dans une bonne terre ; et ayant levé elle porta du fruit, et rendit cent pour un. En disant ceci, il criait : Que celui-là l'entende, qui a des oreilles pour entendre.

9 Ses disciples lui demandèrent ensuite, ce que voulait dire cette parabole.

10 Et il leur dit : Pour vous, il vous a été donné de connaître le mystère du royaume de Dieu ; mais pour les autres, *il ne leur est proposé qu'*en paraboles ; afin qu'en voyant ils ne voient point, et qu'en écoutant ils ne comprennent point.

11 Voici donc ce que veut dire cette parabole : La semence, c'est la parole de Dieu.

12 Ceux qui *sont marqués par ce qui tombe* le long du chemin, sont ceux qui écoutent la parole ; mais le diable vient ensuite, qui enlève cette parole de leur cœur, de peur qu'ils ne croient et ne soient sauvés.

13 Ceux qui *sont marqués par ce qui tombe* sur des pierres, sont ceux qui écoutant la parole, la reçoivent avec joie ; mais ils n'ont point de racine : *ainsi* ils croient seulement pour un temps, et au temps de la tentation ils se retirent.

14 Ce qui tombe dans les épines, marque ceux qui ont écouté la parole, mais en qui elle est ensuite étouffée par les sollicitudes, par les richesses, et par les plaisirs de cette vie ; de sorte qu'ils ne portent point de fruit.

15 Enfin ce qui tombe dans la bonne terre, marque ceux qui ayant écouté la parole avec un cœur bon et excellent, la retiennent *et* la conservent, et portent du fruit par la patience.

16 Il n'y a personne qui après avoir allumé une lampe, la couvre d'un vase, ou la mette sous un lit ; mais on la met sur le chandelier, afin que ceux qui entrent, voient la lumière.

17 Car il n'y a rien de secret qui ne doive être découvert, ni rien de caché qui ne doive être connu, et paraître publiquement.

18 Prenez donc bien garde de quelle manière vous écoutez : car on donnera encore à celui qui a déjà ; et pour celui qui n'a rien, on lui ôtera même ce qu'il croit avoir.

19 Cependant sa mère et ses frères étant venus vers lui, et ne pouvant l'aborder à cause de la foule du peuple,

20 il en fut averti, et on lui dit : Votre mère et vos frères sont là dehors, qui désirent de vous voir.

21 Mais il leur répondit : Ma mère et mes frères sont ceux qui écoutent la parole de Dieu, et qui la pratiquent.

22 Un jour étant monté sur une barque avec ses disciples, il leur dit : Passons à l'autre bord du lac. Ils partirent donc.

23 Et comme ils passaient, il s'endormit ; alors un grand tourbillon de vent vint *tout d'un coup* fondre sur le lac, en sorte que *leur barque* s'emplissant d'eau, ils étaient en péril.

24 Ils s'approchèrent donc de lui, et l'éveillèrent, en lui disant ; Maître ! nous périssons. Jésus s'étant levé, parla avec menaces aux vents et aux flots agités, et ils s'apaisèrent ; et il se fit un *grand* calme.

25 Alors il leur dit : Où est votre foi ? Mais eux, remplis de crainte et d'admiration, se disaient l'un à l'autre : Quel est donc celui-ci, qui commande de la sorte aux vents et aux flots, et à qui ils obéissent ?

26 Ils abordèrent ensuite au pays des Géraséniens, qui est sur le bord opposé à la Galilée.

27 Et lorsque Jésus fut descendu à terre, il vint au-devant de lui un homme qui depuis longtemps était possédé du démon, et qui ne portait point d'habit, ni ne demeurait point dans les maisons, mais dans les sépulcres.

28 Aussitôt qu'il eut aperçu Jésus, il vint se prosterner à ses pieds ; et jetant un grand cri, il lui dit à haute voix : Jésus, Fils du Dieu très-haut ! qu'y a-t-il entre vous et moi ? Je vous conjure de ne me point tourmenter.

29 Car il commandait à l'esprit impur de sortir de cet homme, parce qu'il l'agitait avec violence depuis longtemps, en sorte que, quoiqu'on le gardât lié de chaînes, et les fers aux pieds, il rompait tous ses liens, et était poussé par le démon dans les déserts.

30 Jésus lui demanda : Quel est ton nom ? Il lui dit, Je m'appelle Légion : parce que plusieurs démons étaient entrés dans cet homme.

31 Et ces démons le suppliaient qu'il ne leur commandât point de s'en aller dans l'abîme.

32 Mais comme il y avait là un grand troupeau de pourceaux qui paissaient sur la montagne, ils le suppliaient de leur permettre d'y entrer : ce qu'il leur permit.

33 Les démons étant donc sortis de cet homme, entrèrent dans les pourceaux ; et aussitôt le troupeau courut avec violence se précipiter dans le lac, où ils se noyèrent.

34 Ceux qui les gardaient, ayant vu ce qui était arrivé, s'enfuirent, et s'en allèrent le dire à la ville et dans les villages ;

35 d'où *plusieurs* sortirent pour voir ce qui était arrivé ; et étant venus à Jésus, ils trouvèrent cet homme duquel les démons étaient sortis, assis à ses pieds, habillé et en son bon sens : ce qui les remplit de crainte.

36 Et ceux qui avaient vu ce qui s'était passé, leur racontèrent comment *le possédé* avait été délivré de la légion *de démons*.

37 Alors tous les peuples du pays des Géraséniens le prièrent de s'éloigner d'eux, parce qu'ils étaient saisis d'une grande frayeur. Il monta donc dans la barque pour s'en retourner.

38 Et cet homme duquel les démons étaient sortis, le suppliait qu'il lui permît d'aller avec lui ; mais Jésus le renvoya, en lui disant :

39 Retournez en votre maison, et racontez les grandes choses que Dieu a faites en votre faveur. Et il s'en alla par toute la ville, publiant les grâces que Jésus lui avait faites.

40 Jésus étant revenu, le peuple le reçut *avec joie* ; parce qu'il était attendu de tous.

41 Alors il vint à lui un homme, appelé Jaïre, qui était un chef de synagogue ; et se prosternant aux pieds de Jésus, il le suppliait de venir en sa maison,

42 parce qu'il avait une fille unique, âgée d'environ douze ans, qui se mourait. Et comme Jésus y allait, et qu'il était pressé par la foule du peuple,

43 une femme qui était malade d'une perte de sang depuis douze ans, et qui avait dépensé tout son bien à se faire traiter par les médecins, sans qu'aucun d'eux eût pu la guérir,

44 s'approcha de lui par derrière, et toucha la frange de son vêtement : au même instant sa perte de sang s'arrêta.

45 Et Jésus dit : Qui est-ce qui m'a touché ? Mais tous assurant que ce n'était pas eux, Pierre et ceux qui étaient avec lui, lui dirent : Maître ! la foule du peuple vous presse et vous accable, et vous demandez qui vous a touché !

46 Mais Jésus dit : Quelqu'un m'a touché : car j'ai reconnu qu'une vertu est sortie de moi.

47 Cette femme se voyant ainsi découverte, s'en vint toute tremblante, se jeta à ses pieds, et déclara devant tout le peuple ce qui l'avait portée à le toucher, et comment elle avait été guérie à l'instant.

48 Et Jésus lui dit : Ma fille, votre foi vous a guérie ; allez en paix.

49 Comme il parlait encore, quelqu'un vint dire au chef de synagogue : Votre fille est morte : ne donnez point davantage de peine au Maître.

50 Mais Jésus ayant entendu cette parole, dit au père de la fille : Ne craignez point ; croyez seulement, et elle vivra.

51 Étant arrivé au logis, il ne laissa entrer personne, que Pierre, Jacques et Jean, avec le père et la mère de la fille.

52 Et comme tous ceux de la maison la pleuraient, en se frappant la poitrine, il leur dit : Ne pleurez point ; cette fille n'est pas morte, mais seulement endormie.

53 Et ils se moquaient de lui, sachant bien qu'elle était morte.

54 Jésus donc la prenant par la main, lui cria : *Ma* fille, levez-vous.

55 Et son âme étant retournée *dans son corps*, elle se leva à l'instant ; et il commanda qu'on lui donnât à manger.

56 Alors son père et sa mère furent remplis d'étonnement ; et il leur commanda de ne dire à personne ce qui était arrivé.

CHAPITRE IX.

JÉSUS ayant appelé ses douze apôtres, leur donna puissance et autorité sur tous les démons, avec le pouvoir de guérir les maladies.

2 Puis il les envoya prêcher le royaume de Dieu, et rendre la santé aux malades.

3 Et il leur dit : Ne préparez rien pour le chemin, ni bâton, ni sac, ni pain, ni argent, et n'ayez point deux tuniques.

4 En quelque maison que vous soyez entrés, demeurez-y, et n'en sortez point.

5 Lorsqu'il se trouvera des personnes qui ne voudront pas vous recevoir, sortant de leur ville secouez même la poussière de vos pieds, afin que ce soit un témoignage contre eux.

6 Étant donc partis, ils allaient de village en village, annonçant l'Évangile, et guérissant partout les malades.

7 Cependant Hérode le tétrarque entendit parler de tout ce que faisait Jésus ; et son esprit était en suspens,

8 parce que les uns disaient, que Jean était ressuscité d'entre les morts ; les autres, qu'Élie était apparu ; et d'autres, qu'un des anciens prophètes était ressuscité.

9 Alors Hérode dit : J'ai fait couper la tête à Jean ; mais qui est celui-ci, de qui j'entends dire de si grandes choses ? Et il avait envie de le voir.

10 Les apôtres étant revenus, racontèrent à Jésus tout ce qu'ils avaient fait. Et Jésus les prenant avec lui, se retira à l'écart dans un lieu désert, près *la ville* de Bethsaïde.

11 Lorsque le peuple l'eut appris, il le suivit ; et *Jésus* les ayant *bien* reçus, leur parlait du royaume de Dieu, et guérissait ceux qui avaient besoin d'être guéris.

12 Comme le jour commençait à baisser, les douze *apôtres* vinrent lui dire : Renvoyez le peuple, afin qu'ils s'en aillent dans les villages et dans les lieux d'alentour pour se loger, et pour y trouver de quoi vivre, parce que nous sommes ici dans un lieu désert.

13 Mais Jésus leur répondit : Donnez-leur vous-mêmes à manger. Ils lui repartirent : Nous n'avons que cinq pains et deux poissons ; si ce n'est peut-être qu'il faille que nous allions acheter des vivres pour tout ce peuple.

14 Car ils étaient environ cinq mille hommes. Alors il dit à ses disciples : Faites-les asseoir par troupes, cinquante à cinquante.

15 Ce qu'ils exécutèrent, en les faisant tous asseoir.

16 Or Jésus prit les cinq pains et les deux poissons ; et levant les yeux au ciel, il les bénit, les rompit, et les donna à ses disciples, afin qu'ils les présentassent au peuple.

17 Ils en mangèrent tous, et furent rassasiés ; et on emporta douze paniers pleins des morceaux qui en étaient restés.

18 *Un jour* comme il priait en particulier, ayant ses disciples avec lui, il leur demanda : Que dit le peuple *de moi ? Qui dit-il* que je suis ?

19 Ils lui répondirent : *Les uns disent que vous êtes* Jean-Baptiste ; les autres, Élie ; les autres, que c'est quelqu'un des anciens prophètes qui est ressuscité.

20 Mais vous, leur dit-il, qui dites-vous que je suis ? Simon-Pierre répondit : *Vous êtes* Le Christ de Dieu.

21 Alors il leur défendit très-expressément de parler de cela à personne.

22 Et il ajouta : Il faut que le Fils de l'homme souffre beaucoup ; qu'il soit rejeté par les sénateurs, par les princes des prêtres et par les scribes ; qu'il soit mis à mort, et qu'il ressuscite le troisième jour.

23 Il disait aussi à tout le monde : Si quelqu'un veut venir après moi, qu'il renonce à soi-même, qu'il porte sa croix tous les jours, et qu'il me suive.

24 Car celui qui voudra sauver sa vie, la perdra ; et celui qui perdra sa vie pour l'amour de moi, la sauvera.

25 Et que servirait à un homme de gagner tout le monde aux dépens de lui-même, et en se perdant lui-même ?

26 Car si quelqu'un rougit de moi et de mes paroles, le Fils de l'homme rougira aussi de lui, lorsqu'il viendra dans sa gloire, et dans celle de son Père et des saints anges.

27 Je vous dis en vérité : il en a quelques-uns de ceux qui sont ici présents qui ne mourront point, qu'ils n'aient vu le royaume de Dieu.

28 Environ huit jours après qu'il eut dit ces paroles, il prit avec lui Pierre, Jacques et Jean, et s'en alla sur une montagne pour prier.

29 Et pendant qu'il faisait sa prière, son visage parut tout autre ; ses habits devinrent blancs et éclatants.

30 Et l'on vit tout d'un coup deux hommes qui s'entretenaient avec lui : c'était Moïse et Élie.

31 Ils étaient pleins de majesté *et* de gloire, et ils lui parlaient de sa sortie du monde, qui devait arriver dans Jérusalem.

32 Cependant Pierre et ceux qui étaient avec lui, étaient accablés de sommeil ; et se réveillant ils le virent dans sa gloire, et les deux hommes qui étaient avec lui.

33 Et comme ils se séparaient de Jésus, Pierre lui dit : Maître ! nous sommes bien ici ; faisons-y trois tentes : une pour vous, une pour Moïse, et une pour Élie. Car il ne savait ce qu'il disait.

34 Il parlait encore, lorsqu'il parut une nuée qui les couvrit ; et ils furent saisis de frayeur, en les voyant entrer dans cette nuée.

35 Et il en sortit une voix qui disait : Celui-ci est mon Fils bien-aimé, écoutez-le.

36 Pendant qu'on entendait cette voix, Jésus se trouva seul ; et les disciples tinrent ceci secret, et ne dirent pour lors à personne rien de ce qu'ils avaient vu.

37 Le lendemain, lorsqu'ils descendaient de la montagne, une grande troupe de peuple vint au-devant d'eux.

38 Et un homme s'écria parmi la foule, et dit : Maître ! regardez mon fils *en pitié,* je vous en supplie : car je n'ai que ce seul enfant.

39 L'esprit *malin* se saisit de lui, et lui fait tout d'un coup jeter de grands cris ; il le renverse par terre, il l'agite par de violentes convulsions, en le faisant écumer, et à peine le quitte-t-il après l'avoir tout déchiré.

40 J'avais prié vos disciples de le chasser ; mais ils n'ont pu.

41 Alors Jésus prenant la parole, dit : Ô race incrédule et dépravée ! jusques à quand serai-je avec vous, et vous souffrirai-je ? Amenez ici votre fils.

42 Et comme l'enfant s'approchait, le démon le jeta par terre, et l'agita par de grandes convulsions.

43 Mais Jésus ayant parlé avec menaces à l'esprit impur, guérit l'enfant, et le rendit à son père.

44 Tous furent étonnés de la grande puissance de Dieu. Et lorsque tout le monde était dans l'admiration de tout ce que faisait Jésus, il dit à ses disciples : Mettez bien dans votre cœur ce que je vais vous dire : Le Fils de l'homme doit être livré entre les mains des hommes.

45 Mais ils n'entendaient point ce langage : il leur était tellement caché, qu'ils n'y comprenaient rien ; et ils appréhendaient même de l'interroger sur ce sujet.

46 Il leur vint aussi une pensée dans l'esprit, lequel d'entre eux était le plus grand.

47 Mais Jésus voyant les pensées de leur cœur, prit un enfant, et le mettant près de lui,

48 il leur dit : Quiconque reçoit cet enfant en mon nom, me reçoit ; et quiconque me reçoit, reçoit celui qui m'a envoyé : car celui qui est le plus petit parmi vous tous, est le plus grand.

49 Alors Jean prenant la parole, lui dit : Maître ! nous avons vu un homme qui chasse les démons en votre nom ; mais nous l'en avons empêché, parce qu'il ne *vous* suit pas avec nous.

50 Et Jésus lui dit : Ne l'en empêchez point : car celui qui n'est pas contre vous, est pour vous.

51 Lorsque le temps auquel il devait être enlevé *du monde* approchait, il se mit en chemin avec un visage assuré pour aller à Jérusalem.

52 Et il envoya devant lui pour annoncer *sa venue,* des gens qui étant partis entrèrent dans un bourg des Samaritains, pour lui préparer *un logement.*

53 Mais ceux de ce lieu ne voulurent point le recevoir, parce qu'il paraissait qu'il allait à Jérusalem.

54 Ce que Jacques et Jean, ses disciples, ayant vu, ils lui dirent : Seigneur ! voulez-vous que nous commandions que le feu descende du ciel, et qu'il les dévore ?

55 Mais se retournant, il leur fit réprimande, et leur dit : Vous ne savez pas à quel esprit vous êtes *appelés :*

56 le Fils de l'homme n'est pas venu pour perdre les hommes, mais pour les sauver. Ils s'en allèrent donc en un autre bourg.

57 Lorsqu'ils étaient en chemin, un homme lui dit : *Seigneur !* je vous suivrai partout où vous irez.

58 Jésus lui répondit : Les renards ont leurs tanières, et les oiseaux du ciel leurs nids ; mais le Fils de l'homme n'a pas où reposer sa tête.

59 Il dit à un autre : Suivez-moi. Et il lui répondit : Seigneur ! permettez-moi d'aller auparavant ensevelir mon père.

60 Jésus lui repartit : Laissez aux morts le soin d'ensevelir leurs morts ; mais pour vous, allez annoncer le royaume de Dieu.

61 Un autre lui dit : Seigneur ! je vous suivrai ; mais permettez-moi de disposer auparavant de ce que j'ai dans ma maison.

62 Jésus lui répondit : Quiconque ayant mis la main à la charrue, regarde derrière soi, n'est point propre au royaume de Dieu.

CHAPITRE X.

ENSUITE le Seigneur choisit encore soixante et douze autres *disciples,* qu'il envoya devant lui, deux à deux, dans toutes les villes et dans tous les lieux où lui-même devait aller.

2 Et il leur disait : La moisson est grande ; mais il y a peu d'ouvriers. Priez donc le Maître de la moisson, qu'il envoie des ouvriers en sa moisson.

3 Allez : je vous envoie comme des agneaux au milieu des loups.

4 Ne portez ni bourse, ni sac, ni souliers ; et ne saluez personne dans le chemin.

5 En quelque maison que vous entriez, dites d'abord : Que la paix soit dans cette maison !

6 Et s'il s'y trouve quelque enfant de paix, votre paix reposera sur lui ; sinon, elle retournera sur vous.

7 Demeurez en la même maison, mangeant et buvant de ce qu'il y aura chez eux : car celui qui travaille, mérite sa récompense. Ne passez point de maison en maison.

8 Et en quelque ville que vous entriez, et où l'on vous aura reçus, mangez ce que l'on vous présentera.

9 Guérissez les malades qui s'y trouveront, et dites-leur : Le royaume de Dieu est proche de vous.

10 Mais si étant entrés en quelque ville, on ne vous y reçoit point, sortez dans les places, et dites :

11 Nous secouons contre vous la poussière même de votre ville, qui s'est attachée à nos pieds : sachez néanmoins que le royaume de Dieu est proche.

12 Je vous assure qu'au *dernier* jour, Sodome sera traitée moins rigoureusement que cette ville-là.

13 Malheur à toi, Corozaïn ! malheur à toi, Bethsaïde ! parce que si les miracles qui ont été faits chez vous, avaient été faits dans Tyr et dans Sidon, il y a longtemps qu'elles auraient fait pénitence dans le sac et dans la cendre.

14 c'est pourquoi, au *jour du* jugement, Tyr et Sidon seront traitées moins rigoureusement que vous.

15 Et toi, Capharnaüm, qui as été élevée jusqu'au ciel, tu seras précipitée jusque dans le fond des enfers.

16 Celui qui vous écoute, m'écoute ; celui qui vous méprise, me méprise ; et celui qui me méprise, méprise celui qui m'a envoyé.

17 Or les soixante et douze *disciples* s'en revinrent avec joie, lui disant : Seigneur ! les démons mêmes nous sont assujettis par la vertu de votre nom.

18 Il leur répondit : Je voyais Satan tomber du ciel comme un éclair.

19 Vous voyez que je vous ai donné le pouvoir de fouler aux pieds les serpents et les scorpions, et toute la puissance de l'ennemi ; et rien ne pourra vous nuire.

20 Néanmoins ne mettez point votre joie en ce que les esprits *impurs* vous sont soumis ; mais réjouissez-vous *plutôt* de ce que vos noms sont écrits dans les cieux.

21 En cette même heure Jésus tressaillit de joie par le *mouvement du* Saint-Esprit, et dit ces paroles : Je vous rends gloire, *mon Père,* Seigneur du ciel et de la terre ! de ce que *tandis que* vous avez caché ces choses aux sages et aux prudents, vous les avez révélées

aux petits. Oui, *mon* Père ! *je vous en rends gloire,* parce qu'il vous a plu *que cela fût* ainsi.

22 Mon Père m'a mis toutes choses entre les mains : et nul ne connaît qui est le Fils que le Père ; ni qui est le Père que le Fils, et celui à qui le Fils aura voulu le révéler.

23 Et se retournant vers ses disciples, il leur dit : Heureux les yeux qui voient ce que vous voyez !

24 Car je vous déclare que beaucoup de prophètes et de rois ont souhaité de voir ce que vous voyez, et ne l'ont point vu ; et d'entendre ce que vous entendez, et ne l'ont point entendu.

25 Alors un docteur de la loi s'étant levé, lui dit, pour le tenter : Maître ! que faut-il que je fasse pour posséder la vie éternelle ?

26 Jésus lui répondit : Qu'y a-t-il d'écrit dans la loi ? Qu'y lisez-vous ?

27 Il lui répondit : Vous aimerez le Seigneur, votre Dieu, de tout votre cœur, de toute votre âme, de toutes vos forces et de tout votre esprit ; et votre prochain comme vous-même.

28 Jésus lui dit : Vous avez fort bien répondu ; faites cela, et vous vivrez.

29 Mais cet homme voulant faire paraître qu'il était juste, dit à Jésus : Et qui est mon prochain ?

30 Et Jésus prenant la parole, lui dit : Un homme, qui descendait de Jérusalem à Jéricho, tomba entre les mains des voleurs, qui le dépouillèrent, le couvrirent de plaies, et s'en allèrent, le laissant à demi mort.

31 Il arriva ensuite, qu'un prêtre descendait par le même chemin, lequel l'ayant aperçu passa outre.

32 Un lévite, qui vint aussi au même lieu, l'ayant considéré passa outre *encore.*

33 Mais un Samaritain, qui voyageait, étant venu à l'endroit où était cet homme, et l'ayant vu, en fut touché de compassion.

34 Il s'approcha donc de lui, versa de l'huile et du vin dans ses plaies, et les banda ; et l'ayant mis sur son cheval, il le mena dans une hôtellerie, et prit soin de lui.

35 Le lendemain il tira deux deniers, qu'il donna à l'hôte, et lui dit : Ayez bien soin de cet homme ; et tout ce que vous dépenserez de plus, je vous le rendrai à mon retour.

36 Lequel de ces trois vous semble-t-il avoir été le prochain de celui qui tomba entre les mains des voleurs ?

37 Le docteur lui répondit : Celui qui a exercé la miséricorde envers lui : Allez donc, lui dit Jésus, et faites de même.

38 Jésus étant en chemin *avec ses disciples,* entra dans un bourg ; et une femme, nommée Marthe, le reçut dans sa maison.

39 Elle avait une sœur, nommée Marie, qui se tenant assise aux pieds du Seigneur, écoutait sa parole.

40 Mais Marthe était fort occupée à préparer tout ce qu'il fallait ; et s'arrêtant *devant Jésus,* elle *lui* dit : Seigneur ! ne considérez-vous point que ma sœur me laisse servir toute seule ? Dites-lui donc qu'elle m'aide.

41 Mais le Seigneur lui répondit : Marthe, Marthe, vous vous empressez et vous vous troublez dans le soin de beaucoup de choses :

42 cependant une seule chose est nécessaire. Marie a choisi la meilleure part, qui ne lui sera point ôtée.

CHAPITRE XI.

UN jour, comme il était en prière en un certain lieu, après qu'il eut cessé de prier, un de ses disciples lui dit : Seigneur ! apprenez-nous à prier, ainsi que Jean l'a appris à ses disciples.

2 Et il leur dit : Lorsque vous prierez, dites : Père ! que votre nom soit sanctifié ! Que votre règne arrive !

3 Donnez-nous aujourd'hui notre pain de chaque jour.

4 Et remettez-nous nos offenses, puisque nous remettons nous-mêmes à tous ceux qui nous sont redevables. Et ne nous abandonnez point à la tentation.

5 Il leur dit encore : Si quelqu'un d'entre vous avait un ami, et qu'il allât le trouver au milieu de la nuit pour lui dire, Mon ami, prêtez-moi trois pains,

6 parce qu'un de mes amis qui est en voyage vient d'arriver chez moi, et je n'ai rien à lui donner ;

7 et que cet homme lui répondît de dedans sa maison, Ne m'importunez point ; ma porte est fermée, et mes enfants sont couchés aussi bien que moi ; je ne puis me lever pour vous en donner :

8 si néanmoins l'autre persévérait à frapper, je vous assure que, quand il ne se lèverait pas pour lui en donner à cause qu'il est son ami, il se lèverait du moins à cause de son importunité, et lui en donnerait autant qu'il en aurait besoin.

9 Je vous dis de même : Demandez, et on vous donnera ; cherchez, et vous trouverez ; frappez *à la porte,* et l'on vous ouvrira.

10 Car quiconque demande, reçoit ; et qui cherche, trouve ; et l'on ouvrira à celui qui frappe *à la porte.*

11 Mais qui est le père d'entre vous, qui donnât à son fils une pierre, lorsqu'il lui demanderait du pain ; ou qui lui donnât un serpent, lorsqu'il lui demanderait un poisson ;

12 ou qui lui donnât un scorpion, lorsqu'il lui demanderait un œuf ?

13 Si donc vous, étant méchants comme vous êtes, vous savez néanmoins donner de bonnes choses à vos enfants ; à combien plus forte raison votre Père qui est dans le ciel, donnera-t-il le bon Esprit à ceux qui le lui demandent ?

14 *Un jour,* Jésus chassa un démon qui était muet ; et lorsqu'il eut chassé le démon, le muet parla, et tout le peuple fut ravi en admiration.

15 Mais quelques-uns d'entre eux dirent : Il *ne* chasse les démons *que* par Béelzébub, prince des démons.

16 Et d'autres voulant le tenter, lui demandaient *qu'il leur fît voir* un prodige dans l'air.

17 Mais Jésus connaissant leurs pensées, leur dit : Tout royaume divisé contre lui-même sera détruit, et toute maison *divisée* contre elle-même tombera en ruine.

18 Si donc Satan est aussi divisé contre lui-même, comment son règne subsistera-t-il ? Car vous dites que c'est par Béelzébub que je chasse les démons.

19 Si c'est par Béelzébub que je chasse les démons, par qui vos enfants les chassent-ils ? C'est pourquoi ils seront eux-mêmes vos juges.

20 Mais si c'est par le doigt de Dieu que je chasse les démons, assurément le royaume de Dieu est venu jusqu'à vous.

21 Lorsque le fort armé garde sa maison, tout ce qu'il possède est en paix.

22 Mais s'il en survient un autre plus fort que lui, qui le surmonte, il emportera toutes ses armes dans lesquelles il mettait sa confiance, et il distribuera ses dépouilles.

23 Celui qui n'est point avec moi, est contre moi ; et celui qui n'amasse point avec moi, dissipe.

24 Lorsque l'esprit impur est sorti d'un homme, il s'en va par des lieux arides, cherchant du repos ; et comme il n'en trouve point, il dit : Je retournerai dans ma maison d'où je suis sorti.

25 Et y venant, il la trouve nettoyée et parée.

26 Alors il s'en va prendre avec lui sept autres esprits plus méchants que lui ; et entrant dans cette maison, ils en font leur demeure : et le dernier état de cet homme devient pire que le premier.

27 Lorsqu'il disait ces choses, une femme élevant la voix du milieu du peuple, lui dit : Heureuses les entrailles qui vous ont porté, et les mamelles qui vous ont nourri !

28 Jésus lui dit : Mais plutôt heureux ceux qui écoutent la parole de Dieu, et qui la pratiquent !

29 Et comme le peuple s'amassait en foule, il commença à dire : Cette race *d'hommes* est une race méchante : ils demandent un signe ; et il ne leur en sera point donné d'autre que celui du prophète Jonas.

30 Car comme Jonas fut un signe pour ceux de Ninive, ainsi le Fils de l'homme en sera un pour cette nation.

31 La reine du Midi s'élèvera au *jour du* jugement contre les hommes de cette nation, et les condamnera ; parce qu'elle est venue des extrémités de la terre pour entendre la sagesse de Salomon : et cependant il y a ici plus que Salomon.

32 Les Ninivites s'élèveront au *jour du* jugement contre ce peuple, et le condamneront : parce qu'ils ont fait pénitence à la prédication de Jonas : et cependant il y a ici plus que Jonas.

33 Il n'y a personne qui après avoir allumé une lampe, la mette dans un lieu caché, ou sous un boisseau ; mais on la met sur le chandelier, afin que ceux qui entrent, voient la lumière.

34 Votre œil est la lampe de votre corps : si votre œil est simple *et* pur, tout votre corps sera éclairé ; s'il est mauvais, votre corps aussi sera ténébreux.

35 Prenez donc garde que la lumière qui est en vous, ne soit elle-même *de vraies* ténèbres.

36 Si donc votre corps est tout éclairé, n'ayant aucune partie ténébreuse, tout sera lumineux, comme lorsqu'une lampe vous éclaire par sa lumière.

37 Pendant qu'il parlait, un pharisien le pria de dîner chez lui ; et Jésus y étant entré, se mit à table.

38 Le pharisien commença alors à dire en lui-même : Pourquoi ne s'est-il point lavé les mains avant le dîner ?

39 Mais le Seigneur lui dit : Vous autres pharisiens, vous avez *grand* soin de nettoyer le dehors de la coupe et du plat ; mais le dedans de vos cœurs est plein de rapine et d'iniquité.

40 Insensés que vous êtes ! celui qui a fait le dehors, n'a-t-il pas fait aussi le dedans ?

41 Néanmoins donnez l'aumône de ce que vous avez, et toutes choses seront pures pour vous.

42 Mais malheur à vous, pharisiens ! qui payez la dîme de la menthe, de la rue et de toutes les herbes, et qui négligez la justice, et l'amour de Dieu : c'est là néanmoins ce qu'il fallait pratiquer, sans omettre ces autres choses.

43 Malheur à vous, pharisiens ! qui aimez à avoir les premières places dans les synagogues, et à être salués dans les places publiques.

44 Malheur à vous, qui ressemblez à des sépulcres qui ne paraissent point, et que les hommes qui marchent dessus ne connaissent pas !

45 Alors un des docteurs de la loi prenant la parole, lui dit : Maître ! en parlant ainsi, vous nous déshonorez aussi nous-mêmes.

46 Mais Jésus lui dit : Malheur aussi à vous autres, docteurs de la loi ! qui chargez les hommes de fardeaux qu'ils ne sauraient porter, et qui ne voudriez pas les avoir touchés du bout du doigt.

47 Malheur à vous, qui bâtissez des tombeaux aux prophètes ! et ce sont vos pères qui les ont tués.

48 Certes vous témoignez assez que vous consentez à ce qu'ont fait vos pères : car ils ont tué les prophètes, et vous leur bâtissez des tombeaux.

49 C'est pourquoi la sagesse de Dieu a dit : Je leur enverrai des prophètes et des apôtres ; et ils tueront les uns, et persécuteront les autres :

50 afin qu'on redemande à cette nation le sang de tous les prophètes, qui a été répandu depuis la création du monde ;

51 depuis le sang d'Abel, jusqu'au sang de Zacharie, qui a été tué entre l'autel et le temple. Oui, je vous déclare qu'on en demandera compte à cette nation.

52 Malheur à vous, docteurs de la loi ! qui vous êtes saisis de la clef de la science ; et qui n'y étant point entrés vous-mêmes, l'avez encore fermée à ceux qui voulaient y entrer.

53 Comme il leur parlait de la sorte, les pharisiens et les docteurs de la loi commencèrent à le presser vivement, et à l'accabler par une multitude de questions,

54 lui tendant des pièges, et tâchant de tirer de sa bouche quelque chose qui leur donnât lieu de l'accuser.

CHAPITRE XII.

CEPENDANT une grande multitude de peuple s'étant assemblée autour de Jésus, en sorte qu'ils marchaient les uns sur les autres, il commença à dire à ses disciples : Gardez-vous du levain des pharisiens, qui est l'hypocrisie.

2 Mais il n'y a rien de caché qui ne doive être découvert, ni rien de secret qui ne doive être connu :

3 car ce que vous avez dit dans l'obscurité, se publiera dans la lumière : et ce que vous avez dit à l'oreille dans la chambre, sera prêché sur les toits.

4 Je vous dis donc, à vous qui êtes mes amis : Ne craignez point ceux qui tuent le corps, et qui après cela n'ont rien à vous faire davantage.

5 Mais je vais vous apprendre qui vous devez craindre : Craignez celui qui, après avoir ôté la vie, a le pouvoir de jeter dans l'enfer. Oui, je vous le dis, craignez celui-là.

6 N'est-il pas vrai que cinq passereaux se donnent pour deux oboles ? et néanmoins il n'y en a pas un seul qui soit en oubli devant Dieu.

7 Les cheveux mêmes de votre tête sont tous comptés. Ne craignez donc point *qu'il vous oublie :* vous valez beaucoup mieux qu'une infinité de passereaux.

8 Or je vous déclare que quiconque me confessera *et* me reconnaîtra devant les hommes, le Fils de l'homme le reconnaîtra aussi devant les anges de Dieu.

9 Mais si quelqu'un me renonce devant les hommes, je le renoncerai aussi devant les anges de Dieu.

10 Si quelqu'un parle contre le Fils de l'homme, son péché lui sera remis ; mais si quelqu'un blasphème contre le Saint-Esprit, il ne lui sera point remis.

11 Lorsqu'on vous mènera dans les synagogues, ou devant les magistrats et les puissances *du monde*, ne vous mettez point en peine comment vous répondrez, ni de ce que vous direz :

12 car le Saint-Esprit vous enseignera à cette heure-là même, ce qu'il faudra que vous disiez.

13 Alors un homme lui dit du milieu de la foule : Maître ! dites à mon frère qu'il partage avec moi la succession *qui nous est échue.*

14 Mais Jésus lui dit : Ô homme ! qui m'a établi pour vous juger, ou pour faire vos partages ?

15 Puis il leur dit : Ayez soin de vous bien garder de toute avarice : car en quelque abondance qu'un homme soit, sa vie ne dépend point des biens qu'il possède.

16 Il leur dit ensuite cette parabole : Il y avait un homme riche, dont les terres avaient extraordinairement rapporté ;

17 et il s'entretenait en lui-même de ces pensées : Que ferai-je ? car je n'ai point de lieu où je puisse serrer tout ce que j'ai à recueillir.

18 Voici, dit-il, ce que je ferai : J'abattrai mes greniers, et j'en bâtirai de plus grands, et j'y amasserai toute ma récolte et tous mes biens ;

19 et je dirai à mon âme : *Mon* âme, tu as beaucoup de biens en réserve pour plusieurs années : repose-toi, mange, bois, fais bonne chère.

20 Mais Dieu *en même temps* dit à cet homme : Insensé que tu es ! on va te redemander ton âme cette nuit même ; et pour qui sera ce que tu as amassé ?

21 C'est ce qui arrive à celui qui amasse des trésors pour soi-même, et qui n'est point riche devant Dieu.

22 Puis s'adressant à ses disciples, il leur dit : Ne vous mettez point en peine où vous trouverez de quoi manger pour *conserver* votre vie, ni où vous trouverez des habits pour *couvrir* votre corps.

23 La vie est plus que la nourriture, et le corps plus que le vêtement.

24 Considérez les corbeaux : ils ne sèment, ni ne moissonnent : ils n'ont ni cellier, ni grenier : cependant Dieu les nourrit. Et combien êtes-vous plus excellents qu'eux !

25 Mais qui d'entre vous, par tous ses soins, peut ajouter à sa taille la hauteur d'une coudée ?

26 Si donc les moindres choses mêmes sont au-dessus de votre pouvoir, pourquoi vous inquiétez-vous des autres ?

27 Considérez les lis, *et voyez* comment ils croissent : ils ne travaillent, ni ne filent : cependant je vous déclare, que Salomon même, dans toute sa magnificence, n'a jamais été vêtu comme l'un d'eux.

28 Si Dieu a soin de vêtir de la sorte une herbe qui est aujourd'hui dans les champs, et qu'on jettera demain dans le four, combien aura-t-il plus de soin de vous vêtir, ô hommes de peu de foi !

29 Ne vous mettez donc point en peine, vous autres, de ce que vous aurez à manger ou à boire ; et que votre esprit ne soit point suspendu *et* inquiet :

30 car ce sont les païens *et les gens* du monde, qui recherchent toutes ces choses : et votre Père sait *assez* que vous en avez besoin.

31 C'est pourquoi cherchez premièrement le royaume de Dieu et sa justice, et toutes ces choses vous seront données par surcroît.

32 Ne craignez point, petit troupeau : car il a plu à votre Père de vous donner son royaume.

33 Vendez ce que vous avez, et le donnez en aumône ; faites-vous des bourses qui ne s'usent point par le temps : *amassez* dans le ciel un trésor qui ne périsse jamais ; d'où les voleurs n'approchent point, et que les vers ne puissent corrompre :

34 car où est votre trésor, là sera aussi votre cœur.

35 Que vos reins soient ceints, et ayez dans vos mains des lampes ardentes :

36 soyez semblables à ceux qui attendent que leur maître retourne des noces ; afin que lorsqu'il sera venu, et qu'il aura frappé à la porte, ils lui ouvrent aussitôt.

37 Heureux ces serviteurs que le maître à son arrivée trouvera veillants ! Je vous dis en vérité, que s'étant ceint, il les fera mettre à table, et passant *devant eux* il les servira.

38 S'il arrive à la seconde ou à la troisième veille, et qu'il les trouve en cet état, ces serviteurs-là sont heureux.

39 Or sachez que si le père de famille était averti de l'heure à laquelle le voleur doit venir, il veillerait sans doute, et ne laisserait pas percer sa maison.

40 Tenez-vous donc aussi *toujours* prêts : parce que le Fils de l'homme viendra à l'heure que vous ne pensez pas.

41 Alors Pierre lui dit : Seigneur ! est-ce à nous *seuls* que vous adressez cette parabole, ou si c'est à tout le monde ?

42 Le Seigneur lui dit : Quel est, à votre avis, le dispensateur fidèle et prudent, que le maître a établi sur ses serviteurs, pour distribuer à chacun dans le temps la mesure de blé qui lui est destinée ?

43 Heureux ce serviteur que son maître à son arrivée trouvera agissant de la sorte !

44 Je vous dis en vérité, qu'il l'établira sur tous les biens qu'il possède.

45 Mais si ce serviteur dit en lui-même, Mon maître n'est pas près de venir ; et qu'il commence à battre les serviteurs et les servantes, à manger, à boire et à s'enivrer ;

46 le maître de ce serviteur viendra au jour qu'il ne s'y attend pas, et à l'heure qu'il ne sait pas ; et il le retranchera *de sa famille,* et lui donnera *pour* partage *d'être puni* avec les infidèles.

47 Le serviteur qui aura su la volonté de son maître, et qui néanmoins ne se sera pas tenu prêt, et n'aura pas fait ce qu'il désirait de lui, sera battu rudement :

48 mais celui qui n'aura pas su *sa volonté,* et qui aura fait des choses dignes de châtiment, sera moins battu. On redemandera beaucoup à celui à qui on aura beaucoup donné ; et on fera rendre un plus grand compte à celui à qui on aura confié plus de choses.

49 Je suis venu pour jeter le feu dans la terre ; et que désiré-je, sinon qu'il s'allume ?

50 Je dois être baptisé d'un baptême ; et combien me sens-je pressé jusqu'à ce qu'il s'accomplisse ?

51 Croyez-vous que je sois venu pour apporter la paix sur la terre ? Non, je vous assure ; mais *au contraire,* la division.

52 Car désormais, s'il se trouve cinq personnes dans une maison, elles seront divisées les unes contre les autres : trois contre deux, et deux contre trois.

53 Le père sera en division avec le fils, et le fils avec le père ; la mère avec la fille, et la fille avec la mère ; la belle-mère avec la belle-fille, et la belle-fille avec la belle-mère.

54 Il disait aussi au peuple : Lorsque vous voyez un nuage se former du côté du couchant, vous dites aussitôt, que la pluie ne tardera pas à venir ; et il pleut en effet.

55 Et quand vous voyez souffler le vent du midi, vous dites qu'il fera chaud ; et le chaud ne manque pas d'arriver.

56 Hypocrites que vous êtes ! vous savez *si bien* reconnaître *ce que présagent* les *diverses* apparences du ciel et de la terre ; comment donc ne reconnaissez-vous point ce temps-ci ?

57 Comment n'avez-vous point de discernement pour reconnaître, par ce qui se passe parmi vous, ce qui est juste ?

58 Lorsque vous allez avec votre adversaire devant le magistrat, tâchez de vous dégager de lui pendant que vous êtes *encore* dans le chemin ; de peur qu'il ne vous entraîne devant le juge, et que le juge ne vous livre au sergent, et que le sergent ne vous mène en prison.

59 Car je vous assure que vous ne sortirez point de là, que vous n'ayez payé jusqu'à la dernière obole.

CHAPITRE XIII.

EN ce même temps quelques-uns vinrent dire à Jésus *ce qui s'était passé* touchant les Galiléens, dont Pilate avait mêlé le sang avec *celui de* leurs sacrifices.

2 Sur quoi Jésus prenant la parole, leur dit : Pensez-vous que ces Galiléens fussent les plus grands pécheurs de toute la Galilée, parce qu'ils ont été ainsi traités ?

3 Non, je vous en assure ; mais *je vous déclare que* si vous ne faites pénitence, vous périrez tous comme eux.

4 Croyez-vous aussi que ces dix-huit hommes sur lesquels la tour de Siloé est tombée, et qu'elle a tués, fussent plus redevables *à la justice de Dieu,* que tous les habitants de Jérusalem ?

5 Non, je vous en assure ; mais *je vous déclare que* si vous ne faites pénitence, vous périrez tous de la même sorte.

6 Il leur dit aussi cette parabole : Un homme avait un figuier planté dans sa vigne, et venant pour y chercher du fruit, il n'y en trouva point.

7 Alors il dit à son vigneron : Il y a déjà trois ans que je viens chercher du fruit à ce figuier, sans y en trouver : coupez-le donc : pourquoi occupe-t-il la terre *inutilement ?*

8 Le vigneron lui répondit : Seigneur, laissez-le encore cette année, afin que je le laboure au pied, et que j'y mette du fumier :

9 après cela, s'il porte du fruit, *à la bonne heure ;* sinon, vous le ferez couper.

10 Jésus enseignait dans la synagogue les jours de sabbat.

11 Et un jour il y vint une femme possédée d'un esprit qui la rendait malade depuis dix-huit ans ; et elle était si courbée qu'elle ne pouvait du tout regarder en haut.

12 Jésus la voyant, l'appela, et lui dit : Femme, vous êtes délivrée de votre infirmité.

13 En même temps il lui imposa les mains ; et étant aussitôt redressée, elle en rendait gloire à Dieu.

14 Mais le chef de la synagogue, indigné de ce que Jésus l'avait guérie au jour du sabbat, dit au peuple : Il y a six jours destinés pour travailler ; venez en ces jours-là pour être guéris, et non pas au jour du sabbat.

15 Le Seigneur prenant la parole, lui dit : Hypocrites ! y a-t-il quelqu'un de vous qui ne délie pas son bœuf, ou son âne, le jour du sabbat, et ne les tire pas de l'étable pour les mener boire ?

16 Pourquoi donc ne fallait-il pas délivrer de ses liens, en un jour de sabbat, cette fille d'Abraham, que Satan avait tenue ainsi liée durant dix-huit ans ?

17 À ces paroles tous ses adversaires demeurèrent confus ; et tout le peuple était ravi de lui voir faire tant d'actions glorieuses.

18 Il disait aussi : À quoi est semblable le royaume de Dieu, et à quoi le comparerai-je ?

19 Il est semblable à un grain de sénevé, qu'un homme prend et jette dans son jardin, et qui croît jusqu'à devenir un grand arbre ; de sorte que les oiseaux du ciel se reposent sur ses branches.

20 À quoi, dit-il encore, comparerai-je le royaume de Dieu ?

21 Il est semblable au levain qu'une femme prend *et* mêle dans trois mesures de farine, jusqu'à ce que toute la pâte soit levée.

22 Et il allait par les villes et les villages enseignant, et s'avançant vers Jérusalem.

23 Quelqu'un lui ayant fait cette demande, Seigneur ! y en aura-t-il peu de sauvés ? il leur répondit :

24 Faites effort pour entrer par la porte étroite : car je vous assure que plusieurs chercheront à y entrer, et ne le pourront.

25 Et quand le père de famille sera entré, et aura fermé la porte, et que vous, étant dehors, vous commencerez à heurter, en disant, Seigneur, ouvrez-nous ! il vous répondra : Je ne sais d'où vous êtes.

26 Alors vous commencerez à dire : Nous avons mangé et bu en votre présence, et vous avez enseigné dans nos places publiques.

27 Et il vous répondra ; Je ne sais d'où vous êtes : retirez-vous de moi, vous tous qui commettez l'iniquité.

28 Ce sera alors qu'il y aura des pleurs et des grincements de dents, quand vous verrez *qu'*Abraham, Isaac, Jacob, et tous les prophètes, *seront* dans le royaume de Dieu, et que vous autres vous serez chassés dehors.

29 Il en viendra d'Orient et d'Occident, du Septentrion et du Midi, qui auront place au festin dans le royaume de Dieu.

30 Alors ceux qui sont les derniers, seront les premiers ; et ceux qui sont les premiers, seront les derniers.

31 Le même jour quelques-uns des pharisiens vinrent lui dire : Allez-vous-en, sortez de ce lieu : car Hérode veut vous faire mourir.

32 Il leur répondit : Allez dire à ce renard : J'ai encore à chasser les démons, et à rendre la santé aux malades aujourd'hui et demain, et le troisième jour je serai consommé *par ma mort.*

33 Cependant il faut que je continue à marcher aujourd'hui et demain, et le jour d'après : car il ne faut pas qu'un prophète souffre la mort ailleurs que dans Jérusalem.

34 Jérusalem, Jérusalem, qui tues les prophètes, et qui lapides ceux qui sont envoyés vers toi ! combien de fois ai-je voulu rassembler tes enfants, comme une poule rassemble ses petits sous ses ailes, et tu ne l'as pas voulu !

35 Le temps s'approche où votre maison demeurera déserte. Or je vous dis *en vérité,* que vous ne me verrez plus désormais jusqu'à ce que vous disiez : Béni soit celui qui vient au nom du Seigneur !

CHAPITRE XIV.

JÉSUS entra un jour de sabbat dans la maison d'un des principaux pharisiens pour y prendre son repas ; et ceux qui étaient là, l'observaient.

2 Or il y avait devant lui un homme hydropique ;

3 et Jésus s'adressant aux docteurs de la loi et aux pharisiens, leur dit : Est-il permis de guérir *des malades* le jour du sabbat ?

4 Et ils demeurèrent dans le silence. Mais lui prenant cet homme *par la main,* le guérit, et le renvoya.

5 Puis s'adressant à eux, il leur dit : Qui est celui d'entre vous, *qui voyant* son âne ou son bœuf tombé dans un puits, ne l'en retire pas aussitôt le jour *même* du sabbat ?

6 Et ils ne pouvaient rien répondre à cela.

7 Alors considérant comme les conviés choisissaient les premières places, il leur proposa cette parabole, et leur dit :

8 Quand vous serez convié à des noces, n'y prenez point la première place : de peur qu'il ne se trouve parmi les conviés une personne plus considérable que vous ;

9 et que celui qui aura invité l'un et l'autre ne vienne vous dire, Donnez votre place à celui-ci ; et qu'alors vous ne soyez réduit à vous tenir avec honte au dernier lieu.

10 Mais quand vous aurez été convié, allez vous mettre à la dernière place : afin que lorsque celui qui vous a convié sera venu, il vous dise : *Mon* ami, montez plus haut. Et alors ce vous sera un sujet de gloire devant ceux qui seront à table avec vous :

11 car quiconque s'élève, sera abaissé ; et quiconque s'abaisse, sera élevé.

12 Il dit aussi à celui qui l'avait invité : Lorsque vous donnerez à dîner ou à souper, n'y conviez ni vos amis, ni vos frères, ni vos parents, ni vos voisins qui seront riches : de peur qu'ils ne vous invitent ensuite à leur tour, et qu'ainsi ils ne vous rendent ce qu'ils avaient reçu de vous.

13 Mais lorsque vous faites un festin, conviez-y les pauvres, les estropiés, les boiteux et les aveugles ;

14 et vous serez heureux de ce qu'ils n'auront pas le moyen de vous le rendre : car cela vous sera rendu en la résurrection des justes.

15 Un de ceux qui étaient à table, ayant entendu ces paroles, lui dit : Heureux celui qui mangera du pain dans le royaume de Dieu !

16 Alors Jésus lui dit : Un homme fit un jour un grand souper, auquel il invita plusieurs personnes.

17 Et à l'heure du souper il envoya son serviteur dire aux conviés de venir, parce que tout était prêt.

18 Mais tous, comme de concert, commencèrent à s'excuser. Le premier lui dit : J'ai acheté une terre, et il faut nécessairement que j'aille la voir : je vous supplie de m'excuser.

19 Le second lui dit : J'ai acheté cinq couples de bœufs, et je m'en vais les éprouver : je vous supplie de m'excuser.

20 Le troisième lui dit : J'ai épousé une femme : ainsi je ne puis y aller.

21 Le serviteur étant revenu, rapporta tout ceci à son maître. Alors le père de famille se mit en colère, et dit à son serviteur : Allez-vous-en promptement dans les places et dans les rues de la ville, et amenez ici les pauvres, les estropiés, les aveugles et les boiteux.

22 Le serviteur lui dit ensuite : Seigneur, ce que vous avez commandé est fait, et il y a encore des places *de reste.*

23 Le maître dit au serviteur : Allez dans les chemins et le long des haies, et forcez les gens d'entrer, afin que ma maison soit remplie :

24 car je vous assure que nul de ces hommes que j'avais conviés, ne goûtera de mon souper.

25 Une grande troupe de peuple marchant avec Jésus, il se retourna vers eux, et leur dit :

26 Si quelqu'un vient à moi, et ne hait pas son père et sa mère, sa femme et ses enfants, ses frères et ses sœurs, et même sa propre vie, il ne peut être mon disciple.

27 Et quiconque ne porte pas sa croix, et ne me suit pas, ne peut être mon disciple.

28 Car qui est celui d'entre vous, qui voulant bâtir une tour, ne suppute auparavant en repos *et à loisir* la dépense qui y sera nécessaire, *pour voir* s'il aura de quoi l'achever ?

29 de peur qu'en ayant jeté les fondements, et ne pouvant l'achever, tous ceux qui verront *ce bâtiment imparfait,* ne commencent à se moquer de lui,

30 en disant : Cet homme avait commencé à bâtir, mais il n'a pu achever.

31 Ou, qui est le roi, qui se mettant en campagne pour combattre un autre roi, ne consulte auparavant en repos *et à loisir* s'il pourra marcher avec dix mille hommes contre un ennemi qui s'avance vers lui avec vingt mille ?

32 Autrement il lui envoie des ambassadeurs, lorsqu'il est encore bien loin, et lui fait des propositions de paix.

33 Ainsi, quiconque d'entre vous ne renonce pas à tout ce qu'il a, ne peut être mon disciple.

34 Le sel est bon ; mais si le sel devient fade, avec quoi l'assaisonnera-t-on ?

35 Il n'est plus propre ni pour la terre, ni pour le fumier : mais on le jettera dehors. Que celui-là l'entende, qui a des oreilles pour entendre.

LES publicains et les gens de mauvaise vie se tenant auprès de Jésus pour l'écouter,

2 les pharisiens et les scribes en murmuraient, et disaient : Voyez comme cet homme reçoit les gens de mauvaise vie, et mange avec eux.

3 Alors Jésus leur proposa cette parabole :

4 Qui est l'homme d'entre vous, qui ayant cent brebis, et en ayant perdu une, ne laisse les quatre-vingt-dix-neuf autres dans le désert, pour s'en aller après celle qui s'est perdue, jusqu'à ce qu'il la trouve ?

5 et lorsqu'il l'a trouvée, il la met sur ses épaules avec joie ;

6 et étant retourné en sa maison, il appelle ses amis et ses voisins, et leur dit : Réjouissez-vous avec moi, parce que j'ai trouvé ma brebis qui était perdue.

7 Je vous dis, qu'il y aura de même plus de joie dans le ciel pour un seul pécheur qui fait pénitence, que pour quatre-vingt-dix-neuf justes qui n'ont pas besoin de pénitence.

8 Ou, qui est la femme qui ayant dix drachmes, et en ayant perdue une, n'allume la lampe, et balayant la maison, ne la cherche avec grand soin, jusqu'à ce qu'elle la trouve ?

9 et après l'avoir trouvée, elle appelle ses amies et ses voisines, et leur dit : Réjouissez-vous avec moi, parce que j'ai trouvé la drachme que j'avais perdue.

10 De même, vous dis-je, c'est une joie parmi les anges de Dieu, lorsqu'un seul pécheur fait pénitence.

11 Il leur dit encore : Un homme avait deux fils,

12 dont le plus jeune dit à son père : *Mon* père, donnez-moi ce qui doit me revenir de votre bien. Et le père leur fit le partage de son bien.

13 Peu de jours après, le plus jeune de ces deux enfants ayant amassé tout ce qu'il avait, s'en alla dans un pays étranger fort éloigné, où il dissipa tout son bien *en excès* et en débauches.

14 Après qu'il eut tout dépensé, il survint une grande famine en ce pays-là, et il commença à tomber en nécessité.

15 Il s'en alla donc, et s'attacha au service d'un des habitants du pays, qui l'envoya en sa maison des champs, pour y garder les pourceaux.

16 Et là il eût été bien aise de remplir son ventre des écosses que les pourceaux mangeaient ; mais personne ne lui *en* donnait.

17 Enfin, étant rentré en lui-même, il dit : Combien y a-t-il chez mon père de serviteurs à gages, qui ont plus de pain qu'il ne leur en faut ; et moi, je meurs ici de faim !

18 Il faut que je parte et que j'aille trouver mon père, et que je lui dise : *Mon* père, j'ai péché contre le ciel et contre vous ;

19 et je ne suis plus digne d'être appelé votre fils : traitez-moi comme l'un des serviteurs qui sont à vos gages.

20 Il partit donc, et vint trouver son père. Lorsqu'il était encore bien loin, son père l'aperçut, et en fut touché de compassion ; et courant à lui, il se jeta à son cou, et le baisa.

21 Son fils lui dit : *Mon* père, j'ai péché contre le ciel et contre vous ; et je ne suis plus digne d'être appelé votre fils.

22 Alors le père dit à ses serviteurs : Apportez promptement la plus belle robe, et l'en revêtez ; et mettez-lui un anneau au doigt, et des souliers à ses pieds ;

23 amenez aussi le veau gras, et le tuez ; mangeons et faisons bonne chère :

24 parce que mon fils que voici était mort, et il est ressuscité ; il était perdu, et il est retrouvé. Ils commencèrent *donc* à faire festin.

25 Cependant son fils aîné, qui était dans les champs, revint ; et lorsqu'il fut proche de la maison, il entendit les concerts et *le bruit de* ceux qui dansaient.

26 Il appela donc un des serviteurs, et lui demanda ce que c'était.

27 Le serviteur lui répondit : C'est que votre frère est revenu ; et votre père a tué le veau gras, parce qu'il le revoit en santé.

28 Ce qui l'ayant mis en colère, il ne voulait point entrer ; mais son père étant sorti, commençait à l'en prier.

29 Sur quoi prenant la parole, il dit à son père : Voilà déjà tant d'années que je vous sers, et je ne vous ai jamais désobéi en rien de ce que vous m'avez commandé ; et cependant vous ne m'avez jamais donné un chevreau pour me réjouir avec mes amis ;

30 mais aussitôt que votre autre fils, qui a mangé son bien avec des femmes perdues, est revenu, vous avez tué pour lui le veau gras.

31 Alors le père lui dit : *Mon* fils, vous êtes toujours avec moi, et tout ce que j'ai est à vous ;

32 mais il fallait faire festin et nous réjouir, parce que votre frère que voici, était mort, et il est ressuscité ; il était perdu, et il est retrouvé.

CHAPITRE XVI.

JÉSUS dit aussi, en s'adressant à ses disciples : Un homme riche avait un économe, qui fut accusé devant lui d'avoir dissipé son bien.

2 Et l'ayant fait venir, il lui dit : Qu'est-ce que j'entends dire de vous ? Rendez-moi compte de votre administration : car vous ne pourrez plus désormais gouverner mon bien.

3 Alors cet économe dit en lui-même : Que ferai-je, puisque mon maître m'ôte l'administration de son bien ? Je ne saurais travailler à la terre, et j'aurais honte de mendier.

4 Je sais bien ce que je ferai, afin que lorsqu'on m'aura ôté la charge que j'ai, je trouve des personnes qui me reçoivent chez eux.

5 Ayant donc fait venir chacun de ceux qui devaient à son maître, il dit au premier : Combien devez-vous à mon maître ?

6 Il lui répondit : Cent barils d'huile. L'économe lui dit : Reprenez votre obligation, asseyez-vous là, et faites-en vitement une autre de cinquante.

7 Il dit ensuite à un autre : Et vous, combien devez-vous ? Il répondit : Cent mesures de froment. Reprenez, dit-il, votre obligation, et faites-en une de quatre-vingts.

8 Et le maître loua cet économe infidèle de ce qu'il avait agi prudemment : car les enfants du siècle sont plus sages dans la conduite de leurs affaires, que ne le sont les enfants de lumière.

9 Et moi, je vous dis : Employez les richesses d'iniquité à vous faire des amis ; afin que lorsque vous viendrez à manquer, ils vous reçoivent dans les tabernacles éternels.

10 Celui qui est fidèle dans les petites choses, sera fidèle aussi dans les grandes ; et celui qui est injuste dans les petites choses, sera injuste aussi dans les grandes.

11 Si donc vous n'avez pas été fidèles dans les richesses injustes, qui voudra vous confier les véritables ?

12 Et si vous n'avez pas été fidèles dans un bien étranger, qui vous donnera le vôtre propre ?

13 Nul serviteur ne peut servir deux maîtres : car ou il haïra l'un, et aimera l'autre ; ou il s'attachera à l'un, et méprisera l'autre. Vous ne pouvez servir *tout ensemble* Dieu et l'argent.

14 Les pharisiens, qui étaient avares, *lui* entendaient *dire* toutes ces choses, et ils se moquaient de lui.

15 Et il leur dit : Pour vous, vous avez grand soin de paraître justes devant les hommes ; mais Dieu connaît *le fond de* vos cœurs : car ce qui est grand aux yeux des hommes, est en abomination devant Dieu.

16 La loi et les prophètes *ont duré* jusqu'à Jean ; depuis ce temps-là le royaume de Dieu est annoncé *aux hommes,* et chacun fait effort pour y entrer.

17 Or il est plus aisé que le ciel et la terre passent, que non pas qu'un seul petit trait de la loi manque d'avoir son effet.

18 Quiconque renvoie sa femme, et en prend une autre, commet un adultère ; et quiconque épouse celle que son mari aura quittée, commet un adultère.

19 Il y avait un homme riche, qui était vêtu de pourpre et de lin, et qui se traitait magnifiquement tous les jours.

20 Il y avait aussi un pauvre, appelé Lazare, étendu à sa porte, tout couvert d'ulcères,

21 qui eut bien voulu se rassasier des miettes qui tombaient de la table du riche ; mais personne ne lui en donnait ; et les chiens venaient lui lécher ses plaies.

22 Or il arriva que ce pauvre mourut, et fut emporté par les anges dans le sein d'Abraham. Le riche mourut aussi, et eut l'enfer pour sépulcre.

23 Et lorsqu'il était dans les tourments, il leva les yeux en haut, et vit de loin Abraham, et Lazare dans son sein ;

24 et s'écriant, il dit ces paroles : Père Abraham, ayez pitié de moi, et envoyez-moi Lazare, afin qu'il trempe le bout de son doigt dans l'eau pour me rafraîchir la langue, parce que je souffre d'extrêmes tourments dans cette flamme.

25 Mais Abraham lui répondit : *Mon* fils, souvenez-vous que vous avez reçu vos biens dans votre vie, et que Lazare n'y a eu que des maux ; c'est pourquoi il est maintenant dans la consolation, et vous dans les tourments.

26 De plus, il y a pour jamais un grand abîme entre nous et vous ; de sorte que ceux qui voudraient passer d'ici vers vous ne le peuvent, comme on ne peut passer ici du lieu où vous êtes.

27 Le riche lui dit : Je vous supplie donc, père *Abraham,* de l'envoyer dans la maison de mon père,

28 où j'ai cinq frères ; afin qu'il leur atteste *ces choses,* de peur qu'ils ne viennent aussi eux-mêmes dans ce lieu de tourments.

29 Abraham lui repartit : Ils ont Moïse et les prophètes ; qu'ils les écoutent.

30 Non, dit-il, père Abraham ; mais si quelqu'un des morts va les trouver, ils feront pénitence.

31 Abraham lui répondit : S'ils n'écoutent ni Moïse, ni les prophètes, ils ne croiront pas non plus, quand même quelqu'un des morts ressusciterait.

CHAPITRE XVII.

JÉSUS dit *un jour* à ses disciples : Il est impossible qu'il n'arrive des scandales ; mais malheur à celui par qui ils arrivent !

2 Il vaudrait mieux pour lui qu'on lui mît au cou une meule de moulin, et qu'on le jetât dans la mer, que non pas qu'il fût un sujet de scandale à l'un de ces petits.

3 Prenez garde à vous. Si votre frère a péché contre vous, reprenez-le ; et s'il se repent, pardonnez-lui.

4 S'il pèche contre vous sept fois le jour, et que sept fois le jour il revienne vous trouver, et vous dise, Je me repens *de ce que j'ai fait* ; pardonnez-lui.

5 Alors les apôtres dirent au Seigneur : Augmentez-nous la foi.

6 Le Seigneur leur dit : Si vous aviez une foi semblable au grain de sénevé, vous diriez à ce mûrier, Déracine-toi, et va te planter au milieu de la mer ; et il vous obéirait.

7 Qui est celui d'entre vous, qui ayant un serviteur occupé à labourer, ou à paître les troupeaux, lui dise aussitôt qu'il est revenu des champs : Allez vous mettre à table ?

8 Ne lui dit-il pas *au contraire :* Préparez-moi à souper, ceignez-vous, et me servez jusqu'à ce que j'aie mangé et bu ; après cela vous mangerez et vous boirez ?

9 Et quand ce serviteur aura fait ce qu'il lui aura ordonné, lui en aura-t-il de l'obligation ?

10 Je ne le pense pas. Dites donc aussi, lorsque vous aurez accompli tout ce qui vous est commandé : Nous sommes des serviteurs inutiles ; nous n'avons fait que ce que nous étions obligés de faire.

11 Un jour comme il allait à Jérusalem, et passait par les confins de la Samarie et de la Galilée,

12 étant près d'entrer dans un village, dix lépreux vinrent au-devant de lui ; et se tenant éloignés,

13 ils élevèrent leur voix, et lui dirent : Jésus, *notre* Maître ! ayez pitié de nous.

14 Lorsqu'il les eut aperçus, il leur dit : Allez vous montrer aux prêtres. Et comme ils y allaient, ils furent guéris.

15 L'un d'eux voyant qu'il était guéri, retourna sur ses pas, glorifiant Dieu à haute voix ;

16 et vint se jeter aux pieds de Jésus le visage contre terre, en lui rendant grâces ; et celui-là était Samaritain.

17 Alors Jésus dit : Tous les dix n'ont-ils pas été guéris ? Où sont donc les neuf autres ?

18 Il ne s'en est point trouvé qui soit revenu, et qui ait rendu gloire à Dieu, sinon cet étranger.

19 Et il lui dit : Levez-vous, allez ; votre foi vous a sauvé.

20 Les pharisiens lui demandaient un jour, quand viendrait le royaume de Dieu ; et il leur répondit : Le royaume de Dieu ne viendra point d'une manière qui le fasse remarquer ;

21 et l'on ne dira point, Il est ici ; ou, Il est là. Car dès à présent le royaume de Dieu est au milieu de vous.

22 Après cela il dit à ses disciples : Il viendra un temps où vous désirerez de voir un des jours du Fils de l'homme, et vous ne le verrez point.

23 Et ils vous diront : Il est ici ; Il est là. Mais n'y allez point, et ne les suivez point.

24 Car comme un éclair brille et se fait voir depuis un côté du ciel jusqu'à l'autre, ainsi paraîtra le Fils de l'homme en son jour.

25 Mais il faut auparavant qu'il souffre beaucoup, et qu'il soit rejeté par ce peuple.

26 Et ce qui est arrivé au temps de Noé, arrivera encore au temps du Fils de l'homme.

27 Ils mangeaient et ils buvaient ; les hommes épousaient des femmes, et les femmes se mariaient, jusqu'au jour où Noé entra dans l'arche ; et alors le déluge survenant, les fit tous périr.

28 Et comme il arriva encore au temps de Lot : ils mangeaient et ils buvaient, ils achetaient et ils vendaient, ils plantaient et ils bâtissaient ;

29 mais le jour où Lot sortit de Sodome, il tomba du ciel une pluie de feu et de soufre, qui les perdit tous.

30 Il en sera de même au jour où le Fils de l'homme paraîtra.

31 En ce temps-là, si un homme se trouve au haut de la maison, et que ses meubles soient en bas, qu'il ne descende point pour les prendre ; et que celui qui se trouvera dans le champ, ne retourne point non plus *à ce qui est* derrière lui.

32 Souvenez-vous de la femme de Lot.

33 Quiconque cherchera à sauver sa vie, la perdra ; et quiconque la perdra, la sauvera.

34 Je vous déclare qu'en cette nuit-là, de deux personnes qui seront dans le même lit, l'un sera pris, et l'autre laissé ;

35 de deux femmes qui moudront ensemble, l'une sera prise, et l'autre laissée ; de deux hommes qui seront dans le même champ, l'un sera pris, et l'autre laissé.

36 Ils lui dirent : Où sera-ce, Seigneur ?

37 Et il répondit : En quelque lieu que soit le corps, les aigles s'y assembleront.

CHAPITRE XVIII.

IL leur dit aussi cette parabole, *pour faire voir* qu'il faut toujours prier, et ne point se lasser *de le faire :*

2 Il y avait, dit-il, dans une certaine ville, un juge qui ne craignait point Dieu, et ne se souciait point des hommes ;

3 et il y avait aussi, dans la même ville, une veuve qui venait *souvent* le trouver, en lui disant : Faites-moi justice de ma partie.

4 Et il fut longtemps sans vouloir le faire ; mais enfin il dit en lui-même : Quoique je ne craigne point Dieu, et que je n'aie point de considération pour les hommes,

5 néanmoins, parce que cette veuve m'importune, je lui ferai justice, de peur qu'à la fin elle ne vienne me faire quelque affront.

6 Vous entendez, ajouta le Seigneur, ce que dit ce méchant juge ;

7 et Dieu ne fera pas justice à ses élus, qui crient à lui jour et nuit, et il souffrira toujours qu'on les opprime ?

8 Je vous déclare, qu'il leur fera justice dans peu de temps. Mais lorsque le Fils de l'homme viendra, pensez-vous qu'il trouve de la foi sur la terre ?

9 Il dit aussi cette parabole à quelques-uns qui mettaient leur confiance en eux-mêmes comme étant justes, et qui méprisaient les autres :

10 Deux hommes montèrent au temple pour prier : l'un était pharisien, et l'autre publicain.

11 Le pharisien se tenant debout, priait ainsi en lui-même : *Mon Dieu !* je vous rends grâces de ce que je ne suis point comme le reste des hommes, qui sont voleurs, injustes et adultères ; ni même comme ce publicain.

12 Je jeûne deux fois la semaine ; je donne la dîme de tout ce que je possède.

13 Le publicain, au contraire, se tenant éloigné, n'osait pas même lever les yeux au ciel ; mais il frappait sa poitrine, en disant : *Mon Dieu !* ayez pitié de moi *qui suis un* pécheur.

14 Je vous déclare que celui-ci s'en retourna chez lui justifié, et non pas l'autre : car quiconque s'élève, sera abaissé ; et quiconque s'abaisse, sera élevé.

15 On lui présentait aussi de petits enfants, afin qu'il les touchât : ce que voyant ses disciples, ils les repoussaient avec des paroles rudes.

16 Mais Jésus appelant à lui ces enfants, dit *à ses disciples :* Laissez venir à moi les petits enfants, et ne les en empêchez point : car le royaume de Dieu est pour ceux qui leur ressemblent.

17 Je vous le dis en vérité : quiconque ne recevra point le royaume de Dieu comme un enfant, n'y entrera point.

18 Un *jeune* homme de qualité lui ayant fait cette demande : Bon Maître ! que faut-il que je fasse pour acquérir la vie éternelle ?

19 Jésus lui répondit : Pourquoi m'appelez-vous bon ? Il n'y a que Dieu seul qui soit bon.

20 Vous savez les commandements : Vous ne tuerez point ; Vous ne commettrez point d'adultère ; Vous ne déroberez point ; Vous ne porterez point de faux témoignage ; Honorez votre père et votre mère.

21 Il lui répondit : J'ai gardé tous ces commandements dès ma jeunesse.

22 Ce que Jésus ayant entendu, il lui dit : Il vous manque encore une chose : vendez tout ce que vous avez, et le distribuez aux pauvres, et vous aurez un trésor dans le ciel ; puis venez, et me suivez.

23 Mais lui, ayant entendu ceci, devint tout triste, parce qu'il était extrêmement riche.

24 Et Jésus voyant qu'il était devenu triste, dit : Qu'il est difficile que ceux qui ont des richesses, entrent dans le royaume de Dieu !

25 Il est plus aisé qu'un chameau passe par le trou d'une aiguille, que non pas qu'un riche entre dans le royaume de Dieu.

26 Et ceux qui l'écoutaient, lui dirent : Qui peut donc être sauvé ?

27 Il leur répondit : Ce qui est impossible aux hommes, est possible à Dieu.

28 Alors Pierre lui dit : Pour nous, vous voyez que nous avons tout quitté, et que nous vous avons suivi.

29 Jésus leur dit : Je vous le dis en vérité : personne ne quittera pour le royaume de Dieu, ou sa maison, ou son père et sa mère, ou ses frères, ou sa femme, ou ses enfants,

30 qui ne reçoive dès ce monde beaucoup davantage, et dans le siècle à venir la vie éternelle.

31 Ensuite Jésus prenant à part les douze *apôtres,* leur dit : Nous allons à Jérusalem ; et tout ce qui a été écrit par les prophètes, touchant le Fils de l'homme, va être accompli.

32 Car il sera livré aux gentils : on se moquera de lui, on le fouettera, on lui crachera au visage ;

33 et après qu'on l'aura fouetté, on le fera mourir, et il ressuscitera le troisième jour.

34 Mais ils ne comprirent rien à tout cela : ce langage leur était caché, et ils n'entendaient point ce qu'il leur disait.

35 Lorsqu'il était près de Jéricho, un aveugle se trouva assis le long du chemin, demandant l'aumône ;

36 et comme il entendait le bruit du peuple qui passait, il s'enquit de ce que c'était.

37 On lui répondit, que c'était Jésus de Nazareth qui passait.

38 En même temps il se mit à crier : Jésus, Fils de David ! ayez pitié de moi.

39 Et ceux qui allaient devant, le reprenaient rudement pour le faire taire ; mais il criait encore beaucoup plus fort : Fils de David ! ayez pitié de moi.

40 Alors Jésus s'arrêta, et commanda qu'on le lui amenât. Et lorsqu'il se fut approché, il lui demanda :

41 Que voulez-vous que je vous fasse ? L'aveugle répondit : Seigneur ! *faites* que je voie.

42 Jésus lui dit : Voyez ; votre foi vous a sauvé.

43 Il vit au même instant ; et il le suivait, rendant gloire à Dieu. Ce que tout le peuple ayant vu, il en loua Dieu.

CHAPITRE XIX.

JÉSUS étant entré dans Jéricho, passait par la ville ;

2 et il y avait un homme, nommé Zachée, chef des publicains, et fort riche,

3 qui ayant envie de voir Jésus pour le connaître, ne le pouvait à cause de la foule, parce qu'il était fort petit.

4 C'est pourquoi il courut devant, et monta sur un sycomore pour le voir, parce qu'il devait passer par là.

5 Jésus étant venu en cet endroit, leva les yeux en haut ; et l'ayant vu, il lui dit : Zachée, hâtez-vous de descendre, parce qu'il faut que je loge aujourd'hui dans votre maison.

6 Zachée descendit aussitôt, et le reçut avec joie.

7 Tous voyant cela, en murmuraient, disant : Il est allé loger chez un homme de mauvaise vie.

8 Cependant Zachée se présentant devant le Seigneur, lui dit : Seigneur ! je vais donner la moitié de mon bien aux pauvres ; et si j'ai fait tort à quelqu'un en quoi que ce soit, je lui en rendrai quatre fois autant.

9 Sur quoi Jésus dit : Cette maison a reçu aujourd'hui le salut, parce que celui-ci est aussi enfant d'Abraham :

10 car le Fils de l'homme est venu pour chercher et pour sauver ce qui était perdu.

11 Comme ces gens-là étaient attentifs à ce qu'il disait, il ajouta encore une parabole, sur ce qu'il était près de Jérusalem, et qu'ils s'imaginaient que le règne de Dieu paraîtrait bientôt.

12 Il *leur* dit donc : Il y avait un homme de grande naissance qui s'en allait dans un pays fort éloigné pour y recevoir la puissance royale, et s'en revenir *ensuite ;*

13 et appelant dix de ses serviteurs, il leur donna dix mines *d'argent,* et leur dit : Faites profiter cet argent jusqu'à ce que je revienne.

14 Mais comme ceux de son pays le haïssaient, ils envoyèrent après lui des députés pour faire cette protestation : Nous ne voulons point que celui-ci soit notre roi.

15 Étant donc revenu, après avoir reçu la puissance royale, il commanda qu'on lui fît venir ses serviteurs, auxquels il avait donné son argent, pour savoir combien chacun l'avait fait profiter.

16 Le premier étant venu, lui dit : Seigneur, votre mine *d'argent* en a acquis dix autres.

17 Il lui répondit : Ô bon serviteur ! parce que vous avez été fidèle en *ce peu que je vous avais commis,* vous commanderez sur dix villes.

18 Le second étant venu, lui dit : Seigneur, votre mine en a acquis cinq autres.

19 Son maître lui dit : Je veux aussi que vous commandiez à cinq villes.

20 Il en vint un troisième, qui lui dit : Seigneur, voici votre mine, que j'ai tenue enveloppée dans un mouchoir ;

21 parce que je vous ai craint, sachant que vous êtes un homme sévère, qui redemandez ce que vous n'avez point donné, et qui recueillez ce que vous n'avez point semé.

22 Son maître lui répondit : Méchant serviteur ! je vous condamne par votre propre bouche : vous saviez que je suis un homme sévère, qui redemande ce que je n'ai point donné, et qui recueille ce que je n'ai point semé ;

23 pourquoi donc n'avez-vous pas mis mon argent à la banque, afin qu'à mon retour je le retirasse avec les intérêts ?

24 Alors il dit à ceux qui étaient présents : Ôtez-lui la mine qu'il a, et la donnez à celui qui en a dix.

25 Mais, Seigneur, répondirent-ils, il en a *déjà* dix.

26 Je vous déclare, *leur dit-il,* qu'on donnera à celui qui a *déjà,* et qu'il sera comblé de biens ; et que pour celui qui n'a point, on lui ôtera même ce qu'il a.

27 Quant à mes ennemis qui n'ont pas voulu m'avoir pour roi, qu'on les amène ici, et qu'on les tue en ma présence.

28 Lorsqu'il eut parlé de la sorte, il se mit à marcher avant *tous les autres,* pour arriver à Jérusalem.

29 Et étant arrivé près de Bethphagé et de Béthanie, à la montagne qu'on appelle des Oliviers, il envoya deux de ses disciples,

30 et leur dit : Allez-vous-en à ce village qui est devant vous : en y entrant vous trouverez un ânon lié, sur lequel nul homme n'a jamais monté ; déliez-le, et me l'amenez.

31 Si quelqu'un vous demande pourquoi vous le déliez, vous lui répondrez ainsi : C'est que le Seigneur en a besoin.

32 Ceux qu'il envoyait, partirent donc, et trouvèrent l'ânon comme il le leur avait dit.

33 Et comme ils le déliaient, ceux à qui il appartenait leur dirent : Pourquoi déliez-vous cet ânon ?

34 Ils leur répondirent : C'est que le Seigneur en a besoin.

35 Ils l'amenèrent donc à Jésus ; et mettant leurs vêtements sur l'ânon, ils le firent monter dessus.

36 Et partout où il passait, *les peuples* étendaient leurs vêtements le long du chemin.

37 Mais lorsqu'il approcha de la descente de la montagne des Oliviers, tous les disciples en foule étant transportés de joie, commencèrent à louer Dieu à haute voix pour toutes les merveilles qu'ils avaient vues,

38 en disant : Béni soit le Roi qui vient au nom du Seigneur ! Que la paix soit dans le ciel, et la gloire au plus haut des cieux !

39 Alors quelques-uns des pharisiens qui étaient parmi le peuple, lui dirent : Maître ! faites taire vos disciples.

40 Il leur répondit : Je vous déclare que si ceux-ci se taisent, les pierres mêmes crieront.

41 Étant ensuite arrivé proche de Jérusalem, et regardant la ville, il pleura sur elle, en disant :

42 Ah ! si tu reconnaissais, au moins en ce jour qui t'est encore donné, ce qui peut te procurer la paix ! Mais maintenant tout cela est caché à tes yeux.

43 Aussi viendra-t-il un temps *malheureux* pour toi, où tes ennemis t'environneront de tranchées ; ils t'enfermeront, et te serreront de toutes parts ;

44 ils te renverseront par terre, toi et tes enfants qui sont au milieu de toi, et ils ne te laisseront pas pierre sur pierre : parce que tu n'as pas connu le temps auquel Dieu t'a visitée.

45 Et étant entré dans le temple, il commença à chasser ceux qui y vendaient et y achetaient,

46 leur disant : Il est écrit, que ma maison est une maison de prière ; et néanmoins vous en avez fait une caverne de voleurs.

47 Et il enseignait tous les jours dans le temple. Cependant les princes des prêtres, les scribes et les principaux du peuple cherchaient occasion de le perdre ;

48 mais ils ne trouvaient aucun moyen de rien faire contre lui ; parce que tout le peuple était *comme* suspendu *en admiration* en l'écoutant.

CHAPITRE XX.

UN de ces jours-là, comme il était dans le temple instruisant le peuple et lui annonçant l'Évangile, les princes des prêtres et les scribes étant survenus avec les sénateurs,

2 lui parlèrent en ces termes : Dites-nous par quelle autorité vous faites ces choses, ou qui est celui qui vous a donné ce pouvoir ?

3 Jésus leur fit réponse, et leur dit : J'ai aussi une question à vous faire ; répondez-moi :

4 Le baptême de Jean était-il du ciel, ou des hommes ?

5 Mais ils raisonnaient ainsi en eux-mêmes : Si nous répondons *qu'il était* du ciel, il nous dira : Pourquoi donc n'y avez-vous pas cru ?

6 Et si nous répondons *qu'il était* des hommes, tout le peuple nous lapidera : car il est persuadé que Jean était un prophète.

7 Ils lui répondirent donc, qu'ils ne savaient d'où il était.

8 Et Jésus leur répliqua : Je ne vous dirai pas non plus, par quelle autorité je fais ces choses.

9 Alors il commença à dire au peuple cette parabole : Un homme planta une vigne, la loua à des vignerons ; et s'en étant allé en voyage, il fut longtemps hors de son pays.

10 La saison étant venue, il envoya un de ses serviteurs vers ces vignerons, afin qu'ils lui donnassent du fruit de sa vigne ; mais eux l'ayant battu, le renvoyèrent sans lui rien donner.

11 Il *leur* envoya ensuite un second serviteur ; mais ils le battirent encore, et l'ayant traité outrageusement, ils le renvoyèrent sans lui rien donner.

12 Il en envoya encore un troisième, qu'ils blessèrent et chassèrent *comme les autres.*

13 Enfin le maître de la vigne dit *en lui-même :* Que ferai-je ? Je *leur* enverrai mon fils bien-aimé ; peut-être que le voyant, ils auront quelque respect pour lui.

14 Mais ces vignerons l'ayant vu, pensèrent en eux-mêmes, et *se* dirent *l'un à l'autre :* Voici l'héritier ; tuons-le, afin que l'héritage soit à nous.

15 Et l'ayant chassé hors de la vigne, ils le tuèrent. Comment donc les traitera le maître de cette vigne ?

16 Il viendra, et perdra ces vignerons, et il donnera sa vigne à d'autres. Ce que *les princes des prêtres* ayant entendu, ils lui dirent : À Dieu ne plaise !

17 Mais Jésus les regardant, leur dit : Que veut donc dire cette parole de l'Écriture : La pierre qui a été rejetée par ceux qui bâtissaient, est devenue la principale pierre de l'angle ?

18 Quiconque tombera sur cette pierre, s'y brisera ; et elle écrasera celui sur qui elle tombera.

19 Les princes des prêtres et les scribes eurent envie de se saisir de lui à l'heure même, parce qu'ils avaient bien reconnu qu'il avait dit cette parabole contre eux ; mais ils appréhendèrent le peuple.

20 Comme ils ne cherchaient que les occasions *de le perdre,* ils lui envoyèrent des personnes apostées, qui contrefaisaient les gens de bien, pour le surprendre dans ses paroles, afin de le livrer à l'autorité et à la puissance du gouverneur.

21 Ces gens-là vinrent donc lui proposer cette question : Maître ! nous savons que vous ne dites et n'enseignez rien que de juste, et que vous n'avez point d'égard aux personnes ; mais que vous enseignez la voie de Dieu dans la vérité :

22 Nous est-il libre de payer le tribut à César, ou de ne le payer pas ?

23 Jésus voyant leur artifice, leur dit : Pourquoi me tentez-vous ?

24 Montrez-moi un denier. De qui est l'image et l'inscription qu'il porte ? Ils lui répondirent : De César.

25 Alors il leur dit : Rendez donc à César ce qui est à César, et à Dieu ce qui est à Dieu.

26 Ils ne trouvèrent rien dans ses paroles qu'ils pussent reprendre devant le peuple ; et ayant admiré sa réponse, ils se turent.

27 Quelques-uns des saducéens, qui sont ceux qui nient la résurrection, vinrent le trouver ensuite, et lui proposèrent cette question :

28 Maître ! lui dirent-ils, Moïse nous a laissé *cette ordonnance* par écrit : Si le frère de quelqu'un étant marié, meurt sans laisser d'enfants, son frère sera obligé d'épouser sa veuve, pour susciter des enfants à son frère *mort.*

29 Or il y avait sept frères, dont le premier ayant épousé une femme, est mort sans enfants.

30 Le second l'a épousée après lui, et est mort sans laisser de fils.

31 Le troisième l'a épousée de même ; *et* de même tous les sept, lesquels sont morts sans laisser d'enfants.

32 Enfin la femme même est morte après eux tous.

33 Lors donc que la résurrection arrivera, duquel des sept frères sera-t-elle femme ? car tous l'ont épousée.

34 Jésus leur répondit : Les enfants de ce siècle-ci épousent des femmes, et les femmes des maris ;

35 mais pour ceux qui seront jugés dignes d'avoir part à ce siècle *à venir,* et à la résurrection des morts, ils ne se marieront plus, et n'épouseront plus de femmes :

36 car alors ils ne pourront plus mourir ; parce qu'ils seront égaux aux anges, et qu'étant enfants de la résurrection, ils seront enfants de Dieu.

37 Et quant à ce que les morts doivent ressusciter *un jour,* Moïse le déclare assez lui-même, *en parlant* du buisson, lorsqu'il dit *que* le Seigneur *lui parla en ces termes : Je suis* le Dieu d'Abraham, le Dieu d'Isaac et le Dieu de Jacob.

38 Or Dieu n'est point *le Dieu* des morts, mais des vivants : car tous sont vivants devant lui.

39 Alors quelques-uns des scribes prenant la parole, lui dirent : Maître ! vous avez fort bien répondu.

40 Et depuis ce temps-là, on n'osait plus lui faire de questions.

41 Mais Jésus leur dit : Comment dit-on que le Christ doit être fils de David ?

42 puisque David dit lui-même, dans le livre des Psaumes : Le Seigneur a dit à mon Seigneur : Asseyez-vous à ma droite,

43 jusqu'à ce que j'aie réduit vos ennemis à vous servir de marchepied.

44 David l'appelant donc lui-même son Seigneur, comment peut-il être son fils ?

45 Il dit ensuite à ses disciples, en présence de tout le peuple qui l'écoutait :

46 Gardez-vous des scribes, qui affectent de se promener avec de grandes robes ; qui aiment à être salués dans les places publiques, à occuper les premières chaires dans les synagogues, et les premières places dans les festins ;

47 qui sous prétexte de leurs longues prières, dévorent les maisons des veuves. Ces personnes en recevront une condamnation plus rigoureuse.

CHAPITRE XXI.

JÉSUS regardait *un jour* les riches qui mettaient leurs offrandes dans le tronc ;

2 et il vit aussi une pauvre veuve, qui y mit deux petites pièces *de monnaie.*

3 Sur quoi il dit : Je vous dis en vérité, que cette pauvre veuve a donné plus que tous les autres :

4 car tous ceux-là ont fait des présents à Dieu de ce qu'ils avaient en abondance ; mais celle-ci a donné de son indigence même, tout ce qui lui restait pour vivre.

5 Quelques-uns lui disant que le temple était bâti de belles pierres, et orné de riches dons, il *leur* répondit :

6 Il viendra un temps où tout ce que vous voyez ici sera tellement détruit, qu'il n'y demeurera pas pierre sur pierre.

7 Alors ils lui demandèrent : Maître ! quand cela arrivera-t-il ? et *par* quel signe *connaîtra-t-on* que ces choses seront prêtes à s'accomplir ?

8 Jésus leur dit : Prenez garde à ne vous laisser pas séduire : car plusieurs viendront sous mon nom, disant : C'est moi *qui suis le Christ.* Et ce temps-là est proche : gardez-vous donc bien de les suivre.

9 Et lorsque vous entendrez parler de guerres et de séditions, ne vous étonnez pas : car il faut que cela arrive premièrement ; mais la fin ne viendra pas sitôt.

10 Alors, ajouta-t-il, *on verra* se soulever peuple contre peuple, et royaume contre royaume.

11 Et il y aura en divers lieux de grands tremblements de terre, des pestes et des famines ; et il paraîtra des choses épouvantables et des signes extraordinaires dans le ciel.

12 Mais avant toutes ces choses, ils se saisiront de vous, et vous persécuteront, vous entraînant dans les synagogues et dans les prisons, et vous amenant par force devant les rois et les gouverneurs, à cause de mon nom ;

13 et cela vous servira pour rendre témoignage *à la vérité.*

14 Gravez donc cette pensée dans vos cœurs, de ne point préméditer ce que vous devez répondre :

15 car je vous donnerai moi-même une bouche et une sagesse à laquelle tous vos ennemis ne pourront résister, et qu'ils ne pourront contredire.

16 Vous serez trahis et livrés *aux magistrats* par vos pères et vos mères, par vos frères, par vos parents, par vos amis ; et on fera mourir *plusieurs* d'entre vous ;

17 et vous serez haïs de tout le monde, à cause de mon nom ;

18 *Cependant* il ne se perdra pas un cheveu de votre tête.

19 C'est par votre patience que vous posséderez vos âmes.

20 Lorsque vous verrez une armée environner Jérusalem, sachez que sa désolation est proche.

21 Alors que ceux qui sont dans la Judée, s'enfuient sur les montagnes ; que ceux qui *se trouveront* dans le milieu du pays, s'en retirent ; et que ceux *qui seront* dans le pays d'alentour, n'y entrent point :

22 car ce seront alors les jours de la vengeance, afin que tout ce qui est dans l'Écriture soit accompli.

23 Malheur à celles qui seront grosses, ou nourrices, en ces jours-là ! car ce pays sera accablé de maux, et la colère *du ciel tombera* sur ce peuple.

24 Ils passeront par le fil de l'épée ; ils seront emmenés captifs dans toutes les nations ; et Jérusalem sera foulée aux pieds par les gentils, jusqu'à ce que le temps des nations soit accompli.

25 Et il y aura des signes dans le soleil, dans la lune et dans les étoiles ; et sur la terre les nations seront dans l'abattement *et* la consternation, la mer faisant un bruit effroyable par l'agitation de ses flots ;

26 et les hommes sécheront de frayeur dans l'attente de ce qui doit arriver dans tout l'univers ; car les vertus des cieux seront ébranlées ;

27 et alors ils verront le Fils de l'homme, qui viendra sur une nuée avec une grande puissance et une grande majesté.

28 Pour vous, lorsque ces choses commenceront d'arriver, regardez en haut, et levez la tête ; parce que votre rédemption est proche.

29 Il leur proposa ensuite cette comparaison : Considérez le figuier et les autres arbres :

30 lorsqu'ils commencent à pousser leur fruit, vous reconnaissez que l'été est proche.

31 Ainsi, lorsque vous verrez arriver ces choses, sachez que le royaume de Dieu est proche.

32 Je vous dis en vérité, que cette race ne passera point, que toutes ces choses ne soient accomplies.

33 Le ciel et la terre passeront ; mais mes paroles ne passeront point.

34 Prenez donc garde à vous, de peur que vos cœurs ne s'appesantissent par l'excès des viandes et du vin, et par les inquiétudes de cette vie, et que ce jour ne vienne tout d'un coup vous surprendre.

35 Car il enveloppera comme un filet tous ceux qui habitent sur la surface de la terre.

36 Veillez donc, priant en tout temps, afin que vous soyez trouvés dignes d'éviter tous ces maux qui arriveront, et de paraître avec confiance devant le Fils de l'homme.

37 Or le jour il enseignait dans le temple, et la nuit il sortait, et se retirait sur la montagne, appelée des Oliviers.

38 Et tout le peuple venait de grand matin dans le temple, pour l'écouter.

CHAPITRE XXII.

LA fête des pains sans levain, appelée la Pâque, était proche,

2 et les princes des prêtres, avec les scribes, cherchaient un moyen pour faire mourir Jésus ; mais ils appréhendaient le peuple.

3 Or Satan entra dans Judas, surnommé Iscariote, l'un des douze *apôtres,*

4 qui étant allé trouver les princes des prêtres et les capitaines *des gardes du temple,* leur proposa la manière en laquelle il le leur livrerait.

5 Ils en furent fort aises ; et ils convinrent *avec lui* de lui donner une somme d'argent.

6 Il promit donc *de le leur livrer,* et il *ne* cherchait *plus qu'*une occasion favorable de le faire à l'insu du peuple.

7 Cependant le jour des azymes arriva, auquel il fallait immoler la pâque.

8 Jésus envoya donc Pierre et Jean, en leur disant : Allez nous apprêter ce qu'il faut pour manger la pâque.

9 Ils lui dirent : Où voulez-vous que nous l'apprêtions ?

10 Il leur répondit : Lorsque vous entrerez dans la ville, vous rencontrerez un homme portant une cruche d'eau ; suivez-le dans la maison où il entrera ;

11 et vous direz au maître de cette maison : Le Maître vous envoie dire : Où est le lieu où je dois manger la pâque avec mes disciples ?

12 Et il vous montrera une grande chambre haute, toute meublée : préparez-*nous-y ce qu'il faut.*

13 S'en étant donc allés, ils trouvèrent tout comme il leur avait dit, et ils préparèrent *ce qu'il fallait pour* la pâque.

14 Quand l'heure fut venue, il se mit à table, et les douze apôtres avec lui.

15 Et il leur dit : J'ai souhaité avec ardeur de manger cette pâque avec vous, avant de souffrir.

16 Car je vous déclare que je n'en mangerai plus désormais, jusqu'à ce qu'elle soit accomplie dans le royaume de Dieu.

17 Et après avoir pris la coupe, il rendit grâces, et *leur dit :* Prenez-la, et la distribuez entre vous.

18 Car je vous dis, que je ne boirai plus du fruit de la vigne, jusqu'à ce que le règne de Dieu soit arrivé.

19 Puis il prit le pain, et ayant rendu grâces il le rompit, et le leur donna, en disant : Ceci est mon corps, qui est donné pour vous : faites ceci en mémoire de moi.

20 Il prit de même la coupe, après le souper, en disant : Cette coupe est la nouvelle alliance en mon sang, qui sera répandu pour vous.

21 Au reste, la main de celui qui me trahit, est avec moi à cette table.

22 Pour ce qui est du Fils de l'homme, il s'en va, selon ce qui en a été déterminé ; mais malheur à cet homme par qui il sera trahi !

23 Et ils commencèrent à s'entre-demander, qui était celui d'entre eux qui devait faire cette action.

24 Il s'excita aussi parmi eux une contestation, lequel d'entre eux devait être estimé le plus grand.

25 Mais Jésus leur dit : Les rois des nations les traitent avec empire ; et ceux qui ont l'autorité sur elles, en sont appelés les bienfaiteurs.

26 Qu'il n'en soit pas de même parmi vous ; mais que celui qui est le plus grand parmi vous, devienne comme le plus petit ; et celui qui gouverne, comme celui qui sert.

27 Car lequel est le plus grand, de celui qui est à table, ou de celui qui sert ? N'est-ce pas celui qui est à table ? Et néanmoins je suis au milieu de vous comme celui qui sert.

28 C'est vous qui êtes toujours demeurés fermes avec moi dans mes tentations.

29 C'est pourquoi je vous prépare le royaume, comme mon Père me l'a préparé ;

30 afin que vous mangiez et buviez à ma table dans mon royaume, et que vous soyez assis sur des trônes pour juger les douze tribus d'Israël.

31 Le Seigneur dit encore : Simon ! Simon ! Satan vous a demandés *tous,* pour vous cribler comme on crible le froment ;

32 mais j'ai prié pour vous *en particulier,* afin que votre foi ne défaille point. Lors donc que vous serez converti, ayez soin d'affermir vos frères.

33 Pierre lui répondit : Seigneur ! je suis prêt à aller avec vous, et en prison, et à la mort *même.*

34 Mais Jésus lui dit : Pierre, je vous déclare, que le coq ne chantera point aujourd'hui, que vous n'ayez nié trois fois que vous me connaissiez. Il leur dit ensuite :

35 Lorsque je vous ai envoyés sans sac, sans bourse et sans souliers, avez-vous manqué de quelque chose ?

36 Non, lui dirent-ils. Jésus ajouta : Mais maintenant, que celui qui a un sac, ou une bourse, les prenne ; et que celui qui n'en a point, vende sa robe pour acheter une épée.

37 Car je vous assure qu'il faut encore qu'on voie s'accomplir en moi ce qui est écrit. Il a été mis au rang des scélérats ; parce que ce qui a été *prophétisé* de moi, est près d'être accompli.

38 Ils lui répondirent : Seigneur ! voici deux épées. Et Jésus leur dit : C'est assez.

39 Puis étant sorti, il s'en alla, selon sa coutume, à la montagne des Oliviers ; et ses disciples le suivirent.

40 Lorsqu'il fut arrivé en ce lieu-là, il leur dit : Priez, afin que vous ne succombiez point à la tentation.

41 Et s'étant éloigné d'eux environ d'un jet de pierre, il se mit à genoux, et fit sa prière,

42 en disant : *Mon* Père ! si vous voulez, éloignez ce calice de moi ; néanmoins que ce ne soit pas ma volonté qui se fasse, mais la vôtre.

43 Alors il lui apparut un ange du ciel, qui vint le fortifier. Et étant tombé en agonie, il redoublait ses prières.

44 Et il lui vint une sueur comme de gouttes de sang, qui découlaient jusqu'à terre.

45 S'étant levé après avoir fait sa prière, il vint à ses disciples, qu'il trouva endormis à cause de la tristesse *dont ils étaient accablés.*

46 Et il leur dit : Pourquoi dormez-vous ? Levez-vous, et priez, afin que vous ne succombiez point à la tentation.

47 Il parlait encore, lorsqu'une troupe de gens parut, à la tête desquels marchait l'un des douze *apôtres* appelé Judas, qui s'approcha de Jésus pour le baiser.

48 Et Jésus lui dit : Quoi, Judas ! vous trahissez le Fils de l'homme par un baiser ?

49 Ceux qui étaient autour de lui, voyant bien ce qui allait arriver, lui dirent : Seigneur ! frapperons-nous de l'épée ?

50 Et l'un d'eux frappa un des gens du grand prêtre, et lui coupa l'oreille droite.

51 Mais Jésus prenant la parole, *leur* dit : Laissez, demeurez-en là. Et ayant touché l'oreille de cet homme, il le guérit.

52 Puis s'adressant aux princes des prêtres, aux capitaines *des gardes* du temple, et aux sénateurs, qui étaient venus pour le prendre, il leur dit : Vous êtes venus armés d'épées et de bâtons, comme pour *prendre* un voleur.

53 Quoique je fusse tous les jours avec vous dans le temple, vous ne m'avez point arrêté ; mais c'est ici votre heure, et la puissance des ténèbres.

54 Aussitôt ils se saisirent de lui, et l'emmenèrent en la maison du grand prêtre ; et Pierre le suivait de loin.

55 Or *ces gens* ayant allumé du feu au milieu de la cour, et s'étant assis autour, Pierre s'assit aussi parmi eux.

56 Une servante qui le vit assis devant le feu, le considéra attentivement, et dit : Celui-ci était aussi avec cet homme.

57 Mais Pierre le renonça, en disant : Femme, je ne le connais point.

58 Un peu après, un autre le voyant, lui dit : Vous êtes aussi de ces gens-là. Pierre lui dit : *Mon* ami, je n'en suis point.

59 Environ une heure après, un autre assurait *la même chose,* en disant : Certainement cet homme était avec lui : car il est aussi de Galilée.

60 Pierre répondit : *Mon* ami, je ne sais ce que vous dites. Au même instant, comme il parlait encore, le coq chanta.

61 Alors le Seigneur se retournant, regarda Pierre ; et Pierre se souvint de cette parole que le Seigneur avait dite : Avant que le coq ait chanté, vous me renoncerez trois fois.

62 Et Pierre étant sorti dehors, pleura amèrement.

63 Cependant ceux qui tenaient Jésus, se moquaient de lui en le frappant.

64 Et lui ayant couvert la face, ils lui donnaient des coups sur le visage, et l'interrogeaient, en lui disant : Prophétise, *et dis* qui est celui qui t'a frappé.

65 Et ils lui disaient encore beaucoup d'autres injures *et de* blasphèmes.

66 Sur le point du jour, les sénateurs du peuple *juif*, les princes des prêtres et les scribes s'assemblèrent, et l'ayant fait venir dans leur conseil, ils lui dirent : Si vous êtes le Christ, dites-le-nous.

67 Il leur répondit : Si je vous le dis, vous ne me croirez point ;

68 et si je vous interroge, vous ne me répondrez point, et ne me laisserez point aller.

69 Mais désormais le Fils de l'homme sera assis à la droite de la puissance de Dieu.

70 Alors ils lui dirent tous : Vous êtes donc le Fils de Dieu ? Il leur répondit : Vous le dites ; je le suis.

71 Et ils dirent : Qu'avons-nous plus besoin de témoins, puisque nous l'avons entendu nous-mêmes de sa propre bouche ?

CHAPITRE XXIII.

TOUTE l'assemblée s'étant levée, ils le menèrent à Pilate ;

2 et ils commencèrent à l'accuser, en disant : Voici un homme que nous avons trouvé pervertissant notre nation, empêchant de payer le tribut à César, et se disant Roi et le Christ.

3 Pilate l'interrogea donc, en lui disant : Êtes-vous le Roi des Juifs ? Jésus lui répondit : Vous le dites.

4 Alors Pilate dit aux princes des prêtres et au peuple : Je ne trouve rien de criminel en cet homme.

5 Mais eux insistant de plus en plus, ajoutèrent : Il soulève le peuple par la doctrine qu'il répand dans toute la Judée, depuis la Galilée, où il a commencé, jusqu'ici.

6 Pilate entendant parler de la Galilée, demanda s'il était Galiléen ;

7 et ayant appris qu'il était de la juridiction d'Hérode, il le renvoya à Hérode, qui était aussi alors à Jérusalem.

8 Hérode eut une grande joie de voir Jésus : car il y avait longtemps qu'il souhaitait de le voir, parce qu'il avait entendu dire beaucoup de choses de lui ; et il espérait de lui voir faire quelque miracle.

9 Il lui fit donc plusieurs demandes ; mais Jésus ne lui répondit rien.

10 Cependant les princes des prêtres et les scribes étaient là, qui l'accusaient avec une grande opiniâtreté.

11 Or Hérode avec sa cour le méprisa ; et le traitant avec moquerie, le revêtit d'une robe blanche, et le renvoya à Pilate.

12 Et ce jour-là même Hérode et Pilate devinrent amis, d'ennemis qu'ils étaient auparavant.

13 Pilate ayant donc fait venir les princes des prêtres, les sénateurs et le peuple,

14 il leur dit : Vous m'avez présenté cet homme comme portant le peuple à la révolte ; et néanmoins, l'ayant interrogé en votre présence, je ne l'ai trouvé coupable d'aucun des crimes dont vous l'accusez ;

15 ni Hérode non plus : car je vous ai renvoyés à lui ; et il paraît qu'il n'a rien fait qui soit digne de mort.

16 Je vais donc le renvoyer, après l'avoir fait châtier.

17 Or, comme il était obligé à la fête *de Pâque* de leur délivrer un *criminel,*

18 tout le peuple se mit à crier : Faites mourir celui-ci, et nous donnez Barabbas.

19 *C'était un homme* qui avait été mis en prison à cause d'une sédition qui s'était faite dans la ville, et d'un meurtre *qu'il y avait commis.*

20 Pilate leur parla de nouveau, ayant envie de délivrer Jésus.

21 Mais ils se mirent à crier, en disant : Crucifiez-le ! crucifiez-le !

22 Il leur dit, pour la troisième fois : Mais quel mal a-t-il fait ? Je ne trouve en lui rien qui mérite la mort. Je vais donc le faire châtier, et puis je le renverrai.

23 Mais ils le pressaient de plus en plus, demandant avec de grands cris qu'il fût crucifié ; et enfin leurs clameurs redoublaient.

24 Et Pilate ordonna que ce qu'ils demandaient, fût exécuté.

25 Il leur délivra en même temps celui qu'ils demandaient, qui avait été mis en prison pour crime de sédition et de meurtre ; et il abandonna Jésus à leur volonté.

26 Comme ils le menaient *à la mort,* ils prirent un homme de Cyrène, appelé Simon, qui revenait des champs, et le chargèrent de la croix, la lui faisant porter après Jésus.

27 Or il était suivi d'une grande multitude de peuple, et de femmes qui se frappaient la poitrine, et qui le pleuraient.

28 Mais Jésus se retournant vers elles, leur dit : Filles de Jérusalem, ne pleurez point sur moi ; mais pleurez sur vous-mêmes et sur vos enfants :

29 car il viendra un temps auquel on dira : Heureuses les stériles, et les entrailles qui n'ont point porté d'enfants, et les mamelles qui n'en ont point nourri.

30 Ils commenceront alors à dire aux montagnes, Tombez sur nous ; et aux collines, Couvrez-nous.

31 Car s'ils traitent de la sorte le bois vert, comment le bois sec sera-t-il traité ?

32 On menait aussi avec lui deux autres hommes, qui étaient des criminels qu'on devait faire mourir.

33 Lorsqu'ils furent arrivés au lieu appelé Calvaire, ils y crucifièrent Jésus, et ces *deux* voleurs, l'un à droite, et l'autre à gauche.

34 Et Jésus disait : *Mon* Père ! pardonnez-leur : car ils ne savent ce qu'ils font. Ils partagèrent ensuite ses vêtements, et les jetèrent au sort.

35 Cependant le peuple se tenait là, et le regardait ; et les sénateurs, aussi bien que le peuple, se moquaient de lui, en disant : Il a sauvé les autres ; qu'il se sauve maintenant lui-même, s'il est le Christ, l'élu de Dieu.

36 Les soldats même lui insultaient, s'approchant de lui, et lui présentant du vinaigre,

37 en lui disant : Si tu es le Roi des Juifs, sauve-toi toi-même.

38 Il y avait aussi au-dessus de lui une inscription en grec, en latin et en hébreu, où était écrit : Celui-ci est le Roi des Juifs.

39 Or l'un de ces deux voleurs qui étaient crucifiés *avec lui,* le blasphémait, en disant : Si tu es le Christ, sauve-toi toi-même, et nous *avec toi.*

40 Mais l'autre le reprenant, lui disait : N'avez-vous donc point de crainte de Dieu, non plus *que les autres,* vous qui vous trouvez condamné au même supplice ?

41 Encore pour nous, c'est avec justice ; puisque nous souffrons la peine que nos crimes ont méritée : mais celui-ci n'a fait aucun mal.

42 Et il disait à Jésus : Seigneur ! souvenez-vous de moi, lorsque vous serez arrivé dans votre royaume.

43 Et Jésus lui répondit : Je vous le dis en vérité : vous serez aujourd'hui avec moi dans le paradis.

44 Il était alors environ la sixième heure du jour ; et toute la terre fut couverte de ténèbres jusqu'à la neuvième heure.

45 Le soleil fut obscurci, et le voile du temple se déchira par le milieu.

46 Alors Jésus jetant un grand cri, dit : *Mon* Père ! je remets mon âme entre vos mains. Et en prononçant ces mots, il expira.

47 Or le centenier ayant vu ce qui était arrivé, glorifia Dieu, en disant : Certainement cet homme était juste.

48 Et toute la multitude de ceux qui assistaient à ce spectacle, considérant toutes ces choses, s'en retournaient en se frappant la poitrine.

49 Tous ceux qui étaient de la connaissance de Jésus, et les femmes qui l'avaient suivi de Galilée, étaient là, aussi, et regardaient de loin ce qui se passait.

50 Dans le même temps un sénateur, appelé Joseph, homme vertueux et juste,

51 qui n'avait point consenti au dessein des autres, ni à ce qu'ils avaient fait ; qui était d'Arimathie, ville de Judée, et du nombre de ceux qui attendaient le royaume de Dieu ;

52 cet homme, *dis-je,* vint trouver Pilate, lui demanda le corps de Jésus,

53 et l'ayant ôté *de la croix,* il l'enveloppa d'un linceul, et le mit dans un sépulcre taillé *dans le roc,* où personne n'avait encore été mis.

54 Or ce jour était celui de la préparation, et le jour du sabbat allait commencer.

55 Les femmes qui étaient venues de Galilée avec Jésus, ayant suivi *Joseph,* considérèrent le sépulcre, et comment le corps de Jésus y avait été mis.

56 Et s'en étant retournées, elles préparèrent des aromates et des parfums ; et pour ce qui est du jour du sabbat, elles demeurèrent sans rien faire, selon l'ordonnance *de la loi.*

CHAPITRE XXIV.

MAIS le premier jour de la semaine ces femmes vinrent au sépulcre de grand matin, apportant les parfums qu'elles avaient préparés.

2 Et elles trouvèrent que la pierre qui était au devant du sépulcre, en avait été ôtée.

3 Elles entrèrent ensuite dedans, et n'y trouvèrent point le corps du Seigneur Jésus.

4 Ce qui leur ayant causé une grande consternation, deux hommes parurent tout d'un coup devant elles avec des robes brillantes.

5 Et comme elles étaient saisies de frayeur, et qu'elles tenaient leurs yeux baissés contre terre, ils leur dirent : Pourquoi cherchez-vous parmi les morts celui qui est vivant ?

6 Il n'est point ici ; mais il est ressuscité. Souvenez-vous de quelle manière il vous a parlé, lorsqu'il était encore en Galilée,

7 et qu'il disait : Il faut que le Fils de l'homme soit livré entre les mains des pécheurs, qu'il soit crucifié, et qu'il ressuscite le troisième jour.

8 Elles se ressouvinrent donc des paroles de Jésus.

9 Et étant revenues du sépulcre, elles racontèrent tout ceci aux onze *apôtres,* et à tous les autres.

10 Celles qui firent ce rapport aux apôtres, étaient Marie-Magdeleine, Jeanne, et Marie, *mère* de Jacques, et les autres qui étaient avec elles.

11 Mais ce qu'elles leur disaient, leur parut comme une rêverie, et ils ne les crurent point.

12 Néanmoins Pierre se levant, courut au sépulcre ; et s'étant baissé pour regarder, il ne vit que les linceuls qui étaient par terre ; et il s'en revint, admirant en lui-même ce qui était arrivé.

13 Ce jour-là même, deux d'entre eux s'en allaient en un bourg, nommé Emmaüs, éloigné de soixante stades de Jérusalem ;

14 parlant ensemble de tout ce qui s'était passé.

15 Et il arriva que lorsqu'ils s'entretenaient et conféraient ensemble sur cela, Jésus vint lui-même les joindre, et se mit à marcher avec eux ;

16 mais leurs yeux étaient retenus, afin qu'ils ne pussent le reconnaître.

17 Et il leur dit : De quoi vous entretenez-vous ainsi en marchant ? et d'où vient que vous êtes *si* tristes ?

18 L'un d'eux, appelé Cléophas, prenant la parole, lui répondit : Êtes-vous seul si étranger dans Jérusalem, que vous ne sachiez pas ce qui s'y est passé ces jours-ci ?

19 Et quoi ? leur dit-il. Ils lui répondirent : Touchant Jésus de Nazareth, qui a été un prophète puissant en œuvres et en paroles devant Dieu et devant tout le peuple ;

20 et de quelle manière les princes des prêtres et nos sénateurs l'ont livré pour être condamné à mort, et l'ont crucifié.

21 Or nous espérions que ce serait lui qui rachèterait Israël ; et cependant après tout cela voici le troisième jour que ces choses se sont passées.

22 Il est vrai que quelques femmes de celles qui étaient avec nous, nous ont étonnés : car ayant été avant le jour à son sépulcre,

23 et n'y ayant point trouvé son corps, elles sont venues dire, que des anges mêmes leur ont apparu, qui leur ont dit qu'il est vivant.

24 Et quelques-uns des nôtres ayant aussi été au sépulcre, ont trouvé toutes choses comme les femmes les leur avaient rapportées : mais pour lui ils ne l'ont point trouvé.

25 Alors il leur dit : Ô insensés, dont le cœur est tardif à croire tout ce que les prophètes ont dit !

26 ne fallait-il pas que le Christ souffrît toutes ces choses, et qu'il entrât ainsi dans sa gloire ?

27 Et commençant par Moïse, et ensuite par tous les prophètes, il leur expliquait dans toutes les Écritures ce qui y avait été dit de lui.

28 Lorsqu'ils furent proche du bourg où ils allaient, il fit semblant d'aller plus loin.

29 Mais ils le forcèrent *de s'arrêter,* en lui disant : Demeurez avec nous, parce qu'il est tard, et que le jour est déjà sur son déclin. Et il entra avec eux.

30 Étant avec eux à table, il prit le pain, et le bénit ; et l'ayant rompu, il le leur donna.

31 *En même temps* leurs yeux s'ouvrirent, et ils le reconnurent ; mais il disparut de devant leurs yeux.

32 Alors ils se dirent l'un à l'autre : N'est-il pas vrai que notre cœur était tout brûlant dans nous, lorsqu'il nous parlait dans le chemin, et qu'il nous expliquait les Écritures ?

33 Et se levant à l'heure même, ils retournèrent à Jérusalem, et trouvèrent que les onze *apôtres,* et ceux qui demeuraient avec eux, étaient assemblés,

34 et disaient : Le Seigneur est vraiment ressuscité, et il est apparu à Simon.

35 Alors ils racontèrent aussi eux-mêmes ce qui leur était arrivé en chemin, et comment ils l'avaient reconnu dans la fraction du pain.

36 Pendant qu'ils s'entretenaient ainsi, Jésus se présenta au milieu d'eux, et leur dit : La paix soit avec vous ! C'est moi ; n'ayez point de peur.

37 Mais dans le trouble et la frayeur dont ils étaient saisis, ils s'imaginaient voir un esprit.

38 Et Jésus leur dit : Pourquoi vous troublez-vous ? et pourquoi s'élève-t-il tant de pensées dans vos cœurs ?

39 Regardez mes mains et mes pieds, *et reconnaissez* que c'est moi-même ; touchez-*moi,* et considérez qu'un esprit n'a ni chair ni os, comme vous voyez que j'en ai.

40 Après avoir dit cela, il leur montra ses mains et ses pieds.

41 Mais comme ils ne croyaient point encore, tant ils étaient transportés de joie et d'admiration, il leur dit : Avez-vous ici quelque chose à manger ?

42 Ils lui présentèrent un morceau de poisson rôti, et un rayon de miel.

43 Il en mangea devant eux ; et prenant les restes, il les leur donna ;

44 et il leur dit : Voilà ce que je vous disais étant encore avec vous : qu'il était nécessaire que tout ce qui a été écrit de moi dans la loi de Moïse, dans les Prophètes et dans les Psaumes, fût accompli.

45 En même temps il leur ouvrit l'esprit, afin qu'ils entendissent les Écritures ;

46 et il leur dit : C'est ainsi qu'il est écrit ; et c'est ainsi qu'il fallait que le Christ souffrît, et qu'il ressuscitât d'entre les morts le troisième jour ;

47 et qu'on prêchât en son nom la pénitence et la rémission des péchés dans toutes les nations, en commençant par Jérusalem.

48 Or vous êtes témoins de ces choses.

49 Et je vais vous envoyer le don de mon Père, qui vous a été promis ; mais cependant demeurez dans la ville jusqu'à ce que vous soyez revêtus de la force d'en haut.

50 Après cela il les mena dehors, vers Béthanie ; et ayant levé les mains, il les bénit ;

51 et en les bénissant, il se sépara d'eux, et fut enlevé au ciel.

52 Pour eux, après l'avoir adoré, ils s'en retournèrent à Jérusalem remplis de joie.

53 Et ils étaient sans cesse dans le temple, louant et bénissant Dieu. Amen !

ÉVANGILE

DE

SAINT JEAN.

CHAPITRE PREMIER.

AU commencement était le Verbe, et le Verbe était avec Dieu ; et le Verbe était Dieu.

2 Il était au commencement avec Dieu.

3 Toutes choses ont été faites par lui ; et rien de ce qui a été fait, n'a été fait sans lui.

4 En lui était la vie, et la vie était la lumière des hommes ;

5 et la lumière luit dans les ténèbres, et les ténèbres ne l'ont point comprise.

6 Il y eut un homme envoyé de Dieu, qui s'appelait Jean.

7 Il vint pour servir de témoin, pour rendre témoignage à la lumière, afin que tous crussent par lui.

8 Il n'était pas la lumière ; mais *il vint* pour rendre témoignage *à celui qui était* la lumière.

9 Celui-là était la vraie lumière, qui éclaire tout homme venant en ce monde.

10 Il était dans le monde, et le monde a été fait par lui, et le monde ne l'a point connu.

11 Il est venu chez soi, et les siens ne l'ont point reçu.

12 Mais il a donné à tous ceux qui l'ont reçu, le pouvoir d'être faits enfants de Dieu ; à ceux qui croient en son nom,

13 qui ne sont point nés du sang, ni de la volonté de la chair, ni de la volonté de l'homme, mais de Dieu même.

14 Et le Verbe a été fait chair, et il a habité parmi nous ; et nous avons vu sa gloire, sa gloire telle que le Fils unique devait la recevoir du Père ; *il a, dis-je, habité parmi nous,* plein de grâce et de vérité.

15 Jean rend témoignage de lui, et il crie, en disant : Voici celui dont je vous disais : Celui qui doit venir après moi, m'a été préféré, parce qu'il était avant moi.

16 Et nous avons tous reçu de sa plénitude, et grâce pour grâce.

17 Car la loi a été donnée par Moïse ; mais la grâce et la vérité a été apportée par Jésus-Christ.

18 Nul n'a jamais vu Dieu : le Fils unique qui est dans le sein du Père, est celui qui en a donné la connaissance.

19 Or voici le témoignage que rendit Jean, lorsque les Juifs envoyèrent de Jérusalem des prêtres et des Lévites, pour lui demander : Qui êtes-vous ?

20 Car il confessa, et il ne le nia pas : il confessa qu'il n'était point le Christ.

21 Ils lui demandèrent : Quoi donc ! êtes-vous Élie ? Et il leur dit : Je ne le suis point. Êtes-vous prophète ? *ajoutèrent-ils.* Et il leur répondit : Non.

22 Qui êtes-vous donc, lui dirent-ils, afin que nous rendions réponse à ceux qui nous ont envoyés ? Que dites-vous de vous-même ?

23 Je suis, leur dit-il, la voix de celui qui crie dans le désert : Rendez droite la voie du Seigneur, comme a dit le prophète Isaïe.

24 Or ceux qu'on lui avait envoyés, étaient des pharisiens.

25 Ils lui firent *encore* une *nouvelle* demande, et lui dirent : Pourquoi donc baptisez-vous, si vous n'êtes ni le Christ, ni Élie, ni prophète ?

26 Jean leur répondit : Pour moi, je baptise dans l'eau ; mais il y en a un au milieu de vous, que vous ne connaissez pas.

27 C'est lui qui doit venir après moi, qui m'a été préféré ; et je ne suis pas digne de dénouer les cordons de ses souliers.

28 Ceci se passa à Béthanie, au delà du Jourdain, où Jean baptisait.

29 Le lendemain, Jean vit Jésus qui venait à lui, et il dit : Voici l'Agneau de Dieu ! voici celui qui ôte le péché du monde !

30 C'est celui-là même de qui j'ai dit : Il vient après moi un homme qui m'a été préféré, parce qu'il était avant moi.

31 Pour moi, je ne le connaissais pas ; mais je suis venu baptiser dans l'eau, afin qu'il soit connu dans Israël.

32 Et Jean rendit *alors* ce témoignage, en disant : J'ai vu le *Saint*-Esprit descendre du ciel comme une colombe, et demeurer sur lui.

33 Pour moi, je ne le connaissais pas ; mais celui qui m'a envoyé baptiser dans l'eau, m'a dit : Celui sur qui vous verrez descendre et demeurer le *Saint*-Esprit, est celui qui baptise dans le Saint-Esprit.

34 Je l'ai vu, et j'ai rendu témoignage qu'il est le Fils de Dieu.

35 Le lendemain, Jean était encore *là*, avec deux de ses disciples ;

36 et jetant la vue sur Jésus qui passait, il dit : Voilà l'Agneau de Dieu !

37 Ces deux disciples l'ayant entendu parler ainsi, suivirent Jésus.

38 Alors Jésus se retourna, et voyant qu'ils le suivaient, il leur dit : Que cherchez-vous ? Ils lui répondirent : Rabbi (c'est-à-dire, Maître) ! où demeurez-vous ?

39 Il leur dit : Venez et voyez. Ils vinrent, et virent où il demeurait, et ils demeurèrent chez lui ce jour-là. Il était alors environ la dixième heure *du jour*.

40 André, frère de Simon-Pierre, était l'un des deux qui avaient entendu dire ceci à Jean, et qui avaient suivi Jésus.

41 Et ayant trouvé le premier son frère Simon, il lui dit : Nous avons trouvé le Messie (c'est-à-dire, le Christ).

42 Il l'amena à Jésus. Jésus l'ayant regardé, lui dit : Vous êtes Simon, fils de Jean ; vous serez appelé Céphas (c'est-à-dire, Pierre).

43 Le lendemain, Jésus voulant s'en aller en Galilée, trouva Philippe, et lui dit : Suivez-moi.

44 Philippe était de la ville de Bethsaïde, d'où étaient aussi André et Pierre.

45 Et Philippe ayant trouvé Nathanaël, lui dit : Nous avons trouvé celui de qui Moïse a écrit dans la loi, et *que* les prophètes *ont prédit ; savoir,* Jésus de Nazareth, fils de Joseph.

46 Nathanaël lui dit : Peut-il venir quelque chose de bon de Nazareth ? Philippe lui dit : Venez et voyez.

47 Jésus voyant Nathanaël qui venait le trouver, dit de lui : Voici un vrai Israélite, sans déguisement *et* sans artifice.

48 Nathanaël lui dit : D'où me connaissez-vous ? Jésus lui répondit : Avant que Philippe vous eût appelé, je vous ai vu, lorsque vous étiez sous le figuier.

49 Nathanaël lui dit : Rabbi (*c'est-à-dire, Maître*) ! vous êtes le Fils de Dieu, vous êtes le Roi d'Israël.

50 Jésus lui répondit : Vous croyez, ! parce que je vous ai dit que je vous ai vu sous le figuier ; vous verrez de bien plus grandes choses.

51 Et il ajouta : En vérité, en vérité je vous le dis : vous verrez le ciel ouvert, et les anges de Dieu monter et descendre sur le Fils de l'homme.

CHAPITRE II.

TROIS jours après, il se fit des noces à Cana en Galilée ; et la mère de Jésus y était.

2 Jésus fut aussi convié aux noces avec ses disciples.

3 Et le vin venant à manquer, la mère de Jésus lui dit : Ils n'ont point de vin.

4 Jésus lui répondit : Femme, qu'y a-t-il *de commun* entre vous et moi ? Mon heure n'est pas encore venue.

5 Sa mère dit à ceux qui servaient : Faites tout ce qu'il vous dira.

6 Or il y avait là six grandes urnes de pierre, pour servir aux purifications qui étaient en usage parmi les Juifs, dont chacune tenait deux ou trois mesures.

7 Jésus leur dit : Emplissez les urnes d'eau. Et ils les remplirent jusqu'au haut.

8 Alors il leur dit : Puisez maintenant, et portez-en au maître d'hôtel. Et ils lui en portèrent.

9 Le maître d'hôtel ayant goûté cette eau qui avait été changée en vin, et ne sachant d'où venait ce vin, quoique les serviteurs qui avaient puisé l'eau le sussent bien, il appela l'époux,

10 et lui dit : Tout homme sert d'abord le bon vin, et après qu'on a beaucoup bu, il en sert alors de moindre ; mais pour vous, vous avez réservé le bon vin jusqu'à cette heure.

11 Ce fut là le premier des miracles de Jésus, qui fut fait à Cana en Galilée ; et *par là* il fit éclater sa gloire, et ses disciples crurent en lui.

12 Après cela il alla à Capharnaüm, avec sa mère, ses frères et ses disciples ; mais ils n'y demeurèrent pas longtemps :

13 car la pâque des Juifs étant proche, Jésus s'en alla à Jérusalem.

14 Et ayant trouvé dans le temple des gens qui vendaient des bœufs, des moutons et des colombes, comme aussi des changeurs qui étaient assis *à leurs bureaux,*

15 il fit un fouet avec des cordes, et les chassa tous du temple, avec les moutons et les bœufs ; et il jeta par terre l'argent des changeurs, et renversa leurs bureaux ;

16 et il dit à ceux qui vendaient des colombes : Ôtez *tout* cela d'ici, et ne faites pas de la maison de mon Père une maison de trafic

17 *Alors* ses disciples se souvinrent qu'il est écrit : Le zèle de votre maison me dévore.

18 Les Juifs donc prenant la parole, lui dirent : Par quel miracle nous montrez-vous que vous avez droit de faire de telles choses ?

19 Jésus leur répondit : Détruisez ce temple, et je le rétablirai en trois jours.

20 Les Juifs lui répartirent : Ce temple a été quarante-six ans à bâtir, et vous le rétablirez en trois jours !

21 Mais il entendait parler du temple de son corps.

22 Après donc qu'il fut ressuscité d'entre les morts, ses disciples se ressouvinrent qu'il leur avait dit cela, et ils crurent à l'Écriture et à la parole que Jésus avait dite.

23 Pendant qu'il était dans Jérusalem, à la fête de Pâque, plusieurs crurent en son nom, voyant les miracles qu'il faisait.

24 Mais Jésus ne se fiait point à eux, parce qu'il *les* connaissait tous,

25 et qu'il n'avait pas besoin que personne lui rendît témoignage d'aucun homme : car il connaissait par lui-même ce qu'il y avait dans l'homme.

CHAPITRE III.

OR il y avait un homme d'entre les pharisiens, nommé Nicodème, sénateur des Juifs,

2 qui vint la nuit trouver Jésus, et lui dit : Maître ! nous savons que vous êtes venu de la part de Dieu *pour nous instruire, comme*

un docteur : car personne ne saurait faire les miracles que vous faites, si Dieu n'est avec lui.

3 Jésus lui répondit : En vérité, en vérité je vous le dis : personne ne peut voir le royaume de Dieu, s'il ne naît de nouveau.

4 Nicodème lui dit : Comment peut naître un homme qui est déjà vieux ? Peut-il rentrer dans le sein de sa mère, pour naître une seconde fois ?

5 Jésus lui répondit : En vérité, en vérité je vous le dis : si un homme ne renaît de l'eau et du Saint-Esprit, il ne peut entrer dans le royaume de Dieu.

6 Ce qui est né de la chair, est chair ; et ce qui est né de l'Esprit, est esprit.

7 Ne vous étonnez pas de ce que je vous ai dit, qu'il faut que vous naissiez de nouveau.

8 L'Esprit souffle où il veut, et vous entendez sa voix : mais vous ne savez d'où il vient, ni où il va : il en est de même de tout homme qui est né de l'Esprit.

9 Nicodème lui répondit : Comment cela peut-il se faire ?

10 Jésus lui dit : Quoi ! vous êtes maître en Israël, et vous ignorez ces choses ?

11 En vérité, en vérité je vous dis, que nous ne disons que ce que nous savons, et que nous ne rendons témoignage que de ce que nous avons vu ; et *cependant* vous ne recevez point notre témoignage.

12 Mais si vous ne me croyez pas lorsque je vous parle des choses de la terre, comment me croirez-vous quand je vous parlerai des choses du ciel ?

13 Aussi personne n'est monté au ciel, que celui qui est descendu du ciel ; *savoir*, le Fils de l'homme qui est dans le ciel.

14 Et comme Moïse éleva dans le désert le serpent *d'airain*, il faut de même que le Fils de l'homme soit élevé en haut ;

15 afin que tout homme qui croit en lui, ne périsse point, mais qu'il ait la vie éternelle.

16 Car Dieu a tellement aimé le monde, qu'il a donné son Fils unique ; afin que tout homme qui croit en lui ne périsse point, mais qu'il ait la vie éternelle.

17 Car Dieu n'a pas envoyé son Fils dans le monde pour juger le monde, mais afin que le monde soit sauvé par lui.

18 Celui qui croit en lui, n'est pas condamné ; mais celui qui ne croit pas, est déjà condamné, parce qu'il ne croit pas au nom du Fils unique de Dieu.

19 Et *le sujet* de cette condamnation est, que la lumière est venue dans le monde, et que les hommes ont mieux aimé les ténèbres que la lumière ; parce que leurs œuvres étaient mauvaises.

20 Car quiconque fait le mal, hait la lumière, et ne s'approche point de la lumière ; de peur que ses œuvres ne soient condamnées.

21 Mais celui qui fait *ce que* la vérité *lui prescrit*, s'approche de la lumière, afin que ses œuvres soient découvertes ; parce qu'elles sont faites en Dieu.

22 Après cela Jésus étant venu en Judée, suivi de ses disciples, il y demeurait avec eux, et y baptisait.

23 Jean baptisait aussi à Ennon, près de Salim, parce qu'il y avait là beaucoup d'eau ; et plusieurs y venaient, et y étaient baptisés :

24 car alors Jean n'avait pas encore été mis en prison.

25 Il s'excita donc une dispute entre les disciples de Jean et les Juifs, touchant le baptême.

26 Et *les premiers* étant venus trouver Jean, ils lui dirent : Maître, celui qui était avec vous au delà du Jourdain, et auquel vous avez rendu témoignage, baptise maintenant, et tous vont à lui.

27 Jean leur répondit : L'homme ne peut rien recevoir, s'il ne lui a été donné du ciel.

28 Vous me rendez vous-mêmes témoignage, que j'ai dit que je ne suis point le Christ, mais que j'ai été envoyé devant lui.

29 L'époux est celui à qui est l'épouse ; mais l'ami de l'époux, qui se tient debout et qui l'écoute, est ravi de joie à cause *qu'il entend* la voix de l'époux. Je me vois donc maintenant dans l'accomplissement de cette joie.

30 Il faut qu'il croisse, et que je diminue.

31 Celui qui est venu d'en haut, est au-dessus de tous. Celui qui tire son origine de la terre, est de la terre, et ses paroles tiennent de la terre. Celui qui est venu du ciel, est au-dessus de tous ;

32 et il rend témoignage de ce qu'il a vu et de ce qu'il a entendu, et personne ne reçoit son témoignage.

33 Celui qui reçoit son témoignage, atteste que Dieu est véritable.

34 Celui que Dieu a envoyé, *ne dit que* des paroles de Dieu ; parce que Dieu ne *lui* donne pas *son* Esprit par mesure.

35 Le Père aime le Fils, et lui a mis toutes choses entre les mains.

36 Celui qui croit au Fils, a la vie éternelle : et au contraire, celui qui ne croit pas au Fils, ne verra point la vie ; mais la colère de Dieu demeure sur lui.

CHAPITRE IV.

JÉSUS ayant donc su que les pharisiens avaient appris qu'il faisait plus de disciples, et baptisait plus de personnes que Jean,

2 (quoique Jésus ne baptisât pas lui-même, mais ses disciples,)

3 il quitta la Judée, et s'en alla de nouveau en Galilée.

4 Et comme il fallait qu'il passât par la Samarie,

5 il vint en une ville de Samarie, nommée Sichar, près de l'héritage que Jacob donna à son fils Joseph.

6 Or il y avait là *un puits qu'on appelait* la fontaine de Jacob. Et Jésus étant fatigué du chemin, s'assit sur cette fontaine *pour se reposer*. Il était environ la sixième heure *du jour*.

7 Il vint *alors* une femme de Samarie pour tirer de l'eau. Jésus lui dit : Donnez-moi à boire.

8 Car ses disciples étaient allés à la ville, pour acheter à manger.

9 Mais cette femme samaritaine lui dit : Comment vous qui êtes Juif, me demandez-vous à boire, à moi qui suis Samaritaine ? Car les Juifs n'ont point de commerce avec les Samaritains.

10 Jésus lui répondit : Si vous connaissiez le don de Dieu, et qui est celui qui vous dit, Donnez-moi à boire ; vous lui *en* auriez peut-être demandé *vous-même*, et il vous aurait donné de l'eau vive.

11 Cette femme lui dit : Seigneur ! vous n'avez pas de quoi en puiser, et le puits est profond : d'où auriez-vous donc de l'eau vive ?

12 Êtes-vous plus grand que notre père Jacob, qui nous a donné ce puits, et en a bu lui-même, aussi bien que ses enfants et ses troupeaux ?

13 Jésus lui répondit : Quiconque boit de cette eau, aura encore soif : au lieu que celui qui boira de l'eau que je lui donnerai, n'aura jamais soif ;

14 mais l'eau que je lui donnerai, deviendra en lui une fontaine d'eau qui rejaillira *jusque* dans la vie éternelle.

15 Cette femme lui dit : Seigneur ! donnez-moi de cette eau, afin que je n'aie plus soif, et que je ne vienne plus ici pour en tirer.

16 Jésus lui dit : Allez, appelez votre mari, et venez ici.

17 Cette femme lui répondit : Je n'ai point de mari. Jésus lui dit : Vous avez raison de dire que vous n'avez point de mari :

18 car vous avez eu cinq maris, et maintenant celui que vous avez n'est pas votre mari : vous avez dit vrai en cela.

19 Cette femme lui dit : Seigneur ! je vois bien que vous êtes un prophète.

20 Nos pères ont adoré sur cette montagne ; et vous autres, vous dites que c'est dans Jérusalem qu'est le lieu où il faut adorer.

21 Jésus lui dit : Femme, croyez en moi : le temps va venir que ce ne sera plus *uniquement* sur cette montagne, ni dans Jérusalem, que vous adorerez le Père.

22 Vous adorez ce que vous ne connaissez point : pour nous, nous adorons ce que nous connaissons ; car le salut vient des Juifs.

23 Mais le temps vient, et il est déjà venu, que les vrais adorateurs adoreront le Père en esprit et en vérité : car ce sont là les adorateurs que le Père cherche.

24 Dieu est esprit ; et il faut que ceux qui l'adorent, l'adorent en esprit et en vérité.

25 Cette femme lui répondit : Je sais que le Messie (c'est-à-dire, le Christ) doit venir : lors donc qu'il sera venu, il nous annoncera toutes choses.

26 Jésus lui dit : C'est moi-même qui vous parle.

27 En même temps ses disciples arrivèrent, et ils s'étonnaient de ce qu'il parlait avec une femme. Néanmoins nul ne lui dit : Que lui demandez-vous ? ou, D'où vient que vous parlez avec elle ?

28 Cette femme cependant laissant là sa cruche, s'en retourna à la ville, et commença à dire à tout le monde :

29 Venez voir un homme qui m'a dit tout ce que j'ai jamais fait. Ne serait-ce point le Christ ?

30 Ils sortirent donc de la ville, et vinrent le trouver.

31 Cependant ses disciples le priaient *de prendre quelque chose*, en lui disant : Maître ! mangez.

32 Et il leur dit : J'ai une nourriture à prendre que vous ne connaissez pas.

33 Les disciples se disaient donc l'un à l'autre : Quelqu'un lui aurait-il apporté à manger ?

34 Jésus leur dit : Ma nourriture est de faire la volonté de celui qui m'a envoyé, et d'accomplir son œuvre.

35 Ne dites-vous pas vous-mêmes, que dans quatre mois la moisson viendra ? Mais moi, je vous dis : Levez vos yeux, et considérez les campagnes qui sont déjà blanches *et prêtes* à moissonner :

36 et celui qui moissonne reçoit la récompense, et amasse les fruits pour la vie éternelle ; afin que celui qui sème soit dans la joie, aussi bien que celui qui moissonne.

37 Car ce que l'on dit d'ordinaire, est vrai en cette rencontre : que l'un sème, et l'autre moissonne.

38 Je vous ai envoyés moissonner ce qui n'est pas venu par votre travail : d'autres ont travaillé, et vous êtes entrés dans leurs travaux.

39 Or il y eut beaucoup de Samaritains de cette ville-là qui crurent en lui sur le rapport de cette femme, qui les assurait qu'il lui avait dit tout ce qu'elle avait jamais fait.

40 Les Samaritains étant donc venus le trouver, le prièrent de demeurer chez eux ; et il y demeura deux jours.

41 Et il y en eut beaucoup plus qui crurent en lui, pour l'avoir entendu parler ;

42 de sorte qu'ils disaient à cette femme : Ce n'est plus sur ce que vous nous en avez dit que nous croyons *en lui* : car nous l'avons entendu nous-mêmes, et nous savons qu'il est vraiment le Sauveur du monde.

43 Deux jours après, il sortit de ce lieu, et s'en alla en Galilée :

44 car Jésus témoigna lui-même, qu'un prophète n'est point honoré dans son pays.

45 Étant donc revenu en Galilée, les Galiléens le reçurent *avec joie*, parce qu'ils avaient vu tout ce qu'il avait fait à Jérusalem au jour de la fête : car ils avaient aussi été eux-mêmes à cette fête.

46 Jésus vint donc de nouveau à Cana en Galilée, où il avait changé l'eau en vin. Or il y avait un officier dont le fils était malade à Capharnaüm.

47 Cet officier ayant appris que Jésus venait de Judée en Galilée, alla le trouver, et le pria de vouloir venir pour guérir son fils qui était près de mourir.

48 Jésus lui dit : Si vous ne voyez *vous autres* des miracles et des prodiges, vous ne croyez point.

49 Cet officier lui dit : Seigneur ! venez avant que mon fils meure.

50 Jésus lui dit : Allez ; votre fils se porte bien. Il crut à la parole que Jésus lui avait dite, et s'en alla.

51 Et comme il était en chemin, ses serviteurs vinrent au-devant de lui, et lui dirent : Votre fils se porte bien.

52 Et s'étant informé de l'heure à laquelle il s'était trouvé mieux, ils lui repondirent : Hier, à la septième heure *du jour*, la fièvre le quitta.

53 Son père reconnut que c'était à cette heure-là que Jésus lui avait dit : Votre fils se porte bien. Et il crut, lui et toute sa famille.

54 Ce fut là le second miracle que Jésus fit, étant revenu de Judée en Galilée.

CHAPITRE V.

APRÈS cela la fête des Juifs étant arrivée, Jésus s'en alla à Jérusalem.

2 Or il y avait à Jérusalem la piscine des brebis, qui s'appelle en hébreu Bethsaïda, qui avait cinq galeries,

3 dans lesquelles étaient couchés un grand nombre de malades, d'aveugles, de boiteux et de ceux qui avaient les membres desséchés ; et tous attendaient que l'eau fût remuée.

4 Car l'ange du Seigneur en un certain temps descendait dans cette piscine, et en remuait l'eau ; et celui qui y entrait le premier après que l'eau avait été ainsi remuée, était guéri, quelque maladie qu'il eût.

5 Or il y avait là un homme qui était malade depuis trente-huit ans.

6 Jésus l'ayant vu couché, et connaissant qu'il était malade depuis fort longtemps, lui dit : Voulez-vous être guéri ?

7 Le malade lui répondit : Seigneur ! je n'ai personne pour me jeter dans la piscine après que l'eau a été remuée : et pendant le temps que je mets à y aller, un autre y descend avant moi.

8 Jésus lui dit : Levez-vous, emportez votre lit, et marchez.

9 À l'instant cet homme fut guéri ; et prenant son lit, il commença à marcher. Or ce jour-là était un jour de sabbat.

10 Les Juifs dirent donc à celui qui avait été guéri : C'est aujourd'hui le sabbat, il ne vous est pas permis d'emporter votre lit.

11 Il leur répondit : Celui qui m'a guéri, m'a dit : Emportez votre lit, et marchez.

12 Ils lui demandèrent : Qui est donc cet homme qui vous a dit : Emportez votre lit, et marchez ?

13 Mais celui qui avait été guéri, ne savait pas lui-même qui il était : car Jésus s'était retiré de la foule du peuple qui était là.

14 Depuis, Jésus trouva cet homme dans le temple, et lui dit : Vous voyez que vous êtes guéri ; ne péchez plus à l'avenir, de peur qu'il ne vous arrive quelque chose de pis.

15 Cet homme s'en alla trouver les Juifs, et leur dit que c'était Jésus qui l'avait guéri.

16 Et c'est pour cette raison que les Juifs persécutaient Jésus, parce qu'il faisait ces choses le jour du sabbat.

17 Alors Jésus leur dit : Mon Père ne cesse point d'agir jusqu'à présent, et j'agis aussi *incessamment.*

18 Mais les Juifs cherchaient encore avec plus d'ardeur à le faire mourir ; parce que non-seulement il ne gardait pas le sabbat, mais qu'il disait même que Dieu était son Père, se faisant ainsi égal à Dieu. Jésus ajouta donc, et leur dit :

19 En vérité, en vérité je vous dis, que le Fils ne peut rien faire de lui-même, *et qu'il ne fait* que ce qu'il voit faire au Père : car tout ce que le Père fait, le Fils aussi le fait comme lui ;

20 parce que le Père aime le Fils, et lui montre tout ce qu'il fait ; et il lui montrera des œuvres encore plus grandes que celles-ci, en sorte que vous en serez vous-mêmes remplis d'admiration.

21 Car comme le Père ressuscite les morts, et leur rend la vie ; ainsi le Fils donne la vie à qui il lui plaît.

22 Car le Père ne juge personne : mais il a donné tout pouvoir de juger au Fils ;

23 afin que tous honorent le Fils, comme ils honorent le Père. Celui qui n'honore point le Fils, n'honore point le Père qui l'a envoyé.

24 En vérité, en vérité je vous le dis : celui qui entend ma parole, et qui croit à celui qui m'a envoyé, a la vie éternelle, et il ne tombe point dans la condamnation ; mais il est *déjà* passé de la mort à la vie.

25 En vérité, en vérité je vous le dis : l'heure vient, et elle est déjà *venue,* où les morts entendront la voix du Fils de Dieu ; et ceux qui l'entendront vivront.

26 Car comme le Père a la vie en lui-même, il a aussi donné au Fils d'avoir la vie en lui-même ;

27 et il lui a donné le pouvoir de juger, parce qu'il est Fils de l'homme.

28 Ne vous étonnez pas de ceci : car le temps vient où tous ceux qui sont dans les sépulcres, entendront la voix du Fils de Dieu :

29 et ceux qui auront fait de bonnes œuvres, sortiront *des tombeaux* pour ressusciter à la vie ; mais ceux qui en auront fait de mauvaises, en sortiront pour ressusciter à leur condamnation.

30 Je ne puis rien faire de moi-même. Je juge selon ce que j'entends, et mon jugement est juste ; parce que je ne cherche pas ma volonté, mais la volonté de celui qui m'a envoyé.

31 Si *c'est* moi *qui* rends témoignage de moi-même, mon témoignage n'est pas véritable.

32 *Mais* il y en a un autre qui rend témoignage de moi ; et je sais que le témoignage qu'il en rend, est véritable.

33 Vous avez envoyé à Jean ; et il a rendu témoignage à la vérité.

34 Pour moi, ce n'est pas d'un homme que je reçois le témoignage ; mais je dis ceci afin que vous soyez sauvés.

35 Jean était une lampe ardente et luisante ; et vous avez voulu vous réjouir pour un peu de temps à *la lueur de* sa lumière.

36 Mais pour moi, j'ai un témoignage plus grand que celui de Jean : car les œuvres que mon Père m'a donné pouvoir de faire, les œuvres, *dis-je,* que je fais, rendent témoignage de moi, que c'est mon Père qui m'a envoyé ;

37 et mon Père qui m'a envoyé, a rendu lui-même témoignage de moi. Vous n'avez jamais entendu sa voix, ni rien vu qui le représentât ;

38 et sa parole ne demeure point en vous ; parce que vous ne croyez point à celui qu'il a envoyé.

39 Vous lisez avec soin les Écritures, parce que vous croyez y trouver la vie éternelle ; et ce sont elles qui rendent témoignage de moi.

40 Mais vous ne voulez pas venir à moi pour avoir la vie.

41 Je ne tire point ma gloire des hommes.

42 Mais je vous connais ; *et je sais* que vous n'avez point en vous l'amour de Dieu.

43 Je suis venu au nom de mon Père, et vous ne me recevez pas : si un autre vient en son propre nom, vous le recevrez.

44 Comment pouvez-vous croire, vous qui recherchez la gloire que vous vous donnez les uns aux autres, et qui ne recherchez point la gloire qui vient de Dieu seul ?

45 Ne pensez pas que ce soit moi qui doive vous accuser devant le Père : vous avez un accusateur, qui est Moïse, en qui vous espérez.

46 Car si vous croyiez Moïse, vous me croiriez aussi ; parce que c'est de moi qu'il a écrit.

47 Si vous ne croyez pas ce qu'il a écrit, comment croirez-vous ce que je vous dis ?

CHAPITRE VI.

JÉSUS s'en alla ensuite au delà de la mer de Galilée, qui est *le lac* de Tibériade ;

2 et une grande foule *de peuple* le suivait ; parce qu'ils voyaient les miracles qu'il faisait sur les malades.

3 Jésus monta donc sur une montagne, et s'y assit avec ses disciples.

4 Or le jour de Pâque, qui est la *grande* fête des Juifs, était proche.

5 Jésus ayant donc levé les yeux, et voyant qu'une grande foule *de peuple* venait à lui, dit à Philippe : D'où achèterons-nous des pains pour donner à manger à tout ce monde ?

6 Mais il disait cela pour le tenter : car il savait bien ce qu'il devait faire.

7 Philippe lui répondit : Quand on aurait pour deux cents deniers de pain, cela ne suffirait pas pour en donner à chacun tant soit peu.

8 Un de ses disciples, qui était André, frère de Simon-Pierre, lui dit :

9 Il y a ici un petit garçon qui a cinq pains d'orge et deux poissons ; mais qu'est-ce que cela pour tant de gens ?

10 Jésus lui dit donc : Faites-les asseoir. Or il y avait beaucoup d'herbe dans ce lieu-là ; et environ cinq mille hommes s'y assirent.

11 Jésus prit donc les pains ; et ayant rendu grâces, il les distribua à ceux qui étaient assis ; et *il leur donna* de même des *deux* poissons autant qu'ils en voulurent.

12 Après qu'ils furent rassasiés, il dit à ses disciples : Ramassez les morceaux qui sont restés, afin que rien ne se perde.

13 Ils les ramassèrent donc, et emplirent douze paniers des morceaux qui étaient restés des cinq pains d'orge, après que tous en eurent mangé.

14 Et ces personnes ayant vu le miracle qu'avait fait Jésus, disaient : C'est là vraiment le prophète qui doit venir dans le monde.

15 Mais Jésus sachant qu'ils devaient venir l'enlever pour le faire roi, s'enfuit encore sur la montagne, lui seul.

16 Lorsque le soir fut venu, ses disciples descendirent au bord de la mer,

17 et étant montés sur une barque, ils s'avancèrent vers Capharnaüm, qui était au delà de la mer. Or il était déjà nuit, et Jésus n'était pas encore venu à eux.

18 Cependant la mer commençait à s'enfler, à cause d'un grand vent qui soufflait.

19 Et comme ils eurent fait environ vingt-cinq ou trente stades, ils virent Jésus qui marchait sur la mer, et qui était proche de leur barque : ce qui les remplit de frayeur.

20 Mais il leur dit : C'est moi ; ne craignez point.

21 Ils voulurent donc le prendre dans leur barque ; et la barque se trouva aussitôt au lieu où ils allaient.

22 Le lendemain le peuple, qui était demeuré de l'autre côté de la mer, remarqua qu'il n'y avait point eu là d'autre barque, et que Jésus n'y était point entré avec ses disciples, mais que les disciples seuls s'en étaient allés ;

23 et comme il était depuis arrivé d'autres barques de Tibériade près le lieu où le Seigneur, après avoir rendu grâces, les avait nourris de *cinq* pains ;

24 et qu'ils connurent enfin que Jésus n'était point là non plus que ses disciples, ils entrèrent dans ces barques, et vinrent à Capharnaüm chercher Jésus.

25 Et l'ayant trouvé au delà de la mer, ils lui dirent : Maître ! quand êtes-vous venu ici ?

26 Jésus leur répondit : En vérité, en vérité je vous le dis : vous me cherchez, non à cause des miracles que vous avez vus, mais parce que je vous ai donné du pain à manger, et que vous avez été rassasiés.

27 Travaillez pour avoir, non la nourriture qui périt, mais celle qui demeure pour la vie éternelle, et que le Fils de l'homme vous donnera ; parce que c'est en lui que Dieu le Père a imprimé son sceau *et* son caractère.

28 Ils lui dirent : Que ferons-nous pour faire des œuvres de Dieu ?

29 Jésus leur répondit : L'œuvre de Dieu est que vous croyiez en celui qu'il a envoyé.

30 Ils lui dirent : Quel miracle donc faites-vous, afin qu'en le voyant nous vous croyions ? Que faites-vous *d'extraordinaire ?*

31 Nos pères ont mangé la manne dans le désert, selon ce qui est écrit : Il leur a donné à manger le pain du ciel.

32 Jésus leur répondit : En vérité, en vérité je vous le dis : Moïse ne vous a point donné le pain du ciel ; mais c'est mon Père qui vous donne le véritable pain du ciel.

33 Car le pain de Dieu est celui qui est descendu du ciel, et qui donne la vie au monde.

34 Ils lui dirent donc : Seigneur ! donnez-nous toujours ce pain.

35 Jésus leur répondit : Je suis le pain de vie : celui qui vient à moi, n'aura point faim ; et celui qui croit en moi, n'aura jamais soif.

36 Mais je vous l'ai déjà dit : vous m'avez vu, et vous ne croyez point.

37 Tous ceux que mon Père m'a donnés, viendront à moi ; et je ne jetterai point dehors celui qui vient à moi :

38 car je suis descendu du ciel, non pour faire ma volonté, mais pour faire la volonté de celui qui m'a envoyé.

39 Or la volonté de mon Père qui m'a envoyé, est que je ne perde aucun de tous ceux qu'il m'a donnés, mais que je les ressuscite tous au dernier jour.

40 La volonté de mon Père qui m'a envoyé, est que quiconque voit le Fils, et croit en lui, ait la vie éternelle ; et je le ressusciterai au dernier jour.

41 Les Juifs se mirent donc à murmurer contre lui, parce qu'il avait dit : Je suis le pain vivant, qui suis descendu du ciel.

42 Et ils disaient : N'est-ce pas là Jésus, fils de Joseph, dont nous connaissons le père et la mère ? Comment donc dit-il qu'il est descendu du ciel ?

43 Mais Jésus leur répondit : Ne murmurez point entre vous.

44 Personne ne peut venir à moi, si mon Père qui m'a envoyé, ne l'attire ; et je le ressusciterai au dernier jour.

45 Il est écrit dans les Prophètes : Ils seront tous enseignés de Dieu. Tous ceux donc qui ont entendu la *voix* du Père, et ont été enseignés *de lui*, viennent à moi.

46 Ce n'est pas qu'aucun homme ait vu le Père, si ce n'est celui qui est *né* de Dieu : *car c'est* celui-là *qui* a vu le Père.

47 En vérité, en vérité je vous le dis : celui qui croit en moi, a la vie éternelle.

48 Je suis le pain de vie.

49 Vos pères ont mangé la manne dans le désert, et ils sont morts.

50 Mais voici le pain qui est descendu du ciel, afin que celui qui en mange, ne meure point.

51 Je suis le pain vivant, qui suis descendu du ciel.

52 Si quelqu'un mange de ce pain, il vivra éternellement ; et le pain que je donnerai, c'est ma chair *que je dois donner* pour la vie du monde.

53 Les Juifs disputaient donc entre eux, en disant : Comment celui-ci peut-il nous donner sa chair à manger ?

54 Et Jésus leur dit : En vérité, en vérité je vous le dis : si vous ne mangez la chair du Fils de l'homme, et ne buvez son sang, vous n'aurez point la vie en vous.

55 Celui qui mange ma chair, et boit mon sang, a la vie éternelle, et je le ressusciterai au dernier jour :

56 car ma chair est véritablement une nourriture, et mon sang est véritablement un breuvage.

57 Celui qui mange ma chair, et qui boit mon sang, demeure en moi, et je *demeure* en lui.

58 Comme mon Père qui m'a envoyé est vivant, et que je vis par mon Père ; de même celui qui me mange, vivra aussi par moi.

59 C'est ici le pain qui est descendu du ciel. Ce n'est pas comme la manne que vos pères ont mangée, et qui ne les a pas empêchés de mourir. Celui qui mange ce pain, vivra éternellement.

60 Ce fut en enseignant dans la synagogue de Capharnaüm, que *Jésus* dit ces choses.

61 Plusieurs donc de ses disciples l'ayant entendu, dirent : Ces paroles sont bien dures, et qui peut les écouter ?

62 Mais Jésus connaissant en lui-même que ses disciples murmuraient sur ce sujet, leur dit : Cela vous scandalise-t-il ?

63 *Que sera-ce* donc, si vous voyez le Fils de l'homme monter où il était auparavant ?

64 C'est l'esprit qui vivifie ; la chair ne sert de rien : les paroles que je vous dis sont esprit et vie.

65 Mais il y en a quelques-uns d'entre vous qui ne croient pas. Car Jésus savait dès le commencement qui étaient ceux qui ne croyaient point, et qui serait celui qui le trahirait.

66 Et il leur disait : C'est pour cela que je vous ai dit que personne ne peut venir à moi, s'il ne lui est donné par mon Père.

67 Dès lors plusieurs de ses disciples se retirèrent de sa suite, et ils n'allaient plus avec lui.

68 Et Jésus sur cela dit aux douze *apôtres* : Et vous, ne voulez-vous point aussi me quitter ?

69 Simon-Pierre lui répondit : À qui irions-nous, Seigneur ? Vous avez les paroles de la vie éternelle.

70 Nous croyons, et nous savons que vous êtes le Christ, le Fils de Dieu.

71 Jésus leur répondit : Ne vous ai-je pas choisis au nombre de douze ? et néanmoins un de vous est un démon.

72 Ce qu'il disait de Judas Iscariote, *fils* de Simon : car c'était lui qui devait le trahir, quoiqu'il fût l'un des douze.

CHAPITRE VII.

DEPUIS ce temps-là Jésus parcourait la Galilée, ne voulant pas aller en Judée, parce que les Juifs cherchaient à le faire mourir.

2 Mais la fête des Juifs, *appelée* des Tabernacles, étant proche,

3 ses frères lui dirent : Quittez ce lieu, et vous en allez en Judée, afin que vos disciples voient aussi les œuvres que vous faites.

4 Car personne n'agit en secret, lorsqu'il veut être *connu* dans le public : puisque vous faites ces choses, faites-vous connaître au monde.

5 Car ses frères ne croyaient pas en lui.

6 Jésus leur dit donc : Mon temps n'est pas encore venu ; mais pour le vôtre, il est toujours prêt.

7 Le monde ne saurait vous haïr : mais pour moi, il me hait ; parce que je rends témoignage contre lui, que ses œuvres sont mauvaises.

8 Allez, vous autres, à cette fête ; pour moi, je n'y vais pas *encore*, parce que mon temps n'est pas encore accompli.

9 Ayant dit ces choses, il demeura en Galilée.

10 Mais lorsque ses frères furent partis, il alla aussi lui-même à la fête, non pas publiquement, mais comme s'il eût voulu se cacher.

11 Les Juifs donc le cherchaient pendant cette fête, et ils disaient : Où est-il ?

12 Et on faisait plusieurs discours de lui en secret parmi le peuple : car les uns disaient : C'est un homme de bien. Les autres disaient : Non, mais il séduit le peuple.

13 Personne néanmoins n'osait en parler avec liberté, par la crainte qu'on avait des Juifs.

14 Or, vers le milieu de la fête, Jésus monta au temple, où il se mit à enseigner.

15 Et les Juifs en étant étonnés, ils disaient : Comment cet homme sait-il les *saintes* lettres, lui qui n'a point étudié ?

16 Jésus leur répondit : Ma doctrine n'est pas ma doctrine ; mais c'est la doctrine de celui qui m'a envoyé.

17 Si quelqu'un veut faire la volonté de Dieu, il reconnaîtra si ma doctrine est de lui, ou si je parle de moi-même.

18 Celui qui parle de son propre mouvement, cherche sa propre gloire ; mais celui qui cherche la gloire de celui qui l'a envoyé, est véridique, et il n'y a point en lui d'injustice.

19 Moïse ne vous a-t-il pas donné la loi ? Et néanmoins nul de vous n'accomplit la loi.

20 Pourquoi cherchez-vous à me faire mourir ? Le peuple lui répondit : Vous êtes possédé du démon. Qui est-ce qui cherche à vous faire mourir ?

21 Jésus leur répondit : J'ai fait une œuvre *le jour du sabbat*, et vous en êtes tous surpris.

22 Cependant Moïse vous ayant donné *la loi de* la circoncision (quoiqu'elle vienne des patriarches, et non de Moïse), *pour obéir à cette loi* vous donnez la circoncision le jour même du sabbat.

23 Si un homme peut recevoir la circoncision le jour du sabbat, pour ne pas violer la loi de Moïse ; pourquoi vous mettez-vous en colère contre moi, parce que j'ai guéri un homme dans tout son corps au jour du sabbat ?

24 Ne jugez pas selon l'apparence ; mais jugez selon la justice.

25 Alors quelques personnes de Jérusalem commencèrent à dire : N'est-ce pas là celui qu'ils cherchent pour le faire mourir ?

26 Et néanmoins le voilà qui parle devant tout le monde, sans qu'ils lui disent rien. Est-ce donc qu'en effet les sénateurs ont reconnu qu'il est *véritablement* le Christ ?

27 Mais nous savons cependant d'où est celui-ci ; au lieu que quand le Christ viendra, personne ne saura d'où il est.

28 Jésus cependant continuait à les instruire, et disait à haute voix dans le temple : Vous me connaissez, et vous savez d'où je suis : et je ne suis pas venu de moi-même ; mais celui qui m'a envoyé est véritable, et vous ne le connaissez point.

29 Pour moi, je le connais ; parce que je suis *né* de lui, et qu'il m'a envoyé.

30 Ils cherchaient donc les moyens de le prendre ; et *néanmoins* personne ne mit la main sur lui, parce que son heure n'était pas encore venue.

31 Mais plusieurs du peuple crurent en lui, et disaient *entre eux* : Quand le Christ viendra, fera-t-il plus de miracles que n'en fait celui-ci ?

32 Les pharisiens entendirent ces discours que le peuple faisait de lui ; et les princes *des prêtres*, avec eux, envoyèrent des archers pour le prendre.

33 Jésus leur dit donc : Je suis encore avec vous *pour* un peu de temps, et je vais *ensuite* vers celui qui m'a envoyé.

34 Vous me chercherez, et vous ne me trouverez point ; et vous ne pouvez venir où je serai.

35 Les Juifs dirent donc entre eux : Où est-ce qu'il s'en ira, que nous ne pourrons le trouver ? Ira-t-il vers les gentils qui sont dispersés par tout le monde ? et instruira-t-il les gentils ?

36 Que signifie cette parole qu'il vient de dire : Vous me chercherez, et vous ne me trouverez point ; et vous ne pouvez venir où je serai ?

37 Le dernier jour de la fête, qui était un jour solennel, Jésus se tenant debout disait à haute voix : Si quelqu'un a soif, qu'il vienne à moi, et qu'il boive.

38 Si quelqu'un croit en moi, il sortira des fleuves d'eau vive de son cœur, comme dit l'Écriture.

39 Ce qu'il entendait de l'Esprit que devaient recevoir ceux qui croiraient en lui : car le *Saint*-Esprit n'avait pas encore été donné, parce que Jésus n'était pas encore glorifié.

40 Cependant *plusieurs* d'entre le peuple écoutant ces paroles, disaient : Cet homme est assurément un prophète.

41 D'autres disaient : C'est le Christ. Mais quelques autres disaient : Le Christ viendra-t-il de Galilée ?

42 L'Écriture ne dit-elle pas, que le Christ viendra de la race de David, et de la petite ville de Bethléhem, d'où était David ?

43 Le peuple était ainsi divisé sur son sujet ;

44 et quelques-uns d'entre eux avaient envie de le prendre ; mais néanmoins personne ne mit la main sur lui.

45 Les archers retournèrent donc vers les princes des prêtres et les pharisiens, qui leur dirent : Pourquoi ne l'avez-vous pas amené ?

46 Les archers leur répondirent : Jamais homme n'a parlé comme cet homme-là.

47 Les pharisiens leur répliquèrent : Êtes-vous donc aussi vous-mêmes séduits ?

48 Y a-t-il quelqu'un des sénateurs, ou des pharisiens, qui ait cru en lui ?

49 Car pour cette populace qui ne sait ce que c'est que la loi, ce sont des gens maudits *de Dieu*.

50 Sur cela Nicodème, l'un d'entre eux, et le même qui était venu trouver Jésus la nuit, leur dit :

51 Notre loi permet-elle de condamner personne sans l'avoir auparavant entendu, et sans s'être informé de ses actions ?

52 Ils lui répondirent : Est-ce que vous êtes aussi Galiléen ? Lisez avec soin les Écritures, et apprenez qu'il ne sort point de prophète de Galilée.

53 Et chacun s'en retourna en sa maison.

CHAPITRE VIII.

POUR Jésus, il s'en alla sur la montagne des Oliviers.

2 Mais dès la pointe du jour il retourna au temple, où tout le peuple s'amassa autour de lui ; et s'étant assis, il commença à les instruire.

3 Alors les scribes et les pharisiens *lui* amenèrent une femme qui avait été surprise en adultère ; et la faisant tenir debout au milieu *du peuple*,

4 ils dirent à Jésus : Maître ! cette femme vient d'être surprise en adultère.

5 Or Moïse nous a ordonné dans la loi, de lapider les adultères. Quel est donc sur cela votre sentiment ?

6 Ils disaient ceci en le tentant, afin d'avoir de quoi l'accuser. Mais Jésus se baissant, écrivait avec son doigt sur la terre.

7 Comme donc ils continuaient à l'interroger, il se leva, et leur dit : Que celui d'entre vous qui est sans péché, lui jette le premier la pierre.

8 Puis se baissant de nouveau, il continua d'écrire sur la terre.

9 Mais pour eux, l'ayant entendu parler de la sorte, ils se retirèrent l'un après l'autre, les vieillards sortant les premiers : et ainsi Jésus demeura seul avec la femme, qui était au milieu *de la place.*

10 Alors Jésus se relevant, lui dit : Femme, où sont vos accusateurs ? Personne ne vous a-t-il condamnée ?

11 Elle lui dit : Non, Seigneur ! Jésus lui répondit : Je ne vous condamnerai pas non plus. Allez-vous-en, et à l'avenir ne péchez plus.

12 Jésus parlant de nouveau au peuple, leur dit : Je suis la lumière du monde : celui qui me suit, ne marche point dans les ténèbres ; mais il aura la lumière de la vie.

13 Les pharisiens lui dirent donc : Vous vous rendez témoignage à vous-même ; *et ainsi* votre témoignage n'est pas véritable.

14 Jésus leur répondit : Quoique je me rende témoignage à moi-même, mon témoignage est véritable ; parce que je sais d'où je viens, et où je vais : mais pour vous, vous ne savez d'où je viens, ni où je vais.

15 Vous jugez selon la chair : mais pour moi, je ne juge personne :

16 et si je jugeais, mon jugement serait véritable ; parce que je ne suis pas seul, mais moi et mon Père qui m'a envoyé.

17 Il est écrit dans votre loi, que le témoignage de deux hommes est véritable.

18 Or je me rends témoignage à moi-même ; et mon Père qui m'a envoyé, me rend aussi témoignage.

19 Ils lui disaient donc : Où est-il votre Père ? Jésus leur répondit : Vous ne connaissez ni moi ni mon Père ; si vous me connaissiez, vous connaîtriez aussi mon Père.

20 Jésus dit ces choses enseignant dans le temple, au lieu où était le trésor ; et personne ne se saisit de lui, parce que son heure n'était pas encore venue.

21 Jésus leur dit encore : Je m'en vais, et vous me chercherez, et vous mourrez dans votre péché. Vous ne pouvez venir où je vais.

22 Les Juifs disaient donc : Veut-il dire qu'il se tuera lui-même, lorsqu'il dit : Vous ne pouvez venir où je vais ?

23 Et il leur dit : Pour vous, vous êtes d'ici-bas ; mais pour moi, je suis d'en haut. Vous êtes de ce monde ; et moi, je ne suis pas de ce monde.

24 Je vous ai donc dit que vous mourrez dans vos péchés ; parce qu'en effet, si vous ne *me* croyez *ce* que je suis, vous mourrez dans votre péché.

25 Ils lui dirent : Qui êtes-vous *donc* ? Jésus leur répondit : *Je suis* le principe *de toutes choses*, moi-même qui vous parle.

26 J'ai beaucoup de choses à dire de vous, et à condamner en vous : mais celui qui m'a envoyé est véritable ; et je ne dis dans le monde que ce que j'ai appris de lui.

27 Et ils ne comprirent point qu'il disait que Dieu était son Père.

28 Jésus leur dit donc : Quand vous aurez élevé en haut le Fils de l'homme, alors vous connaîtrez ce que je suis : car je ne fais rien de moi-même ; mais je *ne* dis *que* ce que mon Père m'a enseigné.

29 Et celui qui m'a envoyé, est avec moi, et ne m'a point laissé seul ; parce que je fais toujours ce qui lui est agréable.

30 Lorsqu'il disait ces choses, plusieurs crurent en lui.

31 Jésus dit donc aux Juifs qui croyaient en lui : Si vous demeurez dans *l'observation de* ma parole, vous serez véritablement mes disciples ;

32 et vous connaîtrez la vérité, et la vérité vous rendra libres.

33 Ils lui répondirent : Nous sommes de la race d'Abraham, et nous n'avons jamais été esclaves de personne ; comment *donc* dites-vous que nous serons rendus libres ?

34 Jésus leur répondit : En vérité, en vérité je vous dis, que quiconque commet le péché, est esclave du péché.

35 Or l'esclave ne demeure pas toujours en la maison ; mais le fils y demeure toujours.

36 Si donc le Fils vous met en liberté, vous serez véritablement libres.

37 Je sais que vous êtes enfants d'Abraham : mais vous voulez me faire mourir, parce que ma parole ne trouve point d'entrée en vous.

38 Pour moi, je dis ce que j'ai vu dans mon Père ; et vous, vous faites ce que vous avez vu dans votre père.

39 Ils lui répondirent : C'est Abraham qui est notre père. Jésus leur dit : Si vous êtes enfants d'Abraham, faites donc les œuvres d'Abraham.

40 Mais maintenant vous cherchez à me faire mourir, moi qui vous ai dit la vérité que j'ai apprise de Dieu : c'est ce qu'Abraham n'a point fait.

41 Vous faites les œuvres de votre père. Ils lui dirent : Nous ne sommes pas des enfants bâtards : nous n'avons tous qu'un Père qui est Dieu.

42 Jésus leur dit donc : Si Dieu était votre Père, vous m'aimeriez, parce que *c'est* de Dieu *que* je suis sorti, et *c'est de sa part que* je suis venu : car je ne suis pas venu de moi-même, mais c'est lui qui m'a envoyé.

43 Pourquoi ne connaissez-vous point mon langage ? C'est que vous ne pouvez écouter ma parole.

44 Vous êtes les enfants du diable, et vous voulez accomplir les désirs de votre père. Il a été homicide dès le commencement, et il n'est point demeuré dans la vérité, parce que la vérité n'est point en lui. Lorsqu'il dit des mensonges, il dit ce qu'il trouve dans lui-même : car il est menteur, et père du mensonge.

45 Mais pour moi, lorsque je dis la vérité, vous ne me croyez pas.

46 Qui de vous me convaincra d'aucun péché ? Si je vous dis la vérité, pourquoi ne me croyez-vous pas ?

47 Celui qui est de Dieu, écoute les paroles de Dieu. C'est pour cela que vous ne les écoutez point, parce que vous n'êtes point de Dieu.

48 Les Juifs lui répondirent donc : N'avons-nous pas raison de dire que vous êtes un Samaritain, et que vous êtes possédé du démon ?

49 Jésus leur repartit : Je ne suis point possédé du démon : mais j'honore mon Père ; et vous, vous me déshonorez.

50 Pour moi, je ne recherche point ma propre gloire : un autre *la* recherchera, et *me* fera justice.

51 En vérité, en vérité je vous le dis : si quelqu'un garde ma parole, il ne mourra jamais.

52 Les Juifs lui dirent : Nous connaissons bien maintenant que vous êtes possédé du démon : Abraham est mort, et les prophètes aussi ; et vous dites : Si quelqu'un garde ma parole, il ne mourra jamais.

53 Êtes-vous plus grand que notre père Abraham qui est mort, et *que* les prophètes *qui* sont morts aussi ? Qui prétendez-vous être ?

54 Jésus leur répondit : Si je me glorifie moi-même, ma gloire n'est rien. C'est mon Père qui me glorifie ; lui dont vous dites qu'il est votre Dieu,

55 tandis que vous ne le connaissez pas. Mais pour moi, je le connais ; et si je disais que je ne le connais pas, je serais un menteur comme vous. Mais je le connais, et je garde sa parole.

56 Abraham, votre père, a désiré avec ardeur de voir mon jour : il l'a vu, et il en a été rempli de joie.

57 Les Juifs lui dirent : Vous n'avez pas encore cinquante ans, et vous avez vu Abraham ?

58 Jésus leur répondit : En vérité, en vérité je vous le dis : je suis avant qu'Abraham fût.

59 Là-dessus ils prirent des pierres pour les lui jeter ; mais Jésus se cacha, et sortit du temple.

CHAPITRE IX.

LORSQUE Jésus passait, il vit un homme qui était aveugle dès sa naissance ;

2 et ses disciples lui firent cette demande : Maître ! est-ce le péché de cet homme, ou le péché de ceux qui l'ont mis au monde, qui est cause qu'il est né aveugle ?

3 Jésus leur répondit : Ce n'est point qu'il ait péché, ni ceux qui l'ont mis au monde ; mais c'est afin que les œuvres *de la puissance* de Dieu éclatent en lui.

4 Il faut que je fasse les œuvres de celui qui m'a envoyé, pendant qu'il est jour : la nuit vient, dans laquelle personne ne peut agir.

5 Tant que je suis dans le monde, je suis la lumière du monde.

6 Après avoir dit cela, il cracha à terre, et ayant fait de la boue avec sa salive, il oignit de cette boue les yeux de l'aveugle,

7 et lui dit : Allez vous laver dans la piscine de Siloé (qui signifie Envoyé). Il y alla donc, il s'y lava, et il en revint voyant clair.

8 Ses voisins, et ceux qui l'avaient vu auparavant demander l'aumône, disaient : N'est-ce pas là celui qui était assis, et qui demandait l'aumône ? Les uns répondaient : c'est lui.

9 D'autres disaient : Non, c'en est un qui lui ressemble. Mais il leur disait : c'est moi-même.

10 Ils lui dirent donc : Comment vos yeux se sont-ils ouverts ?

11 Il leur répondit : Cet homme qu'on appelle Jésus, a fait de la boue, et en a oint mes yeux, et il m'a dit : Allez à la piscine de Siloé, et vous y lavez. J'y ai été, je m'y suis lavé, et je vois.

12 Ils lui dirent : Où est-il ? Il leur répondit : Je ne sais.

13 Alors ils amenèrent aux pharisiens cet homme qui avait été aveugle.

14 Or c'était le jour du sabbat que Jésus avait fait cette boue, et lui avait ouvert les yeux.

15 Les pharisiens l'interrogèrent donc aussi eux-mêmes, *pour savoir* comment il avait recouvré la vue. Et il leur dit : Il m'a mis de la boue sur les yeux ; je me suis lavé, et je vois.

16 Sur quoi quelques-uns des pharisiens dirent : Cet homme n'est point *envoyé* de Dieu, puisqu'il ne garde point le sabbat. Mais d'autres disaient : Comment un méchant homme pourrait-il faire de tels prodiges ? Et il y avait sur cela de la division entre eux.

17 Ils dirent donc de nouveau à l'aveugle : Et toi, que dis-tu de cet homme qui t'a ouvert les yeux ? Il répondit : *Je dis* que c'est un prophète.

18 Mais les Juifs ne crurent point que cet homme eût été aveugle, et qu'il eût recouvré la vue, jusqu'à ce qu'ils eussent fait venir son père et sa mère,

19 qu'ils interrogèrent, en leur disant : Est-ce là votre fils que vous dites être né aveugle ? Comment donc voit-il maintenant ?

20 Le père et la mère leur répondirent : Nous savons que c'est là notre fils, et qu'il est né aveugle :

21 mais nous ne savons comment il voit maintenant, et nous ne savons pas non plus qui lui a ouvert les yeux. Interrogez-le, il a de l'âge ; qu'il réponde pour lui-même.

22 Son père et sa mère parlaient de la sorte parce qu'ils craignaient les Juifs : car les Juifs avaient déjà résolu ensemble, que quiconque reconnaîtrait Jésus pour être le Christ, serait chassé de la synagogue.

23 Ce fut ce qui obligea le père et la mère de répondre : Il a de l'âge, interrogez-le lui-même.

24 Ils appelèrent donc une seconde fois cet homme qui avait été aveugle, et lui dirent : Rends gloire à Dieu ; nous savons que cet homme est un pécheur.

25 Il leur répondit : Si c'est un pécheur, je n'en sais rien : tout ce que je sais, c'est que j'étais aveugle, et que je vois maintenant.

26 Ils lui dirent encore : Que t'a-t-il fait ? et comment t'a-t-il ouvert les yeux ?

27 Il leur répondit : Je vous l'ai déjà dit, et vous l'avez entendu : pourquoi voulez-vous l'entendre encore une fois ? Est-ce que vous voulez devenir aussi ses disciples ?

28 Sur quoi ils le chargèrent d'injures, et lui dirent : Sois toi-même son disciple ; pour nous, nous sommes disciples de Moïse.

29 Nous savons que Dieu a parlé à Moïse ; mais pour celui-ci, nous ne savons d'où il est.

30 Cet homme leur répondit : C'est ce qui est étonnant, que vous ne sachiez d'où il est, et qu'il m'ait ouvert les yeux.

31 Or nous savons que Dieu n'exauce point les pécheurs ; mais si quelqu'un l'honore, et qu'il fasse sa volonté, c'est celui-là qu'il exauce.

32 Depuis que le monde est, on n'a jamais entendu dire que personne ait ouvert les yeux à un aveugle-né.

33 Si cet homme n'était point *envoyé* de Dieu, il ne pourrait rien faire *de tout ce qu'il fait.*

34 Ils lui répondirent : Tu n'es que péché dès le ventre de ta mère, et tu veux nous enseigner ! Et ils le chassèrent.

35 Jésus apprit qu'ils l'avaient ainsi chassé ; et l'ayant rencontré, il lui dit : Croyez-vous au Fils de Dieu ?

36 Il lui répondit : Qui est-il, Seigneur ! afin que je croie en lui ?

37 Jésus lui dit : Vous l'avez vu, et c'est celui-là même qui vous parle.

38 Il lui répondit : Je crois, Seigneur ! Et se prosternant, il l'adora.

39 Et Jésus ajouta : Je suis venu dans ce monde pour exercer un jugement, afin que ceux qui ne voient point voient, et que ceux qui voient deviennent aveugles.

40 Quelques pharisiens qui étaient avec lui, entendirent ces paroles, et lui dirent : Sommes-nous donc aussi des aveugles ?

41 Jésus leur répondit : Si vous étiez aveugles, vous n'auriez point de péché : mais maintenant vous dites que vous voyez ; *et c'est pour cela que* votre péché demeure *en vous.*

CHAPITRE X.

EN vérité, en vérité je vous le dis : celui qui n'entre pas par la porte dans la bergerie des brebis, mais qui y monte par un autre endroit, est un voleur et un larron.

2 Mais celui qui entre par la porte, est le pasteur des brebis.

3 C'est à celui-là que le portier ouvre, et les brebis entendent sa voix ; il appelle ses propres brebis par leur nom, et il les fait sortir.

4 Et lorsqu'il a fait sortir ses propres brebis, il va devant elles, et les brebis le suivent, parce qu'elles connaissent sa voix.

5 Elles ne suivent point un étranger : mais elles le fuient, parce qu'elles ne connaissent point la voix des étrangers.

6 Jésus leur dit cette parabole ; mais ils n'entendirent point de quoi il leur parlait.

7 Jésus leur dit donc encore : En vérité, en vérité je vous le dis : je suis la porte des brebis.

8 Tous ceux qui sont venus sont des voleurs et des larrons ; et les brebis ne les ont point écoutés.

9 Je suis la porte. Si quelqu'un entre par moi, il sera sauvé : il entrera, il sortira, et il trouvera des pâturages.

10 Le voleur ne vient que pour voler, pour égorger et pour perdre : pour moi, je suis venu afin que *les brebis* aient la vie, et qu'elles l'aient abondamment.

11 Je suis le bon Pasteur. Le bon pasteur donne sa vie pour ses brebis.

12 Mais le mercenaire, et celui qui n'est point pasteur, et à qui les brebis n'appartiennent pas, voyant venir le loup, abandonne les brebis, et s'enfuit ; et le loup les ravit, et disperse le troupeau.

13 Le mercenaire s'enfuit, parce qu'il est mercenaire, et qu'il ne se met point en peine des brebis.

14 Pour moi, je suis le bon Pasteur : je connais mes brebis, et mes brebis me connaissent ;

15 comme mon Père me connaît, et que je connais mon Père ; et je donne ma vie pour mes brebis.

16 J'ai encore d'autres brebis qui ne sont pas de cette bergerie ; il faut aussi que je les amène. Elles écouteront ma voix ; et il n'y aura qu'un troupeau, et qu'un Pasteur.

17 C'est pour cela que mon Père m'aime, parce que je quitte ma vie pour la reprendre.

18 Personne ne me la ravit ; mais c'est moi qui la quitte de moi-même : j'ai le pouvoir de la quitter, et j'ai le pouvoir de la reprendre. C'est le commandement que j'ai reçu de mon Père.

19 Ce discours excita une nouvelle division parmi les Juifs.

20 Plusieurs d'entre eux disaient : Il est possédé du démon, et il a perdu le sens ; pourquoi l'écoutez-vous ?

21 Mais les autres disaient : Ce ne sont pas là les paroles d'un homme possédé du démon : le démon peut-il ouvrir les yeux des aveugles ?

22 Or on faisait à Jérusalem la fête de la dédicace ; et c'était l'hiver.

23 Et Jésus se promenant dans le temple, dans la galerie de Salomon,

24 les Juifs s'assemblèrent autour de lui, et lui dirent : Jusques à quand nous tiendrez-vous l'esprit en suspens ? Si vous êtes le Christ, dites-le-nous clairement.

25 Jésus leur répondit : Je vous parle, et vous ne *me* croyez pas. Les œuvres que je fais au nom de mon Père, rendent témoignage de moi :

26 mais pour vous, vous ne croyez pas, parce que vous n'êtes pas de mes brebis.

27 Mes brebis entendent ma voix ; je les connais, et elles me suivent :

28 je leur donne la vie éternelle, et elles ne périront jamais ; et nul ne les ravira d'entre mes mains.

29 Ce que mon Père m'a donné, est plus grand que toutes choses ; et personne ne peut *le* ravir de la main de mon Père.

30 Mon Père et moi, nous sommes une même chose.

31 Alors les Juifs prirent des pierres pour le lapider.

32 Et Jésus leur dit : J'ai fait devant vous plusieurs bonnes œuvres par *la puissance de* mon Père, pour laquelle est-ce que vous me lapidez ?

33 Les Juifs lui répondirent : Ce n'est pas pour aucune bonne œuvre que nous vous lapidons ; mais à cause de votre blasphème, et parce qu'étant homme, vous vous faites Dieu.

34 Jésus leur repartit : N'est-il pas écrit dans votre loi : J'ai dit que vous êtes des dieux ?

35 Si donc elle appelle dieux ceux à qui la parole de Dieu était adressée, et que l'Écriture ne puisse être détruite ;

36 pourquoi dites-vous que je blasphème, moi que mon Père a sanctifié et envoyé dans le monde, parce que j'ai dit que je suis Fils de Dieu ?

37 Si je ne fais pas les œuvres de mon Père, ne me croyez pas.

38 Mais si je les fais, quand vous ne voudriez pas me croire, croyez à *mes* œuvres ; afin que vous connaissiez, et que vous croyiez que *mon* Père est en moi, et moi dans *mon* Père.

39 Les Juifs alors tâchèrent de le prendre ; mais il s'échappa de leurs mains,

40 et s'en alla de nouveau au delà du Jourdain, au même lieu où Jean avait d'abord baptisé ; et il demeura là.

41 Plusieurs vinrent l'y trouver, et ils disaient : Jean n'a fait aucun miracle ;

42 mais tout ce que Jean a dit de celui-ci était vrai. Et il y en eut beaucoup qui crurent en lui.

CHAPITRE XI.

IL y avait un homme malade, nommé Lazare, qui était du bourg de Béthanie, où demeuraient Marie, et Marthe, sa sœur.

2 Cette Marie était celle qui répandit sur le Seigneur une huile de parfum, et qui lui essuya les pieds avec ses cheveux ; et Lazare, qui était alors malade, était son frère.

3 Ses sœurs envoyèrent donc dire à Jésus : Seigneur ! celui que vous aimez est malade.

4 Ce que Jésus ayant entendu, il dit : Cette maladie ne va point à la mort ; mais *elle n'est que* pour la gloire de Dieu, *et* afin que le Fils de Dieu en soit glorifié.

5 Or Jésus aimait Marthe, et Marie, sa sœur, et Lazare.

6 Ayant donc entendu dire qu'il était malade, il demeura encore deux jours au lieu où il était ;

7 et il dit ensuite à ses disciples : Retournons en Judée.

8 Ses disciples lui dirent : Maître ! il n'y a qu'un moment que les Juifs voulaient vous lapider, et vous parlez déjà de retourner parmi eux ?

9 Jésus leur répondit : N'y a-t-il pas douze heures au jour ? Celui qui marche durant le jour, ne se heurte point, parce qu'il voit la lumière de ce monde ;

10 mais celui qui marche la nuit, se heurte, parce qu'il n'a point de lumière.

11 Il leur parla de la sorte, et ensuite il leur dit : Notre ami Lazare dort ; mais je m'en vais le réveiller.

12 Ses disciples lui répondirent : Seigneur ! s'il dort, il sera guéri.

13 Mais Jésus entendait parler de sa mort ; au lieu qu'ils crurent qu'il leur parlait du sommeil ordinaire.

14 Jésus leur dit donc alors clairement : Lazare est mort ;

15 et je me réjouis pour vous de ce que je n'étais pas là, afin que vous croyiez. Mais allons à lui.

16 Sur quoi Thomas, appelé Didyme, dit aux autres disciples : Allons aussi nous autres, afin de mourir avec lui.

17 Jésus étant arrivé, trouva qu'il y avait déjà quatre jours que Lazare était dans le tombeau.

18 Et comme Béthanie n'était éloignée de Jérusalem que d'environ quinze stades,

19 il y avait quantité de Juifs qui étaient venus voir Marthe et Marie, pour les consoler *de la mort* de leur frère.

20 Marthe ayant donc appris que Jésus venait, alla au-devant de lui, et Marie demeura dans la maison.

21 Alors Marthe dit à Jésus : Seigneur ! si vous eussiez été ici, mon frère ne serait pas mort :

22 mais je sais que présentement même Dieu vous accordera tout ce que vous lui demanderez.

23 Jésus lui répondit : Votre frère ressuscitera.

24 Marthe lui dit : Je sais qu'il ressuscitera en la résurrection *qui se fera* au dernier jour.

25 Jésus lui repartit : Je suis la résurrection et la vie : celui qui croit en moi, quand il serait mort, vivra.

26 Et quiconque vit et croit en moi, ne mourra point à jamais. Croyez-vous cela ?

27 Elle lui répondit : Oui, Seigneur ! je crois que vous êtes le Christ, le Fils du Dieu vivant, qui êtes venu dans ce monde.

28 Lorsqu'elle eut ainsi parlé, elle s'en alla, et appela secrètement Marie, sa sœur, en lui disant : Le Maître est venu, et il vous demande.

29 Ce qu'elle n'eut pas plutôt entendu, qu'elle se leva, et vint le trouver.

30 Car Jésus n'était pas encore entré dans le bourg ; mais il était au même lieu où Marthe l'avait rencontré.

31 Cependant les Juifs qui étaient avec Marie dans la maison, et qui la consolaient, ayant vu qu'elle s'était levée si promptement, et qu'elle était sortie, la suivirent, en disant : Elle s'en va au sépulcre, pour y pleurer.

32 Lorsque Marie fut venue au lieu où était Jésus, l'ayant vu, elle se jeta à ses pieds, et lui dit : Seigneur ! si vous eussiez été ici, mon frère ne serait pas mort.

33 Jésus voyant qu'elle pleurait, et que les Juifs qui étaient venus avec elle pleuraient aussi, frémit en *son* esprit, et se troubla lui-même ;

34 et il *leur* dit : Où l'avez-vous mis ? Ils lui répondirent : Seigneur ! venez et voyez.

35 Alors Jésus pleura.

36 Et les Juifs dirent entre eux : Voyez comme il l'aimait.

37 Mais il y en eut *aussi* quelques-uns qui dirent : Ne pouvait-il pas empêcher qu'il ne mourût, lui qui a ouvert les yeux à un aveugle-né ?

38 Jésus frémissant donc de nouveau en lui-même, vint au sépulcre (c'était une grotte, et on avait mis une pierre par-dessus).

39 Jésus leur dit : Ôtez la pierre. Marthe, qui était sœur du mort, lui dit : Seigneur ! il sent déjà mauvais : car il y a quatre jours qu'il est là.

40 Jésus lui répondit : Ne vous ai-je pas dit, que si vous croyez, vous verrez la gloire de Dieu ?

41 Ils ôtèrent donc la pierre ; et Jésus levant les yeux en haut, dit ces paroles : *Mon* Père ! je vous rends grâces de ce que vous m'avez exaucé.

42 Pour moi, je savais que vous m'exaucez toujours ; mais je dis ceci pour ce peuple qui m'environne, afin qu'ils croient que c'est vous qui m'avez envoyé.

43 Ayant dit ces mots, il cria d'une voix forte : Lazare, sortez dehors.

44 Et à l'heure même le mort sortit, ayant les pieds et les mains liés de bandes, et le visage enveloppé d'un linge. Alors Jésus leur dit : Déliez-le, et le laissez aller.

45 Plusieurs donc d'entre les Juifs, qui étaient venus voir Marie et Marthe, et qui avaient vu ce que Jésus avait fait, crurent en lui.

46 Mais quelques-uns d'eux s'en allèrent trouver les pharisiens, et leur rapportèrent ce que Jésus avait fait.

47 Les princes des prêtres et les pharisiens tinrent donc conseil ensemble, et dirent : Que faisons-nous ? Cet homme fait plusieurs miracles.

48 si nous le laissons faire, tous croiront en lui ; et les Romains viendront, et ruineront notre ville et notre nation.

49 Mais l'un d'eux, nommé Caïphe, qui était le grand prêtre de cette année-là, leur dit : Vous n'y entendez rien ;

50 et vous ne considérez pas qu'il vous est avantageux qu'un seul homme meure pour le peuple, et que toute la nation ne périsse point.

51 Or il ne disait pas ceci de lui-même : mais étant grand prêtre cette année-là, il prophétisa que Jésus devait mourir pour la nation *des Juifs* ;

52 et non-seulement pour cette nation, mais aussi pour rassembler et réunir les enfants de Dieu, qui étaient dispersés.

53 Ils ne pensèrent donc plus depuis ce jour-là, qu'à *trouver le moyen de* le faire mourir.

54 C'est pourquoi Jésus ne se montrait plus en public parmi les Juifs ; mais il se retira dans une contrée près du désert, en une ville nommée Éphrem, où il se tint avec ses disciples.

55 Or la pâque des Juifs était proche ; et plusieurs de ce quartier-là étant allés à Jérusalem avant la pâque pour se purifier,

56 ils cherchaient Jésus, et se disaient dans le temple les uns aux autres : Que pensez-vous de ce qu'il n'est point venu à ce jour de fête ? Mais les princes des prêtres et les pharisiens avaient donné ordre, que si quelqu'un savait où il était, il le découvrît, afin qu'ils le fissent prendre.

CHAPITRE XII.

SIX jours avant la pâque, Jésus vint à Béthanie, où était mort Lazare qu'il avait ressuscité.

2 On lui apprêta là à souper : Marthe servait, et Lazare était un de ceux qui étaient à table avec lui.

3 Mais Marie ayant pris une livre d'huile de parfum de vrai nard, qui était de grand prix, elle le répandit sur les pieds de Jésus, et les essuya avec ses cheveux ; et toute la maison fut remplie de l'odeur de ce parfum.

4 Alors l'un de ses disciples, *savoir,* Judas Iscariote, qui devait le trahir, dit :

5 Pourquoi n'a-t-on pas vendu ce parfum trois cents deniers, qu'on aurait donnés aux pauvres ?

6 Il disait ceci, non qu'il se souciât des pauvres, mais parce qu'il était larron, et qu'ayant la bourse, il portait l'argent qu'on y mettait.

7 Mais Jésus dit : Laissez-la faire, parce qu'elle a gardé ce *parfum* pour le jour de ma sépulture.

8 Car vous avez toujours des pauvres parmi vous ; mais pour moi, vous ne m'aurez pas toujours.

9 Une grande multitude de Juifs ayant su qu'il était là, y vinrent, non-seulement pour Jésus, mais aussi pour voir Lazare, qu'il avait ressuscité d'entre les morts.

10 Mais les princes des prêtres délibérèrent de faire mourir aussi Lazare ;

11 parce que beaucoup de Juifs se retiraient d'avec eux à cause de lui, et croyaient en Jésus.

12 Le lendemain une grande quantité de peuple qui était venu pour la fête, ayant appris que Jésus venait à Jérusalem,

13 ils prirent des branches de palmier, et allèrent au-devant de lui, en criant : Hosanna, *salut et gloire !* Béni soit le Roi d'Israël qui vient au nom du Seigneur !

14 Et Jésus ayant trouvé un ânon, monta dessus, selon qu'il est écrit :

15 Ne craignez point, fille de Sion : voici votre Roi qui vient monté sur le poulain d'une ânesse.

16 Les disciples ne firent point d'abord attention à cela ; mais quand Jésus fut entré dans sa gloire, ils se souvinrent alors que ces choses avaient été écrites de lui, et que ce qu'ils avaient fait à son égard, en était l'accomplissement.

17 Le grand nombre de ceux qui s'étaient trouvés avec lui lorsqu'il avait appelé Lazare du tombeau, et l'avait ressuscité d'entre les morts, *lui* rendait témoignage.

18 Et ce fut aussi ce qui fit sortir tant de peuple pour aller au-devant de lui, parce qu'ils avaient entendu dire qu'il avait fait ce miracle.

19 Les pharisiens dirent donc entre eux : Vous voyez que nous ne gagnons rien : voilà tout le monde qui court après lui.

20 Or il y eut quelques gentils de ceux qui étaient venus pour adorer au jour de la fête,

21 qui s'adressèrent à Philippe, qui était de Bethsaïde en Galilée, et lui firent cette prière : Seigneur, nous voudrions bien voir Jésus.

22 Philippe vint le dire à André, et André et Philippe le dirent ensemble à Jésus.

23 Jésus leur répondit : L'heure est venue où le Fils de l'homme doit être glorifié.

24 En vérité, en vérité je vous le dis : si le grain de froment ne meurt après qu'on l'a jeté en terre, il demeure seul ; mais quand il est mort, il porte beaucoup de fruit.

25 Celui qui aime sa vie, la perdra ; mais celui qui hait sa vie dans ce monde, la conserve pour la vie éternelle.

26 Si quelqu'un me sert, qu'il me suive : et où je serai, là sera aussi mon serviteur. si quelqu'un me sert, mon Père l'honorera.

27 Maintenant mon âme est troublée ; et que dirai-je ? *Mon* Père ! délivrez-moi de cette heure ; mais c'est pour cela que je suis venu en cette heure.

28 *Mon* Père ! glorifiez votre nom. Au même temps on entendit une voix du ciel, qui dit : Je l'ai déjà glorifié, et je le glorifierai encore.

29 Le peuple qui était là, et qui avait entendu *le son de cette voix,* disait que c'était un coup de tonnerre ; d'autres disaient : C'est un ange qui lui a parlé.

30 Jésus répondit : Ce n'est pas pour moi que cette voix s'est fait entendre, mais pour vous.

31 C'est maintenant que le monde va être jugé ; c'est maintenant que le prince de ce monde va être chassé dehors.

32 Et pour moi, quand j'aurai été élevé de la terre, j'attirerai tout à moi.

33 (Ce qu'il disait pour marquer de quelle mort il devait mourir.)

34 Le peuple lui répondit : Nous avons appris de la loi, que le Christ doit demeurer éternellement. Comment donc dites-vous

qu'il faut que le Fils de l'homme soit élevé *de la terre* ? Qui est ce Fils de l'homme ?

35 Jésus leur répondit : La lumière est encore avec vous pour un peu de temps : marchez pendant que vous avez la lumière, de peur que les ténèbres ne vous surprennent : celui qui marche dans les ténèbres, ne sait où il va.

36 Pendant que vous avez la lumière, croyez en la lumière, afin que vous soyez des enfants de lumière. Jésus parla de la sorte, et se retirant il se cacha d'eux.

37 Mais quoiqu'il eût fait tant de miracles devant eux, ils ne croyaient point en lui ;

38 afin que cette parole du prophète Isaïe fût accomplie : Seigneur ! qui a cru à la parole qu'il a entendue de nous ? et à qui le bras du Seigneur a-t-il été révélé ?

39 C'est pour cela qu'ils ne pouvaient croire, parce qu'Isaïe a dit encore :

40 Il a aveuglé leurs yeux, et il a endurci leur cœur : de peur qu'ils ne voient des yeux, et ne comprennent du cœur ; et qu'ils ne viennent à se convertir, et que je ne les guérisse.

41 Isaïe a dit ces choses, lorsqu'il a vu sa gloire, et qu'il a parlé de lui.

42 Plusieurs néanmoins des sénateurs mêmes crurent en lui ; mais à cause des pharisiens ils n'osaient le reconnaître publiquement, de crainte d'être chassés de la synagogue.

43 Car ils ont plus aimé la gloire des hommes, que la gloire de Dieu.

44 Or Jésus s'écria, et dit : Celui qui croit en moi, ne croit pas en moi, mais en celui qui m'a envoyé ;

45 et celui qui me voit, voit celui qui m'a envoyé.

46 Je suis venu dans le monde, moi qui suis la lumière, afin que tous ceux qui croient en moi, ne demeurent point dans les ténèbres.

47 Si quelqu'un entend mes paroles et ne les garde pas, je ne le juge point : car je ne suis pas venu pour juger le monde, mais pour sauver le monde.

48 Celui qui me méprise, et qui ne reçoit point mes paroles, a pour juge la parole même que j'ai annoncée ; ce sera elle qui le jugera au dernier jour.

49 Car je n'ai point parlé de moi-même ; mais mon Père qui m'a envoyé, est celui qui m'a prescrit par son commandement ce que je dois dire, et comment je dois parler ;

50 et je sais que son commandement est la vie éternelle. Ce que je dis donc, je le dis selon que mon Père me l'a ordonné.

CHAPITRE XIII.

AVANT la fête de Pâque, Jésus sachant que son heure était venue de passer de ce monde à son Père ; comme il avait aimé les siens qui étaient dans le monde, il les aima jusqu'à la fin.

2 Et après le souper, le diable ayant déjà mis dans le cœur de Judas Iscariote, *fils* de Simon, *le dessein* de le trahir ;

3 Jésus qui savait que *son* Père lui avait mis toutes choses entre les mains, qu'il était sorti de Dieu, et qu'il s'en retournait à Dieu,

4 se leva de table, quitta ses vêtements, et ayant pris un linge, il le mit autour de lui.

5 Puis ayant versé de l'eau dans un bassin, il commença à laver les pieds de ses disciples, et à les essuyer avec le linge qu'il avait autour de lui.

6 Il vint donc à Simon-Pierre, qui lui dit : Quoi, Seigneur ! vous me laveriez les pieds ?

7 Jésus lui répondit : Vous ne savez pas maintenant ce que je fais ; mais vous le saurez ensuite.

8 Pierre lui dit : Vous ne me laverez jamais les pieds. Jésus lui repartit : Si je ne vous lave, vous n'aurez point de part avec moi.

9 *Alors* Simon-Pierre lui dit : Seigneur ! non-seulement les pieds, mais aussi les mains et la tête.

10 Jésus lui dit : Celui qui a été déjà lavé, n'a plus besoin que de se laver les pieds, et il est pur dans tout *le reste* : et pour vous aussi, vous êtes purs, mais non pas tous.

11 Car il savait qui était celui qui devait le trahir ; et c'est pour cela qu'il dit : Vous n'êtes pas tous purs.

12 Après donc qu'il leur eut lavé les pieds, il reprit ses vêtements ; et s'étant remis à table, il leur dit : Savez-vous ce que je viens de vous faire ?

13 Vous m'appelez *votre* Maître et *votre* Seigneur : et vous avez raison ; car je le suis.

14 Si donc je vous ai lavé les pieds, moi qui suis *votre* Seigneur et *votre* Maître, vous devez aussi vous laver les pieds les uns aux autres :

15 car je vous ai donné l'exemple ; afin que ce que je vous ai fait, vous le fassiez aussi vous autres.

16 En vérité, en vérité je vous le dis : le serviteur n'est pas plus grand que son maître ; et l'envoyé n'est pas plus grand que celui qui l'a envoyé.

17 si vous savez ces choses, vous serez heureux pourvu que vous les pratiquiez.

18 Je ne dis pas ceci de vous tous : je sais qui sont ceux que j'ai choisis ; mais il *faut* que cette parole de l'Écriture soit accomplie : Celui qui mange du pain avec moi, lèvera le pied contre moi.

19 Je vous dis ceci dès maintenant, et avant qu'il arrive ; afin que lorsqu'il arrivera, vous me croyiez *ce* que je suis.

20 En vérité, en vérité je vous le dis : quiconque reçoit celui que j'aurai envoyé, me reçoit *moi-même* ; et qui me reçoit, reçoit celui qui m'a envoyé.

21 Jésus ayant dit ces choses, se troubla en *son* esprit, et parla ouvertement, en disant : En vérité, en vérité je vous le dis : un d'entre vous me trahira.

22 Les disciples se regardaient donc l'un l'autre, ne sachant de qui il parlait.

23 Mais l'un d'eux que Jésus aimait, étant couché sur le sein de Jésus,

24 Simon-Pierre lui fit signe de s'enquérir, qui était celui dont Jésus parlait.

25 Ce disciple se reposant donc sur le sein de Jésus, lui dit : Seigneur ! qui est-ce ?

26 Jésus lui répondit : C'est celui à qui je présenterai du pain que j'aurai trempé. Et ayant trempé du pain, il le donna à Judas Iscariote, *fils* de Simon.

27 Et quand il eut pris ce morceau, Satan entra en lui. Et Jésus lui dit : Faites au plus tôt ce que vous faites.

28 Mais nul de ceux qui étaient à table, ne comprit pourquoi il lui avait dit cela.

29 Car quelques-uns pensaient qu'à cause que Judas avait la bourse, Jésus avait voulu lui dire : Achetez-nous ce qui nous est nécessaire pour la fête ; ou qu'il lui donnait ses ordres pour distribuer quelque chose aux pauvres.

30 Judas ayant donc reçu ce morceau, sortit aussitôt ; et il était nuit.

31 Après qu'il fut sorti, Jésus dit : Maintenant le Fils de l'homme est glorifié, et Dieu est glorifié en lui.

32 Si Dieu est glorifié en lui, Dieu le glorifiera aussi en lui-même ; et c'est bientôt qu'il le glorifiera.

33 *Mes* petits enfants, je n'ai plus que peu de temps à être avec vous. Vous me chercherez ; et comme j'ai dit aux Juifs, qu'ils ne pouvaient venir où je vais, je vous le dis aussi à vous-mêmes présentement.

34 Je vous fais un commandement nouveau, qui est, que vous vous aimiez les uns les autres, et que vous vous entr'aimiez comme je vous ai aimés.

35 C'est en cela que tous connaîtront que vous êtes mes disciples, si vous avez de l'amour les uns pour les autres.

36 Simon-Pierre lui dit : Seigneur ! où allez-vous ? Jésus lui répondit : Vous ne pouvez maintenant me suivre où je vais ; mais vous me suivrez après.

37 Pierre lui dit : Pourquoi ne puis-je pas vous suivre maintenant ? Je donnerai ma vie pour vous.

38 Jésus lui repartit : Vous donnerez votre vie pour moi ! En vérité, en vérité je vous le dis : le coq ne chantera point, que vous ne m'ayez renoncé trois fois.

CHAPITRE XIV.

QUE votre cœur ne se trouble point. Vous croyez en Dieu, croyez aussi en moi.

2 Il y a plusieurs demeures dans la maison de mon Père. Si cela n'était, je vous l'aurais dit : car je m'en vais vous préparer le lieu ;

3 et après que je m'en serai allé, et que je vous aurai préparé le lieu, je reviendrai, et vous retirerai à moi, afin que là où je serai, vous y soyez aussi.

4 Vous savez bien où je vais, et vous en savez la voie.

5 Thomas lui dit : Seigneur ! nous ne savons où vous allez ; et comment pouvons-nous en savoir la voie ?

6 Jésus lui dit : Je suis la voie, la vérité et la vie : personne ne vient au Père que par moi.

7 Si vous m'aviez connu, vous auriez aussi connu mon Père ; et vous le connaîtrez bientôt, et vous l'avez déjà vu.

8 Philippe lui dit : Seigneur ! montrez-nous votre Père, et il nous suffit.

9 Jésus lui répondit : Il y a si longtemps que je suis avec vous, et vous ne me connaissez pas encore ? Philippe, celui qui me voit, voit aussi *mon* Père. Comment *donc* dites-vous : Montrez-nous votre Père ?

10 Ne croyez-vous pas que je suis dans mon Père, et que mon Père est en moi ? Ce que je vous dis, je ne vous le dis pas de moi-même ; mais mon Père qui demeure en moi, fait lui-même les œuvres *que je fais.*

11 Ne croyez-vous pas que je suis dans mon Père, et que mon Père est en moi ? Croyez-le au moins à cause des œuvres *que je fais.*

12 En vérité, en vérité je vous le dis : celui qui croit en moi, fera lui-même les œuvres que je fais, et en fera encore de plus grandes ; parce que je m'en vais à mon Père.

13 Et tout ce que vous demanderez à *mon* Père en mon nom, je le ferai ; afin que le Père soit glorifié dans le Fils.

14 Si vous me demandez quelque chose en mon nom, je le ferai.

15 Si vous m'aimez, gardez mes commandements ;

16 et je prierai *mon* Père, et il vous donnera un autre Consolateur, afin qu'il demeure éternellement avec vous :

17 l'Esprit de vérité, que le monde ne peut recevoir, parce qu'il ne le voit point, et qu'il ne le connaît point. Mais pour vous, vous le connaîtrez ; parce qu'il demeurera avec vous, et qu'il sera en vous.

18 Je ne vous laisserai point orphelins : je viendrai à vous.

19 Encore un peu de temps, et le monde ne me verra plus. Mais pour vous, vous me verrez ; parce que je vivrai, et que vous vivrez aussi.

20 En ce jour-là vous connaîtrez que je suis en mon Père, et vous en moi, et moi en vous.

21 Celui qui a mes commandements, et qui les garde, c'est celui-là qui m'aime. Or celui qui m'aime, sera aimé de mon Père ; et je l'aimerai aussi, et je me découvrirai moi-même à lui.

22 Judas, non pas l'Iscariote, lui dit : Seigneur ! d'où vient que vous vous découvrirez vous-même à nous, et non pas au monde ?

23 Jésus lui répondit : Si quelqu'un m'aime, il gardera ma parole, et mon Père l'aimera ; et nous viendrons à lui, et nous ferons en lui notre demeure.

24 Celui qui ne m'aime point, ne garde point mes paroles ; et la parole que vous avez entendue, n'est point ma parole, mais celle de *mon* Père qui m'a envoyé.

25 Je vous ai dit ceci, demeurant encore avec vous.

26 Mais le Consolateur, *qui est* le Saint-Esprit, que *mon* Père enverra en mon nom, vous enseignera toutes choses, et vous fera ressouvenir de tout ce que je vous ai dit.

27 Je vous laisse la paix, je vous donne ma paix ; je ne vous la donne pas comme le monde la donne. Que votre cœur ne se trouble point, et qu'il ne soit point saisi de frayeur.

28 Vous avez entendu ce que je vous ai dit : Je m'en vais, et je reviens à vous. Si vous m'aimiez, vous vous réjouiriez de ce que je m'en vais à *mon* Père ; parce que *mon* Père est plus grand que moi.

29 Et je vous le dis maintenant avant que cela arrive, afin que lorsqu'il sera arrivé, vous ayez une ferme croyance *en moi.*

30 Je ne vous parlerai plus guère : car le prince de ce monde va venir, quoiqu'il n'ait rien en moi *qui lui appartienne* :

31 mais afin que le monde connaisse que j'aime *mon* Père, et que je fais ce que *mon* Père m'a ordonné. Levez-vous, sortons d'ici.

CHAPITRE XV.

JE suis la vraie vigne, et mon Père est le vigneron.

2 Il retranchera toutes les branches qui ne portent point de fruit en moi ; et il émondera toutes celles qui portent du fruit, afin qu'elles en portent davantage.

3 Vous êtes déjà purs, selon ce que je vous ai dit.

4 Demeurez en moi, et moi en vous. Comme la branche ne saurait porter de fruit d'elle-même, et si elle ne demeure *attachée* au cep de la vigne ; il en est ainsi de vous autres, si vous ne demeurez en moi.

5 Je suis *le cep de* la vigne, et vous *en* êtes les branches. Celui qui demeure en moi, et en qui je demeure, porte beaucoup de fruit : car vous ne pouvez rien faire sans moi.

6 Si quelqu'un ne demeure pas en moi, il sera jeté dehors comme un sarment *inutile* ; il séchera, et on le ramassera pour le jeter au feu, et il brûlera.

7 Si vous demeurez en moi, et que mes paroles demeurent en vous, vous demanderez tout ce que vous voudrez, et il vous sera accordé.

8 C'est la gloire de mon Père, que vous rapportiez beaucoup de fruit, et que vous deveniez mes disciples.

9 Comme mon Père m'a aimé, je vous ai aussi aimés. Demeurez dans mon amour.

10 Si vous gardez mes commandements, vous demeurerez dans mon amour ; comme j'ai moi-même gardé les commandements de mon Père, et que je demeure dans son amour.

11 Je vous ai dit ces choses, afin que ma joie demeure en vous, et que votre joie soit pleine *et parfaite.*

12 Le commandement que je vous donne, est de vous aimer les uns les autres, comme je vous ai aimés.

13 Personne ne peut avoir un plus grand amour, que de donner sa vie pour ses amis.

14 Vous êtes mes amis, si vous faites *tout* ce que je vous commande.

15 Je ne vous donnerai plus le nom de serviteurs, parce que le serviteur ne sait ce que fait son maître ; mais je vous ai appelés mes amis, parce que je vous ai fait savoir tout ce que j'ai appris de mon Père.

16 Ce n'est pas vous qui m'avez choisi : mais c'est moi qui vous ai choisis ; et je vous ai établis, afin que vous marchiez, que vous rapportiez du fruit, et que votre fruit demeure *toujours*, et que *mon* Père vous donne tout ce que vous lui demanderez en mon nom.

17 Ce que je vous commande, est de vous aimer les uns les autres.

18 Si le monde vous hait, sachez qu'il m'a haï avant vous.

19 Si vous étiez du monde, le monde aimerait ce qui serait à lui ; mais parce que vous n'êtes point du monde, et que je vous ai choisis du milieu du monde, c'est pour cela que le monde vous hait.

20 Souvenez-vous de la parole que je vous ai dite : Le serviteur n'est pas plus grand que son maître. S'ils m'ont persécuté, ils vous persécuteront aussi : s'ils ont gardé mes paroles, ils garderont aussi les vôtres.

21 Mais ils vous feront tous ces mauvais traitements à cause de mon nom : parce qu'ils ne connaissent point celui qui m'a envoyé.

22 Si je n'étais point venu, et que je ne leur eusse point parlé, ils n'auraient point le péché *qu'ils ont* ; mais maintenant ils n'ont point d'excuse de leur péché.

23 Celui qui me hait, hait aussi mon Père.

24 Si je n'avais pas fait parmi eux des œuvres qu'aucun autre n'a faites, ils n'auraient point le péché *qu'ils ont* ; mais maintenant ils les ont vues, et ils ont haï et moi et mon Père :

25 afin que la parole qui est écrite dans leur loi, soit accomplie : Ils m'ont haï sans aucun sujet.

26 Mais lorsque le Consolateur, l'Esprit de vérité, qui procède du Père, et que je vous enverrai de la part de *mon* Père, sera venu, il rendra témoignage de moi ;

27 et vous en rendrez aussi témoignage, parce que vous êtes dès le commencement avec moi.

CHAPITRE XVI.

JE vous ai dit ces choses, afin que vous n'en soyez point scandalisés.

2 Ils vous chasseront des synagogues ; et le temps vient que quiconque vous fera mourir, croira faire une chose agréable à Dieu.

3 Ils vous traiteront de la sorte, parce qu'ils ne connaissent ni *mon* Père, ni moi.

4 Or je vous ai dit ces choses, afin que lorsque ce temps-là sera venu, vous vous souveniez que je vous les ai dites.

5 Je ne vous les ai pas dites dès le commencement, parce que j'étais avec vous. Mais maintenant je m'en vais à celui qui m'a envoyé, et aucun de vous ne me demande où je vais.

6 Mais parce que je vous ai dit ces choses, votre cœur a été rempli de tristesse.

7 Cependant je vous dis la vérité : Il vous est utile que je m'en aille : car si je ne m'en vais point, le Consolateur ne viendra point à vous ; mais si je m'en vais, je vous l'enverrai.

8 Et lorsqu'il sera venu, il convaincra le monde touchant le péché, touchant la justice, et touchant le jugement :

9 touchant le péché, parce qu'ils n'ont point cru en moi ;

10 touchant la justice, parce que je m'en vais à mon Père, et que vous ne me verrez plus ;

11 et touchant le jugement, parce que le prince de ce monde est déjà jugé.

12 J'ai encore beaucoup de choses à vous dire ; mais vous ne pouvez les porter présentement.

13 Quand cet Esprit de vérité sera venu, il vous enseignera toute vérité : car il ne parlera pas de lui-même ; mais il dira tout ce qu'il aura entendu, et il vous annoncera les choses à venir.

14 Il me glorifiera, parce qu'il recevra de ce qui est à moi, et il vous l'annoncera.

15 Tout ce qu'a *mon* Père, est à moi, c'est pourquoi je vous dis, qu'il recevra de ce qui est à moi, et vous l'annoncera.

16 Encore un peu de temps, et vous ne me verrez plus ; et encore un peu de temps, et vous me verrez ; parce que je m'en vais à mon Père.

17 Sur cela quelques-uns de ses disciples se dirent les uns aux autres : Que veut-il nous dire par là : Encore un peu de temps, et vous ne me verrez plus ; et encore un peu de temps, et vous me verrez ; parce que je m'en vais à mon Père.

18 Ils disaient donc : Que signifie ce qu'il dit : Encore un peu de temps ? Nous ne savons ce qu'il veut dire.

19 Mais Jésus connaissant qu'ils voulaient l'interroger là-dessus, il leur dit : Vous vous demandez les uns aux autres ce que j'ai voulu dire par ces paroles : Encore un peu de temps, et vous ne me verrez plus ; et encore un peu de temps, et vous me verrez.

20 En vérité, en vérité je vous le dis : vous pleurerez et vous gémirez, et le monde se réjouira : vous serez dans la tristesse ; mais votre tristesse se changera en joie.

21 Une femme lorsqu'elle enfante, est dans la douleur, parce que son heure est venue ; mais après qu'elle a enfanté un fils, elle ne se souvient plus de tous ses maux, dans la joie qu'elle a d'avoir mis un homme au monde.

22 C'est donc ainsi que vous êtes maintenant dans la tristesse ; mais je vous verrai de nouveau, et votre cœur se réjouira ; et personne ne vous ravira votre joie.

23 En ce jour-là vous ne m'interrogerez plus de rien. En vérité, en vérité je vous le dis : si vous demandez quelque chose à *mon* Père en mon nom, il vous le donnera.

24 Jusqu'ici vous n'avez rien demandé en mon nom. Demandez, et vous recevrez ; afin que votre joie soit pleine *et parfaite*.

25 Je vous ai dit ces choses en paraboles : l'heure vient en laquelle je ne vous entretiendrai plus en paraboles ; mais je vous parlerai ouvertement de mon Père.

26 En ce jour-là vous demanderez en mon nom ; et je ne vous dis point que je prierai mon Père pour vous :

27 car mon Père vous aime lui-même, parce que vous m'avez aimé, et que vous avez cru que je suis sorti de Dieu.

28 Je suis sorti de *mon* Père, et je suis venu dans le monde : maintenant je laisse le monde, et je m'en retourne à mon Père.

29 Ses disciples lui dirent : C'est maintenant que vous parlez tout ouvertement, et que vous n'usez d'aucune parabole.

30 Nous voyons bien à présent que vous savez tout, et que vous n'avez pas besoin que personne vous interroge : c'est pour cela que nous croyons que vous êtes sorti de Dieu.

31 Jésus leur répondit : Vous croyez maintenant ?

32 Le temps va venir, et il est déjà venu, que vous serez dispersés chacun de son côté, et que vous me laisserez seul ; mais je ne suis pas seul, parce que *mon* Père est avec moi.

33 Je vous ai dit ces choses, afin que vous trouviez la paix en moi. Vous aurez à souffrir bien des afflictions dans le monde ; mais ayez confiance, j'ai vaincu le monde.

CHAPITRE XVII.

JÉSUS ayant dit ces choses, leva les yeux au ciel, et dit : *Mon* Père ! l'heure est venue ; glorifiez votre Fils, afin que votre Fils vous glorifie :

2 comme vous lui avez donné puissance sur tous les hommes, afin qu'il donne la vie éternelle à tous ceux que vous lui avez donnés.

3 Or la vie éternelle consiste à vous connaître, vous qui êtes le seul Dieu véritable, et Jésus-Christ que vous avez envoyé.

4 Je vous ai glorifié sur la terre ; j'ai achevé l'ouvrage dont vous m'aviez chargé.

5 Et vous, mon Père ! glorifiez-moi donc aussi maintenant en vous-même, de cette gloire que j'ai eue en vous avant que le monde fût.

6 J'ai fait connaître votre nom aux hommes que vous m'avez donnés *en les séparant* du monde. Ils étaient à vous, et vous me les avez donnés ; et ils ont gardé votre parole.

7 Ils savent présentement que tout ce que vous m'avez donné, vient de vous :

8 parce que je leur ai donné les paroles que vous m'avez données, et ils les ont reçues ; ils ont reconnu véritablement que je suis sorti de vous, et ils ont cru que vous m'avez envoyé.

9 C'est pour eux que je prie. Je ne prie point pour le monde, mais pour ceux que vous m'avez donnés, parce qu'ils sont à vous.

10 Tout ce qui est à moi, est à vous ; et tout ce qui est à vous, est à moi : et je suis glorifié en eux.

11 Je ne serai bientôt plus dans le monde ; mais *pour eux,* ils sont *encore* dans le monde ; et moi, je m'en retourne à vous. Père saint ! conservez en votre nom ceux que vous m'avez donnés, afin qu'ils soient un, comme nous.

12 Lorsque j'étais avec eux, je les conservais en votre nom. J'ai conservé ceux que vous m'avez donnés, et nul d'eux ne s'est perdu : il n'y a eu de perdu que celui qui était enfant de perdition, afin que l'Écriture fût accomplie.

13 Mais maintenant je viens à vous ; et je dis ceci *étant encore* dans le monde, afin qu'ils aient en eux-mêmes la plénitude de ma joie.

14 Je leur ai donné votre parole, et le monde les a haïs, parce qu'ils ne sont point du monde, comme je ne suis point *moi-même* du monde.

15 Je ne vous prie pas de les ôter du monde, mais de les garder du mal.

16 Ils ne sont point du monde, comme je ne suis point moi-même du monde.

17 Sanctifiez-les dans la vérité. Votre parole est la vérité *même*.

18 Comme vous m'avez envoyé dans le monde, je les ai aussi envoyés dans le monde.

19 Et je me sanctifie moi-même pour eux, afin qu'ils soient aussi sanctifiés dans la vérité.

20 Je ne prie pas pour eux seulement, mais encore pour ceux qui doivent croire en moi par leur parole ;

21 afin qu'ils soient un tous ensemble, comme vous, *mon Père !* êtes en moi, et moi en vous : qu'ils soient de même un en nous ; afin que le monde croie que vous m'avez envoyé.

22 Et je leur ai donné la gloire que vous m'avez donnée ; afin qu'ils soient un, comme nous sommes un.

23 Je suis en eux, et vous en moi ; afin qu'ils soient consommés dans l'unité, et que le monde connaisse que vous m'avez envoyé, et que vous les avez aimés, comme vous m'avez aimé.

24 *Mon* Père ! je désire que là où je suis, ceux que vous m'avez donnés y soient aussi avec moi ; afin qu'ils contemplent ma gloire que vous m'avez donnée, parce que vous m'avez aimé avant la création du monde.

25 Père juste ! le monde ne vous a point connu : mais moi, je vous ai connu ; et ceux-ci ont connu que vous m'avez envoyé.

26 Je leur ai fait connaître votre nom, et le leur ferai connaître *encore* ; afin que l'amour dont vous m'avez aimé, soit en eux, *et que je sois* moi-*même* en eux.

CHAPITRE XVIII.

JÉSUS ayant dit ces choses, s'en alla avec ses disciples au delà du torrent de Cédron, où il y avait un jardin, dans lequel il entra, lui et ses disciples.

2 Judas qui le trahissait, connaissait aussi ce lieu-là ; parce que Jésus y avait souvent été avec ses disciples.

3 Judas ayant donc pris *avec lui* une compagnie de soldats, et des gens envoyés par les princes des prêtres et par les pharisiens, il vint en ce lieu avec des lanternes, des flambeaux et des armes.

4 Mais Jésus, qui savait tout ce qui devait lui arriver, vint au-devant d'eux, et leur dit : Qui cherchez-vous ?

5 Ils lui répondirent : Jésus de Nazareth. Jésus leur dit : C'est moi. Or Judas qui le trahissait, était aussi là présent avec eux.

6 Lors donc que Jésus leur eut dit, C'est moi ; ils reculèrent, et tombèrent par terre.

7 Il leur demanda encore une fois : Qui cherchez-vous ? Et ils lui dirent : Jésus de Nazareth.

8 Jésus leur répondit : Je vous ai dit que c'est moi. Si c'est donc moi que vous cherchez, laissez aller ceux-ci.

9 Afin que cette parole qu'il avait dite, fût accomplie : Je n'ai perdu aucun de ceux que vous m'avez donnés.

10 Alors Simon-Pierre qui avait une épée, la tira, en frappa un des gens du grand prêtre, et lui coupa l'oreille droite ; et cet homme s'appelait Malchus.

11 Mais Jésus dit à Pierre : Remettez votre épée dans le fourreau ; ne faut-il pas que je boive le calice que mon Père m'a donné ?

12 Les soldats et leur capitaine, avec les gens envoyés par les Juifs, prirent donc Jésus, et le lièrent ;

13 et ils l'amenèrent premièrement chez Anne, parce qu'il était beau-père de Caïphe, qui était grand prêtre cette année-là.

14 Et Caïphe était celui qui avait donné ce conseil aux Juifs : qu'il était avantageux qu'un seul homme mourût pour *tout* le peuple.

15 Cependant Simon-Pierre suivit Jésus, comme aussi un autre disciple qui, étant connu du grand prêtre, entra avec Jésus dans la cour *de la maison* du grand prêtre ;

16 mais Pierre demeura dehors à la porte. Alors cet autre disciple qui était connu du grand prêtre, sortit, et parla à la portière, qui fit entrer Pierre.

17 Cette servante qui gardait la porte, dit donc à Pierre : N'êtes-vous pas aussi des disciples de cet homme ? Il lui répondit : Je n'en suis point.

18 Les serviteurs et les gens *qui avaient pris Jésus*, étaient auprès du feu, où ils se chauffaient, parce qu'il faisait froid ; et Pierre était aussi avec eux, et se chauffait.

19 Cependant le grand prêtre interrogea Jésus touchant ses disciples et touchant sa doctrine.

20 Jésus lui répondit : J'ai parlé publiquement à tout le monde ; j'ai toujours enseigné dans la synagogue et dans le temple, où tous les Juifs s'assemblent ; et je n'ai rien dit en secret.

21 Pourquoi *donc* m'interrogez-vous ? Interrogez ceux qui m'ont entendu, pour savoir ce que je leur ai dit. Ce sont ceux-là qui savent ce que j'ai enseigné.

22 Comme il eut dit cela, un des officiers qui était là présent, donna un soufflet à Jésus, en lui disant : Est-ce ainsi que vous répondez au grand prêtre ?

23 Jésus lui répondit : Si j'ai mal parlé, faites voir le mal que j'ai dit ; mais si j'ai bien parlé, pourquoi me frappez-vous ?

24 Anne l'envoya *donc* alors lié à Caïphe, le grand prêtre.

25 Cependant Simon-Pierre était debout *près du feu*, et se chauffait. Quelques-uns donc lui dirent : N'êtes-vous pas aussi de ses disciples. Il le nia, en disant : Je n'en suis point.

26 Alors un des gens du grand prêtre, parent de celui à qui Pierre avait coupé l'oreille, lui dit : Ne vous ai-je pas vu dans le jardin avec cet homme ?

27 Pierre le nia encore une fois ; et le coq chanta aussitôt.

28 Ils menèrent donc *ensuite* Jésus de chez Caïphe au prétoire. C'était le matin ; et pour eux, ils n'entrèrent point dans le prétoire, afin de ne se pas souiller, et de pouvoir manger la pâque.

29 Pilate vint donc les trouver dehors, et leur dit : Quel est le crime dont vous accusez cet homme ?

30 Ils lui répondirent : Si ce n'était point un méchant, nous ne vous l'aurions pas livré entre les mains.

31 Pilate leur dit : Prenez-le vous-mêmes, et le jugez selon votre loi. Mais les Juifs lui répondirent, Il ne nous est pas permis de faire mourir personne :

32 afin que ce que Jésus avait dit, lorsqu'il avait marqué de quelle mort il devait mourir, fût accompli.

33 Pilate étant donc rentré dans le palais, et ayant fait venir Jésus, lui dit : Êtes-vous le Roi des Juifs ?

34 Jésus lui répondit : Dites-vous cela de vous-même, ou si d'autres vous l'ont dit de moi ?

35 Pilate lui répliqua : Est-ce que je suis Juif ? Ceux de votre nation et les princes des prêtres vous ont livré entre mes mains : qu'avez-vous fait ?

36 Jésus lui répondit : Mon royaume n'est pas de ce monde. Si mon royaume était de ce monde, mes gens auraient combattu pour m'empêcher de tomber entre les mains des Juifs ; mais mon royaume n'est point d'ici.

37 Pilate lui dit alors : Vous êtes donc Roi ? Jésus lui repartit : Vous le dites ; je suis Roi. Je ne suis né, et je ne suis venu dans le monde, que pour rendre témoignage à la vérité. Quiconque appartient à la vérité, écoute ma voix.

38 Pilate lui dit : Qu'est-ce que la vérité ? Et ayant dit ces mots, il sortit encore pour aller vers les Juifs, et leur dit : Je ne trouve aucun crime en cet homme.

39 Mais comme c'est la coutume que je vous délivre un *criminel* à la *fête* de Pâque, voulez-vous que je vous délivre le Roi des Juifs ?

40 Alors ils se mirent de nouveau à crier tous ensemble : Nous ne voulons point celui-ci, mais Barabbas. Or Barabbas était un voleur.

CHAPITRE XIX.

PILATE prit donc alors Jésus, et le fit fouetter.

2 Et les soldats ayant fait une couronne d'épines entrelacées, la lui mirent sur la tête, et le revêtirent d'un manteau d'écarlate.

3 Puis ils venaient lui dire : Salut au Roi des Juifs ! Et ils lui donnaient des soufflets.

4 Pilate sortit donc encore une fois hors *du palais*, et dit aux Juifs : Voici que je vous l'amène dehors, afin que vous sachiez que je ne trouve en lui aucun crime.

5 Jésus sortit donc, portant une couronne d'épines et un manteau d'écarlate ; et Pilate leur dit : Voici l'homme !

6 Les princes des prêtres et leurs gens l'ayant vu, se mirent à crier, en disant : Crucifiez-le ! crucifiez-le ! Pilate leur dit : Prenez-le vous-mêmes, et le crucifiez : car pour moi, je ne trouve en lui aucun crime.

7 Les Juifs lui répondirent : Nous avons une loi, et selon *notre* loi il doit mourir ; parce qu'il s'est fait Fils de Dieu.

8 Pilate ayant donc entendu ces paroles, craignit encore davantage ;

9 et étant rentré dans le prétoire, il dit à Jésus : D'où êtes-vous ? Mais Jésus ne lui fit aucune réponse.

10 Alors Pilate lui dit : Vous ne me parlez point ? Ne savez-vous pas que j'ai le pouvoir de vous faire attacher à une croix, et que j'ai le pouvoir de vous délivrer ?

11 Jésus lui répondit : Vous n'auriez aucun pouvoir sur moi, s'il ne vous avait été donné d'en haut. C'est pourquoi celui qui m'a livré à vous, est coupable d'un plus grand péché.

12 Depuis cela Pilate cherchait un moyen de le délivrer. Mais les Juifs criaient : Si vous délivrez cet homme, vous n'êtes point ami de César : car quiconque se fait roi, se déclare contre César.

13 Pilate ayant entendu ce discours, mena Jésus hors du prétoire, et s'assit dans son tribunal, au lieu appelé *en grec*, Lithostrotos, et en hébreu, Gabbatha.

14 C'était le jour de la préparation de la pâque, et il était environ la sixième heure ; et il dit aux Juifs : Voilà votre Roi !

15 Mais ils se mirent à crier : Ôtez-le, ôtez-le *du monde* ! crucifiez-le ! Pilate leur dit : Crucifierai-je votre Roi ? Les princes des prêtres lui répondirent : Nous n'avons point d'autre roi que César.

16 Alors donc il le leur abandonna pour être crucifié. Ainsi ils prirent Jésus, et l'emmenèrent.

17 Et portant sa croix, il vint au lieu appelé le Calvaire, qui se nomme en hébreu, Golgotha ;

18 où ils le crucifièrent, et deux autres avec lui, l'un d'un côté, l'autre de l'autre, et Jésus au milieu.

19 Pilate fit aussi une inscription, qu'il fit mettre au haut de la croix, où étaient écrits ces mots : Jésus de Nazareth, Roi des Juifs.

20 Beaucoup de Juifs lurent cette inscription, parce que le lieu où Jésus avait été crucifié était proche de la ville ; et cette inscription était en hébreu, en grec et en latin.

21 Les princes des prêtres dirent donc à Pilate : Ne mettez pas, Roi des Juifs : mais qu'il s'est dit Roi des Juifs.

22 Pilate leur répondit : Ce qui est écrit, est écrit.

23 Les soldats ayant crucifié Jésus, prirent ses vêtements et les divisèrent en quatre parts, une pour chaque soldat. *Ils prirent* aussi la tunique ; et comme elle était sans couture, et d'un seul tissu depuis le haut jusqu'en bas,

24 ils dirent entre eux. Ne la coupons point, mais jetons au sort à qui l'aura : afin que cette parole de l'Écriture fût accomplie : Ils ont partagé entre eux mes vêtements, et ils ont jeté ma robe au sort. Voilà ce que firent les soldats.

25 Cependant la mère de Jésus, et la sœur de sa mère, Marie, *femme* de Cléophas, et Marie-Magdeleine, se tenaient auprès de sa croix.

26 Jésus ayant donc vu sa mère, et près d'elle le disciple qu'il aimait, dit à sa mère : Femme, voilà votre fils.

27 Puis il dit au disciple : Voilà votre mère. Et depuis cette heure-là, ce disciple la prit chez lui.

28 Après cela Jésus sachant que toutes choses étaient accomplies ; afin qu'une *parole de l'*Écriture s'accomplît encore, il dit : J'ai soif.

29 Et comme il y avait là un vase plein de vinaigre, *les soldats en* emplirent une éponge, et l'environnant d'hysope, la lui présentèrent à la bouche.

30 Jésus ayant donc pris le vinaigre, dit : Tout est accompli. Et baissant la tête, il rendit l'esprit.

31 Or, de peur que les corps ne demeurassent à la croix le jour du sabbat, parce que c'en était *la veille et* la préparation, et que ce jour du sabbat était une grande fête, les Juifs prièrent Pilate de leur faire rompre les jambes, et de les faire ôter *de là*.

32 Il vint donc des soldats qui rompirent les jambes au premier, et *de même* à l'autre qu'on avait crucifié avec lui.

33 Puis étant venus à Jésus, et voyant qu'il était déjà mort, ils ne lui rompirent point les jambes ;

34 mais un des soldats lui perça le côté avec une lance ; et aussitôt il en sortit du sang et de l'eau.

35 Celui qui l'a vu, en rend témoignage (et son témoignage est véritable, et il sait qu'il dit vrai), afin que vous le croyiez aussi.

36 Car ces choses ont été faites afin que cette parole de l'Écriture fût accomplie : Vous ne briserez aucun de ses os.

37 Il est dit encore dans un autre endroit de l'Écriture : Ils verront celui qu'ils ont percé.

38 Après cela Joseph d'Arimathie, qui était disciple de Jésus, mais en secret, parce qu'il craignait les Juifs, demanda à Pilate qu'il lui permît d'enlever le corps de Jésus ; et Pilate le lui ayant permis, il vint et enleva le corps de Jésus.

39 Nicodème, qui était venu trouver Jésus la première fois durant la nuit, y vint aussi, avec environ cent livres d'une composition de myrrhe et d'aloès ;

40 et ayant pris le corps de Jésus, ils l'enveloppèrent dans des linceuls avec des aromates, selon la manière d'ensevelir qui est en usage parmi les Juifs.

41 Or il y avait au lieu où il avait été crucifié un jardin, et dans ce jardin un sépulcre tout neuf, où personne n'avait encore été mis.

42 Comme donc c'était le jour de la préparation *du grand jour du sabbat* des Juifs, et que ce sépulcre était proche, ils y mirent Jésus.

CHAPITRE XX.

LE premier jour de la semaine, Marie-Magdeleine vint dès le matin au sépulcre, lorsqu'il faisait encore obscur ; et elle vit que la pierre avait été ôtée du sépulcre.

2 Elle courut donc, et vint trouver Simon-Pierre, et cet autre disciple que Jésus aimait, et leur dit : Ils ont enlevé du sépulcre le Seigneur, et nous ne savons où ils l'ont mis.

3 Pierre sortit *aussitôt*, et cet autre disciple aussi, et ils s'en allèrent au sépulcre.

4 Ils couraient l'un et l'autre ensemble ; mais cet autre disciple courut plus vite que Pierre, et arriva le premier au sépulcre ;

5 et s'étant baissé, il vit les linceuls qui étaient à terre ; mais il n'entra point.

6 Simon-Pierre qui le suivait, arriva ensuite ; et entrant dans le sépulcre, il vit les linceuls qui y étaient,

7 et le suaire qu'on avait mis sur sa tête, lequel n'était pas avec les linceuls, mais plié en un lieu à part.

8 Alors donc cet autre disciple qui était arrivé le premier au sépulcre, y entra aussi ; et il vit, et il crut :

9 car ils ne savaient pas encore ce que l'Écriture enseigne, qu'il fallait qu'il ressuscitât d'entre les morts.

10 Ces disciples s'en retournèrent donc ensuite chez eux.

11 Mais Marie se tint dehors, près du sépulcre, versant des larmes. Et comme elle pleurait, s'étant baissée pour regarder dans le sépulcre,

12 elle vit deux anges vêtus de blanc, assis au lieu où avait été le corps de Jésus, l'un à la tête, et l'autre aux pieds.

13 Ils lui dirent : Femme, pourquoi pleurez-vous ? Elle leur répondit : C'est qu'ils ont enlevé mon Seigneur, et je ne sais où ils l'ont mis.

14 Ayant dit cela, elle se retourna, et vit Jésus debout, sans savoir néanmoins que ce fût Jésus.

15 Alors Jésus lui dit : Femme, pourquoi pleurez-vous ? Qui cherchez-vous ? Elle, pensant que ce fût le jardinier, lui dit :

Seigneur, si c'est vous qui l'avez enlevé, dites-moi où vous l'avez mis, et je l'emporterai.

16 Jésus lui dit : Marie ! *Aussitôt* elle se retourna, et lui dit : Rabboni (c'est-à-dire, mon Maître) !

17 Jésus lui répondit : Ne me touchez point ; car je ne suis pas encore monté vers mon Père : mais allez trouver mes frères, et dites-leur *de ma part* : Je monte vers mon Père et votre Père, vers mon Dieu et votre Dieu.

18 Marie-Magdeleine vint donc dire aux disciples, qu'elle avait vu le Seigneur, et qu'il lui avait dit ces choses.

19 Sur le soir du même jour, qui était le premier de la semaine, les portes du lieu où les disciples étaient assemblés, de peur des Juifs, étant fermées, Jésus vint, et se tint au milieu *d'eux*, et leur dit : La paix soit avec vous !

20 Ce qu'ayant dit, il leur montra ses mains et son côté. Les disciples eurent donc une grande joie de voir le Seigneur.

21 Et il leur dit une seconde fois : La paix soit avec vous ! Comme mon Père m'a envoyé, je vous envoie aussi de même.

22 Ayant dit ces mots, il souffla sur eux, et leur dit : Recevez le Saint-Esprit.

23 Les péchés seront remis à ceux à qui vous les remettrez, et ils seront retenus à ceux à qui vous les retiendrez.

24 Or Thomas, l'un des douze *apôtres*, appelé Didyme, n'était pas avec eux lorsque Jésus vint.

25 Les autres disciples lui dirent donc : Nous avons vu le Seigneur. Mais il leur dit : Si je ne vois dans ses mains la marque des clous *qui les ont percées*, et si je ne mets mon doigt dans le trou des clous, et ma main dans *la plaie de* son côté, je ne *le* croirai point.

26 Huit jours après, les disciples étant encore dans le même lieu, et Thomas avec eux, Jésus vint, les portes étant fermées, et il se tint au milieu *d'eux*, et leur dit : La paix soit avec vous !

27 Il dit ensuite à Thomas : Portez ici votre doigt, et considérez mes mains ; approchez aussi votre main, et mettez-la dans mon côté ; et ne soyez point incrédule, mais fidèle.

28 Thomas répondit, et lui dit : Mon Seigneur et mon Dieu !

29 Jésus lui dit : Vous avez cru, Thomas, parce que vous m'avez vu : heureux ceux qui ont cru sans avoir vu !

30 Jésus a fait à la vue de ses disciples beaucoup d'autres miracles, qui ne sont point écrits dans ce livre :

31 mais ceux-ci sont écrits afin que vous croyiez que Jésus est le Christ, le Fils de Dieu ; et qu'en croyant vous ayez la vie en son nom.

CHAPITRE XXI.

JÉSUS se fit voir encore depuis à ses disciples, sur le bord de la mer de Tibériade ; et il s'y fit voir de cette sorte :

2 Simon-Pierre, et Thomas, appelé Didyme ; Nathanaël, qui était de Cana en Galilée ; les fils de Zébédée, et deux autres de ses disciples, étaient ensemble.

3 Simon-Pierre leur dit : Je vais pêcher. Ils lui dirent : Nous allons aussi avec vous. Ils s'en allèrent donc, et entrèrent dans une barque ; mais cette nuit-là ils ne prirent rien.

4 Le matin étant venu, Jésus parut sur le rivage, sans que ses disciples connussent que c'était Jésus.

5 Jésus leur dit donc : Enfants, n'avez-vous rien à manger ? Ils lui répondirent : Non.

6 Il leur dit : Jetez le filet au côté droit de la barque, et vous en trouverez. Ils le jetèrent aussitôt, et ils ne pouvaient plus le tirer, tant il était chargé de poissons.

7 Alors le disciple que Jésus aimait, dit à Pierre : C'est le Seigneur. Et Simon-Pierre ayant appris que c'était le Seigneur, mit son habit (car il était nu), et il se jeta dans la mer.

8 Les autres disciples vinrent avec la barque ; et comme ils n'étaient loin de la terre que d'environ deux cents coudées, ils y tirèrent leur filet plein de poissons.

9 Lors donc qu'ils furent descendus à terre, ils trouvèrent des charbons allumés, et du poisson mis dessus, et du pain.

10 Jésus leur dit : Apportez quelques-uns de ces poissons que vous venez de prendre.

11 Alors Simon-Pierre monta *dans la barque*, et tira à terre le filet, qui était plein de cent cinquante-trois grands poissons. Et quoiqu'il y en eût tant, le filet ne se rompit point.

12 Jésus leur dit : Venez, dînez. Et nul de ceux qui se mirent là pour manger, n'osait lui demander, Qui êtes-vous ? car ils savaient que c'était le Seigneur.

13 Jésus vint donc, prit le pain, et leur en donna, et du poisson de même.

14 Ce fut là la troisième fois que Jésus apparut à ses disciples, depuis qu'il fut ressuscité d'entre les morts.

15 Après donc qu'ils eurent dîné, Jésus dit à Simon-Pierre : Simon, *fils* de Jean, m'aimez-vous plus que *ne font* ceux-ci ? Pierre lui répondit : Oui, Seigneur ! vous savez que je vous aime. Jésus lui dit : Paissez mes agneaux.

16 Il lui demanda de nouveau : Simon, *fils* de Jean, m'aimez-vous ? Pierre lui répondit : Oui, Seigneur ! vous savez que je vous aime. Jésus lui dit : Paissez mes agneaux.

17 Il lui demanda pour la troisième fois : Simon, *fils* de Jean, m'aimez-vous ? Pierre fut touché de ce qu'il lui demandait pour la troisième fois, M'aimez-vous ? et il lui dit : Seigneur ! vous savez toutes choses ; vous connaissez que je vous aime. Jésus lui dit : Paissez mes brebis.

18 En vérité, en vérité je vous le dis : lorsque vous étiez plus jeune, vous vous ceigniez vous-même, et vous alliez où vous vouliez ; mais lorsque vous serez vieux, vous étendrez vos mains, et un autre vous ceindra, et vous mènera où vous ne voudrez pas.

19 Or il dit cela pour marquer par quelle mort il devait glorifier Dieu. Et après avoir ainsi parlé, il lui dit : Suivez-moi.

20 Pierre s'étant retourné, vit venir après lui le disciple que Jésus aimait, et qui pendant la cène s'était reposé sur son sein, et lui avait dit : Seigneur ! qui est celui qui vous trahira ?

21 Pierre donc l'ayant vu, dit à Jésus : Et celui-ci, Seigneur ! que deviendra-t-il ?

22 Jésus lui dit : *Si* je veux qu'il demeure jusqu'à ce que je vienne, que vous importe ? Pour vous, suivez-moi.

23 Il courut sur cela un bruit parmi les frères, que ce disciple ne mourrait point. Jésus néanmoins n'avait pas dit, Il ne mourra point ; mais, *Si* je veux qu'il demeure jusqu'à ce que je vienne, que vous importe ?

24 C'est ce même disciple qui rend témoignage de ces choses, et qui a écrit ceci ; et nous savons que son témoignage est véritable.

25 Jésus a fait encore beaucoup d'autres choses ; et si on les rapportait en détail, je ne crois pas que le monde même pût contenir les livres qu'on en écrirait.

ACTES

DES

APÔTRES.

CHAPITRE PREMIER.

J'AI parlé dans mon premier livre, ô Théophile, de tout ce que Jésus a fait et enseigné,

2 depuis le commencement jusqu'au jour où il fut élevé *dans le ciel*, après avoir instruit par le Saint-Esprit les apôtres qu'il avait choisis.

3 Il s'était aussi montré à eux depuis sa passion, et leur avait fait voir, par beaucoup de preuves, qu'il était vivant, leur apparaissant pendant quarante jours, et leur parlant du royaume de Dieu ;

4 et mangeant avec eux, il leur commanda de ne point partir de Jérusalem, mais d'attendre la promesse du Père, que vous avez, leur dit-il, entendue de ma bouche.

5 Car Jean a baptisé dans l'eau, mais dans peu de jours vous serez baptisés dans le Saint-Esprit.

6 Alors ceux qui se trouvèrent présents, lui demandèrent : Seigneur ! sera-ce en ce temps que vous rétablirez le royaume d'Israël ?

7 Et il leur répondit : Ce n'est pas à vous de savoir les temps et les moments que le Père a réservés à son *souverain* pouvoir.

8 Mais vous recevrez la vertu du Saint-Esprit qui descendra sur vous ; et vous me rendrez témoignage dans Jérusalem, et dans toute la Judée et la Samarie, et jusqu'aux extrémités de la terre.

9 Après qu'il eut dit ces paroles, ils le virent s'élever en haut, et il entra dans une nuée qui le déroba à leurs yeux.

10 Et comme ils étaient attentifs à le regarder monter au ciel, deux hommes vêtus de blanc se présentèrent soudain à eux,

11 et leur dirent : Hommes de Galilée, pourquoi vous arrêtez-vous à regarder au ciel ? Ce Jésus, qui en se séparant de vous s'est élevé dans le ciel, viendra de la même manière que vous l'y avez vu monter.

12 Ils partirent ensuite de la montagne, appelée des Oliviers, qui est éloignée de Jérusalem de l'espace du chemin qu'on peut faire le jour du sabbat ; *et* ils s'en retournèrent à Jérusalem.

13 Et étant entrés *dans une maison*, ils montèrent à une chambre haute, où demeuraient Pierre, Jean, Jacques, André, Philippe, Thomas, Barthélemy, Matthieu ; Jacques, *fils* d'Alphée ; Simon, *appelé* le Zélé ; et Jude, *frère* de Jacques ;

14 qui persévéraient tous dans un même esprit en prières avec les femmes, et Marie, mère de Jésus, et ses frères.

15 Pendant ces jours-là, Pierre se leva au milieu des frères, qui étaient tous ensemble environ cent vingt, et il leur dit :

16 *Mes* frères, il faut que ce que le Saint-Esprit a prédit dans l'Écriture, par la bouche de David, touchant Judas, qui a été le conducteur de ceux qui ont pris Jésus, soit accompli.

17 Il était dans le même rang que nous, et il avait été appelé aux fonctions du même ministère.

18 Et après avoir acquis un champ de la récompense de son péché, il s'est pendu, et a crevé par le milieu du ventre, et toutes ses entrailles se sont répandues.

19 Ce qui a été si connu de tous les habitants de Jérusalem, que ce champ a été nommé en leur langue, Haceldama, c'est-à-dire, le champ du sang.

20 Car il est écrit dans le livre des Psaumes : Que leur demeure devienne déserte ; qu'il n'y ait personne qui l'habite ; et qu'un autre reçoive son ministère, *ou son épiscopat.*

21 Il faut donc, qu'entre ceux qui ont été en notre compagnie pendant tout le temps que le Seigneur Jésus a vécu parmi nous,

22 à commencer depuis le baptême de Jean, jusqu'au jour où il est monté au ciel en nous quittant, on en choisisse un, qui soit avec nous témoin de sa résurrection.

23 Alors ils en présentèrent deux : Joseph, appelé Barsabas, surnommé le Juste ; et Matthias.

24 Et se mettant en prières, ils dirent : Seigneur ! vous qui connaissez les cœurs de tous les hommes, montrez-*nous* lequel de ces deux vous avez choisi ;

25 afin qu'il entre dans ce ministère, et dans l'apostolat, dont Judas est déchu par son crime, pour s'en aller en son lieu.

26 Aussitôt ils les tirèrent au sort ; et le sort tomba sur Matthias, et il fut associé aux onze apôtres.

CHAPITRE II.

QUAND les jours de la Pentecôte furent accomplis, les disciples étant tous ensemble dans un même lieu,

2 on entendit tout d'un coup un grand bruit, comme d'un vent impétueux, qui venait du ciel, et qui remplit toute la maison où ils étaient assis.

3 En même temps ils virent paraître comme des langues de feu, qui se partagèrent et s'arrêtèrent sur chacun d'eux.

4 Aussitôt ils furent tous remplis du Saint-Esprit, et ils commencèrent à parler diverses langues, selon que le Saint-Esprit leur mettait les paroles en la bouche.

5 Or il y avait *alors* dans Jérusalem des Juifs religieux *et craignant Dieu,* de toutes les nations qui sont sous le ciel.

6 Après donc que ce bruit se fut répandu, il s'en assembla un grand nombre, qui furent épouvantés de ce que chacun d'eux les entendait parler en sa langue.

7 Ils en étaient tous hors d'eux-mêmes ; et dans cet étonnement ils s'entre-disaient : Ces gens-là qui parlent, ne sont-ils pas tous Galiléens ?

8 Comment donc les entendons-nous parler chacun la langue de notre pays ?

9 Parthes, Mèdes, Élamites, ceux *d'entre nous* qui habitent la Mésopotamie, la Judée, la Cappadoce, le Pont et l'Asie,

10 la Phrygie et la Pamphylie, l'Égypte et cette partie de la Libye qui est proche de Cyrène, et ceux qui sont venus de Rome,

11 Juifs aussi et prosélytes, Crétois et Arabes, nous les entendons parler, chacun en notre langue, des merveilles de Dieu.

12 Étant donc tous étonnés et dans la dernière admiration, ils s'entre-disaient : Que veut dire ceci ?

13 Mais d'autres s'en moquaient, et disaient : C'est qu'ils sont *ivres* et pleins de vin doux.

14 Alors Pierre se présentant avec les onze *apôtres,* éleva sa voix, et leur dit : Ô Juifs, et vous tous qui demeurez dans Jérusalem ! considérez ce que je vais vous dire, et soyez attentifs à mes paroles.

15 Ces personnes ne sont pas ivres, comme vous le pensez, puisqu'il n'est encore que la troisième heure du jour.

16 Mais c'est ce qui a été dit par le prophète Joël :

17 Dans les derniers temps, dit le Seigneur, je répandrai de mon Esprit sur toute chair : vos fils et vos filles prophétiseront ; vos jeunes gens auront des visions, et vos vieillards auront des songes.

18 En ces jours-là je répandrai de mon Esprit sur mes serviteurs et sur mes servantes, et ils prophétiseront.

19 Je ferai paraître en haut des prodiges dans le ciel, et en bas des signes *extraordinaires* sur la terre : du sang, du feu, et une vapeur de fumée.

20 Le soleil sera changé en ténèbres, et la lune en sang, avant que le grand jour du Seigneur arrive, et paraisse avec éclat ;

21 et pour lors, quiconque invoquera le nom du Seigneur, sera sauvé.

22 Ô Israélites ! écoutez les paroles que je vais vous dire : Vous savez que Jésus de Nazareth a été un homme que Dieu a rendu célèbre parmi vous, par les merveilles, les prodiges et les miracles qu'il a faits par lui au milieu de vous.

23 Cependant vous l'avez crucifié, et vous l'avez fait mourir par les mains des méchants, vous ayant été livré par un ordre exprès de la volonté de Dieu et par un décret de sa prescience.

24 Mais Dieu l'a ressuscité, en arrêtant les douleurs de l'enfer, étant impossible qu'il y fût retenu.

25 Car David dit en son nom : J'avais toujours le Seigneur présent devant moi ; parce qu'il est à ma droite, afin que je ne sois point ébranlé :

26 c'est pour cela que mon cœur s'est réjoui, que ma langue a chanté des cantiques de joie, et que ma chair même reposera en espérance ;

27 parce que vous ne laisserez point mon âme dans l'enfer, et vous ne permettrez point que votre Saint éprouve la corruption.

28 Vous m'avez fait connaître le chemin de la vie, et vous me remplirez de la joie que donne la vue de votre visage.

29 Mes frères, qu'il me soit permis de vous dire hardiment du patriarche David, qu'il est mort, qu'il a été enseveli, et que son sépulcre est parmi nous jusqu'a ce jour.

30 Comme il était donc prophète, et qu'il savait que Dieu lui avait promis avec serment, qu'il ferait naître de son sang un fils, qui serait assis sur son trône ;

31 dans cette connaissance qu'il avait de l'avenir, il a parlé de la résurrection du Christ, *en disant,* qu'il n'a point été laissé dans l'enfer, et que sa chair n'a point éprouvé la corruption.

32 C'est ce Jésus que Dieu a ressuscité, et nous en sommes tous témoins.

33 Après donc qu'il a été élevé par la puissance de Dieu, et qu'il a reçu l'accomplissement de la promesse que le Père lui avait faite d'envoyer le Saint-Esprit, il a répandu cet Esprit-Saint que vous voyez et entendez maintenant.

34 Car David n'est point monté dans le ciel ; or il dit lui-même : Le Seigneur a dit à mon Seigneur : Asseyez-vous à ma droite,

35 jusqu'à ce que j'aie réduit vos ennemis à vous servir de marchepied.

36 Que toute la maison d'Israël sache donc très-certainement, que Dieu a fait Seigneur et Christ ce Jésus que vous avez crucifié.

37 Ayant entendu ces choses, ils furent touchés de componction en leur cœur, et ils dirent à Pierre et aux autres apôtres : Frères, que faut-il que nous fassions ?

38 Pierre leur répondit : Faites pénitence, et que chacun de vous soit baptisé au nom de Jésus-Christ, pour *obtenir* la rémission de vos péchés ; et vous recevrez le don du Saint-Esprit :

39 car la promesse vous regarde, vous et vos enfants, et tous ceux qui sont éloignés, autant que le Seigneur, notre Dieu, en appellera.

40 Il les instruisit encore par plusieurs autres discours, et il les exhortait, en disant : Sauvez-vous *du milieu* de cette race corrompue.

41 Ceux donc qui reçurent sa parole, furent baptisés ; et il y eut en ce jour environ trois mille personnes qui se joignirent *aux disciples de Jésus-Christ.*

42 Ils persévéraient dans la doctrine des apôtres, dans la communion de la fraction du pain, et dans les prières.

43 Or tous les esprits étaient frappés de crainte ; et il se faisait beaucoup de prodiges et de merveilles par les apôtres, dans Jérusalem ; et tous étaient remplis d'une grande crainte.

44 Ceux qui croyaient, étaient tous *unis* ensemble ; et tout ce qu'ils possédaient, était commun entre eux.

45 Ils vendaient leurs terres et leurs biens, et les distribuaient à tous, selon le besoin que chacun en avait.

46 Ils persévéraient aussi tous les jours dans le temple, unis de cœur et d'esprit entre eux ; et rompant le pain dans les maisons, ils prenaient leur nourriture avec joie et simplicité de cœur ;

47 louant Dieu, et étant aimés de tout le peuple. Et le Seigneur augmentait tous les jours le nombre de ceux qui devaient être sauvés dans l'unité d'un même *corps.*

CHAPITRE III.

VERS le même temps Pierre et Jean montaient au temple, pour *assister* à la prière de la neuvième heure.

2 Et il y avait un homme boiteux dès le ventre de sa mère, que l'on portait et qu'on mettait tous les jours à la porte du temple, qu'on appelle la Belle porte, afin qu'il demandât l'aumône à ceux qui entraient dans le temple.

3 Cet homme voyant Pierre et Jean, qui allaient entrer dans le temple, les priait de lui donner quelque aumône.

4 Et Pierre avec Jean, arrêtant sa vue sur ce pauvre, lui dit : Regardez-nous.

5 Il les regardait donc attentivement, espérant qu'il allait recevoir quelque chose d'eux.

6 Alors Pierre lui dit ; Je n'ai ni or, ni argent ; mais ce que j'ai, je vous le donne : Levez-vous au nom de Jésus-Christ de Nazareth, et marchez.

7 Et l'ayant pris par la main droite, il le souleva ; et aussitôt les plantes et les os de ses pieds s'affermirent.

8 Il se leva à l'heure même, se tint ferme sur ses pieds, et commença à marcher ; et il entra avec eux dans le temple, marchant, sautant, et louant Dieu.

9 Tout le peuple le vit marcher, et louer Dieu.

10 Et reconnaissant que c'était celui-là même qui avait accoutumé d'être assis à la Belle porte pour demander l'aumône, ils furent remplis d'admiration et d'étonnement de ce qui lui était arrivé.

11 Et comme il tenait *par la main* Pierre et Jean, tout le peuple étonné de cette merveille, courut à eux à la galerie qu'on nomme de Salomon.

12 Ce que Pierre voyant, il dit au peuple : Ô Israélites ! pourquoi vous étonnez-vous de ceci ? ou pourquoi nous regardez-vous, comme si c'était par notre vertu, ou par notre puissance, que nous eussions fait marcher ce boiteux ?

13 Le Dieu d'Abraham, le Dieu d'Isaac et le Dieu de Jacob, le Dieu de nos pères, a glorifié son Fils Jésus que vous avez livré, et renoncé devant Pilate, qui avait jugé qu'il devait être renvoyé absous.

14 Vous avez renoncé le Saint et le Juste ; vous avez demandé qu'on vous accordât la grâce d'un homme qui était un meurtrier ;

15 et vous avez fait mourir l'auteur de la vie : mais Dieu l'a ressuscité d'entre les morts ; et nous sommes témoins de sa résurrection.

16 C'est par la foi en son nom, que sa puissance a raffermi *les pieds de* cet homme, que vous avez vu *boiteux,* et que vous connaissez ; et la foi qui vient de lui, a fait devant vous tous *le miracle d'*une si parfaite guérison.

17 Cependant, mes frères, je sais que vous avez agi en cela par ignorance, aussi bien que vos sénateurs.

18 Mais Dieu a accompli de cette sorte ce qu'il avait prédit par la bouche de tous ses prophètes, que son Christ souffrirait *la mort.*

19 Faites donc pénitence, et convertissez-vous, afin que vos péchés soient effacés,

20 quand les temps du rafraîchissement que le Seigneur doit donner par sa présence, seront venus, et qu'il aura envoyé Jésus-Christ, qui vous a été annoncé.

21 Il faut cependant que le ciel le reçoive, jusqu'au temps du rétablissement de toutes choses, que Dieu a prédit par la bouche de ses saints prophètes, depuis le commencement du monde.

22 Moïse a dit *à nos pères* : Le Seigneur, votre Dieu, vous suscitera d'entre vos frères un prophète comme moi ; écoutez-le en tout ce qu'il vous dira :

23 quiconque n'écoutera pas ce prophète, sera exterminé du milieu du peuple.

24 Tous les prophètes qui ont prophétisé de temps en temps depuis Samuel, ont prédit ce qui est arrivé en ces jours.

25 Vous êtes les enfants des prophètes, et de l'alliance que Dieu a établie avec nos pères, en disant à Abraham : Toutes les nations de la terre seront bénies en votre race.

26 C'est pour vous premièrement que Dieu a suscité son Fils ; et il vous l'a envoyé pour vous bénir, afin que chacun se convertisse de sa mauvaise vie.

CHAPITRE IV.

LORSQU'ILS parlaient au peuple, les prêtres, le capitaine des gardes du temple et les saducéens survinrent,

2 ne pouvant souffrir qu'ils enseignassent le peuple, et qu'ils annonçassent la résurrection des morts en *la personne de* Jésus ;

3 et les ayant arrêtés, ils les mirent en prison jusqu'au lendemain ; parce qu'il était déjà tard.

4 Or plusieurs de ceux qui avaient entendu le discours *de Pierre* crurent ; et le nombre des hommes fut *d'environ* cinq mille.

5 Le lendemain les chefs du peuple, les sénateurs et les scribes s'assemblèrent dans Jérusalem,

6 avec Anne, le grand prêtre, Caïphe, Jean, Alexandre, et tous ceux qui étaient de la race sacerdotale.

7 Et ayant fait venir les apôtres au milieu d'eux, ils leur dirent : Par quelle puissance, ou au nom de qui, avez-vous fait cette action ?

8 Alors Pierre, rempli du Saint-Esprit, leur dit : Princes du peuple, et vous, sénateurs, écoutez :

9 Puisque aujourd'hui l'on nous demande raison du bien que nous avons fait à un homme perclus, et de la manière dont il a été guéri,

10 nous vous déclarons à vous tous, et à tout le peuple d'Israël, que c'est par le nom de notre Seigneur Jésus-Christ de Nazareth, lequel vous avez crucifié, et que Dieu a ressuscité d'entre les morts ; c'est par lui que cet homme est maintenant guéri, comme vous le voyez devant vous.

11 C'est lui qui est cette pierre que vous, architectes, avez rejetée, et qui cependant est devenue la principale pierre de l'angle :

12 et il n'y a point de salut par aucun autre : car nul autre nom sous le ciel n'a été donné aux hommes par lequel nous devions être sauvés.

13 Lorsqu'ils virent la constance de Pierre et de Jean, connaissant que c'étaient des hommes sans lettres et du commun du peuple, ils en furent étonnés. Ils savaient aussi qu'ils avaient été disciples de Jésus.

14 Et comme ils voyaient présent avec eux cet homme qui avait été guéri, ils n'avaient rien à leur opposer.

15 Ils leur commandèrent donc de sortir de l'assemblée, et se mirent à délibérer entre eux,

16 en disant : Que ferons-nous à ces gens-ci ? car ils ont fait un miracle qui est connu de tous les habitants de Jérusalem ; cela est certain, et nous ne pouvons pas le nier.

17 Mais afin que le bruit ne s'en répande pas davantage parmi le peuple, défendons-leur avec menaces, de parler à l'avenir en ce nom-là à qui que ce soit.

18 Et aussitôt les ayant fait appeler, ils leur défendirent de parler en quelque manière que ce fût, ni d'enseigner au nom de Jésus.

19 Mais Pierre et Jean leur répondirent : Jugez vous-mêmes s'il est juste devant Dieu, de vous obéir plutôt qu'à Dieu :

20 car pour nous, nous ne pouvons pas ne point parler des choses que nous avons vues et entendues.

21 Ils les renvoyèrent donc avec menaces ; ne trouvant point de moyen de les punir, à cause du peuple, parce que tous rendaient gloire *à Dieu* de ce qui était arrivé :

22 car l'homme qui avait été guéri d'une manière si miraculeuse, avait plus de quarante ans.

23 Après qu'on les eut laissés aller, ils vinrent trouver leurs *frères*, et leur racontèrent tout ce que les princes des prêtres et les sénateurs leur avaient dit.

24 Ce qu'ayant entendu, ils élevèrent tous leur voix à Dieu dans l'union d'un même esprit, et lui dirent : Seigneur ! c'est vous qui avez fait le ciel et la terre, la mer, et tout ce qu'ils contiennent ;

25 c'est vous qui avez dit par le Saint-Esprit, parlant par la bouche de notre père David, votre serviteur : Pourquoi les nations se sont-elles soulevées avec un grand bruit, et pourquoi les peuples ont-ils formé de vains desseins ?

26 Les rois de la terre se sont élevés, et les princes se sont unis ensemble, contre le Seigneur et contre son Christ.

27 Car Hérode et Ponce Pilate, avec les gentils et le peuple d'Israël, se sont vraiment unis ensemble dans cette ville contre votre saint Fils Jésus, que vous avez consacré par votre onction,

28 pour faire tout ce que votre puissance et votre conseil avaient ordonné devoir être fait.

29 Maintenant donc, Seigneur ! considérez leurs menaces, et donnez à vos serviteurs la force d'annoncer votre parole avec une entière liberté ;

30 en étendant votre main pour faire des guérisons *miraculeuses*, des merveilles et des prodiges, par le nom de votre saint Fils Jésus.

31 Lorsqu'ils eurent achevé leur prière, le lieu où ils étaient assemblés, trembla : ils furent tous remplis du Saint-Esprit, et ils annonçaient la parole de Dieu avec hardiesse.

32 Toute la multitude de ceux qui croyaient, n'avait qu'un cœur et qu'une âme : et nul ne considérait ce qu'il possédait comme étant à lui en particulier ; mais toutes choses étaient communes entre eux.

33 Les apôtres rendaient témoignage avec une grande force, à la résurrection de notre Seigneur Jésus-Christ ; et la grâce était grande dans tous les fidèles.

34 Car il n'y avait aucun pauvre parmi eux ; parce que tous ceux qui possédaient des fonds de terre ou des maisons, les vendaient, et en apportaient le prix,

35 qu'ils mettaient aux pieds des apôtres ; et on le distribuait ensuite à chacun, selon qu'il en avait besoin.

36 Joseph, surnommé par les apôtres Barnabé, c'est-à-dire, enfant de consolation, qui était Lévite, et originaire de l'île de Cypre,

37 vendit aussi un fonds de terre qu'il avait, et en apporta le prix, qu'il mit aux pieds des apôtres.

CHAPITRE V.

ALORS un homme, nommé Ananie, et Saphire, sa femme, vendirent ensemble un fonds de terre ;

2 et cet homme ayant retenu, de concert avec sa femme, une partie du prix qu'il en avait reçu, apporta le reste, et le mit aux pieds des apôtres.

3 Mais Pierre lui dit : Ananie, comment Satan a-t-il tenté votre cœur, jusqu'à vous faire mentir au Saint-Esprit, et détourner une partie du prix de ce fonds de terre ?

4 Ne demeurait-il pas toujours à vous, si vous aviez voulu le garder ; et après même l'avoir vendu, le prix n'en était-il pas encore à vous ? Comment donc avez-vous conçu ce dessein dans votre cœur ? Ce n'est pas aux hommes que vous avez menti, mais à Dieu.

5 Ananie ayant entendu ces paroles, tomba, et rendit l'esprit ; et tous ceux qui en entendirent parler, furent saisis d'une grande crainte.

6 Aussitôt quelques jeunes gens vinrent prendre son corps, et l'ayant emporté ils l'enterrèrent.

7 Environ trois heures après, sa femme, qui ne savait point ce qui était arrivé, entra ;

8 et Pierre lui dit : Femme, dites-moi, n'avez-vous vendu votre fonds de terre que cela ? Elle lui répondit : Non, nous ne l'avons vendu que cela.

9 Alors Pierre lui dit : Comment vous êtes-vous ainsi accordés ensemble pour tenter l'Esprit du Seigneur ? Voilà ceux qui viennent d'enterrer votre mari, qui sont à cette porte, et ils vont aussi vous porter en terre.

10 Au même moment elle tomba à ses pieds, et rendit l'esprit. Ces jeunes hommes étant entrés, la trouvèrent morte, et l'emportant ils l'enterrèrent auprès de son mari.

11 Cet événement répandit une grande frayeur dans toute l'Eglise, et parmi tous ceux qui en entendirent parler.

12 Cependant les apôtres faisaient beaucoup de miracles et de prodiges parmi le peuple ; et tous *les fidèles* étant unis dans un même esprit, s'assemblaient dans la galerie de Salomon :

13 aucun des autres n'osait se joindre à eux ; mais le peuple leur donnait de grandes louanges :

14 et le nombre de ceux qui croyaient au Seigneur, tant hommes que femmes, se multipliait de plus en plus :

15 *les apôtres, dis-je, faisaient beaucoup de miracles ;* de sorte qu'on apportait les malades dans les rues, et qu'on les mettait sur des lits et sur des paillasses, afin que lorsque Pierre passerait, son ombre au moins couvrît quelqu'un d'eux, et qu'ils fussent délivrés de leurs maladies.

16 Un grand nombre de personnes accouraient aussi des villes voisines à Jérusalem, où ils amenaient les malades, et ceux qui étaient tourmentés par les esprits impurs ; et ils étaient tous guéris.

17 Alors le grand prêtre, et tous ceux qui étaient avec lui, c'est-à-dire, ceux de la secte des saducéens, étant remplis de colère, s'élevèrent ;

18 et ayant fait prendre les apôtres, ils les mirent dans la prison publique.

19 Mais un ange du Seigneur ouvrit durant la nuit les portes de la prison ; et les ayant fait sortir, il leur dit :

20 Allez dans le temple, et prêchez-y hardiment au peuple toutes les paroles de cette *doctrine de* vie.

21 Ce qu'ayant entendu, ils entrèrent au temple dès le point du jour, et se mirent à prêcher. Cependant le grand prêtre, et ceux qui étaient avec lui, étant venus, ils assemblèrent le conseil, et tous les sénateurs du peuple d'Israël, et envoyèrent à la prison, afin qu'on amenât les apôtres.

22 Les officiers y étant venus, ouvrirent la prison, et ne les ayant point trouvés, ils s'en retournèrent faire leur rapport :

23 Nous avons, dirent-ils, trouvé la prison bien fermée, et les gardes devant les portes ; mais l'ayant ouverte, nous n'avons trouvé personne dedans.

24 Le capitaine des gardes du temple, et les princes des prêtres, ayant entendu ces paroles, se trouvèrent fort en peine touchant ces hommes, ne sachant ce que deviendrait cette affaire.

25 Mais quelqu'un vint leur dire au même temps : Voilà ces hommes que vous aviez mis en prison, qui sont dans le temple, et qui enseignent le peuple.

26 Alors le capitaine des gardes du temple partit avec ses officiers, et les amena sans violence : car ils craignaient d'être lapidés par le peuple.

27 Quand ils les eurent amenés, ils les présentèrent au conseil ; et le grand prêtre leur parla en ces termes :

28 Ne vous avions-nous pas expressément défendu d'enseigner en ce nom-là ? Cependant vous avez rempli Jérusalem de votre doctrine, et vous voulez nous charger du sang de cet homme.

29 Pierre et les apôtres répondirent : Il faut plutôt obéir à Dieu qu'aux hommes.

30 Le Dieu de nos pères a ressuscité Jésus, que vous avez fait mourir en le pendant sur le bois.

31 C'est lui que Dieu a élevé par sa droite comme étant le Prince et le Sauveur, pour donner à Israël *la grâce* de la pénitence et *de* la rémission des péchés.

32 Nous sommes nous-mêmes les témoins de ce que nous *vous* disons ; et le Saint-Esprit, que Dieu a donné à tous ceux qui lui obéissent, l'est aussi *avec nous*.

33 Ayant entendu ces choses, ils étaient transportés de rage, et ils délibéraient de les faire mourir.

34 Mais un pharisien, nommé Gamaliel, docteur de la loi, qui était honoré de tout le peuple, se levant dans le conseil, commanda qu'on fît retirer les apôtres pour un peu de temps ;

35 et il dit à ceux qui étaient assemblés : Ô Israélites ! prenez garde à ce que vous allez faire à l'égard de ces personnes.

36 Car il y a quelque temps qu'il s'éleva un certain Théodas, qui prétendait être quelque chose *de grand* : il y eut environ quatre cents hommes qui s'attachèrent à lui ; mais il fut tué, et tous ceux qui avaient cru en lui se dissipèrent, et furent réduits à rien.

37 Judas de Galilée s'éleva après lui dans le temps du dénombrement du peuple, et il attira à soi beaucoup de monde ; mais il périt aussi ; et tous ceux qui étaient entrés dans son parti, furent dissipés.

38 Voici donc le conseil que je vous donne : Ne vous mêlez point de ce qui regarde ces gens-là, et laissez-les *faire* : car si ce conseil, ou cette œuvre, vient des hommes, elle se détruira.

39 Si elle vient de Dieu, vous ne pourrez la détruire, et vous seriez en danger de combattre contre Dieu même. Ils se rendirent à son avis.

40 Et ayant fait venir les apôtres, ils leur défendirent, après les avoir fait fouetter, de parler à l'avenir au nom de Jésus ; et ils les laissèrent aller.

41 Alors les apôtres sortirent du conseil, tout remplis de joie de ce qu'ils avaient été jugés dignes de souffrir cet outrage pour le nom de Jésus.

42 Et ils ne cessaient point tous les jours d'enseigner et d'annoncer Jésus-Christ, et dans le temple et dans les maisons.

CHAPITRE VI.

EN ce temps-là le nombre des disciples se multipliant, il s'éleva un murmure des *Juifs* grecs contre les *Juifs* hébreux, de ce que leurs veuves étaient méprisées dans la dispensation de ce qui se donnait chaque jour.

2 C'est pourquoi les douze *apôtres* ayant assemblé tous les disciples, leur dirent : Il n'est pas juste que nous quittions *la prédication de* la parole de Dieu, pour avoir soin des tables.

3 Choisissez donc, *mes* frères, sept hommes d'entre vous d'une probité reconnue, pleins de l'Esprit-Saint et de sagesse, à qui nous commettions ce ministère.

4 Et pour nous, nous nous appliquerons entièrement à la prière, et à la dispensation de la parole.

5 Ce discours plut à toute l'assemblée ; et ils élurent Étienne, homme plein de foi et du Saint-Esprit ; Philippe, Prochore, Nicanor, Timon, Parménas, et Nicolas, prosélyte d'Antioche.

6 Ils les présentèrent devant les apôtres, qui leur imposèrent les mains, en priant.

7 Cependant la parole du Seigneur se répandait de plus en plus, et le nombre des disciples augmentait fort dans Jérusalem. Il y en avait aussi beaucoup d'entre les prêtres qui obéissaient à la foi.

8 Or Étienne étant plein de grâce et de force, faisait de grands prodiges et de grands miracles parmi le peuple.

9 Et quelques-uns de la synagogue qui est appelée *la synagogue* des affranchis, des Cyrénéens, des Alexandrins, et de ceux de Cilicie et d'Asie, s'élevèrent contre Étienne, et disputaient avec lui ;

10 mais ils ne pouvaient résister à la sagesse et à l'Esprit qui parlait *en lui.*

11 Alors ils subornèrent des gens, pour leur faire dire, qu'ils lui avaient entendu proférer des paroles de blasphème contre Moïse et contre Dieu.

12 Ils émurent donc le peuple, les sénateurs et les scribes ; et se jetant sur Étienne, ils l'entraînèrent et l'emmenèrent au conseil.

13 Et ils produisirent contre lui de faux témoins, qui disaient : Cet homme ne cesse point de proférer des paroles *de blasphème* contre le lieu saint et contre la loi :

14 car nous lui avons entendu dire, que ce Jésus de Nazareth détruira ce lieu, et changera les ordonnances que Moïse nous a laissées.

15 Et tous ceux qui étaient assis dans le conseil, ayant les yeux sur lui, son visage leur parut comme le visage d'un ange.

CHAPITRE VII.

ALORS le grand prêtre lui demanda, si ce que l'on disait *de lui* était véritable.

2 Il répondit : Mes frères et mes pères, écoutez-*moi* : Le Dieu de gloire apparut à notre père Abraham, lorsqu'il était en Mésopotamie, avant qu'il demeurât à Charan,

3 et lui dit : Sortez de votre pays et de votre parenté, et venez dans la terre que je vous montrerai.

4 Alors il sortit du pays des Chaldéens, et vint demeurer à Charan. Et après que son père fut mort, Dieu le fit passer dans cette terre que vous habitez aujourd'hui ;

5 où il ne lui donna aucun héritage, non pas même où asseoir le pied ; mais il lui promit de lui en donner la possession, et à sa postérité après lui, lorsqu'il n'avait point encore de fils.

6 Et Dieu lui prédit que pendant quatre cents ans sa postérité demeurerait dans une terre étrangère, et qu'elle serait tenue en servitude et fort maltraitée.

7 Mais j'exercerai, dit le Seigneur, ma justice contre la nation qui l'aura tenue en servitude ; et elle sortira enfin *de ce pays-là*, et viendra me servir dans ce lieu-ci.

8 Il fit ensuite avec lui l'alliance de la circoncision ; et ainsi Abraham ayant engendré Isaac, le circoncit le huitième jour. Isaac engendra Jacob, et Jacob les douze patriarches.

9 Les patriarches, émus d'envie, vendirent Joseph pour être mené en Égypte : mais Dieu était avec lui ;

10 et il le délivra de toutes ses afflictions ; et l'ayant rempli de sagesse, il le rendit agréable à Pharaon, roi d'Égypte, qui lui donna la conduite de son royaume et de toute sa maison.

11 Cependant toute l'Égypte et la terre de Chanaan furent affligées d'une grande famine ; et nos pères ne pouvaient trouver de quoi vivre.

12 Mais Jacob ayant entendu dire qu'il y avait du blé en Égypte, il y envoya nos pères pour la première fois.

13 Et la seconde fois qu'ils y vinrent, Joseph fut reconnu de ses frères ; et Pharaon sut de quelle famille il était.

14 Alors Joseph envoya quérir Jacob, son père, et toute sa famille, qui consistait en soixante et quinze personnes.

15 Jacob descendit donc en Égypte, où il mourut, et nos pères après lui ;

16 et ils furent transportés en Sichem, et on les mit dans le sépulcre qu'Abraham avait acheté à prix d'argent des enfants d'Hémor, fils de Sichem.

17 Mais comme le temps de la promesse que Dieu avait faite à Abraham, s'approchait, le peuple s'accrut, et se multiplia beaucoup en Égypte,

18 jusqu'au règne d'un autre roi, qui n'avait point connu Joseph.

19 Ce prince, usant d'une malice artificieuse contre notre nation, accabla nos pères de maux, jusqu'à les contraindre d'exposer leurs enfants, pour en exterminer la race.

20 Ce fut en ce temps-là que naquit Moïse, qui était agréable à Dieu. Il fut nourri trois mois dans la maison de son père.

21 Et ayant été exposé ensuite, la fille de Pharaon l'emporta, et le nourrit comme son fils.

22 *Depuis*, Moïse fut instruit dans toute la sagesse des Égyptiens, et devint puissant en paroles et en œuvres.

23 Mais quand il eut atteint l'âge de quarante ans, il lui vint dans l'esprit d'aller visiter ses frères, les enfants d'Israël.

24 Et voyant qu'on faisait injure à l'un d'eux, il le défendit, et le vengea en tuant l'Égyptien qui l'outrageait.

25 Or il croyait que ses frères comprendraient bien que ce serait par sa main que Dieu les délivrerait ; mais ils ne le comprirent pas.

26 Le lendemain, s'étant rencontré lorsque quelques-uns d'eux se querellaient, et tâchant de les accorder, il leur dit : Mes amis, vous êtes frères ; comment vous faites-vous injure l'un à l'autre ?

27 Mais celui qui faisait injure à l'autre, le rebuta, en lui disant : Qui vous a établi prince et juge sur nous ?

28 Ne voudriez-vous point me tuer, comme vous tuâtes hier cet Égyptien ?

29 Cette parole fut cause que Moïse s'enfuit ; et il demeura comme étranger au pays de Madian, où il eut deux fils.

30 Quarante ans après, un Ange lui apparut au désert de la montagne de Sina dans la flamme d'un buisson qui brûlait.

31 Ce que Moïse ayant aperçu, il fut étonné de ce qu'il voyait ; et s'approchant pour considérer *ce que c'était*, il entendit la voix du Seigneur, qui lui dit :

32 Je suis le Dieu de vos pères, le Dieu d'Abraham, le Dieu d'Isaac et le Dieu de Jacob. Et Moïse, tout tremblant, n'osait considérer *ce que c'était*.

33 Alors le Seigneur lui dit : Ôtez vos souliers de vos pieds : car le lieu où vous êtes est une terre sainte.

34 J'ai vu et considéré l'affliction de mon peuple, qui est en Égypte ; j'ai entendu leurs gémissements, et je suis descendu pour les délivrer. Venez donc maintenant, afin que je vous envoie en Égypte.

35 Ce Moïse qu'ils avaient rejeté en disant, Qui vous a établi prince et juge ? fut celui-là même que Dieu envoya pour prince et pour libérateur, sous la conduite de l'Ange qui lui était apparu dans le buisson.

36 Ce fut lui qui les fit sortir, faisant des prodiges et des miracles en Égypte, en la mer Rouge, et au désert, durant quarante ans.

37 C'est ce Moïse qui a dit aux enfants d'Israël : Dieu vous suscitera d'entre vos frères un prophète comme moi ; écoutez-le.

38 C'est lui qui, pendant que le peuple était assemblé dans le désert, s'entretenait avec l'Ange qui lui parlait sur la montagne de Sina. *C'est lui qui était* avec nos pères, *et* qui a reçu les paroles de vie pour nous les donner.

39 Nos pères ne voulurent point lui obéir ; mais ils le rebutèrent, retournant de cœur en Égypte,

40 et disant à Aaron : Faites-nous des dieux qui marchent devant nous : car nous ne savons ce qu'est devenu ce Moïse qui nous a tirés du pays d'Égypte.

41 Ils firent ensuite un veau, et sacrifièrent à l'idole, mettant leur joie dans cet ouvrage de leurs mains.

42 Alors Dieu se détourna d'eux, et les abandonna, de telle sorte qu'ils adorèrent l'armée du ciel, comme il est écrit au livre des Prophètes : Maison d'Israël, m'avez-vous offert des sacrifices et des hosties dans le désert durant quarante ans ?

43 Au contraire, vous avez porté le tabernacle de Moloch, et l'astre de votre dieu Remphan, qui sont des figures que vous avez faites pour les adorer. C'est pourquoi je vous transporterai au delà de Babylone.

44 Nos pères eurent dans le désert le tabernacle du témoignage, comme Dieu, parlant à Moïse, lui avait ordonné de le faire, selon le modèle qu'il avait vu.

45 Et nos pères l'ayant reçu, ils l'emportèrent, sous la conduite de Josué, au pays qui avait été possédé par les nations que Dieu chassa devant eux ; *et il y fut* jusqu'au temps de David,

46 qui trouva grâce devant Dieu, et qui lui demanda qu'il pût bâtir une demeure au Dieu de Jacob.

47 Ce fut néanmoins Salomon qui lui bâtit un temple.

48 Mais le Très-Haut n'habite point dans des *temples* faits par la main des hommes ; selon cette parole du prophète :

49 Le ciel est mon trône, et la terre est mon marchepied. Quelle maison me bâtiriez-vous ? dit le Seigneur ; et quel pourrait être le lieu de mon repos ?

50 N'est-ce pas ma main qui a fait toutes ces choses ?

51 Têtes dures, *hommes* incirconcis de cœur et d'oreilles ! vous résistez toujours au Saint-Esprit, et vous êtes tels que vos pères ont été.

52 Qui est celui d'entre les prophètes que vos pères n'aient point persécuté ? Ils ont tué ceux qui *leur* prédisaient l'avènement du Juste, que vous venez de trahir, et dont vous avez été les meurtriers ;

53 vous qui avez reçu la loi par le ministère des anges, et qui ne l'avez point gardée.

54 À ces paroles ils entrèrent dans une rage qui leur déchirait le cœur, et ils grinçaient les dents contre lui.

55 Mais Étienne étant rempli du Saint-Esprit, et levant les yeux au ciel, vit la gloire de Dieu, et Jésus qui était debout à la droite de Dieu ; et il dit : Je vois les cieux ouverts, et le Fils de l'homme, qui est debout à la droite de Dieu.

56 Alors jetant de grands cris, et se bouchant les oreilles, ils se jetèrent sur lui tous ensemble ;

57 et l'ayant entraîné hors de la ville, ils le lapidèrent ; et les témoins mirent leurs vêtements aux pieds d'un jeune homme, nommé Saul.

58 Ainsi ils lapidaient Étienne ; et il invoquait Jésus, et disait : Seigneur Jésus ! recevez mon esprit.

59 S'étant mis ensuite à genoux, il s'écria à haute voix : Seigneur ! ne leur imputez point ce péché. Après cette parole il s'endormit au Seigneur. Or Saul avait consenti *comme les autres* à la mort d'Étienne.

CHAPITRE VIII.

EN ce même temps il s'éleva une grande persécution contre l'Église de Jérusalem ; et tous *les fidèles*, excepté les apôtres, furent dispersés en divers endroits de la Judée et de la Samarie.

2 Or quelques hommes qui craignaient Dieu, prirent soin d'*ensevelir* Étienne, et firent *ses funérailles* avec un grand deuil.

3 Cependant Saul ravageait l'Église ; et entrant dans les maisons, il en tirait par force les hommes et les femmes, et les faisait mettre en prison.

4 Mais ceux qui étaient dispersés, annonçaient la parole de Dieu dans tous les lieux où ils passaient.

5 Philippe étant donc venu dans la ville de Samarie, y prêchait *Jésus*-Christ.

6 Et les peuples étaient attentifs aux choses que Philippe leur disait, et l'écoutaient tous avec une même ardeur, voyant les miracles qu'il faisait.

7 Car les esprits impurs sortaient des corps de plusieurs possédés, en jetant de grands cris.

8 Et beaucoup de paralytiques et de boiteux furent *aussi* guéris.

9 Ce qui remplit la ville d'une grande joie. Il y avait en la même ville un homme, nommé Simon, qui y avait exercé la magie auparavant, et qui avait séduit le peuple de Samarie, se disant être quelque chose de grand ;

10 de sorte qu'ils le suivaient tous, depuis le plus petit jusqu'au plus grand, et disaient : Celui-ci est la grande vertu de Dieu.

11 Et ce qui les portait à le suivre, c'est qu'il y avait déjà longtemps qu'il leur avait renversé l'esprit par ses enchantements.

12 Mais ayant cru ce que Philippe leur annonçait du royaume de Dieu, ils étaient baptisés, hommes et femmes, au nom de Jésus-Christ.

13 Alors Simon crut aussi lui-même ; et après qu'il eut été baptisé, il s'attachait à Philippe ; et voyant les prodiges et les grands miracles qui se faisaient, il en était dans l'admiration et dans le dernier étonnement.

14 Les apôtres qui étaient à Jérusalem, ayant appris que ceux de Samarie avaient reçu la parole de Dieu, ils leur envoyèrent Pierre et Jean ;

15 qui étant venus, firent des prières pour eux, afin qu'ils reçussent le Saint-Esprit :

16 car il n'était point encore descendu sur aucun d'eux ; mais ils avaient seulement été baptisés au nom du Seigneur Jésus.

17 Alors ils leur imposèrent les mains, et ils reçurent le Saint-Esprit.

18 Lorsque Simon eut vu que le Saint-Esprit était donné par l'imposition de la main des apôtres, il leur offrit de l'argent,

19 et leur dit : Donnez-moi aussi ce pouvoir, que ceux à qui j'imposerai les mains, reçoivent le Saint-Esprit. Mais Pierre lui dit :

20 Que votre argent périsse avec vous, vous qui avez cru que le don de Dieu peut s'acquérir avec de l'argent !

21 Vous n'avez point de part, et vous ne pouvez rien prétendre à ce ministère : car votre cœur n'est pas droit devant Dieu.

22 Faites donc pénitence de cette méchanceté et priez Dieu, afin que, s'il est possible, il vous pardonne cette *mauvaise* pensée de votre cœur :

23 car je vois que vous êtes rempli d'un fiel amer, et engagé dans les liens de l'iniquité.

24 Simon répondit : Priez, vous autres, le Seigneur pour moi, afin qu'il ne m'arrive rien de ce que vous avez dit.

25 Pierre et Jean, après avoir rendu témoignage *à la vérité*, et annoncé la parole du Seigneur, s'en retournèrent à Jérusalem, prêchant l'Évangile en plusieurs cantons des Samaritains.

26 Or l'ange du Seigneur parla à Philippe, et lui dit : Levez-vous, et allez vers le midi, au chemin qui descend de Jérusalem à Gaze, qui est déserte.

27 Philippe partit aussitôt, et s'y en alla. Or un Éthiopien, eunuque, l'un des premiers officiers de Candace, reine d'Éthiopie, et surintendant de tous ses trésors, était venu à Jérusalem pour adorer.

28 Et s'en retournant, il était assis dans son chariot, et lisait le prophète Isaïe. ;

29 Alors l'Esprit dit à Philippe : Avancez, et approchez-vous de ce chariot.

30 Aussitôt Philippe accourut ; et ayant entendu que l'eunuque lisait le prophète Isaïe, il lui dit : Croyez-vous entendre ce que vous lisez ?

31 Il lui répondit : Comment pourrais-je l'entendre, si quelqu'un ne me l'explique ? Et il pria Philippe de monter, et de s'asseoir près de lui.

32 Or le passage de l'Écriture qu'il lisait, était celui-ci : Il a été mené comme une brebis à la boucherie, et il n'a point ouvert la bouche, non plus qu'un agneau qui demeure muet devant celui qui le tond.

33 Dans son abaissement il a été délivré de *la mort*, à laquelle il avait été condamné. Qui pourra compter sa postérité, après que sa vie aura été retranchée de la terre ?

34 L'eunuque dit donc à Philippe : Je vous prie de me dire de qui le prophète entend parler : si c'est de lui-même, ou de quelque autre.

35 Alors Philippe prenant la parole, commença par cet endroit de l'Écriture à lui annoncer Jésus.

36 Après avoir marché quelque temps, ils rencontrèrent de l'eau ; et l'eunuque lui dit : Voilà de l'eau ; qu'est-ce qui empêche que je ne sois baptisé ?

37 Philippe lui répondit : Vous pouvez l'être, si vous croyez de tout votre cœur. Il lui repartit : Je crois que Jésus-Christ est le Fils de Dieu.

38 Il commanda aussitôt qu'on arrêtât son chariot, et ils descendirent tous deux dans l'eau, et Philippe baptisa l'eunuque.

39 Étant remontés hors de l'eau, l'Esprit du Seigneur enleva Philippe, et l'eunuque ne le vit plus ; mais il continua son chemin, étant plein de joie.

40 Quant à Philippe, il se trouva dans Azot ; d'où étant sorti, il annonça l'Évangile à toutes les villes par où il passa, jusqu'à ce qu'il vînt à Césarée.

CHAPITRE IX.

CEPENDANT Saul, ne respirant encore que menaces et carnage contre les disciples du Seigneur, vint trouver le grand prêtre,

2 et lui demanda des lettres pour les synagogues de Damas ; afin que s'il trouvait quelques personnes de cette secte, hommes ou femmes, il les amenât prisonniers à Jérusalem.

3 Mais lorsqu'il était en chemin, et qu'il approchait déjà de Damas, il fut tout d'un coup environné *et* frappé d'une lumière du ciel.

4 Et tombant par terre, il entendit une voix qui lui disait : Saul ! Saul ! pourquoi me persécutez-vous ?

5 Il répondit : Qui êtes-vous, Seigneur ? Et le Seigneur lui dit : Je suis Jésus, que vous persécutez. Il vous est dur de regimber contre l'aiguillon.

6 Alors tout tremblant et tout effrayé, il dit : Seigneur ! que voulez-vous que je fasse ?

7 Le Seigneur lui répondit : Levez-vous, et entrez dans la ville ; on vous dira là ce qu'il faut que vous fassiez. Or les hommes qui l'accompagnaient, demeurèrent tout étonnés : car ils entendaient une voix ; mais ils ne voyaient personne.

8 Saul se leva donc de terre ; et ayant les yeux ouverts, il ne voyait point. Ainsi ils le conduisirent par la main, et le menèrent à Damas,

9 où il fut trois jours sans voir, sans manger et sans boire.

10 Or il y avait à Damas un disciple, nommé Ananie, à qui le Seigneur dit, dans une vision : Ananie ! Et il répondit : Me voici, Seigneur !

11 Le Seigneur ajouta : Levez-vous, et vous en allez dans la rue qu'on appelle Droite ; cherchez en la maison de Judas un nommé Saul, de Tarse : car il y est en prière.

12 (Et *au même temps Saul* voyait *en vision* un homme, nommé Ananie, qui entrait et lui imposait les mains, afin qu'il recouvrât la vue.)

13 Ananie lui répondit : Seigneur ! j'ai entendu dire à plusieurs, combien cet homme a fait de maux à vos saints dans Jérusalem.

14 Et même il est venu en cette ville, avec un pouvoir des princes des prêtres, pour emmener prisonniers tous ceux qui invoquent votre nom.

15 Le Seigneur lui repartit ; Allez le trouver ; parce que cet homme est un instrument que j'ai choisi pour porter mon nom devant les gentils, devant les rois, et devant les enfants d'Israël :

16 car je lui montrerai combien il faudra qu'il souffre pour mon nom.

17 Ananie s'en alla donc ; et étant entré en la maison *où était Saul*, il lui imposa les mains, et lui dit : Saul, mon frère, le Seigneur Jésus, qui vous est apparu dans le chemin par où vous veniez, m'a envoyé, afin que vous recouvriez la vue, et que vous soyez rempli du Saint-Esprit.

18 Aussitôt il tomba de ses yeux comme des écailles, et il recouvra la vue ; et s'étant levé, il fut baptisé.

19 Ayant ensuite mangé, il reprit des forces ; et il demeura durant quelques jours avec les disciples qui étaient à Damas.

20 Et il se mit aussitôt à prêcher Jésus dans les synagogues, *assurant* qu'il était le Fils de Dieu.

21 Tous ceux qui l'écoutaient, étaient frappés d'étonnement, et ils disaient : N'est-ce pas là celui qui persécutait avec tant d'ardeur dans Jérusalem, ceux qui invoquaient ce nom, et qui est venu ici pour les emmener prisonniers aux princes des prêtres ?

22 Mais Saul se fortifiait de plus en plus, et confondait les Juifs qui demeuraient à Damas, leur prouvant que Jésus était le Christ.

23 Longtemps après, les Juifs résolurent ensemble de le faire mourir.

24 Mais Saul fut averti du dessein qu'ils avaient formé contre sa vie ; et comme ils faisaient garde jour et nuit aux portes pour le tuer,

25 les disciples le prirent et le descendirent durant la nuit par la muraille dans une corbeille.

26 Étant venu à Jérusalem, il cherchait à se joindre aux disciples ; mais tous le craignaient, ne croyant pas qu'il fût *lui-même* disciple.

27 Alors Barnabé l'ayant pris *avec lui*, l'amena aux apôtres, et leur raconta comment le Seigneur lui était apparu dans le chemin, et ce qu'il lui avait dit, et comme depuis il avait parlé librement *et fortement* dans la ville de Damas au nom de Jésus.

28 Saul demeura donc dans Jérusalem, vivant avec eux, et parlant avec *force et* liberté au nom du Seigneur *Jésus*.

29 Il parlait aussi aux gentils, et il disputait avec les *Juifs* grecs ; et eux cherchaient un moyen de le tuer.

30 Ce que les frères ayant reconnu, ils le menèrent à Césarée, et l'envoyèrent à Tarse.

31 Cependant l'Église était en paix par toute la Judée, la Galilée et la Samarie : et elle s'établissait, marchant dans la crainte du Seigneur, et était remplie de la consolation du Saint-Esprit.

32 Or Pierre, visitant *de ville en ville* tous les disciples, vint aussi voir les saints qui habitaient à Lydde.

33 Il y trouva un homme, nommé Énée, qui depuis huit ans était couché sur un lit, étant paralytique ;

34 et Pierre lui dit : Énée, le Seigneur Jésus-Christ vous guérit ; levez-vous, et faites vous-même votre lit. Et aussitôt il se leva.

35 Tous ceux qui demeuraient à Lydde et à Sarone, virent cet homme *guéri*, et ils se convertirent au Seigneur.

36 Il y avait aussi à Joppé entre les disciples une femme, nommée Tabithe, ou Dorcas, selon que *les Grecs* expliquent ce nom ; elle était remplie de bonnes œuvres et des aumônes qu'elle faisait.

37 Or il arriva en ce temps-là, qu'étant tombée malade elle mourut ; et après qu'on l'eut lavée, on la mit dans une chambre haute.

38 Et comme Lydde était près de Joppé, les disciples ayant appris que Pierre y était, ils envoyèrent vers lui deux hommes, pour le prier de prendre la peine de venir jusque chez eux.

39 Pierre partit aussitôt, et s'en alla avec eux. Lorsqu'il fut arrivé, ils le menèrent à la chambre haute, où toutes les veuves se présentèrent à lui en pleurant, et lui montrant les tuniques et les robes que Dorcas leur faisait.

40 Alors Pierre ayant fait sortir tout le monde, se mit à genoux et en prière : et se tournant vers le corps, il dit : Tabithe, levez-vous. Elle ouvrit les yeux *au même instant* ; et ayant vu Pierre, elle se mit sur son séant.

41 Il lui donna aussitôt la main, et la leva ; et ayant appelé les saints et les veuves, il la leur rendit vivante.

42 Ce miracle fut su de toute la ville de Joppé ; et plusieurs crurent au Seigneur.

43 Et Pierre demeura plusieurs jours dans Joppé, chez un corroyeur, nommé Simon.

CHAPITRE X.

IL y avait à Césarée un homme nommé Corneille, qui était centenier dans une cohorte *de la légion* appelée l'Italienne.

2 Il était religieux, et craignant Dieu, avec toute sa maison ; il faisait beaucoup d'aumônes au peuple, et il priait Dieu incessamment.

3 Un jour vers la neuvième heure, il vit clairement dans une vision un ange de Dieu, qui se présenta devant lui, et lui dit : Corneille !

4 Alors regardant l'ange, il fut saisi de frayeur, et lui dit : Seigneur, que demandez-vous de moi ? L'ange lui répondit : Vos prières et vos aumônes sont montées jusqu'à la présence de Dieu, et il s'en est souvenu.

5 Envoyez donc présentement à Joppé, et faites venir un certain Simon, surnommé Pierre,

6 qui est logé chez un corroyeur, nommé Simon, dont la maison est près de la mer : c'est lui qui vous dira ce qu'il faut que vous fassiez.

7 Dès que l'ange qui lui parlait se fut retiré, il appela deux de ses domestiques, et un soldat craignant Dieu, du nombre de ceux qu'il commandait ;

8 et leur ayant dit tout ce qui lui était arrivé, il les envoya à Joppé.

9 Le lendemain, lorsqu'ils étaient en chemin, et qu'ils approchaient de la ville, Pierre monta sur le haut de la maison *où il était*, vers la sixième heure, pour prier.

10 Et ayant faim, il voulut manger. Mais pendant qu'on lui en apprêtait, il lui survint un ravissement d'esprit :

11 il vit le ciel ouvert, et comme une grande nappe, *liée* par les quatre coins, qui descendait du ciel en terre,

12 où il y avait de toutes sortes d'animaux terrestres à quatre pieds, de reptiles, et d'oiseaux du ciel.

13 Et il entendit une voix qui lui dit : Levez-vous, Pierre ; tuez et mangez.

14 Mais Pierre répondit : Je n'ai garde, Seigneur ! car je n'ai jamais rien mangé de tout ce qui est impur et souillé.

15 Et la voix lui parlant encore une seconde fois, lui dit : N'appelez pas impur ce que Dieu a purifié.

16 Cela s'étant fait jusqu'à trois fois, la nappe fut retirée dans le ciel.

17 Lorsque Pierre était en peine en lui-même, de ce que pouvait signifier la vision qu'il avait eue, les hommes envoyés par Corneille, s'étant enquis de la maison de Simon, se présentèrent en ce même temps à la porte ;

18 et ayant appelé quelqu'un, ils demandèrent si ce n'était pas là que Simon, surnommé Pierre, était logé.

19 Cependant Pierre pensant à la vision qu'il avait eue, l'Esprit lui dit : Voilà trois hommes qui vous demandent.

20 Levez-vous donc, descendez, et ne faites point difficulté d'aller avec eux : car c'est moi qui les ai envoyés.

21 Pierre étant descendu pour aller trouver ces hommes *qui le demandaient*, leur dit : Je suis celui que vous cherchez ; quel est le sujet pour lequel vous êtes venus ?

22 Ils lui répondirent : Corneille, centenier, homme juste et craignant Dieu, selon le témoignage que lui rend toute la nation juive, a été averti par un saint ange de vous faire venir en sa maison, et d'écouter vos paroles.

23 Pierre les ayant donc fait entrer, les logea ; et le lendemain il partit avec eux ; et quelques-uns des frères de la ville de Joppé l'accompagnèrent.

24 Le jour d'après ils arrivèrent à Césarée, où Corneille les attendait avec ses parents et ses plus intimes amis, qu'il avait assemblés chez lui.

25 Lorsque Pierre fut entré, Corneille vint au-devant de lui ; et se jetant à ses pieds, il l'adora.

26 Mais Pierre le releva, lui disant : Levez-vous ; je ne suis qu'un homme, non plus que vous.

27 Et s'entretenant avec lui, il entra dans la maison, où il trouva plusieurs personnes qui s'y étaient assemblées.

28 Alors il leur dit : Vous savez que les Juifs ont en grande horreur d'avoir quelque liaison avec un étranger, ou d'aller le trouver chez lui ; mais Dieu m'a fait voir que je ne devais estimer aucun homme impur ou souillé.

29 C'est pourquoi dès que vous m'avez mandé, je n'ai fait aucune difficulté de venir. Je vous prie donc de me dire, pourquoi vous m'avez envoyé quérir.

30 Alors Corneille lui dit : Il y a maintenant quatre jours que m'étant mis en prière dans ma maison, à la neuvième heure, un homme vêtu d'une robe blanche vint se présenter tout d'un coup devant moi, et me dit :

31 Corneille, votre prière a été exaucée, et Dieu s'est souvenu de vos aumônes.

32 C'est pourquoi envoyez à Joppé, et faites venir de là Simon, surnommé Pierre, qui est logé en la maison de Simon, corroyeur, près de la mer.

33 J'ai envoyé à l'heure même vers vous, et vous m'avez fait la grâce de venir. Nous voilà donc maintenant tous assemblés devant vous, pour entendre de votre bouche tout ce que le Seigneur vous a ordonné de nous dire.

34 Alors Pierre prenant la parole, dit : En vérité je vois bien que Dieu n'a point d'égard aux diverses conditions des personnes ;

35 mais qu'en toute nation, celui qui le craint, et dont les œuvres sont justes, lui est agréable.

36 Dieu a fait entendre *sa* parole aux enfants d'Israël, en leur annonçant la paix par Jésus-Christ, qui est le Seigneur de tous.

37 Et vous savez ce qui est arrivé dans toute la Judée, et qui a commencé par la Galilée, après le baptême que Jean a prêché :

38 comment Dieu a oint de l'Esprit-Saint et de force Jésus de Nazareth, qui allant de lieu en lieu faisait du bien *partout*, et guérissait tous ceux qui étaient sous la puissance du diable, parce que Dieu était avec lui.

39 Et nous sommes témoins de toutes les choses qu'il a faites dans la Judée et dans Jérusalem. Cependant ils l'ont fait mourir, l'attachant à une croix.

40 Mais Dieu l'a ressuscité le troisième jour, et a voulu qu'il se montrât *vivant* ;

41 non à tout le peuple, mais aux témoins que Dieu avait choisis avant tous les temps ; à nous, qui avons mangé et bu avec lui, depuis qu'il est ressuscité d'entre les morts.

42 Et il nous a commandé de prêcher et d'attester devant le peuple, que c'est lui qui a été établi de Dieu pour être le juge des vivants et des morts.

43 Tous les prophètes lui rendent témoignage, que tous ceux qui croiront en lui, recevront par son nom la rémission de leurs péchés.

44 Pierre parlait encore, lorsque le Saint-Esprit descendit sur tous ceux qui écoutaient la parole.

45 Et les fidèles circoncis qui étaient venus avec Pierre, furent frappés d'étonnement, de voir que la grâce du Saint-Esprit se répandait aussi sur les gentils :

46 car ils les entendaient parler *diverses* langues et glorifier Dieu.

47 Alors Pierre dit : Peut-on refuser l'eau du baptême à ceux qui ont déjà reçu le Saint-Esprit comme nous ?

48 Et il commanda qu'on les baptisât au nom du Seigneur Jésus-Christ. Après cela ils le prièrent de demeurer quelques jours avec eux.

CHAPITRE XI.

LES apôtres et les frères qui étaient dans la Judée, apprirent que les gentils mêmes avaient reçu la parole de Dieu.

2 Et lorsque Pierre fut revenu à Jérusalem, les fidèles circoncis disputaient contre lui,

3 et lui disaient : Pourquoi avez-vous été chez des hommes incirconcis ? et pourquoi avez-vous mangé avec eux ?

4 Mais Pierre commença à leur raconter par ordre, comment la chose s'était passée :

5 Lorsque j'étais, dit-il, dans la ville de Joppé, en prière, il me survint un ravissement d'esprit, et j'eus une vision, dans laquelle je vis descendre du ciel comme une grande nappe, tenue par les quatre coins, qui s'abaissait et venait jusqu'à moi.

6 Et la considérant avec attention, j'y vis des animaux terrestres à quatre pieds, des bêtes sauvages, des reptiles, et des oiseaux du ciel.

7 J'entendis aussi une voix qui me dit : Pierre, levez-vous ; tuez et mangez.

8 Je répondis : Je n'ai garde, Seigneur ! car jamais rien d'impur et de souillé n'entra dans ma bouche.

9 Et la voix me parlant du ciel une seconde fois, me dit : N'appelez pas impur ce que Dieu a purifié.

10 Cela se fit jusqu'à trois fois ; et ensuite toutes ces choses furent retirées dans le ciel.

11 Au même temps trois hommes qui avaient été envoyés vers moi, de la ville de Césarée, se présentèrent à la porte de la maison où j'étais.

12 Et l'Esprit me dit, que j'allasse avec eux sans en faire aucune difficulté. Ces six de nos frères que vous voyez, vinrent aussi avec moi ; et nous entrâmes dans la maison de cet homme,

13 qui nous raconta comment il avait vu en sa maison un ange, qui s'était présenté devant lui, et lui avait dit : Envoyez à Joppé, et faites venir Simon, surnommé Pierre :

14 il vous dira des paroles par lesquelles vous serez sauvé, vous et toute votre maison.

15 Quand j'eus commencé à leur parler, le Saint-Esprit descendit sur eux, comme il était descendu sur nous au commencement.

16 Alors je me souvins de cette parole du Seigneur : Jean a baptisé dans l'eau ; mais vous serez baptisés dans le Saint-Esprit.

17 Puis donc que Dieu leur a donné la même grâce qu'à nous, qui avons cru au Seigneur Jésus-Christ, qui étais-je, moi, pour empêcher *le dessein de* Dieu ?

18 Ayant entendu ce discours *de Pierre*, ils s'apaisèrent, et glorifièrent Dieu, en disant : Dieu a donc aussi fait part aux gentils du don de la pénitence qui mène à la vie.

19 Cependant ceux qui avaient été dispersés par la persécution qui s'était élevée à la mort d'Étienne, avaient passé jusqu'en Phénicie, en Cypre et à Antioche, et n'avaient annoncé la parole qu'aux Juifs seulement.

20 Mais quelques-uns d'entre eux, qui étaient de Cypre et de Cyrène, étant entrés dans Antioche, parlèrent aussi aux Grecs, et leur annoncèrent le Seigneur Jésus.

21 Et la main du Seigneur était avec eux ; de sorte qu'un grand nombre de personnes crurent, et se convertirent au Seigneur.

22 Le bruit en étant venu jusqu'à l'Église de Jérusalem, ils envoyèrent Barnabé à Antioche ;

23 lequel y étant arrivé, et ayant vu la grâce de Dieu, il s'en réjouit, et les exhorta tous à demeurer dans le *service du* Seigneur, avec un cœur ferme *et inébranlable* :

24 car c'était un homme vraiment bon, plein du Saint-Esprit et de foi ; et un grand nombre de personnes *crurent, et* se joignirent au Seigneur.

25 Barnabé s'en alla ensuite à Tarse, pour chercher Saul ; et l'ayant trouvé, il l'amena à Antioche.

26 Ils demeurèrent un an entier dans cette Église, où ils instruisirent un grand nombre de personnes ; de sorte que ce fut à Antioche que les disciples commencèrent à être nommés Chrétiens.

27 En ce même temps quelques prophètes vinrent de Jérusalem à Antioche ;

28 l'un desquels, nommé Agabus, prédit par l'Esprit *de Dieu*, qu'il y aurait une grande famine par toute la terre ; comme elle arriva ensuite sous *l'empereur* Claude.

29 Et les disciples résolurent d'envoyer, chacun selon son pouvoir, quelques aumônes aux frères qui demeuraient en Judée :

30 ce qu'ils firent en effet, les envoyant aux prêtres *de Jérusalem*, par les mains de Barnabé et de Saul.

CHAPITRE XII.

En ce même temps le roi Hérode employa sa puissance pour maltraiter quelques-uns de l'Église ;

2 et il fit mourir par l'épée Jacques, frère de Jean.

3 Et voyant que cela plaisait aux Juifs, il fit encore prendre Pierre ; c'étaient alors les jours des pains sans levain.

4 L'ayant donc fait arrêter, il le mit en prison, et le donna à garder à quatre bandes de quatre soldats chacune, dans le dessein de le faire mourir devant tout le peuple après la fête de Pâque.

5 Pendant que Pierre était ainsi gardé dans la prison, l'Église faisait sans cesse des prières à Dieu pour lui.

6 Mais la nuit même de devant le jour qu'Hérode avait destiné à son supplice, comme Pierre dormait entre deux soldats, lié de deux chaînes, et que les gardes qui étaient devant la porte gardaient la prison,

7 un ange du Seigneur parut tout d'un coup ; le lieu fut rempli de lumière ; et l'ange poussant Pierre par le côté, l'éveilla, et lui dit : Levez-vous promptement. Au même moment les chaînes tombèrent de ses mains.

8 Et l'ange lui dit : Mettez votre ceinture, et chaussez vos souliers. Il le fit ; et l'ange ajouta : Prenez votre vêtement, et suivez-moi.

9 Pierre sortit donc, et il le suivit, ne sachant pas que ce qui se faisait par l'ange, fût véritable ; mais s'imaginant que ce qu'il voyait, n'était qu'un songe.

10 Lorsqu'ils eurent passé le premier et le second corps de garde, ils vinrent à la porte de fer, par où l'on va à la ville, qui s'ouvrit d'elle-même devant eux ; et étant sortis, ils allèrent *ensemble* le long d'une rue ; et aussitôt l'ange le quitta.

11 Alors Pierre étant revenu à soi, dit *en lui-même* : C'est à cette heure que je reconnais véritablement que le Seigneur a envoyé son ange, et qu'il m'a délivré de la main d'Hérode, et de toute l'attente du peuple juif.

12 Et ayant pensé *à ce qu'il devait faire*, il vint à la maison de Marie, mère de Jean, surnommé Marc, où plusieurs personnes étaient assemblées, et en prière.

13 Quand il eut frappé à la porte, une fille, nommée Rhodé, vint pour écouter *qui c'était*.

14 Et ayant reconnu la voix de Pierre, elle en eut une si grande joie, qu'au lieu de lui ouvrir, elle courut dire à ceux qui étaient dans la maison, que Pierre était à la porte.

15 Ils lui dirent : Vous avez perdu l'esprit. Mais elle les assura que c'était lui. Et ils disaient : C'est son ange.

16 Cependant Pierre continuait à frapper. Ils lui ouvrirent donc ; et l'ayant vu, ils furent saisis d'un extrême étonnement.

17 Mais lui, leur ayant fait signe de la main qu'ils se tussent, il leur raconta comment le Seigneur l'avait tiré de la prison, et leur dit : Faites savoir ceci à Jacques et aux frères. Et aussitôt il sortit, et s'en alla dans un autre lieu.

18 Quand il fut jour, il y eut un grand trouble parmi les soldats, pour savoir ce que Pierre était devenu.

19 Et Hérode l'ayant fait chercher, et ne l'ayant point trouvé, après avoir fait donner la question aux gardes, il commanda qu'ils fussent menés *au supplice* ; et il s'en alla de Judée à Césarée, où il demeura.

20 Or il était irrité contre les Tyriens et les Sidoniens : mais ils le vinrent trouver d'un commun accord ; et ayant gagné Blaste, qui était chambellan du roi, ils demandèrent la paix, parce que leur pays tirait sa subsistance *des terres* du roi.

21 Hérode ayant donc pris jour pour leur parler, parut vêtu d'une robe royale ; et étant assis sur son trône, il haranguait devant eux ;

22 et le peuple s'écriait dans ses acclamations : C'est la voix d'un dieu, et non d'un homme.

23 Mais au même instant un ange du Seigneur le frappa, parce qu'il n'avait pas donné gloire a Dieu ; et étant mangé de vers, il mourut.

24 Cependant la parole du Seigneur faisait de grands progrès, et se répandait de plus en plus.

25 Et après que Barnabé et Saul se furent acquittés de leur ministère, ils retournèrent à Jérusalem, ayant pris avec eux Jean, surnommé Marc.

CHAPITRE XIII.

IL y avait alors dans l'Église d'Antioche des prophètes et des docteurs, entre lesquels étaient Barnabé, et Simon qu'on appelait le Noir, Lucius le Cyrénéen, Manahen, frère de lait d'Hérode le tétrarque, et Saul.

2 Or, pendant qu'ils s'acquittaient des fonctions de leur ministère devant le Seigneur, et qu'ils jeûnaient, le Saint-Esprit leur dit : Séparez-moi Saul et Barnabé, pour l'œuvre à laquelle je les ai appelés.

3 Et après qu'ils eurent jeûné et prié, ils leur imposèrent les mains, et les laissèrent aller.

4 Étant ainsi envoyés par le Saint-Esprit, ils allèrent à Séleucie, et de là ils s'embarquèrent pour *passer* en Cypre.

5 Lorsqu'ils furent arrivés à Salamine, ils prêchaient la parole de Dieu dans les synagogues des Juifs ; et ils avaient avec eux Jean, pour leur servir *d'aide* et de ministre.

6 Ayant été dans toute l'île jusqu'à Paphos, ils trouvèrent un Juif, magicien et faux prophète, nommé Bar-Jésu,

7 qui était avec le proconsul Serge Paul, homme *sage et* prudent. Ce proconsul ayant envoyé quérir Barnabé et Saul, désirait d'entendre la parole de Dieu.

8 Mais Élymas, *c'est-à-dire*, le magicien (car c'est ce que signifie ce nom d'Élymas), leur résistait, s'efforçant d'empêcher le proconsul d'embrasser la foi.

9 Alors Saul, qui s'appelle aussi Paul, étant rempli du Saint-Esprit, et regardant fixement cet homme,

10 lui dit : Ô homme plein de toute sorte de tromperie et de fourberie, enfant du diable, ennemi de toute justice ! ne cesserez-vous jamais de pervertir les voies droites du Seigneur ?

11 Mais maintenant la main du Seigneur est sur vous : vous allez devenir aveugle, et vous ne verrez point le soleil jusqu'à un certain temps. Aussitôt les ténèbres tombèrent sur lui, ses yeux s'obscurcirent ; et tournant de tous côtés, il cherchait quelqu'un qui lui donnât la main.

12 Le proconsul ayant vu ce miracle, embrassa la foi, et il admirait la doctrine du Seigneur.

13 Quand Paul, et ceux qui étaient avec lui, furent partis de Paphos, ils vinrent à Perge, en Pamphylie ; mais Jean les ayant quittés, s'en retourna à Jérusalem.

14 Et pour eux, étant partis de Perge sans s'y arrêter, ils vinrent à Antioche de Pisidie ; et étant entrés dans la synagogue au jour du sabbat, ils s'assirent.

15 Après la lecture de la loi et des prophètes, les chefs de la synagogue leur envoyèrent dire : *Mes* frères, si vous avez quelque exhortation à faire au peuple, vous pouvez parler.

16 Aussitôt Paul se levant, fit signe de la main qu'on lui donnât audience, et leur dit : Ô Israélites, et vous qui craignez Dieu ! écoutez :

17 Le Dieu du peuple d'Israël a choisi nos pères, et a élevé ce peuple *en honneur* pendant qu'ils demeuraient en Égypte, d'où il les tira avec un bras *fort et* élevé ;

18 et durant l'espace de quarante ans, il souffrit leurs mœurs *déréglées* dans le désert.

19 Puis ayant détruit sept nations de la terre de Chanaan, il la leur distribua par sort,

20 environ quatre cent cinquante ans après. Il leur donna ensuite des juges, jusqu'au prophète Samuel.

21 Alors ils demandèrent un roi ; et Dieu leur donna Saül, fils de Cis, de la tribu de Benjamin, *qui régna* quarante ans.

22 Puis l'ayant ôté du monde, il leur donna David pour roi, à qui il rendit témoignage, en disant : J'ai trouvé David, fils de Jessé, *qui est* un homme selon mon cœur, et qui accomplira toutes mes volontés.

23 Ç'a été de sa race que Dieu, selon sa promesse, a suscité Jésus pour *être le* Sauveur d'Israël ;

24 Jean ayant prêché avant lui à tout le peuple d'Israël le baptême de la pénitence, pour *le* préparer à son avènement.

25 Et lorsque Jean achevait sa course, il disait : Qui croyez-vous que je sois ? Je ne suis point celui que vous pensez ; mais il en vient un autre après moi, dont je ne suis pas digne de délier les souliers.

26 C'est à vous, mes frères, qui êtes enfants de la race d'Abraham, et à ceux d'entre vous qui craignent Dieu, que cette parole de salut a été envoyée.

27 Car les habitants de Jérusalem, et leurs princes, l'ayant méconnu, ils ont accompli, en le condamnant, les paroles des prophètes, qui se lisent chaque jour de sabbat.

28 Et quoiqu'ils ne trouvassent rien en lui qui fût digne de mort, ils demandèrent à Pilate, qu'il le fît mourir.

29 Et lorsque tout ce qui avait été écrit de lui, fut accompli, on le descendit de la croix, et on le mit dans le tombeau.

30 Mais Dieu l'a ressuscité d'entre les morts le troisième jour ; et il a été vu durant plusieurs jours par ceux

31 qui étaient venus avec lui de Galilée à Jérusalem, qui lui rendent encore aujourd'hui témoignage devant le peuple.

32 Ainsi nous vous annonçons l'accomplissement de la promesse qui a été faite a nos pères ;

33 Dieu nous en ayant fait voir l'effet, à nous qui sommes leurs enfants, en ressuscitant Jésus ; selon qu'il est écrit dans le second psaume : Vous êtes mon Fils ; je vous ai engendré aujourd'hui.

34 Et pour montrer qu'il l'a ressuscité d'entre les morts pour ne plus retourner dans la corruption *du tombeau*, il dit : J'accomplirai fidèlement les promesses que j'ai faites à David.

35 Et il dit encore en un autre endroit : Vous ne permettrez pas que votre Saint éprouve la corruption.

36 Car pour David, après avoir servi en son temps aux desseins de Dieu, il s'est endormi, et a été mis avec ses pères, et il a éprouvé la corruption.

37 Mais celui que Dieu a ressuscité d'entre les morts, n'a point éprouvé la corruption.

38 Sachez donc, *mes* frères, que c'est par lui que la rémission des péchés vous est annoncée,

39 et que quiconque croit *en lui*, est justifié par lui de toutes les choses dont vous n'avez pu être justifiés par la loi de Moïse.

40 Prenez donc garde qu'il ne vous arrive ce qui est prédit par les prophètes :

41 Voyez, vous qui méprisez *ma parole*, soyez dans l'étonnement, et tremblez de frayeur : car je ferai une œuvre en vos jours, une œuvre que vous ne croirez pas, lors même qu'on vous l'annoncera.

42 Lorsqu'ils sortaient de la synagogue, on les pria de parler encore du même sujet au sabbat suivant.

43 Et quand l'assemblée fut séparée, plusieurs des Juifs et des prosélytes craignant Dieu, suivirent Paul et Barnabé, qui les exhortaient à persévérer dans la grâce de Dieu.

44 Le sabbat suivant, presque toute la ville s'assembla pour entendre la parole de Dieu.

45 Mais les Juifs voyant ce concours de peuple, furent remplis d'envie *et* de colère, et ils s'opposaient avec des paroles de blasphème, à ce que Paul disait.

46 Alors Paul et Barnabé leur dirent hardiment : Vous étiez les premiers à qui il fallait annoncer la parole de Dieu ; mais puisque vous la rejetez, et que vous vous jugez vous-mêmes indignes de la vie éternelle, nous nous en allons présentement vers les gentils.

47 Car le Seigneur nous l'a ainsi commandé, *selon qu'il est écrit :* Je vous ai établi pour être la lumière des gentils ; afin que vous soyez leur salut jusqu'aux extrémités de la terre.

48 Les gentils entendant ceci, se réjouirent, et ils glorifiaient la parole du Seigneur : et tous ceux qui avaient été prédestinés à la vie éternelle, embrassèrent la foi.

49 Ainsi la parole du Seigneur se répandait dans tout le pays.

50 Mais les Juifs ayant animé des femmes dévotes et de qualité, et les principaux de la ville, excitèrent une persécution contre Paul et Barnabé, et les chassèrent de leur pays.

51 Alors Paul et Barnabé ayant secoué contre eux la poussière de leurs pieds, vinrent à Icone.

52 Cependant les disciples étaient remplis de joie et du Saint-Esprit.

CHAPITRE XIV.

OR il arriva qu'étant à Icone, ils entrèrent ensemble dans la synagogue des Juifs ; et ils y parlèrent de telle sorte, qu'une grande multitude de Juifs et de Grecs embrassa la foi.

2 Mais ceux des Juifs qui demeurèrent dans l'incrédulité, excitèrent et irritèrent l'esprit des gentils contre les frères.

3 Ils demeurèrent donc longtemps *en cette ville*, se conduisant avec grande liberté pour la gloire du Seigneur, qui rendait témoignage à la parole de sa grâce, en leur faisant faire des prodiges et des miracles.

4 Ainsi toute la ville fut partagée, les uns étant pour les Juifs, et les autres pour les apôtres.

5 Mais comme les gentils et les Juifs, avec leurs principaux chefs, allaient se jeter sur eux pour les outrager et les lapider,

6 les apôtres l'ayant su, se réfugièrent à Lystre et à Derbe, villes de Lycaonie, et au pays d'alentour, où ils prêchaient l'Évangile.

7 Or il y avait à Lystre un homme perclus de ses jambes, qui était boiteux dès le ventre de sa mère, et qui n'avait jamais marché.

8 Cet homme entendit la prédication de Paul ; et Paul arrêtant les yeux sur lui, et voyant qu'il avait la foi qu'il serait guéri,

9 il *lui* dit à haute voix : Levez-vous, *et* tenez-vous droit sur vos pieds. Aussitôt il se leva en sautant, et commença à marcher.

10 Le peuple ayant vu ce que Paul avait fait, ils élevèrent leur voix, et dirent en langue lycaonienne : *Ce sont* des dieux *qui* sont descendus vers nous, sous la forme d'hommes.

11 Et ils appelèrent Barnabé, Jupiter ; et Paul, Mercure, parce que c'était lui qui portait la parole.

12 Et même le sacrificateur *du temple* de Jupiter, qui était près de la ville, amena des taureaux, et apporta des couronnes devant la porte, voulant, aussi bien que le peuple, *leur* sacrifier.

13 Mais les apôtres Barnabé et Paul, ayant entendu ceci, déchirèrent leurs vêtements ; et s'avançant au milieu de la multitude, ils crièrent :

14 Mes amis, que voulez-vous faire ? Nous ne sommes que des hommes non plus que vous, et sujets aux mêmes infirmités ; et nous vous avertissons de quitter ces vaines superstitions, pour vous convertir au Dieu vivant, qui a fait le ciel et la terre, la mer, et tout ce qu'ils contiennent :

15 qui dans les siècles passés a laissé marcher toutes les nations dans leurs voies,

16 sans néanmoins qu'il ait cessé de rendre toujours témoignage de ce qu'il est, en faisant du bien aux hommes, en dispensant les pluies du ciel, et les saisons favorables pour les fruits, en nous donnant la nourriture avec abondance, et remplissant nos cœurs de joie.

17 Mais quoi qu'ils pussent dire, ils eurent bien de la peine à empêcher que le peuple ne leur sacrifiât.

18 En ce même temps quelques Juifs d'Antioche et d'Icone étant survenus, gagnèrent le peuple ; et ayant lapidé Paul, ils le traînèrent hors de la ville, croyant qu'il fût mort.

19 Mais les disciples s'étant amassés autour de lui, il se leva et rentra dans la ville ; et le lendemain il partit avec Barnabé, pour aller à Derbe.

20 Et après avoir annoncé l'Évangile dans cette ville-là, et instruit plusieurs personnes, ils retournèrent à Lystre, à Icone, et à Antioche ;

21 fortifiant le courage des disciples, les exhortant à persévérer dans la foi, *et leur remontrant* que c'est par beaucoup de peines *et d'afflictions* que nous devons entrer dans le royaume de Dieu.

22 Ayant donc ordonné des prêtres en chaque Église, avec des prières et des jeunes, ils les recommandèrent au Seigneur, auquel ils avaient cru.

23 Ils traversèrent ensuite la Pisidie, et vinrent en Pamphylie ;

24 et ayant annoncé la parole du Seigneur à Perge, ils descendirent à Attalie :

25 de là ils firent voile à Antioche, d'où on les avait envoyés, en les abandonnant à la grâce de Dieu, pour l'œuvre qu'ils avaient accomplie.

26 Y étant arrivés, et ayant assemblé l'Église, ils leur racontèrent combien Dieu avait fait de grandes choses avec eux, et comme il avait ouvert aux gentils la porte de la foi.

27 Et ils demeurèrent là assez longtemps avec les disciples.

CHAPITRE XV.

OR quelques-uns qui étaient venus de Judée, enseignaient cette doctrine aux frères : Si vous n'êtes circoncis selon la pratique *de la loi* de Moïse, vous ne pouvez être sauvés.

2 Paul et Barnabé s'étant donc élevés fortement contre eux, il fut résolu que Paul et Barnabé, et quelques-uns d'entre les autres, iraient à Jérusalem, vers les apôtres et les prêtres, pour *leur proposer* cette question.

3 *Les fidèles de* cette Église les ayant donc fait conduire, ils traversèrent la Phénicie et la Samarie, racontant la conversion des gentils ; ce qui donnait beaucoup de joie à tous les frères.

4 Et étant arrivés à Jérusalem, ils furent reçus par l'Église, par les apôtres et par les prêtres ; et ils leur rapportèrent combien Dieu avait fait de grandes choses avec eux.

5 Mais quelques-uns de la secte des pharisiens, qui avaient embrassé la foi, s'élevèrent, et soutinrent qu'il fallait circoncire les gentils, et leur ordonner de garder la loi de Moïse.

6 Les apôtres donc, et les prêtres, s'assemblèrent pour examiner *et résoudre* cette affaire.

7 Et après en avoir beaucoup conféré ensemble, Pierre se leva, et leur dit : *Mes* frères, vous savez qu'il y a longtemps que Dieu *m'*a choisi d'entre nous, afin que les gentils entendissent par ma bouche la parole de l'Évangile, et qu'ils crussent.

8 Et Dieu, qui connaît les cœurs, leur a rendu témoignage, leur donnant le Saint-Esprit aussi bien qu'à nous.

9 Et il n'a point fait de différence entre eux et nous, ayant purifié leurs cœurs par la foi.

10 Pourquoi donc tentez-vous maintenant Dieu, en imposant aux disciples un joug que ni nos pères, ni nous, n'avons pu porter ?

11 Mais nous croyons que *c'est* par la grâce du Seigneur Jésus-Christ, *que* nous serons sauvés, aussi bien qu'eux.

12 Alors toute la multitude se tut ; et ils écoutaient Barnabé et Paul, qui leur racontaient combien de miracles et de prodiges Dieu avait faits par eux parmi les gentils.

13 Après qu'ils se furent tus, Jacques prit la parole, et dit : *Mes* frères, écoutez-moi :

14 Simon vous a représenté de quelle sorte Dieu a commencé de regarder favorablement les gentils, pour choisir parmi eux un peuple *consacré* à son nom ;

15 et les paroles des prophètes s'y accordent, selon qu'il est écrit :

16 Après cela je reviendrai édifier de nouveau la maison de David, qui est tombée ; je réparerai ses ruines, et la relèverai :

17 afin que le reste des hommes, et tous les gentils qui seront appelés de mon nom, cherchent le Seigneur : *c'est ce que* dit le Seigneur, qui fait ces choses.

18 Dieu connaît son œuvre de toute éternité.

19 C'est pourquoi je juge qu'il ne faut point inquiéter ceux d'entre les gentils qui se convertissent à Dieu ;

20 mais qu'on doit seulement leur écrire, qu'ils s'abstiennent des souillures des idoles, de la fornication, des chairs étouffées, et du sang.

21 Car *quant aux Juifs*, il y a depuis longtemps en chaque ville des hommes qui *leur* annoncent *les enseignements de* Moïse dans les synagogues, où on le lit chaque jour de sabbat.

22 Alors il fut résolu par les apôtres et les prêtres, avec toute l'Église, de choisir quelques-uns d'entre eux pour les envoyer à Antioche, avec Paul et Barnabe. *Ils choisirent donc* Jude, surnommé Barsabas, et Silas, qui étaient des principaux entre les frères ;

23 et ils écrivirent par eux cette lettre : Les Apôtres, les prêtres, et les frères : à nos frères d'entre les gentils, qui sont à Antioche, en Syrie et en Cilicie : Salut !

24 Comme nous avons su que quelques-uns qui venaient d'avec nous, vous ont troublés par leurs discours, et ont renversé vos âmes, sans toutefois que nous leur en eussions donné aucun ordre :

25 après nous être assemblés dans un même esprit, nous avons jugé à propos de vous envoyer des personnes choisies, avec nos chers *frères* Barnabé et Paul,

26 qui sont des hommes qui ont exposé leur vie pour le nom de notre Seigneur Jésus-Christ.

27 Nous vous envoyons donc Jude et Silas, qui vous feront entendre les mêmes choses de vive voix.

28 Car il a semblé bon au Saint-Esprit et à nous, de ne vous point imposer d'autre charge, que celles-ci qui sont nécessaires ;

29 savoir : de vous abstenir de ce qui aura été sacrifié aux idoles, du sang, des chairs étouffées, et de la fornication ; abstenez-vous de ces choses, et vous ferez bien. Adieu !

30 Ayant donc été envoyés de la sorte, ils vinrent à Antioche, ou ils assemblèrent les fidèles, et leur rendirent cette lettre,

31 qu'ils lurent avec beaucoup de consolation et de joie.

32 Jude et Silas étant eux-mêmes prophètes, consolèrent et fortifièrent aussi les frères par plusieurs discours.

33 Et après qu'ils eurent demeuré là quelque temps, les frères les renvoyèrent en paix à ceux qui les avaient envoyés.

34 Silas néanmoins jugea à propos de demeurer à Antioche, et Jude retourna seul à Jérusalem.

35 Paul et Barnabé demeurèrent aussi à Antioche, où ils enseignaient et annonçaient avec plusieurs autres la parole du Seigneur.

36 Quelques jours après, Paul dit à Barnabé : Retournons visiter nos frères par toutes les villes où nous avons prêché la parole du Seigneur, pour voir en quel état ils sont.

37 Or Barnabé voulait prendre avec lui Jean, surnommé Marc.

38 Mais Paul le priait de considérer qu'il n'était pas à propos de prendre avec eux celui qui les avait quittés en Pamphylie, et qui ne les avait point accompagnés dans leur ministère.

39 Il se forma donc entre eux une contestation, qui fut cause qu'ils se séparèrent l'un de l'autre. Barnabé prit Marc avec lui, et s'embarqua pour aller en Cypre.

40 Et Paul ayant choisi Silas, partit avec lui, après avoir été abandonné à la grâce de Dieu par les frères.

41 Il traversa la Syrie et la Cilicie, confirmant les Églises, et leur ordonnant de garder les règlements des apôtres et des prêtres.

CHAPITRE XVI.

OR Paul arriva à Derbe, et *ensuite* à Lystre, où il rencontra un disciple, nommé Timothée, fils d'une femme juive fidèle et d'un père gentil.

2 Les frères qui étaient à Lystre et à Icone, rendaient un témoignage avantageux à ce disciple.

3 Paul voulut donc qu'il vînt avec lui ; et l'ayant pris *auprès de lui*, il le circoncit à cause des Juifs qui étaient en ces lieux-là : car tous savaient que son père était gentil.

4 Or, allant de ville en ville, ils donnaient pour règle aux fidèles, de garder les ordonnances qui avaient été établies par les apôtres et par les prêtres de Jérusalem.

5 Ainsi les Églises se fortifiaient dans la foi, et croissaient en nombre de jour en jour.

6 Lorsqu'ils eurent traversé la Phrygie et la Galatie, le Saint-Esprit leur défendit d'annoncer la parole de Dieu dans l'Asie.

7 Et étant venus en Mysie, ils se disposaient à passer en Bithynie ; mais l'Esprit de Jésus ne le leur permit pas.

8 Ils passèrent ensuite la Mysie, et descendirent à Troade ;

9 *où* Paul eut la nuit cette vision : Un homme de Macédoine se présenta devant lui, et lui fit cette prière : Passez en Macédoine, et venez nous secourir.

10 Aussitôt qu'il eut eu cette vision, nous nous disposâmes à passer en Macédoine, ne doutant point que Dieu ne nous y appelât pour y prêcher l'Évangile.

11 Nous étant donc embarqués à Troade, nous vînmes droit à Samothrace, et le lendemain à Naples ;

12 de là à Philippes, colonie *romaine*, qui est la première ville qu'on rencontre de ce côté-là dans la Macédoine ; et nous y demeurâmes quelques jours.

13 Le jour du sabbat, nous sortîmes hors de la ville, et nous allâmes près de la rivière, où paraissait être le lieu *ordinaire* de la prière. Nous nous assîmes, et nous parlâmes aux femmes qui étaient là assemblées.

14 Il y en avait une, nommée Lydie, de la ville de Thyatire, marchande de pourpre, qui servait Dieu. Elle nous écouta ; et le Seigneur lui ouvrit le cœur, pour entendre *avec soumission* ce que Paul disait.

15 Après qu'elle eut été baptisée, et sa famille avec elle, elle nous fit cette prière : Si vous me croyez fidèle au Seigneur, entrez dans ma maison, et y demeurez. Et elle nous y força.

16 Or il arriva que comme nous allions au lieu ordinaire de la prière, nous rencontrâmes une servante qui, ayant un esprit de Python, apportait un grand gain à ses maîtres en devinant.

17 Elle se mit à nous suivre, Paul et nous, en criant : Ces hommes sont des serviteurs du Dieu très-haut, qui vous annoncent la voie du salut.

18 Elle fit la même chose pendant plusieurs jours. Mais Paul ayant peine à le souffrir, se retourna vers elle, et dit à l'esprit : Je te commande, au nom de Jésus-Christ, de sortir de cette fille. Et il sortit à l'heure même.

19 Mais les maîtres de cette servante, voyant qu'ils avaient perdu l'espérance de leur gain, se saisirent de Paul et de Silas ; et les ayant emmenés dans la place, devant ceux qui commandaient dans la ville,

20 ils les présentèrent aux magistrats, en leur disant : Ces hommes troublent toute notre ville : car ce sont des Juifs,

21 qui veulent introduire une manière de vie qu'il ne nous est point permis, à nous qui sommes Romains, de recevoir, ni de suivre.

22 Le peuple accourut en foule contre eux ; et les magistrats ayant fait déchirer leurs vêtements, commandèrent qu'ils fussent battus de verges.

23 Et après qu'on leur eut donné plusieurs coups, ils les mirent en prison, et ils ordonnèrent au geôlier de les garder sûrement.

24 Le geôlier ayant reçu cet ordre, les mit dans un cachot, et leur serra les pieds dans des ceps.

25 Sur le minuit, Paul et Silas s'étant mis en prière, chantaient *des hymnes* à la louange de Dieu ; et les prisonniers les entendaient.

26 Et tout d'un coup il se fit un si grand tremblement de terre, que les fondements de la prison en furent ébranlés ; en même temps toutes les portes s'ouvrirent, et les liens de tous les prisonniers furent rompus.

27 Le geôlier s'étant éveillé, et voyant toutes les portes de la prison ouvertes, tira son épée, et voulut se tuer, s'imaginant que les prisonniers s'étaient sauvés.

28 Mais Paul lui cria à haute voix : Ne vous faites point de mal : car nous voici encore tous.

29 Alors *le geôlier* ayant demandé de la lumière, entra dedans ; et tout tremblant se jeta aux pieds de Paul et de Silas ;

30 et les ayant tirés de ce lieu-là, il leur dit : Seigneurs, que faut-il que je fasse pour être sauvé ?

31 Ils lui répondirent : Croyez au Seigneur Jésus, et vous serez sauvé, vous et votre famille.

32 Et ils lui annoncèrent la parole du Seigneur, et à tous ceux qui étaient dans sa maison.

33 Et les ayant pris à cette même heure de la nuit, il lava leurs plaies ; et aussitôt il fut baptisé, avec toute sa famille.

34 Puis les ayant menés en son logement, il leur servit à manger ; et il se réjouit avec toute sa maison de ce qu'il avait cru en Dieu.

35 Le jour étant venu, les magistrats lui envoyèrent dire par des huissiers, qu'il laissât aller ces prisonniers.

36 Aussitôt le geôlier vint dire à Paul : Les magistrats ont mandé qu'on vous mît en liberté : sortez donc maintenant, et vous en allez en paix.

37 Mais Paul dit à ces huissiers : Quoi ! après nous avoir publiquement battus de verges, sans connaissance de cause, nous qui sommes citoyens romains, ils nous ont mis en prison, et maintenant ils nous en font sortir en secret ! Il n'en sera pas ainsi : il *faut* qu'ils viennent eux-mêmes nous en tirer.

38 Les huissiers rapportèrent ceci aux magistrats, qui eurent peur, ayant appris qu'ils étaient citoyens romains.

39 Ils vinrent donc leur faire des excuses ; et les ayant mis hors de la prison, ils les supplièrent de se retirer de leur ville.

40 Et eux, au sortir de la prison, allèrent chez Lydie ; et ayant vu les frères, ils les consolèrent ; puis ils partirent.

CHAPITRE XVII.

ILS passèrent de là par Amphipolis et par Apollonie, et vinrent à Thessalonique, ou les Juifs avaient une synagogue.

2 Paul y entra, selon sa coutume ; et il les entretint des Écritures durant trois jours de sabbat ;

3 leur découvrant et leur faisant voir, qu'il avait fallu que le Christ souffrît, et qu'il ressuscitât d'entre les morts : et ce Christ, *leur disait-il*, est Jésus que je vous annonce.

4 Quelques-uns d'entre eux crurent, et se joignirent à Paul et à Silas ; comme aussi une grande multitude de Grecs craignant Dieu, et plusieurs femmes de qualité.

5 Mais les Juifs, poussés d'un *faux* zèle, prirent avec eux quelques méchants hommes de la lie du peuple ; et ayant excité un tumulte, ils troublèrent toute la ville, et vinrent assiéger la maison de Jason, voulant enlever Paul et Silas, et les mener devant le peuple.

6 Mais ne les ayant point trouvés, ils traînèrent Jason, et quelques-uns des frères, devant les magistrats de la ville, en criant : Ce sont là ces gens qui sont venus ici troubler notre ville ;

7 et Jason les a reçus chez lui. Ils sont tous rebelles aux ordonnances de César, en soutenant qu'il y a un autre Roi, *qu'ils nomment* Jésus.

8 Ils émurent donc la populace, et les magistrats de la ville qui les écoutaient.

9 Mais Jason et les autres ayant donné caution, les magistrats les laissèrent aller.

10 Dès la nuit même, les frères conduisirent hors de la ville Paul et Silas, pour aller à Bérée ; où étant arrivés, ils entrèrent dans la synagogue des Juifs.

11 Or ces Juifs de Bérée étaient de plus honnêtes gens que ceux de Thessalonique ; et ils reçurent la parole *de Dieu* avec beaucoup d'affection *et* d'ardeur, examinant tous les jours les Écritures, *pour voir* si ce qu'on leur disait était véritable :

12 de sorte que plusieurs d'entre eux, et beaucoup de femmes grecques de qualité, et un assez grand nombre d'hommes, crurent en Jésus-Christ.

13 Mais quand les Juifs de Thessalonique surent que Paul avait aussi annoncé la parole de Dieu à Bérée, ils y vinrent émouvoir et troubler le peuple.

14 Aussitôt les frères se hâtèrent de faire sortir Paul, pour le conduire jusqu'à la mer ; et Silas avec Timothée demeurèrent à Bérée.

15 Mais ceux qui conduisaient Paul, le menèrent jusqu'à Athènes, où ils le quittèrent, après avoir reçu ordre de lui, de dire à Silas et à Timothée, qu'ils vinssent le trouver au plus tôt.

16 Pendant que Paul les attendait à Athènes, son esprit se sentait ému *et* comme irrité en lui-même, voyant que cette ville était si attachée à l'idolâtrie.

17 Il parlait donc dans la synagogue avec les Juifs, et avec ceux qui craignaient Dieu, et tous les jours dans la place avec ceux qui s'y rencontraient.

18 Il y eut aussi quelques philosophes épicuriens et stoïciens qui conférèrent avec lui ; et les uns disaient : Qu'est-ce que veut dire ce discoureur ? Et les autres : Il semble qu'il prêche de nouveaux dieux. *Ce qu'ils disaient* à cause qu'il leur annonçait Jésus et la résurrection.

19 Enfin ils le prirent et le menèrent à l'Aréopage, en lui disant : Pourrions-nous savoir de vous, quelle est cette nouvelle doctrine que vous publiez ?

20 Car vous nous dites de certaines choses dont nous n'avons point encore entendu parler. Nous voudrions donc bien savoir ce que c'est.

21 Or tous les Athéniens, et les étrangers qui demeuraient à Athènes, ne passaient tout leur temps qu'à dire et à entendre quelque chose de nouveau.

22 Paul étant donc au milieu de l'Aréopage, leur dit : Seigneurs athéniens, il me semble qu'en toutes choses vous êtes religieux jusqu'à l'excès.

23 Car ayant regardé en passant les statues de vos dieux, j'ai trouvé même un autel, sur lequel il est écrit : Au Dieu inconnu. C'est donc ce *Dieu* que vous adorez sans le connaître, que je vous annonce.

24 Dieu qui a fait le monde, et tout ce qui est dans le monde, étant le Seigneur du ciel et de la terre, n'habite point dans les temples bâtis par les hommes.

25 Il n'est point honoré par les ouvrages de la main des hommes, comme s'il avait besoin de ses créatures, lui qui donne à tous la vie, la respiration, et toutes choses.

26 Il a fait naître d'un seul toute la race des hommes ; et il leur a donné pour demeure toute l'étendue de la terre, ayant marqué l'ordre des saisons, et les bornes de l'habitation de chaque peuple :

27 afin qu'ils cherchassent Dieu, et qu'ils tâchassent de le trouver comme avec la main et à tâtons, quoiqu'il ne soit pas loin de chacun de nous.

28 Car c'est en lui que nous avons la vie, le mouvement et l'être ; et comme quelques-uns de vos poëtes ont dit : Nous sommes même *les enfants et* la race de Dieu.

29 Puis donc que nous sommes *les enfants et* la race de Dieu, nous ne devons pas croire que la Divinité soit semblable à de l'or, à de l'argent, ou de la pierre, dont l'art et l'industrie des hommes a fait des figures.

30 Mais Dieu ayant *laissé passer et comme* dissimulé ces temps d'ignorance, fait maintenant annoncer à tous les hommes et en tous lieux, qu'ils fassent pénitence :

31 parce qu'il a arrêté un jour auquel il doit juger le monde selon la justice, par celui qu'il a destiné à *en être le juge* ; de quoi il a donné à tous les hommes une preuve certaine, en le ressuscitant d'entre les morts.

32 Mais lorsqu'ils entendirent parler de la résurrection des morts, les uns s'en moquèrent, et les autres dirent : Nous vous entendrons une autre fois sur ce point.

33 Ainsi Paul sortit de leur assemblée.

34 Quelques-uns néanmoins se joignirent à lui, et embrassèrent la foi ; entre lesquels fut Denys, sénateur de l'Aréopage, et une femme nommée Damaris, et d'autres avec eux.

CHAPITRE XVIII.

APRÈS cela Paul étant parti d'Athènes, vint à Corinthe.

2 Et ayant trouvé un Juif, nommé Aquilas, originaire du Pont, qui était nouvellement venu d'Italie avec Priscille, sa femme, parce que l'empereur Claude avait ordonné à tous les Juifs de sortir de Rome ; il se joignit à eux.

3 Et parce que leur métier était de faire des tentes, et que c'était aussi le sien, il demeurait chez eux, et y travaillait.

4 Mais il prêchait dans la synagogue tous les jours de sabbat ; et faisant entrer dans ses discours le nom du Seigneur Jésus, il s'efforçait de persuader les Juifs et les Grecs.

5 Or quand Silas et Timothée furent venus de Macédoine, Paul s'employait à prêcher avec encore plus d'ardeur, en montrant aux Juifs que Jésus était le Christ.

6 Mais les Juifs le contredisant avec des paroles de blasphème, il secoua ses habits, et leur dit : Que votre sang soit sur votre tête ; pour moi, j'en suis innocent : je m'en vais désormais vers les gentils.

7 Et étant parti de là, il entra chez un nommé Tite Juste, qui craignait Dieu, et dont la maison tenait à la synagogue.

8 Crispe, chef d'une synagogue, crut aussi au Seigneur avec toute sa famille : et plusieurs *autres* des Corinthiens, ayant entendu *Paul*, crurent et furent baptisés.

9 Alors le Seigneur dit à Paul en vision durant la nuit : Ne craignez point ; mais parlez sans vous taire :

10 car je suis avec vous, et personne ne pourra vous maltraiter ; parce que j'ai en cette ville un grand peuple.

11 Il demeura donc un an et demi à Corinthe, leur enseignant la parole de Dieu.

12 Or Gallion étant proconsul d'Achaïe, les Juifs d'un commun accord s'élevèrent contre Paul, et le menèrent à son tribunal,

13 en disant : Celui-ci veut persuader aux hommes d'adorer Dieu d'une manière contraire à la loi.

14 Et Paul étant près de parler *pour sa défense*, Gallion dit aux Juifs : Ô Juifs ! s'il s'agissait de quelque injustice, ou de quelque mauvaise action, je me croirais obligé de vous entendre avec patience :

15 mais s'il ne s'agit que de contestations de doctrine, de mots, et de votre loi, démêlez vos différends comme vous l'entendrez ; car je ne veux point m'en rendre juge.

16 Il les fit retirer ainsi de son tribunal.

17 Et tous ayant saisi Sosthène, chef d'une synagogue, le battaient devant le tribunal, sans que Gallion s'en mît en peine.

18 Quand Paul eut encore demeuré là plusieurs jours, il prit congé des frères, et s'embarqua pour aller en Syrie avec Priscille et Aquilas ; s'étant fait couper les cheveux à Cenchrée, à cause d'un vœu qu'il avait fait.

19 Et il arriva à Éphèse, où il laissa Priscille et Aquilas. Pour lui, étant entré dans la synagogue, il conféra avec les Juifs,

20 qui le prièrent de demeurer plus longtemps avec eux ; mais il ne voulut point y consentir.

21 Et il prit congé d'eux, en leur disant : Je reviendrai vous voir, si c'est la volonté de Dieu. Et il partit *ainsi* d'Éphèse.

22 Étant abordé à Césarée, il alla *à Jérusalem* ; et après avoir salué l'Église, il se rendit à Antioche,

23 où il passa quelque temps ; et il en partit ensuite, traversant par ordre, *et* de ville en ville, la Galatie et la Phrygie, et fortifiant tous les disciples.

24 *En ce même temps* un Juif, nommé Apollon, originaire d'Alexandrie, homme éloquent et fort habile dans les Écritures, vint à Éphèse.

25 Il était instruit de la voie du Seigneur ; et parlant avec zèle *et* avec ferveur d'esprit, il expliquait et enseignait avec soin ce qui regardait Jésus, quoiqu'il n'eût connaissance que du baptême de Jean.

26 Il commença donc à parler librement *et* hardiment dans la synagogue ; et quand Priscille et Aquilas l'eurent entendu, ils le

retirèrent chez eux, et l'instruisirent plus amplement de la voie du Seigneur.

27 Il voulut ensuite passer en Achaïe ; et les frères l'y ayant exhorté, ils écrivirent aux disciples de le recevoir ; et lorsqu'il y fut arrivé, il servit beaucoup aux fidèles.

28 Car il convainquait les Juifs publiquement avec grande force, leur montrant par les Écritures, que Jésus était le Christ.

CHAPITRE XIX.

PENDANT qu'Apollon était à Corinthe, Paul ayant traversé les hautes provinces *de l'Asie*, vint à Éphèse, où ayant trouvé quelques disciples,

2 il leur dit : Avez-vous reçu le Saint-Esprit depuis que vous avez embrassé la foi ? Ils lui répondirent : Nous n'avons pas seulement entendu dire qu'il y ait un Saint-Esprit.

3 Et il leur dit : Quel baptême avez-vous donc reçu ? Ils lui répondirent : Le baptême de Jean.

4 Alors Paul leur dit : Jean a baptisé du baptême de la pénitence, en disant au peuple, qu'ils devaient croire en celui qui venait après lui, c'est-à-dire, en Jésus.

5 Ce qu'ayant entendu, ils furent baptisés au nom du Seigneur Jésus.

6 Et après que Paul leur eut imposé les mains, le Saint-Esprit descendit sur eux ; et ils parlaient diverses langues, et ils prophétisaient.

7 Ils étaient en tout environ douze.

8 Paul entra ensuite dans la synagogue, où il parla avec liberté *et* hardiesse pendant trois mois, conférant *avec les Juifs*, et s'efforçant de *leur* persuader ce qui regarde le royaume de Dieu.

9 Mais comme quelques-uns s'endurcissaient et demeuraient dans l'incrédulité, décriant devant tout le peuple la voie du Seigneur, il se retira, et sépara ses disciples d'avec eux ; et il enseignait tous les jours dans l'école d'un nommé Tyran :

10 ce qu'il continua durant deux ans ; de sorte que tous ceux qui demeuraient en Asie, tant Juifs que gentils, entendirent la parole du Seigneur *Jésus*.

11 Et Dieu faisait des miracles extraordinaires par les mains de Paul ;

12 jusque-là même que lorsque les mouchoirs et les linges qui avaient touché son corps, étaient appliqués aux malades, ils étaient guéris de leurs maladies, et les esprits malins sortaient *du corps des possédés*.

13 Or quelques-uns des exorcistes juifs qui allaient de ville en ville, entreprirent d'invoquer le nom du Seigneur Jésus sur ceux qui étaient possédés des malins esprits, en leur disant : Nous vous conjurons par Jésus que Paul prêche.

14 Ceux qui faisaient cela, étaient sept fils d'un Juif, prince des prêtres, nommé Scéva.

15 Mais le malin esprit leur répondit : Je connais Jésus, et je sais qui est Paul ; mais vous, qui êtes-vous ?

16 Aussitôt l'homme qui était possédé d'un démon très-méchant, se jeta sur eux, et s'étant rendu maître, de deux d'entre eux, il les traita si mal qu'ils furent contraints de s'enfuir de cette maison tout nus et blessés.

17 Cet événement ayant été su de tous les Juifs et de tous les gentils qui demeuraient à Éphèse, ils furent tous saisis de crainte ; et le nom du Seigneur Jésus fut glorifié.

18 Plusieurs même de ceux qui avaient cru, venaient confesser et déclarer ce qu'ils avaient fait *de mal*.

19 Il y en eut aussi beaucoup de ceux qui avaient exercé les arts curieux, qui apportèrent leurs livres, et les brûlèrent devant tout le monde ; et quand on en eut supputé le prix, on trouva qu'il montait à cinquante mille pièces d'argent.

20 Ainsi la parole de Dieu se répandait de plus en plus, et se fortifiait puissamment.

21 Après cela Paul se proposa par le *mouvement du Saint-Esprit*, de passer par la Macédoine et par l'Achaïe, et d'aller ensuite à Jérusalem, disant : Lorsque j'aurai été là, il faut que je voie aussi Rome.

22 Et ayant envoyé en Macédoine deux de ceux qui le servaient *dans son ministère*, Timothée et Éraste, il demeura encore quelque temps en Asie.

23 Mais la voie du Seigneur fut alors traversée par un grand trouble.

24 Car un orfèvre, nommé Démétrius, qui faisait de *petits* temples d'argent de la Diane *d'Éphèse*, et qui donnait beaucoup à gagner à ceux de ce métier,

25 les assembla avec d'autres qui travaillaient à ces sortes d'ouvrages, et leur dit : Mes amis, vous savez que c'est de ces ouvrages que vient tout notre gain ;

26 et cependant vous voyez vous-mêmes, et vous entendez dire, que ce Paul a détourné un grand nombre de personnes *du culte des dieux*, non-seulement à Éphèse, mais presque par toute l'Asie, en disant que les ouvrages de la main des hommes ne sont point des dieux.

27 Et il n'y a pas seulement à craindre pour nous, que notre métier ne soit décrié, mais même que le temple de la grande *déesse* Diane ne tombe dans le mépris, et que la majesté de celle qui est adorée dans toute l'Asie, et même dans tout l'univers, ne s'anéantisse peu à peu.

28 Ayant entendu ce discours, ils furent transportés de colère, et ils s'écrièrent : *Vive* la grande Diane des Éphésiens !

29 Toute la ville fut aussitôt remplie de confusion ; et ces gens-là coururent en foule *à la place publique*, où était le théâtre, entraînant Gaïus et Aristarque, Macédoniens, qui avaient accompagné Paul dans son voyage.

30 Paul voulait aller se présenter à ce peuple ; mais les disciples l'en empêchèrent.

31 Et quelques-uns aussi des asiarques, qui étaient de ses amis, l'envoyèrent prier de ne se présenter point au théâtre.

32 Cependant les uns criaient d'une manière, et les autres d'une autre : car tout ce concours de peuple n'était qu'une multitude confuse ; et la plupart même ne savaient pas pourquoi ils étaient assemblés.

33 Alors Alexandre fut tiré de la foule, *étant aidé* par les Juifs qui le poussaient devant eux ; et étendant la main, il demanda audience, pour se justifier devant le peuple.

34 Mais ayant reconnu qu'il était Juif, ils s'écrièrent tous *comme* d'une seule voix, durant près de deux heures : *Vive* la grande Diane des Éphésiens !

35 Après quoi le greffier *de la ville* les ayant apaisés, il leur dit : Seigneurs éphésiens, y a-t-il quelqu'un qui ne sache pas que la ville d'Éphèse rend un culte particulier à la grande Diane, fille de Jupiter ?

36 Puis donc qu'on ne peut pas disconvenir de cela, vous devez demeurer en paix, et ne rien faire inconsidérément.

37 Car ceux que vous avez amenés ici, ne sont ni sacrilèges, ni blasphémateurs de votre déesse.

38 Si Démétrius, et les ouvriers qui sont avec lui, ont quelque plainte à faire contre quelqu'un, on tient l'audience, et il y a des proconsuls ; qu'ils s'appellent en justice les uns les autres.

39 Si vous avez quelque autre affaire à proposer, elle pourra se terminer dans une assemblée légitime.

40 Car nous sommes en danger d'être accusés de sédition pour ce qui s'est passé aujourd'hui, ne pouvant alléguer aucune raison pour justifier ce concours *tumultuaire du peuple*. Ayant dit cela, il congédia toute l'assemblée.

CHAPITRE XX.

LE tumulte étant cessé, Paul fit venir les disciples ; et les ayant exhortés, il leur dit adieu, et partit pour aller en Macédoine.

2 Après avoir parcouru cette province, et avoir fait plusieurs exhortations *aux fidèles*, il vint en Grèce ;

3 où ayant demeuré trois mois, il résolut de retourner par la Macédoine, à cause que les Juifs lui avaient dressé des embûches sur le chemin qu'il devait prendre pour aller par mer en Syrie.

4 Il fut accompagné par Sopatre, *fils* de Pyrrhus, de Bérée ; par Aristarque et par Second, qui étaient de Thessalonique ; par Gaïus, de Derbe, et par Timothée ; et par Tychique et Trophime, qui étaient *tous deux* d'Asie.

5 Ceux-ci étant allés devant, nous attendirent à Troade.

6 Pour nous, après les jours des pains sans levain, nous nous embarquâmes à Philippes, et nous vînmes en cinq jours les trouver à Troade, où nous en demeurâmes sept.

7 Le premier jour de la semaine, les disciples étant assemblés pour rompre le pain, Paul, qui devait partir le lendemain, leur fit un discours, qu'il continua jusqu'à minuit.

8 Or il y avait beaucoup de lampes en la salle haute où nous étions assemblés.

9 Et comme le discours de Paul dura longtemps, un jeune homme, nommé Eutyque, qui était assis sur une fenêtre, s'endormit ; et étant enfin plongé dans un profond sommeil, il tomba d'un troisième étage en bas, et on l'emporta mort.

10 Mais Paul étant descendu en bas, s'étendit sur lui ; et l'ayant embrassé, il leur dit : Ne vous troublez point, car il vit.

11 Puis étant remonté, et ayant rompu le pain et mangé, il leur parla encore jusqu'au point du jour, et s'en alla ensuite.

12 Et on ramena le jeune homme vivant ; en sorte qu'ils furent extrêmement consolés.

13 Pour nous, nous montâmes sur un vaisseau, et nous allâmes jusqu'à Asson, où nous devions reprendre Paul, selon l'ordre qu'il en avait donné : car pour lui, il avait voulu faire le chemin à pied.

14 Lors donc qu'il nous eut rejoints à Asson, nous allâmes tous ensemble à Mitylène.

15 Et continuant notre route, nous arrivâmes le lendemain vis-à-vis de Chio ; le jour suivant nous abordâmes à Samos ; et le jour d'après nous vînmes à Milet.

16 Car Paul avait résolu de passer Éphèse sans y prendre terre, afin qu'il n'eût point d'occasion de s'arrêter en Asie ; se hâtant pour être, s'il était possible, le jour de la Pentecôte à Jérusalem.

17 Étant à Milet, il envoya à Éphèse, pour faire venir les prêtres de cette Église.

18 Et quand ils furent venus le trouver, et qu'ils furent ensemble, il leur dit : Vous savez de quelle sorte je me suis conduit pendant tout le temps que j'ai été avec vous, depuis le premier jour que je suis entré en Asie :

19 que j'ai servi le seigneur avec toute humilité et avec beaucoup de larmes, parmi les traverses qui me sont survenues par la conspiration des Juifs contre moi ;

20 que je ne vous ai rien caché de tout ce qui pouvait vous être utile, rien ne m'ayant empêché de vous l'annoncer, et de vous en instruire en public et en particulier ;

21 prêchant aux Juifs, aussi bien qu'aux gentils, la pénitence envers Dieu, et la foi envers notre Seigneur Jésus-Christ.

22 Et maintenant, étant lié par le *Saint*-Esprit, je m'en vais à Jérusalem, sans que je sache ce qui doit m'y arriver ;

23 sinon que, dans toutes les villes par où je passe, le Saint-Esprit me fait connaître que des chaînes et des afflictions m'y sont préparées.

24 Mais je ne crains rien de toutes ces choses, et ma vie ne m'est pas plus précieuse que moi-même ; il me suffit que j'achève ma course, *et que j'accomplisse* le ministère que j'ai reçu du Seigneur Jésus, qui est de prêcher l'Évangile de la grâce de Dieu.

25 Je sais que vous ne verrez plus mon visage, vous tous parmi lesquels j'ai passé en prêchant le royaume de Dieu.

26 Je vous déclare, donc aujourd'hui, que je suis pur *et innocent* du sang de vous tous ;

27 parce que je n'ai point évité de vous annoncer toutes les volontés de Dieu.

28 Prenez donc garde à vous-mêmes, et à tout le troupeau sur lequel le Saint-Esprit vous a établis évêques, pour gouverner l'Église de Dieu, qu'il a acquise par son propre sang.

29 Car je sais qu'après mon départ, il entrera parmi vous des loups ravissants, qui n'épargneront point le troupeau ;

30 et que d'entre vous-mêmes il s'élèvera des gens qui publieront des doctrines corrompues, afin d'attirer des disciples après eux.

31 C'est pourquoi veillez, en vous souvenant que durant trois ans je n'ai point cessé, ni jour, ni nuit, d'avertir avec larmes chacun de vous.

32 Et maintenant je vous recommande à Dieu, et à la parole de sa grâce, à celui qui peut achever l'édifice *que nous avons commencé*, et vous donner *part à son* héritage avec tous *ses* saints.

33 Je n'ai désiré de recevoir de personne ni argent, ni or, ni vêtements ;

34 et vous savez vous-mêmes, que ces mains que vous voyez, m'ont fourni, à moi et à ceux qui étaient avec moi, tout ce qui nous était nécessaire.

35 Je vous ai montré en toute manière, qu'il faut soutenir ainsi les faibles en travaillant, et se souvenir de ces paroles que le Seigneur Jésus a dites lui-même : Qu'il y a plus de bonheur à donner, qu'à recevoir.

36 Après leur avoir ainsi parlé, il se mit à genoux, et pria avec eux tous.

37 Ils commencèrent aussitôt à fondre tous en larmes ; et se jetant au cou de Paul, ils le baisaient ;

38 étant principalement affligés de ce qu'il leur avait dit, qu'ils ne le verraient plus. Et ils le conduisirent jusqu'au vaisseau.

CHAPITRE XXI.

APRÈS que nous nous fûmes séparés d'eux avec beaucoup de peine, nous nous éloignâmes du port, et nous vînmes droit à Cos, le lendemain à Rhodes, et de là à Patare.

2 Et ayant trouvé un vaisseau qui passait en Phénicie, nous montâmes dessus, et fîmes voile.

3 Quand nous fûmes à la vue de *l'île de* Cypre, la laissant à gauche, nous fîmes route vers la Syrie, et nous allâmes aborder à Tyr, où le vaisseau devait laisser sa charge.

4 Y ayant trouvé des disciples, nous y demeurâmes sept jours ; et l'Esprit leur faisait dire à Paul, qu'il n'allât point à Jérusalem.

5 Après que nous y eûmes passé ces *sept* jours, nous partîmes ; et ils vinrent tous, avec leurs femmes et leurs enfants, nous conduire jusque hors de la ville ; où ayant mis les genoux en terre sur le rivage, nous fîmes la prière.

6 Et après nous être dit adieu les uns aux autres, nous montâmes sur le vaisseau, et ils retournèrent chez eux.

7 Pour nous, de Tyr nous vînmes à Ptolémaïde, où nous achevâmes notre navigation ; et ayant salué les frères, nous demeurâmes un jour avec eux.

8 Le lendemain étant partis *de là*, nous vînmes à Césarée ; et étant entrés dans la maison de Philippe l'évangéliste, qui était un des sept *diacres*, nous demeurâmes chez lui.

9 Il avait quatre filles vierges, qui prophétisaient.

10 Pendant notre demeure *en cette ville*, qui fut de quelques jours, un prophète, nommé Agabus, arriva de Judée.

11 Étant venu nous voir, il prit la ceinture de Paul, et s'en liant les pieds et les mains, il dit : Voici ce que dit le Saint-Esprit : L'homme à qui est cette ceinture, sera lié de cette sorte par les Juifs dans Jérusalem, et ils le livreront entre les mains des gentils.

12 Ayant entendu cette parole, nous le priâmes, nous et ceux de ce lieu-là, de ne point aller à Jérusalem.

13 Mais Paul répondit : Que faites vous de pleurer ainsi, et de m'attendrir le cœur ? *Je vous déclare que* je suis tout prêt à souffrir à Jérusalem, non-seulement la prison, mais la mort même, pour le nom du Seigneur Jésus.

14 Et quand nous vîmes que nous ne pouvions le persuader, nous ne le pressâmes pas davantage, mais nous dîmes : Que la volonté du Seigneur soit faite !

15 Ces jours étant passés, nous nous disposâmes à partir, et nous allâmes à Jérusalem.

16 Quelques-uns des disciples *de la ville* de Césarée vinrent aussi avec nous, amenant avec eux un ancien disciple, nommé Mnason, originaire *de l'île* de Cypre, chez lequel nous devions loger.

17 Quand nous fûmes arrivés à Jérusalem, les frères nous reçurent avec joie.

18 Et le lendemain nous allâmes avec Paul visiter Jacques, chez lequel tous les prêtres s'assemblèrent.

19 Après les avoir embrassés, il leur raconta en détail tout ce que Dieu avait fait par son ministère, parmi les gentils.

20 Et eux, ayant entendu toutes ces choses, en glorifièrent Dieu, et lui dirent : Vous voyez, mon frère, combien de milliers de Juifs ont cru ; et cependant ils sont tous zélés pour la loi.

21 Or ils ont entendu dire, que vous enseignez à tous les Juifs qui sont parmi les gentils, de renoncer à Moïse ; et que vous dites qu'ils ne doivent pas circoncire leurs enfants, ni vivre selon les coutumes *reçues parmi les Juifs.*

22 Que faut-il donc faire ? Certainement il faudra qu'ils s'assemblent tous : car ils sauront que vous êtes arrivé.

23 Faites donc ce que nous allons vous dire : Nous avons ici quatre hommes qui ont fait un vœu :

24 prenez-les avec vous, et purifiez-vous avec eux, en faisant les frais de la cérémonie, afin qu'ils se rasent la tête ; et que tous sachent que ce qu'ils ont entendu dire de vous est faux, et que vous continuez à garder la loi.

25 Quant aux gentils qui ont cru, nous leur avons écrit, que nous avions jugé qu'ils devaient s'abstenir des viandes immolées aux idoles, du sang, des chairs étouffées, et de la fornication.

26 Paul ayant donc pris ces hommes, et s'étant purifié avec eux, entra au temple le jour suivant, faisant savoir les jours auxquels s'accomplirait leur purification, et quand l'offrande devrait être présentée pour chacun d'eux.

27 Mais sur la fin des sept jours, les Juifs d'Asie, l'ayant vu dans le temple, émurent tout le peuple, et se saisirent de lui, en criant :

28 Au secours, Israélites ! voici celui qui dogmatise partout contre ce peuple, contre la loi, et contre ce lieu *saint* ; et qui de plus a encore introduit des gentils dans le temple, et a profané ce saint lieu.

29 *Ils disaient cela,* parce qu'ayant vu dans la ville Trophime d'Éphèse avec Paul, ils croyaient que Paul l'avait introduit dans le temple.

30 Aussitôt toute la ville fut émue, et le peuple accourut en foule ; et s'étant saisis de Paul, ils le tirèrent hors du temple, dont les portes furent fermées en même temps.

31 Et comme ils se disposaient à le tuer, on vint dire au tribun de la cohorte *qui gardait le temple*, que toute la ville de Jérusalem était *en trouble et* en confusion.

32 Il prit au même instant des soldats et des centeniers avec lui, et courut à ces *séditieux*, qui voyant le tribun et les soldats, cessèrent de battre Paul.

33 Le tribun s'approchant, se saisit de lui ; et l'ayant fait lier de deux chaînes, il demandait qui il était, et ce qu'il avait fait.

34 Mais dans cette foule, les uns criaient d'une manière, et les autres d'une autre. Voyant donc qu'il ne pouvait rien apprendre de certain à cause du tumulte, il commanda qu'on le menât dans la forteresse.

35 Lorsque Paul fut sur les degrés, il fallut que les soldats le portassent, à cause de la violence *et* de la foule de la populace :

36 car il était suivi d'une grande multitude de peuple, qui criait : Faites-le mourir.

37 Paul étant sur le point d'entrer dans la forteresse, dit au tribun : Puis-je prendre la liberté de vous dire quelque chose ? Le tribun lui répondit : Savez-vous parler grec ?

38 N'êtes-vous pas cet Égyptien qui ces jours passés souleva et mena au désert avec lui quatre mille brigands ?

39 Paul lui répondit : Je vous assure que je suis Juif, citoyen de Tarse, ville de Cilicie qui est assez connue. Au reste, je vous prie de me permettre de parler au peuple.

40 Le tribun le lui ayant permis, il se présenta debout sur les degrés, et fit signe de la main au peuple. En même temps il se fit un grand silence, et il leur dit, en langue hébraïque :

CHAPITRE XXII.

MES frères et *mes* pères, écoutez ce que j'ai à vous dire maintenant pour ma justification.

2 Quand ils entendirent qu'il leur parlait en langue hébraïque, ils écoutèrent avec encore plus de silence ;

3 et il leur dit : Je suis Juif, né à Tarse, en Cilicie. J'ai été élevé dans cette ville aux pieds de Gamaliel, et instruit dans la manière la plus exacte d'observer la loi de nos pères, étant zélé pour la loi, comme vous l'êtes encore tous aujourd'hui.

4 C'est moi qui ai persécuté ceux de cette secte, jusqu'à la mort, les chargeant de chaînes, hommes et femmes, et les mettant en prison,

5 comme le grand prêtre et tout le sénat m'en sont témoins : jusque-là même qu'ayant pris d'eux des lettres pour les frères de Damas, j'y allai pour amener aussi prisonniers à Jérusalem ceux *de cette même secte* qui étaient là, afin qu'ils fussent punis.

6 Mais il arriva que comme j'étais en chemin, et que j'approchais de Damas vers l'heure de midi, je fus environné tout d'un coup *et frappé* d'une grande lumière *qui venait* du ciel ;

7 et étant tombé par terre, j'entendis une voix qui me disait : Saul ! Saul ! pourquoi me persécutez-vous ?

8 Je répondis : Qui êtes-vous, Seigneur ? Et celui *qui me parlait,* me dit : Je suis Jésus de Nazareth, que vous persécutez.

9 Ceux qui étaient avec moi, virent bien la lumière ; mais ils n'entendirent point ce que disait celui qui me parlait.

10 Alors je dis : Seigneur ! que ferai-je ? Et le Seigneur me répondit : Levez-vous, et allez à Damas ; et on vous dira là tout ce que vous devez faire.

11 Et comme le grand éclat de cette lumière m'avait aveuglé, ceux qui étaient avec moi me prirent par la main, et me menèrent à Damas.

12 Or il y avait à Damas un homme *pieux* selon la loi, nommé Ananie, à la vertu duquel tous les Juifs qui y demeuraient, rendaient témoignage.

13 Il vint me trouver, et s'approchant de moi, il me dit : Mon frère Saul, recouvrez la vue. Et au même instant *je vis et* le regardai.

14 Il me dit ensuite : Le Dieu de nos pères vous a prédestiné pour connaître sa volonté, pour voir le Juste, et pour entendre les paroles de sa bouche :

15 car vous lui rendrez témoignage devant tous les hommes, de ce que vous avez vu et entendu.

16 Qu'attendez-vous donc ? Levez-vous, et recevez le baptême, et lavez vos péchés en invoquant le nom du Seigneur.

17 Or il arriva qu'étant revenu *depuis* à Jérusalem, lorsque j'étais en prière dans le temple, j'eus un ravissement d'esprit,

18 et je le vis qui me dit : Hâtez-vous, et sortez promptement de Jérusalem : car ils ne recevront point le témoignage que vous leur rendrez de moi.

19 Je lui répondis : Seigneur ! ils savent eux-mêmes que c'était moi qui mettais en prison, et qui faisais fouetter dans les synagogues ceux qui croyaient en vous ;

20 et que lorsqu'on répandait le sang de votre martyr Étienne, j'étais présent, et consentais *à sa mort*, et je gardais les vêtements de ceux qui le lapidaient.

21 Mais il me dit : Allez-vous-en : car je vous enverrai bien loin, vers les gentils.

22 Les Juifs l'avaient écouté jusqu'à ce mot ; mais *alors* ils élevèrent leur voix, et crièrent : Ôtez du monde ce *méchant* : car ce serait un crime de le laisser vivre.

23 Et comme ils criaient, et jetaient leurs vêtements, et faisaient voler la poussière en l'air,

24 le tribun le fit mener dans la forteresse, et commanda qu'on lui donnât la question en le fouettant, pour tirer de sa bouche ce qui les faisait ainsi crier contre lui.

25 Mais quand on l'eut lié, Paul dit à un centenier qui était présent : Vous est-il permis de fouetter un citoyen romain, et qui n'a point été condamné ?

26 Le centenier ayant entendu ces paroles, alla trouver le tribun, et lui dit : Que pensez-vous faire ? Cet homme est citoyen romain.

27 Le tribun aussitôt vint à Paul, et lui dit : Êtes-vous citoyen romain ? Paul lui répondit : Oui, *je le suis*.

28 Le tribun lui repartit : Il m'a coûté bien de l'argent pour acquérir ce droit d'être citoyen romain. Et moi, lui répondit Paul, je le suis par ma naissance.

29 En même temps ceux qui devaient lui donner la question, se retirèrent ; et le tribun eut peur, voyant que Paul était citoyen romain, et qu'il l'avait fait lier.

30 Le lendemain, voulant savoir plus exactement de quoi il était accusé par les Juifs, il lui fit ôter ses chaînes, et ayant ordonné que *les princes* des prêtres et tout le conseil s'assemblassent, il amena Paul, et le présenta devant eux.

CHAPITRE XXIII.

PAUL regardant fixement le conseil, dit : *Mes* frères, jusqu'à cette heure je me suis conduit devant Dieu avec toute la droiture d'une bonne conscience.

2 À cette parole, Ananie, grand prêtre, ordonna à ceux qui étaient près de lui, de le frapper sur le visage.

3 Alors Paul lui dit : Dieu vous frappera vous-même, muraille blanchie ! Quoi ! vous êtes assis ici pour me juger selon la loi, et cependant contre la loi vous commandez qu'on me frappe !

4 Ceux qui étaient présents, dirent à *Paul* : Osez-vous bien maudire le grand prêtre de Dieu ?

5 Paul leur répondit : Je ne savais pas, *mes* frères, que ce fût le grand prêtre : car il est écrit : Vous ne maudirez point le prince de votre peuple.

6 Or Paul sachant qu'une partie *de ceux qui étaient là* étaient saducéens, et l'autre pharisiens, il s'écria dans l'assemblée : *Mes* frères, je suis pharisien, et fils de pharisien ; et c'est à cause de l'espérance *d'une autre vie*, et de la résurrection des morts, que l'on veut me condamner.

7 Paul ayant parlé de la sorte, il s'émut une dissension entre les pharisiens et les saducéens, et l'assemblée fut divisée.

8 Car les saducéens disent qu'il n'y a ni résurrection, ni ange, ni esprit ; au lieu que les pharisiens reconnaissent l'un et l'autre.

9 Il s'éleva ensuite un grand bruit ; et quelques-uns des pharisiens contestaient, en disant : Nous ne trouvons point de mal en cet homme. Que savons-nous si un esprit, ou un ange, ne lui aurait point parlé ?

10 Le tumulte s'augmentant, et le tribun ayant peur que Paul ne fût mis en pièces par ces gens-là, il commanda qu'on fît venir des soldats, qui l'enlevassent d'entre leurs mains, et le menassent dans la forteresse.

11 La nuit suivante le Seigneur se présenta à lui, et lui dit : *Paul*, ayez bon courage : car comme vous m'avez rendu témoignage dans Jérusalem, il faut aussi que vous me rendiez témoignage dans Rome.

12 Le jour étant venu, quelques Juifs s'étant ligués, firent vœu avec serment et imprécation, de ne manger, ni boire, qu'ils n'eussent tué Paul.

13 Ils étaient plus de quarante qui avaient fait cette conjuration ;

14 et ils vinrent se présenter aux princes des prêtres et aux sénateurs, et leur dirent : Nous avons fait vœu, avec de grandes imprécations, de ne point manger que nous n'ayons tué Paul.

15 Vous n'avez donc qu'à faire savoir, de la part du conseil, au tribun, que vous le priez de faire amener demain Paul devant vous, comme pour connaître plus particulièrement de son affaire ; et nous serons prêts pour le tuer avant qu'il arrive.

16 Mais le fils de la sœur de Paul, ayant appris cette conspiration, vint et entra dans la forteresse, et en avertit Paul.

17 Paul ayant appelé un des centeniers, lui dit : Je vous prie de mener ce jeune homme au tribun : car il a quelque chose à lui dire.

18 Le centenier prit le jeune homme avec lui, et le mena au tribun, auquel il dit : Le prisonnier Paul m'a prié de vous amener ce jeune homme, qui a quelque avis à vous donner.

19 Le tribun le prenant par la main, et l'ayant tiré à part, lui demanda ce qu'il avait à lui dire.

20 Ce jeune homme lui dit : Les Juifs ont résolu ensemble de vous prier que demain vous envoyiez Paul dans leur assemblée, comme s'ils voulaient connaître plus exactement de son affaire :

21 mais ne consentez pas à leur demande ; car plus de quarante hommes d'entre eux doivent lui dresser des embûches, ayant fait vœu avec de grands serments de ne manger, ni boire, qu'ils ne l'aient tué ; et ils sont déjà tout préparés, attendant *seulement* que vous leur promettiez *ce qu'ils désirent*.

22 Le tribun *ayant entendu cela*, renvoya le jeune homme, et lui défendit de découvrir à personne qu'il lui eût donné cet avis ;

23 et ayant appelé deux centeniers, il leur dit : Tenez prêts, dès la troisième heure de la nuit, deux cents soldats, soixante et dix cavaliers, et deux cents archers, pour aller jusqu'à Césarée.

24 Il leur ordonna aussi d'avoir des chevaux pour monter Paul, et le mener sûrement au gouverneur Félix.

25 Car il eut peur que les Juifs ne l'enlevassent, et ne le tuassent ; et qu'après cela on ne l'accusât d'avoir reçu *d'eux* de l'argent *pour le leur livrer*.

26 Il écrivit en même temps *à Félix*, en ces termes : Claude Lysias : au très-excellent gouverneur Félix : Salut !

27 Les Juifs s'étant saisis de cet homme, et étant sur le point de le tuer, j'y arrivai avec des soldats, et le tirai de leurs mains, ayant su qu'il était citoyen romain.

28 Et voulant savoir de quel crime ils l'accusaient, je le menai en leur conseil ;

29 mais j'ai trouvé qu'il n'était accusé que de certaines choses qui regardent leur loi, sans qu'il y eût en lui aucun crime qui fût digne de mort ou de prison.

30 Et sur l'avis qu'on m'a donné d'une entreprise que les Juifs avaient formée pour le tuer, je vous l'ai envoyé ; ayant aussi commandé à ses accusateurs, d'aller proposer devant vous ce qu'ils ont à dire contre lui. Adieu.

31 Les soldats donc, pour exécuter l'ordre qu'ils avaient reçu, prirent Paul avec eux, et le menèrent la nuit à Antipatride.

32 Et le lendemain ils s'en retournèrent à la forteresse, l'ayant laissé entre les mains des cavaliers ;

33 qui étant arrivés à Césarée, rendirent la lettre au gouverneur, et lui présentèrent Paul.

34 Le gouverneur l'ayant lue, s'enquit de quelle province était Paul ; et ayant appris qu'il était de Cilicie,

35 il lui dit : Je vous entendrai quand vos accusateurs seront venus. Et il commanda qu'on le gardât au palais d'Hérode.

CHAPITRE XXIV.

CINQ jours après, Ananie, grand prêtre, descendit *à Césarée*, avec quelques sénateurs, et un certain orateur, nommé Tertulle ; et ils se rendirent accusateurs de Paul devant le gouverneur.

2 Paul ayant été appelé, Tertulle commença de l'accuser en ces termes : Comme c'est par vous, très-excellent Félix, que nous jouissons d'une profonde paix, et plusieurs ordres très salutaires *à ce peuple* ayant été établis par votre sage prévoyance,

3 nous le reconnaissons en toutes rencontres et en tous lieux, et nous vous en rendons toutes sortes d'actions de grâces.

4 Mais pour ne vous point arrêter plus longtemps, je vous prie d'écouter avec votre équité ordinaire ce que nous avons à vous dire en peu de paroles.

5 Nous avons trouvé cet homme qui est une peste publique, qui met dans tout l'univers la division *et* le trouble parmi tous les Juifs, et qui est le chef de la secte séditieuse des Nazaréens :

6 qui a même tenté de profaner le temple ; de sorte que nous nous étions saisis de lui, et voulions le juger selon notre loi ;

7 mais le tribun Lysias étant survenu, nous l'a arraché d'entre les mains avec grande violence,

8 ordonnant que ses accusateurs viendraient comparaître devant vous ; et vous pourrez vous-même en l'interrogeant reconnaître la vérité de toutes les choses dont nous l'accusons.

9 Les Juifs ajoutèrent, que tout cela était véritable.

10 Mais le gouverneur ayant fait signe à Paul de parler, il le fit de cette sorte : J'entreprendrai avec d'autant plus de confiance de me justifier devant vous, que je sais qu'il y a plusieurs années que vous gouvernez cette province.

11 Car il vous est aisé de savoir qu'il n'y a pas plus de douze jours que je suis venu à Jérusalem pour adorer *Dieu* ;

12 et ils ne m'ont point trouvé disputant avec personne, ni amassant le peuple, soit dans le temple, soit dans les synagogues,

13 soit dans la ville ; et ils ne sauraient prouver aucun des chefs dont ils m'accusent maintenant.

14 Il est vrai, *et* je le reconnais devant vous, que selon cette secte, qu'ils appellent hérésie, je sers le Dieu de nos pères, croyant toutes les choses qui sont écrites dans la loi et dans les prophètes ;

15 espérant en Dieu, comme ils l'espèrent eux-mêmes, que tous les hommes justes et injustes ressusciteront un jour.

16 C'est pourquoi je travaille incessamment à conserver ma conscience exempte de reproche devant Dieu et devant les hommes.

17 Mais étant venu, après plusieurs années, pour faire des aumônes à ma nation, et rendre *à Dieu* mes offrandes et mes vœux ;

18 lorsque j'étais *encore* dans ces exercices *de religion*, ils m'ont trouvé purifié dans le temple, sans amas de peuple et sans tumulte :

19 *et ce sont* certains Juifs d'Asie, qui devaient comparaître devant vous, et se rendre accusateurs, s'ils avaient quelque chose à dire contre moi.

20 Mais que ceux-ci mêmes déclarent s'ils m'ont trouvé coupable de quoi que ce soit, lorsque j'ai comparu dans *leur* assemblée ;

21 si ce n'est *qu'on veuille me faire un crime* de cette parole que j'ai dite hautement en leur présence : C'est à cause de la résurrection des morts, que vous voulez me condamner aujourd'hui.

22 Félix *ayant entendu tous ces discours,* les remit a une autre fois, en disant : Lorsque je me serai plus exactement informé de cette secte, et que le tribun Lysias sera venu *de Jérusalem*, je connaîtrai de votre affaire.

23 Il commanda ensuite à un centenier de garder Paul, mais en le tenant moins resserré, et sans empêcher aucun des siens de le servir,

24 Quelques jours après, Félix étant revenu *à Césarée*, avec Drusille, sa femme, qui était Juive, fit venir Paul, et il écouta ce qu'il lui dit de la foi en Jésus-Christ.

25 Mais comme Paul lui parlait de la justice, de la chasteté, et du jugement à venir, Félix en fut effrayé, et lui dit : *C'est assez* pour cette heure, retirez-vous ; quand j'aurai le temps, je vous manderai.

26 Et parce qu'il espérait que Paul lui donnerait de l'argent, il l'envoyait quérir souvent, et s'entretenait avec lui.

27 Deux ans s'étant passés, Félix eut pour successeur Porcius Festus ; et voulant obliger les Juifs, il laissa Paul en prison.

CHAPITRE XXV.

FESTUS étant donc arrivé dans la province, vint trois jours après de Césarée à Jérusalem.

2 Et les princes des prêtres, avec les premiers d'entre les Juifs, vinrent le trouver, pour accuser Paul devant lui ;

3 et ils lui demandaient comme une grâce, qu'il le fit venir à Jérusalem, leur dessein étant de le faire assassiner par des gens qu'ils avaient disposés sur le chemin.

4 Mais Festus *leur* répondit, que Paul était en prison à Césarée, où il irait dans peu de jours.

5 Que les principaux donc d'entre vous, leur dit-il, y viennent avec moi ; et si cet homme a commis quelque crime, qu'ils l'en accusent.

6 Ayant demeuré à Jérusalem huit ou dix jours au plus, il revint à Césarée ; et le lendemain s'étant assis sur le tribunal, il commanda qu'on amenât Paul.

7 Et comme on l'eut amené, les Juifs qui étaient venus de Jérusalem, se présentèrent tous autour *du tribunal*, accusant Paul de plusieurs grands crimes, dont ils ne pouvaient apporter aucune preuve.

8 Et Paul se défendait en disant : Je n'ai rien fait, ni contre la loi des Juifs, ni contre le temple, ni contre César.

9 Mais Festus étant bien aise de favoriser les Juifs, dit à Paul : Voulez-vous venir à Jérusalem, et y être jugé devant moi sur les choses dont on vous accuse ?

10 Paul lui répondit : Me voici devant le tribunal de César ; c'est là qu'il faut que je sois jugé : je n'ai fait aucun tort aux Juifs, comme vous-même le savez fort bien.

11 S'il se trouve que je leur aie fait quelque tort, ou que j'aie commis quelque crime digne de mort, je ne refuse pas de mourir : mais s'il n'y a rien de véritable dans toutes les accusations qu'ils font contre moi, personne ne peut me livrer entre leurs mains. J'en appelle à César.

12 Alors Festus, après en avoir conféré avec son conseil, répondit : Vous en avez appelé à César, vous irez devant César.

13 Quelques jours après, le roi Agrippa et Bérénice vinrent a Césarée pour saluer Festus.

14 Et comme ils y demeurèrent plusieurs jours, Festus parla au roi *de l'affaire* de Paul, en lui disant : Il y a un homme que Félix a laissé prisonnier ;

15 que les princes des prêtres et les sénateurs des Juifs vinrent accuser devant moi, lorsque j'étais à Jérusalem, me demandant que je le condamnasse *à la mort*.

16 Mais je leur répondis, que ce n'était point la coutume des Romains de condamner un homme avant que l'accusé ait ses accusateurs présents devant lui, et qu'on lui ait donné la liberté de se justifier du crime dont on l'accuse.

17 Après qu'ils furent venus ici, je m'assis dès le lendemain sur le tribunal, ne voulant point différer cette affaire, et je commandai que cet homme fût amené.

18 Ses accusateurs étant devant lui, ne lui reprochèrent aucun des crimes dont je m'étais attendu qu'ils l'accuseraient :

19 mais ils avaient seulement quelques disputes avec lui touchant leur superstition, et touchant un certain Jésus mort, que Paul assurait être vivant.

20 Ne sachant donc quelle résolution je devais prendre sur cette affaire, je lui demandai s'il voulait bien aller à Jérusalem, pour y être jugé sur les points dont on l'accusait.

21 Mais Paul en ayant appelé, et voulant que sa cause fût réservée à la connaissance d'Auguste, j'ai ordonné qu'on le gardât jusqu'à ce que je l'envoyasse à César.

22 Agrippa dit à Festus : Il y a déjà du temps que j'ai envie d'entendre parler cet homme. Vous l'entendrez demain, répondit Festus.

23 Le lendemain donc, Agrippa et Bérénice vinrent avec grande pompe ; et étant entrés dans la salle des audiences avec les tribuns et les principaux de la ville, Paul fut amené par le commandement de Festus.

24 Et Festus dit *à Agrippa* : Ô roi Agrippa, et vous tous qui êtes ici présents avec nous ! vous voyez cet homme contre lequel tout le peuple juif est venu me trouver à Jérusalem, me représentant avec de grandes instances et de grands cris, qu'il n'était pas juste de le laisser vivre plus longtemps.

25 Cependant j'ai trouvé qu'il n'avait rien fait qui fût digne de mort ; et comme lui-même en a appelé à Auguste, j'ai résolu de le lui envoyer.

26 Mais parce que je n'ai rien de certain à en écrire à l'empereur, je l'ai fait venir devant cette assemblée, et principalement devant

vous, ô roi Agrippa ! afin qu'après avoir examiné son affaire, je sache ce que je dois en écrire.

27 Car il me semble qu'il ne serait pas raisonnable d'envoyer un prisonnier, sans marquer en même temps quels sont les crimes dont on l'accuse.

CHAPITRE XXVI.

ALORS Agrippa dit à Paul : On vous permet de parler pour votre défense. Paul aussitôt ayant étendu la main, commença à se justifier de cette sorte :

2 Je m'estime heureux, ô roi Agrippa ! de pouvoir aujourd'hui me justifier devant vous, de toutes les choses dont les Juifs m'accusent ;

3 parce que vous êtes pleinement informé de toutes les coutumes des Juifs, et de toutes les questions qui sont entre eux : c'est pourquoi je vous supplie de m'écouter avec patience.

4 Premièrement, pour ce qui regarde la vie que j'ai menée dans Jérusalem parmi ceux de ma nation depuis ma jeunesse, elle est connue de tous les Juifs :

5 car, s'ils veulent rendre témoignage *à la vérité*, ils savent que dès mes plus tendres années j'ai vécu en pharisien, faisant profession de cette secte, qui est la plus approuvée de notre religion.

6 Et cependant on m'oblige aujourd'hui de paraître devant des juges, parce que j'espère en la promesse que Dieu a faite à nos pères ;

7 de laquelle nos douze tribus, qui servent Dieu nuit et jour, espèrent d'obtenir l'effet. C'est cette espérance, ô roi ! qui est le sujet de l'accusation que les Juifs forment contre moi.

8 Vous semble-t-il donc incroyable que Dieu ressuscite les morts ?

9 Pour moi, j'avais cru d'abord qu'il n'y avait rien que je ne dusse faire contre le nom de Jésus de Nazareth.

10 Et c'est ce que j'ai exécuté dans Jérusalem, où j'ai mis en prison plusieurs des saints, en ayant reçu le pouvoir des princes des prêtres ; et lorsqu'on les faisait mourir, j'y ai donné mon consentement.

11 J'ai été souvent dans toutes les synagogues, où, à force de tourments *et* de supplices, je les forçais de blasphémer ; et étant transporté de fureur contre eux, je les persécutais jusque dans les villes étrangères.

12 Un jour donc, que j'allais dans ce dessein à Damas, avec un pouvoir et une commission des princes des prêtres,

13 lorsque j'étais en chemin, ô roi ! je vis en plein midi briller du ciel une lumière plus éclatante que celle du soleil, qui m'environna, et tous ceux qui m'accompagnaient.

14 Et étant tous tombés par terre, j'entendis une voix qui me disait en langue hébraïque : Saul ! Saul ! pourquoi me persécutez-vous ? Il vous est dur de regimber contre l'aiguillon.

15 Je dis alors : Qui êtes-vous, Seigneur ? Et le Seigneur me dit : Je suis Jésus, que vous persécutez.

16 Mais levez-vous, et vous tenez debout : car je vous ai apparu afin de vous établir ministre et témoin des choses que vous avez vues, et de celles aussi que je vous montrerai en vous apparaissant de nouveau ;

17 et je vous délivrerai de ce peuple, et des gentils auxquels je vous envoie maintenant,

18 pour leur ouvrir les yeux : afin qu'ils se convertissent des ténèbres à la lumière, et de la puissance de Satan à Dieu ; et que par la foi qu'ils auront en moi, ils reçoivent la rémission de leurs péchés, et qu'ils aient part à l'héritage des saints.

19 Je ne résistai donc point, ô roi Agrippa ! à la vision céleste :

20 mais j'annonçai premièrement à ceux de Damas, et ensuite dans Jérusalem, dans toute la Judée, et aux gentils, qu'ils fissent pénitence, et qu'ils se convertissent à Dieu, en faisant de dignes œuvres de pénitence.

21 Voilà le sujet pour lequel les Juifs s'étant saisis de moi dans le temple, se sont efforcés de me tuer.

22 Mais par l'assistance que Dieu m'a donnée, j'ai subsisté jusques à aujourd'hui, rendant témoignage *de Jésus* aux grands et aux petits, et ne disant autre chose que ce que les prophètes et Moïse ont prédit devoir arriver ;

23 savoir : que le Christ souffrirait *la mort*, et qu'il serait le premier qui ressusciterait d'entre les morts, et qui annoncerait la lumière à la nation et aux gentils.

24 Lorsqu'il disait ces choses pour sa justification, Festus s'écria : Vous êtes insensé, Paul ; votre grand savoir vous fait perdre le sens.

25 Paul lui répondit : Je ne suis point insensé, très-excellent Festus ; mais les paroles que je viens de dire, sont des paroles de vérité et de bon sens.

26 Car le roi est bien informé de tout ceci ; et je parle devant lui avec d'autant plus de liberté, que je crois qu'il n'ignore rien de ce que je dis ; parce que ce ne sont pas des choses qui se soient passées en secret.

27 Ô roi Agrippa ! ne croyez-vous pas aux prophètes ? Je sais que vous y croyez.

28 Alors Agrippa dit à Paul : Il ne s'en faut guère que vous ne me persuadiez d'être chrétien.

29 Paul lui repartit : Plût à Dieu que non-seulement il ne s'en fallût guère, mais qu'il ne s'en fallut rien du tout, que vous et tous ceux qui m'écoutent présentement, devinssiez tels que je suis, à la réserve de ces liens !

30 *Paul ayant dit ces paroles,* le roi, le gouverneur, Bérénice, et ceux qui étaient assis avec eux, se levèrent ;

31 et s'étant retirés à part, ils parlèrent ensemble, et dirent : Cet homme n'a rien fait qui soit digne de mort ou de prison.

32 Et Agrippa dit à Festus : Il aurait pu être renvoyé absous, s'il n'en eût point appelé à César.

CHAPITRE XXVII.

APRÈS qu'il eut été résolu que Paul irait par mer en Italie, et qu'on le mettrait avec d'autres prisonniers entre les mains d'un nommé Jules, centenier dans une cohorte *de la légion appelée* Auguste,

2 nous montâmes sur un vaisseau d'Adrumète, et nous levâmes l'ancre pour aller côtoyer les terres d'Asie ; ayant avec nous Aristarque, Macédonien, de Thessalonique.

3 Le jour suivant nous arrivâmes à Sidon ; et Jules traitant Paul avec humanité, lui permit d'aller voir ses amis, et de pourvoir lui-même à ses besoins.

4 Étant partis de là, nous prîmes notre route au-dessous de Cypre, parce que les vents étaient contraires.

5 Et après avoir traversé la mer de Cilicie et de Pamphylie, nous arrivâmes à Lystre de Lycie ;

6 où le centenier ayant trouvé un vaisseau d'Alexandrie, qui faisait voile en Italie, il nous y fit embarquer.

7 Nous allâmes fort lentement pendant plusieurs jours, et nous arrivâmes avec grande difficulté vis-à-vis de Gnide ; et parce que le vent nous empêchait *d'avancer*, nous côtoyâmes *l'île de* Crète, vers Salmone.

8 Et allant avec peine le long de la côte, nous abordâmes a un lieu nommé Bons-Ports, près duquel était la ville de Thalasse.

9 Mais parce que beaucoup de temps s'était écoulé, et que la navigation devenait périlleuse, le *temps du* jeûne étant déjà passé, Paul donna cet avis *à ceux qui nous conduisaient* :

10 Mes amis, leur dit-il, je vois que la navigation va devenir très-fâcheuse et pleine de péril, non-seulement pour le vaisseau et sa charge, mais aussi pour *nos personnes et* nos vies.

11 Mais le centenier ajoutait plus de foi aux avis du pilote et du maître du vaisseau, qu'à ce que disait Paul.

12 Et comme le port n'était pas propre pour hiverner, la plupart furent d'avis de se remettre en mer, pour tâcher de gagner Phénice, qui est un port de Crète, qui regarde les vents du couchant d'hiver et d'été, afin d'y passer l'hiver.

13 Le vent du midi commençant à souffler doucement, ils pensèrent qu'ils viendraient à bout de leur dessein ; et ayant levé l'ancre d'Asson, ils côtoyèrent *de près* l'île de Crète.

14 Mais il se leva peu après un vent impétueux d'entre le levant et le nord, qui donnait contre l'île ;

15 et comme il emportait le vaisseau, sans que nous pussions y résister, on le laissa aller au gré du vent.

16 Nous fûmes poussés au-dessous d'une petite île, appelée Caude, où nous pûmes à peine être maîtres de l'esquif.

17 Mais l'ayant enfin tiré à nous, les matelots employèrent toutes sortes de moyens, et lièrent le vaisseau *par-dessous*, craignant d'être jetés sur des bancs de sable ; ils abaissèrent le mât, et s'abandonnèrent ainsi à la mer.

18 Et comme nous étions rudement battus de la tempête, le jour suivant ils jetèrent *les marchandises* dans la mer.

19 Trois jours après, ils y jetèrent aussi de leurs propres mains les agrès du vaisseau.

20 Le soleil ni les étoiles ne parurent point durant plusieurs jours ; et la tempête était toujours si violente, que nous perdîmes toute espérance de nous sauver.

21 Mais parce qu'il y avait longtemps que personne n'avait mangé, Paul se leva au milieu d'eux, et leur dit : Sans doute, mes amis, vous eussiez mieux fait de me croire, et de ne point partir de Crète, pour *nous* épargner tant de peine et une si grande perte.

22 Je vous exhorte néanmoins à avoir bon courage ; parce que personne ne périra, et il n'y aura que le vaisseau de perdu.

23 Car cette nuit même, un ange du Dieu à qui je suis, et que je sers, m'a apparu,

24 et m'a dit : Paul, ne craignez point : il faut que vous comparaissiez devant César ; et je vous annonce que Dieu vous a donné tous ceux qui naviguent avec vous.

25 C'est pourquoi, mes amis, ayez bon courage : car j'ai cette confiance en Dieu, que ce qui m'a été dit arrivera.

26 Mais nous devons être jetés contre une certaine île.

27 La quatorzième nuit, comme nous naviguions sur la mer Adriatique, les matelots crurent vers le minuit qu'ils approchaient de quelque terre.

28 Et ayant jeté la sonde, ils trouvèrent vingt brasses ; et un peu plus loin, ils n'en trouvèrent que quinze.

29 Alors craignant que nous n'allassions donner contre quelque écueil, ils jetèrent quatre ancres de la poupe, et ils attendaient avec impatience que le jour vînt.

30 Or, comme les matelots cherchaient à s'enfuir du vaisseau, et qu'ils descendaient l'esquif en mer, sous prétexte d'aller jeter des ancres du côté de la proue,

31 Paul dit au centenier et aux soldats : Si ces gens-ci ne demeurent dans le vaisseau, vous ne pouvez vous sauver.

32 Alors les soldats coupèrent les câbles de l'esquif, et le laissèrent tomber.

33 Sur le point du jour, Paul les exhorta tous à prendre de la nourriture, en leur disant : Il y a aujourd'hui quatorze jours que vous êtes à jeun, et que vous n'avez rien pris, en attendant *la fin de la tempête.*

34 C'est pourquoi je vous exhorte à prendre de la nourriture pour pouvoir vous sauver : car il ne tombera pas un seul cheveu de la tête d'aucun de vous.

35 Après avoir dit cela, il prit du pain, et ayant rendu grâces à Dieu devant tous, il le rompit, et commença à manger.

36 Tous les autres prirent courage *à son exemple*, et se mirent aussi à manger.

37 Or nous étions dans le vaisseau deux cent soixante et seize personnes en tout.

38 Quand ils furent rassasiés, ils soulagèrent le vaisseau en jetant le blé dans la mer.

39 Le jour étant venu, ils ne reconnurent point quelle terre c'était ; mais ils aperçurent un golfe où il y avait un rivage, et ils résolurent d'y faire échouer le vaisseau, s'ils pouvaient.

40 Ils retirèrent les ancres, et lâchèrent en même temps les attaches des gouvernails ; et s'abandonnant à la mer, après avoir mis la voile de l'artimon au vent, ils tiraient vers le rivage.

41 Mais ayant rencontré une langue de terre qui avait la mer des deux côtés, ils y firent échouer le vaisseau ; et la proue s'y étant enfoncée, demeurait immobile ; mais la poupe se rompait par la violence des vagues.

42 Les soldats étaient d'avis de tuer les prisonniers ; de peur que quelqu'un d'eux s'étant sauvé à la nage, ne s'enfuît.

43 Mais le centenier les en empêcha, parce qu'il voulait conserver Paul ; et il commanda que ceux qui pouvaient nager, se jetassent les premiers hors du vaisseau, et se sauvassent à terre.

44 Les autres se mirent sur des planches, ou sur des pièces du vaisseau. Et ainsi ils gagnèrent tous la terre, et se sauvèrent.

CHAPITRE XXVIII.

NOUS étant ainsi sauvés, nous reconnûmes que l'île s'appelait Malte ; et les barbares nous traitèrent avec beaucoup de bonté :

2 car ils nous reçurent tous chez eux, et ils y allumèrent un grand feu, à cause de la pluie et du froid qu'il faisait.

3 Alors Paul ayant ramassé quelques sarments, et les ayant mis au feu, une vipère que la chaleur en fit sortir, le prit à la main.

4 Quand les barbares virent cette bête qui pendait à sa main, ils s'entre-dirent : Cet homme est sans doute quelque meurtrier, puisque après avoir été sauvé de la mer, la vengeance *divine le poursuit encore, et* ne veut pas le laisser vivre.

5 Mais Paul ayant secoué la vipère dans le feu, n'en reçut aucun mal.

6 Les barbares s'attendaient qu'il enflerait, ou qu'il tomberait mort tout d'un coup ; mais après avoir attendu longtemps, lorsqu'ils virent qu'il ne lui en arrivait aucun mal, ils changèrent de sentiment, et dirent que c'était un dieu.

7 Il y avait dans cet endroit-là des terres qui appartenaient à un nommé Publius, le premier de cette île, qui nous reçut fort humainement, et qui exerça envers nous l'hospitalité durant trois jours.

8 Or il se rencontra que son père était malade de fièvre et de dyssenterie : Paul alla donc le voir, et ayant fait sa prière, il lui imposa les mains, et le guérit.

9 Après ce miracle, tous ceux de l'île qui étaient malades, vinrent à lui, et furent guéris.

10 Ils nous rendirent aussi de grands honneurs ; et lorsque nous nous remîmes en mer, ils nous pourvurent de tout ce qui nous était nécessaire pour notre voyage.

11 Au bout de trois mois, nous nous embarquâmes sur un vaisseau d'Alexandrie, qui avait passé l'hiver dans l'île, et qui portait pour enseigne *Castor et Pollux.*

12 Nous abordâmes à Syracuse, où nous demeurâmes trois jours.

13 De là, en côtoyant *la Sicile,* nous vînmes à Rhége ; et un jour après, le vent du midi s'étant levé, nous arrivâmes en deux jours à Pouzzoles ;

14 où nous trouvâmes des frères qui nous prièrent de demeurer chez eux sept jours ; et ensuite nous prîmes le chemin de Rome.

15 Lorsque les frères de Rome eurent appris *des nouvelles de notre arrivée,* ils vinrent au-devant de nous jusqu'au *lieu appelé le* Marché d'Appius, et aux Trois-Loges ; et Paul les ayant vus, rendit grâces à Dieu, et fut rempli d'une *nouvelle* confiance.

16 Quand nous fûmes arrivés à Rome, il fut permis à Paul de demeurer où il voudrait avec un soldat qui le gardait.

17 Trois jours après, Paul pria les principaux d'entre les Juifs de venir le trouver ; et quand ils furent venus, il leur dit : *Mes frères,* quoique je n'eusse rien fait contre le peuple, ni contre les coutumes de nos pères, j'ai été arrêté prisonnier à Jérusalem, et mis entre les mains des Romains ;

18 qui m'ayant examiné, voulaient me mettre en liberté, parce qu'ils ne me trouvaient coupable d'aucun crime qui méritât la mort.

19 Mais les Juifs s'y opposant, j'ai été contraint d'en appeler à César, sans que j'aie dessein néanmoins d'accuser en aucune chose ceux de ma nation.

20 C'est pour ce sujet que je vous ai priés de venir ici, afin de vous voir et de vous parler : car c'est pour *ce qui fait* l'espérance d'Israël que je suis lié de cette chaîne.

21 Ils lui répondirent : Nous n'avons point reçu de lettres de Judée sur votre sujet, et il n'est venu aucun de nos frères de ce pays-là qui nous ait dit du mal de vous.

22 Mais nous voudrions bien que vous nous dissiez vous-même vos sentiments : car ce que nous savons de cette secte, c'est qu'on la combat partout.

23 Ayant donc pris jour avec lui, ils vinrent en grand nombre le trouver en son logis ; et il leur prêchait le royaume de Dieu, leur confirmant ce qu'il leur disait par plusieurs témoignages ; et depuis le matin jusqu'au soir il tâchait de leur persuader, par la loi de Moïse et par les prophètes, ce qui regarde Jésus.

24 Les uns croyaient ce qu'il disait, et les autres ne le croyaient pas.

25 Et ne pouvant s'accorder entre eux, ils se retiraient ; ce qui donna sujet à Paul de leur dire cette parole : C'est avec grande raison que le Saint-Esprit, qui a parlé à nos pères par le prophète Isaïe,

26 a dit : Allez vers ce peuple, et lui dites : Vous écouterez, et en écoutant vous n'entendrez point ; vous verrez, et en voyant vous ne verrez point.

27 Car le cœur de ce peuple s'est appesanti, et leurs oreilles sont devenues sourdes, et ils ont fermé leurs yeux ; de peur que leurs yeux ne voient, que leurs oreilles n'entendent, que leur cœur ne comprenne, et que s'étant convertis, je ne les guérisse.

28 Sachez donc, que ce salut de Dieu est envoyé aux gentils, et qu'ils le recevront.

29 Lorsqu'il leur eut dit ces choses, les Juifs s'en allèrent, ayant de grandes contestations entre eux.

30 Paul ensuite demeura deux ans entiers dans un logis qu'il avait loué, où il recevait tous ceux qui venaient le voir ;

31 prêchant le royaume de Dieu, et enseignant ce qui regarde le Seigneur Jésus-Christ avec toute liberté, sans que personne l'en empêchât.

ÉPITRE DE SAINT PAUL

AUX

ROMAINS.

———

CHAPITRE PREMIER.

PAUL, serviteur de Jésus-Christ, apôtre par la vocation *divine*, choisi *et* destiné pour *annoncer* l'Évangile de Dieu,

2 qu'il avait promis auparavant par ses prophètes, dans les Écritures saintes,

3 touchant son Fils, qui lui est né, selon la chair, du sang *et de la race* de David ;

4 qui a été prédestiné *pour être* Fils de Dieu dans *une souveraine* puissance, selon l'Esprit de sainteté, par sa résurrection d'entre les morts ; touchant, *dis-je*, Jésus-Christ notre Seigneur ;

5 par qui nous avons reçu la grâce et l'apostolat, pour faire obéir à la foi toutes les nations, par *la vertu de* son nom ;

6 au rang desquelles vous êtes aussi, comme ayant été appelés par Jésus-Christ :

7 à vous tous qui êtes à Rome, *qui êtes* chéris de Dieu, *et* appelés *pour être* saints. Que Dieu, notre Père, et Jésus-Christ *notre* Seigneur, vous donnent la grâce et la paix !

8 Premièrement, je rends grâces à mon Dieu pour vous tous, par Jésus-Christ, de ce qu'on parle de votre foi dans tout le monde.

9 Car le Dieu que je sers par le culte *intérieur* de mon esprit dans l'Évangile de son Fils, m'est témoin que je me souviens sans cesse de vous ;

10 lui demandant continuellement dans mes prières, que, si c'est sa volonté, il m'ouvre enfin quelque voie favorable pour aller vers vous :

11 car j'ai grand désir de vous voir, pour vous faire part de quelque grâce spirituelle, afin de vous fortifier ;

12 c'est-à-dire, afin qu'étant parmi vous, nous recevions une mutuelle consolation dans la foi qui nous est commune.

13 Aussi, *mes* frères, je ne veux pas que vous ignoriez que j'avais souvent proposé de vous aller voir, pour faire quelque fruit parmi vous, comme parmi les autres nations ; mais j'en ai été empêché jusqu'à cette heure.

14 Je suis redevable aux Grecs et aux barbares, aux savants et aux simples.

15 Ainsi, pour ce qui est de moi, je suis prêt à vous annoncer aussi l'Évangile, à vous qui êtes à Rome :

16 car je ne rougis point de l'Évangile, parce qu'il est la vertu de Dieu, pour sauver tous ceux qui croient, premièrement les Juifs, et puis les gentils.

17 Car la justice de Dieu nous y est révélée, *la justice qui vient* de la foi, *et se perfectionne* dans la foi, selon qu'il est écrit : Le juste vit de la foi.

18 On y découvre aussi la colère de Dieu, *qui éclatera* du ciel contre toute l'impiété et l'injustice des hommes, qui retiennent la vérité de Dieu dans l'injustice ;

19 parce qu'ils ont connu ce qui peut
se découvrir de Dieu, Dieu même le leur ayant fait connaître.

20 Car les perfections invisibles de Dieu, sa puissance éternelle et sa divinité, sont devenues visibles depuis la création du monde, par la connaissance que ses créatures nous en donnent ; et ainsi ces personnes sont inexcusables ;

21 parce qu'ayant connu Dieu, ils ne l'ont point glorifié comme Dieu, et ne lui ont point rendu grâces ; mais ils se sont égarés dans leurs vains raisonnements, et leur cœur insensé a été rempli de ténèbres.

22 Ils sont devenus fous, en s'attribuant le nom de sages ;

23 et ils ont transféré l'honneur qui n'est dû qu'au Dieu incorruptible, à l'image d'un homme corruptible, et à des figures d'oiseaux, de bêtes à quatre pieds, et de reptiles.

24 C'est pourquoi Dieu les a livrés aux désirs de leur cœur, aux vices de l'impureté ; en sorte qu'*en s'y plongeant*, ils ont déshonoré eux-mêmes leurs propres corps,

25 eux qui avaient mis le mensonge en la place de la vérité de Dieu, et rendu à la créature l'adoration et le culte souverain, au lieu de le rendre au Créateur, qui est béni dans tous les siècles. Amen !

26 C'est pourquoi Dieu les a livrés à des passions honteuses ; car les femmes parmi eux ont changé l'usage qui est selon la nature, en un autre qui est contre la nature.

27 Les hommes de même, rejetant l'alliance des deux sexes, qui est selon la nature, ont été embrasés d'un désir *brutal* les uns envers les autres, l'homme commettant avec l'homme une infamie *détestable*, et recevant *ainsi* en eux-mêmes la juste peine qui était due à leur égarement.

28 Et comme ils n'ont pas voulu reconnaître Dieu, Dieu *aussi* les a livrés à un sens dépravé ; en sorte qu'ils ont fait des actions indignes *de l'homme* ;

29 ils ont été remplis de toute sorte d'injustice, de méchanceté, de fornication, d'avarice, de malignité ; ils ont été envieux, meurtriers, querelleurs, trompeurs ; ils ont été corrompus dans leurs mœurs, semeurs de faux rapports,

30 calomniateurs, et ennemis de Dieu; ils ont été outrageux, superbes, altiers, inventeurs de nouveaux moyens de faire le mal, désobéissants à leurs pères et à leurs mères ;

31 sans prudence, sans modestie, sans affection, sans fidélité, sans miséricorde.

32 Et après avoir connu la justice de Dieu, ils n'ont pas compris que ceux qui font ces choses sont dignes de mort, et non-seulement ceux qui les font, mais aussi ceux qui approuvent ceux qui les font.

CHAPITRE II.

C'EST pourquoi, vous, ô homme ! qui que vous soyez, qui condamnez les autres, vous êtes inexcusable ; parce qu'en les condamnant, vous vous condamnez vous-même, puisque vous faites les mêmes choses que vous condamnez.

2 Car nous savons que Dieu condamne, selon *sa* vérité, ceux qui commettent ces actions.

3 Vous donc, qui condamnez ceux qui les commettent, et qui les commettez vous-même, pensez-vous pouvoir éviter la condamnation de Dieu ?

4 Est-ce que vous méprisez les richesses de sa bonté, de sa patience, et de sa longue tolérance ? Ignorez-vous que la bonté de Dieu vous invite à la pénitence ?

5 Et cependant, par votre dureté et par l'impénitence de votre cœur, vous vous amassez un trésor de colère pour le jour de la colère et de la manifestation du juste jugement de Dieu ;

6 qui rendra à chacun selon ses œuvres,

7 *en donnant* la vie éternelle à ceux qui par leur persévérance dans les bonnes œuvres, cherchent la gloire, l'honneur et l'immortalité ;

8 *et répandant* sa fureur et sa colère sur ceux qui ont l'esprit contentieux, et qui ne se rendent point à la vérité, mais qui embrassent l'iniquité.

9 L'affliction et le désespoir accablera l'âme de tout homme qui fait le mal, du Juif premièrement, et puis du gentil ;

10 mais la gloire, l'honneur et la paix seront *le partage* de tout homme qui fait le bien, du Juif premièrement, et puis du gentil.

11 Car Dieu ne fait point acception de personnes.

12 Et ainsi tous ceux qui ont péché sans *avoir reçu* la loi, périront aussi sans *être jugés par* la loi ; et tous ceux qui ont péché étant sous la loi, seront jugés par la loi.

13 (Car ce ne sont point ceux qui écoutent la loi, qui sont justes devant Dieu ; mais *ce sont* ceux qui gardent la loi, *qui seront* justifiés.

14 Lors donc que les gentils qui n'ont point la loi, font naturellement les choses que la loi commande, n'ayant point la loi, ils se tiennent à eux-mêmes lieu de loi ;

15 faisant voir que ce qui est prescrit par la loi, est écrit dans leur cœur, comme leur conscience en rend témoignage par la diversité des réflexions et des pensées qui les accusent, ou qui les défendent.)

16 *Tous ceux, dis-je, qui ont péché, périront et seront condamnés* au jour où Dieu jugera par Jésus-Christ, selon l'Évangile que je prêche, tout ce qui est caché dans le cœur des hommes.

17 Mais vous qui portez le nom de Juif, qui vous reposez sur la loi, qui vous glorifiez des faveurs de Dieu ;

18 qui connaissez sa volonté, et qui étant instruit par la loi, savez discerner ce qui est de plus utile ;

19 vous vous flattez d'être le conducteur des aveugles, la lumière de ceux qui sont dans les ténèbres,

20 le docteur des ignorants, le maître *des simples et* des enfants, *comme* ayant dans la loi la règle de la science et de la vérité.

21 Et cependant, vous qui instruisez les autres, vous ne vous instruisez pas vous-même ; vous qui publiez qu'on ne doit point voler, vous volez ;

22 vous qui dites qu'on ne doit point commettre d'adultère, vous commettez des adultères ; vous qui avez en horreur les idoles, vous faites des sacrilèges ;

23 vous qui vous glorifiez dans la loi, vous déshonorez Dieu par le violement de la loi.

24 Car vous êtes cause, comme dit l'Écriture, que le nom de Dieu est blasphémé parmi les nations.

25 Ce n'est pas que la circoncision ne soit utile, si vous accomplissez la loi ; mais si vous la violez, tout circoncis que vous êtes, vous devenez comme un homme incirconcis.

26 Si donc un homme incirconcis garde les ordonnances de la loi, n'est-il pas vrai que tout incirconcis qu'il est, il sera considéré comme circoncis ?

27 Et ainsi celui qui étant naturellement incirconcis accomplit la loi, vous condamnera, vous qui ayant reçu la lettre *de la loi*, et étant circoncis, êtes un violateur de la loi.

28 Car le *vrai* Juif n'est pas celui qui l'est au dehors ; et la *véritable* circoncision n'est pas celle qui se fait dans la chair, et qui n'est qu'extérieure.

29 Mais le *vrai* Juif est celui qui l'est intérieurement ; et la circoncision *véritable* est celle du cœur, qui se fait par l'esprit, et non selon la lettre ; et ce *vrai* Juif tire sa louange, non des hommes, mais de Dieu.

CHAPITRE III.

QUEL est donc l'avantage des Juifs, et quelle est l'utilité de la circoncision ?

2 Leur avantage est grand en toutes manières, principalement en ce que les oracles de Dieu leur ont été confiés.

3 Car enfin, si quelques-uns d'entre eux n'ont pas cru, leur infidélité anéantira-t-elle la fidélité de Dieu ? Non, certes.

4 Dieu est véritable, et tout homme est menteur, selon ce que *David* dit *à Dieu* : Afin que vous soyez reconnu fidèle en vos paroles, et victorieux dans les jugements que les hommes feront de vous.

5 Si notre injustice fait paraître davantage la justice de Dieu, que dirons-nous ? Dieu (pour parler selon l'homme) est-il injuste de nous punir ?

6 Non, certes ; car si cela était, comment Dieu serait-il le juge du monde ?

7 Mais, *dira-t-on,* si par mon infidélité la fidélité de Dieu a éclaté davantage pour sa gloire, pourquoi me condamne-t-on encore comme pécheur ?

8 Et pourquoi ne ferons-nous pas le mal, afin qu'il en arrive du bien (selon que quelques-uns, pour nous noircir, nous accusent de dire) ? Ces personnes seront justement condamnées.

9 Dirons-nous donc que nous sommes préférables aux gentils ? Nullement ; car nous avons déjà convaincu et les Juifs et les gentils, d'être tous dans le péché ;

10 selon qu'il est écrit ; Il n'y a point de juste, il n'y en a pas un seul.

11 Il n'y a point d'homme qui ait de l'intelligence ; il n'y en a point qui cherche Dieu.

12 Ils se sont tous détournés du droit chemin ; ils sont tous devenus inutiles ; il n'y en a point qui fasse le bien, il n'y en a pas un seul.

13 Leur gosier est un sépulcre ouvert ; ils se sont servis de leurs langues pour tromper avec adresse ; ils ont sous leurs lèvres un venin d'aspic.

14 Leur bouche est remplie de malédiction et d'amertume ;

15 leurs pieds sont vites pour répandre le sang ;

16 leur conduite ne tend qu'à opprimer les autres, et à les rendre malheureux.

17 Ils ne connaissent point la voie de la paix ;

18 ils n'ont point la crainte de Dieu devant les yeux.

19 Or nous savons que toutes les paroles de la loi s'adressent à ceux qui sont sous la loi, afin que toute bouche soit fermée, et que tout le monde se reconnaisse condamnable devant Dieu ;

20 parce que nul homme ne sera justifié devant Dieu par les œuvres de la loi ; car la loi *ne* donne *que* la connaissance du péché.

21 Mais maintenant, sans la loi, la justice *qui vient* de Dieu, à laquelle la loi et les prophètes rendent témoignage, a été manifestée ;

22 cette justice *qui vient* de Dieu par la foi en Jésus-Christ, *et qui est répandue* en tous ceux et sur tous ceux qui croient en lui ; car il n'y a point de distinction ;

23 parce que tous ont péché, et ont besoin de rendre gloire à Dieu ;

24 étant justifiés gratuitement par sa grâce, par la rédemption qui est en Jésus-Christ,

25 que Dieu a proposé pour être *la victime de* propitiation, par la foi qu'on aurait en son sang, pour faire paraître la justice qu'il donne lui-même, en pardonnant les péchés passés,

26 qu'il a soufferts avec *tant de* patience ; pour faire, *dis-je,* paraître en ce temps la justice qui vient de lui ; montrant tout ensemble qu'il est juste, et qu'il justifie celui qui a la foi en Jésus-Christ.

27 Où est donc le sujet de votre gloire ? Il est exclu. Et par quelle loi ? Est-ce par la loi des œuvres ? Non ; mais par la loi de la foi.

28 Car nous devons reconnaître que l'homme est justifié par la foi, sans les œuvres de la loi.

29 Dieu n'est-il le Dieu que des Juifs ? Ne l'est-il pas aussi des gentils ? Oui, certes, il l'est aussi des gentils.

30 Car il n'y a qu'un seul Dieu, qui justifie par la foi les circoncis, et qui par la foi justifie aussi les incirconcis.

31 Détruisons-nous donc la loi par la foi ? À Dieu ne plaise ! mais *au contraire* nous l'établissons.

CHAPITRE IV.

QUEL avantage dirons-nous donc qu'Abraham, notre père, a eu selon la chair ?

2 Certes, si Abraham a été justifié par ses œuvres, il a de quoi se glorifier, mais non devant Dieu.

3 Et cependant que dit l'Écriture ? Abraham crut à *la parole de* Dieu, et *sa foi* lui fut imputée a justice.

4 Or la récompense qui se donne à quelqu'un pour ses œuvres, ne lui est pas imputée comme une grâce, mais comme une dette.

5 Et au contraire, lorsqu'un homme, sans faire des œuvres, croit en celui qui justifie le pécheur, sa foi lui est imputée à justice, selon le décret de la grâce de Dieu.

6 C'est ainsi que David dit, qu'un homme est heureux à qui Dieu impute la justice sans les œuvres.

7 Heureux ceux à qui les iniquités sont pardonnées, et dont les péchés sont couverts !

8 Heureux celui à qui Dieu n'a point imputé de péché !

9 Or ce bonheur n'est-il que pour les circoncis ? N'est-il point aussi pour les incirconcis ? Car nous venons de dire que la foi d'Abraham lui fut imputée à justice.

10 Quand donc lui a-t-elle été imputée ? Est-ce après qu'il a été circoncis, ou lorsqu'il était incirconcis ? Ce n'a point été après qu'il eut reçu la circoncision, mais avant qu'il l'eût reçue.

11 Et *ainsi* il reçut la marque de la circoncision, comme le sceau de la justice qu'il avait eue par la foi, lorsqu'il était encore incirconcis : pour être et le père de tous ceux qui croient n'étant point circoncis, afin que leur foi leur soit aussi imputée à justice ;

12 et le père des circoncis, qui non-seulement ont reçu la circoncision, mais qui suivent aussi les traces de la foi qu'eut notre père Abraham, lorsqu'il était encore incirconcis.

13 Aussi n'est-ce point par la loi que la promesse a été faite à Abraham, ou à sa postérité, d'avoir tout le monde pour héritage, mais par la justice de la foi.

14 Car si ceux qui appartiennent à la loi sont les héritiers, la foi devient inutile, et la promesse *de Dieu* sans effet ;

15 parce que la loi produit la colère *et le châtiment* ; puisque lorsqu'il n'y a point de loi, il n'y a point de violement de la loi.

16 Ainsi c'est par la foi *que nous sommes héritiers*, afin que nous le soyons par grâce, et que la promesse *faite à Abraham* demeure ferme pour tous les enfants d'Abraham, non-seulement pour ceux

qui ont reçu la loi, mais encore pour ceux qui suivent la foi d'Abraham, qui est le père de nous tous,

17 (selon qu'il est écrit ; Je vous ai établi le père de plusieurs nations ;) *et qui l'est* devant Dieu, auquel il a cru comme à celui qui ranime les morts, et qui appelle ce qui n'est point, comme ce qui est.

18 Aussi ayant espéré contre *toute* espérance, il a cru qu'il deviendrait le père de plusieurs nations, selon qu'il lui avait été dit ; Votre postérité sera sans nombre.

19 Il ne s'affaiblit point dans sa foi, et il ne considéra point qu'étant âgé de cent ans, son corps *était déjà comme* mort, et que la vertu de concevoir était éteinte dans celui de Sara.

20 Il n'hésita point, et il n'eut pas la moindre défiance de la promesse de Dieu ; mais il se fortifia par la foi, rendant gloire à Dieu,

21 pleinement persuadé qu'il est tout-puissant pour faire tout ce qu'il a promis.

22 C'est pour cette raison que *sa foi* lui a été imputée à justice.

23 Or ce n'est pas pour lui seul qu'il est écrit, que *sa foi* lui a été imputée à justice ;

24 mais aussi pour nous, à qui elle sera imputée de même, si nous croyons en celui qui a ressuscité d'entre les morts Jésus-Christ notre Seigneur,

25 qui a été livré à la mort pour nos péchés, et qui est ressuscité pour notre justification.

CHAPITRE V.

AINSI étant justifiés par la foi, ayons la paix avec Dieu, par Jésus-Christ notre Seigneur ;

2 qui nous a donné aussi entrée par la foi à cette grâce en laquelle nous demeurons fermes, et nous nous glorifions dans l'espérance de la gloire des enfants de Dieu ;

3 et non-seulement *dans cette espérance*, mais nous nous glorifions encore dans les afflictions : sachant que l'affliction produit la patience ;

4 la patience, l'épreuve ; et l'épreuve, l'espérance.

5 Or cette espérance n'est point trompeuse, parce que l'amour de Dieu a été répandu dans nos cœurs par le Saint-Esprit qui nous a été donné.

6 Car pourquoi, lorsque nous étions encore dans les langueurs *du péché, Jésus*-Christ est-il mort pour des impies *comme nous*, dans le temps *destiné de Dieu* ?

7 Et certes, à peine quelqu'un voudrait-il mourir pour un juste ; peut-être néanmoins que quelqu'un aurait le courage de donner sa vie pour un homme de bien.

8 Mais ce qui fait éclater davantage l'amour de Dieu envers nous, c'est que lors même que nous étions encore pécheurs,

9 *Jésus*-Christ n'a pas laissé de mourir pour nous dans le temps *destiné de Dieu*. Ainsi étant maintenant justifiés par son sang, nous serons à plus forte raison délivrés par lui de la colère *de Dieu*.

10 Car si lorsque nous étions ennemis de Dieu, nous avons été réconciliés *avec lui* par la mort de son Fils ; à plus forte raison, étant maintenant réconciliés avec lui, nous serons sauvés par la vie de ce *même* Fils.

11 Et non-seulement *nous avons été réconciliés*, mais nous nous glorifions même en Dieu, par Jésus-Christ notre Seigneur, par qui nous avons obtenu maintenant cette réconciliation.

12 C'est pourquoi, comme le péché est entré dans le monde par un seul homme, et la mort par le péché ; et qu'ainsi la mort est passée dans tous les hommes, tous ayant péché dans un seul ;

13 (car le péché a *toujours* été dans le monde jusqu'à la loi ; mais la loi n'étant point *encore*, le péché n'était pas imputé.

14 cependant la mort a exercé son règne depuis Adam jusqu'à Moïse, à l'égard de ceux mêmes qui n'ont pas péché par une transgression semblable à celle d'Adam, qui est la figure d'un autre *chef* qui devait venir ;

15 mais il n'en est pas de la grâce comme du péché ; car si par le péché d'un seul plusieurs sont morts, la miséricorde et le don de

Dieu s'est répandu à plus forte raison abondamment sur plusieurs par la grâce d'un seul homme, qui est Jésus-Christ ;

16 et il n'en est pas de ce don comme de ce seul péché ; car nous avons été condamnés par le jugement *de Dieu* pour un seul péché, au lieu que nous sommes justifiés par la grâce après plusieurs péchés ;

17 si donc, à cause du péché d'un seul, la mort a régné par un seul *homme* ; à plus forte raison ceux qui reçoivent l'abondance de la grâce et du don de la justice, régneront dans la vie par un seul *homme, qui est* Jésus-Christ :)

18 comme donc c'est par le péché d'un seul, que tous les hommes sont tombés dans la condamnation ; ainsi c'est par la justice d'un seul, que tous les hommes reçoivent la justification qui donne la vie.

19 Car comme plusieurs sont devenus pécheurs par la désobéissance d'un seul, ainsi plusieurs seront rendus justes par l'obéissance d'un seul.

20 Or la loi est survenue pour donner lieu à l'abondance du péché ; mais où il y a eu une abondance de péché, il y a eu ensuite une surabondance de grâce ;

21 afin que comme le péché avait régné en *donnant* la mort, la grâce de même règne par la justice en *donnant* la vie éternelle, par Jésus-Christ notre Seigneur.

CHAPITRE VI.

QUE dirons-nous donc ? Demeurerons-nous dans le péché, pour donner lieu à cette surabondance de grâce ?

2 À Dieu ne plaise ! Car étant *une* fois morts au péché, comment vivrons-nous encore dans le péché ?

3 Ne savez-vous pas que nous tous qui avons été baptisés en Jésus-Christ, nous avons été baptisés en sa mort ?

4 Car nous avons été ensevelis avec lui par le baptême pour mourir *au péché* ; afin que comme *Jésus*-Christ est ressuscité d'entre les morts par la gloire de son Père, nous marchions aussi dans une nouvelle vie.

5 Car si nous avons été entés *en lui* par la ressemblance de sa mort, nous y serons aussi *entés* par la ressemblance de sa résurrection ;

6 sachant que notre vieil homme a été crucifié avec lui, afin que le corps du péché soit détruit, et que désormais nous ne soyons plus asservis au péché.

7 Car celui qui est mort, est délivré du péché.

8 Si donc nous sommes morts avec *Jésus*-Christ, nous croyons que nous vivrons aussi avec *Jésus*-Christ ;

9 parce que nous savons que *Jésus*-Christ étant ressuscité d'entre les morts ne mourra plus, *et que* la mort n'aura plus d'empire sur lui.

10 Car quant à ce qu'il est mort, il est mort seulement une fois pour le péché ; mais quant à la vie qu'il a maintenant, il vit pour Dieu.

11 Considérez-vous de même comme étant morts au péché, et comme ne vivant plus que pour Dieu, en Jésus-Christ notre Seigneur.

12 Que le péché donc ne règne point dans votre corps mortel, en sorte que vous obéissiez a ses désirs déréglés.

13 Et n'abandonnez point au péché les membres de votre corps, *pour lui servir* d'armes d'iniquité ; mais donnez-vous à Dieu, comme *devenus* vivants de morts que vous étiez, et *consacrez-lui* les membres de votre corps, pour *lui servir d'*armes de justice.

14 Car le péché ne vous dominera plus, parce que vous n'êtes plus sous la loi, mais sous la grâce.

15 Quoi donc ! pécherons-nous parce que nous ne sommes plus sous la loi, mais sous la grâce ? Dieu nous en garde !

16 Ne savez-vous pas que de qui que ce soit que vous vous soyez rendus esclaves pour lui obéir, vous demeurez esclaves de celui à qui vous obéissez, soit du péché pour *y trouver* la mort, ou de l'obéissance *à la foi* pour *y trouver* la justice ?

17 Mais Dieu soit loué de ce qu'ayant été auparavant esclaves du péché, vous avez obéi du fond du cœur à la doctrine *de l'Évangile*, sur le modèle de laquelle vous avez été formés.

18 Ainsi ayant été affranchis du péché, vous êtes devenus esclaves de la justice.

19 Je *vous* parle humainement, à cause de la faiblesse de votre chair. Comme vous avez fait servir les membres de votre corps à l'impureté et à l'injustice, pour commettre l'iniquité, faites-les servir maintenant à la justice, pour *votre* sanctification.

20 Car lorsque vous étiez esclaves du péché, vous étiez libres à l'égard de la justice.

21 Quel fruit tiriez-vous donc alors de ces *désordres*, dont vous rougissez maintenant ? puisqu'ils n'ont pour fin que la mort.

22 Mais à présent, étant affranchis du péché, et devenus esclaves de Dieu, votre sanctification est le fruit que vous en tirez, et la vie éternelle en sera la fin.

23 Car la mort est la solde *et* le payement du péché ; mais la vie éternelle est une grâce *et* un don de Dieu, en Jésus-Christ notre Seigneur.

CHAPITRE VII.

IGNOREZ-VOUS, mes frères (car je parle à des hommes instruits de la loi), que la loi ne domine sur l'homme que pour autant de temps qu'elle vit ?

2 Ainsi une femme mariée est liée à son mari par la loi *du mariage*, tant qu'il est vivant ; mais lorsqu'il est mort, elle est dégagée de la loi qui la liait à son mari.

3 Si donc elle épouse un autre homme pendant la vie de son mari, elle sera tenue pour adultère ; mais si son mari vient a mourir, elle est affranchie de cette loi, et elle peut en épouser un autre sans être adultère.

4 Ainsi, mes frères, vous êtes vous-mêmes morts à la loi par le corps de Jésus-Christ, pour être a un autre qui est ressuscité d'entre les morts, afin que nous produisions des fruits pour Dieu.

5 Car lorsque nous étions dans la chair, les passions criminelles étant *excitées* par la loi, agissaient dans les membres de notre corps, et leur faisaient produire des fruits pour la mort.

6 Mais maintenant nous sommes affranchis de la loi de mort, dans laquelle nous étions retenus ; de sorte que nous servons *Dieu* dans la nouveauté de l'esprit, et non dans la vieillesse de la lettre.

7 Que dirons-nous donc ? La loi est-elle péché ? Dieu nous garde d'une telle pensée ! Mais je n'ai connu le péché que par la loi ; car je n'aurais point connu la concupiscence, si la loi n'avait dit ; Vous n'aurez point de mauvais désirs.

8 Mais le péché ayant pris occasion *de s'irriter* du commandement, a produit en moi toutes sortes de mauvais désirs ; car sans la loi le péché était *comme* mort.

9 Et pour moi, je vivais autrefois sans loi ; mais le commandement étant survenu, le péché est ressuscité,

10 et moi, je suis mort ; et il s'est trouvé que le commandement qui devait servir à me donner la vie, a servi à me donner la mort.

11 Car le péché ayant pris occasion du commandement, m'a trompé, et m'a tué par le commandement même.

12 Ainsi la loi est sainte à la vérité, et le commandement est saint, juste et bon.

13 Ce qui était bon *en soi*, m'a-t-il donc causé la mort ? Nullement ; mais *c'est* le péché *et* la concupiscence, qui *en* se manifestant m'a causé la mort par une chose qui était bonne ; le péché, *c'est-à-dire, la concupiscence,* devenant ainsi par le commandement même une source plus abondante de péché.

14 Car nous savons que la loi est spirituelle ; mais pour moi, je suis charnel, étant vendu pour être assujetti au péché.

15 Je n'approuve pas ce que je fais, parce que je ne fais pas le bien que je veux; mais je fais le mal que je hais.

16 Si je fais ce que je ne veux pas, je consens à la loi, *et je reconnais* qu'elle est bonne.

17 Ainsi ce n'est plus moi qui fais cela ; mais c'est le péché qui habite en moi.

18 Car je sais qu'il n'y a rien de bon en moi, c'est-à-dire, dans ma chair ; parce que je trouve en moi la volonté de faire le bien ; mais je ne trouve point le moyen de l'accomplir.

19 Car je ne fais pas le bien que je veux ; mais je fais le mal que je ne veux pas.

20 Si je fais ce que je ne veux pas, ce n'est plus moi qui le fais ; mais c'est le péché qui habite en moi.

21 Lors donc que je veux faire le bien, je trouve en moi une loi *qui s'y oppose*, parce que le mal réside en moi.

22 Car je me plais dans la loi de Dieu selon l'homme intérieur ;

23 mais je sens dans les membres de mon corps une autre loi qui combat contre la loi de mon esprit, et qui me rend captif sous la loi du péché, qui est dans les membres de mon corps.

24 Malheureux homme que je suis ! qui me délivrera de ce corps de mort ?

25 *Ce sera* la grâce de Dieu, par Jésus-Christ notre Seigneur. Et ainsi je suis moi-même soumis et à la loi de Dieu selon l'esprit, et à la loi du péché selon la chair.

CHAPITRE VIII.

IL n'y a donc point maintenant de condamnation pour ceux qui sont en Jesus-Christ, et qui ne marchent point selon la chair ;

2 parce que la loi de l'Esprit de vie, qui est en Jésus-Christ, m'a délivré de la loi de péché et de mort.

3 Car ce qu'il était impossible que la loi fît, la chair la rendant faible *et* impuissante, Dieu *l'a fait*, ayant envoyé son propre Fils revêtu d'une chair semblable à la chair de péché ; et à cause du péché il a condamné le péché dans la chair ;

4 afin que la justice de la loi soit accomplie en nous, qui ne marchons pas selon la chair, mais selon l'esprit.

5 Car ceux qui sont charnels, aiment *et* goûtent les choses de la chair ; et ceux qui sont spirituels, aiment *et* goûtent les choses de l'esprit.

6 Or cet amour des choses de la chair est une mort, au lieu que l'amour des choses de l'esprit est la vie et la paix.

7 Car cet amour des choses de la chair est ennemi de Dieu, parce qu'il n'est point soumis à la loi de Dieu, et ne le peut être.

8 Ceux donc qui vivent selon la chair, ne peuvent plaire à Dieu.

9 Mais pour vous, vous ne vivez pas selon la chair, mais selon l'esprit ; si toutefois l'Esprit de Dieu habite en vous ; car si quelqu'un n'a point l'Esprit de *Jésus*-Christ, il n'est point à lui.

10 Mais si *Jésus*-Christ est en vous, quoique le corps soit mort *en vous* à cause du péché, l'esprit est vivant à cause de la justice.

11 Si donc l'Esprit de celui qui a ressuscité Jésus d'entre les morts habite en vous, celui qui a ressuscité Jésus-Christ d'entre les morts, donnera aussi la vie à vos corps mortels par son Esprit qui habite en vous.

12 Ainsi, *mes* frères, nous ne sommes point redevables à la chair, pour vivre selon la chair.

13 Si vous vivez selon la chair, vous mourrez ; mais si vous faites mourir par l'esprit les œuvres de la chair, vous vivrez.

14 Car tous ceux qui sont poussés par l'Esprit de Dieu, sont enfants de Dieu.

15 Aussi vous n'avez point reçu l'esprit de servitude, pour vous conduire encore par la crainte ; mais vous avez reçu l'Esprit de l'adoption des enfants par lequel nous crions ; *Mon* Père ! *mon* Père !

16 Et c'est cet Esprit qui rend lui-même témoignage à notre esprit, que nous sommes enfants de Dieu.

17 Si nous sommes enfants, nous sommes aussi héritiers ; héritiers de Dieu, et cohéritiers de *Jésus*-Christ ; pourvu toutefois que nous souffrions avec lui, afin que nous soyons glorifiés avec lui.

18 Car je suis persuadé que les souffrances de la vie présente n'ont point de proportion avec cette gloire qui sera un jour découverte en nous.

19 Aussi les créatures attendent avec grand désir la manifestation des enfants de Dieu ;

20 parce qu'elles sont assujetties à la vanité, et elles ne le sont pas volontairement, mais à cause de celui qui les y a assujetties ;

21 avec espérance d'être délivrées aussi elles-mêmes de cet asservissement à la corruption, pour participer à la glorieuse liberté des enfants de Dieu.

22 Car nous savons que jusqu'à maintenant toutes les créatures soupirent, et sont *comme* dans le travail de l'enfantement ;

23 et non-seulement elles, mais nous encore qui possédons les prémices de l'Esprit, nous soupirons *et* nous gémissons en nous-mêmes, attendant *l'effet de* l'adoption divine, la rédemption *et la délivrance* de nos corps.

24 Car ce n'est *encore* qu'en espérance que nous sommes sauvés. Or quand on voit ce qu'on a espéré, ce n'est plus espérance, puisque nul n'espère ce qu'il voit déjà.

25 Mais si nous espérons ce que nous ne voyons pas encore, nous l'attendons avec patience.

26 De plus, l'Esprit *de Dieu nous* aide *dans* notre faiblesse. Car nous ne savons ce que nous devons demander *à Dieu dans nos prières*, pour *le* prier comme il faut ; mais le *Saint*-Esprit même prie pour nous par des gémissements ineffables.

27 Et celui qui pénètre le fond des cœurs, entend bien quel est le désir de l'esprit, parce qu'il *ne* demande pour les saints *que* ce qui est conforme à *la volonté de* Dieu.

28 Or nous savons que tout contribue au bien de ceux qui aiment Dieu, de ceux qu'il a appelés selon son décret pour être saints.

29 Car ceux qu'il a connus dans sa prescience, il les a aussi prédestinés pour être conformes à l'image de son Fils, afin qu'il fût l'aîné entre plusieurs frères.

30 Et ceux qu'il a prédestinés, il les a aussi appelés ; et ceux qu'il a appelés, il les a aussi justifiés ; et ceux qu'il a justifiés, il les a aussi glorifiés.

31 Après cela que devons-nous dire ? Si Dieu est pour nous, qui sera contre nous ?

32 Lui qui n'a pas épargné son propre Fils, mais qui l'a livré *à la mort* pour nous tous, que ne nous donnera-t-il point, après nous l'avoir donné ?

33 Qui accusera les élus de Dieu ? *Sera-ce* Dieu, *lui* qui les justifie.

34 Qui osera les condamner ? *Sera-ce* Jésus-Christ, *lui* qui est mort *pour nous*, qui de plus est ressuscité ; qui est à la droite de Dieu, et qui intercède pour nous ?

35 Qui donc nous séparera de l'amour de *Jésus*-Christ ? Sera-ce l'affliction, ou les déplaisirs, ou la persécution, ou la faim, ou la nudité, ou les périls, ou le fer *et* la violence ?

36 selon qu'il est écrit ; On nous égorge tous les jours pour *l'amour de* vous, Seigneur ! on nous regarde comme des brebis destinées à la boucherie.

37 Mais parmi tous ces maux, nous demeurons victorieux par celui qui nous a aimés.

38 Car je suis assuré que ni la mort, ni la vie, ni les anges, ni les principautés, ni les puissances, ni les choses présentes, ni les futures, ni la puissance *des hommes*,

39 ni tout ce qu'il y a de plus haut, ou de plus profond, ni toute autre créature, ne pourra jamais nous séparer de l'amour de Dieu, en Jésus-Christ notre Seigneur.

CHAPITRE IX.

JÉSUS-CHRIST m'est témoin que je dis la vérité ; je ne mens point, ma conscience me rendant ce témoignage par le Saint-Esprit,

2 que je suis saisi d'une tristesse profonde, et que mon cœur est pressé sans cesse d'une vive douleur ;

3 jusque-là que j'eusse désiré que *Jésus*-Christ m'eût fait servir moi-même de *victime soumise à l'*anathème pour mes frères, qui sont d'un même sang que moi selon la chair ;

4 qui sont les Israélites, à qui appartient l'adoption des enfants *de Dieu*, sa gloire, son alliance, sa loi, son culte et ses promesses ;

5 de qui *les patriarches* sont les pères, et desquels est sorti selon la chair *Jésus*-Christ même, qui est Dieu au-dessus de tout, et béni dans tous les siècles. Amen !

6 Ce n'est pas néanmoins que la parole de Dieu soit demeurée sans effet. Car tous ceux qui descendent d'Israël, ne sont pas *pour cela* Israélites ;

7 et tous ceux qui sont de la race d'Abraham, ne sont pas *pour cela* ses enfants ; mais *Dieu lui dit :* C'est d'Isaac que sortira la race qui doit porter votre nom.

8 C'est-à-dire, que ceux qui sont enfants *d'Abraham* selon la chair, ne sont pas pour cela enfants de Dieu ; mais que ce sont les enfants de la promesse, qui sont réputés être les enfants *d'Abraham.*

9 Car voici les termes de la promesse : Je viendrai *dans un an* en ce même temps, et Sara aura un fils.

10 Et cela ne se voit pas seulement dans Sara, mais aussi dans Rebecca, qui conçut en même temps *deux enfants* d'Isaac, notre père.

11 Car avant qu'ils fussent nés, et avant qu'ils eussent fait aucun bien ni aucun mal, afin que le décret de Dieu demeurât *ferme* selon son élection,

12 non à cause de leurs œuvres, mais à cause de l'appel *et du choix de Dieu,* il lui fut dit,

13 L'aîné sera assujetti au plus jeune ; selon qu'il est écrit : J'ai aimé Jacob, et j'ai haï Esaü.

14 Que dirons-nous donc ? Est-ce qu'il y a en Dieu de l'injustice ? Dieu nous garde de cette pensée !

15 Car il dit à Moïse : Je ferai miséricorde à qui il me plaira de faire miséricorde ; et j'aurai pitié de qui il me plaira d'avoir pitié.

16 Cela ne dépend donc ni de celui qui veut, ni de celui qui court ; mais de Dieu qui fait miséricorde.

17 Car *dans* l'Écriture, *il* dit à Pharaon : C'est pour cela même que je vous ai établi, pour faire éclater en vous ma puissance, et pour rendre mon nom célèbre dans toute la terre.

18 Il est donc vrai qu'il fait miséricorde à qui il lui plaît, et qu'il endurcit qui il lui plaît.

19 Vous me direz peut-être : Après cela pourquoi *Dieu* se plaint-il ? Car qui est-ce qui résiste à sa volonté ?

20 *Mais,* ô homme ! qui êtes-vous pour contester avec Dieu ? Un vase d'argile dit-il à celui qui l'a fait ? Pourquoi m'avez-vous fait ainsi ?

21 Le potier n'a-t-il pas le pouvoir de faire de la même masse d'argile un vase destiné a des usages honorables, et un autre destiné à des usages vils *et* honteux ?

22 *Que dirons-nous donc,* si Dieu voulant montrer sa *juste* colère, et faire connaître sa puissance, souffre avec une patience extrême les vases de colère préparés pour la perdition ;

23 afin de faire paraître les richesses de sa gloire sur les vases de miséricorde qu'il a préparés pour la gloire,

24 sur nous, qu'il a appelés non-seulement d'entre les Juifs, mais aussi d'entre les gentils ;

25 selon ce qu'il dit dans Osée : J'appellerai mon peuple, ceux qui n'étaient point mon peuple ; ma bien-aimée, celle que je n'avais point aimée ; et l'objet de ma miséricorde, celle à qui je n'avais point fait miséricorde ;

26 et il arrivera que dans le même lieu où je leur avais dit autrefois, Vous n'êtes point mon peuple ; ils seront appelés les enfants du Dieu vivant.

27 Et pour ce qui est d'Israël, Isaïe s'écrie : Quand le nombre des enfants d'Israël serait égal à celui du sable de la mer, il n'y en aura qu'un *petit* reste de sauvés.

28 Car Dieu dans sa justice consumera et retranchera *son peuple ;* le Seigneur fera un *grand* retranchement sur la terre.

29 Et comme le même Isaïe avait dit auparavant : Si le Seigneur des armées ne nous avait réservé quelques-uns de notre race, nous serions devenus semblables à Sodome et à Gomorrhe.

30 Que dirons-nous donc à cela ? *sinon* que les gentils qui ne cherchaient point la justice, ont embrassé la justice, et la justice qui vient de la foi ;

31 et que les Israélites au contraire, qui recherchaient la loi de la justice, ne sont point parvenus à la loi de la justice.

32 Et pourquoi ? Parce qu'ils ne l'ont point *recherchée* par la foi, mais comme par les œuvres *de la loi.* Car ils se sont heurtés contre la pierre d'achoppement,

33 selon qu'il est écrit : Je vais mettre dans Sion *celui qui est* une pierre d'achoppement, une pierre de scandale ; et tous ceux qui croiront en lui, ne seront point confondus.

CHAPITRE X.

IL est vrai, *mes* frères, que je sens dans mon cœur une grande affection pour le salut d'Israël, et je le demande à Dieu par mes prières.

2 Car je puis leur rendre ce témoignage, qu'ils ont du zèle pour Dieu ; mais *leur zèle* n'est point selon la science ;

3 parce que ne connaissant point la justice *qui vient* de Dieu, et s'efforçant d'établir leur propre justice, ils né se sont point soumis à Dieu, pour recevoir cette justice qui vient de lui.

4 Car *Jésus*-Christ est la fin de la loi, pour justifier tous ceux qui croient en lui.

5 Or Moïse dit touchant la justice qui vient de la loi, que celui qui en observera les ordonnances, y trouvera la vie.

6 Mais pour ce qui est de la justice qui vient de la foi, voici comme il en parle : Ne dites point en votre cœur ; Qui pourra monter au ciel ? c'est-à-dire, pour en faire descendre *Jésus*-Christ ;

7 ou, Qui pourra descendre au fond de la terre ? c'est-à-dire, pour appeler *Jésus*-Christ d'entre les morts.

8 Mais que dit l'Écriture ? La parole *qui vous est annoncée,* n'est point éloignée de vous ; elle est dans votre bouche et dans votre cœur. Telle est la parole de la foi que nous vous prêchons ;

9 parce que si vous confessez de bouche que Jésus est le Seigneur, et si vous croyez de cœur que Dieu l'a ressuscité d'entre les morts, vous serez sauvé.

10 Car il faut croire de cœur pour être justifié, et confesser *sa foi* par ses paroles pour être sauvé.

11 C'est pourquoi l'Écriture dit : Tous ceux qui croient en lui, ne seront point confondus.

12 Il n'y a point *en cela* de distinction entre les Juifs et les gentils ; parce qu'ils n'ont tous qu'un même Seigneur, qui répand ses richesses sur tous ceux qui l'invoquent.

13 Car tous ceux qui invoqueront le nom du Seigneur, seront sauvés.

14 Mais comment l'invoqueront-ils, s'ils ne croient point en lui ? Et comment croiront-ils en lui, s'ils n'en ont point entendu parler ? Et comment en entendront-ils parler, si personne ne le leur prêche ?

15 Et comment *les prédicateurs* leur prêcheront-ils, s'ils ne sont envoyés ? selon ce qui est écrit : Combien sont beaux les pieds de ceux qui annoncent l'Évangile de paix, de ceux qui annoncent les *vrais* biens !

16 Mais tous n'obéissent pas à l'Évangile. C'est ce qui a fait dire à Isaïe : Seigneur ! qui a cru ce qu'il nous a entendu prêcher ?

17 La foi donc vient de ce qu'on a entendu ; et on a entendu, parce *que* la parole de *Jésus*-Christ a été prêchée.

18 Mais je demande ; Ne l'ont-ils pas déjà entendue ? Oui, certes ; leur voix a retenti par toute la terre, et leur parole *s'est fait entendre* jusqu'aux extrémités du monde.

19 Et Israël n'en a-t-il point eu aussi connaissance ? C'est Moïse qui le premier a dit : Je vous rendrai jaloux d'un peuple qui n'est pas un peuple, et je ferai qu'une nation insensée deviendra l'objet de votre indignation *et de votre envie.*

20 Mais Isaïe dit hautement ; J'ai été trouvé par ceux qui ne me cherchaient pas ; et je me suis fait voir à ceux qui ne demandaient point à me connaître.

21 Et il dit contre Israël : J'ai tendu les bras durant tout le jour à ce peuple incrédule et rebelle à mes paroles.

CHAPITRE XI.

QUE dirai-je donc ? Est-ce que Dieu a rejeté son peuple ? Non, certes. Car je suis moi-même Israélite, de la race d'Abraham, et de la tribu de Benjamin.

2 Dieu n'a point rejeté son peuple qu'il a connu dans sa prescience. Ne savez-vous pas ce qui est rapporté d'Élie dans l'Écriture ? de quelle sorte il demande justice à Dieu contre Israël, *en disant :*

3 Seigneur ! ils ont tué vos prophètes, ils ont renversé vos autels ; je suis demeuré tout seul, et ils me cherchent pour m'ôter la vie.

4 Mais qu'est-ce que Dieu lui répond ? Je me suis réservé sept mille hommes qui n'ont point fléchi le genou devant Baal.

5 Ainsi Dieu a sauvé en ce temps, selon l'élection de sa grâce, un petit nombre qu'il s'est réservé.

6 Si c'est par grâce, ce n'est donc point par les œuvres ; autrement la grâce ne serait plus grâce.

7 Après cela que dirons-nous ? Israël n'a-t-il donc point trouvé ce qu'il cherchait ? Ceux qui ont été choisis *de Dieu,* l'ont trouvé ; mais les autres ont été aveuglés ;

8 selon qu'il est écrit ; Dieu leur a donné un esprit d'assoupissement *et d'insensibilité,* des yeux qui ne voient point, et des oreilles qui n'entendent point ; *tel est leur état* jusqu'à ce jour.

9 David dit encore d'eux ; Que leur table leur soit un filet où ils se trouvent enveloppés ; qu'elle leur devienne une pierre de scandale, et qu'elle soit leur juste punition ;

10 que leurs yeux soient tellement obscurcis qu'ils ne voient point ; et faites qu'ils soient toujours courbés contre terre.

11 Je demande donc : Ne se sont-ils heurtés que pour tomber *et périr sans ressource ?* À Dieu ne plaise ! Mais leur chute est devenue une occasion de salut aux gentils, afin que l'exemple des gentils leur donnât de l'émulation *pour les suivre.*

12 Si leur chute a été la richesse du monde, et si le petit nombre auquel ils ont été réduits a été la richesse des gentils, combien leur plénitude *enrichira-t-elle le monde* encore davantage ?

13 Car je vous le dis, à vous qui êtes gentils : tant que je serai l'apôtre des gentils, je travaillerai à rendre illustre mon ministère,

14 pour tâcher d'exciter de l'émulation dans l'esprit des Juifs qui me sont unis selon la chair, et d'en sauver quelques-uns.

15 Car si leur réprobation est devenue la réconciliation du monde, que sera leur rappel, sinon *un retour* de la mort à la vie ?

16 Si les prémices *des Juifs* sont saintes, la masse l'est aussi ; et si la racine est sainte, les rameaux *le sont* aussi.

17 Si donc quelques-unes des branches ont été rompues ; et si vous, qui n'étiez qu'un olivier sauvage, avez été enté parmi celles qui sont demeurées sur l'olivier franc, et avez été rendu participant de la sève *et du suc* qui sort de la racine de l'olivier ;

18 ne vous élevez point de présomption contre les branches *naturelles.* Si vous pensez vous élever au-dessus d'elles, *considérez que* ce n'est pas vous qui portez la racine, mais *que* c'est la racine qui vous porte.

19 Mais, direz-vous, ces branches *naturelles* ont été rompues, afin que je fusse enté *en leur place.*

20 Il est vrai : elles ont été rompues à cause de leur incrédulité ; et pour vous, vous demeurez ferme par votre foi ; mais prenez garde de ne pas vous élever, et tenez-vous dans la crainte.

21 Car si Dieu n'a point épargné les branches naturelles, vous devez craindre qu'il ne vous épargne pas non plus.

22 Considérez donc la bonté et la sévérité de Dieu : sa sévérité envers ceux qui sont tombés ; et sa bonté envers vous, si toutefois vous demeurez ferme dans l'état où sa bonté vous a mis ; autrement vous serez aussi vous-même retranché *comme eux.*

23 Eux, au contraire, s'ils ne demeurent pas dans leur incrédulité, ils seront *de nouveau* entés *sur leur tige,* puisque Dieu est *tout-*puissant pour les enter encore.

24 Car si vous avez été coupé de l'olivier sauvage, qui était votre tige naturelle, pour être enté contre votre nature sur l'olivier franc ;

à combien plus forte raison les branches naturelles de l'olivier même, seront-elles entées sur leur propre tronc ?

25 Car je ne veux pas, *mes* frères, que vous ignoriez ce mystère, afin que vous ne soyez point sages à vos propres yeux ; qui est, qu'une partie des Juifs est tombée dans l'aveuglement, jusqu'à ce que la multitude des nations soit entrée *dans l'Église* ;

26 et qu'ainsi tout Israël soit sauvé, selon qu'il est écrit ; Il sortira de Sion un libérateur qui bannira l'impiété de Jacob.

27 Et c'est là l'alliance que je ferai avec eux, lorsque j'effacerai leurs péchés.

28 Ainsi quant à l'Évangile, ils sont *maintenant* ennemis à cause de vous ; mais quant à l'élection, ils sont aimés à cause de leurs pères.

29 Car les dons et la vocation de Dieu *sont immuables, et* il ne s'en repent point.

30 Comme donc autrefois vous étiez incrédules à l'égard de Dieu, et que vous avez maintenant obtenu miséricorde, à *l'occasion de* l'incrédulité des Juifs ;

31 ainsi les Juifs sont maintenant tombés dans une incrédulité *qui a donné lieu* à la miséricorde que vous avez reçue, afin qu'un jour ils obtiennent eux-mêmes miséricorde.

32 Car Dieu a permis que tous fussent enveloppés dans l'incrédulité, pour exercer sa miséricorde envers tous.

33 Ô profondeur des trésors de la sagesse et de la science de Dieu ! Que ses jugements sont incompréhensibles, et ses voies impénétrables !

34 Car qui a connu les desseins de Dieu, ou qui est entré dans le secret de ses conseils ?

35 ou qui lui a donné quelque chose le premier, pour en prétendre récompense ?

36 Car tout est de lui, tout est par lui, et tout est en lui ; à lui soit gloire dans tous les siècles ! Amen !

CHAPITRE XII.

JE vous conjure donc, *mes* frères, par la miséricorde de Dieu, de lui offrir vos corps *comme* une hostie vivante, sainte et agréable à ses yeux, *pour lui rendre* un culte raisonnable *et spirituel.*

2 Ne vous conformez point au siècle présent ; mais qu'il se fasse en vous une transformation par le renouvellement de votre esprit, afin que vous reconnaissiez quelle est la volonté de Dieu, ce qui est bon, ce qui est agréable à ses yeux, et ce qui est parfait.

3 Je vous exhorte donc, vous tous, selon le ministère qui m'a été donné par grâce, de ne vous point élever au delà de ce que vous devez, dans les sentiments que vous avez de vous-mêmes ; mais de vous tenir dans les bornes de la modération, selon la mesure *du don* de la foi que Dieu a départie à chacun *de vous.*

4 Car comme dans un seul corps nous avons plusieurs membres, et que tous *ces* membres n'ont pas la même fonction ;

5 de même en *Jésus-*Christ, quoique nous soyons plusieurs, nous ne sommes néanmoins qu'un seul corps, étant tous réciproquement membres les uns des autres.

6 C'est pourquoi, comme nous avons tous des dons différents selon la grâce qui nous a été donnée ; que celui qui a reçu le don de prophétie, *en use* selon l'analogie *et la règle* de la foi ;

7 que celui qui est appelé au ministère *de l'Église,* s'attache à son ministère ; que celui qui a reçu le don d'enseigner, s'applique à enseigner ;

8 et que celui qui a reçu le don d'exhorter, exhorte *les autres* ; que celui qui fait l'aumône, la fasse avec simplicité ; que celui qui a la conduite *de ses frères,* s'en acquitte avec vigilance ; et que celui qui exerce les œuvres de miséricorde, *le fasse* avec joie.

9 Que votre charité soit sincère, *et* sans déguisement. Ayez le mal en horreur, et attachez-vous fortement au bien.

10 Que chacun ait pour son prochain une affection *et* une tendresse vraiment fraternelle ; prévenez-vous les uns les autres par des témoignages d'honneur *et* de déférence.

11 Ne soyez point lâches dans votre devoir ; conservez-vous dans la ferveur de l'esprit ; souvenez-vous que c'est le Seigneur que vous servez.

12 Réjouissez-vous dans l'espérance ; soyez patients dans les maux, persévérants dans la prière,

13 charitables pour soulager les nécessités des saints, prompts à exercer l'hospitalité.

14 Bénissez ceux qui vous persécutent ; bénissez-les, et ne faites point d'imprécation *contre eux.*

15 Soyez dans la joie avec ceux qui sont dans la joie, et pleurez avec ceux qui pleurent.

16 Tenez-vous toujours unis dans les mêmes sentiments *et* les mêmes affections ; n'aspirez point à ce qui est élevé ; mais accommodez-vous à ce qui est de plus bas *et* de plus humble ; ne soyez point sages à vos propres yeux.

17 Ne rendez à personne le mal pour le mal ; ayez soin de faire le bien, non-seulement devant Dieu, mais aussi devant tous les hommes.

18 Vivez en paix, si cela se peut, et autant qu'il est en vous, avec toutes sortes de personnes.

19 Ne vous vengez point vous-mêmes, mes chers frères ; mais donnez lieu à la colère ; car il est écrit : C'est à moi que la vengeance est réservée ; et c'est moi qui la ferai, dit le Seigneur.

20 Au contraire, si votre ennemi a faim, donnez-lui à manger ; s'il a soif, donnez-lui à boire ; car agissant de la sorte, vous amasserez des charbons de feu sur sa tête.

21 Ne vous laissez point vaincre par le mal ; mais travaillez à vaincre le mal par le bien.

CHAPITRE XIII.

QUE toute personne soit soumise aux puissances supérieures ; car il n'y a point de puissance qui ne vienne de Dieu, et c'est lui qui a établi *toutes* celles qui sont *sur la terre.*

2 Celui donc qui résiste aux puissances, résiste à l'ordre de Dieu ; et ceux qui y résistent, attirent la condamnation sur eux-mêmes.

3 Car les princes ne sont point à craindre, lorsqu'on ne fait que de bonnes actions, mais lorsqu'on en fait de mauvaises. Voulez-vous ne point craindre les puissances, faites bien, et elles vous en loueront.

4 Car le prince est le ministre de Dieu pour vous *favoriser* dans le bien. Si vous faites mal, vous avez raison de craindre, parce que ce n'est pas en vain qu'il porte l'épée. Car il est le ministre de Dieu pour exécuter *sa* vengeance, en punissant celui qui fait de mauvaises actions.

5 Il est donc nécessaire de vous y soumettre, non-seulement par *la crainte du* châtiment, mais aussi par *un devoir de* conscience.

6 C'est pour cette même raison que vous payez le tribut *aux princes :* parce qu'ils sont les ministres de Dieu, toujours appliqués aux fonctions de leur ministère.

7 Rendez donc à chacun ce qui lui est dû : le tribut, à qui *vous devez* le tribut ; les impôts, à qui *vous devez* les impôts ; la crainte, à qui *vous devez* de la crainte ; l'honneur, à qui *vous devez* de l'honneur.

8 Acquittez-vous envers tous de tout ce que vous leur devez, ne demeurant redevables que de l'amour qu'on se doit les uns aux autres. Car celui qui aime le prochain, accomplit la loi ;

9 parce que ces commandements de Dieu, Vous ne commettrez point d'adultère ; Vous ne tuerez point ; Vous ne déroberez point ; Vous ne porterez point de faux témoignage ; Vous ne désirerez rien *des biens de votre prochain* ; et s'il y en a quelque autre semblable ; tous ces commandements, *dis-je,* sont compris en abrégé dans cette parole ; Vous aimerez le prochain comme vous-même.

10 L'amour qu'on a pour le prochain, ne souffre point qu'on lui fasse du mal ; ainsi l'amour est l'accomplissement de la loi.

11 Acquittons-nous donc de cet amour, et d'autant plus que nous savons *que le temps presse,* et que l'heure est déjà venue de nous

réveiller de notre assoupissement ; puisque nous sommes plus proches de notre salut que lorsque nous avons reçu la foi.

12 La nuit est déjà fort avancée, et le jour s'approche ; quittons donc les œuvres de ténèbres, et revêtons-nous des armes de lumière.

13 Marchons avec bienséance et avec honnêteté, comme *on marche* durant le jour. Ne vous laissez point aller aux débauches, ni aux ivrogneries ; aux impudicités, ni aux dissolutions ; aux querelles, ni aux envies ;

14 mais revêtez-vous de *notre* Seigneur Jésus-Christ ; et ne cherchez pas à contenter votre sensualité, en satisfaisant à ses désirs.

CHAPITRE XIV.

RECEVEZ avec charité celui qui est encore faible dans la foi, sans vous amuser à contester *avec lui.*

2 Car l'un croit qu'il lui est permis de manger de toutes choses ; et l'autre, au contraire, qui est faible *dans la foi,* ne mange que des légumes.

3 Que celui qui mange *de tout,* ne méprise point celui qui n'ose manger *de tout* ; et que celui qui ne mange pas *de tout,* ne condamne point celui qui mange *de tout,* puisque Dieu l'a pris *à son service.*

4 Qui êtes-vous, pour *oser ainsi* condamner le serviteur d'autrui ? S'il tombe, ou s'il demeure ferme, cela regarde son maître. Mais il demeurera ferme, parce que Dieu est *tout*-puissant pour l'affermir.

5 De même, l'un met de la différence entre les jours ; l'autre considère tous les jours comme égaux. Que chacun agisse selon qu'il est pleinement persuadé dans son esprit.

6 Celui qui distingue les jours, les distingue *pour plaire* au Seigneur. Celui qui mange *de tout,* le fait *pour plaire* au Seigneur, car il en rend grâces à Dieu ; et celui qui ne mange pas *de tout,* le fait aussi *pour plaire* au Seigneur, et il en rend aussi grâces à Dieu.

7 Car aucun de nous ne vit pour soi-même, et aucun de nous ne meurt pour soi-même.

8 Soit que nous vivions, c'est pour le Seigneur que nous vivons ; soit que nous mourions, c'est pour le Seigneur que nous mourons ; soit donc que nous vivions, soit que nous mourions, nous sommes toujours au Seigneur.

9 Car c'est pour cela même que *Jésus*-Christ est mort et qu'il est ressuscité, afin d'avoir un empire *souverain* sur les morts et sur les vivants.

10 Vous donc, pourquoi condamnez-vous votre frère ? Et vous, pourquoi méprisez-vous le vôtre ? Car nous paraîtrons tous devant le tribunal de *Jésus*-Christ ;

11 selon cette parole de l'Écriture : Je jure par moi-même, dit le Seigneur, que tout genou fléchira devant moi, et que toute langue confessera *que c'est moi qui suis* Dieu.

12 Ainsi chacun de nous rendra compte à Dieu de soi-même.

13 Ne nous jugeons donc plus les uns les autres ; mais jugez plutôt que vous ne devez pas donner à votre frère une occasion de chute et de scandale.

14 Je sais et je suis persuadé, *selon la doctrine* du Seigneur Jésus, que rien n'est impur de soi-même, et qu'il n'est impur qu'à celui qui le croit impur.

15 Mais si en mangeant de quelque chose, vous attristez votre frère, dès là vous ne vous conduisez plus par la charité. Ne faites pas périr par votre manger celui pour qui *Jésus*-Christ est mort.

16 Prenez donc garde de ne pas exposer aux médisances des hommes le bien dont nous jouissons.

17 Car le royaume de Dieu ne consiste pas dans le boire ni dans le manger, mais dans la justice, dans la paix et dans la joie que donne le Saint-Esprit.

18 Et celui qui sert *Jésus*-Christ en cette manière, est agréable à Dieu, et approuvé des hommes.

19 Appliquons-nous donc à rechercher ce qui peut entretenir la paix parmi nous, et observons tout ce qui peut nous édifier les uns les autres.

20 Que le manger ne soit pas cause que vous détruisiez l'ouvrage de Dieu. Ce n'est pas que toutes les viandes ne soient pures ; mais un homme fait mal d'en manger, lorsqu'en le faisant il scandalise les autres.

21 Et il vaut mieux ne point manger de chair, et ne point boire de vin, ni rien *faire de ce* qui est à votre frère une occasion de chute et de scandale, ou qui le blesse, parce qu'il est faible.

22 Avez-vous une foi éclairée, contentez-vous de l'avoir dans le cœur aux yeux de Dieu. Heureux celui que sa conscience ne condamne point en ce qu'il veut faire !

23 Mais celui qui étant en doute *s'il peut manger d'une viande*, ne laisse point d'en manger, il est condamné ; parce qu'il n'agit pas selon la foi. Or tout ce qui ne se fait point selon la foi, est péché.

CHAPITRE XV.

NOUS devons donc, nous qui sommes plus forts, supporter les faiblesses des infirmes, et non pas chercher notre propre satisfaction.

2 Que chacun de vous tâche de satisfaire son prochain dans ce qui est bon, et qui peut l'édifier ;

3 puisque *Jésus*-Christ n'a pas cherché à se satisfaire lui-même, mais qu'il dit à son Père, dans l'Ecriture : Les injures qu'on vous a faites, sont retombées sur moi.

4 Car tout ce qui est écrit, a été écrit pour notre instruction ; afin que nous concevions *une* espérance *ferme* par la patience, et par la consolation que les Écritures nous donnent.

5 Que le Dieu de patience et de consolation vous fasse la grâce d'être toujours unis de sentiment et d'affection les uns avec les autres, selon *l'Esprit de* Jésus-Christ ;

6 afin que vous puissiez, d'un même cœur et d'une même bouche, glorifier Dieu, le Père de notre Seigneur Jésus-Christ.

7 C'est pourquoi unissez-vous les uns aux autres pour vous soutenir mutuellement, comme *Jésus*-Christ vous a unis avec lui pour la gloire de Dieu.

8 Car je *vous* déclare que Jésus-Christ a été *le dispensateur et* le ministre *de l'Évangile* à l'égard des *Juifs* circoncis, afin que Dieu fût reconnu pour véritable par l'accomplissement des promesses qu'il avait faites à leurs pères.

9 Et quant aux gentils, ils doivent glorifier Dieu de sa miséricorde, selon qu'il est écrit : C'est pour cette raison, Seigneur ! que je publierai vos louanges parmi les nations, et que je chanterai *des cantiques* à la gloire de votre nom.

10 Et l'Écriture dit encore : Réjouissez-vous, nations, avec son peuple.

11 Et ailleurs ; Nations, louez toutes le Seigneur ; peuples, glorifiez-le tous.

12 Isaïe dit aussi : Il sortira de la tige de Jessé un rejeton qui s'élèvera pour régner sur les nations, et les nations espéreront en lui.

13 Que le Dieu d'espérance vous comble de joie et de paix dans votre foi, afin que votre espérance croisse toujours de plus en plus par la vertu *et la puissance* du Saint-Esprit.

14 Pour moi, mes frères, je suis persuadé que vous êtes pleins de charité, que vous êtes remplis de toutes sortes de connaissances, et qu'ainsi vous pouvez vous instruire les uns les autres.

15 Néanmoins je vous ai écrit ceci, *mes* frères, *et peut-être avec* un peu de liberté, voulant *seulement* vous faire ressouvenir de ce que vous savez déjà, selon la grâce que Dieu m'a donnée,

16 d'être le ministre de Jésus-Christ parmi les nations, en exerçant la sacrificature de l'Évangile de Dieu, afin que l'oblation des gentils lui soit agréable, étant sanctifiée par le Saint-Esprit.

17 J'ai donc sujet de me glorifier en Jésus-Christ du succès de l'œuvre de Dieu.

18 Car je n'oserais *vous* parler de ce que Jésus-Christ a fait par moi, pour *amener* les nations à l'obéissance *de la foi* par la parole et par les œuvres,

19 par la vertu des miracles et des prodiges, et par la puissance du Saint-Esprit ; de sorte que j'ai porté l'Évangile de *Jésus*-Christ dans cette grande étendue de pays qui est depuis Jérusalem jusqu'à l'Illyrie.

20 Et je me suis tellement acquitté de ce ministère, que j'ai eu soin de ne point prêcher l'Évangile dans les lieux où *Jésus*-Christ avait déjà été prêché, pour ne point bâtir sur le fondement d'autrui, vérifiant ainsi cette parole de l'Écriture :

21 Ceux à qui il n'avait point été annoncé, verront *sa lumière ;* et ceux qui n'avaient point encore entendu *parler de lui,* auront l'intelligence de sa *doctrine.*

22 C'est ce qui m'a souvent empêché d'aller vers vous, et je ne l'ai pu faire jusqu'à cette heure.

23 Mais n'ayant plus maintenant aucun sujet de demeurer davantage dans ce pays-ci, et désirant depuis plusieurs années de vous aller voir,

24 lorsque je ferai le voyage d'Espagne, j'espère vous voir en passant ; afin qu'après avoir un peu joui de votre présence, vous me conduisiez en ce pays-là.

25 Maintenant je m'en vais à Jérusalem, porter aux saints quelques aumônes.

26 Car les Églises de Macédoine et d'Achaïe ont résolu avec beaucoup d'affection, de faire quelque part de leurs biens à ceux d'entre les saints de Jérusalem qui sont pauvres.

27 Ils l'ont résolu, *dis-je,* avec beaucoup d'affection, et *en effet* ils leur sont redevables Car si les gentils ont participé aux richesses spirituelles des Juifs, ils doivent aussi leur faire part de leurs biens temporels.

28 Lors donc que je me serai acquitté de ce *devoir,* et que je leur aurai rendu ce *dépôt qui est le* fruit *de la piété des fidèles,* je passerai par vos quartiers, en allant en Espagne.

29 Or je sais que quand j'irai vous voir, ma venue sera accompagnée d'une abondante bénédiction de l'Évangile de *Jésus*-Christ.

30 Je vous conjure donc, *mes* frères, par Jésus-Christ notre Seigneur, et par la charité du Saint-Esprit, de combattre avec moi par les prières que vous ferez à Dieu pour moi ;

31 afin qu'il me délivre des *Juifs* incrédules qui sont en Judée, et que les saints de Jérusalem reçoivent favorablement le service que je vais leur rendre ;

32 et qu'ainsi, étant plein de joie, je puisse aller vous voir, si c'est la volonté de Dieu, et jouir avec vous d'une consolation mutuelle.

33 Je prie le Dieu de paix de demeurer avec vous tous. Amen !

CHAPITRE XVI.

JE vous recommande notre sœur Phébé, diaconesse de l'Église qui est au port de Cenchrée ;

2 afin que vous la receviez au *nom du* Seigneur, comme on doit recevoir les saints, et que vous l'assistiez dans toutes les choses où elle pourrait avoir besoin de vous : car elle en a assisté elle-même plusieurs, et moi en particulier.

3 Saluez *de ma part* Prisque et Aquilas, qui ont travaillé avec moi pour le service de Jésus-Christ ;

4 qui ont exposé leur tête pour me sauver la vie, et a qui je ne suis pas le seul qui soit obligé, mais encore toutes les Églises des gentils.

5 *Saluez aussi de ma part* l'Église qui est dans leur maison. Saluez mon cher Épénète, qui a été les prémices de l'Asie *par la foi* en *Jésus*-Christ.

6 Saluez Marie, qui a beaucoup travaillé pour vous.

7 Saluez Andronique et Junie, mes parents, *qui ont été* compagnons de mes liens, qui sont considérables entre les apôtres, et qui ont embrassé la foi de *Jésus*-Christ avant moi.

8 Saluez Amplias, que j'aime particulièrement en *notre* Seigneur.

9 Saluez Urbain, qui a travaillé avec nous pour le service de Jésus-Christ ; et mon cher Stachys.

10 Saluez Apelle, qui est *un* fidèle *serviteur de Jésus*-Christ.

11 Saluez ceux qui sont de la famille d'Aristobule. Saluez Hérodion, mon cousin. Saluez ceux de la maison de Narcisse, qui sont *nos frères* dans le Seigneur.

12 Saluez Tryphène et Tryphose, lesquelles travaillent pour le service du Seigneur. Saluez notre chère Perside, qui a aussi beaucoup travaillé pour le service du Seigneur.

13 Saluez Rufus, qui est un élu du Seigneur ; et sa mère, *que je regarde comme* la mienne.

14 Saluez Asyncrite, Phlégon, Hermas, Patrobe, Hermès, et nos frères qui sont avec eux.

15 Saluez Philologue et Julie, Nérée et sa sœur, et Olympiade, et tous les saints qui sont avec eux.

16 Saluez-vous les uns les autres par un saint baiser. Toutes les Églises de *Jésus*-Christ vous saluent.

17 Mais je vous exhorte, mes frères, de prendre garde à ceux qui causent *parmi vous* des divisions et des scandales contre la doctrine que vous avez apprise, et d'éviter leur compagnie.

18 Car ces sortes de gens ne servent point *Jésus*-Christ notre Seigneur, mais sont esclaves de leur sensualité ; et par des paroles douces et flatteuses, ils séduisent les âmes simples.

19 L'obéissance que vous avez rendue *à la foi*, est venue à la connaissance de tout le monde, et je m'en réjouis pour vous ; mais je désire que vous soyez sages dans le bien, et simples dans le mal.

20 Que le Dieu de paix brise bientôt Satan sous vos pieds ! Que la grâce de notre Seigneur Jésus-Christ soit avec vous !

21 Timothée, qui est le compagnon de mes travaux, vous salue ; comme aussi Lucius, Jason et Sosipatre, qui sont mes parents.

22 Je vous salue au nom du Seigneur, moi Tertius, qui ai écrit cette lettre.

23 Caïus, qui est mon hôte, et toute l'Église, vous saluent. Éraste, trésorier de la ville, vous salue, et *notre* frère Quartus.

24 Que la grâce de notre Seigneur Jésus-Christ soit avec vous tous ! Amen !

25 À celui qui est *tout*-puissant pour vous affermir dans *la foi de* l'Évangile et *de* la doctrine de Jésus-Christ, que je prêche suivant la révélation du mystère qui, étant demeuré caché dans tous les siècles passés,

26 a été découvert maintenant par les oracles des prophètes, selon l'ordre du Dieu éternel, pour *amener les hommes* à l'obéissance de la foi, et est venu à la connaissance de toutes les nations ;

27 à Dieu, *dis-je,* qui est le seul sage, honneur et gloire par Jésus-Christ dans les siècles des siècles ! Amen !

PREMIÈRE ÉPITRE DE SAINT PAUL

AUX

CORINTHIENS.

CHAPITRE PREMIER.

PAUL, apôtre de Jésus-Christ, par la vocation et la volonté de Dieu ; et Sosthène, son frère :

2 à l'Église de Dieu qui est à Corinthe, aux *fidèles* que Jésus-Christ a sanctifiés, et qu'il a appelés *pour être saints*, et à tous ceux qui, en quelque lieu que ce soit, invoquent le nom de notre Seigneur Jésus-Christ, qui est leur *Seigneur comme* le nôtre.

3 Dieu, notre Père, et Jésus-Christ notre Seigneur, vous donnent la grâce et la paix !

4 Je rends pour vous à mon Dieu des actions de grâces continuelles, à cause de la grâce de Dieu, qui vous a été donnée en Jésus-Christ ;

5 et de toutes les richesses dont vous avez été comblés en lui, dans tout ce qui regarde *le don de* la parole et *de* la science :

6 le témoignage qu'on vous a rendu de *Jésus*-Christ, ayant été ainsi confirmé parmi vous ;

7 de sorte qu'il ne vous manque aucun don, dans l'attente où vous êtes de la manifestation de notre Seigneur Jésus-Christ.

8 Et Dieu vous affermira encore jusqu'à la fin, *afin que vous soyez trouvés* irrépréhensibles au jour de l'avènement de Jésus-Christ notre Seigneur.

9 Dieu, par lequel vous avez été appelés à la société de son Fils Jésus-Christ notre Seigneur, est fidèle *et* véritable.

10 Or je vous conjure, mes frères, par le nom de Jésus-Christ notre Seigneur, d'avoir tous un même langage, et de ne point souffrir parmi vous *de divisions*, ni de schismes, mais d'être tous unis ensemble dans un même esprit et dans un même sentiment.

11 Car j'ai été averti, mes frères, par ceux de la maison de Chloé, qu'il y a des contestations parmi vous.

12 Ce que je veux dire est, que chacun de vous prend parti en disant : Pour moi, je suis à Paul ; Et moi, je suis à Apollon ; Et moi, je suis à Céphas ; Et moi, je suis à *Jésus*-Christ.

13 *Jésus*-Christ est-il donc divisé ? Est-ce Paul qui a été crucifié pour vous ? ou avez-vous été baptisés au nom de Paul ?

14 Je rends grâces à Dieu de ce que je n'ai baptisé aucun de vous, sinon Crispe et Caïus ;

15 afin que personne ne dise que vous avez été baptisés en mon nom.

16 J'ai encore baptisé ceux de la famille de Stéphanas ; et je ne sache point en avoir baptisé d'autres :

17 parce que *Jésus*-Christ ne m'a pas envoyé pour baptiser, mais pour prêcher l'Evangile, *et le prêcher* sans *y employer* la sagesse de la parole, pour ne pas anéantir la *vertu de* la croix de *Jésus*-Christ.

18 Car la parole de la croix est une folie pour ceux qui se perdent ; mais pour ceux qui se sauvent, c'est-à-dire, pour nous, elle est *l'instrument de* la puissance de Dieu.

19 C'est pourquoi il est écrit : Je détruirai la sagesse des sages, et je rejetterai la science des savants.

20 Que sont devenus les sages ? Que sont devenus les docteurs de la loi ? Que sont devenus ces esprits curieux *des sciences* de ce siècle ? Dieu n'a-t-il pas convaincu de folie la sagesse de ce monde ?

21 Car Dieu voyant que le monde avec la sagesse *humaine*, ne l'avait point connu dans *les ouvrages de* sa sagesse divine, il lui a plu de sauver par la folie de la prédication ceux qui croiraient *en lui.*

22 Les Juifs demandent des miracles, et les gentils cherchent la sagesse.

23 Et pour nous, nous prêchons Jésus-Christ crucifié, qui est un scandale aux Juifs, et une folie aux gentils ;

24 mais qui est la force de Dieu et la sagesse de Dieu pour ceux qui sont appelés, soit Juifs ou gentils :

25 parce que ce qui paraît en Dieu une folie, est plus sage que *la sagesse de tous* les hommes ; et que ce qui paraît en Dieu une faiblesse, est plus fort que *la force de tous* les hommes.

26 Considérez, *mes* frères, qui sont ceux d'entre vous qui ont été appelés *à la foi* : il y en a peu de sages selon la chair, peu de puissants, et peu de nobles.

27 Mais Dieu a choisi les moins sages selon le monde, pour confondre les sages ; il a choisi les faibles selon le monde, pour confondre les puissants ;

28 il a choisi les plus vils et les plus méprisables selon le monde, et ce qui n'était rien, pour détruire ce qui était *de plus grand* ;

29 afin que nul homme ne se glorifie devant lui.

30 C'est par lui que vous êtes établis en Jésus-Christ, qui nous a été donné de Dieu pour être notre sagesse, notre justice, notre sanctification et notre rédemption ;

31 afin que, selon qu'il est écrit, celui qui se glorifie, *ne se* glorifie *que* dans le Seigneur.

CHAPITRE II.

POUR moi, *mes* frères, lorsque je suis venu vers vous pour vous annoncer l'Evangile de *Jésus*-Christ, je n'y suis point venu avec les discours élevés d'une éloquence et d'une sagesse *humaine*.

2 Car je n'ai point fait profession de savoir autre chose parmi vous que Jésus-Christ, et Jésus-Christ crucifié.

3 Et tant que j'ai été parmi vous, j'y ai toujours été dans un état de faiblesse, de crainte et de tremblement.

4 Je n'ai point employé en vous parlant et en vous prêchant, les discours persuasifs de la sagesse humaine, mais les effets sensibles de l'Esprit et de la vertu *de Dieu* ;

5 afin que votre foi ne soit pas *établie* sur la sagesse des hommes, mais sur la puissance de Dieu.

6 Nous prêchons néanmoins la sagesse aux parfaits, non la sagesse de ce monde, ni des princes de ce monde, qui se détruisent :

7 mais nous prêchons la sagesse de Dieu, *renfermée* dans son mystère, *cette sagesse* cachée qu'il avait prédestinée et préparée avant tous les siècles pour notre gloire ;

8 que nul des princes de ce monde n'a connue, puisque s'ils l'eussent connue, ils n'eussent jamais crucifié le Seigneur de la gloire ;

9 et de laquelle il est écrit : Que l'œil n'a point vu, que l'oreille n'a point entendu, et que le cœur de l'homme n'a jamais conçu ce que Dieu a préparé pour ceux qui l'aiment.

10 Mais pour nous, Dieu nous l'a révélé par son Esprit, parce que l'Esprit *de Dieu* pénètre tout, et même ce qu'il y a de plus caché dans la profondeur de Dieu.

11 Car qui des hommes connaît ce qui est en l'homme, sinon l'esprit de l'homme, qui est en lui ? Ainsi nul ne connaît ce qui est en Dieu, que l'Esprit de Dieu.

12 Or nous n'avons point reçu l'esprit du monde, mais l'Esprit de Dieu, afin que nous connaissions les dons que Dieu nous a faits ;

13 et nous les annonçons, non avec les discours qu'enseigne la sagesse humaine, mais avec ceux que le *Saint*-Esprit enseigne, traitant spirituellement les choses spirituelles.

14 Or l'homme animal n'est point capable des choses qui sont de l'Esprit de Dieu : elles lui paraissent une folie, et il ne peut les comprendre ; parce que c'est par une lumière spirituelle qu'on doit en juger.

15 Mais l'homme spirituel juge de tout, et n'est jugé de personne.

16 Car qui connaît l'Esprit du Seigneur et qui peut l'instruire et le conseiller ? Mais pour nous, nous avons l'Esprit de *Jésus*-Christ.

CHAPITRE III.

AUSSI, *mes* frères, je n'ai pu vous parler comme à des *hommes* spirituels, mais comme à des personnes *encore* charnelles, comme à des enfants en *Jésus*-Christ.

2 Je ne vous ai nourris que de lait, et non de viandes solides, parce que vous n'en étiez pas capables ; et à présent même vous ne l'êtes pas encore, parce que vous êtes *encore* charnels.

3 Car puisqu'il y a parmi vous des jalousies et des disputes, n'est-il pas visible que vous êtes charnels, et que votre conduite est bien humaine ?

4 En effet, puisque l'un dit, Je suis à Paul ; et l'autre, Je suis à Apollon ; n'êtes-vous pas encore charnels ? Qu'est donc Paul ? et qu'est Apollon ?

5 Ce sont des ministres de celui en qui vous avez cru, et chacun selon le don qu'il a reçu du Seigneur.

6 C'est moi qui ai planté, c'est Apollon qui a arrosé ; mais c'est Dieu qui a donné l'accroissement.

7 Ainsi celui qui plante, n'est rien ; celui qui arrose, n'est rien : mais *tout vient de* Dieu, qui donne l'accroissement.

8 Celui donc qui plante, et celui qui arrose, ne sont qu'une même chose ; mais chacun recevra sa récompense particulière, selon son travail.

9 Car nous sommes les coopérateurs de Dieu ; et vous, vous êtes le champ que Dieu cultive, et l'édifice que Dieu bâtit.

10 *Pour moi*, selon la grâce que Dieu m'a donnée, j'ai jeté le fondement comme fait un sage architecte : un autre bâtit dessus ; mais que chacun prenne garde comment il bâtit sur ce fondement.

11 Car personne ne peut poser d'autre fondement que celui qui a été posé ; et ce fondement, c'est Jésus-Christ.

12 Si l'on élève sur ce fondement un édifice d'or, d'argent, de pierres précieuses, de bois, de foin, de paille ;

13 l'ouvrage de chacun paraîtra *enfin*, et le jour du Seigneur fera voir *quel il est* : parce que ce jour sera manifesté par le feu, et que le feu mettra à l'épreuve l'ouvrage de chacun.

14 Si l'ouvrage que quelqu'un aura bâti sur *ce fondement*, demeure *sans être brûlé*, il en recevra la récompense.

15 Si au contraire l'ouvrage de quelqu'un est brûlé, il en souffrira la perte : il ne laissera pas néanmoins d'être sauvé, mais comme en passant par le feu.

16 Ne savez-vous pas que vous êtes le temple de Dieu, et que l'Esprit de Dieu habite en vous ?

17 Si quelqu'un profane le temple de Dieu, Dieu le perdra : car le temple de Dieu est saint ; et c'est vous qui êtes ce temple.

18 Que nul ne se trompe soi-même. Si quelqu'un d'entre vous pense être sage selon le monde, qu'il devienne fou pour devenir sage :

19 car la sagesse de ce monde est une folie devant Dieu ; selon qu'il est écrit : Je surprendrai les sages par leur fausse prudence.

20 Et ailleurs : Le Seigneur connaît les pensées des sages, *et il sait* combien elles sont vaines.

21 Que personne donc ne mette sa gloire dans les hommes.

22 Car tout est à vous : soit Paul, soit Apollon, soit Céphas, soit le monde, soit la vie, soit la mort, soit les choses présentes, soit les choses futures : tout est à vous.

23 Et vous, vous êtes à *Jésus*-Christ ; et *Jésus*-Christ est à Dieu.

CHAPITRE IV.

QUE les hommes nous considèrent comme les ministres de *Jésus*-Christ, et les dispensateurs des mystères de Dieu.

2 Or ce qui est à désirer dans les dispensateurs, est qu'ils soient trouvés fidèles.

3 Pour moi, je me mets fort peu en peine d'être jugé par vous, ou par quelque homme que ce soit ; je n'ose pas même me juger moi-même.

4 Car encore que ma conscience ne me reproche rien, je ne suis pas justifié pour cela ; mais c'est le Seigneur qui est mon juge.

5 C'est pourquoi ne jugez point avant le temps, jusqu'à ce que le Seigneur vienne : *c'est lui* qui portera la lumière dans les ténèbres les plus profondes, et qui découvrira les plus secrètes pensées des cœurs ; et alors chacun recevra de Dieu la louange *qui lui sera due*.

6 Au reste, mes frères, j'ai proposé ces choses sous mon nom, et sous celui d'Apollon, à cause de vous : afin que vous appreniez, par notre exemple, à n'avoir pas *de vous* d'autres sentiments que ceux que je viens de marquer ; et que nul, pour s'attacher à quelqu'un, ne s'enfle de vanité contre un autre.

7 Car qui est-ce qui vous discerne *d'entre les autres ?* Qu'avez-vous que vous n'ayez reçu ? Et si vous l'avez reçu, pourquoi vous en glorifiez-vous, comme si vous ne l'aviez point reçu ?

8 Vous êtes déjà rassasiés, vous êtes déjà riches ; vous régnez sans nous ! et plût à Dieu que vous régnassiez, afin que nous régnassions aussi avec vous !

9 Car il semble que Dieu nous traite, nous autres apôtres, comme les derniers des hommes, comme ceux qui sont condamnés à la mort, nous faisant servir de spectacle au monde, *c'est-à-dire*, aux anges et aux hommes.

10 Nous sommes fous pour l'amour de *Jésus*-Christ ; mais vous autres, vous êtes sages en *Jésus*-Christ : nous sommes faibles, et vous êtes forts ; vous êtes honorés, et nous sommes méprisés.

11 Jusqu'à cette heure nous souffrons la faim et la soif, la nudité et les mauvais traitements ; nous n'avons point de demeure stable ;

12 nous travaillons avec beaucoup de peine de nos propres mains ; on nous maudit, et nous bénissons ; on nous persécute, et nous le souffrons ;

13 on nous dit des injures, et nous répondons par des prières ; nous sommes jusqu'à présent regardés comme les ordures du monde, comme les balayures qui sont rejetées de tous.

14 Je ne vous écris pas ceci pour vous causer de la honte ; mais je vous avertis de votre devoir, comme mes très-chers enfants.

15 Car quand vous auriez dix mille maîtres en *Jésus*-Christ, vous n'avez pas néanmoins plusieurs pères ; puisque c'est moi qui vous ai engendrés en Jésus-Christ par l'Evangile.

16 Soyez donc mes imitateurs, je vous en conjure, comme je le suis moi-même de *Jésus*-Christ.

17 C'est pour cette raison que je vous ai envoyé Timothée, qui est mon fils très-cher et *très*-fidèle en *notre* Seigneur, afin qu'il vous fasse ressouvenir de la manière dont je vis moi-même en Jésus-Christ, selon ce que j'enseigne partout dans toutes les Eglises.

18 Il y en a parmi vous qui s'enflent de présomption, comme si je ne devais plus vous aller voir.

19 J'irai néanmoins vous voir dans peu de temps, s'il plaît au Seigneur ; et alors je reconnaîtrai, non quelles sont les paroles, mais quels sont les effets de ceux qui sont enflés de vanité.

20 Car le royaume de Dieu ne consiste pas dans les paroles, mais dans les effets.

21 Que voulez-vous *que je fasse ?* Aimez-vous mieux que j'aille vous voir la verge à la main ; ou avec charité, et dans un esprit de douceur *?*

CHAPITRE V.

C'EST un bruit constant qu'il y a de l'impureté parmi vous, et une telle impureté qu'on n'entend point dire qu'il s'en commette de semblable parmi les païens, jusque-là qu'un *d'entre vous* abuse de la femme de son père.

2 Et *après cela* vous êtes encore enflés d'orgueil ; et vous n'avez pas au contraire été dans les pleurs, pour faire retrancher du milieu de vous celui qui a commis une action *si honteuse !*

3 Pour moi, étant absent de corps, mais présent en esprit, j'ai déjà porté, comme présent, ce jugement contre celui qui a fait une telle action ;

4 *qui est*, que vous et mon esprit étant assemblés au nom de notre Seigneur Jésus-Christ, cet homme-là soit, par la puissance de notre Seigneur Jésus,

5 livré à Satan, pour mortifier sa chair, afin que son âme soit sauvée au jour de notre Seigneur Jésus-Christ.

6 Vous n'avez donc point sujet de vous *tant* glorifier. Ne savez-vous pas qu'un peu de levain aigrit toute la pâte ?

7 Purifiez-vous du vieux levain, afin que vous soyez une pâte toute nouvelle, comme vous êtes *vraiment* les pains *purs* et sans levain. Car *Jésus*-Christ a été immolé, lui qui est notre Agneau pascal.

8 C'est pourquoi célébrons cette fête, ! non avec le vieux levain, ni avec le levain de la malice et de la corruption, mais avec les pains sans levain de la sincérité et de la vérité.

9 Je vous ai écrit dans une lettre, que vous n'eussiez point de commerce avec les fornicateurs :

10 ce que je n'entends pas des fornicateurs de ce monde, non plus que des avares, des ravisseurs du bien d'autrui, ou des idolâtres : autrement il faudrait que vous sortissiez de ce monde.

11 Mais quand je vous ai écrit que vous n'eussiez point de commerce avec ces sortes de personnes, *j'ai entendu* que si celui qui est du nombre de vos frères, est fornicateur, ou avare, ou idolâtre, ou médisant, ou ivrogne, ou ravisseur *du bien d'autrui*, vous ne mangiez pas même avec lui.

12 Car pourquoi entreprendrais-je de juger ceux qui sont hors *de l'Église ?* N'est-ce pas de ceux qui sont dans l'Église que vous avez droit de juger ?

13 Dieu jugera ceux qui sont dehors ; mais pour vous, retranchez ce méchant du milieu de vous.

CHAPITRE VI.

COMMENT se trouve-t-il quelqu'un parmi vous qui ayant un différend avec son frère, ose l'appeler en jugement devant les méchants *et les infidèles*, et non pas devant les saints ?

2 Ne savez-vous pas que les saints doivent un jour juger le monde ? Si vous devez juger le monde, êtes-vous indignes de juger des moindres choses ?

3 Ne savez-vous pas que nous serons les juges des anges mêmes ? Combien plus *devons-nous l'être* de ce qui ne regarde que la vie présente ?

4 Si donc vous avez des différends entre vous touchant les choses de cette vie, prenez pour juges *dans ces matières* les moindres personnes de l'Église.

5 Je vous le dis pour vous faire confusion : Est-il possible qu'il ne se trouve point parmi vous un seul homme sage qui puisse être juge entre ses frères ;

6 et qu'il faille qu'on voie un frère plaider contre son frère, et encore devant des infidèles ?

7 C'est déjà un péché parmi vous, de ce que vous avez des procès les uns contre les autres. Pourquoi ne souffrez-vous pas plutôt qu'on vous fasse tort ? Pourquoi ne souffrez-vous pas plutôt qu'on vous trompe ?

8 Mais c'est vous-mêmes qui faites tort aux autres, qui les trompez, et qui traitez ainsi vos propres frères.

9 Ne savez-vous pas que les injustes ne seront point héritiers du royaume de Dieu ? Ne vous y trompez pas : ni les fornicateurs, ni les idolâtres, ni les adultères,

10 ni les impudiques, ni les abominables, ni les voleurs, ni les avares, ni les ivrognes, ni les médisants, ni les ravisseurs *du bien d'autrui*, ne seront point héritiers du royaume de Dieu.

11 C'est ce que quelques-uns de vous ont été autrefois ; mais vous avez été lavés, vous avez été sanctifiés, vous avez été justifiés au nom de notre Seigneur Jésus-Christ, et par l'Esprit de notre Dieu.

12 Tout m'est permis, mais tout n'est pas avantageux ; tout m'est permis, mais je ne me rendrai esclave de quoi que ce soit.

13 Les aliments sont pour le ventre, et le ventre est pour les aliments ; et Dieu détruira *un jour cette destination* de l'un et *de* l'autre. Mais le corps n'est point pour la fornication ; il est pour le Seigneur, et le Seigneur est pour le corps.

14 Car comme Dieu a ressuscité le Seigneur, il nous ressuscitera de même par sa puissance.

15 Ne savez-vous pas que vos corps sont les membres de *Jésus*-Christ ? Arracherai-je donc à *Jésus*-Christ ses propres membres, pour les faire devenir les membres d'une prostituée ? A Dieu ne plaise !

16 Ne savez-vous pas que celui qui se joint à une prostituée, est un même corps *avec elle ?* Car ceux qui étaient deux, ne seront plus qu'une chair, dit *l'Écriture.*

17 Mais celui qui demeure attaché au Seigneur, est un même esprit *avec lui.*

18 Fuyez la fornication. Quelque autre péché que l'homme commette, il est hors du corps ; mais celui qui commet une fornication, pèche contre son propre corps.

19 Ne savez-vous pas que votre corps est le temple du Saint-Esprit qui réside en vous, et qui vous a été donné de Dieu, et que vous n'êtes plus à vous-mêmes ?

20 Car vous avez été achetés d'un grand prix. Glorifiez *donc*, et portez Dieu dans votre corps.

CHAPITRE VII.

POUR ce qui regarde les choses dont vous m'avez écrit, *je vous dirai qu'*il est avantageux à l'homme de ne toucher aucune femme.

2 Néanmoins, pour éviter la fornication, que chaque homme vive avec sa femme, et chaque femme avec son mari.

3 Que le mari rende à sa femme ce qu'il lui doit, et la femme ce qu'elle doit à son mari.

4 Le corps de la femme n'est point en sa puissance, mais en celle du mari ; de même, le corps du mari n'est point en sa puissance, mais en celle de sa femme.

5 Ne vous refusez point l'un à l'autre ce devoir, si ce n'est du consentement de l'un et de l'autre pour un temps, afin de vous exercer à la prière ; et ensuite vivez ensemble comme auparavant, de peur que le démon ne prenne sujet de votre incontinence pour vous tenter.

6 Ce que je vous dis comme une chose qu'on vous pardonne, et non pas qu'on vous commande.

7 Car je voudrais que vous fussiez tous comme moi ; mais chacun a son don particulier, selon qu'il le reçoit de Dieu, l'un d'une manière, et l'autre d'une autre.

8 Quant aux personnes qui ne sont point mariées, ou qui sont veuves, je leur déclare qu'il leur est bon de demeurer en cet état, comme j'y demeure moi-même.

9 S'ils sont trop faibles pour garder la continence, qu'ils se marient : car il vaut mieux se marier que de brûler.

10 Quant à ceux qui sont mariés, ce n'est pas moi, mais le Seigneur qui leur fait ce commandement, *qui est*, que la femme ne se sépare point d'avec son mari.

11 Si elle s'en est séparée, qu'elle demeure sans se marier, ou qu'elle se réconcilie avec son mari ; et que le mari de même ne quitte point sa femme.

12 Pour ce qui est des autres, ce n'est pas le Seigneur, mais c'est moi qui leur dis : Si un fidèle a une femme qui soit infidèle, et qu'elle consente à demeurer avec lui, qu'il ne se sépare point d'avec elle ;

13 et si une femme fidèle a un mari qui soit infidèle, et qu'il consente à demeurer avec elle, qu'elle ne se sépare point d'avec lui.

14 Car le mari infidèle est sanctifié par la femme fidèle, et la femme infidèle est sanctifiée par le mari fidèle : autrement vos enfants seraient impurs, au lieu que maintenant ils sont saints.

15 Mais si la partie infidèle se sépare, qu'elle se sépare ; car un frère ou une sœur ne sont plus assujettis en cette rencontre : mais Dieu nous a appelés *pour vivre* en paix.

16 Car que savez-vous, ô femme, si vous sauveriez votre mari ? Et que savez-vous aussi, ô mari, si vous sauveriez votre femme ?

17 Mais que chacun se conduise selon le don particulier qu'il a reçu du Seigneur, et selon l'état dans lequel Dieu l'a appelé ; et c'est ce que j'ordonne dans toutes les Églises.

18 Un homme est-il appelé *à la foi* étant circoncis, qu'il n'affecte point de paraître incirconcis. Y est-il appelé n'étant point circoncis, qu'il ne se fasse point circoncire.

19 Ce n'est rien d'être circoncis, et ce n'est rien d'être incirconcis ; mais *le tout est* d'observer les commandements de Dieu.

20 Que chacun demeure dans l'état où il était quand Dieu l'a appelé.

21 Avez-vous été appelé *à la foi* étant esclave, ne portez point cet état avec peine ; mais plutôt faites-en un bon usage, quand même vous pourriez devenir libre.

22 Car celui qui étant esclave est appelé au *service du* Seigneur, devient affranchi du Seigneur ; et de même, celui qui est appelé étant libre, devient esclave de *Jésus*-Christ.

23 Vous avez été achetés d'un *grand* prix ; ne vous rendez pas esclaves des hommes.

24 Que chacun, *mes* frères, demeure *donc* dans l'état où *il était lorsqu'*il a été appelé, et qu'il s'y tienne devant Dieu.

25 Quant aux vierges, je n'ai point reçu de commandement du Seigneur ; mais voici le conseil que je *leur* donne, comme étant fidèle *ministre* du Seigneur, par la miséricorde qu'il m'en a faite.

26 Je crois donc qu'il est avantageux, à cause des *fâcheuses* nécessités *de la vie* présente ; qu'il est, *dis-je*, avantageux à l'homme de ne se point marier.

27 Êtes-vous lié avec une femme, ne cherchez point à vous délier. N'êtes-vous point lié avec une femme, ne cherchez point de femme.

28 Si vous épousez une femme, vous ne péchez pas ; et si une fille se marie, elle ne pèche pas. Mais ces personnes souffriront dans leur chair des afflictions *et* des peines : or je voudrais vous *les* épargner.

29 Voici donc, *mes* frères, ce que j'ai à vous dire : Le temps est court ; et ainsi, que ceux mêmes qui ont des femmes, soient comme n'en ayant point ;

30 et ceux qui pleurent, comme ne pleurant point ; ceux qui se réjouissent, comme ne se réjouissant point ; ceux qui achètent, comme ne possédant point ;

31 enfin ceux qui usent de ce monde, comme n'en usant point : car la figure de ce monde passe.

32 Pour moi, je désire de vous voir dégagés de soins *et* d'inquiétudes. Celui qui n'est point marié, s'occupe du soin des choses du Seigneur, et de ce qu'il doit faire pour plaire à Dieu.

33 Mais celui qui est marié, s'occupe du soin des choses du monde, et de ce qu'il doit faire pour plaire à sa femme ; et ainsi il se trouve partagé.

34 De même, une femme qui n'est point mariée, et une vierge, s'occupe du soin des choses du Seigneur, afin d'être sainte de corps et d'esprit ; mais celle qui est mariée, s'occupe du soin des choses du monde, et de ce qu'elle doit faire pour plaire à son mari.

35 Or je vous dis ceci pour votre avantage, non pour vous tendre un piège ; mais pour vous porter à ce qui est de plus saint, et qui vous donne un moyen plus facile de prier Dieu sans empêchement.

36 Si quelqu'un croit que ce lui soit un déshonneur que sa fille passe la fleur de son âge *sans être mariée*, et qu'il juge devoir la marier, qu'il fasse ce qu'il voudra ; il ne péchera point si elle se marie.

37 Mais celui qui n'étant engagé par aucune nécessité, et qui se trouvant dans un plein pouvoir de faire ce qu'il voudra, prend une ferme résolution dans son cœur, et juge en lui-même qu'il doit conserver sa fille vierge, fait une bonne œuvre.

38 Ainsi celui qui marie sa fille, fait bien ; et celui qui ne la marie point, fait encore mieux.

39 La femme est liée à la loi *du mariage*, tant que son mari est vivant : mais si son mari meurt, elle est libre ; qu'elle se marie à qui elle voudra, pourvu que ce soit selon le Seigneur.

40 Cependant elle sera plus heureuse si elle demeure veuve, comme je le lui conseille ; et je crois que j'ai aussi l'Esprit de Dieu.

CHAPITRE VIII.

QUANT aux viandes qui ont été immolées aux idoles, nous n'ignorons pas que nous avons tous sur ce sujet *assez* de science ; mais la science enfle, et la charité édifie.

2 Si quelqu'un se flatte de savoir quelque, chose, il ne sait encore rien comme on doit le savoir.

3 Mais si quelqu'un aime Dieu, il est connu *et aimé* de Dieu.

4 Quant à ce qui est donc de manger des viandes immolées aux idoles, nous savons que les idoles ne sont rien dans le monde, et qu'il n'y a nul autre Dieu que le seul Dieu.

5 Car encore qu'il y en ait qui soient appelés dieux, soit dans le ciel, ou dans la terre, et qu'ainsi il y ait plusieurs dieux et plusieurs seigneurs ;

6 il n'y a néanmoins pour nous qu'un seul Dieu, qui est le Père, de qui toutes choses tirent leur être, et qui nous a faits pour lui ; et *il n'y a qu'*un seul Seigneur, qui est Jésus-Christ, par qui toutes choses ont été faites, comme c'est aussi par lui que nous sommes *tout ce que nous sommes*.

7 Mais tous n'ont pas la science. Car il y en a qui mangent des viandes offertes aux idoles, croyant encore que l'idole est quelque chose ; et ainsi leur conscience qui est faible, en est souillée.

8 Les aliments *par eux-mêmes* ne nous rendront pas agréables à Dieu : si nous mangeons, nous n'en aurons rien davantage *devant lui* ; ni rien de moins, si nous ne mangeons pas.

9 Mais prenez garde que cette liberté que vous avez, ne soit aux faibles une occasion de chute.

10 Car si l'un d'eux en voit un de ceux qui sont plus instruits, assis à table dans un lieu consacré aux idoles, ne sera-t-il pas porté, lui dont la conscience est *encore* faible, à manger aussi de ces viandes sacrifiées aux idoles ?

11 Et ainsi par votre science vous perdrez votre frère *encore* faible, pour qui *Jésus*-Christ est mort.

12 Or péchant de la sorte contre vos frères, et blessant leur conscience qui est faible, vous péchez contre *Jésus*-Christ.

13 Si donc ce que je mange scandalise mon frère, je ne mangerai plutôt jamais de chair toute ma vie, pour ne pas scandaliser mon frère.

CHAPITRE IX.

NE suis-je pas libre ? Ne suis-je pas apôtre ? N'ai-je pas vu Jésus-Christ notre Seigneur ? N'êtes-vous pas vous-mêmes mon ouvrage en Notre-Seigneur ?

2 Quand je ne serais pas apôtre à l'égard des autres, je le suis au moins à votre égard : car vous êtes le sceau de mon apostolat en Notre-Seigneur.

3 Voici ma défense contre ceux qui me reprennent :

4 N'avons-nous pas droit d'être nourris *à vos dépens* ?

5 N'avons-nous pas le pouvoir de mener partout avec nous une femme qui soit notre sœur en *Jésus*-Christ, comme font les autres apôtres, et les frères de Notre-Seigneur, et Céphas ?

6 Serions-nous donc seuls, Barnabé et moi, qui n'aurions pas le pouvoir d'en user de la sorte ?

7 Qui est-ce qui va jamais à la guerre à ses dépens ? Qui est-ce qui plante une vigne, et n'en mange point du fruit ? ou qui est celui qui mène paître un troupeau, et n'en mange point du lait ?

8 Ce que je dis ici, n'est-il qu'un raisonnement humain ? La loi même ne le dit-elle pas aussi ?

9 Car il est écrit dans la loi de Moïse : Vous ne tiendrez point la bouche liée au bœuf qui foule les grains. Dieu se met-il en peine de ce qui regarde les bœufs ?

10 Et n'est-ce pas plutôt pour nous-mêmes qu'il a fait cette ordonnance ? Oui, sans doute, c'est pour nous que cela a été écrit. En effet, celui qui laboure, doit labourer avec espérance de participer aux fruits de la terre ; et aussi celui qui bat le grain, doit le faire avec espérance d'y avoir part.

11 Si *donc* nous avons semé parmi vous des biens spirituels, est-ce une grande chose que nous recueillions *un peu* de vos biens temporels ?

12 Si d'autres usent de ce pouvoir à votre égard, pourquoi ne pourrons-nous pas en user plutôt qu'eux ? Mais nous n'avons point usé de ce pouvoir ; et nous souffrons au contraire toutes sortes d'incommodités, pour n'apporter aucun obstacle à l'Évangile de *Jésus*-Christ.

13 Ne savez-vous pas que les ministres du temple mangent de ce qui est offert dans le temple, et que ceux qui servent à l'autel, ont part aux oblations de l'autel ?

14 Ainsi le Seigneur a aussi ordonné à ceux qui annoncent l'Évangile, de vivre de l'Évangile.

15 Mais pour moi, je n'ai usé d'aucun de ces droits ; et encore maintenant je ne vous écris point ceci afin qu'on en use ainsi envers moi, puisque j'aimerais mieux mourir que de souffrir que quelqu'un me fît perdre cette gloire.

16 Car si je prêche l'Évangile, ce ne m'est point un sujet de gloire, puisque je suis obligé nécessairement à ce ministère ; et malheur à moi, si je ne prêche pas l'Évangile !

17 Si je le prêche de bon cœur, j'en aurai la récompense ; mais si je ne le fais qu'à regret, je dispense seulement ce qui m'a été confié.

18 En quoi trouverai-je donc *un sujet de* récompense ? En prêchant de telle sorte l'Évangile, que je le prêche gratuitement, sans abuser du pouvoir que j'ai dans *la prédication* de l'Évangile.

19 Car étant libre à l'égard de tous, je me suis rendu le serviteur de tous, pour gagner *à Dieu* plus de personnes.

20 J'ai vécu avec les Juifs comme Juif, pour gagner les Juifs ;

21 avec ceux qui sont sous la loi, comme si j'eusse encore été sous la loi, quoique je n'y fusse plus assujetti, pour gagner ceux qui sont sous la loi ; avec ceux qui n'avaient point de loi, comme si je n'en eusse point eu moi-même (quoique j'en eusse une à l'égard de Dieu, ayant celle de *Jésus*-Christ), pour gagner ceux qui étaient sans loi.

22 Je me suis rendu faible avec les faibles, pour gagner les faibles. Enfin je me suis fait tout à tous, pour les sauver tous.

23 Or je fais toutes ces choses pour l'Évangile, afin d'avoir part à ce qu'il promet.

24 Ne savez-vous pas, que quand on court dans la carrière, tous courent, mais un seul remporte le prix ? Courez donc de telle sorte que vous remportiez le prix.

25 Or tous les athlètes gardent en toutes choses une exacte tempérance ; et *cependant* ce n'est que pour gagner une couronne corruptible, au lieu que nous *en attendons* une incorruptible.

26 Pour moi, je cours, et je ne cours pas au hasard. Je combats, et je ne donne pas des coups en l'air ;

27 mais je traite rudement mon corps, et je le réduis en servitude ; de peur qu'ayant prêché aux autres, je ne sois réprouvé moi-même.

CHAPITRE X.

CAR je ne veux pas que vous ignoriez, *mes* frères, que nos pères ont tous été sous la nuée ; qu'ils ont tous passé la mer *Rouge* ;

2 qu'ils ont tous été baptisés sous la conduite de Moïse, dans la nuée et dans la mer ;

3 qu'ils ont tous mangé d'un même aliment spirituel ;

4 et qu'ils ont tous bu d'un même breuvage spirituel : car ils buvaient de l'eau de la pierre spirituelle qui les suivait ; et *Jésus*-Christ était cette pierre.

5 Mais il y en eut peu d'un si grand nombre qui fussent agréables à Dieu, étant *presque tous* péris dans le désert.

6 Or toutes ces choses ont été des figures de ce qui nous regarde, afin que nous ne nous abandonnions pas aux mauvais désirs, comme ils s'y abandonnèrent.

7 Ne devenez point aussi idolâtres, comme quelques-uns d'eux, dont il est écrit : Le peuple s'assit pour manger et pour boire, et ils se levèrent pour se divertir.

8 Ne commettons point de fornication, comme quelques-uns d'eux commirent ce crime, pour lequel il y en eut vingt-trois mille qui furent frappés de mort en un seul jour.

9 Ne tentons point *Jésus*-Christ, comme *le* tentèrent quelques-uns d'eux, qui furent tués par les serpents.

10 Ne murmurez point, comme murmurèrent quelques-uns d'eux, qui furent frappés de mort par l'*ange* exterminateur.

11 Or toutes ces choses qui leur arrivaient, étaient des figures ; et elles ont été écrites pour nous servir d'instruction, à nous autres qui nous trouvons à la fin des temps.

12 Que celui donc qui croit être ferme, prenne bien garde à ne pas tomber.

13 Vous n'avez eu *encore* que des tentations humaines *et ordinaires*. Dieu est fidèle, et il ne souffrira pas que vous soyez tentés au delà de vos forces ; mais il vous fera tirer avantage de la tentation même, afin que vous puissiez persévérer.

14 C'est pourquoi, mes très-chers *frères*, fuyez l'idolâtrie.

15 Je vous parle comme à des personnes sages ; jugez vous-mêmes de ce que je dis.

16 N'est-il pas vrai que le calice de bénédiction que nous bénissons, est la communion du sang de *Jésus*-Christ ; et que le pain que nous rompons, est la communion du corps du Seigneur ?

17 Car nous ne sommes tous ensemble qu'un seul pain et un seul corps ; parce que nous participons tous à un même pain.

18 Considérez les Israélites selon la chair : ceux *d'entre eux* qui mangent de la victime immolée, ne prennent-ils pas *ainsi* part à l'autel ?

19 Est-ce donc que je veuille dire que ce qui a été immolé aux idoles ait quelque vertu, ou que l'idole soit quelque chose ?

20 *Non ;* mais je dis que ce que les païens immolent, ils l'immolent aux démons, et non pas à Dieu. Or je désire que vous n'ayez aucune société avec les démons. Vous ne pouvez pas boire le calice du Seigneur, et le calice des démons.

21 Vous ne pouvez pas participer à la table du Seigneur, et à la table des démons.

22 Est-ce que nous voulons irriter Dieu, en le piquant de jalousie ? Sommes-nous plus forts que lui ? Tout m'est permis ; mais tout n'est pas avantageux.

23 Tout m'est permis ; mais tout n'édifie pas.

24 Que personne ne cherche sa propre satisfaction, mais le bien des autres.

25 Mangez de tout ce qui se vend à la boucherie, sans vous enquérir d'où il vient, par *un scrupule de* conscience :

26 car la terre est au Seigneur, avec tout ce qu'elle contient.

27 Si un infidèle vous prie à manger chez lui, et que vous vouliez y aller, mangez de tout ce qu'on vous servira, sans vous enquérir d'où il vient, par *un scrupule de* conscience.

28 Si quelqu'un vous dit, Ceci a été immolé aux idoles ; n'en mangez pas à cause de celui qui vous a donné cet avis, et aussi de peur de blesser, je ne dis pas, votre conscience, mais celle d'un autre.

29 Car pourquoi m'exposerais-je à faire condamner, par la conscience d'un autre, cette liberté que j'ai *de manger de tout ?*

30 Si je prends avec action de grâces *ce que je mange,* pourquoi donnerai-je sujet à un autre de parler mal de moi, pour une chose dont je rends grâces *à Dieu !*

31 Soit donc que vous mangiez, ou que vous buviez, et quelque chose que vous fassiez, faites tout pour la gloire de Dieu.

32 Ne donnez pas occasion de scandale ni aux Juifs ni aux gentils, ni à l'Église de Dieu ;

33 comme je tâche moi-même de plaire à tous en toutes choses, ne cherchant point ce qui m'est avantageux *en particulier,* mais ce qui est avantageux a plusieurs pour être sauvés.

CHAPITRE XI.

SOYEZ mes imitateurs, comme je le suis moi-même de *Jésus*-Christ.

2 Je vous loue, *mes* frères, de ce que vous vous souvenez de moi en toutes choses, et que vous gardez les traditions *et* les règles que je vous ai données.

3 Mais je désire que vous sachiez que *Jésus*-Christ est le chef *et la tête* de tout homme, que l'homme est le chef de la femme, et que Dieu est le chef de *Jésus*-Christ.

4 Tout homme qui prie, ou qui prophétise, ayant la tête couverte, déshonore sa tête.

5 Mais toute femme qui prie, ou qui prophétise, n'ayant point la tête couverte *d'un voile,* déshonore sa tête : car c'est comme si elle était rasée.

6 Si une femme ne se voile point la tête, elle devrait donc avoir aussi les cheveux coupés. Mais s'il est honteux à une femme d'avoir les cheveux coupés, ou d'être rasée, qu'elle se voile la tête.

7 Pour ce qui est de l'homme, il ne doit point se couvrir la tête, parce qu'il est l'image et la gloire de Dieu ; au lieu que la femme est la gloire de l'homme.

8 Car l'homme n'a point été tiré de la femme, mais la femme a été tirée de l'homme ;

9 et l'homme n'a point été créé pour la femme, mais la femme pour l'homme.

10 C'est pourquoi la femme doit porter sur sa tête, à cause des anges, *la marque de* la puissance *que l'homme a sur elle.*

11 Toutefois ni l'homme n'est point sans la femme, ni la femme sans l'homme, en *notre* Seigneur.

12 Car comme la femme *au commencement* a été tirée de l'homme, aussi l'homme *maintenant* naît de la femme, et tout vient de Dieu.

13 Jugez vous-mêmes s'il est bienséant à une femme de prier Dieu sans avoir un voile sur la tête.

14 La nature même ne vous enseigne-t-elle pas, qu'il serait honteux à un homme de laisser *toujours* croître ses cheveux ;

15 et qu'il est au contraire honorable à une femme de les laisser *toujours* croître, parce qu'ils lui ont été donnés comme un voile qui doit la couvrir ?

16 Si après cela quelqu'un aime à contester, *il nous suffit de répondre, que* ce n'est point là notre coutume, ni celle de l'Église de Dieu.

17 Mais je ne puis vous louer en ce que je vais vous dire, qui est, que vous vous conduisez de telle sorte dans vos assemblées, qu'elles vous nuisent, au lieu de vous servir.

18 Premièrement, j'apprends que, lorsque vous vous assemblez dans l'Église, il y a des partialités parmi vous ; et je le crois en partie :

19 car il faut qu'il y ait même des hérésies, afin qu'on découvre par là ceux d'entre vous qui ont une vertu éprouvée.

20 Lors donc que vous vous assemblez comme vous faites, ce n'est plus manger la Cène du Seigneur :

21 car chacun y mange son souper particulier, sans attendre les autres ; et ainsi les uns n'ont rien à manger, pendant que les autres le font avec excès.

22 N'avez-vous pas vos maisons pour y boire et pour y manger ? Ou méprisez-vous l'Église de Dieu ? et voulez-vous faire honte à ceux qui sont pauvres ? Que vous dirai-je sur cela ? Vous en louerai-je ? Non, *certes,* je ne vous en loue point.

23 Car c'est du Seigneur que j'ai appris ce que je vous ai aussi enseigné, qui est : Que le Seigneur Jésus, la nuit même en laquelle il devait être livré *à la mort,* prit du pain,

24 et ayant rendu grâces, le rompit, et dit *à ses disciples :* Prenez et mangez : ceci est mon corps, qui sera livré pour vous : faites ceci en mémoire de moi.

25 *Il prit* de même le calice, après avoir soupé, en disant : Ce calice est la nouvelle alliance en mon sang : faites ceci en mémoire de moi, toutes les fois que vous le boirez.

26 Car toutes les fois que vous mangerez ce pain, et que vous boirez ce calice, vous annoncerez la mort du Seigneur, jusqu'à ce qu'il vienne.

27 C'est pourquoi, quiconque mangera ce pain ou boira le calice du Seigneur indignement, il sera coupable du corps et du sang du Seigneur.

28 Que l'homme donc s'éprouve soi-même, et qu'il mange ainsi de ce pain, et boive de ce calice.

29 Car quiconque en mange et en boit indignement, mange et boit sa propre condamnation, ne faisant point le discernement *qu'il doit* du corps du Seigneur.

30 C'est pour cette raison qu'il y a parmi vous beaucoup de malades et de languissants, et que plusieurs dorment *du sommeil de la mort.*

31 Si nous nous jugions nous-mêmes, nous ne serions pas jugés *de Dieu.*

32 Mais lorsque nous sommes jugés de la sorte, c'est le Seigneur qui nous châtie, afin que nous ne soyons pas condamnés avec le monde.

33 C'est pourquoi, mes frères, lorsque vous vous assemblez pour ces repas, attendez-vous les uns les autres.

34 Si quelqu'un est pressé de manger, qu'il mange chez lui ; afin que vous ne vous assembliez point à votre condamnation. Je réglerai les autres choses, lorsque je serai venu.

CHAPITRE XII.

POUR ce qui est des *dons* spirituels, *mes* frères, je ne veux pas que vous ignoriez *ce que vous devez savoir.*

2 Vous vous souvenez bien, qu'étant païens vous vous laissiez entraîner, selon qu'on vous menait, vers les idoles muettes.

3 Je vous déclare donc, que nul homme parlant par l'Esprit de Dieu, ne dit anathème à Jésus ; et que nul ne peut confesser que Jésus est le Seigneur, sinon par le Saint-Esprit.

4 Or il y a diversité de dons spirituels ; mais il n'y a qu'un même Esprit.

5 Il y a diversité de ministères ; mais il n'y a qu'un même Seigneur.

6 Et il y a diversité d'opérations *surnaturelles* ; mais il n'y a qu'un même Dieu, qui opère tout en tous.

7 Or les dons du Saint-Esprit, qui se font connaître au dehors, sont donnés à chacun pour l'utilité *de l'Église.*

8 L'un reçoit du *Saint*-Esprit *le don* de parler dans une *haute* sagesse : un autre reçoit du même Esprit *le don* de parler avec science ;

9 un autre reçoit *le don de* la foi par le même Esprit ; un autre reçoit du même Esprit la grâce de guérir les maladies ;

10 un autre, *le don* de faire des miracles ; un autre, *le don* de prophétie ; un autre, *le don* du discernement des esprits ; un autre, *le don* de parler diverses langues ; un autre, *le don de* l'interprétation des langues.

11 Or c'est un seul et même Esprit qui opère toutes ces choses, distribuant à chacun *ses dons,* selon qu'il lui plaît.

12 Et comme notre corps n'étant qu'un, est composé de plusieurs membres ; et qu'encore qu'il y ait plusieurs membres, ils ne sont tous néanmoins qu'un même corps ; il en est de même du Christ.

13 Car nous avons tous été baptisés dans le même Esprit, pour n'être tous ensemble qu'un même corps, soit Juifs ou gentils, soit esclaves ou libres ; et nous avons tous reçu un *divin* breuvage, pour n'être tous *aussi* qu'un même esprit.

14 Aussi le corps n'est pas un seul membre, mais plusieurs.

15 Si le pied disait, Puisque je ne suis pas la main, je ne suis pas du corps ; ne serait-il point pour cela du corps ?

16 Et si l'oreille disait, Puisque je ne suis pas œil, je ne suis pas du corps ; ne serait-elle point pour cela du corps ?

17 Si tout le corps était œil, où serait l'ouïe ? et s'il était tout ouïe, où serait l'odorat ?

18 Mais Dieu a mis dans le corps *plusieurs* membres, et il les y a placés comme il lui a plu.

19 Si tous les membres n'étaient qu'un seul membre, où serait le corps ?

20 Mais il y a plusieurs membres, et *tous ne font qu'*un seul corps.

21 Or l'œil ne peut pas dire à la main, Je n'ai pas besoin de votre secours ; non plus que la tête ne peut pas dire aux pieds, Vous ne m'êtes point nécessaires.

22 Mais au contraire, les membres du corps qui paraissent les plus faibles, sont les plus nécessaires.

23 Nous honorons même davantage *par nos vêtements* les parties du corps qui paraissent les moins honorables ; et nous couvrons avec plus *de soin et* d'honnêteté celles qui sont moins honnêtes.

24 Car pour celles qui sont honnêtes, elles n'en ont pas besoin : mais Dieu a mis un tel ordre dans tout le corps, qu'on honore davantage ce qui est moins honorable de soi-même ;

25 afin qu'il n'y ait point de schisme, *ni de division* dans le corps, mais que tous les membres conspirent mutuellement à s'entr'aider les uns les autres.

26 Et si l'un des membres souffre, tous les autres souffrent avec lui ; ou si l'un des membres reçoit de l'honneur, tous les autres s'en réjouissent avec lui.

27 Or vous êtes le corps de *Jésus*-Christ, et membres les uns des autres.

28 Ainsi Dieu a établi dans son Église, premièrement, des apôtres ; secondement, des prophètes ; troisièmement, des docteurs ; ensuite, ceux qui ont la vertu de faire des miracles ; puis, ceux qui ont la grâce de guérir les maladies ; ceux qui ont le don d'assister les frères ; ceux qui ont le don de gouverner ; ceux qui ont le don de parler diverses langues ; ceux qui ont le don de les interpréter.

29 Tous sont-ils apôtres ? Tous sont-ils prophètes ? Tous sont-ils docteurs ?

30 Tous font-ils des miracles ? Tous ont-ils la grâce de guérir les maladies ? Tous parlent-ils plusieurs langues ? Tous ont-ils le don de les interpréter ?

31 Entre ces dons, ayez plus d'empressement pour les meilleurs. Mais je vais vous montrer encore une voie beaucoup plus excellente.

CHAPITRE XIII.

QUAND je parlerais toutes les langues des hommes, et le langage des anges mêmes, si je n'ai point la charité, je ne suis que comme un airain sonnant, ou une cymbale retentissante.

2 Et quand j'aurais le don de prophétie, que je pénétrerais tous les mystères, et que j'aurais une parfaite science de toutes choses ; quand j'aurais encore toute la foi *possible,* jusqu'à transporter les montagnes, si je n'ai point la charité, je ne suis rien.

3 Et quand j'aurais distribué tout mon bien pour nourrir les pauvres, et que j'aurais livré mon corps pour être brûlé, si je n'ai point la charité, tout cela ne me sert de rien.

4 La charité est patiente ; elle est douce et bienfaisante ; la charité n'est point envieuse ; elle n'est point téméraire *et* précipitée ; elle ne s'enfle point *d'orgueil* ;

5 elle n'est point dédaigneuse, elle ne cherche point ses propres intérêts, elle ne se pique et ne s'aigrit de rien, elle n'a point de mauvais soupçons ;

6 elle ne se réjouit point de l'injustice ; mais elle se réjouit de la vérité ;

7 elle supporte tout, elle croit tout, elle espère tout, elle souffre tout.

8 La charité ne finira jamais. Les prophéties n'auront plus de lieu ; les langues cesseront ; et la science sera abolie :

9 car ce que nous avons maintenant de science et de prophétie, est très-imparfait ;

10 mais lorsque nous serons dans l'état parfait, tout ce qui est imparfait sera aboli.

11 Quand j'étais enfant, je parlais en enfant, je jugeais en enfant, je raisonnais en enfant ; mais lorsque je suis devenu homme, je me suis défait de tout ce qui tenait de l'enfant.

12 Nous ne voyons maintenant que comme en un miroir, et en des énigmes ; mais alors nous verrons *Dieu* face à face. Je ne connais maintenant *Dieu* qu'imparfaitement ; mais alors je *le* connaîtrai, comme je suis moi-même connu *de lui.*

13 Maintenant ces trois *vertus,* la foi, l'espérance, et la charité, demeurent ; mais entre elles la plus excellente est la charité.

CHAPITRE XIV.

RECHERCHEZ avec ardeur la charité ; désirez les dons spirituels, et surtout de prophétiser.

2 Car celui qui parle une langue *inconnue,* ne parle pas aux hommes, mais à Dieu ; puisque personne ne l'entend, et qu'il parle en esprit des choses cachées.

3 Mais celui qui prophétise, parle aux hommes pour les édifier, les exhorter et les consoler.

4 Celui qui parle une langue *inconnue,* s'édifie lui-même ; au lieu que celui qui prophétise, édifie l'Église de Dieu.

5 Je souhaite que vous ayez tous le don des langues, mais encore plus celui de prophétiser ; parce que celui qui prophétise, est préférable à celui qui parle une langue *inconnue,* si ce n'est qu'il interprète ce qu'il dit, afin que l'Église en soit édifiée.

6 Aussi, *mes* frères, quand je voudrais vous parler en des langues *inconnues,* quelle utilité vous apporterais-je, si ce n'est que je vous parle en vous instruisant, ou par la révélation, ou par la science, ou par la prophétie, ou par la doctrine ?

7 Et dans les choses mêmes inanimées qui rendent des sons, comme les flûtes et les harpes, si elles ne forment des tons

différents, comment pourra-t-on distinguer ce que l'on joue sur ces instruments ?

8 Si la trompette ne rend qu'un son confus, qui se préparera au combat ?

9 De même, si la langue que vous parlez n'est intelligible, comment pourra-t-on savoir ce que vous dites ? Vous ne parlerez qu'en l'air.

10 En effet, il y a tant de diverses langues dans le monde, et il n'y a point *de peuple* qui n'ait la sienne.

11 Si donc je n'entends pas ce que signifient les paroles, je serai barbare à celui à qui je parle, et celui qui *me* parle, me sera barbare.

12 Ainsi, *mes frères*, puisque vous avez tant d'ardeur pour les dons spirituels, désirez d'en être enrichis pour l'édification de l'Église.

13 C'est pourquoi, que celui qui parle une langue *inconnue*, demande *à Dieu le don* de l'interpréter.

14 Car si je prie en une langue *que je n'entends pas*, mon cœur prie, mais mon intelligence est sans fruit.

15 Que ferai-je donc ? Je prierai de cœur ; mais je prierai aussi avec intelligence : je chanterai de cœur des cantiques ; mais je les chanterai aussi avec intelligence.

16 Si vous *ne* louez Dieu *que* du cœur, comment un homme du nombre de ceux qui n'entendent que leur propre langue, répondra-t-il, Amen, à la fin de votre action de grâces, puisqu'il n'entend pas ce que vous dites ?

17 Ce n'est pas que votre action de grâces ne soit bonne ; mais les autres n'en sont pas édifiés.

18 Je remercie mon Dieu de ce que je parle toutes les langues que vous parlez ;

19 mais j'aimerais mieux ne dire dans l'Église que cinq paroles dont j'aurais l'intelligence, pour en instruire aussi les autres, que d'en dire dix mille en une langue *inconnue*.

20 *Mes* frères, ne soyez point enfants pour n'avoir point de sagesse ; mais soyez enfants pour être sans malice, et soyez sages comme des hommes parfaits.

21 Il est dit dans l'Écriture : Je parlerai à ce peuple en des langues étrangères et inconnues ; et après cela même, ils ne m'entendront point, dit le Seigneur.

22 Ainsi la diversité des langues est un signe, non pour les fidèles, mais pour les infidèles ; et le don de prophétie au contraire n'est pas pour les infidèles, mais pour les fidèles.

23 Si toute une Église étant assemblée en un lieu, tous parlent diverses langues, et que des infidèles, ou des hommes qui ne savent que leur propre langue, entrent dans cette assemblée, ne diront-ils pas que vous êtes des insensés ?

24 Mais si tous prophétisent, et qu'un infidèle, ou un homme qui ne sait que sa langue, entre dans votre assemblée, tous le convainquent, tous le jugent.

25 Le secret de son cœur est découvert : de sorte que se prosternant le visage contre terre, il adorera Dieu, rendant témoignage que Dieu est véritablement parmi vous.

26 Que faut-il donc, *mes* frères, *que vous fassiez ? Si* lorsque vous êtes assemblés, l'un est *inspiré de Dieu* pour composer un cantique, l'autre pour instruire, un autre pour révéler les secrets *de Dieu*, un autre pour parler une langue *inconnue*, un autre pour l'interpréter, que tout se fasse pour l'édification.

27 S'il y en a qui aient le don des langues, qu'il n'y en ait point plus de deux ou trois qui parlent en une langue *inconnue* ; *qu'ils parlent* l'un après l'autre ; et qu'il y ait quelqu'un qui interprété *ce qu'ils auront dit.*

28 S'il n'y a point d'interprète, *que celui qui a ce don* se taise dans l'Église, qu'il *ne* parle *qu'*à soi-même et à Dieu.

29 Pour ce qui est des prophètes, qu'il n'y en ait point plus de deux ou trois qui parlent, et que les autres en jugent.

30 S'il se fait quelque révélation à un autre de ceux qui sont assis *dans l'assemblée*, que le premier se taise.

31 Car vous pouvez tous prophétiser l'un après l'autre, afin que tous apprennent, et que tous soient consolés.

32 Et les esprits des prophètes sont soumis aux prophètes.

33 Car Dieu est un Dieu de paix, et non de désordre ; et c'est ce que j'enseigne dans toutes les Églises des saints.

34 Que les femmes *parmi vous* se taisent dans les Églises, parce qu'il ne leur est pas permis d'y parler ; mais elles doivent être soumises, selon que la loi l'ordonne.

35 Si elles veulent s'instruire de quelque chose, qu'elles le demandent à leurs maris, lorsqu'elles seront dans leurs maisons : car il est honteux aux femmes de parler dans l'Église.

36 Est-ce de vous que la parole de Dieu est *premièrement* sortie ? ou n'est-elle venue qu'à vous seuls ?

37 Si quelqu'un croit être prophète ou spirituel, qu'il reconnaisse que les choses que je vous écris sont des ordonnances du Seigneur.

38 Si quelqu'un veut l'ignorer, il sera lui-même ignoré.

39 Enfin, *mes* frères, désirez surtout le don de prophétie, et n'empêchez pas l'usage du don des langues ;

40 mais que tout se fasse dans la bienséance, et avec ordre.

CHAPITRE XV.

JE vais maintenant, *mes* frères, vous remettre devant les yeux l'Évangile que je vous ai prêché, que vous avez reçu, dans lequel vous demeurez fermes,

2 et par lequel vous serez sauvés ; si toutefois vous l'avez retenu comme je vous l'ai annoncé, et si ce n'est pas en vain que vous avez embrassé la foi.

3 Car, premièrement, je vous ai *enseigné, et comme* donné *en dépôt* ce que j'avais moi-même reçu ; savoir : Que *Jésus*-Christ est mort pour nos péchés, selon les Écritures ;

4 qu'il a été enseveli, et qu'il est ressuscité le troisième jour, selon les *mêmes* Écritures ;

5 qu'il s'est fait voir à Céphas, puis aux onze apôtres ;

6 qu'après il a été vu en une seule fois de plus de cinq cents frères, dont il y en a plusieurs qui vivent encore aujourd'hui, et quelques-uns sont déjà morts ;

7 qu'ensuite il s'est fait voir à Jacques, puis à tous les apôtres,

8 et qu'enfin après tous les autres, il s'est fait voir à moi-même, qui ne suis qu'un avorton.

9 Car je suis le moindre des apôtres ; et je ne suis pas digne d'être appelé apôtre, parce que j'ai persécuté l'Église de Dieu.

10 Mais c'est par la grâce de Dieu que je suis ce que je suis, et sa grâce n'a point été stérile en moi : mais j'ai travaillé plus que tous les autres ; non pas moi toutefois, mais la grâce de Dieu *qui est* avec moi.

11 Ainsi, soit que ce soit moi, soit que ce soit eux *qui vous prêchent,* voilà ce que nous prêchons, et voilà ce que vous avez cru.

12 Puis donc qu'on vous a prêché que *Jésus*-Christ est ressuscité d'entre les morts, comment se trouve-t-il parmi vous des personnes qui osent dire que les morts ne ressuscitent point ?

13 Si les morts ne ressuscitent point, *Jésus*-Christ n'est donc point ressuscité :

14 et si *Jésus*-Christ n'est point ressuscité, notre prédication est vaine, et votre foi est vaine aussi.

15 Nous sommes même convaincus d'être de faux témoins *à l'égard* de Dieu ; comme ayant rendu ce témoignage contre Dieu même, qu'il a ressuscité *Jésus*-Christ, tandis que néanmoins il ne l'a pas ressuscité, si les morts ne ressuscitent point.

16 Car si les morts ne ressuscitent point, *Jésus*-Christ n'est point non plus ressuscité.

17 Si *Jésus*-Christ n'est point ressuscité, votre foi est donc vaine : vous êtes encore *engagés* dans vos péchés :

18 ceux qui sont morts en *Jésus*-Christ, sont donc péris *sans ressource !*

19 Si nous n'avions d'espérance en *Jésus*-Christ que pour cette vie, nous serions les plus misérables de tous les hommes.

20 Mais maintenant *Jésus*-Christ est ressuscité d'entre les morts, et il est devenu les prémices de ceux qui dorment.

21 Ainsi, parce que la mort est venue par un homme, la résurrection des morts doit venir aussi par un homme.

22 Car comme tous meurent en Adam, tous revivront aussi en *Jésus*-Christ ;

23 et chacun en son rang : *Jésus*-Christ *le premier, comme* les prémices *de tous* ; puis ceux qui sont à lui, qui ont cru en son avènement.

24 Ensuite viendra la consommation *de toutes choses*, lorsqu'il aura remis son royaume à Dieu, son Père, et qu'il aura détruit tout empire, toute domination et toute puissance.

25 Car *Jésus*-Christ doit régner jusqu'à ce que *son Père* lui ait mis tous ses ennemis sous les pieds.

26 Or la mort sera le dernier ennemi qui sera détruit. Car *l'Écriture dit que Dieu* lui a mis tout sous les pieds, *et* lui a tout assujetti. Et quand elle dit

27 que tout lui est assujetti, il est indubitable qu'il faut en excepter celui qui lui a assujetti toutes choses.

28 Lors donc que toutes choses auront été assujetties au Fils, alors le Fils sera lui-même assujetti à celui qui lui aura assujetti toutes choses, afin que Dieu soit tout en tous.

29 Autrement que feront ceux qui se font baptiser pour les morts, s'il est vrai que les morts ne ressuscitent point ? Pourquoi se font-ils baptiser pour les morts ?

30 Et pourquoi nous-mêmes nous exposons-nous à toute heure à tant de périls ?

31 Il n'y a point de jour que je ne meure, *je vous en assure, mes* frères, par la gloire que je reçois de vous en Jésus-Christ notre Seigneur.

32 Si, *pour parler* à la manière des hommes, j'ai combattu à Éphèse contre des bêtes farouches, quel avantage en tirerai-je, si les morts ne ressuscitent point ? Ne pensons qu'à boire et à manger, puisque nous mourrons demain !

33 Ne vous laissez pas séduire : les mauvais entretiens gâtent les bonnes mœurs.

34 Justes, tenez-vous dans la vigilance, et gardez-vous du péché : car il y en a quelques-uns *parmi vous* qui ne connaissent point Dieu : je vous le dis pour vous faire honte.

35 Mais quelqu'un *me* dira : En quelle manière les morts ressusciteront-ils, et quel sera le corps dans lequel ils reviendront ?

36 Insensé que vous êtes ! *ne voyez-vous pas que* ce que vous semez ne reprend point vie s'il ne meurt auparavant ?

37 Et quand vous semez, vous ne semez pas le corps *de la plante* qui doit naître, mais la graine seulement, comme du blé, ou de quelque autre chose.

38 Après quoi Dieu lui donne un corps tel qu'il lui plaît ; et il donne à chaque semence le corps qui est propre *à chaque plante*.

39 Toute chair n'est pas la même chair ; mais autre est la chair des hommes, autre la chair des bêtes, autre celle des oiseaux, autre celle des poissons.

40 Il y a aussi des corps célestes et des corps terrestres ; mais les corps célestes ont un autre éclat que les corps terrestres.

41 Le soleil a son éclat, qui diffère de l'éclat de la lune, comme l'éclat de la lune diffère de l'éclat des étoiles ; et entre les étoiles, l'une est plus éclatante que l'autre.

42 Il en arrivera de même dans la résurrection des morts. Le corps comme une semence est maintenant mis en terre plein de corruption, et il ressuscitera incorruptible ;

43 il est mis en terre tout difforme, et il ressuscitera tout glorieux ; il est mis en terre privé de mouvement, et il ressuscitera plein de vigueur ;

44 il est mis en terre *comme* un corps animal, et il ressuscitera *comme* un corps spirituel. Comme il y a un corps animal, il y a aussi un corps spirituel ; selon qu'il est écrit :

45 Adam, le premier homme, a été créé avec une âme vivante ; et le second Adam a été rempli d'un esprit vivifiant.

46 Mais ce n'est pas le *corps* spirituel qui a été formé le premier ; c'est le *corps* animal, et ensuite le spirituel.

47 Le premier homme est le terrestre, *formé* de la terre ; et le second homme est le céleste, qui est *venu* du ciel.

48 Comme le premier homme a été terrestre, ses enfants aussi sont terrestres ; et comme le second homme est céleste, ses enfants aussi sont célestes.

49 Comme donc nous avons porté l'image de l'homme terrestre, portons aussi l'image de l'homme céleste.

50 Je veux dire, *mes* frères, que la chair et le sang ne peuvent posséder le royaume de Dieu, et que la corruption ne possédera point cet héritage incorruptible.

51 Voici un mystère que je vais vous dire : Nous ressusciterons tous, mais nous ne serons pas tous changés.

52 En un moment, en un clin d'œil, au son de la dernière trompette (car la trompette sonnera), les morts alors ressusciteront en un état incorruptible ; et nous serons changés.

53 Car il faut que ce corps corruptible soit revêtu de l'incorruptibilité, et que ce corps mortel soit revêtu de l'immortalité.

54 Et quand ce corps mortel aura été revêtu de l'immortalité, alors cette parole de l'Écriture sera accomplie : La mort est absorbée par la victoire.

55 Ô mort ! où est ta victoire ? Ô mort ! où est ton aiguillon ?

56 Or le péché est l'aiguillon de la mort ; et la loi est la force du péché.

57 C'est pourquoi rendons grâces à Dieu, qui nous donne la victoire par notre Seigneur Jésus-Christ.

58 Ainsi, mes chers frères, demeurez fermes et inébranlables, et travaillez sans cesse de plus en plus à l'œuvre de Dieu, sachant que votre travail ne sera pas sans récompense en *notre* Seigneur.

CHAPITRE XVI.

QUANT aux aumônes qu'on recueille pour les saints, faites la même chose que j'ai ordonnée aux Églises de Galatie.

2 Que chacun de vous mette à part chez soi le premier jour de la semaine *ce qu'il voudra*, l'amassant peu à peu selon sa bonne volonté ; afin qu'on n'attende pas à mon arrivée à recueillir les aumônes.

3 Et lorsque je serai arrivé, j'enverrai avec des lettres *de recommandation* ceux que vous aurez jugés propres pour porter vos charités à Jérusalem.

4 Si la chose mérite que j'y aille moi-même, ils viendront avec moi.

5 Or je vous irai voir quand j'aurai passé par la Macédoine : car je passerai par cette province ;

6 et peut-être que je m'arrêterai chez vous, et que même j'y passerai l'hiver, afin que vous me conduisiez *ensuite* au lieu où je pourrai aller.

7 Car je ne veux pas cette fois vous voir *seulement* en passant, et j'espère que je demeurerai assez longtemps chez vous, si le Seigneur le permet.

8 Je demeurerai à Éphèse jusqu'à la Pentecôte.

9 Car Dieu m'y ouvre visiblement une grande porte, et il s'y élève contre moi plusieurs ennemis.

10 Si Timothée va vous trouver, ayez soin qu'il soit en sûreté parmi vous, parce qu'il travaille à l'œuvre du Seigneur aussi bien que moi.

11 Que personne donc ne le méprise ; mais conduisez-le en paix, afin qu'il vienne me trouver ; parce que je l'attends avec nos frères.

12 Pour ce qui est de *mon* frère Apollon, je vous assure que je l'ai fort prié d'aller vous voir avec quelques-uns de nos frères : mais enfin il n'a pas cru devoir le faire présentement : il ira *vous* voir lorsqu'il en aura la commodité.

13 Soyez vigilants, demeurez fermes dans la foi, agissez courageusement, soyez pleins de force ;

14 faites avec amour tout ce que vous faites.

15 Vous connaissez, *mes* frères, la famille de Stéphanas, de Fortunat et d'Achaïque : vous savez qu'ils ont été les prémices de l'Achaïe, et qu'ils se sont consacrés au service des saints :

16 c'est pourquoi je vous supplie d'avoir pour eux la déférence due à des personnes de cette sorte, et pour tous ceux qui contribuent par leur peine et par leur travail à l'œuvre *de Dieu*.

17 Je me réjouis de l'arrivée de Stéphanas, de Fortunat et d'Achaïque ; parce qu'ils ont suppléé ce que vous n'étiez pas à portée de faire par vous-mêmes :

18 car ils ont consolé mon esprit aussi bien que le vôtre. Honorez donc de telles personnes.

19 Les Eglises d'Asie vous saluent. Aquilas et Priscille, chez qui je demeure, et l'Eglise qui est dans leur maison, vous saluent avec beaucoup d'affection en *notre* Seigneur.

20 Tous nos frères vous saluent, saluez-vous les uns les autres par le saint baiser.

21 Moi, Paul, j'ai écrit de ma main cette salutation.

22 Si quelqu'un n'aime point notre Seigneur Jésus-Christ, qu'il soit anathème ! Maran-Atha (*c'est-à-dire, le Seigneur vient*).

23 Que la grâce de notre Seigneur Jésus-Christ soit avec vous !

24 J'ai pour vous tous une charité *sincère* en Jésus-Christ. Amen !

SECONDE ÉPITRE DE SAINT PAUL

AUX

CORINTHIENS.

CHAPITRE PREMIER.

PAUL, apôtre de Jésus-Christ, par la volonté de Dieu ; et Timothée, son frère : à l'Eglise de Dieu qui est à Corinthe, et à tous les saints qui sont dans toute l'Achaïe.

2 Que Dieu, notre Père, et Jésus-Christ notre Seigneur, vous donnent la grâce et la paix !

3 Béni soit Dieu, *qui est* le Père de notre Seigneur Jésus-Christ, le Père des miséricordes, et le Dieu de toute consolation ;

4 qui nous console dans tous nos maux, afin que nous puissions aussi consoler les autres dans tous leurs maux, par la même consolation dont nous sommes nous-mêmes consolés de Dieu.

5 Car à mesure que les souffrances de *Jésus*-Christ augmentent en nous, nos consolations aussi s'augmentent par *Jésus*-Christ.

6 Or, soit que nous soyons affligés, c'est pour votre instruction et pour votre salut ; soit que nous soyons consolés, c'est aussi pour votre consolation ; soit que nous soyons encouragés, c'est encore pour votre instruction et pour votre salut, qui s'accomplit dans la souffrance des mêmes maux que nous souffrons :

7 ce qui nous donne une ferme confiance pour vous, sachant qu'ainsi que vous avez part aux souffrances, vous aurez part aussi à la consolation.

8 Car je suis bien aise, *mes* frères, que vous sachiez l'affliction qui nous est survenue en Asie, qui a été telle que les maux dont nous nous sommes trouvés accablés, ont été excessifs et au-dessus de nos forces, jusqu'à nous rendre même la vie ennuyeuse.

9 Mais nous avons comme entendu prononcer en nous-mêmes l'arrêt de notre mort, afin que nous ne mettions point notre confiance en nous, mais en Dieu, qui ressuscite les morts ;

10 qui nous a délivrés d'un si grand péril, qui nous en délivre *encore*, et nous en délivrera à l'avenir, comme nous l'espérons de sa bonté,

11 avec le secours des prières que vous faites pour nous ; afin que la grâce que nous avons reçue en considération de plusieurs personnes, soit aussi reconnue par les actions de grâces que plusieurs en rendront pour nous.

12 Car le sujet de notre gloire est le témoignage que nous rend notre conscience, de nous être conduits dans ce monde, et surtout à votre égard, dans la simplicité de cœur et dans la sincérité de Dieu, non avec la sagesse de la chair, mais dans la grâce de Dieu.

13 Je ne vous écris que des choses dont vous reconnaissez la vérité en les lisant ; et j'espère qu'à l'avenir vous connaîtrez entièrement,

14 ainsi que vous l'avez déjà reconnu en partie, que nous sommes votre gloire, comme vous *serez* la nôtre au jour de notre Seigneur Jésus-Christ.

15 C'est dans cette confiance que j'avais résolu auparavant d'aller vous voir ; afin que vous reçussiez une seconde grâce.

16 Je *voulais* passer par chez vous en allant en Macédoine, revenir ensuite de Macédoine chez vous, et de là me faire conduire par vous en Judée.

17 Ayant donc pour lors ce dessein, est-ce par inconstance que je ne l'ai point exécuté ? ou, quand je prends une résolution, cette résolution n'est-elle qu'humaine ? et trouve-t-on ainsi en moi le oui et le non ?

18 Mais Dieu *qui est* véritable, *m'est témoin* qu'il n'y a point eu de oui et de, non dans la parole que je vous ai annoncée.

19 Car Jésus-Christ, Fils de Dieu, qui vous a été prêché par nous, *c'est-à-dire,* par moi, par Silvain et par Timothée, n'est pas tel que le oui et le non se trouvent en lui ; mais tout ce qui est en lui, est très-ferme.

20 Car c'est en lui que toutes les promesses de Dieu ont leur vérité, et c'est par lui aussi qu'elles s'accomplissent à *l'honneur de* Dieu : ce qui fait la gloire de notre ministère.

21 Or celui qui nous confirme *et nous* affermit avec vous en *Jésus*-Christ, et qui nous a oints *de son onction*, c'est Dieu même.

22 Et c'est lui aussi qui nous a marqués de son sceau, et qui pour arrhes nous a donné le Saint-Esprit dans nos cœurs.

23 Pour moi, je prends Dieu à témoin, et je veux bien qu'il me punisse si je ne dis la vérité, que ç'a été pour vous épargner que je n'ai point encore voulu aller à Corinthe. Ce n'est pas que nous dominions sur votre foi ; mais nous tâchons au contraire de contribuer à votre joie, puisque vous demeurez fermes dans la foi.

CHAPITRE II.

JE résolus donc en moi-même, de ne point aller vous voir de nouveau, de peur de vous causer de la tristesse.

2 Car si je vous avais attristés, qui pourrait me réjouir ? puisque vous qui devriez le faire, seriez vous-mêmes dans la tristesse que je vous aurais causée.

3 C'est aussi ce que je vous avais écrit, afin que venant vers vous, je ne reçusse point tristesse sur tristesse de la part même de ceux qui devaient me donner de la joie ; ayant cette confiance en vous tous, que chacun de vous trouvera sa joie dans la mienne.

4 Et il est vrai que je vous écrivis alors dans une extrême affliction, dans un serrement de cœur, et avec une grande abondance de larmes, non dans le dessein de vous attrister, mais pour vous faire connaître la charité toute particulière que j'ai pour vous.

5 Si l'un de vous m'a attristé, il ne m'a pas attristé *moi seul*, mais vous tous aussi, au moins en quelque sorte : ce que je dis pour ne le point surcharger *dans son affliction*.

6 Il suffit pour cet homme, *qu'il ait subi* la correction et la peine qui lui a été imposée par votre assemblée ;

7 et vous devez plutôt le traiter maintenant avec indulgence et le consoler, de peur qu'il ne soit accablé par un excès de tristesse.

8 C'est pourquoi je vous prie de lui donner des preuves effectives de *votre* charité.

9 Et c'est pour cela même que je vous en écris, afin de vous éprouver, et de reconnaître si vous êtes obéissants en toutes choses.

10 Ce que vous accordez à quelqu'un par indulgence, je l'accorde aussi. Car si j'use moi-même d'indulgence, j'en use à cause de vous, *au nom et* en la personne de *Jésus*-Christ ;

11 afin que Satan n'emporte rien sur nous : car nous n'ignorons pas ses desseins.

12 Or étant venu à Troade pour prêcher l'Evangile de *Jésus*-Christ, quoique le Seigneur m'y eût ouvert une entrée *favorable*,

13 je n'ai point eu l'esprit en repos, parce que je n'y avais point trouvé mon frère Tite. Mais ayant pris congé d'eux, je m'en suis allé en Macédoine.

14 Je rends grâces à Dieu, qui nous fait toujours triompher en Jésus-Christ, et qui répand par nous en tous lieux l'odeur de la connaissance de son nom.

15 Car nous sommes devant Dieu la bonne odeur de *Jésus-Christ*, soit à l'égard de ceux qui se sauvent, soit à l'égard de ceux qui se perdent :

16 aux uns une odeur de mort qui les fait mourir, et aux autres une odeur de vie qui les fait vivre. Et qui est capable d'un tel ministère ?

17 Car nous ne sommes pas comme plusieurs, qui corrompent la parole de Dieu ; mais nous la prêchons avec une entière sincérité, comme de la part de Dieu, en la présence de Dieu, et dans *la personne de Jésus*-Christ.

CHAPITRE III.

COMMENCERONS-nous de nouveau à nous relever nous-mêmes ? et avons-nous besoin, comme quelques-uns, que d'autres nous donnent des lettres de recommandation envers vous, ou que vous nous en donniez *envers les autres* ?

2 Vous êtes vous-mêmes notre lettre *de recommandation*, qui est écrite dans notre cœur, qui est reconnue et lue de tous les hommes ;

3 *vos actions faisant* voir que vous êtes la lettre de *Jésus*-Christ, dont nous avons été les secrétaires ; et qui est écrite, non avec de l'encre, mais avec l'Esprit du Dieu vivant ; non sur des tables de pierre, mais sur des tables de chair, qui sont vos cœurs.

4 C'est par *Jésus*-Christ que nous avons une si grande confiance en Dieu ;

5 non que nous soyons capables de former de nous-mêmes aucune *bonne* pensée comme de nous-mêmes ; mais c'est Dieu qui nous *en* rend capables.

6 Et c'est lui aussi qui nous a rendus capables d'être les ministres de la nouvelle alliance, non pas de la lettre, mais de l'esprit : car la lettre tue, et l'esprit donne la vie.

7 Si le ministère de la lettre gravée sur des pierres, qui était un ministère de mort, a été accompagné d'une telle gloire, que les enfants d'Israël ne pouvaient regarder le visage de Moïse, à cause de la gloire dont il éclatait, laquelle devait néanmoins finir ;

8 combien le ministère de l'esprit doit-il être plus glorieux !

9 Car si le ministère de la condamnation a été accompagné de gloire, le ministère de la justice *en* aura incomparablement davantage.

10 Et cette gloire même *de la loi* n'est point une véritable gloire, si on la compare avec la sublimité de celle *de l'Évangile*.

11 Car si le ministère qui devait finir a été glorieux, celui qui durera *toujours* doit l'être beaucoup davantage.

12 Ayant donc une telle espérance, nous *vous* parlons avec toute sorte de liberté ;

13 et nous ne faisons pas comme Moïse, qui se mettait un voile sur le visage, afin que les enfants d'Israël ne vissent pas cette lumière passagère qui éclatait sur son visage.

14 Mais leurs esprits sont demeurés endurcis *et aveuglés* : car aujourd'hui même, lorsqu'ils lisent le Vieux Testament, ce voile demeure toujours *sur leur cœur*, sans être levé, parce qu'il *ne s'ôte que* par *Jésus*-Christ.

15 Ainsi jusqu'à cette heure, lorsqu'on leur lit Moïse, ils ont un voile sur le cœur.

16 Mais quand *leur cœur* se tournera vers le Seigneur, alors le voile *en* sera ôté.

17 Or le Seigneur est esprit ; et où est l'Esprit du Seigneur, là est aussi la liberté.

18 Ainsi nous tous, n'ayant point de voile qui nous couvre le visage, et contemplant la gloire du Seigneur, nous sommes transformés en la même image, nous avançant de clarté en clarté comme par *l'illumination de* l'Esprit du Seigneur.

CHAPITRE IV.

C'EST pourquoi ayant reçu un *tel* ministère selon la miséricorde qui nous a été faite, nous ne nous laissons point abattre ;

2 mais nous rejetons loin de nous les passions qui se cachent comme étant honteuses, ne nous conduisant point avec artifice, et n'altérant point la parole de Dieu ; mais n'employant pour notre recommandation envers tous les hommes qui jugeront de nous selon le sentiment de leur conscience, que la sincérité avec laquelle nous prêchons devant Dieu la vérité *de son Évangile*.

3 Si l'Évangile que nous prêchons, est encore voilé, c'est pour ceux qui périssent qu'il est voilé ;

4 pour ces infidèles dont le dieu de ce siècle a aveuglé les esprits, afin qu'ils ne soient point éclairés par la lumière de l'Évangile de la gloire de *Jésus*-Christ, qui est l'image de Dieu.

5 Car nous ne nous prêchons pas nous-mêmes ; mais nous prêchons Jésus-Christ notre Seigneur ; et quant à nous, nous nous regardons *comme* vos serviteurs pour Jésus :

6 parce que le même Dieu qui a commandé que la lumière sortît des ténèbres, *est celui qui* a fait luire sa clarté dans nos cœurs, afin que nous puissions éclairer *les autres*, en leur donnant la connaissance de la gloire de Dieu, selon qu'elle paraît en Jésus-Christ.

7 Or nous portons ce trésor dans des vases de terre, afin *qu'on reconnaisse* que la grandeur de la puissance *qui est en nous*, est de Dieu, et non pas de nous.

8 Nous sommes pressés de toutes sortes d'afflictions, mais nous n'en sommes pas accablés ; nous nous trouvons dans des difficultés insurmontables, mais nous n'y succombons pas ;

9 nous sommes persécutés, mais non pas abandonnés ; nous sommes abattus, mais non pas entièrement perdus ;

10 portant toujours en notre corps la mort de Jésus, afin que la vie de Jésus paraisse aussi dans notre corps.

11 Car nous qui vivons, nous sommes à toute heure livrés à la mort pour Jésus, afin que la vie de Jésus paraisse aussi dans notre chair mortelle.

12 Ainsi sa mort imprime ses effets en nous, et sa vie en vous.

13 Et parce que nous avons un même esprit de foi, selon qu'il est écrit, J'ai cru, c'est pourquoi j'ai parlé ; nous croyons aussi nous autres, et c'est aussi pourquoi nous parlons ;

14 sachant que celui qui a ressuscité Jésus, nous ressuscitera aussi avec Jésus, et nous fera comparaître avec vous *en sa présence*.

15 Car toutes choses sont pour vous, afin que plus la grâce se répand avec abondance, il en revienne aussi à Dieu plus de gloire par les témoignages de reconnaissance qui lui en seront rendus par plusieurs.

16 C'est pourquoi nous ne perdons point courage ; mais encore que dans nous l'homme extérieur se détruise, néanmoins l'homme intérieur se renouvelle de jour en jour :

17 car le moment si court et si léger des afflictions que nous souffrons en cette vie, produit en nous le poids éternel d'une souveraine et incomparable gloire :

18 ainsi nous ne considérons point les choses visibles, mais les invisibles ; parce que les choses visibles sont temporelles, mais les invisibles sont éternelles.

CHAPITRE V.

AUSSI nous savons que si cette maison de terre où nous habitons vient à se dissoudre, Dieu nous donnera dans le ciel une autre maison, une maison qui ne sera point faite de main d'homme, et qui durera éternellement.

2 C'est ce qui nous fait soupirer dans le désir que nous avons d'être revêtus *de la gloire* de cette maison céleste qui nous est destinée, comme d'un second vêtement ;

3 si toutefois nous sommes trouvés vêtus, et non pas nus.

4 Car pendant que nous sommes dans ce corps comme dans une tente, nous soupirons sous sa pesanteur ; parce que nous ne désirons pas d'en être dépouillés, mais d'être revêtus par-dessus, en sorte que ce qu'il y a de mortel *en nous*, soit absorbé par la vie.

5 Or c'est Dieu qui nous a formés pour cet état d'immortalité, et qui nous a donné pour arrhes son Esprit.

6 Nous sommes donc toujours pleins de confiance ; et comme nous savons que pendant que nous habitons dans ce corps, nous sommes éloignés du Seigneur et hors de notre patrie ;

7 (parce que nous marchons *vers lui* par la foi, et que *nous n'en jouissons* pas encore par la claire vue ;)

8 dans cette confiance que nous avons, nous aimons mieux sortir *de la maison* de ce corps, pour aller habiter avec le Seigneur.

9 C'est pourquoi toute notre ambition est d'être agréables à Dieu, soit que nous habitions dans le corps, ou que nous en sortions pour aller à lui.

10 Car nous devons tous comparaître devant le tribunal de *Jésus*-Christ, afin que chacun reçoive ce qui est dû aux bonnes ou aux mauvaises actions qu'il aura faites pendant qu'il était revêtu de son corps.

11 Sachant donc combien le Seigneur est redoutable, nous tâchons de persuader les hommes *de notre innocence* : mais Dieu connaît qui nous sommes ; et je veux croire que nous sommes aussi connus de vous dans le secret de votre conscience.

12 Nous ne prétendons point nous relever encore ici nous-mêmes à votre égard, mais seulement vous donner occasion de vous glorifier à notre sujet ; afin que vous puissiez répondre à ceux qui mettent leur gloire dans ce qui paraît, et non dans ce qui est au *fond du* cœur.

13 Car soit que nous soyons emportés comme hors de nous-mêmes, c'est pour Dieu ; soit que nous nous tempérions, c'est pour vous :

14 parce que l'amour de *Jésus*-Christ nous presse ; considérant que si un seul est mort pour tous, donc tous sont morts ;

15 et en effet *Jésus*-Christ est mort pour tous, afin que ceux qui vivent, ne vivent plus pour eux-mêmes, mais pour celui qui est mort et qui est ressuscité pour eux.

16 C'est pourquoi nous ne connaissons plus désormais personne selon la chair ; et si nous avons connu *Jésus*-Christ selon la chair, maintenant nous ne le connaissons plus de cette sorte.

17 Si donc quelqu'un est en *Jésus*-Christ, *il est devenu* une nouvelle créature ; ce qui était devenu vieux est passé, et tout est devenu nouveau :

18 et le tout vient de Dieu, qui nous a réconciliés avec lui-même par *Jésus*-Christ, et qui nous a confié le ministère de la réconciliation.

19 Car c'est Dieu qui a réconcilié le monde avec soi en *Jésus*-Christ, ne leur imputant point leurs péchés ; et c'est lui qui a mis en nous la parole de réconciliation.

20 Nous faisons donc la fonction d'ambassadeurs pour *Jésus*-Christ, et c'est Dieu *même* qui vous exhorte par notre bouche. *Ainsi* nous vous conjurons, au nom de *Jésus*-Christ, de vous réconcilier avec Dieu ;

21 puisque pour l'amour de nous il a rendu *victime pour* le péché celui qui ne connaissait point le péché, afin qu'en lui nous devinssions *justes de* la justice de Dieu.

CHAPITRE VI.

ÉTANT donc les coopérateurs *de Dieu*, nous vous exhortons de ne pas recevoir en vain la grâce de Dieu.

2 Car il dit lui-même : Je vous ai exaucé au temps favorable, et je vous ai aidé au jour du salut. Voici maintenant le temps favorable ; voici maintenant le jour du salut.

3 Et nous prenons garde *aussi nous-mêmes* de ne donner à personne aucun sujet de scandale, afin que notre ministère ne soit point déshonoré.

4 Mais agissant en toutes choses comme des ministres de Dieu, nous nous rendons recommandables par une grande patience dans les maux, dans les nécessités *pressantes*, et dans les extrêmes afflictions ;

5 dans les plaies, dans les prisons, dans les séditions, dans les travaux, dans les veilles, dans les jeûnes ;

6 par la pureté, par la science, par une douceur persévérante, par la bonté, par *les fruits du* Saint-Esprit, par une charité sincère ;

7 par la parole de vérité, par la force de Dieu, par les armes de la justice, *pour combattre* à droite et à gauche ;

8 parmi l'honneur et l'ignominie, parmi la mauvaise et la bonne réputation ; comme des séducteurs, quoique sincères *et* véritables ; comme inconnus, quoique très-connus ;

9 comme *toujours* mourants, et vivants néanmoins ; comme châtiés, mais non jusqu'à être tués ;

10 comme tristes, et toujours dans la joie ; comme pauvres, et enrichissant plusieurs ; comme n'ayant rien, et possédant tout.

11 Ô Corinthiens ! ma bouche s'ouvre, et mon cœur s'étend par l'affection que je vous porte.

12 Mes entrailles ne sont point resserrées pour vous, mais les vôtres le sont *pour moi*.

13 Rendez-moi donc amour pour amour. Je vous parle comme à mes enfants ; étendez aussi *pour moi* votre cœur.

14 Ne vous attachez point à un même joug avec les infidèles : car quelle union peut-il y avoir entre la justice et l'iniquité ? quel commerce entre la lumière et les ténèbres ?

15 Quel accord entre *Jésus*-Christ et Bélial ? quelle société entre le fidèle et l'infidèle ?

16 Quel rapport entre le temple de Dieu et les idoles ? Car vous êtes le temple du Dieu vivant, comme Dieu dit lui-même : J'habiterai en eux, et je marcherai au milieu d'eux ; je serai leur Dieu, et ils seront mon peuple.

17 C'est pourquoi, sortez du milieu de ces personnes, dit le Seigneur ; séparez vous d'eux, et ne touchez point à ce qui est impur ;

18 et je vous recevrai : je serai votre Père, et vous serez mes fils et mes filles, dit le Seigneur tout-puissant.

CHAPITRE VII.

AYANT donc reçu *de Dieu* de telles promesses, mes chers frères, purifions-nous de tout ce qui souille le corps ou l'esprit, achevant *l'œuvre de* notre sanctification dans la crainte de Dieu.

2 Donnez-nous place dans votre cœur. Nous n'avons fait tort à personne ; nous n'avons corrompu *l'esprit de* personne ; nous n'avons pris le bien de personne.

3 Je ne vous dis pas ceci pour vous condamner ; puisque je vous ai déjà dit que vous êtes dans mon cœur à la mort et à la vie.

4 Je vous parle avec grande liberté ; j'ai grand sujet de me glorifier de vous ; je suis rempli de consolation, je suis comblé de joie parmi toutes mes souffrances.

5 Car étant venus en Macédoine, nous n'avons eu aucun relâche selon la chair ; mais nous avons toujours eu à souffrir. *Ce n'a été que* combats au dehors, *et que* frayeurs au dedans.

6 Mais Dieu, qui console les humbles *et* les affligés, nous a consolés par l'arrivée de Tite ;

7 et non-seulement par son arrivée, mais encore par la consolation qu'il a lui-même reçue de vous ; m'ayant rapporté l'extrême désir que vous avez *de me revoir*, la douleur que vous avez ressentie, et l'ardente affection que vous me portez : ce qui m'a été un plus grand sujet de joie.

8 Car encore que je vous aie attristés par ma lettre, je n'en suis plus fâché néanmoins, quoique je l'aie été auparavant, en voyant qu'elle vous avait attristés pour un peu de temps.

9 Mais maintenant j'ai de la joie, non de ce que vous avez eu de la tristesse, mais de ce que votre tristesse vous a portés à la

pénitence. La tristesse que vous avez eue a été selon Dieu ; et ainsi la peine que nous vous avons causée, ne vous a été nullement désavantageuse.

10 Car la tristesse qui est selon Dieu, produit pour le salut une pénitence stable ; mais la tristesse de ce monde produit la mort.

11 Considérez combien cette tristesse selon Dieu, que vous avez ressentie, a produit en vous *non-seulement* de soin *et* de vigilance, mais de satisfaction *envers nous*, d'indignation *contre cet incestueux*, de crainte *de la colère de Dieu*, de désir *de nous revoir*, de zèle *pour nous défendre*, d'ardeur à venger *ce crime*. Vous avez fait voir par toute *votre conduite*, que vous étiez purs *et* irréprochables dans cette affaire.

12 Aussi lorsque nous vous avons écrit, ce n'a été ni à cause de celui qui avait fait l'injure, ni à cause de celui qui l'avait soufferte, mais pour *vous* faire connaître le soin que nous avons de vous devant Dieu.

13 C'est pourquoi ce que vous avez fait pour nous consoler, nous a en effet consolés ; et notre joie s'est encore beaucoup augmentée par celle de Tite, voyant que vous avez tous contribué au repos de son esprit ;

14 et que si je me suis loué de vous en lui parlant, je n'ai point eu sujet d'en rougir ; mais qu'ainsi que nous ne vous avions rien dit que dans la vérité, aussi le témoignage avantageux que nous avions rendu *de vous* à Tite, s'est trouvé *conforme* à la vérité.

15 C'est pourquoi il ressent dans ses entrailles un redoublement d'affection envers vous, lorsqu'il se souvient de l'obéissance que vous lui avez tous rendue, et comment vous l'avez reçu avec crainte et tremblement.

16 Je me réjouis *donc* de ce que je puis me promettre tout de vous.

CHAPITRE VIII.

MAIS il faut, *mes* frères, que je vous fasse savoir la grâce que Dieu a faite aux Églises de Macédoine :

2 c'est que leur joie est d'autant plus redoublée, qu'ils ont été éprouvés par de plus grandes afflictions ; et que leur profonde pauvreté a répandu avec abondance les richesses de leur charité sincère.

3 Car il est vrai, et il faut que je leur rende ce témoignage, qu'ils se sont portés d'eux-mêmes à donner autant qu'ils pouvaient, et même au delà de ce qu'ils pouvaient ;

4 nous conjurant avec beaucoup de prières *de recevoir* l'aumône qu'ils offraient pour prendre part à l'assistance destinée aux saints.

5 Et ils n'ont pas fait seulement en cela ce que nous avions espéré d'eux ; mais ils se sont donnés eux-mêmes premièrement au Seigneur, et puis à nous, par la volonté de Dieu.

6 C'est ce qui nous a portés à supplier Tite, que comme il a déjà commencé, il achève aussi de vous rendre parfaits en cette grâce ;

7 et que comme vous êtes riches en toutes choses, en foi, en paroles, en science, en toute sorte de soins, et en l'affection que vous nous portez, vous le soyez aussi en cette sorte de grâce.

8 Ce que je ne vous dis pas néanmoins pour vous imposer une loi, mais seulement pour vous porter, par l'exemple de l'ardeur des autres, à donner des preuves de votre charité sincère.

9 Car vous savez quelle a été la bonté de notre Seigneur Jésus-Christ, qui étant riche s'est rendu pauvre pour l'amour de vous, afin que vous devinssiez riches par sa pauvreté.

10 C'est ici un conseil que je vous donne, parce que cela vous est utile, et que vous n'avez pas seulement commencé les premiers à faire cette charité, mais que vous en avez *de vous-mêmes* formé le dessein dès l'année passée.

11 Achevez donc maintenant ce que vous avez commencé *de faire* dès lors ; afin que comme vous avez une si prompte volonté d'assister vos frères, vous les assistiez aussi effectivement de ce que vous avez.

12 Car lorsqu'un homme a une grande volonté de donner, *Dieu la* reçoit, ne demandant de lui que ce qu'il peut, et non ce qu'il ne peut pas.

13 Ainsi je n'entends pas que les autres soient soulagés, et que vous soyez surchargés ;

14 mais que pour ôter l'inégalité, votre abondance supplée maintenant à leur pauvreté, afin que votre pauvreté soit soulagée *un jour* par leur abondance, et qu'ainsi tout soit réduit à l'égalité ;

15 selon ce qui est écrit *de la manne* : Celui qui *en* recueillit beaucoup, n'en eut pas plus que les autres ; et celui qui *en* recueillit peu, n'en eut pas moins.

16 Or je rends grâces à Dieu de ce qu'il a donné au cœur de Tite la même sollicitude *que j'ai* pour vous.

17 Car non-seulement il a bien reçu la prière que je lui ai faite, mais s'y étant porté avec encore plus d'affection par lui-même, il est parti de son propre mouvement pour vous aller voir.

18 Nous avons envoyé aussi avec lui notre frère qui est devenu célèbre par l'Évangile dans toutes les Églises ;

19 et qui de plus a été choisi par les Églises pour nous accompagner dans nos voyages, et prendre part au soin que nous avons de procurer cette assistance *à nos frères*, pour la gloire du Seigneur, et pour seconder notre bonne volonté.

20 Et notre dessein en cela a été d'éviter que personne ne puisse nous rien reprocher sur cette aumône abondante, dont nous sommes les dispensateurs :

21 car nous tâchons de faire le bien avec tant de circonspection, qu'il soit approuvé non-seulement de Dieu, mais aussi des hommes.

22 Nous avons envoyé encore avec eux notre frère, que nous avons reconnu zélé et vigilant en plusieurs rencontres, et qui l'est encore beaucoup plus en celle-ci ; et nous avons grande confiance *que vous le recevrez bien* ;

23 *et que vous traiterez* de même Tite, qui est uni avec moi, et qui travaille comme moi pour votre salut ; et nos autres frères qui sont les apôtres des Églises, et la gloire de *Jésus*-Christ.

24 Donnez-leur donc devant les Églises les preuves de votre charité, et faites voir que c'est avec sujet que nous nous sommes loués de vous.

CHAPITRE IX.

IL serait superflu de vous écrire *davantage* touchant cette assistance qui se prépare pour les saints *de Jérusalem*.

2 Car je sais avec quelle affection vous vous y portez ; et c'est aussi ce qui me donne lieu de me glorifier de vous devant les Macédoniens, *leur disant* que la *province d'*Achaïe était disposée *à faire cette charité* dès l'année passée ; et votre exemple a excité le même zèle dans *l'esprit de* plusieurs.

3 C'est pourquoi j'ai envoyé *nos* frères vers vous, afin que ce ne soit pas en vain que je me sois loué de vous en ce point, et qu'on vous trouve tout prêts, selon l'assurance que j'en ai donnée ;

4 de peur que si ceux de Macédoine qui viendront avec moi, trouvaient que vous n'eussiez rien préparé, ce ne fût à nous, pour ne pas dire à vous-mêmes, un sujet de confusion dans cette conjoncture, *de nous être loués de vous*.

5 C'est ce qui m'a fait juger nécessaire de prier *nos* frères d'aller vous trouver avant moi, afin qu'ils aient soin que la charité que vous avez promis de faire, soit toute prête *avant notre arrivée ;* mais de telle sorte que ce soit un don offert par la charité, et non *arraché* à l'avarice.

6 Or je vous avertis, *mes frères,* que celui qui sème peu, moissonnera peu ; et que celui qui sème avec abondance, moissonnera aussi avec abondance.

7 *Ainsi* que chacun donne ce qu'il aura résolu en lui-même de donner, non avec tristesse, ni comme par force : car Dieu aime celui qui donne avec joie.

8 Et Dieu est *tout*-puissant pour vous combler de toute grâce ; afin qu'ayant en tout temps et en toutes choses tout ce qui suffit *pour votre subsistance*, vous ayez abondamment de quoi exercer toutes sortes de bonnes œuvres ;

9 selon ce qui est écrit : *Le juste* distribue *son bien* ; il donne aux pauvres ; sa justice demeure éternellement.

10 Dieu, qui donne la semence à celui qui sème, vous donnera le pain dont vous avez besoin pour vivre, et multipliera ce que vous aurez semé, et fera croître de plus en plus les fruits de votre justice ;

11 afin que vous soyez riches en tout, pour exercer avec un cœur simple toute sorte de charités : ce qui nous donne sujet de rendre à Dieu de grandes actions de grâces.

12 Car cette oblation dont nous sommes les ministres, ne supplée pas seulement aux besoins des saints ; mais elle est *riche et* abondante par le grand nombre d'actions de grâces qu'elle fait rendre à Dieu ;

13 parce que ces saints recevant ces preuves de votre libéralité par notre ministère, se portent à glorifier Dieu de la soumission que vous témoignez à l'Évangile de *Jésus*-Christ, et de la bonté avec laquelle vous faites part de vos biens, soit à eux, soit à tous les autres ;

14 *et de plus elle est riche et abondante* par les prières qu'ils font pour vous, dans l'affection qu'ils vous portent à cause de l'excellente grâce que vous avez reçue de Dieu.

15 Dieu soit loué de son ineffable don !

CHAPITRE X.

MAIS moi, Paul, moi-même *qui vous parle*, je vous conjure par la douceur et la modestie de *Jésus*-Christ : moi qui, *selon quelques-uns*, étant présent parais bas *et* méprisable parmi vous ; au lieu qu'étant absent j'agis envers vous avec hardiesse :

2 je vous prie, que quand je serai présent je ne sois point obligé d'user avec confiance de cette hardiesse qu'on m'attribue ; *d'en user, dis-je,* envers quelques-uns qui s'imaginent que nous nous conduisons selon la chair.

3 Car encore que nous vivions dans la chair, nous ne combattons pas selon la chair.

4 Les armes de notre milice ne sont point charnelles, mais puissantes en Dieu, pour renverser les remparts *qu'on leur oppose* ; et *c'est par ces armes que* nous détruisons les raisonnements *humains,*

5 et tout ce qui s'élève avec hauteur contre la science de Dieu ; et *que* nous réduisons en servitude tous les esprits, pour *les soumettre* à l'obéissance de *Jésus*-Christ ;

6 ayant en notre main le pouvoir de punir tous les désobéissants, lorsque vous aurez satisfait à tout ce que l'obéissance demande de vous.

7 Jugez *au moins* des choses selon l'apparence. Si quelqu'un se persuade en lui-même qu'il est à *Jésus*-Christ, il doit aussi considérer en lui-même que comme il est à *Jésus*-Christ, nous sommes aussi *à Jésus-Christ.*

8 Car quand je me glorifierais un peu davantage de la puissance que le Seigneur m'a donnée pour votre édification, et non pour votre destruction, je n'aurais pas sujet d'en rougir.

9 Mais afin qu'il ne semble pas que nous voulions vous étonner par des lettres :

10 (parce que les lettres *de Paul*, disent-ils, sont graves et fortes ; mais lorsqu'il est présent il paraît bas en sa personne, et méprisable en son discours :)

11 que celui qui est dans ce sentiment, considère qu'étant présents, nous nous conduisons dans nos actions de la même manière que nous parlons dans nos lettres étant absents.

12 Car nous n'osons pas nous mettre au rang de quelques-uns qui se relèvent eux-mêmes, ni nous comparer à eux ; mais nous nous mesurons sur ce que nous sommes véritablement en nous, et nous ne nous comparons qu'avec nous-mêmes.

13 *Et ainsi* quant à nous, nous ne nous glorifierons point démesurément ; mais *nous renfermant* dans les bornes du partage que Dieu nous a donné, *nous nous glorifierons* d'être parvenus jusqu'à vous.

14 Car nous ne nous étendons pas au delà de ce que nous devons, comme si nous n'étions pas parvenus jusqu'à vous, puisque nous

sommes arrivés jusqu'à vous en *prêchant* l'Évangile de *Jésus*-Christ.

15 Nous ne nous relevons *donc* point démesurément, en nous attribuant les travaux des autres ; mais nous espérons que votre foi croissant *toujours* de plus en plus, nous étendrons beaucoup en vous notre partage,

16 et que nous prêcherons l'Évangile aux nations mêmes qui sont au delà de vous, sans entreprendre sur le partage d'un autre, en nous glorifiant *d'avoir bâti* sur ce qu'il aurait déjà préparé.

17 Que celui donc qui se glorifie, *ne se glorifie que* dans le Seigneur.

18 Car ce n'est pas celui qui se rend témoignage à soi-même qui est vraiment estimable ; mais c'est celui à qui Dieu rend témoignage.

CHAPITRE XI.

PLUT à Dieu que vous voulussiez un peu supporter mon imprudence ! et supportez-la, *je vous prie.*

2 Car j'ai pour vous un amour de jalousie, et d'une jalousie de Dieu ; parce que je vous ai fiancés à cet unique époux, qui est *Jésus*-Christ, pour vous présenter à lui comme une vierge toute pure.

3 Mais j'appréhende qu'ainsi que le serpent séduisit Ève par ses artifices, vos esprits aussi ne se corrompent, et ne dégénèrent de la simplicité chrétienne.

4 Car si celui qui vient vous prêcher, vous annonçait un autre *Jésus*-Christ que celui que nous vous avons annoncé ; ou s'il vous faisait recevoir un autre esprit que celui que vous avez reçu ; ou s'il vous prêchait un autre évangile que celui que vous avez embrassé, vous auriez raison de le souffrir !

5 Mais je ne pense pas avoir été inférieur en rien aux plus grands d'entre les apôtres.

6 Si je suis grossier *et* peu instruit pour la parole, il n'en est pas de même pour la science ; mais nous nous sommes fait assez connaître parmi vous en toutes choses.

7 Est-ce que j'ai fait une faute, lorsque afin de vous élever je me suis rabaissé moi-même en vous prêchant gratuitement l'Évangile de Dieu ?

8 J'ai dépouillé les autres Églises, en recevant d'elles l'assistance dont j'avais besoin pour vous servir.

9 Et lorsque je demeurais parmi vous, et que j'étais dans la nécessité, je n'ai été à charge à personne ; mais *nos* frères qui étaient venus de Macédoine, ont suppléé aux besoins que je pouvais avoir ; et j'ai pris garde à ne vous être à charge en quoi que ce soit, comme je ferai encore à l'avenir.

10 *Je vous assure par* la vérité de *Jésus*-Christ *qui* est en moi, qu'on ne me ravira point cette gloire dans toute l'Achaïe.

11 Et pourquoi ? Est-ce que je ne vous aime pas ? Dieu le sait.

12 Mais je fais cela, et je le ferai encore, afin de retrancher une occasion de se glorifier à ceux qui la cherchent, en voulant paraître tout à fait semblables à nous, pour trouver en cela un sujet de gloire.

13 Car ces personnes sont de faux apôtres, des ouvriers trompeurs, qui se transforment en apôtres de *Jésus*-Christ.

14 Et l'on ne doit pas s'en étonner, puisque Satan même se transforme en ange de lumière.

15 Il n'est donc pas étrange que ses ministres aussi se transforment en ministres de la justice ; mais leur fin sera conforme à leurs œuvres.

16 Je vous le dis encore une fois (que personne ne me juge imprudent ; ou au moins souffrez-moi comme imprudent, et permettez-moi de me glorifier un peu) :

17 *Croyez, si vous voulez, que* ce que je dis, je ne le dis pas selon Dieu, mais *que* je fais paraître de l'imprudence dans ce que je prends pour un sujet de me glorifier.

18 Puisque plusieurs se glorifient selon la chair, je puis bien aussi me glorifier *comme eux.*

19 Car étant sages comme vous êtes, vous souffrez sans peine les imprudents.

20 Vous souffrez même qu'on vous asservisse, qu'on vous mange, qu'on prenne *votre bien*, qu'on vous traite avec hauteur, qu'on vous frappe au visage.

21 C'est à ma confusion que je le dis, puisque nous passons pour avoir été trop faibles en ce point. Mais puisqu'il y en a qui sont si hardis *à parler d'eux-mêmes*, je veux bien faire une imprudence en me rendant aussi hardi *qu'eux*.

22 Sont-ils Hébreux ? Je le suis aussi. Sont-ils Israélites ? Je le suis aussi. Sont-ils de la race d'Abraham ? J'en suis aussi.

23 Sont-ils ministres de *Jésus*-Christ ? Quand je devrais passer pour imprudent, j'ose dire que je le suis encore plus qu'eux. J'ai plus souffert de travaux, plus reçu de coups, plus enduré de prisons ; je me suis souvent vu tout près de la mort.

24 J'ai reçu des Juifs cinq différentes fois, trente-neuf coups de fouet.

25 J'ai été battu de verges par trois fois, j'ai été lapidé une fois, j'ai fait naufrage trois fois, j'ai passé un jour et une nuit au fond de la mer.

26 J'ai été souvent dans les voyages, dans les périls sur les fleuves, dans les périls des voleurs, dans les périls de la part de ceux de ma nation, dans les périls de la part des païens, dans les périls au milieu des villes, dans les périls au milieu des déserts, dans les périls sur mer, dans les périls entre les faux frères.

27 J'ai souffert toutes sortes de travaux et de fatigues, de fréquentes veilles, la faim, la soif, beaucoup de jeûnes, le froid et la nudité.

28 Outre ces maux qui ne sont qu'extérieurs, le soin que j'ai de toutes les Églises m'attire une foule d'affaires *dont je suis assiégé* tous les jours.

29 Qui est faible sans que je m'affaiblisse *avec lui* ? Qui est scandalisé sans que je brûle ?

30 S'il faut se glorifier de quelque chose, je me glorifierai des *souffrances* qui me font paraître faible.

31 Dieu, qui est le Père de notre Seigneur Jésus-Christ, et qui est béni dans tous les siècles, sait que je ne mens point.

32 Étant à Damas, celui qui était gouverneur de la province pour le roi Arétas, faisait faire garde dans la ville pour m'arrêter prisonnier ;

33 mais on me descendit dans une corbeille, par une fenêtre, le long de la muraille ; et je me sauvai ainsi de ses mains.

CHAPITRE XII.

S'IL faut se glorifier (quoiqu'il ne soit pas avantageux de le faire), je viendrai maintenant aux visions et aux révélations du Seigneur.

2 Je connais un homme en *Jésus*-Christ, qui fut ravi il y a quatorze ans (si ce fut avec son corps, ou sans son corps, je ne sais, Dieu le sait), qui fut ravi, *dis-je*, jusqu'au troisième ciel ;

3 et je sais que cet homme (si ce fut avec son corps, ou sans son corps, je n'en sais rien, Dieu le sait),

4 *que cet homme, dis-je*, fut ravi dans le paradis, et qu'il y entendit des paroles ineffables, qu'il n'est pas permis à un homme de rapporter.

5 Je pourrais me glorifier *en parlant* d'un tel homme ; mais pour moi, je ne veux me glorifier que dans mes faiblesses *et* dans mes afflictions.

6 Si je voulais me glorifier, je pourrais le faire sans être imprudent ; car je dirais la vérité : mais je me retiens, de peur que quelqu'un ne m'estime au-dessus de ce qu'il voit en moi, ou de ce qu'il entend dire de moi.

7 Aussi, de peur que la grandeur de mes révélations ne me causât de l'élèvement, Dieu a permis que je ressentisse dans ma chair un aiguillon, qui est l'ange *et* le ministre de Satan, pour me donner des soufflets.

8 C'est pourquoi j'ai prié trois fois le Seigneur, afin que *cet ange de Satan* se retirât de moi ;

9 et il m'a répondu : Ma grâce vous suffit : car *ma* puissance éclate davantage dans la faiblesse. Je prendrai donc plaisir à me glorifier dans mes faiblesses, afin que la puissance de *Jésus*-Christ habite en moi.

10 Et ainsi je sens de la satisfaction *et* de la joie dans les faiblesses, dans les outrages, dans les nécessités *où je me trouve réduit*, dans les persécutions, dans les afflictions pressantes *que je souffre* pour *Jésus*-Christ : car lorsque je suis faible, c'est alors que je suis fort.

11 J'ai été imprudent ; c'est vous qui m'y avez contraint. Car c'était à vous de parler avantageusement de moi, puisque je n'ai été en rien inférieur aux plus éminents d'entre les apôtres, encore que je ne sois rien.

12 Aussi les marques de mon apostolat ont paru parmi vous dans toute sorte *de tolérance et* de patience, dans les miracles, dans les prodiges, et dans les effets extraordinaires de la puissance divine.

13 Car en quoi avez-vous été inférieurs aux autres Églises, si ce n'est en ce que je n'ai point voulu vous être à charge ? Pardonnez-moi ce tort que je vous ai fait.

14 Voici la troisième fois que je me prépare pour vous aller voir, et ce sera encore sans vous être à charge. Car c'est vous que je cherche, et non vos biens ; puisque ce n'est pas aux enfants à amasser des trésors pour leurs pères, mais aux pères *à en amasser* pour leurs enfants.

15 Aussi, pour ce qui est de moi, je donnerai très-volontiers *tout ce que j'ai*, et je me donnerai encore moi-même, pour *le salut de* vos âmes ; quoique ayant tant d'affection pour vous, vous en ayez peu pour moi.

16 *On dira peut-être*, qu'il est vrai que je ne vous ai point été à charge, mais qu'étant artificieux, j'ai usé d'adresse pour vous surprendre.

17 *Mais* me suis-je servi de quelqu'un de ceux que je vous ai envoyés, pour tirer quelque chose de vous ?

18 J'ai prié Tite de vous aller trouver, et j'ai envoyé encore avec lui un de *nos* frères. Tite a-t-il tiré quelque chose de vous ? N'avons-nous pas suivi le même esprit ? N'avons-nous pas marché sur les mêmes traces ?

19 Pensez-vous que ce soit encore ici notre dessein de nous justifier devant vous ? Nous vous parlons devant Dieu en *Jésus*-Christ, et *tout ce que nous vous disons, mes* chers *frères*, est pour votre édification.

20 Car j'appréhende qu'arrivant vers vous, je ne vous trouve pas tels que je voudrais, et que vous ne me trouviez aussi tel que vous ne voudriez pas. *Je crains* de rencontrer parmi vous des dissensions, des jalousies, des animosités, des querelles, des médisances, de faux rapports, des élèvements d'orgueil, des troubles *et* des tumultes ;

21 et qu'ainsi Dieu ne m'humilie, *lorsque je serai revenu* chez vous, et que je ne sois obligé d'en pleurer plusieurs, qui étant déjà tombés en des impuretés, des fornications et des dérèglements infâmes, n'en ont point fait pénitence.

CHAPITRE XIII.

VOICI *donc* la troisième fois que je me dispose à vous aller voir. Tout se jugera sur le témoignage de deux ou trois témoins.

2 Je vous l'ai déjà dit, et je vous le dis encore maintenant, quoique absent, mais comme devant être bientôt parmi vous, que si j'y viens encore une fois, je ne pardonnerai ni à ceux qui avaient péché auparavant, ni à tous les autres.

3 Est-ce que vous voulez éprouver *la puissance de Jésus*-Christ qui parle par ma bouche, qui n'a point paru faible, mais *très*-puissant parmi vous ?

4 Car encore qu'il ait été crucifié selon la faiblesse *de la chair*, il vit néanmoins maintenant par la vertu de Dieu. Nous sommes faibles aussi avec lui ; mais nous vivrons avec lui par la vertu de Dieu qui *éclate* parmi vous.

5 Examinez-vous vous-mêmes, *pour reconnaître* si vous êtes dans la foi ; éprouvez-vous vous-mêmes. Ne connaissez-vous pas vous-

mêmes que Jésus-Christ est en vous ? si ce n'est, peut-être, que vous fussiez déchus de ce que vous étiez.

6 Mais j'espère que vous connaîtrez que pour nous, nous ne sommes point déchus de ce que nous étions.

7 Ce que nous demandons à Dieu, est que vous ne commettiez aucun mal, et non pas que nous paraissions n'être point déchus de ce que nous étions ; mais que vous fassiez ce qui est de votre devoir, quand même nous devrions paraître déchus de ce que nous étions.

8 Car nous ne pouvons rien contre la vérité, mais seulement pour la vérité.

9 Et nous nous réjouissons de ce que nous paraissons faibles pendant que vous êtes forts ; et nous demandons aussi *à Dieu*, qu'il vous rende parfaits.

10 Je *vous* écris ceci étant absent, afin de n'avoir pas lieu, lorsque je serai présent, d'user avec sévérité de la puissance que le Seigneur m'a donnée pour édifier, et non pour détruire.

11 Enfin, *mes* frères, soyez dans la joie, travaillez à être parfaits, consolez-vous, soyez unis d'esprit *et* de cœur, vivez dans la paix ; et le Dieu d'amour et de paix sera avec vous.

12 Saluez-vous les uns les autres par un saint baiser. Tous les saints vous saluent.

13 Que la grâce de notre Seigneur Jésus-Christ, l'amour de Dieu, et la communication du Saint-Esprit, demeure avec vous tous ! Amen !

ÉPITRE DE SAINT PAUL

AUX

GALATES.

CHAPITRE PREMIER.

PAUL, apôtre, non de la part des hommes, ni par un homme, mais par Jésus-Christ, et Dieu, son Père, qui l'a ressuscité d'entre les morts ;

2 et tous les frères qui sont avec moi : aux Eglises de Galatie.

3 Que la grâce et la paix vous soient données par *la bonté* de Dieu le Père, et par notre Seigneur Jésus-Christ ;

4 qui s'est livré lui-même pour nos péchés, et pour nous retirer de la corruption du siècle présent, selon la volonté de Dieu, notre Père ;

5 à qui soit gloire dans tous les siècles des siècles ! Amen !

6 Je m'étonne qu'abandonnant celui qui vous a appelés à la grâce de *Jésus*-Christ, vous passiez sitôt à un autre évangile.

7 Ce n'est pas qu'il y en ait d'autre ; mais c'est qu'il y a des gens qui vous troublent, et qui veulent renverser l'Évangile de *Jésus*-Christ.

8 Mais quand nous vous annoncerions nous-mêmes, ou quand un ange du ciel vous annoncerait un évangile différent de celui que nous vous avons annoncé, qu'il soit anathème !

9 Je vous l'ai dit, et je vous le dis encore une fois : Si quelqu'un vous annonce un évangile différent de celui que vous avez reçu, qu'il soit anathème !

10 Car enfin est-ce des hommes, ou de Dieu, que je recherche maintenant d'être approuvé ? ou ai-je pour but de plaire aux hommes ? Si je voulais encore plaire aux hommes, je ne serais pas serviteur de *Jésus*-Christ.

11 Je vous déclare donc, *mes* frères, que l'Évangile que je *vous* ai prêché, n'a rien de l'homme ;

12 parce que je ne l'ai point reçu, ni appris d'aucun homme, mais par la révélation de Jésus-Christ.

13 Car vous savez de quelle manière j'ai vécu autrefois dans le judaïsme, avec quel excès *de fureur* je persécutais l'Église de Dieu, et la ravageais ;

14 me signalant dans le judaïsme au-dessus de plusieurs de ma nation et de mon âge, et ayant un zèle démesuré pour les traditions de mes pères.

15 Mais lorsqu'il a plu à Dieu, qui m'a choisi particulièrement dès le ventre de ma mère, et qui m'a appelé par sa grâce,

16 de me révéler son Fils, afin que je le prêchasse parmi les nations, *je l'ai fait* aussitôt, sans prendre conseil de la chair et du sang ;

17 et je ne suis point retourné à Jérusalem, pour voir ceux qui étaient apôtres avant moi ; mais je m'en suis allé en Arabie, et puis je suis revenu encore à Damas.

18 Ainsi trois ans s'étant écoulés, je retournai à Jérusalem pour visiter Pierre ; et je demeurai quinze jours avec lui ;

19 et je ne vis aucun des autres apôtres, sinon Jacques, frère du Seigneur.

20 Je prends Dieu à témoin, que je ne vous mens point en tout ce que je vous écris.

21 J'allai ensuite dans la Syrie et dans la Cilicie.

22 Or les Églises de Judée qui croyaient en *Jésus*-Christ, ne me connaissaient pas de visage.

23 Ils avaient seulement entendu dire : Celui qui autrefois nous persécutait, annonce maintenant la foi qu'il s'efforçait alors de détruire.

24 Et ils rendaient gloire à Dieu *de ce qu'il avait fait* en moi.

CHAPITRE II.

QUATORZE ans après, j'allai de nouveau à Jérusalem avec Barnabé, et je pris aussi Tite avec moi.

2 Or j'y allai suivant une révélation *que j'en avais eue*, et j'exposai aux fidèles, et en particulier à ceux qui paraissaient les plus considérables, l'Évangile que je prêche parmi les gentils ; afin de ne perdre pas le fruit de ce que j'avais déjà fait, ou de ce que je devais faire dans le cours de mon ministère.

3 Mais on n'obligea point Tite, que j'avais amené avec moi, et qui était gentil, de se faire circoncire.

4 Et la considération des faux frères, qui s'étaient introduits par surprise *dans l'Église*, et qui s'étaient glissés parmi nous, pour observer la liberté que nous avons en Jésus-Christ, et nous réduire en servitude ;

5 ne nous porta pas à leur céder, même pour un moment ; et nous refusâmes de nous assujettir à ce qu'ils voulaient, afin que la vérité de l'Évangile demeurât parmi vous.

6 Aussi ceux qui paraissaient les plus considérables (je ne m'arrête pas à ce qu'ils ont été autrefois, Dieu n'a point d'égard à la qualité des personnes) ; ceux, *dis-je,* qui paraissaient les plus considérables, ne m'ont rien appris de nouveau.

7 Mais au contraire, ayant reconnu que la charge de prêcher l'Évangile aux incirconcis m'avait été donnée, comme à Pierre celle de le prêcher aux circoncis ;

8 (car celui qui a agi efficacement dans Pierre pour le rendre apôtre des circoncis, a aussi agi efficacement en moi pour me rendre apôtre des gentils ;)

9 ceux, *dis-je,* qui paraissaient comme les colonnes *de l'Église,* Jacques, Céphas et Jean, ayant reconnu la grâce que j'avais reçue, nous donnèrent la main, à Barnabé et à moi, pour marque de la société *et* de l'union qui était entre eux et nous, afin que nous *prêchassions l'Évangile* aux gentils, et eux aux circoncis.

10 Ils nous recommandèrent seulement de nous ressouvenir des pauvres : ce que j'ai eu aussi grand soin de faire.

11 Or Céphas étant venu à Antioche, je lui résistai en face, parce qu'il était répréhensible.

12 Car avant que quelques-uns qui venaient de la part de Jacques fussent arrivés, il mangeait avec les gentils ; mais après leur

arrivée, il se retira, et se sépara *d'avec les gentils*, craignant *de blesser* les circoncis.

13 Les autres Juifs usèrent comme lui de cette dissimulation, et Barnabé même s'y laissa aussi emporter.

14 Mais quand je vis qu'ils ne marchaient pas droit selon la vérité de l'Évangile, je dis à Céphas devant tout le monde : Si vous qui êtes Juif, vivez comme les gentils, et non pas comme les Juifs, pourquoi contraignez-vous les gentils de judaïser ?

15 Nous sommes Juifs par notre naissance, et non du nombre des gentils, qui sont des pécheurs.

16 Et cependant, sachant que l'homme n'est point justifié par les œuvres de la loi, mais par la foi en Jésus-Christ, nous avons nous-mêmes cru en Jésus-Christ, pour être justifiés par la foi que nous aurions en lui, et non par les œuvres de la loi ; parce que nul homme ne sera justifié par les œuvres de la loi.

17 Mais si, cherchant à être justifiés par *Jésus*-Christ, nous sommes aussi nous-mêmes trouvés pécheurs, *Jésus*-Christ sera-t-il donc ministre du péché ? Dieu nous garde de le penser !

18 Car si je rétablissais de nouveau ce que j'ai détruit, je me ferais voir moi-même prévaricateur.

19 Mais je suis mort à la loi par la loi même, afin de *ne* vivre *plus que* pour Dieu. J'ai été crucifié avec *Jésus*-Christ ;

20 et je vis, ou plutôt ce n'est plus moi qui vis, mais c'est *Jésus*-Christ qui vit en moi ; et si je vis maintenant dans ce corps mortel, j'y vis en la foi du Fils de Dieu, qui m'a aimé, et qui s'est livré lui-même à la mort pour moi.

21 Je ne veux point rendre la grâce de Dieu inutile. Car si la justice *s'acquiert* par la loi, *Jésus*-Christ sera donc mort en vain.

CHAPITRE III.

Ô GALATES insensés ! qui vous a ensorcelés, pour vous rendre ainsi rebelles à la vérité, vous, aux yeux de qui Jésus-Christ a été représenté, ayant été *lui-même* crucifié en vous ?

2 Je ne veux savoir de vous qu'une seule chose : Est-ce par les œuvres de la loi, que vous avez reçu le Saint-Esprit, ou par la foi que vous avez entendu *prêcher* ?

3 Êtes-vous si insensés qu'après avoir commencé par l'esprit, vous finissiez maintenant par la chair ?

4 Sera-ce donc en vain que vous avez tant souffert ? si toutefois ce *n'est qu'*en vain.

5 Celui donc qui vous communique *son* Esprit, et qui fait des miracles parmi vous, *le fait-il* par les œuvres de la loi, ou par la foi que vous avez entendu *prêcher* ?

6 selon qu'il est écrit d'Abraham, qu'il crut ce que Dieu lui avait dit, *et que sa foi* lui fut imputée à justice.

7 Sachez donc, que ceux qui *s'appuient* sur la foi, sont les *vrais* enfants d'Abraham.

8 Aussi *Dieu, dans* l'Écriture, prévoyant qu'il justifierait les nations par la foi, l'a annoncé par avance à Abraham, *en lui disant :* Toutes les nations de la terre seront bénies en vous. !

9 Ceux qui *s'appuient* sur la foi, sont donc bénis avec le fidèle Abraham.

10 Au lieu que tous ceux qui *s'appuient* sur les œuvres de la loi, sont dans la malédiction, puisqu'il est écrit : Malédiction sur tous ceux qui n'observent pas tout ce qui est prescrit dans le livre de la loi.

11 Et il est clair que nul par la loi n'est justifié devant Dieu ; puisque, *selon l'Écriture :* Le juste vit de la foi.

12 Or la loi ne s'appuie point sur la foi ; au contraire, *elle dit :* Celui qui observera ces préceptes, y trouvera la vie.

13 Mais *Jésus*-Christ nous a rachetés de la malédiction de la loi, s'étant rendu lui-même malédiction pour nous, selon qu'il est écrit, Maudit est celui qui est pendu au bois ;

14 afin que la bénédiction donnée à Abraham fût communiquée aux gentils en Jésus-Christ, *et qu'ainsi* nous reçussions par la foi le *Saint*-Esprit qui avait été promis.

15 *Mes* frères, je me servirai de l'exemple d'une chose humaine et *ordinaire :* Lorsqu'un homme a fait un testament en bonne forme, nul ne peut le casser, ni y ajouter.

16 Or les promesses *de Dieu* ont été faites à Abraham, et à celui qui devait naître de lui. Il ne dit pas, À ceux qui naîtront *de vous* ; comme *s'il eût parlé* de plusieurs ; mais comme *parlant* d'un seul, À celui qui naîtra de vous ; qui est *Jésus*-Christ.

17 Ce que je veux donc dire est, que Dieu ayant fait un testament en bonne forme *en faveur de Jésus-Christ*, la loi qui n'a été donnée que quatre cent trente ans après, n'a pu le rendre nul, ni en abroger la promesse.

18 Car si c'est par la loi que l'héritage nous est donné, ce n'est donc plus par la promesse. Or c'est par la promesse que Dieu l'a donné à Abraham.

19 À quoi *servait* donc la loi ? Elle a été établie pour *faire connaître* les prévarications *que l'on commettait en la violant*, jusqu'à l'avènement de celui qui devait naître *d'Abraham* et que la promesse regardait. Et *cette loi* a été donnée par le ministère des anges, et par l'entremise d'un médiateur.

20 Mais il n'y a point de médiateur quand un seul s'engage : or Dieu *traitant avec Abraham* est le seul *qui s'engage.*

21 La loi est-elle donc opposée aux promesses de Dieu ? Nullement. Car si la loi qui a été donnée avait pu donner la vie, on pourrait dire alors avec vérité, que la justice s'obtiendrait par la loi.

22 Mais la loi écrite a *comme* renfermé tous les hommes sous le péché ; afin que ce que Dieu avait promis, fût donné par la foi en Jésus-Christ par ceux qui croiraient *en lui*.

23 Or, avant que la foi fût venue, nous étions sous la garde de la loi, qui nous tenait renfermés, pour *nous disposer à* cette foi qui devait être révélée *un jour.*

24 Ainsi la loi nous a servi de conducteur, pour nous mener comme des enfants a *Jésus*-Christ ; afin que nous fussions justifiés par la foi.

25 Mais la foi étant venue, nous ne sommes plus sous un conducteur, comme des enfants ;

26 puisque vous êtes tous enfants de Dieu par la foi en Jésus-Christ.

27 Car vous tous qui avez été baptisés en *Jésus*-Christ, vous avez été revêtus de *Jésus*-Christ.

28 Il n'y a plus maintenant ni de Juif, ni de gentil : ni d'esclave, ni de libre ; ni d'homme, ni de femme ; mais vous n'êtes tous qu'un en Jésus-Christ.

29 Si vous êtes à *Jésus*-Christ, vous êtes donc la race d'Abraham, et les héritiers selon la promesse.

CHAPITRE IV.

JE dis de plus : Tant que l'héritier est encore enfant, il n'est point différent d'un serviteur, quoiqu'il soit le maître de tout ;

2 mais il est sous la puissance des tuteurs et des curateurs, jusqu'au temps marqué par son père.

3 Ainsi, lorsque nous étions *encore* enfants, nous étions assujettis aux premières *et* plus grossières instructions que Dieu a données au monde.

4 Mais lorsque les temps ont été accomplis, Dieu a envoyé son Fils, formé d'une femme, et assujetti a la loi,

5 pour racheter ceux qui étaient sous la loi, et pour nous rendre enfants adoptifs.

6 Et parce que vous êtes enfants, Dieu a envoyé dans vos cœurs l'Esprit de son Fils, qui crie : *Mon Père ! mon Père !*

7 *Aucun de vous* n'est donc plus maintenant serviteur, mais enfant. S'il est enfant, il est aussi héritier de Dieu par *Jésus*-Christ.

8 Autrefois, lorsque vous ne connaissiez point Dieu, vous étiez assujettis à ceux qui par leur nature ne sont point *véritablement* dieux.

9 Mais maintenant, après que vous avez connu Dieu, ou plutôt que vous avez été connus de lui, comment vous tournez vous vers

ces observations *légales*, défectueuses et impuissantes, auxquelles vous voulez vous assujettir par une nouvelle servitude ?

10 Vous observez les jours et les mois, les saisons et les années.

11 J'appréhende pour vous, que je n'aie peut-être travaillé en vain parmi vous.

12 Soyez envers moi comme je suis envers vous ; je vous en prie, *mes* frères. Vous ne m'avez jamais offensé dans aucune chose.

13 Vous savez que lorsque je vous ai annoncé premièrement l'Évangile, ç'a été parmi les persécutions *et* les afflictions de la chair ;

14 et que vous ne m'avez point méprisé, ni rejeté, à cause de ces épreuves que je souffrais en ma chair ; mais vous m'avez reçu comme un ange de Dieu, comme Jésus-Christ même.

15 Où est donc le temps où vous vous estimiez si heureux ? Car je puis vous rendre ce témoignage, que vous étiez prêts alors, s'il eût été possible, à vous arracher les yeux mêmes pour me les donner.

16 Suis-je donc devenu votre ennemi, parce que je vous ai dit la vérité ?

17 Ils s'attachent fortement à vous ; mais ce n'est pas d'une bonne affection, puisqu'ils veulent vous séparer de nous, afin que vous vous attachiez fortement à eux.

18 Je veux que vous soyez zélés pour les gens de bien dans le bien, en tout temps, et non pas seulement quand je suis parmi vous.

19 Mes petits enfants, pour qui je sens de nouveau les douleurs de l'enfantement, jusqu'à ce que *Jésus*-Christ soit formé en vous,

20 je voudrais maintenant être avec vous pour diversifier mes paroles *selon vos besoins* : car je suis en peine comment je dois vous parler.

21 Dites-moi, je vous prie, vous qui voulez être sous la loi, n'avez-vous point lu *ce que dit* la loi ?

22 Car il est écrit qu'Abraham eut deux fils, l'un de la servante, et l'autre de la *femme* libre.

23 Mais celui qui naquit de la servante, naquit selon la chair ; et celui qui naquit de la *femme* libre, naquit *en vertu* de la promesse *de Dieu*.

24 Tout ceci est une allégorie. Car ces deux femmes sont les deux alliances, dont la première, qui a été établie sur le mont Sina, et qui n'engendre que des esclaves, est *figurée par* Agar.

25 Car Sina est une montagne d'Arabie, qui représente la Jérusalem d'ici-bas, qui est esclave avec ses enfants ;

26 au lieu que la Jérusalem d'en haut est *vraiment* libre ; et c'est elle qui est notre mère.

27 Car il est écrit : Réjouissez-vous, stérile, qui n'enfantiez point ; poussez des cris de joie, vous qui ne deveniez point mère : parce que celle qui était délaissée, a plus d'enfants que celle qui a un mari.

28 Nous sommes donc, *mes* frères, les enfants de la promesse, figurés dans Isaac.

29 Et comme alors celui qui était né selon la chair, persécutait celui qui *était né* selon l'esprit, il *en arrive* de même encore aujourd'hui.

30 Mais que dit l'Écriture ? Chassez la servante et son fils : car le fils de la servante ne sera point héritier avec le fils de la *femme* libre.

31 Or, *mes* frères, nous ne sommes point les enfants de la servante, mais de la *femme* libre ; et c'est *Jésus*-Christ qui nous a acquis cette liberté.

CHAPITRE V.

TENEZ-VOUS-EN là, et ne vous mettez point sous le joug d'une nouvelle servitude.

2 Car je vous dis, moi, Paul, que si vous vous faites circoncire, *Jésus*-Christ ne vous servira de rien.

3 Et de plus, je déclare à tout homme qui se fera circoncire, qu'il est obligé de garder toute la loi.

4 Vous qui voulez être justifiés par la loi, vous n'avez plus de part à *Jésus*-Christ ; vous êtes déchus de la grâce.

5 Mais pour nous, selon *l'impression de* l'Esprit *de Dieu*, c'est en vertu de la foi que nous espérons recevoir la justice.

6 Car en Jésus-Christ, ni la circoncision, ni l'incirconcision, ne servent de rien, mais la foi qui est animée de la charité.

7 Vous couriez si bien ; qui vous a arrêtés pour vous empêcher d'obéir à la vérité ?

8 Ce sentiment dont vous vous êtes laissés persuader, ne vient pas de celui qui vous a appelés.

9 Un peu de levain aigrit toute la pâte.

10 J'espère *de la bonté* du Seigneur, que vous n'aurez point à l'avenir d'autres sentiments *que les miens* ; mais celui qui vous trouble, en portera la peine, quel qu'il soit.

11 Et pour moi, *mes* frères, si je prêche encore la circoncision, pourquoi est-ce que je souffre tant de persécutions ? Le scandale de la croix est donc anéanti ?

12 Plût à Dieu que ceux qui vous troublent, fussent même retranchés *du milieu de vous* !

13 Car vous êtes appelés, *mes* frères, à un état de liberté ; ayez soin seulement que cette liberté ne vous serve pas d'occasion pour vivre selon la chair ; mais assujettissez-vous les uns aux autres par une charité spirituelle.

14 Car toute la loi est renfermée dans ce seul précepte : Vous aimerez votre prochain comme vous-même.

15 Si vous vous mordez et vous dévorez les uns les autres, prenez garde que vous ne vous consumiez les uns les autres.

16 Je vous le dis donc : conduisez-vous selon l'esprit, et vous n'accomplirez point les désirs de la chair.

17 Car la chair a des désirs contraires à ceux de l'esprit, et l'esprit en a de contraires à ceux de la chair, et ils sont opposés l'un à l'autre ; de sorte que vous ne faites pas les choses que vous voudriez.

18 Si vous êtes poussés par l'esprit, vous n'êtes point sous la loi.

19 Or il est aisé de connaître les œuvres de la chair, qui sont la fornication, l'impureté, l'impudicité, la dissolution,

20 l'idolâtrie, les empoisonnements, les inimitiés, les dissensions, les jalousies, les animosités, les querelles, les divisions, les hérésies,

21 les envies, les meurtres, les ivrogneries, les débauches, et autres *crimes* semblables, dont je vous déclare, comme je vous l'ai déjà dit, que ceux qui commettent ces crimes, ne seront point héritiers du royaume de Dieu.

22 Les fruits de l'esprit, *au contraire*, sont la charité, la joie, la paix, la patience, l'humanité, la bonté, la longanimité,

23 la douceur, la foi, la modestie, la continence, la chasteté. Il n'y a point de loi contre ceux qui vivent de la sorte.

24 Or ceux qui sont à *Jésus*-Christ, ont crucifié leur chair avec ses passions et ses désirs déréglés.

25 Si nous vivons par l'Esprit, conduisons-nous aussi par l'Esprit.

26 Ne nous laissons point aller à la vaine gloire, nous piquant les uns les autres, et étant envieux les uns des autres.

CHAPITRE VI.

MES frères, si quelqu'un est tombé par surprise en quelque péché, vous autres qui êtes spirituels, ayez soin de le relever dans un esprit de douceur ; chacun de vous faisant réflexion sur soi-même, et craignant d'être tenté aussi bien que lui.

2 Portez les fardeaux les uns des autres ; et vous accomplirez ainsi la loi de *Jésus*-Christ.

3 Car si quelqu'un s'estime être quelque chose, il se trompe lui-même, parce qu'il n'est rien.

4 Or que chacun examine *bien* ses propres actions ; et alors il trouvera sa gloire *en ce qu'il verra de bon* dans lui-même, et non point *en se comparant* avec les autres.

5 Car chacun portera son propre fardeau.

6 Que celui que l'on instruit dans les choses de la foi, assiste de ses biens en toutes manières celui qui l'instruit.

7 Ne vous trompez pas, on ne se moque point de Dieu.

8 L'homme ne recueillera que ce qu'il aura semé : car celui qui sème dans sa chair, recueillera de la chair la corruption et la mort ; et celui qui sème dans l'esprit, recueillera de l'esprit la vie éternelle.

9 Ne nous lassons donc point de faire le bien, puisque si nous ne perdons point courage, nous en recueillerons le fruit en son temps.

10 C'est pourquoi, pendant que nous en avons le temps, faisons du bien à tous, mais principalement à ceux qu'une même foi a rendus comme nous domestiques du Seigneur.

11 Voyez quelle lettre je vous ai écrite de ma propre main.

12 Tous ceux qui mettent leur gloire en des cérémonies charnelles, ne vous obligent à vous faire circoncire, qu'afin de n'être point *eux-mêmes* persécutés pour la croix de *Jésus*-Christ.

13 Car eux-mêmes qui sont circoncis, ne gardent point la loi ; mais ils veulent que vous receviez la circoncision, afin qu'ils se glorifient en votre chair.

14 Pour moi, à Dieu ne plaise que je me glorifie en autre chose qu'en la croix de notre Seigneur Jésus-Christ, par qui le monde est mort *et* crucifié pour moi, comme je suis mort *et* crucifié pour le monde !

15 Car en Jésus-Christ la circoncision ne sert de rien, ni l'incirconcision, mais l'être nouveau que Dieu crée en nous.

16 *Je souhaite* la paix et la miséricorde à tous ceux qui se conduiront selon cette règle, et à l'Israël de Dieu.

17 Au reste, que personne ne me cause de *nouvelles* peines : car je porte imprimées sur mon corps les marques du Seigneur Jésus.

18 Que la grâce de notre Seigneur Jésus-Christ, *mes* frères, demeure avec votre esprit ! Amen !

ÉPITRE DE SAINT PAUL

AUX

ÉPHÉSIENS.

———

CHAPITRE PREMIER.

PAUL, apôtre de Jésus-Christ par la volonté de Dieu : à tous les saints et fidèles en Jésus-Christ, qui sont à Éphèse.

2 Que Dieu, notre Père, et le Seigneur Jésus-Christ vous donnent la grâce et la paix !

3 Béni soit Dieu, qui est le Père de notre Seigneur Jésus-Christ, qui nous a comblés en *Jésus*-Christ de toutes sortes de bénédictions spirituelles pour le ciel ;

4 ainsi qu'il nous a élus en lui, avant la création du monde, par l'amour qu'il nous a porté, afin que nous fussions saints et irrépréhensibles devant ses yeux ;

5 nous ayant prédestinés par un pur effet de sa bonne volonté, pour nous rendre ses enfants adoptifs par Jésus-Christ :

6 afin que la louange et la gloire en soit donnée à sa grâce, par laquelle il nous a rendus agréables *à ses yeux* en son Fils bien-aimé ;

7 dans lequel nous trouvons la rédemption par son sang, et la rémission des péchés, selon les richesses de sa grâce,

8 qu'il a répandue sur nous avec abondance, en nous remplissant d'intelligence et de sagesse ;

9 pour nous faire connaître le mystère de sa volonté, fondé sur sa bienveillance, par laquelle il avait résolu en soi-même,

10 que les temps ordonnés *par lui* étant accomplis, il réunirait tout en *Jésus*-Christ *comme dans le chef*, tant ce qui est dans le ciel, que ce qui est sur la terre.

11 C'est aussi en lui que la vocation nous est échue *comme* par sort, ayant été prédestinés par le décret de celui qui fait toutes choses selon le dessein *et* le conseil de sa volonté ;

12 afin que nous soyons le sujet de la gloire et des louanges de *Jésus*-Christ, nous qui avons les premiers espéré en lui.

13 Et c'est en lui que vous-mêmes, après avoir entendu la parole de vérité, l'Évangile de votre salut, et y avoir cru, vous avez été scellés du sceau de l'Esprit-Saint qui avait été promis ;

14 lequel est le gage et les arrhes de notre héritage, jusqu'à la *parfaite* délivrance du peuple *que Jésus-Christ s'est* acquis pour la louange de sa gloire.

15 C'est pourquoi, ayant appris quelle est votre foi au Seigneur Jésus, et votre amour envers tous les saints,

16 je ne cesse point de rendre *à Dieu* des actions de grâces pour vous, me ressouvenant de vous dans mes prières :

17 afin que le Dieu de notre Seigneur Jésus-Christ, le Père de gloire, vous donne l'esprit de sagesse et de lumière pour le connaître ;

18 qu'il éclaire les yeux de votre cœur, pour vous faire savoir quelle est l'espérance à laquelle il vous a appelés, quelles sont les richesses et la gloire de l'héritage *qu'il destine* aux saints ;

19 et quelle est la grandeur suprême du pouvoir qu'il exerce en nous qui croyons, selon l'efficace de sa force et de sa puissance,

20 qu'il a fait paraître en la personne de *Jésus*-Christ, en le ressuscitant d'entre les morts, et le faisant asseoir à sa droite dans le ciel,

21 au-dessus de toutes les principautés et de toutes les puissances, de toutes les vertus, de toutes les dominations, et de tous les titres qui peuvent être non-seulement dans le siècle présent, mais encore dans celui qui est à venir.

22 Il a mis toutes choses sous ses pieds, et il l'a donné pour chef à toute l'Église,

23 qui est son corps, et dans laquelle celui qui accomplit tout en tous, trouve l'accomplissement *et* l'intégrité de tous ses membres.

CHAPITRE II.

ET vous-mêmes, *il vous a aussi ressuscités en Jésus-Christ,* lorsque vous étiez morts par vos dérèglements et par vos péchés,

2 dans lesquels vous avez autrefois vécu selon la coutume de ce monde, selon le prince des puissances de l'air, de ces esprits qui exercent maintenant leur pouvoir sur les incrédules *et* les rebelles.

3 Nous avons tous été aussi nous-mêmes autrefois dans les mêmes désordres, *vivant* selon nos passions charnelles, nous abandonnant aux désirs de la chair et de notre esprit : car nous étions naturellement enfants de colère, ainsi que les autres.

4 Mais Dieu, qui est riche en miséricorde, poussé par l'amour extrême dont il nous a aimés,

5 lorsque nous étions morts par nos péchés, nous a rendu la vie en *Jésus*-Christ, par la grâce duquel vous êtes sauvés ;

6 et il nous a ressuscités avec lui, et nous a fait asseoir dans le ciel en Jésus-Christ,

7 pour faire éclater dans les siècles à venir les richesses surabondantes de sa grâce par la bonté qu'il nous a témoignée en Jésus-Christ.

8 Car c'est par la grâce que vous êtes sauvés *en vertu* de la foi ; et cela ne vient pas de vous, puisque c'est un don de Dieu.

9 Cela ne vient pas de vos œuvres, afin que nul ne s'en glorifie.

10 Car nous sommes son ouvrage, étant créés en Jésus-Christ dans les bonnes œuvres que Dieu a préparées, afin que nous y marchassions.

11 C'est pourquoi souvenez-vous, qu'étant gentils par votre origine, et étant appelés incirconcis par ceux qu'on appelle circoncis à cause d'une circoncision charnelle, faite par la main *des hommes* ;

12 vous n'aviez point alors de part à *Jésus*-Christ ; vous étiez entièrement séparés de la société d'Israël ; vous étiez étrangers à l'égard des alliances *divines*, vous n'aviez pas l'espérance des biens promis ; vous étiez sans Dieu en ce monde.

13 Mais maintenant que *vous êtes* en Jésus-Christ, vous qui étiez autrefois éloignés *de Dieu*, vous vous en êtes approchés en *vertu* du sang de *Jésus*-Christ.

14 Car c'est lui qui est notre paix ; qui des deux *peuples* n'en a fait qu'un ; qui a rompu en sa chair la muraille de séparation, cette inimitié *qui les divisait* ;

15 et qui a aboli *par sa mort* la loi *chargée de tant* de préceptes et d'ordonnances, afin de former en soi-même un seul homme nouveau de ces deux *peuples*, en mettant la paix *entre eux* ;

16 et que les *ayant réunis* tous deux dans un seul corps, il les réconciliât avec Dieu par sa croix, ayant détruit en soi-même *leur* inimitié.

17 Ainsi il est venu annoncer la paix, tant à vous qui étiez éloignés *de Dieu*, qu'à ceux qui en étaient proches :

18 car c'est par lui que nous avons accès les uns et les autres auprès du Père dans un même Esprit.

19 Vous n'êtes donc plus des étrangers qui sont hors de leur pays et de leur maison ; mais vous êtes citoyens de la même cité que les saints, et domestiques *de la maison* de Dieu :

20 puisque vous êtes édifiés sur le fondement des apôtres et des prophètes, *et unis* en Jésus-Christ, qui est lui-même la principale pierre de l'angle ;

21 sur lequel tout l'édifice étant posé, s'élève *et* s'accroît dans ses proportions *et* sa symétrie, pour être un saint temple, consacré au Seigneur.

22 Et vous-mêmes aussi, *ô gentils*, vous entrez dans la structure de cet édifice, pour devenir la maison de Dieu par le *Saint*-Esprit.

CHAPITRE III.

C'EST pour ce sujet que *je prie pour vous*, moi, Paul, qui suis prisonnier de Jésus-Christ pour vous autres gentils.

2 (Car vous avez appris, sans doute, de quelle manière Dieu m'a donné la grâce *de l'apostolat, pour l'exercer* envers vous ;

3 m'ayant découvert par révélation ce mystère, dont je vous ai déjà écrit en peu de paroles ;

4 où vous pouvez connaître par la lecture que vous en ferez, quelle est l'intelligence que j'ai du mystère du Christ ;

5 *mystère* qui n'a point été découvert aux enfants des hommes dans les autres temps, comme il est révélé maintenant par le Saint-Esprit à ses saints apôtres et aux prophètes ;

6 *qui est,* que les gentils sont appelés au même héritage *que les Juifs* ; qu'ils sont les membres d'un même corps, et qu'ils participent à la même promesse de Dieu en Jésus-Christ par l'Évangile,

7 dont j'ai été fait le ministre par le don de la grâce de Dieu, qui m'a été conférée par l'efficace de sa puissance.

8 Car j'ai reçu, moi qui suis le plus petit d'entre tous les saints, cette grâce d'annoncer aux gentils les richesses incompréhensibles de *Jésus*-Christ,

9 et d'éclairer tous les hommes, *en leur découvrant* quelle est l'économie du mystère caché dés le commencement des siècles en Dieu, qui a créé toutes choses :

10 afin que les principautés et les puissances qui sont dans les cieux, connussent par l'Église la sagesse de Dieu, diversifiée *dans ses effets* ;

11 selon le dessein éternel qu'il a accompli par Jésus-Christ notre Seigneur ;

12 en qui nous avons, par la foi en son nom, la liberté de nous approcher *de Dieu* avec confiance.

13 C'est pourquoi je vous prie de ne point perdre courage, en me voyant souffrir tant de maux pour vous, puisque c'est là votre gloire.)

14 C'est, *dis-je,* pour ce sujet que je fléchis les genoux devant le Père de notre Seigneur Jésus-Christ,

15 qui est le principe *et* le chef de toute *cette grande* famille qui est dans le ciel et sur la terre :

16 afin que, selon les richesses de sa gloire, il vous fortifie dans l'homme intérieur par son *Saint*-Esprit ;

17 qu'il fasse que *Jésus*-Christ habite par la foi dans vos cœurs, et que vous soyez enracinés et fondés dans la charité ;

18 afin que vous puissiez comprendre, avec tous les saints, quelle est la largeur, la longueur, la hauteur et la profondeur *de ce mystère* ;

19 et connaître l'amour de *Jésus*-Christ envers nous, qui surpasse toute connaissance ; afin que vous soyez remplis selon toute la plénitude *des dons* de Dieu.

20 À celui qui, par la puissance qui opère en nous, peut faire infiniment plus que tout ce que nous demandons et tout ce que nous pensons ;

21 à lui, *dis-je,* soit gloire dans l'Église par Jésus-Christ dans la succession de tous les âges et de tous les siècles ! Amen !

CHAPITRE IV.

JE vous conjure donc, moi qui suis dans les chaînes pour le Seigneur, de vous conduire d'une manière qui soit digne de l'état auquel vous avez été appelés ;

2 pratiquant en toutes choses l'humilité, la douceur et la patience ; vous supportant les uns les autres avec charité ;

3 et travaillant avec soin à conserver l'unité d'un même esprit par le lien de la paix.

4 *Vous n'êtes tous qu'*un corps et *qu'*un esprit, comme vous avez *tous* été appelés à une *même* espérance ;

5 *et qu'il n'y a qu'*un Seigneur, *qu'*une foi, et *qu'*un baptême ;

6 *qu'*un Dieu, Père de tous, qui est au-dessus de tous, *qui étend sa providence* sur tous, et *qui réside* en nous tous.

7 Or la grâce a été donnée à chacun de nous, selon la mesure du don de *Jésus*-Christ.

8 C'est pourquoi l'Écriture dit, qu'étant monté en haut, il a mené captive une multitude de captifs, et a répandu ses dons sur les hommes.

9 Et pourquoi est-il dit qu'il est monté, sinon parce qu'il était descendu auparavant dans les parties les plus basses de la terre ?

10 Celui qui est descendu, est le même qui est monté au-dessus de tous les cieux, afin de remplir toutes choses.

11 Lui-même donc a donné *à son Église* quelques-uns *pour être* apôtres, d'autres *pour être* prophètes, d'autres *pour être* évangélistes, d'autres *pour être* pasteurs et docteurs :

12 afin que les uns et les autres travaillent à la perfection des saints, aux fonctions de *leur* ministère, à l'édification du corps de *Jésus*-Christ ;

13 jusqu'à ce que nous parvenions tous à l'unité d'une *même* foi et d'une *même* connaissance du Fils de Dieu, à l'état d'un homme parfait, à la mesure de l'âge et de la plénitude, selon laquelle *Jésus*-Christ doit être formé en nous ;

14 afin que nous ne soyons plus comme des enfants, comme des personnes flottantes, et qui se laissent emporter à tous les vents des opinions *humaines*, par la tromperie des hommes, et par l'adresse *qu'ils ont* à engager artificieusement dans l'erreur ;

15 mais que pratiquant la vérité par la charité, nous croissions en toutes choses en *Jésus*-Christ, qui est notre chef *et* notre tête ;

16 de qui tout le corps, dont les parties sont jointes et unies ensemble avec une si juste proportion, reçoit par tous les vaisseaux *et* toutes les liaisons qui portent l'esprit *et* la vie, l'accroissement *qu'il lui communique* par l'efficace de son influence, selon la mesure qui est propre à chacun des membres, afin qu'il se forme *ainsi et* s'édifie par la charité.

17 Je vous avertis donc, et je vous conjure par le Seigneur, de ne vivre plus comme les *autres* gentils, qui suivent dans leur conduite la vanité de leurs pensées ;

18 qui ont l'esprit plein de ténèbres, qui sont entièrement éloignés de la vie de Dieu, à cause de l'ignorance où ils sont, et de l'aveuglement de leur cœur ;

19 qui ayant perdu tout remords *et* tout sentiment, s'abandonnent à la dissolution, pour se plonger avec une ardeur insatiable dans toutes sortes d'impuretés.

20 Mais pour vous, ce n'est pas ce que vous avez appris dans l'école de *Jésus*-Christ ;

21 puisque vous y avez entendu prêcher, et y avez appris, selon la vérité de sa doctrine,

22 à dépouiller le vieil homme selon *lequel vous avez vécu dans* votre première vie, qui se corrompt en suivant l'illusion de ses passions ;

23 à vous renouveler dans l'intérieur de votre âme,

24 et à vous revêtir de l'homme nouveau, qui est créé selon Dieu dans une justice et une sainteté véritable.

25 C'est pourquoi, en vous éloignant de tout mensonge, que chacun parle à son prochain dans la vérité, parce que nous sommes membres les uns des autres.

26 *Si* vous vous mettez en colère, gardez-vous de pécher. Que le soleil ne se couche point sur votre colère ;

27 *et* ne donnez point de lieu *et* d'entrée au diable.

28 Que celui qui dérobait, ne dérobe plus ; mais qu'il s'occupe en travaillant des mains a quelque ouvrage bon *et* utile, pour avoir de quoi donner à ceux qui sont dans l'indigence.

29 Que nul mauvais discours ne sorte de votre bouche ; mais qu'il n'en sorte que de bons *et* de propres à nourrir la foi, afin qu'ils inspirent la piété à ceux qui les écoutent.

30 Et n'attristez pas l'Esprit-Saint de Dieu, dont vous avez été marqués comme d'un sceau pour le jour de la rédemption.

31 Que toute aigreur, tout emportement, toute colère, toute crierie, toute médisance, enfin que toute malice soit bannie d'entre vous.

32 Mais soyez bons les uns envers les autres, pleins de compassion *et* de tendresse, vous entre-pardonnant mutuellement, comme Dieu vous a aussi pardonné en *Jésus*-Christ.

CHAPITRE V.

SOYEZ donc les imitateurs de Dieu, comme étant ses enfants bien-aimés ;

2 et marchez dans l'amour *et* la charité, comme *Jésus*-Christ nous a aimés, et s'est livré *lui-même* pour nous, *en s'offrant* à Dieu comme une oblation et une victime d'agréable odeur.

3 Qu'on n'entende pas seulement parler parmi vous ni de fornication, ni de quelque impureté que ce soit, ni d'avarice, comme on ne doit point en entendre parler parmi des saints ;

4 qu'on n'y entende point de paroles déshonnêtes, ni de folles, ni de bouffonnes, ce qui ne convient pas à votre vocation ; mais plutôt *des paroles* d'actions de grâces.

5 Car sachez que nul fornicateur, nul impudique, nul avare (ce qui est une idolâtrie), ne sera héritier du royaume de *Jésus*-Christ et de Dieu.

6 Que personne ne vous séduise par de vains discours : car c'est pour ces choses que la colère de Dieu tombe sur les hommes rebelles *à la vérité*.

7 N'ayez donc rien de commun avec eux.

8 Car vous *n'*étiez autrefois *que* ténèbres ; mais maintenant vous êtes lumière en *notre* Seigneur : marchez comme des enfants de lumière.

9 Or le fruit de la lumière consiste en toute sorte de bonté, de justice et de vérité.

10 Recherchez avec soin ce qui est agréable à Dieu ;

11 et ne prenez point de part aux œuvres infructueuses des ténèbres ; mais au contraire condamnez-les.

12 Car la pudeur ne permet pas seulement de dire ce que ces personnes font en secret.

13 Or tout ce qui mérite d'être repris, se découvre par la lumière, n'y ayant que la lumière qui découvre tout.

14 C'est pourquoi il est dit : Levez-vous, vous qui dormez ; sortez d'entre les morts, et *Jésus*-Christ vous éclairera.

15 Ayez donc soin, *mes* frères, de vous conduire avec une grande circonspection ; non comme des personnes imprudentes,

16 mais comme des hommes sages, rachetant le temps, parce que les jours sont mauvais.

17 Ne soyez donc pas indiscrets, mais sachez discerner quelle est la volonté du Seigneur.

18 Et ne vous laissez point aller aux excès du vin, d'où naissent les dissolutions ; mais remplissez-vous du Saint-Esprit ;

19 vous entretenant de psaumes, d'hymnes et de cantiques spirituels, chantant et psalmodiant du fond de vos cœurs à *la gloire du* Seigneur ;

20 rendant grâces en tout temps et pour toutes choses à Dieu le Père, au nom de notre Seigneur Jésus-Christ ;

21 et vous soumettant les uns aux autres dans la crainte de *Jésus*-Christ.

22 Que les femmes soient soumises à leurs maris, comme au Seigneur ;

23 parce que le mari est le chef de la femme, comme *Jésus*-Christ est le chef de l'Église, qui est son corps, dont il est aussi le Sauveur.

24 Comme donc l'Église est soumise à *Jésus*-Christ, les femmes doivent aussi être soumises en tout à leurs maris.

25 Et vous, maris, aimez vos femmes, comme Jésus-Christ a aimé l'Église, et s'est livré lui-même *à la mort* pour elle ;

26 afin de la sanctifier, après l'avoir purifiée dans le baptême de l'eau par la parole de vie ;

27 pour la faire paraître devant lui pleine de gloire, n'ayant ni tache, ni ride, ni rien de semblable ; mais étant sainte et irrépréhensible.

28 Ainsi les maris doivent aimer leurs femmes comme leur propre corps. Celui qui aime sa femme, s'aime soi-même.

29 Car nul ne hait sa propre chair ; mais il la nourrit et l'entretient, comme *Jésus*-Christ fait à l'égard de l'Église ;

30 parce que nous sommes les membres de son corps, *formés* de sa chair et de ses os.

31 C'est pourquoi l'homme abandonnera son père et sa mère pour s'attacher à sa femme, et de deux *qu'ils étaient* ils deviendront une même chair.

32 Ce sacrement est grand, dis-je, en *Jésus*-Christ et en l'Église.

33 Que chacun de vous aime donc aussi sa femme comme lui-même, et que la femme craigne *et* respecte son mari.

CHAPITRE VI.

VOUS, enfants, obéissez à vos pères et à vos mères, en ce qui est selon le Seigneur : car cela est juste.

2 Honorez votre père et votre mère (c'est le premier des commandements auquel Dieu ait promis une récompense) ;

3 *honorez-les*, afin que vous soyez heureux, et que vous viviez longtemps sur la terre.

4 Et vous, pères, n'irritez point vos enfants ; mais ayez soin de les bien élever en les encourageant et les instruisant selon le Seigneur.

5 Vous, serviteurs, obéissez à ceux qui sont vos maîtres selon la chair, avec crainte et avec respect, dans la simplicité de votre cœur, comme à *Jésus*-Christ même.

6 Ne les servez pas seulement lorsqu'ils ont l'œil sur vous, comme si vous ne pensiez qu'à plaire aux hommes ; mais faites de bon cœur la volonté de Dieu, comme étant serviteurs de *Jésus*-Christ.

7 Et servez-les avec affection, regardant en eux le Seigneur, et non les hommes ;

8 sachant que chacun recevra du Seigneur la récompense du bien qu'il aura fait, soit qu'il soit esclave, ou qu'il soit libre.

9 Et vous, maîtres, témoignez de même de l'affection à vos serviteurs, ne les traitant point avec rudesse *et* avec menaces, sachant que vous avez les uns et les autres un maître commun dans le ciel, qui n'aura point d'égard à la condition des personnes.

10 Enfin, *mes* frères, fortifiez-vous dans le Seigneur, et en sa vertu toute-puissante.

11 Revêtez-vous de toutes les armes de Dieu, pour pouvoir vous défendre des embûches *et* des artifices du diable.

12 Car nous avons à combattre, non contre *des hommes de* chair et *de* sang, mais contre les principautés et les puissances, contre les

princes du monde, c'est-à-dire, de ce siècle ténébreux, contre les esprits de malice répandus dans l'air.

13 C'est pourquoi prenez toutes les armes de Dieu, afin qu'étant munis de tout, vous puissiez au jour mauvais résister et demeurer fermes.

14 Soyez donc fermes : que la vérité soit la ceinture de vos reins, que la justice soit votre cuirasse ;

15 que vos pieds aient pour chaussure la préparation à *suivre* l'Évangile de paix.

16 Servez-vous surtout du bouclier de la foi, pour pouvoir éteindre tous les traits enflammés du malin *esprit*.

17 Prenez encore le casque du salut, et l'épée spirituelle qui est la parole de Dieu ;

18 invoquant Dieu en esprit et en tout temps, par toute sorte de supplications et de prières, et vous employant avec une vigilance et une persévérance continuelle a prier pour tous les saints ;

19 et pour moi *aussi* : afin que Dieu, m'ouvrant la bouche, me donne des paroles pour annoncer librement le mystère de l'Évangile,

20 dont j'exerce la légation *et* l'ambassade, *même* dans les chaînes ; et que j'en parle avec la liberté et la hardiesse que je dois.

21 Quant à ce qui regarde l'état où je suis, et ce que je fais, Tychique, notre cher frère, qui est un fidèle ministre du Seigneur, vous apprendra toutes choses :

22 et c'est pour cela même que je l'ai envoyé vers vous, afin que vous sachiez ce qui se passe à notre égard, et qu'il console vos cœurs.

23 Que Dieu le Père, et le Seigneur Jésus-Christ, donnent à *nos* frères la paix et la charité, avec la foi !

24 Que la grâce soit avec tous ceux qui aiment notre Seigneur Jésus-Christ, en se séparant de toute corruption ! Amen !

ÉPITRE DE SAINT PAUL

AUX

PHILIPPIENS.

CHAPITRE PREMIER.

PAUL et Timothée, serviteurs de Jésus-Christ : à tous les saints en Jésus-Christ qui sont à Philippes, aux évêques et aux diacres.

2 Que Dieu, notre Père, et Jésus-Christ *notre* Seigneur, vous donnent la grâce et la paix !

3 Je rends grâces à mon Dieu toutes les fois que je me souviens de vous ;

4 et je ne fais jamais de prières, que je ne prie aussi pour vous tous, ressentant une grande joie

5 de ce que vous avez reçu l'Évangile, et y avez persévéré depuis le premier jour jusqu'à présent.

6 Car j'ai une ferme confiance, que celui qui a commencé le bien en vous, ne cessera de le perfectionner jusqu'au jour de Jésus-Christ.

7 Et il est juste que j'aie ce sentiment de vous tous, parce que je vous ai dans le cœur, comme ayant tous part à ma joie, par celle que vous avez prise à mes liens, à ma défense, et à l'affermissement de l'Évangile.

8 Car Dieu m'est témoin avec quelle tendresse je vous aime tous dans les entrailles de Jésus-Christ.

9 Et ce que je lui demande est, que votre charité croisse de plus en plus en lumière et en toute intelligence :

10 afin que vous sachiez discerner ce qui est meilleur *et* plus utile ; que vous soyez purs et sincères ; *que vous marchiez* jusqu'au jour de *Jésus*-Christ, sans que votre course soit interrompue par aucune chute ;

11 et que pour la gloire et la louange de Dieu, vous soyez remplis des fruits de justice par Jésus-Christ.

12 Or je veux bien que vous sachiez, *mes* frères, que ce qui m'est arrivé, *loin de nuire*, a plutôt servi au progrès de l'Évangile ;

13 en sorte que mes liens sont devenus célèbres dans toute la cour *de l'empereur*, et parmi tous *les habitants de Rome, à la gloire de Jésus-Christ* ;

14 et que plusieurs de *nos* frères en *notre* Seigneur, se rassurant par mes liens, ont conçu une hardiesse nouvelle pour annoncer la parole de Dieu sans aucune crainte.

15 Il est vrai que quelques-uns prêchent *Jésus-Christ* par *un esprit* d'envie et *de* contention, et que les autres le font par une bonne volonté :

16 les uns prêchent *Jésus-Christ* par charité, sachant que j'ai été établi pour la défense de l'Évangile ;

17 et les autres le prêchent par un esprit de pique *et* de jalousie, avec une intention qui n'est pas pure, croyant me causer de l'affliction dans mes liens.

18 Mais qu'importe ? pourvu que *Jésus*-Christ soit annoncé en quelque manière que ce soit, soit par occasion, soit par un vrai zèle ; je m'en réjouis, et m'en réjouirai *toujours*.

19 Car je sais que l'événement m'en sera salutaire par vos prières, et par l'infusion de l'Esprit de Jésus-Christ ;

20 selon la ferme espérance où je suis, que je ne recevrai point la confusion d'être trompé en rien de ce que j'attends ; mais que parlant avec toute sorte de liberté, *Jésus*-Christ sera encore maintenant, comme toujours, glorifié dans mon corps, soit par ma vie, soit par ma mort.

21 Car *Jésus*-Christ est ma vie, et la mort m'est un gain.

22 Si je demeure plus longtemps dans ce corps mortel, je tirerai du fruit de mon travail ; et ainsi je ne sais que choisir.

23 Je me trouve pressé des deux côtés : car *d'une part* je désire d'être dégagé des liens du corps, et d'être avec *Jésus*-Christ, ce qui est sans comparaison le meilleur ;

24 *et de l'autre*, il est plus utile pour votre bien que je demeure encore en cette vie.

25 C'est pourquoi j'ai une certaine confiance, qui me persuade que je demeurerai encore avec vous tous, et que j'y demeurerai même assez longtemps pour votre avancement, et pour la joie de votre foi ;

26 afin que lorsque je serai de nouveau présent parmi vous, je trouve en vous un sujet de me glorifier de plus en plus en Jésus-Christ.

27 Ayez soin seulement de vous conduire d'une manière digne de l'Évangile de *Jésus*-Christ : afin que je voie moi-même étant présent parmi vous, ou que j'entende dire en étant absent, que vous demeurez fermes dans un même esprit, combattant tous d'un même cœur pour la foi de l'Évangile ;

28 et que vous demeuriez intrépides parmi tous les efforts de vos adversaires, ce qui est pour eux le sujet de leur perte, comme pour vous celui de votre salut ; et cet avantage vous vient de Dieu.

29 Car c'est une grâce qu'il vous a faite, non-seulement de ce que vous croyez en *Jésus*-Christ, mais encore de ce que vous souffrez pour lui ;

30 vous trouvant dans les mêmes combats où vous m'avez vu, et où vous entendez dire que je suis encore maintenant.

CHAPITRE II.

SI donc il y a quelque consolation en *Jésus*-Christ ; s'il y a quelque douceur *et* quelque soulagement dans la charité ; s'il y a quelque union dans *la participation d'*un même esprit ; s'il y a quelque tendresse et quelque compassion *parmi nous*,

2 rendez ma joie parfaite, vous tenant tous unis ensemble, n'ayant tous qu'un même amour, une même âme, et les mêmes sentiments ;

3 en sorte que vous ne fassiez rien par un esprit de contention ou de vaine gloire ; mais que chacun par humilité croie les autres au-dessus de soi.

4 Que chacun ait égard, non à ses propres intérêts, mais à ceux des autres.

5 Soyez dans la même disposition et dans le même sentiment où a été Jésus-Christ ;

6 qui, ayant la forme *et* la nature de Dieu, n'a point cru que ce fût pour lui une usurpation d'être égal à Dieu ;

7 mais il s'est anéanti lui-même en prenant la forme *et* la nature de serviteur, en se rendant semblable aux hommes, et étant reconnu pour homme par tout ce qui a paru de lui au dehors.

8 Il s'est rabaissé lui-même, se rendant obéissant *jusqu'à* la mort, et jusqu'à la mort de la croix.

9 C'est pourquoi Dieu l'a élevé *par-dessus toutes choses*, et lui a donné un nom qui est au-dessus de tout nom :

10 afin qu'au nom de Jésus tout genou fléchisse dans le ciel, sur la terre, et dans les enfers ;

11 et que toute langue confesse que le Seigneur Jésus-Christ est dans la gloire de Dieu, *son* Père.

12 Ainsi, mes chers *frères*, comme vous avez toujours été obéissants, ayez soin, non-seulement lorsque je suis présent parmi vous, mais encore plus maintenant que je suis absent, d'opérer votre salut avec crainte et tremblement.

13 Car c'est Dieu qui opère en vous et le vouloir et le faire, selon qu'il lui plaît.

14 Faites donc toutes choses sans murmures et sans disputes ;

15 afin que vous soyez irrépréhensibles et sincères, et qu'étant enfants de Dieu, vous soyez sans tache au milieu d'une nation dépravée et corrompue, parmi laquelle vous brillez comme des astres dans le monde ;

16 portant en vous la parole de vie, pour m'être un sujet de gloire au jour de *Jésus*-Christ, comme n'ayant pas couru en vain, ni travaillé en vain.

17 Mais quand même je devrais répandre mon sang sur la victime et le sacrifice de votre foi, je m'en réjouirais *en moi-même*, et je m'en conjouirais avec vous tous ;

18 et vous devriez aussi vous en réjouir, et vous en conjouir avec moi.

19 J'espère qu'avec la grâce du Seigneur Jésus, je vous enverrai bientôt Timothée, afin que je sois aussi consolé apprenant de vos nouvelles ;

20 n'ayant personne qui soit autant que lui uni avec moi d'esprit *et* de cœur, ni qui se porte plus sincèrement à prendre soin de ce qui vous touche :

21 car tous cherchent leurs propres intérêts, et non ceux de Jésus-Christ.

22 Or vous savez déjà l'épreuve que j'ai faite de lui, puisqu'il a servi avec moi dans la prédication de l'Évangile, comme un fils sert à son père.

23 J'espère donc vous l'envoyer aussitôt que j'aurai mis ordre à ce qui me regarde ;

24 et je me promets aussi *de la bonté* du Seigneur, que j'irai moi-même vous voir bientôt.

25 Cependant j'ai cru qu'il était nécessaire de vous renvoyer *mon* frère Épaphrodite, qui est mon aide dans mon ministère, et mon compagnon dans mes combats, qui est votre apôtre, et qui m'a servi dans mes besoins :

26 parce qu'il désirait de vous voir tous ; et il était fort en peine de ce que vous aviez su sa maladie.

27 Car il a été en effet malade jusqu'à la mort : mais Dieu a eu pitié de lui ; et non-seulement de lui, mais aussi de moi, afin que je n'eusse pas affliction sur affliction.

28 C'est pourquoi je me suis hâté de *vous* le renvoyer, pour vous donner la joie de le revoir, et pour me tirer moi-même de peine.

29 Recevez-le donc avec toute sorte de joie en *notre* Seigneur, et honorez de telles personnes.

30 Car il s'est vu tout proche de la mort pour avoir voulu servir à l'œuvre de *Jésus*-Christ, exposant sa vie afin de suppléer par son assistance à celle que vous ne pouviez me rendre vous-mêmes.

CHAPITRE III.

AU reste, mes frères, réjouissez-vous en *notre* Seigneur. Il ne m'est pas pénible, et il vous est avantageux que je vous écrive les mêmes choses.

2 Gardez-vous des chiens, gardez-vous des mauvais ouvriers, gardez-vous des *faux* circoncis.

3 Car c'est nous qui sommes les *vrais* circoncis, puisque nous servons Dieu en esprit, et que nous nous glorifions en Jésus-Christ, sans nous flatter d'aucun avantage charnel.

4 Ce n'est pas que je ne puisse prendre moi-même avantage de ce qui n'est que charnel ; et si quelqu'un croit pouvoir le faire, je le puis encore plus *que lui* :

5 ayant été circoncis au huitième jour, étant de la race d'Israël, de la tribu de Benjamin, né Hébreu, de pères hébreux ; pour ce qui est de *la manière d'observer* la loi, ayant été pharisien ;

6 pour ce qui est du zèle *du judaïsme*, en ayant eu jusqu'à persécuter l'Église ; et pour ce qui est de la justice de la loi, ayant mené une vie irréprochable.

7 Mais ce que je considérais *alors* comme un gain *et* un avantage, m'a paru depuis, en regardant *Jésus*-Christ, un désavantage *et* une perte.

8 Je dis plus : Tout me semble une perte au prix de cette haute connaissance de *Jésus*-Christ mon Seigneur, pour l'amour duquel je me suis privé de toutes choses, les regardant comme des ordures, afin que je gagne *Jésus*-Christ ;

9 que je sois trouvé en lui, n'ayant point une justice qui me soit propre, et qui me soit venue de la loi ; mais ayant celle qui naît de la foi en Jésus-Christ, cette justice qui vient de Dieu par la foi ;

10 et que je connaisse Jésus-Christ, avec la vertu de sa résurrection, et la participation de ses souffrances, étant rendu conforme à sa mort,

11 pour tâcher enfin de parvenir à la *bienheureuse* résurrection des morts.

12 Ce n'est pas que j'aie déjà reçu *ce que j'espère*, ou que je sois déjà parfait ; mais je poursuis *ma course*, pour tâcher d'atteindre où Jésus-Christ m'a destiné en me prenant.

13 Mes frères, je ne pense point avoir encore atteint où je tends ; mais tout ce que je fais maintenant, c'est qu'oubliant ce qui est derrière moi, et m'avançant vers ce qui est devant moi,

14 je cours incessamment vers le bout de la carrière, pour remporter le prix de la félicité du ciel, à laquelle Dieu nous a appelés par Jésus-Christ.

15 Tout ce que nous sommes donc de parfaits, soyons dans ce sentiment ; et si en quelque point vous pensez autrement, Dieu vous découvrira aussi ce que vous devez en croire.

16 Cependant pour ce qui regarde les points à l'égard desquels nous sommes parvenus à être dans les mêmes sentiments, demeurons *tous* dans la même règle.

17 *Mes frères*, rendez-vous mes imitateurs, et proposez-vous l'exemple de ceux qui se conduisent selon le modèle que vous avez vu en nous.

18 Car il y en a plusieurs dont je vous ai souvent parlé, et dont je vous parle encore avec larmes, qui se conduisent en ennemis de la croix de *Jésus*-Christ ;

19 qui auront pour fin la damnation, qui font leur Dieu de leur ventre, qui mettent leur gloire dans leur propre honte, et qui *n'ont* de pensées *et* d'affections *que* pour la terre.

20 Mais pour nous, nous vivons déjà dans le ciel, comme en étant citoyens ; et c'est de là aussi que nous attendons le Sauveur, notre Seigneur Jésus-Christ ;

21 qui transformera notre corps tout vil *et* abject qu'il est, afin de le rendre conforme à son corps glorieux, par cette vertu efficace par laquelle il peut s'assujettir toutes choses.

CHAPITRE IV.

C'EST pourquoi, mes très-chers et très-aimés frères, qui êtes ma joie et ma couronne, continuez, mes bien-aimés, *et* demeurez fermes dans le Seigneur.

2 Je conjure Évodie, et je conjure Syntyche, de s'unir dans les mêmes sentiments en *notre* Seigneur.

3 Je vous prie aussi, vous qui avez été le fidèle compagnon *de mes travaux*, de les assister, elles qui ont travaillé avec moi dans *l'établissement de* l'Évangile, avec Clément et les autres qui m'ont aidé dans mon ministère, dont les noms sont écrits dans le livre de vie.

4 Soyez toujours dans la joie en *notre* Seigneur ; je le dis encore une fois, soyez dans la joie.

5 Que votre modestie soit connue de tous les hommes. Le Seigneur est proche.

6 Ne vous inquiétez de rien ; mais en quelque état que vous soyez, présentez à Dieu vos demandes par des supplications et des prières, accompagnées d'actions de grâces.

7 Et que la paix de Dieu, qui surpasse toutes pensées, garde vos cœurs et vos esprits en Jésus-Christ !

8 Enfin, *mes* frères, que tout ce qui est véritable *et* sincère, tout ce qui est honnête, tout ce qui est juste, tout ce qui est saint, tout ce qui peut vous rendre aimable, tout ce qui est d'édification *et de* bonne odeur, tout ce qui est vertueux, et tout ce qui est louable dans le règlement des mœurs, soit l'entretien de vos pensées.

9 Pratiquez ce que vous avez appris et reçu de moi, ce que vous avez entendu dire de moi, et ce que vous avez vu en moi ; et le Dieu de paix sera avec vous.

10 Au reste, j'ai reçu une grande joie en *notre* Seigneur, de ce qu'enfin vous avez renouvelé les sentiments que vous aviez pour moi ; non que vous ne les eussiez toujours *dans le cœur*, mais vous n'aviez pas d'occasion *de les faire paraître*.

11 Ce n'est pas la vue de mon besoin qui me fait parler de la sorte : car j'ai appris à me contenter de l'état où je me trouve.

12 Je sais vivre pauvrement ; je sais vivre dans l'abondance : ayant éprouvé de tout, je suis fait à tout, au bon traitement et à la faim, à l'abondance et à l'indigence.

13 Je puis tout en celui qui me fortifie.

14 Vous avez bien fait néanmoins de prendre part à l'affliction où je suis.

15 Or vous savez, *mes frères* de Philippes, qu'après avoir commencé à vous prêcher l'Évangile, ayant depuis quitté la Macédoine, nulle autre Église ne m'a fait part de ses biens, et que je n'ai rien reçu que de vous seuls,

16 qui m'avez envoyé deux fois à Thessalonique de quoi satisfaire à mes besoins.

17 Ce n'est pas que je désire vos dons ; mais je désire le fruit *que vous en tirez*, qui augmentera le compte *que Dieu tient* de vos bonnes œuvres.

18 Or j'ai *maintenant* tout *ce que vous m'avez envoyé*, et je suis dans l'abondance : je suis rempli de vos biens que j'ai reçus d'Épaphrodite, *comme* une *oblation d'*excellente odeur, comme une hostie que Dieu accepte volontiers, et qui lui est agréable.

19 *Je souhaite* que mon Dieu, selon les richesses de sa bonté, remplisse tous vos besoins, et vous donne encore sa gloire par Jésus-Christ.

20 Gloire soit à Dieu, notre Père, dans tous les siècles des siècles ! Amen !

21 Saluez *de ma part* tous les saints en Jésus-Christ.

22 Les frères qui sont avec moi vous saluent. Tous les saints vous saluent, mais principalement ceux qui sont de la maison de César.

23 La grâce de notre Seigneur Jésus-Christ soit avec votre esprit ! Amen !

ÉPITRE DE SAINT PAUL

AUX

COLOSSIENS

———

CHAPITRE PREMIER.

PAUL, par la volonté de Dieu, apôtre de Jésus-Christ ; et Timothée, *son* frère :

2 aux saints et fidèles frères en Jésus-Christ, qui sont à Colosses.

3 Que Dieu, notre Père, et Jésus-Christ notre Seigneur, vous donnent la grâce et la paix ! Nous rendons grâces à Dieu, Père de notre Seigneur Jésus-Christ, et nous le prions sans cesse pour vous,

4 depuis que nous avons appris quelle est votre foi en Jésus-Christ, et votre charité envers tous les saints ;

5 dans l'espérance *des biens* qui vous sont réservés dans le ciel, et dont vous avez *déjà* reçu la connaissance par la parole très-véritable de l'Évangile,

6 qui est parvenu jusqu'à vous, comme il est aussi répandu dans tout le monde, où il fructifie et croît ainsi qu'il a fait parmi vous, depuis le jour que vous avez entendu et connu la grâce de Dieu selon la vérité ;

7 comme vous en avez été instruits par notre très-cher Épaphras, qui est notre compagnon dans le service *de Dieu*, et un fidèle ministre de Jésus-Christ pour le bien de vos âmes,

8 et de qui nous avons appris aussi votre charité toute spirituelle.

9 C'est pourquoi, depuis le temps que nous avons su ces choses, nous ne cessons point de prier pour vous, et de demander *à Dieu* qu'il vous remplisse de la connaissance de sa volonté, en *vous donnant* toute la sagesse et toute l'intelligence spirituelle :

10 afin que vous vous conduisiez d'une manière digne de Dieu, tâchant de *lui* plaire en toutes choses, portant les fruits de toutes sortes de bonnes œuvres, et croissant en la connaissance de Dieu ;

11 que vous soyez en tout remplis de force, par la puissance de sa gloire, pour avoir en toutes rencontres une patience et une douceur persévérante, accompagnée de joie ;

12 rendant grâces à Dieu le Père, qui en nous éclairant de sa lumière, nous a rendus dignes d'avoir part au sort *et* à l'héritage des saints ;

13 qui nous a arrachés à la puissance des ténèbres, et nous a fait passer dans le royaume de son Fils bien-aimé,

14 par le sang duquel nous avons été rachetés, et avons reçu la rémission de nos péchés ;

15 qui est l'image du Dieu invisible, et qui est né avant toutes les créatures.

16 Car tout a été créé par lui dans le ciel et sur la terre, les choses visibles et les invisibles ; soit les trônes, soit les dominations, soit les principautés, soit les puissances : tout a été créé par lui et pour lui.

17 Il est avant tous, et toutes choses subsistent en lui.

18 Il est le chef *et* la tête du corps de l'Église. Il est *comme* les prémices, et le premier-né d'entre les morts, afin qu'il soit le premier en tout :

19 parce qu'il a plu *au Père* que toute plénitude résidât en lui ;

20 et de réconcilier toutes choses avec soi par lui, ayant pacifié, par le sang qu'il a répandu sur la croix, tant ce qui est sur la terre que ce qui est dans le ciel.

21 Vous étiez vous-mêmes autrefois éloignés *de Dieu*, et votre esprit abandonné à des œuvres criminelles vous rendait ses ennemis ;

22 mais maintenant *Jésus-Christ* vous a réconciliés par la mort *qu'il a soufferte* dans son corps mortel, pour vous rendre saints, purs et irrépréhensibles devant lui ;

23 si toutefois vous demeurez fondés et affermis dans la foi, et inébranlables dans l'espérance que vous donne l'Évangile qu'on vous a annoncé, qui a été prêché à toutes les créatures qui sont sous le ciel, et dont j'ai été établi ministre,

24 moi, Paul, qui me réjouis maintenant dans les maux que je souffre pour vous, et qui accomplis dans ma chair ce qui reste à souffrir à *Jésus*-Christ, *en souffrant moi-même* pour son corps, qui est l'Église,

25 de laquelle j'ai été établi ministre, selon la charge que Dieu m'a donnée pour l'exercer envers vous : afin que je m'acquitte pleinement *du ministère* de la parole de Dieu ;

26 *vous prêchant* le mystère qui a été caché dans tous les siècles et tous les âges, et qui maintenant a été découvert à ses saints ;

27 auxquels Dieu a voulu faire connaître quelles sont les richesses de la gloire de ce mystère dans les gentils, qui *n'est autre chose que Jésus*-Christ reçu de vous, et *devenu* l'espérance de *votre* gloire.

28 C'est lui que nous prêchons, reprenant tous les hommes, et les instruisant tous dans toute la sagesse ; afin que nous rendions tout homme parfait en Jésus-Christ.

29 C'est aussi la fin que je me propose dans mes travaux, combattant par l'efficace de sa vertu, qui agit puissamment en moi.

CHAPITRE II.

CAR je suis bien aise que vous sachiez combien est grande l'affection *et* le soin que j'ai pour vous, pour ceux qui sont à Laodicée, et *même* pour tous ceux qui ne me connaissent point de visage, et ne m'ont jamais vu ;

2 afin que leurs cœurs soient consolés, et qu'étant unis ensemble par la charité, ils soient remplis de toutes les richesses d'une parfaite intelligence, pour connaître le mystère de Dieu le Père et de Jésus-Christ,

3 en qui tous les trésors de la sagesse et de la science sont renfermés.

4 Or je dis ceci afin que personne ne vous trompe par des discours subtils *et* élevés :

5 car quoique je sois absent de corps, je suis néanmoins avec vous en esprit, voyant avec joie l'ordre qui se garde parmi vous, et la solidité de votre foi en *Jésus*-Christ.

6 Continuez donc à vivre en Jésus-Christ *notre* Seigneur, selon l'instruction que vous en avez reçue ;

7 étant attachés à lui comme à votre racine, et édifiés sur lui comme sur votre fondement ; vous affermissant dans la foi qui vous a été enseignée, et croissant de plus en plus en *Jésus-Christ* par de continuelles actions de grâces.

8 Prenez garde que personne ne vous surprenne par la philosophie, et par des raisonnements vains et trompeurs, selon une doctrine *toute* humaine, ou selon *des observances qui étaient* les éléments du monde, et non selon *Jésus*-Christ.

9 Car toute la plénitude de la Divinité habite en lui corporellement.

10 Et c'est en lui que vous *en* êtes remplis, lui qui est le chef de toute principauté et de toute puissance :

11 *comme* c'est en lui que vous avez été circoncis d'une circoncision qui n'est pas faite de main *d'homme, mais qui consiste* dans le dépouillement du corps *des péchés que produit la concupiscence* charnelle, *c'est-à-dire,* de la circoncision de *Jésus*-Christ ;

12 ayant été ensevelis avec lui par le baptême, dans lequel vous avez aussi été ressuscités par la foi que vous avez eue, que Dieu l'a ressuscité d'entre les morts par l'efficace de sa puissance.

13 Car lorsque vous étiez dans la mort de vos péchés et dans l'incirconcision de votre chair, *Jésus-Christ* vous a fait revivre avec lui, vous pardonnant tous vos péchés.

14 Il a effacé *par son sang* la cédule qui s'élevait contre nous par ses décrets ; il a entièrement aboli cette cédule qui nous était contraire, *il l'a abolie* en l'attachant à sa croix.

15 Et ayant désarmé les principautés et les puissances, il les a menées hautement en triomphe à la face de tout le monde, après les avoir vaincues par sa croix.

16 Que personne donc ne vous condamne pour le manger et pour le boire, ou sur le sujet des jours de fête, des nouvelles lunes, et des jours de sabbat ;

17 puisque toutes ces choses n'ont été que l'ombre de celles qui devaient arriver, et que *Jésus*-Christ en est le corps *et la vérité.*

18 Que nul ne vous ravisse le prix de votre course, en affectant de paraître humble par un culte *superstitieux* des anges, se mêlant de parler des choses qu'il ne sait point, étant enflé par les vaines imaginations d'un esprit humain *et* charnel,

19 et ne demeurant pas attaché à celui qui est la tête *et* le chef, duquel tout le corps recevant l'influence par les vaisseaux qui en joignent et lient toutes les parties, s'entretient *et* s'augmente par l'accroissement que Dieu lui donne.

20 Si donc vous êtes morts avec *Jésus*-Christ à ces premières et plus grossières instructions du monde, comment vous laissez-vous imposer des lois, comme si vous viviez dans ce *premier état du* monde ?

21 Ne mangez pas, *vous dit-on, d'une telle chose,* ne goûtez pas *de ceci,* ne touchez pas à cela ;

22 parce que l'usage que vous feriez de toutes ces choses vous serait pernicieux : *ce qu'ils vous disent maintenant* selon des maximes et des ordonnances humaines,

23 qui ont néanmoins quelque apparence de sagesse dans une superstition et une humilité *affectée,* dans un rigoureux traitement qu'on fait au corps, et dans le peu de soin qu'on prend de rassasier la chair.

CHAPITRE III.

SI donc vous êtes ressuscités avec *Jésus*-Christ, recherchez ce qui est dans le ciel, où *Jésus*-Christ est assis à la droite de Dieu ;

2 n'ayez de goût *que* pour les choses du ciel, et non pour celles de la terre :

3 car vous êtes morts, et votre vie est cachée en Dieu avec *Jésus*-Christ.

4 Lorsque *Jésus*-Christ, qui est votre vie, viendra à paraître, vous paraîtrez aussi avec lui dans la gloire.

5 Faites donc mourir les membres de l'homme terrestre qui est en vous, la fornication, l'impureté, les abominations, les mauvais désirs, et l'avarice qui est une idolâtrie ;

6 puisque ce sont ces *crimes* qui font tomber la colère de Dieu sur les hommes rebelles *à la vérité.*

7 Et vous avez vous-mêmes commis autrefois *ces actions criminelles,* lorsque vous viviez dans ces désordres.

8 Mais maintenant quittez aussi vous-mêmes tous ces péchés, la colère, l'aigreur, la malice, la médisance ; que les paroles déshonnêtes soient bannies de votre bouche.

9 N'usez point de mensonge les uns envers les autres : dépouillez le vieil homme avec ses œuvres,

10 et revêtez-vous du nouveau, qui se renouvelle *en avançant* dans la connaissance *de Dieu, et étant formé* à la ressemblance de celui qui l'a créé ;

11 où il n'y a différence ni de gentil et de Juif, ni de circoncis et d'incirconcis, ni de barbare et de Scythe, ni d'esclave et de libre ; mais où *Jésus*-Christ est tout en tous.

12 Revêtez-vous donc, comme des élus de Dieu, saints et bien-aimés, de tendresse *et* d'entrailles de miséricorde, de bonté, d'humilité, de modestie, de patience ;

13 vous supportant les uns les autres, chacun remettant à son frère tous les sujets de plainte qu'il pourrait avoir contre lui, et vous entre-pardonnant comme le Seigneur vous a pardonné.

14 Mais surtout revêtez-vous de la charité, qui est le lien de la perfection.

15 Que la paix de *Jésus*-Christ, à laquelle vous avez été appelés dans *l'unité* d'un même corps, règne dans vos cœurs ; et soyez reconnaissants *des dons de Dieu*.

16 Que la parole de *Jésus*-Christ demeure en vous avec plénitude, et vous comble de sagesse. Instruisez-vous et exhortez-vous les uns les autres par des psaumes, des hymnes et des cantiques spirituels, chantant de cœur avec édification les louanges du Seigneur.

17 Quoi que vous fassiez, ou en parlant, ou en agissant, faites tout au nom du Seigneur Jésus-Christ, rendant grâces par lui à Dieu le Père.

18 Femmes, soyez soumises à vos maris, comme il est bien raisonnable, en ce qui est selon le Seigneur.

19 Maris, aimez vos femmes, et ne les traitez point avec rigueur *et* avec rudesse.

20 Enfants, obéissez en tout à vos pères et à vos mères : car cela est agréable au Seigneur.

21 Pères, n'irritez point vos enfants, de peur qu'ils ne tombent dans l'abattement.

22 Serviteurs, obéissez en tout à ceux qui sont vos maîtres selon la chair ; ne les servant pas seulement lorsqu'ils ont l'œil sur vous, comme si vous ne pensiez qu'à plaire aux hommes, mais avec simplicité de cœur et crainte de Dieu.

23 Faites de bon cœur tout ce que vous ferez, comme le faisant pour le Seigneur, et non pour les hommes ;

24 sachez que *c'est* du Seigneur *que* vous recevrez l'héritage *du ciel* pour récompense ; c'est le Seigneur *Jésus*-Christ que vous devez servir.

25 Mais celui qui agit injustement, recevra la peine de son injustice ; et Dieu n'a point d'égard à la condition des personnes.

CHAPITRE IV.

VOUS, maîtres, rendez à vos serviteurs ce que l'équité et la justice demandent de vous ; sachant que vous avez aussi bien qu'eux un maître *qui est* dans le ciel.

2 Persévérez et veillez dans la prière, en l'accompagnant d'actions de grâces.

3 Priez aussi pour nous, afin que Dieu nous ouvre une entrée pour *prêcher* sa parole, et pour annoncer le mystère de *Jésus*-Christ, pour lequel je suis dans les liens ;

4 et que je le découvre aux hommes en la manière que je dois le découvrir.

5 Conduisez-vous avec sagesse envers ceux qui sont hors *de l'Église*, en rachetant le temps.

6 Que votre entretien, étant toujours accompagné d'une douceur édifiante, soit assaisonné du sel *de la discrétion*, en sorte que vous sachiez comment vous devez répondre à chaque personne.

7 Mon cher frère Tychique, fidèle ministre du Seigneur, et mon compagnon dans le service que je lui rends, vous apprendra tout ce qui regarde l'état où je suis.

8 Et je vous l'ai envoyé, afin qu'il apprenne l'état où vous êtes vous-mêmes, et qu'il console vos cœurs.

9 J'envoie aussi Onésime, mon cher et fidèle frère, qui est de votre pays. Vous saurez par eux tout ce qui se passe ici.

10 Aristarque, qui est prisonnier avec moi, vous salue, aussi bien que Marc, cousin de Barnabé, sur le sujet duquel on vous a écrit. S'il vient chez vous, recevez-le bien.

11 Jésus aussi, appelé le Juste, vous salue. Ils sont du nombre des *fidèles* circoncis : ce sont les seuls qui travaillent maintenant avec moi, pour *avancer* le royaume de Dieu, et qui ont été ma consolation.

12 Épaphras, qui est de votre ville, vous salue. C'est un serviteur de *Jésus*-Christ, qui combat sans cesse pour vous dans ses prières, afin que vous demeuriez fermes *et* parfaits, et que vous accomplissiez pleinement tout ce que Dieu demande de vous ;

13 car je puis bien lui rendre ce témoignage, qu'il a un grand zèle pour vous, et pour ceux de Laodicée et d'Hiérapolis.

14 Luc, médecin, notre très-cher frère, et Démas, vous saluent.

15 Saluez de ma part *nos* frères de Laodicée, et Nymphas, et l'Église qui est dans sa maison.

16 Et lorsque cette lettre aura été lue parmi vous, ayez soin qu'elle soit lue aussi dans l'Église de Laodicée, et qu'on vous lise de même celle des Laodicéens.

17 Dites à Archippe *ce mot de ma part* : Considérez bien le ministère que vous avez reçu du Seigneur, afin d'en remplir tous les devoirs.

18 Voici la salutation *que j'ajoute ici,* moi, Paul, de ma propre main : Souvenez-vous de mes liens. La grâce soit avec vous ! Amen !

PREMIÈRE ÉPITRE DE

SAINT PAUL

AUX

THESSALONICIENS.

———

CHAPITRE PREMIER.

PAUL, Silvain, et Timothée : à l'Église de Thessalonique, *qui est* en Dieu le Père, et en Jésus-Christ *notre* Seigneur. Que la grâce et la paix vous soient données !

2 Nous rendons sans cesse grâces à Dieu pour vous tous, nous souvenant continuellement de vous dans nos prières ;

3 et nous représentant devant Dieu, qui est notre Père, les œuvres de votre foi, les travaux de votre charité, et la fermeté de l'espérance que vous avez en notre Seigneur Jésus-Christ.

4 Car nous savons, *mes* frères chéris de Dieu, quelle a été votre élection ;

5 la prédication que nous vous avons faite de l'Évangile, n'ayant pas été seulement en paroles, mais ayant été accompagnée de miracles, *de la vertu* du Saint-Esprit, d'une pleine abondance *de ses dons*. Et vous savez aussi de quelle manière j'ai agi parmi vous pour votre salut.

6 Ainsi vous êtes devenus nos imitateurs, et les imitateurs du Seigneur, ayant reçu la parole parmi de grandes afflictions avec la joie du Saint-Esprit ;

7 de sorte que vous avez servi de modèle à tous ceux qui ont embrassé la foi dans la Macédoine et dans l'Achaïe.

8 Car non-seulement vous êtes cause que la parole du Seigneur s'est répandue avec éclat dans la Macédoine et dans l'Achaïe ; mais même la foi que vous avez en Dieu est devenue si célèbre partout, qu'il n'est point nécessaire que nous *en* parlions :

9 puisque tout le monde nous raconte à nous-mêmes quel a été le succès de notre arrivée parmi vous, et comme ayant quitté les idoles, vous vous êtes convertis à Dieu, pour servir le Dieu vivant et véritable,

10 et pour attendre du ciel son Fils Jésus, qu'il a ressuscité d'entre les morts, et qui nous a délivrés de la colère à venir.

CHAPITRE II.

CAR vous savez vous-mêmes, *mes* frères, que notre arrivée vers vous n'a pas été vaine *et* sans fruit ;

2 mais après avoir *beaucoup* souffert auparavant, comme vous savez, et avoir été traités avec outrage dans Philippes, nous ne laissâmes pas, en nous confiant en notre Dieu, de vous prêcher

hardiment l'Évangile de Dieu, parmi beaucoup de peines *et* de combats.

3 Car nous ne vous avons point prêché une doctrine d'erreur ou d'impureté ; et nous n'avons point eu dessein de vous tromper.

4 Mais comme Dieu nous a choisis pour nous confier son Évangile, nous parlons aussi, non pour plaire aux hommes, mais à Dieu, qui voit le fond de nos cœurs.

5 Car nous n'avons usé d'aucune parole de flatterie, comme vous le savez ; et notre ministère n'a point servi de prétexte à notre avarice, Dieu en est témoin ;

6 et nous n'avons point non plus recherché aucune gloire de la part des hommes, ni de vous, ni d'aucun autre ;

7 quoique nous eussions pu, comme apôtres de *Jésus*-Christ, vous charger *de notre subsistance* ; mais nous nous sommes conduits parmi vous avec une douceur d'enfant, comme une nourrice qui a soin de ses enfants.

8 Ainsi dans l'affection que nous ressentions pour vous, nous aurions souhaité de vous donner, non-seulement la connaissance de l'Évangile de Dieu, mais aussi notre propre vie, tant était grand l'amour que nous vous portions.

9 Car vous n'avez pas oublié, *mes* frères, quelle peine et quelle fatigue nous avons soufferte, et comme nous vous avons prêché l'Évangile de Dieu en travaillant jour et nuit, pour n'être à charge à aucun de vous.

10 Vous êtes témoins vous-mêmes, et Dieu l'est aussi, combien la manière dont je me suis conduit envers vous qui avez embrassé la foi, a été sainte, juste et irréprochable.

11 Et vous savez que j'ai agi envers chacun de vous comme un père envers ses enfants ;

12 vous exhortant, vous consolant, et vous conjurant de vous conduire d'une manière digne de Dieu, qui vous a appelés à son royaume et à sa gloire.

13 C'est pourquoi aussi, nous rendons à Dieu de continuelles actions de grâces, de ce qu'ayant entendu la parole de Dieu que nous vous prêchions, vous l'avez reçue, non comme la parole des hommes, mais comme étant, ainsi qu'elle l'est véritablement, la parole de Dieu, qui agit *efficacement* en vous qui êtes fidèles.

14 Car, mes frères, vous êtes devenus les imitateurs des Églises de Dieu qui ont embrassé la foi de Jésus-Christ dans la Judée, ayant souffert les mêmes persécutions de la part de vos concitoyens, que ces Églises ont souffertes de la part des Juifs ;

15 qui ont tué même le Seigneur Jésus, et *leurs* prophètes ; qui nous ont persécutés ; qui ne plaisent point à Dieu, et qui sont ennemis de tous les hommes ;

16 qui nous empêchent d'annoncer aux gentils la parole qui doit les sauver, pour combler ainsi la mesure de leurs péchés. Car la colère de Dieu est tombée sur eux, *et y demeurera* jusqu'à la fin.

17 Aussi, *mes* frères, ayant été pour un peu de temps séparés de vous, de corps, non de cœur, nous avons désiré avec d'autant plus d'ardeur et d'empressement de vous revoir.

18 C'est pourquoi nous avons voulu vous aller trouver ; et moi, Paul, *j'en ai eu le dessein* une et deux fois ; mais Satan nous en a empêchés.

19 Et certes quelle est notre espérance, notre joie, et la couronne de notre gloire ? N'est-ce pas vous qui l'êtes devant le Seigneur Jésus-Christ, pour le jour de son avènement ?

20 Car vous êtes notre gloire et notre joie.

CHAPITRE III.

AINSI ne pouvant souffrir plus longtemps *de n'avoir point de vos nouvelles*, j'aimai mieux demeurer tout seul à Athènes ;

2 et je vous envoyai Timothée, notre frère, et ministre de Dieu dans *la prédication* de l'Évangile de *Jésus*-Christ, afin qu'il vous fortifiât, et qu'il vous exhortât à demeurer fermes dans votre foi ;

3 et que personne ne, fût ébranlé pour les persécutions qui nous arrivent : car vous savez que c'est à quoi nous sommes destinés.

4 Dès lors même que nous étions parmi vous, nous vous prédisions que nous aurions des afflictions à souffrir ; et nous en avons eu en effet, comme vous le savez.

5 Ne pouvant donc attendre plus longtemps, je vous l'ai envoyé pour reconnaître l'état de votre foi, ayant appréhendé que le tentateur ne vous eût tentés, et que notre travail ne devînt inutile.

6 Mais Timothée étant revenu vers nous après vous avoir vus, et nous ayant rendu un si bon témoignage de votre foi et de votre charité, et du souvenir plein d'affection que vous avez sans cesse de nous, qui vous porte à désirer de nous voir, comme nous avons aussi le même désir pour vous ;

7 il est vrai, *mes* frères, que dans toutes les afflictions et dans tous les maux qui nous arrivent, votre foi nous fait trouver notre consolation en vous.

8 Car nous vivons maintenant, si vous demeurez fermes dans le Seigneur.

9 Et certes quelles assez dignes actions de grâces pouvons-nous rendre à Dieu pour la joie dont nous nous sentons comblés devant lui à cause de vous ?

10 Ce qui nous porte à le conjurer jour et nuit avec une ardeur extrême *de nous permettre* d'aller vous voir, afin d'ajouter ce qui peut manquer encore à votre foi.

11 Que Dieu lui-même, notre Père, et Jésus-Christ notre Seigneur, nous conduise vers vous !

12 Que le Seigneur vous fasse croître de plus en plus dans la charité que vous avez les uns pour les autres, et envers tous, et *qu'il la rende* telle que la nôtre est envers vous !

13 Qu'il affermisse vos cœurs, en vous rendant irréprochables par la sainteté devant Dieu, notre Père, au jour que Jésus-Christ notre Seigneur paraîtra avec tous ses saints ! Amen !

CHAPITRE IV.

AU reste, *mes* frères, nous vous supplions et vous conjurons par le Seigneur Jésus, qu'ayant appris de nous comment vous devez marcher dans la voie de Dieu pour lui plaire, vous y marchiez en effet de telle sorte, que vous vous y avanciez de plus en plus.

2 En effet, vous savez quels préceptes nous vous avons donnés de la part du Seigneur Jésus.

3 Car la volonté de Dieu est que vous soyez saints *et* purs ; que vous vous absteniez de la fornication ;

4 que chacun de vous sache conserver le vase de son corps saintement et honnêtement,

5 et non point en suivant les mouvements de la concupiscence, comme les païens qui ne connaissent point Dieu ;

6 et que *surtout* à cet égard nul ne passe les bornes, ni ne fasse tort à son frère : parce que le Seigneur est le vengeur de tous ces péchés, comme nous vous l'avons déjà déclaré et assuré *de sa part*.

7 Car Dieu ne nous a pas appelés pour être impurs, mais pour être saints.

8 Celui donc qui méprise ces règles, méprise non un homme, mais Dieu, qui nous a même donné son Saint-Esprit.

9 Quant à ce qui regarde la charité fraternelle, vous n'avez pas besoin que je vous en écrive, puisque Dieu vous a appris lui-même à vous aimer les uns les autres.

10 Et vraiment vous le faites à l'égard de tous *nos* frères qui sont dans toute la Macédoine ; mais je vous exhorte, *mes* frères, de vous avancer de plus en plus *dans cet amour* ;

11 de vous étudier à vivre en repos ; de vous appliquer chacun à ce que vous avez à faire ; de travailler de vos propres mains, ainsi que nous vous l'avons ordonné :

12 afin que vous vous conduisiez honnêtement envers ceux qui sont hors de l'Église, et que vous vous mettiez en état de n'avoir besoin de personne.

13 Or nous ne voulons pas, *mes* frères, que vous ignoriez *ce que vous devez savoir*, touchant ceux qui dorment du sommeil de la

mort, afin que vous ne vous attristiez pas, comme font les autres *hommes* qui n'ont point d'espérance.

14 Car si nous croyons que Jésus est mort et ressuscité, *nous devons croire* aussi *que* Dieu amènera avec Jésus ceux qui se seront endormis en lui.

15 Ainsi nous vous déclarons, comme, l'ayant appris du Seigneur, que nous qui serons vivants et qui aurons été réservés pour son avènement, nous ne préviendrons point ceux qui seront dans le sommeil *de la mort*.

16 Car aussitôt que le signal aura été donné par la voix de l'archange, et par le son de la trompette de Dieu, le Seigneur lui-même descendra du ciel, et ceux qui seront morts en *Jésus*-Christ, ressusciteront d'abord.

17 Puis nous autres qui serons vivants, et qui aurons été réservés *jusqu'alors*, nous serons emportés avec eux dans les nuées, pour aller au-devant du Seigneur au milieu de l'air ; et ainsi nous serons pour jamais avec le Seigneur.

18 Consolez-vous donc les uns les autres par ces vérités.

CHAPITRE V.

OR pour ce qui regarde le temps et les moments, il n'est pas besoin, *mes* frères, de vous en écrire ;

2 parce que vous savez bien vous-mêmes, que le jour du Seigneur doit venir comme un voleur de nuit.

3 Car lorsqu'ils diront, *Nous voici en* paix et *en* sûreté, ils se trouveront surpris tout d'un coup par une ruine imprévue, comme l'est une femme grosse par les douleurs de l'enfantement, sans qu'il leur reste aucun moyen de se sauver.

4 Mais quant à vous, *mes* frères, vous n'êtes pas dans les ténèbres pour être surpris de ce jour comme d'un voleur.

5 Vous êtes tous des enfants de lumière et des enfants du jour ; nous ne sommes point *enfants* de la nuit, ni des ténèbres.

6 Ne dormons donc point comme les autres ; mais veillons, et gardons-nous de l'enivrement *de l'âme*.

7 Car ceux qui dorment, dorment durant la nuit ; et ceux qui s'enivrent, s'enivrent durant la nuit.

8 Mais nous qui sommes *enfants* du jour, gardons-nous de cette ivresse ; et armons-nous en prenant pour cuirasse la foi et la charité, et pour casque l'espérance du salut.

9 Car Dieu ne nous a pas destinés à *être les objets* de sa colère, mais à acquérir le salut par notre Seigneur Jésus-Christ ;

10 qui est mort pour nous, afin que, soit que nous veillions, ou que nous dormions, nous vivions toujours avec lui.

11 C'est pourquoi consolez-vous mutuellement, et édifiez-vous les uns les autres, ainsi que vous le faites.

12 Or nous vous supplions, *mes* frères, de considérer beaucoup ceux qui travaillent parmi vous, qui vous gouvernent selon le Seigneur, et qui vous avertissent de votre devoir ;

13 et d'avoir pour eux une particulière vénération par *un sentiment de* charité, à cause qu'ils travaillent *pour votre salut*. Conservez *toujours* la paix avec eux.

14 Je vous prie encore, *mes* frères, reprenez ceux qui sont déréglés ; consolez ceux qui ont l'esprit abattu ; supportez les faibles ; soyez patients envers tous.

15 Prenez garde que nul ne rende à un autre le mal pour le mal ; mais cherchez toujours à faire du bien, et à vos frères, et à tout le monde.

16 Soyez toujours dans la joie.

17 Priez sans cesse.

18 Rendez grâces *à Dieu* en toutes choses : car c'est la ce que Dieu veut que vous fassiez tous en Jésus-Christ.

19 N'éteignez pas l'esprit.

20 Ne méprisez pas les prophéties.

21 Éprouvez tout, et approuvez ce qui est bon.

22 Abstenez-vous de tout ce qui a quelque apparence de mal.

23 Que le Dieu de paix vous sanctifie lui-même en toute manière : afin que tout ce qui est en vous, l'esprit, l'âme et le corps, se conservent sans tache pour l'avènement de notre Seigneur Jésus-Christ.

24 Celui qui vous a appelés est fidèle, et c'est lui qui fera *cela en vous*.

25 *Mes* frères, priez pour nous.

26 Saluez tous nos frères en leur donnant le saint baiser.

27 Je vous conjure par le Seigneur, de faire lire cette lettre devant tous les saints frères.

28 La grâce de notre Seigneur Jésus-Christ soit avec vous ! Amen !

SECONDE ÉPITRE DE SAINT PAUL

AUX

THESSALONICIENS.

———

CHAPITRE PREMIER.

PAUL, Silvain, et Timothée : à l'Église de Thessalonique, *qui est* en Dieu, notre Père, et en Jésus-Christ *notre* Seigneur.

2 Que Dieu, notre Père, et le Seigneur Jésus-Christ, vous donnent la grâce et la paix !

3 Nous devons, *mes* frères, rendre pour vous à Dieu de continuelles actions de grâces ; et il est bien juste que nous le fassions, puisque votre foi s'augmente de plus en plus, et que la charité que vous avez les uns pour les autres, prend *tous les jours* un nouvel accroissement ;

4 de sorte que nous nous glorifions en vous dans les Églises de Dieu, à cause de la patience et de la foi avec laquelle vous demeurez fermes dans toutes les persécutions et les afflictions qui vous arrivent ;

5 qui sont les marques du juste jugement de Dieu, et qui servent à vous rendre dignes de son royaume, pour lequel aussi vous souffrez.

6 Car il est bien juste devant Dieu, qu'il afflige à leur tour ceux qui vous affligent maintenant ;

7 et qu'il vous console avec nous, vous qui êtes dans l'affliction, lorsque le Seigneur Jésus descendra du ciel, et paraîtra avec les anges *qui sont les ministres* de sa puissance ;

8 lorsqu'il viendra au milieu des flammes se venger de ceux qui ne connaissent point Dieu, et qui n'obéissent point à l'Évangile de notre Seigneur Jésus-Christ ;

9 qui souffriront la peine d'une éternelle damnation, *étant confondus* par la face du Seigneur, et par la gloire de sa puissance ;

10 lorsqu'il viendra pour être glorifié dans ses saints, et pour se faire admirer dans tous ceux qui auront cru *en lui* ; puisque le témoignage que nous avons rendu à *sa parole*, a été reçu de vous dans *l'attente de* ce jour-là.

11 C'est pourquoi nous prions sans cesse pour vous, et nous demandons à notre Dieu, qu'il vous rende dignes de sa vocation, et qu'il accomplisse par sa puissance tous les desseins favorables de sa bonté *sur vous*, et l'œuvre de votre foi :

12 afin que le nom de notre Seigneur Jésus-Christ soit glorifié en vous, et que vous soyez glorifiés en lui, par la grâce de notre Dieu et du Seigneur Jésus-Christ.

CHAPITRE II.

OR nous vous conjurons, *mes* frères, par l'avènement de notre Seigneur Jésus-Christ, et par notre réunion avec lui,

2 que vous ne vous laissiez pas légèrement ébranler dans votre *premier* sentiment, et que vous ne vous troubliez pas en croyant sur *la foi de* quelque prophétie, sur quelque discours, ou sur quelque lettre qu'on supposerait venir de nous, que le jour du Seigneur soit près d'arriver.

3 Que personne ne vous séduise en quelque manière que ce soit : car *ce jour ne viendra point* que l'apostasie ne soit arrivée auparavant, et qu'on n'ait vu paraître l'homme de péché, cet enfant de perdition,

4 cet ennemi *de Dieu*, qui s'élèvera au-dessus de tout ce qui est appelé Dieu, ou qui est adoré, jusqu'à s'asseoir dans le temple de Dieu, voulant lui-même passer pour Dieu.

5 Ne vous souvient-il pas que je vous ai dit ces choses, lorsque j'étais encore avec vous ?

6 Et vous savez bien ce qui empêche *qu'il ne vienne*, afin qu'il paraisse en son temps.

7 Car le mystère d'iniquité se forme dès à présent ; et il reste seulement, que celui qui tient maintenant, tienne *encore*, jusqu'à ce qu'il soit ôté du monde.

8 Et alors se découvrira l'impie, que le Seigneur Jésus détruira par le souffle de sa bouche, et qu'il perdra par l'éclat de sa présence :

9 *cet impie* qui doit venir, accompagné de la puissance de Satan, avec toutes sortes de miracles, de signes et de prodiges trompeurs,

10 et avec toutes les illusions qui peuvent porter à l'iniquité ceux qui périssent, parce qu'ils n'ont pas reçu et aimé la vérité pour être sauvés.

11 C'est pourquoi Dieu leur enverra des illusions si efficaces, qu'ils croiront au mensonge ;

12 afin que tous ceux qui n'ont point cru la vérité, mais qui ont consenti à l'iniquité, soient condamnés.

13 Quant à nous, *mes* frères chéris du Seigneur, nous nous sentons obligés de rendre pour vous à Dieu de continuelles actions de grâces, de ce qu'il vous a choisis comme des prémices, pour vous sauver par la sanctification de l'Esprit, et par la *foi* de la vérité ;

14 vous appelant à cet état par notre Évangile, pour vous faire acquérir la gloire de notre Seigneur Jésus-Christ.

15 C'est pourquoi, *mes* frères, demeurez fermes, et conservez les traditions que vous avez apprises, soit par nos paroles, soit par notre lettre.

16 Que notre Seigneur Jésus-Christ, et Dieu, notre Père, qui nous a aimés, et qui nous a donné par sa grâce une consolation éternelle et une *si* heureuse espérance,

17 console lui-même vos cœurs, et vous affermisse dans toutes sortes de bonnes œuvres, et dans la bonne doctrine !

CHAPITRE III.

AU reste, *mes* frères, priez pour nous, afin que la parole de Dieu se répande de plus en plus, et qu'elle soit honorée *partout* comme elle l'est parmi vous ;

2 et afin que nous soyons délivrés des hommes intraitables et méchants ; car la foi n'est pas *commune* à tous.

3 Mais Dieu est fidèle, et il vous affermira, et vous préservera du malin *esprit*.

4 Pour ce qui vous regarde, nous avons cette confiance en *la bonté* du Seigneur, que vous accomplissez, et que vous accomplirez à l'avenir, ce que nous vous ordonnons.

5 Que le Seigneur vous donne un cœur droit, dans l'amour de Dieu et dans la patience de *Jésus*-Christ !

6 Nous vous ordonnons, *mes* frères, au nom de notre Seigneur Jésus-Christ, de vous retirer de tous ceux d'entre vos frères qui se conduisent d'une manière déréglée, et non selon la tradition *et la forme de vie* qu'ils ont reçue de nous.

7 Car vous savez vous-mêmes ce qu'il faut faire pour nous imiter, puisqu'il n'y a rien eu de déréglé dans la manière dont nous avons vécu parmi vous.

8 Et nous n'avons mangé gratuitement le pain de personne ; mais nous avons travaillé jour et nuit avec peine et avec fatigue, pour n'être à charge à aucun de vous.

9 Ce n'est pas que nous n'en eussions le pouvoir ; mais c'est que nous avons voulu nous donner nous-mêmes pour modèle, afin que vous nous imitassiez.

10 Aussi lorsque nous étions avec vous, nous vous déclarions, que celui qui ne veut point travailler, ne doit point manger.

11 Car nous apprenons qu'il y en a parmi vous qui se conduisent d'une manière déréglée, qui ne travaillent point, et qui se mêlent de ce qui ne les regarde pas.

12 Or nous ordonnons à ces personnes, et nous les conjurons par *notre* Seigneur Jésus-Christ, de manger leur pain en travaillant en silence.

13 Et pour vous, *mes* frères, ne vous lassez point de faire du bien.

14 Si quelqu'un n'obéit pas à ce que nous ordonnons par notre lettre, notez-le, et n'ayez point de commerce avec lui, afin qu'il en ait de la confusion *et* de la honte.

15 Ne le considérez pas *néanmoins* comme un ennemi, mais reprenez-le comme *votre* frère.

16 Que le Seigneur de paix vous donne sa paix en tout temps et en tout lieu ! Que le Seigneur soit avec vous tous !

17 Je vous salue ici de ma *propre* main, moi, Paul. C'est là mon seing dans toutes mes lettres ; j'écris ainsi.

18 La grâce de notre Seigneur Jésus-Christ soit avec vous tous ! Amen !

PREMIÈRE ÉPITRE DE SAINT PAUL

A

TIMOTHÉE

CHAPITRE PREMIER.

PAUL, apôtre de Jésus-Christ, par l'ordre de Dieu, notre Sauveur, et de Jésus-Christ, notre espérance :

2 à Timothée, son cher fils dans la foi. Que Dieu, notre Père, et Jésus-Christ notre Seigneur, vous donnent la grâce, la miséricorde et la paix !

3 *Je vous prie,* comme je l'ai fait en partant pour la Macédoine, de demeurer à Éphèse, d'avertir quelques-uns de ne point enseigner une doctrine différente *de la nôtre,*

4 et de ne point s'amuser à des fables et à des généalogies sans fin, qui servent plus à exciter des disputes, qu'à fonder par la foi l'édifice de Dieu.

5 Car la fin des commandements, c'est la charité qui naît d'un cœur pur, d'une bonne conscience et d'une foi sincère :

6 *devoirs* d'où quelques-uns se détournant, se sont égarés en de vains discours,

7 voulant être les docteurs de la loi, et ne sachant ni ce qu'ils disent, ni ce qu'ils assurent *si hardiment.*

8 Or nous savons que la loi est bonne, si on en use selon l'esprit de la loi :

9 en reconnaissant que la loi n'est pas pour le juste, mais pour les méchants et les esprits rebelles, pour les impies et les pécheurs, pour les scélérats et les profanes, pour les meurtriers de leur père ou de leur mère, pour les homicides,

10 les fornicateurs, les abominables, les voleurs d'hommes, les menteurs, les parjures, et s'il y a quelque autre chose qui soit contraire à la saine doctrine,

11 qui est selon l'Évangile de la gloire de Dieu *souverainement* heureux, dont la dispensation m'a été confiée.

12 Je rends grâces à notre Seigneur Jésus-Christ, qui m'a fortifié, de ce qu'il m'a jugé fidèle, en m'établissant dans son ministère :

13 moi qui étais auparavant un blasphémateur, un persécuteur et un *ennemi* outrageux ; mais j'ai obtenu miséricorde de Dieu, parce que j'ai fait tous ces maux dans l'ignorance, n'ayant pas la foi.

14 Et la grâce de Notre-Seigneur s'est répandue sur moi avec abondance, en me remplissant de la foi et de la charité qui est en Jésus-Christ.

15 C'est une vérité certaine, et digne d'être reçue avec une parfaite soumission : Que Jésus-Christ est venu dans le monde sauver les pécheurs, entre lesquels je suis le premier.

16 Mais j'ai reçu miséricorde, afin que je fusse le premier en qui Jésus-Christ fît éclater son extrême patience, et que j'en devinsse *comme* un modèle *et* un exemple à ceux qui croiront en lui pour acquérir la vie éternelle.

17 Au Roi des siècles, immortel, invisible, à l'unique Dieu, soit honneur et gloire dans les siècles des siècles ! Amen !

18 Ce que je vous recommande donc, mon fils Timothée, c'est qu'accomplissant les prophéties qu'on a faites autrefois de vous, vous vous acquittiez de tous les devoirs de la milice sainte,

19 conservant la foi et la bonne conscience, à laquelle quelques-uns ayant renoncé, ont fait naufrage en la foi ;

20 de ce nombre sont Hymenée et Alexandre, que j'ai livrés à Satan, afin qu'ils apprennent à ne plus blasphémer.

CHAPITRE II.

JE vous conjure donc avant toutes choses, que l'on fasse des supplications, des prières, des demandes et des actions de grâces pour tous les hommes,

2 pour les rois, et pour tous ceux qui sont élevés en dignité ; afin que nous menions une vie paisible et tranquille, dans toute sorte de piété et d'honnêteté.

3 Car cela est bon, et agréable à Dieu, notre Sauveur,

4 qui veut que tous les hommes soient sauvés, et qu'ils viennent à la connaissance de la vérité.

5 Car il *n'*y a *qu'*un Dieu, *ni qu'*un médiateur entre Dieu et les hommes, Jésus-Christ homme,

6 qui s'est livré lui-même pour la rédemption de tous, rendant ainsi témoignage *à la vérité* dans le temps qui avait été marqué.

7 C'est pour cela que j'ai été établi prédicateur et apôtre (je dis la vérité, et je ne mens point) ; *j'ai été établi, dis-je,* le docteur des nations dans la foi et dans la vérité.

8 Je veux donc que les hommes prient en tout lieu, levant des mains pures, sans colère et sans contention.

9 Que les femmes aussi *prient* étant vêtues comme l'honnêteté le demande ; qu'elles se parent de modestie et de chasteté, et non avec des cheveux frisés, ni des ornements d'or, ni des perles, ni des habits somptueux ;

10 mais avec de bonnes œuvres, comme le doivent des femmes qui font profession de piété.

11 Que les femmes se tiennent en silence, et dans une entière soumission lorsqu'on les instruit.

12 Je ne permets point aux femmes d'enseigner, ni de prendre autorité sur leurs maris ; mais *je leur ordonne* de demeurer dans le silence.

13 Car Adam a été formé le premier, et Ève ensuite.

14 Et Adam n'a point été séduit ; mais la femme ayant été séduite, est tombée dans la désobéissance.

15 Elle se sauvera néanmoins par les enfants qu'elle aura mis au monde, s'ils persévèrent dans la foi, dans la charité, dans la sainteté, et dans une vie bien réglée.

CHAPITRE III.

C'EST une vérité certaine, que si quelqu'un souhaite l'épiscopat, il désire *une fonction et* une œuvre sainte.

2 Il faut donc que l'évêque soit irrépréhensible ; qu'il n'ait épousé qu'une femme ; qu'il soit sobre, prudent, grave et modeste, chaste, aimant l'hospitalité, capable d'instruire ;

3 qu'il ne soit ni sujet au vin, ni violent et prompt à frapper, mais équitable *et* modéré, éloigné des contestations, désintéressé ;

4 qu'il gouverne bien sa propre famille, et qu'il maintienne ses enfants dans l'obéissance et dans toute sorte d'honnêteté.

5 Car si quelqu'un ne sait pas gouverner sa propre famille, comment pourra-t-il conduire l'Église de Dieu ?

6 Que ce ne soit point un néophyte ; de peur que s'élevant d'orgueil, il ne tombe dans la même condamnation que le diable.

7 Il faut encore qu'il ait bon témoignage de ceux qui sont hors *de l'Église* ; de peur qu'il ne tombe dans l'opprobre, et dans le piège du démon.

8 Que les diacres de même soient honnêtes *et* bien réglés ; qu'ils ne soient point doubles dans leurs paroles, ni sujets à boire beaucoup de vin ; qu'ils ne cherchent point de gain honteux ;

9 mais qu'ils conservent le mystère de la foi avec une conscience pure.

10 Ils doivent aussi être éprouvés auparavant, puis admis au sacré ministère, s'ils sont sans reproche.

11 Que les femmes de même soient chastes et bien réglées, exemptes de médisance, sobres, fidèles en toutes choses.

12 Qu'on prenne pour diacres ceux qui n'auront épousé qu'une femme, qui gouvernent bien leurs enfants et leurs propres familles.

13 Car le bon usage de leur ministère leur sera un degré légitime *pour monter plus haut*, et leur donnera une grande confiance dans la foi de Jésus-Christ.

14 Je vous écris ceci, quoique j'espère d'aller bientôt vous voir ;

15 afin que, si je tardais plus longtemps, vous sachiez comment vous devez vous conduire dans la maison de Dieu, qui est l'Église du Dieu vivant, la colonne et la base de la vérité.

16 Et sans doute c'est quelque chose de grand que ce mystère de piété, qui s'est fait voir dans la chair, a été justifié par l'Esprit, a été manifesté aux anges, prêché aux nations, cru dans le monde, reçu dans la gloire.

CHAPITRE IV.

OR l'Esprit dit expressément que, dans les temps à venir, quelques-uns abandonneront la foi, en suivant des esprits d'erreur et des doctrines diaboliques,

2 enseignées par des imposteurs pleins d'hypocrisie, dont la conscience est noircie de crimes,

3 qui interdiront le mariage, et l'usage des viandes que Dieu a créées pour être reçues avec action de grâces par les fidèles, et par ceux qui connaissent la vérité.

4 Car tout ce que Dieu a créé est bon, et l'on ne doit rien rejeter de ce qui se mange avec action de grâces ;

5 parce qu'il est sanctifié par la parole de Dieu, et par la prière.

6 Enseignant ceci aux frères, vous serez un bon ministre de Jésus-Christ, vous nourrissant des vérités de la foi, et de la bonne doctrine que vous avez suivie.

7 Fuyez les fables impertinentes et puériles, et exercez-vous à la piété.

8 Car les exercices corporels servent à peu de chose : mais la piété est utile à tout, et c'est à elle que les biens de la vie présente et ceux de la vie future ont été promis.

9 Ce que je vous dis est une vérité certaine, et digne d'être reçue avec une entière soumission.

10 Car ce qui nous porte à souffrir tous les maux et tous les outrages dont on nous charge, c'est que nous espérons au Dieu vivant, qui est le Sauveur de tous les hommes, et principalement des fidèles.

11 Annoncez ces choses, et enseignez-les.

12 Que personne ne vous méprise à cause de votre jeunesse : mais rendez-vous l'exemple *et* le modèle des fidèles dans les entretiens, dans la manière d'agir avec le prochain, dans la charité, dans la foi, dans la chasteté.

13 En attendant que je vienne, appliquez-vous à la lecture, à l'exhortation et à l'instruction.

14 Ne négligez pas la grâce qui est en vous, qui vous a été donnée, suivant une révélation prophétique, par l'imposition des mains des prêtres.

15 Méditez ces choses, soyez-en toujours occupé, afin que votre avancement soit connu de tous.

16 Veillez sur vous-même, et sur l'instruction *des autres* ; demeurez ferme dans ces exercices : car agissant de la sorte vous vous sauverez vous-même, et ceux qui vous écoutent.

CHAPITRE V.

NE reprenez pas les vieillards avec rudesse ; mais avertissez-les comme vos pères ; les jeunes hommes, comme vos frères ;

2 les femmes âgées, comme vos mères ; les jeunes, comme vos sœurs, avec toute sorte de pureté.

3 Honorez et assistez les veuves qui sont vraiment veuves.

4 Si quelque veuve a des fils ou des petits-fils, qu'ils apprennent premièrement à exercer leur piété envers leur propre famille, et à rendre à leurs pères et a leurs mères ce qu'ils ont reçu d'eux : car c'est une chose agréable à Dieu.

5 Mais que la veuve qui est vraiment veuve et abandonnée, espère en Dieu, et persévère jour et nuit dans les prières et les oraisons.

6 Car pour celle qui vit dans les délices, elle est morte, quoiqu'elle paraisse vivante.

7 Faites-leur donc entendre ceci, afin qu'elles se conduisent d'une manière irrépréhensible.

8 Si quelqu'un n'a pas soin des siens, et particulièrement de ceux de sa maison, il a renoncé à la foi, et est pire qu'un infidèle.

9 Que celle qui sera choisie pour être mise au rang des veuves, n'ait pas moins de soixante ans ; qu'elle n'ait eu qu'un mari ;

10 et qu'on puisse rendre témoignage de ses bonnes œuvres : si elle a *bien* élevé ses enfants, si elle a exercé l'hospitalité, si elle a lavé les pieds des saints, si elle a secouru les affligés, si elle s'est appliquée à toutes sortes de bonnes œuvres.

11 Mais n'admettez point *en ce nombre* les jeunes veuves ; parce que la mollesse de leur vie les portant à secouer le joug de *Jésus-Christ*, elles veulent se remarier,

12 s'engageant ainsi dans la condamnation par le violement de la foi qu'elles lui avaient donnée auparavant.

13 Mais de plus, elles deviennent fainéantes, et s'accoutument à courir par les maisons ; et non-seulement elles sont fainéantes, mais encore causeuses et curieuses, s'entretenant de choses dont elles ne devraient point parler.

14 J'aime donc mieux que les jeunes se marient ; qu'elles aient des enfants ; qu'elles gouvernent leur ménage ; et qu'elles ne donnent aucun sujet aux ennemis de notre religion de nous faire des reproches.

15 Car il y en a déjà quelques-unes qui se sont détournées pour suivre Satan.

16 Si quelqu'un des fidèles a des veuves *qui lui soient proches*, qu'il leur donne ce qui leur est nécessaire, et que l'Église n'en soit pas chargée ; afin qu'elle puisse suffire à *l'entretien de* celles qui sont vraiment veuves.

17 Que les prêtres qui gouvernent bien, soient doublement honorés ; principalement ceux qui travaillent à la prédication de la parole, et à l'instruction *des peuples*.

18 Car l'Écriture dit : Vous ne lierez point la bouche au bœuf qui foule le grain ; et, Celui qui travaille, est digne du prix de son travail.

19 Ne recevez point d'accusation contre un prêtre, que sur la déposition de deux ou trois témoins.

20 Reprenez devant tout le monde ceux qui seront coupables de crimes, afin que les autres aient de la crainte.

21 Je vous conjure devant Dieu, devant Jésus-Christ, et les anges élus, d'observer ces choses, sans prévention et sans préjugé, ne faisant rien par des inclinations particulières.

22 N'imposez légèrement les mains à personne, et ne vous rendez point participant des péchés d'autrui. Conservez-vous pur vous-même.

23 Ne continuez plus à ne boire que de l'eau ; mais usez d'un peu de vin, à cause de votre estomac et de vos fréquentes maladies.

24 Il y a des personnes dont les péchés sont connus avant le jugement *et l'examen qu'on pourrait en faire* ; il y en a d'autres qui ne se découvrent qu'ensuite *de cet examen*.

25 Il y en a de même dont les bonnes œuvres sont visibles avant *qu'on les élise* ; et si elles ne le sont pas encore, elles ne demeureront pas longtemps cachées.

CHAPITRE VI.

QUE tous les serviteurs qui sont sous le joug *de la servitude*, sachent qu'ils sont obligés de rendre toute sorte d'honneur à leurs maîtres ; afin de n'être pas cause que le nom et la doctrine de Dieu soient exposés à la médisance des hommes.

2 Que ceux qui ont des maîtres fidèles ne les méprisent pas, parce qu'ils sont leurs frères ; mais qu'ils les servent au contraire encore mieux, parce qu'ils sont fidèles et *plus* dignes d'être aimés, comme étant participants de la *même* grâce : voilà ce que vous devez leur enseigner, et à quoi vous devez les exhorter.

3 Si quelqu'un enseigne une doctrine différente *de celle-ci*, et n'embrasse pas les saines instructions de notre Seigneur Jésus-Christ, et la doctrine qui est selon la piété,

4 il est enflé d'orgueil, et il ne sait rien ; mais il est possédé d'une maladie d'esprit qui l'emporte en des questions et des combats de paroles, d'où naissent l'envie, les contestations, les médisances, les mauvais soupçons,

5 les disputes pernicieuses de personnes qui ont l'esprit corrompu ; qui sont privées de la vérité, et s'imaginent que la piété doit leur servir de moyen pour s'enrichir.

6 Il est vrai néanmoins que c'est une grande richesse que la piété, et la modération d'un esprit qui se contente de ce qui suffit.

7 Car nous n'avons rien apporté en ce monde, et il est sans doute que nous n'en pouvons aussi rien emporter.

8 Ayant donc de quoi nous nourrir et de quoi nous couvrir, nous devons être contents.

9 Mais ceux qui veulent devenir riches, tombent dans la tentation et dans le piège du diable, et en divers désirs inutiles et pernicieux, qui précipitent les hommes dans l'abîme de la perdition et de la damnation.

10 Car l'amour des richesses est la racine de tous les maux ; et quelques-uns en étant possédés, se sont égarés de la foi, et se sont embarrassés en une infinité d'afflictions et de peines.

11 Mais pour vous, ô homme de Dieu ! fuyez ces choses ; et suivez *en tout* la justice, la piété, la foi, la charité, la patience, la douceur.

12 Soyez fort *et* courageux dans le saint combat de la foi ; travaillez à remporter *le prix de* la vie éternelle, à laquelle vous avez été appelé, ayant si excellemment confessé la foi en présence de plusieurs témoins.

13 Je vous ordonne devant Dieu, qui fait vivre tout *ce qui vit*, et devant Jésus-Christ, qui a rendu sous Ponce Pilate un si excellent témoignage *à la vérité*,

14 de garder les préceptes que je vous donne, en vous conservant sans tache et sans reproche, jusqu'à l'avènement *glorieux* de notre Seigneur Jésus-Christ,

15 que doit faire paraître en son temps celui qui est *souverainement* heureux, qui est le seul puissant, le Roi des rois, et le Seigneur des seigneurs ;

16 qui seul possède l'immortalité, qui habite une lumière inaccessible, que nul des hommes n'a vu et ne peut voir, à qui est l'honneur et l'empire dans l'éternité. Amen !

17 Ordonnez aux riches de ce monde : de n'être point orgueilleux, de ne mettre point leur confiance dans les richesses incertaines *et* périssables, mais dans le Dieu vivant qui nous fournit avec abondance tout ce qui est nécessaire à la vie ;

18 d'être charitables *et* bienfaisants ; de se rendre riches en bonnes œuvres ; de donner l'aumône de bon cœur ; de faire part de leurs biens ;

19 de se faire un trésor et un fondement solide pour l'avenir, afin d'arriver à la véritable vie.

20 Ô Timothée ! gardez le dépôt qui vous a été confié, fuyant les profanes nouveautés de paroles, et toute doctrine contraire qui porte faussement le nom de science ;

21 dont quelques-uns faisant profession se sont égarés de la foi. Que la grâce demeure avec vous ! Amen !

SECONDE ÉPITRE DE SAINT PAUL

A

TIMOTHÉE.

CHAPITRE PREMIER.

PAUL, apôtre de Jésus-Christ, par la volonté de Dieu, selon la promesse de la vie que nous avons en Jésus-Christ :

2 à Timothée, son fils bien-aimé. Dieu le Père et Jésus-Christ notre Seigneur vous donnent la grâce, la miséricorde et la paix !

3 Je rends grâces à Dieu que mes ancêtres ont servi, et que je sers avec une conscience pure, de ce que nuit et jour je me souviens continuellement de vous dans mes prières :

4 car je me souviens de vos larmes, et je désire de vous voir, afin d'être rempli de joie ;

5 me représentant cette foi sincère qui est en vous, qu'a eue premièrement Loïde, votre aïeule, et Eunice, votre mère, et que je suis très-persuadé que vous avez aussi.

6 C'est pourquoi je vous avertis de rallumer *ce feu de* la grâce de Dieu, que vous avez reçue par l'imposition de mes mains.

7 Car Dieu ne nous a pas donné un esprit de timidité, mais un esprit de courage, d'amour et de sagesse.

8 Ne rougissez donc point de Notre-Seigneur que vous devez confesser, ni de moi *qui suis* son captif ; mais souffrez avec moi pour l'Évangile, selon la force *que vous recevrez* de Dieu ;

9 qui nous a sauvés, et nous a appelés par sa vocation sainte, non selon nos œuvres, mais selon le décret de sa volonté, et selon la grâce qui nous a été donnée en Jésus-Christ avant tous les siècles,

10 et qui a paru maintenant par l'avènement de notre Sauveur Jésus-Christ, qui a détruit la mort, et nous a découvert par l'Évangile la vie et l'immortalité.

11 C'est pour cela que j'ai été établi le prédicateur, l'apôtre et le maître des nations ;

12 et c'est ce qui m'a attiré les maux que je souffre : mais je n'en rougis point. Car je sais qui est celui à qui j'ai confié mon dépôt, et je suis persuadé qu'il est assez puissant pour me le garder jusqu'à ce *grand* jour.

13 Proposez-vous pour modèle les saines instructions que vous avez entendues de ma bouche, touchant la foi et la charité qui est en Jésus-Christ.

14 Gardez, par le Saint-Esprit qui habite en nous, l'excellent dépôt qui vous a été confié.

15 Vous savez que tous ceux qui sont en Asie se sont éloignés de moi. Phygelle et Hermogène sont de ce nombre.

16 Que le Seigneur répande sa miséricorde sur la famille d'Onésiphore, parce qu'il m'a souvent soulagé, et qu'il n'a point rougi de mes chaînes ;

17 mais qu'étant venu à Rome, il m'a cherché avec grand soin, et m'a trouvé.

18 Que le Seigneur lui fasse la grâce de trouver miséricorde devant lui en ce *dernier* jour : *car* vous savez mieux *que personne* combien d'assistances il m'a rendues à Éphèse.

CHAPITRE II.

FORTIFIEZ-VOUS donc, ô mon fils ! par la grâce qui est en Jésus-Christ.

2 Et gardant ce que vous avez appris de moi devant plusieurs témoins, donnez-le en dépôt à des hommes fidèles, qui soient eux-mêmes capables d'en instruire d'autres.

3 Souffrez constamment les peines *de votre ministère*, comme un bon soldat de Jésus-Christ.

4 Celui qui est enrôlé au service de Dieu, ne s'embarrasse point dans les affaires séculières, pour ne s'occuper qu'à plaire à celui qui l'a enrôlé.

5 Celui qui combat dans les jeux publics, n'est couronné qu'après avoir combattu selon la loi *des combattants*.

6 Un laboureur qui a bien travaillé, doit le premier avoir part à la récolte des fruits.

7 Comprenez *bien* ce que je vous dis : car le Seigneur vous donnera l'intelligence en toutes choses.

8 Souvenez-vous que *notre* Seigneur Jésus-Christ, *qui est né* de la race de David, est ressuscité d'entre les morts selon l'Évangile que je prêche ;

9 pour lequel je souffre beaucoup de maux, jusqu'à être dans les chaînes comme un scélérat : mais la parole de Dieu n'est point enchaînée.

10 C'est pourquoi j'endure tout pour l'amour des élus, afin qu'ils acquièrent aussi *bien que nous* le salut qui est en Jésus-Christ, avec la gloire du ciel.

11 C'est une vérité très-assurée, que si nous mourons avec *Jésus-Christ*, nous vivrons aussi avec lui.

12 Si nous souffrons avec lui, nous régnerons aussi avec lui. Si nous le renonçons, il nous renoncera aussi.

13 Si nous lui sommes infidèles, il ne laissera pas de demeurer fidèle : car il ne peut pas se contredire lui-même.

14 Donnez ces avertissements, et prenez-en le Seigneur à témoin. Ne vous amusez point à des disputes de paroles, qui ne sont bonnes qu'à pervertir ceux qui les écoutent.

15 Mettez-vous en état de paraître devant Dieu comme un ministre digne de son approbation, qui ne fait rien dont il ait sujet de rougir, et qui sait bien dispenser la parole de la vérité.

16 Fuyez ceux qui tiennent des discours vains et profanes : car ils croîtront de plus en plus dans l'impiété ;

17 et leur doctrine, comme la gangrène, gâtera peu à peu *ce qui est sain*. De ce nombre sont Hyménée et Philète,

18 qui se sont écartés de la vérité, en disant, que la résurrection est déjà arrivée, et qui ont *ainsi* renversé la foi de quelques-uns.

19 Mais le solide fondement de Dieu demeure ferme, ayant pour sceau cette parole : Le Seigneur connaît ceux qui sont à lui ; *et cette autre :* Que quiconque invoque le nom de *Jésus-Christ*, s'éloigne de l'iniquité.

20 Dans une grande maison il n'y a pas seulement des vases d'or et d'argent, mais il y en a aussi de bois et de terre ; et les uns sont pour des usages honnêtes, les autres pour des usages honteux.

21 Si quelqu'un donc se garde pur de ces choses, il sera un vase d'honneur, sanctifié, et propre au service du Seigneur, préparé pour toutes sortes de bonnes œuvres.

22 Fuyez les passions des jeunes gens ; et suivez la justice, la foi, la charité et la paix, avec ceux qui invoquent le Seigneur d'un cœur pur.

23 Quant aux questions *qui sont proposées* sans raison et sans sagesse, évitez-les, sachant qu'elles sont une source de contestations.

24 Or il ne faut pas que le serviteur du Seigneur s'amuse à contester ; mais il doit être modéré envers tout le monde, capable d'instruire, et patient.

25 Il doit reprendre avec douceur ceux qui résistent à la vérité, dans l'espérance que Dieu pourra leur donner un jour *l'esprit de* pénitence, pour la leur faire connaître ;

26 et qu'*ainsi* ils sortiront des pièges du diable, qui les tient captifs pour en faire ce qu'il lui plaît.

CHAPITRE III.

OR sachez que dans les derniers jours il viendra des temps fâcheux.

2 Car il y aura des hommes amoureux d'eux-mêmes, avares, glorieux, superbes, médisants, désobéissants à leurs pères et à leurs mères, ingrats, impies,

3 dénaturés, ennemis de la paix, calomniateurs, intempérants, inhumains, sans affection pour les gens de bien ;

4 traîtres, insolents, enflés d'orgueil, et plus amateurs de la volupté que de Dieu ;

5 qui auront une apparence de piété, mais qui en ruineront la vérité et l'esprit. Fuyez donc ces personnes.

6 Car de ce nombre sont ceux qui s'introduisent dans les maisons, et qui traînent après eux *comme* captives, des femmes chargées de péchés, et possédées de diverses passions ;

7 lesquelles apprennent toujours, et n'arrivent jamais jusqu'à la connaissance de la vérité.

8 Mais comme Jannès et Mambrès résistèrent à Moïse, ceux-ci de même résistent à la vérité. Ce sont des hommes corrompus dans l'esprit, et pervertis dans la foi ;

9 mais le progrès qu'ils feront, aura ses bornes : car leur folie sera connue de tout le monde, comme le fut alors celle des magiciens.

10 Quant à vous, vous savez quelle est ma doctrine, quelle est ma manière de vie, quelle est la fin que je me propose, quelle est ma foi, ma tolérance, ma charité et ma patience ;

11 quelles ont été les persécutions et les afflictions qui me sont arrivées, comme celles d'Antioche, d'Icone et de Lystre ; combien grandes ont été ces persécutions que j'ai souffertes, et *comment* le Seigneur m'a tiré de toutes.

12 Aussi tous ceux qui veulent vivre avec piété en Jésus-Christ, seront persécutés.

13 Mais les hommes méchants et les imposteurs se fortifieront de plus en plus dans le mal, étant eux-mêmes dans l'illusion, et y faisant tomber les autres.

14 Quant à vous, demeurez ferme dans les choses que vous avez apprises, et qui vous ont été confiées, sachant de qui vous les avez apprises ;

15 et *considérant* que vous avez été nourri dès votre enfance dans les lettres saintes, qui peuvent vous instruire pour le salut par la foi qui est en Jésus-Christ.

16 Toute Écriture qui est inspirée de Dieu, est utile pour instruire, pour reprendre, pour corriger, et pour conduire a la piété *et* à la justice

17 afin que l'homme de Dieu soit parfait, étant propre *et* parfaitement préparé à tout bien.

CHAPITRE IV.

JE vous conjure donc devant Dieu, et devant Jésus-Christ, qui jugera les vivants et les morts dans son avènement glorieux, et dans l'établissement de son règne,

2 d'annoncer la parole. Pressez les hommes à temps et à contre-temps ; reprenez, suppliez, menacez, sans vous lasser jamais de les tolérer et de les instruire.

3 Car il viendra un temps où les hommes ne pourront plus souffrir la saine doctrine : au contraire ayant une *extrême* démangeaison d'entendre *ce qui les flatte*, ils auront recours à une foule de docteurs *propres à satisfaire* leurs désirs ;

4 et fermant l'oreille à la vérité, ils l'ouvriront à des fables.

5 Mais pour vous, veillez *continuellement* ; souffrez constamment toutes sortes de travaux ; faites la charge d'un évangéliste ; remplissez tous les devoirs de votre ministère ; soyez sobre.

6 Car pour moi, je suis comme une victime qui a déjà reçu l'aspersion pour être sacrifiée ; et le temps de ma délivrance s'approche.

7 J'ai bien combattu ; j'ai achevé ma course ; j'ai gardé la foi.

8 Il *ne* me reste *qu'à attendre* la couronne de justice qui m'est réservée, que le Seigneur comme un juste juge me rendra en ce *grand* jour, et non-seulement à moi, mais encore à tous ceux qui aiment son avènement. Hâtez-vous de venir me trouver au plus tôt.

9 Car Démas m'a abandonné, s'étant laissé emporter à l'amour du siècle, et il s'en est allé à Thessalonique :

10 Crescens, en Galatie ; Tite, en Dalmatie.

11 Luc est seul avec moi. Prenez Marc avec vous, et amenez-le : car il peut beaucoup me servir pour le ministère *de l'Évangile.*

12 J'ai aussi envoyé Tychique à Éphèse.

13 Apportez-moi en venant le manteau que j'ai laissé à Troade, chez Carpus, et les livres, et surtout les papiers.

14 Alexandre, l'ouvrier en cuivre, m'a fait beaucoup de maux : le Seigneur lui rendra selon ses œuvres.

15 Gardez-vous de lui ; parce qu'il a fortement combattu la doctrine que nous enseignons.

16 La première fois que j'ai défendu ma cause, nul ne m'a assisté, et tous m'ont abandonné. Je prie Dieu de ne le leur point imputer.

17 Mais le Seigneur m'a assisté et m'a fortifié, afin que j'achevasse la prédication *de l'Évangile*, et que toutes les nations l'entendissent ; et j'ai été délivré de la gueule du lion.

18 Le Seigneur me délivrera de toute action mauvaise, et me sauvant me conduira dans son royaume céleste. À lui soit gloire dans les siècles des siècles ! Amen !

19 Saluez Prisque et Aquilas, et la famille d'Onésiphore.

20 Éraste est demeuré à Corinthe. J'ai laissé Trophime malade à Milet.

21 Hâtez-vous de venir avant l'hiver. Eubule, Pudens, Lin, Claudie, et tous les frères, vous saluent.

22 Que le Seigneur Jésus-Christ soit avec votre esprit ! La grâce soit avec vous tous ! Amen !

ÉPITRE DE SAINT PAUL

A

TITE.

————

CHAPITRE PREMIER.

PAUL, serviteur de Dieu, et apôtre de Jésus-Christ, pour instruire les élus de Dieu dans la foi et dans la connaissance de la vérité qui est selon la piété

2 et qui donne l'espérance de la vie éternelle que Dieu, qui ne peut mentir, a promise et *destinée* avant tous les siècles ;

3 ayant fait voir en son temps *l'accomplissement de* sa parole dans la prédication de l'Évangile, qui m'a été confiée par l'ordonnance de Dieu, notre Sauveur :

4 à Tite, son fils bien-aimé dans la foi qui nous est commune. Que Dieu le Père et Jésus-Christ, notre Sauveur, vous donnent la grâce et la paix !

5 Je vous ai laissé en Crète, afin que vous y régliez tout ce qui reste à y régler, et que vous établissiez des prêtres en chaque ville, selon l'ordre que je vous en ai donné ;

6 choisissant celui qui sera irrépréhensible, qui n'aura épousé qu'une femme, dont les enfants seront fidèles, non accusés de débauche, ni désobéissants.

7 Car il faut que l'évêque soit irréprochable, comme étant le dispensateur *et* l'économe de Dieu ; qu'il ne soit ni altier, ni colère, ni sujet au vin, ni violent *et* prompt a frapper, ni porté à un gain honteux :

8 mais qu'il aime à exercer l'hospitalité ; qu'il soit affable ; qu'il soit sobre, juste, saint, tempérant ;

9 qu'il soit fortement attaché aux vérités de la foi, telles qu'on les lui a enseignées, afin qu'il soit capable d'exhorter selon la saine doctrine, et de convaincre ceux qui s'y opposent.

10 Car il y en a plusieurs, surtout d'entre les Juifs, qui ne veulent point se soumettre, qui s'occupent à conter des fables, et qui séduisent les âmes.

11 Il faut fermer la bouche à ces personnes qui renversent les familles entières, enseignant par un intérêt honteux ce qu'on ne doit point enseigner.

12 Un d'entre ceux de cette île, dont ils se font un prophète, a dit d'eux : Les Crétois sont toujours menteurs ; ce sont de méchantes bêtes, qui n'aiment qu'à manger et à ne rien faire.

13 Ce témoignage qu'il rend d'eux, est véritable. C'est pourquoi reprenez-les fortement, afin qu'ils conservent la pureté de la foi ;

14 et qu'ils ne s'arrêtent point à des fables judaïques, et à des ordonnances de personnes qui se détournent de la vérité.

15 Or tout est pur pour ceux qui sont purs ; et rien n'est pur pour ceux qui sont impurs et infidèles ; mais leur raison et leur conscience sont impures et souillées.

16 Ils font profession de connaître Dieu ; mais ils le renoncent par leurs œuvres, étant détestables et rebelles, et inutiles à toute bonne œuvre.

CHAPITRE II.

MAIS pour vous, instruisez *votre peuple* d'une manière qui soit digne de la saine doctrine.

2 Enseignez aux vieillards à être sobres, honnêtes, modérés, et à se conserver purs dans la foi, dans la charité et dans la patience.

3 Apprenez de même aux femmes avancées en âge, à faire voir dans tout leur extérieur une sainte modestie ; à n'être ni médisantes, ni sujettes au vin ; mais à donner de bonnes instructions,

4 en inspirant la sagesse aux jeunes femmes, et en leur apprenant à aimer leurs maris et leurs enfants ;

5 à être bien réglées, chastes, sobres, attachées à leur ménage, bonnes, soumises à leurs maris ; afin que la parole de Dieu ne soit point exposée au blasphème et à la médisance.

6 Exhortez aussi les jeunes hommes à être modestes *et* bien réglés.

7 Rendez-vous vous-même un modèle de bonnes œuvres en toutes choses, dans *la pureté de* la doctrine, dans l'intégrité *des mœurs*, dans la gravité *de la conduite*.

8 Que vos paroles soient saines et irrépréhensibles, afin que nos adversaires rougissent, n'ayant aucun mal à dire de nous.

9 Exhortez les serviteurs à être bien soumis à leurs maîtres, à leur complaire en tout, à ne les point contredire ;

10 à ne détourner rien de leur bien, mais à témoigner en tout une entière fidélité : afin que leur conduite fasse révérer à tout le monde la doctrine de Dieu, notre Sauveur.

11 Car la grâce de Dieu, notre Sauveur, a paru à tous les hommes ;

12 et elle nous a appris que, renonçant à l'impiété et aux passions mondaines, nous devons vivre dans le siècle présent avec tempérance, avec justice et avec piété,

13 étant toujours dans l'attente de la béatitude que nous espérons, et de l'avènement glorieux du grand Dieu et notre Sauveur Jésus-Christ ;

14 qui s'est livré lui-même pour nous, afin de nous racheter de toute iniquité, et de nous purifier, pour se faire un peuple particulièrement consacré à son service, et fervent dans les bonnes œuvres.

15 Prêchez ces vérités ; exhortez et reprenez avec une pleine autorité. *Faites en sorte* que personne ne vous méprise.

CHAPITRE III.

AVERTISSEZ-LES d'être soumis aux princes et aux magistrats, de leur rendre obéissance, d'être prêts à faire toute sorte de bonnes œuvres ;

2 de ne médire de personne, de fuir les contentions, d'être équitables, et de témoigner toute la douceur *possible* à l'égard de tous les hommes.

3 Car nous étions aussi nous-mêmes autrefois insensés, désobéissants, égarés *du chemin de la vérité*, asservis à une infinité de passions et de voluptés, menant une vie toute pleine de malignité et d'envie, dignes d'être haïs, et nous haïssant les uns les autres.

4 Mais depuis que la bonté de Dieu, notre Sauveur, et son amour pour les hommes, a paru *dans le monde*,

5 il nous a sauvés, non à cause des œuvres de justice que nous eussions faites, mais à cause de sa miséricorde, par l'eau de la renaissance, et par le renouvellement du Saint-Esprit,

6 qu'il a répandu sur nous avec une riche effusion par Jésus-Christ, notre Sauveur ;

7 afin qu'étant justifiés par sa grâce, nous devinssions héritiers de la vie éternelle, selon l'espérance *que nous en avons*.

8 C'est une vérité très-certaine, et dans laquelle je désire que vous affermissiez *les fidèles* : Que ceux qui croient en Dieu, doivent être toujours les premiers à pratiquer les bonnes œuvres. Ce sont là des choses vraiment bonnes et utiles aux hommes.

9 Mais fuyez les questions impertinentes, les généalogies, les disputes, et les contestations de la loi ; parce qu'elles sont vaines et inutiles.

10 Évitez celui qui est hérétique, après l'avoir averti une et deux fois ;

11 sachant que quiconque est en cet état, est perverti, et qu'il pèche comme un homme qui se condamne lui-même par son propre jugement.

12 Lorsque je vous aurai envoyé Artémas, ou Tychique, ayez soin de venir promptement me trouver à Nicopolis, parce que j'ai résolu d'y passer l'hiver.

13 Envoyez devant Zénas, docteur de la loi, et Apollon ; et ayez soin qu'il ne leur manque rien.

14 Que nos frères apprennent aussi à être toujours les premiers à pratiquer les bonnes œuvres, lorsque le besoin et la nécessité le demandent, afin qu'ils ne demeurent point stériles *et* sans fruit.

15 Tous ceux qui sont avec moi, vous saluent. Saluez ceux qui nous aiment dans *l'union de* la foi. La grâce de Dieu soit avec vous tous ! Amen !

ÉPITRE DE SAINT PAUL

A

PHILÉMON.

————

PAUL, prisonnier de Jésus-Christ ; et Timothée, *son* frère : à notre cher Philémon, notre coopérateur ;

2 à notre très-chère sœur Appie ; à Archippe, le compagnon de nos combats, et a l'Église qui est en votre maison.

3 Que Dieu, notre Père, et Jésus-Christ *notre* Seigneur, vous donnent la grâce et la paix !

4 Me souvenant sans cesse de vous dans mes prières, je rends grâces à mon Dieu,

5 apprenant quelle est votre foi envers le Seigneur Jésus, et votre charité envers tous les saints ;

6 et de quelle sorte la libéralité qui naît de votre foi, éclate aux yeux de tout le monde, se faisant connaître par tant de bonnes œuvres qui se pratiquent dans votre maison pour l'amour de Jésus-Christ.

7 Car votre charité, *mon cher* frère, nous a comblés de joie et de consolation, voyant que les cœurs des saints ont reçu tant de soulagement *de votre bonté*.

8 C'est pourquoi, encore que je puisse prendre en Jésus-Christ une entière liberté de vous ordonner une chose qui est de votre devoir ;

9 néanmoins l'amour *que j'ai pour vous*, fait que j'aime mieux vous supplier, quoique je sois tel que je suis *à votre égard, c'est-à-dire*, quoique je sois Paul, et déjà vieux, et de plus maintenant prisonnier de Jésus-Christ.

10 Or la prière que je vous fais est pour mon fils Onésime, que j'ai engendré dans *mes* liens ;

11 qui vous a été autrefois inutile, mais qui vous sera maintenant très - utile, aussi bien qu'à moi.

12 Je vous le renvoie, et je vous prie de le recevoir comme mes entrailles.

13 J'avais pensé de le retenir auprès de moi, afin qu'il me rendît quelque service en votre place, dans les chaînes que je porte pour l'Évangile ;

14 mais je n'ai rien voulu faire sans votre avis, désirant que le bien que je vous propose n'ait rien de forcé, mais soit *entièrement* volontaire.

15 Car peut-être qu'il *n'*a été séparé de vous pour un temps, *qu'*afin que vous le recouvriez pour jamais,

16 non plus comme un simple esclave, mais comme celui qui d'esclave est devenu l'un de nos frères *bien-aimés*, qui m'est très-cher à moi en particulier, et qui doit vous l'être encore beaucoup plus, étant à vous et selon le monde, et selon le Seigneur.

17 Si donc vous me considérez comme étroitement uni à vous, recevez-le comme moi-même.

18 S'il vous a fait tort, ou s'il vous est redevable de quelque chose, mettez cela sur mon compte.

19 C'est moi, Paul, qui vous écris de ma main ; c'est moi qui vous le rendrai, pour ne pas vous dire que vous vous devez vous-même à moi.

20 Oui, *mon* frère, que je reçoive de vous cet avantage dans le Seigneur. Donnez-moi, au nom du Seigneur, cette sensible consolation.

21 Je vous écris ceci dans la confiance que votre soumission me donne, sachant que vous en ferez encore plus que je ne dis.

22 Je vous prie aussi de me préparer un logement. Car j'espère que Dieu me redonnera à vous encore une fois, par *le mérite de* vos prières.

23 Épaphras, qui est comme moi prisonnier pour Jésus-Christ, vous salue,

24 avec Marc, Aristarque, Démas et Luc, qui sont mes coopérateurs.

25 Que la grâce de notre Seigneur Jésus-Christ soit avec votre esprit ! Amen !

ÉPITRE DE SAINT PAUL

AUX

HÉBREUX.

————

CHAPITRE PREMIER.

DIEU ayant parlé autrefois à nos pères en divers temps et en diverses manières par les prophètes, nous a enfin parlé en ces derniers jours par son propre Fils,

2 qu'il a fait héritier de toutes choses, et par qui il a même créé les siècles.

3 Et comme il est la splendeur de sa gloire, et le caractère de sa substance, et qu'il soutient tout par la puissance de sa parole, après nous avoir purifiés de nos péchés, il est assis au plus haut du ciel à la droite de la *souveraine* Majesté,

4 étant aussi élevé au-dessus des anges, que le nom qu'il a reçu est plus excellent que le leur.

5 Car qui est l'ange à qui Dieu ait jamais dit : Vous êtes mon Fils, je vous ai engendré aujourd'hui ? Et ailleurs : Je serai son Père, et il sera mon Fils.

6 Et encore, lorsqu'il introduit son premier-né dans le monde, il dit : Que tous les anges de Dieu l'adorent.

7 Aussi, quant aux anges, *l'Écriture* dit : Dieu se sert des esprits, pour en faire ses ambassadeurs *et* ses anges ; et des flammes ardentes, pour en faire ses ministres.

8 Mais quant au Fils, *elle dit* : Votre trône, ô Dieu ! sera un trône éternel ; le sceptre de votre empire sera un sceptre d'équité.

9 Vous avez aimé la justice, et vous avez haï l'injustice ; c'est pourquoi, ô Dieu ! votre Dieu vous a sacré d'une huile de joie en une manière plus excellente que tous ceux qui participeront à votre gloire.

10 Et ailleurs : Seigneur ! vous avez créé la terre dès le commencement *du monde*, et les cieux sont l'ouvrage de vos mains :

11 ils périront, mais vous demeurerez ; ils vieilliront tous comme un vêtement,

12 et vous les changerez comme un manteau, et ils seront changés ; mais pour vous, vous serez toujours le même, et vos années ne finiront point.

13 Enfin, qui est l'ange à qui le Seigneur ait jamais dit : Asseyez-vous à ma droite, jusqu'à ce que j'aie réduit vos ennemis à vous servir de marchepied ?

14 Tous les anges ne sont-ils pas des esprits qui tiennent lieu de serviteurs *et* de ministres, étant envoyés pour exercer leur ministère en faveur de ceux qui doivent être les héritiers du salut ?

CHAPITRE II.

NOUS devons donc à proportion nous attacher avec plus de soin aux choses que nous avons entendues, pour n'être pas comme de l'eau qui s'écoule *et* se perd.

2 Car si la loi qui a été annoncée par les anges est demeurée ferme, et si tous les violements *de ses préceptes* et toutes les désobéissances ont reçu la juste punition qui leur était due ;

3 comment pourrons-nous l'éviter, si nous négligeons *l'Évangile* du véritable salut, qui ayant été premièrement annoncé par le Seigneur même, a été confirmé parmi nous par ceux qui l'ont entendu,

4 auxquels Dieu même a rendu témoignage par les miracles, par les prodiges, par les différents effets de sa puissance, et par la distribution des grâces du Saint-Esprit, qu'il a partagées comme il lui a plu ?

5 Car Dieu n'a point soumis aux anges le monde futur dont nous parlons.

6 Or quelqu'un a dit dans un endroit de l'Écriture : Qu'est-ce que l'homme, pour mériter votre souvenir ? et qu'est-ce que le Fils de l'homme, pour être honoré de votre visite ?

7 Vous l'avez rendu pour un peu de temps inférieur aux anges : vous l'avez couronné de gloire et d'honneur ; vous lui avez donné l'empire sur les ouvrages de vos mains ;

8 vous lui avez assujetti *et* mis sous ses pieds toutes choses. Or en *disant* qu'il lui a assujetti toutes choses, il n'a rien laissé qui ne lui soit assujetti ; et cependant nous ne voyons pas encore que tout lui soit assujetti.

9 Mais nous voyons que Jésus, qui avait été rendu pour un peu de temps inférieur aux anges, a été couronné de gloire et d'honneur, à cause de la mort qu'il a soufferte ; Dieu par sa bonté ayant voulu qu'il mourût pour tous.

10 Car il était bien digne *de Dieu*, pour qui et par qui sont toutes choses, que voulant conduire à la gloire plusieurs enfants, il consommât *et* perfectionnât par les souffrances celui qui devait être le chef *et* l'auteur de leur salut.

11 Aussi celui qui sanctifie, et ceux qui sont sanctifiés, viennent tous d'un même principe. C'est pourquoi il ne rougit point de les appeler *ses* frères,

12 en disant : J'annoncerai votre nom à mes frères ; je chanterai vos louanges au milieu de l'assemblée *de votre peuple.*

13 Et ailleurs : Je mettrai ma confiance en lui. Et en un autre lieu : Me voici, avec les enfants que Dieu m'a donnés.

14 Comme donc les enfants sont d'une nature *mortelle*, composée de chair et de sang, c'est pour cela que lui-même a pris aussi cette même nature, afin de détruire par sa mort celui qui était le prince de la mort, c'est-à-dire, le diable ;

15 et de mettre en liberté ceux que la crainte de la mort tenait dans une continuelle servitude pendant leur vie.

16 Car il ne s'est pas rendu le libérateur des anges, mais il s'est rendu le libérateur de la race d'Abraham.

17 C'est pourquoi il a fallu qu'il fût en tout semblable à ses frères, pour être envers Dieu un pontife compatissant et fidèle en son ministère, afin d'expier les péchés du peuple.

18 Car c'est des peines et des souffrances mêmes, par lesquelles il a été tenté *et* éprouvé, qu'il tire la vertu et la force de secourir ceux qui sont aussi tentés.

CHAPITRE III.

VOUS donc, *mes* saints frères, qui avez part à la vocation céleste, considérez Jésus, qui *est* l'apôtre et le pontife de la religion que nous professons ;

2 qui est fidèle à celui qui l'a établi dans cette charge, comme Moïse lui a été fidèle en toute sa maison.

3 Car il a été jugé digne d'une gloire d'autant plus grande que celle de Moïse, que celui qui a bâti la maison, est plus estimable que la maison même :

4 car il n'y a point de maison qui n'ait été bâtie par quelqu'un. Or celui qui est l'architecte *et* le créateur de toutes choses, est Dieu.

5 Quant à Moïse, il a été fidèle dans toute la maison de Dieu, comme un serviteur *envoyé* pour annoncer *au peuple* tout ce qu'il lui était ordonné de dire.

6 Mais *Jésus*-Christ, comme le Fils, a *l'autorité* sur sa maison ; et c'est nous qui sommes sa maison, pourvu que nous conservions jusqu'à la fin une ferme confiance, et une attente pleine de joie des biens que nous espérons.

7 C'est pour cela que le Saint-Esprit a dit : Si vous entendez aujourd'hui sa voix,

8 n'endurcissez point vos cœurs, comme *il arriva* au temps du murmure qui excita ma colère, et au jour de la tentation dans le désert,

9 où vos pères me tentèrent, où ils voulurent éprouver ma puissance, et où ils virent les grandes choses que je fis.

10 J'ai supporté ce peuple avec peine *et* avec dégoût durant quarante ans, et j'ai dit *en moi-même* : Ils se laissent toujours emporter à l'égarement de leur cœur, ils ne connaissent point mes voies ;

11 c'est pourquoi je leur ai juré dans ma colère, qu'ils n'entreront point dans *le lieu de* mon repos.

12 Prenez *donc* garde, *mes* frères, que quelqu'un de vous ne tombe dans un dérèglement de cœur, et dans une incrédulité qui le sépare du Dieu vivant.

13 Mais *plutôt* exhortez-vous chaque jour les uns les autres, pendant que dure ce temps que *l'Écriture* appelle, Aujourd'hui ; de peur que quelqu'un de vous, étant séduit par le péché, ne tombe dans l'endurcissement.

14 Car il est vrai que nous sommes entrés dans la participation de *Jésus*-Christ ; mais à condition toutefois de conserver inviolablement jusqu'à la fin le commencement de l'être nouveau qu'il a mis en nous ;

15 pendant que l'on *nous* dit : Aujourd'hui si vous entendez sa voix, n'endurcissez pas vos cœurs, comme il arriva au temps du murmure qui excita ma colère.

16 Car quelques-uns l'ayant entendue, irritèrent *Dieu* par leurs murmures ; mais cela n'arriva pas à tous ceux que Moïse avait fait sortir de l'Égypte.

17 Or qui sont ceux que Dieu supporta avec peine *et* avec dégoût durant quarante ans, sinon ceux qui avaient péché, dont les corps demeurèrent étendus dans le désert ?

18 Et qui sont ceux à qui Dieu jura qu'ils n'entreraient jamais dans son repos, sinon ceux qui n'obéirent pas *à sa parole* ?

19 En effet, nous voyons qu'ils ne purent y entrer à cause de leur incrédulité.

CHAPITRE IV.

CRAIGNONS donc que, négligeant la promesse qui nous est faite d'entrer dans le repos de Dieu, il n'y ait quelqu'un d'entre vous qui en soit exclu.

2 Car on nous l'a annoncée aussi bien qu'à eux ; mais la parole qu'ils entendirent, ne leur servit de rien, n'étant pas accompagnée de la foi dans ceux qui l'avaient entendue.

3 Pour nous qui avons cru, nous entrerons en ce repos, dont il est dit : C'est pourquoi j'ai juré dans ma colère qu'ils n'entreront point dans mon repos. Et *Dieu parle du repos* qui suivit l'accomplissement de ses ouvrages dans la création du monde :

4 car l'Écriture dit en quelque lieu, parlant du septième jour : Dieu se reposa le septième jour, après avoir achevé toutes ses œuvres.

5 Et il est dit encore ici : Ils n'entreront point dans mon repos.

6 Puisqu'il faut donc que quelques-uns y entrent, et que ceux à qui la parole en fut premièrement portée, n'y sont point entrés à cause de leur infidélité ;

7 Dieu détermine encore un jour particulier, *qu'il appelle* Aujourd'hui, en disant tant de temps après par David, ainsi que je

viens de dire : Aujourd'hui si vous entendez sa voix, n'endurcissez pas vos cœurs.

8 Car si Josué les avait établis dans ce repos, l'Écriture n'aurait jamais parlé d'un autre jour postérieur.

9 Il y a donc encore un sabbat *et* un repos réservé au peuple de Dieu.

10 Car celui qui est entré dans le repos de Dieu, se repose aussi lui-même en cessant de travailler, comme Dieu *s'est reposé* après ses ouvrages.

11 Efforçons-nous donc d'entrer dans ce repos, de peur que quelqu'un ne tombe dans une désobéissance semblable à celle de ces incrédules.

12 Car la parole de Dieu est vivante et efficace, et elle perce plus qu'une épée à deux tranchants : elle entre et pénètre jusque dans les replis de l'âme et de l'esprit, jusque dans les jointures et dans les moëlles ; et elle démêle les pensées et les mouvements du cœur.

13 Nulle créature ne lui est cachée : car tout est à nu et à découvert devant les yeux de celui de qui nous parlons.

14 Ayant donc pour grand pontife Jésus, Fils de Dieu, qui est monté au plus haut des cieux, demeurons fermes dans la foi dont nous avons fait profession.

15 Car le pontife que nous avons, n'est pas tel qu'il ne puisse compatir à nos faiblesses ; mais il a éprouvé comme nous toutes sortes de tentations *et* d'épreuves, hormis le péché.

16 Allons donc nous présenter avec confiance devant le trône de la grâce, afin d'y recevoir miséricorde, et d'y trouver le secours de sa grâce dans nos besoins.

CHAPITRE V.

CAR tout pontife étant pris d'entre les hommes, est établi pour les hommes en ce qui regarde le culte de Dieu, afin qu'il offre des dons et des sacrifices pour les péchés ;

2 et qu'il puisse être touché d'une juste compassion pour ceux qui pèchent par ignorance et par erreur, comme étant lui-même environné de faiblesse :

3 et c'est ce qui l'oblige à offrir le sacrifice de l'expiation des péchés aussi bien pour lui-même que pour le peuple.

4 Or nul ne s'attribue à soi-même cet honneur ; mais il faut y être appelé de Dieu, comme Aaron.

5 Ainsi *Jésus*-Christ ne s'est point élevé de lui-même à la dignité de souverain pontife ; mais *il l'a reçue* de celui qui lui a dit : Vous êtes mon Fils, je vous ai engendré aujourd'hui

6 Selon qu'il lui dit aussi, dans un autre endroit : Vous êtes le prêtre éternel selon l'ordre de Melchisédech.

7 Aussi durant les jours de sa chair, ayant offert avec un grand cri et avec larmes ses prières et ses supplications à celui qui pouvait le tirer de la mort, il a été exaucé à cause de son humble respect *pour son Père.*

8 Et quoiqu'il fût le Fils de Dieu, il n'a pas laissé d'apprendre l'obéissance par tout ce qu'il a souffert ;

9 et étant entré dans la consommation *de sa gloire,* il est devenu l'auteur du salut éternel pour tous ceux qui lui obéissent,

10 Dieu l'ayant déclaré pontife selon l'ordre de Melchisédech.

11 Sur quoi nous aurions beaucoup de choses à dire, qui sont difficiles à expliquer à cause de votre lenteur *et* de votre peu d'application pour les entendre.

12 Car au lieu que depuis le temps qu'on vous instruit, vous devriez *déjà être* maîtres, vous auriez encore besoin qu'on vous apprît les premiers éléments par où l'on commence à expliquer la parole de Dieu ; et vous êtes devenus comme des personnes à qui l'on ne devrait donner que du lait, et non une nourriture solide.

13 Or quiconque n'est nourri que de lait, est incapable d'entendre les discours de la *parfaite* justice, comme étant encore enfant.

14 Mais la nourriture solide est pour les parfaits, *c'est-à-dire,* pour ceux dont l'esprit par une habitude *et* un long exercice s'est accoutumé à discerner le bien et le mal.

CHAPITRE VI.

QUITTANT donc les instructions que l'on donne à ceux qui ne font que commencer à croire en *Jésus*-Christ, passons à ce qu'il y a de plus parfait, sans nous arrêter à établir de nouveau *ce qui n'est que* le fondement *de la religion, comme est* la pénitence des œuvres mortes, la foi en Dieu,

2 et ce qu'on enseigne touchant les baptêmes, l'imposition des mains, la résurrection des morts, et le jugement éternel.

3 Et c'est aussi ce que nous ferons, si Dieu le permet.

4 Car il est impossible que ceux qui ont été une fois éclairés, qui ont goûté le don du ciel, qui ont été rendus participants du Saint-Esprit,

5 qui se sont nourris de la sainte parole de Dieu et *de l'espérance* des grandeurs du siècle à venir,

6 et qui après cela sont tombés ; *il est impossible, dis-je,* qu'ils se renouvellent par la pénitence, parce qu'autant qu'il est en eux, ils crucifient de nouveau le Fils de Dieu, et l'exposent à l'ignominie.

7 Car lorsqu'une terre étant souvent abreuvée des eaux de la pluie qui y tombe, produit des herbages propres à ceux qui la cultivent, elle reçoit la bénédiction de Dieu.

8 Mais quand une terre *ne* produit *que* des ronces et des épines, elle est en aversion à *son maître,* elle est menacée de sa malédiction, et à la fin il y met le feu.

9 Or nous avons une meilleure opinion de vous et de votre salut, *mes chers frères,* quoique nous parlions de cette sorte.

10 Car Dieu n'est pas injuste, pour oublier vos bonnes œuvres, et la charité que vous avez témoignée par les assistances que vous avez rendues en son nom, et que vous rendez encore aux saints.

11 Or nous souhaitons que chacun de vous fasse paraître jusqu'à la fin le même zèle, afin que votre espérance soit accomplie ;

12 et que vous ne soyez pas lents *et* paresseux, mais que vous vous rendiez les imitateurs de ceux qui par leur foi et par leur patience sont devenus les héritiers des promesses.

13 Car Dieu, dans la promesse qu'il fit à Abraham, n'ayant point de plus grand que lui par qui il pût jurer, jura par lui-même,

14 et lui dit ensuite : Assurez-vous que je vous comblerai de bénédictions, et que je multiplierai votre race *à l'infini.*

15 Et ainsi ayant attendu avec patience, il a obtenu *l'effet de cette* promesse.

16 Car comme les hommes jurent par celui qui est plus grand qu'eux, et que le serment est la plus grande assurance qu'ils puissent donner pour terminer tous leurs différends ;

17 Dieu, voulant aussi faire voir avec plus de certitude aux héritiers de la promesse la fermeté immuable de sa résolution, a ajouté le serment *à sa parole :*

18 afin qu'étant appuyés sur ces deux choses inébranlables, par lesquelles il est impossible que Dieu nous trompe, nous ayons une puissante consolation, nous qui avons mis notre refuge dans la recherche *et* l'acquisition des biens qui nous sont proposés par l'espérance ;

19 laquelle sert à notre âme comme d'une ancre ferme et assurée, et qui pénètre jusqu'au *sanctuaire qui est au* dedans du voile,

20 où Jésus *comme* précurseur est entré pour nous, ayant été établi pontife éternel selon l'ordre de Melchisédech.

CHAPITRE VII.

CAR ce Melchisédech, roi de Salem, et prêtre du Dieu très-haut, qui vint au-devant d'Abraham, lorsqu'il retournait de la défaite des rois, et qui le bénit,

2 auquel aussi Abraham donna la dîme de tout ce qu'il avait pris ; qui s'appelle premièrement, selon l'interprétation de son nom, Roi de justice, puis Roi de Salem, c'est-à-dire, Roi de paix ;

3 qui est sans père, sans mère, sans généalogie ; qui n'a ni commencement ni fin de sa vie, étant ainsi l'image du Fils de Dieu, demeure prêtre pour toujours.

4 Considérez donc combien grand il doit être, puisque le patriarche même Abraham lui donna la dîme de ses dépouilles.

5 Aussi ceux qui étant de la race de Lévi entrent dans le sacerdoce, ont droit, selon la loi, de prendre la dîme du peuple, c'est-à-dire, de leurs frères, quoique ceux-ci soient sortis d'Abraham aussi bien qu'eux.

6 Mais celui qui n'a point de place dans leur généalogie, a pris la dîme d'Abraham, et a béni celui à qui les promesses ont été faites.

7 Or il est sans contredit que celui qui reçoit la bénédiction, est inférieur à celui qui la lui donne.

8 En effet, dans la loi ceux qui reçoivent la dîme sont des hommes mortels ; au lieu que celui qui la reçoit ici, n'est représenté *que* comme vivant.

9 Et *de plus* Lévi, qui reçoit la dîme des autres, l'a payée lui-même, pour ainsi dire, en la personne d'Abraham ;

10 puisqu'il était encore dans Abraham, son aïeul, lorsque Melchisédech vint au devant de ce patriarche.

11 Si le sacerdoce de Lévi, sous lequel le peuple a reçu la loi, avait pu rendre les hommes justes *et* parfaits, qu'aurait-il été besoin qu'il se levât un autre prêtre, qui fût appelé prêtre selon l'ordre de Melchisédech, et non pas selon l'ordre d'Aaron ?

12 Or le sacerdoce étant changé, il faut nécessairement que la loi soit aussi changée.

13 En effet celui dont ces choses ont été prédites, est d'une autre tribu, dont nul n'a jamais servi à l'autel ;

14 puisqu'il est certain que Notre-Seigneur est sorti de Juda, qui est une tribu à laquelle Moïse n'a jamais attribué le sacerdoce.

15 Et ceci paraît encore plus clairement en ce qu'il se lève un autre prêtre selon l'ordre de Melchisédech,

16 qui n'est point établi par la loi d'une ordonnance *et d'une succession* charnelle, mais par la puissance de sa vie immortelle ;

17 ainsi que l'Écriture le déclare par ces mots : Vous êtes le prêtre éternel selon l'ordre de Melchisédech.

18 Car la première ordonnance *touchant le sacerdoce* est abolie comme impuissante et inutile :

19 parce que la loi ne conduit personne à une parfaite *justice* ; mais une meilleure espérance, par laquelle nous nous approchons de Dieu, a été substituée en sa place.

20 Et autant *qu'il est constant* que ce sacerdoce n'a pas été établi sans serment ;

21 (car au lieu que les autres prêtres ont été établis sans serment, celui-ci l'a été avec serment, Dieu lui ayant dit : Le Seigneur a juré, et son serment demeurera immuable, que vous serez le prêtre éternel *selon l'ordre de Melchisédech ;*)

22 autant *est-il vrai que* l'alliance dont Jésus est le médiateur *et* le garant, est plus parfaite *que la première.*

23 Aussi y a-t-il eu *autrefois successivement* plusieurs prêtres, parce que la mort les empêchait de l'être toujours.

24 Mais comme celui-ci demeure éternellement, il possède un sacerdoce qui est éternel.

25 C'est pourquoi il peut sauver pour toujours ceux qui s'approchent de Dieu par son entremise, étant toujours vivant pour intercéder pour nous.

26 Car il était bien raisonnable que nous eussions un pontife comme celui-ci, saint, innocent, sans tache, séparé des pécheurs, et plus élevé que les cieux ;

27 qui ne fût point obligé comme les autres pontifes à offrir tous les jours des victimes, premièrement pour ses propres péchés, et ensuite pour ceux du peuple ; ce qu'il a fait une fois en s'offrant lui-même.

28 Car la loi établit pour pontifes des hommes faibles ; mais la parole *de Dieu*, confirmée par le serment qu'il a fait depuis la loi, établit pour pontife le Fils, qui est saint *et* parfait pour jamais.

CHAPITRE VIII.

MAIS *ce qui met* le comble à tout ce que nous venons de dire, *c'est que* le pontife que nous avons est si grand, qu'il est assis dans le ciel à la droite du trône de la *souveraine* Majesté ;

2 étant le ministre du sanctuaire, et de ce véritable tabernacle que Dieu a dressé, et non pas un homme.

3 Car tout pontife est établi pour offrir à Dieu des dons et des victimes : c'est pourquoi il est nécessaire que celui-ci ait aussi quelque chose qu'il puisse offrir.

4 Si donc c'était *quelqu'une des choses qui sont* sur la terre, il n'aurait point *du tout* été prêtre, y en ayant *déjà* pour offrir des dons selon la loi,

5 et qui rendent en effet à Dieu le culte qui consiste en des figures et des ombres des choses du ciel ; ainsi que Dieu dit à Moïse, lorsqu'il devait dresser le tabernacle : Ayez soin de faire tout selon le modèle qui vous en a été montré sur la montagne.

6 Au lieu que le nôtre a reçu une sacrificature d'autant plus excellente, qu'il est le médiateur d'une meilleure alliance, et qui est établie sur de meilleures promesses.

7 Car s'il n'y avait eu rien de défectueux à la première alliance, il n'y aurait pas eu lieu d'y en substituer une seconde.

8 Et cependant Dieu parle ainsi, en blâmant ceux qui l'avaient reçue : Il viendra un temps, dit le Seigneur, où je ferai une nouvelle alliance avec la maison d'Israël et avec la maison de Juda ;

9 non selon l'alliance que j'ai faite avec leurs pères, au jour où je les pris par la main pour les faire sortir de l'Égypte : car ils ne sont point demeurés dans cette alliance que j'avais faite avec eux ; et c'est pourquoi je les ai méprisés, dit le Seigneur.

10 Mais voici l'alliance que je ferai avec la maison d'Israël, après que ce temps-là sera venu, dit le Seigneur : J'imprimerai mes lois dans leur esprit, et je les écrirai dans leur cœur ; et je serai leur Dieu, et ils seront mon peuple ;

11 et chacun d'eux n'aura plus besoin d'enseigner son prochain et son frère, en disant, Connaissez le Seigneur ; parce que tous me connaîtront depuis le plus petit jusqu'au plus grand.

12 Car je leur pardonnerai leurs iniquités, et je ne me souviendrai plus de leurs péchés.

13 En appelant *cette alliance* une alliance nouvelle, il a montré que la première se passait *et* vieillissait : or ce qui se passe *et* vieillit, est proche de sa fin.

CHAPITRE IX.

CETTE première *alliance* a eu aussi des lois *et* des règlements touchant le culte de Dieu, et un sanctuaire terrestre.

2 Car dans le tabernacle qui fut dressé, il y avait une première partie où était le chandelier, la table, et les pains de proposition, et *cette partie* s'appelait, le Saint.

3 Après le second voile était le tabernacle, appelé, le Saint des saints ;

4 où il y avait un encensoir d'or, et l'arche de l'alliance toute couverte d'or, dans laquelle était une urne d'or pleine de manne, la verge d'Aaron, qui avait fleuri, et les *deux* tables de l'alliance.

5 Au-dessus de l'arche il y avait des chérubins *pleins* de gloire, qui couvraient le propitiatoire *de leurs ailes*. Mais ce n'est pas ici le lieu de parler de tout ceci en détail.

6 Or ces choses étant ainsi disposées, les prêtres entraient en tout temps dans le premier tabernacle, lorsqu'ils étaient dans l'exercice des fonctions sacerdotales ;

7 mais il n'y avait que le seul pontife qui entrât dans le second, et seulement une fois l'année, non sans y porter du sang qu'il offrait pour ses propres ignorances, et pour celles du peuple :

8 le Saint-Esprit nous montrant par là, que la voie du *vrai* sanctuaire n'était point encore découverte, pendant que le premier tabernacle subsistait.

9 Et cela même était l'image de ce qui se passait en ce temps-là, pendant lequel on offrait des dons et des victimes, qui ne pouvaient rendre *juste et* parfaite la conscience de ceux qui rendaient à Dieu ce culte ;

10 puisqu'ils ne consistaient qu'en des viandes, en des breuvages, en diverses ablutions et en des cérémonies charnelles, et qu'ils n'avaient été imposés que jusqu'au temps où *cette loi* serait corrigée.

11 Mais *Jésus*-Christ, le pontife des biens futurs, étant venu dans le monde, est entré une seule fois dans le sanctuaire, par un tabernacle plus grand et plus excellent, qui n'a point été fait de main d'homme, c'est-à-dire, qui n'a point été formé par la voie commune *et* ordinaire ;

12 et il y est entré, non avec le sang des boucs et des veaux, mais avec son propre sang, *nous* ayant acquis une rédemption éternelle.

13 Car si le sang des boucs et des taureaux, et l'aspersion de *l'eau mêlée* avec la cendre d'une génisse, sanctifie ceux qui ont été souillés, en leur donnant une pureté *extérieure et* charnelle ;

14 combien plus le sang de *Jésus*-Christ, qui par le Saint-Esprit s'est offert lui-même à Dieu comme une victime sans tache, purifiera-t-il notre conscience des œuvres mortes, pour nous faire rendre un *vrai* culte au Dieu vivant !

15 C'est pourquoi il est le médiateur du testament nouveau, afin que par la mort *qu'il a soufferte* pour expier les iniquités qui se commettaient sous le premier testament, ceux qui sont appelés *de Dieu*, reçoivent l'héritage éternel qu'il leur a promis.

16 Car où il y a un testament, il est nécessaire que la mort du testateur intervienne ;

17 parce que le testament n'a lieu que par la mort, n'ayant point de force tant que le testateur est encore en vie.

18 C'est pourquoi le premier même ne fut confirmé qu'avec le sang.

19 Car Moïse ayant récité devant tout le peuple toutes les ordonnances de la loi, prit du sang des veaux et des boucs, avec de l'eau, de la laine teinte en écarlate, et de l'hysope, et en jeta sur le livre même et sur tout le peuple,

20 en disant : C'est le sang du testament *et de l'alliance* que Dieu a faite en votre faveur.

21 Il jeta encore du sang sur le tabernacle et sur tous les vases qui servaient au culte *de Dieu*.

22 Et selon la loi, presque tout se purifie avec le sang, et les péchés ne sont point remis sans effusion de sang.

23 Il était donc nécessaire que ce qui n'était que la figure des choses célestes, fût purifié par le sang des animaux ; mais que les célestes mêmes le fussent par des victimes plus excellentes que n'ont été les premières.

24 Car Jésus-*Christ* n'est point entré dans ce sanctuaire fait de main d'homme, qui n'était que la figure du véritable ; mais *il est entré* dans le ciel même, afin de se présenter maintenant pour nous devant la face de Dieu.

25 Et il n'y est pas aussi entré pour s'offrir soi-même plusieurs fois, comme le grand prêtre entre tous les ans dans le sanctuaire, en portant un sang étranger, *et non le sien propre*.

26 Car autrement il aurait fallu qu'il eût souffert plusieurs fois depuis la création du monde : au lieu qu'il n'a paru qu'une fois, vers la fin des siècles, pour abolir le péché, en s'offrant lui-même pour victime.

27 Et comme il est arrêté que les hommes meurent une fois, et qu'ensuite ils soient jugés :

28 ainsi *Jésus*-Christ a été offert une fois pour effacer les péchés de plusieurs ; et la seconde fois il apparaîtra sans avoir *plus* rien du péché, pour le salut de ceux qui l'attendent.

CHAPITRE X.

CAR la loi n'ayant que l'ombre des biens à venir, et non l'image même des choses, ne peut jamais, par l'oblation des mêmes hosties qui s'offrent toujours chaque année, rendre *justes et* parfaits ceux qui s'approchent *de l'autel*.

2 Autrement on aurait cessé de les offrir ; parce que ceux qui rendent ce culte *à Dieu*, n'auraient plus senti leur conscience chargée de péché, en ayant été une fois purifiés.

3 Et cependant on y parle de nouveau tous les ans de péchés.

4 Car il est impossible que le sang des taureaux et des boucs ôte les péchés.

5 C'est pourquoi *le Fils de Dieu*, entrant dans le monde, dit : Vous n'avez point voulu d'hostie, ni d'oblation ; mais vous m'avez formé un corps.

6 Vous n'avez point agréé les holocaustes, *ni les sacrifices* pour le péché ;

7 alors j'ai dit : Me voici ; je viens, selon qu'il est écrit de moi dans le livre, pour faire, ô Dieu ! votre volonté.

8 Après avoir dit, Vous n'avez point voulu, et vous n'avez point agréé les hosties, les oblations, les holocaustes *et les sacrifices* pour le péché, qui sont toutes choses qui s'offrent selon la loi ;

9 il ajoute ensuite : Me voici ; je viens pour faire, ô Dieu ! votre volonté. Il abolit ces premiers sacrifices pour établir le second.

10 Et c'est cette volonté *de Dieu* qui nous a sanctifiés par l'oblation du corps de Jésus-Christ, qui a été faite une seule fois.

11 Aussi, au lieu que tous les prêtres se présentent tous les jours *à Dieu*, sacrifiant et offrant plusieurs fois les mêmes hosties, qui ne peuvent jamais ôter les péchés :

12 celui-ci ayant offert une seule hostie pour les péchés, il est assis pour toujours à la droite de Dieu,

13 où il attend ce qui reste *à accomplir* : que ses ennemis soient réduits à lui servir de marchepied.

14 Car par une seule oblation, il a rendu parfaits pour toujours ceux qu'il a sanctifiés.

15 Et c'est ce que le Saint-Esprit nous a déclaré lui-même : car après avoir dit,

16 Voici l'alliance que je ferai avec eux, après que ce temps-là sera arrivé, dit le Seigneur, J'imprimerai mes lois dans leur cœur, et je les écrirai dans leur esprit ;

17 *il ajoute* : Et je ne me souviendrai plus de leurs péchés, ni de leurs iniquités.

18 Or quand les péchés sont remis, on n'a plus besoin d'oblation pour les péchés.

19 C'est pourquoi, *mes* frères, puisque nous avons la liberté d'entrer avec confiance dans le sanctuaire par le sang de *Jésus*-Christ,

20 *en suivant* cette voie nouvelle et vivante qu'il nous a le premier tracée par l'*ouverture du* voile, c'est-à-dire, *de sa chair*,

21 et que nous avons un grand prêtre qui est établi sur la maison de Dieu ;

22 approchons-nous *de lui* avec un cœur vraiment sincère, et avec une pleine foi, ayant le cœur purifié *des souillures* de la mauvaise conscience par une aspersion *intérieure*, et le corps lavé dans l'eau pure :

23 demeurons fermes et inébranlables dans la profession que nous avons faite d'espérer *ce qui nous a été promis* ; puisque celui qui nous l'a promis est très-fidèle dans ses promesses ;

24 et considérons-nous les uns les autres, afin de nous entr'exciter à la charité et aux bonnes œuvres ;

25 ne nous retirant point des assemblées des fidèles, comme quelques-uns ont accoutumé de faire ; mais nous exhortant les uns les autres, d'autant plus que vous voyez que le jour s'approche.

26 Car si nous péchons volontairement après avoir reçu la connaissance de la vérité, il n'y a plus désormais d'hostie pour les péchés ;

27 mais *il ne reste qu'*une attente effroyable du jugement, et l'ardeur d'un feu jaloux qui doit dévorer les ennemis *de Dieu*.

28 Celui qui a violé la loi de Moïse, est condamné à mort sans miséricorde, sur la déposition de deux ou trois témoins ;

29 combien donc croyez-vous que celui-là sera jugé digne d'un plus grand supplice, qui aura foulé aux pieds le Fils de Dieu ; qui aura tenu pour une chose vile *et* profane le sang de l'alliance par lequel il avait été sanctifié, et qui aura fait outrage à l'Esprit de la grâce ?

30 Car nous savons qui est celui qui a dit : La vengeance m'est réservée, et je saurai bien la faire, *dit le Seigneur*. Et ailleurs : Le Seigneur jugera son peuple.

31 C'est une chose terrible que de tomber entre les mains du Dieu vivant.

32 Or rappelez en votre mémoire ce premier temps où, après avoir été illuminés *par le baptême*, vous avez soutenu de grands combats au milieu de diverses afflictions ;

33 ayant été d'une part exposés devant tout le monde aux injures et aux mauvais traitements ; et de l'autre, ayant été compagnons de ceux qui ont souffert de semblables indignités.

34 Car vous avez compati à ceux qui étaient dans les chaînes, et vous avez vu avec joie tous vos biens pillés, sachant que vous aviez d'autres biens plus excellents, et qui ne périront jamais.

35 Ne perdez donc pas la confiance que vous avez, et qui doit être récompensée d'un grand prix.

36 Car la patience vous est nécessaire, afin que faisant la volonté de Dieu, vous puissiez obtenir les biens qui vous sont promis.

37 Encore un peu de temps, et celui qui doit venir, viendra, et ne tardera pas.

38 Or le juste qui m'appartient, *dit le Seigneur*, vivra de la foi. Que s'il se retire, il ne me sera pas agréable.

39 Mais quant à nous, nous n'avons garde de nous retirer en perdant courage, ce qui serait notre ruine ; mais nous demeurons fermes dans la foi pour le salut de nos âmes.

CHAPITRE XI.

OR la foi est ce qui *nous* rend présentes les choses qu'on espère, et ce qui nous convainc de celles qu'on ne voit point.

2 C'est par la foi que les anciens *pères* ont reçu *de Dieu* un témoignage *si avantageux*.

3 C'est par la foi que nous savons que le monde a été fait par la parole de Dieu, et que tout ce qui est visible a été formé, n'y ayant rien auparavant que d'invisible.

4 C'est par la foi qu'Abel offrit à Dieu une hostie plus excellente que *celle de* Caïn, et qu'il est déclaré juste, Dieu lui-même rendant témoignage *qu'il a accepté* ses dons ; c'est à cause de sa foi qu'il parle encore après sa mort.

5 C'est par la foi qu'Énoch a été enlevé du monde, afin qu'il ne mourût pas ; en sorte qu'on ne l'y a plus vu, parce que Dieu l'avait transporté *ailleurs*. Car l'Écriture lui rend ce témoignage, qu'avant d'avoir été ainsi enlevé, il plaisait à Dieu.

6 Or il est impossible de plaire à Dieu sans la foi : car pour s'approcher de Dieu, il faut croire premièrement qu'il y a un Dieu, et qu'il récompensera ceux qui le cherchent.

7 C'est par la foi que Noé, ayant été divinement averti *de ce qui devait arriver*, et appréhendant ce qu'on ne voyait point encore, bâtit l'arche pour sauver sa famille, et en la bâtissant condamna le monde, et devint héritier de la justice qui naît de la foi.

8 C'est par la foi que celui qui reçut depuis le nom d'Abraham, obéit en s'en allant dans la terre qu'il devait recevoir pour héritage, et qu'il partit sans savoir où il allait.

9 C'est par la foi qu'il demeura dans la terre qui lui avait été promise, comme dans une terre étrangère, habitant sous des tentes avec Isaac et Jacob, qui devaient être héritiers avec lui de cette promesse.

10 Car il attendait cette cité bâtie sur un *ferme* fondement, de laquelle Dieu même est le fondateur et l'architecte.

11 C'est aussi par la foi que Sara étant stérile, reçut la vertu de concevoir un enfant, lorsqu'elle n'était plus en âge d'en avoir ; parce qu'elle crut fidèle *et* véritable celui qui le lui avait promis.

12 C'est pourquoi il est sorti d'un homme seul, et qui était *déjà* comme mort, *une postérité* aussi nombreuse que les étoiles du ciel, et que le sable innombrable qui est sur le bord de la mer.

13 Tous ces *saints* sont morts dans la foi, n'ayant point reçu les biens que Dieu leur avait promis ; mais les voyant et *comme* les saluant de loin, et confessant qu'ils étaient étrangers et voyageurs sur la terre.

14 Car ceux qui parlent de la sorte, font bien voir qu'ils cherchent leur patrie.

15 S'ils avaient eu dans l'esprit celle dont ils étaient sortis, ils avaient assez de temps pour y retourner ;

16 mais ils en désiraient une meilleure, qui est la patrie céleste. Aussi Dieu ne rougit point d'être appelé leur Dieu, parce qu'il leur a préparé une cité.

17 C'est par la foi qu'Abraham offrit Isaac, lorsque Dieu voulut le tenter : car c'était son fils unique qu'il offrait, lui qui avait reçu les promesses *de Dieu*,

18 et à qui il avait été dit : La race qui portera votre nom, est celle qui naîtra d'Isaac.

19 *Mais* il pensait en lui-même, que Dieu pourrait bien le ressusciter après sa mort ; et ainsi il le recouvra *comme d'entre les morts*, en figure *de la résurrection de Jésus-Christ*.

20 C'est par la foi qu'Isaac donna à Jacob et à Esaü une bénédiction qui regardait l'avenir.

21 C'est par la foi que Jacob mourant bénit chacun des enfants de Joseph, et qu'il s'inclina profondément devant le bâton de *commandement que portait* son fils.

22 C'est par la foi que Joseph mourant parla de la sortie des enfants d'Israël *hors de l'Égypte*, et qu'il ordonna qu'on en transportât ses os.

23 C'est par la foi qu'après que Moïse fut né, son père et sa mère le tinrent caché durant trois mois, ayant vu dans cet enfant une beauté *extraordinaire*, et qu'ils n'appréhendèrent point l'édit du roi.

24 C'est par la foi que lorsque Moïse fut devenu grand, il renonça à la qualité de fils de la fille de Pharaon ;

25 et qu'il aima mieux être affligé avec le peuple de Dieu, que de jouir du plaisir si court qui se trouve dans le péché ;

26 jugeant que l'ignominie de *Jésus*-Christ était un plus grand trésor que toutes les richesses de l'Égypte, parce qu'il envisageait la récompense.

27 C'est par la foi qu'il quitta l'Égypte sans craindre la fureur du roi : car il demeura ferme *et* constant, comme s'il eût vu l'Invisible.

28 C'est par la foi qu'il célébra la pâque, et qu'il fit l'aspersion du sang *de l'agneau*, afin que l'ange qui tuait tous les premiers-nés, ne touchât point aux Israélites.

29 C'est par la foi qu'ils passèrent à pied sec la mer Rouge : au lieu que les Égyptiens, ayant voulu tenter le même passage, furent engloutis par les eaux.

30 C'est par la foi que les murailles de Jéricho tombèrent par terre, après qu'on en eut fait le tour pendant sept jours.

31 C'est par la foi que Rahab, qui était une femme débauchée, ayant sauvé les espions *de Josué*, qu'elle avait reçus chez elle, ne fut point enveloppée dans la ruine des incrédules.

32 Que dirai-je davantage ? Le temps me manquera, si je veux parler encore de Gédéon, de Barac, de Samson, de Jephté, de David, de Samuel et des prophètes ;

33 qui par la foi ont conquis les royaumes, ont accompli les devoirs de la justice *et de la vertu*, ont reçu l'effet des promesses, ont fermé la gueule des lions,

34 ont arrêté la violence du feu, ont évité le tranchant des épées, ont été guéris de leurs maladies, ont été remplis de force *et* de courage dans les combats, ont mis en fuite les armées des étrangers ;

35 et ont rendu aux femmes leurs enfants, les ayant ressuscités après leur mort. Les uns ont été cruellement tourmentés, ne voulant point racheter *leur vie présente*, afin d'en trouver une meilleure dans la résurrection.

36 Les autres ont souffert les moqueries et les fouets, les chaînes et les prisons.

37 Ils ont été lapidés, ils ont été sciés ; ils ont été éprouvés *en toute manière* ; ils sont morts par le tranchant de l'épée ; ils étaient vagabonds, couverts de peaux de brebis et de peaux de chèvres, étant abandonnés, affligés, persécutés,

38 eux dont le monde n'était pas digne ; *et ils ont passé leur vie* errant dans les déserts et dans les montagnes, et se retirant dans les antres et dans les cavernes de la terre.

39 Cependant toutes ces personnes, à qui l'Écriture rend un témoignage si avantageux à cause de leur foi, n'ont point reçu la récompense promise ;

40 Dieu ayant voulu, par une faveur particulière qu'il nous a faite, qu'ils ne reçussent qu'avec nous l'accomplissement de leur bonheur.

CHAPITRE XII.

PUIS donc que nous sommes environnés d'une si grande nuée de témoins, dégageons-nous de tout le poids *de la douleur* qui nous abat, et *des pièges* du péché qui nous assiège, et courons par la patience dans cette carrière qui nous est ouverte ;

2 jetant les yeux sur Jésus, *comme sur* l'auteur et le consommateur de la foi, qui au lieu de la vie tranquille *et* heureuse dont il pouvait jouir, a souffert la croix en méprisant la honte *et* l'ignominie, et maintenant est assis à la droite du trône de Dieu.

3 Pensez donc en vous-mêmes à celui qui a souffert une si grande contradiction de la part des pécheurs *qui se sont élevés* contre lui, afin que vous ne vous découragiez point, et que vous ne tombiez pas dans l'abattement.

4 Car vous n'avez pas encore résisté jusqu'à répandre votre sang, en combattant contre le péché.

5 Et avez-vous oublié cette exhortation, qui s'adresse à vous comme aux enfants *de Dieu* : Mon fils, ne négligez pas le châtiment dont le Seigneur vous corrige, et ne vous laissez pas abattre lorsqu'il vous reprend :

6 car le Seigneur châtie celui qu'il aime, et il frappe de verges tous ceux qu'il reçoit au nombre de ses enfants.

7 Ne vous lassez donc point de souffrir ; Dieu vous traite *en cela* comme ses enfants. Car qui est l'enfant qui ne soit point châtié par son père ?

8 Et si vous n'êtes point châtiés, tous les autres l'ayant été, vous n'êtes donc pas du nombre des enfants, mais des bâtards.

9 Si nous avons eu du respect pour les pères de notre corps, lorsqu'ils nous ont châtiés, combien plus devons-nous être soumis à celui qui est le Père des esprits, afin de jouir de la vie ?

10 Car quant à nos pères, ils nous châtiaient comme il leur plaisait, par rapport à une vie qui dure peu ; mais Dieu nous châtie autant qu'il est utile, pour nous rendre participants de sa sainteté.

11 Or tout châtiment, lorsqu'on le reçoit, semble être un sujet de tristesse, et non de joie ; mais ensuite il fait recueillir en paix les fruits de la justice à ceux qui auront été ainsi exercés.

12 Relevez donc *vos* mains languissantes, et *fortifiez vos* genoux affaiblis.

13 Conduisez vos pas par des voies droites, afin que, s'il y en a quelqu'un qui soit chancelant, il ne s'égare pas *du chemin*, mais plutôt qu'il se redresse.

14 Tâchez d'avoir la paix avec tout le monde, et *de vivre dans* la sainteté, sans laquelle nul ne verra Dieu ;

15 en prenant garde que quelqu'un ne manque à la grâce de Dieu ; que quelque racine amère poussant en haut ses rejetons, n'empêche *la bonne semence*, et ne souille l'âme de plusieurs ;

16 qu'il ne se trouve quelque fornicateur, ou quelque profane, comme Esaü, qui vendit son droit d'aînesse pour un seul repas.

17 Car vous savez qu'ayant depuis désiré d'avoir comme *premier* héritier la bénédiction *de son père*, il fut rejeté, et ne put lui faire changer de résolution, quoiqu'il l'en eût conjuré avec larmes.

18 Considérez donc que vous ne vous êtes pas maintenant approchés d'une montagne sensible *et* terrestre, et d'un feu brûlant, d'un nuage obscur *et* ténébreux, des tempêtes *et* des éclairs ;

19 du son d'une trompette, et du bruit d'une voix, qui était telle que ceux qui l'entendirent, supplièrent qu'on ne leur parlât plus.

20 Car ils ne pouvaient porter la rigueur de cette menace : Que si une bête même touchait la montagne, elle serait lapidée.

21 Et Moïse dit lui-même : Je suis tout tremblant et tout effrayé ; tant ce qui paraissait était terrible.

22 Mais vous vous êtes approchés de la montagne de Sion, de la ville du Dieu vivant, de la Jérusalem céleste, d'une troupe innombrable d'anges,

23 de l'assemblée *et* de l'Église des premiers-nés, qui sont écrits dans le ciel ; de Dieu, qui est le juge de tous ; des esprits des justes, qui sont dans la gloire ;

24 de Jésus, qui est le médiateur de la nouvelle alliance, et de ce sang dont on a fait l'aspersion, et qui parle plus avantageusement que *celui d'*Abel.

25 Prenez garde de ne pas mépriser celui qui vous parle. Car si ceux qui ont méprisé celui qui leur parlait sur la terre, n'ont pu échapper *la punition*, nous pourrons bien moins l'éviter, si nous rejetons celui qui nous parle du ciel ;

26 lui dont la voix alors ébranla la terre, et qui a fait pour le temps où nous sommes une nouvelle promesse, en disant : J'ébranlerai encore une fois, non-seulement la terre, mais aussi le ciel.

27 Or en disant, Encore une fois, il déclare qu'il fera cesser les choses muables, comme étant faites *pour un temps*, afin qu'il ne demeure que celles qui sont pour toujours.

28 C'est pourquoi, commençant déjà à posséder ce royaume qui n'est sujet à aucun changement, conservons la grâce par laquelle nous puissions rendre à Dieu un culte qui lui soit agréable, étant accompagné de respect et d'une *sainte* frayeur :

29 car notre Dieu est un feu dévorant.

CHAPITRE XIII.

CONSERVEZ toujours la charité envers vos frères.

2 Ne négligez pas d'exercer l'hospitalité : car c'est en la pratiquant que quelques-uns ont reçu pour hôtes des anges, sans le savoir.

3 Souvenez-vous de ceux qui sont dans les chaînes, comme si vous étiez vous-mêmes enchaînés avec eux ; et de ceux qui sont affligés, comme étant vous-mêmes dans un corps *mortel*.

4 Que le mariage, soit traité de tous avec honnêteté, et que le lit nuptial soit sans tache : car Dieu condamnera les fornicateurs et les adultères.

5 Que votre vie soit exempte d'avarice ; soyez contents de ce que vous avez, puisque *Dieu* dit lui-même : Je ne vous laisserai point, et ne vous abandonnerai point.

6 C'est pourquoi nous disons avec confiance : Le Seigneur est mon secours ; je ne craindrai point ce que les hommes pourront me faire.

7 Souvenez-vous de vos conducteurs, qui vous ont prêché la parole de Dieu ; et considérant quelle a été la fin de leur vie, imitez leur foi.

8 Jésus-Christ était hier, il est aujourd'hui, et il sera le même dans tous les siècles.

9 Ne vous laissez point emporter à une diversité d'opinions et à des doctrines étrangères. Car il est bon d'affermir son cœur par la grâce, au lieu *de s'appuyer sur* des *discernements de* viandes, qui n'ont point servi à ceux qui les ont observés.

10 Nous avons un autel dont les ministres du tabernacle n'ont pas pouvoir de manger.

11 Car les corps des animaux dont le sang est porté par le pontife dans le sanctuaire pour l'expiation du péché, sont brûlés hors le camp.

12 Et c'est pour cette raison que Jésus, devant sanctifier le peuple par son propre sang, a souffert hors la porte *de la ville*.

13 Sortons donc aussi hors le camp, et allons à lui en portant l'ignominie de sa croix.

14 Car nous n'avons point ici de ville permanente ; mais nous cherchons celle où nous devons habiter un jour.

15 Offrons donc par lui sans cesse à Dieu une hostie de louange ; c'est-à-dire, le fruit des lèvres qui rendent gloire à son nom.

16 Souvenez-vous d'exercer la charité, et de faire part de vos biens aux autres : car c'est par de semblables hosties qu'on se rend Dieu favorable.

17 Obéissez à vos conducteurs, et soyez soumis à leur autorité : car ce sont eux qui veillent pour *le bien* de vos âmes, comme devant *en rendre compte : soyez leur donc soumis*, afin qu'ils s'acquittent de ce devoir avec joie, et non en gémissant ; ce qui ne vous serait pas avantageux.

18 Priez pour nous : car nous osons dire que notre conscience ne nous reproche rien, n'ayant point d'autre désir que de nous conduire saintement en toutes choses.

19 Et je vous conjure avec une nouvelle instance de le faire, afin que Dieu me rende plus tôt à vous.

20 Que le Dieu de paix, qui a ressuscité d'entre les morts Jésus-Christ notre Seigneur, qui par le sang du testament éternel est devenu le grand Pasteur des brebis,

21 vous rende disposés à toute bonne œuvre, afin que vous fassiez sa volonté, lui-même faisant en vous ce qui lui est agréable par Jésus-Christ, auquel soit gloire dans les siècles des siècles ! Amen !

22 Je vous supplie, *mes* frères, d'agréer ce que je vous ai dit pour vous consoler, ne vous ayant écrit qu'en peu de mots.

23 Sachez que notre frère Timothée est en liberté ; et s'il vient bientôt, j'irai vous voir avec lui.

24 Saluez *de ma part* tous ceux qui vous conduisent, et tous les saints. Nos frères d'Italie vous saluent.

25 Que la grâce soit avec vous tous ! Amen !

ÉPITRE CATHOLIQUE

DE

SAINT JACQUES.

————

CHAPITRE PREMIER.

JACQUES, serviteur de Dieu et de notre Seigneur Jésus-Christ : aux douze tribus qui sont dispersées : Salut !

2 Mes frères, considérez comme le sujet d'une très-grande joie les diverses afflictions qui vous arrivent ;

3 sachant que l'épreuve de votre foi produit la patience.

4 Or la patience doit être parfaite dans ses œuvres, afin que vous soyez vous-mêmes parfaits et accomplis en toute manière, et qu'il ne vous manque rien.

5 Si quelqu'un de vous manque de sagesse, qu'il la demande à Dieu, qui donne à tous libéralement sans reprocher *ses dons* ; et la sagesse lui sera donnée.

6 Mais qu'il la demande avec foi, sans aucun doute. Car celui qui doute est semblable au flot de la mer, qui est agité et emporté çà et là par la violence du vent.

7 Il ne faut donc pas que celui-là s'imagine qu'il obtiendra quelque chose du Seigneur.

8 L'homme qui a l'esprit partagé, est inconstant en toutes ses voies.

9 Que celui d'entre *nos* frères qui est d'une condition basse, se glorifie de sa *véritable* élévation.

10 Et au contraire, que celui qui est riche, *se confonde* dans son *véritable* abaissement, parce qu'il passera comme la fleur de l'herbe.

11 Car *comme* au lever d'un soleil brûlant, l'herbe se sèche, la fleur tombe, *et* perd toute sa beauté ; ainsi le riche séchera *et* se flétrira dans ses voies.

12 Heureux celui qui souffre patiemment les tentations *et* les maux, parce que, lorsque sa vertu aura été éprouvée, il recevra la couronne de vie que Dieu a promise à ceux qui l'aiment.

13 Que nul ne dise, lorsqu'il est tenté, que c'est Dieu qui le tente : car Dieu est incapable de tenter, et de pousser personne au mal.

14 Mais chacun est tenté par sa propre concupiscence, qui l'emporte et qui l'attire *dans le mal*.

15 Et ensuite quand la concupiscence a conçu, elle enfante le péché ; et le péché étant accompli, engendre la mort.

16 Ne vous y trompez donc pas, mes chers frères.

17 Toute grâce excellente et tout don parfait vient d'en haut, et descend du Père des lumières, qui ne peut recevoir ni de changement, ni d'ombre, par aucune révolution.

18 C'est lui qui par sa volonté nous a engendrés par la parole de la vérité ; afin que nous fussions comme les prémices de ses créatures.

19 Ainsi, mes chers frères, que chacun *de vous* soit prompt à écouter, lent à parler, et lent à se mettre en colère.

20 Car la colère de l'homme n'accomplit point la justice de Dieu.

21 C'est pourquoi, renonçant à toutes productions impures et superflues du péché, recevez avec docilité la parole qui a été entée *en vous*, et qui peut sauver vos âmes.

22 Ayez soin d'observer *cette* parole, et ne vous contentez pas de l'écouter en vous séduisant vous-mêmes.

23 Car celui qui écoute la parole sans la pratiquer, est semblable à un homme qui jette les yeux sur son visage naturel, *qu'il voit* dans un miroir ;

24 et qui après y avoir jeté les yeux, s'en va, et oublie à l'heure même quel il était.

25 Mais celui qui considère exactement la loi parfaite, *qui est celle* de la liberté, et qui s'y rend attentif, celui-là n'écoutant pas seulement pour oublier aussitôt, mais faisant ce qu'il écoute, trouvera son bonheur dans ce qu'il fait.

26 Si quelqu'un *d'entre vous* se croit être religieux, et ne retient pas sa langue comme avec un frein, mais séduit lui-même son cœur, sa religion *est* vaine *et* infructueuse.

27 La religion *et* la piété pure et sans tache aux yeux de Dieu, *notre* Père, consiste à visiter les orphelins et les veuves dans leur affliction, et à se conserver pur *de la corruption* du siècle présent.

CHAPITRE II.

MES frères, ne faites point acception de personnes, vous qui avez la foi de la gloire de notre Seigneur Jésus-Christ.

2 Car s'il entre dans votre assemblée un homme qui ait un anneau d'or et un habit magnifique, et qu'il y entre aussi quelque pauvre avec un méchant habit ;

3 et qu'arrêtant votre vue sur celui qui est magnifiquement vêtu, vous lui disiez, *en lui présentant une place honorable*, Asseyez-vous ici ; et que vous disiez au pauvre, Tenez-vous là debout, ou asseyez-vous à mes pieds :

4 n'est-ce pas là faire différence en vous-mêmes entre l'un et l'autre, et suivre des pensées injustes dans le jugement que vous en faites ?

5 Écoutez, mes chers frères : Dieu n'a-t-il pas choisi ceux qui étaient pauvres dans ce monde, *pour être* riches dans la foi, et héritiers du royaume qu'il a promis à ceux qui l'aiment ?

6 Et vous, au contraire, vous déshonorez le pauvre. Ne sont-ce pas les riches qui vous oppriment par leur puissance ? Ne sont-ce pas eux qui vous traînent devant le tribunal de la justice ?

7 Ne sont-ce pas eux qui déshonorent le nom auguste de *Christ*, d'où vous avez tiré le vôtre ?

8 Si vous accomplissez la loi royale en suivant *ce précepte* de l'Écriture, Vous aimerez votre prochain comme vous-mêmes ; vous faites bien.

9 Mais si vous avez égard à la condition des personnes, vous commettez un péché, et vous êtes condamnés par la loi comme en étant les violateurs.

10 Car quiconque ayant gardé toute la loi, la viole en un seul point, est coupable comme l'ayant toute violée :

11 puisque celui qui a dit, Ne commettez point d'adultère ; ayant dit aussi, Ne tuez point ; si vous tuez, quoique vous ne commettiez pas d'adultère, vous êtes violateur de la loi.

12 Réglez donc vos paroles et vos actions comme devant être jugés par la loi de la liberté.

13 Car celui qui n'aura point fait miséricorde, sera jugé sans miséricorde ; mais la miséricorde s'élèvera au-dessus *de la rigueur* du jugement.

14 Mes frères, que servira-t-il à quelqu'un de dire qu'il a la foi, s'il n'a point les œuvres ? La foi pourra-t-elle le sauver ?

15 Si un de vos frères ou une de vos sœurs n'ont point de quoi se vêtir, et qu'ils manquent de ce qui leur est nécessaire chaque jour pour vivre ;

16 et que quelqu'un d'entre vous leur dise, Allez en paix, je vous souhaite de quoi vous garantir du froid et de quoi manger ; sans leur donner néanmoins ce qui est nécessaire à leur corps ; à quoi *leur* serviront vos paroles ?

17 Ainsi la foi qui n'a point les œuvres, est morte en elle-même.

18 On pourra donc dire *à celui-là* : Vous avez la foi, et moi j'ai les œuvres : montrez-moi votre foi qui est sans œuvres ; et moi je vous montrerai ma foi par mes œuvres.

19 Vous croyez qu'il n'y a qu'un Dieu : vous faites bien ; mais les démons le croient aussi, et ils tremblent.

20 Mais voulez-vous savoir, ô homme vain ! que la foi *qui est* sans les œuvres, est morte ?

21 Notre père Abraham ne fut-il pas justifié par les œuvres, lorsqu'il offrit son fils Isaac sur l'autel ?

22 Ne voyez-vous pas que sa foi était jointe à ses œuvres, et que sa foi fut consommée par ses œuvres ?

23 et qu'ainsi cette parole de l'Écriture fut accomplie : Abraham crut ce que Dieu lui avait dit, et *sa foi* lui fut imputée à justice ; et il fut appelé ami de Dieu.

24 Vous voyez donc que c'est par les œuvres que l'homme est justifié, et non pas seulement par la foi.

25 Rahab aussi, cette femme débauchée, ne fut-elle pas justifiée de même par les œuvres, en recevant chez elle les espions *de Josué*, et les renvoyant par un autre chemin ?

26 Car comme le corps est mort *lorsqu'il est* sans âme ; ainsi la foi est morte *lorsqu'elle est* sans œuvres.

CHAPITRE III.

MES frères, qu'il n'y ait point parmi vous tant de gens qui se mêlent d'enseigner : car vous devez savoir que par là on s'expose à un jugement plus sévère.

2 En effet nous faisons tous beaucoup de fautes ; et si quelqu'un ne fait point de faute en parlant, c'est un homme parfait ; il peut tenir tout le corps en bride.

3 Ne voyez-vous pas que nous mettons des mors dans la bouche des chevaux, afin qu'ils nous obéissent, et qu'ainsi nous faisons tourner tout leur corps où nous voulons ?

4 Ne voyez-vous pas aussi, qu'encore que les vaisseaux soient si grands, et qu'ils soient poussés par des vents impétueux, ils sont tournés néanmoins de tous côtés avec un très-petit gouvernail, selon la volonté du pilote qui les conduit ?

5 Ainsi la langue n'est qu'une petite partie du corps ; et cependant combien peut-elle se vanter *de faire* de grandes choses ! Ne voyez-vous pas combien un petit feu est capable d'allumer de bois ?

6 La langue aussi est un feu : c'est un monde d'iniquité ; et n'étant qu'un de nos membres, elle infecte tout notre corps ; elle enflamme tout le cercle et tout le cours de notre vie, et est elle-même enflammée du feu de l'enfer.

7 Car la nature de l'homme est capable de dompter, et a dompté en effet toutes sortes d'animaux, les bêtes de la terre, les oiseaux, les reptiles, et les poissons de la mer.

8 Mais nul homme ne peut dompter la langue : c'est un mal inquiet *et* intraitable ; elle est pleine d'un venin mortel.

9 Par elle nous bénissons Dieu, notre Père ; et par elle nous maudissons les hommes qui sont créés à l'image de Dieu.

10 La bénédiction et la malédiction partent de la même bouche. Ce n'est pas ainsi, mes frères, qu'il faut agir.

11 Une fontaine jette-t-elle par une même ouverture de l'eau douce et de l'eau amère ?

12 Mes frères, un figuier peut-il porter des raisins, ou une vigne des figues ? Ainsi nulle *fontaine d'eau* salée ne peut jeter de l'eau douce.

13 Y a-t-il quelqu'un *qui passe pour* sage et *pour* savant entre vous, qu'il fasse paraître ses œuvres dans la suite d'une bonne vie, avec une sagesse pleine de douceur.

14 Mais si vous avez dans le cœur une amertume de jalousie et un esprit de contention, ne vous glorifiez point *faussement d'être sages*, et ne mentez point contre la vérité.

15 Ce n'est point là la sagesse qui vient d'en haut ; mais c'est une sagesse terrestre, animale et diabolique.

16 Car où il y a de la jalousie et un esprit de contention, il y a aussi du trouble et toute sorte de mal.

17 Mais la sagesse qui vient d'en haut, est premièrement chaste, puis amie de la paix, modérée *et* équitable, docile, susceptible de tout bien, pleine de miséricorde et des fruits de bonnes œuvres ; elle ne juge point ; elle n'est point dissimulée.

18 Or les fruits de la justice se sèment dans la paix, par ceux qui font des œuvres de paix.

CHAPITRE IV.

D'OÙ viennent les guerres et les procès entre vous ? n'est-ce pas de vos passions qui combattent dans votre chair ?

2 Vous êtes pleins de désirs, et vous n'avez pas *ce que vous désirez* ; vous tuez, et vous êtes jaloux, et vous ne pouvez obtenir *ce que vous voulez* ; vous plaidez, et vous faites la guerre *les uns contre les autres*, et vous n'avez pas néanmoins *ce que vous tâchez d'avoir* ; parce que vous ne le demandez pas *à Dieu*.

3 Vous demandez, et vous ne recevez point ; parce que vous demandez mal, pour avoir de quoi satisfaire à vos passions.

4 *Âmes* adultères ! ne savez-vous pas que l'amour de ce monde est une inimitié contre Dieu ? et que par conséquent, quiconque voudra être ami de ce monde, se rend ennemi de Dieu ?

5 Pensez-vous que l'Écriture dise en vain : L'Esprit qui habite en vous, *vous* aime d'un amour de jalousie ?

6 Mais aussi il donne une plus grande grâce. C'est pourquoi il dit : Dieu résiste aux superbes, et donne sa grâce aux humbles.

7 Soyez donc assujettis à Dieu ; résistez au diable, et il s'enfuira de vous.

8 Approchez-vous de Dieu, et il s'approchera de vous. Lavez vos mains, pécheurs ; et purifiez vos cœurs, vous qui avez l'âme double *et* partagée.

9 Affligez-vous vous-mêmes ; soyez dans le deuil et dans les larmes : que votre ris se change en pleurs, et votre joie en tristesse.

10 Humiliez-vous en présence du Seigneur, et il vous élèvera.

11 *Mes* frères, ne parlez point mal les uns des autres. Celui qui parle contre son frère, et qui juge son frère, parle contre la loi, et juge la loi. Si vous jugez la loi, vous n'en êtes plus observateur, mais *vous vous en rendez* le juge.

12 Il n'y a qu'un Législateur et qu'un Juge, qui peut sauver et qui peut perdre. Mais vous, qui êtes-vous pour juger votre prochain ?

13 Je m'adresse maintenant à vous qui dites, Nous irons aujourd'hui, ou demain, à une telle ville, nous demeurerons là un an, nous y trafiquerons, nous y gagnerons beaucoup ;

14 quoique vous ne sachiez pas même ce qui arrivera demain.

15 Car qu'est-ce que votre vie, sinon une vapeur qui paraît pour un peu de temps, et qui disparaît ensuite ? Au lieu que vous devriez dire : S'il plaît au Seigneur, et si nous vivons, nous ferons telle ou telle chose.

16 Et vous, au contraire, vous vous élevez dans vos pensées présomptueuses. Toute cette présomption est mauvaise.

17 Celui-là donc est coupable de péché, qui sachant le bien qu'il doit faire, ne le fait pas.

MAIS vous, riches, pleurez ; poussez des cris *et* comme des hurlements, dans la vue des misères qui doivent fondre sur vous.

2 La pourriture consume les richesses que vous gardez ; les vers mangent les vêtements que vous avez en réserve.

3 La rouille gâte l'or et l'argent que vous cachez, et cette rouille s'élèvera en témoignage contre vous, et dévorera votre chair comme un feu. C'est là le trésor de colère que vous vous amassez pour les derniers jours.

4 Sachez que le salaire que vous faites perdre aux ouvriers qui ont fait la récolte de vos champs, crie *contre vous*, et que leurs cris sont montés jusqu'aux oreilles du Dieu des armées.

5 Vous avez vécu sur la terre dans les délices et dans le luxe ; vous vous êtes engraissés comme *des victimes préparées* pour le jour du sacrifice.

6 Vous avez condamné et tué le juste, sans qu'il vous ait fait de résistance.

7 Mais vous, *mes* frères, persévérez dans la patience jusqu'à l'avènement du Seigneur. Vous voyez que le laboureur, dans l'espérance de recueillir le fruit précieux de la terre, attend patiemment *que Dieu envoie* les pluies de la première et de l'arrière-saison.

8 Soyez ainsi patients, et affermissez vos cœurs : car l'avènement du Seigneur est proche.

9 Ne poussez point de plaintes *et* de cris les uns contre les autres ; afin que vous ne soyez point condamnés. Voila le juge qui est à la porte.

10 Prenez, *mes* frères, pour exemple de patience dans les afflictions, les prophètes qui ont parlé au nom du Seigneur.

11 Vous voyez que nous appelons heureux, ceux qui ont souffert avec patience. Vous avez appris quelle a été la patience de Job ; et vous avez vu la fin du Seigneur : car le Seigneur est plein de compassion et de miséricorde.

12 Mais avant toutes choses, mes frères, ne jurez ni par le ciel, ni par la terre, ni par quelque autre chose que ce soit ; mais contentez-vous de dire, Cela est ; ou, Cela n'est pas ; afin que vous ne soyez point condamnés.

13 Quelqu'un parmi vous est-il dans la tristesse, qu'il prie. Est-il dans la joie, qu'il chante de *saints* cantiques.

14 Quelqu'un parmi vous est-il malade, qu'il appelle les prêtres de l'Église, et qu'ils prient sur lui, l'oignant d'huile au nom du Seigneur.

15 Et la prière de la foi sauvera le malade ; le Seigneur le soulagera ; et s'il a commis des péchés, ils lui seront remis.

16 Confessez vos fautes l'un à l'autre, et priez l'un pour l'autre, afin que vous soyez guéris : car la fervente prière du juste peut beaucoup.

17 Élie était un homme sujet comme nous à toutes les misères de la vie ; et cependant ayant prié Dieu avec une grande ferveur afin qu'il ne plût point, il cessa de pleuvoir sur la terre durant trois ans et demi.

18 Et ayant prié de nouveau, le ciel donna de la pluie, et la terre produisit son fruit.

19 Mes frères, si l'un d'entre vous s'égare *du chemin* de la vérité, et que quelqu'un l'y fasse rentrer,

20 qu'il sache que celui qui convertira un pécheur et le retirera de son égarement, sauvera une âme de la mort, et couvrira la multitude de ses péchés.

PREMIÈRE ÉPÎTRE

DE

SAINT PIERRE.

CHAPITRE PREMIER.

PIERRE, apôtre de Jésus-Christ : aux fidèles qui sont étrangers, et disperses dans les provinces du Pont, de la Galatie, de la Cappadoce, de l'Asie, et de la Bithynie ;

2 qui sont élus, selon la prescience de Dieu le Père, pour recevoir la sanctification du Saint-Esprit, pour obéir à Jésus-Christ, et pour être arrosés de son sang. Que Dieu vous comble de plus en plus de sa grâce et de sa paix !

3 Béni soit Dieu, le Père de notre Seigneur Jésus-Christ, qui, selon la grandeur de sa miséricorde, nous a régénérés par la résurrection de Jésus-Christ d'entre les morts, pour *nous donner* une vive espérance,

4 et *nous conduire* à cet héritage où rien ne peut ni se détruire, ni se corrompre, ni se flétrir, et qui vous est réservé dans les cieux,

5 à vous que la vertu de Dieu garde par la foi, pour vous faire jouir du salut, qui doit être découvert à la fin des temps.

6 C'est ce qui doit vous transporter de joie, supposé même qu'il faille que, pendant cette vie qui est si courte, vous soyez affligés de plusieurs maux :

7 afin que votre foi ainsi éprouvée, étant beaucoup plus précieuse que l'or qui est éprouvé par le feu, se trouve digne de louange, d'honneur et de gloire, lorsque Jésus-Christ paraîtra ;

8 lui que vous aimez, quoique vous ne l'ayez point vu ; et en qui vous croyez, quoique vous ne le voyiez point encore maintenant : ce qui vous fait tressaillir d'une joie ineffable et pleine de gloire,

9 et remporter le salut de vos âmes, *comme* la fin *et* le prix de votre foi.

10 C'est ce salut, dans la connaissance duquel les prophètes, qui ont prédit la grâce qui vous était réservée, ont désiré de pénétrer, l'ayant recherché avec grand soin ;

11 et ayant examiné dans cette recherche en quel temps et en quelle conjoncture l'Esprit de *Jésus*-Christ, qui les instruisait de l'avenir, leur marquait que devaient arriver les souffrances de *Jésus*-Christ, et la gloire qui devait les suivre ;

12 il leur fut révélé, que ce n'était pas pour eux-mêmes, mais pour vous, qu'ils étaient ministres *et* dispensateurs de ces choses que ceux qui vous ont prêché l'Évangile par le Saint-Esprit envoyé du ciel, vous ont maintenant annoncées, et que les anges mêmes désirent de pénétrer.

13 C'est pourquoi, ceignant les reins de votre âme, et vivant dans la tempérance, attendez avec une espérance parfaite la grâce qui vous sera donnée lorsque Jésus-Christ paraîtra.

14 Évitez, comme des enfants obéissants, de devenir semblables à ce que vous étiez autrefois, lorsque dans votre ignorance vous vous abandonniez à vos passions.

15 Mais soyez saints en toute la conduite de votre vie, comme celui qui vous a appelés est saint ;

16 selon qu'il est écrit : Soyez saints, parce que je suis saint.

17 Et puisque vous invoquez comme votre Père celui qui, sans avoir égard à la différence des personnes, juge chacun selon ses œuvres, ayez soin de vivre dans la crainte durant le temps que vous demeurez comme étrangers sur la terre ;

18 sachant que ce n'a point été par des choses corruptibles, comme l'or ou l'argent, que vous avez été rachetés de l'illusion où vous viviez à l'exemple de vos pères ;

19 mais par le précieux sang de *Jésus*-Christ, comme de l'Agneau sans tache et sans défaut,

20 qui avait été prédestiné avant la création du monde, et qui a été manifesté dans les derniers temps pour l'amour de vous,

21 qui par lui croyez en Dieu ; lequel l'a ressuscité d'entre les morts, et l'a comblé de gloire, afin que vous missiez votre foi et votre espérance en Dieu.

22 Rendez vos âmes pures par une obéissance d'amour, et que l'affection sincère que vous aurez pour vos frères, vous donne une attention continuelle à vous témoigner les uns aux autres une tendresse qui vienne du fond du cœur ;

23 ayant été régénérés, non d'une semence corruptible, mais d'une *semence* incorruptible, par la parole de Dieu, qui vit et subsiste éternellement.

24 Car toute chair est comme l'herbe, et toute la gloire de l'homme est comme la fleur de l'herbe : l'herbe se sèche, et la fleur tombe ;

25 mais la parole du Seigneur demeure éternellement. Et c'est cette parole qui vous a été annoncée par l'Évangile.

CHAPITRE II.

VOUS étant donc dépouillés de toute sorte de malice, de tromperie, de dissimulation, d'envies et de médisances,

2 comme des enfants nouvellement nés, désirez ardemment le lait spirituel et tout pur ; afin qu'il vous fasse croître pour le salut :

3 si toutefois vous avez goûté combien le Seigneur est doux.

4 Et vous approchant de lui, comme de la pierre vivante que les hommes avaient rejetée, mais que Dieu a choisie et mise en honneur ;

5 entrez vous-mêmes aussi dans la structure de l'édifice, comme étant des pierres vivantes, pour composer une maison spirituelle, et un ordre de saints prêtres, afin d'offrir à Dieu des sacrifices spirituels qui lui soient agréables par Jésus-Christ.

6 C'est pourquoi il est dit dans l'Écriture : Je vais mettre en Sion celui qui est la principale pierre de l'angle, pierre choisie et précieuse ; et quiconque croira en lui, ne sera point confondu.

7 Cette pierre est donc une source d'honneur pour vous qui croyez ; mais pour les incrédules, la pierre que les architectes ont rejetée, et qui néanmoins est devenue la tête de l'angle,

8 leur est une pierre contre laquelle ils se heurtent, et une pierre qui les fait tomber, eux qui se heurtent contre la parole, par une incrédulité à laquelle ils ont été abandonnés.

9 Mais quant à vous, vous êtes la race choisie, l'ordre des prêtres-rois, la nation sainte, le peuple conquis ; afin que vous publiiez les grandeurs de celui qui vous a appelés des ténèbres à son admirable lumière ;

10 vous qui autrefois n'étiez point son peuple, mais qui maintenant êtes le peuple de Dieu ; vous qui n'aviez point reçu miséricorde, mais qui maintenant avez reçu miséricorde.

11 Je vous exhorte, *mes* bien-aimés, de vous abstenir, comme étrangers et voyageurs *que vous êtes*, des désirs charnels qui combattent contre l'âme.

12 Conduisez-vous parmi les gentils d'une manière sainte ; afin qu'au lieu qu'ils médisent de vous, comme si vous étiez des méchants, les bonnes œuvres qu'ils vous verront faire, les portent à rendre gloire à Dieu au jour de sa visite.

13 Soyez donc soumis, pour *l'amour de* Dieu, à toutes sortes de personnes, soit au roi, comme au souverain ;

14 soit aux gouverneurs, comme à ceux qui sont envoyés de sa part pour punir ceux qui font mal, et pour traiter favorablement ceux qui font bien.

15 Car c'est là la volonté de Dieu, que par votre bonne vie vous fermiez la bouche aux hommes ignorants et insensés ;

16 étant libres, non pour vous servir de votre liberté comme d'un voile qui couvre vos mauvaises actions, mais pour agir en serviteurs de Dieu.

17 Rendez à tous l'honneur *qui leur est dû* ; aimez vos frères ; craignez Dieu ; honorez le roi.

18 Serviteurs, soyez soumis à vos maîtres avec toute sorte de respect ; non-seulement à ceux qui sont bons et doux, mais même à ceux qui sont rudes et fâcheux.

19 Car ce qui est agréable *à Dieu*, est que dans la vue de lui plaire nous endurions les maux *et* les peines qu'on nous fait souffrir avec injustice.

20 En effet, quel sujet de gloire aurez-vous, si c'est pour vos fautes que vous endurez de mauvais traitements ? Mais si en faisant bien, vous les souffrez avec patience, c'est là ce qui est agréable à Dieu.

21 Car c'est à quoi vous avez été appelés, puisque même *Jésus-*Christ a souffert pour nous, vous laissant un exemple, afin que vous marchiez sur ses pas ;

22 lui qui n'avait commis aucun péché, et de la bouche duquel nulle parole trompeuse n'est jamais sortie.

23 Quand on l'a chargé d'injures, il n'a point répondu par des injures ; quand on l'a maltraité, il n'a point fait de menaces : mais il s'est livré entre les mains de celui qui le jugeait injustement.

24 C'est lui-même qui a porté nos péchés dans son corps sur la croix ; afin qu'étant morts au péché, nous vivions à la justice. C'est par ses meurtrissures et par ses plaies, que vous avez été guéris.

25 Car vous étiez comme des brebis égarées ; mais maintenant vous êtes retournés au Pasteur et à l'Évêque de vos âmes.

CHAPITRE III.

QUE les femmes soient pareillement soumises à leurs maris : afin que s'il y en a qui ne croient pas à la parole, ils soient gagnés par la bonne vie de leurs femmes, sans le secours de la parole ;

2 considérant votre conduite également pure et respectueuse.

3 Ne mettez point votre ornement à vous parer au dehors par la frisure des cheveux, par les enrichissements d'or, et par la beauté des habits ;

4 mais à parer l'homme invisible caché dans le cœur, par la pureté incorruptible d'un esprit plein de douceur et de paix ; ce qui est un magnifique ornement aux yeux de Dieu.

5 Car c'est ainsi qu'autrefois les saintes femmes qui espéraient en Dieu, se paraient, demeurant soumises à leurs maris ;

6 et comme faisait Sara, qui obéissait à Abraham, l'appelant son seigneur ; Sara, dis-je, dont vous êtes devenues les filles, en imitant sa bonne vie, et ne vous laissant abattre par aucune crainte.

7 Et vous de même, maris, vivez sagement avec vos femmes, les traitant avec honneur et avec discrétion, comme le sexe le plus faible, et considérant qu'elles sont avec vous héritières de la grâce qui donne la vie ; afin qu'il ne se trouve en vous aucun empêchement à la prière.

8 Enfin, qu'il y ait entre vous tous une parfaite union de sentiments, une bonté compatissante, une amitié de frères, une charité indulgente, accompagnée de douceur et d'humilité.

9 Ne rendez point mal pour mal, ni outrage pour outrage ; mais n'y répondez au contraire que par des bénédictions ; sachant que c'est à cela que vous avez été appelés, afin de recevoir l'héritage de la bénédiction de Dieu.

10 Car si quelqu'un aime la vie, et désire que ses jours soient heureux, qu'il empêche que sa langue ne se porte à la médisance, et que ses lèvres ne prononcent des paroles de tromperie ;

11 qu'il se détourne du mal, et qu'il fasse le bien ; qu'il recherche la paix, et qu'il travaille pour l'acquérir.

12 Car le Seigneur a les yeux ouverts sur les justes, et les oreilles attentives à leurs prières ; mais il regarde les méchants avec colère.

13 Et qui sera capable de vous nuire, si vous ne pensez qu'à faire du bien ?

14 Si néanmoins vous souffrez pour la justice, vous serez heureux. Ne craignez point les maux dont ils veulent vous faire peur, et n'en soyez point troublés.

15 Mais rendez gloire dans vos cœurs à la sainteté du Seigneur, notre Dieu ; et soyez toujours prêts à répondre pour votre défense

à tous ceux qui vous demanderont raison de l'espérance que vous avez ;

16 le faisant toutefois avec douceur et avec retenue, et conservant en tout une conscience pure ; afin que ceux qui décrient la vie sainte que vous menez en Jésus-Christ, rougissent de vous diffamer.

17 Car il vaut mieux être maltraités, si Dieu le veut ainsi, en faisant bien, qu'en faisant mal.

18 Puisque Jésus-Christ même a souffert une fois la mort pour nos péchés, le juste pour les injustes ; afin qu'il pût nous offrir à Dieu, étant mort en sa chair, mais étant ressuscité par l'Esprit :

19 par lequel aussi il alla prêcher aux esprits qui étaient retenus en prison ;

20 qui autrefois avaient été incrédules, lorsqu'au temps de Noé ils s'attendaient à la patience et à la bonté de Dieu, pendant qu'on préparait l'arche, en laquelle peu de personnes, savoir, huit seulement, furent sauvées au milieu de l'eau :

21 figure à laquelle répond maintenant le baptême, qui ne consiste pas à purifier la chair de ses souillures, mais qui, engageant la conscience à se conserver pure pour Dieu, vous sauve par la résurrection de Jésus-Christ ;

22 qui ayant détruit la mort, afin que nous devinssions les héritiers de la vie éternelle, est monté au ciel, et est à la droite de Dieu ; les anges, les dominations et les puissances lui étant assujetties.

CHAPITRE IV.

PUIS donc que Jésus-Christ a souffert la mort en sa chair, armez-vous de cette pensée : Que quiconque est mort à la concupiscence charnelle, n'a plus de commerce avec le péché ;

2 en sorte que, durant tout le temps qui lui reste de cette vie mortelle, il ne vive plus selon les passions de l'homme, mais selon la volonté de Dieu.

3 Car il vous doit suffire que, dans le temps de votre première vie, vous vous soyez abandonnés aux mêmes passions que les païens, vivant dans les impudicités, dans les mauvais désirs, dans les ivrogneries, dans les banquets de dissolution et de débauche, dans les excès de vin, et dans le culte sacrilège des idoles.

4 Ils trouvent maintenant étrange que vous ne couriez plus avec eux, comme vous faisiez, à ces débordements de débauche et d'intempérance, et ils prennent de là sujet de vous charger d'exécrations.

5 Mais ils rendront compte à celui qui est tout prêt à juger les vivants et les morts.

6 Car c'est pour cela que l'Évangile a été aussi prêché aux morts, afin qu'ayant été punis devant les hommes selon la chair, ils reçussent devant Dieu la vie de l'esprit.

7 Au reste, la fin de toutes choses s'approche : conduisez-vous donc avec sagesse, et soyez vigilants dans la prière.

8 Mais surtout ayez une charité persévérante les uns pour les autres : car la charité couvre beaucoup de péchés.

9 Exercez entre vous l'hospitalité, sans murmurer.

10 Que chacun de vous rende service aux autres, selon le don qu'il a reçu, comme étant de fidèles dispensateurs des différentes grâces de Dieu.

11 Si quelqu'un parle, qu'il paraisse que Dieu parle par sa bouche. Si quelqu'un exerce quelque ministère, qu'il y serve comme n'agissant que par la vertu que Dieu *lui* donne : afin qu'en tout ce que vous faites, Dieu soit glorifié par Jésus-Christ, auquel appartient la gloire et l'empire dans les siècles des siècles. Amen !

12 *Mes* chers *frères*, ne soyez point surpris lorsque *Dieu* vous éprouve par le feu *des afflictions*, comme si quelque chose d'extraordinaire vous arrivait.

13 Mais réjouissez-vous plutôt de ce que vous participez aux souffrances de *Jésus*-Christ, afin que vous soyez aussi comblés de joie dans la manifestation de sa gloire.

14 Vous êtes heureux si vous souffrez des injures *et* des diffamations pour le nom de *Jésus*-Christ ; parce que l'honneur, la gloire, la vertu de Dieu, et son Esprit, reposent sur vous.

15 Mais que nul de vous ne souffre comme homicide, ou comme larron, ou comme faisant de mauvaises actions, ou comme se mêlant d'affaires qui ne le regardent pas.

16 S'il souffre comme chrétien, qu'il n'en ait point de honte, mais qu'il en glorifie Dieu.

17 Car voici le temps où Dieu doit commencer son jugement par sa propre maison ; et s'il commence par nous, quelle sera la fin de ceux qui rejettent l'Évangile de Dieu ?

18 Si le juste même se sauve avec tant de peine, que deviendront les impies et les pécheurs ?

19 C'est pourquoi, que ceux qui souffrent selon la volonté de Dieu, *persévérant* dans les bonnes œuvres, remettent leurs âmes entre les mains de celui qui en est le Créateur, et qui leur sera fidèle.

CHAPITRE V.

VOICI donc la prière que je fais aux prêtres qui sont parmi vous, moi *qui suis* prêtre comme eux, et de plus témoin des souffrances de *Jésus*-Christ, et devant avoir part à cette gloire qui doit être un jour manifestée :

2 Paissez le troupeau de Dieu dont vous êtes chargés, veillant sur sa conduite, non par une nécessité forcée, mais par une affection toute volontaire, *qui soit* selon Dieu ; non par un honteux désir du gain, mais par une charité désintéressée ;

3 non en dominant sur l'héritage *du Seigneur*, mais en vous rendant les modèles du troupeau, *par une vertu qui naisse* du fond du cœur.

4 Et lorsque le Prince des pasteurs paraîtra, vous remporterez une couronne de gloire qui ne se flétrira jamais.

5 Et vous autres qui êtes jeunes, soyez aussi soumis aux prêtres. Tâchez tous de vous inspirer l'humilité les uns aux autres : parce que Dieu résiste aux superbes, et donne sa grâce aux humbles.

6 Humiliez-vous donc sous la puissante main de Dieu, afin qu'il vous élève dans le temps de *sa* visite ;

7 jetant dans son sein toutes vos inquiétudes, parce qu'il a soin de vous.

8 Soyez sobres, et veillez : car le démon, votre ennemi, tourne autour de vous comme un lion rugissant, cherchant qui il pourra dévorer.

9 Résistez-lui donc, en demeurant fermes dans la foi, sachant que vos frères qui sont répandus dans le monde, souffrent les mêmes afflictions que vous.

10 Mais je prie le Dieu de toute grâce, qui nous a appelés en Jésus-Christ à son éternelle gloire, qu'après que vous aurez souffert un peu de temps, il vous perfectionne, vous affermisse, et vous établisse comme sur un solide fondement.

11 À lui soit la gloire et l'empire dans les siècles des siècles ! Amen !

12 Je vous ai écrit assez brièvement, ce me semble, par *notre cher* et fidèle frère Silvain ; vous déclarant et vous protestant que la vraie grâce de Dieu est celle dans laquelle vous demeurez fermes.

13 L'Église qui est dans Babylone, et qui est élue comme vous, et mon fils Marc, vous saluent.

14 Saluez-vous l'un l'autre par un saint baiser. Que la grâce soit avec vous tous, qui êtes en Jésus-Christ ! Amen !

SECONDE ÉPITRE

DE

SAINT PIERRE.

CHAPITRE PREMIER.

SIMON-PIERRE, serviteur et apôtre de Jésus-Christ : à ceux qui ont reçu comme nous le précieux don de la foi, avec la justice de Jésus-Christ, notre Dieu et notre Sauveur.

2 Que la grâce et la paix croisse en vous de plus en plus par la connaissance de Dieu et de Jésus-Christ notre Seigneur !

3 Comme sa puissance divine nous a donné toutes les choses qui regardent la vie et la piété, en nous faisant connaître celui qui nous a appelés par sa propre gloire et par sa propre vertu,

4 et nous a ainsi communiqué les grandes et précieuses grâces qu'il avait promises, pour vous rendre par ces grâces participants de la nature divine, si vous fuyez la corruption de la concupiscence qui règne dans le siècle *par le dérèglement des passions* :

5 vous devez aussi de votre part apporter tout le soin possible pour joindre à votre foi la vertu ; à la vertu, la science ;

6 à la science, la tempérance ; à la tempérance, la patience ; à la patience, la piété ;

7 à la piété, l'amour de vos frères ; et à l'amour de vos frères, la charité.

8 Car si ces grâces se trouvent en vous, et qu'elles y croissent de plus en plus, elles feront que la connaissance que vous avez de notre Seigneur Jésus-Christ, ne sera point stérile et infructueuse.

9 Mais celui en qui elles ne sont point, est un aveugle qui marche à tâtons, et il a oublié de quelle sorte il a été purifié des péchés de sa vie passée.

10 Efforcez-vous donc de plus en plus, mes frères, d'affirmir votre vocation et votre élection par les bonnes œuvres : car agissant de cette sorte vous ne pécherez jamais ;

11 et par ce moyen Dieu vous fera entrer au royaume éternel de notre Seigneur et Sauveur Jésus-Christ, avec une riche abondance *de ses grâces.*

12 C'est pourquoi j'aurai soin de vous faire toujours ressouvenir de ces choses ; quoique vous soyez déjà instruits et confirmés dans la vérité dont je vous parle ;

13 croyant qu'il est bien juste que pendant que je suis dans *ce corps comme* dans une tente, je vous réveille en vous en renouvelant le souvenir.

14 Car je sais que dans peu de temps je dois quitter cette tente, comme notre Seigneur Jésus-Christ me l'a fait connaître.

15 Mais j'aurai soin que même après mon départ *de cette vie,* vous puissiez toujours vous remettre ces choses en mémoire.

16 Au reste, ce n'est point en suivant des fables *et* des fictions ingénieuses, que nous vous avons fait connaître la puissance et l'avènement de notre Seigneur Jésus-Christ ; mais c'est après avoir été nous-mêmes les spectateurs de sa majesté.

17 Car il reçut de Dieu le Père *un témoignage* d'honneur et de gloire, lorsque, de cette nuée où la gloire de Dieu paraissait avec tant d'éclat, on entendit cette voix : Voici mon Fils bien-aimé, en qui j'ai mis toute mon affection : écoutez-le.

18 Et nous entendîmes nous-mêmes cette voix qui venait du ciel, lorsque nous étions avec lui sur la sainte montagne.

19 Mais nous avons les oracles des prophètes, dont la certitude est plus affermie, auxquels vous faites bien de vous arrêter comme à une lampe qui luit dans un lieu obscur, jusqu'à ce que le jour commence à paraître, et que l'étoile du matin se lève dans vos cœurs ;

20 étant persuadés avant toutes choses, que nulle prophétie de l'Écriture ne s'explique par une interprétation particulière.

21 Car ce n'a point été par la volonté des hommes que les prophéties nous ont été anciennement apportées ; mais ça été par le mouvement du Saint-Esprit, que les saints hommes de Dieu ont parlé.

CHAPITRE II.

OR comme il y a eu de faux prophètes parmi le peuple, il y aura aussi parmi vous de faux docteurs qui introduiront de pernicieuses hérésies, et renonçant au Seigneur qui les a rachetés, attireront sur eux-mêmes une soudaine ruine.

2 Leurs débauches seront suivies de plusieurs, qui exposeront la voie de la vérité à la médisance ;

3 et vous séduisant par des paroles artificieuses, ils trafiqueront de vos âmes pour satisfaire leur avarice : mais leur condamnation, *qui est résolue* il y a longtemps, s'avance à grands pas, et la main qui doit les perdre n'est pas endormie.

4 Car si Dieu n'a point épargné les anges qui ont péché, mais les a précipités dans l'abîme où les ténèbres leur servent de chaînes, pour être tourmentés, et tenus comme en réserve jusqu'au jugement ;

5 s'il n'a point épargné l'ancien monde, mais n'a sauvé que sept personnes avec Noé, prédicateur de la justice, en faisant fondre les eaux du déluge sur le monde des méchants ;

6 s'il a puni les villes de Sodome et de Gomorrhe en les ruinant de fond en comble, et les réduisant en cendres, et en a fait un exemple pour ceux qui vivraient dans l'impiété ;

7 et s'il a délivré le juste Lot, que ces abominables affligeaient *et* persécutaient par leur vie infâme,

8 ce juste qui demeurait parmi eux, étant tous les jours tourmenté dans son âme juste par leurs actions détestables qui offensaient ses yeux et ses oreilles :

9 *il paraît par là que* le Seigneur sait délivrer ceux qui le craignent, des maux par lesquels ils sont éprouvés, et réserver les pécheurs au jour du jugement pour être punis ;

10 principalement ceux qui pour satisfaire leurs désirs impurs, suivent les mouvements de la chair ; qui méprisent les puissances, qui sont fiers *et* audacieux, qui sont amoureux d'eux-mêmes, et qui blasphémant *la saine doctrine*, ne craignent point d'introduire de nouvelles sectes ;

11 au lieu que les anges, quoiqu'ils soient plus grands en force et en puissance, ne se condamnent point les uns les autres avec des paroles d'exécration et de malédiction.

12 Mais ceux-ci, semblables à des animaux sans raison qui ne suivent que le mouvement de la nature, et sont nés pour être la proie des hommes qui les font périr, attaquant par leurs blasphèmes ce qu'ils ignorent, ils périront dans les infamies où ils se plongent,

13 et recevront la récompense que mérite leur iniquité. Ils mettent la félicité à passer chaque jour dans les délices ; ils sont la honte et l'opprobre *de la religion* ; ils s'abandonnent a des excès de bouche dans les festins *de charité* qu'ils font avec vous.

14 Ils ont les yeux pleins d'adultère et d'un péché qui ne cesse jamais ; ils attirent à eux, par des amorces trompeuses, les âmes légères et inconstantes ; ils ont dans le cœur toutes les adresses que l'avarice peut suggérer : ce sont des enfants de malédiction.

15 Ils ont quitté le droit chemin, et se sont égarés en suivant la voie de Balaam, fils de Bosor, qui aima la récompense de son iniquité ;

16 mais qui fut repris de son injuste dessein, une ânesse muette, qui parla d'une voix humaine, ayant réprimé la folie de ce prophète.

17 Ce sont des fontaines sans eau, des nuées qui sont agitées par des tourbillons ; et de noires et profondes ténèbres leur sont réservées.

18 Car tenant des discours pleins d'insolence et de folie, ils amorcent, par les passions de la chair et les voluptés sensuelles,

ceux qui peu de temps auparavant s'étaient retirés des personnes infectées d'erreur ;

19 leur promettant la liberté, quoique eux-mêmes soient esclaves de la corruption ; parce que quiconque est vaincu, est esclave de celui qui l'a vaincu.

20 Si après s'être retirés des corruptions du monde par la connaissance de Jésus-Christ, notre Seigneur et *notre* Sauveur, ils se laissent vaincre en s'y engageant de nouveau, leur dernier état est pire que le premier.

21 Car il leur eût été meilleur de n'avoir point connu la voie de la justice, que de retourner en arrière après l'avoir connue, et d'abandonner la loi sainte qui leur avait été donnée.

22 Mais ce qu'on dit d'ordinaire, par un proverbe véritable, leur est arrivé : Le chien est retourné à ce qu'il avait vomi ; et le pourceau, après avoir été lavé, s'est vautré de nouveau dans la boue.

CHAPITRE III.

MES bien-aimés, voici la seconde lettre que je vous écris ; et dans toutes les deux, je tâche de réveiller vos âmes simples *et* sincères par mes avertissements :

2 afin que vous vous souveniez des paroles des saints prophètes, dont j'ai déjà parlé, et des préceptes de ceux que le Seigneur et le Sauveur vous a donnés pour apôtres.

3 Sachez avant toutes choses, qu'aux derniers temps il viendra des imposteurs et des moqueurs qui suivront leurs propres passions,

4 et qui diront : Qu'est devenue la promesse de son avènement ? car depuis que les pères sont dans le sommeil *de la mort,* toutes choses demeurent au même état où elles étaient au commencement du monde.

5 Mais c'est par une ignorance volontaire qu'ils ne considèrent pas, que les cieux furent faits d'abord par la parole de Dieu, aussi bien que la terre, qui sortit du sein de l'eau, et qui subsiste au milieu de l'eau ;

6 et que ce fut par ces choses *mêmes* que le monde d'alors périt, étant submergé par le déluge des eaux.

7 Or les cieux et la terre d'à présent sont gardés avec soin par la même parole, et sont réservés pour être brûlés par le feu, au jour du jugement et de la ruine des impies.

8 Mais il y a une chose que vous ne devez pas ignorer, *mes* bien-aimés : c'est qu'aux yeux du Seigneur un jour est comme mille ans, et mille ans comme un jour.

9 *Ainsi* le Seigneur n'a point retardé l'accomplissement de sa promesse, comme quelques-uns se l'imaginent ; mais c'est qu'il exerce envers vous sa patience, ne voulant pas qu'aucun périsse, mais que tous retournent à *lui par* la pénitence.

10 Or comme un larron vient *durant la nuit,* aussi le jour du Seigneur viendra *tout d'un coup* ; et alors dans le bruit d'une effroyable tempête les cieux passeront, les éléments embrasés se dissoudront, et la terre sera brûlée avec tout ce qu'elle contient.

11 Puis donc que toutes ces choses doivent périr, quels devez-vous être, et quelle doit être la sainteté de votre vie et la piété *de vos actions ?*

12 attendant et *comme* hâtant *par vos désirs* l'avènement du jour du Seigneur, où l'ardeur du feu dissoudra les cieux, et fera fondre les éléments.

13 Car nous attendons, selon sa promesse, de nouveaux cieux et une nouvelle terre, dans lesquels la justice habitera.

14 C'est pourquoi, *mes* bien-aimés, vivant dans l'attente de ces choses, travaillez en paix : afin que Dieu vous trouve purs et irrépréhensibles.

15 Et croyez que la longue patience dont use Notre-Seigneur, est pour votre salut. Et c'est aussi ce que Paul, notre très-cher frère, vous a écrit selon la sagesse qui lui a été donnée ;

16 comme il fait aussi en toutes ses lettres, où il parle de ces mêmes choses, dans lesquelles il y a quelques endroits difficiles à entendre, que des hommes ignorants et légers détournent, aussi bien que les autres Écritures, à de mauvais sens pour leur propre ruine.

17 Vous donc, *mes* frères, qui connaissez *toutes ces choses,* prenez garde à vous, de peur que vous laissant emporter aux égarements de ces hommes insensés, vous ne tombiez de l'état ferme et solide où vous êtes établis.

18 Mais croissez de plus en plus dans la grâce, et dans la connaissance de Jésus-Christ, notre Seigneur et *notre* Sauveur. À lui soit gloire, et maintenant, et jusqu'au jour de l'éternité ! Amen !

PREMIÈRE ÉPITRE

DE

SAINT JEAN.

CHAPITRE PREMIER.

NOUS vous annonçons la Parole de vie, qui était dès le commencement, que nous avons entendue, que nous avons vue de nos yeux, que nous avons regardée avec attention, et que nous avons touchée de nos mains :

2 car la Vie *même* s'est rendue visible ; nous l'avons vue, nous en rendons témoignage, et nous vous l'annonçons cette Vie éternelle qui était dans le Père, et qui est venue se montrer à nous.

3 Nous vous prêchons, *dis-je,* ce que nous avons vu et ce que nous avons entendu ; afin que vous entriez vous-mêmes en société avec nous, et que notre société soit avec le Père, et avec son Fils Jésus-Christ.

4 Et nous vous écrivons ceci, afin que vous en ayez de la joie, mais une joie pleine *et parfaite.*

5 Or ce que nous avons appris de Jésus-Christ, et ce que nous vous enseignons, est, que Dieu est la lumière même, et qu'il n'y a point en lui de ténèbres ;

6 *de sorte que* si nous disons que nous avons société avec lui, et que nous marchions dans les ténèbres, nous mentons, et nous ne pratiquons pas la vérité.

7 Mais si nous marchons dans la lumière, comme il est lui-même dans la lumière, nous avons ensemble une société mutuelle, et le sang de Jésus-Christ, son Fils, nous purifie de tout péché.

8 Si nous disons que nous sommes sans péché, nous nous séduisons nous-mêmes, et la vérité n'est point en nous.

9 Mais si nous confessons nos péchés, il est fidèle et juste, pour nous les remettre, et pour nous purifier de toute iniquité.

10 Si nous disons que nous n'avons point de péché, nous le faisons menteur, et sa parole n'est point en nous.

CHAPITRE II.

MES petits enfants, je vous écris ceci, afin que vous ne péchiez point : si néanmoins quelqu'un pèche, nous avons pour avocat envers le Père, Jésus-Christ *qui est* juste.

2 Car c'est lui qui est la victime de propitiation pour nos péchés ; et non-seulement pour les nôtres, mais aussi pour ceux de tout le monde.

3 Or ce qui nous assure que nous le connaissons *véritablement,* est si nous gardons ses commandements.

4 Celui qui dit, qu'il le connaît, et qui ne garde pas ses commandements, est un menteur, et la vérité n'est point en lui ;

5 mais si quelqu'un garde *ce que* sa parole *nous ordonne*, l'amour de Dieu est vraiment parfait en lui. C'est par là que nous connaissons que nous sommes en lui.

6 Celui qui dit, qu'il demeure en Jésus-Christ, doit marcher lui-même comme Jésus-Christ a marché.

7 Mes très-chers frères, je ne vous écris point un commandement nouveau, mais le commandement ancien que vous avez reçu dès le commencement ; et ce commandement ancien est la parole que vous avez entendue.

8 Et néanmoins je vous dis que le commandement dont je vous parle, est nouveau : ce qui est vrai en Jésus-Christ et en vous ; parce que les ténèbres sont passées, et que la vraie lumière commence déjà à luire.

9 Celui qui prétend être dans la lumière, et qui néanmoins hait son frère, est encore dans les ténèbres.

10 Celui qui aime son frère, demeure dans la lumière, et rien ne lui est un sujet de chute *et* de scandale.

11 Mais celui qui hait son frère, est dans les ténèbres ; il marche dans les ténèbres, et il ne sait où il va, parce que les ténèbres l'ont aveuglé.

12 Je vous écris, *mes* petits enfants, parce que vos péchés vous sont remis au nom de Jésus-Christ.

13 Je vous écris, pères, parce que vous avez connu celui qui est dès le commencement. Je vous écris, jeunes gens, parce que vous avez vaincu le malin *esprit*.

14 Je vous écris, petits enfants, parce que vous avez connu le Père. Je vous écris, jeunes gens, parce que vous êtes forts, que la parole de Dieu demeure en vous, et que vous avez vaincu le malin *esprit*.

15 N'aimez ni le monde, ni ce qui est dans le monde. Si quelqu'un aime le monde, l'amour du Père n'est point en lui.

16 Car tout ce qui est dans le monde, est ou concupiscence de la chair, ou concupiscence des yeux, ou orgueil de la vie ; ce qui ne vient point du Père, mais du monde.

17 Or le monde passe, et la concupiscence du monde *passe avec lui* ; mais celui qui fait la volonté de Dieu, demeure éternellement.

18 *Mes* petits enfants, c'est ici la dernière heure ; et comme vous avez entendu dire que l'Antechrist doit venir, il y a dès maintenant plusieurs antechrists : ce qui nous fait connaître que nous sommes dans la dernière heure.

19 Ils sont sortis d'avec nous, mais ils n'étaient pas d'avec nous : car s'ils eussent été d'avec nous, ils seraient demeurés avec nous ; mais *ils en sont sortis*, afin qu'ils fussent reconnus, parce que tous ne sont pas d'avec nous.

20 Quant à vous, vous avez reçu l'onction du Saint, et vous connaissez toutes choses.

21 Je ne vous ai pas écrit comme à des personnes qui ne connussent pas la vérité, mais comme à ceux qui la connaissent, et qui savent que nul mensonge ne vient de la vérité.

22 Qui est menteur, si ce n'est celui qui nie que Jésus soit le Christ ? Celui-là est un antechrist, qui nie le Père et le Fils.

23 Quiconque nie le Fils, ne reconnaît point le Père ; et quiconque confesse le Fils, reconnaît aussi le Père.

24 Faites donc en sorte que ce que vous avez appris dès le commencement, demeure toujours en vous. Si ce que vous avez appris dès le commencement, demeure toujours en vous, vous demeurerez aussi dans le Fils et dans le Père.

25 Et c'est ce que lui-même nous a promis, en nous promettant la vie éternelle.

26 Voilà ce que j'ai cru devoir vous écrire touchant ceux qui vous séduisent.

27 Mais pour vous autres, l'onction que vous avez reçue du Fils de Dieu demeure en vous, et vous n'avez pas besoin que personne vous enseigne ; mais comme cette même onction vous enseigne toutes choses, et qu'elle est la vérité exempte de tout mensonge, vous n'avez qu'à demeurer dans ce qu'elle vous enseigne.

28 Maintenant donc, *mes* petits enfants, demeurez dans cette onction, afin que lorsque *le Fils de Dieu* paraîtra dans son avènement, nous ayons de la confiance *devant lui*, et que nous ne soyons pas confondus par sa présence.

29 Si vous savez que Dieu est juste, sachez que tout homme qui vit selon la justice, est né de lui.

CHAPITRE III.

CONSIDÉREZ quel amour le Père nous a témoigné, de vouloir que nous soyons appelés, et que nous soyons en effet enfants de Dieu. C'est pour cela que le monde ne nous connaît pas, parce qu'il ne connaît pas Dieu.

2 *Mes* bien-aimés, nous sommes déjà enfants de Dieu ; mais ce que nous serons un jour ne paraît pas encore. Nous savons que lorsque *Jésus-Christ* se montrera *dans sa gloire*, nous serons semblables à lui, parce que nous le verrons tel qu'il est.

3 Et quiconque a cette espérance en lui, se sanctifie, comme il est saint lui-même.

4 Tout homme qui commet un péché, commet aussi un violement de la loi : car le péché est le violement de la loi.

5 Vous savez qu'il s'est rendu visible pour abolir nos péchés, et qu'il n'y a point en lui de péché.

6 Quiconque demeure en lui, ne pèche point ; et quiconque pèche, ne l'a point vu, et ne l'a point connu.

7 *Mes* petits enfants, que personne ne vous séduise. Celui qui fait les œuvres de justice, c'est celui-là qui est juste, comme Jésus-Christ est juste.

8 Celui qui commet le péché, est *enfant* du diable, parce que le diable pèche dès le commencement. Et c'est pour détruire les œuvres du diable, que le Fils de Dieu est venu dans le monde.

9 Quiconque est né de Dieu, ne commet point de péché, parce que la semence de Dieu demeure en lui ; et il ne peut pécher, parce qu'il est né de Dieu.

10 C'est en cela que l'on connaît ceux qui sont enfants de Dieu, et ceux qui sont enfants du diable. Tout homme qui n'est point juste, n'est point de Dieu, non plus que celui qui n'aime point son frère.

11 Car ce qui vous a été annoncé, et que vous avez entendu dès le commencement, est que vous vous aimiez les uns les autres ;

12 loin de faire comme Caïn, qui était *enfant* du malin *esprit*, et qui tua son frère. Et pourquoi le tua-t-il ? Parce que ses actions étaient méchantes, et que celles de son frère étaient justes.

13 Ne vous étonnez pas, *mes* frères, si le monde vous hait.

14 Nous reconnaissons, à l'amour que nous avons pour nos frères, que nous sommes passés de la mort à la vie. Celui qui n'aime point, demeure dans la mort.

15 Tout homme qui hait son frère, est un homicide ; et vous savez que nul homicide n'a la vie éternelle résidante en lui.

16 Nous avons reconnu l'amour de Dieu envers nous, en ce qu'il a donné sa vie pour nous ; et nous devons donner aussi notre vie pour nos frères.

17 Si quelqu'un a des biens de ce monde, et que voyant son frère en nécessité, il lui ferme son cœur *et* ses entrailles, comment l'amour de Dieu demeurerait-il en lui ?

18 Mes petits enfants, n'aimons pas de parole ni de langue, mais par œuvres et en vérité.

19 Car c'est par là que nous connaissons que nous sommes *enfants* de la vérité, et que nous en persuaderons notre cœur en la présence de Dieu.

20 Si notre cœur nous condamne, *que ne fera point* Dieu, *qui* est plus grand que notre cœur, et *qui* connaît toutes choses ?

21 *Mes* bien-aimés, si notre cœur ne nous condamne point, nous avons de la confiance devant Dieu.

22 Et quoi que ce soit que nous lui demandions, nous le recevrons de lui, parce que nous gardons ses commandements, et que nous faisons ce qui lui est agréable.

23 Et le commandement qu'il nous a fait, est de croire au nom de son Fils Jésus-Christ, et de nous aimer les uns les autres, comme il nous l'a commandé.

24 Or celui qui garde les commandements de Dieu, demeure en Dieu, et Dieu en lui : et c'est par l'Esprit qu'il nous a donné, que nous connaissons qu'il demeure en nous.

CHAPITRE IV.

MES bien-aimés, ne croyez point à tout esprit, mais éprouvez si les esprits sont de Dieu. Car plusieurs faux prophètes se sont élevés dans le monde.

2 Voici à quoi vous reconnaîtrez qu'un esprit est de Dieu : Tout esprit qui confesse que Jésus-Christ est venu dans une chair *véritable*, est de Dieu :

3 et tout esprit qui divise Jésus-*Christ*, n'est point de Dieu ; et c'est là l'Antechrist, dont vous avez entendu dire qu'il doit venir ; et il est déjà maintenant dans le monde.

4 *Mes* petits enfants, vous l'avez vaincu, vous qui êtes de Dieu ; parce que celui qui est en vous, est plus grand que celui qui est dans le monde.

5 Ils sont du monde ; c'est pourquoi ils parlent selon l'esprit du monde, et le monde les écoute.

6 Mais pour nous, nous sommes de Dieu : celui qui connaît Dieu, nous écoute ; celui qui n'est point de Dieu, ne nous écoute point. C'est par là que nous connaissons l'Esprit de vérité et l'esprit d'erreur.

7 *Mes* bien-aimés, aimons-nous les uns les autres : car l'amour et la charité est de Dieu ; et tout homme qui aime, est né de Dieu, et il connaît Dieu.

8 Celui qui n'aime point, ne connaît point Dieu : car Dieu est amour.

9 C'est en cela que Dieu a fait paraître son amour envers nous, en ce qu'il a envoyé son Fils unique dans le monde, afin que nous vivions par lui.

10 Et cet amour consiste en ce que ce n'est pas nous qui avons aimé Dieu, mais que c'est lui qui nous a aimés le premier, et qui à envoyé son Fils *afin qu'il fût la victime de* propitiation pour nos péchés.

11 Mes bien-aimés, si Dieu nous a aimés de cette sorte, nous devons aussi nous aimer les uns les autres.

12 Nul homme n'a jamais vu Dieu. Si nous nous aimons les uns les autres, Dieu demeure en nous, et son amour est parfait en nous.

13 Ce qui nous fait connaître que nous demeurons en lui, et lui en nous, est qu'il nous a rendus participants de son Esprit.

14 Nous avons vu *de nos yeux*, et nous en rendons témoignage, que le Père a envoyé son Fils *pour être* le Sauveur du monde.

15 Quiconque donc aura confessé que Jésus est le Fils de Dieu, Dieu demeure en lui, et lui en Dieu.

16 Et nous avons connu et cru *par la foi* l'amour que Dieu a pour nous. Dieu est amour ; et ainsi quiconque demeure dans l'amour, demeure en Dieu, et Dieu *demeure* en lui.

17 La perfection de notre amour envers Dieu consiste à nous remplir de confiance pour le jour du jugement, parce que nous sommes tels en ce monde, que *Dieu* est lui-même.

18 La crainte ne se trouve point avec la charité ; mais la charité parfaite chasse la crainte : car la crainte est accompagnée de peine ; et celui qui craint, n'est point parfait dans la charité.

19 Aimons donc Dieu, puisque c'est lui qui nous a aimés le premier.

20 Si quelqu'un dit, J'aime Dieu, et ne laisse pas de haïr son frère, c'est un menteur. Car comment celui qui n'aime pas son frère qu'il voit, peut-il aimer Dieu qu'il ne voit pas ?

21 Et c'est de Dieu même que nous avons reçu ce commandement : Que celui qui aime Dieu, doit aussi aimer son frère.

CHAPITRE V.

QUICONQUE croit que Jésus est le Christ, est né de Dieu ; et quiconque aime celui qui a engendré, aime aussi celui qui en a été engendré.

2 Nous connaissons que nous aimons les enfants de Dieu, quand nous aimons Dieu, et que nous gardons ses commandements :

3 parce que l'amour que nous avons pour Dieu consiste à garder ses commandements ; et ses commandements ne sont point pénibles.

4 Car tous ceux qui sont nés de Dieu, sont victorieux du monde ; et cette victoire par laquelle le monde est vaincu, est *l'effet de* notre foi.

5 Qui est celui qui est victorieux du monde, sinon celui qui croit que Jésus est le Fils de Dieu ?

6 C'est ce même Jésus-Christ qui est venu avec l'eau et avec le sang ; non-seulement avec l'eau, mais avec l'eau et avec le sang. Et c'est l'Esprit qui rend témoignage que *Jésus*-Christ est la vérité.

7 Car il y en a trois qui rendent témoignage dans le ciel, Le Père, le Verbe, et le Saint-Esprit ; et ces trois sont une même chose.

8 Et il y en a trois qui rendent témoignage dans la terre. L'esprit, l'eau, et le sang ; et ces trois sont une même chose.

9 Si nous recevons le témoignage des hommes, celui de Dieu est plus grand. Or ce témoignage de Dieu qui est plus grand, est celui qu'il a rendu au sujet de son Fils.

10 Celui qui croit au Fils de Dieu, a dans soi-même le témoignage de Dieu. Celui qui ne croit pas au Fils, fait Dieu menteur ; parce qu'il ne croit pas au témoignage que Dieu a rendu de son Fils.

11 Et ce témoignage est, que Dieu nous a donné la vie éternelle, et *que* c'est en son Fils que se trouve cette vie.

12 Celui qui a le Fils, a la vie ; celui qui n'a point le Fils, n'a point la vie.

13 Je vous écris ces choses afin que vous sachiez que vous avez la vie éternelle, vous qui croyez au nom du Fils de Dieu.

14 Et ce qui nous donne de la confiance envers Dieu, c'est qu'il nous écoute en tout ce que nous lui demandons qui est conforme à sa volonté.

15 Car nous savons qu'il nous écoute en tout ce que nous lui demandons ; nous *le* savons, *dis-je*, parce que nous avons déjà reçu l'effet des demandes que nous lui avons faites.

16 Si quelqu'un voit son frère commettre un péché qui ne va pas à la mort, qu'il prie ; et *Dieu* donnera la vie à ce pécheur, si son péché ne va point à la mort. *Mais* il y a un péché qui va à la mort ; et ce n'est pas pour ce péché-là, que je vous dis de prier.

17 Toute iniquité est péché ; mais il y a un péché qui va à la mort.

18 Nous savons que quiconque est né de Dieu, ne pèche point ; mais la naissance *qu'il a reçue* de Dieu, le *conserve pur*, et le malin *esprit* ne le touche point.

19 Nous savons que nous sommes nés de Dieu, et que tout le monde est sous l'empire du malin *esprit*.

20 Et nous savons encore que le Fils de Dieu est venu, et qu'il nous a donné l'intelligence, afin que nous connaissions le vrai Dieu, et que nous soyons en son vrai Fils. C'est lui qui est le vrai Dieu et la vie éternelle.

21 *Mes* petits enfants, gardez-vous des idoles. Amen !

SECONDE ÉPITRE

DE

SAINT JEAN.

———

LE Prêtre : à la dame Electe et à ses enfants, que j'aime dans la vérité ; et qui ne sont pas aimés de moi seul, mais que tous ceux qui connaissent la vérité, aiment comme moi,

2 pour l'amour de cette *même* vérité qui demeure en nous, et qui sera en nous éternellement.

3 Que Dieu le Père, et Jésus-Christ, Fils du Père, vous donnent la grâce, la miséricorde et la paix, dans la vérité et dans la charité !

4 J'ai eu bien de la joie de voir quelques-uns de vos enfants qui marchent dans la vérité, selon le commandement que nous avons reçu du Père.

5 Et je vous prie maintenant, madame, que nous ayons une charité mutuelle les uns pour les autres ; et ce que je vous écris, n'est pas un commandement nouveau, mais le même que nous avons reçu dès le commencement.

6 Or la charité consiste à marcher selon les commandements de Dieu. Tel est le commandement que vous avez reçu d'abord, afin que vous l'observiez.

7 Car plusieurs imposteurs se sont élevés dans le monde, qui ne confessent point que Jésus-Christ est venu dans une chair *véritable*. Celui *qui ne le confesse point*, est un séducteur et un antechrist.

8 Prenez garde à vous, afin que vous ne perdiez pas les *bonnes* œuvres que vous avez faites, mais que vous receviez une pleine récompense.

9 Quiconque ne demeure point dans la doctrine de *Jésus*-Christ, mais s'en éloigne, ne possède point Dieu ; et quiconque demeure dans la doctrine de *Jésus-Christ*, possède le Père et le Fils.

10 Si quelqu'un vient vers vous, et ne fait pas profession de cette doctrine, ne le recevez pas dans votre maison, et ne le saluez point.

11 Car celui qui le salue, participe à ses mauvaises actions.

12 Quoique j'eusse plusieurs choses à vous écrire, je n'ai point voulu le faire sur du papier et avec de l'encre, espérant vous aller voir et vous en entretenir de vive voix, afin que votre joie soit pleine *et* parfaite.

13 Les enfants de votre sœur Electe vous saluent.

TROISIÈME ÉPITRE

DE

SAINT JEAN.

———

LE Prêtre : à mon cher Caïus, que j'aime dans la vérité.

2 *Mon* bien-aimé, je prie Dieu que tout soit chez vous en aussi bon état pour ce qui regarde vos affaires et votre santé, que je sais qu'il y est pour ce qui regarde votre âme.

3 Car je me suis fort réjoui, lorsque les frères qui sont venus, ont rendu témoignage a votre piété sincère, et à la vie que vous menez selon la vérité.

4 Je n'ai point de plus grande joie, que d'apprendre que mes enfants marchent dans la vérité.

5 *Mon* bien-aimé, vous faites une bonne œuvre, d'avoir un soin charitable pour les frères, et particulièrement pour les étrangers,

6 qui ont rendu témoignage à votre charité en présence de l'Église ; et vous ferez bien de les faire conduire *et* assister en leurs voyages d'une manière digne de Dieu.

7 Car c'est pour son nom, qu'ils se sont retirés d'avec les gentils, sans rien emporter avec eux.

8 Nous sommes donc obligés de traiter favorablement ces sortes de personnes, pour travailler avec eux à l'avancement de la vérité.

9 J'aurais écrit à l'Église ; mais Diotrèphe, qui aime à y tenir le premier rang, ne veut point nous recevoir.

10 C'est pourquoi, si je viens jamais chez vous, je *lui* représenterai quel est le mal qu'il commet, en semant contre nous des médisances malignes ; et ne se contentant point de cela, non-seulement il ne reçoit point les frères, mais il empêche même ceux qui voudraient les recevoir, et les chasse de l'Église.

11 *Mon* bien-aimé, n'imitez point ce qui est mauvais, mais ce qui est bon. Celui qui fait bien, est de Dieu ; mais celui qui fait mal, ne connaît point Dieu.

12 Tout le monde rend un témoignage avantageux à Démétrius, et la vérité même le lui rend. Nous le lui rendons aussi nous-mêmes, et vous savez que notre témoignage est véritable.

13 J'avais plusieurs choses à vous écrire ; mais je ne veux point vous écrire avec une plume et de l'encre,

14 parce que j'espère de vous voir bientôt ; alors nous nous entretiendrons de vive voix.

15 La paix soit avec vous ! Vos amis d'ici vous saluent. Saluez nos amis *de ma part*, chacun en particulier.

ÉPITRE CATHOLIQUE

DE

SAINT JUDE.

———

JUDE, serviteur de Jésus-Christ, et frère de Jacques : à ceux que Dieu le Père a aimés, et que Jésus-Christ a conservés en les appelant.

2 Que la miséricorde, la paix et la charité s'augmentent en vous de plus en plus !

3 *Mes* bien-aimés, ayant *toujours* souhaité avec grande ardeur de vous écrire touchant le salut qui nous est commun, je m'y trouve *maintenant* obligé par nécessité, pour vous exhorter à combattre pour la foi qui a été une fois laissée par tradition aux saints.

4 Car il s'est glissé *parmi vous* certaines gens dont il avait été prédit il y a longtemps, *qu'ils s'attireraient* ce jugement ; gens impies, qui changent la grâce de notre Dieu en *une licence de* dissolution, et qui renoncent Jésus-Christ, notre unique Maître et notre Seigneur.

5 Or je veux vous faire souvenir de ce que vous aurez appris autrefois : qu'après que le Seigneur eut sauvé le peuple en le tirant de l'Égypte, il fit périr ensuite ceux qui furent incrédules ;

6 qu'il retient liés de chaînes éternelles dans de profondes ténèbres, et réserve pour le jugement du grand jour, les anges qui n'ont pas conservé leur première dignité, mais qui ont quitté leur propre demeure ;

7 et que de même Sodome et Gomorrhe, et les villes voisines qui s'étaient débordées comme elles dans les excès d'impureté, et s'étaient portées à abuser d'une chair étrangère, ont été proposées pour un exemple du feu éternel par la peine qu'elles ont soufferte.

8 Après cela ces personnes souillent la chair par de semblables corruptions, et *de plus* ils méprisent la domination, et maudissent ceux qui sont élevés en dignité.

9 Cependant l'archange Michel dans la contestation qu'il eut avec le diable touchant le corps de Moïse, n'osa le condamner avec exécration ; mais il se contenta de dire : Que le Seigneur te réprime.

10 Au lieu que ceux-ci condamnent avec exécration tout ce qu'ils ignorent, et ils se corrompent en tout ce qu'ils connaissent naturellement, comme les bêtes irraisonnables.

11 Malheur sur eux ! parce qu'ils suivent la voie de Caïn ; qu'étant trompés comme Balaam, et emportés par le désir du gain, ils s'abandonnent au dérèglement ; et qu'imitant la rébellion de Coré, ils périront comme lui.

12 Ces personnes sont la honte *et* le déshonneur de vos festins de charité, lorsqu'ils y mangent avec vous sans aucune retenue ; ils n'ont soin que de se nourrir eux-mêmes. Ce sont des nuées sans eau, que le vent emporte çà et là ; ce sont des arbres d'automne, des arbres stériles, doublement morts et déracinés.

13 Ce sont des vagues furieuses de la mer, d'où sortent, *comme* une écume sale, leurs ordures *et* leurs infamies ; ce sont des étoiles errantes, auxquelles une tempête noire *et* ténébreuse est réservée pour l'éternité.

14 C'est d'eux qu'Énoch, qui a été le septième depuis Adam, a prophétisé en ces termes : Voilà le Seigneur qui va venir avec une multitude innombrable de ses saints,

15 pour exercer son jugement sur tous les hommes, et pour convaincre tous les impies de toutes les actions d'impiété qu'ils ont commises, et de toutes les paroles injurieuses que ces pécheurs impies ont proférées contre lui.

16 Ce sont des murmurateurs qui se plaignent sans cesse, qui suivent leurs passions, dont les discours sont pleins de faste et de vanité, et qui se rendent admirateurs des personnes, *selon qu'il est utile* pour leurs intérêts.

17 Mais pour vous, *mes* bien-aimés, souvenez-vous de ce qui a été prédit par les apôtres de notre Seigneur Jésus-Christ ;

18 qui vous disaient, qu'aux derniers temps il s'élèverait des imposteurs qui suivraient leurs passions déréglées et pleines d'impiété.

19 Ce sont des gens qui se séparent eux-mêmes, des hommes sensuels, qui n'ont point l'Esprit *de Dieu*.

20 Mais vous, *mes* bien-aimés, vous élevant vous-mêmes comme un édifice spirituel sur le fondement de votre très-sainte foi, et priant par le Saint-Esprit,

21 conservez-vous en l'amour de Dieu, attendant la miséricorde de notre Seigneur Jésus-Christ pour *obtenir* la vie éternelle.

22 Reprenez ceux qui paraissent *endurcis et* condamnés.

23 Sauvez les uns, en les retirant *comme* du feu ; ayez compassion des autres, en craignant *pour vous-mêmes* ; et haïssez comme un vêtement souillé tout ce qui tient de la corruption de la chair.

24 À celui qui est puissant pour vous conserver sans péché, et pour vous faire comparaître devant *le trône de* sa gloire purs et sans tache, et dans un ravissement de joie, à l'avènement de notre Seigneur Jésus-Christ ;

25 à Dieu seul notre Sauveur, par notre Seigneur Jésus-Christ, gloire et magnificence, empire et force, avant tous les siècles, et maintenant, et dans tous les siècles des siècles ! Amen !

APOCALYPSE

DE

SAINT JEAN.

―――――

CHAPITRE PREMIER.

APOCALYPSE, *ou Révélation*, de Jésus-Christ, qu'il a reçue de Dieu, pour découvrir à ses serviteurs les choses qui doivent arriver bientôt, et qu'il a manifestée par le moyen de son ange, envoyé à Jean, son serviteur ;

2 qui a annoncé la parole de Dieu, et qui a rendu témoignage de tout ce qu'il a vu de Jésus-Christ.

3 Heureux celui qui lit et qui écoute les paroles de cette prophétie, et qui garde les choses qui y sont écrites : car le temps est proche.

4 JEAN : aux sept Eglises qui sont en Asie. La grâce et la paix vous soient données par celui qui est, qui était, et qui doit venir ; et par les sept esprits qui sont devant son trône ;

5 et par Jésus-Christ, qui est le témoin fidèle, le premier-né d'entre les morts, et le Prince des rois de la terre, qui nous a aimés et nous a lavés de nos péchés dans son sang,

6 et nous a fait être le royaume et les prêtres de Dieu, son Père ! à lui soit la gloire et l'empire dans les siècles des siècles ! Amen !

7 Le voici qui vient sur les nuées. Tout œil le verra, et ceux mêmes qui l'ont percé, et tous les peuples de la terre se frapperont la poitrine en le voyant. Oui, cela est ainsi. Amen !

8 Je suis l'Alpha et l'Oméga, le principe et la fin, dit le Seigneur Dieu, qui est, qui était, et qui doit venir, le Tout-Puissant.

9 Moi, Jean, qui suis votre frère, et qui ai part avec vous à la tribulation, au royaume et à la patience en Jésus-Christ, j'ai été *envoyé* dans l'île nommée Patmos, pour la parole de Dieu, et pour le témoignage que j'ai rendu à Jésus.

10 Je fus *ravi* en esprit un jour de dimanche, et j'entendis derrière moi une voix forte *et* éclatante comme *le son* d'une trompette,

11 qui disait : Écrivez dans un livre ce que vous voyez, et envoyez-le aux sept Églises qui sont dans l'Asie : à Éphèse, à Smyrne, à Pergame, à Thyatire, à Sardes, à Philadelphie et à Laodicée.

12 Aussitôt je me tournai pour voir de qui était la voix qui me parlait ; et m'étant tourné, je vis sept chandeliers d'or.

13 Et au milieu de ces sept chandeliers d'or, je vis quelqu'un qui ressemblait au Fils de l'homme ; il était vêtu d'une longue robe, et ceint d'une ceinture d'or au-dessous des mamelles.

14 Sa tête et ses cheveux étaient blancs comme de la laine blanche, et comme de la neige ; et ses yeux paraissaient comme une flamme de feu ;

15 ses pieds étaient semblables à l'airain fin quand il est dans une fournaise ardente ; et sa voix égalait le bruit des grandes eaux.

16 Il avait en sa main droite sept étoiles ; et de sa bouche sortait une épée à deux tranchants *et bien* affilée ; et son visage était aussi brillant que le soleil dans sa force.

17 Au moment que je l'aperçus, je tombai comme mort a ses pieds ; mais il mit sur moi sa main droite, et me dit : Ne craignez point : je suis le premier et le dernier ;

18 je suis celui qui vis ; j'ai été mort, mais maintenant je vis, *et je* vivrai dans les siècles des siècles ; et j'ai les clefs de la mort et de l'enfer.

19 Écrivez donc les choses que vous avez vues, et celles qui sont *maintenant*, et celles qui doivent arriver ensuite.

20 Voici le mystère des sept étoiles que vous avez vues dans ma main droite, et des sept chandeliers d'or : Les sept étoiles sont les *sept* anges des sept Églises ; et les sept chandeliers sont les sept Églises.

ÉCRIVEZ à l'ange de l'Église d'Éphèse : Voici ce que dit celui qui tient les sept étoiles dans sa main droite, et qui marche au milieu des sept chandeliers d'or :

2 Je connais vos œuvres, votre travail et votre patience ; *je sais* que vous ne pouvez souffrir les méchants, et qu'ayant éprouvé ceux qui se disent apôtres, et ne le sont point, vous les avez trouvés menteurs ;

3 *je sais* que vous êtes patient ; que vous avez souffert pour mon nom, et que vous ne vous êtes point découragé.

4 Mais j'ai un reproche à vous faire, qui est que vous vous êtes relâché de votre première charité.

5 Souvenez-vous donc de l'état d'où vous êtes déchu, et faites pénitence, et rentrez dans la pratique de vos premières œuvres. Si vous y manquez, je viendrai *bientôt* à vous ; et j'ôterai votre chandelier de sa place, si vous ne faites pénitence.

6 Mais vous avez ceci *de bon*, que vous haïssez les actions des nicolaïtes, comme je les hais moi-même.

7 Que celui qui a des oreilles, entende ce que l'Esprit dit aux Églises : Je donnerai au victorieux à manger du fruit de l'arbre de vie, qui est au milieu du paradis de mon Dieu.

8 Écrivez aussi à l'ange de l'Église de Smyrne : Voici ce que dit celui qui est le premier et le dernier, qui a été mort et qui est vivant :

9 Je sais quelle est votre affliction et votre pauvreté ; et cependant vous êtes riche ; *je sais que* vous êtes noirci par les calomnies de ceux qui se disent Juifs et ne le sont pas, mais qui sont une synagogue de Satan.

10 Ne craignez rien de ce qu'on vous fera souffrir. Le diable dans peu de temps mettra quelques-uns de vous en prison, afin que vous soyez éprouvés ; et vous aurez à souffrir pendant dix jours. Soyez fidèle jusqu'à la mort, et je vous donnerai la couronne de vie.

11 Que celui qui a des oreilles, entende ce que l'Esprit dit aux Églises : Celui qui sera victorieux, ne recevra point d'atteinte de la seconde mort.

12 Écrivez à l'ange de l'Église de Pergame : Voici ce que dit celui qui porte l'épée à deux tranchants *et bien* affilée :

13 Je sais que vous habitez où est le trône de Satan ; que vous avez conservé mon nom, et n'avez point renoncé ma foi, lors même qu'Antipas, mon témoin fidèle, a souffert la mort au milieu de vous, où Satan habite.

14 Mais j'ai quelque chose à vous reprocher : c'est que vous avez parmi vous des hommes qui tiennent la doctrine de Balaam, lequel enseignait à Balac à mettre *comme* des pierres d'achoppement devant les enfants d'Israël, pour leur faire manger *de ce qui avait été offert aux idoles*, et les faire tomber dans la fornication.

15 C'est ainsi que vous en avez vous-même qui tiennent la doctrine des nicolaïtes.

16 Faites pareillement pénitence ; sinon je viendrai bientôt à vous, et je combattrai contre eux avec l'épée de ma bouche.

17 Que celui qui a des oreilles, entende ce que l'Esprit dit aux Églises : Je donnerai au victorieux *à manger de* la manne cachée ; et je lui donnerai encore une pierre blanche, sur laquelle sera écrit un nom nouveau, que nul ne connaît que celui qui le reçoit.

18 Écrivez à l'ange de l'Église de Thyatire : Voici ce que dit le Fils de Dieu, dont les yeux sont comme une flamme de feu, et les pieds semblables à l'airain le plus fin :

19 Je connais vos œuvres, votre foi, votre charité, l'assistance que vous rendez aux pauvres, votre patience, et *je sais* que vos dernières œuvres surpassent les premières.

20 Mais j'ai quelque chose à vous reprocher : c'est que vous souffrez que *cette* Jézabel, cette femme qui se dit prophétesse, enseigne et séduise mes serviteurs, pour les faire tomber dans la fornication, et leur faire manger de ce qui est sacrifié aux idoles.

21 Je lui ai donné du temps pour faire pénitence, et elle n'a point voulu se repentir de sa prostitution.

22 Mais je vais la réduire au lit, et accabler de maux *et* d'afflictions ceux qui commettent adultère avec elle, s'ils ne font pénitence de leurs *mauvaises œuvres*.

23 Je frapperai de mort ses enfants, et toutes les Églises connaîtront, que je suis celui qui sonde les reins et les cœurs ; et je rendrai à chacun de vous selon ses œuvres. Mais je vous dis à vous,

24 c'est-à-dire, à vous autres qui êtes à Thyatire, et qui ne suivez point cette doctrine, et ne connaissez point les profondeurs de Satan, comme ils les appellent, que je ne mettrai point de nouvelle charge sur vous.

25 Mais seulement gardez bien, jusqu'à ce que je vienne, la doctrine que vous avez *reçue*.

26 Et quiconque aura vaincu, et aura persévéré jusqu'à la fin dans les œuvres que j'ai commandées, je lui donnerai puissance sur les nations.

27 Il les gouvernera avec un sceptre de fer, et elles seront brisées comme des vases d'argile ;

28 selon que j'ai reçu moi-même ce pouvoir de mon Père ; et je lui donnerai l'étoile du matin.

29 Que celui qui a des oreilles, entende ce que l'Esprit dit aux Églises.

CHAPITRE III.

ÉCRIVEZ à l'ange de l'Église de Sardes : Voici ce que dit celui qui a les sept esprits de Dieu et les sept étoiles : Je connais vos œuvres ; *et je sais* qu'ayant la réputation d'être vivant, vous êtes mort.

2 Soyez vigilant, et confirmez le reste *de votre peuple* qui est près de mourir : car je ne trouve point vos œuvres pleines devant mon Dieu.

3 Souvenez-vous donc de ce que vous avez reçu, et de ce que vous avez entendu ; gardez-le, et faites pénitence : car si vous ne veillez, je viendrai à vous comme un larron, sans que vous sachiez à quelle heure je viendrai.

4 Vous avez néanmoins à Sardes quelque peu de personnes qui n'ont point souillé leurs vêtements ; ceux-là marcheront avec moi habillés de blanc, parce qu'ils en sont dignes.

5 Celui qui sera victorieux, sera ainsi vêtu d'habits blancs ; et je n'effacerai point son nom du livre de vie, et je confesserai son nom devant mon Père et devant ses anges.

6 Que celui qui a des oreilles, entende ce que l'Esprit dit aux Églises.

7 Écrivez à l'ange de l'Église de Philadelphie : Voici ce que dit le Saint et le Véritable, celui qui a la clef de David, celui qui ouvre sans que personne puisse fermer, et qui ferme sans que personne puisse ouvrir :

8 Je connais vos œuvres : je vous ai ouvert une porte que personne ne peut fermer ; parce qu'encore que vous ayez peu de force, vous avez néanmoins gardé ma parole, et n'avez point renoncé mon nom.

9 Je vous amènerai bientôt quelques-uns de ceux qui sont de la synagogue de Satan, qui se disent Juifs et ne le sont point, mais qui sont des menteurs : je les ferai bientôt venir se prosterner à vos pieds, et ils connaîtront que je vous aime.

10 Parce que vous avez gardé la patience ordonnée par ma parole, je vous garderai aussi de l'heure de la tentation qui viendra sur tout l'univers, pour éprouver ceux qui habitent sur la terre.

11 Je viendrai bientôt : conservez ce que vous avez, afin que nul ne prenne votre couronne.

12 Quiconque sera victorieux, je ferai de lui une colonne dans le temple de mon Dieu, en sorte qu'il n'en sortira plus ; et j'écrirai sur lui le nom de mon Dieu, et le nom de la ville de mon Dieu, de la nouvelle Jérusalem, qui descend du ciel et vient de mon Dieu ; et mon nom nouveau.

13 Que celui qui a des oreilles, entende ce que l'Esprit dit aux Églises.

14 Écrivez à l'ange de l'Église de Laodicée : Voici ce que dit celui qui est la vérité même, le témoin fidèle et véritable, le principe de *tout* ce que Dieu a créé :

15 Je connais vos œuvres ; *et je sais* que vous n'êtes ni froid ni chaud. Que n'êtes-vous ou froid ou chaud ?

16 Mais parce que vous êtes tiède, et que vous n'êtes ni froid ni chaud, je suis près de vous vomir de ma bouche,

17 Vous dites : Je suis riche, je suis comblé de biens, et je n'ai besoin de rien. Et vous ne savez pas que vous êtes malheureux, et misérable, et pauvre, et aveugle, et nu.

18 Je vous conseille d'acheter de moi de l'or éprouvé au feu, pour vous enrichir ; et des vêtements blancs, pour vous revêtir, de peur qu'on ne voie votre nudité honteuse ; mettez aussi un collyre sur vos yeux, afin que vous voyiez *clair*.

19 Je reprends et je châtie ceux que j'aime : animez-vous donc de zèle, et faites pénitence.

20 Me voici à la porte, et j'y frappe : si quelqu'un entend ma voix, et m'ouvre la porte, j'entrerai chez lui, et je souperai avec lui, et lui avec moi.

21 Quiconque sera victorieux, je le ferai asseoir avec moi sur mon trône ; de même qu'ayant été moi-même victorieux, je me suis assis avec mon Père sur son trône.

22 Que celui qui a des oreilles, entende ce que l'Esprit dit aux Églises.

CHAPITRE IV.

APRÈS cela je regardai, et je vis une porte ouverte dans le ciel ; et la première voix que j'avais entendue, et qui m'avait parlé avec un son aussi éclatant que celui d'une trompette, me dit : Montez ici, et je vous montrerai ce qui doit arriver après ceci.

2 Et ayant été soudain *ravi* en esprit, je vis un trône dressé dans le ciel, et quelqu'un assis sur ce trône.

3 Celui qui était assis, paraissait semblable à une pierre de jaspe et de sardoine ; et il y avait autour de ce trône un arc-en-ciel, qui paraissait semblable à une émeraude.

4 Autour de ce même trône il y en avait vingt-quatre *autres*, sur lesquels étaient assis vingt-quatre vieillards, vêtus de robes blanches, avec des couronnes d'or sur leurs têtes.

5 Du trône sortaient des éclairs, des tonnerres et des voix ; et il y avait devant le trône sept lampes allumées, qui sont les sept esprits de Dieu.

6 Devant le trône il y avait une mer *transparente* comme le verre, et semblable au cristal ; et au milieu *du bas* du trône, et autour, il y avait quatre animaux pleins d'yeux devant et derrière.

7 Le premier animal ressemblait à un lion, le second était semblable à un veau, le troisième avait le visage comme celui d'un homme, et le quatrième était semblable à un aigle qui vole.

8 Ces quatre animaux avaient chacun six ailes, et à l'entour et au dedans ils étaient pleins d'yeux ; et ils ne cessaient jour et nuit de dire : Saint, saint, saint est le Seigneur Dieu tout-puissant, qui était, qui est, et qui doit venir !

9 Et lorsque ces animaux rendaient gloire, honneur et action de grâces à celui qui est assis sur le trône, et qui vit dans les siècles des siècles ;

10 les vingt-quatre vieillards se prosternaient devant celui qui est assis sur le trône, et ils adoraient celui qui vit dans les siècles des siècles, et ils jetaient leurs couronnes devant le trône, en disant :

11 Vous êtes digne, ô Seigneur notre Dieu ! de recevoir gloire, honneur et puissance, parce que c'est vous qui avez créé toutes choses, et que c'est par votre volonté qu'elles subsistent et qu'elles ont été créées.

CHAPITRE V.

JE vis ensuite dans la main droite de celui qui était assis sur le trône, un livre écrit dedans et dehors, scellé de sept sceaux.

2 Et je vis un ange fort *et* puissant qui disait à haute voix : Qui est digne d'ouvrir le livre et d'en lever les sceaux ?

3 Mais il n'y avait personne, ni dans le ciel, ni sur la terre, ni sous la terre, qui pût ouvrir le livre, ni même le regarder.

4 Je pleurais beaucoup de ce qu'il ne s'était trouvé personne qui fût digne d'ouvrir le livre, ni de le regarder.

5 Alors un des vieillards me dit : Ne pleurez point ; voici le Lion de la tribu de Juda, le rejeton de David, qui a obtenu par sa victoire le pouvoir d'ouvrir le livre et de lever les sept sceaux.

6 Je regardai, et je vis au milieu du trône et des quatre animaux, et au milieu des vieillards, un Agneau qui était debout *et* comme égorgé, et qui avait sept cornes et sept yeux, qui sont les sept esprits de Dieu envoyés par toute la terre.

7 Il s'avança, et il reçut le livre de la main droite de celui qui était assis sur le trône.

8 Et après qu'il l'eut ouvert, les quatre animaux et les vingt-quatre vieillards se prosternèrent devant l'Agneau, ayant chacun des harpes, et des coupes d'or pleines de parfums, qui sont les prières des saints.

9 Et ils chantaient un cantique nouveau, en disant : Vous êtes digne, Seigneur ! de recevoir le livre et d'en ouvrir les sceaux : car vous avez été mis à mort, et par votre sang vous nous avez rachetés pour Dieu, de toute tribu, de toute langue, de tout peuple et de toute nation ;

10 et vous nous avez faits rois et prêtres pour notre Dieu, et nous régnerons sur la terre.

11 Je regardai encore, et j'entendis autour du trône, et des animaux et des vieillards, la voix d'une multitude d'anges, et il y en avait des milliers de milliers,

12 qui disaient à haute voix : L'Agneau qui a été égorgé, est digne de recevoir puissance, divinité, sagesse, force, honneur, gloire et bénédiction.

13 Et j'entendis toutes les créatures qui sont dans le ciel, sur la terre, sous la terre, et dans la mer, et tout ce qui est dans ces lieux, qui disaient : À celui qui est assis sur le trône, et à l'Agneau, bénédiction, honneur, gloire et puissance dans les siècles des siècles !

14 Et les quatre animaux disaient : Amen ! Et les vingt-quatre vieillards se prosternèrent, et adorèrent celui qui vit dans les siècles des siècles.

CHAPITRE VI.

APRÈS cela je vis que l'Agneau avait ouvert l'un des sept sceaux ; et j'entendis l'un des quatre animaux qui dit avec une voix comme d'un tonnerre : Venez, et voyez.

2 En même temps je vis paraître un cheval blanc. Celui qui était monté dessus, avait un arc, et on lui donna une couronne ; et il partit en vainqueur pour continuer ses victoires.

3 Lorsqu'il eut ouvert le second sceau, j'entendis le second animal qui dit : Venez, et voyez.

4 Aussitôt il sortit un autre cheval qui était roux ; et le pouvoir fut donné à celui qui était monté dessus, d'enlever la paix de dessus la terre, et de faire que les hommes s'entre-tuassent ; et on lui donna une grande épée.

5 Lorsqu'il eut ouvert le troisième sceau, j'entendis le troisième animal qui dit : Venez, et voyez. Et je vis paraître tout d'un coup un cheval noir ; et celui qui était monté dessus, avait en sa main une balance.

6 Et j'entendis une voix du milieu des quatre animaux, qui dit : Le litron de blé vaudra une drachme ; et trois litrons d'orge, une drachme ; mais ne gâtez ni le vin, ni l'huile.

7 Lorsqu'il eut ouvert le quatrième sceau, j'entendis la voix du quatrième animal, qui dit : Venez, et voyez.

8 En même temps je vis paraître un cheval pâle ; et celui qui était monté dessus s'appelait la Mort, et l'Enfer le suivait ; et le pouvoir lui fut donné sur les quatre parties de la terre, pour y faire mourir les hommes par l'épée, par la famine, par la mortalité, et par les bêtes sauvages.

9 Lorsqu'il eut ouvert le cinquième sceau, je vis sous l'autel les âmes de ceux qui avaient souffert la mort pour la parole de Dieu, et pour le témoignage qu'ils avaient rendu.

10 Et ils criaient d'une forte voix, en disant : Souverain Maître, qui êtes saint et véritable ! jusques à quand différerez-vous de nous faire justice, et de venger notre sang de ceux qui habitent sur la terre ?

11 Alors on leur donna à chacun une robe blanche ; et il leur fut dit qu'ils attendissent en repos encore un peu de temps, jusqu'à ce que fût rempli le nombre de ceux qui étant leurs frères et serviteurs *de Dieu* comme eux, devaient aussi bien qu'eux souffrir la mort.

12 Je vis aussi que lorsqu'il eut ouvert le sixième sceau, il se fit un grand tremblement de terre ; le soleil devint noir comme un sac de poil, la lune parut toute en sang ;

13 et les étoiles du ciel tombèrent sur la terre, comme les figues vertes tombent d'un figuier qui est agité d'un grand vent.

14 Le ciel se retira comme un livre que l'on roule, et toutes les montagnes et les îles furent ôtées de leur place ;

15 et les rois de la terre, les grands du monde, les officiers de guerre, les riches, les puissants, et tous les hommes, esclaves ou libres, se cachèrent dans les cavernes et dans les rochers des montagnes ;

16 et ils dirent aux montagnes et aux rochers : Tombez sur nous, et cachez-nous de devant la face de celui qui est assis sur le trône, et de la colère de l'Agneau ;

17 parce que le grand jour de leur colère est arrivé, et qui pourra subsister ?

CHAPITRE VII.

APRÈS cela je vis quatre anges qui se tenaient aux quatre coins de la terre, et qui arrêtaient les quatre vents du monde, afin qu'aucun vent ne soufflât sur la terre, ni sur la mer, ni sur aucun arbre.

2 Je vis encore un autre ange qui montait du côté de l'orient, ayant le sceau du Dieu vivant ; et il cria d'une voix forte aux quatre anges qui avaient reçu le pouvoir de frapper de plaies la terre et la mer,

3 en disant : Ne frappez point la terre, ni la mer, ni les arbres, jusqu'à ce que nous ayons marqué au front les serviteurs de notre Dieu.

4 Et j'entendis que le nombre de ceux qui avaient été marqués, était de cent quarante-quatre mille, de toutes les tribus des enfants d'Israël.

5 Il y en avait douze mille de marqués de la tribu de Juda, douze mille de la tribu de Ruben, douze mille de la tribu de Gad,

6 douze mille de la tribu d'Aser, douze mille de la tribu de Nephthali, douze mille de la tribu de Manassé,

7 douze mille de la tribu de Siméon, douze mille de la tribu de Lévi, douze mille de la tribu d'Issachar,

8 douze mille de la tribu de Zabulon, douze mille de la tribu de Joseph, douze mille de la tribu de Benjamin.

9 Je vis ensuite une grande multitude que personne ne pouvait compter, de toute nation, de toute tribu, de tout peuple et de toute langue. Ils se tenaient debout devant le trône et devant l'Agneau, vêtus de robes blanches, et ayant des palmes dans leurs mains.

10 Ils s'écriaient, et disaient d'une voix forte : *C'est* à notre Dieu qui est assis sur le trône, et à l'Agneau, *qu'est due la gloire de notre* salut.

11 Et tous les anges étaient debout autour du trône, et des vieillards, et des quatre animaux ; et s'étant prosternés sur le visage devant le trône, ils adorèrent Dieu,

12 en disant : Amen ! Bénédiction, gloire, sagesse, action de grâces, honneur, puissance et force à notre Dieu dans *tous* les siècles des siècles ! Amen !

13 Alors un des vieillards prenant la parole, me dit : Qui sont ceux-ci qui sont vêtus de robes blanches ? et d'où sont-ils venus ?

14 Je lui répondis : Seigneur, vous le savez. Et il me dit : Ce sont ceux qui sont venus ici après avoir passé par la grande tribulation, et qui ont lavé et blanchi leurs robes dans le sang de l'Agneau.

15 C'est pourquoi ils sont devant le trône de Dieu, et ils le servent jour et nuit dans son temple ; et celui qui est assis sur le trône, les couvrira comme une tente.

16 Ils n'auront plus ni faim, ni soif ; et le soleil, ni aucun souffle brûlant, ne les incommodera plus :

17 parce que l'Agneau qui est au milieu du trône, sera leur pasteur, et il les conduira aux sources vives des eaux, et Dieu essuiera toutes les larmes de leurs yeux.

CHAPITRE VIII.

LORSQUE l'Agneau eut ouvert le septième sceau, il se fit dans le ciel un silence d'environ une demi-heure.

2 Et je vis les sept anges qui se tiennent devant Dieu ; et sept trompettes leur furent données.

3 Alors il vint un autre ange, qui se tint devant l'autel, ayant un encensoir d'or ; et on lui donna une grande quantité de parfums, composés des prières de tous les saints, afin qu'il les offrît sur l'autel d'or qui est devant le trône de Dieu.

4 Et la fumée des parfums *composés* des prières des saints, s'élevant de la main de l'ange, monta devant Dieu.

5 L'ange prit ensuite l'encensoir, et l'emplit du feu de l'autel, et l'ayant jeté sur la terre, il se fit des bruits dans l'air, des tonnerres et des éclairs, et un grand tremblement de terre.

6 Alors les sept anges qui avaient les sept trompettes, se préparèrent pour en sonner.

7 Le premier ange sonna de la trompette : et il se forma une grêle, et un feu mêlés de sang, qui tombèrent sur la terre ; et la troisième partie de la terre et des arbres fut brûlée, et le feu brûla toute herbe verte.

8 Le second ange sonna de la trompette : et il parut comme une grande montagne toute en feu, qui fut jetée dans la mer ; et la troisième partie de la mer fut changée en sang.

9 La troisième partie des créatures qui étaient dans la mer, et qui avaient vie, mourut ; et la troisième partie des navires périt.

10 Le troisième ange sonna de la trompette : et une grande étoile, ardente comme un flambeau, tomba du ciel sur la troisième partie des fleuves, et sur les sources des eaux.

11 Cette étoile s'appelait, Absinthe ; et la troisième partie des eaux ayant été changée en absinthe, un grand nombre d'hommes mourut pour en avoir bu, parce qu'elles étaient devenues amères.

12 Le quatrième ange sonna de la trompette : et le soleil, la lune et les étoiles ayant été frappés *de ténèbres* dans leur troisième partie, la troisième partie du soleil, de la lune et des étoiles fut obscurcie : ainsi le jour fut privé de la troisième partie de sa lumière, et la nuit de même.

13 Alors je vis et j'entendis un aigle qui volait par le milieu du ciel, et qui disait à haute voix : Malheur ! malheur ! malheur aux habitants de la terre, à cause du son des trompettes dont les trois autres anges doivent sonner !

CHAPITRE IX.

LE cinquième ange sonna de la trompette : et je vis une étoile qui était tombée du ciel sur la terre, et la clef du puits de l'abîme lui fut donnée.

2 Elle ouvrit le puits de l'abîme, et il s'éleva du puits une fumée semblable à celle d'une grande fournaise ; et le soleil et l'air furent obscurcis par la fumée de ce puits.

3 Ensuite il sortit de la fumée du puits *une multitude* de sauterelles *qui se répandirent* sur la terre ; et il leur fut donné un pouvoir semblable à celui qu'ont les scorpions de la terre.

4 Et il leur fut défendu de faire aucun tort à l'herbe de la terre, ni à tout ce qui était vert, ni à tous les arbres, mais seulement aux hommes qui n'auraient point la marque de Dieu sur le front.

5 Et on leur donna le pouvoir, non de les tuer, mais de les tourmenter durant cinq mois ; et le tourment qu'elles causent est semblable à celui que cause le scorpion, quand il pique l'homme.

6 En ce temps-là les hommes chercheront la mort, et ils ne la trouveront point ; ils souhaiteront de mourir, et la mort s'enfuira d'eux.

7 Or ces sauterelles étaient semblables à des chevaux préparés pour le combat. Elles avaient sur la tête comme des couronnes qui paraissaient d'or, et leurs visages étaient comme des visages d'hommes ;

8 elles avaient des cheveux semblables aux cheveux des femmes, et leurs dents étaient comme celles des lions ;

9 elles avaient des cuirasses comme de fer, et le bruit de leurs ailes était comme un bruit de chariots à plusieurs chevaux qui courent au combat.

10 Leurs queues étaient semblables à celles des scorpions ; elles y avaient des aiguillons. Leur pouvoir fut de nuire aux hommes durant cinq mois.

11 Elles avaient pour roi l'ange de l'abîme, appelé, en hébreu, Abaddon, et en grec, Apollyon (c'est-à-dire, l'exterminateur).

12 Ce premier malheur étant passé, en voici encore deux autres qui vont suivre.

13 Le sixième ange sonna de la trompette : et j'entendis une voix qui sortait des quatre coins de l'autel d'or qui est devant Dieu ;

14 elle dit au sixième ange qui avait la trompette : Déliez les quatre anges qui sont liés sur le grand fleuve de l'Euphrate.

15 Aussitôt furent déliés ces quatre anges, qui étaient prêts pour l'heure, le jour, le mois et l'année, où ils devaient tuer la troisième partie des hommes.

16 Et le nombre de cette armée de cavalerie *qu'ils conduisaient*, était de deux cents millions : car j'en entendis *dire* le nombre.

17 Et dans cette vision les chevaux me parurent ainsi : ceux qui étaient montés dessus, avaient des cuirasses *de couleur* de feu, d'hyacinthe et de soufre ; les têtes des chevaux étaient comme des têtes de lions ; et de leur bouche il sortait du feu, de la fumée et du soufre.

18 Par ces trois plaies, c'est-à-dire, par le feu, par la fumée et par le soufre, qui sortaient de leur bouche, la troisième partie des hommes fut tuée.

19 Car la puissance de ces chevaux est dans leur bouche et dans leur queue ; parce que leurs queues sont semblables a celles des serpents, et qu'elles ont des têtes dont elles blessent.

20 Et les autres hommes qui ne furent point tués par ces plaies, ne se repentirent point des œuvres de leurs mains, pour cesser d'adorer les démons, et les idoles d'or, d'argent, d'airain, de pierre et de bois, qui ne peuvent ni voir, ni entendre, ni marcher ;

21 et ils ne firent point pénitence de leurs meurtres, ni de leurs empoisonnements, ni de leurs fornications, ni de leurs voleries.

CHAPITRE X.

JE vis ensuite un autre ange, fort et puissant, qui descendait du ciel, revêtu d'une nuée, et ayant un arc-en-ciel sur sa tête. Son visage était comme le soleil, et ses pieds comme des colonnes de feu.

2 Il avait à la main un petit livre ouvert ; et il mit son pied droit sur la mer, et son pied gauche sur la terre.

2 Et il cria d'une voix forte, comme un lion qui rugit ; et après qu'il eut crié, sept tonnerres firent éclater leur voix.

4 Et les sept tonnerres ayant fait retentir leur voix, j'allais écrire ; mais j'entendis une voix du ciel qui me dit : Tenez sous le sceau les paroles des sept tonnerres, et ne les écrivez point.

5 Alors l'ange que j'avais vu qui se tenait debout sur la mer et sur la terre, leva la main au ciel,

6 et jura par celui qui vit dans les siècles des siècles, qui a créé le ciel et tout ce qui est dans le ciel, la terre et tout ce qui est sur la terre, la mer et tout ce qui est dans la mer, qu'il n'y aurait plus de temps ;

7 mais qu'au jour où le septième ange ferait entendre sa voix, et sonnerait de la trompette, le mystère de Dieu serait consommé, ainsi qu'il l'a annoncé par les prophètes, ses serviteurs.

8 Et cette voix que j'avais entendue dans le ciel s'adressa encore à moi, et me dit : Allez prendre le *petit* livre ouvert qui est dans la main de l'ange qui se tient debout sur la mer et sur la terre.

9 J'allai donc trouver l'ange, et je lui dis : Donnez-moi le *petit* livre. Et il me dit : Prenez-le, et le dévorez : il vous causera de l'amertume dans le ventre ; mais dans votre bouche il sera doux comme du miel.

10 Je pris donc le *petit* livre de la main de l'ange, et le dévorai : et il était dans ma bouche doux comme du miel ; mais après que je l'eus avalé, je sentis de l'amertume dans le ventre.

11 Alors l'ange me dit : Il faut que vous prophétisiez encore devant beaucoup de nations et de peuples de diverses langues, et *devant beaucoup* de rois.

CHAPITRE XI.

ON me donna ensuite une canne semblable à une verge *pour mesurer*, et il me fut dit : Levez-vous, et mesurez le temple de Dieu, et l'autel, et ceux qui y adorent.

2 Pour le parvis qui est hors du temple, laissez-le, et ne le mesurez point : parce qu'il a été abandonné aux gentils ; et ils fouleront aux pieds la ville sainte pendant quarante-deux mois.

3 Mais je donnerai à mes deux témoins, de prophétiser durant mille deux cent soixante jours, étant revêtus de sacs.

4 Ce sont les deux oliviers et les deux chandeliers qui sont placés devant le Seigneur de la terre.

5 Si quelqu'un veut leur nuire, il sortira de leur bouche un feu qui dévorera leurs ennemis ; si quelqu'un veut leur nuire, il faut qu'il soit tué de cette sorte.

6 Ils ont le pouvoir de fermer le ciel, afin qu'il ne tombe point de pluie durant le temps qu'ils prophétiseront ; et ils ont le pouvoir de changer les eaux en sang, et de frapper la terre de toute sorte de plaies, toutes les fois qu'ils le voudront.

7 Mais après qu'ils auront achevé de rendre leur témoignage, la bête qui monte de l'abîme, leur fera la guerre, les vaincra et les tuera ;

8 et leurs corps demeureront étendus dans les places de la grande ville, qui est appelée spirituellement Sodome et Égypte, où leur Seigneur même a été crucifié.

9 Et les hommes de diverses tribus et de divers peuples, de langues et de nations différentes, verront leurs corps *ainsi étendus* durant trois jours et demi, et ils ne permettront pas qu'on les mette dans le tombeau.

10 Les habitants de la terre seront dans la joie en les voyant dans cet état, et ils en feront des réjouissances, et ils s'enverront des présents les uns aux autres ; parce que ces deux prophètes auront fort tourmenté ceux qui habitaient sur la terre.

11 Mais trois jours et demi après, Dieu répandit en eux l'esprit de vie : ils se relevèrent sur leurs pieds ; et ceux qui les virent, furent saisis d'une grande crainte.

12 Alors ils entendirent une puissante voix qui venait du ciel, et qui leur dit : Montez ici. Et ils montèrent au ciel dans une nuée à la vue de leurs ennemis.

13 À cette même heure il se fit un grand tremblement de terre : la dixième partie de la ville tomba, et sept mille hommes périrent dans ce tremblement de terre ; et les autres étant saisis de frayeur, rendirent gloire au Dieu du ciel.

14 Le second malheur est passé, et le troisième viendra bientôt.

15 Alors le septième ange sonna de la trompette : et on entendit de grandes voix dans le ciel, qui disaient : Le règne de ce monde a passé à notre Seigneur et à son Christ, et il régnera dans les siècles des siècles. Amen !

16 En même temps les vingt-quatre vieillards qui sont assis sur leurs trônes devant Dieu, se prosternèrent, et adorèrent Dieu, en disant :

17 Nous vous rendons grâces, Seigneur Dieu tout-puissant, qui êtes, qui étiez, et qui devez venir ! de ce que vous êtes entré en possession de votre grande puissance et de votre règne.

18 Les nations se sont irritées, et le temps de votre colère est arrivé : le temps de juger les morts, et de donner la récompense à vos serviteurs, aux prophètes et aux saints, à tous ceux qui craignent votre nom, aux petits et aux grands, et d'exterminer ceux qui ont corrompu la terre.

19 Alors le temple de Dieu s'ouvrit dans le ciel, et on vit l'arche de son alliance dans son temple ; et il se fit des éclairs, de grands bruits, un tremblement de terre, et une grosse grêle.

CHAPITRE XII.

Il parut encore un grand prodige dans le ciel : c'était une femme qui était revêtue du soleil, et qui avait la lune sous ses pieds, et une couronne de douze étoiles sur sa tête.

2 Elle était enceinte, et elle criait *comme* étant en travail, et ressentant les douleurs de l'enfantement.

3 Un autre prodige parut aussi dans le ciel : c'était un grand dragon roux, qui avait sept têtes et dix cornes, et sept diadèmes sur ses *sept* têtes.

4 Il entraînait avec sa queue la troisième partie des étoiles du ciel, et il les fit tomber sur la terre. Ce dragon s'arrêta devant la femme qui devait enfanter, afin que, lorsqu'elle aurait enfanté, il dévorât son fils.

5 Elle mit au monde un enfant mâle, qui devait gouverner toutes les nations avec une verge de fer ; et son fils fut enlevé vers Dieu et vers son trône.

6 Et la femme s'enfuit dans le désert, où elle avait un lieu que Dieu lui avait préparé, afin qu'on l'y nourrît durant mille deux cent soixante jours.

7 *Alors* il y eut un grand combat dans le ciel : Michel et ses anges combattaient contre le dragon, et le dragon avec ses anges combattait contre lui.

8 Mais ceux-ci furent les plus faibles ; et depuis ce temps-là ils ne parurent plus dans le ciel.

9 Et ce grand dragon, cet ancien serpent qui est appelé le Diable et Satan, qui séduit tout le monde, fut précipité ; il fut précipité en terre, et ses anges avec lui.

10 Et j'entendis dans le ciel une grande voix qui dit : Maintenant est établi le salut, et la force et le règne de notre Dieu, et la puissance de son Christ ; parce que l'accusateur de nos frères, qui les accusait jour et nuit devant notre Dieu, a été précipité.

11 Ils l'ont vaincu par le sang de l'Agneau, et par la parole à laquelle ils ont rendu témoignage ; et ils ont renoncé à l'amour de la vie jusqu'à *souffrir* la mort.

12 C'est pourquoi réjouissez-vous, cieux, et vous qui y habitez. Malheur à la terre et à la mer ! parce que le diable est descendu vers vous avec une grande colère, sachant qu'il ne lui reste que peu de temps.

13 Le dragon se voyant donc précipité en terre, poursuivit la femme qui avait mis au monde l'enfant mâle.

14 Mais on donna à la femme deux ailes d'un grand aigle, afin qu'elle s'envolât dans le désert au lieu de sa retraite, où elle devait être nourrie un temps, des temps, et la moitié d'un temps, hors de la présence du serpent.

15 Alors le serpent jeta de sa gueule après la femme une *quantité* d'eau semblable à un fleuve, afin que ce fleuve l'entraînât *et la submergeât*.

16 Mais la terre secourut la femme, et ayant, *pour ainsi dire,* ouvert sa bouche, elle engloutit le fleuve que le dragon avait vomi de sa gueule.

17 Le dragon alors irrité contre la femme, alla faire la guerre à ses autres enfants qui gardaient les commandements de Dieu, et qui demeuraient fermes dans la confession de Jésus-Christ.

18 Et il s'arrêta sur le sable de la mer.

CHAPITRE XIII.

JE vis ensuite s'élever de la mer une bête qui avait sept têtes et dix cornes, et sur ses cornes dix diadèmes, et sur ses têtes des noms de blasphème.

2 Cette bête que je vis était semblable à un léopard ; ses pieds étaient comme des pieds d'ours ; sa gueule, comme la gueule d'un lion ; et le dragon lui donna sa force et sa grande puissance.

3 Et je vis une de ses têtes comme blessée à mort ; mais cette plaie mortelle fut guérie ; et toute la terre étant dans l'admiration, suivit la bête.

4 Alors ils adorèrent le dragon, qui avait donné sa puissance à la bête ; et ils adorèrent la bête, en disant : Qui est semblable à la bête, et qui pourra combattre contre elle ?

5 Et il lui fut donné une bouche qui se glorifiait insolemment, et qui blasphémait ; et le pouvoir lui fut donné de faire *la guerre* durant quarante-deux mois.

6 Elle ouvrit donc la bouche pour blasphémer contre Dieu, en blasphémant son nom, son tabernacle, et ceux qui habitent dans le ciel.

7 Il lui fut aussi donné le pouvoir de faire la guerre aux saints, et de les vaincre ; et la puissance lui fut donnée sur les hommes de toute tribu, de tout peuple, de toute langue et de toute nation.

8 Et elle fut adorée par tous ceux qui habitaient sur la terre, dont les noms n'étaient pas écrits dès la création du monde dans le livre de vie de l'Agneau qui a été immolé.

9 Si quelqu'un a des oreilles, qu'il entende.

10 Celui qui aura réduit les autres en captivité, sera réduit *lui-même* en captivité. Celui qui aura tué avec l'épée, il faut qu'il soit tué *lui-même* par l'épée. C'est ici la patience et la foi des saints.

11 Je vis encore s'élever de la terre une autre bête, qui avait deux cornes semblables à celles de l'Agneau ; mais elle parlait comme le dragon.

12 Et elle exerça toute la puissance de la première bête en sa présence ; et elle fit que la terre et ceux qui l'habitaient, adorèrent la première bête, dont la plaie mortelle avait été guérie.

13 Elle fit de grands prodiges, jusqu'à faire descendre le feu du ciel sur la terre à la vue des hommes.

14 Et elle séduisit ceux qui habitaient sur la terre, à cause des prodiges qu'elle eut le pouvoir de faire en présence de la bête, en disant à ceux qui habitaient sur la terre, qu'ils dressassent une image à la bête, qui ayant reçu un coup d'épée était encore vivante.

15 Et le pouvoir lui fut donné d'animer l'image de la bête, en sorte que cette image parlât, et de faire tuer tous ceux qui n'adoreraient pas l'image de la bête.

16 Elle fera encore que tous les hommes, petits et grands, riches et pauvres, libres et esclaves, reçoivent *d'elle* un caractère à la main droite, ou au front ;

17 et que personne ne puisse ni acheter, ni vendre, que celui qui aura le caractère ou le nom de la bête, ou le nombre de son nom.

18 C'est ici la sagesse : Que celui qui a de l'intelligence, compte le nombre de la bête : car son nombre est le nombre *du nom* d'un homme ; et son nombre est Six cent soixante-six.

CHAPITRE XIV.

JE vis ensuite l'Agneau debout sur la montagne de Sion, et avec lui cent quarante-quatre mille personnes, qui avaient son nom, et le nom de son Père, écrit sur le front.

2 J'entendis alors une voix qui venait du ciel, semblable à un bruit de grandes eaux, et au bruit d'un grand tonnerre ; et cette voix que j'entendis était comme le son de plusieurs joueurs de harpe qui touchent leurs harpes.

3 Ils chantaient comme un cantique nouveau devant le trône, et devant les quatre animaux et les vieillards ; et nul ne pouvait chanter ce cantique, que ces cent quarante-quatre mille qui ont été rachetés de la terre.

4 Ce sont là ceux qui ne se sont point souillés avec les femmes, car ils sont vierges. Ceux-là suivent l'Agneau partout où il va ; ils ont été rachetés d'entre les hommes pour être consacrés à Dieu et à l'Agneau comme des prémices.

5 Et il ne s'est point trouvé de mensonge dans leur bouche : car ils sont purs et sans tache devant le trône de Dieu.

6 Je vis un autre ange qui volait par le milieu du ciel, portant l'Évangile éternel pour l'annoncer à ceux qui habitent sur la terre, à toute nation, à toute tribu, à toute langue et à tout peuple ;

7 et il disait d'une voix forte : Craignez le Seigneur, et rendez-lui gloire, parce que l'heure de son jugement est venue ; et adorez celui qui a fait le ciel et la terre, la mer et les sources des eaux.

8 Un autre ange suivit, qui dit : Elle est tombée, elle est tombée, Babylone, cette grande ville qui a fait boire à toutes les nations le vin de sa furieuse prostitution !

9 Et un troisième ange suivit ceux-là, et dit à haute voix : Si quelqu'un adore la bête ou son image, ou s'il en reçoit le caractère sur le front, ou dans la main,

10 celui-là boira du vin de la colère de Dieu, de ce vin tout pur préparé dans le calice de sa colère, et il sera tourmenté dans le feu et dans le soufre, devant les saints anges et devant l'Agneau.

11 Et la fumée de leurs tourments s'élèvera dans les siècles des siècles, sans qu'il y ait aucun repos ni jour ni nuit pour ceux qui auront adoré la bête ou son image, ou qui auront reçu le caractère de son nom.

12 C'est ici la patience des saints, qui gardent les commandements de Dieu et la foi de Jésus.

13 Alors j'entendis une voix qui venait du ciel, et qui me dit : Écrivez : Heureux sont les morts qui meurent dans le Seigneur. Dès maintenant, dit l'Esprit, ils se reposeront de leurs travaux : car leurs œuvres les suivent.

14 Je vis ensuite une nuée blanche, et sur cette nuée quelqu'un assis, qui ressemblait au Fils de l'homme, et qui avait sur la tête une couronne d'or, et à la main une faux tranchante.

15 Et un autre ange sortit du temple, criant d'une voix forte à celui qui était assis sur la nuée : Jetez votre faux, et moissonnez : car le temps de moissonner est venu, parce que la moisson de la terre est mûre.

16 Alors celui qui était assis sur la nuée, jeta sa faux sur la terre, et la terre fut moissonnée.

17 Et un autre ange sortit du temple qui est dans le ciel, ayant aussi une faux tranchante.

18 Il sortit encore d'auprès de l'autel un autre ange qui avait pouvoir sur le feu ; et il cria d'une voix forte à celui qui avait la faux tranchante : Jetez votre faux tranchante, et coupez les grappes de la vigne de la terre, parce que les raisins en sont mûrs.

19 L'ange jeta donc sa faux sur la terre, et vendangea la vigne de la terre, et en jeta les raisins dans la grande cuve de la colère de Dieu.

20 Et la cuve fut foulée hors de la ville, et le sang sortit de la cuve en telle abondance, que les chevaux en avaient jusqu'aux mors dans l'étendue de mille six cents stades.

CHAPITRE XV.

JE vis dans le ciel un autre prodige, grand et admirable : *c'étaient* sept anges qui avaient *en main* sept plaies *qui sont les* dernières, parce que c'est par elles que la colère de Dieu est consommée.

2 Et je vis comme une mer de verre, mêlée de feu ; et ceux qui étaient demeurés victorieux de la bête, de son image, et du nombre de son nom, étaient sur cette mer comme de verre, et avaient des harpes de Dieu.

3 Ils chantaient le cantique de Moïse, serviteur de Dieu, et le cantique de l'Agneau, en disant : Vos œuvres sont grandes et admirables, ô Seigneur Dieu tout-puissant ! Vos voies sont justes et véritables, ô Roi des siècles !

4 Qui ne vous craindra, ô Seigneur ! et qui ne glorifiera votre nom ? Car vous seul êtes plein de bonté ; et toutes les nations viendront à vous, et vous adoreront, parce que vos jugements ont éclaté.

5 Après cela je vis que le temple du tabernacle du témoignage s'ouvrit dans le ciel.

6 Et les sept anges qui portaient les sept plaies sortirent du temple, vêtus d'un lin propre et blanc, et ceints sur la poitrine d'une ceinture d'or.

7 Car l'un des quatre animaux avait donné aux sept anges sept coupes d'or, pleines de la colère de Dieu, qui vit dans les siècles des siècles.

8 Et le temple fut tout rempli de fumée, à cause de la majesté et de la puissance de Dieu ; et nul ne pouvait entrer dans le temple jusqu'à ce que les sept plaies des sept anges fussent consommées.

CHAPITRE XVI.

J'ENTENDIS ensuite une voix forte qui venait du temple, et qui dit aux sept anges : Allez, répandez sur la terre les sept coupes de la colère de Dieu.

2 Le premier s'en alla et répandit sa coupe sur la terre : et les hommes qui avaient le caractère de la bête, et ceux qui adoraient son image, furent frappés d'une plaie maligne et dangereuse.

3 Le second ange répandit sa coupe sur la mer : et elle devint comme le sang d'un mort ; et tout animal vivant mourut dans la mer.

4 Le troisième ange répandit sa coupe, sur les fleuves et sur les sources des eaux : et les eaux furent changées en sang.

5 Et j'entendis l'ange établi sur les eaux qui dit : Vous êtes juste, Seigneur ! vous qui êtes, et qui avez toujours été ; vous êtes saint dans ces jugements que vous avez exercés.

6 Parce qu'ils ont répandu le sang des saints et des prophètes, vous leur avez aussi donné du sang à boire : c'est ce qu'ils méritent.

7 J'en entendis un autre du côté de l'autel, qui disait : Oui, Seigneur Dieu tout-puissant ! vos jugements sont véritables et justes.

8 Après cela le quatrième ange répandit sa coupe sur le soleil : et le pouvoir lui fut donné de tourmenter les hommes par l'ardeur du feu.

9 Et les hommes étant frappés d'une chaleur brûlante, blasphémèrent le nom de Dieu, qui tient ces plaies en son pouvoir ; et ils ne firent point pénitence pour lui donner gloire.

10 Le cinquième ange répandit sa coupe sur le trône de la bête : et son royaume devint ténébreux, et les hommes se mordirent la langue dans l'excès de leur douleur ;

11 et ils blasphémèrent le Dieu du ciel, à cause de leurs douleurs et de leurs plaies ; et ils ne firent point pénitence de leurs œuvres.

12 Le sixième ange répandit sa coupe sur le grand fleuve d'Euphrate : et son eau fut séchée pour préparer le chemin aux rois qui devaient venir d'Orient.

13 Je vis alors sortir de la gueule du dragon, de la gueule de la bête, et de la bouche du faux prophète, trois esprits impurs, semblables a des grenouilles.

14 Ce sont des esprits de démons qui font des prodiges, et qui vont vers les rois de toute la terre pour les assembler au combat du grand jour du Dieu tout-puissant.

15 Je vais venir comme un larron, *dit le Seigneur* : heureux celui qui veille, et qui garde ses vêtements, afin qu'il ne marche pas nu, et qu'on ne voie pas sa honte.

16 Et ces esprits assemblèrent ces rois au lieu qui est appelé en hébreu, Armagédon.

17 Le septième ange répandit sa coupe dans l'air : alors une forte voix *sortant* du trône, se fit entendre du temple *du ciel*, et dit : C'en est fait.

18 Aussitôt il se fit des éclairs, des bruits et des tonnerres, et un grand tremblement de terre, qui était tel qu'il n'y en eut jamais un si grand depuis que les hommes sont sur la terre.

19 La grande ville fut divisée en trois parties, et les villes des nations tombèrent, et Dieu se ressouvint de la grande Babylone, pour lui donner à boire le calice du vin de la fureur de sa colère.

20 Toutes les îles s'enfuirent, et les montagnes disparurent.

21 Et une grande grêle comme du poids d'un talent, tomba du ciel sur les hommes : et les hommes blasphémèrent Dieu à cause de la plaie de la grêle ; parce que cette plaie était très-grande.

CHAPITRE XVII.

ALORS un des sept anges qui avaient les sept coupes, vint me parler, et me dit : Venez, et je vous montrerai la condamnation de la grande prostituée, qui est assise sur les grandes eaux ;

2 avec laquelle les rois de la terre se sont corrompus, et qui a enivré du vin de sa prostitution les habitants de la terre.

3 Il me transporta donc en esprit dans le désert ; et je vis une femme assise sur une bête de couleur d'écarlate, pleine de noms de blasphème, qui avait sept têtes et dix cornes.

4 Cette femme était vêtue de pourpre et d'écarlate ; elle était parée d'or, de pierres précieuses et de perles, et tenait en sa main un vase d'or, plein des abominations et de l'impureté de sa fornication.

5 Et sur son front était écrit ce nom : Mystère : Babylone La Grande, La mère des fornications et des abominations de la terre.

6 Et je vis cette femme enivrée du sang des saints, et du sang des martyrs de Jésus ; et en la voyant, je fus frappé d'un grand étonnement.

7 Alors l'ange me dit : De quoi vous étonnez-vous ? Je vous dirai le mystère de la femme, et de la bête sur laquelle elle est assise, qui a sept têtes et dix cornes.

8 La bête que vous avez vue, était, et n'est plus ; et elle doit s'élever de l'abîme, et aller à sa perte ; et les habitants de la terre, dont les noms ne sont pas écrits dans le livre de vie dès la création du monde, s'étonneront de voir cette bête qui était, et qui n'est plus.

9 Et en voici le sens, plein de sagesse : Les sept têtes sont sept montagnes sur lesquelles la femme est assise.

10 Ce sont aussi sept rois, dont cinq sont tombés ; il en reste un, et l'autre n'est pas encore venu ; et quand il sera venu, il faut qu'il demeure peu.

11 La bête qui était, et qui n'est plus, est elle-même huitième ; elle tient des sept, et elle ira à sa perte.

12 Les dix cornes que vous avez vues, sont dix rois, à qui le royaume n'a pas encore été donné ; mais ils recevront comme rois la puissance en une même heure avec la bête.

13 Ils auront tous un même dessein, et ils donneront à la bête leur force et leur puissance.

14 Ils combattront contre l'Agneau, et l'Agneau les vaincra ; parce qu'il est le Seigneur des seigneurs, et le Roi des rois ; et ceux qui sont avec lui, sont les appelés, les élus et les fidèles.

15 Il me dit encore : Les eaux que vous avez vues, sur lesquelles cette prostituée est assise, sont les peuples, les nations et les langues.

16 Les dix cornes que vous avez vues sur la bête, sont ceux qui haïront cette prostituée, la réduiront à la dernière désolation, la dépouilleront, dévoreront ses chairs, et la feront périr par le feu.

17 Car Dieu leur a mis dans le cœur d'exécuter ce qu'il lui plaît, et de donner leur royaume à la bête, jusqu'à ce que les paroles de Dieu soient accomplies.

18 Et quant à la femme que vous avez vue, c'est la grande ville qui règne sur les rois de la terre.

CHAPITRE XVIII.

APRÈS cela je vis un autre ange qui descendait du ciel, ayant une grande puissance ; et la terre fut éclairée de sa gloire.

2 Et il cria de toute sa force : Elle est tombée, elle est tombée, cette grande Babylone ! et elle est devenue la demeure des démons, la retraite de tout esprit immonde, et le repaire de tout oiseau impur et haïssable :

3 parce que toutes les nations ont bu du vin de sa furieuse prostitution, que les rois de la terre se sont corrompus avec elle, et que les marchands de la terre se sont enrichis par l'excès de son luxe.

4 J'entendis aussi une autre voix *qui venait* du ciel, *et* qui dit : Sortez de cette ville, mon peuple ; afin que vous n'ayez point de part à ses péchés, et que vous ne soyez point enveloppés dans ses plaies :

5 car ses péchés sont montés jusques au ciel, et Dieu s'est ressouvenu de ses iniquités.

6 Traitez-la comme elle vous a traités ; rendez-lui au double selon ses œuvres ; dans le même calice où elle *vous* a donné à boire, donnez-lui à boire deux fois autant.

7 Multipliez ses tourments et ses douleurs à proportion de ce qu'elle s'est élevée d'orgueil, et livrée au luxe ; parce qu'elle a dit dans son cœur : Je suis sur le trône comme reine ; je ne suis point veuve, et je ne serai point sujette au deuil.

8 C'est pourquoi ses plaies, la mort, le deuil et la famine, viendront fondre sur elle en un même jour, et elle périra par le feu ; parce que Dieu qui la condamnera est puissant.

9 Alors les rois de la terre, qui se sont corrompus et ont vécu dans le luxe avec elle, pleureront sur elle, et frapperont leur poitrine en voyant la fumée de son embrasement.

10 Ils se tiendront loin d'elle, dans la crainte de ses tourments, et ils diront : Hélas ! hélas ! grande ville, Babylone, ville *si* puissante ! ta condamnation est venue en un moment.

11 Les marchands de la terre pleureront et gémiront sur elle ; parce que personne n'achètera plus leurs marchandises :

12 ces marchandises d'or et d'argent, de pierreries, de perles, de fin lin, de pourpre, de soie, d'écarlate, de toute sorte de bois précieux, de toute sorte de meubles d'ivoire, et de pierres précieuses, d'airain, de fer et de marbre,

13 de cinnamome, de senteurs, de parfums, d'encens, de vin, d'huile, de fleur de farine, de blé, de bêtes de charge, de brebis, de chevaux, de carrosses, d'esclaves vigoureux, et d'autres âmes serviles.

14 Les fruits aussi dont tu faisais tes délices, t'ont quittée ; toute délicatesse et toute magnificence est perdue pour toi, et tu ne les retrouveras jamais.

15 Ceux qui vendent ces marchandises, et qui se sont enrichis avec elle, s'en tiendront éloignés dans l'appréhension de ses tourments ; ils pleureront et soupireront,

16 et ils diront : Hélas ! hélas ! *qu'est devenue* cette grande ville qui était vêtue de fin lin, de pourpre et d'écarlate, et parée d'or, de pierreries et de perles !

17 car toutes ces richesses se sont évanouies en un moment. Tous les pilotes et tous ceux qui sont sur mer, les mariniers et tous ceux qui trafiquent sur mer, se sont tenus loin d'elle ;

18 et se sont écriés en voyant la place de son embrasement : Quelle ville, disaient-ils, a jamais égalé cette grande ville ?

19 Ils se sont couvert la tête de poussière, jetant des cris accompagnés de larmes et de sanglots, et disant : Hélas ! hélas ! cette grande ville, qui a enrichi de son opulence tous ceux qui avaient des vaisseaux en mer, se trouve ruinée en un moment !

20 Ciel, soyez-en dans la joie, et vous aussi, saints apôtres et prophètes ; parce que Dieu vous a fait justice d'elle.

21 Alors un ange fort leva en haut une pierre semblable à une grande meule de moulin, et la jeta dans la mer, en disant : C'est ainsi que Babylone, cette grande ville, sera précipitée avec impétuosité, en sorte qu'on ne la trouvera plus.

22 Et la voix des joueurs de harpe et des musiciens, ni celle des joueurs de flûte et de trompette, ne sera plus entendue chez toi ; et nul artisan, de quelque métier que ce soit, ne s'y trouvera plus, et on n'y entendra plus le bruit de la meule.

23 La lumière des lampes ne luira plus chez toi, et la voix de l'époux et de l'épouse ne s'y entendra plus : car tes marchands

étaient les princes de la terre, et toutes les nations ont été séduites par tes enchantements.

24 Et on a trouvé dans cette ville le sang des prophètes et des saints, et de tous ceux qui ont été tués sur la terre.

CHAPITRE XIX.

APRÈS cela j'entendis comme la voix d'une nombreuse troupe qui était dans le ciel, et qui disait : Alleluia ! salut, gloire et puissance à notre Dieu !

2 parce que ses jugements sont véritables et justes, qu'il a condamné la grande prostituée qui a corrompu la terre par sa prostitution, et qu'il a vengé le sang de ses serviteurs, qu'elle avait répandu de ses mains.

3 Ils dirent encore : Alleluia ! Et la fumée de son embrasement s'élève dans les siècles des siècles.

4 Alors les vingt-quatre vieillards et les quatre animaux se prosternèrent, et adorèrent Dieu, qui était assis sur le trône, en disant : Amen ! Alleluia !

5 Et il sortit du trône une voix qui disait : Louez notre Dieu, vous tous qui êtes ses serviteurs et qui le craignez, petits et grands.

6 J'entendis encore comme le bruit d'une grande troupe ; ce bruit était semblable au bruit des grandes eaux, et à de grands coups de tonnerre, et cette troupe disait : Alleluia ! *Louez Dieu*, parce que le Seigneur notre Dieu, le Tout-Puissant, est entré dans son règne.

7 Réjouissons-nous, faisons éclater notre joie, et rendons-lui gloire ; parce que les noces de l'Agneau sont venues, et que son épouse s'y est préparée.

8 Et il lui a été donné de se revêtir d'un fin lin d'une blancheur éclatante ; et ce fin lin sont les bonnes œuvres des saints.

9 Alors il me dit : Écrivez : Heureux ceux qui ont été appelés au souper des noces de l'Agneau ! Et l'ange ajouta : Ces paroles de Dieu sont véritables.

10 Aussitôt je me jetai à ses pieds pour l'adorer ; mais il me dit : Gardez-vous bien de le faire : je suis serviteur *de Dieu* comme vous, et comme vos frères qui demeurent fermes dans le témoignage qu'ils rendent à Jésus. Adorez Dieu : car l'esprit de prophétie est le témoignage de Jésus.

11 Je vis ensuite le ciel ouvert, et il parut un cheval blanc ; et celui qui était monté dessus, s'appelait le Fidèle et le Véritable, qui juge et qui combat justement.

12 Ses yeux étaient comme une flamme de feu ; il avait sur la tête plusieurs diadèmes, et il portait écrit un nom que nul autre que lui ne connaît.

13 Il était vêtu d'une robe teinte de sang ; et il s'appelle le Verbe de Dieu.

14 Les armées qui sont dans le ciel, le suivaient sur des chevaux blancs, vêtues d'un fin lin, blanc et pur.

15 Et il sortait de sa bouche une épée tranchante des deux côtés, pour frapper les nations : car c'est lui qui doit les gouverner avec une verge de fer, et c'est lui qui foule la cuve du vin de la fureur de la colère du Dieu tout-puissant.

16 Et il portait *ce nom*, écrit sur son vêtement et sur sa cuisse : Roi des rois, et Seigneur des seigneurs.

17 Alors je vis un ange qui était dans le soleil, et qui cria d'une voix forte, en disant à tous les oiseaux qui volaient par le milieu de l'air : Venez, et assemblez-vous, pour être au grand souper de Dieu ;

18 pour manger la chair des rois, la chair des officiers de guerre, la chair des puissants, la chair des chevaux et de ceux qui sont dessus, et la chair de tous les hommes, libres et esclaves, petits et grands.

19 Et je vis la bête et les rois de la terre, et leurs armées assemblées pour faire la guerre à celui qui était monté sur le cheval *blanc*, et à son armée.

20 Mais la bête fut prise, et avec elle le faux prophète qui avait fait devant elle des prodiges, par lesquels il avait séduit ceux qui avaient reçu le caractère de la bête, et qui avaient adoré son image ; et ces deux furent jetés tout vivants dans l'étang brûlant de feu et de soufre.

21 Le reste fut tué par l'épée qui sortait de la bouche de celui qui était monté sur le cheval *blanc* ; et tous les oiseaux se rassasièrent de leur chair.

CHAPITRE XX.

JE vis encore descendre du ciel un ange qui avait la clef de l'abîme, et une grande chaîne à la main.

2 Il prit le dragon, l'ancien serpent, qui est le diable et Satan, et l'enchaîna pour mille ans.

3 Et l'ayant jeté dans l'abîme, il le ferma sur lui, et le scella ; afin qu'il ne séduisît plus les nations, jusqu'à ce que ces mille ans soient accomplis ; après quoi il doit être délié pour un peu de temps.

4 Je vis aussi des trônes et des personnes qui s'assirent dessus, et la puissance de juger leur fut donnée. Je vis encore les âmes de ceux qui avaient eu la tête coupée pour le témoignage *qu'ils avaient rendu* à Jésus, et pour la parole de Dieu, et qui n'avaient point adoré la bête, ni son image, ni reçu son caractère sur le front ou aux mains : et elles entrèrent dans la vie, et elles régnèrent avec Jésus-Christ pendant mille ans.

5 Les autres morts ne rentrèrent point dans la vie jusqu'à ce que les mille ans fussent accomplis : c'est là la première résurrection.

6 Heureux et saint est celui qui a part à la première résurrection : la seconde mort n'aura point de pouvoir sur ceux-là ; mais ils seront prêtres de Dieu et de *Jésus*-Christ, et ils régneront avec lui pendant mille ans.

7 Après que les mille ans seront accomplis, Satan sera délié ; et il sortira de sa prison, et il séduira les nations qui sont aux quatre coins du monde, Gog et Magog, et il les assemblera pour combattre : leur nombre égalera celui du sable de la mer.

8 Ils se répandirent sur la terre, et ils environnèrent le camp des saints, et la ville bien-aimée.

9 Mais Dieu fit descendre du ciel un feu qui les dévora ; et le diable qui les séduisait, fut jeté dans l'étang de feu et de soufre, où la bête

10 et le faux prophète seront tourmentés jour et nuit dans les siècles des siècles.

11 Alors je vis un grand trône blanc, et quelqu'un qui était assis dessus, devant la face duquel la terre et le ciel s'enfuirent ; et on n'en trouva pas même la place.

12 Je vis ensuite les morts, grands et petits, qui comparurent devant le trône : et des livres furent ouverts : après quoi on en ouvrit encore un autre, qui était le livre de vie ; et les morts furent jugés sur ce qui était écrit dans ces livres, selon leurs œuvres.

13 Et la mer rendit les morts qui étaient ensevelis dans ses eaux ; la mort et l'enfer rendirent aussi les morts qu'ils avaient : et chacun fut jugé selon ses œuvres.

14 Alors l'enfer et la mort furent jetés dans l'étang de feu : c'est là la seconde mort.

15 Et quiconque ne fut pas trouvé écrit dans le livre de vie, fut jeté dans l'étang de feu.

CHAPITRE XXI.

APRÈS cela je vis un ciel nouveau et une terre nouvelle : car le premier ciel et la première terre avaient disparu, et la mer n'était plus.

2 Et moi, Jean, je vis descendre du ciel la ville sainte, la nouvelle Jérusalem qui venait de Dieu, étant parée comme une épouse qui s'est revêtue de ses *riches* ornements pour *paraître* devant son époux.

3 Et j'entendis une grande voix qui venait du trône, et qui disait : Voici le tabernacle de Dieu avec les hommes : car il demeurera avec eux, et ils seront son peuple ; et Dieu, demeurant lui-même avec eux, sera leur Dieu.

4 Dieu essuiera toutes les larmes de leurs yeux, et la mort ne sera plus ; il n'y aura plus aussi là ni pleurs, ni cris, ni afflictions, parce que le premier état sera passé.

5 Alors celui qui était assis sur le trône, dit : Je vais faire toutes choses nouvelles. Il me dit aussi : Écrivez, que ces paroles sont très-certaines et *très*-véritables.

6 Il me dit encore : Tout est accompli. Je suis l'Alpha et l'Oméga, le principe et la fin. Je donnerai gratuitement à *boire* de la source d'eau vive à celui qui aura soif.

7 Celui qui sera victorieux, possédera ces choses ; et je serai son Dieu, et il sera mon fils.

8 Mais pour ce qui est des timides et des incrédules, des exécrables et des homicides, des fornicateurs et des empoisonneurs, des idolâtres et de tous les menteurs, leur partage sera dans l'étang brûlant de feu et de soufre : ce qui est la seconde mort.

9 Alors un des sept anges qui avaient reçu les sept coupes, pleines des sept dernières plaies, vint me parler, et me dit : Venez, et je vous montrerai l'épouse qui a l'Agneau pour époux.

10 Il me transporta en esprit sur une grande et haute montagne, et il me montra la ville, la sainte Jérusalem, qui descendait du ciel, *venant* de Dieu.

11 Elle était environnée de la gloire de Dieu ; et l'astre qui l'éclairait, était semblable à une pierre précieuse, à une pierre de jaspe, transparente comme du cristal.

12 Elle avait une grande et haute muraille, où il y avait douze portes et douze anges, un à chaque porte ; et à ces portes il y avait des noms écrits, qui étaient les noms des douze tribus des enfants d'Israël.

13 Il y avait trois portes à l'orient, trois portes au septentrion, trois portes au midi, et trois portes à l'occident.

14 Et la muraille de la ville avait douze fondements, où sont les noms des douze apôtres de l'Agneau.

15 Celui qui me parlait, avait une canne d'or pour mesurer la ville, les portes et la muraille.

16 Or la ville est bâtie en carré, et elle est aussi longue que large. Il mesura la ville avec sa canne, et il la trouva de douze mille stades ; et sa longueur, sa largeur et sa hauteur sont égales.

17 Il en mesura aussi la muraille, qui était de cent quarante-quatre coudées de mesure d'homme, qui était celle de l'ange.

18 Cette muraille était bâtie de jaspe, et la ville était d'un or pur, semblable à du verre très-clair.

19 Et les fondements de la muraille de la ville étaient ornés de toutes sortes de pierres précieuses. Le premier fondement était de jaspe ; le second, de saphir ; le troisième, de calcédoine ; le quatrième, d'émeraude ;

20 le cinquième, de sardonyx ; le sixième, de sardoine ; le septième, de chrysolithe ; le huitième, de béryl ; le neuvième, de topaze ; le dixième, de chrysoprase ; le onzième, d'hyacinthe ; le douzieme, d'améthyste.

21 Or les douze portes étaient douze perles, et chaque porte était faite de l'une de ces perles ; et la place de la ville était d'un or pur comme du verre transparent.

22 Je ne vis point de temple dans la ville ; parce que le Seigneur Dieu tout-puissant et l'Agneau en est le temple.

23 Et cette ville n'a pas besoin d'être éclairée par le soleil ou par la lune ; parce que c'est la gloire de Dieu qui l'éclaire, et que l'Agneau en est la lampe.

24 Les nations marcheront à l'éclat de sa lumière, et les rois de la terre y apporteront leur gloire et leur honneur.

25 Ses portes ne se fermeront point chaque jour, parce qu'il n'y aura point là de nuit.

26 On y apportera la gloire et l'honneur des nations.

27 Il n'y entrera rien de souillé, ni aucun de ceux qui commettent l'abomination ou le mensonge, mais seulement ceux qui sont écrits dans le livre de vie de l'Agneau.

CHAPITRE XXII.

L'ANGE me montra encore un fleuve d'eau vive, clair comme du cristal, qui sortait du trône de Dieu et de l'Agneau.

2 Au milieu de la place de la ville, des deux côtés de ce fleuve, était l'arbre de vie, qui porte douze fruits, et donne son fruit chaque mois ; et les feuilles de cet arbre sont pour guérir les nations.

3 Il n'y aura plus *là* de malédiction ; mais le trône de Dieu et de l'Agneau y sera, et ses serviteurs le serviront.

4 Ils verront sa face, et son nom *sera écrit* sur leur front.

5 Il n'y aura plus là de nuit, et ils n'auront point besoin de lampe, ni de la lumière du soleil, parce que c'est le Seigneur Dieu qui les éclairera ; et ils régneront dans les siècles des siècles.

6 Alors il me dit : Ces paroles sont très-certaines et *très*-véritables ; et le Seigneur, le Dieu des esprits des prophètes, a envoyé son ange pour faire connaître à ses serviteurs ce qui doit arriver dans peu de temps.

7 Je vais venir bientôt : heureux celui qui garde les paroles de la prophétie qui est dans ce livre !

8 C'est moi, Jean, qui ai entendu et qui ai vu toutes ces choses. Et après les avoir entendues et les avoir vues, je me jetai aux pieds de l'ange qui me les montrait, pour l'adorer.

9 Mais il me dit : Gardez-vous bien de le faire : car je suis serviteur *de Dieu* comme vous, et comme vos frères les prophètes, et comme ceux qui garderont les paroles de la prophétie contenue dans ce livre. Adorez Dieu.

10 Après cela il me dit : Ne scellez point les paroles de la prophétie de ce livre : car le temps est proche.

11 Que celui qui commet l'injustice, la commette encore ; que celui qui est souillé, se souille encore ; que celui qui est juste, se justifie encore ; que celui qui est saint, se sanctifie encore.

12 Je vais venir bientôt, et j'ai ma récompense avec moi, pour rendre à chacun selon ses œuvres.

13 Je suis l'Alpha et l'Oméga, le premier et le dernier, le principe et la fin.

14 Heureux ceux qui lavent leurs vêtements dans le sang de l'Agneau ; afin qu'ils aient droit à l'arbre de vie, et qu'ils entrent dans la ville par les portes.

15 *Qu'on laisse* dehors les chiens, les empoisonneurs, les fornicateurs, les homicides et les idolâtres, et quiconque aime et fait le mensonge.

16 Moi, Jésus, j'ai envoyé mon ange pour vous rendre témoignage de ces choses dans les Églises. Je suis le rejeton et le Fils de David, l'étoile brillante, l'étoile du matin.

17 L'Esprit et l'épouse disent : Venez. Que celui qui entend, dise : Venez. Que celui qui a soif, vienne ; et que celui qui le veut, reçoive gratuitement de l'eau de la vie.

18 Je déclare à tous ceux qui entendront les paroles de la prophétie contenue dans ce livre, que si quelqu'un y ajoute quelque chose, Dieu le frappera des plaies qui sont écrites dans ce livre ;

19 et que si quelqu'un retranche quelque chose des paroles du livre qui contient cette prophétie, Dieu l'effacera du livre de vie, l'exclura de la ville sainte, et ne lui donnera point de part à ce qui est écrit dans ce livre.

20 Celui qui rend témoignage de ces choses, dit : Certes, je vais venir bientôt. Amen ! Venez, Seigneur Jésus !

21 Que la grâce de notre Seigneur Jésus-Christ soit avec vous tous ! Amen !

FIN DU NOUVEAU TESTAMENT ET DE TOUTE LA SAINTE BIBLE.

ANCIEN TESTAMENT.

Livres deutérocanoniques.

BARUCH

———

CHAPITRE PREMIER.

Prologue du livre de Baruch.
Ce livre fut lu devant les Juifs captifs à Babylone,
et envoyé par eux à leurs frères de Jérusalem.

Livre de Baruch, où d'abord ce prophète confesse,
au nom de son peuple, la justice des châtiments
que le Seigneur exerce sur eux.

VOICI les paroles du livre qu'écrivit Baruch, fils de Nérias, fils de Maasias, fils de Sédécias, fils de Sédéi, fils d'Helcias, lorsqu'il était à Babylone,

2. Le septième jour du mois de la cinquième année depuis que les Chaldéens eurent pris Jérusalem, et l'eurent brûlée.

3. Baruch lut les paroles de ce livre devant Jéchonias, fils de Joachim, roi de Juda, et devant tout le peuple qui venait l'entendre lire ;

4. Devant les grands, devant les enfants des rois, devant les anciens, et devant le peuple, depuis le plus petit jusqu'au plus grand de tous ceux qui demeuraient à Babylone, près du fleuve de Sod.

5. Et lorsqu'ils écoutaient cette lecture, ils pleuraient, ils jeûnaient, et ils priaient devant le Seigneur.

6. Ils amassèrent aussi de l'argent, selon que chacun d'eux put le faire,

7. Et ils l'envoyèrent à Jérusalem au prêtre Joachim, fils d'Helcias, fils de Salom, et aux prêtres, et à tout le peuple qui se trouva avec lui dans Jérusalem ;

8. Dans le temps même qu'il recevait les vases du temple du Seigneur, qui avaient été emportés du temple, pour les reporter en la terre de Juda , le dixième jour du mois de sivan, lesquels étaient les vases d'argent que Sédécias, fils de Josias et roi de Juda, avait fait faire,

9. Après que Nabuchodonosor, roi de Babylone, eut pris Jéchonias, les princes, et tous les grands, et le peuple du pays, et qu'il les eut emmenés liés de Jérusalem à Babylone ;

10. Et ils leur firent dire : Nous vous avons envoyé de l'argent, achetez-en des holocaustes et de l'encens ; et faites-en des offrandes et des sacrifices pour le péché, à l'autel du Seigneur notre Dieu ;

11. Et priez pour la vie de Nabuchodonosor, roi de Babylone, et pour la vie de Baltassar, son fils, afin que leurs jours sur la terre soient comme les jours du ciel.

12. Que le Seigneur nous donne la force, et qu'il éclaire nos yeux, afin que nous vivions en paix sous l'ombre de Nabuchodonosor, roi de Babylone, et sous l'ombre de Baltassar, son fils ; que nous les servions longtemps, et que nous trouvions grâce devant eux.

13. Priez aussi le Seigneur notre Dieu pour nous, parce que nous avons péché contre le Seigneur notre Dieu, et que sa fureur ne s'est point détournée de nous jusqu'à ce jour.

14. Lisez ce livre que nous vous avons envoyé afin qu'il soit lu publiquement dans le temple du Seigneur, au jour solennel, et au jour favorable ;

15. Et vous direz : La justice est le partage du Seigneur notre Dieu ; mais le nôtre est la confusion dont notre visage est tout couvert, comme il parait en ce jour à l'égard de tout Juda, et des habitants de Jérusalem,

16. De nos rois, de nos princes, de nos prêtres, de nos prophètes, et de nos pères.

17. Nous avons péché devant le Seigneur notre Dieu, nous ne l'avons point cru, et nous n'avons eu aucune confiance en lui ;

18. Nous ne lui avons point été assujettis, et nous n'avons point écouté la voix du Seigneur notre Dieu, pour marcher selon les préceptes qu'il nous a donnés :

19. Depuis le jour où il a tiré nos pères du pays d'Égypte , jusqu'à ce jour, nous avons été incrédules au Seigneur notre Dieu ; et, dans la dissipation et l'égarement de notre esprit, nous nous sommes retirés de lui pour ne point écouter sa voix ;

20. C'est pourquoi nous avons été accablés de plusieurs maux, et des malédictions que le Seigneur avait prédites par Moïse son serviteur, qui a fait sortir nos pères de l'Égypte pour nous donner une terre où coulaient des ruisseaux de lait et de miel, comme il paraît aujourd'hui.

21. Et nous n'avons point écouté la voix du Seigneur notre Dieu, selon que nous y exhortaient toutes les paroles des prophètes qu'il nous a envoyés ;

22. Et chacun de nous s'est laissé aller au sens corrompu et à la malignité de son cœur, pour servir des dieux étrangers, et pour commettre le mal devant les yeux du Seigneur notre Dieu !

CHAPITRE II.

Le prophète, parlant toujours au nom de son peuple, reconnait la justice des jugements du Seigneur, et implore sa miséricorde avec confiance en ses promesses.

1. C'est pourquoi le Seigneur notre Dieu a vérifié sa parole, qu'il nous avait fait dire à nous, à nos juges, qui ont jugé Israël, à nos rois, à nos princes, à tout Israël et à Juda ;

2. En amenant sur nous de si grands maux, qu'on n'en a jamais vu sous le ciel comme ceux qui sont arrivés à Jérusalem, selon qu'il est écrit dans la loi de Moïse :

3. Que l'homme a mangé la chair de son propre fils et la chair de sa propre fille.

4. Et le Seigneur les a livrés entre les mains de tous les rois qui nous environnent, pour être la fable des hommes et un exemple de malheur et de désolation au milieu de tous les peuples parmi lesquels le Seigneur nous a dispersés ;

5. Et nous avons été assujettis aux autres, au lieu de leur commander, parce que nous avons péché contre le Seigneur notre Dieu en n'obéissant point à sa voix.

6. La justice est le partage du Seigneur notre Dieu ; mais le nôtre, ainsi que celui de nos pères, est la confusion qui nous couvre le visage, selon qu'il paraît en ce jour :

7. Car le Seigneur nous avait prédit tous ces maux qui sont venus sur nous ;

8. Et nous n'avons point présenté nos prières devant la face du Seigneur notre Dieu, afin que chacun de nous se retirât de sa voie toute corrompue ;

9. C'est pourquoi l'œil du Seigneur a veillé sur les maux, et il les a fait venir sur nous, parce que le Seigneur est juste dans toutes ses œuvres, dans tout ce qu'il a ordonné sur nous.

10. Et nous n'avons point écouté sa voix pour marcher dans les préceptes du Seigneur, qu'il nous avait donnés afin que nous les eussions devant les yeux.

11. Mais maintenant, Seigneur Dieu d'Israël, qui avez tiré votre peuple de l'Égypte avec une main forte, en faisant des merveilles et des prodiges par votre grande puissance et avec un bras élevé, et qui vous êtes acquis un grand nom, comme il paraît en ce jour,

12. Nous avons péché, nous avons fait des actions impies, nous avons commis l'iniquité, Seigneur notre Dieu, contre vos justes ordonnances :

13. Que votre colère se détourne de nous, parce que nous sommes demeurés en petit nombre au milieu des nations parmi lesquelles vous nous avez dispersés !

14. Seigneur, exaucez nos prières et nos oraisons ; délivrez-nous pour l'amour de vous-même, et faites-nous trouver grâce devant ceux qui nous ont emmenés hors de notre pays ;

15. Afin que toute la terre sache que vous êtes le Seigneur notre Dieu, et que ce n'est pas en vain qu'Israël et toute sa race ont porté le nom de votre peuple :

16. Seigneur, jetez les yeux sur nous de votre demeure sainte, abaissez votre oreille, et exaucez-nous !

17. Ouvrez vos yeux et voyez : car ce ne sont point les morts qui sont sous la terre, dont l'esprit a été séparé de leurs entrailles, qui rendront honneur et gloire à la justice du Seigneur ;

18. Mais c'est l'âme qui est triste à cause de la grandeur du mal qu'elle a fait, qui marche courbée et abattue, dont les yeux sont dans la langueur et la défaillance ; c'est l'âme, qui est pressée de la faim, qui vous rendra, Seigneur, gloire et justice.

19. Car ce n'est point en nous appuyant sur la justice de nos pères que nous nous prosternons devant votre face pour vous offrir nos prières et pour implorer votre miséricorde, ô Seigneur notre Dieu !

20. Mais c'est parce que vous avez envoyé contre nous votre colère et votre fureur, comme vous l'avez prédit par vos serviteurs les prophètes, en disant :

21. Voici ce que dit le Seigneur : Baissez le cou et les épaules, et assujettissez-vous au roi de Babylone, et vous demeurerez en repos dans la terre que j'ai donnée à vos pères :

22. Que si vous n'écoutez point la voix du Seigneur votre Dieu, pour vous assujettir au roi de Babylone, je vous ferai sortir des villes de Juda, et hors de Jérusalem,

23. Et je ferai cesser parmi vous les cantiques de joie, et les chants de réjouissance, la voix de l'époux et la voix de l'épouse, et il ne restera plus de trace dans toute votre terre qu'elle ait jamais été habitée.

24. Mais nos pères n'ont point écouté votre voix pour s'assujettir au roi de Babylone : vous avez fait voir la certitude de vos paroles, que vous aviez prédites par vos serviteurs les prophètes, en faisant transporter hors de leur lieu les os de nos rois et les os de nos pères ;

25. Et ils ont été exposés à l'ardeur du soleil et au froid de la nuit, après qu'ils sont morts dans de cruelles douleurs, par la famine et par l'épée, ou hors de leur pays.

26. Vous avez aussi réduit ce temple, où votre nom a été invoqué, dans l'état où nous le voyons aujourd'hui, à cause des iniquités d'Israël et de Juda.

27. Et en tout cela, Seigneur notre Dieu, vous nous avez traités selon toute votre bonté et selon votre grande miséricorde ;

28. Comme vous l'aviez déclaré par Moïse votre serviteur, lorsque vous lui ordonnâtes d'écrire votre loi pour les enfants d'Israël,

29. En disant : Si vous n'écoutez point ma voix, toute cette grande multitude sera réduite à un petit nombre au milieu des nations, parmi lesquelles je les disperserai ;

30. Car je sais que ce peuple ne m'écoutera point, parce que c'est un peuple qui a la tête dure : mais il rentrera enfin en lui-même dans la terre de sa captivité ;

31. Et ils sauront que c'est moi qui suis le Seigneur leur Dieu : je leur donnerai un cœur, et ils comprendront ; des oreilles, et ils entendront :

32. Ils me loueront dans la terre de leur captivité, et ils se souviendront de mon nom ;

33. Ils quitteront cette dureté qui les rend comme inflexibles, et cette malignité de leurs œuvres, parce qu'ils se souviendront de la voie de leurs pères qui ont péché contre moi.

34. Et je les rappellerai dans la terre que j'ai promise avec serment à Abraham, à Isaac, et à Jacob ; ils en seront les maîtres, je les multiplierai, et ils ne diminueront point :

35. Je ferai avec eux une autre alliance qui sera éternelle, afin que je sois leur Dieu et qu'ils soient mon peuple ; et je ne ferai plus sortir les enfants d'Israël, qui sont mon peuple, de la terre que je leur aurai donnée.

CHAPITRE III.

Le prophète continue d'implorer la miséricorde du Seigneur au nom de ses frères. Il exhorte Israël à reconnaître que son infidélité est la source de ses maux, et l'invite à rechercher la sagesse. Elle ne vient que de Dieu, qui l'a manifestée à Israël. Prophétie de l'incarnation du Verbe.

1. Maintenant donc, Seigneur tout-puissant, Dieu d'Israël, l'âme dans la douleur qui la presse, et l'esprit dans l'inquiétude qui l'agite crie vers vous :

2. Écoutez, Seigneur, et ayez compassion, parce que vous êtes un Dieu compatissant ; faites-nous miséricorde, parce que nous avons péché en votre présence :

3. Car vous qui subsistez éternellement dans une paix souveraine, souffrirez-vous que nous périssions pour jamais ?

4. Seigneur tout-puissant, Dieu d'Israël , écoutez maintenant la prière des morts d'Israël, et des enfants de ceux qui ont péché devant vous, et qui, n'ayant point écouté la voix du Seigneur leur Dieu, nous ont attiré ces maux qui se sont attachés inséparablement à nous.

5. Daignez ne plus vous souvenir des iniquités de nos pères ; mais souvenez-vous plutôt en ce temps-ci de votre main et de votre nom :

6. Car vous êtes le Seigneur notre Dieu ; et nous vous louerons, Seigneur,

7. Parce que c'est pour cela même que vous avez répandu votre crainte dans nos cœurs, afin que nous invoquions votre nom, et que nous publiions vos louanges dans notre captivité, en nous convertissant et en nous retirant de l'iniquité de nos pères, qui ont péché devant vous.

8. Vous nous voyez aujourd'hui dans cette captivité, où vous nous avez dispersés pour être la fable et l'exécration des hommes, et un exemple de la peine due au péché, selon toutes les iniquités de nos pères, qui se sont retirés de vous, A Seigneur notre Dieu !

9. Écoutez, ô Israël ! les ordonnances de la vie ; prêtez l'oreille, pour apprendre les règles de la prudence.

10. D'où vient, ô Israël ! que vous êtes présentement dans le pays de vos ennemis ;

11. Que vous vieillissez dans une terre étrangère, que vous vous souillez avec les morts, et que vous êtes regardé comme ceux qui descendent sous la terre ?

12. C'est parce que vous avez quitté la source de la sagesse.

13. Car si vous eussiez marché dans la voie du Seigneur, vous seriez assurément demeuré dans une éternelle paix.

14. Apprenez où est la prudence, où est la force, où est l'intelligence, afin que vous sachiez en même temps où est la stabilité de la vie, où est la nourriture , où est la lumière des yeux, et la paix.

15. Qui a trouvé le lieu où réside la sagesse ? et qui est entré dans ses trésors ?

16. Où sont maintenant ces princes des nations, qui dominaient sur les bêtes de la terre,

17. Qui se jouaient des oiseaux du ciel,

18. Qui amassaient dans leurs trésors l'argent et l'or dans lequel les hommes mettent leur confiance, et qu'ils désirent avec une passion qui n'a point de bornes ; qui faisaient mettre l'argent en

œuvre avec un art et un soin extrême , et qui en faisaient faire des ouvrages rares ?

19. Ils ont été exterminés, ils sont descendus dans les enfers, et d'autres sont venus prendre leur place.

20. On a vu des jeunes gens dans la lumière, ils ont habité sur la terre ; mais ils ont ignoré la voie de la vraie science ;

21. Ils n'en ont point compris les sentiers : leurs enfants ne l'ont point reçue, et ils se sont écartés bien loin d'elle.

22. On n'a point entendu parler d'elle dans la terre de Chanaan, et elle n'a point été vue dans Théman.

23. Les enfants d'Agar, qui recherchent une prudence qui vient de la terre, les négociateurs de Merrha et de Théman, ces conteurs de fables et ces inventeurs d'une prudence et d'une intelligence nouvelle, n'ont point connu la voie de la vraie sagesse, et n'ont pu en découvrir les sentiers.

24. O Israël ! que la maison de Dieu est grande, et combien est étendu le lieu qu'il possède !

25. Il est vaste, et n'a point de bornes ; il est élevé, il est immense.

26. C'est là qu'ont été ces géants si célèbres, qui étaient dès le commencement, ces géants d'une si haute taille, qui savaient la guerre.

27. Cependant le Seigneur ne les a point choisis, et ils n'ont point trouvé la voie de la sagesse ; c'est pour cela aussi qu'ils se sont perdus :

28. Et comme ils n'ont point eu de sagesse, leur propre folie les a précipités dans la mort.

29. Qui est monté au ciel pour y aller prendre la sagesse, ou qui l'a fait descendre du haut des nues ?

30. Qui a passé la mer, et l'a trouvée, et a mieux aimé l'apporter avec lui que l'or le plus pur ?

31. Il n'y a personne qui puisse connaître ses voies, ni qui se mette en peine d'en rechercher les sentiers :

32. Mais celui qui sait tout la connaît, et il l'a trouvée par sa propre prudence, lui qui a affermi la terre pour jamais, et qui l'a remplie de bêtes et d'animaux ;

33. Qui envoie la lumière, et elle part ; qui l'appelle, et elle lui obéit avec tremblement.

34. Les étoiles ont répandu leur lumière chacune en son temps, et elles ont été dans la joie :

35. Dieu les a appelées, et elles ont dit : Nous voici ; et elles ont jeté leur clarté pour celui qui les a créées.

36. C'est lui qui est notre Dieu ; et nul autre ne subsistera devant lui, si on le compare avec ce qu'il est.

37. C'est lui qui a trouvé toutes les voies de la vraie science, et qui l'a donnée à Jacob son serviteur, et à Israël son bien-aimé.

38. Après cela il a été vu sur la terre, et il a conversé avec les hommes.

CHAPITRE IV.

Le prophète exhorte les enfants d'Israël a te convertir au Seigneur et à observer sa loi. Jérusalem pleure la captivité de ses enfants ; elle les exhorte a espérer dans le Seigneur. Promesses de leur délivrance et de la ruine de leurs ennemis.

1. C'est le livre des commandements de Dieu, et la loi qui subsiste éternellement : tous ceux qui la gardent arriveront à la vie ; et ceux qui l'abandonnent tomberont dans la mort.

2. Convertissez-vous, ô Jacob ! et embrassez cette loi ; marchez dans la voie à l'éclat qui en rejaillit et à la lueur de sa lumière.

3. N'abandonnez point votre gloire à un autre, ni votre dignité à une nation étrangère.

4. Nous sommes heureux, ô Israël ! parce que Dieu nous a découvert ce qui lui est agréable.

5. Ayez bon courage, ô peuple de Dieu ! vous qui êtes resté pour conserver la mémoire d'Israël :

6. Vous avez été vendus aux nations, mais ce ne sera pas pour toujours ; vous avez été livrés à vos adversaires, parce que vous avez irrité contre vous la colère de Dieu.

7. Car vous avez aigri contre vous le Dieu éternel qui vous a créés, en sacrifiant au démon, et non à Dieu.

8. Vous avez oublié le Dieu qui vous a nourris, et vous avez affligé Jérusalem qui était votre nourrice ;

9. Car elle a vu la colère de Dieu qui venait tomber sur vous, et elle a dit : Écoutez, vous tous qui habitez dans Sion ; Dieu m'a envoyé une grande affliction.

10. Car j'ai vu mon peuple, mes fils et mes filles, dans la captivité à laquelle l'Éternel les a réduits.

11. Je les avois nourris dans la joie, et je les ai laissés aller dans les larmes et dans la tristesse.

12. Que nul ne se réjouisse de me voir ainsi veuve et désolée ; je ne suis plus environnée d'un peuple nombreux à cause des péchés de mes enfants, parce qu'ils se sont détournés de la loi de Dieu.

13. Ils n'ont point connu ses justes ordonnances, ils n'ont point marché dans les voies des commandements de Dieu, et ils n'ont point conduit leurs pas avec justice dans les sentiers de la vérité.

14. Que ceux qui demeurent autour de Sion viennent maintenant, et qu'ils considèrent la captivité de mes fils et de mes filles, où l'Éternel les a réduits.

15. Car il a fait venir contre eux une nation des pays les plus reculés, des gens méchants, et d'une langue inconnue ,

16. Qui n'ont été touchés ni de respect pour les vieillards, ni de compassion pour ceux qui étaient dans l'âge le plus tendre ; qui ont arraché à la veuve ce qui lui était le plus cher, et qui l'ont comblée de tristesse après lui avoir ravi ses enfants.

17. Pour moi, quel secours puis-je vous donner ?

18. Car c'est celui-là même qui a fait venir ces maux sur vous, qui vous délivrera des mains de vos ennemis.

19. Marchez, mes fils, marchez ; et pour moi, je demeurerai toute seule.

20. J'ai quitté tous les vêtements des jours heureux, je me suis revêtue d'un sac de suppliante, et je crierai au Très-Haut tous les jours de ma vie.

21. Mes enfants, ayez bon courage, criez vers le Seigneur, et il vous délivrera de la main des princes qui sont vos ennemis.

22. Car j'espérerai toujours votre salut ; et celui qui est Saint m'inspire de la joie, dans la vue de la miséricorde que notre Sauveur éternel répandra sur vous.

23. Je vous ai vu emmener dans les pleurs et dans les soupirs ; mais le Seigneur vous ramènera à moi avec une satisfaction et une joie qui durera éternellement.

24. Car comme les provinces voisines de Sion ont vu la captivité où Dieu vous avait réduits, aussi elles verront bientôt le salut que Dieu vous enverra, qui vous comblera d'une grande gloire et d'un éclat éternel.

25. Mes enfants, souffrez avec patience la colère qui est tombée sur vous : votre ennemi vous a persécutés ; mais vous verrez bientôt sa ruine, et vous foulerez sa tête sous vos pieds.

26. Mes enfants les plus tendres ont marché dans des chemins âpres ; ils ont été emmenés comme un troupeau exposé en proie à ses ennemis.

27. Mais ayez bon courage, mes enfants ; criez au Seigneur, car celui qui vous conduit se souviendra de vous.

28. Votre esprit vous a portés à vous égarer, en vous détournant de Dieu ; mais, en retournant à lui de nouveau, vous vous porterez avec dix fois plus d'ardeur à le rechercher :

29. Car celui qui a fait tomber ces maux sur vous vous comblera lui-même d'une éternelle joie en vous sauvant.

30. Prenez courage, ô Jérusalem ! car c'est celui-là même qui vous a donné un nom, qui vous y exhorte.

31. Les méchants qui vous ont tourmentée périront ; et ceux qui ont fait leur joie de votre ruine seront punis.

32. Malheur aux villes où vos enfants ont été esclaves ! malheur à celle qui a reçu vos enfants !

33. Car comme elle s'est réjouie dans votre ruine, comme elle a été ravie de votre chute, ainsi elle sera percée de douleur dans les maux qui la désoleront.

34. Les cris de ses réjouissances publiques seront étouffés, et les larmes succéderont à sa joie.

35. L'Éternel fera tomber le feu sur elle dans la suite des siècles, et elle deviendra durant un long temps la demeure des démons.

36. Jérusalem, regardez vers l'orient, et considérez la joie que Dieu vous envoie.

37. Voici vos enfants que vous aviez vus sortir, pour être dispersés en plusieurs endroits, qui reviennent tous ensemble à la parole du Saint, depuis l'orient jusqu'à l'occident, et, pleins de joie, ils rendent gloire à Dieu.

CHAPITRE V.

Le prophète exhorte Jérusalem a quitter son deuil, et à ie revêtir de joie, parce qu'il voit ses enfants revenir de leur captivité comblés de gloire.

1. Quittez, ô Jérusalem ! les vêtements de votre deuil et de votre affliction, et parez-vous de l'éclat et de la majesté de cette gloire éternelle qui vous vient de Dieu.

2. Le Seigneur vous revêtira de justice comme d'un double vêtement, et il vous mettra sur la tête un diadème d'éternelle gloire.

3. Dieu fera luire aux yeux de tous les hommes qui sont sous le ciel la lumière éclatante qu'il mettra en vous.

4. Car voici le nom que Dieu vous donnera pour jamais : La paix de la justice, et la gloire de la piété.

5. Levez-vous, ô Jérusalem ! tenez-vous en haut ; regardez vers l'orient, et considérez vos enfants qui viennent tous ensemble à la parole du Saint, depuis l'orient jusqu'à l'occident, étant pleins de joie dans le souvenir de Dieu.

6. Lorsqu'ils sont sortis de vous, ils ont été emmenés à pied par leurs ennemis ; mais lorsque le Seigneur les fera revenir, ils seront portés avec honneur comme des enfants destinés à un royaume :

7. Car le Seigneur a résolu d'abaisser toutes les montagnes élevées et les roches éternelles, et de remplir les vallées en les égalant à la terre unie, afin qu'Israël marche avec vitesse pour la gloire de son Dieu.

8. Les forêts mêmes, et tous les arbres odoriférants, feront une ombre agréable à Israël par l'ordre de Dieu.

9. Car Dieu fera venir Israël avec joie sous la conduite de la lumière de sa majesté, et en faisant éclater la miséricorde et la justice qui viennent de lui-même.

CHAPITRE VI.

Lettre de Jérémie aux Juifs captifs. Il leur annonce leur retour, les exhorte à ne point prendre part a l'idolâtrie des Babyloniens, et leur montre le néant et la vanité des idoles.
Copie de la lettre que Jérémie envoya aux captifs que le roi des Babyloniens devoit emmener à Babylone, pour leur annoncer ce que Dieu lui avait ordonné de leur dire.

1. Vous serez emmenés captifs à Babylone par Nabuchodonosor, roi des Babyloniens, à cause des péchés que vous avez commis devant Dieu.

2. Étant donc entrés à Babylone, vous y serez longtemps, et pendant plusieurs années, jusqu'à sept générations ; après cela je vous en ferai sortir en paix.

3. Mais maintenant vous verrez à Babylone des dieux d'or et d'argent, de pierre et de bois, que l'on porte sur les épaules, et qui se font craindre par les nations.

4. Prenez donc bien garde à ne pas imiter la conduite de ces étrangers, à ne point craindre ces dieux, et à ne vous pas laisser surprendre par cette frayeur.

5. Lorsque vous verrez une foule de peuple devant et derrière, qui adore ces dieux, dites en votre cœur : C'est vous, Seigneur, qu'il faut adorer.

6. Car mon ange est avec vous ; et je serai moi-même le défenseur et le vengeur de votre vie.

7. La langue de ces idoles a été taillée par le sculpteur ; celles mêmes qui sont couvertes d'or et d'argent n'ont qu'une fausse apparence, et elles ne peuvent point parler.

8. Comme on fait des ornements à une fille qui aime à se parer, ainsi après avoir fait ces idoles on les pare avec de l'or.

9. Les dieux de ces idolâtres ont des couronnes d'or sur la tête ; mais leurs prêtres en retirent l'or et l'argent, et s'en servent eux-mêmes.

10. Ils donnent de cet or à des impudiques, et ils en parent des prostituées ; après que ces mêmes prostituées le leur ont redonné, ils en parent encore leurs dieux.

11. Ces dieux ne sauraient se défendre ni de la rouille ni des vers.

12. Après qu'ils les ont revêtus d'un habit de pourpre, ils leur nettoient le visage à cause de la grande poussière qui s'élève au lieu où ils sont.

13. L'un porte un sceptre, comme un homme, comme un gouverneur de province, mais il ne saurait faire mourir celui qui l'offense.

14. L'autre a une épée et une hache à la main, mais il ne peut s'en servir pendant la guerre ni s'en défendre contre les voleurs ; ce qui vous fait voir que ce ne sont point des dieux.

15. Ne craignez donc point ces dieux ; car ils sont semblables à un pot de terre qui, ayant été cassé, n'est plus bon à rien.

16. Après qu'on les a placés dans une maison, la poussière qui s'élève des pieds de ceux qui y entrent leur couvre les yeux.

17. Et comme un homme qui a offensé un roi est renfermé sous beaucoup de portes, et un mort dans son sépulcre ; ainsi les prêtres de ces dieux les renferment sous beaucoup de serrures et de verrous, de peur que les voleurs ne viennent les emporter.

18. Ils allument devant eux des lampes, et en grand nombre, mais ces dieux ne peuvent en voir aucune ; et ils sont comme des poutres dans une maison.

19. Ils disent que les serpents nés de la terre leur lèchent le cœur, lorsqu'ils les rongent effectivement, eux et leurs habits, sans qu'ils le sentent.

20. Leurs visages sont noircis par la fumée qui s'élève dans la maison où ils sont.

21. Les hiboux, les hirondelles et les autres oiseaux volent sur leurs corps et sur leurs têtes, et les chats y courent aussi.

22. Reconnaissez donc que ce ne sont point des dieux, et ne les craignez point.

23. Aussi l'or qu'ils ont n'est que pour l'apparence : si on n'en ôte la rouille, ils ne brilleront point ; et lorsqu'on les a jetés en fonte, ils ne le sentaient point.

24. On les a achetés à grand prix, quoiqu'il n'y ait point de vie en eux.

25. Comme ils n'ont point de pieds, ils sont portés sur les épaules, et ils font voir eux-mêmes devant tout le monde leur honteuse impuissance : que ceux qui les adorent soient couverts de confusion !

26. S'ils tombent aussi en terre, ils ne se relèveront pas eux-mêmes ; et si on ne les redresse, ils ne se tiendront pas sur leurs pieds : mais il faut leur apporter, comme à des morts, les dons qu'on leur offre.

27. Leurs prêtres vendent leurs hosties, et en disposent comme il leur plaît ; leurs femmes en prennent aussi tout ce qu'elles veulent, sans en rien donner aux pauvres et aux mendiants.

28. Les femmes touchent à leurs sacrifices étant grosses et dans leurs infirmités mensuelles. Puis donc que toutes ces choses font voir que ce ne sont pas des dieux, ne les craignez point.

29. Car pourquoi les appelle-t-on des dieux, sinon parce que les femmes viennent offrir des dons à ces dieux d'argent, d'or, et de bois ;

30. Et que leurs prêtres sont assis dans leurs temples ayant des tuniques déchirées, la tête et la barbe rases, et ayant la tête nue ?

31. Ils rugissent en criant devant leurs dieux comme aux festins qu'on fait pour les morts.

32. Leurs prêtres leur ôtent les vêtements qu'on leur a donnés, et ils en habillent leurs femmes et leurs enfants.

33. Qu'on leur fasse du mal, ou qu'on leur fasse du bien, ils ne peuvent rendre ni l'un ni l'autre ; ils ne peuvent faire un homme roi, ni lui ôter la couronne.

34. Ils ne peuvent non plus donner les richesses, ni rendre le mal. Si un homme leur ayant fait un vœu ne s'en acquitte point, ils ne lui feront aucune peine pour cette injure.

35. Ils ne sauvent personne de la mort, et ils ne délivrent point le faible de la main du puissant.

36. Ils ne rendent point la vue à l'aveugle, et ils ne tireront point l'homme de la misère.

37. Ils n'auront point de compassion pour la veuve, et ils ne feront point de bien aux pupilles.

38. Ces dieux sont semblables à des pierres qu'on tire d'une montagne ; ce sont des dieux de bois, de pierre, d'or, et d'argent : aussi ceux qui les adorent seront couverts de confusion.

39. Comment donc peut-on les croire ou les appeler des dieux ?

40. Les Chaldéens les déshonorent eux-mêmes ; car lorsqu'ils ont appris qu'un homme est muet et ne parle point, ils l'offrent à Bel, et lui demandent qu'il lui rende la parole :

41. Comme si des idoles immobiles pouvaient avoir aucun sentiment ! Lors donc qu'ils se seront aperçus de leur impuissance, ils les abandonneront eux-mêmes, voyant que les dieux qu'ils adorent sont insensibles.

42. On voit aussi des femmes ceintes de cordes, qui sont assises dans les rues, brûlant des noyaux d'olives ;

43. Et lorsque l'une d'entre elles a été emmenée par quelque passant qui l'a corrompue, elle reproche à celle qui est auprès d'elle qu'elle n'a pas été jugée, comme elle, digne d'honneur, et que sa corde n'a pas été rompue.

44. Tout ce qu'on fait à ces dieux n'est que mensonge : comment donc peut-on croire ou peut-on dire que ce sont des dieux ?

45. Ils ont été faits par des ouvriers en bois et en or ; ils sont ce que les prêtres veulent qu'ils soient, et rien de plus.

46. Les ouvriers mêmes qui les font ne vivent pas longtemps sur la terre ; comment donc leurs ouvrages peuvent-ils être des dieux éternels ?

47. Ils ne laissent à ceux qui viennent après eux qu'un mensonge et un sujet de honte.

48. Aussi, lorsqu'il survient une guerre ou quelque malheur, les prêtres pensent en eux-mêmes où ils iront se cacher avec leurs dieux.

49. Comment donc ceux-là peuvent-ils passer pour des dieux, qui ne peuvent se sauver pendant la guerre, ni se délivrer des moindres maux ?

50. Car n'étant que du bois, et des lames d'or et d'argent dont ils sont couverts, toutes les nations et tous les rois en reconnaîtront un jour la fausseté ; on verra clairement que ce ne sont point des dieux, mais les ouvrages de la main des hommes, où il ne se trouve aucune action de Dieu :

51. On reconnaîtra donc que ce ne sont point des dieux, mais les ouvrages de la main des hommes, et qu'il ne sort d'eux aucune œuvre de Dieu.

52. Ils ne donnent point un roi à un royaume, et ils ne répandent point la pluie sur les hommes.

53. Ils ne feront point rendre justice, ils ne délivreront point les provinces de la violence, parce qu'ils ne peuvent rien du tout, et qu'ils sont comme des corneilles qui volent entre le ciel et la terre.

54. Quand le feu aura pris à la maison de ces dieux de bois, d'argent et d'or, leurs prêtres s'enfuiront, et se sauveront ; mais pour eux, ils seront consumés au milieu des flammes comme les poutres du bâtiment.

55. Ils ne résisteront point à un roi pendant la guerre, comment donc peut-on croire ou admettre que ce sont des dieux ?

56. Ces dieux de bois, de pierre, d'or et d'argent, ne se sauveront point des larrons et des voleurs ; ces hommes, étant plus forts qu'eux,

57. Leur voleront l'or, l'argent et les vêtements dont ils sont couverts, et ils se retireront, sans que ces dieux puissent s'en défendre.

58. Il vaut donc mieux être un roi qui fait paraître sa puissance avec éclat, ou un vase d'une maison, qui est utile à celui auquel il appartient et qu'il est bien aise d'avoir, ou la porte d'un logis, qui tient en sûreté tout ce qui y est, que d'être l'un de ces faux dieux.

59. Le soleil, la lune et les astres jettent de l'éclat ; ils sont conduits pour l'utilité des hommes, et ils obéissent à Dieu ;

60. Les éclairs se font remarquer lorsqu'ils paraissent ; les vents soufflent dans tous les pays ;

61. Les nuées, lorsque Dieu leur commande de s'étendre sur tout le monde, exécutent ce qui leur a été ordonné ;

62. Le feu du ciel, envoyé d'en haut pour consumer les montagnes et les forêts, fait ce que Dieu lui a commandé de faire : il n'y a pas un de ces dieux qui soit comparable à ces créatures en beauté ou en puissance.

63. Il ne faut donc ni croire, ni dire que ce soient des dieux, puisqu'ils ne peuvent ni rendre la justice, ni faire du bien ou du mal aux hommes.

64. Ainsi, puisque vous savez que ce ne sont point des dieux, ne les craignez pas.

65. Ils ne feront jamais ni aucun mal ni aucun bien aux rois de la terre.

66. Ils ne marquent point dans le ciel, pour les peuples, les signes des saisons ; ils n'éclaireront point comme le soleil, et ils ne luiront point comme la lune.

67. Les bêtes sont meilleures que ces dieux, puisqu'elles peuvent s'enfuir sous un toit, et chercher ce qui leur est utile.

68. Il est donc très-clair qu'ils ne sont nullement des dieux : c'est pourquoi ne les craignez point ;

69. Car comme on met auprès des concombres un épouvantail qui ne peut les garder, ainsi sont leurs dieux de bois, d'argent, et d'or.

70. Ils sont semblables à l'aubépine qui est dans un jardin, sur laquelle tous les oiseaux viennent se reposer : leurs dieux de bois, d'or, et d'argent, ressemblent encore à un mort qu'on jette dans un lieu noir et ténébreux.

71. Les vers mêmes qui rongent la pourpre et l'écarlate qui est sur eux vous montrent assez que ce ne sont point des dieux ; enfin ils en sont eux-mêmes mangés, et ils deviennent l'opprobre de tout un pays.

72. L'homme juste qui n'a point d'idoles vaut mieux que tous ces dieux, puisqu'il sera éloigné de tous les opprobres auxquels ces idoles sont exposées.

DANIEL.

CHAPITRE I.

Daniel. Ananias, Misaël et Azarias choisis pour servir à la cour de Nabuchodonosor. Ils ne veulent point se souiller en mangeant des viandes de le table du roi. Dieu les remplit de lumières.

1. La troisième année du règne de Joachim, roi de Juda, Nabuchodonosor, roi de Babylone, vint mettre le siége devant la ville de Jérusalem ;

2. Et le Seigneur livra entre ses mains Joachim, roi de Juda, et une partie des vases de la maison de Dieu, qu'il emporta au pays de Sennaar, dans la maison de son dieu ; et il mit les vases dans la maison du trésor de son dieu.

3. Alors le roi dit à Asphénez, chef des eunuques, de prendre entre les enfants d'Israël, et de la race des rois et des princes, de jeunes hommes,

4. En qui il n'y eut aucun défaut, qui fussent bien faits, instruits dans tout ce qui regarde la sagesse, habiles dans les sciences et

dans les arts, afin qu'ils demeurassent dans le palais du roi, et qu'il leur apprît à écrire et à parler la langue des Chaldéens.

5. Et le roi ordonna de plus qu'on leur servit chaque jour des viandes qu'on servoit devant lui, et du vin dont il buvait lui-même, afin qu'ayant été nourris pendant trois ans de cette sorte, ils pussent paroître ensuite, et demeurer en la présence du roi.

6. Entre ces jeunes gens, il s'en trouva quatre qui étoient des enfants de Juda; Daniel, Ananias, Misaël et Azarias.

7. Et le chef des eunuques leur donna des noms, appelant Daniel Baltassar ; Ananias, Sidrach ; Misaël, Misach ; et Azarias, Abdénago.

8. Or Daniel résolut dans son cœur de ne point se souiller en mangeant de ce qui venait de la table du roi, et en buvant du vin dont il buvait et il pria le chef des eunuques de lui permettre de ne point manger de ces viandes, qui l'auraient rendu impur.

9 Dieu fit en même temps que Daniel se concilia les bonnes grâces et la bienveillance du chef des eunuques.

10 Alors le chef des eunuques dit à Daniel : Je crains le roi, mon seigneur, qui a ordonné qu'on vous servît des viandes et du vin de sa table ; car s'il voit vos visages plus maigres que ceux des autres jeunes hommes de votre âge, vous serez cause que le roi me fera perdre la tête.

Il Daniel répondit à Malasar, à qui le chef des eunuques avait ordonné de prendre soin de Daniel, d'Ananias, de Misaël et d'Azarias :

12 Éprouvez, je vous prie, vos serviteurs pendant dix jours, et qu'on ne nous donne que des légumes à manger, et que de l'eau à boire ;

13 Ensuite regardez nos visages, et les visages des jeunes hommes qui mangent des viandes du roi ; et vous traiterez vos serviteurs selon ce que vous aurez vu vous-même.

14 Ayant entendu ces paroles, il les éprouva pendant dix jours.

15 Et après les dix jours, leur visage parut meilleur et plus florissant que celui de tous les jeunes hommes qui mangeaient des viandes du roi.

16 Malasar prenait donc les viandes, et le vin qu'on leur donnait pour boire, et leur donnait des légumes.

17 Or Dieu donna à ces jeunes hommes la science et la connaissance de tous les livres et de toute la sagesse ; et il communiqua en particulier à Daniel l'intelligence de toutes les visions et de tous les songes.

18 Le temps étant donc passé, après lequel le roi avait commandé que l'on fit paraître ces jeunes hommes devant lui, le chef des eunuques les présenta devant Nabuchodonosor.

19 Et le roi, s'étant entretenu avec eux, trouva qu'il n'y en avait point parmi tous les autres jeunes hommes qui égalassent Daniel, Ananias, Misaël et Azarias ; et ils demeurèrent pour servir à la chambre du roi.

20 Quelque question que le roi leur fit touchant la sagesse et l'intelligence des choses, il trouva en eux dix fois plus de lumières qu'il n'en avait trouvé dans tous les devins et les mages qui étaient dans tout son royaume.

21 Or Daniel vécut jusqu'à la première année du roi Cyrus.

CHAPITRE II.

Songe de Nabuchodonosor ; statue composée de quatre métaux. Les devins de Chaldée ne peuvent faire connaître au roi ce songe qu'il avait oublié. Daniel le lui fait connaître et le lui explique. Honneurs que Nabuchodonosor fait à Daniel.

1 La seconde année du règne de Nabuchodonosor, ce prince eut un songe dont son esprit fut extrêmement effrayé, et ensuite il l'oublia entièrement.

2 Le roi commanda en même temps qu'on fit assembler les devins, les mages, les enchanteurs et les Chaldéens, pour lui déclarer quel avait été son songe. Ils vinrent donc, et se présentèrent devant lui.

3 Et le roi leur dit : J'ai eu un songe, et je ne sais ce que j'ai vu, parce que rien ne m'en est resté dans l'esprit qu'une idée confuse.

4 Les Chaldéens répondirent au roi en langue syriaque : O roi, vivez à jamais ! dites à vos serviteurs le songe que vous avez eu, et nous l'interpréterons.

5 Le roi répondit aux Chaldéens : Mon songe m'est sorti de la mémoire ; si vous ne me déclarez ce que j'ai songé, et ce que mon songe signifie, vous périrez tous, et vos maisons seront confisquées.

6 Mais si vous me dites mon songe, et ce qu'il signifie, je vous ferai des dons et des présents, et je vous élèverai à de grands honneurs. Dites-moi donc, et interprétez-moi ce que j'ai songé.

7 Les Chaldéens lui répondirent pour la seconde fois : S'il plaît au roi de déclarer son songe à ses serviteurs, nous lui en donnerons l'interprétation.

8 Le roi leur répondit : Je vois bien que vous ne cherchez qu'à gagner du temps, parce que vous savez que j'ai oublié mon songe.

9 Que si vous ne me pouvez dire ce que j'ai songé, c'est une marque que si je vous l'avois dit, vous lui euriez donné une interprétation trompeuse et pleine d'illusion, pour m'entretenir de paroles jusqu'à ce qu'il se fût passé beaucoup de temps. Dites-moi donc quel a été mon songe, afin que je sache que l'interprétation que vous lui donnerez sera aussi véritable.

10 Les Chaldéens répondirent au roi : Seigneur, il n'y a point d'homme sur la terre qui puisse faire ce que vous nous commandez ; et il n'y a point de roi, quelque grand et puissant qu'il sait, qui ait jamais exigé une telle chose des devins, des magiciens et des Chaldéens.

11 Car ce que vous nous demandez, ô roi, est si difficile, qu'il ne se trouvera personne qui puisse vous en donner l'explication, excepté les dieux, qui n'ont point de commerce avec les hommes.

12 À cette réponse, le roi entra en fureur, et dans son extrême colère il commanda qu'on fit mourir tous les sages de Babylone.

13 Cet arrêt ayant été prononcé, on allait faire mourir les sages ; et on cherchait Daniel et ses compagnons, pour les faire périr avec les autres.

14 Alors Daniel, voulant savoir qu'elle était cette loi et cette ordonnance, s'en informa auprès d'Arioch, général des armées du roi, qui se préparait à faire mourir les sages de Babylone ;

15 Et comme c'était lui qui avait reçu cet ordre du roi, Daniel lui demanda quel sujet avait pu porter le roi à prononcer une sentence si cruelle. Arioch ayant dit toute l'affaire à Daniel.

16 Daniel se présenta devant le roi, et le supplia de lui accorder quelque temps pour lui donner l'éclaircissement qu'il désirait.

17 Et étant entré dans sa maison, déclara ce qui se passait à ses compagnons, Ananias, Misaël et Azarias,

18 Afin qu'ils implorassent la miséricorde du Dieu du ciel pour la révélation de ce secret, et que Daniel et ses compagnons ne périssent pas avec les autres sages de Babylone.

19 Alors ce mystère fut découvert à Daniel dans une vision pendant la nuit ; et il bénit le Dieu du ciel, et dit :

20 Que le nom du Seigneur soit béni dans tous les siècles comme il l'a été dès le commencement, parce que la sagesse et la force sont à lui !

21 C'est lui qui change les temps et les siècles, qui transfère et établit les royaumes, et qui donne la sagesse aux sages, et la science à ceux qui ont l'intelligence et la lumière.

22 C'est lui qui révèle les choses les plus profondes et les plus cachées, qui connaît ce qui est dans les ténèbres ; et c'est en lui que se trouve la vraie lumière.

23 Je vous rends grâces et je vous bénis, ô Dieu de nos pères, parce que vous m'avez donné la sagesse et la force, et que vous m'avez fait voir ce que nous vous avons demandé, en nous découvrant ce que le roi désire de nous. 24 Daniel alla ensuite trouver Arioch, à qui le roi avait ordonné de faire mourir les sages de Babylone, et il lui dit : Ne faites point mourir les sages de Babylone ; conduisez-moi près du roi, et je lui donnerai l'éclaircissement qu'il désire.

25 Arioch aussitôt présenta Daniel au roi, et lui dit : J'ai trouvé un homme d'entre les captifs des enfants de Juda, qui donnera au roi l'éclaircissement qu'il demande.

26 Le roi répondit en se tournant vers Daniel, surnommé Baltassar : Croyez-vous me pouvoir dire véritablement ce que j'ai vu dans mon songe, et m'en donner l'interprétation ?

27 Daniel répondit au roi : Les sages, les mages, les devins et les augures ne peuvent le découvrir au roi le mystère dont il est en peine.

28 Mais il y a au ciel un Dieu qui révèle les mystères ; c'est lui qui vous a montré, ô roi, les choses qui doivent arriver dans les derniers temps. Voici donc quel a été votre songe, et les visions qui vous ont passé dans l'esprit, lorsque vous étiez dans votre lit.

29 Vous pensiez, ô roi, étant dans votre lit, à ce qui devait arriver après ce temps-ci ; et celui qui révèle les mystères vous a découvert les choses à venir.

30 Ce secret m'a aussi été particulièrement révélé, non par une sagesse naturelle que j'aie, et qui ne se trouve pas dans le reste des hommes, mais afin que le roi sût l'interprétation de son songe, et que les pensées de son esprit lui fussent connues.

31 Voici donc, ô roi, ce que vous avez vu. Il vous a paru comme une grande statue : cette statue, grande et extraordinairement haute, se tenait debout devant vous, et son regard était effroyable.

32 La tête de cette statue était d'un or très-pur, la poitrine et les bras étaient d'argent, le ventre et les cuisses étaient d'airain ;

33 Les jambes étaient de fer, et une partie des pieds était de fer, et l'autre d'argile.

34 Vous étiez attentif à cette vision, lorsqu'une pierre se détacha d'elle-même, et sans la main d'aucun homme, de la montagne, et frappant la statue à ses pieds de fer et d'argile, elle les mit en pièces.

35 Alors le fer, l'argile, l'airain, l'argent et l'or se brisèrent tout ensemble, et devinrent comme la menue paille que le vent emporte hors de l'aire pendant l'été, et ils disparurent sans qu'il s'en trouvât plus rien en aucun lieu ; mais la pierre qui avait frappé la statue devint une grande montagne qui remplit toute la terre.

36 Voilà votre songe, ô roi ; et nous l'interpréterons aussi devant vous.

37 Vous êtes le roi des rois, et le Dieu du ciel vous a donné le royaume, la force, l'empire et la gloire ;

38 Il vous a assujetti les enfants des hommes et les bêtes de la campagne, en quelque lieu qu'ils habitent ; il a mis en votre main les oiseaux mêmes du ciel et il a soumis toutes choses à votre puissance : c'est donc vous qui êtes la tête d'or.

39 Il s'élèvera après vous un autre royaume moindre que le vôtre, un royaume d'argent, et ensuite un troisième royaume, qui sera d'airain, et qui commandera à toute la terre,

40 Le quatrième royaume sera comme le fer : il brisera, et il réduira tout en poudre, comme le fer brise et dompte toutes choses.

41 Mais comme vous avez vu que les pieds de la statue, et les doigts pieds étaient en partie d'argile partie de fer, le royaume, quoique prenant son origine du fer, sera divisé, comme vous avez vu que le fer était mêlé avec la terre et l'argile. 42 Et comme les doigts des pieds étaient en partie de fer et en partie de terre, le royaume aussi sera ferme en partie, et en partie faible et fragile.

43 Et comme vous avez vu que le fer était mêlé avec la terre et l'argile, ils se mêleront aussi par des alliances humaines ; mais ils ne demeureront point unis, comme le fer ne peut se lier ni s'unir avec l'argile.

44 Dans le temps de ces royaumes, le Dieu du ciel suscitera un royaume qui ne sera jamais détruit, un royaume qui ne passera point dans un autre peuple ; qui renversera, et réduira en poudre tous ces royaumes, et qui subsistera éternellement.

45 Selon que vous avez vu que la pierre qui avait été arrachée de la montagne sans la main d'aucun homme, a brisé l'argile, le fer, l'airain, l'argent et l'or, le grand Dieu a fait voir au roi ce qui doit arriver à l'avenir ; le songe est véritable, et l'interprétation en est très-certaine.

46 Alors le roi Nabuchodonosor se prosterna le visage contre terre, et adora Daniel ; et il commanda que l'on fît venir des victimes et de l'encens, et qu'on lui sacrifiât.

47 Et le roi, parlant ensuite à Daniel, lui dit : Votre Dieu est véritablement le Dieu des dieux, et le Seigneur des rois, et celui qui révèle les mystères, puisque vous avez pu découvrir un mystère si caché.

48 Alors le roi éleva en honneur Daniel, et lui fit beaucoup de grands et de magnifiques présents ; il lui donna le gouvernement de toutes les provinces de Babylone, et l'éleva au-dessus de ceux qui possédaient les première dignités.

49 Et le roi ordonna, selon que Daniel le lui avait demandé, que Sidrach, Misach et Abdénago auraient l'intendance des affaires de la provinces de Babylone ; mais Daniel était toujours dans le palais et près de la personne du roi.

CHAPITRE III.

Statue d'or dressée par Nabuchodonosor. Les trois compagnons de Daniel refusent d'adorer cette statue ; ils sont jetés dans une fournaise ardente. Dieu les y conserve. Prière d'Azarias et de ses compagnons. Ordonnance de Nabuchodonosor en faveur de la religion des Juifs.

1 Le roi Nabuchodonosor fit faire une statue d'or qui avait soixante coudées de haut et six de large, et il la fit placer dans la campagne de Dura, qui était de la province de Babylone.

2 Il envoya ensuite un ordre pour faire assembler les satrapes, les magistrats, les juges, les officiers de l'armée, les intendants, ceux qui possédaient les premières charges, et tous les gouverneurs de provinces, afin qu'ils se trouvassent au jour où on dédierait la statue qu'il avait élevée.

3 Alors les satrapes, les magistrats, les juges, les officiers de l'armée, les intendants, les seigneurs qui étaient établis dans les premières charges, et tous les gouverneurs de provinces, s'assemblèrent pour assister à la dédicace de la statue que le roi Nabuchodonosor avait élevée. Ils se tenaient debout devant la statue que le roi Nabuchodonosor avait fait dresser ;

4 Et le héraut criait à haute voix : Peuples et tribus de toutes langues, on vous ordonne,

5 Qu'au moment où vous entendrez le son de la trompette, de la flûte, de la harpe, du hautbois, de la lyre, et des concerts de toute sorte de musiciens, vous vous prosterniez en terre, et que vous adoriez la statue d'or que le roi Nabuchodonosor a dressée.

6 Que si quelqu'un ne se prosterne pas, et n'adore point cette statue, il sera jeté sur l'heure au milieu des flammes de la fournaise. 7 Aussitôt donc que tous les peuples entendirent le son de la trompette, de la flûte, de la harpe, du hautbois, de la lyre, et des concerts de toute sorte de musiciens, tous les hommes, de quelque nation, de quelque tribu et de quelque langue qu'ils fussent, adorèrent la statue d'or que Nabuchodonosor avait dressée.

8 Aussitôt, et dans le même moment, des Chaldéens s'approchèrent et accusèrent des Juifs,

9 En disant au roi Nabuchodonosor : O roi, vivez à jamais !

10 Vous avez fait une ordonnance, ô roi, que tout homme, au moment où il entendrait le son de la trompette, de la flûte, de la harpe, du hautbois, de la lyre, et des concerts de toute sorte de musiciens, se prosternât en terre, et adorât la statue d'or ;

11 Et que si quelqu'un ne se prosternait pas, et ne l'adorait point, il serait jeté au milieu des flammes de la fournaise.

12 Cependant ceux des Juifs à qui vous avez donné l'intendance des affaires de la province de Babylone, Sidrach, Misach et Abdénago, méprisent, ô roi, votre ordonnance ; ils n'honorent point vos dieux, et ils n'adorent point la statue d'or que vous avez élevée.

13 Alors Nabuchodonosor, plein de furie et de colère, commanda qu'on amenât devant lui Sidrach, Misach et Abdénago, qui furent amenés aussitôt devant le roi.

14 Et le roi Nabuchodonosor leur dit ces paroles : Est-il vrai, Sidrach, Misach et Abdénago, que vous n'honorez point mes dieux, et que vous n'adorez point la statue d'or que j'ai dressée ?

15 Maintenant donc si vous êtes prêts à m'obéir, au moment où vous entendrez le son de la trompette, de la flûte, de la harpe, du hautbois, de la lyre, et des concerts de toute sorte de musiciens, prosternez-vous en terre, et adorez la statue que j'ai faite. Que si vous ne l'adorez pas, vous serez jetés au même moment au milieu des flammes de la fournaise. Et quel est le Dieu qui vous puisse arracher d'entre mes mains ?

16 Sidrach, Misach et Abdénago répondirent au roi Nabuchodonosor : Il n'est pas besoin, ô roi, que nous répondions sur ce sujet ;

17 Car notre Dieu, le Dieu que nous adorons, peut certainement nous retirer du milieu des flammes de la fournaise, et nous délivrer, ô roi, d'entre vos mains.

18 Que s'il ne veut pas le faire, nous vous déclarons, ô roi, que nous n'honorons point vos dieux, et que nous n'adorons point la statue d'or que vous avez fait élever.

19 Alors Nabuchodonosor fut rempli de fureur ; il changea de visage, et il regarda d'un œil de colère Sidrach, Misach et Abdénago ; il commanda que le feu de la fournaise fût sept fois plus ardent qu'il n'avait accoutumé d'être.

20 Il donna ordre aux plus forts soldats de ses gardes de lier les pieds à Sidrach, Misach et Abdénago, et de les jeter ainsi au milieu de la fournaise.

21 En même temps ces trois hommes furent liés et jetés au milieu des flammes de la fournaise, avec leurs chausses, leurs tiares, leurs souliers, et leurs vêtements ;

22 Car le commandement du roi était pressant. Et comme la fournaise était extraordinairement embrasée, les flammes du feu firent mourir les hommes qui y avaient jeté Sidrach, Misach et Abdénago.

23 Cependant ces trois hommes, Sidrach, Misach et Abdénago, tombèrent tous liés au milieu des flammes de la fournaise.

Ce qui suit jusqu'au verset 91 ne se trouve pas dans l'hébreu, et a été pris de l'édition de la Bible de Théodotion. (Cette remarque est de saint Jérôme.)

24 Ils marchaient au milieu de la flamme, louant Dieu, et bénissant le Seigneur.

25 Mais Azarias se tenant debout fit cette prière, et ouvrant sa bouche au milieu du feu, il dit :

26 Soyez béni, Seigneur, Dieu de nos pères, et que votre nom soit loué et glorifié dans tous les siècles !

27 Parce que vous êtes juste dans tout ce que vous nous avez fait, que toutes vos œuvres sont fondées sur l'équité, que vos voies sont droites, et que tous vos jugements sont véritables.

28 Vos jugements ont été très-équitables dans tous les maux que vous avez fait venir sur nous, et sur Jérusalem, la cité sainte de nos pères, parce que vous nous avez envoyé tous ces châtiments dans la vérité et dans la justice, à cause de nos péchés.

29 Car nous avons péché, et nous sommes tombés dans l'iniquité en nous retirant de vous, et nous avons manqué en toutes choses ;

30 Nous n'avons point écouté vos ordonnances, nous ne les avons point observées, et nous ne les avons point gardées comme vous nous l'aviez commandé, afin que nous fussions heureux.

31 Ainsi c'est avec une justice très-véritable que vous nous avez envoyé ces châtiments, que vous nous avez fait tous ces maux,

32 Et que vous nous avez livrés entre les mains de nos ennemis, qui sont des injustes, des scélérats et des prévaricateurs de votre loi, et entre les mains d'un roi qui est le plus injuste et le plus méchant qui soit sur la terre.

33 Et maintenant nous n'osons pas ouvrir la bouche ; et nous sommes devenus un sujet de confusion et de honte à vos serviteurs et à ceux qui vous adorent.

34 Ne nous abandonnez pas pour jamais, à cause de votre nom, nous vous en conjurons : ne détruisez pas votre alliance ;

35 Et ne retirez pas de nous votre miséricorde, à cause d'Abraham, votre bien-aimé, d'Isaac, votre serviteur, et d'Israël, votre saint,

36 Auxquels vous avez promis que vous multiplieriez leur race comme les étoiles du ciel, et comme le sable qui est sur le rivage de la mer ;

37 Car nous sommes au contraire réduits à un plus petit nombre que toutes les autres nations, et nous sommes aujourd'hui humiliés par toute la terre à cause de nos péchés.

38 Et il n'y a plus maintenant parmi nous ni prince, ni chef, ni prophète, ni holocauste, ni sacrifice, ni oblation, ni encens, ni lieu pour vous offrir nos prémices,

39 Afin que nous puissions avoir part à votre miséricorde. Mais recevez-nous, Seigneur, dans un cœur contrit et dans un esprit humilié ;

40 Que notre sacrifice se consomme aujourd'hui devant vous, et qu'il vous soit agréable comme si nous vous offrions des holocaustes de béliers et de taureaux, et mille agneaux gras, parce que ceux qui mettent leur confiance en vous ne tomberont point dans la confusion.

41 Et maintenant nous vous suivons de tout notre cœur ; nous vous craignons, et nous recherchons votre face.

42 Ne nous confondez pas, mais traitez-nous selon votre douceur, et selon la multitude de vos miséricordes.

43 Délivrez-nous par les merveilles de votre puissance, et donnez, Seigneur, gloire à votre nom ;

44 Que tous ceux qui font souffrir des maux à vos serviteurs soient confondus, qu'ils soient confondus par votre toute-puissance, que leur force soit réduite en poudre,

45 Et qu'ils sachent que c'est vous seul qui êtes le Seigneur, le Dieu et le Roi de gloire sur toute la terre.

46 Cependant les serviteurs du roi, qui avaient jeté ces trois jeunes homme : dans le feu, ne cessaient point d'allumer la fournaise avec du bitume, de l'étoupe, de la poix, et du sarment ;

47 Et la flamme s'élevait de quarante-neuf coudées au-dessus de la fournaise ;

48 Et elle s'élança dehors, et dévora les Chaldéens qu'elle trouva les plus proches de la fournaise.

49 Or l'ange du Seigneur descendit vers Azarias et ses compagnons dans la fournaise ; et écartant les flammes,

50 Il avait formé au milieu de la fournaise un vent frais et une douce rosée ; et le feu ne les toucha on aucune façon, et ne les incommoda point, et ne leur fit aucune peine.

51 Alors ces trois hommes louaient Dieu dans la fournaise, et le glorifiaient et le bénissaient d'une même bouche, en disant :

52 Vous êtes béni, Seigneur, Dieu de nos pères ; vous êtes digne de toutes louanges, vous êtes plein de gloire, et élevé au-dessus de tout dans tous les siècles ; le saint nom de votre gloire est béni ; il est digne de toutes louanges, et élevé au-dessus de tout dans tous les siècles.

53 Vous êtes béni dans le temple saint de votre gloire, et élevé au-dessus de toute louange et de toute gloire dans tous les siècles.

54 Vous êtes béni dans le trône de votre royaume, et élevé au-dessus de toute louange et au-dessus de toute gloire dans tous les siècles.

55 Vous êtes béni, vous qui voyez le fond des abîmes, et qui êtes assis sur les chérubins ; et vous êtes digne de toute louange, et élevé au-dessus de toute gloire dans tous les siècles.

56 Vous êtes béni dans le firmament du ciel, et vous êtes digne de toute louange et de toute gloire dans tous les siècles.

57 Ouvrages du Seigneur, bénissez tous le Seigneur ; louez-le, et relevez sa souveraine grandeur dans tous les siècles.

58 Anges du Seigneur, bénissez le Seigneur ; louez-le, et relevez sa souveraine grandeur dans tous les siècles.

59 Cieux, bénissez le Seigneur ; louez-le, et relevez sa souveraine grandeur dans tous les siècles.

60 Eaux qui êtes au dessus des cieux, bénissez toutes le Seigneur ; louez-le, et relevez sa souveraine grandeur dans tous les siècles.

61 Puissances et vertus du Seigneur, bénissez toutes le Seigneur ; louez-le, et relevez sa souveraine grandeur dans tous les siècles.

62 Soleil et lune, bénissez le Seigneur ; louez-le, et relevez sa souveraine grandeur dans tous les siècles.

63 Étoiles du ciel, bénissez le Seigneur ; louez-le, et relevez sa souveraine grandeur dans tous les siècles.

64 Pluies et rosées, bénissez toutes le Seigneur ; louez-le, et relevez sa souveraine grandeur dans tous les siècles.

65 Vents et souffles de Dieu, bénissez tous le Seigneur ; louez-le, et relevez sa souveraine grandeur dans tous les siècles.

66 Feux et chaleurs de l'été, bénissez le Seigneur ; louez-le, et relevez sa souveraine grandeur dans tous les siècles.

67 Froids et rigueurs de l'hiver, bénissez le Seigneur ; louez-le, et relevez sa souveraine grandeur dans tous les siècles.

68 Rosées et bruines, bénissez le Seigneur ; louez-le, et relevez sa souveraine grandeur dans tous les siècles.

69 Gelées et froidures, bénissez le Seigneur ; louez-le, et relevez sa souveraine grandeur dans tous les siècles.

70 Glace, et neiges, bénissez le Seigneur ; louez-le, et relevez sa souveraine grandeur dans tous les siècles.

71 Nuits et jours, bénissez le Seigneur ; louez-le, et relevez sa souveraine grandeur dans tous les siècles.

72 Lumière et ténèbres bénissez le Seigneur ; louez-le, et relevez sa souveraine grandeur dans tous les siècles.

73 Éclairs et nuages, bénissez le Seigneur ; louez-le, et relevez sa souveraine grandeur dans tous les siècles.

74 Que la terre bénisse le Seigneur ; qu'elle loue et qu'elle célèbre sa souveraine grandeur dans tous les siècles.

75 Montagnes et collines, bénissez le Seigneur ; louez-le, et relevez sa souveraine grandeur dans tous les siècles.

76 Plantes qui naissez de la terre, bénissez toutes le Seigneur ; louez-le, et relevez sa souveraine grandeur dans tous les siècles.

77 Fontaines, bénissez le Seigneur ; louez-le, et relevez sa souveraine grandeur dans tous les siècles.

78 Mers et fleuves, bénissez le Seigneur ; louez-le, et relevez sa souveraine grandeur dans tous les siècles.

79 Baleines et poissons qui vivez dans les eaux, bénissez tous le Seigneur ; louez-le, et relevez sa souveraine grandeur dans tous les siècles.

80 Oiseaux du ciel, bénissez tous le Seigneur ; louez et relevez sa souveraine grandeur dans tous les siècles.

81 Bêtes, ou privées ou sauvages, bénissez toutes le Seigneur ; louez-le, et relevez sa souveraine grandeur dans tous les siècles.

82 Enfants des hommes, bénissez le Seigneur ; louez-le, et relevez sa souveraine grandeur dans tous les siècles.

83 Qu'Israël bénisse le Seigneur ; qu'il le loue et qu'il célèbre sa souveraine grandeur dans tous les siècles.

84 Prêtres du Seigneur, baissez le Seigneur ; louez-le, et relevez sa souveraine grandeur dans tous les siècles.

85 Serviteurs du Seigneur, bénissez le Seigneur ; louez-le, et relevez sa souveraine grandeur dans tous les siècles.

86 Esprits et âmes des justes, bénissez le Seigneur ; louez-le, et relevez sa souveraine grandeur dans tous les siècles.

87 Vous qui êtes saints et humbles de cœur, bénissez le Seigneur, louez-le, et relevez sa souveraine grandeur dans tous les siècles.

88 Ananias, Azarias et Misael, bénissez le Seigneur ; louez-le, et relevez sa souveraine grandeur dans tous les siècles, parce qu'il nous a tirés de l'enfer, qu'il nous a sauvés de la puissance de la mort, qu'il nous a délivrés du milieu des flammes ardentes, et nous a tirés du milieu du feu.

89 Rendez grâces au Seigneur, parce qu'il est bon, parce que sa miséricorde s'étend dans tous les siècles.

90 Vous qui êtes religieux et craignant Dieu, bénissez le Seigneur, le Dieu des dieux ; louez-le, et rendez-lui des actions de grâces, parce que sa miséricorde s'étend dans la suite de tous les siècles.

91 Alors le roi Nabuchodonosor fut frappé d'étonnement : il se leva tout d'un coup, et dit aux grands de sa cour : N'avons-nous pas jeté trois hommes liés au milieu du feu ? Ils répondirent au roi : Oui, seigneur.

92 Nabuchodonosor leur dit : J'en vois quatre néanmoins qui marchent sans être liés au milieu du feu, qui sont incorruptibles dans les flammes, et dont le quatrième est semblable au Fils de Dieu.

93 Alors Nabuchodonosor, s'étant approché de la porte de la fournaise ardente, dit : Sidrach. Misach et Abdénago, serviteurs du Dieu très-haut, sortez et venez. Aussitôt Sidrach, Misach et Abdénago sortirent du milieu du feu ;

94 Et les satrapes, les premiers officiers, les juges, et les grands de la cour du roi, regardaient attentivement ces jeunes hommes, voyant que le feu n'avait eu aucun pouvoir sur leur corps, que pas un seul cheveu de leur tête n'en avait été brûlé, qu'il n'en paraissait aucune trace sur leurs vêtements, et que l'odeur même du feu n'était pas venue jusqu'à eux.

95 Alors Nabuchodonosor, comme hors de lui-même, s'écria : Béni soit leur Dieu, le Dieu de Sidrach, de Misach et d'Abdénago, qui a envoyé son ange, et a délivré ses serviteurs qui ont cru en lui, qui ont résisté au commandement du roi, et qui ont abandonné leur corps pour ne se point rendre esclaves, et pour n'adorer aucun autre dieu que le seul Dieu qu'ils adorent !

96 Voici donc l'ordonnance que je fais : Que tout homme, de quelque peuple, de quelque tribu, et de quelque langue qu'il puisse être, qui aura proféré un blasphème contre le Dieu de Sidrach, de Misach et d'Abdénago, périsse, et que sa maison soit détruite ; parce qu'il n'y a point d'autre Dieu qui puisse sauver que celui-là.

97 Alors le roi éleva en dignité Sidrach, Misach et Abdénago dans la province de Babylone.

98 Le roi Nabuchodonosor : A tous les peuples et à toutes les nations, quelque langue qu'elles parlent dans toute la terre ; que la paix s'établisse en vous de plus en plus !

99 Le Dieu très-haut a fait des prodiges et des merveilles dans mon royaume.

100 J'ai donc résolu de publier ses prodiges, parce qu'ils sont grands ; et ses merveilles, parce qu'elles sont étonnantes ; car son royaume est un royaume éternel, et sa puissance s'étend dans la suite de tous les siècles.

CHAPITRE IV.

Songe de Nazbuchodonosor; arbre abattu. Daniel lui explique ce songe. Ce songe s'accomplit. Nabuchodonosor est réduit pendant sept ans au rang des bêtes. Il reconnaît la main de Dieu, et est rétabli dans son royaume.

1 Moi Nabuchodonosor étant en paix dans ma maison, et plein de gloire dans mon palais,

2 J'ai vu un songe qui m'a effrayé ; et étant dans mon lit, mes pensées et les images qui se présentaient à mon imagination m'épouvantèrent.

3 C'est pourquoi je publiai une ordonnance pour faire venir devant moi tous les sages de Babylone, afin qu'ils me donnassent l'explication de mon songe.

4 Alors les devins, les mages, les Chaldéens et les augures étant venus devant moi, je leur racontai mon songe. et ils ne purent me l'expliquer ;

5 Enfin Daniel. notre collègue, parut devant nous, lui à qui j'ai donné le nom de Baltassar, qui est le nom de mon Dieu, et qui a en lui-même l'esprit des dieux saints. Je lui racontai mon songe, et je lui dis :

6 Baltassar, prince des devins, comme je sais que vous avez en vous l'esprit des dieux saints, et qu'il n'y a point de secret que vous ne puissiez pénétrer, dites-moi ce que j'ai vu en songe, et donnez-m'en l'explication.

7 Voici ce qui m'a été représenté en vision lorsque j'étais dans mon lit : Il me semblait que je voyais, au milieu de la terre, un arbre qui était excessivement haut.

8 C'était un arbre grand et fort, dont la hauteur allait jusqu'au ciel, et qui paraissait s'étendre jusqu'aux extrémités du monde.

9 Ses feuilles étaient très-belles, et il était chargé de fruits capables de nourrir toutes choses ; les bêtes privées et les bêtes sauvages habitaient dessous, les oiseaux du ciel demeuraient sur ses branches, et tout ce qui avait vie y trouvait de quoi se nourrir.

10 J'eus cette vision étant sur mon lit ; alors celui qui veille, et qui est saint, descendit du ciel,

11 Et cria d'une voix forte : Abattez l'arbre par le pied, coupez-en les branches, faites-en tomber les feuilles, et répandez-en les fruits ; que les bêtes qui étaient dessous s'enfuient, et que les oiseaux s'envolent de dessus ses branches.

12 Laissez-en néanmoins en terre la tige avec ses racines, qu'elle soit liée avec des chaînes de fer et d'airain parmi les herbes des champs, qu'elle soit mouillée de la rosée du ciel, et qu'elle paisse avec les bêtes sauvages l'herbe de la terre.

13 Qu'on lui ôte son cœur d'homme, et qu'on lui donne un cœur de bête, et que sept ans se passent sur elle.

14 C'est ce qui a été ordonné par ceux qui veillent, c'est la parole et la demande des saints, jusqu'à ce que les vivants connaissent que c'est le Très-Haut qui a la domination sur les royaumes des hommes, qui les donne à qui il lui plaît, et qui établit roi, quand il veut, le dernier d'entre les hommes.

15 Voilà le songe que j'ai eu, moi Nabuchodonosor, roi. Hâtez-vous donc, Baltassar, de m'en donner l'explication ; car tous les sages de mon royaume n'ont pu me l'interpréter ; mais pour vous, vous le pouvez, parce que l'esprit des dieux saints est en vous.

16 Alors Daniel, surnommé Baltassar, commença à penser en lui-même sans rien dire, pendant près d'une heure ; et les pensées qui lui venaient lui jetaient le trouble dans l'esprit. Mais le roi prenant la parole lui dit : Baltassar, que ce songe et l'interprétation que vous avez à lui donner ne vous troublent point. Baltassar lui répondit : Seigneur, que le songe retourne sur ceux qui vous haïssent, et son interprétation sur vos ennemis !

17 Vous avez vu un arbre qui était très-grand et très-fort, dont la hauteur allait jusqu'au ciel, qui semblait s'étendre sur toute la terre ;

18 Ses branches étaient très-belles, il était chargé de fruits, et tous y trouvaient de quoi se nourrir ; les bêtes de la campagne habitaient dessous, et les oiseaux du ciel se retiraient sur ses branches.

19 Cet arbre, ô roi, c'est vous-même qui êtes devenu si grand et si puissant ; car votre grandeur s'est accrue et élevée jusqu'au ciel, votre puissance s'est étendue jusqu'aux extrémités du monde.

20 Vous avez vu ensuite, ô roi, que celui qui veille et qui est saint est descendu du ciel, et qu'il a dit : Abattez cet arbre, coupez-en les branches, réservez-en néanmoins en terre la tige avec les racines ; qu'il soit lié avec le fer et l'airain parmi les herbes des champs, qu'il soit mouillé par la rosée du ciel, et qu'il paisse avec les bêtes sauvages, jusqu'à ce que sept ans soient passés sur elle.

21 Et voici l'interprétation de la sentence du Très-Haut, qui a été prononcée contre le roi, mon seigneur :

22 Vous serez chassé de la compagnie des hommes, et vous habiterez avec les animaux et les bêtes sauvages ; vous mangerez du foin comme un bœuf, vous serez trempé de la rosée du ciel ; sept ans se passeront sur vous, jusqu'à ce que vous reconnaissiez que le Très-Haut tient sous sa domination les royaumes des hommes, et qu'il les donne à qui il lui plaît. 23 Quant à l'ordre de réserver la tige de l'arbre avec ses racines, cela vous marque que votre royaume vous demeurera, après que vous aurez reconnu que toute puissance vient du ciel.

24 C'est pourquoi suivez, ô roi, le conseil que je vous donne ; rachetez vos péchés par les aumônes, et vos iniquités par les oeuvres de miséricorde envers les pauvres ; peut-être le Seigneur vous pardonnera-t-il vos offenses.

25 Toutes ces choses arrivèrent depuis au roi Nabuchodonosor.

26 Douze mois après, il se promenait dans le palais de Babylone ;

27 Et il commença à dire : N'est-ce pas là cette grande Babylone dont j'ai fait le siége de mon royaume, que j'ai bâtie dans la grandeur de ma puissance, et dans l'éclat de ma gloire ?

28 A peine le roi avait prononcé cette parole, qu'on entendit cette voix du ciel : Voici ce qui vous est annoncé, ô Nabuchodonosor, roi : Votre royaume passera en d'autres mains ;

29 Vous serez chassé de la compagnie des hommes, vous habiterez avec les animaux et les bêtes sauvages ; vous mangerez du foin comme un bœuf, et sept ans passeront sur vous, jusqu'à ce que vous reconnaissiez que le Très-Haut a un pouvoir absolu sur les royaumes des hommes, et qu'il les donne à qui il lui plaît.

30 Cette parole fut accomplie à la même heure en la personne de Nabuchodonosor ; il fut chassé de la compagnie des hommes, il mangea du foin comme un bœuf, son corps fut trempé de la rosée du ciel, en sorte que les cheveux lui crûrent comme les plumes d'un aigle, et que ses ongles devinrent comme les griffes des oiseaux.

31 Après que le temps marqué de Dieu eut été accompli, moi, Nabuchodonosor, j'élevai les yeux au ciel ; le sens et l'esprit me furent rendus ; je bénis le Très-Haut, je louai et glorifiai celui qui vit éternellement parce que sa puissance est une puissance éternelle, et que son royaume s'étend dans la succession de tous les siècles.

32 Tous les habitants de la terre sont devant lui comme un néant ; il fait tout ce qu'il lui plaît, soit dans les vertus célestes, soit parmi ceux qui sont sur la terre ; et nul ne peut résister à sa main puissante, ni lui dire : Pourquoi avez-vous fait ainsi ?

33 En ce même temps le sens me revint, et je recouvrai tout l'éclat et toute la gloire de la dignité royale ; ma première forme me fut rendue ; les grands de ma cour et mes principaux officiers me vinrent chercher ; je fus rétabli dans mon royaume, et je devins plus grand que jamais.

34 Maintenant donc, moi, Nabuchodonosor, je loue le Roi du ciel, et je publie sa grandeur et sa gloire, parce que toutes ses oeuvres sont fondées sur la vérité, que toutes ses voies sont pleines de justice. et qu'il peut humilier les superbes quand il lui plaît.

CHAPITRE V.

Festin sacrilège du roi Baltassar. Apparition d'une main qui écrit sur la muraille. Les sages de Babylone ne peuvent lire et expliquer cette écriture. Daniel la lit et l'explique. Mort de Baltassar. Darius le Mède lui succède.

1 Le roi Baltassar fit un grand festin à mille des principaux de sa cour, et chacun buvait selon son âge.

2 Le roi étant donc déjà plein de vin, commanda qu'on apportât les vases d'or et d'argent que son père Nabuchodonosor avait emportés du temple de Jérusalem, afin que le roi bût dedans avec ses femmes, ses concubines, et les grands de sa cour.

3 On apporta donc aussitôt les vases d'or et d'argent qui avaient été transportés du temple de Jérusalem, et le roi but dedans avec ses femmes, ses concubines, et les grands de sa cour.

4 Ils buvaient du vin, et ils louaient leurs dieux d'or et d'argent, d'airain et de fer, de bois et de pierre.

5 Au même moment on vit paroître des doigts, et comme la main d'un homme qui écrivait près du chandelier sur la muraille de la salle du roi ; et le roi voyait le mouvement des doigts de le main qui écrivait,

6 Alors le visage du roi s'altéra, son esprit fut saisi d'un grand trouble, ses reins se relâchèrent, et dans son tremblement ses genoux se choquaient l'un l'autre.

7 Le roi jeta donc un grand cri, et ordonna qu'on fît venir les mages, les Chaldéens et les augures ; et le roi dit aux sages de Babylone : Quiconque lira cette écriture, et me l'interprétera, sera revêtu de pourpre, aura un collier d'or au cou, et sera la troisième personne de mon royaume.

8 Mais tous les sages du roi étant venus devant lui ne purent ni lire cette écriture, ni lui en donner l'interprétation ;

9 Ce qui redoubla encore le trouble du roi Baltassar ; son visage en fut tout changé ; et les grands de sa cour en furent épouvantés comme lui.

10 Mais la reine, touchée de ce qui était arrivé au roi, et aux grands qui étaient près de lui, entra dans la salle du festin, et lui dit : O roi, vivez à jamais ! que vos pensées ne vous troublent point, et que votre visage ne s'altère point !

11 Il y a dans votre royaume un homme qui a en lui-même l'esprit des dieux saints, en qui on a trouvé plus de science et de sagesse qu'en aucun autre sous le règne de votre père c'est pourquoi le roi Nabuchodonosor, votre père, l'établit chef des mages, des enchanteurs, des Chaldéens et des augures : votre père, dis-je, ô roi, l'établit au-dessus d'eux tous ;

12 Parce qu'on reconnut que cet homme appelé Daniel, à qui le roi donna le nom de Baltassar, avait reçu une plus grande étendue d'esprit qu'aucun autre, plus de prudence et d'intelligence pour interpréter les songes, découvrir les secrets, et expliquer les choses les plus obscures et les plus embarrassées. Qu'on fasse donc maintenant venir Daniel, et il interprétera cette écriture.

13 Aussitôt on fit venir Daniel devant le roi ; et le roi lui dit : Etes-vous Daniel, l'un des captifs des enfants de Juda, que le roi, mon père, avait emmenés de Judée ?

14 On m'a dit de vous que vous avez l'esprit des dieux, et qu'il s'est trouvé en vous plus de science, d'intelligence et de sagesse qu'en aucun autre.

15 Je viens de faire venir devant moi les sages et les mages pour lire cette écriture, et m'en donner l'interprétation, et ils n'ont pu me dire ce que ces lettres signifient.

16 Mais pour vous, on m'a rapporté que vous pouvez expliquer les choses les plus obscures, et développer les plus embarrassées ; si donc vous pouvez donc lire cette écriture, et m'en donner l'interprétation, vous serez vêtu de pourpre, vous porterez au cou un collier d'or, et vous serez le troisième d'entre les princes de mon royaume.

17 Daniel répondit à ces paroles du roi, et lui dit : Que vos présents, ô roi, soient pour vous, et faites part à un autre des honneurs de votre maison ; je ne laisserai pas de vous lire cette écriture, et de vous dire ce qu'elle signifie.

18 Le Dieu très-haut, ô roi, donna à Nabuchodonosor, votre père, le royaume, la grandeur, la gloire et l'honneur ;

19 Et à cause de cette grande puissance que Dieu lui avait donnée, tous les peuples et toutes les nations, de quelque langue qu'elles fussent, le respectaient et tremblaient devant lui : il faisait mourir ceux qu'il voulait, il détruisait ceux qu'il lui plaisait, il élevait ou il abaissait les uns ou les autres, selon sa volonté.

20 Mais après que son cœur se fut élevé, et que son esprit se fut affermi dans son orgueil, il fut chassé du trône, il perdit son royaume, et sa gloire lui fut ôtée ;

21 Il fut retranché de la société des enfants des hommes ; son cœur devint semblable à celui des bêtes, il demeura avec les ânes sauvages ; et il mangea l'herbe des champs, comme un bœuf, et son corps fut trempé de la rosée du ciel, jusqu'à ce qu'il reconnût que le Très-Haut a un souverain pouvoir sur les royaumes des hommes, et qu'il établit sur le trône qui il lui plaît.

22 Et vous, Baltassar, qui êtes son fils, vous-même n'avez point humilié votre cœur, quoique vous sussiez toutes ces choses ;

23 Mais vous vous êtes élevé contre le Dominateur du ciel ; vous avez fait apporter devant vous les vases de sa maison sainte, et vous avez bu dedans, vous, vos femmes et vos concubines, avec les grands de votre cour ; vous avez loué en même temps vos dieux d'argent et d'or, d'airain et de fer, de bois et de pierre, qui ne voient point, qui n'entendent point, et qui ne sentent point ; et vous n'avez point rendu gloire au Dieu qui tient dans sa main votre âme et tous les moments de votre vie.

24 C'est pourquoi Dieu a envoyé les doigts de cette main qui a écrit ce qui est marqué sur la muraille.

25 Or voici ce qui est écrit : MANÉ, THECEL, PHARÈS.

26 Et en voici l'interprétation : MANÉ, Dieu a compté les jours de votre règne, et il en a marqué l'accomplissement.

27 THECEL, vous avez été pesé dans la balance, et on vous a trouvé trop léger.

28 PHARÈS, votre royaume a été divisé, et il a été donné aux Mèdes et aux Perses.

29 Alors Daniel fut vêtu de pourpre par l'ordre du roi ; on lui mit au cou un collier d'or, et on fit publier qu'il aurait la puissance dans le royaume, comme en étant la troisième personne.

30 Cette même nuit, Baltassar, roi des Chaldéens, fut tué.

31 Darius, qui était Mède, lui succéda au royaume, étant âgé de soixante et deux ans.

CHAPITRE VI.

Daniel élevé en bonheur par Darius le Mède. Jalousie des satrapes contre lui. Ordonnance qu'ils obtiennent du prince. Accusations qu'ils forment contre Daniel. Daniel est jeté dans la fosse aux lions ; il en sort sans être blessé. Édit de Darius en faveur de la religion des Juifs.

1 Darius fit un édit, et établit six-vingts satrapes sur son royaume, afin qu'ils eussent l'autorité dans toutes les provinces de son État.

2 Mais il mit au-dessus d'eux trois princes, dont Daniel était un, afin que ces satrapes leur rendissent compte, et que le roi fût déchargé de tout soin.

3 Daniel surpassait donc en autorité tous les princes et tous les satrapes, parce qu'il était plus rempli de l'esprit de Dieu.

4 Et comme le roi pensait à l'établir sur tout son royaume, les princes et les satrapes cherchaient un sujet de l'accuser dans ce qui regardait les affaires du roi ; mais ils ne purent trouver aucun prétexte pour le rendre suspect, parce qu'il était très-fidèle, et qu'on ne pouvait faire tomber sur lui le soupçon de la moindre faute.

5 Ils dirent donc entre eux : Nous ne trouverons point d'occasion d'accuser Daniel, si nous ne la faisons naître de la loi de son Dieu.

6 Alors les princes et les satrapes surprirent le roi en cette manière, et lui dirent : O roi, vivez éternellement !

7 tous les princes de votre royaume, les principaux officiers, les satrapes, les sénateurs et les juges, sont d'avis qu'il se fasse un édit par votre puissance impériale qui ordonne que tout homme qui, durant l'espace de trente jours, demandera quoi que ce soit à quelque dieu ou à quelque homme que ce puisse être, sinon à vous seul, ô roi, soit jeté dans la fosse aux lions.

8 Confirmez donc maintenant, ô roi, cet avis, et faites cet édit, afin qu'il demeure ferme comme ayant été établi par les Mèdes et par les Perses, et qu'il ne soit permis à personne de le violer.

9 Le roi Darius fit donc publier cet édit et cette défense.

10 Daniel, ayant appris que cette loi avait été faite, entra dans sa maison ; et ouvrant les fenêtres de sa chambre du côté de Jérusalem, il fléchissait les genoux chaque jour à trois différentes heures, et il adorait son Dieu, et lui rendait ses actions de grâces, comme il avait coutume de faire auparavant.

11 Ces hommes donc, qui épiaient avec grand soin toutes les actions de Daniel, le trouvèrent qui priait et qui adorait son Dieu.

12 Et ils vinrent aussitôt auprès du roi pour lui représenter son édit, et lui dirent : O roi, n'avez-vous pas ordonné que, pendant l'espace de trente jours, tout homme qui ferait quelque prière à quelqu'un des dieux ou des hommes, sinon à vous seul, ô roi, serait jeté dans la fosse aux lions ? Le roi leur répondit : Ce que vous dites est vrai, et c'est une ordonnance des Perses et des Mèdes, qu'il n'est permis à personne de violer.

13 Alors ils dirent au roi : Daniel, un des captifs d'entre les enfants de Juda, sans avoir égard à votre loi ni à l'édit que vous avez fait, prie son Dieu chaque jour à trois heures différentes.

14 Ce que le roi ayant entendu, il fut extrêmement affligé, il prit en lui-même la résolution de délivrer Daniel, et jusqu'au soleil couché il fit ce qu'il put pour le sauver.

15 Mais ces personnes, voyant bien quelle était l'intention du roi, lui dirent : O roi, sachez que c'est une loi des Mèdes et des Perses, qu'il n'est permis de rien changer à tous les édits que le roi a faits.

16 Alors Daniel fut emmené par le commandement du roi, et ils le jetèrent dans la fosse aux lions. Et le roi dit à Daniel : Votre Dieu, que vous adorez sans cesse, vous délivrera.

17 En même temps on apporta une pierre qui fut mise à l'entrée de la fosse, et scellée du sceau du roi, et du sceau des grands de sa cour, de peur qu'on ne fît quelque chose contre Daniel.

18 Le roi rentra dans sa maison, et se mit au lit sans avoir soupé ; on ne servit point de viandes devant lui, et il ne put pas même dormir.

19 Le lendemain il se leva dès le point du jour, et alla en diligence à la fosse aux lions ;

20 Et étant près de la fosse, il appela Daniel avec une voix triste et entrecoupée de soupirs, et lui cria : Daniel, serviteur du Dieu vivant, votre Dieu que vous servez sans cesse, aurait-il bien pu vous délivrer de la gueule des lions ?

21 Daniel lui répondit : O roi, vivez éternellement !

22 Mon Dieu a envoyé son ange, qui a fermé la gueule des lions, et ils ne m'ont fait aucun mal, parce que j'ai été trouvé juste devant lui ; et je n'ai rien fait non plus devant vous, ô roi, qui puisse me rendre coupable.

23 Alors le roi fut transporté de joie, et il commanda qu'on fît sortir Daniel de la fosse aux lions ; Daniel fut donc retiré de la fosse, et on ne trouva sur son corps aucune blessure, parce qu'il avait cru eu son Dieu.

24 En même temps le roi commanda qu'on fît venir ceux qui avaient accusé Daniel, et ils furent jetés dans la fosse aux lions avec leurs femmes et leurs enfants ; et avant qu'ils fussent venus jusqu'au pavé de la fosse, les lions les saisirent entre leurs dents, et leur brisèrent tous les os.

25 Alors Darius envoya cette ordonnance à tous les peuples et à toutes les nations, de quelque langue qu'elles fussent, qui habitaient dans toute la terre : Que la paix s'affermisse parmi vous de plus en plus !

26 J'ordonne par cet édit que, dans tout mon empire et mon royaume, tous mes sujets révèrent le Dieu de Daniel avec crainte et tremblement ; car c'est lui qui est le Dieu vivant, l'Éternel qui vit dans tous les siècles ; son royaume ne sera jamais détruit, et sa puissance passera jusque dans l'éternité.

27 C'est lui qui est le Libérateur et le Sauveur, qui fait des prodiges et des merveilles dans le ciel et sur la terre, qui a délivré Daniel de la fosse aux lions.

28 Or Daniel fut toujours en dignité jusqu'au règne de Darius, et au règne de Cyrus, roi de Perse.

CHAPITRE VII.

Vision des quatre bêtes qui représentent quatre empires.
Caractères particuliers de la quatrième bête. Puissance ennemie
des saints. Jugement du Seigneur. Règne du Fils de l'homme ;
règne des saints.

1 La première année de Baltassar, roi de Babylone, Daniel eut une vision en songe ; il eut cette vision étant dans son lit ; et ayant écrit son songe, il le recueillit en peu de mots, et en marqua ainsi les principaux points :

2 J'eus, dit-il, cette vision pendant la nuit : il me semblait que les quatre vents du ciel se combattaient l'un l'autre sur une grande mer,

3 Et que quatre grandes bêtes fort différentes les unes des autres montaient hors de la mer.

4 La première était comme une lionne, et elle avait des ailes d'aigle ; et comme je la regardais, ses ailes lui furent arrachées ; elle fut ensuite relevée de terre, et se tint sur ses pieds comme un homme, et il lui fut donné un cœur d'homme.

5 Et à côté parut une autre bête qui ressemblait à un ours ; elle avait trois rangs de dents dans la gueule, et il y en avait qui lui disaient : Levez-vous, et rassasiez-vous de carnage.

6 Après cela comme je regardais, j'en vis une autre qui était comme un léopard ; et elle avait au-dessus de soi quatre ailes comme les ailes d'un oiseau ; cette bête avait quatre têtes, et la puissance lui fut donnée.

7 Je regardais ensuite dans cette vision que j'avais pendant la nuit, et je vis paraître une quatrième bête qui était terrible et étonnante ; elle était extraordinairement forte ; elle avait de grandes dents de fer ; elle dévorait, elle mettait en pièces, et foulait aux pieds ce qui restait ; elle était fort différente des autres bêtes que j'avais vues avant elle, et elle avait dix cornes.

8 Je considérais ces cornes, et je vis une petite corne qui sortait du milieu des autres ; trois de ses premières cornes furent arrachées de devant elle ; cette corne avait des yeux comme les yeux d'un homme, et une bouche qui disait de grandes choses.

9 J'étais attentif à ce que je voyais, jusqu'à ce que des trônes furent placés, et que l'ancien des jours s'assit. Son vêtement était blanc comme la neige, et les cheveux de sa tête étaient comme la laine la plus blanche et la plus pure ; son trône était des flammes ardentes, et les roues de ce trône un feu brûlant.

10 Un fleuve de feu et très-rapide, sortait de devant sa face ; un million d'anges le servaient, et mille millions assistaient devant lui. Le jugement se tint, et les livres furent ouverts.

11 Je regardais attentivement, à cause du bruit des grandes paroles que cette corne prononçait ; et je vis que la bête avait été tuée, que son corps était détruit, et qu'il avait été livré au feu pour être brûlé ;

12 Je vis aussi que la puissance des autres bêtes leur avait été ôtée, et que la durée de leur vie leur avait été marquée jusqu'à un temps et un temps.

13 Je considérais ces choses dans une vision de nuit, et je vis comme le Fils de l'homme qui venait avec les, nuées du ciel, qui s'avança jusqu'à l'ancien des jours. Ils le présentèrent devant lui,

14 Et il lui donna la puissance, l'honneur et le royaume, et tous les peuples, et toutes les tribus, et toutes les langues le serviront ; sa puissance est une puissance éternelle qui ne lui sera point ôtée, et son royaume ne sera jamais détruit.

15 Mon esprit fut saisi d'étonnement ; moi, Daniel, je fus épouvanté par ces choses, et ces visions qui m'étaient représentées me troublèrent.

16 Je m'approchai d'un de ceux qui étaient présents, et je lui demandai la vérité de toutes ces choses ; et il m'interpréta ce qui se passait, et me l'enseigna.

17 Ces quatre grandes bêtes sont quatre royaumes qui s'élèveront de la terre.

18 Mais les saints du Dieu très-haut entreront en possession du royaume, et ils régneront jusqu'à la fin des siècles, et dans les siècles des siècles.

19 J'eus ensuite un grand désir d'apprendre ce qu'était la quatrième bête, qui était très-différente de toutes les autres, et effroyable au delà de ce qu'on peut dire : ses dents et ses ongles étaient de fer ; elle dévorait et mettait en pièces, et elle foulait aux pieds ce qui avait échappé à sa violence ;

20 Je voulus m'enquérir aussi des dix cornes qu'elle avait à la tête, et d'une autre qui lui vint de nouveau, devant laquelle trois de ces cornes étaient tombées ; et de cette corne qui avait des yeux, et une bouche qui prononçait de grandes choses ; et cette corne était plus grande que les autres.

21 Et comme je regardais attentivement, je vis que cette corne faisait la guerre contre les saints, et avait l'avantage sur eux,

22 Jusqu'à ce que l'ancien des jours parut ; alors il donna aux saints du Très-Haut la puissance de juger ; et, le temps étant accompli, les saints entrèrent en possession du royaume.

23 Sur quoi il me dit : La quatrième bête est le quatrième royaume qui dominera sur la terre, et il sera plus grand que tous les autres royaumes : il dévorera toute la terre, la foulera aux pieds, et la réduira en poudre.

24 Les dix cornes de ce même royaume sont dix rois qui y régneront ; il s'en élèvera un autre après eux, qui sera plus puissant que ceux qui l'auront devancé, et il abaissera trois rois.

25 Il parlera insolemment contre le Très-Haut, il foulera aux pieds les saints du Très-Haut, et il s'imaginera qu'il pourra changer les

temps et les lois ; et ils seront livrés entre ses mains jusqu'à un temps, deux temps, et la moitié d'un temps.

26 Le jugement se tiendra ensuite, afin que la puissance soit ôtée à cet homme, qu'elle soit entièrement détruite, et qu'il périsse pour jamais ;

27 Et qu'en même temps le royaume, la puissance, et l'étendue de l'empire de tout ce qui est sous le ciel, soit donné au peuple des saints du Très-Haut ! car son royaume est un royaume éternel auquel tous les rois seront assujettis avec une entière soumission.

28 Ce fut la fin de ce qui me fut dit. Moi Daniel, je fus fort troublé ensuite dans mes pensées, mon visage en fut tout changé ; et je conservai ces paroles dans mon cœur.

CHAPITRE VIII.

Vision d'un bélier qui représente la monarchie des Perses et des Mèdes, et d'un bouc qui représente la monarchie des Grecs. Grande corne de ce bouc, à laquelle quatre autres succèdent ; autre corne qui sort de l'une de ces quatre, et représente un prince cruel et impie.

1 La troisième année du règne du roi Baltassar, j'eus une vision. Moi Daniel, après ce que j'avais vu au commencement,

2 Je vis dans une vision, lorsque j'étais au château de Suse, qui est au pays d'Élam, et il me parut dans cette vision que j'étais à la porte d'Ulaï.

3 Je levai les yeux, et je vis un bélier qui se tenait devant les marais ; il avait les cornes élevées, et l'une l'était plus que l'autre, et croissait peu à peu.

4 Après cela, je vis que ce bélier donnait des coups de corne contre l'occident, contre l'aquilon et contre le midi, et toutes les bêtes ne lui pouvaient résister, ni se délivrer de sa puissance ; il fit tout ce qu'il voulut, et il devint fort puissant.

5 J'étais attentif à ce que je voyais ; et en même temps un bouc vint de l'occident sur la face de toute la terre, sans qu'il touchât néanmoins la terre ; et ce bouc avait une corne fort grande entre les deux yeux.

6 Il vint jusqu'à ce bélier qui avait des cornes, que j'avais vu se tenir devant la porte ; et s'élançant avec une grande impétuosité, il courut à lui de toute sa force.

7 Lorsqu'il fut venu près du bélier, il l'attaqua avec furie, et le perça de coups ; il lui rompit les deux cornes, sans que le bélier lui pût résister ; et l'ayant jeté par terre, il le foula aux pieds, et personne ne put délivrer le bélier de sa puissance.

8 Le bouc ensuite devint extraordinairement grand ; et, lorsqu'il eut crû, sa grande corne se rompit, et il se forma quatre cornes au-dessous vers les quatre vents du ciel.

9 Mais de l'une de ces quatre cornes il en sortit une petite qui s'agrandit fort vers le midi, vers l'orient, et vers les peuples les plus forts.

10 Il éleva sa grande corne jusqu'aux armées du ciel, et il fit tomber les plus forts et ceux, qui étaient comme des étoiles, et il les foula aux pieds.

11 Il s'éleva même jusqu'au prince des forts, il lui ravit son sacrifice perpétuel, et il déshonora le lieu de son sanctuaire.

12 La puissance lui fut donnée contre le sacrifice perpétuel, à cause des péchés des hommes ; et la vérité sera renversée sur la terre ; il entreprendra tout, et tout lui réussira.

13 Alors j'entendis un des saints qui parlait ; et un saint dit à un autre, que je ne connaissais point, et qui lui parlait : Jusqu'à quand durera cette vision, touchant la violation du sacrifice perpétuel, et le péché qui causera cette désolation ? jusqu'à quand le sanctuaire et le pouvoir de Dieu seront-ils foulés aux pieds ?

14 Et il lui dit : Jusqu'au soir et au matin, il se passera deux mille trois cents jours ; et le sanctuaire sera purifié.

15 Moi Daniel, lorsque j'avais cette vision, et que j'en cherchais l'intelligence, il se présenta devant moi comme une figure d'homme ;

16 Et j'entendis la voix d'un homme à la porte d'Ulaï, qui cria, et, qui dit : Gabriel, faites-lui entendre cette vision.

17 En même temps Gabriel vint, et se tint au lieu où j'étais ; et lorsqu'il fut venu à moi, je tombai le visage contre terre, tout tremblant de crainte, et il me dit : Comprenez bien, fils de l'homme, parce que cette vision s'accomplira à la fin, en son temps.

18 Et lorsqu'il parlait encore à moi, je tombai le visage contre terre ; alors il me toucha, et m'ayant fait tenir debout,

19 Il me dit : Je vous ferai voir ce qui doit arriver au dernier jour de la malédiction, parce que le temps s'accomplira enfin.

20 Le bélier que vous avez vu ayant des cornes, est le roi des Perses et des Mèdes.

21 Le bouc est le roi des Grecs ; et la grande corne qu'il avait entre les deux yeux, est le premier de leurs rois.

22 Les quatre cornes qui se sont élevées après que la première a été rompue, sont les quatre rois qui s'élèveront, de sa nation, mais non avec sa force et sa puissance ;

23 Et après leur règne, lorsque les iniquités se seront accrues, il s'élèvera un roi qui aura l'impudence sur le front, qui entendra les paraboles et les énigmes.

24 Sa puissance s'établira, mais non par ses forces ; et il fera un ravage étrange et au delà de toute créance ; il réussira dans tout ce qu'il aura entrepris. Il fera mourir, selon qu'il lui plaira, les plus forts et le peuple des saints ;

25 Il conduira avec succès tous ses artifices et toutes ses tromperies ; son cœur s'enflera de plus en plus, et se voyant comblé de toutes sortes de prospérités, il en fera mourir plusieurs ; il s'élèvera contre le prince des princes, et il sera enfin réduit en poudre sans la main des hommes.

26 Cette vision du soir et du matin qui vous a été représentée, est véritable ; scellez donc vous-même cette vision, parce qu'elle n'arrivera qu'après beaucoup de ours.

27 Et moi, Daniel, je tombai dans la langueur, et je fus malade pendant quelques jours ; et m'étant levé, je travaillais aux affaires du roi, et j'étais dans l'étonnement en pensant à cette vision, sans trouver personne qui pût me l'interpréter.

CHAPITRE IX.

Daniel implore la miséricorde du Seigneur pour son peuple. L'ange Gabriel lui annonce le temps précis de la venue du Messie.

1 La première année de Darius, fils d'Assuérus, de la race des Mèdes, qui régna dans l'empire des Chaldéens ;

2 La première année de son règne, moi, Daniel, j'eus, par la lecture des livres saints, l'intelligence du nombre d'années que devait durer la désolation de Jérusalem, dont le Seigneur a parlé au prophète Jérémie, qui était de soixante et dix ans.

3 J'arrêtai mes yeux et mon visage sur le Seigneur mon Dieu, pour le prier et le conjurer dans les jeûnes, le sac et la cendre.

4 Je priai le Seigneur mon Dieu, je lui confessai mes fautes, et je lui dis : Écoutez ma prière, ô Seigneur, Dieu grand et terrible, qui gardez votre alliance et votre miséricorde envers ceux qui vous aiment et qui observent vos commandements !

5 Nous avons péché, nous avons commis l'iniquité, nous avons fait des actions impies, nous nous sommes détournés de la voie de vos préceptes et de vos ordonnances.

6 Nous n'avons point obéi à vos serviteurs les prophètes, qui ont parlé en votre nom à nos rois, à nos princes, à nos pères, et à tout le peuple de la terre.

7 La justice est à vous, ô Seigneur ! et à nous la confusion du visage, qui couvre aujourd'hui les hommes de Juda, les habitants de Jérusalem, et tous les enfants d'Israël, et ceux qui sont prêts, et ceux qui sont éloignés dans tous les pays où vous les avez chassés, à cause des iniquités qu'ils ont commises contre vous.

8 Il ne nous reste, Seigneur, que la confusion de notre visage ; à nous, à nos rois, à nos princes, et à nos pères, qui ont péché.

9 Mais à vous, qui êtes le Seigneur notre Dieu, appartient la miséricorde et la grâce de la réconciliation ; car nous nous sommes retirés de vous,

10 Et nous n'avons point écouté la voix du Seigneur notre Dieu, pour marcher dans la loi qu'il nous avait prescrite par ses serviteurs les prophètes.

11 Tout Israël a violé votre loi, ils se sont détournés pour ne point écouter votre voix ; et cette malédiction et cette exécration qui est décrite dans la loi de Moïse serviteur de Dieu, est tombée sur nous, parce que nous avons péché contre vous.

12 Le Seigneur a accompli ses oracles, qu'il a prononcés contre nous et contre nos princes, qui nous ont jugés, pour faire fondre sur nous ces grands maux qui ont accablé Jérusalem, tels qu'on n'en a jamais vu de semblables sous le ciel.

13 Tous ces maux sont tombés sur nous, selon qu'il est écrit dans la loi de Moise ; et nous ne nous sommes point présentés devant votre face pour vous prier, ô Seigneur notre Dieu, de nous retirer de nos iniquités, et de nous appliquer à la connaissance de votre vérité.

14 Ainsi l'œil du Seigneur a été ouvert et attentif aux maux, et il les a fait fondre sur nous. Le Seigneur notre Dieu est juste dans toutes les œuvres qu'il a faites, parce que nous n'avons point écouté sa voix.

15 Et maintenant, ô Seigneur notre Dieu, qui avez tiré votre peuple de l'Égypte avec une main puissante, et qui vous êtes acquis alors un nom qui dure encore aujourd'hui, je confesse que nous avons péché, que nous avons commis l'iniquité.

16 Mais je vous conjure, selon toute votre justice, Seigneur, que votre colère et votre fureur se détournent de votre cité de Jérusalem et de votre montagne sainte ; car Jérusalem et votre peuple sont aujourd'hui en opprobre à toutes les nations qui nous environnent, à cause de nos péchés, et des iniquités de nos pères.

17 Écoutez donc maintenant, Seigneur, les vœux et les prières de votre serviteur ; faites reluire votre face sur votre sanctuaire, qui est désert, et faites-le pour vous-même.

18 Abaissez, mon Dieu, votre oreille jusqu'à nous, et nous écoutez ; ouvrez les yeux, et considérez notre désolation et la ruine de cette ville qui a eu la gloire de porter votre nom ; car ce n'est point par la confiance en notre propre justice que nous vous offrons nos prières en nous prosternant devant vous, mais c'est dans la vue de la multitude de vos miséricordes.

19 Exaucez-nous, Seigneur, Seigneur, apaisez votre colère, jetez les yeux sur nous, et agissez ; ne différez plus, mon Dieu, pour l'amour de vous-même, parce que cette ville et ce peuple sont à vous, et ont la gloire de porter votre nom !

20 Lorsque je parlais encore, et que je priais, et que je confessais mes péchés et les péchés d'Israël, mon peuple, et que, dans un profond abaissement, j'offrais mes prières en la présence de mon Dieu pour sa montagne sainte ;

21 Je n'avais pas encore achevé les paroles de ma prière. et voici que Gabriel, que j'avais vu au commencement dans la vision, vola tout à coup vers moi, et me toucha au temps du sacrifice du soir.

22 Il m'instruisit, il me parla, et me dit : Daniel, je suis venu maintenant pour vous enseigner, et pour vous donner l'intelligence.

23 Dès le commencement de votre prière j'ai reçu cet ordre ; et je suis venu pour vous découvrir toutes choses, parce que vous êtes un homme rempli de désirs ; soyez donc attentif à ce que je vais vous dire, et comprenez cette vision.

24 Dieu a abrégé et fixé le temps à soixante et dix semaines en faveur de votre peuple et de votre ville sainte, afin que ses prévarications soient abolies, que le péché trouve sa fin, que l'iniquité soit effacée, que la justice éternelle vienne sur la terre, que les visions et les prophéties soient accomplies, et que le saint des saints reçoive l'onction de l'huile sacrée.

25 Sachez donc ceci, et gravez-le dans votre esprit : Depuis l'ordre qui sera donné pour rebâtir Jérusalem, jusqu'au Christ, chef de mon peuple, il y aura sept semaines et soixante et deux semaines ; et les places et les murailles de la ville seront bâties de nouveau en des temps fâcheux et difficiles.

26 Et après soixante et deux semaines le Christ sera mis à mort ; et le peuple qui le doit renier ne sera point son peuple. Un peuple avec son chef qui doit venir détruira la ville et le sanctuaire ; elle finira par une ruine entière, et la désolation qui lui a été prédite arrivera après la fin de la guerre.

27 Il confirmera son alliance avec plusieurs dans une semaine ; et à la moitié de la semaine, les hosties et les sacrifices seront abolis, l'abomination de la désolation sera dans le temple, et la désolation durera jusqu'à la consommation et jusqu'à la fin.

CHAPITRE X.

Vision de Daniel sur le Tigre. Le prince du royaume des Perses résiste à l'ange Gabriel. Le prince des Grecs vient se joindre au prince des Perses contre Gabriel.

1 La troisième année du règne de Cyrus, roi des Perses, une parole fut révélée à Daniel, surnommé Baltassar, une parole véritable, et une grande vertu ; il comprit ce qui lui fut dit ; car on a besoin d'intelligence dans les visions.

2 En ce temps-là, moi, Daniel, je fus dans les pleurs tous les jours pendant trois semaines ;

3 Je ne mangeai d'aucun pain agréable au goût ; ni chair ni vin n'entra dans ma bouche, et je ne me servis d'aucune huile, jusqu'à ce que ces trois semaines fussent accomplies.

4 Le vingt-quatrième jour du premier mois, j'étais près du grand fleuve du Tigre ;

5 Et ayant levé les yeux, je vis tout à coup un homme qui était vêtu de lin, dont les reins étaient ceints d'une ceinture d'or très-pur ;

6 Son corps était comme la pierre de chrysolithe, son visage brillait comme les éclairs, et ses yeux paraissaient une lampe ardente ; ses bras, et tout le reste du corps jusqu'aux pieds, étaient comme d'un airain étincelant ; et le son de sa voix comme le bruit d'une multitude d'hommes.

7 Moi, Daniel, je vis seul cette vision ; et ceux qui étaient avec moi ne la virent point ; mais ils furent saisis d'horreur et d'épouvante, et ils s'enfuirent dans des lieux obscurs.

8 Étant donc demeuré seul, j'eus cette grande vision ; la vigueur de mon corps m'abandonna, mon visage fut tout changé, je tombai en foiblesse, et il ne me demeura aucune force.

9 Et j'entendis le bruit de sa voix ; et l'entendant, j'étais couché sur le visage dans une extrême frayeur, et mon visage était collé à la terre.

10 Alors une main me toucha, et me fit lever sur mes genoux et sur mes mains.

11 Et il me dit : Daniel, homme de désirs, entendez les paroles que je viens vous dire, et tenez-vous debout ; car je suis maintenant envoyé vers vous. Après qu'il m'eut dit cela, je me tins debout, étant tout tremblant.

12 Et il me dit : Daniel, ne craignez point ; car dès le premier jour que, vous affligeant en la présence de votre Dieu, vous avez appliqué votre cœur à l'intelligence, vos paroles ont été exaucées, et vos prières m'ont fait venir ici.

13 Le prince du royaume des Perses m'a résisté vingt et un jours ; mais Michel, le premier d'entre les premiers princes, est venu à mon secours ; et cependant j'ai demeuré là près du roi des Perses.

14 Je suis venu pour vous apprendre ce qui doit arriver à votre peuple aux derniers jours, car cette vision ne s'accomplira qu'après bien du temps.

15 Lorsqu'il me disait ces paroles, je baissais le visage contre terre, et je demeurais dans le silence.

16 Et en même temps celui qui avait la ressemblance d'un homme me toucha les lèvres ; et ouvrant la bouche, je parlai, et je dis à celui qui se tenait debout devant moi : Mon seigneur, lorsque je vous ai vu, tout ce qu'il y a en moi de nerfs et de jointures s'est relâché, et il ne m'est resté aucune force ;

17 Et comment le serviteur de mon seigneur pourra-t-il parler avec mon seigneur ? je suis demeuré sans aucune force, et je perds même la respiration.

18 Celui donc que je voyais sous la figure d'un homme me toucha encore, me fortifia, et me dit :

19 Ne craignez point, Daniel, homme de désirs ; la paix soit avec vous ! reprenez vigueur, et soyez ferme. Lorsqu'il me parlait encore, je me trouvai plein de force, et je lui dis : Parlez, mon seigneur, parce que vous m'avez fortifié.

20 Alors il me dit : Savez-vous pourquoi je suis venu à vous ? Je retourne maintenant pour combattre contre le prince des Perses. Lorsque je sortais, le prince des Grecs est venu à paraître.

21 Mais je vous annoncerai présentement ce qui est marqué dans l'Écriture de la vérité ; et nul ne m'assiste dans toutes ces choses, sinon Michel, qui est votre prince.

CHAPITRE XI.

Empire des Perses ruiné par le roi des Grecs. Successeurs de ce prince. Guerres entre les rois du midi et du septentrion. Roi impie ; ses expéditions contre l'Egypte et contre la Judée ; sa fin malheureuse.

1 Dès la première année du règne de Darius, de la race des Mèdes, j'ai travaillé pour l'aider à s'établir et à se fortifier dans son royaume.

2 Mais maintenant je vous annoncerai la vérité. Il y aura encore trois rois en Perse ; le quatrième s'élèvera par la grandeur de ses richesses et de sa puissance au-dessus de tout ; et lorsqu'il sera devenu puissant et riche, il animera tous les peuples contre le royaume des Grecs.

3 Mais il s'élèvera un roi vaillant, qui dominera avec une grande puissance, et qui fera ce qu'il lui plaira.

4 Et après qu'il se sera affermi, son royaume sera détruit, et il se partagera vers les quatre vents du ciel ; il ne passera point à sa postérité, et son royaume ne conservera point la même puissance qu'avait eue ce premier roi ; car son royaume sera déchiré, et il passera à des princes étrangers, outre ces quatre plus grands.

5 Le roi du midi se fortifiera ; l'un de ses princes sera plus puissant que lui ; il dominera sur beaucoup de pays, car son empire sera grand.

6 Quelques années après ils feront alliance ensemble, et la fille du roi du midi viendra épouser le roi de l'aquilon pour faire amitié ensemble ; mais elle ne s'établira point par un bras fort, et sa race ne subsistera point ; elle sera livrée elle-même avec les jeunes hommes qui l'avaient emmenée, et qui l'avaient soutenue en divers temps.

7 Mais il sortira un rejeton de la même tige du roi du midi ; il viendra avec une grande armée, il entrera dans les provinces du roi de l'aquilon, il y fera de grands ravages, et il s'en rendra le maître.

8 Il emmènera en Égypte leurs dieux captifs, leurs statues, et leurs vases d'argent et d'or les plus précieux ; et il remportera toutes sortes d'avantages sur le roi de l'aquilon.

9 Le roi du midi entrera dans son royaume, et il reviendra ensuite en son pays.

10 Les enfants du roi du septentrion, animés par tant de pertes, lèveront de puissantes armées, et l'un d'eux marchera avec une grande vitesse comme un torrent qui déborde ; il reviendra ensuite, et étant plein d'ardeur il combattra contre les forces de l'Égypte.

11 Le roi du midi étant attaqué se mettra en campagne, et combattra contre le roi de l'aquilon ; il lèvera une grande armée, et des troupes nombreuses lui seront livrées entre les mains.

12 Il en prendra un très-grand nombre, et son cœur s'élèvera ; il en fera passer plusieurs milliers au fil de l'épée, mais il ne pourra se saisir de son ennemi ;

13 Car le roi de l'aquilon viendra de nouveau ; il assemblera encore plus de troupes qu'auparavant ; et après un certain nombre d'années, il s'avancera en grande hâte avec une armée nombreuse et une grande puissance.

14 En ces temps-là plusieurs s'élèveront contre le roi du midi ; les enfants de ceux de votre peuple qui auront violé la loi du Seigneur s'élèveront aussi pour accomplir une prophétie, et ils tomberont.

15 Le roi de l'aquilon viendra, il fera des terrasses et des remparts, il prendra les villes les plus fortes ; les bras du midi n'en pourront soutenir l'effort, les plus vaillants d'entre eux s'élèveront pour lui résister, et ils se trouveront sans force.

16 Il fera contre le roi du midi tout ce qu'il lui plaira, et il ne se trouvera personne qui puisse subsister devant lui ; il entrera dans cette terre célèbre, et elle sera abattue sous sa puissance.

17 Il s'affermira dans le dessein de venir s'emparer de tout le royaume du roi du midi ; il feindra de vouloir agir de bonne foi avec lui, il lui donnera en mariage sa fille d'une excellente beauté afin de le perdre ; mais son dessein ne lui réussira pas, et elle ne sera point pour lui.

18 Il se tournera contre les îles, et il en prendra plusieurs ; il arrêtera d'abord le prince qui doit le couvrir d'opprobre ; et la honte dont il couvrait les autres retombera sur lui.

19 Il reviendra de nouveau dans les terres de son empire, où il trouvera un piège ; il tombera enfin, et il disparaîtra pour jamais.

20 Un homme très-méprisable et indigne du nom de roi prendra sa place ; et il périra en peu de jours, non par une mort violente, ni dans un combat.

21 Un prince méprisé lui succédera, à qui on ne donnera point d'abord le titre de roi ; il viendra en secret, et il se rendra maître du royaume par sa dissimulation et par ses artifices.

22 Un prince combattant contre lui fuira devant lui, et ses grandes forces seront détruites ; comme aussi le chef de l'alliance.

23 Et après avoir fait amitié avec lui, il le trompera, il s'avancera dans l'Égypte, et l'assujettira avec peu de troupes.

24 Il entrera dans les villes les plus grandes et les plus riches ; il fera ce que ne firent jamais ses pères, ni les pères de ses pères : il amassera un grand butin de leurs dépouilles, et il pillera toutes leurs richesses ; il formera des entreprises contre leurs villes les plus fortes ; mais cela ne durera qu'un certain temps.

25 Sa force se réveillera, son cœur s'animera contre le roi du midi, qui l'attaquera avec une grande armée ; et le roi du midi opposera à cette provocation hostile de grands secours et de fortes troupes, qui ne demeureront pas fermes, parce qu'ils feront des entreprises contre lui.

26 Et étant à table avec lui, ils le ruineront, son armée sera accablée, et un grand nombre des siens seront mis à mort.

27 Ces deux rois auront le cœur attentif à se faire du mal l'un à l'autre ; étant assis à la même table, ils diront des paroles pleines de mensonges, et ils ne viendront pas à bout de leurs desseins, parce que le temps n'en sera pas encore venu.

28 Antiochus retournera en son pays avec de grandes richesses ; son cœur se déclarera contre l'alliance sainte ; il fera beaucoup de mal, et retournera en son pays.

29 Il retournera au temps prescrit, et reviendra vers le midi ; et son dernier état ne sera pas semblable au premier.

30 Les Romains viendront contre lui sur des vaisseaux ; il sera abattu, il retournera, et il concevra une grande indignation contre l'alliance du sanctuaire ; il retournera encore, et il entreprendra contre ceux qui avaient abandonné l'alliance du sanctuaire.

31 Des hommes puissants soutiendront son parti, et ils souilleront le sanctuaire du Dieu fort ; ils feront cesser le sacrifice perpétuel, et ils placeront dans le temple l'abomination de la désolation.

32 Et les impies violateurs de la sainte alliance useront de déguisement et de fiction ; mais le peuple qui connaîtra Dieu s'attachera fermement à la loi, et fera ce qu'elle ordonne.

33 Ceux qui seront savants parmi le peuple en instruiront plusieurs ; et ils seront tourmentés par l'épée, par la flamme, par la captivité, et par des brigandages qui dureront de longs jours.

34 Au milieu de ces ruines, ils seront un peu soulagés par un petit secours, et plusieurs se joindront à eux par une alliance feinte.

35 Il y en aura parmi ceux qui seront savants, qui tomberont en de grands maux, afin qu'ils passent par le feu, et qu'ils deviennent

purs et blancs de plus en plus jusqu'au temps prescrit, parce qu'il y aura encore un autre temps.

36 Le roi agira selon son bon plaisir ; il s'élèvera, et il portera le faste de son orgueil contre tout dieu ; il parlera insolemment contre le Dieu des dieux ; il réussira jusqu'à ce que la colère de Dieu soit accomplie, parce qu'il a été ainsi arrêté.

37 Il n'aura aucun égard au Dieu de ses pères, il se livrera à la passion des femmes, il ne se souciera de quelque dieu que ce soit, parce qu'il s'élèvera contre toutes choses.

38 Il révérera le dieu Maozim, dans le lieu qu'il lui aura choisi ; et il honorera avec l'or, l'argent, les pierres précieuses, et tout ce qu'il y a de plus beau, un dieu que ses pères ont ignoré.

39 Il fortifiera les citadelles par le culte du dieu étranger qu'il a connu, il en élèvera les adorateurs à une grande gloire, il leur donnera beaucoup de puissance, et il partagera la terre gratuitement.

40 Le roi du midi combattra contre lui au temps qui a été marqué ; et le roi d'aquilon marchera contre lui comme une tempête, avec une multitude de chariots et de gens de cheval, et avec une grande flotte ; il entrera dans ses terres, il ravagera tout, et il passera au travers de son pays.

41 Il entrera ensuite dans le pays de gloire, et plusieurs provinces seront ruinées. Ceux-ci seuls seront sauvés de ses mains : Édom, Moab, et les premières terres des enfants d'Ammon.

42 Il étendra sa main contre les provinces, et le pays d'Égypte n'échappera point.

43 Il se rendra maître des trésors d'or et d'argent, et de tout ce qu'il y a de plus précieux dans l'Égypte ; il passera au travers de la Libye et de l'Éthiopie.

44 Il sera troublé par des nouvelles qui lui viendront de l'orient et de l'aquilon ; et il viendra avec de grandes troupes pour perdre tout, et pour faire un grand carnage.

45 Il dressera les tentes de son palais entre les mers, sur la montagne célèbre et sainte ; et il montera jusqu'au haut de la montagne, et il ne se trouvera personne pour le secourir.

CHAPITRE XII.

Délivrance du peuple de Dieu. Résurrection. Gloire des saints. Terme de la durée de la grande désolation.

1 En ce temps-là Michel, le grand prince, s'élèvera, lui qui est le protecteur des enfants de votre peuple ; et il viendra un temps tel qu'on n'en aura jamais vu un semblable jusqu'alors, depuis que les peuples ont été établis. En ce temps-là tous ceux de votre peuple qui seront trouvés écrits dans le livre seront sauvés.

2 Et toute cette multitude de ceux qui dorment dans la poussière de la terre se réveilleront, les uns pour la vie éternelle, et les autres pour un opprobre éternel qu'ils auront toujours devant les yeux.

3 Or ceux qui auront été savants brilleront comme les feux du firmament ; et ceux qui en auront instruit plusieurs dans la voie de la justice luiront comme des étoiles dans l'éternité.

4 Mais pour vous, Daniel, tenez ces paroles fermées, et mettez le sceau sur ce livre jusqu'au temps marqué ; car plusieurs le parcourront, et la science se multipliera.

5 Alors, moi Daniel, je vis comme deux autres hommes qui étaient debout : l'un était en deçà sur le bord du fleuve, et l'autre au delà sur le bord du même fleuve.

6 Et je dis à l'homme vêtu de lin qui se tenait debout sur les eaux du fleuve : Quand sera-ce que l'accomplissement de ces prodiges arrivera ?

7 Et j'entendis cet homme vêtu de lin, et qui se tenait debout sur les eaux du fleuve, qui, élevant au ciel la main droite et la main gauche, jura par celui qui vit dans l'éternité, que ce serait dans un temps, deux temps, et la moitié d'un temps ; et que toutes ces choses seraient accomplies lorsque la dispersion de l'assemblée du peuple saint serait achevée.

8. J'entendis ce qu'il disait, mais je ne le compris pas, et je lui dis : Mon seigneur, qu'arrivera-t-il après cela ?

9. Et il me dit : Allez, Daniel, car ces paroles sont fermées et sont scellées jusqu'au temps qui a été marqué.

10. Plusieurs seront élus, seront rendus blancs et purs, et seront éprouvés comme par le feu : les impies agiront avec impunité, et tous les impies n'auront point l'intelligence ; mais ceux qui seront instruits comprendront.

11. Depuis le temps que le sacrifice perpétuel aura été aboli, et que l'abomination de la désolation aura été établie, il se passera mille deux cent quatre-vingt-dix jours.

12. Heureux celui qui attend, et qui arrive jusqu'à mille trois cent trente-cinq jours !

13. Mais pour vous, allez jusqu'au temps qui a été marqué, et vous serez en repos, et vous demeurerez dans l'état ou vous êtes jusqu'à la fin de vos jours.

Ce qui a été mis jusqu'ici de Daniel se trouve dans l'hébreu. Ce qui suit jusqu'à la fin du livre, a été traduit de l'édition de Théodotion. (Ces paroles sont de saint Jérôme.)

CHAPITRE XIII.

Histoire de Susanne injustement accusée et condamnée. Daniel la délivre.

1. Il y avait un homme qui demeurait dans Babylone, et son nom était Joachim :

2. Il épousa une femme nommée Susanne, fille d'Helcias, qui était parfaitement belle, et qui craignait Dieu ;

3. Car comme son père et sa mère étaient justes, ils avaient instruit leur fille selon la loi de Moise.

4. Or Joachim était fort riche, et il avait un jardin fruitier près de sa maison ; et les Juifs allaient souvent chez lui, parce qu'il était le plus considérable de tous.

5. On avait établi pour juges cette année-là deux vieillards d'entre le peuple, dont le Seigneur a parlé lorsqu'il a dit : Que l'iniquité est sortie de Babylone par des vieillards qui étaient juges, et qui semblaient conduire le peuple.

6. Ces vieillards allaient d'ordinaire à la maison de Joachim, et tous ceux qui avaient des affaires à juger venaient les y trouver.

7. Sur le midi, lorsque le peuple s'en était allé, Susanne entrait et se promenait dans le jardin de son mari.

8. Ces vieillards l'y voyaient entrer et se promener tous les jours ; et ils conçurent une ardente passion pour elle ;

9. leurs sens en furent pervertis, et ils détournèrent leurs yeux pour ne point voir le ciel, et pour ne se point souvenir des justes jugements.

10. Ils étaient donc tous deux blessés de l'amour de Susanne, et néanmoins ils ne s'entre-dirent point le sujet de leurs peines ;

11. Car ils rougissaient de se découvrir l'un à l'autre leur passion criminelle, ayant dessein séparément de corrompre cette femme ;

12. Et ils observaient tous les jours avec grand soin le temps ou ils la pourraient voir. Un jour l'un dit à l'autre :

13. Allons-nous-en chez nous, parce qu'il est temps de dîner ; et étant sortis, ils se séparèrent l'un de l'autre.

14. Mais revenant aussitôt, ils se rencontrèrent ; et après s'en être demandé la raison l'un à l'autre, ils s'entr'avouèrent leur passion ; et alors ils convinrent de prendre le temps ou ils pourraient trouver Susanne seule.

15. Lorsqu'ils observaient un jour propre pour leur dessein, il arriva que Susanne entra dans le jardin selon sa coutume, étant accompagnée de deux filles seulement, et qu'elle voulut se baigner, parce qu'il faisait chaud.

16. Et il n'y avait alors personne que les deux vieillards qui s'étaient cachés, et qui la regardaient.

17. Alors Susanne dit à ses filles : Apportez—moi de l'huile de parfum, et des pommades, et fermez les portes du jardin, afin que je me baigne.

18. Ses filles firent ce qu'elle leur avait commandé ; elles fermèrent les portes du jardin , et elles sortirent par une porte de

derrière pour apporter ce que Susanne leur avait dit ; et elles ne savaient point que les vieillards fussent cachés au dedans du jardin.

19. Aussitôt que les filles furent sorties, les deux vieillards accoururent à Susanne, et lui dirent :

20. Les portes du jardin sont fermées, personne ne nous voit, et nous brûlons de passion pour vous : rendez-vous donc à notre désir, et faites ce que nous voulons.

21. Que si vous ne le voulez pas, nous porterons témoignage contre vous, et nous dirons qu'il y avait un jeune homme avec vous, et que c'est pour cela que vous avez renvoyé vos filles.

22. Susanne jeta un profond soupir, et leur dit : Je ne vois que péril et qu'angoisse de toutes parts ; car si je fais ce que vous désirez, je suis morte ; et si je ne le fais point, je n'échapperai pas de vos mains.

23. Mais il m'est meilleur de tomber entre vos mains, sans avoir commis le mal, que de pécher en la présence du Seigneur.

24. Susanne aussitot jeta un grand cri ; et les vieillards crièrent aussi contre elle.

25. Et l'un d'eux courut à la porte du jardin, et l'ouvrit.

26. Les serviteurs de la maison ayant entendu crier dans le jardin, y coururent par la porte de derrière pour voir ce que c'était.

27. Et les vieillards le leur ayant dit, ces serviteurs en furent extrêmement surpris, parce qu'on n'avait jamais rien dit de semblable de Susanne.

28. Le lendemain le peuple étant venu en la maison de Joachim son mari, les deux vieillards y vinrent aussi, pleins de la résolution criminelle qu'ils avaient formée contre Susanne pour lui faire perdre la vie.

29. Et ils dirent devant le peuple : Envoyez quérir Susanne, fille d'Helcias, femme de Joachim.

30. On y envoya aussitôt ; et elle vint accompagnée de son père et de sa mère, de ses enfants et de toute sa famille.

31. Susanne avait une délicatesse dans le teint, et une beauté tout extraordinaire.

32. Et comme elle avait alors le visage couvert d'un voile, ces méchants commandèrent qu'on le lui ôtat, afin qu'ils se satisfissent au moins en cette manière par la vue de sa beauté.

33. Tous ses parents répandaient des larmes, et tous ceux qui l'avaient connue auparavant.

34. Alors ces deux vieillards se levant au milieu du peuple, mirent leurs mains sur la tête de Susanne,

35. qui leva en pleurant les yeux au ciel, parce que son cœur avait une ferme confiance au Seigneur.

36. Et ces vieillards dirent : Lorsque nous nous promenions seuls dans le jardin, cette femme est venue avec deux filles ; et ayant fait fermer les portes du jardin elle a renvoyé ses filles.

37. Et un jeune homme qui était caché, est venu, et a commis le crime avec elle.

38. Nous étions alors dans un coin du jardin ; et voyant cette méchante action, nous sommes courus à eux, et nous les avons vus dans cette infamie.

39. Nous n'avons pu prendre le jeune homme parce qu'il était plus fort que nous, et qu'ayant ouvert la porte il s'est sauvé,

40. mais pour elle, l'ayant prise, nous lui avons demandé quel était ce jeune homme, et elle n'a point voulu nous le dire. C'est de quoi nous sommes témoins.

41. Toute l'assemblée les crut, comme étant anciens et juges du peuple ; et ils condamnèrent Susanne à la mort.

42. Alors Susanne jeta un grand cri, et elle dit : Dieu éternel, qui pénétrez ce qui est le plus caché, et qui connaissez toutes choses avant même qu'elles soient faites,

43. vous savez qu'ils ont porté contre moi un faux témoignage ; et cependant je meurs sans avoir rien fait de tout ce qu'ils ont inventé si malicieusement contre moi.

44. Le Seigneur exauça sa prière,

45. et lorsqu'on la conduisait à la mort, il suscita l'esprit saint d'un jeune enfant nommé Daniel,

46. qui cria a haute voix : Je suis innocent du sang de cette femme.

47. Tout le peuple se tourna vers lui, et lui dit : Que vent dire cette parole que vous venez de prononcer ?

48. Daniel se tenant debout au milieu d'eux, leur dit : Etes-vous si insensés, enfants d'Israël, que d'avoir ainsi, sans juger et sans connaitre la vérité, condamné une fille d'Israël ?

49. Retournez pour la juger de nouveau, parce qu'ils ont porté un faux témoignage contre elle.

50. Le peuple retourna donc en grande hâte, et les vieillards dirent a Daniel : Venez, et prenez votre place au milieu de nous, et instruisez-nous, parce que Dieu vous a donné l'honneur de la vieillesse.

51. Daniel dit au peuple : Séparez-les l'un de l'autre, et je les jugerai.

52. Ayant donc été séparés l'un de l'autre, Daniel appela l'un d'eux, et lui dit : Homme qui avez vieilli dans le mal, les péchés que vous avez commis autrefois sont retombés maintenant sur vous ;

53. vous qui rendiez des jugements injustes, qui opprimiez les innocents, et qui sauviez les coupables, quoique le Seigneur ait dit : Vous ne ferez point mourir l'innocent et le juste ;

54. Maintenant donc, si vous avez surpris cette femme, dites sous quel arbre vous les avez vus parler ensemble ? Il lui répondit : Sous un lentisque.

55. Daniel lui dit : C'est justement que votre mensonge va retomber sur votre tête ; car voilà l'ange qui sera l'exécuteur de l'arrêt que le Seigneur a prononcé contre vous, et qui vous coupera en deux.

56. Après l'avoir fait retirer, il commanda qu'on fit venir l'autre : et il lui dit : Race de Chanaan, et non de Juda, la beauté vous a surpris, et la passion vous a perverti le cœur.

57. C'est ainsi que vous traitiez les filles d'Israël ; et elles, ayant peur de vous, vous parlaient ; mais la fille de Juda n'a pu souffrir votre iniquité.

58. Maintenant donc, dites-moi sous quel arbre vous les avez surpris lorsqu'ils se parlaient ? Il lui répondit : Sous un chêne.

59. Daniel lui dit : C'est justement que votre mensonge va retomber maintenant sur votre tête ; car l'ange du Seigneur est tout prêt, et tient l'épée pour vous couper par le milieu du corps, et pour vous faire mourir tous deux.

60. Aussitôt tout le peuple jeta un grand cri ; et ils bénirent Dieu qui sauve ceux qui espèrent en lui ;

61. Et ils s'élevèrent contre les deux vieillards, parce que Daniel les avait convaincus par leur propre bouche d'avoir porté un faux témoignage ; et ils leur firent souffrir le mal qu'ils avaient voulu faire à leur prochain,

62. pour exécuter la loi de Moise. Ainsi ils les firent mourir, et le sang innocent fut sauvé en ce jour-là.

63. Helcias et sa femme rendirent grâces A Dieu pour Susanne, leur fille, avec Joachim, son mari, et tous ses parents, de ce qu'il ne s'était trouvé rien en elle qui blessât l'honnêteté.

64. Quant à Daniel, depuis ce jour-là et dans la suite du temps, il devint grand devant le peuple.

65. Et le roi Astyages ayant été réuni à ses pères par la mort, Cyrus de Perse lui succéda au royaume.

CHAPITRE XIV.

Daniel découvre l'imposture des prêtres de Bel, fait mourir un dragon adoré par les Babyloniens, est jeté dans la fosse aux lions, et en est délivré.

1. Daniel mangeait à la table du roi, et le roi l'avait élevé en honneur au-dessus de tous ceux qui étaient aimés de lui.

2. Les Babyloniens avaient alors une idole nommée Bel, pour laquelle on sacrifiait tous les jours douze mesures de farine du plus pur froment, quarante brebis, et six grands vases de vin.

3. Le roi honorait aussi cette idole, et il allait tous les jours l'adorer. Mais Daniel adorait son Dieu ; et le roi lui dit : Pourquoi n'adorez-vous point Bel ?

4. Daniel répondit au roi : Parce que je n'adore point les idoles qui sont faites de la main des hommes, mais le Dieu vivant qui a créé le ciel et la terre, et qui tient en sa puissance tout ce qui a vie.

5. Le roi dit à Daniel : Croyez-vous que Bel ne soit pas un dieu vivant ? Ne voyez-vous pas combien il mange et combien il boit chaque jour ?

6. Daniel lui répondit en souriant : O roi, ne vous y trompez pas ; ce Bel est de boue au dedans et d'airain au dehors, et il ne mangea jamais.

7. Alors le roi entrant en colère appela les prêtres de Bel, et leur dit : Si vous ne me dites qui est celui qui mange tout ce qui s'emploie pour Bel, vous mourrez.

8. Mais si vous me faites voir que c'est Bel qui mange toutes ces viandes, Daniel mourra, parce qu'il a blasphémé contre Bel. Daniel dit au roi : Qu'il soit fait selon votre parole.

9. Or il y avait soixante et dix prêtres de Bel, sans leurs femmes, leurs enfants, et leurs petits-enfants. Le roi alla avec Daniel au temple de Bel ;

10. et les prêtres de Bel lui dirent : Nous allons sortir dehors ; et vous, ô roi, faites mettre les viandes et servir le vin ; fermez la porte du temple, et la scellez de votre anneau ;

11. et demain au matin, lorsque vous entrerez, si vous ne trouvez que Bel aura tout mangé, nous mourrons tous, ou bien Daniel mourra, pour avoir rendu un faux témoignage contre nous.

12. Ils parlaient ainsi avec mépris, et se tenaient assurés, parce qu'ils avaient fait sous la table de l'autel une entrée secrète par laquelle ils venaient toujours, et mangeaient ce qu'on avait servi pour Bel.

13. Après donc que les prêtres furent sortis, le roi mit les viandes devant Bel ; et Daniel commanda à ses gens d'apporter de la cendre, et il la répandit par tout le temple devant le roi, la faisant passer par un crible. Ils sortirent ensuite, et fermèrent la porte du temple ; et l'ayant scellée du cachet du roi, ils s'en allèrent.

14. Les prêtres entrèrent durant la nuit, selon leur coutume, avec leurs femmes et leurs enfants, et mangèrent et burent tout ce qui avait été servi.

15. Le roi se leva dès la pointe du jour, et Daniel avec lui.

16. Le roi lui dit : Daniel, le sceau est-il en son entier ? Daniel répondit : 0 roi, le sceau est tout entier.

17. Aussitôt le roi ayant ouvert la porte, et voyant la table de l'autel, jeta un grand cri, en disant : Vous êtes grand, ô Bel, et il n'y a point en vous de tromperie !

18. Daniel commença à rire, et retenant le roi afin qu'il n'avançât pas plus avant, il lui dit : Voyez le pavé ; considérez de qui sont ces traces de pieds.

19. Je vois, dit le roi, des traces de pieds d'hommes, de femmes et de petits enfants. Et il entra dans une grande colère.

20. Il fit alors arrêter les prêtres, leurs femmes et leurs enfants ; et ils lui montrèrent les petites portes secrètes par on ils entraient, et venaient manger tout ce qui était sur la table.

21. Le roi les fit donc mourir, et il livra l'idole de Bel en la puissance de Daniel, qui la renversa avec son temple.

22. Il se trouva aussi en ce lieu-là un grand dragon que les Babyloniens adoraient ;

23. et le roi dit à Daniel : Vous ne pouvez pas dire présentement que celui-ci ne soit un dieu vivant : Adorez-le donc.

24. Daniel lui répondit : J'adore le Seigneur mon Dieu, parce que c'est lui qui est un Dieu vivant ; mais celui-ci n'est point un Dieu vivant.

25. Que s'il vous plait, ô roi, de me le permettre, je tuerai ce dragon sans me servir ni d'épée ni de bâton. Le roi lui dit : Je vous le permets.

26. Daniel prit donc de la poix, de la graisse, et du poil ; et ayant fait cuire tout cela ensemble, il en fit des masses qu'il jeta dans la gueule du dragon ; et le dragon creva. Et Daniel dit : Voila celui que vous adoriez.

27. Les Babyloniens ayant appris ceci en conçurent une extrême colère ; et s'étant assemblés contre le roi, ils dirent : Le roi est devenu juif ; il a renversé Bel, il a tué le dragon, et il a fait mourir les prêtres.

28. Étant donc venus trouver le roi, ils lui dirent : Abandonnez-nous Daniel, ou autrement nous vous ferons mourir avec toute votre maison.

29. Le roi voyant qu'ils le pressaient avec tant de violence, et étant contraint par la nécessité, leur abandonna Daniel.

30. Ils le jetèrent aussitôt dans la fosse des lions ; et il y demeura six jours.

31. Il y avait dans la fosse sept lions, et on leur donnait chaque jour deux corps avec deux brebis ; mais on ne leur en donna point alors, afin qu'ils dévorassent Daniel.

32. En ce même temps le prophète Habacuc était en Judée ; et ayant apprêté du potage, il le mit avec du pain trempé dans un vase, et l'allait porter dans le champ à ses moissonneurs.

33. L'ange du Seigneur dit à Habacuc : Portez à Babylone le dîner que vous avez, pour le donner à Daniel qui est dans la fosse des lions.

34. Habacuc répondit : Seigneur, je n'ai jamais été à Babylone, et je ne sais on est la fosse.

35. Alors l'ange du Seigneur le prit par le haut de la tête, et le tenant par les cheveux, il le porta dans l'impétuosité de son esprit jusqu'à Babylone, où il le mit au-dessus de la fosse des lions.

36. Et Habacuc dit avec un grand cri : Daniel, serviteur de Dieu, recevez le dîner que Dieu vous a envoyé !

37. Daniel répondit : 0 Dieu, vous vous êtes souvenu de moi, et vous n'avez point abandonné ceux qui vous aiment.

38. Et se levant il mangea. Mais l'ange du Seigneur remit aussitôt Habacuc dans le même lieu ou il l'avait pris.

39. Le septiéme jour le roi vint pour pleurer Daniel ; et s'étant approché de la fosse, il regardait dedans, et il vit Daniel qui était assis au milieu des lions.

40. Il jeta aussitôt un grand cri, et il dit : Vous êtes grand, ô Seigneur Dieu de Daniel ! et il le fit tirer de la fosse des lions.

41. En même temps il y fit jeter ceux qui avoient voulu perdre Daniel ; et les lions les dévorèrent devant lui en un moment.

42. Alors le roi dit : Que tous ceux qui sont dans toute la terre révèrent avec frayeur le Dieu de Daniel, parce que c'est lui qui est le Sauveur qui fait des prodiges et des merveilles sur la terre, et qui a délivré Daniel de la fosse des lions.

LA SAGESSE

CHAPITRE PREMIER.

Aimer la justice ; chercher le Seigneur avec droiture. Le Seigneur connaît tout, et rien n'échappera à sa vengeance. La mort ne vient point de Dieu ; mais elle est la suite du péché.

Aimez la justice, vous qui êtes les juges de la terre. Ayez des sentiments du Seigneur dignes de lui, et cherchez-le avec un cœur simple ;

2. Parce que ceux qui ne le tentent point le trouvent, et qu'il se fait connaître à ceux qui ont confiance en lui.

3. Car les pensées corrompues séparent de Dieu, et lorsque les hommes veulent tenter sa puissance, elle les convainc de folie.

4. Aussi la sagesse n'entrera point dans une âme maligne, et elle n'habitera point dans un corps assujetti au péché.

5. Car l'esprit saint, qui est le maître de la science, fuit le déguisement ; il se retire des pensées qui sont sans intelligence, et l'iniquité, survenant, le bannit de l'âme.

6. L'esprit de sagesse est plein de bonté, et il ne laissera pas impunies les lèvres du médisant, parce que Dieu sonde les reins, qu'il pénètre le fond de son cœur, et qu'il entend les paroles de sa langue.

7. Car l'esprit du Seigneur remplit l'univers ; et comme il contient tout, il connait tout ce qui se dit.

8. C'est pourquoi celui qui prononce des paroles d'iniquité ne peut se cacher et il n'échappera point au jugement qui doit tout punir.

9. Car l'impie sera interrogé sur ses pensées ; et ses discours iront jusqu'à Dieu, qui les entendra pour le punir de son iniquité.

10. Parce que l'oreille jalouse entend tout, et que le bruit des murmures ne lui sera point caché,

11. Gardez-vous donc des murmures qui ne peuvent servir de rien, et ne souillez point votre langue par la médisance, parce que la parole la plus secrète ne sera point impunie, et que la bouche qui ment tuera l'âme.

12. Cessez de chercher la mort avec tant d'ardeur dans les égarements de votre vie, et n'employez pas les travaux de vos mains à acquérir ce qui vous doit perdre.

13. Car Dieu n'a point fait la mort, et il ne se réjouit point de la perte des vivants.

14. Il a tout créé afin que tout subsiste : toutes les créatures étaient saines dans leur origine : il n'y avait en elles rien de contagieux ni de mortel ; et le règne des enfers n'était point alors sur la terre.

15. Car la justice est stable, et immortelle.

16. Mais les méchants ont appelé la mort à eux par leurs œuvres et par leurs paroles ; et la croyant amie, ils en ont été consumés ; et ils ont fait alliance avec elle, parce qu'ils étaient dignes d'une telle société.

CHAPITRE II.

Faux raisonnement des impies qui nient l'immortalité de l'âme, et qui mettent le souverain bien dans la jouissance des plaisirs sensibles. Leur haine contre le juste. Le démon auteur de la mort.

1. Ils ont dit dans l'égarement de leurs pensées : Le temps de notre vie est court et fâcheux ; l'homme après sa mort n'a plus de bien à attendre, et on ne sait personne qui soit revenu des enfers.

2. Nous sommes nés comme à l'aventure, et après la mort nous serons comme si nous n'avions jamais été. La respiration est dans nos narines comme une fumée, et l'âme est comme une étincelle de feu qui remue notre cœur.

3. Lorsqu'elle sera éteinte, notre corps sera réduit en cendres ; l'esprit se dissipera comme un air subtil ; notre vie disparaîtra comme une nuée qui passe, et s'évanouira comme un brouillard qui est poussé en bas par les rayons du soleil, et qui tombe étant appesanti par sa chaleur.

4. Notre nom s'oubliera avec le temps, sans qu'il reste aucun souvenir de nos actions parmi les hommes.

5. Car le temps de notre vie n'est qu'une ombre qui passe, et après la mort il n'y a plus de retour : le sceau est posé, et nul ne revient.

6. Venez donc, jouissons des biens présents, hâtons-nous d'user des créatures pendant que nous sommes jeunes.

7. Enivrons-nous des vins les plus excellents, parfumons-nous d'huile de senteur ; et ne laissons point passer la fleur de la saison

8. Couronnons-nous de roses avant qu'elles se flétrissent ; qu'il n'y ait point de pré où notre intempérance ne se signale.

9. Que nul de nous ne se dispense de prendre part à notre débauche. Laissons partout des marques de réjouissance, parce que c'est là notre sort, et notre partage.

10. Opprimons le juste dans sa pauvreté, n'épargnons point la veuve, et n'ayons aucun respect pour la vieillesse et les cheveux blancs.

11. Que notre force soit la loi de la justice ; car ce qui est faible n'est bon a rien.

12. Faisons tomber le juste dans nos pièges, parce qu'il nous est incommode, qu'il est contraire à notre manière de vie, qu'il nous reproche les violements de la loi, et qu'il nous déshonore en décriant les fautes de notre conduite.

13. Il assure qu'il a la science de Dieu, et il s'appelle le Fils de Dieu.

14. Il est devenu le censeur de nos pensées mêmes.

15. Sa seule vue nous est insupportable, parce que sa vie n'est point semblable à celle des autres, et qu'il suit une conduite toute différente

16. Il nous considère comme des gens qui ne s'occupent qu'à des niaiseries ; il s'abstient de notre manière de vie comme d'une chose impure ; il préfère ce que les justes attendent à la mort, et il se glorifie d'avoir Dieu pour père.

17. Voyons donc si ses paroles sont véritables, éprouvons ce qui lui arrivera, et nous verrons quelle sera sa fin.

18. Car s'il est véritablement Fils de Dieu, Dieu prendra sa défense, et il le délivrera des mains de ses ennemis.

19. Interrogeons-le par les outrages et par les tourments, afin que nous reconnaissions quelle est sa douceur, et que nous fassions l'épreuve de sa patience.

20. Condamnons-le à la mort la plus infâme ; car si ses paroles sont véritables. Dieu prendra soin de lui.

21. Ils ont eu ces pensées, et ils se sont égarés, parce que leur propre malice les a aveuglés.

22. Ils ont ignoré les secrets de Dieu ; ils n'ont point cru qu'il y eût de récompense à espérer pour les justes, et ils n'ont fait nul état de la gloire qui est réservée aux âmes saintes.

23. Car Dieu a créé l'homme immortel ; il l'a fait pour être une image qui lui ressemblât.

24. Mais la mort est entrée dans le monde par l'envie du diable ;

25. Et ceux qui se rangent de son parti deviennent ses imitateurs.

CHAPITRE III.

Bonheur des justes et malheur des méchants après la mort.
Récompense de la chasteté. Suites funestes de l'adultère.

1. Mais les âmes des justes sont dans la main de Dieu, et le tourment de la mort ne les touchera point.

2. Ils ont paru morts aux yeux des insensés, leur sortie du monde a passé pour un comble d'affliction,

3. Et leur séparation d'avec nous pour une entière ruine ; mais cependant ils sont en paix :

4. Et s'ils ont souffert des tourments devant les hommes, leur espérance est pleine de l'immortalité qui leur est promise.

5. Leur affliction a été légère, et leur récompense sera grande, parce que Dieu les a tentés, et les a trouvés dignes de lui.

6. Il les a éprouvés comme l'or dans la fournaise, il les a reçus comme une hostie d'holocauste, et il les regardera favorablement quand leur temps sera venu.

7. Les justes brilleront, ils étincelleront comme des feux qui courent au milieu des roseaux.

8. Ils jugeront les nations, et ils domineront les peuples, et leur Seigneur régnera éternellement.

9. Ceux qui mettent leur confiance en lui auront l'intelligence de la vérité ; et ceux qui sont fidèles dans son amour demeureront attachés à lui, parce que le don et la paix est pour ses élus.

10. Mais les méchants seront punis selon l'iniquité de leurs pensées, parce qu'ils ont négligé la justice, et qu'ils se sont retirés d'avec le Seigneur.

11. Car celui qui rejette la sagesse et l'instruction est malheureux ; l'espérance de ces personnes est vaine, leurs travaux sont sans fruit, et leurs œuvres sont inutiles.

12. Leurs femmes parmi eux sont insensées, et leurs enfants sont pleins de malice.

13. Leur postérité est maudite, et heureuse celle qui étant stérile n'a rien qui la souille, et qui a conservé sa couche pure et sans

tache : elle recevra la récompense lorsque Dieu regardera les âmes saintes.

14. Heureux aussi l'eunuque dont la main n'a point commis l'iniquité, qui n'a point eu de pensées criminelles contraires à Dieu ; parce que sa fidélité recevra un don précieux, et une très grande récompense au temple de Dieu.

15. Car le fruit des justes travaux est plein de gloire, et la racine de la sagesse ne sèche jamais.

16. Mais les enfants des adultères n'auront point une vie heureuse, et la race de la couche criminelle sera exterminée.

17. Quand même ils vivraient longtemps, ils seront considérés comme des gens de rien, et leur vieillesse la plus avancée sera sans honneur.

18. S'ils meurent plus tôt, ils seront sans espérance, et au jour où tout sera connu ils n'auront personne qui les console.

19. Car la race injuste aura une fin funeste.

CHAPITRE IV.

Avantages de la chasteté. Suites malheureuses de l'adultère. Mort heureuse des justes, quoique précipitée. Justes retirés du monde par miséricorde. Malheur des méchants à la mort.

1. O combien est belle la race chaste, lorsqu'elle est jointe avec l'éclat de la vertu ! sa mémoire est immortelle, et elle est en honneur devant Dieu, et devant les hommes.

2. On l'imite lorsqu'elle est présente, et on la regrette lorsqu'elle s'est retirée : elle triomphe et est couronnée pour jamais comme victorieuse après avoir remporté le prix dans les combats pour la chasteté.

3. Mais la race des méchants, quelque multipliée qu'elle soit, ne réussira point, les rejetons bâtards ne jetteront point de profondes racines, et leur tige ne s'affermira point.

4. Que si avec le temps ils poussent quelques branches en haut, comme ils ne sont point fermes, ils seront ébranlés par les vents, et la violence de la tempête les arrachera jusqu'à la racine.

5. Leurs branches seront brisées avant que d'avoir pris leur accroissement ; leurs fruits seront inutiles et âpres au goût, et on n'en pourra faire aucun usage.

6. Car les enfants nés d'une couche illégitime, lorsque l'on s'informe de ce qu'ils sont, deviennent des témoins qui déposent contre le crime de leur père et de leur mère.

7. Mais quand le juste mourrait d'une mort précipitée, il se trouverait dans le repos ;

8. Parce que ce qui rend la vieillesse vénérable n'est pas la longueur de la vie, ni le nombre des années ;

9. Mais la prudence de l'homme lui tient lieu de cheveux blancs, et la vie sans tache est une heureuse vieillesse.

10. Comme le juste a plu à Dieu, il en a été aimé, et Dieu l'a transféré d'entre les pécheurs parmi lesquels il vivait.

11. Il l'a enlevé, de peur que son esprit ne fût corrompu par la malice, et que les apparences trompeuses ne séduisissent son âme.

12. Car la fascination des niaiseries obscurcit le bien, et les passions volages de la concupiscence renversent l'esprit même éloigné du mal.

13. Ayant peu vécu, il a rempli la course d'une longue vie :

14. Car son âme était agréable à Dieu : c'est pourquoi il s'est hâté de le tirer du milieu de l'iniquité. Les peuples voient cette conduite sans la comprendre, et il ne leur vient point dans la pensée

15. Que la grâce de Dieu et sa miséricorde est sur ses saints, et que ses regards favorables sont sur ses élus.

16. Mais le juste mort condamne les méchants qui lui survivent, et la jeunesse si tôt finie est la condamnation de la longue vie de l'injuste.

17. Ils verront la fin du sage, et ils ne comprendront point le dessein de Dieu sur lui, et pourquoi le Seigneur l'aura mis en sûreté.

18. Ils la verront, et ils le mépriseront ; et le Seigneur se moquera d'eux.

19. Après cela ils mourront sans honneur, et ils tomberont parmi les morts dans une éternelle ignominie ; car le Seigneur les brisera, et ils tomberont devant lui confus et muets ; il les détruira jusqu'aux fondements, il les réduira dans la dernière désolation. Ils seront percés de douleur, et leur mémoire périra pour jamais.

20. Ils paraîtront pleins d'effroi dans le souvenir de leurs offenses, et leurs iniquités se soulèveront contre eux pour les accuser.

CHAPITRE V.

Triomphe des justes. Regrets inutiles des méchants. Félicité éternelle des justes. Vengeance du Seigneur contre les méchants.

1. Alors les justes s'élèveront avec une grande hardiesse contre ceux qui les auront accablés d'affliction, et qui leur auront ravi le fruit de leurs travaux.

2. Les méchants, à cette vue, seront saisis de trouble, et d'une horrible frayeur ; ils seront frappés d'étonnement en voyant tout d'un coup contre leur attente les justes sauvés ;

3. Ils diront en eux-mêmes, étant touchés de regret, et jetant des soupirs dans le serrement de leurs cœurs : Ce sont ceux-là qui ont été autrefois l'objet de nos railleries, et que nous donnions pour exemple de personnes dignes de toutes sortes d'opprobres.

4. Insensés que nous étions, leur vie nous paraissoit une folie, et leur mort honteuse :

5. Cependant les voilà élevés au rang des enfants de Dieu, et leur partage est avec les saints.

6. Nous nous sommes donc égarés de la voie de la vérité, la lumière de la justice n'a point lui pour nous, et le soleil de l'intelligence ne s'est point levé sur nous.

7. Nous nous sommes lassés dans la voie de l'iniquité et de la perdition ; nous avons marché dans des chemins âpres, et nous avons ignoré la voie du Seigneur.

8. De quoi nous a servi notre orgueil ? qu'avons-nous tiré de la vaine ostentation de nos richesses ?

9. Toutes ces choses sont passées comme l'ombre, et comme un courrier qui court,

10. Ou comme un vaisseau qui fend les flots agités, dont on ne trouve point de trace après qu'il est passé, et qui n'imprime sur les flots aucune marque de sa route ;

11. Ou comme un oiseau qui vole au travers de l'air, sans qu'on puisse remarquer par où il passe : on n'entend que le bruit de ses ailes qui frappe l'air, et qui le divise avec effort ; et après qu'en les remuant il a achevé son vol, on ne trouve plus aucune trace de son passage ;

12. Ou comme une flèche qui est lancée vers son but, l'air qu'elle divise se rejoint aussitôt, sans qu'on reconnaisse par où elle est passée :

13. Ainsi nous ne sommes pas plus tôt nés que nous avons cessé d'être ; nous n'avons pu montrer en nous aucune trace de vertu, et nous avons été consumés par notre malice.

14. Voilà ce que les pécheurs diront dans l'enfer :

15. Parce que l'espérance des méchants est comme ces petites pailles que le vent emporte ; ou comme l'écume légère qui est dispersée par la tempête ; ou comme la fumée que le vent dissipe, ou comme le souvenir d'un hôte qui passe et qui n'est qu'un jour en un même lieu.

16. Mais les justes vivront éternellement, le Seigneur leur réserve leur récompense, et le Très-Haut a soin d'eux.

17 C'est pourquoi ils recevront de la main du Seigneur un royaume admirable, et un diadème éclatant de gloire ; il les couvrira de sa main droite et les défendra par son bras saint.

18. Son zèle se revêtira de toutes ses armes, et il armera ses créatures pour se venger de ses ennemis.

19. Il prendra la justice pour cuirasse, et pour casque l'intégrité de son jugement.

20. Il se couvrira de l'équité comme d'un bouclier impénétrable ;

21. Il aiguisera sa colère inflexible comme une lance aiguë, et tout l'univers combattra avec lui contre les insensés.

22. Les foudres iront droit à eux, ils seront lancés des nuées comme les flèches d'un arc bandé avec force, et ils fondront au lieu qui leur aura été marqué.

23. La colère de Dieu, semblable à une machine qui jette des pierres, fera pleuvoir sur eux des grêles ; la mer répandra contre eux sa vague irritée, et les fleuves se déborderont avec furie.

24. Un vent violent s'élèvera contre eux, et les dispersera comme un tour billon ; leur iniquité réduira toute la terre en un désert, et le trône des puissants sera renversé par leur malice.

CHAPITRE VI.

Rois et juges de la terre exhortés à acquérir la sagesse. Supplices rigoureux préparés à ceux qui gouvernent injustement. La sagesse se présente à ceux qui l'aiment et la cherchent. Combien il est avantageux de la posséder.

1. La sagesse est plus estimable que la force, et l'homme prudent vaut mieux que le courageux.

2. Écoutez donc, ô rois, et comprenez ; recevez l'instruction, juges de la terre.

3. Prêtez l'oreille, vous qui gouvernez les peuples, et qui vous glorifiez de voir sous vous un grand nombre de nations :

4. Considérez que vous avez reçu cette puissance du Seigneur, et cette domination du Très-Haut, qui interrogera vos œuvres, et qui sondera le fond de vos pensées ;

5. Parce qu'étant les ministres de son royaume, vous n'avez pas jugé équitablement ; que vous n'avez point gardé la loi de la justice, et que vous n'avez point marché selon la volonté de Dieu.

6. Il se fera voir à vous d'une manière effroyable, et dans peu de temps, parce que ceux qui commandent les autres seront jugés avec une extrême rigueur.

7. Car on a plus de compassion pour les petits, et on leur pardonne plus aisément ; mais les puissants seront puissamment tourmentés.

8. Dieu n'exceptera personne et il ne respectera la grandeur de qui que ce soit, pane qu'il a fait les grands comme les petits, et qu'il a également soin de tous.

9. Mais les plus grands sont menacés des plus grands supplices.

10. C'est donc à vous, ô rois, que j'adresse ces discours, afin que vous appreniez la sagesse, et que vous vous gardiez d'en déchoir.

11. Car ceux qui auront fait justement les actions de justice seront traités comme justes ; et ceux qui auront appris ce que j'enseigne trouveront de quoi se défendre.

12. Ayez donc un désir ardent pour mes paroles ; aimez-les, et vous y trouverez votre instruction.

13. La sagesse est pleine de lumière, et sa beauté ne se flétrit point ; ceux qui l'aiment la découvrent aisément, et ceux qui la cherchent la trouvent.

14. Elle prévient ceux qui la désirent, et elle se montre à eux la première.

15. Celui qui veille dès le matin pour la posséder n'aura pas de peine, parce qu'il la trouvera assise à sa porte.

16. Ainsi, occuper sa pensée de la sagesse est la parfaite prudence ; et celui qui veillera pour l'acquérir sera bientôt en repos.

17. Car elle tourne elle-même de tous côtés pour chercher ceux qui sont dignes d'elle ; elle se montre à eux agréablement dans ses voies, et elle va au-devant d'eux avec tout le soin de sa providence.

18. Le commencement donc de la sagesse est le désir sincère de l'instruction.

19. Le désir de l'instruction est l'amour ; l'amour est l'observation de ses lois ; l'attention à observer ses lois est l'affermissement de la parfaite pureté de l'âme :

20. Cette parfaite pureté approche l'homme de Dieu.

21. C'est ainsi que le désir de la sagesse conduit au royaume éternel.

22. Si donc vous avez de la complaisance pour les trônes et les sceptres, ô rois des peuples, aimez la sagesse, afin que vous régniez éternellement.

23. Aimez la lumière de la sagesse, vous tous qui commandez les peuples du monde.

24. Je représenterai maintenant ce que c'est que la sagesse, et quelle a été son origine : je ne vous cacherai point les secrets de Dieu ; mais je re monterai jusqu'au commencement de sa naissance ; je la produirai au jour, et la ferai connaître, et je ne cacherai point la vérité.

25. Je n'imiterai point celui qui est desséché d'envie, parce que l'envieux n'aura point de part à la sagesse.

26. Or la multitude des sages est le salut du monde ; et un roi prudent est le soutien de son peuple.

27. Recevez donc l'instruction par mes paroles, et elle vous sera avantageuse.

CHAPITRE VII.

Tous entrent dans cette vie de la même manière, et en sortent de même. La sagesse est préférable à tous les autres biens. Avantages qu'on en retire. Louanges de la sagesse.

1. Je suis moi-même un homme mortel semblable à tous les autres, sorti de la race de celui qui le premier fut formé de terre ; mon corps a pris sa figure dans le ventre de ma mère,

2. Pendant dix mois, et j'ai été formé d'un sang épaissi, et de la substance de l'homme dans le repos du sommeil.

3. Étant né, j'ai respiré l'air commun à tous ; je suis tombé sur la même terre, et je me suis fait entendre d'abord en pleurant comme tous les autres.

4. J'ai été enveloppé de langes, et élevé avec de grands soins.

5. Car il n'y a point de rois qui soient nés autrement.

6. Il n'y a pour tous qu'une manière d'entrer dans la vie, et qu'une manière d'en sortir.

7. C'est pourquoi j'ai désiré l'intelligence, et elle m'a été donnée : j'ai invoqué le Seigneur, et l'esprit de sagesse est venu en moi ;

8. Je l'ai préféré aux royaumes et aux trônes, et j'ai cru que les richesses n'étaient rien au prix de la sagesse.

9. Je n'ai point fait entrer en comparaison avec elle les pierres précieuses, parce que tout l'or au prix d'elle n'est qu'un peu de sable, et que de l'argent devant elle sera considéré comme de la boue.

10. Je l'ai plus aimée que la santé et que la beauté : j'ai résolu de la prendre pour ma lumière, parce que sa clarté ne peut être jamais éteinte.

11. Tous les biens me sont venus avec elle, et j'ai reçu de ses mains des richesses innombrables ;

12. Et je me suis réjoui en toutes ces choses, parce que cette sagesse marchait devant moi, et je n'avais pas su qu'elle était la mère de tous ces biens.

13. Je l'ai apprise sans déguisement ; j'en fais part aux autres sans envie, et je ne cache point les richesses qu'elle renferme.

14. Car elle est un trésor infini pour les hommes ; et ceux qui en ont usé sont devenus les amis de Dieu, et se sont rendus recommandables par les dons de la science.

15. Dieu m'a fait la grâce de parler selon ce que je sens dans mon cœur, et d'avoir des pensées dignes des dons que j'ai reçus, parce qu'il est lui-même le guide de la sagesse, et que c'est lui qui redresse les sages.

16. Nous sommes dans sa main nous et nos discours, avec toute la sagesse la science d'agir, et le règlement de la vie.

17. C'est lui-même qui m'a donné la vraie connaissance de ce qui est, qui m'a fait savoir la disposition du monde, les vertus des éléments,

18. Le commencement, la fin, et le milieu des temps, les changements que causent l'éloignement et le retour du soleil, la vicissitude des saisons,

19. Les révolutions des années, les dispositions des étoiles,

20. La nature des animaux, les instincts des bêtes, la force des vents, les pensées des hommes, la variété des plantes, et les vertus des racines.

21. J'ai appris tout ce qui était caché, et qui n'avait point encore été découvert, parce que la sagesse même qui a tout créé me l'a enseigné ;

22. Car il y a dans elle un esprit d'intelligence, qui est saint, unique, multiplié dans ses effets, subtil, disert, agile, sans tache, clair, doux, ami du bien, pénétrant, que rien ne peut empêcher d'agir, bienfaisant,

23. Amateur des hommes, bon, stable, infaillible, calme, qui a toute vertu, qui voit tout, qui renferme en soi tous les esprits, intelligible, pur, et subtil.

24. Car la sagesse est plus active que toutes les choses les plus agissantes ; et elle atteint partout à cause de sa pureté.

25. Elle est la vapeur de la vertu de Dieu, et l'effusion toute pure de la clarté du Tout-Puissant : c'est pourquoi elle ne peut être susceptible de la moindre impureté ;

26. Parce qu'elle est l'éclat de la lumière éternelle, le miroir sans tache de la majesté de Dieu, et l'image de sa bonté.

27. N'étant qu'une, elle peut tout ; et toujours immuable en elle-même, elle renouvelle toutes choses, elle se répand parmi les nations dans les âmes saintes, et elle forme les amis de Dieu et les prophètes,

28. Car Dieu n'aime que celui qui habite avec la sagesse.

29. Elle est plus belle que le soleil, et plus élevée que toutes les étoiles ; si on la compare avec la lumière, elle l'emportera.

30. Car la nuit succède au jour ; mais la malignité ne peut prévaloir contre la sagesse.

CHAPITRE VIII.

Excellence de la sagesse. Avantages que l'on trouve dans la possession de la sagesse. C'est de Dieu qu'on la reçoit.

1. La sagesse atteint avec force depuis une extrémité jusqu'à l'autre : elle dispose tout avec douceur.

2. Je l'ai aimée, je l'ai recherchée dès ma jeunesse, et j'ai tâché de l'avoir pour épouse, et je suis devenu l'amateur de sa beauté.

3. Elle fait voir la gloire de son origine en ce qu'elle est étroitement unie à Dieu, et qu'elle est aimée de celui qui est le Seigneur de toutes choses.

4. C'est elle qui enseigne la science de Dieu, et qui est la directrice de ses ouvrages.

5. Si on souhaite les richesses de cette vie, qu'y a-t-il de plus riche que la sagesse qui fait toutes choses ?

6. Si l'esprit de l'homme fait quelques ouvrages, qui a plus de part qu'elle dans cet art avec lequel toutes choses ont été faites ?

7. Si quelqu'un aime la justice, les grandes vertus sont encore son ouvrage : c'est elle qui enseigne la tempérance, la prudence, la justice, et la force, qui sont les choses du monde les plus utiles à l'homme dans cette vie.

8. Si quelqu'un désire la profondeur de la science, c'est elle qui sait le passé, et qui juge de l'avenir : elle pénètre ce qu'il y a de plus subtil dans les discours, et de plus difficile à démêler dans les paraboles : elle connaît les signes et les prodiges avant qu'ils paraissent, et ce qui doit arriver dans la succession des temps et des siècles.

9. J'ai donc résolu de la prendre avec moi pour la compagne de ma vie, sachant qu'elle me fera part de ses biens, et que dans mes peines et dans mes ennuis elle sera ma consolation.

10. Elle me rendra illustre parmi les peuples ; et tout jeune que je suis, je serai honoré des vieillards :

11. On reconnaîtra la pénétration de mon esprit dans les jugements ; les plus puissants seront surpris lorsqu'ils me verront, et les princes témoigneront leur admiration sur leurs visages :

12. Quand je me tairai, ils attendront que je parle ; quand je parlerai, ils me regarderont attentivement ; et quand je m'étendrai dans mes discours, ils mettront la main sur leur bouche.

13. C'est elle aussi qui me donnera l'immortalité, et c'est par elle que je rendrai la mémoire de mon nom éternelle dans la postérité.

14. Par elle je gouvernerai les peuples, et les nations me seront soumises.

15. Les rois les plus redoutables craindront lorsqu'ils entendront parler de moi. Je ferai voir que je suis bon à mon peuple, et vaillant dans la guerre.

16. Entrant dans ma maison, je trouverai mon repos avec elle ; car sa conversation n'a rien de désagréable, ni sa compagnie rien d'ennuyeux ; mais on n'y trouve que de la satisfaction et de la joie.

17. Ayant donc pensé à ces choses, et les ayant méditées dans mon cœur ; considérant que je trouverais l'immortalité dans l'union avec la sagesse,

18. Un saint plaisir dans son amitié, des richesses inépuisables dans les ouvrages de ses mains, l'intelligence dans ses conférences et ses entretiens, et une grande gloire dans la communication de ses discours, j'allais la chercher de tous côtés, afin de la prendre pour ma compagne.

19. J'étais un enfant bien né, et j'avais reçu une âme bonne.

20. Et devenant bon de plus en plus, je suis venu dans un corps qui n'était point souillé.

21. Comme je savais que je ne pouvais avoir la continence, si Dieu ne me la donnait ; et c'était déjà un effet de la sagesse. de savoir de qui je devais recevoir ce don ; je m'adressai au Seigneur, je lui fis ma prière, et je lui dis de tout mon cœur :

CHAPITRE IX.

Prière de Salomon pour demander à Dieu la sagesse. La sagesse est nécessaire pour gouverner les autres et pour se gouverner soi-même.

1. Dieu de mes pères, Dieu de miséricorde, qui avez tout fait par votre parole ;

2. Qui avez formé l'homme par votre sagesse, afin qu'il eût la domination sur les créatures que vous avez faites ;

3. Afin qu'il gouvernât le monde dans l'équité et dans la justice, et qu'il prononçât les jugements avec un cœur droit :

4. Donnez-moi cette sagesse qui est assise auprès de vous sur votre trône, ne me rejetez pas du nombre de vos enfants,

5. Parce que je suis votre serviteur, et le fils de votre servante ; un homme faible, qui dois vivre peu, et qui suis peu capable d'entendre les lois et de bien juger.

6. Car encore que quelqu'un paroisse consommé parmi les enfants de ? hommes, il sera néanmoins considéré comme rien, si votre sagesse n'est point en lui.

7. Vous m'avez choisi pour être le roi de votre peuple, et le juge de vos fils et de vos filles ;

8. Et vous m'avez commandé de bâtir un temple sur votre montagne sainte, et un autel dans la cité où vous habitez, qui fût fait sur le modèle de ce tabernacle saint que vous avez préparé dès le commencement ;

9. Et votre sagesse qui est avec vous est celle qui connaît vos ouvrages, qui était présente lorsque vous formiez le monde, et qui sait ce qui est agréable à vos yeux, et quelle est la rectitude de vos préceptes.

10. Envoyez-la donc du ciel votre sanctuaire, et du trône de votre grandeur, afin qu'elle soit et qu'elle travaille avec moi, et que je sache ce qui vous est agréable ;

11. Car elle a la science et l'intelligence de toutes choses, elle me conduira dans toutes mes œuvres avec circonspection, et me protégera par sa puissance.

12. Ainsi mes actions vous seront agréables : je conduirai votre peuple avec justice, et je serai digne du trône de mon père.

13. Car qui est l'homme qui puisse connaître les desseins de Dieu ? ou qui pourra pénétrer ses volontés ?

14. Les pensées des hommes sont timides, et nos prévoyances sont incertaines ;

15. Parce que le corps qui se corrompt appesantit l'âme, et cette demeure terrestre abat l'esprit dans la multiplicité des soins qui l'agitent.

16. Nous ne comprenons que difficilement ce qui se passe sur la terre, et nous ne discernons qu'avec peine ce qui est devant nos yeux. Mais qui pourra découvrir ce qui se passe dans le ciel ?

17. Et qui pourra connaître votre pensée, si vous ne donnez vous-même la sagesse, et si vous n'envoyez votre esprit saint du plus haut des cieux,

18. Afin qu'il redresse les sentiers de ceux qui sont sur la terre, et que les hommes apprennent ce qui vous est agréable ?

19. Car c'est par la sagesse, Seigneur, qu'ont été guéris tous ceux qui vous ont plu dès le commencement.

CHAPITRE X.

Merveilles opérées par la sagesse depuis le commencement du monde, en la personne d'Adam, de Noé, d'Abraham, de Jacob, de Joseph, de Moïse, et en faveur des Israélites.

1. C'est elle qui conserva celui que Dieu avait formé le premier pour être le père du monde, ayant d'abord été créé seul ;

2. C'est elle aussi qui le tira de son péché, et qui lui donna la force de gouverner toutes choses.

3. Lorsque l'injuste, dans sa colère, se sépara d'elle, il périt malheureusement par la fureur qui le rendit le meurtrier de son frère.

4. Et lorsque le déluge inonda la terre à cause de lui, la sagesse sauva encore le monde, dirigeant le juste sur les eaux à l'aide d'un faible bois.

5. Et lorsque les nations conspirèrent ensemble pour s'abandonner au mal, c'est elle qui connut le juste, qui qui le conserva irrépréhensible devant Dieu, et qui lui donna la force de vaincre la tendresse qu'il ressentait pour son fils.

6. C'est elle qui délivra le juste lorsqu'il fuyait du milieu des méchants, qui périrent par le feu tombé sur les cinq villes

7. Dont la corruption est marquée par cette terre qui fume encore, qui est demeurée toute déserte, où les arbres portent des fruits qui ne mûrissent point. et où l'on voit une statue de sel, qui est le monument d'une âme incrédule.

8. Car ceux qui ne se sont pas mis en peine d'acquérir la sagesse, non seulement sont tombés dans l'ignorance du bien, mais ils ont encore laissé aux hommes des marques de leur folie, sans que leurs fautes aient pu demeurer cachées.

9. Mais la sagesse a délivré de tous les maux ceux qui ont eu soin de la révérer.

10. C'est elle qui a conduit par des voies droites le juste, lorsqu'il fuyait la colère de son frère ; elle lui a fait voir le royaume de Dieu, lui a donné la science des saints, l'a enrichi dans ses travaux, et lui en a fait recueillir de grands fruits.

11. C'est elle qui l'a aidé contre ceux qui voulaient le surprendre par leurs tromperies, et qui l'a fait devenir riche.

12. Elle l'a protégé contre ses ennemis, l'a défendu des séducteurs, et l'a engagé dans un rude combat, afin qu'il demeurât victorieux, et qu'il sût que la sagesse est plus puissante que toutes choses.

13. C'est elle qui n'a point abandonné le juste lorsqu'il fut vendu, mais l'a délivré des mains des pécheurs : elle est descendue avec lui dans la fosse,

14. Et elle ne l'a point quitté dans ses chaines jusqu'à ce qu'elle lui eût mis entre les mains le sceptre royal, et qu'elle l'eût rendu maitre de ceux qui l'avaient traité si injustement : elle a convaincu de mensonge ceux qui l'avaient déshonoré, et lui a donné un nom éternel.

15. C'est elle qui a délivré le peuple juste, la race irrépréhensible de la nation qui l'opprimait.

16. Elle est entrée dans l'âme d'un serviteur de Dieu, et elle s'est élevée avec des signes et des prodiges contre les rois redoutables.

17. Elle a rendu aux justes la récompense de leurs travaux, les a conduits par une voie admirable, et leur a tenu lieu de couvert pendant tout le jour, et de la lumière des étoiles pendant la nuit ;

18. Elle les a conduits par la mer Rouge, et les a fait passer au travers des eaux profondes.

19. Elle a enseveli leurs ennemis dans la mer, et a retiré les siens du fond des abîmes. Ainsi les justes ont remporté les dépouilles des méchants ;

20. Ils ont honoré par leurs cantiques votre saint nom, ô Seigneur, et ils ont loué tous ensemble votre main victorieuse,

21. Parce que la sagesse a ouvert la bouche des muets, et qu'elle a rendu éloquentes les langues des petits enfants.

CHAPITRE XI.

La sagesse a conduit les Israélites dans le désert. Miracle de l'eau tirée du rocher par Moïse. Sagesse de Dieu marquée dans les plaies dont il frappa l'Égypte. Bonté de Dieu pour ses créatures.

1. C'est elle qui les a conduits heureusement dans toutes leurs œuvres par un saint prophète.

2. Ils ont marché par des lieux inhabités, et ont dressé leurs tentes dans les déserts.

3. Ils ont résisté à leurs ennemis, et se sont vengés de ceux qui les attaquaient.

4. Ils ont eu soif, et ils vous ont invoqué ; et vous avez fait jaillir l'eau du haut d'un rocher, vous avez désaltéré leur soif d'une pierre dure.

5. Car comme leurs ennemis avaient été punis en ne trouvant point d'eau, au même temps que les enfants d'Israël se réjouissaient d'en avoir en abondance,

6. Il fit, au contraire, alors grâce aux siens, en leur donnant de l'eau dans leur extrême besoin.

7. Ainsi, au lieu des eaux d'un fleuve qui coulaient toujours, vous donnâtes du sang humain à boire aux méchants.

8. Et au lieu que ce sang avait fait mourir les Égyptiens, en leur reprochant leur cruauté dans le meurtre des enfants, vous avez donné à votre peuple de l'eau en abondance, par un prodige qu'il n'attendait pas,

9. Et vous avez fait voir par cette soif, qui arriva alors, de quelle manière vous élevez ceux qui sont à vous, et vous faite ! périr ceux qui les combattent.

10. Car après que vos enfants eurent été éprouvés, mais par un châtiment mêlé de miséricorde, ils reconnurent de quelle sorte vous tourmentez les impies ;

11. Puisque vous avez éprouvé les premiers comme un père qui avertit lorsqu'il châtie, et que vous avez condamné les autres comme un roi qui punit sévèrement.

12. Ils étaient même également tourmentés, soit dans l'absence, ou dans la présence des Hébreux.

13. Car, en se souvenant du passé, ils trouvaient pour eux un double sujet de peines et de larmes.

14. Et ayant appris que ce qui avait fait leur tourment était devenu un bien pour les autres, ils commencèrent à reconnaître le Seigneur, étant surpris de l'événement des choses

15. Et ils admirèrent enfin celui-là même qui avait été le sujet de leur raillerie dans cette cruelle exposition, à laquelle il avait été abandonné, voyant la différence qu'il y avait entre leur soif et celle des justes.

16. Et parce que vous avez voulu punir les pensées extravagantes de l'iniquité de ces peuples, et les erreurs de quelques-uns qui adoraient des serpents muets, et des bêtes méprisables, vous avez envoyé contre eux une multitude d'animaux muets pour vous venger d'eux,

17. Afin qu'ils sussent que chacun est tourmenté par la même chose par laquelle il pèche.

18. Car il n'était pas difficile à votre main toute puissante, qui a tiré tout le monde d'une matière informe, d'envoyer contre eux une multitude d'ours et de fiers lions,

19. Ou de bêtes d'une espèce nouvelle et inconnue, pleines de fureur, qui jetassent les flammes par les narines, ou qui répandissent une noire fumée, ou qui lançassent d'horribles étincelles du feu de leurs yeux ;

20. Qui non seulement auraient pu les exterminer par leurs morsures, mais dont la seule vue les aurait fait mourir de frayeur.

21. Sans cela même ils pouvaient périr d'un seul souffle, persécutés par leurs propres crimes, et renversés par le souffle de votre puissance ; mais vous réglez toutes choses avec mesure, avec nombre et avec poids.

22. Car la souveraine puissance est à vous seul, et vous demeure toujours ; et qui pourra résister à la force de votre bras ?

23. Tout le monde est devant vous comme ce petit grain qui donne à peine la moindre inclinaison à la balance, et comme une goutte de la rosée du matin qui tombe sur la terre.

24. Mais vous avez compassion de tous les hommes, parce que vous pouvez tout ; et vous dissimulez leurs péchés, afin qu'ils fassent pénitence.

25. Car vous aimez tout ce qui est, et vous ne haïssez rien de tout ce que vous avez fait ; puisque si vous l'aviez haï, vous ne l'auriez point créé.

26. Qu'y a-t-il qui pût subsister si vous ne vouliez pas, ou qui se pût conserver sans votre ordre ?

27. Mais vous êtes indulgent envers tous, parce que tout est à vous, ô Seigneur, qui aimez les âmes.

CHAPITRE XII.

Dieu châtie avec patience ceux qui l'ont offensé, pour leur donner lieu de faire pénitence. Il instruit ses enfants par les châtiments qu'il exerce sur ses ennemis.

1. O Seigneur, que votre esprit est bon, et qu'il est doux dans toute sa conduite !

2. C'est pour cela que vous châtiez peu à peu ceux qui s'égarent, que vous les avertissez des fautes qu'ils font, et que vous les instruisez, afin que se séparant du mal ils croient en vous, ô Seigneur.

3. Vous aviez en horreur ces anciens habitants de votre terre sainte,

4. Parce qu'ils faisaient des œuvres détestables par des enchantements et des sacrifices impies,

5. Qu'ils tuaient sans compassion leurs propres enfants, qu'ils mangeaient les entrailles des hommes, et qu'ils dévoraient le sang contre votre ordonnance sacrée,

6. Et qu'ils étaient tout ensemble les pères et les parricides des âmes cruellement abandonnées ; et vous les avez voulu perdre par les mains de nos pères,

7. Afin que cette terre, qui vous était la plus chère de toutes, devint le digne héritage des enfants de Dieu.

8. Et néanmoins vous les avez épargnés comme étant hommes, et vous leur avez envoyé des guêpes comme les avant-coureurs de votre armée, afin qu'elles les exterminassent peu à peu.

9. Ce n'est pas que vous ne pussiez assujettir par la guerre les impies aux justes, ou les faire périr tout d'un coup par des bêtes cruelles, ou par la rigueur d'une seule de vos paroles ;

10. Mais exerçant sur eux vos jugements par degrés, vous leur donniez lieu de faire pénitence, quoique vous n'ignorassiez pas que leur nation était méchante, que la malice leur était naturelle, et que leur pensée corrompue ne pourrait jamais être changée.

11. Car leur race était maudite dès le commencement ; ce n'était pas par la crainte de qui que ce fût, que vous les épargniez ainsi dans leurs péchés

12. Car qui est celui qui vous dira : Pourquoi avez-vous fait cela ? ou qui s'élèvera contre votre jugement ? ou qui paraîtra devant vous pour prendre la défense des hommes injustes ? ou qui vous accusera quand vous aurez fait périr les nations que vous avez créées ?

13. Car après vous, qui avez soin généralement de tous les hommes il n'y a point d'autre Dieu devant lequel vous ayez à faire voir qu'il n'y a rien d'injuste dans les jugements que vous prononcez.

14. Il n'y a ni roi ni prince qui puisse s'élever contre vous en faveur de ceux que vous aurez fait périr.

15. Étant donc juste comme vous êtes, vous gouvernez toutes choses justement ; et vous regardez comme une chose indigne de votre puissance de condamner celui qui ne mérite point d'être puni.

16. Car votre puissance est le principe même de la justice, et vous êtes indulgent envers tous, parce que vous êtes le Seigneur de tous.

17. Vous faites voir votre puissance lorsqu'on ne vous croit pas souverainement puissant, et vous confondez l'audace de ceux qui ne vous connaissent pas.

18. Mais comme vous êtes le dominateur souverain, vous êtes lent et tranquille dans vos jugements, et vous nous gouvernez avec une grande réserve, parce qu'il vous sera toujours libre d'user de votre puissance quand il vous plaira.

19. Vous avez appris à votre peuple, par cette conduite, qu'il faut être juste et porté à la douceur, et vous avez donné sujet à vos enfants de bien espérer pour eux-mêmes, puisqu'en les jugeant vous leur donnez lieu de faire pénitence après leurs péchés.

20. Car si lorsque vous avez puni les ennemis de vos serviteurs, et ceux qui avaient si justement mérité la mort, vous l'avez fait avec tant de précaution, et si vous leur avez donné le temps, afin qu'ils pussent se convertir de leur mauvaise vie ;

21. Avec combien de circonspection avez-vous jugé vos enfants, aux pères desquels vous aviez donné votre parole avec serment, en faisant alliance avec eux et leur promettant de si grands biens !

22. Lors donc que vous nous faites souffrir quelque châtiment, vous tourmentez nos ennemis en plusieurs manières, afin que nous pesions votre bonté avec une sérieuse attention, et que lorsque vous nous faites éprouver votre justice, nous espérions en votre miséricorde.

23. C'est pourquoi, en jugeant ceux qui avaient mené une vie injuste et insensée, vous leur avez fait souffrir d'horribles tourments par les choses mêmes qu'ils adoraient.

24. Car ils s'étaient égarés longtemps dans la voie de l'erreur, prenant pour des dieux les plus vils d'entre les animaux, et vivant comme des enfants sans raison.

25. C'est pourquoi vous vous êtes joué d'eux d'abord en les punissant comme des enfants insensés.

26. Mais ceux qui ne se sont pas corrigés par cette manière d'insulte et de réprimande ont éprouvé ensuite une condamnation digne de Dieu.

27. Car ayant la douleur de se voir tourmentés par les choses mêmes qu'ils prenaient pour des dieux, et voyant qu'on s'en servait pour les exterminer et pour les perdre, ils reconnurent le Dieu véritable qu'ils faisaient profession de ne pas connaître ; et ils furent enfin accablés par la dernière condamnation.

CHAPITRE XIII.

Vanité des hommes qui, au lieu de reconnaître Dieu dans ses créatures, les ont prises elles-mêmes pour des dieux. Folie et aveuglement de ceux qui ont donné le nom de dieux aux ouvrages de la main des hommes.

1. Tous les hommes qui n'ont point la connaissance de Dieu ne sont que vanité ; ils n'ont pu comprendre par les biens visibles le souverain Être, et ils n'ont point reconnu le Créateur par la considération de ses ouvrages ;

2. Mais ils se sont imaginé que le feu, ou le vent, ou l'air le plus subtil, ou la multitude des étoiles, ou l'abîme des eaux, ou le soleil et la lune, étaient les dieux qui gouvernaient tout le monde.

3. Que s'ils les ont crus des dieux, parce qu'ils ont pris plaisir à en voir la beauté, qu'ils conçoivent de là combien celui qui en est le dominateur doit être encore plus beau ; car c'est l'auteur de toute beauté qui a donné l'être à toutes ces choses.

4. Que s'ils ont admiré le pouvoir et les effets de ces créatures, qu'ils comprennent de là combien est encore plus puissant celui qui les a créées ;

5. Car la grandeur et la beauté de la créature peut faire connaître et rendre visible le Créateur.

6. Et néanmoins ces personnes sont un peu plus excusables que les autres ; car s'ils tombent dans l'erreur, on peut dire que c'est en cherchant Dieu, et en s'efforçant de le trouver.

7. Ils le cherchent parmi ses ouvrages, et ils sont emportés par la beauté des choses qu'ils voient.

8. Mais d'ailleurs ils ne méritent point de pardon.

9. Car s'ils ont pu avoir assez de lumière pour connaître l'ordre du monde, comment n'ont-ils pas découvert plus aisément celui qui en est le dominateur ?

10. Mais ceux-là sont vraiment malheureux, et n'ont que des espérances mortes, qui ont donné le nom de dieux aux ouvrages de la main des hommes, à l'or, à l'argent, aux inventions de l'art, aux figures des animaux, et à une pierre de nul usage, qui est le travail d'une main antique.

11. Un ouvrier habile coupe par le pied dans une forêt un arbre bien droit, il en ôte adroitement toute l'écorce, et, se servant de son art, il en fait quelque meuble pour l'usage de la vie ;

12. Il se sert du bois qui lui est demeuré de son travail pour se préparer à manger.

13. Et voyant que ce qui lui reste n'est bon à rien, que c'est un bois tortu et plein de nœuds, il le taille avec soin et tout à loisir, il lui donne une figure par la science de son art, et il en fait l'image d'un homme,

14. Ou de quelqu'un des animaux ; et le frottant avec du vermillon, il le peint de rouge, il lui donne une couleur empruntée, et il en ôte avec adresse toutes les taches et tous les défauts :

15. Après cela il fait à sa statue une niche qui lui soit propre, il la place dans une muraille, et la fait tenir avec du fer,

16. De peur qu'elle ne tombe ; et il use de cette précaution, sachant qu'elle ne se peut aider elle-même, parce que ce n'est qu'une statue, et qu'elle a besoin d'un secours étranger.

17. Il lui fait ensuite des vœux, et il l'implore pour ses biens, pour ses enfants, ou pour un mariage. Il ne rougit point de parler à un bois sans âme.

18. Il prie pour sa santé celui qui n'est que foiblesse ; il demande la vie à un mort, et il appelle à son secours celui qui ne peut se secourir.

19. Pour avoir des forces dans son voyage, il s'adresse à celui qui ne peut marcher ; et lorsqu'il pense à acquérir ou à entreprendre quelque chose, et qu'il est en peine du succès de tout ce qui le regarde, il implore celui qui est inutile à tout.

CHAPITRE XIV.

Folie de celui qui, en s'embarquant, invoque une idole. Prophétie de la ruine de l'idolâtrie. Origine de l'idolâtrie. Maux dont elle est la source.

1. Un autre aussi ayant entrepris de se mettre en mer, et commençant à faire voile sur les flots impétueux, invoque un bois plus fragile que n'est le bois qui le porte.

2. Car le désir de gagner a inventé la structure de ce bois, et l'ouvrier en a formé un vaisseau par son adresse.

3. Mais c'est votre prudence, ô Père, qui le gouverne ; car c'est vous qui avez ouvert un chemin au travers de la mer, et une route très-assurée au milieu des flots,

4. Pour faire voir que vous pouvez sauver de tous les périls, quand on s'engagerait même sur la mer sans le secours d'aucun art.

5. Mais afin que les ouvrages de votre sagesse ne fussent point inutiles, les hommes ne craignent pas de confier leur vie à un peu de bois, et, passant la mer, ils se sauvent des dangers avec un vaisseau.

6. Aussi, dès le commencement du monde, lorsque vous fîtes périr les géants superbes, un vaisseau fut l'asile et le dépositaire de l'espérance de l'univers ; et étant gouverné par votre main, il conserva au monde la tige de laquelle il devait renaître.

7. Car le bois qui sert à la justice est un bois béni :

8. Mais le bois dont on fait l'idole est maudit lui-même, aussi bien que l'ouvrier qui l'a faite : celui-ci, parce qu'il a fait une idole ; et celui-là parce que, n'étant qu'un bois fragile, il porte le nom de dieu.

9. Car Dieu a également en horreur l'impie et son impiété ;

10. Et l'ouvrage souffrira la même peine que l'ouvrier qui l'a fait.

11. C'est pourquoi les idoles des nations ne seront point épargnées, parce que les créatures de Dieu sont devenues un objet d'abomination, un sujet de tentation aux hommes, et un filet où les pieds des insensés se sont pris.

12. Le premier essai de former des idoles a été le commencement de prostitution ; et leur établissement a été l'entière corruption de la vie humaine :

13. Car les idoles n'ont point été dès le commencement, et elles ne seront point pour toujours.

14. C'est la vanité des hommes qui les a introduites dans le monde ; c'est pourquoi on en verra bientôt la fin.

15. Un père affligé de la mort précipitée de son fils fit faire l'image de celui qui lui avait été ravi sitôt ; il commença à adorer comme dieu celui qui comme homme était mort un peu auparavant, et il lui établit parmi ses serviteurs un culte et des sacrifices.

16. Cette coutume criminelle s'étant autorisée de plus en plus dans la suite du temps, l'erreur fut observée comme une loi, et les idoles furent adorées par le commandement des princes.

17. Les hommes aussi ne pouvant honorer ceux qui étaient bien loin d'eux firent apporter leur tableau du lieu où ils étaient, et ils exposèrent devant tout le monde l'image du roi à qui ils voulaient rendre honneur, pour révérer ainsi avec une soumission religieuse comme présent celui qui était éloigné.

18. L'adresse admirable des sculpteurs augmenta encore beaucoup ce culte dans l'esprit des ignorants.

19. Chacun d'eux, voulant plaire à celui qui l'employait, épuisa tout son art pour faire une figure parfaitement achevée.

20. Et le peuple ignorant, surpris par la beauté de cet ouvrage, commença de prendre pour un dieu celui qu'un peu auparavant il avait honoré comme un homme.

21. C'a été là la source de l'illusion de la vie humaine, de ce que les hommes, ou possédés par leur affection particulière, ou se rendant trop complaisants aux rois, ont donné à des pierres et à du bois un nom incommunicable à la créature.

22. Il n'a pas même suffi aux hommes d'être dans ces erreurs touchant la connaissance de Dieu ; mais vivant dans une grande confusion causée par l'ignorance, ils donnent le nom de paix à des maux si grands et en si grand nombre.

23. Car ou ils immolent leurs propres enfants, ou ils font en secret des sacrifices infâmes, ou ils célèbrent des veilles pleines d'une brutalité furieuse :

24. De là vient qu'ils ne gardent plus aucune honnêteté, ni dans leur vie, ni dans leur mariage ; mais l'un tue l'autre par envie, ou l'outrage par l'adultère :

25. Tout est dans la confusion, le sang, le meurtre, le vol, la tromperie, la corruption, l'infidélité, le tumulte, le parjure, le trouble des gens de bien,

26. L'oubli de Dieu, l'impureté des âmes, l'avortement, l'inconstance des mariages, et les dissolutions de l'adultère et de l'impudicité.

27. Car le culte des idoles abominables est la cause, le principe et la fin de tous les maux.

28. Car ou ils s'abandonnent à la fureur dans leurs divertissements, ou ils font des prédictions pleines de mensonge, ou ils vivent dans l'injustice, ou ils se parjurent sans aucun scrupule ;

29. Parce que ayant mis leur confiance en des idoles qui n'ont point d'âme, ils ne craignent point d'être punis de leurs parjures.

30. Mais ils recevront la punition de ce double crime, parce qu'ils ont eu des sentiments impies de Dieu en révérant les idoles, et parce qu'ils ont fait de faux serments sans se mettre en peine de blesser la justice par leur perfidie.

31. Car ce n'est point la puissance de ceux par qui on a juré, mais la justice armée contre les pécheurs, qui punit toujours l'infidélité des hommes injustes.

CHAPITRE XV.

Le sage, au nom des fidèles Israélites, loue le Seigneur qui les a préservés de l'idolâtrie. Aveuglement de ceux qui fabriquent des idoles, et de ceux qui les adorent. Culte impie des animaux.

1. Mais vous, ô notre Dieu ! vous êtes doux, véritable et patient, et vous gouvernez tout avec miséricorde.

2. Car quand nous aurions péché, nous ne laisserions pas d'être à vous, nous qui savons quelle est votre grandeur ; et si nous ne péchons pas, nous savons que vous nous comptez au rang de ceux qui vous appartiennent.

3. Vous connaître est la parfaite justice ; et comprendre votre équité et votre puissance est la racine de l'immortalité.

4. Aussi nous ne nous sommes point laissé séduire aux inventions dangereuses de l'art des hommes, au vain travail de la peinture, à une figure taillée et embellie d'une variété de couleurs,

5. Dont la vue donne de la passion à un insensé, et lui fait aimer le fantôme d'une image morte.

6. Ceux qui aiment le mal sont dignes de mettre leur espérance en de semblables dieux, aussi bien que ceux qui les font, ceux qui les aiment, et ceux qui les adorent.

7. Un potier qui manie la terre molle comme il lui plaît, en fait par son travail tous les vases dont nous nous servons ; il forme de la même boue ceux qui sont destinés à des usages honnêtes, ou à d'autres qui ne le sont pas ; et il est le juge de l'usage que doivent avoir tous ces vases.

8. Après cela il forme par un vain travail un dieu de la même boue, lui qui a été formé de la terre un peu auparavant, et qui peu après y doit retourner, lorsqu'on lui redemandera l'âme qu'il avait reçue en dépôt.

9. Il ne pense point à la peine qu'il aura, ni à la brièveté de sa vie ; mais il ne s'applique qu'à disputer de l'excellence de son art avec les ouvriers en or et en argent ; il imite ceux qui travaillent en airain, et il met sa gloire à faire des ouvrages entièrement inutiles.

10. Son cœur n'est que cendre, son espérance est plus vile que la terre, et sa vie plus méprisable que la boue,

11. Parce qu'il ignore celui qui l'a formé, celui qui lui a inspiré cette même âme par laquelle il travaille, et qui par son souffle a imprimé dans lui l'esprit de vie.

12. Les uns se sont imaginé que notre vie n'est qu'un jeu ; et les autres, que ce n'est qu'un trafic pour amasser de l'argent, et qu'il faut acquérir du bien par toutes sortes de voies, même criminelles.

13. Celui-là sait bien qu'il est plus coupable que tous les autres, qui forme d'une même terre des vases fragiles et des idoles.

14. Mais tous ceux qui sont les ennemis de votre peuple, et qui le dominent, sont superbes, malheureux, et insensés plus qu'on ne peut dire,

15. Parce qu'ils prennent pour des dieux toutes les idoles des nations, qui ne peuvent se servir ni de leurs yeux pour voir, ni de leurs narines pour respirer, ni de leurs oreilles pour entendre, ni des doigts de leurs mains pour toucher, ni de leurs pieds pour marcher.

16. Car c'est un homme qui les a faites ; et celui qui a reçu de Dieu l'esprit de vie les a formées. Nul homme n'a le pouvoir de faire un dieu qui lui soit semblable,

17. Puisque étant lui-même mortel, il ne forme avec ses mains criminelles qu'un ouvrage mort. Ainsi il vaut mieux que ceux qu'il adore, parce qu'il vit quelque temps, quoiqu'il doive mourir après, au lieu que ces idoles n'ont jamais vécu.

18. Ils adorent jusqu'aux plus vils des animaux, qui, étant comparés aux autres bêtes sans raison. sont au-dessous d'elles.

19. La vue même de ces animaux ne peut donner que de l'horreur à ceux qui les regardent ; et ils ne sont point de ceux qui ont été loués et bénis de Dieu.

CHAPITRE XVI.

Parallèle de la manière dont Dieu traite ses amis et ses ennemis. Plaies dont il frappe les Égyptiens ; bienfaits qu'il répand sur les Hébreux.

1. C'est pourquoi ils ont été tourmentés par ces sortes d'animaux, selon qu'ils le méritaient, et ils ont été exterminés par une multitude de bêtes.

2. Mais au lieu de ces peines vous avez traité favorablement votre peuple, en lui donnant la nourriture délicieuse qu'il avait désirée, et lui préparant des cailles comme une viande d'un excellent goût.

3. Les Égyptiens étant pressés de manger avaient aversion des viandes même les plus nécessaires à cause des plaies dont Dieu les avait frappés. Mais ceux-ci n'ayant été dans le besoin que fort peu de temps goûtèrent une viande toute nouvelle.

4. Car il fallait qu'une ruine inévitable fondît sur ces premiers qui exerçaient une tyrannie sur votre peuple ; et que vous fissiez voir seulement à ceux-ci de quelle manière vous exterminiez leurs ennemis.

5. Il est vrai que des bêtes cruelles et furieuses ont aussi attaqué vos enfants, et que des serpents venimeux leur ont donné la mort.

6. Mais votre colère ne dura pas toujours, ils ne furent que peu de temps dans ce trouble pour leur servir d'avertissement, et vous leur donnâtes un signe de salut pour les faire souvenir des commandements de votre loi.

7. Car celui qui regardait ce serpent n'était pas guéri par ce qu'il voyait, mais par vous-même qui êtes le sauveur de tous les hommes :

8. Et vous avez fait voir en cette rencontre, à nos ennemis, que c'est vous qui nous délivrez de tout mal.

9. Car pour eux, ils ont été tués par les seules morsures des sauterelles et des mouches, sans qu'ils aient trouvé de remède pour sauver leur vie, parce qu'ils étaient dignes d'être ainsi exterminés.

10. Mais pour vos enfants, les dents même empoisonnées des dragons ne les ont pu vaincre, parce que votre miséricorde survenant les a guéris.

11. Ils étaient mordus de ces bêtes, afin qu'ils se souvinssent de vos préceptes, et ils étaient guéris à l'heure même, de peur que tombant dans un profond oubli de votre loi, ils ne missent un obstacle à votre secours.

12. Aussi n'est-ce point une herbe, ou quelque chose appliquée sur leur mal, qui les a guéris : mais c'est votre parole, ô Seigneur, qui guérit toutes choses.

13. Car c'est vous, Seigneur, qui avez la puissance de la vie et de la mort, et qui menez jusqu'aux portes de la mort, et en ramenez.

14. Un homme peut bien en tuer un autre par sa méchanceté ; mais lorsque l'esprit sera sorti du corps, il ne l'y fera pas revenir, et il ne rappellera point l'âme lorsqu'elle se sera retirée.

15. Pour vous, Seigneur, il est impossible d'échapper à votre main.

16. C'est pourquoi lorsque les impies ont déclaré qu'ils ne vous connaissaient point, ils ont été frappés par la force de votre bras ; et ils ont été tourmentés par des pluies extraordinaires, par des grêles et par des orages, et consumés par le feu.

17. Et ce qu'on ne peut assez admirer, le feu brûloit encore davantage dans l'eau même, qui éteint tout, parce que tout le monde s'arme pour la vengeance des justes.

18. Le feu quelquefois tempérait son ardeur pour ne pas brûler les animaux qui avaient été envoyés contre les impies, afin que voyant cette merveille ils reconnussent eux-mêmes que c'était par un jugement de Dieu qu'ils souffraient ces maux.

19. Quelquefois aussi ce même feu, surpassant ses propres forces, redoublait ses flammes au milieu des eaux, pour détruire tout ce qu'avait produit cette terre injuste.

20. Mais vous avez donné au contraire à votre peuple la nourriture des anges ; vous leur avez fait pleuvoir du ciel un pain préparé sans aucun travail, qui renfermait en soi tout ce qu'il y a de délicieux, et tout ce qui peut être agréable au goût.

21. Car la substance de votre créature faisait voir combien est grande votre douceur envers vos enfants, puisque s'accommodant à la volonté de chacun d'eux, elle se changeait en tout ce qui lui plaisait.

22. La neige et la glace soutenaient sans se fondre, la violence du feu, afin que vos ennemis sussent qu'au même temps que la flamme qui brûlait parmi la grêle, et qui étincelait au milieu des pluies, consumait tous leurs fruits,

23. Elle oubliait sa propre force pour servir à la nourriture des justes.

24. Car la créature vous étant soumise comme à son Créateur, redouble sa force pour tourmenter les méchants, et se ralentit pour contribuer au bien de ceux qui mettent leur confiance en vous.

25. C'est pourquoi l'une de vos créatures se transformant en toutes sortes de goûts, obéissait à votre grâce, qui est la nourriture de tous, s'accommodant à la volonté de ceux qui vous témoignaient leur indigence.

26. Afin que vos enfants que vous aimiez reconnaissent, ô Seigneur, que ce ne sont point les fruits que produit la terre qui nourrissent les hommes, mais que c'est votre parole qui conserve ceux qui croient en vous.

27. Car cette même manne qui ne pouvait être consumée par le feu se fondait aussitôt qu'elle avait été échauffée par le moindre rayon du soleil,

28. Afin que tout le monde sût qu'il faut prévenir le lever du soleil pour vous bénir, et qu'on doit vous adorer au point du jour.

29. Car l'espérance de l'ingrat se fondra comme la glace de l'hiver, et elle s'écoulera comme une eau inutile.

CHAPITRE XVII.

Jugements de Dieu terribles. Ténèbres dc l'Égypte, frayeur des Égyptiens, tandis que le reste du monde jouissait de la lumière, et vaquait librement à ses travaux.

1. Vos jugements sont grands, ô Seigneur, et vos paroles sont ineffables, C'est pourquoi les âmes sans science se sont égarées.

2. Car les méchants s'étant persuadés qu'ils pourraient dominer la nation sainte, ont été liés par une chaîne de ténèbres et d'une longue nuit ; et renfermés dans leur maison, ils ont langui dans cet état, malgré les efforts qu'ils faisaient pour se soustraire à cette Providence qui ne cesse jamais d'agir.

3. Et s'imaginant qu'ils pourraient demeurer cachés dans la nuit obscure de leurs péchés, ils se trouvèrent dispersés et comme mis en oubli sous un voile de ténèbres, saisis d'une horrible frayeur, et frappés d'un profond étonnerait.

4. Les lieux secrets où ils s'étaient retirés ne les défendaient point de la crainte, parce qu'il s'élevait des bruits qui les effrayaient, et qu'ils voyaient paraître des spectres affreux qui les remplissaient encore d'épouvante.

5. Il n'y avait point de feu si ardent qui leur pût donner aucune clarté, et les flammes si pures des étoiles ne pouvaient éclairer cette horrible nuit.

6. Il leur paraissait tout d'un coup des éclairs de feu qui les remplissaient de crainte ; et étant épouvantés par ces fantômes

qu'ils ne faisaient qu'entrevoir, tous ces objets leur en paraissaient encore plus effroyables.

7. C'est alors que toutes les illusions de l'art des magiciens devinrent inutiles, et que cette sagesse dont ils faisaient gloire fut convaincue honteusement de fausseté.

8. Car au lieu qu'ils faisaient profession de bannir le trouble et la crainte de l'âme dans sa langueur, ils languissaient eux-mêmes ridiculement dans l'épouvante dont ils étaient tout remplis.

9. Lors même qu'il ne leur paraissait rien qui les pût troubler, les bêtes qui passaient et les serpents qui sifflaient les mettant comme hors d'eux-mêmes, les faisaient mourir de peur, et ils eussent voulu s'empêcher de voir et de respirer l'air, quoique cela soit impossible.

10. Car comme la méchanceté est timide, elle se condamne par son propre témoignage ; et étant épouvantée par la mauvaise conscience, elle se figure toujours les maux plus grands qu'ils ne sont

11. Aussi la crainte n'est autre chose que le trouble de l'âme qui se croit abandonnée de tout secours.

12. Et moins elle attend de soulagement au dedans d'elle, plus elle grossit, sans les bien connaître, les sujets qu'elle a de se tourmenter.

13. Mais étant alors tout abattus d'un même sommeil dans cette effroyable nuit, qui leur était survenue du plus profond des enfers,

14. Ils étaient effrayés d'un côté par ces spectres qui leur apparaissaient, et de l'autre, parce que le cœur leur manquait, se trouvant surpris par des craintes soudaines et auxquelles ils ne s'attendaient pas.

15. Que si quelqu'un était tombé, il demeurait renfermé sans chaînes dans cette prison de ténèbres.

16. Car soit que ce fût un paysan ou un berger, ou un homme occupé aux travaux de la campagne, qui fût ainsi surpris, il se trouvait dans une nécessité et un abandonnement inévitables.

17. Parce qu'ils étaient tous liés d'une même chaîne de ténèbres. Un vent qui soufflait, le concert des oiseaux qui chantaient agréablement sur les branches touffues des arbres, le murmure de l'eau qui coulait avec impétuosité,

18. Le grand bruit que les pierres faisaient en tombant, le mouvement des animaux qui se jouaient ensemble sans qu'ils les pussent apercevoir, le hurlement des bêtes cruelles, ou les échos qui retentissaient du creux des montagnes, toutes ces choses frappant leur oreille les faisaient mourir d'effroi.

19. Car tout le reste du monde était éclairé d'une lumière très-pure, et s'occupait à son travail sans aucun empêchement.

20. Eux seuls étaient accablés d'une profonde nuit, image des ténèbres qui leur étaient réservées ; et ils étaient devenus plus insupportables à eux-mêmes que leurs propres ténèbres.

CHAPITRE XVIII.

Tandis que les Égyptiens sont dans les ténèbres, les Israélites jouissent de la lumière, et sont ensuite conduits par une colonne de feu. Les premiers-nés de l'Égypte sont exterminés sans réserve. La plaie de la mort, qui frappe les Hébreux dans le désert, est bientôt arrêtée.

1. Cependant, Seigneur, vos saints étaient éclairés d'une très-grande lumière, et ils entendaient les cris des Égyptiens, sans voir leur visage. Ils vous glorifiaient de ce qu'ils ne souffraient pas les mêmes choses ;

2. Ils vous rendaient grâces de ce que ceux qui les avaient si maltraités auparavant n'étaient plus en état de leur nuire ; et ils vous priaient de continuer à faire cette différence entre eux et leurs ennemis.

3. C'est pourquoi ils ont eu une colonne ardente pour guide d'un chemin qui leur était inconnu, et qui leur servait comme d'un soleil qui, sans les incommoder, rendait leur voyage heureux.

4. Pour ce qui est des autres, ils étaient certainement dignes d'être privés de lumière, et de souffrir une prison de ténèbres, eux qui

tenaient renfermés vos enfants par qui la lumière incorruptible de votre loi commençait à se répandre dans le monde.

5. Et parce qu'ils avaient résolu de faire mourir les enfants des justes, après que vous eûtes sauvé l'un d'eux qui avait été exposé, pour les punir de ce crime, vous avez fait mourir un très-grand nombre de leurs enfants, et vous les avez perdus dans les abîmes des eaux.

6. Cette même nuit avait été auparavant prédite à nos pères, afin que connaissant la vérité des promesses que Dieu leur avait jurées, et qu'ils avaient crues, ils en demeurassent plus assurés.

7. Ainsi votre peuple eut la joie de voir tout ensemble le salut des justes, et la ruine des méchants.

8. Car comme vous punîtes alors nos ennemis, vous nous avez aussi unis à vous et comblés de gloire.

9. Cependant les justes enfants des saints offraient leurs sacrifices en secret ; ils établissaient entre eux d'un commun accord cette loi sainte, qu'ils participeraient également aux biens et aux maux, et ils chantaient déjà les cantiques de louanges qu'ils avaient reçus de leurs pères.

10. Mais en même temps on entendait les voix confuses de leurs ennemis, et les cris lamentables de ceux qui pleuraient la mort de leurs enfants.

11. L'esclave était puni comme le maître, et un homme du peuple comme le roi même.

12. Ainsi il y avait partout des morts sans nombre, et tous frappés de la même mort. Ceux qui étaient demeurés en vie ne pouvaient suffire à ensevelir les morts, parce que ce qu'il y avait de plus considérable dans chaque famille avait été exterminé en un moment.

13. Ils n'avaient point cru tous les autres prodiges, à cause de leurs magiciens ; mais après ce meurtre de leurs premiers-nés, ils commencèrent à confesser que ce peuple était le peuple de Dieu.

14. Car lorsque tout reposait dans un paisible silence, et que la nuit était au milieu de sa course,

15. Votre parole toute puissante vint du ciel, du trône royal, et fondit tout d'un coup sur cette terre destinée à la perdition,

16. Comme un exterminateur impitoyable, qui ayant une épée tranchante, et portant votre irrévocable arrêt, remplit tout de meurtre, et se tenant sur la terre il atteignait jusqu'au ciel.

17. Ils furent troublés aussitôt par des songes et des visions horribles, et ils se trouvèrent saisis d'une soudaine frayeur.

18. Et l'un étant jeté d'un côté à demi mort, et l'autre de l'autre, ils déclaraient le sujet qui les avait fait tuer.

19. Car ils en avaient été avertis auparavant dans les visions qui les avaient effrayés, de peur qu'ils ne périssent sans savoir la cause des maux qu'ils souffraient.

20. Il est vrai que les justes furent aussi éprouvés par une atteinte de mort, et que le peuple fut frappé d'une plaie dans le désert ; mais votre colère ne dura que peu de temps.

21. Car un homme irrépréhensible se hâta d'intercéder pour le peuple, il vous opposa le bouclier de son ministère saint, et sa prière montant vers vous avec l'encens qu'il vous offrait, il fit cesser cette dure plaie, et il fit voir qu'il était votre véritable serviteur.

22. Il n'apaisa point ce trouble par la force du corps, ni par la puissance des armes ; mais il arrêta l'exterminateur par sa parole, en lui représentant les promesses que Dieu avait faites à leurs pères avec serment, et l'alliance qu'il avait jurée avec eux.

23. Lorsqu'il y avait déjà des monceaux de morts qui étaient tombés les uns sur les autres, il se mit entre deux, arrêta la vengeance de Dieu, et empêcha que le feu ne passât à ceux qui étaient encore en vie.

24. Car tout le monde était représenté par la robe sacerdotale dont il était revêtu ; les noms glorieux des anciens pères étaient gravés sur les quatre rangs de pierres précieuses qu'il portait, et votre grand nom était écrit sur le diadème de sa tête.

25. L'exterminateur céda à ces choses, et il en eut de la crainte ; car il suffisait de leur avoir fait sentir cette épreuve de votre colère.

CHAPITRE XIX.

Les Egyptiens engloutis dans la mer en poursuivant les Hébreux, qui y trouvent un passage libre. Parallèle des jugements de Dieu sur Sodome et sur l'Égypte. Les éléments employés à l'exécution des volontés du Seigneur.

1. Mais pour ce qui est des méchants, la colère de Dieu fondit sur eux sans miséricorde, et y demeura jusqu'à la fin, parce qu'il prévoyait ce qui leur devait arriver ensuite :

2. Car ayant permis aux Israélites de s'en aller, et les ayant renvoyés avec grand empressement, ils s'en repentirent aussitôt, et ils résolurent d'aller après eux.

3. Lorsqu'ils avaient encore les larmes aux yeux, et qu'ils pleuraient aux tombeaux de leurs enfants morts, ils prirent tout d'un coup follement une autre pensée, et ils se mirent à poursuivre comme des fugitifs ceux qu'ils avaient renvoyés en hâte, en les priant de se retirer.

4. Ils étaient conduits à cette fin par une nécessité dont ils étaient dignes ; et ils perdaient le souvenir de ce qui venait de leur arriver, afin que la mesure de leur punition fût remplie par ce qui manquait à leur supplice,

5. Et qu'en un même temps votre peuple trouvât un passage miraculeux, et eux un genre de mort tout nouveau.

6. Toutes vos créatures prenaient comme au commencement, chacune en son genre, une nouvelle forme pour obéir à votre commandement, et pour empêcher que vos serviteurs ne reçussent aucun mal.

7. Une nuée couvrait leur camp de son ombre ; et où l'eau était auparavant, la terre sèche parut tout d'un coup ; un passage libre s'ouvrit en un moment au milieu de la mer Rouge, et un champ couvert d'herbes au plus profond de l'abîme des eaux :

8. Ainsi passa tout ce peuple que vous protégiez de votre main, en voyant vos merveilles et vos prodiges.

9. Ils se réjouirent comme des chevaux dans de gras pâturages, et ils bondirent comme des agneaux, en vous glorifiant, Seigneur, qui les aviez délivrés.

10. Ils se souvenaient encore de ce qui était arrivé au pays où ils avaient demeuré comme étrangers ; de quelle sorte la terre, au lieu d'autres animaux, avait produit une infinité de mouches, et le fleuve, au lieu de poissons, avait fait sortir de ses eaux une multitude innombrable de grenouilles.

11. Ils virent même enfin une nouvelle sorte d'oiseaux, lorsque, ayant un grand désir de manger des viandes délicieuses, ils en demandèrent à Dieu.

12. Car il fit comme lever de la mer un très-grand nombre de cailles pour les satisfaire : la peine même ne tomba point sur les pécheurs sans qu'ils en eussent eu des présages auparavant par de grands tonnerres, parce qu'ils souffraient justement ce que leurs crimes avaient mérité :

13. Car ils avaient traité des étrangers d'une manière encore plus inhumaine que les autres n'avaient fait : ceux-là ne recevaient point des étrangers qui leur étaient inconnus ; mais ceux-ci en ayant reçu qui ne leur avaient fait que du bien les avaient réduits en servitude.

14. Ces premiers même ont été punis pour avoir reçu des étrangers comme s'ils eussent été leurs ennemis.

15. Mais ceux-ci tourmentaient très-cruellement ceux qu'ils avaient reçus d'abord avec joie, et qui vivaient déjà avec eux sous les mêmes lois.

16. Aussi furent-ils enfin frappés d'aveuglement, comme les premiers le furent à la porte du juste, lorsque ayant été couverts tout d'un coup d'épaisses ténèbres, ils ne pouvaient plus trouver la porte de leurs maisons.

17. Car les éléments changent d'ordre entre eux sans perdre néanmoins cette harmonie qui leur est propre comme dans un instrument de musique l'air se diversifie par le changement des tons : c'est ce qu'on peut voir clairement par ce qui arriva alors.

18. Car les animaux de la terre paraissaient changés en ceux de l'eau ; et ceux qui nageaient dans les eaux paraissaient sur la terre.

19. Le feu surpassant sa propre nature brûlait au milieu de l'eau, et l'eau oubliant la sienne ne l'éteignait point.

20. Les flammes au contraire épargnaient la chair fragile des animaux envoyés de Dieu, et elles ne faisaient point fondre cette viande délicieuse, qui se fondait néanmoins aisément comme la glace. Car vous avez relevé et honoré en toutes choses votre peuple, Seigneur, vous ne l'avez point méprisé, et l'avez assisté en tout temps et en tout lieu.

ECCLÉSIASTIQUE

DE JÉSUS

FILS DE SIRACH

————

CHAPITRE PROLOGUE.

ON peut voir dans la loi, dans les prophètes, et dans ceux qui les ont suivis, beaucoup de choses très-grandes et très-sages, qui rendent Israël digne de louange pour sa doctrine et pour sa sagesse, puisque non seulement les auteurs de ces discours ont dû être très-éclairés, mais que les étrangers même peuvent par leur moyen très-habiles à parler et à écrire. C'est cette manière que Jésus, mon aïeul, après s'être appliqué avec grand soin à la lecture de la loi et des prophètes, et des autres livres que nos pères nous ont laissés, a voulu lui-même écrire de ce qui regarde la doctrine et la sagesse, afin que ceux qui désirent d'apprendre s'étant instruits par ce livre, s'appliquent de plus en plus à la considération de leurs devoirs, et s'affermissent dans une vie conforme à la loi de Dieu. Je vous exhorte donc, vous qui voudrez lire ce livre, d'y apporter une disposition favorable et une attention particulière, et de nous pardonner s'il semble qu'en quelques endroits, voulant rendre toute la beauté et toute la force de l'original, nous ne pouvons trouver de paroles qui en expriment tout le sens. Car les mots hébreux n'ont plus la même force lorsqu'ils sont traduits en une langue étrangère : ce qui n'arrive pas seulement en ce livre-ci ; mais la loi même, les prophètes, et les autres livres, sont fort différents dans leur version de ce qu'ils sont dans leur propre langue. Étant donc venu en Égypte en la trente-huitième année, sous le règne de Ptolémée Évergète, et y ayant demeuré longtemps, j'y trouvai ce livre, qui y avait été laissé, et qui contenait une excellente doctrine. C'est pourquoi j'ai cru qu'il était utile, et même nécessaire, de travailler avec soin à le traduire. Ainsi, m'étant appliqué à cette traduction pendant quelque temps avec beaucoup de veilles et de soin, je l'ai achevée enfin, et ai mis ce livre en état d'être publié, pour servir à ceux qui voudront penser à eux-mêmes, et apprendre de quelle manière ils se doivent conduire dans la résolution qu'ils auront formée de régler leur vie selon la loi du Seigneur.

CHAPITRE PREMIER.

Origine de la sagesse. Son excellence. Dieu la donne à ceux qui l'aiment. Éloge de la crainte du Seigneur. Bonheur de ceux qui la possèdent. Elle est le commencement de la sagesse. Garder les préceptes du Seigneur. Fuir l'hypocrisie.

TOUTE sagesse vient de Dieu le souverain Seigneur ; elle a toujours été avec lui, et elle y est avant tous les siècles.

2. Qui a compté le sable de la mer, les gouttes de pluie, et les jours de la durée du monde ? Qui a mesuré la hauteur du ciel, l'étendue de la terre, et la profondeur de l'abîme ?

3. Qui a pénétré la sagesse de Dieu, laquelle précède toutes choses ?

4. La sagesse a été créée avant tout, et la lumière de l'intelligence est dès le commencement.

5. Le Verbe de Dieu au plus haut des cieux est la source de la sagesse, et ses voies sont les commandements éternels.

6. À qui la racine de la sagesse a-t-elle été révélée, et qui a pénétré ses artifices divins ?

7. À qui la conduite de la sagesse a-t-elle été révélée et montrée à nu ? et qui a compris la multiplicité de ses démarches ?

8. Il n'y a que le Très-Haut, le Créateur qui peut tout, le Roi puissant et infiniment redoutable, qui est assis sur son trône, le Dieu souverain dominateur.

9. C'est lui qui l'a créée dans le Saint-Esprit, qui l'a vue, qui l'a nombrée, et qui l'a mesurée.

10. Il l'a répandue sur tous ses ouvrages et sur toute chair, selon le partage qu'il en a fait, et il l'a donnée à ceux qui l'aiment.

11. La crainte du Seigneur est la véritable gloire et un sujet de se glorifier ; c'est une source de joie et une couronne d'allégresse.

12. La crainte du Seigneur réjouira le cœur ; elle donnera la joie, l'allégresse, et la longue vie.

13. Celui qui craint le Seigneur se trouvera heureux à la fin de sa vie, et il sera béni au jour de sa mort.

14. L'amour de Dieu est la sagesse vraiment digne d'être honorée.

15. Ceux à qui elle se découvre l'aiment aussitôt qu'ils l'ont vue, et qu'ils ont connu la magnificence de ses ouvrages.

16. La crainte du Seigneur est le commencement de la sagesse ; elle est créée avec les hommes fidèles dès le sein de leur mère ; elle accompagne les femmes choisies, et elle se fait remarquer dans les justes et dans les fidèles.

17. La crainte du Seigneur est la sanctification de la science.

18. Cette sanctification garde le cœur et le rend juste, elle le remplit de satisfaction et de joie.

19. Celui qui craint le Seigneur sera heureux, et il sera béni au jour de sa mort.

20. La crainte de Dieu est la plénitude de la sagesse, et elle rassasie ceux qu'elle possède de l'abondance de ses fruits.

21. Elle comble toute leur maison des biens qu'elle produit, et leurs celliers de ses trésors.

22. La crainte du Seigneur est la couronne de la sagesse, elle donne la plénitude de la paix et les fruits du salut.

23. Elle connaît la sagesse et le nombre de ses merveilles ; et l'un et l'autre est un don de Dieu.

24. La sagesse répand comme une pluie abondante la science et la lumière de la prudence, et elle élève en gloire ceux qui lui demeurent attachés.

25. La crainte du Seigneur est la racine de la sagesse, et ses branches sont d'une longue durée.

26. L'intelligence et la science religieuse se trouvent dans les trésors de la sagesse ; mais la sagesse est en exécration aux pécheurs.

27. La crainte du Seigneur chasse le péché ;

28. Car celui qui est sans crainte ne pourra devenir juste, parce que l'émotion de colère qu'il a dans le cœur est sa ruine.

29. L'homme patient attendra jusqu'à un certain temps, et après cela la joie lui sera rendue.

30. L'homme de bon sens retiendra en lui-même ses paroles jusqu'à un certain temps, et les lèvres de plusieurs publieront sa prudence.

31. Les règles de la conduite sont enfermées dans les trésors de la sagesse.

32. Mais le culte de Dieu est en exécration au pécheur.

33. Mon fils, si vous désirez la sagesse avec ardeur, conservez la justice, et Dieu vous la donnera.

34. Car la crainte du Seigneur est la sagesse et la science véritable ; et ce qui lui est agréable,

35. C'est la foi et la douceur, et il comblera les trésors de celui en qui elles se trouvent.

36. Ne soyez point rebelle aux impressions de la crainte de Dieu, et ne vous approchez point de lui avec un cœur double.

37. Ne soyez point hypocrite devant les hommes, et que vos lèvres ne vous soient point un sujet de chute et de scandale.

38. Soyez attentif à vos paroles, de peur que vous ne tombiez, et ne déshonoriez votre âme,

39. Et que Dieu, découvrant ce qui était caché en vous, ne vous brise au milieu de l'assemblée,

40. Parce que vous vous êtes approché du Seigneur avec une disposition maligne, et que votre cœur est plein de déguisement et de tromperie.

CHAPITRE II.

Exhortation à la patience dans les tentations et les épreuves. Avantages des afflictions et des souffrances. Celui qui espère dans le Seigneur ne sera point confondu. Malheur à celui qui perd la patience ! S'humilier sous la main du Seigneur ; espérer en sa miséricorde.

1. Mon fils, lorsque vous entrerez dans le service de Dieu, demeurez ferme dans la justice et dans la crainte, et préparez votre âme à la tentation.

2. Humiliez votre cœur, et attendez avec patience : prêtez l'oreille, et recevez les paroles de sagesse ; et ne vous hâtez point au temps de l'obscurité.

3. Souffrez les suspensions et les retardements de Dieu. demeurez uni à Dieu, et ne vous lassez point d'attendre, afin que votre vie soit à la fin plus abondante.

4. Acceptez de bon cœur tout ce qui vous arrivera ; demeurez en paix dans votre douleur, et au temps de votre humiliation conservez la patience ;

5. Car l'or et l'argent s'épurent par le feu, et les hommes que Dieu veut recevoir au nombre des siens s'éprouvent dans le fourneau de l'humiliation.

6. Ayez confiance en Dieu, et il vous tirera de tous ces maux ; rendez votre voie droite, et espérez en lui ; conservez sa crainte, et y vieillissez.

7. Vous qui craignez le Seigneur, attendez sa miséricorde ; et ne vous détournez point de lui, de peur que vous ne tombiez.

8. Vous qui craignez le Seigneur, croyez en lui, et vous ne perdrez point votre récompense.

9. Vous qui craignez le Seigneur, espérez en lui, et la miséricorde qu'il vous fera vous comblera de joie.

10. Vous qui craignez le Seigneur, aimez-le, et vos cœurs seront remplis de lumière.

11. Considérez, mes enfants, tout ce qu'il y a eu d'hommes parmi les nations ; et sachez que jamais personne qui a espéré au Seigneur n'a été confondu.

12. Qui est l'homme qui soit demeuré ferme dans les commandements de Dieu, et qui en ait été abandonné ? qui est celui qui l'a invoqué, et qui ait été méprisé de lui ?

13. Car Dieu est plein de bonté et de miséricorde ; il pardonne les péchés au jour de l'affliction, et il est le protecteur de tous ceux qui le cherchent dans la vérité.

14. Malheur au cœur double, aux lèvres corrompues, aux mains souillées de crimes, et au pécheur qui marche sur la terre par deux voies !

15. Malheur à ceux qui manquent de cœur, qui ne se fient point en Dieu, et que Dieu pour cette raison ne protège point !

16. Malheur à ceux qui ont perdu la patience, qui ont quitté les voies droites, et qui se sont détournés dans des routes égarées !

17. Et que feront-ils lorsque le Seigneur commencera à examiner toutes choses ?

18. Ceux qui craignent le Seigneur ne seront point incrédules à sa parole ; et ceux qui l'aiment demeureront fermes dans sa voie.

19. Ceux qui craignent le Seigneur rechercheront ce qui lui est agréable ; et ceux qui l'aiment seront remplis de sa loi.

20. Ceux qui craignent le Seigneur prépareront leur cœur, et ils sanctifieront leurs âmes en sa présence.

21. Ceux qui craignent le Seigneur garderont ses commandements, et ils auront patience jusqu'à ce qu'il jette les yeux sur eux,

22. En disant : Si nous ne faisons pénitence, c'est dans les mains du Seigneur que nous tomberons, et non dans les mains des hommes.

23. Car autant que sa majesté est élevée, autant est grande sa miséricorde.

CHAPITRE III.

Devoirs des enfants envers leurs pères et mères. Exhortation à la douceur et à l'humilité. Réprimer sa curiosité. Malheur du cœur dur, superbe et indocile. Vertu de l'aumône ; sa récompense.

1. Les enfants de la sagesse forment l'assemblée des justes, et le peuple qu'ils composent n'est qu'obéissance et amour.

2. Écoutez, enfants, les avis de votre père ; et suivez-les de telle sorte que vous soyez sauvés.

3. Car Dieu a rendu le père vénérable aux enfants, et il a affermi sur eux l'autorité de la mère.

4. Celui qui aime Dieu obtiendra par ses prières le pardon de ses péchés, il s'empêchera de les commettre à l'avenir, et il sera exaucé dans sa prière de chaque jour.

5. Celui qui honore sa mère est comme un homme qui amasse un trésor.

6. Celui qui honore son père trouvera sa joie dans ses enfants, et il sera exaucé au jour de sa prière.

7. Celui qui honore son père jouira d'une longue vie ; et celui qui lui obéit assistera sa mère.

8. Celui qui craint le Seigneur honorera son père et sa mère, et il servira comme ses maîtres ceux qui lui ont donné la vie.

9. Honorez votre père par actions, par paroles, et par toute sorte de patience,

10. Afin qu'il vous bénisse, et que sa bénédiction demeure sur vous jusqu'à la fin.

11. La bénédiction du père affermit la maison des enfants ; et la malédiction de la mère la détruit jusqu'aux fondements.

12. Ne vous glorifiez point de ce qui déshonore votre père ; car sa honte n'est pas votre gloire.

13. Le fils tire sa gloire de l'honneur du père, et un père sans honneur est le déshonneur du fils.

14. Mon fils, soulagez votre père dans sa vieillesse, et ne l'attristez point durant sa vie.

15. Que si son esprit s'affaiblit, supportez-le, et ne le méprisez pas à cause de l'avantage que vous avez sur lui ; car la charité dont vous aurez usé envers votre père ne sera pas mise en oubli.

16. Car Dieu vous récompensera pour avoir supporté les défauts de votre mère ;

17. Il vous établira dans la justice, il se souviendra de vous au jour de l'affliction, et vos péchés se fondront comme la glace en un jour serein.

18. Combien est infâme celui qui abandonne son père ! et combien est maudit de Dieu celui qui aigrit l'esprit de sa mère !

19. Mon fils, accomplissez vos œuvres avec douceur, et vous vous attirerez non-seulement l'estime, mais aussi l'amour des hommes.

20. Plus vous êtes grand, plus vous vous humilierez en toutes choses, et vous trouverez grâce devant Dieu ;

21. Car il n'y a que Dieu dont la puissance soit grande, et il est honoré par les humbles.

22. Ne cherchez point ce qui est au-dessus de vous, et ne tâchez point de pénétrer ce qui surpasse vos forces ; mais pensez toujours à ce que Dieu vous a commandé, et n'ayez point la curiosité d'examiner la plupart de ses ouvrages.

23. Car vous n'avez pas besoin de voir de vos yeux ce qui est caché.

24. Ne vous appliquez point avec empressement à la recherche des choses non nécessaires, et n'examinez point avec curiosité les divers ouvrages de Dieu.

25. Car il vous a découvert beaucoup de choses qui étaient au-dessus de l'esprit de l'homme.

26. Plusieurs se sont laissé séduire à leurs fausses opinions, et l'illusion de leur esprit les a retenus dans la vanité et dans le mensonge.

27. Le cœur dur sera accablé de maux à la fin de sa vie ; et celui qui aime le péril y périra.

28. Le cœur qui marche par deux voies ne réussira point, et l'âme corrompue y trouvera un sujet de chute.

29. Le cœur rebelle sera accablé de douleurs, et le pécheur ajoutera péché sur péché.

30. Les superbes assemblés ne se pourront convertir, parce que la tige du péché prendra racine en eux, sans qu'ils le connaissent.

31. Le cœur du sage paraîtra par sa sagesse, et l'oreille de l'homme de bien écoutera la sagesse avec une extrême ardeur.

32. Le cœur sage et intelligent s'abstiendra du péché, et il réussira dans les œuvres de justice.

33. L'eau éteint le feu lorsqu'il est le plus ardent, et l'aumône résiste au péché :

34. Dieu qui doit récompenser les bonnes œuvres la considère, et il s'en souvient dans la suite ; et celui qui l'a faite trouvera un appui au temps de sa chute.

CHAPITRE IV.

Exhortation à l'aumône, à la douceur et a la compassion envers les pauvres. Avantages que la sagesse procure. Elle éprouve les hommes par l'affliction. Elle comble de bien ceux qui lui demeurent fidèles. Bonne et mauvaise honte.

1. Mon fils, ne privez pas le pauvre de son aumône, et ne détournez pas vos yeux de lui.

2. Ne méprisez pas celui qui a faim, et n'aigrissez pas le pauvre dans son indigence.

3. N'attristez point le cœur du pauvre, et ne différez point de donner à celui qui souffre.

4. Ne rejetez point la demande de l'affligé, et ne détournez point votre visage du pauvre.

5. Ne détournez point vos yeux du pauvre, de peur qu'il ne se fâche ; et ne donnez point sujet à ceux qui vous demandent de vous maudire derrière vous.

6. Car celui qui vous maudit dans l'amertume de son âme sera exaucé dans son imprécation ; il sera exaucé par celui qui l'a créé.

7. Rendez-vous affable à l'assemblée des pauvres ; humiliez votre âme devant les anciens, et baissez la tête devant les grands.

8. Prêtez l'oreille au pauvre sans chagrin, acquittez-vous de ce que vous devez, et répondez-lui favorablement et avec douceur.

9. Délivrez de la main du superbe celui qui souffre injure, et n'en concevez pas une amertume de cœur.

10. Lorsque vous rendrez un jugement, ayez pitié des orphelins, et, devenant comme leur père, tenez lieu de mari à leur mère ;

11. Et vous serez à l'égard du Très-Haut comme un fils obéissant, et il aura compassion de vous plus qu'une mère n'en a de son fils.

12. La sagesse inspire la vie à ses enfants ; elle prend en sa protection ceux qui la cherchent, et elle marche devant eux dans la voie de la justice.

13. Celui qui l'aime aime la vie ; et ceux qui veillent pour la trouver jouiront de sa paix.

14. Ceux qui la possèdent auront pour héritage la vie ; et Dieu versera sa bénédiction partout où elle entrera.

15. Ceux qui la servent seront obéissants au saint ; et ceux qui l'aiment sont aimés de Dieu.

16. Celui qui l'écoute jugera les nations ; et celui qui est attentif à la regarder demeurera en assurance.

17. S'il a confiance en elle, il l'aura pour héritage, et sa postérité la possédera ;

18. Car la sagesse marche avec lui dans la tentation, et elle le choisit entre les premiers.

19. Elle le fera entrer dans la crainte, dans la frayeur, et dans les épreuves ; elle l'exercera par les peines dont ses instructions sont accompagnées, jusqu'à ce qu'elle l'ait sondé dans ses pensées, et qu'elle se soit assurée du fond de son âme.

20. Elle l'affermira, elle retournera à lui par un chemin droit, et le comblera de joie ;

21. Elle lui découvrira ses secrets, et mettra en lui un trésor de science et d'intelligence de la justice.

22. Mais s'il s'égare, elle l'abandonnera, et le livrera entre les mains de son ennemi.

23. Mon fils, ménagez le temps, et gardez-vous du mal.

24. Ne rougissez point de dire la vérité lorsqu'il s'agira de votre âme :

25. Car il y a une confusion qui fait tomber dans le péché ; et il y en a une autre qui attire la gloire et la grâce.

26. N'ayez point d'égard à la qualité des personnes contre votre salut, et ne vous laissez point aller au mensonge aux dépens de votre âme.

27. Ne respectez point votre prochain dans sa chute,

28. Et ne retenez point la parole lors qu'elle peut être salutaire. Ne cachez point votre sagesse dans sa beauté :

29. Car la sagesse se fait connaître par la langue ; et le sens, la science, et la doctrine, paraissent dans la parole de l'homme sensé ; sa fermeté consiste dans les œuvres de justice.

30. Ne contredisez en aucune sorte la parole de vérité, et ayez confusion du mensonge où vous êtes tombé par ignorance.

31. Ne rougissez point de confesser vos péchés, et ne vous soumettez pas à l'homme pour commettre le péché.

32. Ne résistez point en face à l'homme puissant, et ne vous raidissez pas contre le cours du fleuve.

33. Prenez la défense de la justice pour sauver votre âme, combattez jusqu'à la mort pour la justice, et Dieu combattra pour vous, et renversera vos ennemis.

34. Ne soyez point prompt à parler, et en même temps lâche et négligent dans vos œuvres.

35. Ne soyez point comme un lion dans votre maison, en vous rendant terrible à vos domestiques, et opprimant ceux qui vous sont soumis.

36. Que votre main ne soit point ouverte pour recevoir, et fermée pour donner.

CHAPITRE V.

Ne point s'appuyer sur ses richesses. Ne pas abuser de la bonté de Dieu. S'attacher constamment à la justice. Être circonspect dans ses paroles.

1. Ne vous appuyez point sur les richesses injustes, et ne dites point : J'ai suffisamment de quoi vivre ; car tout cela ne vous servira de rien au temps de la vengeance, et au jour de l'obscurité.

2. Ne vous abandonnez pas dans votre puissance aux mauvais désirs de votre cœur,

3. Et ne dites pas : Que je suis puissant ! qui aura le pouvoir de me faire rendre compte de mes actions ? car Dieu certainement en tirera la vengeance.

4. Ne dites point : J'ai péché ; et que m'en est-il arrivé de mal ? car le Très-Haut est lent à punir les crimes.

5. Ne soyez point sans crainte de l'offense qui vous a été remise, et n'ajoutez pas péché sur péché.

6. Ne dites point : La miséricorde du Seigneur est grande, il aura pitié du grand nombre de mes péchés :

7. Car son indignation est prompte aussi bien que sa miséricorde, et il regarde les pécheurs dans sa colère.

8. Ne différez point à vous convertir au Seigneur, et ne remettez point de jour en jour ;

9. Car sa colère éclatera tout d'un coup, et il vous perdra au jour de la vengeance.

10. Ne vous embarrassez point pour les richesses injustes ; car elles ne vous serviront point au jour de l'obscurcissement et de la vengeance.

11. Ne tournez point à tout vent, et n'allez point par toute sorte de route ; car c'est ainsi que le pécheur se fait connaître par la duplicité de la langue.

12. Soyez ferme dans la voie du Seigneur, dans la vérité de-vos sentiments et dans votre science, et que la parole de paix et de justice vous accompagne toujours.

13. Écoutez avec douceur ce qu'on vous dit, afin d'acquérir l'intelligence, et de rendre avec sagesse une réponse qui soit véritable.

14. Si vous avez de l'intelligence, répondez à votre prochain ; sinon que votre main soit sur votre bouche, de peur que vous ne soyez surpris dans une parole indiscrète, et que vous ne tombiez dans la confusion.

15. L'honneur et la gloire accompagnent le discours de l'homme sensé ; mais la langue de l'imprudent est la ruine de son âme.

16. Évitez de passer pour un semeur de rapports, et que votre langue ne vous devienne pas un piège et un sujet de confusion :

17. Car comme le voleur tombe dans la confusion et le repentir, la langue double s'attire aussi une très-grande condamnation ; et le semeur de rapports, la haine, l'inimitié, et l'infamie.

18. Faites également justice aux petits et aux grands.

CHAPITRE VI.

Être simple, doux et affable. Choisir pour conseil un ami longtemps éprouvé. Avantages et caractères de l'amitié. Travailler à acquérir la sagesse. Avantages qui l'accompagnent.

1. Ne devenez pas d'ami ennemi de votre prochain ; car le méchant aura pour partage la honte et l'ignominie, ainsi que le pécheur envieux et qui a la langue double.

2. Ne vous élevez point comme un taureau dans les pensées de votre cœur, de peur que votre folie ne brise votre force,

3. Qu'elle ne consume vos feuilles, ne perde vos fruits, et que vous ne deveniez comme un arbre desséché dans le désert.

4. Car l'âme maligne perdra celui en qui elle se trouvera, elle le rendra la joie de ses ennemis, et elle le conduira au sort des impies.

5. La parole douce acquiert beaucoup d'amis, et adoucit les ennemis, et la langue de l'homme vertueux a une abondance de douceur.

6. Ayez beaucoup d'amis qui vivent en paix avec vous ; mais choisissez pour conseil un homme entre mille.

7. Si vous voulez vous faire un ami, prenez-le après l'avoir éprouvé, et ne vous fiez pas si tôt à lui.

8. Car tel est ami qui ne l'est que tant qu'il y trouve son avantage, et il cessera de l'être au jour de l'affliction.

9. Tel est ami qui se change en ennemi ; et tel est ami qui découvre sa haine, et qui se répand en querelles et en injures.

10. Tel est ami qui ne l'est que pour la table, et qui ne le sera plus au jour de l'affliction.

11. Si votre ami demeure ferme et constant, il vivra avec vous comme égal, et il agira avec liberté parmi ceux de votre maison.

12. S'il s'humilie en votre présence, et qu'il se retire quelquefois de devant vous, votre amitié sera fidèle, et elle s'entretiendra par l'union de vos cœurs.

13. Séparez-vous de vos ennemis, et donnez-vous de garde de vos amis.

14. L'ami fidèle est une forte protection ; celui qui l'a trouvé a trouvé un trésor.

15. Rien n'est comparable à l'ami fidèle, et l'or et l'argent ne méritent pas d'être mis en balance avec la sincérité de sa bonne foi.

16. L'ami fidèle est un remède qui donne la vie et l'immortalité ; et ceux qui craignent le Seigneur trouvent un tel ami.

17. Autant que l'homme craint le Seigneur, autant il sera heureux en amis, parce que son ami lui sera semblable.

18. Mon fils, dès votre premier âge aimez à être instruit, et vous acquerrez une sagesse qui vous durera jusqu'à la vieillesse.

19. Approchez-vous de la sagesse comme celui qui laboure et qui sème, et attendez en paix ses excellents fruits.

20. Vous travaillerez un peu à la cultiver, et vous mangerez bientôt de ses fruits.

21. Que la sagesse est amère aux personnes indociles ! l'insensé ne demeurera point avec elle.

22. Elle sera à son égard comme ces pierres pesantes qui servent à éprouver la force des hommes ; et il cherchera bientôt à s'en décharger.

23. Car la sagesse qui rend l'homme intelligent est cachée selon le nom qu'elle porte, et elle n'est pas découverte à plusieurs ; mais dans ceux à qui elle est connue, elle demeure ferme jusqu'à ce qu'elle les conduise à la vue de Dieu.

24. Écoutez, mon fils, recevez un avis sage, et ne rejetez point mon conseil.

25. Mettez vos pieds dans ses fers, et engagez votre cou dans ses chaînes.

26. Baissez votre épaule, et portez-la, et ne vous ennuyez point de ses liens.

27. Approchez.-vous d'elle de tout votre cœur, et gardez ses voies de toutes vos forces.

28. Cherchez-la avec soin, et elle vous sera découverte ; et quand vous l'aurez une fois embrassée, ne la quittez point :

29. Car vous y trouverez à la fin votre repos, et elle se changera pour vous en un sujet de joie.

30. Ses fers deviendront pour vous une forte protection, et un ferme appui, et ses chaînes un habillement de gloire :

31. Car il y a dans elle une beauté qui donne la vie, et ses liens sont des bandages qui guérissent.

32. Vous vous revêtirez d'elle comme d'un habit de gloire, et vous la mettrez sur vous comme une couronne de joie.

33. Mon fils, si vous m'écoutez avec attention, vous serez instruit ; et si vous appliquez votre esprit, vous acquerrez la sagesse.

34. Si vous prêtez l'oreille, vous recevrez l'instruction ; et si vous aimez à écouter, vous deviendrez sage.

35. Trouvez-vous dans l'assemblée de sages vieillards, et unissez-vous de cœur à leur sagesse, afin que vous puissiez écouter tout ce qu'ils vous diront de Dieu, et que vous ne laissiez perdre aucune de leurs excellentes paroles.

36. Si vous voyez un homme sensé, allez le trouver dès le point du jour, et que votre pied presse souvent le seuil de sa porte.

37. Appliquez toute votre pensée à ce que Dieu vous ordonne, et méditez sans cesse ses commandements ; et il vous donnera lui-même un cœur, et la sagesse que vous désirez vous sera donnée.

CHAPITRE VII.

S'abstenir du mal. Ne point rechercher les dignités. Fuir tout mensonge. S'appliquer au travail. Être fidèle à ses amis, attaché à sa femme, doux envers ses domestiques. Instruire ses enfants. Honorer ses parents. Rendre aux prêtres ce qui leur est dû. Se souvenir de sa dernière fin.

1. Ne faites point le mal, et le mal ne vous surprendra point.

2. Retirez-vous de l'injuste, et le péché se retirera de vous.

3. Mon fils, ne semez point les maux, dans les sillons de l'injustice, et vous n'en recueillerez pas sept fois autant.

4. Ne demandez point au Seigneur la charge de conduire les autres, ni au roi une chaire d'honneur.

5. Ne vous justifiez pas devant Dieu, parce que c'est lui qui connaît le fond du cœur ; et n'affectez point de paraître sage devant le roi.

6. Ne cherchez point à devenir juge, si vous n'avez assez de force pour rompre tous les efforts de l'iniquité, de peur que vous ne

soyez intimidé par la considération des hommes puissants, et que vous ne mettiez votre intégrité au hasard de se corrompre.

7. N'offensez point toute la multitude d'une ville, et ne vous jetez point dans la foule ;

8. Ne serrez point deux fois le nœud du péché, car un seul que vous commettrez ne demeurera pas impuni.

9. Que votre cœur ne se laisse point aller à l'abattement :

10. Ne négligez point de prier, et de faire l'aumône.

11. Ne dites point : Dieu regardera favorablement le grand nombre des dons que je fais, et lorsque j'offrirai mes présents au Dieu très-haut, il les recevra.

12. Ne vous moquez point d'un homme dont l'âme est dans l'amertume ; car il y a un Dieu qui voit tout, et c'est lui qui élève et qui humilie.

13. Ne travaillez point à inventer des mensonges contre votre frère, et n'en inventez point non plus contre votre ami.

14. Donnez-vous de garde de commettre aucun mensonge ; car l'accoutumance de mentir n'est pas bonne.

15. Ne vous répandez point en de grands discours dans l'assemblée des anciens, et ne répétez point la parole dans vos prières.

16. Ne fuyez point les ouvrages laborieux, ni le travail de la campagne qui a été créé par le Très-Haut.

17. Ne vous mettez point au nombre des gens déréglés.

18. Souvenez-vous que la colère ne tardera pas longtemps à venir.

19. Humiliez profondément votre esprit, parce que la chair de l'impie sera la pâture du feu et des vers.

20. Ne violez point la foi que vous devez à votre ami, parce qu'il diffère à vous donner de l'argent, et ne méprisez pas pour de l'or votre frère qui vous aime sincèrement.

21. Ne vous éloignez point de la femme sensée et vertueuse que vous avez reçue dans la crainte du Seigneur : car la grâce de sa modestie est plus précieuse que l'or.

22. Ne traitez point mal le serviteur qui travaille fidèlement, ni le mercenaire qui se donne tout entier à vous.

23. Que le serviteur qui a du sens vous soit cher comme votre âme ; ne lui refusez pas la liberté qu'il mérite, et ne le laissez point tomber dans la pauvreté.

24. Avez-vous des troupeaux, ayez-en soin ; et s'ils vous sont utiles, qu'ils demeurent toujours chez vous.

25. Avez-vous des fils, instruisez-les bien, et accoutumez-les au joug dès leur enfance.

26. Avez-vous des filles, conservez la pureté de leurs corps, et ne vous montrez pas à elles avec un visage gai.

27. Mariez votre fille, et vous aurez fait une grande affaire ; et donnez-la à un homme de bon sens.

28. Si vous avez une femme selon votre cœur, ne la quittez point ; et ne vous fiez point à celle qui est mauvaise.

29. Honorez votre père de tout votre cœur, et n'oubliez point les douleurs de votre mère :

30. Souvenez-vous que vous ne seriez point né sans eux ; et faites tout pour eux, comme ils ont tout fait pour vous.

31. Craignez le Seigneur de toute votre âme, et ayez de la vénération pour ses prêtres.

32. Aimez de toutes vos forces celui qui vous a créé, et n'abandonnez point ses ministres.

33. Honorez Dieu de toute votre âme, révérez les prêtres, et purifiez-vous par le travail de vos mains.

34. Donnez-leur leur part des prémices et des hosties d'expiation, comme il vous a été ordonné, et purifiez-vous de vos négligences avec le petit nombre.

35. Offrez au Seigneur les épaules des victimes, et les sacrifices de sanctification, et les prémices des choses saintes :

36. Ouvrez votre main au pauvre, afin que votre sacrifice d'expiation et votre offrande soient entièrement parfaits.

37. La libéralité est agréable à tous ceux qui vivent, et n'empêchez pas qu'elle ne s'étende sur les morts.

38. Ne manquez pas à consoler ceux qui sont dans la tristesse, et pleurez avec ceux qui pleurent.

39. Ne soyez point paresseux à visiter les malades ; car c'est ainsi que vous vous affermirez dans la charité.

40. Souvenez-vous, dans toutes vos actions, de votre dernière fin, et vous ne pécherez jamais.

CHAPITRE VIII.

Ne point avoir de démêlé avec un homme puissant. Ne point faire de reproche à celui qui se corrige. Écouter les sages et les vieillards. Ne point irriter les passions des méchants. Ne point découvrir son secret à un étranger.

1. N'ayez point de démêlé avec un homme puissant, de peur que vous ne tombiez entre ses mains.

2. Ne disputez point avec un homme riche, de peur qu'il ne vienne à vous faire un procès ;

3. Car l'or et l'argent en ont perdu plusieurs, et leur pouvoir s'étend même jusqu'au cœur des rois pour les faire pencher où l'on veut.

4. Ne disputez pas avec un grand parleur, et ne mettez pas davantage de bois dans son feu.

5. N'ayez point de commerce avec un homme mal instruit, de peur qu'il ne parle mal de votre race.

6. Ne méprisez point un homme qui se retire du péché, et ne lui en faites point de reproche : souvenez-vous que nous avons tous mérité le châtiment.

7. Ne méprisez point un homme dans sa vieillesse ; car ceux qui vieillissent ont été comme nous.

8. Ne vous réjouissez point de la mort de votre ennemi ; considérez que nous mourons tous, et que nous ne voulons point devenir un sujet de joie.

9. Ne méprisez point les discours des sages vieillards, mais entretenez-vous de leurs paraboles ;

10. Car vous apprendrez d'eux la sagesse, la doctrine qui donne l'intelligence, et l'art de servir les grands d'une manière irrépréhensible.

11. Ne négligez point les récits des vieillards, parce qu'ils les tiennent de leurs pères ;

12. Car vous apprendrez d'eux l'intelligence, et à répondre lorsqu'il en sera temps.

13. N'allumez point les charbons des pécheurs en les reprenant, de peur que le feu de leurs péchés ne vous consume par ses flammes.

14. Ne résistez point en face à un homme insolent, de peur qu'il ne s'applique à tendre des pièges à vos paroles.

15. Ne prêtez point d'argent à un homme plus puissant que vous ; que si vous lui en avez prêté, tenez-le perdu.

16. Ne répondez point pour un autre au-dessus de vos forces ; que si vous avez répondu, mettez-vous en peine comme étant obligé de satisfaire.

17. Ne jugez point au désavantage du juge, parce qu'il prononce selon ce qui est juste.

18. Ne vous engagez point à aller avec, un homme audacieux, de peur qu'il ne fasse tomber sur vous le mal qu'il fera ; car il se conduira suivant sa passion, et vous périrez avec lui par sa folie.

19. Ne faites point de querelle avec un homme colère, et n'allez point avec l'audacieux dans un lieu désert ; car ce n'est rien pour lui de répandre le sang, et lorsque vous vous trouverez sans secours, il vous écrasera.

20. Ne délibérez point de vos affaires avec des fous ; car ils ne pourront aimer que ce qui leur plaît.

21. Ne traitez rien de secret devant un étranger ; car vous ne savez ce qu'il enfantera un jour.

22. Ne découvrez point votre cœur à toutes sortes de personnes, de peur de le découvrir à un faux ami, et qu'il ne médise ensuite de vous.

CHAPITRE IX.

Ne point être jaloux de sa femme. Fuir la compagnie des femmes étrangères. Conserver ses anciens amis. Ne point envier la gloire des méchants. S'éloigner des grands. Se lier avec les sages. S'occuper de Dieu.

1. Ne soyez point jaloux de la femme qui vous est unie, de peur qu'elle n'emploie contre vous la malice que vous lui aurez apprise.

2. Ne rendez point la femme maîtresse de votre esprit, de peur qu'elle ne prenne l'autorité qui vous appartient, et que vous ne tombiez dans la honte.

3. Ne regardez point une femme volage dans ses désirs, de peur que vous ne tombiez dans ses filets.

4. Ne vous trouvez pas souvent avec une danseuse, et ne l'écoutez pas, de peur que vous ne périssiez par la force de ses charmes.

5. N'arrêtez point vos regards sur une fille, de peur que sa beauté ne vous devienne un sujet de chute.

6. N'abandonnez en aucune sorte votre âme aux femmes prostituées, de peur que vous ne vous perdiez vous et votre bien.

7. Ne jetez point les yeux de tous côtés dans les rues de la ville, et ne vous promenez pas de place en place.

8. Détournez vos yeux d'une femme parée, et ne regardez point curieusement une beauté étrangère.

9. Plusieurs se sont perdus par la beauté de la femme ; car c'est par-là que la concupiscence s'embrase comme un feu.

10. Toute femme prostituée est comme de l'ordure dans un chemin, qui est foulée aux pieds de tous les passants.

11. Plusieurs ayant été surpris par la beauté d'une femme étrangère ont été rejetés de Dieu ; car l'entretien de ces femmes brûle comme un feu.

12. Ne vous asseyez jamais avec la femme d'un autre, et ne soyez point à table avec elle appuyé sur le coude :

13. Et ne causez point avec elle en buvant du vin, de peur que votre cœur ne se tourne vers elle, et que votre affection ne vous fasse tomber dans la perdition.

14. Ne quittez point un ancien ami ; car le nouveau ne lui sera point semblable.

15. Le nouvel ami est un vin nouveau ; il vieillira, et vous le goûterez avec plaisir.

16. N'enviez point la gloire ni les richesses du pécheur, car vous ne savez quelle sera sa ruine.

17. N'approuvez point la violence des injustes ; sachez que l'impie déplaira à Dieu jusqu'au tombeau.

18. Tenez-vous bien loin de celui qui a le pouvoir de faire mourir, et par-là vous vous mettrez hors d'état de craindre la mort.

19. Si vous approchez de lui, prenez garde de ne rien faire mal à propos, de peur qu'il ne vous ôte la vie.

20. Souvenez-vous que la mort est proche, parce que vous marchez au milieu des pièges et au travers des armes d'ennemis pleins de colère.

21. Examinez, autant que vous le pourrez, ceux qui vous approchent, et prenez conseil de ceux qui sont sages et prudents.

22. Invitez à votre table des hommes justes, et mettez votre gloire à craindre Dieu :

23. Que la pensée de Dieu occupe tout votre esprit, et que tous vos entretiens soient des commandements du Très-Haut.

24. Les ouvriers s'acquièrent de l'estime par les ouvrages de leurs mains. le prince du peuple par la sagesse de ses discours, et les vieillards par le sens de leurs paroles.

25. Le grand parleur sera terrible dans sa ville ; et l'homme précipité dans ses discours sera haï.

CHAPITRE X.

Avantages d'un bon gouvernement. Horreur qu'on doit avoir de l'avarice. Suites funestes de l'orgueil. Louange de ceux qui craignent le Seigneur. Parallèle de la gloire du riche et du pauvre.

1. Le juge sage jugera son peuple, et le gouvernement d'un homme sensé demeurera stable.

2. Tel qu'est le juge du peuple, tels sont ses ministres ; et tel qu'est le prince de la ville, tels sont aussi les habitants.

3. Le roi peu sensé perdra son peuple ; et les villes se peupleront par le bon sens de ceux qui gouvernent.

4. Le pouvoir souverain sur un pays est dans la main de Dieu ; et c'est lui qui y suscitera en son temps un prince pour le gouverner utilement.

5. Le bonheur de l'homme est dans la main de Dieu ; et c'est lui qui met sur la personne du sage les marques d'honneur qui lui appartiennent.

6. Perdez le souvenir de toutes les injures que vous avez reçues de votre prochain, et ne faites rien par la voie de la violence.

7. L'orgueil est haï de Dieu et des hommes, et toute iniquité des nations est exécrable.

8. Un royaume est transféré d'un peuple à un autre à cause des injustices, des violences, des outrages et des différentes tromperies.

9. Rien n'est plus détestable que l'avare. Pourquoi la terre et la cendre s'élèvent-elles d'orgueil ?

10. Il n'y a rien de plus injuste que d'aimer l'argent ; car un tel homme vendrait son âme même, parce qu'il s'est dépouillé tout vivant de ses propres entrailles.

11. Toute puissance subsistera peu. La maladie longue fatigue le médecin.

12. Le médecin coupe par la racine un mal qui dure peu : ainsi tel est roi aujourd'hui qui mourra demain.

13. Quand l'homme sera mort, il aura pour héritage les serpents, les bêtes, et les vers.

14. Le commencement de l'orgueil de l'homme est de commettre une apostasie à l'égard de Dieu ;

15. Parce que son cœur se retire de celui qui l'a créé. Car le principe de tout péché est l'orgueil ; celui qui y demeure attaché sera rempli de malédiction, et il y trouvera enfin sa ruine.

16. C'est pour cela que le Seigneur a couvert d'opprobre les assemblées des méchants, et qu'il les a détruites pour jamais.

17. Dieu a renversé les trônes des princes superbes, et il y a fait asseoir en leur place ceux qui étaient humbles.

18. Dieu a fait sécher les racines des nations superbes, et il a planté et fait croître ceux d'entre ces mêmes nations qui étaient humbles.

19. Le Seigneur a détruit les terres des nations, et il les a renversées jusqu'aux fondements,

20. Il en a fait sécher quelques-unes, et il les a exterminées, et il a effacé leur mémoire de dessus la terre.

21. Dieu a aboli la mémoire des superbes, et il a établi celle des humbles de cœur.

22. L'orgueil n'a point été créé avec l'homme, ni la colère avec le sexe des femmes.

23. La race de ceux qui craignent Dieu sera en honneur ; et la race de ceux qui négligent les commandements du Seigneur sera déshonorée.

24. Celui qui conduit les frères est parmi eux en honneur ; et ceux qui craignent le Seigneur seront agréables à ses yeux.

25. La gloire des riches, des personnes en honneur, et des pauvres, est la crainte du Seigneur.

26. Ne méprisez point un homme juste, quoiqu'il soit pauvre, et ne révérez point un pécheur, quoiqu'il soit riche.

27. Les grands, les juges et les puissants sont en honneur ; mais nul n'est plus grand que celui qui craint Dieu.

28. Les hommes libres sont assujettis au serviteur avisé ; celui qui est prudent et bien instruit ne murmurera point quand il sera repris, et l'imprudent ne sera point en honneur.

29. Ne vous élevez point en faisant votre œuvre, et ne vous laissez point aller à la paresse au temps de l'affliction.

30. Celui qui travaille et qui a tout en abondance vaut mieux qu'un glorieux qui n'a pas de pain.

31. Mon fils, conservez votre âme dans la douceur, et rendez-lui honneur selon qu'elle le mérite.

32. Qui justifiera celui qui pèche contre son âme, et qui honorera celui qui la déshonore ?

33. Le pauvre trouve sa gloire dans le règlement de sa vie et dans la crainte de Dieu : d'autres sont honorés pour leurs grands biens.

34. Combien aurait de gloire, s'il était riche, celui qui en reçoit tout pauvre qu'il est ? mais que celui qui n'est honoré que pour son bien prenne garde de ne pas devenir pauvre.

CHAPITRE XI.

Ne pas juger des hommes par leur extérieur. Vanité des grandeurs humaines. C'est de Dieu que viennent les biens et les maux. Vanité des richesses. Mettre en Dieu sa confiance. Ne pas se fier à tout le monde.

1. La sagesse de celui qui est de basse condition l'élèvera en honneur, et le fera seoir au milieu des grands.

2. Ne louez point un homme pour sa mine avantageuse, et ne le méprisez point parce qu'il paraît peu de chose.

3. L'abeille est petite entre les animaux qui volent, et néanmoins son fruit l'emporte sur ce qu'il y a de plus doux.

4. Ne vous glorifiez point de vos vêtements, et ne vous élevez point au jour que vous serez en honneur ; car il n'y a que le Très-Haut dont les ouvrages soient admirables et dignes de gloire, et ils sont cachés et inconnus aux hommes.

5. Beaucoup de tyrans ont été sur le trône ; et tel a porté le diadème, auquel on n'aurait jamais pensé.

6. Beaucoup de puissants princes ont été entièrement ruinés ; et ceux qui étaient dans la gloire ont été livrés entre les mains des autres.

7. Ne blâmez personne avant que de vous être bien informé ; et quand vous l'aurez fait, reprenez-le avec équité.

8. Ne répondez point avant que d'avoir écouté, et n'interrompez point une personne au milieu de son discours.

9. Ne disputez point des choses qui ne vous regardent point ; et ne vous asseyez point pour juger avec les méchants.

10. Mon fils, ne vous engagez pas dans une multiplicité d'actions ; car si vous entreprenez beaucoup d'affaires, vous ne serez pas exempt de faute. Si vous les suivez toutes, vous ne pourrez y suffire ; et si vous allez au-devant, vous en serez entièrement accablé.

11. Tel travaille et se hâte, et souffre beaucoup ; mais étant sans piété, plus il travaille, moins il s'enrichit.

12. Tel est sans vigueur, dans un besoin d'être aidé en toutes choses, dans la défaillance et dans une extrême pauvreté ;

13. Et cependant l'œil de Dieu regarde cet homme favorablement, le tire de son humiliation, l'élève en honneur ; et plusieurs le voyant en sont surpris, et en rendent gloire à Dieu.

14. Les biens et les maux, la vie et la mort, la pauvreté et les richesses viennent de Dieu.

15. C'est en Dieu que se trouve la sagesse, le règlement de la vie, et la science de la loi. La charité et les bonnes œuvres ont leur source en lui.

16. L'erreur et les ténèbres sont créées avec les pécheurs ; et ceux qui se glorifient dans le mal vieilliront dans le péché.

17. Le don de Dieu demeure ferme dans les justes, et leur progrès dans le bien se termine à un bonheur éternel.

18. Tel s'enrichit par sa grande épargne, et toute la récompense qu'il en tire est

19. De pouvoir dire : J'ai trouvé moyen de me mettre en repos ; je mangerai maintenant mon bien tout seul :

20. Et il ne considère pas que le temps s'écoule, que la mort s'approche, et qu'en mourant il laissera à d'autres ce qu'il a.

21. Demeurez ferme dans l'alliance que vous avez faite avec Dieu ; que ce soit toujours votre entretien, et vieillissez dans la pratique de ce qui vous a été commandé.

22. Ne vous arrêtez point à ce que font les pécheurs ; mettez votre confiance en Dieu, et demeurez ferme dans votre place.

23. Car il est aisé à Dieu d'enrichir tout d'un coup celui qui est pauvre.

24. Dieu bénit le juste, et se hâte de le récompenser : il le fait croître, et lui fait porter du fruit en peu de temps.

25. Ne dites point : Qu'ai-je à faire de me mettre en peine ? qu'ai-je à espérer de bien désormais ?

26. Ne dites point aussi : Ce que j'ai me suffit ; quel mal ai-je à craindre pour l'avenir ?

27. Ne perdez pas le souvenir du mal au jour heureux, ni le souvenir du bien au jour malheureux ;

28. Car il est aisé à Dieu de rendre à chacun au jour de sa mort selon ses voies.

29. Le mal présent fait oublier les plus grands plaisirs, et à la mort de l'homme toutes ses œuvres sont découvertes.

30. Ne louez aucun homme avant sa mort ; car on connaît un homme par les enfants qu'il laisse après lui.

31. N'introduisez pas toutes sortes de personnes dans votre maison ; car le trompeur a beaucoup de pièges.

32. Comme il sort une haleine corrompue de celui qui a l'estomac gâté, comme la perdrix est conduite dans le filet, et le chevreuil dans le piège ; ainsi est le cœur des superbes, et de celui qui est attentif à regarder la chute de son prochain.

33. Car il dresse des embûches en changeant le bien en mal, et il imprime des taches dans les actions les plus pures.

34. Une étincelle seule allume un grand feu, ainsi le trompeur multiplie les meurtres ; et le pécheur dresse des pièges pour répandre le sang.

35. Gardez-vous de l'homme malicieux, qui est toujours appliqué à faire le mal ; de peur qu'il ne vous rende pour jamais la fable du monde.

36. Donnez entrée chez vous à l'étranger, et il y excitera un trouble qui vous renversera, et il vous chassera de votre propre maison.

CHAPITRE XII.

Faire le bien avec discernement. On ne connaît les vrais amis que dans l'adversité. Se donner de garde d'un ennemi, même réconcilié.

1. Si vous faites du bien, sachez à qui vous le ferez, et ce que vous ferez de bien plaira beaucoup.

2. Faites du bien au juste, et vous en recevrez une grande récompense, sinon de lui, au moins du Seigneur.

3. Car il n'y a point de bien à espérer pour celui qui s'applique toujours au mal, ou qui ne fait point l'aumône, parce que le Très-Haut hait les pécheurs, et qu'il fait miséricorde aux pénitents.

4. Donnez à celui qui a de la bonté, et n'assistez point le pécheur ; car Dieu rendra aux méchants et aux pécheurs ce qu'ils méritent, et il les réserve pour le jour de sa vengeance.

5. Donnez à celui qui est bon, et n'assistez point le pécheur.

6. Faites du bien à celui qui est humble, et ne donnez point au méchant ; empêchez qu'on ne lui donne du pain, de peur qu'il ne devienne ainsi plus puissant que vous,

7. Car vous trouverez un double mal dans tout le bien que vous lui ferez. parce que le Très-Haut hait lui-même les pécheurs, et qu'il exerce sa vengeance contre les méchants.

8. L'ami ne se connaît point pendant la prospérité, et l'ennemi ne se peut cacher dans l'adversité.

9. Quand un homme est heureux, ses ennemis sont tristes ; et quand il est malheureux, on connait quel est son ami.

10. Ne vous fiez jamais à votre ennemi ; car sa malice est comme la rouille qui revient toujours au cuivre :

11. Quoiqu'il s'humilie et qu'il aille tout courbé, soyez vigilant, et donnez-vous de garde de lui.

12. Ne l'établissez point auprès de vous, et qu'il ne s'asseye point à votre droite, de peur qu'il ne veuille prendre votre place et s'asseoir dans votre chaire, et que vous ne reconnaissiez enfin la vérité de mes paroles, dont vous vous trouverez percé jusqu'au cœur.

13. Qui aura pitié de l'enchanteur lorsqu'il sera piqué par le serpent, et de tous ceux qui s'approchent des bêtes ? Ainsi on n'en aura point de celui qui s'unit avec le méchant, et qui se trouve enveloppé dans ses péchés.

14. Il demeurera avec vous pendant quelque temps ; et s'il vous voit pencher tant soit peu, il n'y pourra plus durer.

15. Votre ennemi a la douceur sur les lèvres, et dans son cœur il songe à vous tendre des pièges pour vous faire tomber dans la fosse.

16. Votre ennemi a la larme à l'œil, et, s'il trouve l'occasion, il sera insatiable de votre sang.

17. S'il vous arrive du mal, vous le trouverez le premier.

18. Votre ennemi a les larmes aux yeux, et feignant de vous secourir, il tâchera de vous faire tomber.

19. Il secouera la tête, et battra des mains, et changeant de visage il sèmera en secret beaucoup de faux bruits.

CHAPITRE XIII.

Dangers de la société avec les superbes et les puissants. Conduite qu'on doit tenir à l'égard des grands. S'attacher a Dieu. S'unir à ses semblables. Parallèle du pauvre et du riche.

1. Celui qui touche la poix en sera sali ; et celui qui se joint au superbe deviendra superbe.

2. Celui qui se lie avec un plus grand que lui se met un fardeau pesant sur les épaules. N'entrez point en société avec un plus riche que vous.

3. Quelle union peut-il y avoir entre un pot de terre et un pot de fer ? car lorsqu'ils se heurteront l'un contre l'autre, celui de terre sera brisé.

4. Le riche fait une injustice, et il crie avec menaces ; le pauvre a été offensé, et il demeure dans le silence.

5. Tant que vous lui rendrez service, il vous emploiera ; et lorsqu'il n'aura plus rien à attendre de vous, il vous abandonnera.

6. Si vous avez du bien, il fera bonne chère avec vous, et il vous épuisera ; et il ne se mettra nullement en peine de ce que vous deviendrez.

7. Tant que vous lui serez nécessaire, il vous trompera, il vous donnera de bonnes espérances en souriant, il vous parlera favorablement, et vous dira : Avez-vous besoin de quelque chose ?

8. Il vous fera festin pour vous piquer d'honneur à faire de même, jusqu'à ce qu'il vous épuise en deux ou trois repas ; et à la fin il se moquera de vous, vous abandonnera, et vous insultera en secouant la tête.

9. Humiliez-vous devant Dieu, et attendez que sa main agisse.

10. Prenez garde de ne vous pas humilier follement en vous laissant séduire.

11. Ne vous humiliez pas dans votre sagesse, de peur qu'étant humilié vous ne vous laissiez séduire pour commettre une folie.

12. Si un grand vous appelle, retirez-vous ; car il en sera plus porté à vous appeler.

13. Ne le voyez pas trop souvent, de peur qu'il ne se dégoûte de vous ; et ne vous en éloignez pas, de peur qu'il ne vous oublie.

14. Ne l'entretenez pas longtemps comme si vous étiez son égal, et ne vous fiez pas à ses longs entretiens ; car il vous tentera en vous faisant beaucoup parler, et en souriant il vous demandera ce que vous devez conserver secret.

15. Son cœur impitoyable conservera toutes vos paroles ; et il n'épargnera ni les mauvais traitements, ni les prisons.

16. Prenez garde à vous, et écoutez avec attention ce qu'il vous dira, parce que vous marchez sur le bord du précipice :

17. Mais, en l'écoutant, prenez ses paroles pour un songe, et vous veillerez.

18. Aimez Dieu toute votre vie, et invoquez-le pour votre salut.

19. Tout animal aime son semblable ; ainsi tout homme aime celui qui lui est proche.

20. Toute chair s'unit à celle qui lui ressemble, et tout homme s'unit avec son semblable.

21. Comme le loup n'a point de commerce avec l'agneau, ainsi le pécheur n'en a point avec le juste.

22. Quel rapport a un homme saint avec un chien ? et quelle liaison a un homme riche avec un pauvre ?

23. L'âne sauvage est la proie du lion dans le désert ; ainsi les pauvres sont la proie des riches.

24. Comme l'humilité est en abomination au superbe, ainsi le pauvre est en horreur au riche.

25. Si le riche est ébranlé, ses amis le soutiennent ; mais si le pauvre commence à tomber, ses amis mêmes contribuent à sa chute.

26. Si le riche a été trompé, plusieurs l'assistent ; s'il parle insolemment, on le justifie :

27. Mais si le pauvre a été trompé, on lui fait encore des reproches ; s'il parle sagement, on ne veut pas l'écouter.

28. Que le riche parle, tous se taisent, et ils relèvent ses paroles jusqu'au ciel.

29. Que le pauvre parle, on dit : Qui est celui-ci ? Et s'il fait un faux pas, on le fait tomber tout à fait.

30. Les richesses sont bonnes à celui dont la conscience est sans péché ; et la pauvreté est très-mauvaise au méchant qui a le murmure dans la bouche.

31. Le cœur de l'homme change le visage, et le rend ou bon ou mauvais.

32. Vous trouverez difficilement, et avec travail, un bon visage qui soit la marque d'un bon cœur.

CHAPITRE XIV.

Bonheur de celui qui ne pèche point par sa langue. Malheur de l'avare. Se souvenir de la mort. Faire un bon usage de ses biens. Fragilité de la vie. Bonheur de celui qui s'applique à rechercher la sagesse.

1. Heureux l'homme qui n'est point tombé par les paroles de sa bouche, et qui n'est point piqué par les remords du péché !

2. Heureux celui dont l'âme n'est point abattue de tristesse, et qui n'est point déchu de son espérance !

3. Le bien est inutile à l'homme avare et attaché à l'argent : et que sert l'or à l'envieux ?

4. Celui qui amasse injustement des richesses les amasse pour d'autres, et un autre viendra qui dissipera tout ce bien en débauche.

5. A qui sera bon celui qui est mauvais à lui-même, et qui ne jouit en aucune sorte de son bien ?

6. Rien n'est pire que celui qui s'envie sa propre subsistance ; et cette disposition même est la peine de sa malice.

7. S'il fait du bien à quelqu'un, c'est sans y penser et malgré lui ; et enfin il découvrira sa malignité.

8. L'œil de l'envieux est malin ; il détourne son visage, et méprise son âme.

9. L'œil de l'avare est insatiable dans son iniquité ; il ne sera point content qu'il ne dessèche et consume son âme.

10. L'œil malin ne tend qu'au mal ; il se regrettera le pain qu'il mange, il est affamé et triste à sa propre table.

11. Mon fils, si vous avez quelque chose, faites-vous-en du bien à vous-même, et offrez à Dieu de dignes offrandes.

12. Souvenez-vous de la mort qui ne tarde point, et de cet arrêt qui vous a été prononcé, que vous devez aller au tombeau ; car cet arrêt, que tout homme doit mourir, est pour tout le monde.

13. Faites du bien à votre ami avant la mort, et donnez l'aumône au pauvre selon que vous le pouvez.

14. Ne vous privez pas des avantages du jour heureux, et ne laissez perdre aucune partie du bien que Dieu vous donne.

15. N'est-ce pas à d'autres que vous laisserez les fruits de vos peines et de vos travaux, qu'ils partageront entre eux ?

16. Donnez et recevez, et sanctifiez votre âme.

17. Faites des œuvres de justice avant votre mort, parce qu'on ne trouve point de quoi se nourrir dans le tombeau.

18. Toute chair se fane comme l'herbe, et comme la feuille qui croît sur les arbres verts.

19. Les unes naissent, et les autres tombent : ainsi dans cette race de chair et de sang les uns meurent, et les autres naissent.

20. Tout ce qui est corruptible sera enfin détruit, et l'ouvrier s'en ira avec son ouvrage.

21. Toute œuvre excellente sera reconnue enfin pour ce qu'elle est, et celui qui l'a faite y trouvera sa propre gloire.

22. Heureux l'homme qui demeure appliqué à la sagesse, qui s'exerce à pratiquer la justice, et qui pense sans cesse à cet œil de Dieu qui voit toutes choses ;

23. Qui repasse ses voies dans son cœur, qui pénètre dans l'intelligence de ses secrets, qui va après la sagesse, comme suivant ses traces, et marchant dans les routes par où elle passe ;

24. Qui regarde par ses fenêtres, et qui écoute à sa porte ;

25. Qui se tient auprès de sa maison, et qui, enfonçant un pieu dans ses murailles, se bâtit une petite cabane auprès d'elle, où ses biens se conservent pour jamais dans un grand repos !

26. Il établira ses fils sous son ombre, et il demeurera sous ses branches.

27. Il trouvera sous elle un couvert contre l'ardeur du jour, et il se reposera dans sa gloire.

CHAPITRE XV.

Celui qui recherche la sagesse la trouvera. Dieu n'est point auteur du péché. Il a laissé à l'homme le choix du bien et du mal.

1. Celui qui craint Dieu fera le bien, et celui qui est affermi dans la justice possédera la sagesse ;

2. Et elle viendra au-devant de lui comme une mère pleine d'honneur, et le recevra comme une épouse vierge reçoit son époux.

3. Elle le nourrira du pain de vie et d'intelligence, et lui fera boire l'eau de la sagesse qui donne le salut : elle s'affermira dans lui, et elle le rendra inébranlable ;

4. Elle le tiendra de sa main, et il ne sera point confondu : elle l'élèvera parmi ses proches,

5. Et lui ouvrira la bouche au milieu de l'assemblée ; elle le remplira l'esprit de sagesse et d'intelligence, et elle le revêtira d'une robe de gloire.

6. Elle lui amassera un trésor de joie et d'allégresse, et lui donnera pour héritage un nom éternel.

7. Les hommes insensés ne la comprendront point ; mais les hommes de bon sens iront au-devant d'elle. Les insensés ne la verront point, parce qu'elle se tient bien loin de l'orgueil et de la tromperie.

8. Les menteurs ne se souviendront point d'elle ; mais les hommes véritables se trouveront avec elle, et marcheront heureusement jusqu'à ce qu'ils arrivent à la vue de Dieu.

9. La louange n'est pas belle dans la bouche du pécheur,

10. Parce que la sagesse vient de Dieu. La louange de Dieu accompagne la sagesse, elle remplit la bouche fidèle, et elle lui est inspirée par le souverain Dominateur.

11. Ne dites point : Dieu est cause que je n'ai pas la sagesse ; car c'est à vous à ne pas faire ce qu'il déteste.

12. Ne dites point : C'est lui qui m'a jeté dans l'égarement ; car les méchants ne lui sont point nécessaires.

13. Le Seigneur hait toute abomination et tout dérèglement, et ceux qui le craignent n'aiment point ces choses.

14. Dieu, dès le commencement, a créé l'homme, et il l'a laissé dans la main de son propre conseil.

15. Il lui a donné de plus ses ordonnances et ses préceptes.

16. Si vous voulez observer les commandements, et garder toujours avec fidélité ce qui est agréable à Dieu, ils vous conserveront.

17. Il a mis devant vous l'eau et le feu, afin que vous portiez la main du côté que vous voudrez.

18. La vie et la mort, le bien et le mal, sont devant l'homme : ce qu'il aura choisi lui sera donné ;

19. Car la sagesse de Dieu est grande, il est invincible dans sa puissance, il voit tous les hommes à tous les moments.

20. Les yeux du Seigneur sont sur ceux qui le craignent, et il connaît lui-même toutes les œuvres de l'homme.

21. Il n'a commandé à personne de faire le mal, et il n'a donné à personne la permission de pécher ;

22. Car il ne se plaît point en un grand nombre d'enfants infidèles et inutiles.

CHAPITRE XVI.

Ne pas se réjouir d'avoir beaucoup d'enfants, s'ils n'ont point la crainte de Dieu. Dieu extermine les méchants ; il récompense les bons. Il voit le fond des cœurs. Ses voies sont impénétrables, ses jugements terribles, sa puissance infinie.

1. Ne vous réjouissez point d'avoir beaucoup d'enfants, s'ils sont méchants ; et ne mettez point en eux votre joie, s'ils n'ont point la crainte de Dieu.

2. Ne vous appuyez point sur leur vie, et ne vous prévalez point de leurs travaux ;

3. Car un seul enfant qui craint Dieu vaut mieux que mille qui sont méchants ;

4. Et il est plus avantageux de mourir sans enfants, que d'en laisser après soi qui soient sans piété.

5. Un seul homme de bon sens fera peupler toute une ville ; et un pays de méchants deviendra désert.

6. J'ai vu de mes yeux plusieurs exemples de cette sorte, et j'en ai entendu de mes oreilles de plus grands encore.

7. Le feu s'allumera dans l'assemblée des méchants, et la colère s'enflammera dans une nation qui est incrédule.

8. Les anciens géants n'ont point obtenu le pardon de leurs péchés ; ils ont été détruits à cause de la confiance qu'ils avaient en leurs propres forces

9. Dieu n'a point épargné la ville où Lot demeurait comme étranger, et il en a eu les habitants en exécration à cause de leur insolence.

10. Il n'a point eu de compassion d'eux, et il a exterminé toute cette nation qui s'enorgueillissait dans ses péchés.

11. Il a perdu de même les six cent mille hommes qui avoient conspiré ensemble dans la dureté de leur cœur : aurait-il donc pardonné à un seul homme, s'il eût été opiniâtre comme ceux-là ?

12. Car la miséricorde et l'indignation l'accompagnent toujours. Il est puissant pour pardonner, il l'est aussi pour répandre sa colère.

13. Ses châtiments égalent sa miséricorde, et il juge l'homme selon ses œuvres.

14. Le méchant n'échappera pas dans ses rapines, et la patience de celui qui assiste le pauvre ne sera pas longtemps sans être récompensée.

15. Toute action de miséricorde fera placer chacun en son rang selon le mérite de ses œuvres, et selon la prudence avec laquelle il aura vécu comme étranger sur la terre.

16. Ne dites point : Je me déroberai aux yeux de Dieu ; et qui se souviendra de moi du haut du ciel ?

17. Je ne serai point reconnu parmi un si grand peuple ; car qu'est-ce que mon âme parmi ce nombre innombrable de toutes les créatures ?

18 Le ciel et le ciel des cieux, les abîmes, toute l'étendue de la terre, et tout ce qui y est compris, trembleront à sa seule vue.

19. Les montagnes, les collines, et les fondements de la terre, seront ébranlés de frayeur au moindre de ses regards.

20 Il voit le cœur insensé parmi toutes ses créatures, et il pénètre le fond de tous les cœurs.

21. Qui est celui qui comprend les voies de Dieu, et cette tempête que l'œil de l'homme n'a jamais vue ?

22. Beaucoup de ses œuvres sont cachées ; mais qui peut exprimer les effets de sa justice, ou qui les peut soutenir ? Car les arrêts de Dieu sont bien loin de la pensée de quelques uns, et il remet à examiner toutes choses au dernier jour.

23. L'imprudent a des pensées vaines ; et l'homme indiscret et égaré s'occupe de folies.

24. Écoutez-moi, mon fils ; apprenez à bien régler votre esprit, et rendez votre cœur attentif à mes paroles :

25. Je vous donnerai des instructions très-exactes, et je vous représenterai les règles les plus justes de la sagesse : rendez, dis-je, votre cœur attentif à mes paroles, et je vous représenterai avec un esprit plein de droiture les merveilles que Dieu, dès le commencement, a fait reluire dans ses ouvrages, et je vous apprendrai à le connaitre dans la vérité.

26. Dieu dans sa sagesse a formé d'abord ses ouvrages ; il a distingué les parties du monde aussitôt qu'il les a créées, et il en a placé les principales pour subsister dans le temps qu'il leur a marqué.

27. Il les a ornées pour jamais, et les a conduites dans leurs mouvements, qu'elles ont continués sans interruption, sans aucun besoin, et sans se lasser.

28. Jamais l'une n'a pressé ni dérangé l'autre.

29. Ne soyez pas incrédule à la parole du Seigneur.

30. Après cela Dieu a regardé la terre, et l'a remplie de ses biens.

31. Il l'a couverte de tous les animaux qui y sont, et qui retournent dans la terre d'où ils sont tirés.

CHAPITRE XVII.

Création de l'homme ; prérogatives que Dieu lui a données. Faveurs que Dieu a faites aux enfants d'Israël. Bonté de Dieu envers les pénitents. Exhortation à la pénitence.

1. Dieu a créé l'homme de la terre, et l'a formé à son image.

2. Il l'a fait rentrer ensuite dans la terre d'où il l'avait pris, et l'a revêtu de force selon sa nature.

3. Il lui a marqué le temps et le nombre de ses jours, et lui a donné pouvoir sur tout ce qui est sur la terre.

4. Il l'a fait craindre de toute chair, et lui a donné l'empire sur les bêtes et sur les oiseaux.

5. Il lui a créé de sa substance un aide semblable à lui ; il leur a donné le discernement, une langue, des yeux, des oreilles, un esprit pour penser, et les a remplis de la lumière de l'intelligence.

6. Il a créé dans eux la science de l'esprit, il a rempli leur cœur de sens, et leur a fait voir les biens et les maux.

7. Il a fait luire son œil sur leurs cœurs, pour leur faire voir la grandeur de ses œuvres,

8. Afin qu'ils relevassent par leurs louanges la sainteté de son nom ; qu'ils le glorifiassent de ses merveilles, et qu'ils publiassent la magnificence de ses ouvrages.

9. Il a prescrit encore le règlement de leur conduite, et les a rendus les dépositaires de la loi de vie.

10. Il a fait avec eux une alliance éternelle, et leur a appris les ordonnances de sa justice.

11. Ils ont vu de leurs yeux les merveilles de sa gloire, et il les a honorés jusqu'à leur faire entendre sa voix : Ayez soin, leur a-t-il dit, de fuir toute sorte d'iniquité.

12. Et il a ordonné à chacun d'eux d'avoir soin de son prochain.

13. Leurs voies lui sont toujours présentes, et elles n'ont jamais été cachées à ses yeux.

14. Il a établi un prince pour gouverner chaque peuple ;

15. Mais Israël a été visiblement le partage de Dieu même.

16. Toutes leurs œuvres ont paru aussi clairement devant lui que le soleil ; et ses yeux se sont appliqués sans cesse à considérer leurs voies.

17. Les lois qui leur ont été prescrites n'ont point été obscurcies par leurs offenses, et Dieu a vu toutes leurs iniquités.

18. L'aumône de l'homme est devant Dieu comme un sceau, et il conservera le bienfait de l'homme comme la prunelle de l'œil.

19. Dieu s'élèvera enfin, il rendra à chacun la récompense qu'il aura méritée, et il précipitera les méchants jusqu'au fond de la terre.

20. Mais il donne aux pénitents un retour dans la voie de la justice. Il affermit ceux qui sont tentés de perdre la patience, et il leur destine la vérité pour partage.

21. Convertissez-vous au Seigneur, quittez vos péchés ;

22. Offrez-lui vos prières, et éloignez-vous de plus en plus de ce qui vous est un sujet de chute.

23. Retournez au Seigneur ; détournez-vous de l'injustice, et ayez en horreur ce que Dieu déteste ;

24. Connaissez la justice et les jugements de Dieu ; demeurez ferme dans l'état où il vous a mis, et dans l'invocation du Dieu très-haut.

25. Allez prendre part au siècle saint. avec ceux qui vivent et qui rendent gloire à Dieu.

26. Ne demeurez point dans l'erreur des méchants ; louez Dieu avant la mort : la louange n'est plus pour les morts, parce qu'ils sont comme s'ils n'étaient plus.

27. Louez Dieu tant que vous vivez, louez-le pendant que vous jouissez de la vie et de la santé ; louez Dieu, et glorifiez-vous dans ses miséricordes.

28. Combien est grande la miséricorde du Seigneur, et le pardon qu'il accorde à ceux qui se convertissent à lui !

29. Car tout ne se peut pas trouver dans les hommes, parce que les enfants des hommes ne sont pas immortels, et qu'ils mettent leur plaisir dans la vanité et dans la malice.

30. Qu'y a-t-il de plus lumineux que le soleil ? et néanmoins il souffre des défaillances. Qu'y a-t-il de plus corrompu que ce que pense la chair et le sang ? et cette malignité sera punie.

31. Le soleil contemple ce qu'il y a de plus élevé au haut des cieux ; mais tous les hommes ne sont que terre et que cendre.

CHAPITRE XVIII.

Grandeur de Dieu ; faiblesse de l'homme. Patience et miséricorde de Dieu. Faire l'aumône avec joie. Prévenir les maux. Résister à ses passions.

1. Celui qui vit éternellement a créé toutes choses ensemble. Le Seigneur sera seul reconnu juste, et il est le roi invincible qui subsiste pour jamais.

2. Qui sera capable de raconter ses ouvrages ?

3. Qui pourra pénétrer ses merveilles ?

4. Qui représentera la toute-puissance de sa grandeur ? et qui entreprendra d'expliquer sa miséricorde ?

5. On ne peut ni diminuer, ni ajouter rien aux merveilles de Dieu, et elles sont incompréhensibles.

6. Lorsque l'homme sera à la fin de cette recherche, il trouvera qu'il ne fait que commencer ; et, après s'y être longtemps appliqué, il ne lui en demeurera qu'un profond étonnement.

7. Qu'est-ce que l'homme ? en quoi peut-il être utile à Dieu ? quel bien ou quel mal lui peut-il faire ?

8. La vie de l'homme, même la plus longue, n'est que de cent ans. Ce peu d'années au prix de l'éternité ne sera considéré que comme une goutte de l'eau de la mer, ou un grain de sable.

9. C'est pourquoi le Seigneur les attend avec patience, et il répand sur eux sa miséricorde.

10. Il voit la présomption et la malignité de leur cœur ; il connait le renversement de leur esprit, qui est corrompu.

11. C'est pour cela qu'il les traite dans la plénitude de sa douceur, et qu'il leur montre le chemin de la justice.

12. La miséricorde de l'homme se répand sur son prochain ; mais la miséricorde de Dieu s'étend sur toute chair.

13. Étant plein de compassion, il enseigne et châtie les hommes, comme un pasteur ses brebis.

14. Il fait miséricorde à celui qui reçoit les instructions de sa miséricorde, et qui se hâte de se soumettre à ses ordonnances.

15. Mon fils, ne mêlez point les reproches au bien que vous faites, et ne joignez jamais à votre don des paroles tristes et affligeantes.

16. La rosée ne rafraîchit-elle pas l'ardeur du grand chaud ? ainsi la parole douce vaut mieux que le don.

17. La douceur des paroles ne passe-t-elle pas le don même ? mais toutes les deux se trouvent dans l'homme juste.

18. L'insensé fait des reproches aigres ; et le don de l'indiscret dessèche les yeux.

19. Travaillez à acquérir la justice avant que de juger ; et apprenez avant que de parler.

20. Usez de remèdes avant la maladie, interrogez-vous vous-même avant le jugement, et vous trouverez grâce devant Dieu.

21. Humiliez-vous avant que de tomber dans l'infirmité, et faites voir le règlement de votre conduite au temps de la maladie.

22. Que rien ne vous empêche de prier toujours, et ne cessez point de vous avancer dans la justice jusqu'à la mort, parce que la récompense de Dieu demeure éternellement.

23. Préparez votre âme avant la prière, et ne soyez pas comme un homme qui tente Dieu.

24. Souvenez-vous de la colère du dernier jour, et du temps auquel Dieu rendra à chacun selon qu'il aura vécu.

25. Souvenez-vous de la pauvreté pendant l'abondance, et des besoins de l'indigence au jour des richesses.

26. Du matin au soir le temps se change, et tout cela se fait en un moment aux yeux de Dieu.

27 L'homme sage sera toujours dans la crainte, et pendant les jours du péché il se gardera de la paresse.

28. Tout homme habile reconnait la sagesse, et il rend honneur à celui qui l'a trouvée.

29. Les hommes de bon sens témoignent aussi eux-mêmes leur sagesse dans leurs paroles ; ils ont l'intelligence de la vérité et de la justice, et ils répandent comme une pluie les sentences et les paraboles.

30. Ne vous laissez point aller à vos désirs, et détournez-vous de votre propre volonté.

31. Si vous contentez votre âme dans ses désirs, elle vous rendra la joie de vos ennemis.

32. Ne vous plaisez point dans les assemblées pleines de tumulte, non pas même dans les plus petites, parce qu'on s'y commet, et qu'on y pèche sans cesse.

33. Ne vous réduisez point à la pauvreté en empruntant à usure pour contribuer autant que les autres à faire des festins, pendant que vous n'avez rien dans votre bourse ; car vous vous ôtez ainsi à vous-même le moyen de vivre.

CHAPITRE XIX.

Maux que causent le vin et les femmes. Taire les défauts d'autrui.
Avertir son ami du mal qu'on dit de lui. Vraie et fausse sagesse.

1. L'ouvrier sujet au vin ne deviendra jamais riche ; et celui qui néglige les petites choses tombe peu à peu.

2. Le vin et les femmes font tomber les sages mêmes, et jettent dans l'opprobre les hommes sensés.

3. Celui qui se joint aux femmes prostituées perdra toute honte ; il sera la pâture de la pourriture et des vers ; il deviendra un grand exemple, et son âme sera retranchée du nombre des vivants.

4. Celui qui est trop crédule est léger de cœur ; il en souffrira de la perte, et il sera de plus considéré comme péchant contre son âme.

5. Celui qui aime l'iniquité sera déshonoré ; celui qui hait les réprimandes en vivra moins ; et celui qui hait le trop parler éteindra le mal.

6. Celui qui pèche contre son âme s'en repentira ; et celui qui met sa joie dans la malice sera déshonoré.

7. Ne rapportez point une parole maligne et offensante, et vous n'en souffrirez point de mal.

8. Ne dites vos pensées ni à votre ami ni à votre ennemi ; et si vous avez commis un péché, ne le leur découvrez point :

9. Car celui à qui vous le direz vous écoutera et vous observera, et, faisant semblant d'excuser votre faute, il vous haïra, et il sera toujours prêt à vous nuire.

10. Avez-vous entendu une parole contre votre prochain ; faites-la mourir au dedans de vous, et assurez-vous qu'elle ne vous fera point mourir.

11. L'insensé se presse d'enfanter une parole qu'il a entendue, comme une femme qui est en travail.

12. La parole ouïe est dans le cœur de l'insensé comme une flèche qui perce la cuisse.

13. Reprenez votre ami, de peur qu'il n'ait point su ce qu'on disait de lui, et qu'il ne vous dise : Je ne l'ai point fait ; ou, s'il l'a fait, afin qu'il ne le fasse plus à l'avenir.

14. Reprenez votre ami sur ce qu'on l'accuse d'avoir dit, parce que peut-être il ne l'a point dit ; ou, s'il l'a dit, afin qu'il ne le dise plus.

15. Reprenez votre ami, parce qu'on fait souvent de faux rapports ;

16. Et ne croyez pas tout ce qui se dit. Tel pèche de la langue, qui ne pèche point du cœur.

17. Car qui est celui qui ne pèche point de la langue ? Reprenez votre ami avant que d'user de paroles rudes.

18. Et donnez lieu à la crainte du Très-Haut ; car la crainte de Dieu est la souveraine sagesse : c'est elle qui apprend à craindre Dieu, et elle consiste toute à exécuter ses lois.

19. L'art de faire le mal avec adresse n'est pas sagesse, et la conduite des méchants n'est point prudence.

20. Il y a une malice ingénieuse qui est exécrable, et il y a une stupidité qui n'est qu'un défaut de sagesse.

21. Un homme qui a peu de sagesse et qui manque de sens, mais qui a la crainte de Dieu, vaut mieux que celui qui a un grand sens, et qui viole la loi du Très-Haut.

22. Il y a une adresse qui ne manque point le but, mais elle est injuste ;

23. Et il y en a qui usent de paroles de bon sens et qui ne disent que la vérité. Tel s'humilie malicieusement, dont le fond du cœur est plein de tromperie :

24. Tel se soumet jusqu'à l'excès avec une profonde humiliation ; tel baisse le visage, et fait semblant de n'avoir pas vu ce qui est secret ;

25. Mais si sa faiblesse l'empêche de pécher, il ne laissera pas de faire le mal lorsqu'il en aura trouvé l'occasion.

26. On connait une personne à la vue, et on discerne à l'air du visage l'homme de bon sens.

27. Le vêtement du corps, le ris des dents, et la démarche de l'homme, font connaître quel il est.

28. Il y a une fausse réprimande qui naît de la colère d'un homme insolent ; il y a un jugement qui se trouve n'être pas juste ; et tel se tait, qui le fait par prudence.

CHAPITRE XX.

Vices et vertus de la langue. Succès funestes ; maux heureux.
Présents intéressés. Mauvaise honte. Le mensonge déshonore.
Mauvais effets des présents. De celui qui cache la sagesse.

1. Ne vaut-il pas beaucoup mieux reprendre un homme, et lui donner lieu par-là d'avouer sa faute, que de garder sa colère contre lui ?

2. Celui qui viole la justice par un jugement injuste

3. Est comme l'eunuque qui veut faire violence à une jeune vierge.

4. Que c'est un grand bien, lorsqu'on est repris, de témoigner son repentir, puisque vous éviterez ainsi le péché volontaire !

5. Il y en a qui se taisent qui sont reconnus pour sages ; et il y en a qui se rendent odieux par leur intempérance dans les paroles.

6. Il y en a qui se taisent parce qu'ils n'ont pas assez de sens pour parler ; et il y en a d'autres qui se taisent parce qu'ils discernent quand il est temps de parler.

7. L'homme sage se tiendra jusqu'à un certain temps dans le silence ; mais l'homme léger et imprudent n'observera point les temps.

8. Celui qui se répand en paroles blessera son âme : et celui qui s'attribue un pouvoir injuste se fera haïr.

9. L'homme sans conscience réussit dans le mal, et ce qu'il invente tourne à sa ruine.

10. Il y a un don qui est inutile, et il y a un don qui est doublement récompensé.

11. Tel trouve sa perte dans sa gloire même, et tel s'élève par son humiliation.

12. Tel rachète beaucoup de choses à vil prix, qui sera obligé d'en payer sept fois autant.

13. Le sage se rend aimable dans ses paroles ; mais ce qu'il y a d'agréable dans les insensés s'écoulera comme l'eau.

14. Le don de l'insensé ne vous sera point utile, car il a sept yeux dont il vous regarde.

15. Il donnera peu, et il le reprochera souvent ; et quand il ouvre la bouche, c'est comme une flamme qui se répand.

16. Tel prête aujourd'hui, qui redemande demain ; et cet homme-là se rend odieux.

17. L'insensé n'aura pas un ami, et le bien qu'il fait ne sera point agréé ;

18. Parce que ceux qui mangent son pain le trompent par leurs discours. Et combien de fois et de combien d'hommes sera-t-il moqué !

19. Car il ne se conduit point par le bon sens, soit en distribuant ce qu'il devait réserver, soit en donnant même ce qu'il ne devait pas garder.

20. Celui qui se sert de sa langue pour tromper est dans sa chute comme un homme qui tombe sur le pavé : ainsi la ruine des méchants viendra tout d'un coup.

21. L'homme qui ne se rend point aimable est comme un méchant conte qui est toujours en la bouche des gens qui n'ont point d'éducation.

22. La parole sage sera mal reçue de la bouche de l'insensé, parce qu'il la dit à contre-temps.

23. Tel s'abstient de pécher n'en ayant pas le moyen, qui en ressent les désirs lorsqu'il est dans le repos.

24. Tel perd son âme par un excès de honte, il la perdra en cédant à une personne imprudente ; et il se perdra lui-même pour avoir eu trop d'égard à une personne.

25. Tel promet à son ami par une honte indiscrète, qui le rend ainsi gratuitement son ennemi.

26. Le mensonge est dans un homme une tache honteuse ; ce vice se trouve sans cesse dans la bouche des gens déréglés.

27. Un voleur vaut mieux qu'un homme qui ment sans cesse ; la perdition sera le partage de l'un et de l'autre.

28. La vie des menteurs est une vie sans honneur, et leur confusion les accompagne toujours.

29. Le sage attire l'estime par ses paroles, et l'homme discret plaira aux grands.

30. Celui qui cultive sa terre amassera des monceaux de blé ; celui qui fait les œuvres de justice sera élevé lui-même, et celui qui plaît aux grands fuira l'injustice.

31. Les présents et les dons aveuglent les yeux des juges ; et ils sont dans leur bouche comme un mors qui les rend muets, et les empêche de châtier.

32. Si la sagesse demeure cachée, et que le trésor ne soit pas visible, quel fruit tirera-t-on de l'un et de l'autre ?

33. Celui qui cache son insuffisance vaut mieux que celui qui cache sa sagesse.

CHAPITRE XXI.

Fuir le péché ; expier ses fautes. Maux que cause l'orgueil. Fin malheureuse des méchants. Différents effets de la parole sage. Caractère de l'insensé. Le semeur de rapports se rend odieux.

1. Mon fils, avez-vous péché, ne péchez plus ; mais priez pour vos fautes passées, afin qu'elles vous soient pardonnées.

2. Fuyez le péché comme un serpent ; car si vous vous en approchez, il se saisira de vous.

3. Ses dents sont des dents de lion, qui tuent les âmes des hommes.

4. Tout péché est comme une épée à deux tranchants, et la plaie qu'il fait est incurable.

5. Les outrages et les violences dissiperont les richesses, la maison la plus opulente se ruinera par l'orgueil ; et le bien du superbe sera détruit jusqu'à la racine.

6. La prière du pauvre s'élèvera de sa bouche jusqu'aux oreilles de Dieu, et il se hâtera de lui faire justice.

7. Celui qui hait la réprimande marche sur les traces du méchant, et celui qui craint Dieu se convertira du fond du cœur.

8. L'homme puissant et audacieux en paroles se fait connaître de bien loin, et le sage sait la manière de se défaire de lui.

9. Celui qui bâtit sa maison aux dépens d'autrui est comme celui qui amasse des pierres pour bâtir durant l'hiver.

10. L'assemblée des méchants est comme un amas d'étoupes, et leur fin sera d'être consumés par le feu.

11. Le chemin des pécheurs est uni et pavé de pierres ; mais il conduit à l'enfer, aux ténèbres, et aux supplices.

12. Celui qui garde la justice en pénétrera l'esprit.

13. La sagesse et le bon sens sont le fruit de la parfaite crainte de Dieu.

14. Celui qui n'est pas sage dans le bien ne deviendra jamais habile.

15. Il y a une sagesse qui est habile dans le mal, et la prudence n'est point où est l'amertume du cœur.

16. La science du sage se répandra comme une eau qui se déborde, et le conseil qu'il donne subsistera comme une source de vie.

17. Le cœur de l'insensé est comme un vase rompu, il ne peut rien retenir de la sagesse.

18. Que l'homme habile entende une parole sage, il la louera aussitôt, et il se l'appliquera ; que le voluptueux l'entende, elle lui déplaira, et il la rejettera derrière lui.

19. L'entretien de l'insensé est comme un fardeau qui pèse dans le chemin ; et la grâce se trouve sur les lèvres de l'homme sensé.

20. La bouche de l'homme prudent est recherchée dans les assemblées, et les hommes repasseront ses paroles dans leur cœur.

21. La sagesse est à l'imprudent comme une maison ruinée ; et la science de l'insensé est une confusion de paroles mal digérées.

22. L'instruction est à l'imprudent comme des fers aux pieds, et comme des chaînes qui lui chargent la main droite.

23. L'insensé en riant élève sa voix ; mais l'homme sage rira à peine tout bas.

24. La science est à l'homme prudent un ornement d'or, et comme un bracelet à son bras droit.

25. L'insensé met aisément le pied dans la maison de son voisin ; mais l'homme qui sait vivre est fort réservé à visiter une personne puissante.

26. L'insensé regardera par la fenêtre dans une maison ; mais l'homme discret se tiendra dehors.

27. Le fou montre sa folie en écoutant par une porte ; mais cette bassesse sera insupportable à l'homme prudent.

28. Les lèvres des imprudents diront des sottises ; mais les paroles des hommes prudents seront pesées à la balance.

29. Le cœur des insensés est dans leur bouche, et la bouche des sages est dans leur cœur

30. Lorsque l'impie maudit le diable, il se maudit lui-même.

31. Le semeur de rapports souillera son âme, et il sera haï de tout le monde ; celui qui demeure avec lui sera odieux : mais l'homme sensé et ami du silence sera honoré.

CHAPITRE XXII.

Homme paresseux. Enfants mal élevés. Femme effrontée. C'est perdre son temps que d'instruire l'insensé. Pleurer l'insensé plus qu'un mort ; éviter sa compagnie. De ce qui rompt l'amitié. Garder la fidélité à son ami.

1. Le paresseux est comme lapidé avec de la boue ; tous parleront de lui pour le mépriser.

2. Le paresseux est lapidé avec la fiente des bœufs ; tous ceux qui le toucheront se secoueront les mains.

3. Le fils mal instruit est la honte de son père ; la fille immodeste sera peu estimée.

4. La fille prudente sera un héritage pour son mari ; mais celle dont la conduite fait rougir sera le déshonneur de son père.

5. La femme hardie couvre de honte son père et son mari, elle ne le cédera point aux scélérats ; et elle sera méprisée de l'un et de l'autre.

6. Un discours à contre-temps est comme une musique pendant le deuil ; mais la sagesse emploie toujours à propos le châtiment et l'instruction.

7. Celui qui instruit l'imprudent est comme un homme qui veut rejoindre les pièces d'un pot cassé.

8. L'homme qui parle à celui qui ne l'écoute point est comme celui qui réveille un homme d'un profond sommeil.

9. Celui qui parle de la sagesse à un insensé entretient un homme qui s'endort ; et à la fin du discours il lui dira : Qui est celui-ci ?

10. Pleurez sur un mort, parce qu'il a perdu la lumière ; pleurez sur un insensé, parce qu'il a perdu le sens.

11. Pleurez moins sur un mort, parce qu'il est entré dans le repos.

12. Mais la vie criminelle de l'insensé est pire que la mort.

13. On pleure un mort pendant sept jours ; mais l'insensé et le méchant doivent être pleurés toute leur vie.

14. Ne parlez pas beaucoup avec l'imprudent, et n'allez point avec l'insensé.

15. Gardez-vous de lui, pour n'en être point inquiété, et vous ne vous souillerez point par la contagion de son péché.

16. Détournez-vous de lui, et vous trouverez le repos, et sa folie ne vous accablera pas de chagrin.

17. Qu'y a-t-il de plus pesant que le plomb ? et quel autre nom lui donnera-t-on, si ce n'est celui d'insensé ?

18. Il est plus aisé de porter le sable, le sel, et une masse de fer, que l'imprudent, l'insensé, et le méchant.

19. Comme le bois bien lié et attaché ensemble sur le fondement d'un édifice ne se désunit point, ainsi le cœur établi sur un conseil solide demeurera ferme.

20. La résolution d'un homme sensé ne s'affaiblira point par la crainte, en quelque temps que ce soit.

21. Comme une cloison de bois en un lieu élevé, et une muraille de pierre sèche, ne peuvent résister a la violence du vent,

22. Ainsi le cœur timide de l'insensé, dans l'incertitude de ses pensées, ne résistera point à la violence de la crainte.

23. Comme le cœur craintif de l'insensé demeure toujours dans sa pensée sans aucune crainte, ainsi est immuable celui qui se tient toujours attaché aux commandements de Dieu.

24. Celui qui pique l'œil en tire des larmes, et celui qui pique le cœur y excite le sentiment.

25. Celui qui jette une pierre contre les oiseaux les fera envoler : ainsi celui qui dit des injures à son ami rompra l'amitié.

26. Quand vous auriez tiré l'épée contre votre ami, ne désespérez pas ; car il y a encore du retour.

27. Quand vous auriez dit à votre ami des paroles fâcheuses, ne craignez pas ; car vous pouvez encore vous remettre bien ensemble. pourvu que cela n'aille point jusqu'aux injures, aux reproches, à l'insolence, à révéler le secret, et à porter des coups en trahison ; car dans toutes ces rencontres votre ami vous échappera.

28. Gardez la fidélité à votre ami pendant qu'il est pauvre, afin que vous vous réjouissiez avec lui dans son bonheur.

29. Demeurez-lui toujours fidèle pendant le temps de son affliction. afin que vous ayez part avec lui dans son héritage.

30. La vapeur sort de la fournaise, et la fumée s'élève en haut avant le feu ; ainsi les injures, les outrages et les menaces, précèdent le meurtre et l'effusion du sang.

31. Je ne rougirai point de saluer mon ami, je ne me cacherai point devant lui ; et si après cela il me traite mal, je le souffrirai.

32. Mais tous ceux qui le connaîtront ensuite se donneront de garde de lui.

33. Qui mettra une garde à ma bouche, et un sceau inviolable sur mes lèvres, afin qu'elles ne me fassent pas tomber, et que ma langue ne me perde pas ?

CHAPITRE XXIII.

Prière contre le mauvais usage de la langue, l'orgueil, la gourmandise, et l'impureté. Ne pas s'accoutumer à jurer, ni à dire des paroles indiscrètes. Adultère odieux à Dieu et aux hommes.

1. Seigneur, qui êtes mon père et le maître de ma vie, ne m'abandonnez pas à la légèreté indiscrète de ma langue, et ne permettez pas qu'elle me fasse tomber.

2. Qui fera ressentir à mon esprit une verge qui le frappe, et à mon cœur les reproches de la sagesse, afin qu'elle ne m'épargne point dans les manquements d'ignorance que la langue me fera faire, et que ces fautes ne paraissent point,

3. De peur que mes ignorances ne viennent à croître. que mes offenses ne se multiplient, que mes péchés ne s'augmentent de plus en plus, que je ne tombe devant ceux qui me haïssent, et que je ne sois exposé aux insultes de mon ennemi ?

4. Seigneur, qui êtes mon père et le Dieu de ma vie, ne m'abandonnez pas à leur volonté.

5. Ne me donnez point des yeux altiers, et détournez de moi toute cupidité.

6. Éloignez de moi l'intempérance de la bouche, que la passion de l'impureté ne s'empare point de moi, et ne m'abandonnez pas aux excès d'une âme qui n'a plus de honte ni de retenue.

7. Écoutez, mes enfants, les instructions que je vous donne pour régler la langue : celui qui les gardera ne périra point par ses lèvres, et il ne tombera point dans les actions criminelles.

8. Le pécheur sera pris par la vanité de ses paroles ; le superbe et le médisant y trouveront des sujets de chute.

9. Que votre bouche ne s'accoutume point au jurement ; car en jurant on tombe en bien des manières.

10. Que le nom de Dieu ne soit point sans cesse dans votre bouche ; ne mêlez point dans vos discours les noms des saints, parce que vous ne serez pas en cela exempt de faute.

11. Car comme un esclave qu'on met sans cesse à la torture, en porte toujours les marques, ainsi tout homme qui jure et qui nomme sans cesse le nom de Dieu ne sera point pur de péché.

12. Celui qui jure souvent sera rempli d'iniquité, et la plaie ne sortira point de sa maison.

13. S'il ne fait pas ce qu'il a promis avec serment, son péché sera sur lui ; et s'il y manque par mépris, il péchera doublement.

14. S'il jure en vain, ce ne sera pas une excuse qui le justifie devant Dieu ; et sa maison sera remplie de la peine qu'il en souffrira.

15. Il y a une autre parole qui est une parole de mort : qu'elle ne se trouve jamais dans l'héritage de Jacob.

16. Car ceux qui servent Dieu sont éloignés de tous ces vices, et ils ne s'engagent point dans ces excès.

17. Que votre bouche ne s'accoutume point à des paroles indiscrètes ; car il s'y trouvera toujours du péché.

18. N'oubliez pas votre père et votre mère, parce que vous êtes au milieu des grands.

19. De peur que Dieu ne vous oublie devant ces grands mêmes, et que, devenant insensé par la trop grande familiarité que vous aurez avec eux, vous ne tombiez dans l'infamie, que vous ne souhaitiez alors de n'être point né, et que vous ne maudissiez vous-même le jour de votre naissance.

20. L'homme accoutumé à dire des paroles outrageuses ne se corrigera jamais.

21. Deux sortes de personnes pèchent souvent, et la troisième s'attire la colère et la perdition.

22. L'âme qui brûle comme un feu ardent ne s'éteindra point jusqu'à ce ce qu'elle ait dévoré quelque chose :

23. L'homme qui abuse de son propre corps ne cesse point jusqu'à ce qu'il ait allumé un feu.

24. Tout pain est doux au fornicateur ; il ne se lassera point de pécher jusqu'à la fin de sa vie.

25 L'homme qui viole la foi du lit conjugal méprise son âme, et il dit : Qui est-ce qui me voit ?

26. Les ténèbres m'environnent, les murailles me couvrent, nul ne me regarde : qui craindrai-je ? le Très-Haut ne se souviendra point de mes péchés.

27. Il ne considère pas que l'œil du Seigneur voit toutes choses, et que c'est bannir de soi la crainte de Dieu que de n'avoir que cette crainte humaine, et de n'appréhender que les yeux des hommes :

28. Il ne comprend pas que les yeux du Seigneur sont plus lumineux que le soleil, qu'il regarde de tous côtés toutes les voies des hommes, qu'il perce la profondeur des abîmes et le fond du cœur humain, et qu'il pénètre jusque dans les lieux les plus cachés.

29. Car le Seigneur notre Dieu connaissait toutes les choses du monde avant qu'il les eût créées ; et il les voit de même maintenant qu'il les a faites.

30. Cet homme sera puni dans les places publiques, il sera mis en fuite comme le poulain de la cavale, et il sera pris lorsqu'il s'y attendra le moins.

31. Il sera déshonoré devant tout le monde, parce qu'il n'a pas compris ce que c'était que de craindre le Seigneur.

32. Ainsi périra encore toute femme qui abandonne son mari, et qui lui donne pour héritier le fruit d'une alliance adultère.

33. Car premièrement elle a désobéi à la loi du Très-Haut ; secondement elle a péché contre son mari ; troisièmement elle a commis un adultère, et elle s'est donné des enfants d'un autre que de son mari.

34. Cette femme sera amenée dans l'assemblée, et on examinera l'état de ses enfants.

35. Ils ne prendront point racine, et ses branches ne porteront point de fruit ;

36. Sa mémoire sera en malédiction, et son infamie ne s'effacera jamais.

37. Et ceux qui viendront après reconnaîtront qu'il n'y a rien de plus avantageux que de craindre Dieu, et rien de plus doux que de n'avoir égard qu'aux commandements du Seigneur.

38. C'est une grande gloire que de suivre le Seigneur ; car c'est lui qui donne des jours sans fin.

CHAPITRE XXIV.

Éloge de la sagesse. Son origine, sa puissance, son éternité. Israël est devenu le lieu de sa demeure. Progrès qu'elle a faits dans le monde. Biens dont elle est la source. Sa profondeur. Merveilles qu'elle opère dans le monde.

1. La sagesse se louera elle-même, elle s'honorera en Dieu, et elle se glorifiera au milieu de son peuple ;

2. Elle ouvrira sa bouche dans les assemblées du Très-Haut, et elle se glorifiera devant les armées du Seigneur ;

3. Elle sera élevée au milieu de son peuple ; et elle sera admirée dans l'assemblée de tous les saints ;

4. Elle recevra des louanges parmi la multitude des élus, et sera bénie de ceux qui seront bénis de Dieu. Elle dira :

5. Je suis sortie de la bouche du Très-Haut, je suis née avant toute créature ;

6. C'est moi qui ai fait naître dans le ciel une lumière qui ne s'éteindra jamais, et qui ai couvert toute la terre comme d'un nuage ;

7. J'ai habité dans les lieux très-hauts, et mon trône est dans une colonne de nuée.

8. J'ai fait seule tout le tour du ciel, j'ai pénétré la profondeur des abîmes, j'ai marché sur les flots de la mer,

9. Et j'ai parcouru toute la terre ;

10. J'ai eu l'empire sur tous les peuples et sur toutes les nations ;

11. J'ai foulé aux pieds par ma puissance les cœurs de tous les hommes grands et petits ; et parmi toutes ces choses j'ai cherché un lieu de repos et une demeure dans l'héritage du Seigneur.

12. Alors le Créateur de l'univers m'a parlé, et m'a fait connaître sa volonté : celui qui m'a créée a reposé dans mon tabernacle.

13. Et il m'a dit : Habitez dans Jacob, qu'Israël soit votre héritage, et prenez racine dans mes élus.

14. J'ai été créée dès le commencement et avant les siècles, je ne cesserai point d'être dans la suite de tous les âges ; et j'ai exercé devant lui mon ministère dans la maison sainte.

15. J'ai été ainsi affermie dans Sion, j'ai trouvé mon repos dans la cité sainte, et ma puissance est établie dans Jérusalem.

16. J'ai pris racine dans le peuple que le Seigneur a honoré, dont l'héritage est le partage de mon Dieu, et j'ai établi ma demeure dans l'assemblée de tous les saints.

17. Je me suis élevée comme les cèdres du Liban, et comme les cyprès de la montagne de Sion ;

18. J'ai poussé mes branches en haut comme les palmiers de Cadès, et comme les plants des rosiers de ; Jéricho.

19. Je me suis élevée comme un bel olivier dans la campagne, et comme le platane qui est planté dans un grand chemin sur le bord des eaux.

20. J'ai répandu une senteur de parfum comme la cannelle et le baume le plus précieux, et une odeur comme celle de la myrrhe la plus excellente ;

21. J'ai parfumé ma demeure comme le storax, le galbanum, l'onyx, la myrrhe, comme la goutte d'encens tombée d'elle-même, et mon odeur est comme celle d'un baume très-pur et sans mélange.

22. J'ai étendu mes branches comme un térébinthe, et mes branches sont des branches d'honneur et de grâce.

23. J'ai poussé des fleurs d'une agréable odeur comme la vigne ; et mes fleurs sont des fruits de gloire et d'abondance.

24. Je suis la mère du pur amour, de la crainte, de la science, et de l'espérance sainte.

25. En moi est toute la grâce de la voie et de la vérité ; en moi est toute l'espérance de la vie et de la vertu.

26. Venez à moi vous tous qui me désirez avec ardeur, et remplissez-vous des fruits que je porte ;

27. Car mon esprit est plus doux que le miel, et mon héritage surpasse en douceur le miel le plus excellent.

28. La mémoire de mon nom passera dans la suite de tous les siècles.

29. Ceux qui me mangent auront encore faim, et ceux qui me boivent auront encore soif.

30. Celui qui m'écoute ne sera point confondu, et ceux qui agissent par moi ne pécheront point.

31. Ceux qui me trouvent auront la vie éternelle.

32. Tout ceci est le livre de vie, l'alliance du Très-Haut, et la connaissance de la vérité.

33. Moïse nous a donné la loi avec les préceptes de la justice, la loi qui contient l'héritage de la maison de Jacob, et les promesses faites à Israël.

34. Le Seigneur a promis à David son serviteur de faire sortir de lui le roi le plus puissant, qui doit être éternellement assis sur un trône de gloire.

35. Qui répand la sagesse comme le Phison répand ses eaux, et comme le Tigre dans le temps des nouveaux fruits.

36. Qui répand l'intelligence comme l'Euphrate, qui se déborde comme le Jourdain pendant la moisson.

37. Qui fait rejaillir la science comme la lumière, et qui multiplie ses eaux comme le Gehon pendant la vendange.

38. C'est lui qui le premier a connu la sagesse parfaitement, et elle est impénétrable aux âmes faibles.

39. Car ses pensées sont plus vastes que la mer, et ses conseils plus profonds que le grand abîme.

40. Je suis la sagesse qui ai fait couler de moi des fleuves.

41. Je suis sortie du paradis comme le ruisseau de l'eau immense d'un fleuve, comme l'écoulement d'une rivière, et comme le canal qui conduit ses eaux.

42. J'ai dit : J'arroserai les plants de mon jardin, et je rassasierai d'eau le fruit de mon pré.

43. Mon canal est devenu un grand fleuve, et mon fleuve est devenu une mer ;

44. La lumière de la science que je répandrai sur tout le monde sera comme la lumière du matin, et je la ferai passer dans la suite des siècles.

45. Je pénétrerai jusqu'au plus profond de la terre, je lancerai mes regards sur tous ceux qui dorment, et j'éclairerai tous ceux qui espèrent au Seigneur.

46. Je répandrai encore une doctrine comme celle des prophètes, je la laisserai à ceux qui recherchent la sagesse, et je ne cesserai point de leur être présente de race en race jusqu'au siècle saint.

47. Considérez que je n'ai point travaillé pour moi seule, mais pour tous ceux qui recherchent la vérité.

CHAPITRE XXV.

Trois choses agréables, et trois détestables. Acquérir de bonne heure la sagesse. Neuf choses qui paraissent heureuses. Avantages de la crainte de Dieu. Malice de la femme, le plus insupportable des maux.

1. Trois choses plaisent à mon esprit, qui sont approuvées de Dieu et des hommes :

2. L'union des frères, l'amour des proches, un mari et une femme qui s'accordent bien ensemble.

3. Il y a trois sortes de personnes que mon âme hait, et dont la vie m'est insupportable :

4. Un pauvre superbe, un riche menteur, et un vieillard fou et insensé.

5. Comment trouverez-vous dans votre vieillesse ce que vous n'aurez point amassé dans votre jeunesse ?

6. Qu'il est beau à la vieillesse de bien juger, et aux vieillards d'avoir de la lumière et du conseil !

7. Que la sagesse sied bien aux personnes avancées en âge, et une conduite éclairée à ceux qui sont élevés en gloire !

8. L'expérience consommée est la couronne des vieillards, et la crainte de Dieu est leur gloire.

9. Neuf choses se présentent à mon esprit, qui me paraissent heureuses ; et j'exposerai la dixième aux hommes par mes paroles.

10. Un homme qui trouve sa joie dans ses enfants, un homme qui vit et qui voit la ruine de ses ennemis.

11. Heureux celui qui demeure avec une femme de bon sens, qui n'est point tombé par sa langue. et qui n'a point été asservi à des personnes indignes de lui !

12. Heureux celui qui trouve un ami véritable, et qui parle de la justice à une oreille qui l'écoute !

13. Combien est grand celui qui a trouvé la sagesse et la science ! mais rien n'est plus grand que celui qui craint le Seigneur.

14. La crainte de Dieu s'élève au-dessus de tout :

15. Heureux l'homme qui a reçu le don de la crainte de Dieu ! à qui comparerons nous celui qui la possède ?

16. La crainte de Dieu est le principe de son amour ; et on y doit joindre inséparablement un commencement de foi.

17. La tristesse du cœur est une plaie universelle, et la malignité de la femme est une malice consommée.

18. Toute plaie est supportable, plutôt que la plaie du cœur ;

19. Toute malice, plutôt que la malice de la femme ;

20. Toute affliction, plutôt que celle que nous causent ceux qui nous haïssent ;

21. Toute vengeance, plutôt que celle qui vient de nos ennemis.

22. Il n'y a point de tête plus méchante que la tête du serpent,

23. Ni de colère plus aigre que la colère de la femme. Il vaut mieux demeurer avec un lion et avec un dragon, que d'habiter avec une méchante femme.

24. La malignité de la femme lui change tout le visage ; elle prend un regard sombre et farouche comme un ours, et son teint devient triste comme un vêtement de deuil.

25. Son mari se plaint au milieu de ses proches, et, entendant, il retient ses soupirs.

26. Toute malice est légère au prix de la malice de la femme ; qu'elle tombe en partage au pécheur.

27. La méchante langue d'une femme est à un homme paisible ce qu'est une montagne sablonneuse aux pieds d'un vieillard.

28. Ne considérez pas la beauté d'une femme, et ne la désirez point parce qu'elle est agréable.

29. La colère de la femme, son audace, et la confusion qui la suit est grande.

30. Si la femme a la principale autorité, elle s'élève contre son mari.

31. La mauvaise femme est l'affliction du cœur, la tristesse du visage, et la plaie mortelle de son mari.

32. La femme qui ne rend pas son mari heureux est l'affaiblissement de ses mains et la débilité de ses genoux.

33. La femme a été le principe du péché, et c'est par elle que nous mourons tous.

34. Ne donnez point à l'eau d'ouverture, quelque petite qu'elle soit, ni à une méchante femme la liberté de se produire au dehors.

35. Si vous ne l'avez comme sous votre main lorsqu'elle sort, elle vous couvrira de confusion à la vue de vos ennemis.

36. Séparez-vous de corps d'avec elle, de peur qu'elle n'abuse toujours de vous.

CHAPITRE XXVI.

Bonheur de celui qui a une femme vertueuse ; malheur de celui qui en a une vicieuse. De la fille effrontée. De la femme vertueuse. Trois choses affligeantes. Deux choses dangereuses.

1. Le mari d'une femme qui est bonne est heureux ; car le nombre de ses années se multipliera au double.

2. La femme forte est la joie de son mari, et elle lui fera passer en paix toutes les années de sa vie.

3. La femme vertueuse est un excellent partage, c'est le partage de ceux qui craignent Dieu, et elle sera donnée à un homme pour ses bonnes actions :

4. Qu'ils soient riches ou pauvres, ils auront le cœur content, et la joie sera en tout temps sur leurs visages.

5. Mon cœur a appréhendé trois choses, et à la quatrième mon visage a pâli de peur :

6. La haine injuste de toute une ville, l'émotion séditieuse d'un peuple,

7. Et la calomnie inventée faussement, sont trois choses plus insupportables que la mort ;

8. Mais la femme jalouse est la douleur et l'affliction du cœur.

9. La langue de la femme jalouse est perçante, et elle se plaint sans cesse à tous ceux qu'elle rencontre.

10. La méchante femme est comme le joug où on lie les bœufs pour leur faire tirer la charrue ; celui qui la tient avec lui est comme un homme qui prend un scorpion.

11. La femme sujette au vin sera un sujet de colère et de honte à son mari ; et son infamie ne sera point cachée.

12. La prostitution de la femme se reconnaîtra à son regard altier, et à l'audace de ses paupières.

13. Redoublez votre vigilance à l'égard de la fille qui ne détourne point les yeux, de peur qu'elle ne se perde elle-même si elle en trouve l'occasion.

14. Veillez sur celle qui a l'impudence dans les yeux, et ne vous étonnez pas si elle vous néglige.

15. Elle ouvrira sa bouche à la fontaine comme un voyageur pressé de la soif, elle boira de toutes les eaux qui seront près d'elle, elle s'assiéra sur tous les morceaux de bois qu'elle rencontrera, et elle ouvrira son carquois à toutes les flèches jusqu'à ce qu'elle se perde.

16. L'agrément d'une femme soigneuse sera la joie de son mari, et elle répandra une vigueur jusque dans ses os.

17. La bonne conduite de la femme est un don de Dieu.

18. Une femme de bon sens est amie du silence ; rien n'est comparable à une âme bien instruite.

19. La femme sainte et pleine de pudeur est une grâce qui surpasse toute grâce.

20. Tout le poids de l'or n'est rien au prix d'une âme vraiment chaste.

21. Comme le soleil s'élevant dans le ciel, qui est le trône de Dieu, ainsi le visage d'une femme vertueuse est l'ornement de sa maison.

22. L'agrément du visage dans un âge mûr est comme la lampe qui luit sur le chandelier saint.

23. La femme posée demeure ferme sur ses pieds, comme des colonnes d'or sur des bases d'argent.'

24. Les commandements de Dieu sont dans le cœur de la femme sainte comme un fondement éternel sur la pierre ferme.

25. Deux choses ont attristé mon cœur, et la troisième m'a donné de la colère :

26. Un homme de guerre qui périt par la pauvreté ; un homme sage qui est dans le mépris ;

27. Et celui qui passe de la justice au péché : Dieu réserve ce dernier au tranchant de l'épée.

28. Deux choses m'ont paru difficiles et dangereuses : celui qui trafique évitera difficilement les fautes, et celui qui vend du vin ne s'exemptera pas des péchés de la langue.

CHAPITRE XXVII.

Le désir des richesses, source de péchés. Les paroles de l'homme découvrent son cœur. Avantages de la justice. Entretiens des pécheurs insupportables. Révéler les secrets c'est éteindre entièrement l'amitié. Le fourbe haï de Dieu et des hommes.

1. La pauvreté en a fait tomber plusieurs dans le péché ; et celui qui cherche à s'enrichir détourne sa vue de la loi de Dieu.

2. Comme un morceau de bois demeure enfoncé entre deux pierres, ainsi le péché sera comme resserré entre le vendeur et l'acheteur.

3. Le péché sera détruit avec le pécheur.

4. Si vous ne vous tenez fortement attaché à la crainte du Seigneur, votre maison sera bientôt renversée.

5. Comme lorsqu'on remue le crible il ne demeure que les ordures, ainsi lorsque l'homme s'inquiète dans sa pensée, il n'y demeure que l'irrésolution et le doute.

6. La fournaise éprouve les vases du potier, et l'épreuve de l'affliction les hommes justes.

7. Comme la culture de l'arbre paraît dans son fruit, ainsi l'homme se fait connaître par sa pensée et par sa parole.

8. Ne louez point un homme avant qu'il parle ; car c'est à la parole qu'on éprouve un homme.

9. Si vous suivez la justice, vous l'acquerrez, et vous en serez revêtu comme d'un habillement de gloire ; vous habiterez avec elle, et elle vous protégera pour jamais, et vous trouverez un ferme appui au jour de la manifestation de toutes choses.

10. Les oiseaux se joignent avec leurs semblables ; et la vérité retourne à ceux qui en font les œuvres.

11. Le lion est toujours au guet pour surprendre sa proie ; ainsi le péché tend des piéges à ceux qui commettent l'iniquité.

12. L'homme saint demeure dans la sagesse comme le soleil dans sa lumière ; mais l'insensé est changeant comme la lune.

13. Quand vous serez au milieu des insensés, réservez-vous à parler pour un autre temps ; mais trouvez-vous sans cesse parmi les personnes sages.

14. Les entretiens des pécheurs sont insupportables, parce qu'ils font un jeu et un divertissement du péché même.

15. Le discours de celui qui jure souvent fera dresser les cheveux à la tête, et à ses mots horribles on se bouchera les oreilles.

16. L'effusion du sang suivra les querelles des superbes ; et leurs injures outrageuses offensent ceux qui les écoutent.

17. Celui qui découvre les secrets de son ami perd sa confiance, et il ne trouvera point d'ami selon son cœur.

18. Aimez votre prochain, et soyez-lui fidèle dans l'union que vous avez avec lui.

19. Que si vous découvrez ses secrets, c'est en vain que vous tâcherez de le regagner.

20. Car celui qui détruit l'amitié qui le liait avec son prochain est comme un homme qui aurait tué son ami.

21. Vous avez abandonné votre prochain comme celui qui, tenant un oiseau, le laisse aller ; vous ne le reprendrez plus.

22. En vain vous iriez après lui, car il est déjà bien loin ; il s'est échappé comme une chèvre qui se sauve du filet, parce que son âme est blessée.

23. Vous ne pouvez plus avoir de liaison avec lui. Après des injures il y a encore lieu de se réconcilier ;

24. Mais lorsqu'une âme malheureuse en vient jusqu'à révéler les secrets de son ami, il ne reste plus aucune espérance de retour.

25. Celui dont l'œil est complaisant et flatteur a de noirs desseins dans l'âme ; et nul néanmoins ne s'en pourra défendre.

26. Il n'aura devant vous que de la douceur sur la langue, et il admirera tout ce que vous direz ; mais enfin il changera de langage, et il tendra des piéges à vos paroles.

27. Je hais bien des choses, mais je ne hais rien tant que cet homme, et le Seigneur le haïra.

28. Si un homme jette une pierre en haut, elle retombera sur sa tête ; et la blessure que le traître fait rouvrira les siennes.

29. Celui qui creuse une fosse y tombera ; celui qui met une pierre dans le chemin pour y faire heurter son prochain s'y heurtera ; et celui qui tend un filet à un autre s'y prendra lui-même.

30. L'entreprise concertée avec malice retombera sur celui qui l'a faite, et il ne reconnaîtra point d'où ce malheur lui est arrivé.

31. Les insultes et les outrages sont réservés pour les superbes, et la vengeance fondra sur eux comme un lion.

32. Ceux qui se réjouissent de la chute des justes seront pris au filet, et la douleur les consumera avant qu'ils meurent.

33. La colère et la fureur sont toutes deux exécrables, et le pécheur les entretiendra toujours dans lui-même.

CHAPITRE XXVIII.

Ne point se venger. Éviter les querelles. Maux que cause la langue. Ne pas écouter les médisants. Veiller sur ses paroles.

1. Celui qui veut se venger tombera dans la vengeance du Seigneur, et Dieu lui réservera ses péchés pour jamais.

2. Pardonnez à votre prochain le mal qu'il vous a fait, et vos péchés vous seront remis quand vous en demanderez pardon.

3. L'homme garde sa colère contre un homme, et il ose demander à Dieu qu'il le guérisse !

4. Il n'a point de compassion d'un homme semblable à lui, et il demande le pardon de ses péchés !

5. Lui qui n'est que chair garde sa colère, et il demande miséricorde à Dieu ! qui lui pourra obtenir le pardon de ses péchés ?

6. Souvenez-vous de votre dernière fin, et cessez de nourrir de l'inimitié contre personne ;

7. Car la corruption et la mort sont près de fondre sur ceux qui violent les commandements du Seigneur.

8. Ayez la crainte de Dieu devant les yeux, et ne vous mettez point en colère contre votre prochain.

9. Souvenez-vous de l'alliance du Très-Haut, et ne considérez point la faute de votre frère.

10. Évitez les disputes, et vous diminuerez les péchés.

11. L'homme colère allume les querelles, le pécheur jettera le trouble parmi les amis, et il sèmera l'inimitié au milieu de ceux qui vivaient en paix.

12. Le feu s'embrase dans la forêt selon qu'il y a du bois ; la colère de l'homme s'allume à l'égal de son pouvoir, et il la porte plus haut à proportion qu'il a plus de bien.

13. La promptitude à disputer allume le feu ; la querelle précipitée répand le sang ; et la langue qui rend témoignage cause la mort.

14. Si vous soufflez l'étincelle, il en sortira un feu ardent ; si vous crachez dessus, elle s'éteindra : et c'est la bouche qui fait l'un et l'autre.

15. Celui qui médit en secret et l'homme à deux langues sera maudit, parce qu'il jettera le trouble parmi plusieurs qui vivaient en paix.

16. La langue d'un tiers en a renversé plusieurs, et elle les a dispersés de peuple en peuple.

17. Elle a détruit les villes fortes, pleines d'hommes riches, et elle a fait tomber les maisons des grands.

18. Elle a taillé en pièces les armées des nations, et elle a défait les peuples les plus vaillants.

19. La langue d'un tiers a fait bannir les femmes fortes, et elle les a privées du fruit de leurs travaux.

20. Celui qui l'écoute n'aura point de paix, et il n'aura point d'ami sur qui il puisse se reposer.

21. Le coup de verge fait une meurtrissure ; mais un coup de langue brise les os.

22. Il est bien mort des hommes par le tranchant de l'épée ; mais il en est encore mort davantage par leur propre langue.

23. Heureux celui qui est à couvert de la langue maligne, à qui sa colère ne s'est point fait sentir, qui n'a point attiré sur lui son joug, et qui n'a point été lié de ses chaînes ;

24. Car son joug est un joug de fer, et ses chaînes sont des chaînes d'airain.

25. La mort qu'elle cause est une mort très-malheureuse ; et le tombeau vaut encore mieux.

26. Elle durera quelque temps, mais non pas toujours ; elle régnera dans les voies des injustes, et elle ne consumera point le juste dans ses flammes.

27. Ceux qui abandonnent Dieu seront livrés à cette sorte de langue, elle brûlera dans eux sans s'éteindre, elle sera envoyée contre eux comme un lion, et elle les déchirera comme un léopard.

28. Bouchez-vous les oreilles avec des épines, et n'écoutez point la méchante langue ; mettez à votre bouche une porte et des serrures.

29. Fondez votre or et votre argent, et faites une balance pour peser vos paroles, et un juste frein pour retenir votre bouche ;

30. Et prenez bien garde de ne point faire de fautes par la langue, de peur que vous ne tombiez devant vos ennemis qui vous dressent des embûches, et que votre chute ne devienne incurable et mortelle.

CHAPITRE XXIX.

Prêter a son prochain. Ingratitude de ceux qui empruntent. Faire l'aumône. Répondre pour son prochain. Danger d'être caution. Choses nécessaires à la vie. Hôtes ingrats.

1. Celui qui fait miséricorde prête à intérêt à son prochain ; et celui qui a la main ouverte pour donner garde le précepte.

2. Prêtez à votre prochain au temps de sa nécessité ; mais vous aussi, rendez au temps préfix ce qu'il vous aura prêté.

3. Tenez votre parole, et agissez avec lui fidèlement ; et vous trouverez toujours ce qui vous sera nécessaire.

4. Plusieurs ont regardé ce qu'ils empruntaient comme s'ils l'avoient trouvé, et ont fait de la peine à ceux qui les avoient secourus.

5. Ils baisent la main de celui qui leur prête son argent jusqu'à ce qu'ils l'aient reçu, et ils lui font des promesses avec des paroles humbles et soumises ;

6. Mais quand il faut rendre ils demandent du temps, ils font des discours pleins de chagrin et de murmure, et ils prennent prétexte que le temps est mauvais.

7. S'ils peuvent payer ce qu'ils doivent, ils s'en défendent d'abord, et après cela ils en rendent à peine la moitié, et veulent que l'on considère ce peu comme un gain que l'on fait :

8. Que s'ils n'ont pas de quoi rendre, ils font perdre l'argent à leur créancier, et se font de lui un ennemi gratuitement.

9. Ils le paient en injures et en outrages, et lui rendent le mal pour la grâce et le bien qu'il leur a fait.

10. Plusieurs évitent de prêter, non par dureté, mais par la crainte qu'ils ont qu'on ne se fasse point scrupule de les tromper.

11. Néanmoins usez de bonté et de patience envers le misérable, et ne le faites pas languir pour la grâce qu'il vous demande.

12. Assistez le pauvre à cause du commandement, et ne le laissez pas aller les mains vides parce qu'il n'a rien.

13. Perdez votre argent pour votre frère et pour votre ami, et ne le cachez point sous une pierre pour votre perte.

14. Dispensez votre trésor selon que le Très-Haut vous le commande, et il vous vaudra mieux que tout l'or du monde.

15. Renfermez l'aumône dans le sein du pauvre, et elle priera pour vous afin de vous délivrer de tout mal.

16, 17, 18. Elle sera une arme plus forte pour combattre votre ennemi que le bouclier et la lance du plus vaillant homme.

19. L'homme de bien répond pour son prochain ; mais celui qui a perdu toute honte abandonne son ami.

20. N'oubliez jamais la grâce que vous fait celui qui répond pour vous ; car il a exposé son âme pour vous assister.

21. Le pécheur et l'impur fuit celui qui a répondu pour lui.

22. Le pécheur s'attribue le bien de son répondant ; et ayant le cœur ingrat il abandonne son libérateur.

23. Un homme répond pour son prochain, et celui-ci venant ensuite à perdre la honte l'abandonne.

24. L'engagement à répondre mal à propos en a perdu plusieurs qui réussissaient dans leurs affaires, et les a rendus semblables à un vaisseau agité des flots.

25. C'est ce qui a banni en divers lieux des hommes puissants, qui sont devenus errants et vagabonds dans les pays étrangers.

26. Le pécheur qui viole le commandement du Seigneur s'engagera à répondre indiscrètement pour un autre ; et celui qui cherche à entreprendre beaucoup d'affaires sera exposé à la rigueur des jugements.

27. Assistez votre prochain selon le pouvoir que vous en aurez ; mais prenez garde de ne pas tomber vous-même.

28. Les principales choses pour la vie de l'homme sont l'eau, le pain, le vêtement, et une maison qui couvre ce que la pudeur veut être caché.

29. Ce que mange le pauvre sous quelques ais qui le couvrent vaut mieux qu'un festin magnifique dans une maison étrangère à celui qui n'a point de retraite.

30. Contentez-vous de peu comme de beaucoup, et vous éviterez les reproches qu'on souffre dans une maison étrangère.

31. C'est une vie malheureuse d'aller de maison en maison : partout où un homme sera comme hôte il n'agira point avec confiance, et il n'osera ouvrir la bouche.

32. Il traitera les autres, il donnera à boire et à manger à des ingrats, et après cela même il entendra des discours durs et désagréables :

33. Allez, hôte ; couvrez la table, et préparez à manger aux autres de ce que vous avez.

34. Retirez-vous pour faire place à mes amis, à qui je dois rendre honneur : j'ai besoin nécessairement de ma maison pour y recevoir mon frère.

35. Ces deux choses sont pénibles à un homme qui a du sens : les reproches de celui qui nous a logé chez lui, et les insultes d'un créancier.

CHAPITRE XXX.

Châtier ses enfants ; utilité de la bonne éducation qu'on leur donne. Avantages de la santé. Maux qui sont les suites de la tristesse.

1. Celui qui aime son fils le châtie souvent, afin qu'il en reçoive de la joie quand il sera grand, et qu'il n'aille pas mendier aux portes des autres.

2. Celui qui instruit son fils y trouvera sa joie, et il se glorifiera en lui parmi ses proches.

3. Celui qui enseigne son fils rendra son ennemi jaloux de son bonheur, et il se glorifiera en lui par ses amis.

4. Le père est mort, et il ne semble pas mort, parce qu'il a laissé après lui un autre lui-même.

5. Il a vu son fils pendant sa vie, et il a mis sa joie en lui : il ne s'est point affligé à la mort, et il n'a point rougi devant ses ennemis ;

6. Car il a laissé à sa maison un fils qui la défendra contre ceux qui la haïssent, et qui rendra à ses amis la reconnaissance qu'il leur doit.

7. Le père bandera ses propres plaies par le soin qu'il a de l'âme de ses enfants, et ses entrailles seront émues à chaque parole.

8. Le cheval indompté devient intraitable, et l'enfant abandonné à sa volonté devient insolent.

9. Flattez votre fils, et il vous causera de grandes frayeurs ; jouez avec lui, et il vous attristera.

10. Ne vous amusez point à rire avec lui, de peur que vous n'en ayez de la douleur, et qu'à la fin vous n'en grinciez les dents.

11. Ne le rendez point maître de lui-même dans sa jeunesse, et ne négligez point ce qu'il fait et ce qu'il pense.

12. Courbez-lui le cou pendant qu'il est jeune, et châtiez-le de verges pendant qu'il est enfant, de peur qu'il ne s'endurcisse, qu'il ne veuille plus vous obéir, et que votre âme ne soit percée de douleur.

13. Instruisez votre fils, travaillez à le former, de peur qu'il ne vous déshonore par sa vie honteuse.

14. Un pauvre qui est sain, et qui à des forces, vaut mieux qu'un riche languissant et affligé de maladies.

15. La sainteté de la justice est la santé de l'âme, elle vaut mieux que tout l'or et l'argent ; et un corps qui a de la vigueur vaut mieux que des biens immenses.

16. Il n'y a point de richesses plus grandes que celles de la santé du corps, ni de plaisir égal à la joie du cœur.

17. La mort vaut mieux qu'une vie amère, et le repos éternel qu'une langueur qui ne finit point.

18. Des biens cachés dans une bouche fermée sont comme un grand festin autour d'un sépulcre.

19. Que sert l'oblation à l'idole, puisqu'elle n'en peut manger, ni en sentir l'odeur ?

20. Tel est celui que Dieu rejette, qui porte la peine de son iniquité ;

21. Qui voit en vain de ses yeux, et qui gémit comme un eunuque qui embrasse une vierge, et qui soupire.

22. N'abandonnez point votre âme à la tristesse, et ne vous affligez point vous-même dans vos pensées.

23. La joie du cœur est la vie de l'homme, et un trésor inépuisable de sainteté ; la joie de l'homme rend sa vie plus longue.

24. Ayez pitié de votre âme en vous rendant agréable à Dieu, et retenez vos mauvais désirs : réunissez votre cœur dans la sainteté de Dieu, et bannissez loin de vous la tristesse.

25. Car la tristesse en a tué plusieurs, et elle n'est utile à rien.

26. L'envie et la colère abrègent les jours, et l'inquiétude fait venir la vieillesse avant le temps.

27. Le cœur bon et serein est dans un festin continuel ; car on lui prépare avec soin les meilleures viandes.

CHAPITRE XXXI.

Fatigues des avares. Heureux le riche qui est demeuré dans l'innocence ! Garder la modestie. et la tempérance dans les festins. User du vin avec sobriété.

1. La veille pour amasser du bien dessèche la chair, et l'application qu'on y met ôte le sommeil.

2. La pensée inquiète de l'avenir renverse le sens, et la maladie violente rend l'âme sobre.

3. Le riche travaille pour amasser du bien, et quand il cesse de travailler il jouit du fruit de ses richesses.

4. Le pauvre travaille parce qu'il n'a pas de quoi vivre, et à la fin il tombe dans une extrême nécessité.

5. Celui qui aime l'or ne sera point innocent, et celui qui cherche la corruption en sera rempli.

6. L'or en a fait tomber plusieurs, et sa beauté a été leur perte.

7. L'or est un sujet de chute à ceux qui lui sacrifient : malheur à ceux qui le recherchent avec ardeur ! il fera périr tous les insensés.

8. Heureux le riche qui a été trouvé sans tache, qui n'a point couru après l'or, et n'a point mis son espérance dans l'argent et dans les trésors !

9. Qui est celui-là ? et nous le louerons, parce qu'il a fait des choses merveilleuses durant sa vie.

10. Il a été éprouvé par l'or, et trouvé parfait, sa gloire sera éternelle : il a pu violer le commandement de Dieu, et il ne l'a point violé ; il a pu faire le mal, et il ne l'a point fait.

11. C'est pourquoi ses biens ont été affermis dans le Seigneur, et toute l'assemblée des saints publiera les aumônes qu'il a faites.

12. Si vous êtes assis à une grande table, ne vous laissez pas aller d'abord à l'intempérance de votre bouche.

13. Ne dites pas : Voilà bien des viandes.

14. Souvenez-vous que c'est une méchante chose que l'œil mauvais.

15. Qu'y a-t-il parmi les créatures de plus malin que l'œil ? C'est pourquoi il pleurera, quelque bon visage qu'on lui fasse.

16. N'y portez point la main le premier, de peur que son envie ne vous déshonore et ne vous fasse rougir.

17. Ne vous empressez point étant au festin.

18. Jugez de la disposition de votre prochain par la vôtre.

19. Usez comme un homme tempérant de ce qui vous est servi, de peur que vous ne vous rendiez odieux en mangeant beaucoup.

20. Cessez le premier de manger par modestie ; et n'y excédez point, de peur de tomber en faute.

21. Si vous êtes assis avec beaucoup de personnes, n'étendez pas la main avant eux, et ne demandez pas le premier à boire.

22. Un peu de vin n'est-il pas plus que suffisant à un homme réglé ? Vous n'aurez point ainsi d'inquiétude pendant le sommeil, et vous ne sentirez point de douleur.

23. L'insomnie, la douleur et les tranchées sont le partage de l'homme intempérant.

24. Celui qui mange peu aura un sommeil de santé ; il dormira jusqu'au matin, et son âme se réjouira en lui-même.

25. Que si on vous a contraint de manger beaucoup, levez-vous, déchargez votre estomac, vous trouverez du soulagement, et vous n'attirerez point une maladie à votre corps.

26. Écoutez-moi, mon fils, et ne me méprisez point, et vous reconnaîtrez à la fin la vérité de mes paroles.

27. Soyez prompt dans toutes vos actions, et vous ne tomberez dans aucune maladie.

28. Les lèvres de plusieurs béniront celui qui donne libéralement à manger, et on rendra à sa conduite un témoignage avantageux.

29. Toute la ville murmurera contre celui qui donne à manger avec trop grande épargne, et le témoignage qu'on rendra à son avarice sera véritable.

30. N'excitez point à boire ceux qui aiment le vin ; car le vin en a perdu plusieurs.

31. Le feu éprouve la dureté du fer ; et le vin bu avec excès fait reconnaître les cœurs des superbes.

32. Le vin pris avec tempérance est une seconde vie : si vous en prenez modérément, vous serez sobre.

33. Quelle est la vie d'un homme qui se laisse abattre par le vin ?

34. Qui nous prive de la vie ? C'est la mort.

35. Le vin a été créé dès le commencement pour être la joie de l'homme, et non pour l'enivrer.

36. Le vin pris modérément est la joie de l'âme et du cœur.

37. La tempérance dans le boire est la santé de l'âme et du corps.

38. Le vin bu avec excès produit la colère et l'emportement, et attire de grandes ruines.

39. Le vin bu avec excès est l'amertume de l'âme.

40. L'ivrognerie inspire l'audace, elle fait tomber l'insensé, elle ôte la force, et elle est cause des blessures de plusieurs.

41. Ne reprenez point votre prochain lorsqu'il est à une table où l'on boit du vin, et ne le méprisez pas lorsqu'il se réjouit.

42. Ne lui faites point de reproches, et ne le pressez point en lui redemandant quelque chose.

CHAPITRE XXXII.

Comment doivent se conduire dans les repas celui qui en a le soin, et les vieillards et les jeunes gens qui y sont conviés. Avantage de la crainte de Dieu. Ne rien faire sans conseil.

1. Vous a-t-on établi pour gouverner les autres, ne vous en élevez point : vivez parmi eux comme l'un d'entre eux.

2. Ayez soin d'eux, et après cela asseyez-vous ; prenez votre place après que vous vous serez acquitté de vos devoirs,

3. Afin qu'ils deviennent le sujet de votre joie, que vous receviez la couronne comme un ornement de grâce, et que vous vous acquériez de la louange de la part de tous les conviés.

4. Parlez, vous qui êtes le plus âgé ;

5. Car la bienséance le demande ; mais parlez avec sagesse et avec science et ne troublez point l'harmonie.

6. Ne répandez point la parole lorsqu'on n'est point disposé à écouter, et ne vous élevez pas à contre-temps dans votre sagesse.

7. Un concert de musiciens dans un festin où l'on boit du vin est comme l'escarboucle enchâssée dans l'or.

8. Un nombre de musiciens dans un festin où l'on boit du vin avec joie et modérément est comme un cachet d'émeraude enchâssé dans l'or.

9. Écoutez en silence, et votre retenue vous acquerra beaucoup de grâce.

10. Ne parlez, jeune homme, qu'avec peine dans ce qui vous regarde.

11. Quand vous aurez été interrogé deux fois, répondez en peu de mots.

12. Conduisez-vous en beaucoup de choses comme si vous les ignoriez, et écoutez en silence et en faisant des demandes.

13. Lorsque vous êtes avec les grands, ne prenez point trop de liberté ; et ne parlez pas beaucoup où il y a des vieillards.

14. On voit l'éclair avant que d'entendre le tonnerre ; et il y a sur le visage de l'homme modeste une grâce qui le fait estimer avant qu'il parle, et cette retenue lui acquerra beaucoup de grâce.

15. Quand l'heure de se lever sera venue, ne vous embarrassez point, mais courez le premier à votre maison, divertissez-vous là, et tenez-vous dans la joie,

16. Et repassez dans votre esprit vos pensées sans péché et sans orgueil ;

17. Et dans toutes ces choses bénissez le Seigneur, qui vous a créé, et qui vous comble de tous ses biens.

18 Celui qui craint le Seigneur recevra de lui l'instruction ; et ceux qui veillent pour le chercher seront bénis de lui.

19. Celui qui cherche la loi en sera rempli ; et celui qui agit avec hypocrisie y trouvera un sujet de chute.

20. Ceux qui craignent le Seigneur reconnaîtront ce qui est juste, et ils allumeront leur justice comme une lumière.

21. Le pécheur évitera d'être repris, et il trouvera des interprétations de la loi selon son désir.

22. L'homme considéré ne perdra aucune occasion de s'éclaircir de ce qu'il doit faire ; l'étranger et le superbe n'a aucune crainte,

23. Non pas même lorsqu'il agit seul et sans conseil ; mais ce qu'il a fait de sa tête le condamnera.

24. Mon fils, ne faites rien sans conseil, et vous ne vous repentirez point de ce que vous aurez fait.

25. N'allez point dans une route perdue, et vous ne vous heurterez pas contre les pierres : ne vous engagez point dans un chemin pénible, de peur que vous ne prépariez à votre âme un sujet de chute.

26. Donnez-vous de garde de vos enfants mêmes, et défendez-vous de vos domestiques.

27. Dans toutes vos œuvres écoutez votre âme, et soyez-lui fidèle ; car c'est ainsi qu'on garde les commandements de Dieu.

28. Celui qui croit en Dieu est attentif à ce qu'il ordonne ; et celui qui met sa confiance au Seigneur ne tombera dans aucun mal.

CHAPITRE XXXIII.

Avantage de la crainte de Dieu. Dieu, par son juste jugement, relève les uns, et abaisse les autres. Fin que l'auteur s'est proposée en écrivant cet ouvrage. Se conserver l'autorité dans sa famille. Manière dont il faut traiter les esclaves.

1. Celui qui craint le Seigneur ne sera surpris d'aucun mal ; mais Dieu le conservera dans la tentation, et il le délivrera de tous les maux.

2. Le sage ne haïra point les commandements et les ordonnances, et il ne se brisera point comme un vaisseau dans la tempête.

3. L'homme de bon sens croit à la loi de Dieu, et la loi lui est fidèle.

4. Celui qui doit éclaircir ce qu'on lui demande préparera sa réponse, et après avoir ainsi prié il sera exaucé ; il conservera la règle de la doctrine, et après cela il répondra.

5. Le cœur de l'insensé est comme la roue d'un chariot, et sa pensée est comme un essieu qui tourne toujours.

6. L'ami moqueur est comme un cheval destiné aux cavales, qui hennit sous tous ceux qui le montent.

7. D'où vient qu'un jour est préféré à un autre jour, un temps à un temps, et une année à une année, puisque c'est le même soleil qui les forme ?

8. C'est le Seigneur qui les a distingués par son ordonnance, après que le soleil a été créé, et qu'il a suivi inviolablement dans sa course les ordres qu'il a reçus.

9. C'est lui qui a distingué les temps et les jours de fête parmi les hommes qui en ont célébré quelques uns à l'heure qui leur a été marquée.

10. Dieu a élevé et consacré quelques uns de ces jours, et il a mis les autres au rang des jours ordinaires : c'est ainsi que Dieu traite tous les hommes pris de la boue et de la même terre dont Adam a été formé.

11. Le Seigneur par sa sagesse, qui se communique en tant de manières différentes, a mis entre eux des différences, et a diversifié leurs voies.

12. Il a élevé et béni quelques uns d'entre les hommes, les a sanctifiés, les a unis et attachés à lui ; il en a maudit et humilié quelques autres, et il les a laissés aller après la séparation qui en a été faite.

13. Comme l'argile est dans la main du potier qui la manie et la forme à son gré,

14. Et comme il l'emploie à tous les usages qu'il lui plaît ; ainsi l'homme est dans la main de celui qui l'a créé, qui lui rendra selon l'équité de ses jugements.

15. Le bien est contraire au mal, et la vie à la mort ; ainsi le pécheur est contraire à l'homme juste. Considérez toutes les œuvres du Très-Haut, vous les trouverez ainsi deux à deux, et opposées l'une à l'autre.

16. Je suis venu le dernier de tous comme me réveillant après un sommeil, et comme ceux qui ramassent les grains de raisin après ceux qui ont fait vendange.

17. J'ai espéré aussi moi-même en la bénédiction de Dieu, et j'ai rempli la cuve comme celui qui vendange.

18. Considérez que je n'ai pas travaillé pour moi seul, mais pour tous ceux qui recherchent la science.

19. Grands et peuples, écoutez-moi tous ; et vous gouverneurs de l'assemblée, prêtez l'oreille.

20. Ne donnez point pouvoir sur vous pendant votre vie à votre fils, à votre femme, à votre frère, ou à votre ami ; ne donnez point à un autre le bien que vous possédez, de peur que vous ne vous en repentiez, et que vous ne soyez réduit à lui en demander avec prière.

21. Tant que vous vivez et que vous respirez, que personne ne vous fasse changer sur ce point ;

22. Car il vaut mieux que ce soient vos enfants qui vous prient, que d'être réduit à attendre ce qui vous viendra d'eux.

23. Conservez-vous la principale autorité dans toutes vos œuvres.

24. Ne faites point de tache à votre gloire. Distribuez votre succession au jour que finira votre vie, et à l'heure de votre mort.

25. Le fourrage, le bâton, et la charge à l'âne ; le pain, la correction, et le travail à l'esclave.

26. Il travaille quand on le châtie, et il ne pense qu'à se reposer : lâchez-lui la main, et il tâchera de se rendre libre.

27. Le joug et les cordes font courber le cou le plus dur, et le travail continuel rend l'esclave souple.

28. La torture et les fers à l'esclave malicieux : envoyez-le au travail, de peur qu'il ne soit oisif ;

29. Car l'oisiveté enseigne beaucoup de mal.

30. Tenez-le dans le travail ; car c'est là qu'il doit être. Que s'il ne vous obéit pas, faites-le plier en lui mettant les fers aux pieds ; mais ne commettez point d'excès à l'égard de qui que ce soit ; et ne faites rien d'important sans y avoir bien pensé.

31. Si vous avez un esclave qui vous soit fidèle, qu'il vous soit cher comme votre vie ; traitez-le comme votre frère, parce que vous l'avez acquis au prix de votre sang.

32. Si vous le traitez mal avec injustice, il s'enfuira ;

33. Et s'il se dérobe à vous, et s'en va, vous ne saurez où l'aller chercher pour le trouver.

CHAPITRE XXXIV.

Vanité des songes. Avantage de l'expérience. Bonheur de celui qui craint le Seigneur. Dieu a en horreur les oblations des méchants. Fausse pénitence.

1. L'homme insensé se repaît de vaines espérances et de mensonges ; et les imprudents bâtissent sur les songes.

2. Celui qui s'attache à de fausses visions est comme celui qui embrasse l'ombre et poursuit le vent.

3. Les visions des songes sont comme l'image d'un homme qui se voit lui-même dans un miroir.

4. Comment ce qui est impur peut-il rendre pur ? et comment la vérité peut-elle sortir du mensonge ?

5. Les divinations de l'erreur, les augures trompeurs, et les songes des méchants, ne sont que vanité.

6. Ce ne sont que des effets de votre imagination, comme sont les fantaisies des femmes grosses. N'appliquez point votre pensée à ces visions, à moins que le Très-Haut ne vous les envoie lui-même ;

7. Car les songes en ont jeté plusieurs dans l'égarement, et ils sont tombés pour y avoir mis leur confiance.

8. La parole de la loi s'accomplira entièrement, et la sagesse sera claire dans la bouche du fidèle.

9. Que sait celui qui n'a point été tenté ? L'homme d'une grande expérience aura de grandes vues ; et celui qui a beaucoup appris parlera avec sagesse.

10. Celui qui est peu expérimenté connaît peu de choses ; mais celui qui a fait beaucoup d'épreuves s'est acquis une grande prudence.

11. Quelle est la science de celui qui n'a point été tenté ? Mais celui qui a été surpris aura une grande adresse pour ne l'être plus.

12. J'ai bien vu des choses allant en divers lieux, et j'ai remarqué bien des coutumes différentes.

13. Je m'y suis vu quelquefois en danger de perdre la vie, mais Dieu m'a délivré par sa grâce.

14. Dieu aura soin de ceux qui le craignent, et son regard les comblera de bénédictions.

15. Car leur espérance est en celui qui les sauve, et les yeux de Dieu sont sur ceux qui l'aiment.

16. Celui qui craint le Seigneur ne tremblera point ; il n'aura point de peur, parce que Dieu même est son espérance.

17. Heureuse est l'âme de celui qui craint le Seigneur.

18. Sur qui jette-t-il l'œil, et qui est sa force ?

19. Les yeux du Seigneur sont sur ceux qui le craignent ; il est leur protection puissante et l'affermissement de leur force, il les couvre contre la chaleur, il les met à l'ombre contre l'ardeur du midi.

20. Il les soutient, afin qu'ils ne tombent pas ; il les assiste quand ils sont tombés ; il élève leur âme et il éclaire leurs yeux ; il leur donne la santé, la vie, et la bénédiction.

21. L'oblation de celui qui sacrifie d'un bien d'iniquité est souillée, et les insultes des injustes ne sont point agréées de Dieu.

22. Le Seigneur ne se donne qu'à ceux qui l'attendent en paix dans la voie de la vérité et de la justice.

23. Le Très-Haut n'approuve point les dons des injustes, il ne regarde point les oblations des méchants, et la multitude de leurs sacrifices n'obtiendra point de lui le pardon de leurs péchés.

24. Celui qui offre un sacrifice de la substance des pauvres est comme celui qui égorge le fils aux yeux du père.

25. Un peu de pain est la vie des pauvres : celui qui le leur ôte est un homme de sang.

26. Celui qui arrache à un homme le pain qu'il a gagné par son travail est comme celui qui assassine son prochain.

27. Celui qui répand le sang, et celui qui prive le mercenaire de sa récompense, sont frères.

28. Si l'un bâtit et que l'autre détruise, que gagneront-ils, que de la peine ?

29. Si l'un prie, et que l'autre maudisse, de qui Dieu exaucera-t-il la voix ?

30. Si celui qui se lave après avoir touché un mort le touche de nouveau, de quoi lui sert-il de s'être lavé ?

31. De même si un homme jeûne après avoir commis des péchés, et les commet de nouveau, que gagne-t-il de s'être affligé et humilié ? et qui exaucera sa prière ?

CHAPITRE XXXV.

Observation des commandements. Sacrifice agréable à Dieu. Offrir ses dons au Seigneur avec joie. Dieu ne fait acception de personne. Il exauce les prières des pauvres, et il perdra ceux qui les opprimant.

1. Celui qui observe la loi est comme s'il offrait un grand nombre d'oblations.

2. C'est un sacrifice salutaire que d'être attentif à garder les commandements, et se retirer de toute iniquité.

3. S'éloigner de l'injustice c'est offrir un sacrifice qui obtient le pardon de nos offenses, et qui détourne là punition de nos péchés.

4. Celui qui rend grâces à Dieu offre la fleur de farine ; et celui qui fait miséricorde offre un sacrifice.

5. S'abstenir du mal est ce qui plaît au Seigneur ; et se retirer de l'injustice est un sacrifice pour l'expiation des péchés.

6. Vous ne paraîtrez point les mains vides devant le Seigneur ;

7. Car toutes ces choses se font pour obéir aux commandements de Dieu.

8. L'oblation du juste engraisse l'autel, et monte devant le Très-Haut comme une excellente odeur.

9. Le sacrifice du juste est bien reçu de Dieu, et le Seigneur n'en perdra point le souvenir.

10. Rendez gloire à Dieu de bon cœur, et ne retranchez rien des prémices du fruit de vos mains.

11. Faites tous vos dons avec un visage gai, et sanctifiez vos décimes par votre joie.

12. Donnez au Très-Haut selon qu'il vous a donné, et faites votre offrande de bon cœur à proportion de ce que vous avez entre les mains ;

13. Car le Seigneur est libéral envers ceux qui lui donnent, et il vous en rendra sept fois autant.

14. N'offrez point de dons corrompus à Dieu, parce qu'il ne les recevra point.

15. Ne mettez point votre confiance en un sacrifice d'iniquité, parce que le Seigneur est votre juge, et qu'il n'a point égard à la condition des personnes.

16. Le Seigneur ne fera point d'acception de personne contre le pauvre, et il exaucera la prière de celui qui souffre l'injure.

17. Il ne méprisera point l'orphelin qui le prie, ni la veuve qui répand ses gémissements devant lui.

18. Les larmes de la veuve n'arrosent-elles pas son visage, et ne crient-elles pas vengeance contre celui qui les tire de ses yeux ?

19. Car du visage de la veuve elles montent jusqu'au ciel, et le Seigneur qui l'exauce ne se plaira point à la voir pleurer.

20. Celui qui adore Dieu avec joie sera bien reçu de lui, et sa prière montera jusqu'aux nuées.

21. La prière d'un homme qui s'humilie percera les nuées ; il ne se consolera point qu'elle n'ait été jusqu'à Dieu, et il ne se retirera point jusqu'à ce que le Très-Haut le regarde.

22. Le Seigneur ne différera pas longtemps ; mais il prendra la défense des justes, et leur fera justice : le Très-Fort n'usera plus à leur égard de sa longue patience ; mais il accablera de maux ceux qui les ont opprimés :

23. Et il se vengera des nations jusqu'à ce qu'il détruise toute l'assemblée des superbes, et qu'il brise les sceptres des injustes ;

24. Jusqu'à ce qu'il rende aux hommes selon leurs actions, et selon les œuvres et la présomption d'Adam ;

25. Jusqu'à ce qu'il fasse justice à son peuple, et qu'il rende la joie aux justes, en leur faisant miséricorde.

26. La miséricorde de Dieu est reçue avec joie au temps de l'affliction, comme la nuée qui répand la pluie au temps de la sécheresse.

CHAPITRE XXXVI.

Prière de l'auteur de ce livre pour attirer la miséricorde de Dieu sur Israël. Du cœur éclairé et du cœur corrompu. Avantage de celui qui a une femme vertueuse.

1. O Dieu, Seigneur de toutes choses, ayez pitié de nous ; regardez-nous favorablement, et faites-nous voir la lumière de vos miséricordes :

2. Répandez votre terreur sur les nations qui ne se mettent point en peine de vous rechercher, afin qu'elles reconnaissent qu'il n'y a point de Dieu que vous seul, et qu'elles publient la grandeur de vos merveilles.

3. Étendez votre main sur les peuples étrangers, et faites-leur sentir votre puissance.

4. Comme ils ont vu de leurs yeux que vous avez été sanctifié parmi nous, faites que nous voyions aussi éclater votre grandeur parmi eux,

5. Afin qu'ils connaissent, comme nous l'avons connu, qu'il n'y a point d'autre Dieu que vous, Seigneur.

6. Renouvelez vos prodiges, et faites des miracles qui n'aient point encore été vus.

7. Glorifiez votre main et votre bras droit.

8. Excitez votre fureur, et répandez votre colère.

9. Détruisez l'ennemi, et brisez celui qui nous fait la guerre.

10. Pressez le temps, et hâtez la fin, et faites que les hommes publient vos merveilles.

11. Que celui qui sera échappé à l'épée soit dévoré par l'ardeur des flammes ; et que ceux qui tyrannisent votre peuple tombent dans la perdition.

12. Brisez la tête des chefs de nos ennemis qui disent : Il n'y a point d'autre Seigneur que nous.

13. Rassemblez toutes les tribus de Jacob, afin qu'elles connaissent qu'il n'y a point d'autre Dieu que vous, qu'elles racontent la grandeur de vos merveilles et qu'elles deviennent votre héritage comme elles l'ont été au commencement.

14. Ayez pitié de votre peuple, qui a été appelé de votre nom, et d'Israël que vous avez traité comme votre fils aîné.

15. Ayez compassion de Jérusalem, de cette ville que vous avez sanctifiée, de cette ville où vous avez établi votre repos.

16. Remplissez Sion de la vérité de vos paroles ineffables, et votre peuple de votre gloire.

17. Rendez témoignage à ceux qui ont été dès la création du monde votre héritage, et vérifiez les prédictions que les anciens prophètes ont prononcées en votre nom.

18. Récompensez ceux qui vous ont attendu longtemps, afin que vos prophètes soient trouvés fidèles, et exaucez les prières de vos serviteurs,

19. Selon les bénédictions qu'Aaron a données à votre peuple, et conduisez-nous dans la voie de la justice, afin que tous ceux qui habitent la terre sachent que vous êtes le Dieu qui voyez tous les siècles devant vous.

20. L'estomac reçoit toutes sortes de viandes ; mais entre les nourritures l'une est meilleure que l'autre.

21. Le palais discerne au goût la venaison, et le cœur éclairé les paroles de mensonge.

22. Le cœur corrompu causera de la tristesse, et l'homme habile lui résistera.

23. La femme peut épouser toutes sortes d'hommes ; mais entre les filles l'une est meilleure que l'autre.

24. L'agrément de la femme met la joie sur le visage de son mari, et se rend plus aimable que tout ce que l'homme peut désirer.

25. Que si sa langue peut guérir les maux, et est pleine de douceur et de bonté, son mari aura un avantage qui n'est pas commun parmi les hommes.

26. Celui qui a une femme vertueuse commence à établir sa maison ; il a un secours qui lui est semblable, et un ferme appui où il se repose.

27. Où il n'y a point de haie, le bien est au pillage ; et où il n'y a point de femme, l'homme soupire dans l'indigence.

28. Qui se fiera à celui qui n'a point de retraite, qui va chercher le couvert partout où la nuit le prend, et qui erre de ville en ville comme un voleur toujours prêt à fuir.

CHAPITRE XXXVII.

Du vrai et du faux ami. Choisir son conseil avec soin. Consulter le Seigneur. Science vraie et fausse, utile et dangereuse. Suites funestes de l'intempérance.

1. Tout ami dira : J'ai fait aussi amitié avec cet homme ; mais il y a un ami qui n'est ami que de nom. N'est-ce pas une douleur qui dure jusqu'à la mort,

2. Que de voir un ami qui se change en ennemi ?

3. O pensée détestable, d'où as-tu pris ton origine pour venir couvrir la terre de ta malice et de ta perfidie ?

4. L'ami se divertit avec son ami pendant sa prospérité, et il deviendra ennemi au temps de l'affliction.

5. L'ami s'affligera avec son ami, afin qu'il lui donne de quoi manger ; et à la vue de l'ennemi il prendra le bouclier.

6. Conservez dans votre cœur le souvenir de votre ami, et ne l'oubliez pas lorsque vous serez devenu riche.

7. Ne prenez point conseil de celui qui vous tend un piège, et cachez vos desseins à ceux qui vous portent envie.

8. Tout homme que l'on consulte donne son conseil, mais il y en a qui ne regardent qu'eux-mêmes dans ce qu'ils conseillent.

9. En demandant conseil à un homme, veillez à la garde de votre âme : sachez auparavant quels sont ses intérêts ; car il vous donnera conseil selon qu'il lui sera plus utile :

10. Craignez qu'il ne plante un pieu dans votre chemin, et ne vous dise :

11. Votre voie est bonne ; pendant qu'il se tiendra à l'écart pour voir ce qui vous arrivera.

12. Allez consulter un homme sans religion sur les choses saintes, un injuste sur la justice, une femme sur celle dont elle est jalouse, un homme timide sur ce qui regarde la guerre, un marchand sur le trafic des marchandises, un acheteur sur ce qui est à vendre, un envieux sur la reconnaissance des grâces reçues,

13. Un impie sur la piété, un homme sans honneur sur l'honnêteté, celui qui travaille aux champs sur ce qui regarde son travail,

14. Un ouvrier à l'année sur ce qu'il doit faire pendant un an, et un serviteur paresseux sur l'assiduité au travail : vous ne devez point attendre de conseil de ces personnes sur toutes ces choses.

15. Mais tenez-vous sans cesse auprès d'un homme saint, lorsque vous en aurez connu quelqu'un qui craint véritablement Dieu ;

16. Dont l'âme a du rapport avec la vôtre, et qui prendra part à votre douleur lorsque vous aurez fait un faux pas dans les ténèbres.

17. Affermissez votre cœur dans la droiture d'une bonne conscience ; car vous n'aurez point de plus fidèle conseiller.

18. L'âme d'un homme saint découvre quelquefois mieux la vérité que sept sentinelles qui sont assises dans un lieu élevé pour découvrir tout ce qui se passe.

19. Mais sur toutes choses priez le Très-Haut, afin qu'il vous conduise dans le droit chemin de la vérité.

20. Que la parole de vérité précède toutes vos œuvres, et qu'un conseil stable règle auparavant tout ce que vous faites.

21. Une parole mauvaise gâtera le cœur : c'est du cœur que naissent ces quatre choses, le bien et le mal, la vie et la mort ; et cela dépend ordinairement de la langue. Tel est habile et enseigne plusieurs, qui est inutile à lui-même.

22. Tel est éclairé et en instruit plusieurs, qui y trouve la paix et la douceur de son âme.

23. Celui qui use d'un langage sophistique est digne de haine ; il sera pauvre et vide de tout.

24. Il n'a point reçu la grâce du Seigneur, car il est dépourvu de toute sagesse.

25. Il y a un sage qui est sage pour lui-même, et les fruits de sa sagesse sont vraiment louables.

26. L'homme sage instruit son peuple, et le fruit de sa sagesse est stable et fidèle.

27. L'homme sage sera rempli de bénédictions, et ceux qui le verront le combleront de louanges.

28. Les jours de la vie d'un homme n'ont qu'un certain nombre ; mais les jours d'Israël sont innombrables.

29. Le sage s'acquerra de l'honneur parmi son peuple, et son nom vivra éternellement.

30. Mon fils, éprouvez votre âme pendant votre vie ; et si vous trouvez qu'une chose lui soit mauvaise, ne la lui accordez pas ;

31. Car tout n'est pas avantageux à tous, et tous ne se plaisent pas aux mêmes choses.

32. Ne soyez jamais avide dans un festin, et ne vous jetez point sur toutes les viandes ;

33. Car l'excès des viandes cause des maladies, et l'avidité produit la douleur.

34. L'intempérance en a tué plusieurs ; mais l'homme sobre prolonge ses jours.

CHAPITRE XXXVIII.

Honorer les médecins ; se servir de leurs remèdes. Prier le Seigneur ; se purifier de ses péchés. Pleurer la mort de ses amis avec modération ; se souvenir qu'on doit aussi mourir. Repos nécessaire pour acquérir la sagesse. La prière sanctifie le travail.

1. Honorez le médecin à cause de la nécessité ; car c'est le Très-Haut qui l'a créé.

2. Toute médecine vient de Dieu, et elle recevra des présents du roi.

3. La science du médecin l'élèvera en honneur, et il sera loué devant les grands.

4. C'est le Très-Haut qui a produit de la terre tout ce qui guérit, et l'homme sage n'en aura point d'éloignement.

5. Un peu de bois n'a-t-il pas adouci l'eau qui était amère ?

6. Dieu a fait connaître aux hommes la vertu des plantes ; le Très-Haut leur en a donné la science, afin qu'ils l'honorassent dans ses merveilles.

7. Il s'en sert pour apaiser leurs douleurs et les guérir : ceux qui en ont l'art en font des compositions agréables, et des onctions qui rendent la santé ; et ils diversifient leurs confections en mille manières.

8. Car la paix et la bénédiction de Dieu s'étend sur toute la terre.

9. Mon fils, ne vous méprisez pas vous-même dans votre infirmité ; mais priez le Seigneur, et lui-même vous guérira.

10. Détournez-vous du péché, redressez vos mains, et purifiez votre cœur de toutes ses fautes.

11. Offrez à Dieu un encens de bonne odeur, et de la fleur de farine en mémoire de votre sacrifice, et que votre offrande soit grasse et parfaite, et recevez le médecin ;

12. Car c'est le Seigneur qui l'a créé ; et qu'il ne vous quitte point parce que son art est nécessaire.

13. Il viendra un temps que vous tomberez entre les mains des médecins ;

14. Et ils prieront eux-mêmes le Seigneur, afin qu'il les conduise, à cause de leur bonne vie, au soulagement et à la santé qu'ils vous veulent procurer.

15. L'homme qui pèche aux yeux de celui qui l'a créé tombera entre les mains du médecin.

16. Mon fils, répandez vos larmes sur un mort, et pleurez comme un homme qui a reçu une grande plaie ; ensevelissez son corps selon la coutume, et ne négligez pas sa sépulture.

17. Faites un grand deuil pendant un jour, dans l'amertume de votre âme, pour ne pas donner sujet de mal parler de vous ; mais ne soyez pas inconsolable dans votre tristesse :

18. Faites ce deuil selon le mérite de la personne, un jour ou deux, pour ne point donner lieu à la médisance :

19. Car la tristesse conduit à la mort, elle accable toute la vigueur, et l'abattement du cœur fait baisser la tête.

20. La tristesse s'entretient dans la solitude ; et la vie du pauvre est telle qu'est son cœur.

21. N'abandonnez point votre cœur à la tristesse, mais éloignez-la de vous ; souvenez-vous de votre dernière fin,

22. Et ne l'oubliez pas ; car après cela il n'y a point de retour : vous ne servirez de rien au mort en vous affligeant, et vous vous ferez à vous-même un très-grand mal.

23. Souvenez-vous du jugement de Dieu sur moi : car le votre viendra de même. Hier à moi, aujourd'hui à vous.

24. Que la paix où le défunt est entré apaise en vous le regret que vous avez de sa mort, et consolez-vous de ce que son esprit s'est séparé de son corps.

25. Le docteur de la loi deviendra sage au temps de son repos, et celui qui s'agite peu acquerra la sagesse.

26. Comment se pourrait remplir de sagesse un homme qui mène une charrue, qui prend plaisir à tenir à la main l'aiguillon dont il pique les bœufs, qui les fait travailler sans cesse, et qui ne s'entretient que de jeunes bœufs et de taureaux ?

27. Il applique tout son cœur à remuer la terre et à tracer des sillons, et toutes ses veilles à engraisser des génisses.

28. Ainsi le charpentier et l'architecte passe à son travail les jours et les nuits ; ainsi celui qui grave les cachets diversifie ses figures par un long travail : son cœur s'applique tout entier à imiter la peinture, et par ses veilles il achève son ouvrage.

29. Ainsi celui qui travaille sur le fer s'assied près de l'enclume, et considère le fer qu'il met en œuvre : la vapeur du feu lui dessèche la chair, et il ne se lasse point de souffrir l'ardeur de la fournaise.

30. Son oreille est frappée sans cesse du bruit des marteaux, et son œil attentif à la forme qu'il veut donner à ce qu'il fait.

31. Son cœur s'applique tout entier à achever son ouvrage : il l'embellit par ses veilles, et le rend parfait.

32. Ainsi le potier s'assied près de son argile, il tourne la roue avec ses pieds, il est dans un soin continuel pour son ouvrage, et il ne fait rien qu'avec art et avec mesure.

33. Son bras donne la forme qu'il veut à l'argile, après qu'il l'a remuée et rendue flexible avec ses pieds.

34. Son cœur s'applique tout entier à donner la dernière perfection à son ouvrage en le vernissant, et il a grand soin que son fourneau soit bien net.

35. Toutes ces personnes espèrent en l'industrie de leurs mains, et chacun est sage dans son art.

36. Sans eux nulle ville ne serait ni bâtie, ni habitée, ni fréquentée.

37. Mais ils n'entreront point dans les assemblées.

38. Ils ne seront point assis sur les sièges des juges, ils n'auront point l'intelligence des lois sur lesquelles se forment les jugements, ils ne publieront point les instructions ni les règles de la vie, ils ne trouveront point l'éclaircissement des paraboles ;

39. Mais ils ne maintiennent l'état de ce monde qu'en entretenant ce qui passe avec le temps ; ils prient en travaillant aux ouvrages de leur art, ils y appliquent leur âme, et ils cherchent d'y vivre selon la loi du Très-Haut.

CHAPITRE XXXIX.

Occupations du sage ; gloire qui l'accompagne. Les enfants d'Israël exhortés à bénir le Seigneur dans ses ouvrages. Dieu récompense les bons, et punit les méchants. Toutes les créatures exécutent ses ordres.

1. Le sage aura soin de rechercher la sagesse de tous les anciens, et il fera son étude des prophètes.

2. Il conservera dans son cœur les instructions des hommes célèbres, et il entrera en même temps dans les mystères des paraboles.

3. Il tâchera de pénétrer dans le secret des proverbes et des sentences obscures, et se nourrira de ce qu'il y a de plus caché dans les paraboles.

4. Il exercera son ministère au milieu des grands, et il paraîtra devant ceux qui gouvernent.

5. Il passera dans les terres des nations étrangères, pour éprouver parmi les hommes le bien et le mal.

6. Il appliquera son cœur et veillera dès le point du jour pour s'attacher au Seigneur, qui l'a créé, et il offrira ses prières au Très-Haut.

7. Il ouvrira sa bouche pour la prière, et il demandera pardon pour ses péchés.

8. Car s'il plaît au souverain Seigneur, il le remplira de l'esprit d'intelligence :

9. Alors il répandra comme une pluie les paroles de sa sagesse, et il bénira le Seigneur dans la prière ;

10. Le Seigneur conduira ses conseils et ses instructions, et lui il méditera les secrets de Dieu.

11. Il publiera lui-même les instructions qu'il a apprises ; et il mettra sa gloire dans la loi de l'alliance du Seigneur.

12. Sa sagesse sera louée de plusieurs, et elle ne tombera jamais dans l'oubli.

13. Sa mémoire ne s'effacera point, et son nom sera honoré de siècle en siècle.

14. Les nations publieront sa sagesse, et l'assemblée célébrera ses louanges.

15. Tant qu'il vivra il s'acquerra plus de réputation que mille autres ; et quand il viendra à se reposer, il en sera plus heureux.

16. Je continuerai encore à publier ce que je médite, car je suis rempli d'une sainte fureur.

17. Une voix me dit : Écoutez-moi, ô germes divins, et portez des fruits comme des rosiers plantés sur le bord des eaux.

18. Répandez une agréable odeur comme le Liban.

19. Portez des fleurs comme le lis ; jetez une odeur douce ; poussez des branches de grâce ; chantez des cantiques, et bénissez le Seigneur dans ses ouvrages.

20. Relevez son nom par de magnifiques éloges, louez-le par les paroles de vos lèvres, par le chant de vos cantiques, et par le son de vos harpes ; et vous direz ceci dans les bénédictions que vous lui donnerez :

21. Les ouvrages du Seigneur sont tous souverainement bons.

22. A sa parole l'eau s'est arrêtée comme un monceau ; et comme un réservoir à un seul mot de sa bouche ;

23. Car tout devient favorable aussitôt qu'il le commande, et le salut qu'il donne est inviolable.

24. Les œuvres de tous les hommes lui sont présentes, et rien n'est caché à ses yeux.

25. Son regard s'étend de siècle en siècle, et rien n'est grand ni merveilleux devant lui.

26. On ne doit point dire : Qu'est-ce que ceci ? qu'est-ce que cela ? car tout se découvrira en son temps.

27. La bénédiction qu'il donne est comme un fleuve qui se déborde.

28. Et comme le déluge a inondé toute la terre, ainsi sa colère sera le partage des nations qui ne se sont pas mises en peine de le rechercher.

29. Comme il a changé les eaux en un lieu sec, et a desséché la terre, et comme ses voies furent alors trouvées droites par les siens, ainsi les pécheurs trouvent dans sa colère des sujets de chute et de scandale.

30. Comme les biens dès le commencement ont été créés pour les bons, ainsi les biens et les maux ont été créés pour les méchants.

31. Ce qui est principalement nécessaire pour la conservation de la vie des hommes, c'est l'eau, le feu, le fer, le sel, le lait, le pain de fleur de farine, le miel, le raisin, l'huile, et les vêtements.

32. Comme toutes ces choses sont un bien pour les saints, aussi se changent-elles en maux pour les méchants et pour les pécheurs.

33. Il y a des esprits qui ont été créés pour la vengeance, et par leur fureur ils augmentent les supplices des méchants.

34. Ils se répandront dans toute leur violence au temps que la mesure de la justice de Dieu sera remplie, et ils satisferont la fureur de celui qui les a créés.

35. Le feu, la grêle, la famine, et la mort, toutes ces choses ont été créées pour exercer la vengeance ;

36. Ainsi que les dents des bêtes, les scorpions et les serpents, et l'épée destinée à punir et à exterminer les impies.

37. Toutes ces choses exécutent les ordres du Seigneur avec joie ; elles se tiendront prêtes sur la terre pour servir au besoin ; et quand leur temps sera venu, elles obéiront exactement à sa parole.

38. C'est pourquoi je me suis affermi dès le commencement dans ces pensées, je les ai considérées et méditées en moi-même, et je les ai laissées par écrit.

39. Tous les ouvrages du Seigneur sont bons, et il met chaque chose en usage quand l'heure est venue.

40. On ne peut point dire : Ceci est plus mal que cela ; car toutes choses seront trouvées bonnes en leur temps.

41. C'est pourquoi, dès maintenant, louez tous ensemble de tout votre cœur, et bénissez par les paroles de votre bouche le nom du Seigneur.

CHAPITRE XL.

Misères communes à tous les hommes. Sort funeste des richesses injustes. Avantages de la crainte du Seigneur. Ne pas mener une vie de mendiant.

1. Une inquiète occupation a été destinée d'abord à tous les hommes, et un joug pesant accable les enfants d'Adam, depuis le jour qu'ils sortent du sein de leur mère jusqu'au jour de leur sépulture, où ils rentrent dans la mère commune de tous.

2. Les imaginations de leur esprit, les appréhensions de leur cœur, les réflexions qui les tiennent en suspens, et le jour qui doit tout finir,

3. Depuis celui qui est assis sur un trône de gloire, jusqu'à celui qui est couché sur la terre et dans la cendre ;

4. Depuis celui qui est vêtu de pourpre et qui porte la couronne, jusqu'à celui qui n'est couvert que de toile ; la fureur, la jalousie, l'inquiétude, l'agitation, la crainte de la mort, la colère toujours vive, et les querelles,

5. Troublent leurs pensées dans le lit même et pendant le sommeil de la nuit, qui est le temps qui leur a été donné pour prendre quelque repos.

6. L'homme se repose peu et presque point, et il est ensuite, dans son sommeil même, comme une sentinelle pendant le jour.

7. Les fantômes qu'il voit en son âme l'inquiètent, il s'imagine fuir comme un homme qui se sauve du combat ; il se lève.le lendemain, il se voit en assurance, et il admire sa frayeur qui n'avait aucun fondement :

8. Toute chair est sujette à ces accidents, depuis les hommes jusqu'aux bêtes, et les pécheurs sept fois plus encore que les autres.

9. De plus, la mort, le sang, les querelles, l'épée, les oppressions, la famine, les ruines des pays, et les autres fléaux,

10. Ont tous été créés pour accabler les méchants ; et le déluge est arrivé à cause d'eux.

11. Tout ce qui vient de la terre retournera dans la terre, comme toutes les eaux rentrent dans la mer.

12. Tout don injuste et toute iniquité périra ; mais la foi subsistera éternellement.

13. Les richesses des injustes sécheront comme un torrent, et seront semblables à un tonnerre qui fait un grand bruit pendant la nuit.

14. Les injustes se réjouiront en ouvrant leurs mains ; mais comme par là ils violent la loi de Dieu, ils seront exterminés pour jamais.

15. La postérité des impies ne multipliera point ; leurs branches seront comme de mauvaises racines qui sont agitées du vent sur le haut d'un rocher.

16. L'herbe verte qui croît sur les eaux et au bord d'un fleuve sera arrachée avant toutes les herbes des champs.

17. Les œuvres de grâce sont comme un jardin délicieux et béni du ciel, et les fruits de la miséricorde dureront éternellement.

18. La vie de celui qui se contente de ce qu'il gagne de son travail sera remplie de douceur, et en vivant ainsi vous trouverez un trésor.

19. Les enfants et la fondation d'une ville rendent le nom d'un homme célèbre après lui ; mais une femme sans tache passe l'un et l'autre.

20. Le vin et la musique réjouissent le cœur ; mais l'amour de la sagesse passe l'un et l'autre.

21. Le son des flûtes et celui de la harpe sont une agréable harmonie ; mais la langue douce passe l'un et l'autre.

22. La grâce du corps et la beauté du visage plaisent à l'œil ; mais la verdure d'un champ semé passe l'une et l'autre.

23. L'ami aide son ami dans l'occasion ; mais une femme et un mari s'entre-soulagent encore plus.

24. Les frères sont un secours au temps de l'affliction ; mais la miséricorde qu'on aura faite en délivrera encore plus qu'eux.

25. L'or et l'argent affermissent l'état de l'homme ; mais un conseil sage surpasse l'un et l'autre.

26. Le bien et la force du corps élèvent le cœur ; mais la crainte du Seigneur passe l'un et l'autre.

27. Rien ne manque à qui a la crainte du Seigneur ; et il n'a pas besoin de chercher d'autre secours.

28. La crainte du Seigneur lui est comme un paradis de bénédiction, et il est revêtu d'une gloire au-dessus de toute gloire.

29. Mon fils, ne menez jamais une vie de mendiant, car il vaut mieux mourir que de mendier.

30. La vie de celui qui s'attend à la table d'autrui n'est pas une vie, parce qu'il se nourrit des viandes des autres.

31. Mais celui qui est bien réglé et bien instruit se gardera de cet état.

32. L'insensé trouvera de la douceur à demander sa vie, et l'avidité de manger lui brûlera les entrailles.

CHAPITRE XLI.

Souvenir de la mort doux ou amer. L'opprobre ou la malédiction sont le partage des méchants. Bonne réputation préférable aux richesses. Diverses choses dont on doit rougir.

1. O mort, que ton souvenir est amer à un homme qui vit en paix au milieu de ses biens ;

2. A un homme qui n'a rien qui le trouble, à qui tout réussit heureusement, et qui est encore en état de goûter la nourriture !

3. O mort, que ta sentence est douce à un homme pauvre, à qui les forces manquent,

4. Qui est dans la défaillance de l'âge, accablé de soins, sans espérance, et à qui la patience manque dans le mal qu'il souffre !

5. Ne craignez point l'arrêt de la mort. Souvenez-vous de ceux qui ont été avant vous, et de tous ceux qui viendront après : c'est l'arrêt que le Seigneur a prononcé contre toute chair.

6. Que craignez-vous, puisqu'il ne vous peut arriver que ce qu'il plaira au Très-Haut ? Qu'un homme vive dix ans, cent ans, mille ans,

7. On ne compte point les années de la vie parmi les morts.

8. Les enfants des pécheurs sont des enfants d'abomination, ainsi que ceux qui fréquentent les maisons des méchants.

9. L'héritage des enfants des pécheurs périra, et leur race sera éternellement déshonorée.

10. Les enfants d'un méchant homme se plaindront de leur père, parce qu'il est cause qu'ils sont en opprobre.

11. Malheur à vous, hommes impies, qui avez abandonné la loi du Seigneur le Très-Haut !

12. Quand vous êtes nés, vous êtes nés dans la malédiction ; et quand vous mourrez, vous aurez la malédiction pour votre partage.

13. Tout ce qui vient de la terre retournera à la terre ; ainsi les méchants tomberont de la malédiction dans la perdition.

14. On pleure les hommes lorsqu'on rend leurs corps à la terre ; mais le nom des méchants sera effacé du monde.

15. Ayez soin de vous procurer une bonne réputation ; car ce vous sera un bien plus stable que mille trésors grands et précieux.

16. La bonne vie n'a qu'un nombre de jours ; mais la bonne réputation demeure éternellement.

17. Conservez, mes enfants, pendant que vous êtes en paix, les instructions que je vous donne ; car à quoi sert une sagesse cachée et un trésor inconnu ?

18. Celui qui cache son imprudence vaut mieux que celui qui cache sa sagesse.

19. Ayez donc de la honte pour ce que je m'en vais vous marquer.

20. Car il n'est pas bon d'en avoir pour tout ; et il y a de bonnes choses qui ne plaisent pas à tout le monde.

21. Rougissez de la fornication devant votre père et votre mère, du mensonge devant celui qui gouverne et qui est puissant ;

22. D'une faute devant le prince et le juge ; de l'iniquité devant l'assemblée et devant le peuple ;

23. De l'injustice devant votre compagnon et votre ami ; de faire un larcin au lieu où vous demeurez.

24. Rougissez de commettre ces choses à cause de la vérité de Dieu, et de son alliance ; rougissez de mettre le coude sur la table, et d'user de tromperie dans ce que vous recevez ou donnez.

25. Rougissez de ne répondre pas à ceux qui vous saluent, de jeter la vue sur une femme prostituée, et de détourner votre visage de l'un de vos proches.

26. Ne vous détournez pas pour ne point voir votre prochain, et rougissez de lui ôter ce qui lui appartient sans le lui rendre.

27. Ne regardez point la femme d'un autre, ne vous rendez point familier avec sa servante, et ne vous tenez point auprès de son lit.

28. Rougissez de dire des paroles offensantes à vos amis ; et ne reprochez point ce que vous aurez donné.

CHAPITRE XLII.

Plusieurs choses dont il ne faut point rougir. Attention qu'un père doit avoir sur sa fille. Fuir la compagnie des femmes. Louanges des ouvrages du Seigneur.

1. Ne redites point ce que vous avez entendu dire, et ne révélez point ce qui est secret ; alors vous serez vraiment exempt de confusion, et vous trouverez grâce devant tous les hommes. Ne rougissez point de tout ce que je vais vous dire, et n'ayez point égard à la qualité des personnes pour commettre le péché.

2. Ne rougissez point de la loi et de l'alliance du Très-Haut, ni dans un jugement où l'on voudrait absoudre un méchant homme,

3. Ni dans une affaire entre ceux de votre connaissance et des étrangers qui passent, ni dans le partage d'un héritage où vos amis sont intéressés.

4. Ne rougissez pas d'user d'un juste poids et d'une juste balance, ni d'être équitable, lorsqu'il s'agit d'acquérir peu ou beaucoup.

5. Ni de faire justice des fourberies qui arrivent entre les vendeurs et les acheteurs, ni de châtier souvent vos enfants, ni de battre jusqu'au sang un méchant esclave.

6. Il est bon de tenir tout sous la clé lorsqu'on a une méchante femme.

7. Où il y a beaucoup de mains, tenez tout fermé ; donnez tout compté et pesé ; et ne manquez point d'écrire ce que vous aurez donné et reçu.

8. Ne rougissez point de corriger l'insensé et l'imprudent, ni de soutenir les vieillards qui sont condamnés par les jeunes gens ; alors vous ferez voir que vous êtes bien instruit de toutes choses, et vous serez approuvé de tous les hommes.

9. La fille est à son père un sujet secret de veiller toujours, et le soin qu'elle cause ôte le sommeil, de peur qu'elle ne passe la fleur de son âge sans être mariée, et que lorsqu'elle sera avec son mari elle n'en soit point aimée :

10. Il craint qu'elle ne se corrompe pendant qu'elle est vierge, et qu'elle ne soit trouvée grosse dans la maison de son père ; ou qu'étant mariée elle ne viole la loi du mariage, ou qu'elle demeure stérile et n'ait point d'enfants.

11. Gardez étroitement une fille libertine, de peur qu'elle ne vous expose aux insultes de vos ennemis, qu'elle ne vous rende l'objet de la médisance de toute une ville et la fable du peuple, et qu'elle ne vous déshonore devant tout le monde.

12. N'arrêtez vos yeux sur la beauté de personne, et ne demeurez point au milieu des femmes ;

13. Car comme le ver s'engendre dans les vêtements, ainsi l'iniquité de l'homme vient de la femme.

14. Un homme qui vous fait du mal vaut mieux qu'une femme qui vous fait du bien, et qui devient un sujet de confusion et de honte.

15. Je me souviendrai donc des ouvrages du Seigneur, et j'annoncerai ce que j'ai vu. Je découvrirai les ouvrages de Dieu par ses paroles.

16. Le soleil voit tout et éclaire tout, et la gloire du Seigneur éclate dans ses œuvres.

17. Le Seigneur n'a—t—il pas fait publier par ses saints toutes ses merveilles, qu'il a affermies comme étant le Seigneur tout-puissant, afin qu'elles subsistent éternellement pour sa gloire ?

18. Il sonde l'abîme et le cœur des hommes, et il pénètre leurs plus secrètes pensées.

19. Car le Seigneur connaît tout ce qui se peut savoir, et il voit les signes des temps à venir ; il annonce les choses passées et les choses futures ; il découvre les traces de ce qui était le plus caché.

20. Il n'y a point pour lui de pensées secrètes, et rien ne se dérobe à sa lumière.

21. Il a fait éclater la beauté des merveilles de sa sagesse ; il est avant tous les siècles, et il sera dans tous les siècles.

22. On ne peut ni ajouter rien à ce qu'il est, ni en rien ôter, et il n'a besoin du conseil de personne.

23. Combien ses œuvres sont-elles aimables ! et cependant ce que nous en pouvons considérer n'est qu'une étincelle.

24. Elles subsistent toutes, et demeurent pour jamais, et elles lui obéissent dans tout ce qu'il demande d'elles.

25. Chaque chose a son contraire, l'une est opposée à l'autre, et rien ne manque aux œuvres de Dieu.

26. Il a affermi ce que chacune a de bon. Et qui se pourra rassasier en voyant sa gloire ?

CHAPITRE XLIII.

Grandeur de Dieu marquée dans ses ouvrages. Le ciel, le soleil, la lune, les étoiles, l'arc-en-ciel, les éclairs, le tonnerre, la neige, la grêle, la glace, la mer et les poissons qu'elle renferme, font paraitre la puissance du Seigneur. Le Seigneur est au-dessus de toute louange.

1. Le firmament est la beauté des corps les plus hauts, l'ornement du ciel qui en fait luire la gloire.

2. Le soleil paraissant à son lever annonce le jour ; c'est le vase admirable, l'ouvrage du Très-Haut.

3. Il brûle la terre en son midi, et qui peut supporter ses vives ardeurs ? Il conserve une fournaise de feu dans ses chaleurs ;

4. Il brûle les montagnes d'une triple flamme ; il lance des rayons de feu, et la vivacité de sa lumière éblouit les yeux.

5. Le Seigneur qui l'a créé est grand, et il hâte sa course pour lui obéir.

6. La lune est, dans toutes les révolutions qui lui arrivent, la marque des temps et le signe des changements de l'année.

7. C'est la lune qui détermine les jours de fête ; c'est un corps de lumière dont la clarté arrivée à son plus haut point diminue toujours.

8. La lune a donné le nom au mois ; sa lumière croît d'une admirable manière jusqu'à ce qu'elle soit parfaite.

9. Un camp militaire luit au haut du ciel, et jette une splendeur étincelante dans le firmament.

10. L'éclat des étoiles est la beauté du ciel : c'est le Seigneur qui éclaire le monde des lieux les plus hauts.

11. A la moindre parole du Saint elles se tiennent prêtes pour exécuter ses ordres, et elles sont infatigables dans leurs veilles.

12. Considérez l'arc-en-ciel, et bénissez celui qui l'a fait. Il éclate avec une admirable beauté.

13. Il forme dans le ciel un cercle de gloire, et son étendue est l'ouvrage des mains du Très-Haut.

14. Le Seigneur fait tout d'un coup paraître la neige, il se hâte de lancer ses éclairs pour l'exécution de ses jugements.

15. C'est pour cela qu'il ouvre ses trésors, et qu'il fait voler les nuages comme des oiseaux.

16. Par la grandeur de son pouvoir il épaissit les nuées, et il en fait sortir la grêle comme des pierres.

17. Par un de ses regards il ébranle les montagnes, et par sa seule volonté il fait souffler le vent du midi.

18. Il frappe la terre par le bruit de son tonnerre, par la tempête des aquilons, et par les tourbillons des vents ;

19. Il répand la neige comme une multitude d'oiseaux qui vient s'asseoir sur la terre, et comme une troupe de sauterelles qui descend en bas.

20. L'éclat de sa blancheur ravira les yeux, et les inondations qu'elle cause jettent de la frayeur dans le cœur.

21. Il répand sur la terre comme du sel les frimas et la gelée, qui s'étant glacée sur les plantes les hérisse en pointes comme des chardons.

22. Lorsqu'il fait souffler le vent froid de l'aquilon, l'eau se glace aussitôt comme du cristal ; la gelée se repose sur tous les amas des eaux, et s'en fait comme une cuirasse ;

23. Elle dévore les montagnes, elle brûle les déserts, et elle dessèche tout ce qui était vert, comme si le feu y avait passé.

24. Le remède à tous ces maux est qu'une nuée se hâte de paraître ; et une rosée chaude survenant après le froid le dissipera.

25. La moindre de ses paroles fait taire les vents, sa seule pensée apaise les abîmes de l'eau ; et c'est là que le Seigneur a fondé les îles.

26. Que ceux qui naviguent sur la mer racontent les périls que l'on y court, et les écoutant nous serons ravis d'admiration.

27. Là sont les grands ouvrages et les merveilles du Seigneur, des poissons de nature très-différente, des animaux de toute sorte, et des bêtes monstrueuses, que Dieu a créés.

28. Il a fait que tout tend à sa fin par un ordre stable, et sa parole règle toutes choses.

29. Nous multiplierons les discours, et les paroles nous manqueront ; mais l'abrégé de tout ce qui se peut dire est qu'il est l'âme de tout.

30. Que pouvons-nous dire pour relever sa gloire ? car le Tout-Puissant est au-dessus de tous ses ouvrages.

31. Le Seigneur est terrible, il est souverainement grand, et sa puissance est merveilleuse.

32. Portez la gloire du Seigneur le plus haut que vous pourrez, elle éclatera encore au-dessus ; et sa magnificence ne peut être assez admirée.

33. Vous qui bénissez le Seigneur, relevez sa grandeur le plus haut que vous pourrez ; car il est au-dessus de toute louange.

34. En relevant sa grandeur, fortifiez-vous de plus en plus : ne vous lassez point dans cet exercice ; car vous ne comprendrez jamais ce qu'il est.

35. Qui le pourra voir et le représenter ? qui dira sa grandeur selon qu'elle est des le commencement ?

36. Beaucoup de ses ouvrages nous sont cachés, qui sont plus grands que ceux que nous connaissons ; car nous n'en voyons qu'un petit nombre.

37. Mais le Seigneur a fait toutes choses, et il a donné la sagesse à ceux qui vivent dans la piété.

CHAPITRE XLIV.

Éloges des patriarches et des grands hommes de la nation des Hébreux, et particulièrement d'Énoch, de Noé, d'Abraham, d'Isaac, de Jacob, et de Joseph.

1. Louons ces hommes pleins de gloire, qui sont nos pères, et dont nous sommes la race.

2. Le Seigneur, dès le commencement du monde, a signalé en eux sa gloire et sa grande puissance.

3. Ils ont dominé dans leurs états, ils ont été grands en vertu et ornés de prudence, et les prédictions qu'ils ont annoncées leur ont acquis la dignité de prophètes ;

4. Ils ont commandé à ceux qui vivaient de leur temps, et les peuples ont reçu de la solidité de leur sagesse des paroles toutes saintes ;

5. Ils ont recherché par leur habileté l'art des accords de la musique, et ils nous ont laissé les cantiques de l'Écriture ;

6. Ils ont été riches en vertu, ils ont aimé avec ardeur la véritable beauté, et ils ont gouverné leurs maisons en paix.

7. Ils se sont tous acquis parmi leurs peuples une gloire qui est passée d'âge en âge, et on les loue encore aujourd'hui pour ce qu'ils ont fait pendant leur vie.

8. Ceux qui sont nés d'eux ont laissé après leur mort un grand nom, qui renouvelle les louanges de leurs pères :

9. Il y en a eu d'autres dont on a perdu le souvenir ; leur mémoire est périe comme s'ils n'avoient jamais été ; ils sont nés, eux et leurs enfants, comme s'ils n'étaient jamais nés.

10. Mais ces premiers sont des hommes de charité et de miséricorde, et les œuvres de leur piété subsisteront pour jamais :

11. Les biens qu'ils ont laissés à leur postérité lui demeurent toujours ;

12. Les enfants de leurs enfants sont un peuple saint, leur race se conserve dans l'alliance de Dieu ;

13. C'est en leur considération que leurs enfants subsistent éternellement ; et leur race, non plus que leur gloire, ne finira point.

14. Leurs corps ont été ensevelis en paix, et leur nom vivra dans la succession de tous les siècles.

15. Que les peuples publient leur sagesse, et que l'assemblée chante leurs louanges !

16. Énoch a plu à Dieu ; il a été transféré dans le paradis pour faire entrer les nations futures dans la pénitence.

17. Noé a été trouvé juste et parfait, et il est devenu au temps de la colère la réconciliation des hommes.

18. C'est pourquoi Dieu s'est réservé sur la terre quelques hommes lorsque le déluge est arrivé.

19. Il a été le dépositaire de l'alliance faite avec le monde, afin qu'à l'avenir toute chair ne pût plus être exterminée par le déluge.

20. Le grand Abraham a été le père de la multitude des nations, et nul ne lui a été semblable en gloire ; il a conservé la loi du Très-Haut, et il a fait alliance avec lui.

21. Le Seigneur a affermi son alliance dans sa chair, et dans la tentation il a été trouvé fidèle.

22. C'est pourquoi il lui a juré d'établir sa gloire dans sa race, et de multiplier sa postérité comme la poussière de la terre,

23. De l'élever comme les étoiles, et d'étendre leur partage héréditaire depuis une mer jusqu'à l'autre, et depuis le fleuve jusqu'aux extrémités du monde.

24. Il a traité Isaac de même, à cause d'Abraham son père.

25. Le Seigneur lui a promis aussi que toutes les nations seront bénies en sa race, et il a confirmé son alliance et l'a fait passer en la personne de Jacob.

26. Il a versé sur lui ses bénédictions, lui a donné la terre héréditaire, et la lui a partagée en douze tribus.

27. Et il lui a conservé des hommes pleins de bonté et de miséricorde, qui ont trouvé grâce aux yeux de tout le monde.

CHAPITRE XLV.

Éloges de Moïse, d'Aaron et de Phinéés.

1. Moïse a été aimé de Dieu et des hommes, et sa mémoire est en bénédiction.

2. Le Seigneur lui a donné une gloire égale à celle des saints, il l'a rendu grand et redoutable à ses ennemis, il a lui-même apaisé les monstres par ses paroles.

3. Il l'a élevé en honneur devant les rois, il lui a prescrit ses ordonnances devant son peuple, et lui a fait voir sa gloire.

4. Il l'a sanctifié dans sa foi et dans sa douceur, et l'a choisi d'entre tous les hommes.

5. Car Dieu l'a écouté, et a entendu sa voix, et il l'a fait entrer dans la nuée.

6. Il lui a donné ses préceptes devant tout son peuple, et la loi de vie et de science pour apprendre son alliance à Jacob, et ses ordonnances à Israël.

7. Il a élevé son frère Aaron, qui lui était semblable, et de la tribu de Lévi :

8. Il a fait avec lui une alliance éternelle, il lui a donné le sacerdoce de son peuple, il l'a comblé de bonheur et de gloire ;

9. Il l'a ceint d'une ceinture d'honneur, il l'a revêtu d'une robe de gloire, et il l'a couronné de tout cet appareil plein de majesté.

10. Il lui donna la robe qui descendait jusqu'en bas, la tunique, et l'éphod ; et il mit tout autour de sa robe un grand nombre de sonnettes d'or,

11. Afin qu'il fit du bruit en marchant, et que ce son qui retentissait dans le temple fût un avertissement pour les enfants de son peuple.

12. Il lui donna un vêtement saint tissu d'or, d'hyacinthe, et de pourpre, par un homme sage, plein de jugement et de vérité :

13. Cet ouvrage était fait avec grand art, de fil retors d'écarlate, et il y avait douze pierres précieuses enchâssées dans l'or, taillées et gravées par un excellent lapidaire, pour lui remettre en mémoire les douze tribus d'Israël.

14. Il avait une couronne d'or sur sa mitre, où était gravé le nom de la sainteté, et la gloire souveraine ; et cet ornement était plein de majesté, et plaisait aux yeux en se faisant respecter,

15. Il n'y eut jamais avant lui un vêtement si magnifique depuis le commencement du monde.

16. Nul étranger n'a été revêtu de cette robe, mais ses fils seulement, et les enfants de ses fils dans la suite de tous les âges.

17. Ses sacrifices ont été tous les jours consumés par le feu.

18. Moïse lui a sacré les mains, et l'a oint de l'huile sainte.

19. Dieu a fait avec lui, et avec sa race, une alliance éternelle, qui durera autant que les jours du ciel, pour exercer les fonctions du sacerdoce, pour chanter les louanges du Seigneur, et annoncer en son nom sa gloire à son peuple.

20. Il l'a choisi entre tous les vivants, pour offrir à Dieu les sacrifices, l'encens, et la bonne odeur, afin qu'il se souvînt de son peuple, et qu'il lui fût favorable.

21. Il lui donna le pouvoir de publier ses préceptes, ses volontés, et son alliance, pour apprendre ses ordonnances à Jacob, et pour donner à Israël la lumière et l'intelligence de sa loi.

22. Les étrangers se sont soulevés contre lui, et ceux qui suivaient Dathan et Abiron, et la faction furieuse de Coré, sont venus fondre sur lui dans le désert par un mouvement d'envie.

23. Le Seigneur Dieu les vit, et ce dessein ne lui plut pas, et ils furent tous consumés par l'impétuosité de sa colère.

24. Il les punit d'une manière inouïe, et la flamme du feu les dévora.

25. Il augmenta encore la gloire d'Aaron, il lui donna un héritage particulier, et voulut que les prémices des fruits de la terre fussent son partage.

26. Il prépara à ses enfants une nourriture abondante dans les prémices ; car ils doivent manger des sacrifices du Seigneur, qui lui ont été donnés et à sa race.

27. Mais il ne doit point hériter de la terre des nations ; il n'a point de partage dans leur pays, parce que le Seigneur est lui-même sa part, et son héritage.

28. Phinéès, fils d'Éléazar, est le troisième en gloire ; il imita Aaron dans la crainte du Seigneur,

29. Il demeura ferme dans la chute honteuse de son peuple ; et il apaisa la colère de Dieu contre Israël par sa bonté et par son zèle.

30. C'est pourquoi Dieu a fait avec lui une alliance de paix, et il lui a donné la principauté des choses saintes et de son peuple, afin que lui et sa race possèdent pour jamais la dignité du sacerdoce.

31. Dieu a fait aussi alliance avec le roi David, fils de Jessé, de la tribu de Juda, et l'a rendu héritier du royaume, lui et sa race, pour répandre la sagesse dans nos cœurs, pour juger son peuple dans la justice, afin que les biens qu'il leur avait donnés ne périssent point ; et il a rendu leur gloire éternelle dans la suite de leur postérité.

CHAPITRE XLVI.

Éloges de Josué et de Caleb ; des juges en général ; et en particulier de Samuel.

1. Jésus, fils de Navé, a été vaillant dans la guerre, il a succédé à Moïse dans l'esprit de prophétie, il a été grand selon le nom qu'il portait,

2. Et très-grand pour sauver les élus de Dieu, pour renverser les ennemis qui se levaient contre lui, et pour acquérir à Israël la terre qui était son héritage.

3. Combien s'est-il acquis de gloire lorsqu'il tenait ses mains toujours élevées, et qu'il lançait ses dards contre les villes !

4. Qui a subsisté devant sa face ? car le Seigneur lui a amené lui-même ses ennemis.

5. N'a-t-il pas arrêté le soleil dans le transport de sa colère, lorsqu'un seul jour devint aussi long que deux ?

6. Il invoqua le Très-Haut et le Tout-Puissant, lorsque ses ennemis l'attaquaient de toutes parts ; et le Dieu grand et saint l'écouta, et fit tomber sur ses ennemis une grêle de grosses pierres.

7. Il fondit avec impétuosité sur les troupes ennemies, et les tailla en pièces à la descente de la vallée,

8. Afin que les nations reconnussent la puissance du Seigneur, et qu'elles apprissent qu'il n'est pas aisé de combattre contre Dieu. Il a toujours suivi le Tout-Puissant ;

9. Et au temps de Moïse il fit avec Caleb, fils de Jéphoné, une action de miséricorde en demeurant ferme contre les ennemis, en empêchant le peuple de pécher, et en étouffant le murmure que la malice avait excité.

10. Ils furent tous deux choisis de Dieu pour être délivrés du péril de la mort où tombèrent six cent mille hommes, pour faire entrer le peuple dans son héritage, dans cette terre où coulaient des ruisseaux de lait et de miel.

11. Le Seigneur donna à ce même Caleb une grande force, et son corps demeura dans sa vigueur jusqu'à la vieillesse, et il monta dans un lieu élevé de la terre promise, que sa race conserva toujours comme son héritage,

12. Afin que tous les enfants d'Israël reconnussent qu'il est bon d'obéir au Dieu saint.

13. Ensuite sont venus les juges dont l'Écriture a marqué les noms, dont le cœur ne s'est point perverti, qui ne se sont point détournés du Seigneur,

14. Qui méritent que leur mémoire soit en bénédiction, que leurs os refleurissent dans leurs sépulcres ;

15. Que leur nom demeure éternellement, et qu'il passe dans leurs enfants avec la gloire qui est due aux saints.

16. Samuel, le prophète du Seigneur, a été aimé du Seigneur son Dieu ; il a institué un gouvernement nouveau, et il a sacré les princes de son peuple.

17. Il a jugé l'assemblée d'Israël selon la loi du Seigneur, et Dieu a regardé favorablement Jacob ; il a paru un vrai prophète dans sa foi ;

18. Et il a été reconnu fidèle dans ses paroles, parce qu'il a vu le Dieu de lumière.

19. Il a invoqué le Seigneur tout-puissant, en lui offrant un agneau sans tache, lorsque ses ennemis l'attaquaient de tous côtés.

20. Et le Seigneur tonna du haut du ciel, et fit entendre sa voix avec un grand bruit ;

21. Il tailla en pièces les princes de Tyr, et les chefs des Philistins :

22. Avant la fin de sa vie il prit aussi à témoin le Seigneur et son Christ, en protestant qu'il n'avait jamais pris rien de qui que ce fût, ni argent, ni jusqu'à un cordon de soulier ; et il ne se trouva point d'homme qui pût l'accuser.

23. Il dormit ensuite dans le tombeau ; il parla au roi, et lui prédit la fin de sa vie ; et sortant de la terre il haussa la voix pour prophétiser la ruine du peuple, et la peine due à son impiété.

CHAPITRE XLVII.

Éloges de Nathan, de David, et de Salomon. Chine de ce prince. Mauvaise conduite de Roboam. Impiété de Jéroboam. Infidélité des Israélites.

1. Après cela le prophète Nathan s'éleva au temps de David.

2. David a été tiré d'entre les enfants d'Israël comme la graisse de l'hostie, que l'on sépare de la chair.

3. Il s'est joué dans sa jeunesse avec les lions comme avec des agneaux, et il a traité les ours comme il aurait fait les petits des brebis.

4. N'est-ce pas lui qui tua le géant, et qui fit cesser l'opprobre du peuple ?

5. Sa main, en jetant une pierre de sa fronde, terrassa l'insolence de Goliath ;

6. Car il invoqua le Seigneur tout-puissant, qui donna à sa main la force de renverser un homme redoutable dans la guerre, et de relever la puissance de son peuple.

7. Aussi on lui donna l'honneur d'avoir tué dix mille hommes ; il mêla ses louanges aux bénédictions du Seigneur, et lui offrit une couronne de gloire ;

8. Car il renversa ceux qui attaquaient Israël de toutes parts, il extermina les Philistins ses ennemis, comme il paraît encore aujourd'hui ; et il abattit pour jamais toute leur puissance.

9. Dans toutes ses œuvres il a rendu ses actions de grâces au Saint, et il a béni le Très-Haut par des paroles pleines de sa gloire.

10. Il a loué le Seigneur de tout son cœur ; il a aimé le Dieu qui l'avait créé, et qui lui avait donné le pouvoir qu'il avait sur ses ennemis :

11. Il a établi des chantres pour être devant l'autel, et il a accompagné leurs chants de doux concerts de musique.

12. Il a rendu les fêtes plus pompeuses, et il a orné les jours sacrés jusqu'à la fin de sa vie, afin qu'Israël louât le saint nom du Seigneur, et que dès le matin il rendît gloire à sa sainteté.

13. Le Seigneur l'a purifié de ses péchés, et il a relevé sa puissance pour jamais ; il lui a assuré le royaume par son alliance, et un trône de gloire dans Israël.

14. Après lui s'éleva son fils rempli de sagesse, et le Seigneur détruisit par lui toute la puissance de ses ennemis.

15. Salomon régna dans un temps de paix, et Dieu lui soumit tous ceux qui le combattaient, afin qu'il élevât une maison au nom du Seigneur, et qu'il lui préparât un sanctuaire éternel. Comment avez-vous été instruit dans votre jeunesse ?

16. Vous avez été rempli de sagesse comme un fleuve, et toute la terre a été découverte à votre âme.

17. Vous avez renfermé des énigmes dans une multitude de paraboles. Votre nom s'est rendu célèbre jusqu'aux îles les plus reculées, et vous avez été aimé dans votre règne de paix.

18. Toute la terre a admiré vos cantiques, vos proverbes, vos paraboles, et l'interprétation que vous avez donnée aux choses obscures ;

19. Elle en a glorifié le nom du Seigneur Dieu, qui s'appelle le Dieu d'Israël.

20. Vous avez fait des amas d'or comme on en fait d'airain, et d'argent comme on en ferait de plomb ;

21. Et après cela vous vous êtes prostitué aux femmes, vous avez asservi votre corps,

22. Vous avez imprimé une tache dans votre gloire, vous avez profané votre race pour attirer la colère sur vos enfants, et la punition sur votre folie,

23. En formant un schisme dans le royaume, et faisant sortir d'Éphraïm une domination rebelle et opiniâtre.

24. Mais Dieu n'oubliera point sa miséricorde ; il ne détruira point, et n'anéantira point ses ouvrages ; il ne retranchera point par la racine la postérité de son élu, et il n'exterminera point la race de celui qui l'a aimé.

25. Il a laissé quelques restes à Jacob, et à David quelques rejetons de sa race.

26. Salomon a fini sa vie, et s'en est allé avec ses pères.

27. Et il a laissé son fils Roboam après lui, qui a été un exemple de folie parmi son peuple,

28. Un homme sans jugement et sans prudence, qui par son mauvais conseil détourna de lui son peuple ;

29. Et Jéroboam, fils de Nabat, qui a fait pécher Israël, qui a ouvert à Éphraïm le chemin de l'iniquité : les péchés ensuite ont inondé parmi eux.

30. Ils les ont fait enfin chasser de leur terre.

31. Ils ont cherché toutes les manières de faire le mal, jusqu'à ce que la vengeance est venue fondre sur eux, et qu'elle a mis fin à tous leurs péchés.

CHAPITRE XLVIII.

Éloges d'Élie, d'Élisée, d'Ézéchias, et d'Isaïe.

1. Le prophète Élie s'est élevé ensuite comme un feu, et ses paroles brûlaient comme un flambeau ardent.

2. Il frappa le peuple de famine ; ils l'excitèrent par leur envie, et ils furent réduits à un petit nombre ; car ils ne pouvaient supporter les préceptes du Seigneur.

3. En parlant au nom du Seigneur il ferma le ciel, et il en fit tomber le feu par trois fois.

4. Quelle gloire, ô Élie, vous êtes-vous acquise par vos miracles ! Et qui peut se glorifier comme vous,

5. Vous qui, par la parole du Seigneur Dieu, avez fait sortir un mort des enfers et l'avez arraché au tombeau ;

6. Vous qui avez fait tomber les rois dans le précipice, qui avez brisé sans peine toute leur puissance, et qui dans leur gloire les avez réduits au lit de la mort ;

7. Vous qui avez entendu sur le mont Sina le jugement du Seigneur, et sur le mont Horeb les arrêts de sa vengeance ;

8. Vous qui sacrez les rois pour venger les crimes, et qui laissez après vous des prophètes pour vos successeurs ;

9. Vous qui avez été enlevé au ciel dans un tourbillon de feu, et dans un char traîné par des chevaux ardents ;

10. Vous qui avez été destiné pour adoucir la colère du Seigneur par des jugements que vous exercerez au temps prescrit, pour réunir les cœurs des pères à leurs enfants, et pour rétablir les tribus d'Israël ?

11. Bienheureux sont ceux qui vous ont vu, et qui ont été honorés de votre amitié !

12. Car pour nous, nous vivons seulement pendant cette vie ; mais notre nom ne vivra pas de même après notre mort.

13. Élie a été enlevé dans un tourbillon, mais son esprit est demeuré dans Élisée. Élisée n'a point eu peur des princes pendant sa vie, et personne n'a été plus puissant que lui.

14. Jamais rien ne l'a pu vaincre ; et son corps, après sa mort même, a fait voir qu'il était un vrai prophète.

15. Il a fait des prodiges pendant sa vie, et des miracles après sa mort.

16. Mais à toutes ces merveilles le peuple n'a point fait pénitence, et ils ne se sont point retirés de leurs péchés, jusqu'à ce qu'ils ont été chassés de leurs terres, et dispersés dans tous les pays du monde :

17. Il n'est demeuré qu'un petit reste du peuple, et un prince de la maison de David.

18. Quelques uns d'eux ont plu à Dieu dans leur vie ; mais les autres ont commis beaucoup de péchés.

19. Ézéchias a fortifié sa ville, et il y a fait venir de l'eau ; il a creusé le roc avec le fer, et il a bâti un puits pour conserver l'eau.

20. Sennachérib vint pendant son règne ; il envoya Rabsacès, et il éleva sa main contre eux ; il étendit sa main contre Sion, et sa puissance le remplit d'orgueil.

21. Alors la frayeur saisit leurs cœurs et leurs mains ; ils furent agités comme une femme qui est dans les douleurs de l'enfantement.

22. Ils invoquèrent le Seigneur plein de miséricorde, ils étendirent leurs mains et les élevèrent au ciel ; et le Saint le Seigneur notre Dieu écouta bientôt leur voix.

23. Il ne se souvint point de leurs péchés, et ne les livra point à leurs ennemis ; mais il les purifia par les mains d'Isaïe son saint prophète.

24. Il dissipa le camp des Assyriens, et l'ange du Seigneur les tailla en pièces :

25. Car Ézéchias fit ce qui était agréable à Dieu, il marcha courageusement dans la voie de David son père, que lui avait recommandée Isaïe, qui fut un grand prophète, fidèle aux yeux du Seigneur.

26. Le soleil pendant ses jours retourna en arrière, et il ajouta plusieurs années à la vie du roi.

27. Il vit la fin des temps par un grand don de l'Esprit, et il consola ceux qui pleuraient en Sion.

28. Il prédit ce qui devait arriver jusqu'à la fin des temps, et découvrit les choses secrètes avant qu'elles arrivassent.

CHAPITRE XLX.

Éloges de Josias, de Jérémie, d'Ézéchiel, des douze petits prophètes, de Zorobabel, du grand-prêtre Jésus, de Néhémie, d'Hénoch et de Joseph, de Sem, de Seth, et d'Adam.

1. La mémoire de Josias est comme un parfum d'une odeur admirable, composé par un excellent parfumeur.

2. Son souvenir sera doux à la bouche de tous les hommes comme le miel, et comme un concert de musique dans un festin où il y a du vin délicieux.

3. Il a été destiné divinement pour faire entrer le peuple dans la pénitence, et il a exterminé les abominations de l'impiété.

4. Il a tourné son cœur vers le Seigneur, et dans un temps de péché il s'est affermi dans la piété.

5. Hors David, Ezéchias, et Josias, tous ont péché ;

6. Car les rois de Juda ont abandonné la loi du Très-Haut, et ont méprisé la crainte de Dieu.

7. Ils ont abandonné leur royaume à un autre peuple, et leur gloire à une nation étrangère.

8. Ils ont brûlé la ville choisie, la ville sainte ; et ils ont fait un désert de ses rues, selon la prédiction de Jérémie.

9. Car ils ont maltraité celui qui avait été consacré prophète dès le ventre de sa mère, consacré pour renverser, pour détruire, pour perdre, et pour édifier.

10. Quant à Ézéchiel, il a vu cette vision de gloire que le Seigneur lui représenta dans le char de chérubins.

11. Car il a marqué par une pluie ce qui devait arriver aux ennemis du Seigneur, et les biens qu'il devait faire à ceux qui avoient marché dans la droite voie.

12. Que les os des douze prophètes refleurissent dans leurs tombeaux, car ils ont fortifié Jacob, et l'ont racheté de servitude par une foi pleine de courage.

13. Comment relèverons-nous la gloire de Zorobabel, lui qui a été comme un anneau à la main droite ;

14. Et Jésus, fils de Josédec, qui en leur temps ont rebâti la maison du Seigneur, qui ont relevé son saint temple, destiné à son éternelle gloire ?

15. La mémoire de Néhémias passera aussi dans plusieurs siècles, lui qui a relevé nos murs abattus, qui a rétabli nos portes et nos serrures, et qui a rebâti nos maisons.

16. Nul n'est né sur la terre comme Hénoch, qui a été ensuite enlevé de dessus la terre ;

17. Ni comme Joseph, qui est né pour être le prince de ses frères, l'appui de sa famille, le gouverneur de ses frères, et le ferme appui de son peuple :

18. Ses os ont été conservés avec soin, et ont prophétisé après sa mort.

19. Seth et Sem ont été élevés en gloire entre les hommes, et Adam dans la création au-dessus de toutes les créatures.

CHAPITRE L.

Éloge du grand-prêtre Simon, fils d'Onias. Les enfants exhortés à implorer le secours du Seigneur. Trois peuples dignes de haine. Auteur de ce livre. Heureux ceux qui profiteront de ses instructions.

1. Simon, fils d'Onias, grand-pontife, a soutenu la maison du Seigneur tant qu'il a vécu, et il a fortifié le temple pendant ses jours.

2. C'est lui qui a fait faire les fondements profonds du temple, le double bâtiment, et les hauts murs.

3. Les eaux des fontaines ont coulé en son temps dans les canaux, et ils se sont remplis extraordinairement comme une mer.

4. Il a eu un soin particulier de son peuple, et il l'a délivré de la perdition.

5. Il a été assez puissant pour agrandir et fortifier la ville, il s'est acquis de la gloire par la manière dont il a vécu avec son peuple, et il a élargi et étendu l'entrée de la maison et du parvis.

6. Il a brillé pendant sa vie comme l'étoile du matin au milieu des nuages, et comme la lune lorsqu'elle est venue en son plein.

7. Il a lui dans le temple de Dieu comme un soleil éclatant de lumière.

8. Il a paru comme l'arc-en-ciel qui brille dans les nuées lumineuses, et comme les roses qui poussent leurs fleurs au printemps, comme les lis qui sont sur le bord des eaux, et comme l'encens qui répand son odeur pendant l'été ;

9. Comme une flamme qui étincelle, et comme l'encens qui s'évapore dans le feu ;

10. Comme un vase d'or massif, orné de toutes sortes de pierres précieuses :

11. Il a paru comme un olivier qui pousse ses rejetons, et comme un cyprès qui s'élève en haut, lorsqu'il a pris sa robe de gloire, et qu'il s'est revêtu de tous les ornements de sa dignité.

12. En montant au saint autel il a honoré ses vêtements saints.

13. Se tenant debout à l'autel, il a reçu une partie de l'hostie de la main des prêtres : et il a été environné de ses frères comme d'une couronne ; ils se sont tenus autour de lui comme des cèdres plantés sur le mont Liban,

14. Comme des branches de palmier ; et tous les enfants d'Aaron étaient dans leur gloire autour de lui.

15. L'oblation se présentait au Seigneur par leurs mains devant toute l'assemblée d'Israël ; et pour achever entièrement le sacrifice à l'autel, et pour honorer l'oblation du Roi très-haut,

16. Il a étendu sa main pour lui offrir le sang de la vigne.

17. Il a répandu au pied de l'autel un vin dont l'odeur divine est montée devant le Prince très-haut.

18. Alors les enfants d'Aaron ont jeté un grand cri, et ont sonné de leurs trompettes battues au marteau ; ils ont fait retentir un grand bruit pour renouveler leur mémoire devant le Seigneur.

19. Tout le peuple est venu en foule, et ils se sont prosternés le visage contre terre pour adorer le Seigneur leur Dieu, et pour rendre leurs vœux au Tout-Puissant, au Dieu très-haut.

20. Les chantres ont élevé leurs voix dans leurs cantiques, et ils ont fait éclater dans cette grande maison un bruit plein d'une douce harmonie.

21. Le peuple a offert sa prière au Seigneur très-haut jusqu'à ce qu'il lui ait rendu tout le culte qui lui est dû, et qu'ils aient achevé leurs fonctions.

22. Alors le grand-prêtre descendant de l'autel a élevé ses mains sur toute l'assemblée des enfants d'Israël, pour rendre gloire à Dieu par ses lèvres, et pour se glorifier en son nom :

23. Il a renouvelé encore sa prière, pour témoigner la souveraine puissance de Dieu.

24. Priez donc maintenant le Dieu de toutes les créatures, qui a fait de grandes choses dans toute la terre, qui nous a fait vivre de jour en jour depuis que nous sommes sortis du ventre de notre mère, et qui nous a traités selon sa miséricorde ;

25. Qu'il nous donne la joie du cœur, et que pendant nos jours et pour jamais il fasse fleurir la paix dans Israël ;

26. Qu'il donne à Israël une ferme foi que la miséricorde de Dieu est sur nous, afin qu'il les délivre pendant leur vie.

27. Mon âme hait deux peuples ; et le troisième que je hais n'est pas un peuple :

28. Ceux qui demeurent sur le mont Séir, et les Philistins, et le peuple insensé qui habite dans Sichem.

29. Jésus, fils de Sirach, de Jérusalem, a écrit dans ce livre des instructions de sagesse et de science, et il y a répandu la sagesse de son cœur.

30. Heureux celui qui se nourrit de ces bonnes paroles, et qui les renferme dans son cœur ! il sera toujours sage :

31. Car s'il fait ce qui est écrit ici, il sera capable de toutes choses, parce que la lumière de Dieu conduira ses pas.

CHAPITRE LI.

Actions de grâces de l'auteur de ce livre. Comment il a acquis la sagesse. Exhortation à la recherche de la sagesse.

1. Prière de Jésus, fils de Sirach : Je vous rendrai grâces, ô Seigneur roi, et je vous louerai, vous qui êtes mon Dieu et mon sauveur.

2. Je rendrai gloire à votre nom, parce que c'est vous qui m'avez assisté et qui m'avez protégé.

3. Vous avez délivré mon corps de la perdition, des pièges de la langue injuste, et des lèvres des ouvriers de mensonge, et vous avez été mon défenseur contre ceux qui m'accusaient.

4. Vous m'avez délivré, selon la multitude de vos miséricordes, des lions rugissants qui étaient prêts à me dévorer ;

5. Des mains de ceux qui cherchaient à m'ôter la vie, et des afflictions différentes qui m'assiégeaient de toutes parts :

6. Vous m'avez délivré de la violence de la flamme dont j'étais environné, et je n'ai point senti la chaleur au milieu du feu ;

7. De la profondeur des entrailles de l'enfer, des lèvres souillées, des paroles de mensonge, d'un roi injuste, et des langues médisantes.

8. Mon âme louera le Seigneur jusqu'à la mort,

9. Parce qu'elle était près de tomber au plus profond de l'enfer.

10. Ils m'avoient environné de tous côtés, et il n'y avait personne pour me secourir. J'attendais des hommes quelque secours, et il ne m'en venait point.

11. Alors je me suis souvenu, Seigneur, de votre miséricorde, et des œuvres que vous avez faites dès le commencement du monde ;

12. Parce que vous tirez du péril, ô Seigneur, ceux qui ne se lassent point de vous attendre, et que vous les délivrez de la puissance des nations.

13. Vous m'avez élevé une demeure sur la terre, et je vous ai prié de me délivrer du torrent de la mort.

14. J'ai invoqué le Seigneur père de mon Seigneur, afin qu'il ne me laissât point sans assistance au jour de mon affliction, et pendant le règne des superbes.

15. Je louerai sans cesse votre nom, et je le glorifierai dans mes actions de grâces, parce que vous avez exaucé ma prière ;

16. Que vous m'avez délivré de la perdition, et que vous m'avez tiré du péril dans un temps d'injustice et de violence.

17. C'est pourquoi je vous rendrai grâces, je chanterai vos louanges, et je bénirai le nom du Seigneur.

18. Lorsque j'étais encore jeune, avant de m'écarter bien loin, j'ai recherché la sagesse dans ma prière avec grande instance.

19. Je l'ai demandée à Dieu dans le temple, et je la rechercherai jusqu'à la fin de ma vie : elle a fleuri dans moi comme un raisin mûr avant le temps ;

20. Et mon cœur a trouvé sa joie en elle. Mes pieds ont marché dans un chemin droit, et j'ai tâché de la découvrir dès ma jeunesse.

21. J'ai prêté humblement l'oreille pendant quelque temps, et la sagesse m'a été donnée.

22. J'en ai trouvé beaucoup en moi-même, et j'y ai fait un grand progrès.

23. J'en donnerai la gloire à celui qui me l'a donnée.

24. Car je me suis résolu à faire ce qu'elle me prescrit. J'ai été zélé pour le bien ; et je ne tomberai point dans la confusion.

25. Mon âme a lutté longtemps pour atteindre la sagesse, et je m'y suis confirmé en faisant ce qu'elle m'ordonne.

26. J'ai élevé mes mains en haut, et j'ai déploré l'égarement de mon esprit ;

27. J'ai conduit mon âme droit à elle, et je l'ai trouvée dans la connaissance de moi-même.

28. J'ai, dès le commencement, possédé mon cœur avec elle ; c'est pourquoi je ne serai point abandonné.

29. Mes entrailles ont été émues en la cherchant ; et c'est pour cela que je posséderai un si grand bien.

30. Le Seigneur m'a donné pour récompense une langue qui me servira à le louer.

31. Approchez-vous de moi, vous qui n'êtes pas savants, et assemblez-vous dans la maison du règlement et de la discipline.

32. Pourquoi tardez-vous encore ? Et que direz-vous à ceci : Vos âmes sont pressées d'une extrême soif ?

33. J'ai ouvert ma bouche, et j'ai parlé : Achetez la sagesse sans argent ;

34. Soumettez votre cou au joug ; que votre âme se rende susceptible de l'instruction : car elle est proche, et il est aisé de la trouver.

35. Voyez de vos yeux, qu'avec un peu de travail je me suis acquis un grand repos.

36. Recevez l'instruction comme une grande quantité d'argent, et vous posséderez en elle une grande abondance d'or.

37. Que votre âme trouve sa joie dans la miséricorde du Seigneur, et publiant ses louanges vous ne serez point confondus.

38. Faites votre œuvre avant que le temps se passe, et il vous en donnera la récompense lorsque le temps en sera venu.

ESTHER

CHAPITRE I.

Festin donné par Assuérus. La reine Vasthi refuse d'y venir. Assuérus la répudie.

1 Au temps d'Assuérus, qui a régné depuis les Indes jusqu'à l'Éthiopie, sur cent vingt-sept provinces,

2 Lorsqu'il fut assis sur le trône de son royaume, Suse devint la capitale de son empire.

3 La troisième année de son règne, il fit un grand festin à tous les princes de sa cour, à tous ses officiers, aux plus braves d'entre les Perses, aux premiers d'entre les Mèdes, aux gouverneurs des provinces, en sa présence.

4 Pour faire voir la gloire et les richesses de son empire, ainsi que sa grandeur et l'éclat de sa puissance. Ce festin dura longtemps, ayant été continué pendant cent quatre-vingts jours.

5 Et comme le temps de ce festin finissait, le roi invita tout le peuple qui se trouva dans Suse, depuis le plus grand jusqu'au plus petit ; il commanda qu'on préparât un festin pendant sept jours, dans le vestibule de son jardin et du bois qui avait été planté de la main des rois avec une magnificence digne d'eux.

6 Et de tous côtés étaient suspendues des tentures de bleu céleste, de blanc, et d'hyacinthe, lesquelles étaient soutenues par des cordons de fin lin, teints en écarlate, qui étaient passés dans des

anneaux d'ivoire. et attachés à des colonnes de marbre. Des lits d'or et d'argent étaient rangés sur un pavé vert d'émeraude et de marbre blanc, qui était embelli de figures d'une admirable variété.

7 Ceux qui avaient été invités buvaient dans des vases d'or ; et les viandes étaient servies dans des bassins tous différents les uns des autres. On y présentait aussi du plus excellent vin, et en grande abondance, comme il était digne de la magnificence royale.

8 Nul ne contraignait à boire ceux qui ne le voulaient pas ; mais le roi avait ordonné que l'un des grands de sa cour fût assis à chaque table, afin que chacun prit ce qu'il lui plairait.

9 La reine Vasthi fit aussi un festin aux femmes dans le palais où le roi Assuérus avait accoutumé de demeurer.

10 Le septième jour, lorsque le roi était en gaieté, échauffé par l'excès du vin, il commanda à Maümam, Bazatha, Harbona, Bagatha, Abgatha, Zéthar, et Charchas, les sept eunuques qui servaient en la présence du roi Assuérus,

11 De faire venir devant le roi la reine Vasthi, le diadème en tête, pour faire voir sa beauté à tous les peuples, et aux grands, parce qu'elle était extrêmement belle.

12 Mais Vasthi refusa d'obéir, et dédaigna de venir, selon le commandement que le roi lui en avait fait faire par ses eunuques. Assuérus, irrité de ce refus, et transporté de fureur,

13 Consulta les sages qui étaient toujours près de sa personne, selon la coutume des rois, et par le conseil desquels il faisait toutes choses, parce qu'ils savaient les lois et les coutumes.

14 (Or les premiers et les plus proches du roi étaient Charséna, Séthar, Admatha, Tharsis, Mares, Marsana, et Mamuchan, qui étaient les sept principaux seigneurs des Perses et des Mèdes, qui voyaient la face du roi, et qui avaient coutume de s'asseoir les premiers après lui.)

15 Il leur demanda donc quelle peine méritait la reine Vasthi, qui n'avait point obéi au commandement que le roi lui avait fait faire par ses eunuques.

16 Mamuchan répondit en présence du roi et des premiers de sa cour : La reine Vasthi n'a pas seulement offensé le roi, mais encore tous les peuples, et tous les grands qui sont dans toutes les provinces du roi Assuérus ;

17 Car cette conduite de la reine parviendra à la connaissance de toutes les femmes, et leur apprendra à mépriser leurs maris, en disant : Le roi Assuérus a commandé à la reine Vasthi de venir se présenter devant lui, et elle l'a refusé.

18 Et, à son exemple, toutes les femmes des grands seigneurs des Perses et des Mèdes mépriseront les commandements de leurs maris ; ainsi la colère du roi est juste.

19 S'il vous plaît ainsi, qu'il se fasse un édit par votre ordre, et qu'il soit écrit, selon la loi des Perses et des Mèdes, qu'il n'est pas permis de violer. que la reine Vasthi ne se présentera plus devant le roi ; mais que sa dignité soit donnée à une autre, qui la mérite mieux qu'elle ;

20 Et que cet édit soit publié dans les provinces de votre vaste empire, afin que toutes les femmes, tant des grands que des petits, rendent hommage à leurs maris.

21 Le conseil de Mamuchan plut au roi et aux princes ; et le roi fit selon son conseil.

22 Et il envoya des lettres à toutes les provinces de son royaume, en diverses langues et en divers caractères, afin que chaque nation pût entendre et lire, statuant que les maris eussent tout pouvoir et toute autorité chacun dans sa maison, et que cet édit fût publié parmi tous les peuples.

CHAPITRE II.

Esther devient l'épouse d'Assuérus. Mardochée découvre la conspiration de deux eunuques.

1 Ces choses s'étant passées de la sorte, lorsque la colère du roi Assuérus fut calmée, il se ressouvint de Vasthi, et de ce qu'elle avait fait, et de la peine qu'elle avait subie.

2 Alors les serviteurs et les officiers du roi lui dirent : Qu'on cherche, pour le roi, des filles qui soient vierges et belles ;

3 Et qu'on envoie dans toutes les provinces des gens qui considèrent les plus belles d'entre les jeunes filles qui sont vierges, pour les amener dans la ville de Suse, et les mettre dans le palais des femmes, sous la conduite de l'eunuque Égée, qui a soin de garder les femmes du roi ; là on leur donnera tout ce qui est nécessaire, tant pour leur parure que pour les autres besoins ;

4 Et celle qui plaira davantage aux yeux du roi, sera reine à la place de Vasthi. Cet avis plut au roi ; et il leur commanda de faire ce qu'ils lui avaient conseillé,

5 Il y avait dans la ville de Suse un homme juif, nommé Mardochée, fils de Jaïr, fils de Séméi, fils de Cis, de la race de Jémini,

6 Qui avait été amené de Jérusalem au temps où Nabuchodonosor, roi de Babylone, y avait transporté Jéchonias, roi de Juda.

7 Il avait élevé la fille de son frère, Édisse, appelée autrement Esther ; elle avait perdu son père et sa mère ; elle était fort belle, et avait bonne grâce. Son père et sa mère étant morts, Mardochée l'adopta pour sa fille.

8 Cette ordonnance du roi ayant donc été publiée partout, lorsqu'on amenait à Suse plusieurs filles belles, et qu'on les mettait entre les mains de l'eunuque Égée, on lui amena aussi Esther, entre les autres, afin qu'elle fût gardée avec les femmes *destinées pour le roi.*

9 Esther plut à Égée, et trouva grâce devant lui ; et il commanda à un eunuque de se hâter de lui préparer tous ses ornements, et de lui donner tout ce qui devait lui être accordé, avec sept filles, parfaitement belles, de la maison du roi, *pour la servir,* et d'avoir grand soin de tout ce qui pouvait contribuer à la parer et à l'embellir, elle et ses filles.

10 Esther ne voulut point lui dire de quel pays et de quelle nation elle était, parce que Mardochée lui avait ordonné de garder là-dessus le silence.

11 En peine de l'état d'Esther, et voulant savoir ce qui lui arriverait, il se promenait tous les jours devant le vestibule de la maison où étaient gardées les vierges choisies.

12 Lorsque le temps de ces filles était venu, elles étaient présentées au roi, en leur rang, après qu'on eut fait tout ce qui était nécessaire pour augmenter leur beauté pendant l'espace de douze mois, se servant pour cela, pendant six mois, d'une onction d'huile de myrrhe, et pendant les six autres, de parfums et d'aromates.

13 Lorsqu'elles se rendaient auprès du roi, on leur donnait tout ce qu'elles demandaient pour se parer ; et elles passaient de la chambre des femmes à celle du roi, avec tous les ornements qu'elles avaient désirés.

14 Celle qui était entrée le soir, sortait le matin ; et elle était conduite de là dans d'autres appartements, lesquels étaient sous la main de l'eunuque Susagazi, qui veillait sur les concubines du roi ; et elle ne pouvait plus se présenter devant le roi, à moins que lui-même ne le voulût, et qu'il ne l'eût commandé expressément, en la désignant par son nom.

15 Après donc que le temps se fut passé selon son rang, le jour approchait auquel Esther, fille d'Abihaïl frère de Mardochée, et que celui-ci avait adoptée pour sa fille, devait être présentée au roi. Elle ne demanda rien pour se parer ; mais l'eunuque Égée, qui avait le soin de ces filles, lui donna pour sa parure tout ce qu'il voulut ; car elle était très-belle, et ses attraits incroyables charmaient et ravissaient tous ceux qui la voyaient.

16 Elle fut donc menée à la chambre du roi Assuérus, au dixième mois appelé tébeth, la septième année son règne.

17 Et le roi l'aima plus que toutes les autres femmes, et elle trouva grâce et faveur devant lui au-dessus de toutes les femmes, et il lui mit sur la tête le diadème royal, et la fit reine à la place de Vasthi.

18 Et il commanda qu'on fît un festin très-magnifique à tous les grands et à tous ses serviteurs, pour le mariage et les noces d'Esther. Il soulagea les peuples de toutes les provinces, en diminuant les impôts, et il fit des dons dignes de la magnificence d'un prince.

19 Et lorsqu'on cherchait des filles pour la seconde fois, et qu'on les assemblait, Mardochée demeura toujours à la porte du roi ;

20 Esther n'avait encore découvert ni son pays, ni son peuple, selon l'ordre que Mardochée lui en avait donné ; car Esther observait tout ce qu'il lui ordonnait, et elle faisait toutes choses comme lorsqu'il la nourrissait auprès de lui, étant encore toute petite.

21 Lors donc que Mardochée demeurait à la porte du roi, Bagathan et Tharès, deux eunuques du roi, qui commandaient à la première entrée du palais, mécontents, résolurent d'attenter sur le roi, et de le tuer.

22 Mais Mardochée, ayant eu connaissance de leur dessein, en avertit aussitôt la reine Esther ; la reine en avertit le roi, au nom de Mardochée dont elle avait reçu l'avis.

23 On fit les recherches ; et le complot ayant été reconnu, l'un et l'autre furent pendus ; et tout ceci fut écrit dans les histoires, et marqué dans les annales, par ordre du roi.

CHAPITRE III.

Élévation d'Aman. Sahaine contre Mardochée. Il obtient un édit du roi pour faire mourir tous les Juifs sujets d'Assuérus.

1 Après cela, le roi Assuérus éleva en honneur Aman, fils d'Amadath, qui était de la race d'Agag, et lui donna rang au-dessus de tous les princes de sa cour.

2 Et tous les serviteurs du roi, qui étaient à la porte du palais, fléchissaient les genoux devant Aman, et l'adoraient, parce que le souverain le leur avait commandé. Mardochée seul ne fléchissait point les genoux devant lui, et ne l'adorait point.

3 Les serviteurs du roi, qui commandaient à la porte du palais, lui dirent : Pourquoi n'obéissez-vous point comme les autres au commandement du roi ?

4 Et après le lui avoir dit fort souvent, voyant qu'il ne voulait point les écouter, ils en avertirent Aman, voulant savoir s'il demeurerait toujours dans cette résolution, parce qu'il leur avait dit qu'il était Juif.

5 Aman, ayant reçu cet avis, et reconnu que Mardochée ne fléchissait point les genoux devant lui, et ne l'adorait point, entra dans une grande colère,

6 Et il compta pour rien de se venger seulement de Mardochée, car il avait appris qu'il était du peuple juif. et il voulut de plus perdre toute la nation des Juifs qui étaient dans le royaume d'Assuérus.

7 Ainsi la douzième année du règne d'Assuérus, au premier mois, nommé nisan, le sort, qui s'appelle en hébreu phur, fut jeté dans l'urne devant Aman, pour savoir en quel mois et en quel jour devait périr la nation des Juifs ; et il sortit le douzième mois appelé adar.

8 Or Aman dit au roi Assuérus : Il y a un peuple dispersé par toutes les provinces de votre royaume, gens séparés les uns des autres, lesquels ont des lois et des cérémonies étranges, et qui, de plus, méprisent les ordonnances du roi ; et vous savez fort bien qu'il est de l'intérêt de votre royaume de ne pas souffrir que l'impunité les rende encore plus insolents.

9 Ordonnez donc, s'il vous plaît, qu'il périsse, et je payerai aux trésoriers de votre épargne dix mille talents.

10 Alors le roi tira de son doigt l'anneau dont il avait coutume de se servir, et le donna à Aman, fils d'Amadath, de la race d'Agag, ennemi des Juifs :

11 Et lui dit : Gardez pour vous l'argent que vous m'offrez ; et faites de ce peuple ce que vous voudrez.

12 Ainsi au premier mois appelé nisan, le treizième jour du même mois, on fit venir les secrétaires du roi, et l'on écrivit au nom du roi Assuérus, comme Aman l'avait commandé, à tous les satrapes du roi, aux juges des provinces et des diverses nations de l'empire des Perses, en autant de langues différentes qu'il était nécessaire, pour pouvoir être lues et entendues de chaque peuple ; et les lettres furent scellées de l'anneau du roi,

13 Et envoyées par les courriers du roi dans toutes les provinces, afin qu'on tuât et qu'on exterminât tous les Juifs, depuis l'enfant jusqu'au vieillard, les petits enfants et les femmes, en un même jour, c'est-à-dire, le treizième jour du douzième mois appelé adar, et qu'on pillât tous leurs biens.

14 Or le contenu de ces lettres était que toutes les provinces sussent son intention, et qu'elles se tinssent prêtes pour ce même jour.

15 Les courriers qui avaient été envoyés se hâtèrent d'exécuter les ordres du roi. Et aussitôt cet édit fut affiché dans Suse dans le même temps où le roi et Aman célébraient un festin ; et tous les Juifs qui étaient dans la ville fondaient en larmes.

CHAPITRE IV.

Consternation des Juifs. Mardochée instruit Esther de ce qui se passait. Elle se dispose à se rendre auprès du roi.

1 Mardochée, à cette nouvelle, déchira ses vêtements, se revêtit d'un sac, et se couvrit la tête de cendre et jetant de grands cris au milieu de la place de la ville, il faisait éclater l'amertume de son cœur.

2 Et il vint en se lamentant jusqu'à la porte du palais ; car il n'était pas permis d'entrer, revêtu d'un sac, dans le palais du roi.

3 Dans toutes les provinces et les villes, et dans tous les lieux où ce cruel édit du roi avait été envoyé, les Juifs faisaient éclater leur extrême affliction par les jeûnes, les cris et les larmes, plusieurs se servant de sac et de cendre au lieu de lit.

4 Or les filles d'Esther et ses eunuques vinrent, et le lui annoncèrent. Elle fut consternée à cette nouvelle ; elle envoya un habit pour en revêtir Mardochée, au lieu du sac dont il était couvert ; mais il ne voulut point le recevoir.

5 Elle appela donc l'eunuque Athach, que le roi lui avait donné pour la servir, et lui commanda d'aller vers Mardochée, et de savoir de lui pourquoi il agissait ainsi.

6 Athach étant sorti alla vers Mardochée, qui se tenait dans la place de la ville, devant la porte du palais.

7 Et Mardochée l'instruisit de tout ce qui était arrivé, et de quelle sorte Aman avait promis de remplir d'argent les trésors du roi, pour le massacre des Juifs.

8 Il lui donna aussi une copie de l'édit qui était affiché dans Suse, pour la faire voir à la reine, et pour l'avertir d'aller auprès du roi, afin d'intercéder pour son peuple.

9 Athach étant retourné, rapporta à Esther tout ce que Mardochée lui avait dit.

10 Esther, pour réponse, lui ordonna de dire ceci à Mardochée :

11 Tous les serviteurs du roi, et toutes les provinces de son empire savent que qui que ce soit, homme ou femme, qui entre dans la salle intérieure du roi, sans y avoir été appelé, est mis à mort à l'instant même, à moins que le roi n'étende vers lui son sceptre d'or, comme une marque de clémence, et ne lui sauve ainsi la vie. Comment donc puis-je maintenant entrer chez le roi, puisqu'il y a déjà trente jours qu'il ne m'a fait appeler ?

12 Mardochée ayant entendu cette réponse,

13 Manda encore ceci à Esther : Ne croyez pas que, pour être dans la maison du roi, vous pourriez seule sauver votre vie, si tous les Juifs périssaient ;

14 Car si vous demeurez maintenant dans l'inaction, les Juifs seront délivrés par quelque autre moyen, et vous périrez, vous et la maison de votre père. Et qui sait si ce n'est point pour cela même que vous avez été élevée à la dignité royale, afin d'être en état d'agir dans une occasion comme celle-ci ?

15 Esther envoya dire de nouveau à Mardochée :

16 Allez, assemblez tous les Juifs que vous trouverez dans Suse ; et priez tous pour moi. Ne mangez et ne buvez point durant trois jours et trois nuits ; et je jeûnerai de même avec mes filles ; et après cela j'entrerai chez le roi, contre la loi qui le défend, et sans y être appelée, en m'abandonnant au péril et à la mort.

17 Mardochée alla donc exécuter ce qu'Esther lui avait ordonné.

CHAPITRE V.

Esther se présente devant Assuérus, et le prie de venir au festin qu'elle lui a préparé. Aman prend la résolution de faire pendre Mardochée.

1 Le troisième jour, Esther se revêtit de ses habits royaux, et se présenta dans l'appartement du roi. qui était dans l'intérieur vis-à-vis de la chambre du roi. Or il était assis sur son trône dans le fond du palais, vis-à-vis de la porte de sa chambre.

2 Et ayant vu paraître la reine Esther, elle plut à ses yeux, et il étendit vers elle le sceptre d'or qu'il avait à la main. Esther s'approchant baisa le bout de son sceptre ;

3 Et le roi lui dit : Que voulez-vous, reine Esther ? Que demandez-vous ? Quand vous me demanderiez la moitié de mon royaume, je vous la donnerais.

4 Mais elle lui répondit : Je supplie le roi de venir aujourd'hui, s'il lui plaît, au festin que je lui ai préparé, et Aman avec lui.

5 Et aussitôt le roi dit : Qu'on appelle Aman sur-le-champ, afin qu'il obéisse à la volonté de la reine. Le roi et Aman vinrent donc au festin que la reine leur avait préparé.

6 Et le roi lui dit, après avoir bu beaucoup de vin : Que désirez-vous que je vous donne, et que me demandez-vous ? Quand vous me demanderiez la moitié de mon royaume, je vous la donnerais.

7 Esther répondit : Voici ma demande et ma prière :

8 Si j'ai trouvé grâce devant le roi, et qu'il lui plaise de m'accorder ce que je demande, et de faire ce que je désire, que le roi et Aman viennent encore au festin que je leur ai préparé, et demain je déclarerai au roi ce que je souhaite.

9 Aman sortit donc ce jour-là content et plein de joie ; et ayant vu que Mardochée, qui était assis devant la porte du palais, non-seulement ne s'était pas levé devant, lui, mais ne s'était pas même remué de la place où il était, en conçut une grande indignation ;

10 Et dissimulant sa colère, il retourna chez lui. et fit assembler ses amis avec sa femme Zarès ;

11 Et il leur représenta quelle était la grandeur de ses richesses, le grand nombre de ses enfants, et cette haute gloire où le roi l'avait élevé au-dessus de tous les grands et de ses officiers.

12 Et après il dit : La reine Esther n'a invité aucun autre que moi au festin qu'elle a donné au roi, et je dois encore demain dîner chez elle avec le roi ;

13 Mais quoique j'aie tous ces avantages, je croirai n'avoir rien, tant que je verrai le Juif Mardochée demeurer assis devant la porte du palais du roi.

14 Zarès, sa femme, et tous ses autres amis lui répondirent : Faites dresser une potence fort élevée, qui ait cinquante coudées de haut, et dites au roi, demain matin, qu'il y fasse pendre Mardochée ; et vous irez ainsi plein de joie au festin avec le roi. Ce conseil lui plut, et il ordonna qu'on préparât une haute potence.

CHAPITRE VI.

Honneurs rendus à Mardochée. Confusion d'Aman.

1 Le roi passa cette nuit-là sans dormir ; et il commanda qu'on lui apportât les histoires et les annales des années précédentes de son règne. Et lorsqu'on les lisait devant lui,

2 On vint à l'endroit où il était écrit de quelle sorte Mardochée avait donné avis du dessein des eunuques Bagathan et Tharès, qui avaient voulu assassiner le roi Assuérus.

3 Ce que le roi ayant entendu, il dit : Quel honneur et quelle récompense Mardochée a-t-il reçus pour cet acte de fidélité ? Ses serviteurs et ses officiers lui dirent : Il n'a reçu aucune récompense.

4 Le roi ajouta en même temps : Qui est là dans l'antichambre ? Car Aman était entré dans l'antichambre la plus proche de la chambre du roi, pour le prier de commander que Mardochée fût attaché à la potence qui lui avait été préparée.

5 Ses officiers lui répondirent Aman est dans l'antichambre. Le roi dit : Qu'il entre.

6 Aman étant entré, le roi lui dit : Que doit-on faire à un homme que le roi désire honorer ? Aman, pensant en lui-même, et s'imaginant que le roi n'en voulait point honorer d'autre que lui,

7 Lui répondit : L'homme que le roi veut honorer

8 Doit être revêtu des habits royaux, et placé sur un cheval que le roi a coutume de monter, et recevoir sur la tête le diadème royal ;

9 Et que le premier des princes et des grands du roi tienne son cheval ; et que, marchant devant lui par la place de la ville, il crie : C'est ainsi que sera honoré tout homme qu'il plaira au roi d'honorer.

10 Le roi lui répondit : Hâtez-vous ; prenez une robe et un cheval ; et tout ce que vous avez dit, faites-le au Juif Mardochée, qui est devant la porte du palais. Prenez bien garde de rien oublier de tout ce que vous venez de dire.

11 Aman prit donc la robe et le cheval, et ayant revêtu Mardochée de la robe dans la place de la ville, et lui ayant fait monter le cheval, il marchait devant lui, et criait : C'est ainsi que mérite d'être honoré tout homme qu'il plaira au roi d'honorer.

12 Et Mardochée revint à la porte du palais ; et Aman se hâta d'aller chez lui, gémissant, et ayant la tête couverte.

13 Or il raconta à Zarès, sa femme, et à ses amis, tout ce qui lui était arrivé. Et les sages dont il prenait conseil, et sa femme, lui répondirent : Si ce Mardochée, devant, lequel vous avez commencé de tomber, est de la race des Juifs, vous ne pourrez lui résister, mais vous tomberez devant lui.

14 Lorsqu'ils lui parlaient encore, les eunuques du roi survinrent, et l'obligèrent de venir aussitôt au festin que la reine avait préparé.

CHAPITRE VII.

Esther découvre au roi l'entreprise d'Aman. Aman est pendu à la potence qu'il avait fait dresser pour Mardochée.

1 Le roi vint donc, ainsi qu'Aman, pour boire avec la reine.

2 Et le roi, dans la chaleur du vin, lui dit encore ce second jour : Que me demandez-vous, Esther, et que désirez-vous que je fasse ? Quand vous me demanderiez la moitié de mon royaume, je vous la donnerais.

3 Esther lui répondit : O roi, si j'ai trouvé grâce devant vos yeux, je vous conjure de m'accorder, s'il vous plaît, ma propre vie pour laquelle je vous prie, et celle de mon peuple pour lequel je vous supplie.

4 Car nous avons été livrés, moi et mon peuple, pour être foulés aux pieds, pour être égorgés et exterminés. Et plût à Dieu qu'on nous vendît au moins, hommes et femmes, comme des esclaves ! ce mal serait supportable, et je me contenterais de gémir dans le silence ; mais maintenant nous avons un ennemi dont la cruauté retombe sur le roi.

5 Le roi Assuérus répondant, dit : Quel est celui-là, et qui est assez puissant pour oser faire ce que vous dites ?

6 Esther lui répondit : Notre ennemi et notre adversaire est ce cruel Aman. Celui-ci, à ces paroles, demeura aussitôt interdit, ne pouvant supporter les regards du roi et de la reine.

7 Et le roi se leva en colère, et étant sorti du lieu du festin, il entra dans un jardin planté d'arbres. Aman se leva aussi de table et se jeta d genoux, pour supplier la reine Esther de lui sauver la vie ; car il avait compris que le roi avait résolu sa perte.

8 Assuérus étant revenu du jardin planté d'arbres, et étant rentré dans le lieu du festin, trouva qu'Aman s'était jeté sur le lit où était Esther, et il dit : Comment ! il veut même faire violence à la reine, en ma présence et dans ma maison ? A peine cette parole était sortie de la bouche du roi, qu'on couvrit le visage d'Aman.

9 Alors Harbona, l'un des eunuques qui servaient d'ordinaire le roi, lui dit : Il y a, dans la maison d'Aman, une potence de cinquante coudées, préparée pour Mardochée, qui a donné un avis salutaire au roi. Le roi lui dit : Qu'Aman y soit pendu.

10 Aman fut donc pendu à la potence qu'il avait préparée pour Mardochée ; et la colère du roi s'apaisa.

CHAPITRE VIII.

Élévation de Mardochée. Édit en faveur des Juifs.

1 Le même jour le roi Assuérus donna à la reine Esther la maison d'Aman, ennemi des Juifs ; et Mardochée fut présenté au roi ; car Esther lui avait avoué qu'il était son oncle.

2 Et le roi prit l'anneau qu'il avait fait ôter à Aman, et le donna à Mardochée. Esther fit aussi Mardochée intendant de sa maison.

3 Esther, n'étant pas encore contente, se jeta aux pieds du roi, et le conjura avec larmes de rendre vaine la malice d'Aman, fils d'Agag, et les atroces complots qu'il avait formés pour perdre les Juifs.

4 Le roi lui tendit son sceptre d'or pour lui donner, selon la coutume, un témoignage de sa bonté. Et la reine se levant, se tint en sa présence,

5 Et dit : S'il plaît au roi, si j'ai trouvé grâce devant ses yeux, et que ma prière ne lui paraisse pas importune, je le conjure de vouloir ordonner que les premières lettres d'Aman, ennemi des Juifs, qui ne cherchait qu'à les perdre, par lesquelles il avait commandé qu'on les exterminât dans toutes les provinces du royaume, soient révoquées par de nouvelles lettres.

6 Car comment pourrais-je soutenir la mort et la ruine de tout mon peuple ?

7 Le roi Assuérus répondit à la reine Esther et à Mardochée Juif : J'ai donné la maison d'Aman à Esther, et j'ai commandé qu'il fût attaché à une croix, parce qu'il avait osé lever la main contre les Juifs.

8 Écrivez donc aux Juifs, au nom du roi, comme vous le jugerez à propos, et scellez les lettres de mon anneau (car c'était la coutume, que nul n'osait s'opposer aux lettres qui étaient envoyées au nom du roi, et cachetées de son anneau).

9 Les secrétaires et les écrivains du roi ayant été appelés (c'était alors le temps du troisième mois appelé siban) le vingt-troisième de ce même mois, les lettres furent écrites sous la dictée de Mardochée, et adressées aux Juifs, aux grands seigneurs, aux gouverneurs et aux juges qui commandaient aux cent vingt-sept provinces du royaume, depuis les Indes jusqu'en Éthiopie ; et elles furent rédigées en différentes langues et avec des caractères différents, selon la diversité des provinces, des peuples et des Juifs, afin qu'elles pussent être lues et entendues de tout le monde.

10 Ces lettres, que l'on envoyait au nom du roi, furent cachetées de son anneau, et portées par les courriers, afin que, parcourant toutes les provinces, ils prévinssent les anciennes lettres par ces nouvelles.

11 Le roi leur commanda en même temps d'aller trouver les Juifs en chaque ville, et de leur ordonner de s'assembler tous, et de se tenir prêts à défendre leur vie, à tuer et exterminer leurs ennemis, avec leurs femmes, leurs enfants, et toutes leurs maisons, et de piller leurs dépouilles.

12 Et dans toutes les provinces fut marqué un même jour pour cette vengeance, savoir, le treizième jour du douzième mois, adar.

13 La substance de cette lettre du roi était : Qu'on fît savoir dans toutes les provinces et à tous les peuples qui étaient soumis à l'empire du roi Assuérus, que les Juifs étaient prêts à se venger de leurs ennemis.

14 Et les courriers partirent en hâte, portant cette lettre, et l'édit du roi était affiché dans Suse.

15 Mardochée, sortant du palais et de la présence du roi, parut dans un grand éclat, portant une robe royale de couleur d'hyacinthe et de bleu céleste, ayant une couronne d'or sur la tête, et revêtu d'un manteau de soie et de pourpre. Et toute la ville fut dans les réjouissances et dans la joie.

16 Et une nouvelle lumière sembla se lever sur les Juifs, ainsi que la joie, l'honneur, et l'allégresse.

17 Parmi toutes les nations, les provinces et les villes où l'ordonnance du roi était portée, les Juifs étaient dans une joie extraordinaire ; ils faisaient des festins et des jours de fêtes ; jusque-là, que plusieurs des autres nations, et qui étaient d'une autre croyance, embrassèrent leur religion et leurs cérémonies ; car la crainte du nom juif avait rempli tous les esprits.

CHAPITRE IX.

Les Juifs, selon l'ordre du roi, tuent tous ceux qui avaient conspiré leur perte. Ils établissent une fête en mémoire de leur délivrance.

1 Ainsi le treizième jour du douzième mois, que nous avons déjà dit auparavant se nommer adar, lorsqu'on se préparait à tuer tous les Juifs, et que ceux qui étaient leurs ennemis aspiraient à se repaître de leur sang, les Juifs au contraire commencèrent d'être les plus forts, et de se venger de leurs adversaires.

2 Ils s'assemblèrent dans toutes les villes, les bourgs et les autres lieux, pour étendre la main contre leurs ennemis et leurs persécuteurs ; et nul n'osait leur résister, parce que la crainte de leur puissance avait saisi généralement tous les peuples.

3 Car les juges des provinces, les gouverneurs et les intendants, et tous ceux qui avaient quelque dignité dans tous les lieux, et qui présidaient sur les ouvrages, relevaient la gloire des Juifs, par la crainte de Mardochée,

4 Qu'ils savaient être grand-maître du palais, et avoir beaucoup de pouvoir. Sa réputation croissait aussi de jour en jour, et volait par toutes les bouches.

5 Les Juifs firent donc un grand carnage de leurs ennemis ; et, en les massacrant, il leur rendirent le mal qu'ils s'étaient préparés à leur faire ;

6 Jusque-là que, dans Suse même, ils tuèrent cinq cents hommes, sans compter les dix fils d'Aman, fils d'Agag, ennemi des Juifs. dont voici les noms :

7 Pharsandatha, Delphon, Esphatha,

8 Phoratha, Adalia, Aridatha,

9 Phermestha, Arisaï, Aridaï, et Jézatha.

10 Les ayant tués, ils ne voulurent toucher à rien de ce qui avait été à eux.

11 On rapporta aussitôt au roi le nombre de ceux qui avaient été tués dans Suse.

12 Et il dit à la reine : Les Juifs ont tué cinq cents hommes dans la ville de Suse, outre les dix fils d'Aman. Quel pensez-vous que doive être le carnage qu'ils font dans toutes les provinces ? Que me demandez-vous davantage, et que voulez-vous que j'ordonne encore ?

13 La reine lui répondit : S'il plaît au roi, que les Juifs aient le pouvoir de faire encore demain dans Suse ce qu'ils ont fait aujourd'hui, et que les dix fils d'Aman soient pendus à des potences.

14 Le roi commanda que cela fût fait. Et aussitôt l'édit était affiché dans Suse, et les dix fils d'Aman furent pendus.

15 Les Juifs s'étant assemblés encore le quatorzième jour du mois d'adar, tuèrent trois cents hommes dans Suse, sans vouloir rien prendre de leur bien.

16 Les Juifs se tinrent aussi prêts, pour la défense de leur vie, dans toutes les provinces qui étaient soumises à l'empire du roi, et ils tuèrent leurs ennemis et leurs persécuteurs en si grand nombre, que soixante-quinze mille hommes furent enveloppés dans ce carnage, sans qu'aucun des Juifs touchât à leur bien.

17 Ils commencèrent tous à tuer leurs ennemis le treizième jour du mois d'adar, et ils cessèrent au quatorzième. Ils firent de ce jour une fête solennelle qu'ils ordonnèrent de célébrer dans tous les siècles suivants, avec joie et par des festins.

18 Mais ceux qui étaient dans la ville de Suse avaient fait le carnage pendant le treizième et le quatorzième jour de ce mois, et n'avaient cessé qu'au quinzième. C'est pourquoi ils fixèrent ce même jour pour en faire une fête solennelle de festins et de réjouissances publiques.

19 Les Juifs qui demeuraient dans les bourgs sans murailles et dans les villages, choisirent le quatorzième jour du mois d'adar

pour être un jour de festin, dans lequel ils font une grande réjouissance, et s'envoient les uns aux autres une partie de leurs mets et de leurs festins.

20 Mardochée eut donc soin d'écrire toutes ces choses, et, en ayant fait une lettre, il l'envoya aux Juifs qui demeuraient dans toutes les provinces du roi, dans les plus proches comme dans les plus éloignées,

21 Afin que le quatorzième et le quinzième jour du mois d'adar leur fussent des jours de fêtes, qu'ils célébrassent tous les ans, à perpétuité, par des honneurs solennels

22 (Parce que ce fut en ces jours-là que les Juifs se vengèrent de leurs ennemis, et que leur deuil et leur tristesse fut changée en joie et en allégresse) ; et que ces jours fussent des jours de festin et de réjouissance, où ils s'envoyassent les uns aux autres une partie de leurs mets, et fissent aux pauvres quelques présents.

23 Et les Juifs établirent une fête solennelle, conformément à ce qu'ils avaient commencé de faire en ce temps-là, selon l'ordre que Mardochée leur en avait donné par ses lettres.

24 Car Aman, fils d'Amadath, de la race d'Agag, ennemi déclaré des Juifs, avait formé le dessein de les perdre, de les tuer, et de les exterminer ; et il avait jeté pour cela le phur, c'est-à-dire le sort, en notre langue.

25 Mais Esther entra ensuite chez le roi, le suppliant de rendre vaines les entreprises d'Aman, par une lettre, et de faire retomber sur sa tête le mal qu'il avait médité contre les Juifs. Enfin on pendit Aman à une croix, aussi bien que tous ses fils.

26 C'est pourquoi, depuis ce temps-là, ces jours ont été appelés phurim, c'est-à-dire les jours des sorts, parce le phur, c'est-à-dire le sort, avait été jeté dans l'urne. Et cette lettre, ou plutôt ce livre de Mardochée, contient tout ce qui se passa alors.

27 Les Juifs *donc*, en mémoire de ce qui avait été arrêté contre eux, et de ce grand changement qui était arrivé ensuite, s'obligèrent, eux et leurs enfants, et tous ceux qui voudraient se joindre à leur religion, d'en faire en ces deux jours une fête solennelle, sans que personne pût s'en dispenser, selon qu'il est marqué dans cet écrit, et ce qui s'observe exactement chaque année, aux jours destinés à cette fête.

28 Ce sont ces jours qui ne seront jamais effacés de la mémoire des hommes, et que toutes les provinces, d'âge en âge, célébreront par toute la terre ; et il n'y a point de ville où les jours de phurim, c'est-à-dire des sorts, ne soient observés par les Juifs et par leurs enfants, obligés qu'ils sont de pratiquer ces cérémonies.

29 Et la reine Esther, fille d'Abihaïl, et Mardochée, Juif, écrivirent encore une seconde lettre, afin qu'on eût tout le soin possible de faire de ce jour une fête solennelle dans toute la postérité.

30. Et ils envoyèrent à tous les Juifs qui demeuraient dans les cent vingt sept provinces du roi Assuérus, pour qu'ils eussent la paix, et qu'ils reçussent la vérité,

31. En observant ces jours des sorts, et les célébrant en leur temps, avec grande joie. Les Juifs s'engagèrent donc, selon que Mardochée et Esther l'avaient ordonné, à observer, eux et toute leur postérité, ces jeûnes, ces cris, et ces jours des sorts,

32. Et tout ce qui est contenu dans ce livre, qui est appelé Esther.

CHAPITRE X.

Élévation et songe de Mardochée.

1. Or, le roi Assuérus rendit tributaires toute la terre et toutes les îles de la mer ;

2. Et on trouve écrit dans le livre des Perses et des Mèdes, quelle a été sa puissance et son empire, et ce haut point de grandeur auquel il avait élevé Mardochée,

3. Et de quelle sorte Mardochée, Juif de nation, devint la seconde personne dans l'empire du roi Assuérus ; comme il fut grand parmi les Juifs, et aimé généralement de tous ses frères, ne cherchant qu'à faire du bien à sa nation, et ne parlant que pour procurer la paix et la prospérité de son peuple.

4. Alors Mardochée dit : C'est Dieu qui a fait toutes ces choses.

5. Et je me souviens d'une vision que j'avais eue en songe, qui marquait tout ce qui est arrivé, et qui a été accomplie jusqu'à la moindre circonstance.

6. Je vis une petite fontaine qui s'accrut et devint un fleuve ; elle se changea ensuite en une lumière et en un soleil, et elle se répandit en une grande abondance d'eaux : c'est Esther, que le roi épousa, et il voulut qu'elle fût reine.

7. Les deux dragons que je vis, c'est moi-même et Aman.

8. Les peuples qui s'assemblèrent, sont ceux qui ont voulu exterminer le nom des Juifs.

9. Mon peuple est Israël, qui cria au Seigneur, et le Seigneur sauva son peuple, il nous délivra de tous nos maux, il fit des miracles et de grands prodiges parmi les nations ;

10. Et il ordonna qu'il y eût deux sorts, l'un du peuple de Dieu, et l'autre de toutes les nations.

11. Et ce double sort vint paraître devant Dieu au jour marqué dès ce temps-là à toutes les nations.

12. Le Seigneur se ressouvint de son peuple, et il eut compassion de son héritage.

13. Ces jours s'observeront au mois d'adar, le quatorzième et le quinzième jour du même mois : tout le peuple s'assemblera pour cela avec grand soin et avec grande joie, et cette fête sera célébrée par le peuple d'Israël dans la suite de tous les âges.

CHAPITRE XI.

Qui était Mardochée et sa vision.

1. La quatrième année du règne de Ptolémée et de Cléopâtre, Dosithée, qui se disait prêtre et de la race de Lévi, et Ptolémée son fils, apportèrent cette épître de phurim, qu'ils disaient avoir été traduite dans Jérusalem par Lysimaque, fils de Ptolémée.

2. La seconde année du règne du très-grand Artaxerxès, le premier jour du mois de nisan, Mardochée, fils de Jaïr, fils de Séméi, fils de Cis, de la tribu de Benjamin, eut une vision en songe.

3. Il était Juif, et il demeurait dans la ville de Suse. C'était un homme puissant, et des premiers de la cour du roi.

4. Il était du nombre des captifs que Nabuchodonosor, roi de Babylone, avait transférés de Jérusalem avec Jéchonias, roi de Juda.

5. Voici la vision qu'il eut en songe. Il lui semblait qu'il entendait des voix, un tumulte, un tonnerre, et que la terre tremblait, et était agitée d'un grand trouble ;

6. Et en même temps il vit paraître deux grands dragons, prêts à combattre l'un contre l'autre.

7. Toutes les nations s'émurent aux cris qu'ils jetèrent, et elles se disposèrent à combattre contre la nation des justes.

8. Ce jour fut un jour de ténèbres, de périls, d'affliction, de serrement de cœur, et d'une grande épouvante sur la terre.

9. La nation des justes fut saisie de trouble, appréhendant les maux qu'on lui avait préparés, et se disposant à la mort.

10. Ils crièrent à Dieu ; et, au bruit de leurs cris et de leurs plaintes, une petite fontaine devint un grand fleuve, et répandit une grande abondance d'eaux.

11. La lumière parut, et le soleil se leva ; les humbles furent élevés de la bassesse, et ils dévorèrent ceux qui étaient dans l'éclat.

12. Mardochée ayant eu cette vision en songe, et s'étant levé de son lit, pensait en lui-même à ce que Dieu voulait faire : il grava cette vision dans son cœur, ayant grande envie de savoir ce que ce songe lui pouvait marquer.

CHAPITRE XII.

Conspiration découverte par Mardochée.

1. Mardochée demeurait alors à la cour du roi *Assuérus*, avec Bagatha et Thara, eunuques du roi, qui étaient les gardes de la porte du palais.

2. Et ayant approfondi leurs pensées, et reconnu par une exacte recherche tous leurs desseins, il découvrit qu'ils avaient entrepris sur la vie du roi Artaxerxès, et il en donna avis au roi.

3. Le roi commanda qu'on leur donnât la question à tous deux ; et ayant confessé leur crime, il les fit mener au supplice.

4. Le roi fit écrire en des mémoires ce qui s'était passé, et Mardochée le mit aussi par écrit pour en conserver le souvenir.

5. Le roi lui commanda de demeurer dans son palais, et il lui fit des présents pour l'avis qu'il lui avait donné.

6. Mais Aman, fils d'Amadath Bugée, avait été élevé par le roi en grande gloire, et il voulut perdre Mardochée et son peuple, à cause de ces deux eunuques du roi qui avaient été tués.

CHAPITRE XIII.

Lettre d'Aman qui ordonne de faire mourir tous les Juifs. Prière de Mardochée.

1. Le grand roi Artaxerxès, *qui règne* depuis les Indes jusqu'en Ethiopie, aux princes des cent vingt-sept provinces, et aux seigneurs soumis à son empire, salut.

2. Quoique je commandasse à tant de nations, et que j'eusse soumis tout l'univers à mon empire, je n'ai pas voulu abuser de la grandeur de ma puissance, mais j'ai gouverné mes sujets avec clémence et avec douceur, afin que passant leur vie doucement et sans aucune crainte. ils jouissent de la paix, qui est souhaitée de tous les hommes.

3. Et ayant demandé à ceux de mon conseil de quelle manière je pourrais accomplir ce dessein, l'un d'entre eux, élevé par sa sagesse et par sa fidélité au-dessus des autres, et le second après le roi, appelé Aman,

4. Nous a donné avis qu'il y a un peuple dispersé dans toute la terre, qui se conduit par de nouvelles lois, et qui, s'opposant aux coutumes des autres nations, méprise les commandements des rois, et trouble, par la contrariété de ses sentiments, la paix et l'union de tous les peuples.

5. Ce qu'ayant appris, et voyant qu'une seule nation se révolte contre toutes les autres, suit des lois injustes, combat nos ordonnances, et trouble la paix et la concorde des provinces qui nous sont soumises,

6. Nous avons ordonné que tous ceux qu'Aman, qui commande à toutes les provinces, qui est le second après le roi, et que nous honorons comme notre père, aura fait voir *être de ce peuple*, soient tués par leurs ennemis, avec leurs femmes et leurs enfants, le quatorzième jour d'adar, le douzième mois de cette année, sans que personne en ait aucune compassion,

7. Afin que ces scélérats descendant tous aux enfers en un même jour, rendent à notre empire la paix qu'ils avaient troublée.

8. Mardochée alla prier le Seigneur, se souvenant de toutes les œuvres qu'il avait faites ;

9. Et il dit : Seigneur, Seigneur, roi tout-puissant, toutes choses sont soumises à votre pouvoir, et nul ne peut résister à votre volonté, si vous avez résolu de sauver Israël.

10. Vous avez fait le ciel et la terre, et toutes les créatures qui sont sous le ciel.

11. Vous êtes le Seigneur de toutes choses, et nul ne peut résister à votre souveraine majesté.

12. Tout vous est connu, et vous savez que quand je n'ai point adoré le superbe Aman, ce n'a été ni par orgueil , ni par mépris, ni par un secret désir de gloire ;

13. Car j'aurais été disposé à baiser avec joie les traces mêmes de ses pieds pour le salut d'Israël :

14. Mais j'ai eu peur de transférer à un homme l'honneur qui n'est dû qu'à mon Dieu, et d'adorer quelqu'un hors mon Dieu.

15. Maintenant donc, ô Seigneur roi, ô Dieu d'Abraham, ayez pitié de votre peuple, parce que nos ennemis ont résolu de nous perdre, et d'exterminer votre héritage.

16. Ne méprisez pas ce peuple que vous vous êtes rendu propre, que vous avez racheté de l'Egypte pour être à vous.

17. Exaucez ma prière , soyez favorable à une nation que vous avez rendue votre partage ; changez, Seigneur, nos larmes en joie, afin que nous employions la vie que vous nous conserverez à louer votre nom, et ne fermez pas la bouche de ceux qui vous louent.

18. Tout Israël cria aussi au Seigneur, et lui adressa ses prières dans un même esprit, parce qu'ils se voyaient à la veille d'une mort certaine.

CHAPITRE XIV.

Prière d'Esther.

1. La reine Esther eut aussi recours au Seigneur, épouvantée du péril qui était proche ;

2. Et ayant quitté tous ses habits de reine, elle en prit de conformes à son affliction et à ses larmes. Elle se couvrit la tête de cendres et de poussière, au lieu de parfums de différentes sortes ; elle humilia son corps par les jeûnes, et elle remplit de ses cheveux qu'elle s'arrachait, les mêmes endroits où elle avait accoutumé de se réjouir auparavant.

3. Elle fit ensuite cette prière au Seigneur, le Dieu d'Israël, et elle dit : Mon Seigneur, qui êtes seul notre roi, assistez-moi dans l'abandon où je me trouve, puisque vous êtes le seul qui me puissiez secourir.

4. Le péril où je me trouve est présent et inévitable.

5. J'ai su de mon père, ô Seigneur, que vous aviez pris Israël d'entre toutes les nations, et *que vous aviez choisi* nos pères en les séparant de tous leurs ancêtres, qui les avaient devancés, pour vous établir parmi eux un héritage éternel ; et vous leur avez fait tout *le bien* que vous leur aviez promis.

6. Nous avons péché devant vous, et c'est pour cela que vous nous avez livrés entre les mains de nos ennemis ;

7. Car nous avons adoré leurs dieux. Vous êtes juste, Seigneur ;

8. Et maintenant ils ne se contentent pas de nous opprimer par une dure servitude ; mais, attribuant la force de leur bras à la puissance de leurs idoles,

9. Ils veulent renverser vos promesses , exterminer votre héritage, fermer la bouche de ceux qui vous louent, et éteindre la gloire de votre temple et de votre autel,

10. Pour ouvrir la bouche des nations, pour *faire* louer la puissance de leurs idoles, et pour relever à jamais un roi de chair *et de sang*.

11. Seigneur, n'abandonnez pas votre sceptre à ceux qui ne sont rien, de peur qu'ils ne se rient de notre ruine, mais faites retomber sur eux leurs desseins, et perdez celui qui a commencé à nous faire ressentir les effets de sa cruauté.

12. Seigneur, souvenez-vous ; montrez-vous à nous dans le temps de notre affliction ; et donnez-moi de la fermeté et de l'assurance, ô Seigneur, roi des dieux et de toute la puissance.

13. Mettez dans ma bouche des paroles *sages* et composées en la présence du lion, et transférez son cœur de *l'affection* à la haine de notre ennemi, afin qu'il périsse lui-même avec tous ceux qui lui sont unis.

14. Délivrez-nous par votre puissante main , et assistez-moi, Seigneur, vous qui êtes mon unique secours, vous qui connaissez toutes choses,

15. Et qui savez que je hais la gloire des injustes, et que je déteste le lit des incirconcis et de tout étranger.

16. Vous savez la nécessité où je me trouve, et qu'aux jours où je parois dans la magnificence et dans l'éclat, j'ai en abomination la marque superbe de ma gloire que je porte sur ma tête ; et que je la

déteste comme un linge souillé et qui fait horreur ; que je ne la porte point dans les jours de mon silence ;

17 Et que je n'ai point mangé à la table d'Aman, ni pris plaisir au festin du roi, que je n'ai point bu de vin offert sur l'autel des idoles,

18. Et que depuis le temps que j'ai été amenée en ce palais, jusqu'aujourd'hui, jamais votre servante ne s'est réjouie qu'en vous seul, ô Seigneur Dieu d'Abraham !

19. O Dieu puissant au-dessus de tous, écoutez la voix de ceux qui n'ont aucune espérance qu'en vous seul, sauvez-nous de la main des méchants ; et délivrez-moi de ce que je crains !

CHAPITRE XV.

Esther va trouver le roi.

1. Il manda à Esther (*c'est-à-dire sans doute Mardochée*) d'aller trouver le roi, et de le prier pour son peuple et pour son pays.

2. Souvenez-vous, lui dit-il, des jours de votre abaissement, et de quelle sorte vous avez été nourrie entre mes mains, parce que Aman, qui est le second après le roi, lui a parlé contre nous pour nous perdre :

3. Invoquez donc le Seigneur, parlez pour nous au roi, et délivrez-nous de la mort.

4. Le troisième jour Esther quitta les habits de deuil dont elle s'était revêtue, et se para de tous ses plus riches ornements.

5. Dans cet éclat de la magnificence royale, ayant invoqué Dieu, qui est le conducteur et le sauveur de tous, elle prit deux de ses suivantes,

6. Et s'appuyait sur une, comme ne pouvant soutenir son corps, à cause de son extrême faiblesse :

7. L'autre suivait sa maîtresse, portant sa robe qui traînait à terre.

8. Elle cependant, ayant un teint vermeil, et les yeux pleins d'agréments et d'éclat, cachait la tristesse de son âme, qui était toute saisie de frayeur.

9. Et ayant franchi toutes les portes, elle se présenta devant le roi au lieu où il était assis sur son trône, avec une magnificence royale, étant tout brillant d'or et de pierres précieuses ; et il était terrible à voir.

10. Aussitôt qu'il eut levé la tête, *et qu'il l'eut aperçue*, la fureur dont il était saisi paraissant au dehors par ses yeux étincelants, la reine tomba *comme évanouie*, et la couleur de son teint se changeant en pâleur, elle laissa tomber sa tête sur la fille qui la soutenait.

11. En même temps Dieu changea le cœur du roi, et lui inspira de la douceur ; il se leva tout d'un coup de son trône, craignant *pour Esther* ; et la soutenant entre ses bras, jusqu'à ce qu'elle fût revenue à elle, il la caressait, en lui disant :

12. Qu'avez-vous, Esther ? Je suis votre frère ; ne craignez point.

13. Vous ne mourrez point ; car cette loi n'a pas été faite pour vous, mais pour tous les autres.

14. Approchez-vous donc, et touchez mon sceptre.

15. Et voyant qu'elle demeurait toujours dans le silence, il prit son sceptre d'or, et, le lui ayant mis sur le cou, il la baisa, et lui dit : Pourquoi ne me parlez-vous point ?

16. Esther lui répondit : Seigneur, vous m'avez paru comme un ange de Dieu, et mon cœur a été troublé par la crainte de votre gloire.

17. Car, seigneur, vous êtes admirable, et votre visage est plein de grâces.

18. En disant ces paroles, elle retomba encore, et elle pensa s'évanouir.

19. Le roi en était tout troublé, et ses ministres le consolaient.

CHAPITRE XVI.

Lettre du roi en faveur des Juifs.

1. Le grand roi Artaxerxès, *qui règne* depuis les Indes jusqu'en Éthiopie, aux chefs et aux gouverneurs des cent vingt-sept provinces qui sont soumises à notre empire, salut.

2. Plusieurs ont *souvent* abusé de la bonté des princes, et de l'honneur qu'ils en ont reçu, pour en devenir superbes *et insolents* ;

3. Et non seulement ils tâchent d'opprimer les sujets des rois, mais, ne pouvant supporter la gloire dont ils ont été comblés, ils font des entreprises contre ceux mêmes de qui ils l'ont reçue.

4. Ils ne se contentent pas de méconnaître les grâces qu'on leur a faites, et de violer dans eux-mêmes les droits de l'humanité ; mais ils s'imaginent même qu'ils pourront se soustraire au juste arrêt de Dieu qui voit tout.

5. Leur présomption passe quelquefois à un tel excès que, s'élevant contre ceux qui s'acquittent de leur charge avec une grande fidélité, et qui se conduisent d'une telle sorte qu'ils méritent d'être loués de tout le monde, ils tâchent de les perdre par leurs mensonges et leurs artifices,

6. En surprenant par leurs déguisements et par leur adresse la bonté des princes, que leur sincérité naturelle porte à juger favorablement de celle des autres.

7. Ceci se voit clairement par les anciennes histoires ; et on voit encore tous les jours combien les bonnes inclinations des princes sont souvent altérées par de faux rapports.

8. C'est pourquoi nous devons pourvoir à la paix de toutes les provinces.

9. Que si nous ordonnons des choses différentes, vous ne devez pas croire que cela vienne de la légèreté de notre esprit, mais plutôt que c'est la vue du bien public qui nous oblige de former nos ordonnances selon la diversité des temps et la nécessité de nos affaires.

10. Et pour vous faire connaître ceci plus clairement, *nous avons voulu vous faire savoir que* nous avions reçu favorablement auprès de nous Aman, fils d'Amadath étranger, Macédonien d'inclination et d'origine, qui n'avait rien de commun avec le sang des Perses, et qui a voulu déshonorer notre clémence par sa cruauté.

11. Et après que nous lui avons donné tant de marques de notre bienveillance, jusqu'à le faire appeler notre père, et le faire adorer de tous *nos sujets* comme le second après le roi,

12. Il s'est élevé à un tel excès d'insolence, qu'il a tâché de nous faire perdre la couronne avec la vie.

13. Car il avait fait dessein, par une malignité toute nouvelle et inouïe, de perdre Mardochée, par la fidélité et les bons services duquel nous vivons ; et Esther, notre épouse et la compagne de notre royaume, avec tout son peuple ;

14. Afin qu'après les avoir tués, et nous avoir ôté ce secours, il nous surprît nous-même, et fit passer aux Macédoniens l'empire des Perses.

15. Mais nous avons reconnu que les Juifs, qui étaient destinés à la mort par cet homme détestable, n'étaient coupables d'aucune faute, mais qu'au contraire ils se conduisent par des lois très-justes,

16. Et qu'ils sont les enfants du Dieu très-haut, très-puissant et éternel, par la grâce duquel ce royaume a été donné à nos pères et à nous-même, et se conserve encore aujourd'hui.

17. C'est pourquoi nous vous déclarons que les lettres qu'il vous avait envoyées contre eux en notre nom, sont nulles et sans autorité ;

18. Et qu'à cause de ce crime, qu'il a commis, il a été pendu avec tous ses proches, devant la porte de la ville de Suse ; Dieu lui-même, et non pas nous, lui ayant fait souffrir la peine qu'il a méritée.

19. *Nous ordonnons* que cet édit que nous vous envoyons, sera affiché dans toutes les villes, afin qu'il sait permis aux Juifs de garder leurs lois.

20. Et vous aurez soin de leur donner du secours, afin qu'ils puissent tuer ceux qui se préparaient à les perdre le treizième jour du douzième mois appelé adar :

21. Car le Dieu tout-puissant leur a fait de ce jour un jour de joie, au lieu *qu'il leur devait être* un jour de deuil et de larmes.

22. C'est pourquoi nous voulons que vous mettiez aussi ce jour au rang des jours de fêtes, et que vous le célébriez avec toutes sortes de réjouissances, afin que l'on sache à l'avenir

23. Que tous ceux qui rendent une prompte obéissance aux Perses, sont récompensés comme leur fidélité le mérite, et que ceux qui conspirent contre leur royaume, reçoivent une mort digne de leur crime.

24. Que s'il se trouve quelque province ou quelque ville qui ne veuille point prendre part à cette fête solennelle, nous voulons qu'elle périsse par le fer et par le feu, et qu'elle soit tellement détruite, qu'elle demeure inaccessible pour jamais, non seulement aux hommes, mais aux bêtes, afin qu'elle serve d'exemple du châtiment qui est dû à ceux qui désobéissent *aux rois*, et méprisent *leurs commandements*.

TOBIE

CHAPITRE PREMIER.

Origine de Tobie. Sa fidélité à la loi. Son mariage. Naissance de son fils. Il demeure fidèle, dans sa captivité. Situation où il se trouve sous Salmanasar, sous Semnachérib, et sous Asarhaddon.

TOBIE de la tribu et de la ville de Nephtali, qui est dans la Haute-Galilée, au-dessus de Nassoun, derrière le chemin qui mène vers l'occident, ayant à sa gauche la ville de Séphet,

2. Fut emmené captif du temps de Salmanasar, roi des Assyriens ; et dans sa captivité même, il n'abandonna point la voie de la vérité.

3. En sorte qu'il distribuait tous les jours ce qu'il pouvait avoir, à ceux de sa nation, à ses frères qui étaient captifs avec lui.

4. Et quoiqu'il fût le plus jeune de tous ceux de la tribu de Nephthali. sa jeunesse ne paraissait point dans ses actions.

5. Enfin quoique tous allassent adorer les veaux que Jéroboam, roi d'Israël, avait faits, il fuyait seul la compagnie de tous les autres ;

6. Et il allait à Jérusalem au temple du Seigneur, où il adorait le Seigneur Dieu d'Israël, offrant fidèlement les prémices et les dîmes de tous ses biens ;

7. De sorte que la troisième année, il distribuait aux prosélytes et aux étrangers toute sa dîme.

8. Il observait ces choses, et d'autres semblables, conformément à la loi de Dieu, lorsqu'il n'était encore qu'un enfant.

9. Mais lorsqu'il fut devenu homme, il épousa une femme de sa tribu, nommée Anne, et en eut un fils auquel il donna son nom.

10. Il lui apprit dès son enfance à craindre Dieu, et à s'abstenir de tout péché.

11. Lors donc qu'ayant été emmené captif avec sa femme, son fils et toute sa tribu, il fut arrivé dans la ville de Ninive,

12. Quoique tous les autres mangeassent des viandes des gentils, il conserva néanmoins son âme pure, et ne se souilla jamais de leurs viandes.

13. Et parce qu'il se souvint de Dieu de tout son cœur, Dieu lui fit trouver grâce devant le roi Salmanasar,

14. Qui lui donna pouvoir d'aller partout où il voudrait, et la liberté de faire ce qu'il lui plairait.

15. Il allait donc vers tous ceux qui étaient captifs, et leur donnait les conseils du salut.

16. Il vint un jour à Ragès, ville des Mèdes, ayant dix talents d'argent qui venaient des dons qu'il avait reçus du roi ;

17. Et parmi le grand nombre de ceux de sa race, voyant que Gabélus qui était de sa tribu, était dans le besoin, il lui donna contre une reconnaissance cette somme d'argent.

18. Mais après beaucoup de temps, le roi Salmanasar étant mort, Sennachérib, son fils, qui régna après lui, ayant les enfants d'Israël en haine,

19. Tobie allait tous les jours visiter tous ceux de sa parenté, les consolait, et distribuait de son bien à chacun d'eux selon son pouvoir.

20. Il nourrissait ceux qui avoient faim, revêtait ceux qui étaient nus, et avait grand soin d'ensevelir ceux qui étaient morts, ou qui avaient été tués.

21. Depuis, le roi Sennachérib s'étant enfui de la Judée, à cause de la plaie dont Dieu l'avait frappé pour ses blasphèmes, et étant revenu dans une grande colère contre les enfants d'Israël, il en fit tuer plusieurs dont Tobie ensevelissait les corps.

22. Cela ayant été rapporté au roi, il commanda qu'on le tuât, et s'empara de tout son bien.

23. Mais Tobie, étant dépouillé de tout, s'enfuit avec son fils et sa femme, et demeura caché, parce qu'il était aimé de plusieurs.

24. Quarante-cinq jours après le roi fut tué par ses fils,

25. Et Tobie revint dans sa maison, et tout son bien lui fut rendu.

CHAPITRE II.

Zèle de Tobie pour la sépulture des morts. Il devient aveugle. Sa constance au milieu de son affliction. Reproches qui lui sont faits par sa femme.

1. Après cela, un jour de fête du Seigneur étant arrivé, un grand repas fut apprêté dans la maison de Tobie,

2. Et il dit à son fils : Allez et amenez ici quelques-uns de notre tribu qui craignent Dieu, afin qu'ils mangent avec nous.

3. Son fils y alla ; et étant revenu, il lui dit qu'il y avait dans la rue le corps d'un des enfants d'Israël qui avait été tué. Tobie se leva aussitôt de table, et laissant là le dîner, il vint à jeun vers le corps ;

4. Et l'enlevant, il l'emporta secrètement dans sa maison, pour l'ensevelir sûrement lorsque le soleil serait couché.

5. Et ayant caché le corps, il commença de manger avec larmes et tremblement,

6. Repassant dans son esprit cette parole que le Seigneur avait dite par le prophète Amos : Vos jours de fête se changeront en des jours de pleurs et de larmes.

7. Et lorsque le soleil fut couché, il alla et l'ensevelit.

8. Or tous ses proches le blâmaient, disant : On a déjà commandé de vous faire mourir pour ce sujet, et vous avez eu bien de la peine à échapper à votre condamnation ; et après cela, vous ensevelissez encore les morts ?

9. Mais Tobie, craignant plus Dieu que le roi, emportait les corps de ceux qui avoient été tués, les cachait dans sa maison, et les ensevelissait au milieu de la nuit.

10. Il arriva un jour que, s'étant lassé à ensevelir les morts, il revint en sa maison, et s'étant couché au pied d'une muraille, il s'endormit.

11. Et pendant qu'il dormait, il tomba d'un nid d'hirondelle de la fiente chaude sur ses yeux ; ce qui le rendit aveugle.

12. Dieu permit que cette épreuve lui arrivât, afin que sa patience fût donnée en exemple à la postérité, comme celle du saint homme Job.

13. Car ayant toujours craint Dieu dès son enfance, et ayant gardé ses commandements, il ne murmura point contre Dieu de ce que la plaie de la cécité lui était survenue.

14. Mais il demeura ferme dans la crainte du Seigneur, rendant grâces à Dieu tous les jours de sa vie.

15. Car comme des rois insultaient au bienheureux Job, ainsi ses parents et ses alliés se raillaient de sa vie, disant :

16. Où est votre espérance, pour laquelle vous faisiez des aumônes et vous enseveliissiez les morts ?

17. Mais Tobie les reprenait, disant : Ne parlez point de la sorte ;

18. Car nous sommes enfants des saints, et nous attendons cette vie que Dieu doit donner à ceux qui ne violent jamais la fidélité qu'ils lui ont promise.

19. Or Anne sa femme allait tous les jours faire de la toile, et apportait du travail de ses mains ce qu'elle pouvait gagner pour vivre.

20. Il arriva donc qu'ayant reçu un jour un chevreau, elle l'apporta à la maison ;

21. Et son mari l'ayant entendu bêler, dit : Prenez garde que ce chevreau n'ait été dérobé ; rendez-le à ceux à qui il appartient, parce qu'il ne nous est pas permis de manger quelque chose qui ait été dérobé, ni d'y toucher.

22. Alors sa femme irritée lui répondit : Vos espérances sont manifestement devenues vaines, et voilà à quoi se sont terminées vos aumônes.

23. Et sa femme lui insultait par ces discours et d'autres semblables.

CHAPITRE III.

Prière de Tobie et de Sara, fille de Raguel. Le Seigneur les exauce,
il envoie à leur secours l'ange Raphaël.

1. Alors Tobie gémit, et commença de prier avec larmes,

2. Disant : Seigneur, vous êtes juste, et tous vos jugements sont pleins d'équité, et toutes vos voies ne sont que miséricorde, vérité et justice.

3. Et maintenant, Seigneur, souvenez-vous de moi, ne prenez point vengeance de mes péchés, et ne vous rappelez point mes offenses, ni celles de mes pères.

4. Comme nous n'avons point obéi à vos préceptes, nous avons été abandonnés au pillage, à la captivité et à la mort, et nous sommes devenus la fable et le jouet de toutes les nations parmi lesquelles vous nous avez dispersés.

5. Et maintenant, Seigneur, vos jugements sont grands, parce que nous ne nous sommes point conduits selon vos préceptes, et que nous n'avons point marché sincèrement en votre présence.

6. Et maintenant, Seigneur, traitez-moi selon votre volonté, et commandez que mon âme soit reçue en paix, parce qu'il m'est plus avantageux de mourir que de vivre.

7. En ce même jour, il arriva que Sara, fille de Raguel, en Ragès, ville des Mèdes, reçut pareillement des reproches de l'une des servantes de son père,

8. Parce qu'elle avait été mariée à sept hommes ; et un démon, nommé Asmodée, les avoit tués aussitôt qu'ils étaient entrés dans sa chambre.

9. Comme donc elle reprenait cette servante pour quelque faute qu'elle avait faite, celle-ci lui répondit : Puissions-nous ne voir jamais de vous ni fils, ni fille sur la terre meurtrière de vos maris !

10. Est-ce que vous voulez me tuer aussi, comme vous avez déjà tué sept maris ? À cette parole, Sara monta dans une chambre haute de la maison, et elle demeura trois jours et trois nuits sans boire ni manger,

11. Et persévérant dans la prière, elle demandait à Dieu avec larmes qu'il la délivrât de cet opprobre.

12. Le troisième jour, achevant sa prière, et bénissant le Seigneur, elle dit :

13. Que votre nom soit béni, ô Dieu de nos pères, qui faites miséricorde après vous être mis en colère, et qui, dans le temps de l'affliction, pardonnez les péchés à ceux qui vous invoquent !

14. Seigneur, je tourne vers vous mon visage, et j'arrête mes yeux sur vous.

15. Je vous demande, Seigneur, que vous me délivriez de ce reproche, ou qu'au moins vous me retiriez de dessus la terre.

16. Vous savez, Seigneur, que je n'ai jamais convoité d'homme, et que je me suis conservée pure de tout mauvais désir.

17. Je ne me suis jamais mêlée avec ceux qui aiment à folâtrer, et je n'ai jamais eu aucune société avec les personnes qui se conduisent avec légèreté.

18. Que si j'ai consenti à recevoir un mari, je l'ai fait dans votre crainte, et non pour suivre ma passion.

19. Et, ou j'ai été indigne de ceux que l'on m'a donnés, ou peut-être n'étaient-ils pas dignes de moi, parce qu'il se peut que vous m'ayez réservée pour un autre époux.

20. Car vos conseils ne sont pas à la portée de l'homme.

21. Mais quiconque vous honore se tient assuré que si sa vie est éprouvée, elle sera couronnée ; si vous l'affligez, il sera délivré ; et si vous le châtiez, il pourra obtenir miséricorde.

22. Car vous ne prenez point plaisir à notre perte ; mais, après la tempête, vous rendez le calme ; et après les larmes et les soupirs, vous nous comblez de joie.

23. O Dieu d'Israël, que votre nom soit béni dans tous les siècles !

24. Les prières de Tobie et de Sara furent exaucées en ce même temps devant la gloire du Dieu souverain ;

25. Et Raphaël le saint ange du Seigneur fut envoyé pour guérir ces deux personnes dont les prières avaient été en même temps offertes au Seigneur.

CHAPITRE IV.

Instructions que Tobie donne à son fils. Il l'avertit de la somme
qu'il avait mise entre les mains de Gabélus.

1. Tobie croyant donc que Dieu exaucerait sa prière de pouvoir mourir, appela à lui son fils Tobie,

2. Et lui dit : Mon fils, écoutez les paroles de ma bouche, et mettez-les dans votre cœur comme un fondement solide.

3. Lorsque Dieu aura reçu mon âme, ensevelissez mon corps ; et honorez votre mère tous les jours de sa vie ;

4. Car vous ne devez pas oublier ce qu'elle a souffert, et à combien de périls elle a été exposée lorsqu'elle vous portait en son sein.

5. Et quand elle aura aussi elle-même achevé le temps de sa vie, ensevelissez-la auprès de moi.

6. Ayez Dieu dans votre esprit tous les jours de votre vie, et gardez-vous de consentir jamais à aucun péché, et de violer les préceptes du Seigneur notre Dieu.

7. Faites l'aumône de votre bien, et ne détournez votre visage d'aucun pauvre ; car de cette sorte le Seigneur ne détournera point non plus son visage de vous.

8. Soyez charitable autant que vous le pourrez.

9. Si vous avez beaucoup de bien, donnez beaucoup ; si vous en avez peu, ayez soin de donner de bon cœur même ce peu.

10. Car vous vous amasserez ainsi un grand trésor et une grande récompense pour le jour de la nécessité ;

11. Parce que l'aumône délivre de tout péché et de la mort ; et elle ne laissera point tomber l'âme dans les ténèbres ;

12. Parce que l'aumône sera le sujet d'une grande confiance devant le Dieu suprême pour tous ceux qui l'auront faite.

13. Veillez sur vous, mon fils, pour vous garder de toute impureté ; et, hors votre femme, ne liez jamais de connaissance qui puisse devenir criminelle.

14. Ne souffrez jamais que l'orgueil domine dans vos pensées, ou dans vos paroles ; car c'est par l'orgueil que tous les maux ont pris commencement.

15. Lorsqu'un homme aura travaillé pour vous, payez-lui aussitôt ce qui lui est dû pour son travail ; et que la récompense du mercenaire ne demeure jamais chez vous.

16. Prenez garde à ne faire jamais à un autre ce que vous seriez fâché qu'on vous fît.

17. Mangez votre pain avec les pauvres et avec ceux qui ont faim, et couvrez de vos vêtements ceux qui sont nus.

18. Mettez votre pain et votre vin sur le tombeau du juste ; et gardez-vous d'en manger et d'en boire avec les pécheurs.

19. Demandez toujours conseil à un homme sage.

20. Bénissez Dieu en tout temps, et demandez-lui qu'il dirige vos voies, et que tous vos desseins demeurent en lui.

21. Je vous avertis aussi, mon fils, que, lorsque vous étiez encore enfant, j'ai donné dix talents d'argent à Gabélus qui demeure dans la ville de Ragès, au pays des Mèdes, et que j'ai son billet entre les mains.

22. C'est pourquoi faites vos diligences pour parvenir à lui, et pour en retirer cette somme d'argent, et lui rendre son obligation.

23. Ne craignez point, mon fils. Il est vrai que nous sommes pauvres, mais nous aurons beaucoup de biens, si nous craignons Dieu, si nous nous retirons de tout péché, et si nous faisons le bien.

CHAPITRE V.

L'ange Raphaël s'engage à accompagner le jeune Tobie jusqu'à Ragès.

Départ du jeune Tobie. Larmes de sa mère ; confiance de son père.

1. Alors Tobie répondit à son père, et lui dit : Mon père, je ferai tout ce que vous m'avez commandé.

2. Mais je ne sais comment je pourrai retirer cet argent. Gabélus ne me connait point, et je ne le connais point aussi : comment me ferai-je connaître à lui ? Je ne sais pas même le chemin par où l'on peut aller en ce pays là.

3. Alors son père lui répondit : J'ai son obligation entre les mains ; et aussitôt que vous la lui ferez voir, il vous rendra l'argent.

4. Mais allez, cherchez présentement quelque homme fidèle qui puisse aller avec vous, en le payant de sa peine, afin que vous receviez cet argent pendant que je vis.

5. Tobie étant sorti ensuite, trouva un jeune homme éclatant, qui avait retroussé sa robe avec sa ceinture, étant comme prêt à marcher.

6. Et ne sachant pas que ce fût un ange de Dieu, il le salua, et dit : D'où êtes-vous, bon jeune homme ?

7. Il lui répondit : Je suis des enfants d'Israël. Tobie lui dit : Savez-vous le chemin qui conduit au pays des Mèdes ?

8. L'ange lui répondit : Je le sais ; j'ai fait souvent tous ces chemins, et j'ai demeuré chez Gabélus, notre frère, qui demeure en la ville de Ragès, au pays des Mèdes, laquelle est située sur la montagne d'Ecbatane.

9. Tobie lui dit : Je vous supplie d'attendre ici un peu, jusqu'à ce que j'aie rapporté à mon père ce que vous venez de me dire.

10. Alors Tobie étant entré, rapporta tout ceci à son père qui, admirant cette rencontre, lui ordonna de prier ce jeune homme d'entrer.

11. Étant donc entré, il salua Tobie, et dit : Que la joie soit toujours avec vous.

12. Tobie répondit : Quelle joie puis-je avoir, moi qui suis assis dans les ténèbres, et qui ne vois point la lumière du ciel ?

13. Le jeune homme lui répondit : Ayez bon courage ; le temps approche auquel Dieu vous guérira.

14. Alors Tobie lui dit : Pourrez-vous mener mon fils chez Gabélus en la ville de Ragès, au pays des Mèdes ? et quand vous serez de retour, je vous paierai votre peine.

15. L'ange lui dit : Je le mènerai, et vous le ramènerai.

16. Tobie lui repartit : Dites-moi, je vous prie, de quelle famille, ou de quelle tribu êtes-vous ?

17. L'ange Raphaël lui répondit : Cherchez-vous la famille du mercenaire qui doit conduire votre fils, ou le mercenaire même ?

18. Mais de peur que je ne vous donne de l'inquiétude, je suis Azarias, fils du grand Ananias.

19. Tobie lui répondit : Vous êtes d'une race illustre ; mais je vous supplie de ne point vous fâcher, si j'ai désiré de connaître votre race.

20. L'ange lui dit : Je mènerai votre fils en bonne santé, et je vous le ramènerai de même.

21. Tobie lui répondit : Que votre voyage soit heureux ; que Dieu soit avec vous dans votre chemin, et que son ange vous accompagne !

22. Alors, ayant préparé tout ce qu'ils devaient porter dans leur voyage, Tobie prit congé de son père et de sa mère, et ils se mirent tous deux en chemin.

23. Aussitôt qu'ils furent partis, sa mère se mit à pleurer, et à dire : Vous nous avez ôté le bâton de notre vieillesse, et vous l'avez éloigné de nous.

24. Plût à Dieu que cet argent, pour lequel vous l'avez envoyé, n'eût jamais été !

25. Le peu que nous avions nous suffisait, pour croire que ce nous était une assez grande richesse de voir notre fils.

26. Tobie lui répondit : Ne pleurez point ; notre fils arrivera en Médie sain et sauf, et il reviendra vers nous dans une parfaite santé, et vous le verrez de vos yeux ;

27. Car je crois que le bon ange de Dieu l'accompagne, et qu'il règle tout ce qui le regarde, et qu'ainsi il reviendra vers nous plein de joie.

28. À cette parole, sa mère cessa de pleurer, et elle se tut.

CHAPITRE VI.

Le jeune Tobie étant en chemin, un poisson veut le dévorer. Tobie le prend par l'ordre de l'ange. L'ange lui conseille d'épouser Sara, fille de Raguel.

1. Tobie se mit donc en chemin, et le chien le suivit, et il demeura la première nuit dans un lieu proche du fleuve du Tigre.

2. Étant allé laver ses pieds, un poisson énorme sortit de l'eau pour le dévorer.

3. Tobie en étant consterné, jeta un grand cri, disant : Seigneur, il s'élance sur moi.

4. L'ange lui dit : Prenez-le par les ouïes, et le tirez à vous. Ce qu'ayant fait, il le tira à terre ; et le poisson commença à se débattre à ses pieds.

5. Alors l'ange lui dit : Videz les entrailles de ce poisson, et conservez le cœur, le fiel, et le foie, parce qu'ils sont nécessaires pour en faire des remèdes très-utiles.

6. Ce qu'ayant fait, il en fit rôtir la chair, qu'ils emportèrent avec eux. Ils salèrent le reste, qui devait leur suffire jusqu'à ce qu'ils arrivassent à Ragès, au pays des Mèdes.

7. Alors Tobie interrogea l'ange, et lui dit : Mon frère Azarias, je vous supplie de me dire quels sont les remèdes que l'on peut tirer de ce que vous avez voulu que nous gardassions de ce poisson ?

8. L'ange lui répondit : Si vous mettez un morceau du cœur sur les charbons, la fumée qui en sort chasse toute sorte de démons, soit d'un homme, soit d'une femme, en sorte qu'ils ne s'en approchent plus.

9. Le fiel est bon pour oindre les yeux où il y a quelque taie, et il les guérit.

10. Et Tobie lui dit : Où voulez-vous que nous logions ?

11. L'ange lui répondit : Il y a ici un homme nommé Raguel, qui est de vos proches et de votre tribu ; il a une fille qui s'appelle Sara, et il n'a point de fils, ni d'autre fille qu'elle.

12. Tout son bien doit vous venir ; et il faut que vous épousiez cette fille.

13. Demandez-la donc à son père, et il vous la donnera en mariage.

14. Tobie lui répondit : J'ai ouï dire qu'elle avait déjà épousé sept maris, et qu'ils sont tous morts ; et on m'a dit aussi qu'un démon les avait tués.

15. Je crains donc que la même chose ne m'arrive aussi, et que comme je suis fils unique, je ne cause à mon père et à ma mère une affliction capable de conduire leur vieillesse au tombeau.

16. Alors l'ange Raphaël lui dit : Écoutez-moi, et je vous apprendrai qui sont ceux sur qui le démon a du pouvoir.

17. Ceux qui embrassent le mariage de manière qu'ils bannissent Dieu de leur cœur et de leur esprit, et qu'ils ne pensent qu'à satisfaire leur brutalité, comme les chevaux et les mulets qui sont sans raison, le démon a pouvoir sur eux.

18. Mais pour vous, après que vous aurez épousé cette personne, étant entré dans la chambre, vivez avec elle en continence pendant trois jours, et ne pensez à autre chose qu'à prier Dieu avec elle.

19. Cette même nuit, mettez dans le feu le foie du poisson, et le démon sera mis en fuite.

20. La seconde nuit, vous serez admis dans la société des saints patriarches.

21. Et la troisième nuit, vous recevrez la bénédiction de Dieu, afin qu'il naisse de vous des enfants dans une parfaite santé.

22. La troisième nuit étant passée, vous prendrez cette vierge dans la crainte du Seigneur, et dans le désir d'avoir des enfants, plutôt que par un mouvement de passion, afin que vous ayez part à la bénédiction de Dieu, en la race d'Abraham, par vos enfants.

CHAPITRE VII.

Mariage du jeune Tobie avec Sara, fille de Raguel.

1. Or ils entrèrent chez Raguel, qui les reçut avec joie.

2. Et lorsque Raguel eut envisagé Tobie, il dit à Anne sa femme : Que ce jeune homme ressemble à mon cousin !

3. Et après ces paroles, il dit : D'où êtes-vous, nos jeunes frères ? Ils lui répondirent : Nous sommes de la tribu de Nephthali, de la captivité de Ninive.

4. Raguel leur dit : Connaissez-vous mon frère Tobie ? Ils lui répondirent : Nous le connaissons.

5. Et comme Raguel disait beaucoup de bien de Tobie, l'ange lui dit : Tobie, dont vous demandez des nouvelles, est le père de celui-ci.

6. Raguel se précipita vers lui, et le baisa avec larmes ; et pleurant sur son cou,

7. Il dit : Mon fils, que Dieu vous bénisse, car vous êtes fils d'un homme de bien, d'un homme très-vertueux.

8. Alors Anne sa femme, et Sara leur fille, commencèrent aussi de pleurer.

9. Après ces entretiens, Raguel commanda qu'on tuât un mouton, et qu'on préparât le festin. Et comme il les priait de se mettre à table,

10. Tobie lui dit : Je ne mangerai, ni ne boirai point ici d'aujourd'hui, que vous ne m'ayez accordé ma demande, et que vous ne me promettiez de me donner Sara votre fille.

11. Raguel, à ces paroles, fut saisi de frayeur, sachant ce qui était arrivé à ces sept maris qui étaient entrés chez elle ; et il commença d'appréhender que la même chose n'arrivât à celui-ci. Et comme il hésitait, ne répondant rien à la demande qu'on lui faisait,

12. L'ange lui dit : Ne craignez point de donner votre fille à ce jeune homme, parce qu'il craint Dieu, et que votre fille lui est due pour épouse ; et c'est pour cela que nul autre n'a pu la posséder.

13. Alors Raguel dit : Je ne doute point que Dieu n'ait admis en sa présence mes prières et mes larmes.

14. Et je crois qu'il a permis que vous veniez vers moi, afin que cette fille épousât une personne de sa parenté, selon la loi de Moïse : ainsi ne doutez point que je ne vous donne ma fille.

15. Et prenant la main droite de sa fille, il la mit dans la main droite de Tobie, et dit : Que le Dieu d'Abraham, le Dieu d'Isaac, et le Dieu de Jacob soit avec vous ; que lui-même vous unisse, et qu'il accomplisse sa bénédiction en vous !

16. Et ayant pris une feuille, ils dressèrent le contrat de mariage.

17. Après cela ils firent le festin, en bénissant Dieu.

18. Raguel appela Anne sa femme, et lui ordonna de préparer une autre chambre.

19. Et elle y mena Sara sa fille, qui pleura.

20. Et elle lui dit : Ma fille, ayez bon courage. Que le Seigneur du ciel vous comble de joie, au lieu du chagrin que vous avez éprouvé !

CHAPITRE VIII.

Tobie et Sara passent la première nuit de leurs noces en prières. Tobie n'éprouve aucun accident fâcheux. Raguel en bénit Dieu, et leur fait célébrer leurs noces.

1. Après qu'ils eurent soupé, ils introduisirent le jeune homme auprès d'elle.

2. Et Tobie se souvenant des paroles de l'ange, tira de son sac une partie du foie, et la mit sur des charbons ardents.

3. Alors l'ange Raphaël prit le démon, et l'enchaîna dans le désert de la haute Égypte.

4. Alors Tobie exhorta la vierge, et lui dit : Sara, levez-vous, et prions Dieu aujourd'hui, et demain, et après-demain, parce que durant ces trois nuits nous sommes unis à Dieu ; et après la troisième nuit, nous vivrons dans notre mariage ;

5. Car nous sommes enfants des saints ; et nous ne devons pas nous marier comme les païens qui ne connaissent point Dieu.

6. S'étant donc levés tous deux, ils priaient Dieu avec ferveur, afin qu'il lui plût de les conserver en santé.

7. Et Tobie dit : Seigneur, Dieu de nos pères, que le ciel et la terre, la mer, les fontaines, et les fleuves, avec toutes vos créatures qu'ils renferment, vous bénissent !

8. Vous avez formé Adam du limon de la terre, et vous lui avez donné Eve pour être son aide.

9. Et maintenant, Seigneur, vous savez que ce n'est point pour satisfaire ma passion que je prends ma sœur pour être ma femme, mais dans le seul désir de laisser des enfants, par lesquels votre nom soit béni dans tous les siècles.

10. Sara dit aussi : Faites-nous miséricorde, Seigneur, faites-nous miséricorde ; et que nous vieillissions ensemble dans une parfaite santé,

11. Et il arriva vers le chant du coq, que Raguel commanda qu'on fit venir ses serviteurs ; et ils s'en allèrent avec lui pour faire une fosse.

12. Car il disait : Il sera peut-être arrivé à celui-ci la même chose qu'à ces sept hommes qui sont entrés chez elle.

13. Et après qu'ils eurent préparé la fosse, Raguel étant retourné vers sa femme, lui dit :

14. Envoyez une de vos servantes, pour voir s'il est mort, afin que je l'ensevelisse avant qu'il fasse jour.

15. Sa femme envoya donc une de ses servantes qui, étant entrée dans la chambre, les trouva tous deux dans une parfaite santé, qui dormaient dans le même lit.

16. Et étant retournée, elle annonça cette bonne nouvelle. Alors Raguel, et Anne sa femme, bénirent le Seigneur,

17. Et dirent : Nous vous bénissons, Seigneur, Dieu d'Israël, parce que ce que nous avions pensé n'est point arrivé :

18. Car vous nous avez fait miséricorde ; vous avez repoussé de nous l'ennemi qui nous persécutait.

19. Et vous avez eu pitié de deux enfants uniques. Faites, Seigneur, qu'ils vous bénissent de plus en plus, et qu'ils vous offrent le sacrifice de la louange qu'ils vous doivent pour la santé qu'ils ont reçue de vous, afin que toutes les nations connaissent que, dans toute la terre, il n'y a point d'autre Dieu que vous.

20. Raguel aussitôt commanda à ses serviteurs de remplir avant le jour la fosse qu'ils avaient faite.

21. Il ordonna aussi à sa femme de préparer un festin et tous les vivres nécessaires à ceux qui doivent faire un voyage.

22. Il fit aussi tuer deux vaches grasses et quatre moutons, et préparer un festin pour tous ses voisins et tous ses amis.

23. Raguel conjura ensuite Tobie de demeurer avec lui pendant deux semaines.

24. Il lui donna la moitié de tout ce qu'il possédait, et déclara, par un écrit, que l'autre moitié qui restait reviendrait à Tobie après sa mort et celle de sa femme.

CHAPITRE IX.

L'ange va trouver Gabélus, reçoit de lui l'argent, et l'amène aux noces de Tobie.

1. Alors Tobie appela l'ange qu'il croyait un homme, et lui dit : Mon frère Azarias, je vous prie d'écouter ce que j'ai à vous dire.

2. Quand je me donnerais à vous pour être votre esclave, je ne pourrais pas reconnaître dignement tous les soins que vous avez pris de moi.

3. J'ai néanmoins encore une prière à vous faire ; c'est que vous preniez des montures et l'équipage nécessaire, et que vous alliez vers Gabélus en la ville de Ragès, au pays des Mèdes, pour lui rendre son obligation, et en recevoir de lui le montant, et pour le prier de venir à mes noces.

4. Car vous savez bien que mon père compte les jours ; et que, si je suis en retard d'un jour, son âme sera accablée d'ennui.

5. Vous voyez aussi de quelle manière Raguel m'a conjuré de demeurer ici, et que je ne puis résister à ses instances.

6. Raphaël prit donc quatre serviteurs de Raguel, et deux chameaux, et s'en alla en la ville de Ragès, au pays des Mèdes, où ayant trouvé Gabélus, il lui rendit son obligation, et en reçut de lui tout le montant.

7. Il lui raconta aussi tout ce qui était arrivé à Tobie, fils de Tobie ; et il le fit venir avec lui aux noces.

8. Gabélus étant entré dans la maison de Raguel, trouva Tobie à table, lequel se leva précipitamment : ils s'entre-saluèrent en se baisant ; et Gabélus pleura, et bénit Dieu,

9. Et dit : Que le Dieu d'Israël vous bénisse, parce que vous êtes fils d'un homme très-vertueux, d'un homme juste qui craint Dieu, et qui fait beaucoup d'aumônes !

10. Que la bénédiction se répande aussi sur votre femme, et sur votre père et votre mère !

11. Puissiez-vous voir tous deux vos fils, et les fils de vos fils, jusqu'à la troisième et quatrième génération ! et que votre race soit bénie du Dieu d'Israël qui règne dans les siècles des siècles !

12. Et tous ayant répondu, Amen, ils se mirent à table : mais, dans le festin même des noces, ils se conduisirent avec la crainte du Seigneur.

CHAPITRE X.

Inquiétudes du père et de la mère du jeune Tobie.
Raguel et le jeune Tobie se séparent.

1. Mais Tobie différant à revenir, à cause de ses noces, son père était en peine, et disait : D'où pensez-vous que peut venir ce retardement de mon fils ? et qu'est-ce qui peut le retenir là si longtemps ?

2. Ne seroit-ce point que Gabélus seroit mort, et qu'il ne se trouverait personne pour lui rendre cet argent ?

3. Il se laissa donc aller à une profonde tristesse, et Anne sa femme avec lui ; et ils se mirent ensemble à pleurer de ce que leur fils n'était point revenu au jour marqué.

4. Mais surtout sa mère versait des larmes sans pouvoir se consoler, en disant : Hélas ! hélas ! mon fils ! pourquoi vous avons-nous envoyé si loin, vous qui êtes la lumière de nos yeux, le bâton de notre vieillesse, la consolation de notre vie, et l'espérance de notre postérité ?

5. Nous ne devions pas vous éloigner de nous, puisque vous seul nous teniez lieu de toutes choses.

6. Mais Tobie lui disait : Tenez-vous tranquille, et ne vous troublez point ; notre fils se porte bien ; cet homme avec qui nous l'avons envoyé est très-fidèle.

7. Rien néanmoins ne pouvait la consoler, mais, sortant avec empressement tous les jours de sa maison, elle regardait de tous côtés, et allait dans tous les chemins par lesquels elle espérait qu'il pourrait revenir, pour tâcher de le découvrir de loin quand il reviendrait.

8. Cependant Raguel disait à son gendre : Demeurez ici, et j'enverrai à Tobie votre père des nouvelles de votre santé.

9. Tobie lui répondit : Je sais que maintenant mon père et ma mère comptent les jours, et que leur esprit est troublé en eux.

10. Raguel ayant fait encore à Tobie de grandes instances auxquelles il ne voulut jamais se rendre, il lui remit Sara entre les mains, et la moitié de tout ce qu'il possédoit en serviteurs, en servantes, en troupeaux, en chameaux, en vaches, et en une grande quantité d'argent ; et il le laissa aller plein de santé et de joie,

11. En disant : Que le saint ange du Seigneur soit en votre chemin ! qu'il vous conduise jusque chez vous sans aucun péril ! Puissiez-vous trouver votre père et votre mère en parfaite santé ! Et que mes yeux puissent voir vos enfants avant que je meure !

12. Alors le père et la mère prenant leur fille, la baisèrent, et la laissèrent aller,

13. L'avertissant d'honorer son beau-père et sa belle-mère, d'aimer son mari, de régler sa famille, de gouverner sa maison, et de se conserver irréprochable.

CHAPITRE XI.

Le jeune Tobie et Raphaël arrivent à Ninive. Tobie recouvre la vue.
Sara arrive, et on fait de grandes réjouissances.

1. Et en s'en retournant, ils arrivèrent le onzième jour à Charan, que l'on rencontre en chemin, en allant à Ninive.

2. Et l'ange dit : Mon frère Tobie, vous savez l'état où vous avez laissé votre père.

3. Si vous le jugez donc à propos, allons devant, et que vos domestiques suivent lentement avec votre femme et vos troupeaux.

4. S'étant donc résolus d'aller de la sorte, Raphaël dit à Tobie : Prenez avec vous du fiel du poisson ; car vous en aurez besoin. Tobie prit de ce fiel, et ils continuèrent leur chemin.

5. Anne cependant allait tous les jours s'asseoir proche le chemin sur le haut d'une montagne, d'où elle pouvait découvrir de loin.

6. Et comme elle regardait de là si son fils ne venait point, elle l'aperçut de loin ; elle le reconnut aussitôt, et courut en porter la nouvelle à son mari, et lui dit : Voilà votre fils qui arrive.

7. Et Raphaël dit à Tobie : Dès que vous serez entré dans votre maison, adorez le Seigneur votre Dieu ; et, en lui rendant grâces, approchez-vous de votre père, et lui donnez le baiser.

8. Et aussitôt mettez-lui sur les yeux de ce fiel de poisson que vous portez avec vous ; car assurez-vous qu'à l'instant les yeux de votre père s'ouvriront, et il verra la lumière du ciel, et sera comblé de joie en vous voyant.

9. Alors le chien qui les avait suivis durant le chemin, courut devant eux, et comme s'il eût porté la nouvelle de leur arrivée, il en témoignait sa joie par le mouvement de sa queue, et par ses caresses.

10. Le père de Tobie, quoique aveugle, se leva et se mit à courir, en tâtant le chemin avec les pieds ; et donnant la main à un serviteur, il alla au-devant de son fils ;

11. Et en l'accueillant, il l'embrassa ; et sa mère en fit de même ; et ils commencèrent tous deux à pleurer de joie.

12. Puis ayant adoré Dieu, et lui ayant rendu grâces, ils s'assirent.

13. Alors Tobie prenant du fiel du poisson, en mit sur les yeux de son père.

14. Et après qu'il eut attendu environ une demi-heure, une petite peau blanche, semblable à celle d'un œuf, commença de sortir de ses yeux.

15. Tobie son fils la saisissant, la tira des yeux de son père, et aussitôt il recouvra la vue.

16. Et ils commencèrent à rendre gloire à Dieu, lui et sa femme, et tous ceux qui le connaissaient.

17. Tobie disait : Je vous bénis, Seigneur Dieu d'Israël, de ce que vous m'avez châtié, et que vous m'avez guéri ; et voilà que je vois Tobie mon fils.

18. Sara la femme de son fils arriva aussi sept jours après avec toute sa famille, en parfaite santé, ayant avec elle ses troupeaux et ses chameaux, une grande somme d'argent de son mariage, et celui même que Gabélus avait rendu.

19. Et Tobie raconta à son père et à sa mère tous les bienfaits dont Dieu l'avait comblé par cet homme qui l'avait conduit.

20. Achior et Nabath, cousins de Tobie, vinrent ensuite pleins de joie, se réjouir de tous les biens que Dieu lui avait faits.

21. Et tous firent festin durant sept jours, avec de grandes réjouissances.

CHAPITRE XII.

Tobie veut récompenser Raphaël. Celui-ci leur découvre qui il est, et disparaît de devant eux.

1. Alors Tobie appela à lui son fils, et lui dit : Que pouvons-nous donner à ce saint homme qui a été avec vous ?

2. Tobie répondant, dit à son père : Mon père, quelle récompense lui donnerons-nous ?

3. Il m'a mené et ramené en santé, il a été lui-même recevoir l'argent de Gabélus, il m'a fait avoir ma femme, il a éloigné d'elle le démon, il a rempli de joie son père et sa mère ; il m'a délivré du poisson qui allait me dévorer, il vous a fait voir à vous-même la lumière du ciel, et c'est par lui que nous avons été comblés de biens. Que pouvons-nous donc lui donner, qui égale tout ce qu'il a fait pour nous ?

4. Mais je vous prie, mon père, de le supplier de vouloir bien accepter la moitié de tout le bien que nous avons apporté.

5. Tobie le père et son fils le firent venir ensuite ; et l'ayant pris à part, ils le conjurèrent de vouloir bien recevoir la moitié de tout ce qu'ils avaient apporté.

6. L'ange alors leur parla ainsi en secret : Bénissez le Dieu du ciel, et rendez-lui gloire devant tous les hommes, parce qu'il a fait éclater sur vous sa miséricorde.

7. Car s'il est bon de tenir caché le secret du roi, c'est une chose honorable de révéler et de confesser les œuvres de Dieu.

8. La prière accompagnée du jeûne et de l'aumône vaut mieux que tous les trésors et tout l'or qu'on peut amasser ;

9. Car l'aumône délivre de la mort : et c'est elle qui efface les péchés, et qui fait trouver la miséricorde et la vie éternelle.

10. Mais ceux qui commettent le péché et l'iniquité sont ennemis de leurs âmes.

11. Je vous manifeste donc la vérité ; et je ne vous cacherai point une chose qui est secrète.

12. Lorsque vous priiez avec larmes, et que vous ensevelissiez les morts, que vous quittiez pour cela votre dîner, et que vous cachiez les morts dans votre maison durant le jour, pour les ensevelir durant la nuit, j'ai présenté vos prières au Seigneur.

13. Et parce que vous étiez agréable à Dieu, il a été nécessaire que la tentation vous éprouvât.

14. Maintenant donc le Seigneur m'a envoyé pour vous guérir, et pour délivrer du démon Sara, la femme de votre fils ;

15. Car je suis l'ange Raphaël, l'un des sept qui sommes présents devant le Seigneur.

16. À ces paroles, ils furent troublés, et étant saisis de frayeur, ils tombèrent le visage contre terre.

17. Et l'ange leur dit : La paix soit avec vous ; ne craignez point ;

18. Car lorsque j'étais avec vous, j'y étais par la volonté de Dieu. Bénissez-le, et chantez ses louanges.

19. Il paraissait à la vérité que je buvais et que je mangeais avec vous ; mais je me nourris d'une viande invisible, et d'un breuvage qui ne peut être vu des hommes.

20. Il est donc temps que je retourne vers celui qui m'a envoyé ; et pour vous, bénissez Dieu, et publiez toutes ces merveilles.

21. Après ces paroles, il disparut de devant eux, et ils ne purent plus le voir.

22. Alors s'étant prosternés le visage contre terre pendant trois heures, ils bénirent Dieu ; et s'étant levés, ils racontèrent toutes les merveilles qu'il avait faites.

CHAPITRE XIII.

Cantique de Tobie.

1. Alors le vieux Tobie ouvrant la bouche, bénit le Seigneur, et dit : Seigneur, vous êtes grand dans l'éternité, et votre règne s'étend dans tous les siècles :

2. Car vous châtiez, et vous guérissez ; vous conduisez jusqu'au tombeau, et vous en ramenez ; et nul ne peut se soustraire à votre puissance.

3. Rendez grâces au Seigneur, enfants d'Israël, et louez-le devant les nations :

4. Car il vous a ainsi dispersés parmi les peuples qui ne le connaissent point, afin que vous publiiez ses merveilles, et que vous leur appreniez qu'il n'y en a point d'autre que lui qui soit le Dieu tout-puissant.

5. Il nous a châtiés à cause de nos iniquités ; et il nous sauvera à cause de sa miséricorde.

6. Considérez donc ce qu'il a fait en notre faveur, et louez-le avec crainte et avec tremblement ; et glorifiez par vos œuvres le roi de tous les siècles.

7. Pour moi, je le louerai dans cette terre où je suis captif, parce qu'il a fait éclater sa majesté sur une nation pécheresse.

8. Vous donc, pécheurs, convertissez-vous ; faites des œuvres de justice devant Dieu, et croyez qu'il vous fera miséricorde.

9. Pour moi, mon âme se réjouira en lui.

10. Bénissez le Seigneur, vous tous qui êtes ses élus ; célébrez des jours de joie, en lui rendant des actions de grâces.

11. Jérusalem, cité de Dieu, le Seigneur t'a châtiée à cause des œuvres de tes mains.

12. Rends grâces au Seigneur pour les biens qu'il t'a faits, et bénis le Dieu des siècles, afin qu'il rétablisse en toi son tabernacle, qu'il rappelle en toi tous tes captifs, et que tu sois comblée de joie dans tous les siècles des siècles.

13. Tu brilleras d'une lumière éclatante, et tous les peuples de la terre t'adoreront.

14. Les nations viendront de loin vers toi, et, apportant des présents, elles adoreront en toi le Seigneur, et considéreront ta terre comme une terre sainte ;

15. Car elles invoqueront en toi le grand nom du Seigneur.

16. Ceux qui te mépriseront seront maudits ; ceux qui te blasphémeront seront condamnés ; et ceux qui t'édifieront seront bénis.

17. Pour toi, tu te réjouiras dans tes enfants, parce qu'ils seront tous bénis, et qu'ils se réuniront tous en lui.

18. Heureux tous ceux qui t'aiment, et qui se réjouissent de ta paix !

19. O mon âme, bénis le Seigneur, parce que le Seigneur notre Dieu a délivré Jérusalem sa cité de toutes ses tribulations.

20. Je serai heureux s'il reste encore quelqu'un de ma race pour voir la splendeur de Jérusalem.

21. Les portes de Jérusalem seront bâties de saphir et d'émeraudes, et toute l'enceinte de ses murailles de pierres précieuses.

22. Toutes ses places publiques seront pavées de pierres d'une blancheur et d'une beauté admirables ; et l'on chantera le long de ses rues, Alleluia.

23. Que le Seigneur qui l'a élevée à ce comble de gloire, soit béni, et qu'il règne en elle dans la suite de tous les siècles. Amen.

CHAPITRE XIV.

Dernières paroles de Tobie. Il prédit la ruine de Ninive et le rétablissement de Jérusalem. Le jeune Tobie sort de Ninive. Sa mort.

1. Ainsi finirent les paroles de Tobie. Et depuis qu'il eut recouvré la vue, il vécut quarante-deux ans, et il vit les enfants de ses petits-fils.

2. Après avoir vécu cent deux ans, il fut honorablement enseveli dans Ninive.

3. Car il avait cinquante-six ans lorsqu'il perdit la vue, et il la recouvra à soixante.

4. Tout le reste de sa vie se passa dans le bonheur, et il avança paisiblement en âge faisant de grands progrès dans la crainte du Seigneur.

5. Or à l'heure de sa mort, il appela Tobie son fils, et les sept jeunes enfants qui étaient ses petits-fils, et il leur dit :

6. La ruine de Ninive est proche, car la parole de Dieu n'est pas vaine ; et nos frères, qui ont été dispersés hors de la terre d'Israël, y retourneront.

7. Et toute sa terre qui a été déserte sera peuplée ; et la maison de Dieu qui a été brûlée sera rebâtie de nouveau, et tous ceux qui craignent Dieu y reviendront.

8. Et les nations abandonneront leurs idoles ; elles viendront à Jérusalem, et elles y demeureront ;

9. Et tous les rois de la terre se réjouiront en elle, en adorant le roi d'Israël.

10. Mes enfants, écoutez donc votre père : Servez le Seigneur dans la vérité, et appliquez-vous à faire ce qui lui est agréable ;

11. Et recommandez à vos enfants de faire des œuvres de justice et des aumônes, de se souvenir de Dieu, et de le bénir en tout temps dans la vérité, et de toutes leurs forces.

12. Écoutez-moi donc maintenant, mes enfants, et ne demeurez point ici ; mais, aussitôt que vous aurez enseveli votre mère auprès de moi dans un même tombeau, ne pensez plus qu'à vous hâter de sortir d'ici ;

13. Car je vois que l'iniquité de cette ville la fera périr.

14. Après donc la mort de sa mère, Tobie sortit de Ninive avec sa femme, ses enfants, et les enfants de ses enfants, et il retourna chez son beau-père et sa belle-mère ;

15. Il les trouva encore en santé dans une heureuse vieillesse ; il eut soin d'eux, et leur ferma les yeux ; il recueillit toute la succession de la maison de Raguel, et il vit les enfants de ses enfants jusqu'à la cinquième génération.

16. Et après qu'il eut vécu quatre-vingt-dix-neuf ans dans la crainte du Seigneur, ses enfants l'ensevelirent avec joie.

17. Tous ses alliés et tous ses enfants persévérèrent avec tant de fidélité dans la bonne vie, et dans une conduite sainte, qu'ils furent aimés de Dieu et des hommes, et de tous ceux qui étaient dans le pays.

JUDITH

CHAPITRE PREMIER.

Puissance d'Arphaxad. Il est vaincu par Nabuchodonosor, qui veut ensuite se faire rendre hommage par les autres peuples voisins.

ARPHAXAD, roi des Mèdes, avait assujetti à son empire un grand nombre de nations, et il bâtit une ville très-forte, qu'il appela Ecbatane,

2. De pierres carrées et taillées ; il en fit les murailles de soixante-dix coudées de large et de trente coudées de haut ; et il en éleva les tours à la hauteur de cent coudées.

3. Et chacun de leurs côtés carrés s'étendait dans un espace de vingt pieds ; et il en fit les portes de la hauteur des tours ;

4. Et il se glorifiait comme étant invincible par la force de son armée et par la multitude de ses chariots de guerre.

5. Mais Nabuchodonosor, roi des Assyriens, qui régnait dans la grande ville de Ninive, fit la guerre, la douzième année de son règne, à Arphaxad, et le vainquit

6. Dans la grande plaine appelée Ragau, près de l'Euphrate, du Tigre, et de Jadason, dans la campagne d'Érioch, roi des Éliciens.

7. Alors le règne de Nabuchodonosor devint florissant, son cœur s'en éleva ; et il envoya à tous ceux qui habitaient dans la Cilicie, à Damas, sur le mont Liban,

8. Et aux peuples qui sont sur le Carmel, et en Cédar, et à ceux qui habitaient dans la Galilée, dans la grande campagne d'Esdrelon,

9. Et à tous ceux encore qui étaient en Samarie, et au-delà du fleuve du Jourdain jusqu'à Jérusalem, et dans toute la terre de Jessé jusqu'où l'on arrive aux confins de l'Ethiopie.

10. Nabuchodonosor, roi des Assyriens, envoya des ambassadeurs à tous ces peuples :

11. Mais tous d'un commun accord refusèrent ce qu'il demandait, renvoyèrent ceux qui étaient venus de sa part, sans qu'ils pussent rien obtenir, et les chassèrent avec mépris.

12. Alors le roi Nabuchodonosor irrité contre toute cette terre, jura par son trône et par son royaume qu'il se vengerait de toutes ces contrées.

CHAPITRE II.

Nabuchodonosor envoie Holoferne avec une puissante armée, pour s'assujettir tous les peuples voisins. Premiers exploits de ce capitaine. Il s'avance jusqu'à Damas.

1. L'an treizième du règne de Nabuchodonosor, le vingt-deuxième du premier mois, il fut décidé dans le palais de Nabuchodonosor, roi des Assyriens, qu'il se vengerait.

2. Il assembla tous les anciens, tous les généraux et ses guerriers, et il leur communiqua le secret de son dessein :

3. Il leur dit que sa pensée était d'assujettir à son empire toute la terre.

4. Ce qui ayant été approuvé de tous, le roi Nabuchodonosor fit venir Holoferne, général de ses troupes,

5. Et lui dit : Allez attaquer tous les royaumes d'Occident, et principalement ceux qui ont méprisé mes ordres.

6. Que votre œil n'épargne aucun royaume, et vous m'assujettirez toutes les villes fortifiées.

7. Alors Holoferne fit venir les chefs et les officiers des forces des Assyriens, et il compta pour se mettre en campagne, selon l'ordre qu'il en avait reçu du roi, cent vingt mille hommes de pied, et douze mille archers à cheval.

8. Il fit précéder son expédition d'une multitude innombrable de chameaux, avec les provisions qui entretenaient l'abondance dans l'armée, et des troupeaux de bœufs et de moutons qui étaient sans nombre.

9. Il commanda que dans toute la Syrie on tînt prêt du blé lorsqu'il passerait.

10. Il prit aussi de la maison du roi des sommes immenses d'or et d'argent.

11. Et il partit, lui et toutes ses troupes, avec ses chariots, sa cavalerie et ses archers, qui couvrirent la face de la terre comme des sauterelles.

12. Lorsqu'il eut dépassé les confins de l'Assyrie, il vint aux grandes montagnes d'Angé qui sont à gauche de la Cilicie ; il conquit tous les châteaux, et se rendit maître de toutes les places fortes.

13. Il prit d'assaut la célèbre ville de Mélothe, il pilla tous les habitants de Tharsis, et les enfants d'Ismaël, qui étaient vis-à-vis le désert et au midi de la terre de Cellon.

14. Et il passa l'Euphrate, et vint en Mésopotamie ; il força toutes les grandes villes qui étaient là, depuis le torrent de Mambré jusqu'où l'on arrive à la mer.

15. Et il s'empara du pays depuis la Cilicie jusqu'aux confins de Japheth qui sont au midi.

16. Il emmena avec lui tous les enfants de Madian, pilla toutes leurs richesses, et fit passer au fil de l'épée tous ceux qui lui résistaient.

17. Il descendit ensuite dans les champs de Damas au temps de la moisson, brûla tous les blés, et fit couper tous les arbres et toutes les vignes :

18. Et la terreur de ses armes se répandit sur tous les habitants de la terre.

CHAPITRE III.

Divers peuples envoient vers Holoferne pour lui promettre obéissance. Il descend des montagnes vers eux, détruit leurs villes et coupe leurs bois sacrés, afin que Nabuchodonosor soit seul adoré.

1. Alors les rois et les princes de toutes les villes et de toutes les provinces de la Syrie de Mésopotamie, de la Syrie-Sobal, de la Libye et de la Cilicie, envoyèrent leurs ambassadeurs vers Holoferne, pour lui dire :

2. Que votre colère cesse envers nous ; car il vaut mieux que nous vivions en servant le grand roi Nabuchodonosor, et que nous vous soyons soumis, que de nous voir exposés à périr malheureusement soit par la mort ou par la misère de la servitude.

3. Toutes nos villes et toutes nos terres, toutes nos montagnes, nos collines, nos champs, nos troupeaux de bœufs, de moutons et de chèvres, tous nos chevaux, nos chameaux, toutes nos richesses et nos familles, sont à votre disposition.

4. Que tout ce que nous avons dépende de vous.

5. Nous serons vos esclaves, nous et nos enfants.

6. Venez à nous comme un maître pacifique, et tirez de nous tous les services qu'il vous plaira.

7. Alors il descendit des montagnes avec sa cavalerie très-nombreuse, se rendit maître de toutes les villes et de tous les peuples du pays.

8. Il prit de toutes les villes pour troupes auxiliaires les hommes les plus braves et les plus propres à la guerre.

9. Toutes ces provinces furent saisies d'une telle frayeur, que les princes et les personnes les plus honorables de toutes les villes sortaient au-devant de lui avec les peuples,

10. Et le recevaient avec des couronnes et des lampes, en dansant au son des tambours et des flûtes.

11. Et néanmoins, quoiqu'ils fissent toutes ces choses, ils ne purent adoucir la férocité de son cœur ;

12. Car il détruisit leurs villes, et coupa leurs bois sacrés ;

13. Parce que le roi Nabuchodonosor lui avait commandé d'exterminer tous les dieux de la terre, afin qu'il fût seul appelé Dieu par les nations qu'Holoferne aurait pu assujettir à sa puissance.

14. Et traversant la Syrie-Sobal, toute l'Apamée, et toute la Mésopotamie, il vint au pays d'Idumée en la terre de Gabaa,

15. Et il devint maître de toutes leurs villes, et il demeura là trente jours, pendant lesquels il commanda qu'on rassemblât toutes les troupes de son armée.

CHAPITRE IV.

Terreur des Israélites à l'approche d'Holoferne. Le grand-prêtre Eliachim donne les ordres nécessaires, et exhorte le peuple à implorer le secours du Seigneur.

1. Les enfants d'Israël qui demeuraient dans la terre de Juda ayant alors appris toutes ces choses, craignirent beaucoup Holoferne.

2. La crainte et l'horreur saisirent leurs esprits, appréhendant qu'il ne fît à Jérusalem et au temple du Seigneur ce qu'il avait fait aux autres villes et à leurs temples.

3. Et ils envoyèrent dans toute la Samarie à l'entour jusqu'à Jéricho, et occupèrent tous les sommets des montagnes ;

4. Et ils environnèrent leurs bourgs de murailles, et amassèrent des blés pour se préparer à cette guerre.

5. Le grand-prêtre Éliachim écrivit aussi à tous ceux qui demeuraient vers Esdrelon, vis-à-vis de la grande plaine qui est près de Dothaïn, et à tous ceux dont le pays pouvait offrir un passage,

6. Qu'ils occupassent les montées des montagnes par où l'on pouvait aller à Jérusalem, et qu'ils gardassent les défilés par où l'on pouvait passer entre les montagnes.

7. Et les enfants d'Israël firent comme leur avait commandé Éliachim, grand-prêtre du Seigneur.

8. Et tout le peuple cria vers le Seigneur avec grande instance, et ils humilièrent leurs âmes dans les jeûnes et les prières, eux et leurs femmes.

9. Les prêtres se revêtirent de cilices, et les enfants se prosternèrent devant le temple du Seigneur, et l'on couvrit d'un cilice l'autel du Seigneur ;

10. Puis ils crièrent tous unanimement vers le Seigneur Dieu d'Israël, afin qu'il ne permît pas que leurs enfants fussent donnés en proie, leurs femmes distribuées aux vainqueurs, leurs villes détruites, leur sanctuaire profané, ni qu'eux-mêmes devinssent l'opprobre des nations.

11. Alors Éliachim, le grand-prêtre du Seigneur, alla dans tout le pays d'Israël, et parla au peuple,

12. Disant : Sachez que le Seigneur exaucera vos prières si vous persévérez toujours dans le jeûne et dans la prière devant le Seigneur.

13. Souvenez-vous de Moïse, serviteur de Dieu, qui en combattant, non par le fer, mais par de saintes prières, défit Amalec qui se confiait en sa force, en sa puissance, en son armée, en ses boucliers, en ses chariots, et en ses cavaliers.

14. C'est ainsi que seront tous les ennemis d'Israël, si vous persévérez dans cette œuvre que vous avez commencée.

15. Le peuple étant donc touché de cette exhortation, priait le Seigneur, et demeurait toujours devant Dieu,

16. En sorte que ceux mêmes qui offraient des holocaustes au Seigneur lui présentaient les victimes étant revêtus de cilices, et ayant la tête couverte de cendre.

17. Et tous priaient Dieu de tout leur cœur, qu'il lui plût de visiter son peuple d'Israël.

CHAPITRE V.

Holoferne, averti que les enfants d'Israël vont lui résister, veut savoir qui ils sont. Achior les lui fait connaitre, et lui déclare que s'ils n'ont pas offensé leur Dieu, ils seront invincibles. Ce discours irrite son armée.

1. On donna avis à Holoferne, général de l'armée des Assyriens, que les enfants d'Israël se disposaient à lui résister, et qu'ils avaient fermé les passages des montagnes ;

2. Et il fut transporté de colère et tout embrasé de fureur, et il manda tous les princes de Moab et les chefs des Ammonites,

3. Et leur dit : Dites-moi qui est ce peuple qui occupe les montagnes, quelles sont leurs villes, et quelle en est la force et le nombre ; quelle est aussi la puissance de ce peuple, leur multitude, et le général de leur armée ;

4. Et pourquoi entre tous les peuples d'Orient ils sont les seuls qui nous ont méprisés, et ne sont point venus au-devant de nous pour nous recevoir en paix ?

5. Alors Achior, chef de tous les enfants d'Ammon, lui répondit : Seigneur, si vous daignez m'écouter, je vous dirai la vérité touchant ce peuple qui habite dans les montagnes, et nulle parole fausse ne sortira de ma bouche.

6. Ce peuple est de la race des Chaldéens.

7. Il habita premièrement en Mésopotamie, parce qu'ils ne voulaient pas suivre les dieux de leurs pères qui demeuraient dans le pays des Chaldéens.

8. Ayant donc abandonné les cérémonies de leurs ancêtres qui se rapportaient à la pluralité des dieux,

9. Ils adorèrent un seul Dieu du ciel, lequel leur commanda de sortir de ce pays-là, et d'aller demeurer à Chanan. Mais une famine ayant couvert tout le pays, ils descendirent en Égypte, où ils se multiplièrent de telle sorte, pendant l'espace de quatre cents ans, que leur armée ne put être comptée.

10. Comme le roi d'Égypte les traitait avec dureté, et les accablait de travail en des ouvrages de terre et de brique, qu'il les obligeait de faire pour bâtir ses villes, ils crièrent à leur Dieu, qui frappa de différentes plaies toute la terre d'Égypte.

11. Et lorsque les Égyptiens les eurent chassés de leur pays, et que la plaie eut cessé, et qu'ils voulurent s'en rendre maîtres de nouveau, et les remettre sous leur esclavage,

12. Le Dieu du ciel leur ouvrit la mer lorsqu'ils fuyaient, de manière que les eaux s'affermirent de côté et d'autre comme une muraille, et ils passèrent à pied sec au travers du fond de la mer.

13. Et l'armée des Égyptiens, qui était innombrable, les ayant poursuivis dans ce lieu, fut tellement ensevelie dans les eaux, qu'il n'en demeura pas un seul qui pût apprendre cet événement à leurs descendants.

14. Après qu'ils furent sortis de la mer Rouge, ils campèrent dans les déserts de la montagne de Sina, dans lesquels personne n'avait jamais pu habiter, et où nul homme n'avait jamais pu demeurer.

15. Là les fontaines qui étaient amères devinrent douces pour eux, afin qu'ils pussent en boire, et durant l'espace de quarante ans ils reçurent du ciel la nourriture qui leur était nécessaire.

16. Partout où ils entraient sans arc et sans flèche, sans bouclier et sans épée, leur Dieu combattait pour eux, et demeurait toujours vainqueur.

17. Et il n'y eut personne qui s'élevât contre ce peuple, sinon lorsqu'il s'est retiré du service du Seigneur son Dieu.

18. Car toutes les fois qu'ils ont adoré un autre Dieu que le leur, ils ont été livrés en proie au glaive et à l'opprobre.

19. Et toutes les fois qu'ils se sont repentis d'avoir abandonné le culte de leur Dieu, le Dieu du ciel leur a donné la force pour se défendre.

20. Enfin ils ont vaincu les rois des Chananéens, des Jébuséens, des Phérézéens, des Héthéens, des Hévéens, des Amorrhéens, et les plus puissants d'Hésébon, et ils ont pris possession de leurs terres et de toutes leurs villes ;

21. Et ils ont été heureux tant qu'ils n'ont point péché contre leur Dieu, parce que leur Dieu hait l'iniquité.

22. Aussi il y a quelques années que, s'étant retirés de la voie que leur Dieu leur avait marquée pour y marcher, ils ont été taillés en pièces par diverses nations ; et plusieurs d'entre eux ont été emmenés captifs dans une terre étrangère.

23. Mais depuis peu, étant retournés vers le Seigneur leur Dieu, ils furent réunis de cette dispersion ; ils ont repeuplé ces montagnes, et ils possèdent de nouveau Jérusalem, où est leur sanctuaire.

24. Maintenant donc, mon seigneur, informez-vous si ce peuple a commis quelque chose contre son Dieu : et, si cela est, allons les attaquer, parce que leur Dieu vous les livrera, et ils seront assujettis à votre puissance.

25. Mais si ce peuple n'a point offensé son Dieu, nous ne pourrons leur résister, parce que leur Dieu prendra leur défense, et nous deviendrons l'opprobre de toute la terre.

26. Or il arriva que lorsque Achior eut cessé de parler, tous les grands du camp d'Holoferne furent émus de colère contre lui, et pensaient à le tuer, se disant l'un à l'autre :

27. Qui est celui-ci, qui ose dire que les enfants d'Israël peuvent résister au roi Nabuchodonosor et à ses troupes, eux qui sont sans armes et sans force, et qui ne savent ce que c'est que l'art de combattre ?

28. Pour faire donc voir à Achior qu'il nous trompe, allons à ces montagnes ; et lorsque nous aurons pris les plus forts d'entre eux, on le percera de l'épée avec eux,

29. Afin que toute nation sache que Nabuchodonosor est le dieu de la terre, et qu'il n'y en a point d'autre que lui.

CHAPITRE VI.

Holoferne fait de terribles menaces à Achior. Il ordonne qu'on le conduise vers Béthulie, et qu'on le livre aux enfants d'Israël. Achior leur est livré, et leur raconte ce qui lui est arrivé.

1. Or il arriva que lorsqu'ils eurent cessé de parler, Holoferne, transporté de fureur, dit à Achior :

2. Parce que vous avez fait le prophète en nous disant que le Dieu d'Israël sera le défenseur de son peuple, pour vous faire voir qu'il n'y a point de dieu que Nabuchodonosor,

3. Lorsque nous les aurons tous tués comme un seul homme, vous tomberez vous-même sous le fer des Assyriens, et tout le peuple d'Israël périra avec vous.

4. Et vous éprouverez que Nabuchodonosor est le maître de toute la terre ; et alors l'épée de mes soldats déchirera vos flancs, et vous tomberez percé de coups parmi les blessés d'Israël, et vous ne respirerez plus que pour périr avec eux.

5. Si vous croyez que votre prophétie soit véritable, que votre visage ne s'abatte point ; et qu'on n'y voie plus cette pâleur dont il est couvert, si vous vous imaginez que ce que je dis ne peut s'accomplir.

6. Et pour que vous connaissiez que vous éprouverez ces choses avec eux, vous serez joint dès à présent à ce peuple, afin que, lorsque mes armes leur feront souffrir la juste peine qu'ils ont méritée, vous soyez aussi vous-même puni avec eux.

7. Alors Holoferne commanda à ses gens de prendre Achior, de le mener à Béthulie, et de le mettre entre les mains des enfants d'Israël.

8. Les gens d'Holoferne s'étant saisis de lui, s'en allèrent le long de la campagne ; mais comme ils approchaient des montagnes, les frondeurs sortirent contre eux.

9. Et eux, en se détournant du côté de la montagne, lièrent Achior à un arbre par les pieds et par les mains ; et l'ayant ainsi attaché avec des cordes ils le laissèrent là, et retournèrent vers leur maître.

10. Or les Israélites étant descendus de Béthulie, vinrent au lieu où il était : ils le délièrent et le conduisirent dans la ville, et l'ayant amené au milieu du peuple, ils lui demandèrent pourquoi les Assyriens l'avaient abandonné lié *de la sorte*.

11. En ce temps-là Ozias, fils de Micha, de la tribu de Siméon, et Charmi, qui s'appeloit aussi Gothoniel, commandaient dans le pays.

12. Ainsi Achior dit au milieu des anciens, et en présence de tout le peuple, ce qu'il avait répondu aux demandes d'Holoferne ; comment les gens d'Holoferne l'avaient voulu tuer pour avoir parlé de la sorte ;

13. Et comment Holoferne même, transporté de colère, avait commandé qu'on le mît entre les mains des Israélites, afin qu'après qu'il aurait vaincu les enfants d'Israël il fît aussi mourir Achior dans les supplices, parce qu'il avait dit que le Dieu du ciel était leur défenseur.

14. Quand Achior eut raconté toutes ces choses, tout le peuple se prosterna le visage contre terre, en adorant le Seigneur, et mêlant ensemble leurs cris et leurs pleurs, ils offrirent d'un même cœur leurs prières à Dieu,

15. Disant : Seigneur Dieu du ciel et de la terre, regardez leur orgueil, et voyez notre abaissement, et considérez l'état où sont réduits vos saints ; faites voir que vous n'abandonnez point ceux qui présument de votre bonté, et que vous humiliez ceux qui présument d'eux-mêmes, et se glorifient de leurs propres forces.

16. Après ces pleurs, le peuple étant demeuré en prières durant tout le jour, ils consolèrent Achior,

17. Disant : Le Dieu de nos pères, dont vous avez annoncé la puissance, vous en récompensera, et vous fera voir à vous-même leur perte.

18. Et lorsque le Seigneur notre Dieu aura mis ainsi ses serviteurs en liberté, qu'il soit aussi votre Dieu au milieu de nous, afin que, selon qu'il vous plaira, vous viviez avec nous, vous et tous ceux qui vous appartiennent.

19. L'assemblée étant finie, Ozias le reçut en sa maison, et lui donna un grand souper.

20. Et y ayant invité tous les anciens, le jeûne étant fini, ils prirent ensemble leur nourriture.

21. On fit ensuite assembler tout le peuple, qui passa la nuit en prière dans le lieu où il s'était assemblé, demandant au Dieu d'Israël qu'il lui plût de venir à leur secours.

CHAPITRE VII.

Holoferne assiège Béthulie ; les Israélites en sont effrayés. Holoferne s'empare de toutes les sources. Les habitants de Béthulie, pressés par la soif, veulent se rendre. Ozias promet de rendre la ville dans cinq jours.

1. Le lendemain Holoferne commanda à ses troupes de marcher contre Béthulie.

2. Or il y avait cent vingt mille hommes de pied, et vingt-deux mille cavaliers, sans compter ceux qu'il avait pris dans sa marche, et les jeunes hommes qu'il avait amenés des provinces et des villes dont il s'était rendu maître.

3. Ils se disposèrent tous à combattre les enfants d'Israël, et ils vinrent le long de la montagne jusqu'au sommet qui regarde Dothaïn, depuis le lieu appelé Belma, jusqu'à Chelmon, qui est vis-à-vis Esdrelon.

4. Les Israélites , voyant cette multitude, se prosternèrent en terre ; et se couvrant la tête de cendres, ils prièrent d'un même cœur le Dieu d'Israël, afin qu'il lui plût de faire éclater sa miséricorde sur son peuple.

5. Et prenant leurs armes, ils se mirent dans les lieux qui mènent au passage du chemin étroit entre les montagnes, et ils y faisaient la garde pendant tout le jour et toute la nuit.

6. Holoferne, parcourant les lieux d'alentour de la montagne, trouva que la fontaine qui coulait dans la ville, avait du côté du midi un aqueduc qui était hors des murailles ; et il commanda qu'on coupât l'aqueduc.

7. Il y avait néanmoins des fontaines qui n'étaient pas loin des murs de la ville, où l'on voyait les assiégés aller puiser de l'eau furtivement, pour soulager plutôt leur soif que pour l'apaiser.

8. Mais les fils d'Ammon et les fils de Moab s'approchèrent d'Holoferne, disant : Les Israélites n'espèrent ni en leurs lances, ni en leurs flèches ; mais les montagnes les défendent, et ces collines entourées de précipices font toute leur force.

9. Afin donc que vous puissiez les vaincre sans combat, mettez des gardes près des fontaines, pour les empêcher d'y puiser de l'eau ; et vous les ferez périr sans l'épée ; ou, se lassant de souffrir la soif, ils rendront leur ville, qu'ils croient imprenable parce qu'elle est sur le haut d'une montagne.

10. Ce conseil plut à Holoferne et à ses officiers, et il plaça des centeniers près de chaque fontaine, tout alentour.

11. Cette garde ayant été faite pendant vingt jours, toutes les citernes et les réservoirs d'eau qui étaient dans la ville de Béthulie furent mis à sec : et il ne restait pas dans toute la ville de quoi donner à boire un seul jour aux habitants, car on distribuait chaque jour au peuple l'eau par mesure.

12. Alors les hommes, les femmes , les jeunes gens et les petits enfants, vinrent en foule trouver Ozias, et lui dirent tout d'une voix :

13. Que Dieu soit juge entre vous et nous ; car vous nous avez attiré ces maux, n'ayant pas voulu parler de paix avec les Assyriens ; et c'est pour cela que Dieu nous a livrés entre leurs mains.

14. Ainsi nous demeurons sans secours, et la soif nous fait périr malheureusement devant leurs yeux.

15. C'est pourquoi assemblez maintenant tous ceux qui sont dans la ville, afin que nous nous rendions tous volontairement au peuple d'Holoferne.

16. Car il vaut mieux qu'étant captifs nous vivions au moins, et bénissions le Seigneur, que de mourir, et être en opprobre à tous les hommes, en voyant nos femmes et nos enfants périr ainsi devant nos yeux.

17. Nous vous conjurons aujourd'hui devant le ciel et la terre, et devant le Dieu de nos pères, qui se venge de nous selon la grandeur de nos péchés, de livrer incessamment la ville entre les mains d'Holoferne, et de nous faire trouver une mort prompte par l'épée, au lieu de cette mort lente que la soif qui nous brûle nous fait souffrir.

18. Après qu'ils lui eurent parlé de la sorte, il se fit de grands cris et de grandes lamentations dans toute l'assemblée ; et pendant plusieurs heures ils crièrent tout d'une voix à Dieu en disant :

19. Nous avons péché avec nos pères, nous avons agi injustement, nous avons commis l'iniquité.

20. Ayez pitié de nous, parce que vous êtes bon, ou vengez nos crimes, en nous châtiant vous-même ; et n'abandonnez pas ceux qui vous confessent, à un peuple qui ne vous connait point.

21. Afin qu'on ne dise pas parmi les nations : Où est leur Dieu ?

22 Et quand, lassés à force de crier et de pleurer, ils se turent,

23. Ozias se levant ayant le visage baigné de larmes, dit : Ayez bon courage, mes frères, et attendons encore pendant cinq jours la miséricorde du Seigneur.

24. Peut-être qu'il apaisera sa colère, et qu'il glorifiera son nom.

25. Si, ces cinq jours étant passés, il ne nous vient point de secours, nous ferons ce que vous avez proposé.

CHAPITRE VIII.

Origine et vertu de Judith. Elle apprend ce qu'Ozias avait dit. Elle mande les anciens, et leur en fait des reproches. Elle ranime leur courage. Ils lui disent de prier. Elle annonce qu'elle va sortir pour exécuter un dessein qu'elle médite.

1. Et il arriva lorsque Judith, veuve, eut appris ces choses, laquelle était fille de Mérari, fils d'Idox, fils de Joseph , fils d'Ozias, fils d'Élaï, fils de Jamnor, fils de Gédéon, fils de Raphaïm, fils d'Achitob, fils de Mclchia, fils d'Énan, fils de Nathanias, fils de Salathiel, fils de Siméon, fils de Ruben :

2. (Son mari fut Manassé, qui mourut au temps de la moisson des orges ;

3. Car il pressait ceux qui liaient les gerbes dans un champ ; l'ardeur du soleil lui donna sur la tête, et il mourut dans Béthulie , sa ville, et il fut enseveli avec ses pères.

4. Il y avait déjà trois ans et demi que Judith était restée veuve de lui.

5. Elle s'était fait au haut de sa maison une chambre secrète, où elle demeurait enfermée avec ses servantes.

6. Et ayant un cilice sur ses reins, elle jeûnait tous les jours de sa vie, hors les jours de sabbat, de la nouvelle lune, et des fêtes de la maison d'Israël.

7. Elle était parfaitement belle ; et son mari lui avait laissé de grandes richesses, un grand nombre de serviteurs, et des domaines où il y avait de nombreux troupeaux de bœufs et de moutons.

8. Elle était très-estimée de tout le monde, parce qu'elle avait une grande crainte du Seigneur ; et il n'y avait personne qui dît d'elle le moindre mal :)

9. Ayant donc appris qu'Ozias avait promis de livrer la ville dans cinq jours, elle envoya quérir Chabri et Charmi, anciens du peuple.

10. Et ils vinrent à elle, et elle leur dit : Comment donc Ozias a-t-il consenti de livrer la ville aux Assyriens, s'il ne vous venait du secours dans cinq jours ?

11. Et qui êtes-vous, pour tenter le Seigneur ?

12. Ce n'est pas là le moyen d'attirer sa miséricorde, mais plutôt d'exciter sa colère, et d'allumer sa fureur.

13. Vous avez prescrit à Dieu le terme de sa miséricorde ; et vous lui avez marqué un jour, selon qu'il vous a plu.

14. Mais parce que le Seigneur est patient, faisons pénitence de cette faute même, et implorons sa miséricorde avec beaucoup de larmes ;

15. Car Dieu ne menace point comme un homme, et il ne s'enflamme point de colère comme les enfants des hommes.

16. C'est pourquoi humilions nos âmes devant lui, et, pénétrés de l'esprit de l'humilité et dévoués à son service, demeurons dans un esprit d'abaissement.

17. Prions le Seigneur avec larmes de nous faire sentir en la manière qu'il lui plaira les effets de sa miséricorde, afin que comme l'orgueil de nos ennemis nous a remplis de trouble et de crainte, notre humilité aussi devienne pour nous un sujet de gloire ;

18. Car nous n'avons point suivi les péchés de nos pères qui ont abandonné leur Dieu, et qui ont adoré des dieux étrangers,

19. Et qui, en punition de ce crime, ont été abandonnés au glaive, au pillage, et à la confusion parmi leurs ennemis : mais pour nous, nous ne connaissons point d'autre Dieu que lui.

20. Attendons humblement sa consolation ; et il demandera notre sang aux afflictions de nos ennemis ; il humiliera toutes les nations qui s'élèvent contre nous, et le Seigneur notre Dieu les couvrira de honte.

21. Et maintenant, mes frères, comme vous êtes les anciens du peuple de Dieu, et que leur âme dépend de vous, parlez-leur d'une manière qui leur relève le cœur, en les faisant souvenir que nos pères ont été tentés pour éprouver s'ils servaient Dieu véritablement.

22. Ils doivent se souvenir comment Abraham notre père a été tenté, et qu'ayant été éprouvé par beaucoup de tribulations, il est devenu l'ami de Dieu.

23. C'est ainsi qu'Isaac, que Jacob, que Moïse, et que tous ceux qui ont plu à Dieu, ont passé par plusieurs tribulations, et sont toujours demeurés fidèles.

24. Mais ceux qui n'ont pas reçu ces épreuves dans la crainte du Seigneur, qui ont témoigné leur impatience, et ont irrité le Seigneur par leurs reproches et par leurs murmures,

25. Ont été exterminés par l'*ange* exterminateur, et ont péri par les serpents.

26. C'est pourquoi ne témoignons point d'impatience dans ces maux que nous souffrons ;

27. Mais considérant que ces supplices mêmes sont moindres que nos péchés, croyons que ces fléaux dont Dieu nous châtie comme ses serviteurs nous sont envoyés pour nous corriger, et non pour nous perdre.

28. Ozias et les anciens lui répondirent : Tout ce que vous avez dit est véritable, et il n'y a rien à reprendre dans vos paroles.

29. Nous vous supplions donc de prier pour nous, parce que vous êtes une femme sainte, et craignant Dieu.

30. Judith leur répondit : Comme vous reconnaissez que ce que j'ai pu vous dire est de Dieu,

31. Éprouvez aussi si ce que j'ai résolu de faire vient de lui ; et priez-le d'affermir le dessein que j'ai.

32. Vous vous tiendrez cette nuit à la porte *de la ville* ; et je sortirai avec ma suivante ; et priez le Seigneur, afin que, comme vous avez dit, il regarde son peuple dans ces cinq jours.

33. Mais je ne veux point que vous recherchiez mon dessein ; et jusqu'à ce que je vous en instruise moi-même, qu'on ne fasse autre chose que prier le Seigneur notre Dieu pour moi.

34. Ozias, prince de Juda, lui répondit : Allez en paix ; et que le Seigneur soit avec vous, pour se venger de nos ennemis. Et, retournant, ils s'en allèrent.

CHAPITRE IX.

Judith adresse à Dieu sa prière, et implore son secours pour l'exécution du dessein qu'elle médite.

1. Après qu'ils se furent retirés, Judith entra dans son oratoire ; et se revêtant d'un cilice, elle se mit de la cendre sur la tête ; et se prosternant devant le Seigneur, elle criait vers lui, disant :

2. Seigneur Dieu de mon père Siméon, qui lui avez mis l'épée entre les mains pour se venger des étrangers qui, transportés d'une passion impure, avaient violé une vierge, et l'avaient couverte de confusion, en lui faisant outrage ;

3. Vous qui avez livré leurs femmes en proie, qui avez rendu leurs filles captives, et qui avez donné toutes leurs dépouilles en partage à vos serviteurs qui ont brûlé de zèle pour vous ; assistez une veuve, je vous prie, Seigneur mon Dieu.

4. Car c'est vous qui avez fait les anciennes merveilles, et vous avez résolu les unes après les autres, et ce que vous avez voulu s'est fait.

5. Car toutes vos voies sont préparées, et vous avez établi vos jugements dans *l'ordre* de votre providence.

6. Regardez maintenant le camp des Assyriens, comme vous daignâtes un jour regarder le camp des Égyptiens, lorsque armés ils poursuivaient vos serviteurs, se fiant en leurs chariots, leur cavalerie, et la multitude de leurs soldats.

7. Mais vous ne fîtes que jeter un regard sur leur camp, et les ténèbres les fatiguèrent.

8. L'abîme retint leurs pieds, et les eaux les couvrirent.

9. Seigneur, que ceux-ci périssent de même, eux qui s'appuient sur leur grande multitude, et qui se glorifient dans leurs chariots, dans leurs dards, dans leurs boucliers, dans leurs flèches, et dans leurs lances,

10. Et qui ne savent pas que vous êtes notre Dieu, qui arrêtez les combats dès le commencement, et que votre nom est Jéhova.

11. Élevez votre bras, comme vous avez fait autrefois ; écrasez leur force par votre force ; que leur courage tombe devant votre colère, eux qui se promettent de violer votre sanctuaire, de déshonorer le tabernacle de votre nom, et de renverser avec leur épée la majesté de votre autel.

12. Faites, Seigneur, que son orgueil soit abattu de sa propre épée.

13. Qu'il soit pris par ses propres yeux, comme par un piège, en me regardant ; et frappez-le par l'agrément des paroles qui sortiront de ma bouche.

14. Donnez-moi assez de constance dans le cœur pour le mépriser, et assez de force pour le perdre.

15. Car ce sera un monument glorieux pour votre nom, qu'il périsse par la main d'une femme.

16. Car votre puissance, Seigneur, n'est point dans la multitude ; vous ne vous plaisez point dans la force des chevaux, et dès le commencement les superbes ne vous ont point plu ; mais vous avez toujours agréé les prières de ceux qui sont humbles et doux.

17. Dieu des cieux, créateur des eaux, maître de toute créature, exaucez-moi, malheureuse suppliante, qui présume de votre miséricorde.

18. Souvenez-vous, Seigneur, de votre alliance, mettez les paroles dans ma bouche, et fortifiez la résolution de mon cœur, afin que votre maison demeure toujours dans sa sainteté,

19. Et que toutes les nations connaissent que vous êtes Dieu, et qu'il n'y en a point d'autre que vous.

CHAPITRE X.

Judith se pare, et prend avec elle sa suivante. Elle sort, et va au camp des Assyriens. Elle y est arrêtée, et conduite à Holoferne, qui est épris de sa beauté.

1. Judith ayant cessé de crier au Seigneur, se leva du lieu où elle était prosternée contre terre devant le Seigneur ;

2. Et, ayant appelé sa suivante, elle descendit dans sa maison, ôta son cilice, et quitta ses habits de veuve ;

3. Elle se lava le corps, se l'oignit d'un parfum précieux, arrangea ses cheveux, et se mit une coiffure magnifique sur la tête, se revêtit des habits de sa joie, prit une chaussure très riche, des bracelets, des lis, des pendants d'oreilles, des bagues, se para enfin de tous ses ornements.

4. Dieu même lui donna encore un nouvel éclat, parce que tout cet ajustement n'avait pour principe aucun mauvais désir, mais la vertu ; ainsi le Seigneur augmenta encore sa beauté, afin qu'elle parût aux yeux de tous avec un lustre incomparable.

5. Elle donna à sa suivante à porter une outre de vin, un vase d'huile, de la farine, des figues sèches, du pain et du fromage, et partit ainsi.

6. Quand elles arrivèrent à la porte de la ville, elles trouvèrent Ozias et les anciens de la ville qui l'attendaient.

7. Ils furent étonnés en la voyant, et ils admirèrent beaucoup sa beauté.

8. Cependant ils la laissèrent passer sans lui faire aucune demande, disant : Que le Dieu de nos pères vous donne sa grâce, et qu'il affermisse par sa force toutes les résolutions de votre cœur, afin que Jérusalem soit glorifiée en vous, et que votre nom soit au nombre des saints et des justes.

9. Et ceux qui étaient présents répondirent tous d'une commune voix : Ainsi soit-il ! ainsi soit-il !

10. Cependant Judith priant Dieu, passa les portes, elle et sa suivante.

11. Or il arriva que vers le point du jour, comme elle descendait de la montagne, les coureurs des Assyriens la rencontrèrent, et l'arrêtèrent, en lui disant : D'où venez-vous, et où allez-vous ?

12. Elle répondit : Je suis une fille des Hébreux ; je me suis enfuie d'avec eux, ayant reconnu qu'ils vous seront livrés en pillage, parce qu'ils vous ont méprisés, et qu'ils n'ont pas voulu se rendre à vous volontairement, afin que vous leur fissiez miséricorde.

13. C'est pourquoi j'ai dit en moi-même : Je m'en irai vers le prince Holoferne, pour lui découvrir leurs secrets, et pour lui donner un moyen de les prendre sans qu'il tombe un seul homme de son armée.

14. Ayant entendu ces paroles, ils considéraient son visage ; et leurs yeux étaient tout surpris, tant ils admiraient sa beauté.

15. Et ils lui dirent : Vous avez sauvé votre vie, en prenant cette résolution de descendre vers notre prince.

16. Et vous devez vous assurer que lorsque vous paraîtrez devant lui, il vous traitera bien, et que vous lui gagnerez le cœur. Ils la menèrent donc à la tente d'Holoferne, et l'annoncèrent.

17. Quand elle fut entrée en la présence d'Holoferne, il fut aussitôt pris par ses yeux.

18. Ses officiers lui dirent : Qui mépriserait le peuple des Hébreux, qui ont des femmes si belles ? Ne méritent-elles pas bien que, pour les avoir, nous leur fassions la guerre ?

19. Et Judith voyant Holoferne assis sous son pavillon, qui était de pourpre en broderie d'or relevé d'émeraudes et de pierres précieuses,

20 Après avoir jeté les yeux sur son visage, elle se prosterna en terre, et l'adora ; et les gens d'Holoferne la relevèrent, par le commandement de leur maître.

CHAPITRE XI.

Holoferne demande à Judith pourquoi elle a quitté son peuple pour venir vers lui. Elle lui répond en flattant ses espérances, et il lui fait de grandes promesses.

1. Alors Holoferne lui dit : Ayez bon courage ; bannissez de votre cœur toute crainte, parce que je n'ai jamais fait de mal à qui que ce soit qui a voulu servir le roi Nabuchodonosor.

2. Si votre peuple ne m'avait point méprisé, je n'aurais pas tourné mes armes contre lui.

3. Mais dites-moi d'où vient que vous les avez quittés, et que vous vous êtes résolue de venir vers nous ?

4. Judith lui répondit : Accueillez les paroles de votre servante, parce que, si vous suivez les avis que votre servante a à vous donner, Dieu achèvera d'accomplir à votre égard ce qu'il a résolu.

5. Vive Nabuchodonosor, roi de la terre, et sa puissance qui est en vous, pour châtier toutes les âmes qui se sont égarées ; car non seulement vous lui asservissez les hommes, mais les bêtes mêmes des champs lui sont assujetties.

6. La sagesse de votre esprit est célèbre dans toutes les nations ; tout le monde publie que vous êtes le seul dont la puissance et la capacité éclatent dans tout son royaume ; et on ne parle dans tous les pays que de votre habileté dans la guerre.

7. On sait aussi ce qu'a dit Achior, et on n'ignore pas de quelle manière vous avez commandé qu'il fût traité.

8. Car il est certain que notre Dieu est tellement irrité par les péchés de son peuple, qu'il lui a fait dire par ses prophètes, qu'il le livrerait à cause de ses péchés.

9. Et parce que les Israélites savent qu'ils ont offensé leur Dieu, la terreur de vos armes les a saisis.

10. Ils sont de plus désolés par la famine ; et ils sont déjà au nombre des morts par la soif dont ils sont brûlés.

11. Ils ont même résolu entre eux de tuer leurs bestiaux, pour boire leur sang :

12. Et ils ont résolu de dépenser en froment, en vin, et en huile, les choses saintes auxquelles Dieu a défendu de toucher ; ils veulent consommer ainsi des choses auxquelles il ne leur est pas même permis de porter la main. Puis donc qu'ils se conduisent de cette sorte, il est certain qu'ils seront livrés à la ruine.

13. Ce que moi, votre servante, connaissant, je me suis enfuie d'avec eux ; et le Seigneur m'a envoyée vous annoncer toutes ces choses.

14. Car moi, votre servante, j'adore Dieu, même à présent, auprès de vous ; et je sortirai, et je prierai le Seigneur,

15. Et il me dira quand il doit leur rendre la peine de leurs péchés ; et je viendrai vous le dire : je vous mènerai alors au milieu de Jérusalem, et vous aurez tout le peuple d'Israël comme des brebis qui sont sans pasteur, et il n'y aura pas un chien qui aboie contre vous,

16. Parce que tout ceci m'a été révélé par la providence de Dieu.

17. Et parce que Dieu est en colère contre eux, je suis envoyée vers vous pour vous annoncer ces choses.

18. Or tout ce discours plut à Holoferne et à ses gens ; ils admiraient la sagesse de Judith, et se disaient l'un à l'autre :

19. Il n'y a point dans toute la terre une femme semblable à celle-ci, soit pour l'air et la beauté du visage, ou pour la sagesse des paroles.

20. Et Holoferne lui dit : Dieu nous a favorisés, de vous envoyer devant votre nation, pour nous la livrer entre les mains.

21. Et parce que vos promesses sont très-avantageuses, si votre Dieu fait cela pour moi, il sera aussi mon Dieu ; vous serez grande dans la maison de Nabuchodonosor, et votre nom deviendra illustre dans toute la terre.

CHAPITRE XII.

Judith refuse les mets de la table d'Holoferne, et lui promet que la provision qu'elle a apportée lui suffira. Elle sort du camp la nuit pour prier. Holoferne donne un festin où il fait venir Judith, et où il s'enivre.

1. Alors il commanda qu'on la fît entrer au lieu où étaient ses trésors, et qu'elle y demeurât ; et il ordonna ce qu'on lui donnerait de sa table.

2. Judith lui répondit : Je ne pourrai pas manger maintenant des choses que vous commandez qu'on me donne, de peur que le péché ne tombe sur moi ; mais je mangerai de ce que j'ai apporté avec moi.

3. Holoferne lui repartit : Si ce que vous avez apporté avec vous vient à vous manquer, que pourrons-nous vous faire ?

4. Judith lui répliqua : Je jure par votre salut, mon seigneur, qu'avant que votre servante ait consommé tout ce qu'elle a apporté, Dieu fera par ma main ce que j'ai imaginé. Et ses serviteurs la firent entrer dans la tente qu'il lui avait assignée.

5. Elle demanda, en y entrant, qu'on lui donnât la liberté de sortir la nuit, et avant le jour, pour aller faire sa prière, et invoquer le Seigneur.

6. Et Holoferne commanda aux huissiers de sa chambre de la laisser entrer et sortir, selon qu'elle le voudrait, durant trois jours, pour adorer son Dieu.

7. Elle sortait donc durant les nuits dans la vallée de Béthulie, et elle se plongeait dans une fontaine.

8. Et en remontant, elle priait le Seigneur Dieu d'Israël, afin qu'il la conduisît dans le dessein qu'elle avait prémédité pour la délivrance de son peuple.

9. Puis rentrant dans sa tente, elle y demeurait pure jusqu'à ce qu'elle prît sa nourriture vers le soir.

10. Et il arriva que quatre jours après Holoferne fit un festin à ceux de sa maison, et dit à Vagao, son eunuque : Allez, et persuadez à cette femme du peuple hébreu qu'elle consente d'elle-même à venir habiter avec moi.

11. Car les Assyriens croient qu'il est honteux à un homme qu'une femme se moque de lui, et qu'elle trouve moyen de se tirer d'avec lui sans consentir à ses désirs.

12. Alors Vagao entra chez Judith, et dit : Que cette bonne fille ne craigne point d'entrer chez mon seigneur, pour être honorée de lui, pour manger avec lui, pour boire du vin dans la joie.

13. Judith lui répondit : Qui suis-je, moi, pour m'opposer aux volontés de mon seigneur ?

14. Je ferai tout ce qu'il trouvera bon et qui lui paraîtra le meilleur ; car ce qui lui sera agréable sera aussi pour moi ce qu'il y a de mieux en toute ma vie.

15. Elle se leva ensuite, et elle se para de son vêtement ; et étant entrée dans la tente d'Holoferne, elle parut devant lui.

16. Holoferne en la voyant fut frappé au cœur, parce qu'il brûlait de passion pour elle.

17. Et il lui dit : Buvez maintenant, et mangez avec joie, parce que vous avez trouvé grâce devant moi.

18. Judith lui répliqua : Je boirai, mon seigneur, parce que mon âme reçoit aujourd'hui la plus grande gloire qu'elle ait reçue dans toute sa vie.

19. Elle prit ensuite ce que sa servante lui avait préparé, et elle mangea et but devant lui.

20. Et Holoferne fut transporté de joie auprès d'elle, et il but du vin plus qu'il n'en avait bu dans toute sa vie.

CHAPITRE XIII.

Judith, étant restée seule auprès d'Holoferne, lui tranche la tête, et sort avec la fille qui la servait. Elle arrive à Béthulie où elle est reçue avec beaucoup d'étonnement et d'applaudissements. On fait venir Achior qui reconnaît la tête d'Holoferne.

1. Le soir étant venu, ses serviteurs se hâtèrent de se retirer chacun chez eux ; et Vagao ferma les portes de la chambre, et s'en alla.

2. Tous étaient appesantis par le vin ;

3. Et Judith était seule dans la chambre.

4. Or Holoferne était couché dans son lit, assoupi par l'excès du vin.

5. Et Judith commanda à sa servante de se tenir dehors devant la chambre, et d'y faire le guet.

6. Et pour elle, elle était devant le lit, priant avec larmes, et remuant les lèvres en silence,

7. Disant : Seigneur Dieu d'Israël, fortifiez-moi, et rendez-vous favorable en ce moment en ce que ma main va faire, afin que vous releviez, selon votre promesse, votre ville de Jérusalem, et que j'achève ce que j'ai cru pouvoir se faire par votre assistance.

8. Ayant parlé de la sorte, elle s'approcha de la colonne qui était au chevet de son lit, et délia sa dague qui y était attachée.

9. Puis l'ayant tirée du fourreau, elle prit Holoferne par les cheveux de sa tête, et dit : Seigneur Dieu, fortifiez-moi à cette heure.

10. Elle le frappa ensuite sur le cou par deux fois, lui coupa la tête ; et ayant détaché des colonnes le pavillon, elle fit rouler son corps sans tête.

11. Elle sortit peu après, et donna à sa servante la tête d'Holoferne, lui commandant de la mettre dans son sac.

12. Et elles sortirent toutes deux, selon leur coutume, comme pour aller prier ; et étant passées au-delà du camp, elles tournèrent le long de la vallée, et arrivèrent à la porte de la ville.

13. Alors Judith dit de loin aux gardes des murailles : Ouvrez les portes, parce que Dieu est avec nous, et qu'il a signalé sa puissance dans Israël.

14. Les gardes, ayant entendu sa voix, appelèrent les anciens de la ville ;

15. Et tous coururent à elle, depuis le plus petit jusqu'au plus grand, parce qu'ils n'espéraient plus qu'elle revînt.

16. Ils allumèrent des flambeaux, et s'assemblèrent tous autour d'elle ; et pour Judith, montant sur un lieu plus élevé, elle commanda qu'on fît silence. Et tous s'étant tus, elle dit :

17. Louez le Seigneur notre Dieu, qui n'a point abandonné ceux qui espéraient en lui :

18. Il a accompli par moi, sa servante, sa miséricorde qu'il avait promise à la maison d'Israël, et il a tué cette nuit par ma main l'ennemi de son peuple.

19. Et tirant de son sac la tête d'Holoferne, elle la leur montra, disant : Voici la tête d'Holoferne, général de l'armée des Assyriens ; et voici le pavillon sous lequel il était couché dans son ivresse, et où le Seigneur notre Dieu l'a frappé par la main d'une femme.

20. Et vive le Seigneur ! parce que son ange m'a gardée lorsque je suis sortie de cette ville, et tant que je suis demeurée là, et lorsque je suis revenue ici ; et le Seigneur n'a point permis que sa servante fût souillée ; mais il m'a fait revenir auprès de vous sans aucune tache de péché, réjouie en sa victoire, en mon salut, et en votre délivrance.

21. Rendez-lui tous des actions de grâces, parce qu'il est bon, parce que sa miséricorde s'étend dans tous les siècles.

22. Alors tous adorant le Seigneur dirent à Judith : Le Seigneur vous a bénie en sa force, car il a anéanti par vous nos ennemis.

23. Or Ozias, prince du peuple d'Israël, dit à Judith : Vous êtes bénie par le Seigneur, le Dieu très-haut, plus que toutes les femmes sur la terre.

24. Béni soit le Seigneur qui a créé le ciel et la terre, qui a conduit votre main pour frapper le chef de nos ennemis ;

25. Car il a rendu aujourd'hui votre nom si célèbre, que les hommes, se souvenant éternellement de la puissance du Seigneur, ne cesseront jamais de vous louer, parce que vous n'avez point craint d'exposer votre vie, en voyant l'extrême affliction où votre peuple se trouvait réduit ; mais vous vous êtes présentée devant notre Dieu pour empêcher sa ruine.

26. Et tout le peuple répondit : Ainsi soit-il ! ainsi soit-il !

27. On fit venir ensuite Achior, et Judith lui dit : Le Dieu d'Israël, à qui vous avez rendu ce témoignage, qu'il a le pouvoir de se venger de ses ennemis, a coupé lui-même cette nuit par ma main la tête du chef de tous les infidèles.

28. Et pour que vous soyez convaincu que cela est vrai, voici la tête d'Holoferne qui, dans l'insolence de son orgueil, méprisait le Dieu d'Israël, et qui menaçait de vous faire mourir, disant : Lorsque le peuple d'Israël sera vaincu, je ferai percer vos flancs par l'épée.

29. Achior voyant la tête d'Holoferne, saisi d'effroi, tomba le visage contre terre, et ses sens furent dans une grande agitation.

30. Étant ensuite revenu à lui, il se jeta aux pieds de Judith, et l'adora en lui disant :

31. Vous êtes bénie de votre Dieu dans tous les tabernacles de Jacob, parce que le Dieu d'Israël sera glorifié en vous, parmi tous les peuples qui entendront parler de votre nom.

CHAPITRE XIV.

Judith conseille aux Israélites de s'avancer vers les Assyriens. Achior embrasse la religion des Juifs. Les Israélites s'avancent vers les Assyriens, qui, s'apercevant de la mort d'Holoferne, sont saisis de trouble.

1. Alors Judith dit à tout le peuple : Écoutez-moi, mes frères ; suspendez cette tête au haut de nos murailles,

2. Et aussitôt que le soleil sera levé, que chacun prenne ses armes, et sortez tous avec grand bruit, non pour descendre jusqu'aux ennemis, mais comme vous disposant à les attaquer.

3. Alors il faudra nécessairement que les coureurs fuient, et s'en aillent éveiller leur général pour le combat.

4. Et lorsque leurs chefs auront couru à la tente d'Holoferne, et qu'ils n'y auront trouvé qu'un corps sans tête nageant dans son sang, la frayeur les saisira.

5. Et lorsque vous les verrez fuir, allez hardiment après eux, parce que le Seigneur les foulera sous vos pieds.

6. Alors Achior, voyant ce que la toute-puissance de Dieu avait fait en faveur d'Israël, abandonna le culte du paganisme, crut en Dieu, se circoncit, et fut incorporé au peuple d'Israël, lui et toute la suite de sa race jusqu'à ce jour.

7. Aussitôt donc que le jour parut, ceux de Béthulie suspendirent au haut de leurs murs la tête d'Holoferne ; et chacun ayant pris ses armes, ils sortirent tous, en faisant un grand bruit, et jetant de grands cris.

8. Les coureurs voyant cela, coururent à la tente d'Holoferne.

9. Ceux qui étaient dans la tente vinrent à la porte de sa chambre ; et ils tâchaient, en y faisant quelque bruit, d'interrompre son sommeil, afin qu'Holoferne fût plutôt éveillé par ce bruit confus qu'il entendrait, que par quelqu'un de ses gens.

10. Car nul n'osait ni frapper à la porte, ni entrer dans la chambre du général des Assyriens.

11. Mais les chefs, les capitaines et les principaux officiers de l'armée d'Assyrie étant venus à sa tente, dirent aux officiers de sa chambre :

12. Entrez, et éveillez-le, parce que ces rats sont sortis de leurs trous, et ont osé nous défier au combat.

13. Alors Vagao, étant entré dans sa chambre, se tint devant le rideau, et il frappa des mains, s'imaginant qu'il dormait avec Judith.

14. Mais prêtant l'oreille, et n'entendant aucun mouvement d'un homme qui dort, il s'approcha plus près du rideau, et le levant, il vit le corps mort d'Holoferne étendu par terre, sans tête, et tout couvert de son sang Aussitôt il jeta un grand cri, avec larmes, et déchira ses vêtements.

15. Puis étant allé à la tente de Judith, et ne l'ayant point trouvée, il sortit devant le peuple, et dit :

16. Une seule femme du peuple hébreu a mis la confusion dans la maison du roi Nabuchodonosor ; car voici Holoferne étendu par terre, et sa tête n'est plus avec son corps.

17. Les chefs de l'armée des Assyriens ayant entendu ces paroles, déchirèrent tous leurs vêtements ; ils furent surpris d'une crainte et d'une frayeur extrême, le trouble saisit leurs esprits ;

18. Et tout le camp retentit de cris effroyables.

CHAPITRE XV.

La frayeur se répand dans le camp des Assyriens. Ils prennent la fuite. Les Israélites se jettent sur eux, les poursuivent, s'emparent de leurs dépouilles, et donnent a Judith celles d'Holoferne.

1. La nouvelle qu'Holoferne avait eu la tête coupée s'étant répandue dans toute l'armée, ils se trouvèrent tous consternés, sans savoir quel conseil prendre ; et poussés par la seule frayeur dont ils étaient saisis, ils ne pensaient qu'à chercher leur salut dans la fuite,

2. De sorte que nul ne parlait à son compagnon ; mais tous baissant la tête et quittant tout, se hâtaient d'échapper aux Hébreux, qu'ils entendaient venir pour fondre sur eux, les armes à la main ; et ils fuyaient çà et là par les chemins de la campagne et par les sentiers des collines.

3. Les Israélites les voyant donc fuir, les poursuivirent, et descendirent des montagnes, sonnant des trompettes, et jetant de grands cris après eux.

4. Et comme les Assyriens ne marchaient point en corps, chacun se hâtait de fuir où il pouvait : les Israélites au contraire les poursuivant tous ensemble et en bon ordre, taillaient en pièces tout ce qu'ils rencontraient.

5. Ozias envoya donc porter cette nouvelle dans toutes les villes et dans toutes les provinces d'Israël.

6. Ainsi chaque ville et chaque province ayant choisi les plus braves d'entre ses jeunes gens, leur fit prendre les armes, et les envoya après les Assyriens ; ils les poursuivirent jusqu'aux extrémités des confins de leur pays, passant au fil de l'épée tout ce qu'ils trouvaient.

7. Cependant ceux qui étaient restés à Béthulie entrèrent dans le camp des Assyriens, d'où ils emportèrent tout le butin que les Assyriens avaient laissé dans leur fuite, et ils en revinrent tout chargés.

8. Mais ceux qui après avoir battu et poursuivi les ennemis revinrent à Béthulie, emmenèrent avec eux tout ce qui avait été aux Assyriens, les troupeaux, les bestiaux, et toutes les richesses de leur bagage et de leur équipage, qui étaient sans nombre, en sorte que tous s'enrichirent, depuis le plus petit jusqu'au plus grand.

9. Or Joachim, grand-pontife, vint de Jérusalem à Béthulie, avec tous les anciens, pour voir Judith,

10. Laquelle sortit au-devant de lui. Et ils la bénirent tout d'une voix, en disant : Vous êtes la gloire de Jérusalem ; vous êtes la joie d'Israël, vous êtes l'honneur de notre peuple ;

11. Car vous avez agi avec un courage mâle ; et votre cœur s'est affermi, parce que vous avez aimé la chasteté, et qu'après votre mari, vous n'en avez point connu d'autre. C'est pour cela que la main du Seigneur vous a fortifiée, et que vous serez bénie éternellement.

12. Tout le peuple répondit : Ainsi soit-il ! ainsi soit-il !

13. Trente jours suffirent à peine au peuple d'Israël pour recueillir toutes les dépouilles des Assyriens.

14. Et tout ce qu'on put reconnaître qu'Holoferne avait possédé en or, en argent, en habillements, et pierreries, et en toutes sortes de meubles, fut donné à Judith par le peuple.

15. Et tous les hommes, les femmes, les jeunes filles et les jeunes gens, étaient dans des transports de joie qu'ils témoignaient par le son des harpes et des autres instruments de musique.

CHAPITRE XVI.

Cantique de Judith. Elle va à Jérusalem avec le peuple célébrer sa victoire. Elle revient à Béthulie, où elle meurt couverte de gloire et fort âgée.

1. Alors Judith chanta ce cantique au Seigneur, et dit :

2 Chantez à la gloire du Seigneur au son des tambours et au bruit des cymbales, chantez avec de saints accords un nouveau cantique ; glorifiez et invoquez son nom.

3. Le Seigneur met les armées en poudre ; Jéhova est son nom.

4. Il a mis son camp au milieu de son peuple, pour nous délivrer de la main de tous nos ennemis.

5. Assur est venu des montagnes, du côté de l'aquilon, avec une multitude et une force extraordinaire ; ses troupes sans nombre ont rempli les torrents, et sa cavalerie a couvert les vallées.

6. Il avait juré de brûler mes terres, de passer mes jeunes gens au fil de l'épée, de donner en proie mes petits enfants, et de rendre mes filles captives.

7. Mais le Seigneur tout-puissant l'a frappé ; il l'a livré entre les mains d'une femme, et il l'a percé.

8. Car ce ne sont point les jeunes hommes qui ont renversé celui qui était puissant parmi eux ; ce ne sont ni les fils des Titans qui l'ont frappé, ni les géants d'une hauteur démesurée qui se sont opposés à lui ; mais c'est Judith, fille de Mérari, qui l'a détruit par la beauté de son visage.

9. Car elle a quitté ses habits de veuve, et s'est parée de ses habits de joie, pour relever les espérances des enfants d'Israël.

10. Elle a mis sur son visage du parfum, elle a arrêté ses cheveux par une élégante coiffure, elle s'est parée d'une robe brillante pour le séduire.

11. L'éclat de sa chaussure l'a ébloui, sa beauté a captivé son âme ; et elle lui a coupé la tête avec sa propre dague.

12. Les Perses ont été épouvantés de sa constance ; et les Mèdes, de sa hardiesse.

13. Alors le camp des Assyriens a été rempli de hurlements, quand ont paru les miens, affaiblis et brûlant de soif.

14. Les fils des jeunes femmes les ont percés de coups et les ont tués, comme des enfants qui s'enfuient ; ils ont péri dans le combat en la présence du Seigneur mon Dieu.

15. Chantons un hymne au Seigneur ; chantons un hymne nouveau à la louange de notre Dieu.

16. Seigneur Adonaï, vous êtes grand, vous vous signalez par votre puissance, et nul ne peut vous surmonter.

17. Que toutes vos créatures vous obéissent, parce que vous avez parlé, et elles ont été faites ; vous avez envoyé votre esprit, et elles ont été créées ; et nul ne résiste à votre voix.

18. Les montagnes seront ébranlées avec les eaux jusqu'aux fondements ; les pierres se fondront comme la cire devant votre face.

19. Mais ceux qui vous craignent, Seigneur, seront grands devant vous en toutes choses.

20. Malheur à la nation qui s'élèvera contre mon peuple! car le Seigneur tout-puissant se vengera d'elle, et la visitera au jour du jugement.

21. Il répandra dans leur chair le feu et les vers, afin qu'ils brûlent et qu'ils souffrent éternellement.

22. Après cette victoire, tout le peuple vint à Jérusalem pour adorer le Seigneur ; et s'étant purifiés, ils lui offrirent tous leurs holocaustes, et leurs vœux, et leurs promesses.

23. Or Judith offrit, comme monument d'oubli, toutes les armes d'Holoferne, que le peuple lui avait données, et le pavillon de son lit, qu'elle avait emporté elle-même.

24. Tout le peuple fut dans la réjouissance à la vue des lieux saints ; et la joie de cette victoire fut célébrée avec Judith pendant trois mois.

25. Après ces jours, chacun retourna en sa maison ; et Judith devint célèbre dans Béthulie, et la personne la plus considérée de tout Israël.

26. Car la chasteté en elle était jointe au courage, tellement que depuis la mort de Manassé, son mari, elle ne connut point d'homme tout le reste de sa vie.

27. Les jours de fête, elle paraissait en public avec une grande gloire.

28. Et après avoir demeuré *jusqu'à l'âge* de cent cinq ans dans la maison de son mari, et avoir donné la liberté à sa suivante, elle mourut, et fut enterrée dans Béthulie avec son mari.

29. Et tout le peuple la pleura pendant sept jours.

30. Tant qu'elle vécut, et plusieurs années après sa mort, il ne se trouva personne qui troublât Israël.

31. Or le jour de cette victoire a été mis par les Hébreux au rang des saints jours ; et depuis ce temps-là jusqu'à aujourd'hui, il est honoré comme un jour de fête parmi les Juifs.

LES

MACHABÉES

LIVRE PREMIER

CHAPITRE PREMIER.

Victoires d'Alexandre-le-Grand. Sa mort. Partage de ses états. Antiochus Épiphane vient à Jérusalem, et y commet plusieurs actions impies et cruelles.

APRÈS qu'Alexandre, roi de Macédoine, fils de Philippe, qui régna premièrement dans la Grèce, fut sorti du pays de Céthim, et qu'il eut vaincu Darius, roi des Perses et des Mèdes,

2. Il donna plusieurs batailles, prit les villes les plus fortes de toutes les nations, et tua les rois de la terre ;

3. Il passa jusqu'à l'extrémité du monde, s'enrichit des dépouilles des nations, et la terre se tut devant lui.

4. Il assembla de grandes troupes, fit une armée très-forte ; son cœur s'éleva et s'enfla :

5. Il se rendit maître des peuples et des rois, et il se les rendit tributaires.

6. Après cela il tomba malade, et il reconnut qu'il devait bientôt mourir.

7. Et il appela les grands de sa cour, qui avaient été nourris avec lui dès leur jeunesse, et il leur partagea son royaume lorsqu'il vivait encore.

8. Alexandre régna donc douze ans, et il mourut.

9. Et les grands de sa cour se firent rois chacun dans son gouvernement :

10. Ils prirent tous le diadème après sa mort, et leurs enfants après eux pendant plusieurs années ; et les maux se multiplièrent sur la terre.

11. C'est de là que sortit cette racine de péché, Antiochus, surnommé l'Illustre, fils du roi Antiochus qui avait été envoyé en otage à Rome, et qui régna la cent trente-septième année du règne des Grecs.

12. En ce temps-là il sortit d'Israël des enfants d'iniquité, qui donnèrent ce conseil à plusieurs : Allons, et faisons alliance avec les nations qui nous environnent, parce que, depuis que nous nous sommes retirés d'avec elles, nous sommes tombés dans beaucoup de maux.

13. Et ce conseil leur parut bon.

14. Quelques-uns du peuple furent donc députés pour aller trouver le roi ; et il leur donna pouvoir de vivre selon les coutumes des Gentils.

15. Et ils bâtirent dans Jérusalem un collège à la manière des nations :

16. Ils ôtèrent de dessus eux les marques de la circoncision, ils se séparèrent de l'alliance sainte, et se joignirent aux nations, et ils se vendirent pour faire le mal.

17. Et Antiochus s'étant établi dans son royaume de Syrie, commença à vouloir régner aussi dans l'Égypte, pour se rendre roi de ces deux royaumes.

18. C'est pourquoi il entra dans l'Égypte avec une puissante armée, avec des chariots, des éléphants, de la cavalerie, et un grand nombre de vaisseaux :

19. Il fit la guerre à Ptolémée, roi d'Égypte, et Ptolémée eut peur devant lui ; et il s'enfuit avec perte de beaucoup des siens.

20. Et Antiochus prit les villes les plus fortes de l'Égypte, et s'enrichit de ses dépouilles.

21. Et après avoir ravagé l'Égypte en la cent quarante-troisième année, il revint, et marcha contre Israël,

22. Et s'avança vers Jérusalem avec une puissante armée.

23. Il entra plein d'orgueil dans le lieu saint ; il prit l'autel d'or, le chandelier où étaient les lampes avec tous ses vases, la table où les pains étaient exposés, les bassins, les coupes, les encensoirs d'or, le voile, les couronnes, et l'ornement d'or qui était devant le temple, et il brisa tout.

24. Il prit l'argent, l'or, et tous les vaisseaux précieux, et les trésors cachés qu'il trouva ; et ayant tout enlevé, il retourna en son pays.

25. Il fit un grand carnage d'hommes, et il parla avec grand orgueil.

26. Alors il y eut un grand deuil parmi le peuple d'Israël, et dans tout leur pays :

27. Les princes et les anciens furent dans les gémissements, les vierges et les jeunes hommes dans l'abattement ; et la beauté des femmes fut toute changée.

28. Tous les maris s'abandonnèrent aux pleurs, et les femmes assises sur leur lit nuptial fondaient en larmes ;

29. La terre fut tout émue de la désolation de ses habitants, et toute la maison de Jacob fut couverte de confusion.

30. Deux ans après, le roi envoya dans les villes de Juda un surintendant des tributs, qui vint à Jérusalem avec une grande suite.

31. Il leur parla d'abord avec une douceur feinte, et comme s'il fût venu dans un esprit de paix ; et ils le crurent.

32. Mais il se jeta tout d'un coup sur la ville, y fit un grand carnage, et tua un fort grand nombre du peuple d'Israël.

33. Il prit les dépouilles de la ville, et la brûla ; il en détruisit les maisons, et les murs qui l'environnaient :

34. Ils emmenèrent les femmes captives, et ils se rendirent maîtres de leurs enfants et de leurs troupeaux.

35. Et ils fortifièrent la ville de David avec une grande muraille, et ils en firent leur forteresse :

36. Ils y mirent une race de péché, des hommes corrompus, qui s'y établirent puissamment ; ils y apportèrent des armes et des vivres ; ils y assemblèrent et y mirent en réserve les dépouilles de Jérusalem ;

37. Et ils devinrent un filet très-dangereux pour prendre les hommes.

38. Ils dressèrent sans cesse des embûches à tous ceux qui venaient se sanctifier, et ils furent comme le mauvais démon d'Israël :

39. Ils répandirent le sang innocent devant le lieu saint, et ils souillèrent le sanctuaire.

40. Les habitants de la ville de Jérusalem s'enfuirent à cause d'eux ; elle devint la demeure des étrangers, et étrangère à ses citoyens ; et ses propres enfants l'abandonnèrent.

41. Son temple saint fut tout désolé, et devint une solitude ; ses jours de fêtes se changèrent en des jours de pleurs, ses jours de sabbat furent en opprobre, et tous ses honneurs furent anéantis.

42. Le comble de son ignominie a égalé celui de sa gloire, et sa haute élévation a été changée en deuil et en larmes.

43. Alors le roi Antiochus écrivit des lettres à tout son royaume, afin que tous les peuples n'en fissent plus qu'un, et que chaque peuple abandonnât sa loi particulière.

44. Toutes les nations consentirent à cette ordonnance du roi Antiochus ;

45. Et plusieurs des Israélites embrassèrent cette servitude qu'il leur imposait ; ils sacrifièrent aux idoles, et ils violèrent le sabbat.

46. Et le roi envoya des lettres par des hommes exprès à Jérusalem et à toutes les villes de Juda, afin qu'ils eussent à suivre les lois des nations de la terre ;

47. Qu'ils empêchassent qu'on n'offrît dans le temple de Dieu des holocaustes, des sacrifices, et des oblations pour l'expiation du péché,

48. Et qu'on ne célébrât le sabbat et les fêtes solennelles :

49. Et il recommanda qu'on souillât les lieux saints, et le saint peuple d'Israël :

50. Qu'on bâtit des autels et des temples, qu'on dressât des idoles, qu'on sacrifiât de la chair de pourceau, et d'autres bêtes immondes ;

51. Qu'on laissât les enfants mâles incirconcis, et qu'ils souillassent leurs âmes par toutes sortes de viandes impures et d'abominations, en sorte qu'ils oubliassent la loi de Dieu, et qu'ils renversassent toutes ses ordonnances ;

52. Et que si quelqu'un n'obéissait pas à cet ordre du roi Antiochus, il fut aussitôt puni de mort.

53. Il écrivit de cette sorte dans tout son royaume, et il établit des officiers pour contraindre le peuple d'obéir à cet édit.

54. Ils commandèrent donc aux villes de Juda de sacrifier.

55. Et plusieurs du peuple vinrent se joindre à ceux qui avaient abandonné la loi du Seigneur, et ils firent beaucoup de maux dans le pays ;

56. Ils contraignirent le peuple d'Israël de s'enfuir dans des lieux écartés, et de chercher des retraites où ils pussent se cacher dans leur fuite.

57. Le quinzième jour du mois de casleu, en la cent quarante-cinquième année, le roi Antiochus dressa l'abominable idole de la désolation sur l'autel de Dieu ; on bâtit des autels de tous côtés dans toutes les villes de Juda ;

58. Et ils offraient de l'encens, et sacrifiaient devant les portes des maisons et au milieu des rues ;

59. Ils déchirèrent les livres de la loi de Dieu, et les jetèrent au feu ;

60. Et si l'on trouvait chez quelqu'un les livres de l'alliance du Seigneur, et s'il observait la loi du Seigneur, il était tué aussitôt, selon l'édit du roi.

61. C'est ainsi qu'ils traitaient avec violence tout le peuple d'Israël qui se trouvait chaque mois dans toutes les villes.

62. Et le vingt-cinq du mois ils sacrifiaient sur l'autel qui était opposé à l'autel de Dieu.

63. Les femmes qui avaient circoncis leurs enfants étaient tuées, selon le commandement du roi Antiochus :

64. Ils pendaient les enfants au cou de leurs mères dans toutes les maisons où ils les avaient trouvés, et ils tuaient ceux qui les avaient circoncis.

65. Alors plusieurs du peuple d'Israël résolurent en eux-mêmes de ne rien manger de ce qui serait impur, et ils aimèrent mieux mourir que de se souiller par des viandes impures ;

66. Ils ne voulurent point violer la loi sainte de Dieu, et ils furent tués ;

67. Et une grande colère tomba alors sur le peuple.

CHAPITRE II.

Mathathias et les siens résistent aux ordres d'Antiochus ; ils se retirent dans les montagnes. Mort de Mathathias ; il laisse son fils Judas a la tête du peuple demeuré fidèle.

1. En ce temps-là Mathathias, fils de Jean, fils de Simon, prêtre d'entre les enfants de Joarib, sortit de Jérusalem, et se retira sur la montagne de Modin.

2. Il avait cinq fils : Jean, surnommé Gaddis ;

3. Simon, surnommé Thasi ;

4. Judas, appelé Machabée ;

5. Éléazar, surnommé Abaron ; et Jonathas, surnommé Apphus.

6. Ils considérèrent les maux qui se faisaient parmi le peuple de Juda et dans Jérusalem ;

7. Et Mathathias dit ces paroles : Malheur à moi ! suis-je donc né pour voir l'affliction de mon peuple, et le renversement de la ville sainte, et pour demeurer en paix lorsqu'elle est livrée entre les mains de ses ennemis ?

8. Son sanctuaire est entre les mains des étrangers ; son temple est traité comme un homme infâme.

9. Les vases consacrés à sa gloire ont été enlevés comme des captifs dans une terre étrangère ; ses vieillards ont été assassinés

dans les rues, et ses jeunes hommes sont tombés morts sous l'épée de leurs ennemis.

10. Quelle nation n'a point hérité de son royaume, et ne s'est point enrichie de ses dépouilles ?

11. Toute sa magnificence lui a été enlevée : celle qui était libre est devenue esclave.

12. Tout ce que nous avions de saint, de beau et d'éclatant, a été désolé et profané par les nations.

13. Pourquoi donc vivons-nous encore ?

14. Alors Mathathias et ses fils déchirèrent leurs vêtements ; ils se couvrirent de cilices, et ils firent un grand deuil.

15. En même temps ceux que le roi Antiochus avait envoyés, vinrent pour contraindre ceux qui s'étaient retirés dans la ville de Modin de sacrifier, et de brûler de l'encens, et d'abandonner la loi de Dieu.

16. Plusieurs du peuple d'Israël y consentirent, et se joignirent à eux ; mais Mathathias et ses fils demeurèrent fermes.

17. Et ceux qu'Antiochus avait envoyés dirent à Mathathias : Vous êtes le premier, le plus grand, et le plus considéré de cette ville, et vous recevez encore une nouvelle gloire de vos fils et de vos frères :

18. Venez donc le premier exécuter le commandement du roi, comme ont fait toutes les nations, les hommes de Juda, et ceux qui sont demeurés dans Jérusalem ; et vous serez, vous et vos fils, au rang des amis du roi, comblés d'or et d'argent, et de grands présents.

19. Mathathias leur répondit en haussant la voix : Quand toutes les nations obéiraient au roi Antiochus, et que tous ceux d'Israël abandonneraient la loi de leurs pères pour se soumettre à ses ordonnances ;

20. Nous obéirons toujours néanmoins, mes enfants, mes frères, et moi. à la loi de nos pères.

21. A Dieu ne plaise que nous en usions autrement ! il ne nous est pas utile d'abandonner la loi et les ordonnances de Dieu, qui sont pleines de justice.

22. Nous n'obéirons point au commandement du roi Antiochus, ni ne prendrons point une autre voie que celle que nous avons suivie, pour offrir des sacrifices en violant les ordonnances de notre loi.

23. Comme il cessait de parler, un certain Juif s'avança pour sacrifier aux idoles devant tout le monde sur l'autel qu'on avait dressé dans la ville de Modin, selon le commandement du roi ;

24. Mathathias le vit, et fut saisi de douleur, ses entrailles en furent émues et troublées ; et sa fureur s'étant allumée selon l'esprit de la loi, il se jeta sur cet homme et le tua sur l'autel.

25. Il tua aussi en même temps l'officier que le roi Antiochus avait envoyé pour contraindre les Juifs de sacrifier ; et il renversa l'autel,

26. Étant transporté du zèle de la loi, comme le fut Phinées lorsqu'il tua Zamri, fils de Salomi.

27. Alors Mathathias cria à haute voix dans la ville : Quiconque est zélé pour la loi, et veut demeurer ferme dans l'alliance du Seigneur, me suive ;

28. Et il s'enfuit avec ses fils sur les montagnes, et ils abandonnèrent tout ce qu'ils avaient dans la ville.

29. Alors plusieurs qui cherchaient à vivre selon la loi et la justice, s'en allèrent dans le désert ;

30. Et ils y demeurèrent avec leurs fils, et leurs femmes, et leurs troupeaux, parce qu'ils se voyaient accablés de maux de tous côtés.

31. Les officiers du roi, et l'armée qui était à Jérusalem, la ville de David, furent avertis que quelques gens qui avaient foulé aux pieds l'édit du roi s'étaient retirés dans les lieux déserts, et que plusieurs les avaient suivis.

32. Ils marchèrent aussitôt à eux, et se préparèrent à les attaquer le jour du sabbat ;

33. Et ils leur dirent : Résisterez-vous encore à présent ! Sortez, et obéissez à l'édit du roi Antiochus, afin que vous viviez.

34. Ils leur répondirent : Nous ne sortirons point, et nous ne violerons point le jour du sabbat pour obéir au roi Antiochus.

35. Ces gens les attaquèrent donc.

36. Et ils ne leur répondirent rien, ils ne jetèrent pas une seule pierre contre eux ; et ils ne bouchèrent point les lieux les plus retirés ;

37. Mais ils dirent : Mourons tous dans la simplicité de notre cœur, et le ciel et la terre seront témoins que vous nous faites mourir injustement.

38. Les ennemis les attaquèrent donc le jour du sabbat ; et ils furent tués, eux, leurs femmes et leurs enfants, avec leurs bestiaux : mille personnes périrent en ce lieu-là.

39. Mathathias et ses amis en reçurent la nouvelle, et ils firent un grand deuil de leur perte.

40. Alors ils se dirent les uns aux autres : Si nous faisons tous comme nos frères ont fait, et que nous ne combattions point contre les nations pour notre vie et pour notre loi, ils nous extermineront en peu de temps de dessus la terre.

41. Ils prirent donc ce jour-là cette résolution : Qui que ce soit, dirent-ils, qui nous attaque le jour du sabbat, ne faisons point de difficulté de combattre contre lui ; et ainsi nous ne mourrons point tous, comme nos frères sont morts dans les lieux du désert.

42. Alors les Assidéens, qui étaient des plus vaillants d'Israël, s'assemblèrent tous, et se joignirent à eux ; tous ceux qui s'étaient attachés volontairement à la loi,

43. Et tous les autres qui fuyaient les maux dont ils étaient menacés, vinrent s'unir à eux, et fortifièrent leurs troupes.

44. Ils firent donc un corps d'armée, et ils se jetèrent sur les prévaricateurs dans leur colère, et sur les méchants dans leur indignation, et les tuèrent ; et tout le reste s'enfuit vers les nations pour y trouver sa sûreté.

45. Et Mathathias alla partout avec ses amis, et ils détruisirent les autels ;

46. Ils circoncirent tous les enfants incirconcis qu'ils trouvèrent dans tout le pays d'Israël, et ils agirent avec grand courage.

47. Ils poursuivirent les enfants d'orgueil, et ils réussirent dans toutes leurs entreprises ;

48. Ils délivrèrent la loi de l'asservissement des nations, et de la puissance des rois ; et ils ne permirent point au pécheur d'abuser impunément de son pouvoir.

49. Après cela le jour de la mort de Mathathias s'approchant, il dit à ses fils : Le règne de l'orgueil s'est affermi ; voici un temps de châtiment et de ruine, d'indignation et de colère :

50. Soyez donc maintenant, mes enfants, de vrais zélateurs de la loi, et donnez vos vies pour l'alliance de vos pères.

51. Souvenez-vous des œuvres qu'ont faites vos ancêtres chacun dans son temps, et vous recevrez une grande gloire et un nom éternel.

52. Abraham n'a-t-il pas été trouvé fidèle dans la tentation, et ne lui a-t-il pas été imputé à justice ?

53. Joseph a gardé les commandements de Dieu pendant le temps de son affliction, et il est devenu le seigneur de toute l'Égypte.

54. Phinées, notre père, en brûlant de zèle pour la loi de Dieu, a reçu la promesse d'un sacerdoce éternel.

55. Josué, accomplissant la parole du Seigneur, est devenu le chef d'Israël.

56. Caleb, en rendant témoignage dans l'assemblée de son peuple, a reçu un héritage.

57. David, par sa douceur, s'est acquis pour jamais le trône royal.

58. Élie étant embrasé de zèle pour la loi, a été enlevé dans le ciel.

59. Ananias, Azarias et Misael, croyant fermement, ont été sauvés des flammes

60. Daniel, dans la simplicité de son cœur, a été délivré de la gueule des lions.

61. Ainsi considérez tout ce qui s'est passé de race en race, et vous trouverez que tous ceux qui espèrent en Dieu ne s'affaiblissent point.

62. Ne craignez donc pas les paroles de l'homme pécheur, parce que toute sa gloire n'est que de l'ordure et que la pâture des vers :

63. Il s'élève aujourd'hui, et disparaîtra demain, parce qu'il sera retourné dans la terre d'où il est venu, et que toutes ses pensées se seront évanouies.

64. Vous donc, mes enfants, armez-vous de courage, et agissez vaillamment pour la défense de la loi, parce que c'est elle qui vous comblera de gloire.

65. Vous voyez ici Simon, votre frère ; je sais qu'il est homme de conseil ; écoutez-le toujours, et il vous tiendra lieu de père.

66. Judas Machabée a été fort et vaillant dès sa jeunesse : qu'il soit le général de vos troupes, et il conduira votre peuple dans la guerre.

67. Joignez à vous tous les observateurs de la loi, et vengez votre peuple de ses ennemis.

68. Rendez aux nations le mal qu'elles vous ont fait, et soyez toujours attentifs aux préceptes de la loi.

69. Après cela il les bénit, et il fut réuni à ses pères.

70. Il mourut en sa cent quarante-sixième année, et fut enseveli à Modin, par ses enfants, dans le sépulcre de ses pères ; et tout Israël le pleura, et fit un grand deuil à sa mort.

CHAPITRE III.

Victoires de Judas Machabée sur Apollonius, sur Séron, sur Lysias. Antiochus passe l'Euphrate, et va en Arménie.

1. Alors Judas, son fils, surnommé Machabée, prit sa place :

2. Il était assisté par tous ses frères, et par tous ceux qui s'étaient joints à son père ; et ils combattaient avec joie pour la défense d'Israël.

3. Ce fut lui qui accrut la gloire de son peuple ; il se revêtit de la cuirasse comme un géant, il se couvrait de ses armes dans les combats, et son épée était la protection de tout le camp.

4. Il devint semblable à un lion dans ses grandes actions, et à un lionceau qui rugit en voyant sa proie.

5. Il poursuivit les méchants en les cherchant de tous côtés ; et il brûla ceux qui troublaient son peuple :

6. La terreur de son nom fit fuir ses ennemis devant lui ; tous les ouvriers d'iniquité furent dans le trouble, et son bras procura le salut du peuple.

7. Ses grandes actions irritèrent plusieurs rois, et furent en même temps la joie de Jacob ; et son nom sera éternellement sa bénédiction.

8. Il parcourut les villes de Juda, il en chassa les impies, et il détourna la colère de dessus Israël.

9. Son nom devint célèbre jusqu'aux extrémités du monde, et il rassembla ceux qui étaient près de périr.

10. Alors Apollonius assembla les nations, et leva de Samarie une grande et puissante armée pour combattre Israël.

11. Et Judas en ayant été averti marcha contre lui, le défit, et le tua ; et un grand nombre des ennemis fut taillé en pièces, et le reste mis en fuite :

12. Il en rapporta les dépouilles, et il prit l'épée d'Apollonius, et s'en servit dans les combats toute la vie.

13. Séron, général de l'armée de Syrie, ayant appris que Judas avait rassemblé auprès de lui une grande troupe de ceux qui étaient fidèles à sa loi,

14. Dit en lui-même : Je m'acquerrai de la réputation et de la gloire dans tout le royaume, par la défaite de Judas et de tous ceux qui sont avec lui, qui méprisent les ordres du roi.

15. Il se prépara donc pour le combattre ; et l'armée des impies le suivit avec un puissant secours, pour se venger des enfants d'Israël.

16. Ils s'avancèrent jusqu'à Béthoron, et Judas vint au-devant d'eux avec peu de gens.

17. Mais ceux-ci ayant vu marcher contre eux l'armée ennemie, ils lui dirent : Comment pourrons-nous combattre contre une armée si grande et si forte, nous qui sommes en si petit nombre, et fatigués du jeûne d'aujourd'hui ?

18. Judas leur dit : Il est aisé que peu de gens en battent beaucoup ; et quand le Dieu du ciel nous veut sauver, il n'y a pas de différence à son égard entre un grand et un petit nombre ;

19. Car la victoire ne dépend point de la grandeur des armées, mais c'est du ciel que nous vient toute la force.

20. Ils marchent contre nous avec une multitude de gens superbes et insolents, pour nous perdre tous avec nos femmes et nos enfants, et pour s'enrichir de nos dépouilles ;

21. Mais pour nous, nous combattons pour notre vie et pour notre loi :

22. Et le Seigneur brisera lui-même tous leurs efforts devant nous ; c'est pourquoi ne les craignons point.

23. Quand il eut cessé de parler, il se jeta aussitôt sur eux ; et Séron fut renversé devant lui avec son armée ;

24. Judas le poursuivit à la descente de Béthoron jusqu'à la plaine, et huit cents hommes des ennemis furent tués ; mais le reste s'enfuit au pays des Philistins.

25. Alors la terreur de Judas et de ses frères se répandit de tous côtés parmi les nations voisines :

26. Son nom fut connu du roi même, et de tous les peuples qui parlaient des combats et des victoires de Judas.

27. Lors donc que le roi Antiochus eut reçu ces nouvelles, il entra dans une grande colère ; et il envoya dans tout son royaume lever des troupes, dont il fit une puissante armée :

28. Il ouvrit son trésor, il paya ses gens pour un an, et il leur commanda d'être prêts à tout.

29. Mais ayant vu que l'argent de ses trésors avait manqué, et qu'il retirait peu de tributs du pays de Judée, à cause des troubles qu'il y avait excités, et des maux qu'il y avait faits, en leur ôtant la loi qu'ils avaient gardée de tout temps ;

30. Il eut peur de n'avoir pas de quoi fournir comme auparavant aux frais de la guerre, et aux grandes libéralités qu'il avait accoutumé de faire avec une largesse extraordinaire, ayant été magnifique plus que tous les rois qui l'avaient précédé.

31. Dans cette grande consternation où il se trouvait, il résolut d'aller en Perse pour y lever les tributs des peuples, et y amasser beaucoup d'argent.

32. Il laissa donc Lysias, prince de la maison royale, pour avoir soin des affaires du royaume, et commander depuis le fleuve de l'Euphrate jusqu'au fleuve de l'Égypte ;

33. Et pour avoir soin de l'éducation de son fils Antiochus, jusqu'à ce qu'il fût de retour.

34. Il lui laissa la moitié de l'armée et des éléphants, et il lui donna ses ordres pour tout ce qu'il voulait faire, et pour ce qui regardait aussi les peuples de la Judée et les habitants de Jérusalem ;

35. Lui commandant d'y envoyer une armée, pour perdre et exterminer entièrement toutes les troupes d'Israël et les restes de Jérusalem, et pour effacer de ce lieu tout ce qui en pourrait renouveler la mémoire ;

36. D'établir des étrangers dans tout leur pays pour l'habiter, et de distribuer au sort toutes leurs terres.

37. Le roi prit la moitié de l'armée qui lui restait, partit d'Antioche, capitale de son royaume, en la cent quarante-septième année, passa l'Euphrate et traversa le haut pays.

38. Et Lysias choisit Ptolémée, fils de Dorymini, Nicanor et Gorgias, qui étaient des hommes puissants entre les amis du roi ;

39. Et envoya avec eux quarante mille hommes de pied, et sept mille chevaux ; il leur donna ordre d'aller dans le pays de Juda, et de ruiner tout, selon que le roi l'avait commandé.

40. Ils s'avancèrent donc avec toutes leurs troupes, et vinrent camper près d'Emmaüs, le long de la plaine.

41. Les marchands des pays voisins ayant su leur arrivée, prirent beaucoup d'or et d'argent, et des serviteurs, et vinrent au camp, afin d'acheter les enfants d'Israël que l'on devait faire esclaves ; et l'armée de Syrie se joignit à eux avec celle du pays des étrangers.

42. Judas et ses frères reconnurent alors que leurs maux s'étaient multipliés, et que l'armée ennemie s'approchait de leur pays : ils

surent l'ordre que le roi avait donné de perdre leur peuple, et de le détruire entièrement ;

43. Et ils se dirent les uns aux autres : Relevons les ruines de notre nation, et combattons pour notre peuple et pour les choses saintes de notre religion.

44. Ils s'assemblèrent donc pour se préparer à combattre, et pour prier le Seigneur, et implorer sa bonté et ses miséricordes.

45. Jérusalem n'était point alors habitée, mais paraissait comme un désert ; on ne voyait plus aucun de ses enfants y entrer ou en sortir ; son sanctuaire était foulé aux pieds ; les étrangers demeuraient dans la forteresse, qui était devenue la retraite des nations ; toute la joie de Jacob en était bannie, et on n'y entendait plus le son de la flûte ni de la harpe.

46. Ils s'assemblèrent donc, et vinrent à Maspha, vis-à-vis de Jérusalem, parce qu'il y avait eu autrefois à Maspha un lieu de prière dans Israël.

47. Ils jeûnèrent ce jour-là, se revêtirent de cilices, se mirent de la cendre sur la tête, et déchirèrent leurs vêtements ;

48. Ils ouvrirent les livres de la loi, où les Gentils cherchaient à trouver quelque chose qui eût du rapport avec leurs idoles ;

49. Ils apportèrent les ornements sacerdotaux, les prémices et les décimes ; et ils firent venir les Nazaréens qui avaient accompli leurs jours ;

50. Et élevant leurs voix, ils poussèrent leurs cris jusqu'au ciel, en disant : Que ferons-nous à ceux-ci, et où les mènerons-nous ?

51. Votre sanctuaire a été souillé et foulé aux pieds, vos prêtres sont dans les larmes et dans l'humiliation.

52. Vous voyez que ces nations se sont assemblées pour nous perdre ; vous savez les desseins qu'elles ont formés contre nous.

53. Comment pourrons-nous subsister devant eux, si vous-même, ô Dieu, ne nous assistez ?

54. Et ils firent retentir les trompettes avec un grand bruit.

55. Après cela Judas établit des officiers pour commander l'armée, des tribuns, des capitaines de cent hommes, et des officiers de cinquante et de dix.

56. Et il dit à ceux qui venaient de bâtir des maisons, d'épouser des femmes, et de planter des vignes, et à tous ceux qui étaient timides, de retourner chacun en leur maison selon la loi.

57. Alors l'armée marcha, et vint camper près d'Emmaüs, du côté du midi.

58. Et Judas leur dit : Prenez vos armes ; et remplissez-vous de courage ; tenez-vous prêts pour demain au matin, afin de combattre contre ces nations assemblées contre nous pour nous perdre, et pour renverser notre sainte religion ;

59. Car il nous est meilleur de mourir dans le combat que de voir les maux de notre peuple, et la destruction de toutes les choses saintes.

60. Mais que ce qui est ordonné par la volonté de Dieu dans le ciel s'accomplisse !

CHAPITRE IV.

Judas Machabée attaque séparément Nicanor et Gorgias, et les met en déroute ; Il combat ensuite l'armée envoyée par Lysias, et remporte encore la victoire. Il va à Jérusalem, et fait la dédicace du temple.

1. Alors Gorgias prit cinq mille hommes de pied, et mille chevaux choisis, et il décampa la nuit,

2. Pour venir attaquer le camp des Juifs, et les accabler tout d'un coup sans qu'ils y pensassent ; et ceux de la forteresse leur servaient de guides.

3. Mais Judas en fut averti, et il marcha aussitôt avec les plus vaillants de ses troupes pour aller attaquer le gros de l'armée du roi, qui était à Emmaüs ;

4. Car une partie de cette armée était encore dispersée hors du camp.

5. Gorgias étant donc venu pendant la nuit au camp de Judas, n'y trouva personne ; et il les cherchait sur les montagnes, en disant : Ces gens-ci fuient devant nous.

6. Lorsque le jour fut venu, Judas parut dans la plaine accompagné seulement de trois mille hommes, qui n'avaient ni boucliers ni épées ;

7. Et ils reconnurent que l'armée des nations était forte, et environnée de cuirassiers et de cavaliers, qui étaient tous gens aguerris et exercés au combat.

8. Alors Judas dit à ceux qui étaient avec lui : Ne craignez point cette grande multitude, et n'appréhendez point leur choc.

9. Souvenez-vous de quelle manière nos pères furent sauvés dans la mer Rouge, lorsque Pharaon les poursuivait avec une grande armée.

10. Crions donc maintenant au ciel, et le Seigneur nous fera miséricorde ; il se souviendra de l'alliance qu'il a faite avec nos pères, et il brisera aujourd'hui toute la force de cette armée devant nos yeux ;

11. Et toutes les nations reconnaîtront qu'il y a un rédempteur et un libérateur d'Israël.

12. Alors les étrangers levant les yeux, aperçurent les gens de Judas qui marchaient contre eux.

13. En même temps ils sortirent de leur camp pour les combattre, et ceux qui étaient avec Judas sonnèrent de la trompette,

14. Et les chargèrent ; et les troupes des nations furent battues, et s'enfuirent dans la plaine.

15. Les derniers furent tous taillés en pièces, et Judas avec ses gens les poursuivit jusqu'à Gezeron, et jusqu'aux campagnes d'Idumée, d'Azot, et de Jamnias ; et il en demeura sur la place jusqu'à trois mille.

16. Judas retourna avec son armée qui le suivait,

17. Et il dit à ses gens : Ne vous laissez point emporter au désir du butin, parce que nous avons encore des ennemis à combattre,

18. Et que Gorgias avec son armée est près de nous sur la montagne ; mais demeurez fermes maintenant contre nos ennemis, et achevez de les défaire ; et après cela vous emporterez leurs dépouilles en sûreté.

19. Lorsque Judas parlait encore, on vit paraître quelques troupes qui regardaient de dessus la montagne.

20. Et Gorgias vit que ses gens avaient été mis en fuite, et son camp brûlé ; car la fumée qui paraissait lui faisait voir ce qui était arrivé.

21. Ce qu'ayant aperçu, et voyant Judas avec son armée dans la plaine, tout prêt à combattre, ils eurent grande frayeur ;

22. Et ils s'enfuirent tous au pays des étrangers.

23. Ainsi Judas retourna pour enlever le butin du camp ; ils emportèrent beaucoup d'or et d'argent, de l'hyacinthe, de la pourpre marine, et de grandes richesses.

24. Et en revenant ils chantaient des hymnes, et bénissaient Dieu hautement, en disant, qu'il est bon, et que sa miséricorde s'étend dans tous les siècles.

25. En ce jour-là Israël remporta une grande victoire, qui fut son salut.

26. Ceux des étrangers qui échappèrent en vinrent porter la nouvelle à Lysias, et lui dirent tout ce qui était arrivé.

27. Ce qu'ayant appris, il en fut tout consterné, et pensa mourir de douleur, à cause qu'il n'avait pu réussir dans ses desseins contre Israël, ni dans l'exécution des ordres qu'il avait reçus du roi.

28. L'année suivante, Lysias leva une armée de soixante mille hommes choisis, et de cinq mille chevaux, pour exterminer les Juifs.

29. Cette armée marcha en Judée, et campa près de Béthoron ; et Judas vint au-devant d'eux avec dix mille hommes.

30. Ils reconnurent que l'armée ennemie était forte, et Judas fit sa prière, et dit : Soyez béni, Sauveur d'Israël, vous qui brisâtes la force d'un géant par la main de votre serviteur David, et qui livrâtes le camp des étrangers entre les mains de Jonathas, fils de Saül, et de son écuyer !

31. Livrez maintenant cette armée de nos ennemis entre les mains de votre peuple d'Israël ; et qu'ils soient couverts de confusion avec toutes leurs troupes et leur cavalerie.

32. Frappez-les de crainte, faites-les sécher de frayeur en abattant cette audace que leur inspirent leurs forces, qu'ils soient renversés et brisés en votre présence.

33. Détruisez-les par l'épée de ceux qui vous aiment, afin que tous ceux qui connaissent votre nom publient vos louanges dans leurs cantiques.

34. Le combat fut donné en même temps, et cinq mille hommes de l'armée de Lysias furent taillés en pièces.

35. Lysias voyant la fuite des siens, et l'audace des Juifs, et cette disposition où ils étaient de vivre ou de mourir généreusement, s'en alla à Antioche, et y leva de nouveaux soldats, pour revenir en Judée avec plus de troupes qu'auparavant.

36. Alors Judas et ses frères dirent : Voilà nos ennemis défaits ; allons maintenant purifier et renouveler le temple.

37. Aussitôt toute l'armée s'assembla, et ils montèrent à la montagne de Sion.

38. Ils virent les lieux saints tout déserts, l'autel profané, les portes brûlées, le parvis rempli d'épines et d'arbrisseaux, comme on en voit dans un bois et sur les montagnes, et les chambres joignant le temple toutes détruites.

39. Ils déchirèrent leurs vêtements, firent un grand deuil, et se mirent la cendre sur la tête ;

40. Ils se prosternèrent le visage contre terre, firent retentir les trompettes dont on donnait le signal, et poussèrent leurs cris jusqu'au ciel.

41. Alors Judas commanda des gens pour combattre ceux qui étaient dans la forteresse, jusqu'à ce qu'ils eussent purifié les lieux saints.

42. Et il choisit des prêtres sans tache, religieux observateurs de la loi de Dieu ;

43. Ils purifièrent les lieux saints, et ils emportèrent en un lieu impur les pierres profanes.

44. Et Judas délibéra de ce qu'il ferait de l'autel des holocaustes qui avait été profané.

45. Et ils prirent un bon conseil, qui fut de le détruire, de peur qu'il ne leur devînt un sujet d'opprobre, ayant été souillé par les nations ; ainsi ils le démolirent,

46. Et ils en mirent les pierres sur la montagne du temple, dans un lieu propre, en attendant qu'il vînt un prophète qui déclarât ce qu'on en ferait.

47. Et ils prirent des pierres entières, selon l'ordonnance de la loi, et en bâtirent un autel nouveau, semblable au premier ;

48. Ils rebâtirent le sanctuaire, et ce qui était au dedans du temple, et sanctifièrent le temple et le parvis.

49. Ils firent de nouveaux vases sacrés, et placèrent dans le temple le chandelier, l'autel des parfums et la table.

50. Ils mirent l'encens sur l'autel, allumèrent les lampes qui étaient sur le chandelier, et qui éclairaient dans le temple.

51. Ils posèrent les pains sur la table, suspendirent les voiles, et enfin achevèrent tout ce qu'ils avaient commencé.

52. Le vingt-cinquième du neuvième mois, nommé casleu, la cent quarante-huitième année, ils se levèrent avant le point du jour ;

53. Et ils offrirent le sacrifice, selon la loi, sur le nouvel autel des holocaustes qu'ils avaient bâti.

54. Il fut dédié de nouveau au bruit des cantiques, des harpes, des lyres, et des cymbales, dans le même temps et le même jour qu'il avait été souillé par les nations.

55. Tout le peuple se prosterna le visage contre terre, ils adorèrent Dieu, et poussèrent jusqu'au ciel les bénédictions qu'ils donnaient à celui qui les avait fait réussir si heureusement dans leur entreprise.

56. Ils célébrèrent la dédicace de l'autel pendant huit jours ; ils offrirent des holocaustes avec joie, et un sacrifice d'actions de grâces et de louanges.

57. Ils parèrent le devant du temple avec des couronnes d'or et de petits écussons ; ils renouvelèrent les entrées du temple, et les chambres des côtés, et y mirent des portes.

58. Tout le peuple fut comblé de joie, et l'opprobre des nations fut banni du milieu d'eux.

59. Et Judas avec ses frères, et toute l'assemblée d'Israël, ordonna que dans la suite des temps on célébrerait ce jour-là la dédicace de l'autel chaque année pendant huit jours, à commencer le vingt-cinquième du mois de casleu, avec beaucoup de réjouissance et d'allégresse.

60. En ce même temps ils fortifièrent la montagne de Sion, et l'environnèrent de hauts murs et de fortes tours, de peur que les nations ne vinssent la profaner de nouveau, comme elles avaient fait auparavant.

61. Il y mit des gens de guerre pour la garder, et la fortifia pour assurer encore Bethsura, afin que le peuple eût une forteresse contre l'Idumée.

CHAPITRE V.

Guerre de Judas Machabée contre l'Idumée et le pays de Galaad. Simon, son frère, va dans la Galilée. Joseph et Azarias ayant combattu contre les ordres de Judas, sont vaincus. Autre expédition de Judas en Galaad et contre Azot.

1. Aussitôt que les nations d'alentour eurent appris que l'autel et le sanctuaire avaient été rebâtis comme auparavant, elles entrèrent dans une grande colère :

2. Elles résolurent d'exterminer ceux de la race de Jacob qui étaient parmi eux, et commencèrent à tuer quelques uns du peuple, et à poursuivre les autres.

3. Cependant Judas était occupé à battre les enfants d'Ésaü dans l'Idumée, et ceux qui étaient dans Acrabathane, parce qu'ils tenaient toujours les Israélites comme investis ; et il en fit un grand carnage.

4. Il se souvint aussi de la malice des enfants de Béan, qui étaient comme un piège et un filet pour prendre le peuple, en lui dressant des embûches dans le chemin.

5. Il les contraignit de se renfermer dans des tours où il les tint investis, et il les anathématisa, et brûla leurs tours, avec tous ceux qui étaient dedans.

6. Il passa de là aux enfants d'Ammon, où il trouva de fortes troupes, et un peuple fort nombreux, et Timothée qui en était le chef ;

7. Il donna contre eux divers combats, et il les défit, et les tailla en pièces ;

8. Et il prit la ville de Gazer avec les villes qui en dépendaient ; après quoi il revint en Judée.

9. Et les nations qui étaient en Galaad s'assemblèrent pour exterminer les Israélites qui étaient dans leur pays ; mais ils s'enfuirent dans la forteresse de Datheman,

10. Et ils envoyèrent des lettres à Judas et à ses frères, pour leur dire : Les nations se sont assemblées de tous côtés pour nous perdre ;

11. Elles se préparent pour venir prendre la forteresse où nous nous sommes retirés ; et Timothée est le général de leur armée.

12. Venez donc maintenant pour nous délivrer de leurs mains, parce que nous avons déjà perdu plusieurs des nôtres.

13. Ils ont fait mourir tous nos frères qui étaient aux environs de Tubin ; ils ont emmené leurs femmes captives avec leurs enfants, ils ont enlevé leurs dépouilles, et ont tué en ce lieu-là près de mille hommes.

14. On lisait encore leurs lettres, lorsqu'il vint d'autres gens envoyés de Galilée, qui avaient leurs habits déchirés, et qui apportaient des nouvelles semblables aux autres,

15. En disant que ceux de Ptolémaïde, de Tyr, et de Sidon, s'étaient assemblés contre eux, et que toute la Galilée était pleine d'étrangers qui les voulaient perdre.

16. Judas et tout le peuple, ayant appris ces nouvelles, tinrent une grande assemblée afin de délibérer de ce qu'ils feraient pour secourir leurs frères qui étaient dans la dernière affliction, et près de périr par la violence de leurs ennemis.

17. Alors Judas dit à son frère Simon : Prenez des gens avec vous, et allez délivrer vos frères qui sont dans la Galilée ; pour moi et mon frère Jonathas, nous irons en Galaad

18. Il laissa Joseph, fils de Zacharie, et Azarias, pour être les chefs du peuple, et pour garder la Judée avec le reste des troupes ;

19. Et il leur donna cet ordre : Gouvernez ce peuple, et ne combattez point contre les nations, jusqu'à ce que nous soyons revenus.

20. On donna à Simon trois mille hommes pour aller en Galilée, et à Judas huit mille pour aller en Galaad.

21. Simon étant donc allé dans la Galilée, livra plusieurs combats aux nations, qui furent défaites et s'enfuirent devant lui ; et il les poursuivit jusqu'à la porte de Ptolémaïde :

22. Il y en eut près de trois mille de tués, et il emporta leurs dépouilles ;

23. Il prit avec lui ceux qui étaient dans la Galilée et dans Arbates, avec leurs femmes et leurs enfants, et tout ce qui leur appartenait, et il les emmena en Judée dans une grande réjouissance.

24. Cependant Judas Machabée et Jonathas son frère ayant passé le Jourdain, marchèrent durant trois jours dans le désert.

25. Et les Nabuthéens vinrent au-devant d'eux, et ils les reçurent avec amitié et dans un esprit de paix ; ils leur racontèrent tout ce qui était arrivé à leurs frères en Galaad,

26. Et comment plusieurs d'entre eux avaient été enfermés dans Barasa, dans Bosor, dans Alimas, dans Casphor, dans Mageth, et dans Carnaïm, qui étaient toutes de grandes et de fortes villes.

27. Ils ajoutèrent qu'on les tenait encore renfermés dans les autres villes de Galaad, et que leurs ennemis avaient résolu de faire marcher le lendemain leur armée contre ces villes, afin de les prendre, et de les perdre tous en un même jour.

28. Judas marcha aussitôt avec son armée vers le désert de Bosor, et surprit la ville tout d'un coup : il fit passer tous les mâles au fil de l'épée, enleva tout le butin qu'il trouva, et brûla la ville.

29. Ils en sortirent pendant la nuit, et marchèrent jusqu'à la forteresse.

30. Et au point du jour, levant les yeux, ils aperçurent une troupe innombrable de gens qui portaient des échelles et des machines pour se saisir de cette forteresse, et prendre ceux de dedans.

31. Judas vit donc que l'attaque était commencée, et que le bruit des combattants montait jusqu'au ciel comme le son d'une trompette, et qu'il s'élevait aussi un grand cri de la ville ;

32. Alors il dit à son armée : Combattez aujourd'hui pour vos frères.

33. Et il marcha en trois corps derrière les ennemis ; ils firent en même temps retentir les trompettes, et poussèrent des cris vers Dieu dans leurs prières.

34. Les gens de Timothée reconnurent aussitôt que c'était Machabée, et ils fuirent devant lui : Judas en fit un fort grand carnage, et il en demeura ce jour-là près de huit mille sur la place.

35. Judas alla de là à Maspha ; il la força, et la prit, tua tous les mâles, en remporta les dépouilles, et brûla la ville.

36. Il se rendit maître ensuite de Casbon, de Mageth, de Bosor, et des autres villes de Galaad.

37. Après cela Timothée assembla une autre armée, et se campa vis-à-vis de Raphon, au-delà du torrent.

38. Judas envoya reconnaître cette armée, et ses gens revinrent lui dire : Toutes les nations qui nous environnent se sont assemblées près de Timothée, et l'armée qu'elles composent est extraordinairement grande ;

39. Ils ont fait venir les Arabes à leur secours ; ils sont campés au-delà du torrent, et ils se préparent pour vous venir attaquer. Judas marcha aussitôt contre eux.

40. Alors Timothée dit aux principaux officiers de son armée : Lorsque Judas sera venu avec ses gens près du torrent, s'il passe vers nous le premier, nous ne pourrons soutenir le choc, parce qu'il aura tout l'avantage sur nous ;

41. Mais s'il craint de passer, et s'il se campe au-delà du fleuve, passons à eux, et nous le battrons.

42. Judas étant arrivé au bord du torrent, mit le long de l'eau ceux qui commandaient le peuple, et leur dit : Ne laissez demeurer ici aucun homme, mais que tous viennent combattre.

43. En même temps il passa l'eau le premier, et toute l'armée le suivit, et les ennemis furent tous défaits par eux ; ils jetèrent leurs armes, et s'enfuirent dans le temple de Carnaïm.

44. Judas prit la ville, et brûla le temple, avec tous ceux qui étaient dedans ; et Carnaïm fut réduite à la dernière humiliation, et elle ne put subsister devant Judas.

45. Alors Judas assembla tous les Israélites qui étaient en Galaad, depuis le plus grand jusqu'au plus petit, avec leurs femmes et leurs enfants, et il composa une fort grande armée, pour les emmener dans le pays de Juda.

46. Étant arrivés à Éphron, ils trouvèrent que cette ville, qui est située à l'entrée du pays, était grande et extrêmement forte, et qu'on ne pouvait se détourner ni à droite ni à gauche, mais qu'il fallait nécessairement passer par le milieu.

47. Ceux qui étaient dans la ville s'y renfermèrent, et bouchèrent les portes avec des pierres. Judas leur envoya porter des paroles de paix,

48. Et leur fit dire : Trouvez bon que nous passions par votre pays pour aller au nôtre ; nul ne vous fera aucun tort ; nous passerons sans nous arrêter. Mais ils ne voulurent point lui ouvrir.

49. Alors Judas fit publier dans le camp que chacun attaquât la ville par l'endroit où il était.

50. Les plus vaillants hommes s'attachèrent donc aux murailles ; il donna l'assaut à la ville pendant tout le jour et toute la nuit, et elle fut livrée entre ses mains.

51. Ils firent passer tous les mâles au fil de l'épée, il détruisit la ville jusqu'aux fondements, en emporta tout le butin qui s'y trouva, et passa tout au travers sur les corps morts.

52. Ils passèrent ensuite le Jourdain dans la grande plaine qui est vis-à-vis de Bethsan

53. Et Judas était à l'arrière-garde ralliant les derniers, et encourageant le peuple dans tout le chemin, jusqu'à ce qu'ils fussent arrivés au pays de Juda.

54. Ils montèrent sur la montagne de Sion dans une grande réjouissance, et ils offrirent des holocaustes en actions de grâces de ce qu'ils étaient revenus en paix, sans qu'aucun d'eux eût été tué.

55. Pendant que Judas avec Jonathas était au pays de Galaad, et Simon, son frère, dans la Galilée devant Ptolémaïde,

56. Joseph, fils de Zacharie, et Azarias, général des Juifs, apprirent leurs heureux succès, et les combats qu'ils avaient donnés,

57. Et ils dirent : Rendons aussi nous-mêmes notre nom célèbre, et allons combattre contre les nations qui nous environnent.

58. Il donna donc ses ordres à ses troupes, et elles marchèrent contre Jamnia.

59. Gorgias sortit de la ville avec ses gens, et alla au-devant d'eux pour les combattre.

60. Et Joseph et Azarias furent battus, et s'enfuirent jusqu'à la frontière de Judée ; il demeura sur la place environ deux mille hommes des Israélites, et la déroute du peuple fut grande,

61. Parce qu'ils n'avaient pas suivi les ordres de Judas et de ses frères, s'imaginant qu'ils signaleraient leur courage.

62. Mais ils n'étaient point de la race de ces hommes par qui le Seigneur a sauvé Israël.

63. Or les troupes de Judas furent en grand honneur dans tout Israël, et parmi tous les peuples où l'on entendit parler de leur nom.

64. Et tout le monde vint au-devant d'eux avec de grandes acclamations de joie.

65. Judas marcha ensuite avec ses frères, et alla réduire les enfants d'Ésaü, dans le pays qui est vers le midi ; il prit par force

Chebron avec les villes qui en dépendent, et brûla les murs et les tours qui l'environnaient.

66. Après cela il décampa pour aller au pays des étrangers, et il parcourut toute la Samarie.

67. En ce temps-là des prêtres furent tués à la guerre, en voulant signaler leur courage, et s'engageant sans ordre dans le combat.

68. Et Judas se détourna pour marcher contre Azot, au pays des étrangers ; il renversa leurs autels, et brûla les statues de leurs dieux : il prit le butin qui se trouva dans leurs villes, et revint dans le pays de Juda.

CHAPITRE VI.

Mort d'Antiochus Épiphanes ; Eupator son fils lui succède.
Eupator vient en Judée avec une très-puissante armée. Prise de
Belhsura. Les Juifs sont assiégés dans le temple. Paix entre
Eupator et les Juifs.

1. Cependant Antiochus parcourant les hautes provinces, apprit qu'Élymaïde était une des plus célèbres villes de Perse, qu'il y avait une grande quantité d'or et d'argent,

2. Et un temple très-riche, où étaient les voiles d'or, les cuirasses, et les boucliers qu'y avait laissés Alexandre, roi de Macédoine, fils de Philippe, qui établit le premier la monarchie des Grecs.

3. Il marcha donc vers cette ville, et il s'efforça de la prendre et de la piller ; mais il ne le put, parce que les citoyens en avaient été avertis ;

4. Ils sortirent contre lui et le chargèrent ; il s'enfuit, se retira avec une grande tristesse, et revint à Babylone.

5. Lorsqu'il était encore en Perse, il reçut la nouvelle que son armée avait été défaite dans le pays de Juda.

6. Et que Lysias ayant marché contre les Juifs avec une armée très-forte, avait été mis en fuite ; que les armes et les dépouilles qu'ils avaient prises dans son camp après la déroute de ses troupes les avaient rendus encore plus forts ;

7. Qu'ils avaient renversé l'idole abominable qu'il avait fait élever sur l'autel de Jérusalem, et environné leur temple de hautes murailles, comme auparavant, aussi bien que leur ville de Bethsura.

8. Le roi, ayant appris ces nouvelles, en fut saisi d'étonnement, et tout troublé ; il fut obligé de se mettre au lit, et tomba dans la langueur par l'excès de sa tristesse, voyant qu'il était arrivé tout le contraire de ce qu'il s'était imaginé.

9. Il demeura là pendant plusieurs jours, parce que sa tristesse se renouvelait et croissait de plus en plus, et il crut qu'il allait mourir.

10. Il appela donc tous ses amis, et leur dit : Le sommeil s'est éloigné de mes yeux, mon cœur est tout abattu, et je me sens défaillir à cause du grand chagrin dont je suis saisi ;

11. J'ai dit au fond de mon cœur : A quelle affliction suis-je réduit, et en quel abîme de tristesse me vois-je plongé maintenant, moi qui étois auparavant si content, et si chéri au milieu de la puissance qui m'environnait !

12. Je me souviens à présent des maux que j'ai faits dans Jérusalem, ayant emporté toutes ses dépouilles en or et en argent, et envoyé exterminer sans sujet ceux qui habitaient dans la Judée.

13. Je reconnais donc que c'est pour cela que je suis tombé dans tous ces maux ; et l'excès de ma tristesse me fait périr maintenant dans une terre étrangère.

14. Alors il appela Philippe, l'un de ses amis, et il l'établit régent sur tout son royaume ;

15. Il lui mit entre les mains son diadème, sa robe royale, et son anneau, afin qu'il allât quérir son fils Antiochus, qu'il prît soin de son éducation, et le fît régner.

16. Le roi Antiochus mourut là, en l'année cent quarante-neuf.

17. Lysias ayant appris la mort du roi, établit roi en sa place Antiochus son fils, qu'il avait nourri tout jeune ; et il l'appela Eupator.

18. Or ceux qui étaient dans la forteresse tenaient investies et fermaient à Israël toutes les avenues autour du temple, et ils ne cherchaient qu'à leur faire du mal, et à fortifier le parti des nations.

19. Judas résolut de les perdre, et il fit assembler tout le peuple pour les assiéger.

20. Ainsi s'y étant rendus tous ensemble, ils les assiégèrent en la cent cinquantième année, et ils firent des instruments pour jeter des pierres, et d'autres machines de guerre.

21. Alors quelques-uns des assiégés sortirent, et quelques impies des enfants d'Israël s'étant joints à eux,

22. Ils allèrent trouver le roi, et lui dirent : Jusqu'à quand différerez-vous à nous faire justice, et à venger nos frères ?

23. Nous nous sommes engagés à servir votre peuple, à nous conduire selon ses ordres, et à obéir à ses édits :

24. Ceux de notre peuple nous ont pris en aversion pour ce sujet ; ils ont tué tous ceux d'entre nous qu'ils ont trouvés, et ils ont pillé nos héritages ;

25. Ils ont étendu leurs violences non-seulement sur nous, mais sur tout notre pays ;

26. Et maintenant ils sont venus attaquer la forteresse de Jérusalem pour s'en rendre maîtres, et ils ont fortifié Bethsura ;

27. Que si vous ne vous hâtez de les prévenir, ils feront encore plus de mal qu'ils n'en ont fait jusqu'à présent, et vous ne pourrez plus les assujettir.

28. Le roi ayant entendu tout cela en fut irrité ; il fit venir tous ses amis, les principaux officiers de son armée, et ceux qui commandaient la cavalerie :

29. Des troupes auxiliaires des royaumes étrangers, et des pays maritimes, qu'il entretenait à ses dépens, vinrent encore se joindre aux siennes.

30. Ainsi son armée était composée de cent mille hommes de pied, de vingt mille chevaux, et de trente-deux éléphants dressés au combat.

31. Ils marchèrent par l'Idumée, et vinrent assiéger Bethsura ; ils l'attaquèrent durant plusieurs jours, et ils firent pour cela des machines ; mais les assiégés étant sortis les brûlèrent, et combattirent avec grand courage.

32. Judas, qui était parti de devant la forteresse, marcha avec son armée vers Bethzachara, vis-à-vis du camp du roi.

33. Et le roi s'étant levé avant le jour, fit marcher impétueusement toutes ses troupes sur le chemin de Bethzachara ; les armées se préparèrent au combat, et ils sonnèrent des trompettes :

34. Ils montrèrent aux éléphants du jus de raisin et de mûres, afin de les animer au combat ;

35. Ils partagèrent les bêtes par légions, et mille hommes armés de cottes de mailles et de casques d'airain accompagnaient chaque éléphant ; et cinq cents chevaux choisis avaient ordre de se tenir toujours près de chaque bête.

36. Ces gens se hâtaient de prévenir en tous lieux les éléphants ; ils allaient partout où chaque éléphant allait, et il ne l'abandonnaient jamais.

37. Il y avait aussi sur chaque bête une forte tour de bois destinée pour la mettre à couvert, et des machines dessus, et dans chaque tour trente-deux des plus vaillants hommes, qui combattaient d'en haut, avec un Indien qui conduisait la bête.

38. Il rangea le reste de la cavalerie sur les deux ailes, pour exciter son armée par le son des trompettes, et pour animer son infanterie serrée dans ses bataillons.

39. Lorsque le soleil eut frappé de ses rayons les boucliers d'or et d'airain, il en rejaillit un éclat sur les montagnes d'alentour, qui brillèrent comme des lampes ardentes.

40. Une partie de l'armée du roi allait le long des hautes montagnes, et l'autre marchait dans la plaine ; et ils marchaient avec précaution et avec ordre.

41. Tous les habitants des environs étaient épouvantés des cris de cette multitude de soldats, du bruit de leur marche, et du fracas de leurs armes qui se touchaient, parce que l'armée était très-grande et très-forte.

42. Et Judas s'avança avec son armée pour combattre les ennemis, et six cents hommes de l'armée du roi furent taillés en pièces.

43. Alors Éléazar, fils de Saura, voyant un des éléphants tout encuirassé, tout couvert des armes du roi, et plus grand que tous les autres, crut que le roi même était dessus ;

44. Et il exposa sa vie pour délivrer son peuple, et pour s'acquérir un nom immortel.

45. Car il courut hardiment au milieu de la légion, tuant à droite et à gauche, et faisant tomber tout ce qui se présentait devant lui.

46. Et étant allé se mettre sous le ventre de l'éléphant, il le tua, et le fit tomber par terre ; et Éléazar, sur qui il tomba, mourut sous lui.

47. Mais les Juifs voyant les grandes troupes du roi, et l'impétuosité de son armée, se retirèrent du combat.

48. En même temps l'armée du roi marcha contre eux vers Jérusalem, et elle vint en Judée, et campa près du mont de Sion.

49. Le roi écouta les propositions de paix que lui firent faire ceux qui étaient dans Bethsura ; et ils sortirent de la ville, n'ayant plus de vivres, parce que c'était l'année du sabbat et du repos de la terre.

50. Ainsi le roi prit Bethsura, et y mit garnison pour la garder.

51. Il fit ensuite marcher ses troupes vers le lieu saint, où il demeura longtemps ; il y dressa divers instruments de guerre, et plusieurs machines pour lancer des feux, pour jeter des pierres et des dards, des arbalètes pour lancer des flèches et des frondes.

52. Les assiégés firent aussi des machines contre leurs machines, et ils combattirent durant plusieurs jours.

53. Mais il n'y avait point de vivres dans la ville, parce que c'était la septième année, et que ceux d'entre les nations qui étaient demeurés dans la Judée avaient consommé les restes de ce qu'on avait mis en réserve.

54. Il ne demeura donc que peu de gens pour la garde des lieux saints, parce que étant pressés par la famine, chacun s'en retourna chez soi.

55. Cependant Lysias apprit que Philippe, qui avait été choisi par le roi Antiochus, lorsqu'il vivait encore, pour élever Antiochus son fils, et pour le faire régner en sa place,

56. était revenu de Perse et de la Médie avec l'armée qui l'y avait accompagné, et qu'il se préparait à prendre le gouvernement des affaires du royaume,

57. Il se hâta donc d'aller dire au roi et aux généraux de l'armée : Nous nous consumons ici tous les jours ; nous avons très-peu de vivres, la place que nous assiégeons est bien fortifiée, et nous sommes obligés de mettre ordre aux affaires du royaume.

58. Composons donc avec ces gens-ci, faisons la paix avec eux, et avec toute leur nation ;

59. Et permettons-leur de vivre selon leurs lois comme auparavant ; car c'a été le mépris que nous avons fait de leurs lois qui les a si fort animés, et qui leur a fait faire tout ce qu'ils ont fait jusqu'à présent.

60. Cette proposition plut au roi et à ses principaux officiers : il envoya aussitôt traiter de la paix avec les Juifs, qui l'acceptèrent ;

61. Et le roi et ses officiers l'ayant confirmée avec serment, ceux qui défendaient la forteresse se retirèrent.

62. Alors le roi entra sur la montagne de Sion, et en vit les fortifications ; et il viola aussitôt le serment qu'il avait fait, car il commanda qu'on abattît tous les murs qui l'environnaient.

63. Il partit ensuite en grande diligence, et retourna à Antioche, où il trouva que Philippe s'était rendu maître de la ville ; et après avoir combattu contre lui, il la reprit.

CHAPITRE VII.

Démétrius Soter arrive en Syrie, et fait tuer Antiochus Eupator et Lysias. Alcime est établi grand-prêtre des Juifs. Il vient en Judée avec Bacchide, et y commet plusieurs cruautés. Judas s'oppose a lui, et l'oblige a retourner à Antioche. Nicanor est envoyé contre Judas ; il est vaincu, et sa tête est suspendue aux murs de Jérusalem.

1. En la cent cinquante-unième année, Démétrius, fils de Séleucus, étant sorti de la ville de Rome, vint avec peu de gens dans une ville sur la côte de la mer, et commença à y régner.

2. Et lorsqu'il fut entré dans la maison du royaume de ses pères, l'armée se saisit d'Antiochus et de Lysias pour les emmener à Démétrius.

3. Lorsqu'il en fut averti, il leur dit : Ne me faites point voir leur visage.

4. Ils furent donc tués par l'armée, et Démétrius s'assit sur le trône de son royaume.

5. Alors des hommes d'Israël méchants et impies le vinrent trouver, ayant à leur tête Alcime, qui aspirait à être établi grand-prêtre ;

6. Et ils accusèrent le peuple devant le roi, en lui disant : Judas et ses frères ont fait périr tous vos amis, et il nous a même chassés de notre pays.

7. Envoyez donc maintenant un homme dont vous soyez assuré, afin qu'il reconnaisse tous les maux qu'il nous a fait souffrir et aux provinces qui appartiennent au roi, et qu'il punisse tous ses amis, et tous ceux qui le soutiennent.

8. Et le roi choisit d'entre ses amis Bacchide, qui commandait dans son royaume au-delà du grand fleuve, et qui lui était fidèle.

9. Il l'envoya reconnaître tous les maux qu'avait faits Judas ; et il établit grand-prêtre l'impie Alcime, et lui ordonna de punir les enfants d'Israël.

10. Ils vinrent donc en diligence avec une grande armée dans le pays de Juda, et ils députèrent vers Judas et vers ses frères pour leur faire des propositions de paix dans le dessein de les surprendre.

11. Mais ils n'eurent aucun égard à leurs paroles, voyant qu'ils étaient venus avec une puissante armée.

12. Cependant les docteurs de la loi, s'étant assemblés, vinrent trouver Alcime et Bacchide pour leur faire des propositions très-justes.

13. Ceux d'entre les enfants d'Israël, appelés Assidéens, étaient les premiers de cette assemblée, et ils voulaient leur demander la paix ;

14. Car ils disaient : C'est un prêtre de la race d'Aaron qui vient à nous, il ne nous trompera pas.

15. Alcime leur répondit comme un homme qui n'aurait eu que des pensées de paix, et leur dit avec serment : Nous ne vous ferons aucun mal, ni à vos amis.

16. Ils le crurent ; mais il en fit arrêter soixante, qu'il fit mourir tous en un même jour, selon cette parole de l'Écriture :

17. Ils ont fait tomber les corps de vos saints, et ils ont répandu leur sang autour de Jérusalem, sans que personne les ensevelît.

18. Et tout le peuple fut saisi de crainte et de frayeur, et ils se disaient les uns aux autres : Il n'y a ni vérité ni justice parmi eux ; car ils ont violé la parole qu'ils avaient donnée, et le serment qu'ils avaient fait.

19. Bacchide étant parti de Jérusalem, alla camper près de Bethzecha ; et il envoya prendre plusieurs de ceux qui avaient quitté son parti, et il tua quelques-uns du peuple qu'il fit jeter dans un grand puits.

20. Après cela il remit toute la province entre les mains d'Alcime, à qui il laissa des troupes pour le soutenir ; et il retourna trouver le roi.

21. Cependant Alcime faisait tous ses efforts pour s'affermir dans la principauté du sacerdoce ;

22. Et tous ceux qui troublaient le peuple s'étant assemblés près de lui, se rendirent maîtres du pays de Juda, et firent un grand carnage dans Israël.

23. Judas, considérant que tous les maux qu'Alcime et ceux qui étaient avec lui avaient faits aux enfants d'Israël, étaient beaucoup plus grands que tout ce que les nations leur avaient fait,

24. Alla de tous côtés dans la Judée, et punit les déserteurs de son parti ; et depuis ce temps-là ils ne firent plus de courses dans le pays.

25. Mais lorsque Alcime eut reconnu que Judas et ses gens étaient les plus forts, et qu'il eut senti qu'il ne pouvait leur résister, il retourna vers le roi, et les accusa de plusieurs crimes.

26. Alors le roi envoya Nicanor, l'un des principaux seigneurs de sa cour, qui était un des plus grands ennemis d'Israël, et lui commanda de perdre ce peuple.

27. Nicanor vint donc à Jérusalem avec une grande armée, et il députa vers Judas et ses frères, pour les surprendre, sous prétexte de traiter de la paix avec eux.

28. Il leur fit dire : Qu'il n'y ait point de guerre entre vous et moi. Je viendrai avec peu de gens pour vous voir, et pour vous parler de paix.

29. Il vint ensuite trouver Judas, et ils se saluèrent comme amis ; et les ennemis se préparaient à se saisir de Judas.

30. Mais Judas reconnut qu'il était venu à lui pour le surprendre, et ayant eu peur de lui, il ne voulut plus le voir.

31. Nicanor voyant que son dessein était découvert, marcha contre Judas pour le combattre près de Capharsalama.

32. Et il y eut près de cinq mille hommes de l'armée de Nicanor qui demeurèrent sur la place, et le reste s'enfuit dans la ville de David.

33. Après cela Nicanor monta sur la montagne de Sion, et quelques-uns des prêtres le vinrent saluer avec un esprit de paix, et lui montrèrent les holocaustes qui s'offraient pour le roi.

34. Mais il les méprisa en les raillant ; il les traita comme des personnes profanes, et leur parla avec grand orgueil ;

35. Il leur dit en colère et en jurant : Si on ne me livre entre les mains Judas avec son armée, aussitôt que je serai revenu victorieux, je brûlerai ce temple ; et il s'en alla plein de fureur.

36. Alors les prêtres étant entrés, se présentèrent devant l'autel et devant le temple, et ils dirent en pleurant :

37. Seigneur, vous avez choisi cette maison afin que votre nom y fût invoqué, et qu'elle fût une maison d'oraison et de prière pour votre peuple.

38. Faites éclater votre vengeance contre cet homme et contre ses troupes, et qu'ils tombent sous le tranchant de l'épée. Souvenez-vous de leurs blasphèmes, et ne permettez pas qu'ils subsistent longtemps sur la terre.

39. Nicanor étant parti de Jérusalem, vint camper près de Béthoron, où l'armée de Syrie le vint joindre.

40. Et Judas alla camper près d'Adarsa avec trois mille hommes ; et il fit sa prière, en disant :

41. Seigneur, lorsque ceux qui avaient été envoyés par le roi Sennachérib vous blasphémèrent, un ange vint, qui leur tua cent quatre-vingt-cinq mille hommes.

42. Exterminez de même aujourd'hui cette armée devant nous, afin que tous les autres sachent que Nicanor a déshonoré par ses blasphèmes votre maison sainte ; et jugez-le selon sa malice.

43. La bataille fut donc donnée le treizième jour du mois d'adar ; et l'armée de Nicanor fut défaite, et lui tué le premier dans le combat.

44. Ses troupes voyant que leur général était mort, jetèrent leurs armes, et prirent la fuite ;

45. Et les gens de Judas les poursuivirent une journée de chemin, depuis Adazer jusqu'à l'entrée de Gazara ; et ils sonnèrent des trompettes derrière eux pour avertir tout le monde de leur victoire.

46. Et les peuples de tous les villages de la Judée qui étaient aux environs, les chargèrent avec une grande vigueur et revenant attaquer de front ceux qui étaient demeurés derrière, ils les taillèrent tous en pièces, en sorte qu'il n'en échappa pas un seul.

47. Ils s'enrichirent ensuite de leurs dépouilles ; ils coupèrent la tête de Nicanor, et sa main droite, qu'il avait étendue insolemment contre le temple ; et les ayant apportées, ils les suspendirent à la vue de Jérusalem.

48. Le peuple ressentit une grande joie, et ils passèrent ce jour dans une réjouissance publique.

49. On ordonna que ce même jour seroit célébré tous les ans comme une fête, au treizième jour du mois d'adar.

50. Et le pays de Juda demeura en repos pendant peu de jours.

CHAPITRE VIII.

Alliance des Juifs avec les Romains.

1. Le nom des Romains fut alors connu de Judas : il sut qu'ils étaient puissants, qu'ils étaient toujours prêts à accorder toutes les demandes qu'on leur faisait ; qu'ils avaient fait amitié avec tous ceux qui s'étaient venus joindre à eux, et que leur puissance était grande.

2. Il avait aussi ouï parler des combats qu'ils avaient donnés, et des grandes actions qu'ils avaient faites dans la Galatie, et comment ils s'étaient rendus maîtres de ces peuples ; et les avaient rendus tributaires ;

3. Il avait encore appris tout ce qu'ils avaient fait dans l'Espagne ; de quelle manière ils avaient réduit en leur puissance les mines d'or et d'argent qui sont en ce pays-là, et avaient conquis toutes ces provinces par leur conseil et leur patience ;

4. Qu'ils avaient assujetti des pays très-éloignés d'eux ; qu'ils avaient vaincu des rois qui étaient venus les attaquer de l'extrémité du monde, et avaient fait un grand carnage de leurs armées ; et que les autres leur payaient tribut tous les ans ;

5. Qu'ils avaient vaincu Philippe, et Persée, roi des Cétéens, et les autres qui avaient pris les armes contre eux, et qu'ils s'étaient rendus maîtres de leur pays ;

6. Qu'Antiochus-le-Grand, roi d'Asie, les ayant attaqués avec une puissante armée, avec six vingts éléphants, et beaucoup de cavalerie et de chariots, ils l'avaient défait entièrement ;

7. Qu'ils l'avaient pris vif, et l'avaient obligé, lui et les rois ses successeurs, de payer un grand tribut, et de leur donner des otages, et tout ce dont ils étaient convenus ;

8. Savoir, le pays des Indiens, des Mèdes, et des Lydiens, les plus belles de leurs provinces, qu'ils avaient ensuite données au roi Eumène ;

9. Que ceux de la Grèce ayant voulu marcher contre eux pour les perdre, ils en furent avertis,

10. Et qu'ils avaient envoyé contre eux un de leurs généraux ; qu'ils les combattirent, et en tuèrent un grand nombre ; qu'ils emmenèrent leurs femmes captives avec leurs enfants, pillèrent et assujettirent leur pays, détruisirent les murailles de leurs villes, et les réduisirent en servitude comme ils sont encore aujourd'hui ;

11. Qu'ils avaient ruiné et soumis A leur empire les autres royaumes, et toutes les îles qui leur avaient résisté ;

12 Mais qu'ils conservaient soigneusement les alliances qu'ils avaient faites avec leurs amis et avec ceux qui s'étaient donnés à eux ; que les royaumes, soit voisins ou éloignés, leur avaient été assujettis, parce qu'ils étaient redoutés de tous ceux qui entendaient seulement prononcer leur nom ;

13. Qu'ils faisaient régner tous ceux à qui ils voulaient assurer le royaume, et qu'au contraire ils le faisaient perdre à ceux qu'ils voulaient ; et qu'ainsi ils s'étaient élevés à une très-grande puissance ;

14. Que néanmoins nul d'entre eux ne portait le diadème, et ne se revêtait de la pourpre pour paraître plus grand que les autres ;

15. Mais qu'ils avaient établi un sénat parmi eux, et qu'ils consultaient tous les jours les trois cent vingt sénateurs, tenant toujours conseil touchant les affaires du peuple, afin qu'ils agissent d'une manière qui fût digne d'eux ;

16. Et qu'ils confiaient chaque année leur souveraine magistrature à un seul homme pour commander dans tous leurs états ; et qu'ainsi tous obéissaient à un seul, sans qu'il y eût d'envie ni de jalousie parmi eux.

17. Judas choisit donc Eupolémus. fils de Jean, qui était fils de Jacob, et Jason, fils d'Éléazar ; et il les envoya à Rome pour faire amitié et alliance avec eux,

18. Et afin qu'ils les délivrassent du joug des Grecs, parce qu'ils virent qu'ils réduisaient en servitude le royaume d'Israël.

19. Ils partirent donc, et après un long chemin ils arrivèrent à Rome, où étant entrés dans le sénat, ils dirent :

20. Judas Machabée, et ses frères, et le peuple des Juifs, nous ont envoyés pour faire alliance avec vous, et pour établir la paix entre nous, afin que vous nous mettiez au nombre de vos alliés et de vos amis.

21. Cette proposition leur plut.

22. Et voici le rescrit qu'ils firent graver sur des tables d'airain, et qu'ils envoyèrent à Jérusalem, afin qu'il y demeurât comme un monument de la paix et de l'alliance qu'ils avaient faite avec les Juifs :

23. Que les Romains et le peuple juif soient comblés de biens à jamais sur mer et sur terre, et que l'épée et l'ennemi s'écartent loin d'eux !

24. S'il survient une guerre aux Romains, ou à leurs alliés, dans toute l'étendue de leur domination,

25. Les Juifs les assisteront avec une pleine volonté, selon que le temps le leur permettra ;

26. Sans que les Romains donnent et fournissent aux gens de guerre ni blé, ni armes, ni argent, ni vaisseaux ; car c'est ainsi qu'il a plu aux Romains ; et ces soldats juifs leur obéiront sans rien recevoir d'eux.

27. Et de même s'il survient une guerre au peuple juif, les Romains les assisteront de bonne foi, selon que le temps le leur permettra ;

28. Et les Juifs ne fourniront point à ceux que l'on enverra à leur secours, ni blé, ni armes, ni argent, ni vaisseaux ; c'est ainsi qu'il a plu aux Romains, et ils leur obéiront sincèrement.

29. C'est là l'accord que les Romains font avec les Juifs.

30. Que si à l'avenir les uns ou les autres veulent ôter ou ajouter quelque chose à ce qui est écrit ici, ils le pourront faire de concert ; et tout ce qui en sera ôté, ou ajouté, demeurera ferme.

31. Et pour ce qui est des maux que le roi Démétrius a faits au peuple juif, nous lui en avons écrit en ces termes : Pourquoi avez-vous accablé d'un joug si pesant les Juifs qui sont nos amis et nos alliés ?

32. Sachez donc que s'ils reviennent se plaindre à nous de nouveau, nous leur ferons toute sorte de justice, et nous vous attaquerons par mer et par terre.

CHAPITRE IX.

Démétrius envoie de nouveau contre les Juifs. Judas est tué ;
Jonathas lui succède.

1. Cependant Démétrius ayant appris que Nicanor avait été tué dans le combat, et son armée défaite, envoya de nouveau en Judée Bacchide et Alcime, avec l'aile droite de ses troupes.

2. Ils marchèrent par le chemin qui mène à Galgala, et campèrent à Masaloth, qui est en Arbelles ; et ils prirent cette ville, et y tuèrent un grand nombre d'hommes.

3. Au premier mois de l'année cent cinquante-deux ils se rendirent avec toute l'armée près de Jérusalem ;

4. Et vingt mille hommes allèrent à Bérée, avec deux mille chevaux.

5. Or Judas s'était campé à Laïse avec trois mille hommes choisis.

6. Et ses gens voyant une si grande armée furent saisis de frayeur ; et plusieurs se retirèrent du camp, en sorte qu'il n'en demeura que huit cents.

7. Lorsque Judas vit son armée réduite à ce petit nombre, et la nécessité où il était de combattre, il en eut le cœur abattu, parce qu'il n'avait pas le temps de les rassembler, et il se sentit comme défaillir.

8. Il dit à ceux qui étaient restés : Allons, et marchons à nos ennemis pour les combattre, si nous pouvons.

9. Mais ses gens l'en détournaient, en lui disant : Nous ne le pourrons jamais ; mais pensons présentement à assurer notre vie, et retournons à nos frères, et après cela nous reviendrons combattre contre eux ; car nous sommes trop peu de gens.

10. Judas leur dit : Dieu nous garde d'en user ainsi, et de fuir devant eux ! si notre heure est arrivée, mourons courageusement pour nos frères, et ne souillons notre gloire par aucune tache.

11. L'armée ennemie étant sortie de son camp, vint au-devant d'eux, et la cavalerie fut divisée en deux corps ; les frondeurs et les archers marchaient à la tête de l'armée, et tous ceux qui les suivaient au premier rang étaient les plus fermes et les plus vaillants.

12. Bacchide était à l'aile droite, et les bataillons marchèrent des deux côtés, et firent retentir le bruit des trompettes.

13. Les gens de Judas sonnèrent aussi de la trompette de leur côté, la terre retentit du bruit des armes, et le combat dura depuis le matin jusqu'au soir.

14. Judas ayant reconnu que l'aile droite de Bacchide était la plus forte, fit un effort avec les plus vaillants de ses troupes :

15. Ils rompirent cette aile droite, et les poursuivirent jusqu'à la montagne d'Azot.

16. Mais ceux qui étaient à l'aile gauche, voyant que l'aile droite avait été défaite, suivirent par-derrière Judas et ses gens ;

17. Et le combat fut longtemps opiniâtre ; plusieurs de part et d'autre furent blessés et tués.

18. Judas lui-même tomba mort, et tous les autres s'enfuirent.

19. Jonathas et Simon emportèrent le corps de Judas leur frère, et le mirent dans le sépulcre de leurs pères, dans la ville de Modin.

20. Tout le peuple d'Israël fit un grand deuil à sa mort, et ils le pleurèrent plusieurs jours,

21. Et ils disaient : Comment cet homme invincible est-il tombé, lui qui sauvait le peuple d'Israël !

22. Les autres guerres de Judas, les actions extraordinaires qu'il a faites, et la grandeur de son courage, ne sont pas ici décrites, parce qu'elles sont eu trop grand nombre.

23. Après la mort de Judas, les méchants parurent de tous côtés dans Israël ; et tous les hommes d'iniquité s'élevèrent de toutes parts.

24. En ce même temps il survint une fort grande famine, et tout le pays avec ses habitants se rendit à Bacchide.

25. Bacchide choisit des hommes impies, et leur donna le gouvernement de tout le pays :

26. Ils faisaient une très-exacte recherche des amis de Judas, et les amenaient à Bacchide, qui exerçait sa vengeance sur eux, et les traitait avec insulte.

27. Et Israël fut accablé d'une si grande affliction, qu'on n'en avait point vu de semblable depuis le temps qu'il ne paraissait plus de prophète dans Israël.

28. Alors tous les amis de Judas s'assemblèrent, et dirent à Jonathas :

29. Depuis que votre frère Judas est mort, il ne se trouve point d'homme semblable à lui pour marcher contre Bacchide, et les autres ennemis de notre nation.

30. C'est pourquoi nous vous avons aujourd'hui choisi pour être notre prince et notre chef en sa place, et pour nous conduire dans toutes nos guerres.

31. Jonathas reçut donc alors le commandement, et prit la place de Judas son frère.

32. Bacchide en fut averti, et il cherchait les moyens de le tuer.

33. Mais Jonathas, et Simon son frère, et tous ceux qui les accompagnaient, l'ayant su, ils s'enfuirent dans les déserts de Thécua, et s'arrêtèrent près des eaux du lac d'Asphar.

34. Bacchide le sut, et vint lui-même avec toute son armée, le jour du sabbat, au-delà du Jourdain.

35. Alors Jonathas envoya son frère qui commandait le peuple, et pria les Nabuthéens qui étaient leurs amis, de leur prêter leur équipage qui était fort grand.

36. Mais les fils de Jambri étant sortis de Madaba, prirent Jean avec tout ce qu'il avait, et l'enlevèrent avec eux.

37. Après cela, on vint dire à Jonathas, et à son frère Simon, que les fils de Jambri faisaient un mariage célèbre, et qu'ils menaient

de Madaba en grande pompe une nouvelle fiancée, qui était fille d'un des premiers princes de Chanaan.

38. Ils se souvinrent alors du sang de Jean leur frère, et ils s'allèrent cacher derrière une montagne qui les mettait à couvert.

39. Ayant levé les yeux, ils virent un grand tumulte et un appareil magnifique ; le nouveau marié parut avec ses amis et ses parents, et vint au-devant de la fiancée, au son des tambours et des instruments de musique, accompagné de beaucoup de gens armés.

40. En même temps ils sortirent de leur embuscade, et fondant sur eux, ils en tuèrent un grand nombre ; le reste s'enfuit sur les montagnes, et ils emportèrent toutes leurs dépouilles :

41. Ainsi les noces se changèrent en deuil, et les concerts de musique en cris lamentables.

42. Ils vengèrent de cette sorte le sang de leur frère, et ils retournèrent sur les bords du Jourdain.

43. Bacchide en fut averti, et il vint avec une puissante armée le jour du sabbat sur le bord du Jourdain.

44. Alors Jonathas dit à ses gens : Allons combattre nos ennemis ; car il n'en est pas de ce jour comme d'hier ou du jour d'auparavant ;

45. Nous avons les ennemis en tête et derrière nous, l'eau du Jourdain, avec les marais et le bois à droite et à gauche, et il ne nous reste aucun moyen d'échapper.

46. C'est pourquoi criez au ciel, afin que vous soyez délivrés des mains de vos ennemis. En même temps la bataille se donna.

47. Et Jonathas étendit la main pour frapper Bacchide ; mais Bacchide évita le coup en se retirant en arrière :

48. Enfin Jonathas et ceux qui étaient avec lui se jetèrent dans le Jourdain, et le passèrent à la nage devant eux.

49. Mille hommes de l'armée de Bacchide demeurèrent ce jour-là sur la place ; et il retourna avec ses gens à Jérusalem.

50. Ils bâtirent des villes fortes dans la Judée, et fortifièrent de hautes murailles, de portes et de serrures, les citadelles qui étaient à Jéricho, à Ammaüs, à Béthoron, à Béthel, à Thamnata, à Phara, et à Thopo ;

51. Et il y mit des garnisons pour faire des courses contre Israël.

52. Il fortifia aussi Bethsura, et Gazara, et la forteresse ; il y mit des gens pour les garder, avec une grande provision de vivres.

53. Il prit pour otages les enfants des premières personnes du pays, et il les tint prisonniers dans la forteresse de Jérusalem.

54. En la cent cinquante-troisième année, au second mois, Alcime commanda qu'on abattît les murailles de la partie intérieure du temple, et qu'on détruisît les ouvrages des prophètes ; et il commença à les faire abattre.

55. Mais il fut frappé de Dieu en ce même temps, et il ne put achever ce qu'il avait commencé ; sa bouche fut fermée, il devint perclus par une paralysie, et il ne put plus dire une seule parole, ni mettre aucun ordre à sa maison.

56. Alcime mourut de la sorte, étant tourmenté de grandes douleurs.

57. Bacchide voyant qu'Alcime était mort, s'en retourna vers le roi ; et le pays demeura en repos pendant deux ans.

58. Au bout de ce temps tous les méchants formèrent entre eux ce dessein : Jonathas, dirent-ils, et ceux qui sont avec lui vivent maintenant en paix et en assurance : faisons donc venir Bacchide, et il les surprendra tous en une nuit.

59. Ainsi ils allèrent le trouver, et lui donnèrent ce conseil.

60. Bacchide se hâta donc de venir avec une grande armée, et il envoya en secret des lettres à ceux qui étaient de son parti dans la Judée, pour les avertir de se saisir de Jonathas et de ceux qui étaient avec lui ; mais ils ne le purent, parce que leur entreprise fut découverte.

61. Et Jonathas ayant pris cinquante hommes du pays, qui étaient les chefs d'un dessein si malicieux, il les fit mourir.

62. Il se retira ensuite avec son frère Simon, et ceux qui l'accompagnaient, à Bethbessen qui est au désert ; il en répara les ruines, et en fit une place forte.

63. Bacchide le sut ; et ayant assemblé toutes ses troupes, et fait avertir ceux qui étaient en Judée,

64. Il vint camper au-dessus de Bethbessen ; il la tint longtemps assiégée, et fit dresser des machines de guerre.

65. Mais Jonathas ayant laissé dans la ville son frère Simon, sortit à la campagne, marcha avec un assez grand nombre de gens,

66. Défit Odaren et ses frères, et les enfants de Phaseron dans leurs tentes ; et il commença à tailler en pièces ses ennemis, et à devenir célèbre par ses grandes actions.

67. Cependant Simon sortit de la ville avec ses gens, et ils brûlèrent les machines des ennemis ;

68. Ils attaquèrent l'armée de Bacchide, et la défirent ; et ils lui causèrent une extrême douleur, parce qu'il vit que ses desseins et toute son entreprise étaient sans effet.

69. C'est pourquoi il entra dans une grande colère contre ces hommes d'iniquité qui lui avaient conseillé de venir en leur pays ; et il en tua plusieurs, et résolut de s'en retourner en son pays avec le reste de son armée.

70. Jonathas en ayant été averti, lui envoya des ambassadeurs pour faire la paix avec lui, et lui offrir de lui rendre les prisonniers.

71. Bacchide reçut favorablement cette ouverture ; il consentit à ce qu'il voulait, et il jura que de sa vie il ne lui ferait aucun mal.

72. Il lui rendit les prisonniers qu'il avait pris dans le pays de Juda ; et étant retourné en son pays, il ne revint plus depuis en Judée.

73. Ainsi la guerre cessa dans Israël ; et Jonathas demeura à Machmas, où il commença à juger le peuple ; et il extermina les impies du milieu d'Israël.

CHAPITRE X.

Démétrius et Alexandre recherchent l'amitié de Jonathas ; il accepte celle d'Alexandre.

1. En la cent soixantième année, Alexandre, fils d'Antiochus, surnommé l'Illustre, s'empara de Ptolémaïde, où il fut reçu par les habitants ; et il commença à y régner.

2. Le roi Démétrius en ayant été averti, leva une puissante armée, et marcha à lui pour le combattre.

3. Il envoya en même temps à Jonathas une lettre qui ne respirait que la paix, et où il relevait beaucoup son mérite.

4. Car il disoit : Hâtons-nous de faire la paix avec lui, avant qu'il la fasse avec Alexandre contre nous.

5. Car il se souviendra de tous les maux que nous lui avons faits, à lui, à son frère, et à toute sa nation.

6. Il lui donna donc pouvoir de lever une armée, et de faire faire des armes ; il le déclara son allié, et commanda qu'on lui remît ses otages qui étaient dans la forteresse.

7. Jonathas étant venu à Jérusalem, lut ses lettres devant tout le peuple, et devant ceux qui étaient dans la forteresse.

8. Et ils furent saisis d'une grande crainte, lorsqu'ils apprirent que le roi lui avait donné le pouvoir de mettre une armée sur pied.

9. Les otages furent remis entre les mains de Jonathas, et il les rendit à leurs parents ;

10. Il demeura dans Jérusalem, et il commença à bâtir et à renouveler la ville.

11. Il commanda à ceux qui y travaillaient de bâtir tout autour de la montagne de Sion des murs de pierres de taille pour la fortifier ; et ils le firent comme il leur avait dit.

12. Alors les étrangers qui étaient dans les forteresses que Bacchide avait bâties s'enfuirent ;

13. Ils quittèrent tous le lieu où ils étaient, et s'en retournèrent en leur pays.

14. Il resta seulement dans Bethsura quelques-uns de ceux qui avaient abandonné la loi et les ordonnances de Dieu, parce que cette ville leur servait de retraite.

15. Cependant le roi Alexandre apprit les promesses que Démétrius avait faites à Jonathas ; on lui raconta aussi les combats que lui et ses frères avaient donnés, les victoires qu'ils avaient gagnées, et les grands travaux qu'ils avaient soufferts ;

16. Et il dit : Pourrons-nous trouver un autre homme tel que celui-ci ? songeons donc a le faire aussi notre ami et notre allié.

17. Ainsi il lui écrivit, et lui envoya une lettre conçue en ces termes :

18. Le Roi Alexandre, à son frère Jonathas, salut.

19. Nous avons appris que vous êtes un homme puissant, et propre pour être notre ami ;

20. C'est pourquoi nous vous établissons aujourd'hui grand-prêtre de votre nation ; nous vous donnons la qualité d'ami du roi, et nous voulons que vous soyez toujours attaché à nos intérêts, et que vous conserviez l'amitié avec nous ; il lui envoya en même temps une robe de pourpre et une couronne d'or.

21. En l'année cent soixante, au septième mois, Jonathas se revêtit de la robe sainte en la fête solennelle des tabernacles ; il leva une armée, et fit faire une grande quantité d'armes.

22. Démétrius l'ayant su, en fut extrêmement affligé, et il dit :

23. Comment avons-nous permis qu'Alexandre nous ait prévenus, et que pour fortifier son parti il ait gagné l'amitié des Juifs ?

24. Je veux leur écrire aussi d'une manière obligeante, et leur offrir des dignités et des dons, afin qu'ils se joignent à moi pour me secourir.

25. Il leur écrivit donc en ces termes : Le Roi Démétrius, au peuple juif, salut.

26. Nous avons appris avec joie que vous avez gardé l'alliance que vous aviez faite avec nous ; que vous êtes demeurés dans notre amitié, et que vous ne vous êtes point unis à nos ennemis.

27. Continuez donc maintenant à nous conserver toujours la même fidélité, et nous vous rendrons avantageusement ce que vous aurez fait pour nous ;

28. Nous vous remettrons beaucoup de choses qui vous avaient été imposées, et nous vous ferons de grands dons.

29. Et dès à présent je vous remets, et à tous les Juifs les tributs que vous aviez accoutumé payer ; les impôts de sel, les couronnes, la troisième partie de la semence,

30. Et ce que j'avais droit de prendre pour la moitié des fruits des arbres ; je vous quitte toutes ces choses dès à présent, et pour l'avenir, ne voulant plus qu'on les lève sur le pays de Juda, ni sur les trois villes qui lui ont été ajoutées de Samarie et de Galilée, à commencer depuis ce jour et dans toute la suite.

31. Je veux aussi que Jérusalem soit sainte et libre avec tout son territoire, et que les dîmes et les tributs lui appartiennent.

32. Je remets aussi entre vos mains la forteresse qui est dans Jérusalem, et je la donne au grand-prêtre, afin qu'il y établisse, pour la garder, les gens que lui-même aura choisis.

33. Je donne encore la liberté, sans aucune rançon, à tous les Juifs qui ont été emmenés captifs du pays de Juda, qui se trouveront en tout mon royaume ; et je les affranchis tous des tributs et des charges mêmes qu'ils devaient pour leurs bestiaux.

34. Je veux aussi que toutes les fêtes solennelles, les jours de sabbat, les nouvelles lunes, les fêtes instituées, les trois jours de devant une fête solennelle, et les trois jours d'après, soient des jours d'immunités et de franchises pour tous les Juifs qui sont en mon royaume ;

35. Et qu'il ne soit permis alors à personne d'agir en justice contre eux, ni de leur faire aucune peine, pour quelque affaire que ce puisse être.

36. J'ordonne de plus qu'on fera entrer dans les troupes du roi jusqu'à trente mille Juifs, qui seront entretenus comme le doivent être toutes les troupes des armées du roi, et qu'on en choisira d'entre eux pour les mettre dans les forteresses du grand roi ;

37. Que l'on commettra aussi à quelques-uns d'eux les affaires importantes du royaume qui demandent le plus de fidélité, et qu'ils en auront l'intendance en vivant toujours selon leurs lois, comme le roi l'a ordonné pour le pays de Juda ;

38. Et que les trois villes du pays de Samarie qui ont été annexées à la Judée soient censées être de la Judée, afin qu'elles ne dépendent que d'un chef, sans obéir à aucune autre puissance qu'à celle du souverain prêtre.

39. Je donne aussi Ptolémaide et son territoire en don au sanctuaire de Jérusalem, pour fournir toute la dépense nécessaire à l'entretien des choses saintes.

40. Je donnerai outre cela tous les ans quinze mille sicles d'argent, à prendre sur les droits du roi et sur les revenus qui m'appartiennent.

41. J'ordonne aussi que ceux qui gouvernaient mes finances les années passées, paieront pour les ouvrages de la maison du Seigneur tout ce qui reste de ces années, qu'ils n'ont point encore payé.

42. Pour ce qui est des cinq mille sicles d'argent qui se prenaient sur le sanctuaire chaque année, ils seront remis aux prêtres, comme appartenant à ceux qui font les fonctions du saint ministère.

43. Je veux encore que tous ceux qui, étant redevables au roi, pour quelque affaire que ce puisse être, se réfugieront dans le femple de Jérusalem, et dans son territoire, soient en sûreté, et qu'on leur laisse la libre jouissance de tout ce qu'ils ont dans mon royaume.

44. On donnera aussi, de l'épargne du roi, de quoi fournir aux bâtiments ou aux réparations des lieux saints ;

45. Et on prendra encore, des mêmes deniers, de quoi bâtir et fortifier les murailles de Jérusalem, et des autres villes qui sont en Judée.

46. Jonathas et le peuple ayant entendu ces propositions de Démétrius, ne les crurent point sincères, et ne les reçurent point, parce qu'ils se ressouvinrent des grands maux qu'il avait faits à Israël, et de quelle manière il les avait accablés.

47. Ils se portèrent donc à favoriser plutôt Alexandre, parce qu'il leur avait parlé le premier de paix ; et ils l'assistèrent toujours dans la guerre.

48. Après cela le roi Alexandre leva une grande armée, et marcha contre Démétrius.

49. Les deux rois donnèrent bataille ; et l'armée de Démétrius s'enfuit : Alexandre les poursuivit, et fondit sur eux.

50. Le combat fut rude et opiniâtre, et dura jusqu'au coucher du soleil ; et Démétrius y fut tué.

51. Alexandre envoya ensuite des ambassadeurs à Ptolémée, roi d'Égypte, et lui écrivit en ces termes :

52. Comme je suis rentré dans mon royaume, que je suis assis sur le trône de mes pères, que j'ai recouvré mon empire et tous les pays qui m'appartenaient par la défaite de Démétrius,

53. A qui j'ai donné bataille, et que j'ai défait avec toute son armée, étant ainsi remonté sur le siège du royaume qu'il occupait ;

54. Faisons maintenant amitié ensemble ; donnez-moi votre fille en mariage, et je serai votre gendre, et je vous ferai, aussi bien qu'à elle, des présents dignes de vous.

55. Le roi Ptolémée lui répondit : Heureux le jour auquel vous êtes rentré dans le pays de vos pères, et où vous vous êtes assis sur le trône de leur royaume !

56. Je suis prêt à vous accorder ce que vous m'avez demandé ; mais venez jusqu'à Ptolémaïde, afin que nous nous voyions, et que je vous donne ma fille comme vous le désirez.

57. Ptolémée sortit donc d'Egypte avec sa fille Cléopâtre, et vint à Ptolémarde, l'an cent soixante-deux.

58. Le roi Alexandre l'y vint trouver, et Ptolémée lui donna sa fille Cléopâtre, et les noces furent célébrées à Ptolémaïde, avec une grande magnificence, selon la coutume des rois.

59. Le roi Alexandre écrivit aussi à Jonathas, afin qu'il les vînt trouver à Ptolémaïde.

60. Jonathas y alla avec grand éclat, et salua les deux rois ; il leur apporta quantité d'or et d'argent, et leur fit de grands présents ; et il fut fort bien reçu de ces deux princes.

61. Alors quelques gens d'Israël qui étaient des hommes couverts d'iniquités, et comme des pestes publiques. s'unirent ensemble pour présenter des chefs d'accusation contre lui ; mais le roi ne voulut point les écouter.

62. Il ordonna même qu'on ôtât à Jonathas ses vêtements, et qu'on le revêtît de pourpre ; ce qui fut fait. Et le roi le fit asseoir près de lui ;

63. Et il dit aux grands de sa cour : Allez avec lui au milieu de la ville, et dites tout haut : Que nul n'entreprenne de former aucune plainte contre lui, et ne lui fasse aucune peine pour quelque affaire que ce puisse être.

64. Ceux donc qui étaient venus pour l'accuser, voyant ce qu'on publiait de lui, l'éclat dans lequel il paraissait, et la pourpre dont il était revêtu, s'enfuirent tous.

65. Le roi l'éleva en grand honneur, le mit au nombre de ses principaux amis, et l'établit après lui chef et prince de la Judée.

66. Et Jonathas revint à Jérusalem en paix et avec joie.

67. En la cent soixante-cinquième année, Démétrius, fils de Démétrius, vint de Crète au pays de ses pères.

68. Le roi Alexandre en ayant été averti, fut extrêmement affligé, et retourna à Antioche.

69. Le roi Démétrius fit général de ses troupes Apollonius, gouverneur de la Célésyrie, lequel leva une grande armée ; et étant venu à Jamnia, il envoya dire à Jonathas, grand-prêtre,

70. Ces paroles : Vous êtes le seul qui nous résistez ; et je suis devenu un sujet de risée et d'opprobre, parce que vous vous prévalez contre nous de l'avantage que vous avez sur vos montagnes.

71. Si vous vous fiez donc maintenant en vos troupes, descendez à nous dans la plaine, et faisons là l'essai de nos forces ; car la valeur et la victoire m'accompagnent toujours.

72. Informez-vous, et apprenez qui je suis, et qui sont ceux qui combattent avec moi, lesquels disent hautement que vous ne pouvez tenir ferme devant nous, parce que vos pères ont été mis en fuite par deux fois dans leur pays.

73. Comment donc pourrez-vous soutenir présentement l'effort de ma cavalerie, et d'une si grande armée, dans une campagne où il n'y a ni pierres, ni rochers, ni aucun lieu pour vous enfuir ?

74. Jonathas ayant entendu ces paroles d'Apollonius, fut ému au fond de son cœur ; et il choisit aussitôt dix mille hommes, et partit de Jérusalem, et Simon son frère vint à son secours.

75. Ils vinrent camper près de Joppé, et ceux de la ville lui fermèrent les portes, parce qu'il y avait dedans une garnison d'Apollonius ; Jonathas assiégea donc cette ville.

76. Et ceux de dedans étant épouvantés, lui ouvrirent les portes, et il se rendit ainsi maître de Joppé.

77. Apollonius l'ayant su, prit avec lui trois mille chevaux et beaucoup de troupes.

78. Il marcha comme pour aller vers Azot, et il se jeta tout d'un coup dans la plaine, parce qu'il avait beaucoup de cavalerie, en qui il se fiait principalement. Jonathas le suivit vers Azot, et là ils se donnèrent bataille.

79. Apollonius avait laissé secrètement dans son camp mille chevaux derrière les ennemis.

80. Et Jonathas fut averti qu'il y avait derrière lui une embuscade. Les ennemis environnèrent donc son camp, et lancèrent beaucoup de traits contre ses gens, depuis le matin jusqu'au soir.

81. Mais les gens de Jonathas demeurèrent fermes, selon l'ordre qu'il leur en avait donné ; cependant les chevaux des ennemis se fatiguèrent beaucoup.

82. Alors Simon fit avancer ses troupes, et attaqua l'infanterie, parce que la cavalerie était déjà fatiguée ; et l'ayant rompue, elle prit la fuite.

83. Et ceux qui se dispersèrent par la campagne se réfugièrent à Azot, et entrèrent dans le temple de Dagon leur idole, pour y être en sûreté.

84. Mais Jonathas brûla Azot et les villes des environs, et il en emporta les dépouilles : et il brûla aussi le temple de Dagon avec tous ceux qui s'y étaient réfugiés.

85. Il y périt près de huit mille hommes, tant de ceux qui furent tués par l'épée, que de ceux qui furent brûlés.

86. Jonathas ayant décampé de ce lieu, marcha contre Ascalon ; mais ceux de la ville sortirent au-devant de lui, et le reçurent avec de grands honneurs.

87. Il revint ensuite à Jérusalem avec ses gens chargés de butin.

88. Le roi Alexandre, ayant appris ces heureux succès de Jonathas, l'éleva encore en plus grande gloire ;

89. Et il lui envoya une agrafe d'or, telle que l'on en donnait d'ordinaire aux princes du sang royal ; il lui donna de plus Accaron avec tout son territoire, afin qu'il la possédât en propre.

CHAPITRE XI.

Ptolémée Philopator usurpe le royaume d'Alexandre son gendre. Jonathas, allié avec Démétrius, affranchit la Judée.

1. Après cela le roi d'Egypte assembla une armée qui était comme le sable du rivage de la mer, et un grand nombre de vaisseaux ; et il cherchait à se rendre maître par surprise du royaume d'Alexandre, et à l'ajouter à son royaume.

2. Il marcha d'abord comme ami dans la Syrie ; et les habitants des villes lui ouvraient les portes, et venaient au-devant de lui, selon l'ordre qu'Alexandre leur avait donné, parce que le roi d'Égypte était son beau-père.

3. Mais aussitôt que Ptolémée était entré dans une ville, il y mettait garnison de ses gens.

4. Lorsqu'il fut venu près d'Azot, on lui montra le temple de Dagon qui avait été brûlé, les ruines de la ville d'Azot, plusieurs corps qui étaient encore sur la terre, et tous les autres qui avaient été tués dans la guerre, et qu'on avait amassés dans des sépultures communes le long du chemin.

5. Et ils dirent au roi que c'était Jonathas qui avait fait tous ces maux, voulant ainsi le rendre odieux dans son esprit ; mais le roi ne répondit rien.

6. Jonathas vint ensuite avec grand éclat trouver le roi à Joppé ; ils se saluèrent, et passèrent la nuit en ce lieu.

7. Et Jonathas ayant accompagné le roi jusqu'au fleuve qu'on nomme Éleuthère, revint à Jérusalem.

8. Le roi Ptolémée se rendit ainsi maître des villes jusqu'à Séleucie qui est au bord de la mer, et il avait de mauvais desseins contre Alexandre.

9. Il envoya des ambassadeurs à Démétrius, pour lui dire de sa part : Venez, afin que nous fassions alliance ensemble ; et je vous donnerai ma fille qu'Alexandre a épousée, et vous rentrerez dans le royaume de votre père ;

10. Car je me repens de lui avoir donné ma fille en mariage, parce qu'il a cherché les moyens de me tuer.

11. Il l'accusait de la sorte, par le désir qu'il avait de lui enlever son royaume.

12. Et enfin lui ayant ôté sa fille, il la donna à Démétrius, et s'éloigna tout à fait d'Alexandre ; et alors son inimitié se manifesta publiquement.

13. Ptolémée entra ensuite dans Antioche, et se mit sur la tête deux diadèmes, celui d'Égypte et celui d'Asie.

14. Le roi Alexandre était pour lors en Cilicie, parce que ceux de cette province s'étaient révoltés contre lui.

15. Ayant donc appris ces choses, il marcha avec ses troupes pour le combattre, et le roi Ptolémée fit marcher aussi ses gens, et vint au-devant de lui avec une puissante armée, et le défit.

16. Alexandre s'enfuit en Arabie. pour y trouver quelque protection ; et le roi Ptolémée fut élevé en grande gloire.

17. Mais Zabdiel, prince des Arabes, fit couper la tête à Alexandre, et l'envoya à Ptolémée.

18. Trois jours après le roi Ptolémée mourut ; et ses gens qui étaient dans les forteresses furent tués par ceux du camp.

19. Démétrius rentra donc dans son royaume en la cent soixante-septième année.

20. En ce même temps Jonathas assembla ceux qui étaient dans la Judée, pour prendre la forteresse de Jérusalem ; et ils dressèrent plusieurs machines de guerre pour la forcer.

21. Mais quelques méchants qui haïssaient leur nation allèrent trouver le roi Démétrius, et lui rapportèrent que Jonathas assiégeait la forteresse.

22. Démétrius l'ayant su, entra en colère ; il vint aussitôt à Ptolémaïde, et il écrivit à Jonathas de ne point assiéger la forteresse, mais de le venir trouver promptement pour conférer avec lui.

23. Jonathas ayant reçu cette lettre, commanda qu'on continuât le siége ; et il choisit quelques-uns des anciens du peuple et des prêtres, et il alla avec eux s'exposer au péril.

24. Il prit avec lui quantité d'or et d'argent, de riches vêtements, et beaucoup d'autres présents, et se rendit près du roi à Ptolémaïde, et il trouva grâce devant lui.

25. Quelques hommes perdus de sa nation formèrent encore des plaintes et des accusations contre lui.

26. Mais le roi le traita comme l'avaient traité les princes ses prédécesseurs, et l'éleva en grand honneur à la vue de ses amis.

27. Il le confirma dans la souveraine sacrificature, et dans toutes les autres marques d'honneur qu'il avait eues auparavant, et le fit le premier de tous ses amis.

28. Jonathas supplia le roi de donner la franchise et l'immunité à la Judée, aux trois toparchies, à Samarie, et à tout son territoire ; et il lui promit trois cents talents.

29. Le roi y consentit ; et il fit expédier des lettres-patentes à Jonathas, touchant toutes ces affaires, qui étaient conçues en ces termes :

30. Le Roi Démétrius, à son frère Jonathas, et à la nation des Juifs, salut.

31. Nous vous avons envoyé une copie de la lettre que nous avons écrite à Lasthène, notre père, touchant ce qui vous regarde, afin que vous en fussiez informés.

32. Le Roi Démétrius, à Lasthène, son père, salut.

33. Nous avons résolu de faire du bien à la nation des Juifs, qui sont nos amis, et qui nous conservent la fidélité qu'ils nous doivent, à cause de la bonne volonté qu'ils ont pour nous.

34. Nous avons donc ordonné que les trois villes Lyda, Ramatha et Aphœrema, qui sont annexées à la Judée du territoire dé Samarie, avec toutes leurs appartenances, soient destinées pour les prêtres de Jérusalem, au lieu des impositions que le roi en retirait chaque année, et de ce qui lui revenait des fruits de la terre et des arbres.

35. Nous leur remettons aussi, dès à présent, les autres choses qui nous appartenaient, comme les dîmes et les tributs ; et de même les impôts des salines, et les couronnes qu'on nous apportait.

36. Nous leur donnons toutes ces choses ; et cette concession demeurera ferme dès maintenant, et pour toujours.

37. Ayez donc soin de faire faire une copie de cette ordonnance, et qu'elle soit donnée à Jonathas, et qu'on l'expose sur la montagne sainte, en un lieu où elle soit vue de tout le monde.

38. Le roi Démétrius voyant que tout son royaume était paisible, et que rien ne lui résistait, congédia toute son armée, et renvoya chacun en sa maison, excepté les troupes étrangères qu'il avait levées des peuples des îles ; et ceci lui attira la haine de toutes les troupes qui avaient servi ses pères.

39. Alors Tryphon, qui avait été auparavant du parti d'Alexandre, voyant que tous les gens murmuraient contre Démétrius, alla trouver Émalchuel, roi des Arabes, qui nourrissait auprès de lui Antiochus, fils d'Alexandre ;

40. Et il le pressa longtemps afin qu'il lui donnât ce jeune prince, pour le faire régner en la place de son père : il lui rapporta tout ce que Démétrius avait fait, et la haine que les gens de guerre avaient conçue contre lui ; et il demeura longtemps en ce lieu.

41. Cependant Jonathas envoya vers Démétrius, pour le prier de chasser ceux qui étaient en garnison dans la forteresse de Jérusalem, et dans les autres forteresses, parce qu'ils faisaient beaucoup de maux à Israël.

42. Démétrius envoya dire à Jonathas : Non seulement je ferai pour vous, et pour votre nation, ce que vous me demandez, mais je vous élèverai en gloire, vous et votre peuple, aussitôt que le temps me le permettra.

43. Vous ferez donc maintenant une action de justice de m'envoyer de vos gens pour me secourir, parce que toute mon armée m'a abandonné.

44. Alors Jonathas envoya à Antioche trois mille hommes très-vaillants qui vinrent trouver le roi ; et le roi reçut une grande joie de leur arrivée.

45. En ce même temps il s'assembla, des habitants de la ville, six-vingt mille hommes qui voulaient tuer le roi.

46. Le roi s'enfuit dans le palais ; et ceux de la ville se saisirent de toutes les rues, et commencèrent à l'attaquer.

47. Le roi fit venir les Juifs à son secours, et ils s'assemblèrent tous près de lui, et firent des courses dans la ville ;

48. Et ils tuèrent en ce jour-là cent mille hommes : ils mirent aussi le feu à la ville, en remportèrent un grand butin, et délivrèrent le roi.

49. Ceux de la ville, voyant que les Juifs s'en étaient rendus les maîtres pour y faire tout ce qu'ils voulaient, demeurèrent tout consternés ; et étant venus crier miséricorde au roi, ils lui firent cette prière :

50. Tendez-nous une main favorable, et que les Juifs cessent de nous attaquer, nous et notre ville.

51. Ils mirent en même temps les armes bas, et firent la paix. Les Juifs s'acquirent une grande gloire dans l'esprit du roi et de ceux de son royaume ils devinrent célèbres dans tout le royaume, et revinrent à Jérusalem chargés de dépouilles.

52. Le roi Démétrius fut ainsi affermi sur son trône et dans son royaume ; et tout le pays demeura paisible.

53. Mais ce prince ne tint rien de tout ce qu'il avait promis ; il s'éloigna de Jonathas, et bien loin de lui témoigner aucune reconnaissance de toutes les obligations qu'il lui avait, il lui fit même tout le mal qu'il put.

54. Après cela Tryphon revint, et avec lui le jeune Antiochus, qui commença à se faire reconnaître pour roi. et qui se mit le diadème sur la tête.

55. Toutes les troupes que Démétrius avait congédiées s'assemblèrent aussitôt pris d'Antiochus ; elles combattirent contre Démétrius, qui fut défait, et qui s'enfuit.

56. Tryphon se saisit alors des éléphants, et se rendit maître d'Antioche.

57. Le jeune Antiochus écrivit ensuite à Jonathas en ces termes : Je vous confirme dans la souveraine sacrificature, et je vous établis sur les quatre villes, afin que vous soyez des amis du roi.

58. Il lui envoya des vases d'or pour son service, et lui donna le pouvoir de boire dans une coupe d'or, d'être vêtu de pourpre, et de porter une agrafe d'or ;

59. Et il établit son frère Simon gouverneur depuis la côte de Tyr jusqu'aux frontières de l'Egypte.

60. Jonathas alla ensuite dans les villes qui sont au-delà du fleuve, et toute l'armée de Syrie vint à son secours ; il marcha vers Ascalon, et ceux de la ville vinrent au-devant de lui en lui faisant de grands honneurs.

61. Il alla de là à Gaza ; mais ceux de la ville lui fermèrent les portes : il y mit le siège, et il pilla et brûla tous les environs de la ville.

62. Alors ceux de Gaza demandèrent à Jonathas à capituler, et il le leur accorda ; il prit leurs fils pour otages, et les envoya à Jérusalem ; et il alla dans tout le pays jusqu'à Damas.

63. Mais ayant appris que les généraux de Démétrius étaient venus avec une armée puissante soulever ceux de la ville de Cadès, qui est en Galilée, pour l'empêcher de se mêler davantage de ce qui regardoit le royaume de Syrie,

64. Il marcha au-devant d'eux, et laissa dans la province son frère Simon.

65. Simon mit le siège devant Bethsura, et il l'attaqua longtemps, et tint ceux qui étaient dedans investis.

66. Ils lui demandèrent ensuite à faire composition, et il le leur accorda ; il les fit sortir hors de la ville, s'en rendit le maître, et y mit garnison.

67. Jonathas vint avec son armée sur le bord de l'eau de Génésar ; et s'étant levés la nuit, ils se rendirent avant le jour dans la plaine d'Asor.

68. Il y trouva l'armée des étrangers qui venaient au-devant de lui, et qui lui dressaient des embuscades sur les montagnes ; il marcha droit à eux.

69. Et cependant ceux qui étaient cachés sortirent de leur embuscade, et vinrent charger ses gens.

70. Tous ceux du côté de Jonathas s'enfuirent sans qu'il en demeurât un seul, sinon Mathathias, fils d'Absalom, et Judas, fils de Calphi, général de son armée.

71. Alors Jonathas déchira ses vêtements, se mit de la terre sur la tête, et fit sa prière.

72. Et Jonathas retourna au combat, chargea les ennemis, et les fit fuir devant lui, et ils furent mis en déroute.

73. Et ses gens qui avaient fui le voyant combattre, revinrent le joindre, et poursuivirent avec lui les ennemis jusqu'à Cadès où était leur camp ; et ils ne passèrent pas plus loin.

74. Il demeura sur la place en ce jour-là trois mille hommes de l'armée des étrangers ; et Jonathas retourna à Jérusalem.

CHAPITRE XII.

Jonathas renouvelle l'alliance avec les Romains et les Lacédémoniens. Il fortifie Jérusalem. Trahison de Tryphon.

1. Jonathas voyant que le temps lui était favorable, choisit des hommes qu'il envoya à Rome, pour affermir et renouveler l'amitié avec les Romains.

2. Il envoya aussi vers les Lacédémoniens et en d'autres lieux des lettres toutes semblables.

3. Ses gens allèrent donc à Rome, et étant entrés dans le sénat, ils dirent : Jonathas, grand-prêtre, et le peuple juif, nous ont envoyés pour renouveler avec vous l'amitié et l'alliance, selon qu'elle a été faite auparavant entre nous.

4. Et les Romains leur donnèrent des lettres adressées à leurs officiers dans chaque province, pour les faire conduire en paix jusqu'au pays de Juda.

5. Voici la copie des lettres que Jonathas écrivit aux Lacédémoniens :

6. Jonathas, grand-prêtre, les anciens de la nation, les prêtres, et le reste du peuple juif, aux Lacédémoniens leurs frères, salut.

7. Il y a déjà longtemps qu'Arius, qui régnait à Lacédémone, envoya des lettres au grand-prêtre Onias, qui témoignaient que vous êtes nos frères, comme on peut le voir par la copie de ces lettres que nous avons jointe à celles-ci.

8. Et Onias reçut avec grand honneur celui que le roi avait envoyé, et ses lettres où il lui parlait de cette alliance et de cette amitié que nous avons avec vous.

9. Quoique nous n'eussions aucun besoin de ces choses, ayant pour notre consolation les saints livres qui sont entre nos mains,

10. Nous avons mieux aimé néanmoins envoyer vers vous pour renouveler cette amitié et cette union fraternelle, de peur que nous ne devenions comme étrangers à votre égard, parce qu'il s'est déjà passé beaucoup de temps depuis que vous avez envoyé vers nous.

11. Sachez donc que nous n'avons jamais cessé depuis ce temps-là de nous souvenir de vous dans les fêtes solennelles, et les autres jours où cela se doit, dans les sacrifices que nous offrons, et dans toutes nos saintes cérémonies, selon qu'il est du devoir et de la bienséance de se souvenir de ses frères.

12. Nous nous réjouissons de la gloire dans laquelle vous vivez.

13. Mais pour nous autres, nous nous sommes vus dans de grandes afflictions et en diverses guerres ; et les rois qui nous environnent nous ont souvent attaqués.

14. Cependant nous n'avons voulu être à charge ni à vous, ni à nos autres alliés, dans tous ces combats ;

15. Car nous avons reçu du secours du ciel, nous avons été délivrés, et nos ennemis se sont vus humiliés.

16. Ayant donc choisi Numénius, fils d'Antiochus, et Antipater, fils de Jason, pour les envoyer vers les Romains renouveler l'alliance et l'amitié ancienne que nous avons avec eux ;

17. Nous leur avons donné ordre d'aller aussi vers vous, de vous saluer de notre part, et de vous rendre nos lettres touchant le renouvellement de notre union fraternelle.

18. C'est pourquoi vous ferez bien de répondre à ce que nous vous avons écrit.

19. Voici la copie des lettres qu'Arius avait envoyées à Onias :

20. Abius, roi des Lacédémoniens, au grand-prêtre Onias, salut.

21. Il a été trouvé ici, dans un écrit touchant les Lacédémoniens et les Juifs, qu'ils sont frères, et qu'ils sont tous de la race d'Abraham.

22. Maintenant donc que nous avons su ces choses, vous ferez bien de nous écrire si toutes choses sont en paix parmi vous.

23. Et voici ce que nous vous avons écrit nous autres : Nos bestiaux, et tous nos biens, sont à vous ; et les vôtres sont à nous : c'est ce que nous avons ordonné qu'on vous déclarât de notre part.

24. Cependant Jonathas apprit que les généraux de l'armée de Démétrius étaient revenus pour le combattre avec une armée beaucoup plus grande qu'auparavant.

25. Ainsi il partit de Jérusalem, et alla au-devant d'eux dans le pays d'Amathite, parce qu'il ne voulait pas leur donner le temps d'entrer sur ses terres.

26. Et il envoya dans leur camp des espions, qui rapportèrent qu'ils avaient résolu de le venir surprendre pendant la nuit.

27. Après donc que le soleil fut couché, Jonathas commanda à ses gens de veiller, et de se tenir toute la nuit sous les armes et prêts à combattre ; et il mit des gardes autour du camp.

28. Les ennemis ayant su que Jonathas se tenait avec ses gens prêt au combat, eurent peur, et leurs cœurs furent saisis de frayeur ; ainsi ayant allumé des feux dans leur camp, ils se retirèrent.

29. Jonathas, et ceux qui étaient avec lui, voyant ces feux allumés, ne s'aperçurent point de leur retraite jusqu'au matin.

30. Et Jonathas les poursuivit ; mais il ne put les atteindre, parce qu'ils avaient déjà passé le fleuve Éleuthère.

31. Il marcha de là vers les Arabes, qui sont appelés Zabadéens ; il les défit, et en rapporta les dépouilles.

32. Il partit ensuite de là, et vint à Damas ; et il faisait des courses dans tout le pays.

33. Cependant Simon alla jusqu'à Ascalon, et jusqu'aux forteresses voisines ; il marcha de là vers Joppé, et la prit ;

34. Car il avait su qu'ils voulaient livrer la place à ceux du parti de Démétrius ; et il y mit garnison pour garder la ville.

35. Jonathas étant revenu, assembla les anciens du peuple, et il résolut avec eux de bâtir des forteresses dans la Judée,

36. De bâtir les murs de Jérusalem, et de faire aussi élever un mur d'une très-grande hauteur entre la forteresse et la ville, afin que la forteresse en fût séparée, et sans communication, et que ceux de dedans ne pussent ni acheter ni vendre.

37. On s'assembla donc pour bâtir la ville ; et la muraille qui était le long du torrent du côté de l'orient étant tombée, Jonathas la rétablit, et elle fut appelée Caphetetha.

38. Simon bâtit aussi Adiada dans la plaine de Séphéla, et la fortifia ; et il y mit des portes et des serrures.

39. Mais Tryphon ayant résolu de se faire roi d'Asie, de prendre le diadème, et de tuer le roi Antiochus,

40. Et craignant que Jonathas ne l'en empêchât, et ne lui déclarât la guerre, cherchait les moyens de se saisir de sa personne, et de le tuer. Il s'en alla donc dans cette pensée à Bethsan.

41. Jonathas marcha au-devant de lui avec quarante mille hommes de guerre choisis, et vint à Bethsan.

42. Tryphon voyant que Jonathas était venu avec une grande armée pour le combattre, fut saisi de crainte ;

43. Il le reçut avec grand honneur, le recommanda à tous ses amis, lui fit des présents, et ordonna à toute son armée de lui obéir comme à lui-même.

44. Il dit ensuite à Jonathas : Pourquoi avez-vous fatigué inutilement tout ce peuple, puisque nous n'avons point de guerre ensemble ?

45. Renvoyez-les donc dans leurs maisons : choisissez seulement quelque peu d'entre eux pour être avec vous, venez avec moi à Ptolémaïde, et je vous la mettrai entre les mains, avec les autres forteresses, les troupes, et tous ceux qui ont la conduite des affaires, et je m'en retournerai ensuite ; car c'est pour cela que je suis venu.

46. Jonathas le crut, et fit ce qu'il lui avait dit ; il renvoya ses gens, qui s'en retournèrent au pays de Juda.

47. Il ne retint avec lui que trois mille hommes, dont il renvoya encore deux mille en Galilée ; et mille l'accompagnèrent.

48. Aussitôt que Jonathas fut entré dans Ptolémaïde, ceux de la ville fermèrent les portes, et le prirent ; et ils passèrent au fil de l'épée tous ceux qui étaient venus avec lui.

49. Et Tryphon envoya ses troupes et sa cavalerie en Galilée et dans la grande plaine, pour tuer tous ceux qui avaient accompagné Jonathas.

50. Mais ceux-ci, ayant appris que Jonathas avait été arrêté, et qu'il avait péri avec tous ceux qui l'accompagnaient, s'encouragèrent les uns les autres, et se présentèrent pour combattre avec une grande assurance.

51. Ceux qui les avaient poursuivis, les voyant très-résolus à vendre bien cher leur vie, s'en retournèrent :

52. Ainsi ils revinrent tous dans le pays de Juda sans être attaqués. Ils pleurèrent beaucoup Jonathas, et ceux qui étaient avec lui, et tout Israël en fit un grand deuil.

53. Alors tous les peuples dont ils étaient environnés firent un nouvel effort pour les perdre, en disant :

54. Ils n'ont aucun chef qui les commande, ni personne qui les assiste ; attaquons-les donc maintenant, exterminons-les, et effaçons leur nom de la mémoire des hommes.

CHAPITRE XIII.

Simon succède à Jonathas. Antiochus est tué par Tryphon ; la ville de Gaza est prise.

1. Cependant Simon fut averti que Tryphon avait levé une grande armée pour venir tout ravager dans le pays de Juda.

2. Et voyant le peuple saisi de frayeur, il monta à Jérusalem, et fit assembler tout le monde.

3. Il leur dit pour les encourager : Vous savez combien nous avons combattu, mes frères et moi, et toute la maison de mon père, pour nos lois et pour le saint temple, et en quelles afflictions nous nous sommes vus :

4. C'est pour cela que tous mes frères sont péris en voulant sauver Israël ; et je suis demeuré seul.

5. Mais à Dieu ne plaise que je veuille épargner ma vie tant que nous serons dans l'affliction ! car je ne suis pas meilleur que mes frères.

6. Je vengerai donc mon peuple et le sanctuaire, nos enfants et nos femmes, parce que toutes les nations se sont assemblées pour nous opprimer, par la seule haine qu'elles nous portent.

7. À ces paroles tout le peuple fut animé de courage ;

8. Ils lui répondirent en haussant leur voix : Vous être notre chef en la place de Judas et de Jonathas, votre frère :

9. Conduisez-nous dans nos combats ; et nous ferons tout ce que vous nous ordonnerez.

10. Aussitôt il fit assembler tous les gens de guerre, et il rebâtit en diligence toutes les murailles de Jérusalem, et la fortifia tout autour.

11. Il envoya Jonathas, fils d'Absasalom, à Joppé, avec une nouvelle armée ; et après qu'il en eut chassé tous ceux qui étaient dedans, il y demeura avec ses troupes.

12. Cependant Tryphon partit de Ptolémaïde avec une grande armée, pour venir dans le pays de Juda ; et il menoit avec lui Jonathas qu'il avait retenu prisonnier.

13. Simon se campa près d'Addus, vis-à-vis de la plaine.

14. Et Tryphon ayant su que Simon avait été établi en la place de Jonathas, son frère, et qu'il se disposait à lui livrer bataille, lui envoya des ambassadeurs,

15. Et lui fit dire : Nous avons retenu Jonathas, votre frère, parce qu'il devait de l'argent au roi, à cause des affaires dont il a eu la conduite.

16. Mais envoyez-moi présentement cent talents d'argent, et ses deux fils pour otages, et pour assurance qu'étant mis en liberté il ne s'enfuira pas vers nos ennemis, et nous vous le renverrons.

17. Quoique Simon reconnût qu'il ne lui parlait ainsi que pour le tromper, il commanda néanmoins que l'on envoyât l'argent avec les enfants, de peur d'attirer sur lui une grande haine de la part du peuple d'Israël, qui aurait dit :

18. Jonathas est péri, parce qu'on n'a pas envoyé cet argent et ses enfants.

19. Il envoya donc et les enfants et les cent talents ; et Tryphon manqua à sa parole, et ne renvoya point Jonathas.

20. Il entra ensuite dans le pays pour tout ravager ; et il tourna par le chemin qui mène à Ador ; mais Simon le côtoyoit avec son armée par tous les lieux où il marchoit.

21. Alors ceux qui étaient dans la forteresse envoyèrent des gens à Tryphon, pour le prier de se hâter de venir par le désert, et de leur envoyer des vivres.

22. Tryphon tint toute sa cavalerie prête pour partir cette nuit-là même ; mais comme il y avait une grande quantité de neige, il n'alla point au pays de Galaad.

23. Et lorsqu'il fut proche de Bascaman, il tua là Jonathas avec ses fils.

24. Ensuite tournant visage tout d'un coup, il s'en retourna en son pays.

25. Alors Simon envoya quérir les os de son frère Jonathas, et les ensevelit à Modin, qui était la ville de ses pères.

26. Tout Israël fit un grand deuil à sa mort, et ils le pleurèrent pendant plusieurs jours.

27. Et Simon fit élever sur le sépulcre de son père et de ses frères un haut édifice qu'on voyait de loin, dont toutes les pierres étaient polies devant et derrière.

28. Il fit dresser sept pyramides, dont l'une répondait à l'autre : une à son père, une à sa mère, et quatre à ses frères.

29. Il fit dresser tout autour de grandes colonnes ; et sur les colonnes, des armes, pour servir d'un monument éternel ; et auprès des armes, des navires en sculpture, pour être vus de loin par tous ceux qui navigueraient sur la mer.

30. C'est là le sépulcre qu'il fit à Modin, et que l'on voit encore.

31. Or Tryphon, étant en voyage avec le jeune roi Antiochus, le tua en trahison.

32. Et il régna en sa place, s'étant mis sur la tête le diadème d'Asie ; et il fit de grands maux dans tout le pays.

33. Simon cependant réparait les places de la Judée, les fortifiant avec de autes tours, de grandes murailles, des portes et des serrures ; et il faisait mettre des vivres dans tous les lieux fortifiés.

34. Il choisit aussi des hommes qu'il envoya vers le roi Démétrius, le priant de rétablir la Judée dans ses franchises, parce que toute la conduite de Tryphon n'avait été jusqu'alors qu'une violence et un brigandage.

35. Le roi Démétrius répondit à la demande qu'il lui avait faite, et lui récrivit en ces termes :

36. Le Roi Démétrius, à Simon, grand-prêtre et ami des rois, aux anciens, et à tout le peuple des Juifs, salut.

37. Nous avons reçu la couronne et la palme d'or que vous nous avez envoyées ; et nous sommes disposés à faire avec vous une paix solide et durable, et à écrire à nos intendants qu'ils vous fassent les remises selon les grâces que nous vous avons accordées.

38. Tout ce que nous avons ordonné en votre faveur, demeurera ferme et inviolable ; les places que vous avez fortifiées seront à vous.

39. Nous pardonnons aussi toutes les fautes et les manquements qui auraient pu se commettre jusqu'à aujourd'hui ; nous vous déchargeons de la couronne que vous deviez : que si l'on payait quelque autre impôt dans Jérusalem, on ne le paiera plus à l'avenir.

40. S'il s'en trouve parmi vous qui soient propres à être enrôlés dans nos troupes, ils y entreront ; et nous voulons qu'il y ait entre nous une bonne paix.

41. En l'année cent soixante-dixième, Israël fut affranchi du joug des nations.

42. Et le peuple d'Israël commença à mettre cette inscription sur les tables et sur les registres publics : La première année sous Simon, souverain pontife, grand chef et prince des Juifs.

43. Vers ce temps-là Simon alla mettre le siège devant Gaza, l'investit avec son armée, dressa des machines, s'approcha des murailles de la ville, et en ayant attaqué une tour, il l'emporta.

44. Ceux qui étaient dans une de ces machines, étant entrés tout d'un coup dans la ville, il s'excita un grand tumulte parmi le peuple.

45. Ceux de la ville vinrent donc, avec leurs femmes et leurs enfants, sur les murailles, ayant leurs habits déchirés ; et ils jetèrent de grands cris, en demandant à Simon qu'il les reçût à composition,

46. Et lui disant : Ne nous traitez pas selon notre malice, mais selon vos miséricordes.

47. Simon, touché de compassion, ne voulut point les exterminer ; mais il les chassa seulement hors de la ville, et il purifia les maisons où il y avait eu des idoles ; il entra ensuite dans Gaza, en chantant des hymnes, et bénissant le Seigneur :

48. Et après qu'il eut ôté de la ville toutes les impuretés, il y établit des hommes pour y observer la loi ; il la fortifia, et il y fit sa demeure.

49. Or ceux qui étaient dans la forteresse de Jérusalem, ne pouvant ni en sortir, ni entrer dans le pays, ni rien acheter, ni rien vendre, parce qu'on les en empêchait, sévirent réduits à une grande famine, et plusieurs d'entre eux moururent de faim :

50. Ils crièrent donc vers Simon pour lui demander composition ; et il la leur accorda ; il les chassa de la forteresse, et la purifia de toutes souillures.

51. Simon et ses gens y entrèrent ensuite le vingt-troisième du second mois, l'année cent soixante et onzième, ayant à la main des branches de palmes, et louant Dieu avec des harpes, des cymbales et des lyres, et chantant des hymnes et des cantiques, parce qu'un grand ennemi avait été exterminé d'Israël.

52. Et il ordonna que ces jours se célébreraient tous les ans avec grande réjouissance.

53. Il fortifia aussi la montagne du temple qui était près de la forteresse, et il y habita avec ses gens.

54. Ensuite Simon voyant que Jean, son fils, était un homme de guerre très-vaillant, le fit général de toutes les troupes ; et Jean demeura à Gaza.

CHAPITRE XIV.

Démétrius est fait prisonnier par le roi de Perse. Les Romains et les Lacédémoniens renouvellent l'alliance avec les Juifs.

1. En la cent soixante-douzième aimée, le roi Démétrius assembla son armée, et s'en alla en Médie, pour s'y fortifier par un nouveau secours, et être en état de combattre contre Tryphon.

2. Et Arsacès, roi des Perses et des Mèdes, ayant appris que Démétrius était entré sur ses états, envoya l'un des généraux de ses armées pour le prendre vif, et le lui amener.

3. Il marcha donc contre Démétrius, défit son armée, le prit, et le mena à Arsacès, qui le fit mettre en prison.

4. Tout le pays de Judée demeura paisible pendant tout le temps de Simon ; il ne chercha qu'à faire du bien a sa nation, et sa puissance et sa gloire furent agréables aux Juifs tant qu'il vécut.

5. Outre toutes les actions glorieuses qu'il fit, il prit Joppé, pour lui servir de port, et il en fit un passage pour aller dans les îles de la mer.

6. Il étendit les limites de sa nation, et se rendit maître de tout le pays.

7. Il fit un grand nombre de prisonniers ; il s'empara de Gazara, de Bethsura, et de la forteresse de Jérusalem ; il en ôta toutes les impuretés, et il n'y avait personne qui lui résistât.

8. Chacun cultivait alors sa terre en paix ; le pays de Juda était couvert de blé, et les arbres de la campagne produisaient leurs fruits.

9. Les vieillards étaient tous assis dans les places publiques, et s'entretenaient de l'abondance des biens de la terre ; les jeunes hommes se paraient de vêtements magnifiques et d'habits de guerre.

10. Il distribuait des vivres dans les villes, et il en faisait des places d'armes ; enfin son nom devint célèbre jusqu'aux extrémités de la terre.

11. Il établit la paix dans tout son pays, et tout Israël fut comblé de joie.

12. Chacun se tenait assis sous sa vigne et sous son figuier ; et nul n'était en état de leur donner de la crainte.

13. Il ne se trouva plus dans le pays aucun ennemi qui osât les attaquer ; et les rois furent abattus dans tout ce temps-là.

14. Il protégea tous les pauvres de son peuple, il fut zélé pour l'observation de la loi, et il extermina tous les injustes et tous les méchants :

15. Il rétablit la gloire du sanctuaire, et il multiplia les vases saints.

16. Or la nouvelle de la mort de Jonathas ayant été portée jusqu'à Rome, et à Lacédémone, ils en furent fort affligés.

17. Mais lorsqu'ils apprirent que Simon, son frère, avait été fait grand-prêtre en sa place, et qu'il était maître de tout le pays et de toutes les villes,

18. Ils lui écrivirent sur des tables d'airain, pour renouveler l'amitié et l'alliance qu'ils avaient faite avec Judas et Jonathas, ses frères.

19. Ces lettres furent lues dans Jérusalem devant tout le peuple. Et voici ce que contenaient celles que les Lacédémoniens envoyèrent :

20. Les Princes et les villes des Lacédémoniens, à Simon, grand-prêtre, aux anciens, aux prêtres, et à tout le peuple des Juifs, leurs frères, salut.

21. Les ambassadeurs que vous avez envoyés vers notre peuple nous ayant informés de la gloire, de l'honneur, et de la joie où vous êtes présentement, nous nous sommes réjouis beaucoup de leur arrivée.

22. Et nous avons écrit en ces termes dans les registres publics ce qu'ils nous avaient dit de votre part : Numénius, fils d'Antiochus, et Antipater, fils de Jason, sont venus nous trouver pour renouveler l'ancienne amitié qui est entre nous.

23. Et le peuple a trouvé bon de recevoir ces ambassadeurs avec grand honneur, et d'écrire leurs paroles dans les registres publics, afin qu'elles servent de monument au peuple de Lacédémone. Et nous avons envoyé une copie de cet écrit à Simon, grand-prêtre.

24. Après cela Simon envoya à Rome Numénius avec un grand bouclier d'or du poids de mille mines, pour renouveler l'alliance avec eux. Ce que le peuple romain ayant appris,

25 Il dit : Comment témoignerons nous notre reconnaissance à Simon et à ses fils ?

26. Car il a rétabli ses frères, et il a exterminé d'Israël ses ennemis ; et ils lui donnèrent le privilège d'une entière liberté ; et cela fut écrit sur des tables d'airain, et mis dans une inscription publique sur la montagne de Sion.

27. Voici ce que contenait cet écrit : Le Dix-huitième jour du mois d'élul, l'an cent soixante-douze, la troisième année sous Simon, grand-prêtre,

28. Cette déclaration fut faite à Asaramel, dans la grande assemblée des prêtres et du peuple, des premiers de la nation et des

anciens du pays : Tout le monde sait que le pays de Judée ayant été affligé de beaucoup de guerres,

29. Simon, fils de Mathathias, de la race de Jarib, et ses frères, se sont abandonnés au péril, et ont résisté aux ennemis de leur nation, pour soutenir leur saint temple et leur loi, et ont élevé leur peuple en grande gloire.

30. Jonathas a rassemblé ceux de sa nation, est devenu leur grand-pontife, et a été réuni à son peuple.

31. Et les ennemis des Juifs se sont efforcés ensuite de les fouler aux pieds, de ravager leur pays, et de profaner leur saint temple.

32. Mais Simon leur a résisté alors ; il a combattu pour son peuple ; il a distribué beaucoup d'argent ; il a armé les plus vaillants de sa nation, et les a entretenus à ses dépens.

33. Il a fortifié les villes de Judée, et la ville de Bethsura qui était sur la frontière de Judée, dont les ennemis avaient fait auparavant leur place d'armes ; et il y a mis une garnison de Juifs.

34. Il a fortifié Joppé sur la côte de la mer, et Gazara qui est sur la frontière d'Azot, où les ennemis demeuraient auparavant ; il y a mis des Juifs pour les garder, et les a pourvues de toutes les choses nécessaires pour leur défense.

35. Le peuple a vu la conduite de Simon, et tout ce qu'il faisait pour relever la gloire de sa nation ; et ils l'ont établi leur chef, et prince des prêtres, parce qu'il avait fait toutes ces choses, qu'il avait conservé toujours la justice et une exacte fidélité envers son peuple, et qu'il s'était efforcé par toute sorte de moyens de relever l'honneur de sa nation.

36. Les affaires ont réussi de son temps très-heureusement sous sa conduite, en sorte que les étrangers ont été bannis du pays d'Israël, et qu'il a chassé de la ville de David et de la forteresse de Jérusalem ceux qui y étaient en garnison, qui faisaient des sorties. profanaient tout aux environs du sanctuaire, et faisaient une grande plaie à la pureté et sainteté des lieux :

37. Et il y a établi des Juifs pour la sûreté du pays et de la ville, et a relevé les murs de Jérusalem.

38. Le roi Démétrius l'a confirmé dans la souveraine sacrificature ;

39. Et en même temps il l'a déclaré son ami, et l'a élevé dans une haute gloire.

40. Car il avait su que les Romains avaient appelé les Juifs leurs amis, leurs alliés, et leurs frères, et qu'ils avaient reçu avec grand honneur les ambassadeurs de Simon,

41. Que les Juifs et les prêtres avaient consenti qu'il fût leur chef, et leur souverain prêtre pour toujours, jusqu'à ce qu'il s'élevât parmi eux un prophète fidèle ;

42. En sorte qu'ayant sur eux l'autorité de chef, il prit le soin des choses saintes, qu'il établit ceux qui devaient avoir l'intendance sur les ouvrages publics, sur la province, sur les armes, et sur les garnisons ;

43. Qu'il veillât à la garde des lieux saints : que tous lui obéissent ; que tous les actes publics fussent écrits en son nom dans le pays, et qu'il fût vêtu de pourpre et d'or ;

44. Qu'il ne fût permis à aucun ni du peuple, ni des prêtres, de violer aucune de ces choses, ni de contredire à ce qu'il aurait ordonné, ni de convoquer aucune assemblée dans la province sans son autorité, ni de se vêtir de pourpre, et de porter une agrafe d'or ;

45. Et que quiconque agirait contre cette ordonnance, ou en violerait quelque chose, serait tenu pour coupable.

46. Tout le peuple agréa donc que Simon fût établi dans cette grande autorité, et qu'on exécutât tout le contenu de cette déclaration.

47. Simon accepta le gouvernement, et il consentit à faire les fonctions de la souveraine sacrificature, et à être chef et prince de la nation des Juifs et des prêtres, et à avoir le commandement sur toutes choses.

48. Il fut ordonné que cette déclaration serait écrite sur des tables d'airain, qu'on la placerait dans les galeries du temple, en un lieu exposé à la vue de tous ;

49. Et qu'on en mettrait une copie dans le trésor, pour servir à Simon et à ses enfants.

Antiochus assiège Tryphon, puis il rompt l'alliance qu'il avait faite avec Simon.

1. Alors le roi Antiochus, fils de Démétrius, écrivit, des îles qui sont sur la côte de la mer, des lettres à Simon, grand-prêtre et prince des Juifs, et à toute la nation ;

2. Et voici ce que contenaient ces lettres : Le Roi Antiochus, à Simon, grand-prêtre, et à la nation des Juifs, salut.

3. Quelques corrupteurs de nos peuples s'étant rendus maîtres du royaume de nos pères, j'ai entrepris d'y rentrer, et de le rétablir comme il était auparavant ; c'est pourquoi j'ai levé une grande armée de gens choisis, et j'ai fait construire des vaisseaux de guerre.

4. Ainsi j'ai dessein d'entrer dans mes états, pour me venger de ceux qui ont ravagé mes provinces, et qui ont désolé plusieurs villes dans mon royaume.

5. Je vous remets donc maintenant tous les tributs que tous les rois mes prédécesseurs vous ont remis, et je vous confirme dans toutes les immunités qu'ils vous ont données.

6. Je vous permets de faire battre monnaie à votre coin dans votre pays.

7. J'ordonne que Jérusalem soit une ville sainte, et libre, et que vous demeuriez maîtres de toutes les armes que vous avez fait faire, et de toutes les places fortes que vous avez rétablies, et que vous occupez.

8. Toutes les dettes du roi, tant pour le passé que pour l'avenir, depuis ce temps et pour toujours vous sont remises.

9. Et lorsque nous serons rentrés dans la possession de notre royaume, nous relèverons de telle sorte votre gloire, et celle de votre peuple et de votre temple, qu'elle éclatera dans toute la terre.

10. En la cent soixante-quatorzième année, Antiochus entra dans le pays de ses pères, et toutes les troupes vinrent aussitôt se donner à lui, de sorte qu'il n'en demeura que très-peu avec Tryphon.

11. Le roi Antiochus le poursuivit, et il vint à Dora en s'enfuyant le long de la côte de la mer ;

12. Car il vit bien qu'il allait être accablé de malheurs, l'armée l'ayant abandonné.

13. Antiochus vint se camper au-dessus de Dora avec six-vingt mille hommes de guerre et huit mille chevaux ;

14. Et il investit la ville, et fit avancer les vaisseaux qui étaient sur mer ; et il la pressait par mer et par terre, sans permettre que personne y entrât ou en sortît.

15. Cependant Numénius, et ceux qui avaient été avec lui, en revinrent avec des lettres écrites aux rois et aux divers peuples, qui contenaient ce qui suit :

16. Lucius, consul des Romains, au roi Ptolémée, salut.

17. Les ambassadeurs des Juifs qui sont nos amis sont venus vers nous, ayant été envoyés par Simon, prince des prêtres, et par le peuple des Juifs, pour renouveler l'ancienne alliance et amitié qui est entre nous.

18. Ils ont aussi apporté un bouclier d'or de mille mines.

19. Nous avons donc résolu d'écrire aux rois et aux peuples, qu'ils ne leur fassent aucun mal, qu'ils n'attaquent ni eux, ni leurs villes, ni leur pays ; et qu'ils ne donnent aucun secours à ceux qui leur font la guerre.

20. Or nous avons cru devoir recevoir le bouclier qu'ils ont apporté.

21. Si donc quelques gens corrompus sont sortis de leur pays pour se réfugier vers vous, remettez-les entre les mains de Simon, prince des prêtres, afin qu'il en fasse la punition selon sa loi.

22. Ils écrivirent ces mêmes choses au roi Démétrius, à Attale, à Ariarathès, à Arsacès,

23. Et dans tous les pays qui leur étaient alliés ; à Lampsaque, aux Lacédémoniens, à Délos, à Myndos, à Sicyone, en Carie, en Samos, en Pamphylie, en Lycie, à Halicarnasse, à Cos, à Siden, à Aradon, à Rhodes, à Phaselides, à Gortyne, à Gnide, à Chypre, et à Cyrène.

24. Les Romains envoyèrent une copie de ces lettres à Simon, prince des prêtres, et au peuple des Juifs.

25. Or Antiochus mit une seconde fois le siège devant Dora, et la serra toujours de plus près, ayant fait diverses machines ; et il y renferma tellement Tryphon, qu'il n'en pouvait plus sortir.

26. Alors Simon lui envoya un secours de deux mille hommes choisis, avec de l'argent et de l'or et beaucoup de vases précieux ;

27. Mais il ne voulut point les recevoir, et il ne garda aucun des articles du traité qu'il avait fait avec lui auparavant, et s'éloigna tout à fait de lui.

28. Antiochus envoya ensuite Athénobius, l'un de ses confidents, pour traiter avec Simon, et lui dire de sa part : Vous avez entre vos mains Joppé, Gazara, et la forteresse de Jérusalem, qui sont des villes de mon royaume.

29. Vous en avez désolé tous les environs, vous avez fait un grand ravage dans le pays, et vous vous êtes rendus maîtres de beaucoup de lieux qui étaient de ma dépendance.

30. Ou rendez donc maintenant les villes que vous avez prises, et les tributs des différents lieux où vous avez dominé hors les frontières de la Judée :

31. Ou payez pour les villes que vous retenez cinq cents talents d'argent, et pour les dégâts que vous avez faits, et les tributs des villes, cinq cents autres talents d'argent, autrement nous viendrons à vous, et vous traiterons comme ennemis.

32. Athénobius, favori du roi, vint donc à Jérusalem ; il vit la gloire de Simon, l'or et l'argent qui brillaient chez lui de toutes parts, et la magnificence de sa maison, et il en fut fort surpris : il lui rapporta ensuite les paroles du roi.

33. Et Simon lui répondit en ces termes : Nous n'avons point usurpé le pays d'un autre, et nous ne retenons point le bien d'autrui ; mais nous avons seulement repris l'héritage de nos pères, qui avait été possédé injustement par nos ennemis pendant quelque temps.

34. Ainsi le temps nous ayant été favorable, nous nous sommes remis en possession de l'héritage de nos pères.

35. Pour ce qui est des plaintes que vous faites, touchant Joppé et Gazara, c'étaient elles-mêmes qui causaient beaucoup de maux parmi le peuple et dans tout notre pays ; cependant nous sommes prêts à donner cent talents. Athénobius ne lui répondit pas un mot.

36. Mais il retourna tout en colère vers le roi : il lui rapporta cette réponse de Simon, la magnificence où il était, et tout ce qu'il avait vu ; et le roi en fut extraordinairement irrité.

37. Cependant Tryphon s'enfuit par le moyen d'un vaisseau à Orthosiade.

38. Et le roi Antiochus donna à Cendébée le commandement de toute la côte de la mer, avec une armée composée d'infanterie et de cavalerie.

39. Il lui ordonna de marcher contre la Judée, de bâtir Gédor, de boucher les portes de la ville, et de réduire le peuple par la force de ses armes. Cependant le roi alla poursuivre Tryphon.

40. Cendébée étant arrivé à Jamnia, commença à vexer le peuple, à ravager la Judée, à faire un grand nombre de prisonniers, à en tuer d'autres, et à fortifier Gédor.

41. Il y mit de la cavalerie, et des gens de pied, pour faire des courses dans le pays de la Judée, selon que le roi le lui avait commandé.

CHAPITRE XVI.

Cendébée est chassé par les fils de Simon. Ptolémée tue Simon et ses fils, excepté Jean.

1. Jean étant venu de Gazara, avertit Simon, son père, de tout ce que Cendébée avait fait contre leur peuple.

2. Et Simon ayant fait venir ses deux fils aînés, Judas et Jean, il leur dit : Nous avons battu et humilié, mes frères et moi, et toute la maison de mon père, les ennemis d'Israël, depuis notre jeunesse jusqu'à ce jour ; et les affaires ayant réussi sous notre conduite, nous avons délivré Israël diverses fois.

3. Me voilà maintenant devenu vieux, mais prenez ma place, tenez-moi lieu de frères, et allez combattre pour notre peuple ; je prie Dieu qu'il vous envoie son secours du ciel.

4. Après cela il choisit de tout le pays vingt mille hommes de pied et de cavalerie ; et ils marchèrent contre Cendébée, et reposèrent à Modin.

5. Et s'étant levés dès la pointe du jour, ils se rendirent dans la plaine ; et il parut tout d'un coup une grande armée de gens de pied et de cheval qui marchait contre eux, et un torrent séparait les deux armées.

6. Jean fit avancer ses troupes vers eux et voyant que ses gens craignaient de passer le torrent, il le passa le premier ; ce que ses troupes ayant vu, elles le passèrent après lui.

7. Il divisa son infanterie en deux corps, et mit au milieu sa cavalerie ; quant aux ennemis, ils avaient un très-grand nombre de gens de cheval.

8. Dans le moment que l'on eut fait retentir les sacrées trompettes, Cendébée prit la fuite avec toutes ses troupes : plusieurs furent blessés et tués, et le reste s'enfuit dans la forteresse.

9. Judas, frère de Jean, fut blessé en cette occasion ; et Jean poursuivit les ennemis, jusqu'à ce qu'il arrivât à Cédron qu'il avait bâtie.

10. Ils s'enfuirent jusqu'aux tours qui étaient dans la campagne d'Azot, et Jean fit brûler ces tours ; et il y eut deux mille des ennemis qui furent tués ; ensuite Jean retourna en paix en Judée.

11. Or Ptolémée, fils d'Abobus, avait été établi gouverneur de la plaine de Jéricho, et il avait beaucoup d'or et d'argent ;

12. Car il était gendre du grand-prêtre.

13. Et son cœur s'éleva d'orgueil ; il voulait se rendre maître de tout le pays, et il cherchait quelque moyen de se défaire en trahison de Simon et de ses fils.

14. Simon faisait alors la visite des villes qui étaient dans le pays de la Judée, et avait un fort grand soin d'y régler toutes choses. Étant arrivé à Jéricho, lui et ses deux fils Mathathias et Judas, l'an cent soixante-dix-sept, et l'onzième mois appelé sabath.

15. Le fils d'Abobus les reçut avec un mauvais dessein, dans un petit fort qu'il avait fait bâtir, appelé Doch, et il leur fit un grand festin, ayant caché auparavant plusieurs hommes en ce lieu.

16. Après donc que Simon et ses fils eurent fait grande chère, Ptolémée se leva avec ses gens, et ayant pris leurs armes, ils entrèrent dans la salle du festin, et tuèrent Simon, ses deux fils et quelques uns de ses serviteurs.

17. Il commit ainsi dans Israël une grande perfidie, et rendit le mal pour le bien.

18. Ptolémée écrivit ceci au roi, et lui manda de lui envoyer une armée pour le secourir, promettant de lui livrer le pays avec toutes les villes, et de lui payer le tribut.

19. Il envoya en même temps d'autres gens à Gazara pour tuer Jean ; et il écrivit aux officiers de l'armée de venir se joindre à lui, et de recevoir de l'argent et de l'or, et plusieurs présents qu'il voulait leur faire.

20. Il en envoya encore d'autres pour se rendre maîtres de Jérusalem et pour se saisir de la montagne où était le temple.

21. Mais un homme les ayant prévenus arriva à Gazara, et avertit Jean que son père et ses frères avaient été tués par Ptolémée, et qu'il avait envoyé des gens pour le tuer.

22. Cette nouvelle l'effraya extrêmement ; il fit ensuite arrêter ceux qui venaient pour le perdre, et les fit mourir ; car il reconnut qu'ils avaient dessein de le tuer.

23. Le reste de la vie de Jean, ses guerres, les grandes actions qu'il fit avec un courage extraordinaire, le soin qu'il eut de rebâtir les murailles de Jérusalem, et enfin tout ce qu'il fit pendant son gouvernement,

24. Est écrit au livre des annales de son sacerdoce, depuis qu'il fut établi prince des prêtres en la place de son père.

LES

MACHABÉES

LIVRE DEUXIÈME

———

CHAPITRE PREMIER.

Lettre des Juifs de Jérusalem à ceux d'Égypte, dans laquelle ils les prient de célébrer
la fête du renouvellement du temple. Autre lettre pour les exhorter
à célébrer la fête de la découverte du nouveau feu.

Les Juifs qui sont dans Jérusalem et dans le pays de Judée, aux Juifs leurs frères qui demeurent en Égypte, salut et une heureuse paix.

2. Que Dieu vous comble de biens, qu'il se souvienne de l'alliance qu'il a faite avec Abraham, Isaac, Jacob, et ses fidèles serviteurs ;

3. Qu'il vous donne à tous un cœur, afin que vous l'adoriez, et que vous accomplissiez sa volonté avec un cœur vraiment grand, et un esprit plein d'ardeur ;

4. Qu'il ouvre votre cœur à sa loi et à ses préceptes, et qu'il vous donne la paix ;

5. Qu'il exauce vos prières, qu'il se réconcilie avec vous, qu'il ne vous abandonne point dans le temps mauvais !

6. Quant à nous, nous sommes maintenant occupés à prier pour vous.

7. Sous le règne de Déraétrios, l'an cent soixante-neuf, nous vous écrivîmes, nous autres Juifs, dans l'affliction et dans l'accablement des maux qui nous étaient survenus pendant ces années, depuis que Jason se fut retiré de la terre sainte et du royaume.

8. Ils brûlèrent la porte du temple, et ils répandirent le sang innocent : nous priâmes le Seigneur, et nous fûmes exaucés ; nous offrîmes le sacrifice et la fleur de farine, nous allumâmes les lampes, et nous exposâmes les pains.

9. Célébrez donc maintenant la fête des tabernacles du mois de casleu.

10. L'an cent quatre-vingt-huit, le peuple qui est dans Jérusalem et dans la Judée, le sénat et Judas, à Aristobule, précepteur du roi Ptolémée, de la race des prêtres sacrés et aux Juifs qui sont en Égypte, salut et prospérité.

11. Dieu nous ayant délivrés de très-grands périls, nous lui en rendons aussi de très-grandes actions de grâces, pour avoir eu la force de combattre un tel roi.

12. Car ce fut lui qui fit sortir de Perse cette multitude de gens qui combattirent contre nous et contre la ville sainte.

13. Mais ce chef de nos ennemis étant lui-même en Perse avec une armée innombrable, périt dans le temple de Nanée, ayant été trompé par le conseil frauduleux des prêtres de cette idole.

14. Car Antiochus étant venu avec ses amis au temple de cette déesse, comme pour l'épouser, et pour y recevoir de grandes sommes d'argent à titre de dot,

15. Les prêtres de Nanée lui montrèrent tout cet argent ; et après qu'Antiochus fut entré avec peu de gens au-dedans du temple, ils le fermèrent sur lui ;

16. Alors ouvrant une porte secrète du temple, ils l'assommèrent à coups de pierres, lui et ceux qui l'accompagnaient, et mettant leurs corps en pièces, ils leur coupèrent la tête, et les jetèrent dehors.

17. Que Dieu soit béni en toutes choses, lui qui a livré ainsi les impies !

18. Comme donc nous devons célébrer, le vingt-cinquième jour du mois de casleu, la purification du temple, nous avons jugé nécessaire de vous en donner avis, afin que vous célébriez aussi la fête des tabernacles, et la fête du feu qui nous fut donné lorsque Néhémias, après avoir rebâti le temple et l'autel, y offrit des sacrifices.

19. Car lorsque nos pères furent emmenés captifs en Perse, ceux d'entre les prêtres qui craignaient Dieu, ayant pris le feu qui était sur l'autel, le cachèrent secrètement dans une vallée où il y avait un puits qui était profond et à sec, et le mirent là pour être gardé sûrement, comme en effet ce lieu demeura inconnu à tout le monde.

20. Et beaucoup d'années s'étant passées depuis ce temps-là, lorsqu'il plut à Dieu de faire envoyer Néhémias en Judée par le roi de Perse, il envoya les petits-fils de ces prêtres qui avaient caché ce feu, pour le chercher ; et ils ne trouvèrent point ce feu, comme ils nous l'ont dit eux-mêmes, mais seulement une eau épaisse.

21. Alors le prêtre Néhémias leur commanda de puiser cette eau, et de la lui apporter ; et il leur ordonna d'en faire des aspersions sur les sacrifices, sur le bois, et sur ce qu'on avait mis dessus.

22. Ce qui ayant été fait, et le soleil, qui était auparavant caché d'un nuage ayant commencé à luire, il s'alluma un grand feu, qui remplit d'admiration tous ceux qui étaient présents.

23. Cependant tous les prêtres faisaient la prière à Dieu, jusqu'à ce que le sacrifice fût consumé, Jonathas commençant, et les autres lui répondant.

24. Et Néhémias priait en ces termes : Seigneur, Dieu créateur de toutes choses, terrible et fort, juste et miséricordieux, qui êtes le seul bon roi,

25. Seul excellent, seul juste, tout-puissant, et éternel, qui délivrez Israël de tout mal, qui avez choisi nos pères, et qui les avez sanctifiés ;

26. Recevez ce sacrifice pour tout votre peuple d'Israël ; conservez et sanctifiez ceux que vous avez rendus votre portion et votre héritage.

27. Rassemblez tous nos frères dispersés ; délivrez ceux qui sont sous l'esclavage des Gentils ; regardez favorablement ceux qui sont devenus un objet de mépris et d'abomination, afin que les nations connaissent que vous êtes notre Dieu.

28. Affligez ceux qui nous oppriment, et qui nous outragent avec orgueil ;

29. Et établissez votre peuple dans votre saint lieu, selon que Moïse l'a prédit.

30. Cependant les prêtres chantaient des hymnes et des cantiques, jusqu'à ce que le sacrifice fût consumé.

31. Et le sacrifice étant consumé, Néhémias ordonna que l'on répandît ce qui restait de cette eau sur les grandes pierres.

32. Ce qu'on n'eut pas plus tôt fait, qu'il s'y alluma une grande flamme ; mais elle fut consumée par la lumière qui reluisait de dessus l'autel.

33. Lorsque cet événement fut rendu public, on rapporta au roi de Perse qu'au même lieu où les prêtres qui avaient été emmenés captifs avaient caché le feu sacré, on avait trouvé une eau, dont Néhémias, et ceux qui étaient avec lui, avaient purifié les sacrifices.

34. Le roi, après avoir considéré ce qu'on lui disait, et s'être assuré par une recherche exacte de la vérité de la chose, fit bâtir en ce même lieu un temple.

35. Et se tenant assuré de ce prodige, il donna aux prêtres de grands biens, et leur fit divers présents, qu'il leur distribuait de sa propre main.

36. Néhémias appela ce lieu Nephthar, c'est-à-dire purification ; mais il y en a plusieurs qui l'appellent Néphi.

CHAPITRE II.

Suite de la lettre des Juifs de Jérusalem à ceux d'Egypte. Préface de l'abréviateur de Jason, auteur de cette histoire.

1. Or on trouve dans les écrits du prophète Jérémie, qu'il commanda à ceux qui allaient de Judée en un pays étranger, de prendre le feu sacré, comme on l'a marqué auparavant, et qu'il

leur donna des préceptes, lorsqu'ils étaient sur le point d'être transférés ;

2. Et il leur enjoignit très-expressément de n'oublier pas les ordonnances du Seigneur, et de ne pas tomber dans l'égarement d'esprit en voyant les idoles d'or et d'argent, avec tous leurs ornements ;

3. Et que leur donnant encore divers avis, il les exhortait à n'éloigner jamais de leur cœur la loi de Dieu.

4. Il était aussi marqué dans le même écrit, que ce prophète, par un ordre particulier qu'il avait reçu de Dieu, commanda qu'on emportât avec lui le tabernacle, et l'arche, jusqu'à ce qu'il fût arrivé à la montagne sur laquelle Moïse avait monté, et d'où il avait vu l'héritage du Seigneur.

5. Et Jérémie y étant arrivé, y trouva une caverne, où il mit le tabernacle, l'arche, et l'autel des encensements ; et il en boucha l'entrée.

6. Or quelques uns de ceux qui l'avaient suivi, s'étant approchés pour remarquer ce lieu, ne purent le trouver.

7. Et Jérémie l'ayant su, les blâma, et dit que ce lieu demeurerait inconnu jusqu'à ce que Dieu eût rassemblé son peuple dispersé, et qu'il lui eût fait miséricorde ;

8. Et qu'alors le Seigneur ferait voir ces choses, que la majesté du Seigneur paraîtrait de nouveau, et qu'il y aurait une nuée, selon qu'elle avait paru à Moïse, et qu'elle fut manifestée lorsque Salomon demanda que le temple fût sanctifié pour le grand Dieu.

9. Car il faisait éclater sa sagesse d'une manière magnifique ; et il offrit le sacrifice de la dédicace et de la consommation du temple, comme un homme qui était rempli de sagesse.

10. Comme Moïse pria le Seigneur, et que le feu descendit du ciel, et consuma l'holocauste ; ainsi Salomon pria, et le feu descendit du ciel, et consuma l'holocauste.

11. Et Moïse dit : Parce que l'hostie qui a été offerte pour le péché n'a point été mangée, elle a été consumée par le feu.

12. Salomon célébra aussi pendant huit jours la dédicace du temple.

13. Ces mêmes choses se trouvent aussi dans les écrits et dans les mémoires de Néhémias, où l'on voit qu'il fit une bibliothèque, ayant rassemblé de divers pays les livres des prophètes, ceux de David, et les lettres des Rois, et ce qui regardait les dons faits au temple.

14. Judas a encore recueilli tout ce qui s'était perdu pendant la guerre que nous avons eue, et ce recueil est entre nos mains.

15. Que si vous désirez d'avoir ces écrits, envoyez-nous des personnes qui puissent vous les porter.

16. Nous vous avons donc écrit, étant sur le point de célébrer la purification : et vous ferez bien de célébrer cette fête comme nous.

17. Or nous espérons que Dieu, qui a délivré son peuple, qui a rendu à tous leur héritage, et rétabli le royaume. le sacerdoce, et le lieu saint,

18. Selon qu'il l'avait promis dans la loi, nous fera bientôt miséricorde, et nous rassemblera de tous les pays qui sont sous le ciel, dans son saint lieu.

19. Car il nous a délivrés de grands périls, et il a purifié son temple.

20. Nous avons dessein d'écrire ce qui regarde Judas Machabée et ses frères ; la manière dont le grand temple a été purifié, et dont la dédicace de l'autel s'est faite ;

21. Comme aussi les combats qui se sont donnés sous Ântiochus l'Illustre, et sous son fils Eupator ;

22. Et les faveurs éclatantes qu'ont reçues du ciel ceux qui ont combattu pour les Juifs avec un si grand courage, qu'étant peu de gens, ils se sont rendus maîtres de tout le pays, et ont mis en fuite un grand nombre de barbares ;

23. Et ont recouvré le plus fameux temple qui soit dans le monde, ont délivré la ville de servitude, et remis en vigueur les lois qui avaient été abolies, le Seigneur les ayant favorisés par toutes sortes de témoignages de sa bonté ;

24. Enfin nous avons tâché de rapporter en abrégé dans un seul livre, ce qui a été écrit en cinq livres par Jason le Cyrénéen.

25. Car ayant considéré que la multitude des livres rend l'histoire difficile à ceux qui veulent l'apprendre, à cause de ce grand nombre de choses qu'on leur représente,

26. Nous avons tâché d'écrire celle-ci de telle sorte, qu'elle pût plaire à ceux qui voudraient la lire ; qu'elle se pût retenir facilement par ceux qui sont plus studieux, et qu'elle pût généralement être utile à tous ceux qui la liraient.

27. Or en nous engageant à faire cet abrégé, nous n'avons pas entrepris un ouvrage qui soit aisé, mais un travail qui demande une grande application et beaucoup de peine.

28. Nous l'entreprenons néanmoins avec joie, en considérant l'avantage de plusieurs, comme ceux qui étant chargés de préparer un festin, s'étudient à satisfaire les autres.

29. Nous nous reposons de la vérité des choses sur les auteurs qui les ont écrites ; mais pour nous, nous travaillerons seulement à les abréger, selon le dessein que nous avons pris.

30. Car comme un architecte qui entreprend de bâtir une nouvelle maison est appliqué à en régler toute la structure ; et qu'un peintre cherche seulement ce qui est propre à l'embellir, on doit juger de nous de la même sorte.

31. Il est en effet du devoir de celui qui compose une histoire, d'en recueillir les différentes matières, de les raconter dans un certain ordre, et de rechercher avec un grand soin les circonstances particulières de ce qu'il raconte :

32. Mais on ne doit pas trouver mauvais que celui qui fait un abrégé affecte d'être court dans ce qu'il écrit, et qu'il évite de s'étendre en de longs discours.

33. Nous commencerons donc ici notre narration, et nous finirons notre préface ; car il y aurait de la folie d'être long avant que de commencer une histoire, et d'être court dans l'histoire même.

CHAPITRE III.

Bonheur des Juifs sous le pontificat d'Onias. Simon, préfet du temple, rapporte à Séleucus, roi de Syrie, qu'il y a de grands trésors dans le temple. Héliodore est envoyé pour les enlever. Dieu le châtie par la main des anges.

1. La cité sainte jouissant donc d'une paix parfaite, et les lois y étant exactement observées, à cause de la piété du grand-prêtre Onias, et de la haine qu'il avait dans le cœur contre tout mal,

2. Il arrivait de là que les rois mêmes et les princes se croyaient obligés d'avoir pour le lieu saint une grande vénération, et ornaient le temple de riches présents ;

3. En sorte que Séleucus, roi d'Asie, faisait fournir de son domaine toute la dépense qui regardait le ministère des sacrifices.

4. Mais Simon, qui était de la tribu de Benjamin, et qui commandait à la garde du temple, s'efforçait de faire quelque entreprise injuste dans la ville, malgré la résistance qu'y apportait le prince des prêtres.

5. Et voyant qu'il ne pouvait vaincre Onias, il alla trouver Apollonius, Gls de Tharsée, qui commandait en ce temps-là dans la Célésyrie et dans la Phénicie ;

6. Il lui déclara qu'il y avait dans Jérusalem des sommes infinies d'argent ramassées dans un trésor ; que ces sommes étaient immenses et destinées pour les affaires publiques, et non pour la dépense des sacrifices ; et qu'on pourrait bien trouver le moyen de faire tomber tous ces trésors entre les mains du roi.

7. Apollonius ayant donné au roi cet avis qu'il avait reçu touchant cette grande quantité d'argent, le roi fit venir Héliodore qui était son premier ministre, et l'envoya avec ordre de faire transporter tout cet argent.

8. Héliodore se mit aussitôt en chemin, comme pour visiter les villes de Célésyrie et de Phénicie, mais véritablement dans le dessein d'exécuter l'intention du roi.

9. Étant arrivé à Jérusalem, et ayant été reçu dans la ville par le grand-prêtre avec toute sorte d'honnêteté, il lui déclara l'avis qu'on avait donné au roi touchant cet argent, et le vrai sujet de son voyage ; et il demanda si ce que l'on avait dit était véritable.

10. Alors le grand-prêtre lui représenta que cet argent était en dépôt dans le temple, et que c'était la subsistance des veuves et des orphelins ;

11. Qu'une partie même de cet argent, dont l'impie Simon avait donné avis, appartenait à Hircan-Tobie, qui était un homme de grande considération ; et que toute cette somme consistait en quatre cents talents d'argent, et en deux cents talents d'or ;

12. Qu'au reste, il était absolument impossible de tromper ceux qui avaient cru ne pouvoir mieux assurer leur argent, que de le mettre en dépôt dans un temple qui était en vénération à toute la terre pour sa sainteté.

13. Mais Héliodore, insistant sur les ordres qu'il avait reçus du roi, répondit qu'il fallait, à quelque prix que ce fût, que cet argent fût porté au roi.

14. Il entra donc dans le temple le jour qu'il avait marqué pour exécuter cette entreprise. Cependant toute la ville était remplie de crainte et d'effroi.

15. Les prêtres se prosternaient au pied de l'autel avec leurs robes sacerdotales, et ils invoquaient celui qui est dans le ciel, et qui a fait la loi touchant les dépôts, le priant de conserver les dépôts de ceux qui les avaient mis dans son temple.

16. Mais nul ne pouvait regarder le visage du grand-prêtre, sans être blessé jusqu'au cœur ; car le changement de son teint et de sa couleur marquait clairement la douleur intérieure de son âme.

17. Une certaine tristesse répandue dans tout son extérieur, et l'horreur même dont son corps paraissait comme tout saisi, découvraient à ceux qui le regardaient quelle était la plaie de son cœur.

18. Plusieurs accouraient aussi en troupe de leurs maisons, conjurant Dieu, par des prières publiques, de ne permettre pas qu'un lieu si saint fût exposé au mépris.

19. Les femmes, revêtues de cilices qui les couvraient jusqu'à la ceinture, allaient en foule par les rues ; les filles mêmes, qui demeuraient auparavant renfermées, couraient les unes vers Onias, les autres vers les murailles du temple, et quelques unes regardaient par les fenêtres :

20. Toutes adressaient leurs prières à Dieu en étendant leurs mains vers le ciel ;

21. Et c'était vraiment un spectacle digne de pitié, de voir toute cette multitude confuse de peuple, et le grand-prêtre accablé d'affliction dans l'attente où ils étaient de ce qui arriverait.

22. Pendant que les prêtres invoquaient le Dieu tout-puissant, afin qu'il conservât inviolable le dépôt de ceux qui le leur avaient confié,

23. Héliodore ne pensait qu'à exécuter son dessein, étant lui-même présent avec ses gardes à la porte du trésor.

24. Mais l'esprit du Dieu tout-puissant se fit voir alors par des marques bien sensibles, en sorte que tous ceux qui avaient osé obéir à Héliodore étant renversés par une vertu divine, furent tout d'un coup frappés d'une frayeur qui les mit tout hors d'eux-mêmes.

25. Car ils virent paraître un cheval, sur lequel était monté un homme terrible, habillé magnifiquement, et qui, fondant avec impétuosité sur Héliodore, le frappa en lui donnant plusieurs coups des deux pieds de devant ; et celui qui était monté dessus semblait avoir des armes d'or.

26. Deux autres jeunes hommes parurent en même temps, pleins de force et de beauté, brillants de gloire, et richement vêtus, qui, se tenant aux deux côtés d'Héliodore, le fouettaient chacun de son côté, et le frappaient sans relâche.

27. Héliodore tomba donc tout d'un coup par terre étant tout enveloppé d'obscurité et de ténèbres ; et ayant été mis dans une chaise, on l'emporta de là, et on le chassa hors du temple.

28. Ainsi celui qui était entré dans le trésor avec un grand nombre d'archers et de gardes, était emporté sans que personne le pût secourir, la vertu de Dieu s'étant fait connaître manifestement.

29. Cette vertu divine le réduisit à être couché par terre, sans voix et sans aucune espérance de vie.

30. Mais les autres bénissaient le Seigneur, de ce qu'il relevait la gloire de son lieu saint ; et le temple, qui était rempli auparavant de frayeur et de tumulte, retentit ensuite d'allégresse et de cris de joie, le Seigneur y ayant fait paraître sa toute-puissance.

31. Alors quelques uns des amis d'Héliodore se hâtèrent de supplier Onias de vouloir invoquer le Très-Haut, afin qu'il donnât la vie à celui qui était réduit à l'extrémité.

32. Le grand-prêtre considérant que le roi pourrait peut-être soupçonner les Juifs d'avoir commis quelque attentat contre Héliodore, offrit pour sa guérison une hostie salutaire.

33. Et lorsque le grand-prêtre faisait sa prière, les mêmes jeunes hommes, revêtus des mêmes habits, se présentèrent à Héliodore, et lui dirent : Rendez grâces au grand-prêtre Onias ; car le Seigneur vous a donné la vie à cause de lui.

34. Ayant donc été ainsi châtié de Dieu, annoncez à tout le monde ses merveilles et sa puissance. Après avoir dit ces paroles, ils disparurent.

35. Héliodore ayant offert une hostie à Dieu, et fait des vœux et de grandes promesses à celui qui lui avait redonné la vie, rendit grâces à Onias, alla rejoindre ses troupes, et retourna vers le roi.

36. Il rendait témoignage à tout le monde des œuvres du grand Dieu, qu'il avait vues de ses yeux.

37. Et le roi lui demandant qui lui paraissait propre pour être encore envoyé à Jérusalem, il lui répondit :

38. Si vous avez quelque ennemi, ou quelqu'un qui ait formé des desseins sur votre royaume, envoyez-le en ce lieu, et vous le verrez revenir déchiré de coups, si néanmoins il en revient, parce qu'il y a véritablement quelque vertu divine dans ce temple.

39. Car celui qui habite dans le ciel est lui-même présent en ce lieu ; il en est le protecteur, et il frappe de plaies et fait périr ceux qui y viennent pour faire du mal.

40. Voilà donc ce qui se passa à l'égard d'Héliodore, et la manière dont le trésor fut conservé.

CHAPITRE IV.

Calomnie de Simon. Jason est fait grand-prêtre par Antiochus Épiphane. Ce prince est reçu a Jérusalem ; Ménélaüs enlève a son frère Jason la souveraine sacrificature. Mort d'Onias. Châtiment contre Andronique son meurtrier. Lysimaque est lapidé par le peuple ; Ménélaüs rachète sa vie par une somme d'argent.

1. Mais Simon, qui avait, comme on l'a dit, donné l'avis touchant cet argent, et qui s'était déclaré contre sa patrie, décriait Onias par ses médisances, comme si c'eût été lui qui eût inspiré à Héliodore ce qu'il avait fait, et qu'il eût été la cause de tous ces maux ;

2. Et il osoit faire passer pour traître au royaume le protecteur de la ville, le défenseur de sa nation, et l'observateur très-zélé de la loi de Dieu.

3. Mais comme cette inimitié passa jusqu'à un tel excès, qu'il se commettait même des meurtres par quelques amis de Simon ;

4. Onias considérant les suites dangereuses de ces querelles, et l'emportement d'Apollonius, qui, ayant l'autorité de gouverneur dans la Célésyrie et dans la Phénicie, secondait et fortifiait encore la malice de Simon, il alla trouver le roi,

5. Non pour accuser ses concitoyens, mais pour soutenir l'intérêt commun de tout son peuple, qu'il se proposait uniquement.

6. Car il voyait bien qu'il était impossible de pacifier les choses autrement que par l'autorité royale, et qu'il n'y avait que ce seul moyen pour faire cesser les folles entreprises de Simon.

7. Mais après la mort de Séleucus, Antiochus, surnommé l'Illustre, lui ayant succédé dans le royaume, Jason, frère d'Onias, tâchait d'usurper le souverain sacerdoce ;

8. Étant venu pour cela trouver le roi, et lui promettant trois cent soixante talents d'argent, et quatre-vingts talents d'autres revenus ;

9. Et de plus cent cinquante autres talents, si on lui donnait pouvoir d'établir une académie pour la jeunesse, et de faire les habitants de Jérusalem citoyens de la ville d'Antioche.

10. Le roi lui accorda ce qu'il demandait ; mais il n'eut pas plus tôt obtenu la principauté, qu'il commença à faire prendre à ceux de son pays les mœurs et les coutumes des Gentils.

11. Jason abolit les privilèges que la clémence et la bonté des rois avaient accordés aux Juifs par l'entremise de Jean, père d'Eupolémus, qui avait été envoyé en ambassade vers les Romains, pour renouveler l'amitié et l'alliance des Juifs avec eux ; et il renversa les ordonnances légitimes de ses concitoyens, pour en établir d'injustes et de corrompues.

12. Car il eut la hardiesse de bâtir un lieu d'exercice public sous la forteresse même, et d'exposer les jeunes hommes les plus accomplis en des lieux infâmes.

13. Ce qui n'était pas seulement un commencement, mais un grand progrès de la vie païenne et étrangère, causé par la méchanceté détestable et inouïe de l'impie Jason, usurpateur du nom de grand-prêtre :

14. Les prêtres mêmes ne s'attachant plus aux fonctions de l'autel, méprisant le temple, et négligeant les sacrifices, couraient aux jeux de la lutte, aux spectacles qui se représentaient, et aux exercices du palet.

15. Ils ne faisaient aucun état de tout ce qui était en honneur dans leur pays, et ne croyaient rien de plus grand que d'exceller en tout ce qui était en estime parmi les Grecs.

16. Il s'excitait pour cela une dangereuse émulation entre eux ; ils étaient jaloux des coutumes de ces païens, et affectaient d'être en tout semblables à ceux qui avaient été auparavant les mortels ennemis de leur pays.

17. Car on ne viole point impunément les lois de Dieu, comme on le verra clairement par la suite de cette histoire.

18. Un jour que l'on célébrait à Tyr les jeux qui se font de cinq ans en cinq ans, et le roi étant présent,

19. L'impie Jason envoya de Jérusalem des hommes couverts de crimes porter trois cents drachmes d'argent pour le sacrifice d'Hercule ; mais ceux mêmes qui les apportaient demandèrent qu'elles ne fussent pas employées à ces sacrifices, parce qu'on ne devait pas en faire un tel usage, et qu'on s'en servit pour d'autres dépenses.

20. Ainsi elles furent offertes pour le sacrifice d'Hercule par celui qui les avait envoyées ; mais à cause de ceux qui les apportèrent, on les employa pour la construction des galères.

21. Cependant Apollonius, fils de Mnesthéus, ayant été envoyé en Égypte, à cause des grands de la cour du roi Ptolémée Philométor, lorsque Antiochus eut reconnu qu'on l'avait entièrement éloigné du gouvernement des affaires du royaume, songeant à procurer ses intérêts propres, il partit de là, vint à Joppé, et ensuite à Jérusalem.

22. Il fut reçu magnifiquement par Jason et par toute la ville, et il y fit son entrée à la lumière des flambeaux et parmi les acclamations publiques ; et il retourna de là en Phénicie avec son armée.

23. Trois ans après, Jason envoya Ménélaüs, frère de Simon, dont il a été parlé auparavant, pour porter de l'argent au roi, et pour, savoir sa réponse sur des affaires importantes.

24. Mais Ménélaüs s'étant acquis la bienveillance du roi, par la manière dont il le flatta en relevant la grandeur de sa puissance, il trouva moyen de faire retomber entre ses mains la souveraine sacrificature, en donnant trois cents talents d'argent par-dessus ce que Jason en avait donné.

25. Et ayant reçu les ordres du roi, il s'en revint, n'ayant rien qui fût digne du sacerdoce, et n'apportant que le cœur d'un cruel tyran, et la colère d'une bête farouche.

26. Ainsi Jason, qui avait surpris son propre frère, fut trompé lui-même ; et ayant été chassé, il se réfugia au pays des Ammonites.

27. Ménélaüs entra de cette sorte dans la souveraine sacrificature ; mais il ne se mit point en peine d'envoyer au roi l'argent qu'il lui avait promis, quoique Sostrate, qui commandait dans la forteresse, le pressât d'en faire le paiement,

28. Comme ayant l'intendance des tributs ; c'est pourquoi ils reçurent tous deux un ordre de se rendre auprès du roi.

29. La dignité de grand-prêtre fut ôtée à Ménélaüs, et Lysimaque, son frère, lui succéda dans cette charge ; et le gouvernement de Chypre fut donné à Sostrate.

30. Pendant que ces choses se passaient, ceux de Tharse et de Mallo excitèrent une sédition, parce qu'ils avaient été donnés à Antiochide, concubine du roi.

31. Le roi y vint en grande hâte pour les apaiser, ayant laissé pour son lieutenant un des grands de sa cour, nommé Andronique.

32. Mais Ménélaüs, croyant que cette occasion lui était favorable, déroba du temple quelques vases d'or, et en donna une partie à Andronique, ayant vendu les autres à Tyr, et dans les villes voisines.

33. Onias ayant su ceci très-certainement, le reprochait à Ménélaüs, se tenant cependant à Antioche, dans un lieu sûr près de Daphné.

34. C'est pourquoi Ménélaüs alla trouver Andronique, et le pria de tuer Onias. Andronique étant donc venu ou était Onias, et lui ayant persuadé, par la parole qu'il lui donna avec serment, quoiqu'il le tînt pour suspect, de sortir de l'asile où il était, il le tua aussitôt, sans avoir aucune crainte de la justice.

35. Aussi, non seulement les Juifs, mais les autres nations mêmes, en conçurent de l'indignation, et ne pouvaient supporter l'injustice de la mort d'un si grand homme.

36. C'est pourquoi le roi étant revenu de Cilicie, les Juifs avec les Grecs l'allèrent trouver à Antioche, et lui firent leurs plaintes de ce meurtre si injuste d'Onias.

37. Antiochus fut saisi de tristesse au fond du cœur à cause de la mort d'Onias ; il fut touché de compassion, et il répandit des larmes, se souvenant de la sagesse et de la modération qui avaient toujours éclaté dans sa conduite.

38. Et entrant en une grande colère contre Andronique, il commanda qu'on le dépouillât de la pourpre, qu'on le menât par toute la ville, et que ce sacrilège fût tué au même lieu où il avait commis cette impiété contre Onias ; le Seigneur rendant ainsi à ce misérable la punition qu'il avait si justement méritée.

39. Or Lysimaque ayant commis plusieurs sacrilèges dans le temple, par le conseil de Ménélaüs, et le bruit s'en étant répandu lorsqu'il en avait déjà emporté quantité d'or, une grande multitude de peuple se souleva contre Lysimaque.

40. Comme donc ceux de la ville se soulevaient, et qu'ils étaient animés d'une grande colère, Lysimaque arma environ trois mille hommes, et commença à user de violence, ayant pour chef un certain tyran également avancé en âge et consommé en malice.

41. Mais, lorsque le peuple vit que Lysimaque les attaquait de cette sorte, les uns prirent des pierres, les autres de gros bâtons, et quelques-uns jetèrent de la cendre contre lui.

42. Il y eut beaucoup de ses gens blessés, et quelques-uns de tués, et tous furent mis en fuite ; et le sacrilège fut aussi tué lui-même près du trésor.

43. On commença donc à accuser Ménélaüs de tous ces désordres.

44. Et le roi étant venu à Tyr, trois députés, envoyés par les anciens de la ville, lui vinrent porter leurs plaintes sur cette affaire.

45. Ménélaüs voyant qu'il succomberait sous cette accusation, promit à Ptolémée une grande somme d'argent, pour l'engager à parler au roi en sa faveur.

46. Ptolémée ayant donc été trouver le roi lorsqu'il s'était mis dans un vestibule comme pour se rafraîchir, il le fit changer de résolution ;

47. Et ce prince, déclarant Ménélaüs innocent, quoiqu'il fût coupable de toutes sortes de crimes, condamna en même temps à la mort ces pauvres députés, qui auraient été jugés innocents par des Scythes mêmes, s'ils avaient plaidé leur cause devant eux.

48. Ainsi ceux qui avaient soutenu les intérêts de la ville et du peuple, et le respect dû aux vases sacrés, furent punis aussitôt contre toute sorte de justice.

49. C'est pourquoi les Tyriens mêmes étant touchés d'indignation, se montrèrent fort généreux dans la sépulture honorable qu'ils leur rendirent.

50. Cependant Ménélaüs se maintenait dans l'autorité, à cause de l'avarice de ceux qui étaient puissants près du roi, et il croissait en malice, ne travaillant qu'à dresser des piéges à ses concitoyens.

CHAPITRE V.

Expédition d'Antiochus Épiphane contre l'Égypte. Prodiges qui effraient les Juifs. Jason revient à Jérusalem, et commet diverses violences. Judas Machabée se sauve dans le désert.

1. En ce temps-là Antiochus se préparait pour faire une seconde fois la guerre en Égypte.

2. Or il arriva que l'on vit dans toute la ville de Jérusalem, pendant quarante jours, des hommes à cheval qui couraient en l'air, habillés de drap d'or, et armés de lances comme des troupes de cavalerie ;

3. Des chevaux rangés par escadrons qui couraient les uns contre les autres ; des combats de main à main ; des boucliers agités ; une multitude de gens armés de casques et d'épées nues ; des dards lancés, des armes d'or toutes brillantes, et des cuirasses de toutes sortes.

4. C'est pourquoi tous priaient Dieu que ces prodiges tournassent à leur avantage.

5. Mais comme un faux bruit de la mort d'Antiochus se fut répandu, Jason, ayant pris mille hommes avec lui, vint attaquer tout d'un coup la ville ; et quoique les citoyens accourussent de tous côtés aux murailles, il se rendit enfin maître de la ville, et Ménélaüs s'enfuit dans la forteresse.

6. Cependant Jason fit un grand carnage, sans songer à épargner ses concitoyens ; il ne considérait point que c'est un très-grand malheur d'être heureux dans la guerre qu'on fait à ses proches ; et il croyait remporter un trophée de ses ennemis, et non de ses concitoyens.

7. Il ne put pas néanmoins se mettre en possession de la principauté, mais tout le fruit de sa trahison et de sa malice fut sa propre confusion, et il se vit obligé de s'enfuir de nouveau, et de se retirer au pays des Ammonites.

8. Il fut enfin mis en prison par Arétas, roi des Arabes, qui le voulait perdre ; d'où s'étant sauvé, et fuyant de ville en ville, haï de tout le monde comme un violateur de toutes les lois, comme un homme exécrable, comme un ennemi déclaré de sa patrie et de ses concitoyens, il fut chassé en Égypte ;

9. Ainsi celui qui avait chassé tant de personnes hors de leur pays, périt lui-même hors du sien, étant allé à Lacédémone, pour y trouver quelque refuge, à cause de la parenté ;

10. Et comme il avait fait jeter les corps de plusieurs sans les faire ensevelir, le sien fut jeté de même sans être ni pleuré, ni enseveli, et sans qu'il ait pu trouver de tombeau, ni dans son pays, ni parmi les étrangers.

11. Ces choses s'étant passées de la sorte, le roi s'imagina que les Juifs pourraient bien abandonner l'alliance qu'ils avaient faite avec lui ; ainsi il partit d'Égypte plein de fureur, et ayant emporté la ville de Jérusalem par force,

12. Il commanda à ses soldats de tuer tout, de n'épargner aucun de ceux qu'ils rencontreraient, et de monter même dans les maisons pour y égorger tout ce qui s'y trouverait.

13. Ils firent donc un carnage général des jeunes hommes et des vieillards, des femmes et de leurs enfants ; et ni les filles, ni les plus petits enfants ne purent éviter la mort.

14. Il en fut tué quatre-vingt mille en trois jours ; quarante mille furent faits captifs, et il n'y en eut pas moins de vendus.

15. Mais comme si cette cruauté n'eut pas suffi à Antiochus, il osa même entrer dans le temple qui était le lieu le plus saint de toute la terre, ayant pour conducteur Ménélaüs, l'ennemi des lois et de sa patrie ;

16. Et prenant avec ses mains criminelles les vases sacrés, que les autres rois et les villes avaient placés en ce lieu saint, pour en être l'ornement et la gloire, il les maniait d'une manière indigne, et les profanait.

17. Ainsi Antiochus, ayant perdu toute la lumière de l'esprit, ne considérait pas que si Dieu faisait éclater pour un peu de temps sa colère contre les habitants de cette ville, c'était à cause de leurs péchés, et que c'était pour cela qu'un lieu si saint avait été exposé à cette profanation ;

18. Car autrement, s'ils n'avaient été coupables de plusieurs crimes, ce prince, à l'exemple d'Héliodore, qui fut envoyé par le roi Séleucus pour piller le trésor, aurait été fouetté comme lui au moment de son arrivée, et empêché d'exécuter son entreprise insolente.

19. Mais Dieu n'a pas choisi le peuple à cause du temple ; il a choisi au contraire le temple à cause du peuple.

20. C'est pourquoi ce lieu saint a eu part aux maux qui sont arrivés au peuple, comme il aura part aussi aux biens qu'il doit recevoir ; et après avoir été quelque temps abandonné à cause de la colère du Dieu tout-puissant, il sera encore élevé à une souveraine gloire, lorsque le grand Dieu se réconciliera avec son peuple.

21. Antiochus, ayant donc emporté du temple dix-huit cents talents, s'en retourna promptement à Antioche, s'abandonnant à un tel excès d'orgueil, et s'élevant dans le cœur d'une manière si extravagante, qu'il s'imaginait pouvoir naviguer sur la terre, et faire marcher ses troupes sur la mer.

22. Il laissa aussi des hommes qu'il établit en autorité, afin qu'ils affligeassent le peuple ; savoir, dans Jérusalem, Philippe, originaire de Phrygie, plus cruel que celui qui l'y avait établi ;

23. Et à Garizim, Andronique et Ménélaüs, plus acharnés que tous les autres à faire du mal à leurs concitoyens.

24. Ménélaüs, étant plein de haine contre les Juifs, leur envoya le détestable Apollonius, avec une armée de vingt-deux mille hommes qu'il commandait, et lui donna ordre de tuer tous ceux qui seraient dans un âge parfait, et de vendre les femmes et les jeunes hommes.

25. Lors donc qu'il fut arrivé à Jérusalem, il feignit de ne chercher que la paix, et il demeura en repos jusqu'au saint jour de sabbat ; mais lorsque les Juifs se tenaient dans le repos auquel le sabbat les obligeait, il commanda à ses gens de prendre les armes.

26. Il tailla en pièces tous ceux qui étaient venus pour le regarder ; et courant par toute la ville avec ses soldats, il tua un grand nombre dp personnes.

27. Cependant Judas Machabée s'était retiré, lui dixième, en un lien désert, où il vivait avec les siens sur les montagnes, parmi les bêtes ; ils demeuraient là sans manger autre chose que l herbe des champs, afin de ne prendre point de part à ce qui souillait les autres.

CHAPITRE VI.

Jupiter Olympien placé dans le temple de Jérusalem, et Jupiter hospitalier dans celui de Garitim. Martyre du vieillard Éléazar.

1. Peu de temps après, le roi envoya un certain vieillard d'Antioche, pour forcer les Juifs à abandonner les lois de Dieu et celles de leur pays ;

2. Pour profaner le temple de Jérusalem, et l'appeler le temple de Jupiter Olympien ; et pour donner au temple de Garizim le nom de Jupiter l'étranger, comme l'étaient ceux qui habitaient en ce lieu.

3. Ainsi l'on vit fondre tout d'un coup sur tout le peuple comme un déluge terrible de toutes sortes de maux ;

4. Car le temple était rempli de dissolutions et de festins de débauche des Gentils, d'hommes impudiques, mêlés avec des courtisanes et des femmes qui entraient insolemment dans ces lieux sacrés, y portant des choses qu'il était défendu d'y porter.

5. L'autel était plein aussi de viandes impures, qui sont interdites par nos lois.

6. On ne gardait point le jour de sabbat, on n'observait plus les fêtes solennelles du pays, et nul n'osait plus avouer simplement qu'il était Juif.

7. Ils étaient menés par une dure nécessité aux sacrifices le jour de la naissance du roi ; et lorsque l'on célébrait la fête de Bacchus,

on les contraignait d'aller par les rues couronnés de lierre, en l'honneur de ce faux dieu.

8. Les Ptolémées suggérèrent aussi et furent cause qu'on publia un édit dans les villes prochaines des Gentils, pour les obliger d'agir de la même sorte contre les Juifs, et de les contraindre à sacrifier ;

9. Ou de tuer ceux qui ne voudraient point embrasser les coutumes des Gentils. Ainsi on ne voyait que misère.

10. Car deux femmes ayant été accusées d'avoir circoncis leurs enfants, furent menées publiquement par toute la ville, ayant ces enfants pendus à leurs mamelles, et ensuite précipitées du haut des murailles.

11. D'autres s'étant assemblés en des cavernes voisines, et y célébrant secrètement le jour du sabbat, comme Philippe en fut averti, il les fit tous consumer par les flammes, n'ayant osé se défendre à cause du grand respect qu'ils avaient pour l'observation du sabbat.

12. Je conjure ceux qui liront ce livre de ne se scandaliser point de tant d'horribles malheurs, mais de considérer que tous ces maux sont arrivés, non pour perdre, mais pour-châtier notre nation.

13. Car c'est la marque d'une grande miséricorde de Dieu envers les pécheurs, de ne les laisser pas longtemps vivre selon leurs désirs, mais de les châtier promptement.

14. En effet, le Seigneur n'agit pas à notre égard comme à l'égard des autres nations, qu'il souffre avec patience, se réservant à les punir dans la plénitude de leurs péchés, lorsque le jour du jugement sera arrivé ;

15. Et il n'attend pas de même, pour nous punir, que nos péchés soient montés à leur comble.

16. Ainsi il ne retire jamais sa miséricorde de dessus nous ; et parmi les maux dont il afflige son peuple pour le châtier, il ne l'abandonne point.

17. Après avoir dit ce peu de paroles pour l'instruction des lecteurs, il faut reprendre maintenant ma narration.

18. Éléazar, l'un des premiers docteurs de la loi, qui était un vieillard d'un visage vénérable, fut pressé de manger de la chair de pourceau, et on voulait l'y contraindre en lui ouvrant la bouche par force.

19. Mais lui, préférant une mort pleine de gloire à une vie criminelle, alla volontairement et de lui-même au supplice.

20. Considérant ce qu'il lui faudrait souffrir en cette rencontre, et demeurant ferme dans la patience, il résolut de ne rien faire contre la loi pour l'amour de la vie.

21. Ceux qui étaient présents, touchés d'une injuste compassion, à cause de l'ancienne amitié qu'ils avaient pour lui, le prirent à part, et le supplièrent de trouver bon qu'on lui apportât des viandes dont il lui était permis de manger, afin qu'on pût feindre qu'il avait mangé des viandes du sacrifice, selon le commandement du roi,

22. Et qu'on le sauvât ainsi de la mort : ils usaient donc de cette espèce d'humanité à son égard par un effet de l'ancienne affection qu'ils lui portaient.

23. Mais pour lui il commença à considérer ce que demandaient de lui un âge et une vieillesse si vénérable, ces cheveux blancs qui accompagnaient la grandeur d'âme qui lui était naturelle, et cette vie innocente et sans tache qu'il avait menée depuis son enfance ; et il répondit aussitôt, selon les ordonnances de la loi sainte établie de Dieu, qu'il aimait mieux descendre dans le tombeau.

24. Car il n'est pas digne de l'âge où nous sommes, leur dit-il, d'user de cette fiction, qui serait cause que plusieurs jeunes hommes, s'imaginant qu'Éléazar, à l'âge de quatre-vingt-dix ans, aurait passé de la vie des Juifs à celle des païens,

25. Seraient eux-mêmes trompés par cette feinte dont j'aurais usé pour conserver un petit reste de vie corruptible ; et ainsi j'attirerais une tache honteuse sur moi, et l'exécration des hommes sur ma vieillesse.

26. Car, encore que je me délivrasse présentement des supplices des hommes, je ne pourrais néanmoins fuir la main du Tout-Puissant, ni pendant ma vie, ni après ma mort.

27. C'est pourquoi mourant courageusement, je paraîtrai digne de la vieillesse où je suis ;

28. Et je laisserai aux jeunes gens un exemple de fermeté, en souffrant avec constance et avec joie une mort honorable pour le culte sacré de nos lois très-saintes. Aussitôt qu'il eut achevé ces paroles, on le traîna au supplice.

29. Et ceux qui le conduisaient ayant paru auparavant plus doux envers lui, passèrent tout d'un coup dans une grande colère, à cause de ces paroles qu'il avait dites, qu'ils attribuaient à orgueil.

30. Lorsqu'il était près de mourir des coups dont on l'accablait, il jeta un grand soupir, et il dit : Seigneur, qui avez une science toute sainte, vous connaissez tout clairement qu'ayant pu me délivrer de la mort, je souffre dans mon corps de très-sensibles douleurs ; mais que dans l'âme je sens de la joie de les souffrir pour votre crainte.

31. Il mourut ainsi, en laissant non seulement aux jeunes hommes, mais aussi à toute sa nation, un grand exemple de vertu et de fermeté dans le souvenir de sa mort.

CHAPITRE VII.

Martyre des sept frères Machabées et de leur mère.

1. Or il arriva que l'on prit aussi sept frères avec leur mère, et le roi voulut les contraindre à manger, contre la défense de la loi, de la chair de pourceau. en les faisant déchirer avec des fouets et des escourgées de cuir de taureau.

2. Mais l'un d'eux, qui était l'aîné, lui dit : Que demandez-vous, et que voulez-vous apprendre de nous ? Nous sommes prêts à mourir, plutôt que de violer les lois de Dieu et de notre pays.

3. Le roi, entrant en colère, commanda qu'on fît chauffer sur le feu des poêles et des chaudières d'airain ; et lorsqu'elles furent toutes brûlantes,

4. Il ordonna qu'on coupât la langue à celui qui avait parlé le premier ; qu'on lui arrachât la peau de la tête, et qu'on lui coupât les extrémités des mains et des pieds, à la vue de ses frères et de sa mère.

5. Après qu'il l'eut fait ainsi mutiler par tout le corps, il commanda qu'on l'approchât du feu, et qu'on le fît rôtir dans une poêle pendant qu'il respirait encore ; et pendant le temps qu'il était tourmenté, ses autres frères s'encourageaient l'un l'autre avec leur mère à mourir constamment,

6. En disant : Le Seigneur Dieu considérera la vérité, il sera consolé en nous, selon que Moïse le déclare dans son cantique par ces paroles : Et il sera consolé dans ses serviteurs.

7. Le premier étant mort de cette sorte, ils menaient le second pour le faire souffrir avec insulte ; et lui ayant arraché la peau de la tête avec les cheveux, ils lui demandaient s'il voulait manger des viandes qu'on lui présentait, plutôt que d'être tourmenté dans tous les membres de son corps.

8. Mais il répondit en la langue du pays : Je n'en ferai rien. C'est pourquoi il souffrit aussi les mêmes tourments que le premier ;

9. Et étant près de rendre l'esprit, il dit au roi : Vous nous faites perdre, ô très-méchant prince, la vie présente ; mais le roi du monde nous ressuscitera un jour pour la vie éternelle, après que nous serons morts pour la défense de ses lois.

10. Après celui-ci on insulta encore au troisième ; on lui demanda sa langue, qu'il présenta aussitôt, et il étendit ses mains constamment,

11. Et dit avec confiance : j'ai reçu ces membres du ciel, mais je les méprise maintenant pour la défense des lois de Dieu, parce que j'espère qu'il me les rendra un jour :

12. De sorte que le roi, et ceux qui l'accompagnaient, admirèrent le courage de ce jeune homme, qui considérait comme rien les plus grands tourments.

13. Celui-ci étant aussi mort de la sorte, ils tourmentèrent de même le quatrième.

14. Et, lorsqu'il était près de rendre l'esprit, il dit : Il est plus avantageux d'être tué par les hommes, dans l'espérance que Dieu

nous rendra la vie en nous ressuscitant ; car pour vous votre résurrection ne sera point pour la vie.

15. Ayant pris le cinquième, ils le tourmentèrent comme les autres. Alors regardant le roi, il lui dit :

16. Vous faites ce que vous voulez, parce que vous avez reçu la puissance parmi les hommes, quoique vous soyez vous-même un homme mortel ; mais ne vous imaginez pas que Dieu ait abandonné notre nation.

17. Attendez seulement un peu, et vous verrez quelle est la grandeur de sa puissance, et de quelle manière il vous tourmentera, vous et votre race.

18. Après celui-ci ils menèrent au supplice le sixième, et lorsqu'il était près de mourir, il dit : Ne vous trompez pas vainement vous-même, car si nous souffrons ceci, c'est parce que nous l'avons mérité, ayant péché contre notre Dieu ; et ainsi nous nous sommes attiré ces fléaux si épouvantables.

19. Mais ne vous imaginez pas que vous demeurerez impuni, après avoir entrepris de combattre contre Dieu même.

20. Cependant leur mère, plus admirable qu'on ne le peut dire, et digne de vivre éternellement dans la mémoire des bons, voyant périr en un même jour ses sept enfants, souffrait constamment leur mort, à cause de l'espérance qu'elle avait en Dieu ;

21. Elle exhortait chacun d'eux avec des paroles fortes dans la langue du pays, étant toute remplie de sagesse ; et alliant un courage mâle avec la tendresse d'une femme,

22. Elle leur disait : Je ne sais comment vous avez été formés dans mon sein ; car ce n'est point moi qui vous ai donné l'âme, l'esprit et la vie, ni qui ai joint tous vos membres pour en faire un corps ;

23. Mais le Créateur du monde qui a formé l'homme dans sa naissance, et qui a donné l'origine à toutes choses, vous rendra encore l'esprit et la vie par sa miséricorde, en récompense de ce que vous vous méprisez maintenant vous-mêmes, pour obéir à sa loi.

24. Or Antiochus croyant qu'on le méprisait, et voyant toutes les insultes qu'il avait faites à ces jeunes hommes devenues inutiles, comme le plus jeune de tous était resté, il commença non seulement à l'exhorter par ses paroles, mais à l'assurer avec serment qu'il le rendrait riche et heureux, qu'il le mettrait au rang de ses favoris, et lui donnerait toutes les choses nécessaires. s'il voulait abandonner les lois de ses pères.

25. Mais ce jeune homme ne pouvant être ébranlé par ces promesses, le roi appela sa mère, et l'exhorta à inspirer à son fils des sentiments plus salutaires.

26. Après donc qu'il lui eut dit beaucoup de choses pour la persuader, elle lui promit d'exhorter son fils.

27. Elle se baissa en même temps pour lui parler, et se moquant de ce cruel tyran, elle lui dit en la langue du pays : Mon fils, ayez pitié de moi, qui vous ai porté neuf mois dans mon sein, qui vous ai nourri de mon lait pendant trois ans, et qui vous ai élevé jusqu'à l'âge où vous êtes.

28. Je vous conjure, mon fils, de regarder le ciel et la terre, et toutes les choses qui y sont renfermées, et de bien comprendre que Dieu les a créées de rien, aussi bien que tous les hommes.

29. Ainsi vous ne craindrez point ce cruel bourreau ; mais vous rendant digne d'avoir part aux souffrances de vos frères, vous recevrez de bon cœur la mort, afin que je vous reçoive de nouveau avec vos frères dans cette miséricorde que nous attendons.

30. Lorsqu'elle parlait encore, ce jeune homme se mit à crier : Qu'attendez-vous de moi ? je n'obéis point au commandement du roi, mais au précepte de la loi qui nous a été donnée par Moïse.

31. Quant à vous, qui êtes l'auteur de tous les maux dont on accable les Hébreux, vous n'éviterez pas la main de Dieu.

32. Car pour nous, c'est à cause de nos péchés que nous souffrons toutes ces choses ;

33. Et si le Seigneur notre Dieu s'est mis en colère contre nous pour nous châtier et nous corriger, il se réconciliera de nouveau avec ses serviteurs.

34. Mais pour vous, qui êtes le plus scélérat et le plus abominable de tous les hommes, ne vous flattez pas inutilement par de vaines espérances, en vous enflammant de fureur contre les serviteurs de Dieu ;

35. Car vous n'avez pas encore échappé le jugement de Dieu, qui peut tout, et qui voit tout.

36. Et quant à mes frères, après avoir supporté une douleur passagère, ils sont entrés maintenant dans l'alliance de la vie éternelle ; mais pour vous, vous souffrirez au jugement de Dieu la peine que votre orgueil a justement méritée.

37. Pour ce qui est de moi, j'abandonne volontiers, comme mes frères, mon corps et mon âme pour la défense des lois de mes pères, en conjurant Dieu de se rendre bientôt favorable à notre nation, et de vous contraindre, par les tourments et par plusieurs plaies, à confesser qu'il est le seul Dieu.

38. Mais la colère du Tout-Puissant, qui est tombée justement sur tout notre peuple, finira à ma mort et à celle de mes frères.

39. Alors le roi, tout enflammé de colère, fit éprouver sa cruauté à celui-ci encore plus qu'à tous les autres, ne pouvant souffrir que l'on se moquât ainsi de lui.

40. Il mourut donc dans la pureté de son innocence comme les autres, avec une parfaite confiance en Dieu.

41. Enfin la mère souffrit aussi la mort après ses enfants.

42. Mais nous avons assez parlé de sacrifices et d'excessives cruautés.

CHAPITRE VIII.

Victoires de Judas contre Nicanor, Timothée, et Bacchide.

1. Cependant Judas Machabée et ceux qui étaient avec lui, entraient secrètement dans les villages et les châteaux, et faisaient venir leurs parents et leurs amis ; et prenant avec eux ceux qui étaient demeurés fermes en la religion judaïque, ils attirèrent à eux jusqu'à six mille hommes.

2. Et ils invoquaient le Seigneur, afin qu'il regardât favorablement son peuple, que tout le monde foulait aux pieds ; qu'il fût touché de compassion pour son temple, qui était profané par les impies ;

3. Qu'il eût pitié des ruines de la ville qui allait être détruite et rasée, et qu'il écoutât la voix du sang qui criait jusqu'à lui ;

4. Qu'il se souvînt aussi des meurtres si injustes des petits innocents, et des blasphèmes que l'on avait proférés contre son nom, et qu'il conçût de l'indignation contre ces excès.

5. Machabée, ayant donc rassemblé près de lui beaucoup de gens, devenait formidable aux nations ; car la colère du Seigneur se changea alors en miséricorde.

6. Il surprenait tout d'un coup les villages et les villes, et les brûlait ; et se saisissant des lieux les plus avantageux, il taillait en pièces un grand nombre d'ennemis ;

7. Il faisait principalement ces courses pendant la nuit, et le bruit de sa valeur se répandait de toutes parts.

8. Alors Philippe, voyant le progrès que ce grand homme faisait de jour en jour, et le bonheur de ses entreprises qui réussissaient presque toujours, écrivit à Ptolémée, qui commandait dans la Célésyrie et dans la Phénicie, de lui envoyer du secours pour fortifier le parti du roi.

9. Ptolémée lui envoya aussitôt Nicanor, fils de Patrocle, l'un des plus grands de la cour, et son ami, à qui il donna environ vingt mille hommes de guerre, de diverses nations, afin qu'il exterminât tout le peuple juif ; et il joignit avec lui Gorgias, grand capitaine, et homme d'une longue expérience dans les choses de la guerre.

10. Nicanor résolut de payer le tribut de deux mille talents que le roi devait aux Romains, de l'argent qui reviendrait de la vente des esclaves juifs ;

11. Et il envoya en même temps vers les villes maritimes, pour inviter les marchands à venir acheter des esclaves juifs, promettant de leur en donner quatre-vingt-dix pour un talent, sans faire réflexion sur la vengeance du Tout-Puissant, qui devait bientôt tomber sur lui.

12. Judas ayant appris l'arrivée de Nicanor, en avertit les Juifs qui l'accompagnaient.

13. Quelques-uns étant saisis de crainte, n'ayant pas confiance en la justice de Dieu, prirent la fuite ;

14. Les autres vendaient tout ce qui pouvait leur être resté, et en même temps ils conjuraient le Seigneur de les délivrer de l'impie Nicanor, qui, avant même de s'être approché d'eux, les avait vendus ;

15. Sinon pour l'amour d'eux-mêmes, au moins en considération de l'alliance qu'il avait faite avec leurs pères, et de l'honneur qu'ils avaient de porter son nom si grand et si saint.

16. Machabée, ayant fait assembler les sept mille hommes qui étaient avec lui, les conjura de ne se point réconcilier avec leurs ennemis, et de ne point craindre cette multitude d'adversaires qui venaient les attaquer injustement, mais de combattre avec un grand courage,

17. Ayant devant les yeux la profanation si indigne dont ils avaient déshonoré le lieu saint, les insultes et les outrages qu'on avait faits à la ville, et le violement des ordonnances des anciens.

18. Car pour eux, ajoutait-il, ils se fient sur leurs armes et sur leur audace ; mais pour nous, nous mettons notre confiance dans le Seigneur tout-puissant, qui peut renverser par un clin d'œil, et tous ceux qui nous attaquent, et le monde entier.

19. Il les fit souvenir aussi des secours que Dieu avait autrefois donnés à leurs pères, et des cent quatre-vingt-cinq mille hommes qui furent tués du temps de Sennachérib ;

20. Et de la bataille qu'ils avaient donnée contre les Galates en Babylone, dans laquelle les Macédoniens qui étaient venus à leur secours, étant ébranlés, six mille d'entre eux seulement avaient tué six-vingt mille hommes, à cause du secours qu'ils avaient reçu du ciel, et avaient ensuite obtenu pour récompense de grandes faveurs.

21. Ces paroles les remplirent de courage, en sorte qu'ils étaient prêts à mourir pour leurs lois et pour leur patrie.

22. Il divisa son armée en plusieurs corps, et en donna le commandement à ses frères, Simon, Joseph, et Jonathas, chacun d'eux ayant sous soi quinze cents hommes.

23. Esdras leur ayant lu aussi le livre saint, le général, après les avoir assurés du secours de Dieu, se mit lui-même à la tête de l'armée, et marcha contre Nicanor.

24. Et le Seigneur tout-puissant s'étant déclaré en leur faveur, ils tuèrent plus de neuf mille hommes ; et la plus grande partie de l'armée de Nicanor s'étant affaiblie par les blessures qu'elle avait reçues, ils la forcèrent de prendre la fuite.

25. Ils prirent tout l'argent de ceux qui étaient venus pour les acheter, et les poursuivirent bien loin :

26. Mais ils revinrent, se voyant pressés de l'heure, parce que c'était la veille du sabbat ; ce qui les empêcha de continuer à les poursuivre.

27. Ayant ensuite ramassé les armes et les dépouilles des ennemis, ils célébrèrent le sabbat, en bénissant le Seigneur qui les avait délivrés en ce jour-là, et qui avait répandu sur eux comme les premières gouttes de la rosée de sa miséricorde.

28. Après le sabbat, ils firent part des dépouilles aux infirmes, aux orphelins, et aux veuves ; et ils retinrent le reste pour eux et pour ceux qui leur appartenaient.

29. Ils firent après cela la prière tous ensemble, en conjurant le Seigneur très-miséricordieux de se réconcilier pour toujours avec ses serviteurs.

30. Ils tuèrent dans la suite plus de vingt mille hommes des gens de Timothée et de Bacchide qui combattaient contre eux ; ils se rendirent maîtres de diverses places fortes, et ils firent un grand butin, qu'ils partagèrent également entre les malades, les orphelins. les veuves, et même les vieillards.

31. Ils ramassèrent avec soin les armes de leurs ennemis, qu'ils mirent en réserve dans des lieux avantageux : et ils portèrent le reste des dépouilles à Jérusalem :

32. Ils tuèrent aussi Philarque, qui était un homme très-méchant, et l'un de ceux qui accompagnaient Timothée, et qui avait fait aux Juifs beaucoup de maux.

33. Et lorsqu'ils rendaient à Dieu dans Jérusalem des actions de grâces pour cette victoire, ils découvrirent que Callisthène, qui avait brûlé les portes sacrées, s'était sauvé dans une certaine maison, et ils l'y brûlèrent, Dieu lui rendant de la sorte une digne récompense pour toutes les impiétés qu'il avait commises.

34. Mais Nicanor, cet homme couvert de crimes, qui avait amené mille marchands pour leur vendre les esclaves juifs,

35. Ayant été humilié, avec le secours du Seigneur, par ceux mêmes qu'il avait regardés comme des gens de néant, s'enfuit par la mer Méditerranée, après s'être dépouillé des riches habits qui le distinguaient, et arriva seul à Antioche, ayant trouvé le comble de ses malheurs dans la perte de son armée.

36. Et celui qui avait promis de payer le tribut aux Romains du prix de la vente des habitants de Jérusalem qu'il ferait esclaves, publiait alors que les Juifs avaient Dieu pour protecteur, et qu'ils étaient invulnérables, à cause qu'ils s'attachaient à suivre les lois qu'il leur avait données.

CHAPITRE IX.

Mort malheureuse d'Antiochus Épiphane, à son retour de Perse.

1. En ce temps-là Antiochus revint de Perse après un succès honteux de cette guerre.

2. Car étant entré dans la ville de Persépolis, et se disposant à piller le temple, et à accabler la ville, tout le peuple courut aux armes, et le mit en fuite avec ses gens ; ainsi Antiochus fut obligé, après cette fuite honteuse, de s'en retourner,

3. Lorsqu'il fut venu vers Ecbatane, il reçut les nouvelles de la défaite de Nicanor et de Timothée.

4. Et étant transporté d'orgueil et de colère, il s'imaginait qu'il pourrait se venger sur les Juifs de l'outrage que lui avaient fait ceux qui l'avaient mis en fuite ; c'est pourquoi il commanda à celui qui conduisait son char de toucher sans cesse, et de hâter son voyage, étant lui-même poursuivi par la vengeance du ciel, à cause de cette parole insolente qu'il avait dite : Qu'il irait à Jérusalem, et qu'il en ferait le tombeau de tous les Juifs.

5. Mais le Seigneur, le Dieu d'Israël, qui voit toutes choses, frappa ce prince d'une plaie incurable et invisible ; car dans le moment qu'il eut proféré cette parole, il fut attaqué d'une effroyable douleur dans les entrailles, et d'une colique qui le tourmentait cruellement :

6. Et cc fut sans doute avec beaucoup de justice, puisqu'il avait déchiré lui-même les entrailles des autres par un grand nombre de nouveaux tourments, et qu'il n'avait point renoncé à sa malice.

7. Au contraire, se laissant aller aux transports de son orgueil, ne respirant que feu et flammes contre les Juifs, il commanda qu'on précipitât sa marche ; mais lorsque ses chevaux couraient avec impétuosité, il tomba de son char, et eut tout le corps froissé, et les membres meurtris de cette chute.

8. Ainsi celui qui, s'élevant par son orgueil au-dessus de la condition de l'homme, s'était flatté de pouvoir même commander aux flots de la mer, et peser dans une balance les montagnes les plus hautes, se trouva alors humilié jusqu'en terre, et était porté tout mourant dans une chaise, attestant publiquement la toute-puissance de Dieu qui éclatait en sa propre personne ;

9. Car il sortait des vers du corps de cet impie comme d'une source ; et vivant au milieu de tant de douleurs, toutes les chairs lui tombaient par pièces, avec une odeur si effroyable, que toute l'armée n'en pouvait souffrir la puanteur.

10. Celui qui s'imaginait peu auparavant qu'il pourrait atteindre jusqu'aux étoiles du ciel était alors en un tel état, que nul ne pouvait plus le porter, à cause de l'infection insupportable qui sortait de lui.

11. Il commença donc à rabattre de ce grand orgueil dont il était possédé, et à entrer dans la connaissance de lui-même, étant averti

de ce qu'il était, par la plaie dont il se sentait frappé, et ses douleurs redoublant à chaque moment.

12. Ainsi ne pouvant plus lui-même souffrir la puanteur qui venait de lui, il dit : Il est juste que l'homme soit soumis à Dieu, et que celui qui est mortel ne s'égale pas au Dieu souverain.

13. Or ce scélérat priait le Seigneur, de qui il ne devait point recevoir miséricorde :

14. Lui qui se hâtait auparavant d'aller à Jérusalem pour la raser jusqu'en terre, et pour n'en faire qu'un sépulcre de corps morts entassés les uns sur les autres, il souhaite maintenant de la rendre libre ;

15. Et il promet d'égaler aux Athéniens ces mêmes Juifs qu'il avait jugés indignes de la sépulture, et de qui il avait dit : Qu'il exposerait en proie leurs corps morts aux oiseaux du ciel et aux bêtes farouches, et qu'il exterminerait jusqu'aux plus petits enfants.

16. Il s'engage aussi à orner de dons précieux le saint temple qu'il avait pillé auparavant, à y augmenter le nombre des vases sacrés, et à fournir de ses revenus les dépenses nécessaires pour les sacrifices ;

17. Et même à se faire Juif, et à parcourir toute la terre pour publier la toute-puissance de Dieu.

18. Mais comme il vit que ses douleurs ne cessaient point, parce que le juste jugement de Dieu était enfin tombé sur lui, commençant à perdre l'espérance, il écrivit aux Juifs une lettre, en forme de supplication, qui contenait ce qui suit :

19. Le Roi et prince Antiochus souhaite le salut, la santé, et toute sorte de prospérités aux Juifs ses bons citoyens.

20. Si vous êtes en santé, vous et vos enfants, et si tout vous réussit comme vous le souhaitez, nous en rendons de grandes grâces à Dieu.

21. Étant maintenant dans la langueur, et n'ayant pour vous que des sentiments de bonté dans cette grande maladie dont je me suis trouvé surpris, lorsque je revenais de Perse, j'ai cru nécessaire de prendre le soin des intérêts communs de mon état :

22. Ce n'est pas que je désespère de ma santé, mais j'ai au contraire une grande confiance que je reviendrai de ma maladie.

23. Ayant donc considéré que mon père lui-même, lorsqu'il marchait avec son armée dans les hautes provinces, déclara celui qui devait régner après lui,

24. Afin que s'il arrivait quelque malheur, ou si on venait à publier quelque fâcheuse nouvelle, ceux qui étaient dans les provinces de son royaume n'en pussent être troublés, sachant qui était celui qu'il avait laissé héritier de sa couronne ;

25. Et sachant de plus que ceux qui sont proches de nous et les plus puissants de nos voisins, observent les temps favorables à leurs desseins, et se préparent à profiter des conjonctures qui leur seront propres, j'ai désigné mon fils Antiochus pour régner après moi, lui que j'ai souvent recommandé à plusieurs d'entre vous, lorsque j'étais obligé de me transporter dans les hautes provinces de mes états ; et je lui ai écrit ce qui est joint ci-dessous.

26. Je vous prie donc et je vous conjure que, vous souvenant des grâces que vous avez reçues de moi en public et en particulier, vous gardiez la fidélité que vous devez et à moi et à mon fils.

27. Car j'espère qu'il se conduira avec modération et avec douceur, selon mes intentions, et qu'il vous donnera des marques de sa bonté.

28. Enfin ce meurtrier et ce blasphémateur, frappé d'une horrible plaie, et traité de même qu'il avait traité les autres, étant sur les montagnes et loin de son pays, finit sa vie par une misérable mort.

29. Philippe, son frère de lait, prit le soin de transporter son corps ; et craignant le fils d'Antiochus, il s'en alla en Égypte vers Ptolémée Philométor.

CHAPITRE X.

Machabée reprend Jérusalem. Eupator, fils d'Antiochus l'illustre.
Ptolémée Macer, ami des Juifs. Mort de Timothée.

1. Cependant Machabée, et ceux qu'il avait avec lui, soutenus de la protection du Seigneur, reprirent le temple et la ville :

2. Ils détruisirent les autels que les infidèles avaient dressés dans les places publiques, et les temples des idoles ;

3. Et après avoir purifié le temple, ils y élevèrent un autre autel ; et ayant fait sortir quelques étincelles des pierres à feu, ils offrirent des sacrifices deux ans après, et ils y mirent l'encens, les lampes, et les pains qu'on exposait devant le Seigneur.

4. Cela étant fait, prosternés en terre, ils conjuraient le Seigneur de ne plus permettre qu'ils tombassent en de si grands maux ; mais de vouloir bien les châtier plus doucement, s'il arrivait quelque jour qu'ils péchassent contre lui, et de ne les plus livrer à des barbares et à des blasphémateurs de son nom.

5. Il est remarquable que le temple fut purifié le même jour qu'il avait été profané par les étrangers, c'est-à-dire le vingt-cinq du mois de casleu.

6. Ils célébrèrent cette fête avec grande joie pendant huit jours, comme celle des tabernacles, se souvenant qu'ils avaient passé, peu de temps auparavant, la fête solennelle des tabernacles sur les montagnes et dans les cavernes, où ils vivaient comme les bêtes.

7. C'est pourquoi ils portaient des bâtons couverts de feuillage, des rameaux verts, et des palmes, à l'honneur de celui qui leur avait procuré la liberté de purifier son temple.

8. Et ils enjoignirent, par une déclaration et une ordonnance unanime, à toute la nation des Juifs, de célébrer cette fête tous les ans les mêmes jours.

9. Telle fut donc la mort d'Antiochus qui fut appelé l'Illustre.

10. Nous représenterons maintenant les actions d'Eupator, fils de cet impie Antiochus, et nous abrégerons le récit des maux qui sont arrivés pendant ces guerres.

11. Ce prince, étant parvenu à la couronne, établit pour la conduite des affaires de son royaume un certain Lysias, général des armées de Phénicie et de Syrie.

12. Car Ptolémée, surnommé le Maigre, résolut d'observer religieusement la justice envers les Juifs, principalement à cause de ce traitement si injuste qu'on leur avait fait, et d'agir toujours avec un esprit de paix à leur égard.

13. C'est pourquoi étant accusé auprès d'Eupator par ses favoris, qui le traitaient souvent de traître, parce qu'il avait abandonné Chypre que le roi Philométor lui avait confiée, et qu'après être passé dans le parti d'Antiochus l'Illustre, il s'était encore éloigné de lui, il s'empoisonna et se fit mourir.

14. Or Gorgias, qui commandait vers la Palestine, ayant pris avec lui des troupes étrangères, combattait souvent et maltraitait fort les Juifs.

15. Mais les Juifs, qui tenaient des places fortes et d'une situation avantageuse, recevaient ceux qui avaient été chassés de Jérusalem, et cherchaient les occasions de faire la guerre.

16. Cependant ceux qui étaient avec Machabée, ayant conjuré par leurs prières le Seigneur de venir à leur secours, attaquèrent avec une grande vigueur les forteresses des Iduméens ;

17. Et après un rude combat, ils s'en rendirent les maîtres, taillèrent en pièces tout ce qu'ils rencontrèrent, et tous ensemble ne tuèrent pas moins de vingt mille hommes.

18. Quelques-uns s'étant retirés en deux tours extrêmement fortes, où ils avaient tout ce qui était nécessaire pour se défendre,

19. Machabée laissa pour les forcer Simon, Joseph, et Zachée, et des troupes assez nombreuses qu'ils avaient avec eux ; et pour lui il marcha avec ses gens pour des expéditions plus pressantes.

20. Mais les gens de Simon, poussés d'un mouvement d'avarice, se laissant gagner pour de l'argent par quelques uns de ceux qui étaient dans ces tours, et ayant reçu soixante-dix mille drachmes, en laissèrent échapper quelques uns.

21. Ce qui étant rapporté à Machabée, il assembla les premiers du peuple, et accusa ces gens-là d'avoir vendu leurs frères pour de l'argent, en laissant échapper leurs ennemis.

22. Et après avoir fait mourir ces traîtres, il força aussitôt les deux tours.

23. Et tout cédant heureusement à la valeur de ses armes, il tua dans ces deux places plus de vingt mille hommes.

24. Mais Timothée, qui avait auparavant été vaincu par les Juifs, ayant levé une armée de troupes étrangères, et assemblé de la cavalerie d'Asie, vint en Judée, s'imaginant s'en rendre maître par les armes.

25. Dans le temps même qu'il approchait, Machabée, et ceux qui étaient avec lui, conjurèrent le Seigneur, la cendre sur la tête, leurs reins couverts d'un cilice,

26. Et prosternés au pied de l'autel, de leur être favorable, et de se déclarer l'ennemi de leurs ennemis, et l'adversaire de leurs adversaires, selon la parole de la loi.

27. Ainsi ayant pris les armes après la prière, et s'étant avancés assez loin de la ville, ils s'arrêtèrent lorsqu'ils furent près des ennemis.

28. Aussitôt que le soleil commença à paraître, les deux armées marchèrent l'une contre l'autre, les uns ayant, outre leur valeur, le Seigneur même pour garant de la victoire et du succès de leurs armes, et les autres n'ayant pour guide dans le combat que leur courage.

29. Mais lorsque le combat était opiniâtre de part et d'autre, les ennemis virent paraître du ciel cinq hommes sur des chevaux, ayant des freins d'or qui les rendaient éclatants, et servant de guides aux Juifs.

30. Deux d'entre eux, marchant aux deux côtés de Machabée, le couvraient de leurs armes, afin qu'il ne pût être blessé ; les autres lançaient des traits et des foudres contre les ennemis, qui, frappés d'aveuglement et mis en désordre, tombaient morts devant eux.

31. Il y en eut vingt mille cinq cents de tués, et six cents chevaux.

32. Timothée s'enfuit à Gazara, qui était une place forte où commandoit Chéréas.

33. Machabée, et ceux qui étaient avec lui, tout remplis de joie, assiégèrent cette forteresse pendant quatre jours.

34. Ceux qui étaient dedans, se confiant sur la force de la place, les outrageaient extraordinairement par leurs injures, et proféraient des paroles abominables.

35. Mais dès le matin du cinquième jour, vingt jeunes hommes de ceux qui étaient avec Machabée, irrités par ces blasphèmes, s'approchèrent courageusement de la muraille, et y montèrent avec une résolution incroyable ;

36. Et d'autres y étant montés ensuite, commencèrent à mettre le feu aux tours et aux portes, et brûlèrent tout vifs ces blasphémateurs.

37. Ils pillèrent et ravagèrent tout dans la place pendant l'espace de deux jours entiers ; et ayant trouvé Timothée en un certain lieu où il se cachait, ils le tuèrent avec son frère Chéréas et Apollophanès.

36. Après cela, chantant des hymnes et des cantiques, ils bénissaient le Seigneur qui avait fait ces grandes choses en Israël, et qui les avait rendus victorieux de leurs ennemis.

CHAPITRE XI.

Lysias fait la guerre aux Juifs. Judas le combat. L'armée de Lysias est défaite.

1. Peu de temps après, Lysias, gouverneur du roi, et son parent, qui avait la conduite de toutes les affaires de son royaume, étant sensiblement touché de ce qui était arrivé,

2. Assembla quatre-vingt mille hommes de pied avec toute sa cavalerie, et marcha contre les Juifs, s'imaginant qu'il prendrait la ville, ayant dessein, quand il l'aurait prise, de ne la faire habiter que par des Gentils ;

3. Espérant qu'il tirerait de l'argent du temple de Dieu, comme des autres temples des païens, et qu'il vendrait tous les ans la dignité de grand-prêtre ;

4. Ne faisant aucune réflexion sur le souverain pouvoir de Dieu, mais s'abandonnant à l'emportement de son orgueil, il mettait toute sa confiance dans la multitude de son infanterie, dans le grand nombre de sa cavalerie, et dans quatre-vingts éléphants.

5. Étant entré en Judée, et s'étant approché de Bethsura, qui était située dans un lieu étroit, à cinq stades de Jérusalem, il attaqua cette place.

6. Lorsque Machabée, et ceux qui étaient avec lui, eurent su que les ennemis commençaient à attaquer les forteresses, ils conjurèrent le Seigneur avec tout le peuple, par leurs prières et par leurs larmes, d'envoyer un bon ange pour le salut d'Israël.

7. Et Machabée, prenant les armes le premier, exhorta les autres à s'exposer comme lui au péril pour secourir leurs frères.

8. Et lorsqu'ils marchaient tous ensemble avec un courage assuré, il parut, au sortir de Jérusalem, un homme à cheval, qui marchait devant eux, revêtu d'un habit blanc avec des armes d'or, et une lance qu'il tenait en sa main.

9. Alors ils bénirent tous ensemble le Seigneur plein de miséricorde, et ils s'animèrent d'un grand courage, étant prêts à combattre non seulement les hommes, mais les bêtes les plus farouches, et à passer au travers de murailles de fer.

10. Ils marchaient donc avec une grande ardeur, ayant pour eux le Seigneur, qui du ciel se déclarait leur protecteur, et faisait éclater sur eux ses miséricordes.

11. En même temps ils se jetèrent impétueusement sur leurs ennemis comme des lions, et ils tuèrent onze mille hommes de leur infanterie, et seize cents chevaux ;

12. Ils firent fuir tout le reste, dont la plupart ne se sauvèrent qu'étant blessés et sans armes ; Lysias même n'échappa que par une fuite honteuse.

13. Comme il ne manquait pas de sens, considérant en lui-même la perte qu'il avait faite, et reconnaissant que les Hébreux étaient invincibles, lorsqu'ils s'appuyaient sur le secours du Dieu tout-puissant, il leur envoya des ambassadeurs ;

14. Et il leur promit de consentir à toutes les conditions de paix qui seraient justes, et de persuader au roi de faire alliance et amitié avec eux.

15. Machabée se rendit aux prières de Lysias, n'ayant pour but en toutes choses que l'intérêt du public ; et le roi accorda toutes les choses que Machabée demanda en écrivant à Lysias en faveur des Juifs.

16. Car la lettre que Lysias écrivit aux Juifs sur cela étaient conçue en ces termes : Lysias au peuple juif, salut.

17. Jean et Abésalom, que vous m'avez envoyés, m'ayant rendu vos lettres, m'ont demandé que j'accomplisse les choses qu'elles contenaient.

18. Ainsi ayant exposé au roi tout ce qui pouvait lui être représenté, il a accordé ce que ses affaires lui ont pu permettre.

19. Si donc vous demeurez fidèles au roi dans vos traités, je tâcherai à l'avenir de vous procurer tout le bien que je pourrai.

20. Pour ce qui regarde les autres choses, j'ai chargé ceux que vous m'avez envoyés, et ceux que je vous envoie, d'en conférer en détail avec vous.

21. Adieu. L'an cent quarante-huit, le vingt-quatrième du mois de dioscore.

22. La lettre du roi contenait ce qui suit : Le Roi Antiochus à Lysias son frère, salut.

23. Le roi notre père ayant été transféré entre les dieux, et nous, désirant que ceux qui sont dans notre royaume vivent en paix, pour pouvoir s'appliquer avec soin à leurs affaires ;

24. Nous avons appris que les Juifs n'ont pu consentir au désir qu'avait mon père de les faire passer aux cérémonies des Grecs, mais qu'ils veulent conserver toujours leurs coutumes, et que pour cette raison ils nous demandent qu'il leur soit permis de vivre selon leurs lois.

25. C'est pourquoi, voulant que ce peuple soit en paix comme les autres, nous avons arrêté et ordonné que leur temple leur sera rendu, afin qu'ils vivent selon les coutumes de leurs ancêtres.

26. Vous ferez donc bien d'envoyer vers eux, et de faire alliance avec eux, afin qu'ayant connu notre volonté, ils reprennent

courage, et qu'ils s'appliquent à ce qui regarde leurs intérêts particuliers.

27. La lettre du roi aux Juifs contenait ce qui suit : Le Roi Antiochus au sénat des Juifs, et à tous les autres Juifs, salut.

28. Si vous vous portez bien, vous êtes en l'état que nous souhaitons ; et nous nous portons bien aussi nous-mêmes.

29. Ménélaüs s'est adressé à nous, et nous a dit que vous désirez venir trouver vos gens qui sont auprès de nous.

30. Nous donnons donc un passeport pour ceux qui voudront venir jusqu'au trentième du mois de xantique,

31. Et nous permettons aux Juifs d'user de leurs viandes, et de vivre selon leurs lois comme auparavant, sans qu'on puisse faire la moindre peine à aucun d'eux pour les fautes qui ont été faites par ignorance.

32. Nous avons aussi envoyé Ménélaüs, afin qu'il en confère avec vous.

33. Adieu. L'an cent quarante-huit, le quinzième du mois de xantique.

34. Les Romains envoyèrent aussi une lettre conçue en ces termes : Quintus Memmius et Titus Manilius, envoyés des Romains, au peuple des Juifs, salut.

35. Nous vous accordons les mêmes choses que Lysias, parent du roi, vous a accordées.

36. Et pour ce qui est de celles qu'il a cru devoir être représentées au roi, envoyez quelqu'un au plus tôt, après en avoir bien délibéré entre vous, afin que nous ordonnions ce qui vous sera le plus avantageux ; car nous allons à Antioche.

37. C'est pourquoi hâtez-vous de nous récrire, afin que nous soyons informés de ce que vous souhaitez.

38. Adieu. L'an cent quarante-huit, le quinzième du mois de xantique.

CHAPITRE XII.

Lysias retourne vers le roi. La ville de Casphin saccagée par Judas. Timothée défait. Gorgias vaincu.

1. Ce traité ayant été fait, Lysias s'en retourna vers le roi, elles Juifs s'occupèrent alors à cultiver leurs champs.

2. Mais ceux qui étaient demeurés dans le pays, Timothée, et Apollonius, fils de Gennaeus, et de plus, Jérôme, Démophon, et Nicanor, gouverneur de Chypre, ne les laissaient point vivre en paix ni en repos.

3. Cependant il arriva que ceux de Joppé commirent alors une grande perfidie : ils prièrent les Juifs, avec lesquels ils habitaient, de monter avec leurs femmes et leurs enfants sur des barques qu'ils avaient préparées, comme n'y ayant aucune inimitié entre eux.

4. Les Juifs, se fiant au décret de pacification qui avait été arrêté d'une commune voix dans la ville, et n'ayant aucun mauvais soupçon, à cause de la paix qui était entre eux, acquiescèrent à cette proposition ; mais lorsqu'ils furent avancés en pleine mer, ceux de Joppé en noyèrent environ deux cents.

5 Lorsque Judas eut appris cette cruauté qu'on avait commise contre les gens de sa nation, il donna ses ordres à ceux qui étaient avec lui ; et après avoir invoqué Dieu qui est le juste juge,

6. Il marcha contre ces meurtriers de leurs frères, il brûla leur port pendant la nuit, il mit le feu à leurs barques, et fit passer au fil de l'épée ceux qui s'étaient échappés des flammes.

7. Après cette action, il partit dans le dessein d'y revenir, pour exterminer tous ceux de Joppé.

8. Mais comme il fut averti que ceux de Jamnia voulaient user d'une semblable perfidie à l'égard des Juifs qui demeuraient avec eux,

9. Il les surprit de même la nuit, et brûla leur port avec leurs vaisseaux ; de sorte que la lumière de ce feu parut jusqu'à Jérusalem, quoique éloignée de deux cent quarante stades.

10. Lorsqu'il fut parti de Jamnia avec ses gens, ayant déjà fait neuf stades, et marchant contre Timothée, il fut attaqué par les Arabes qui avaient cinq mille hommes d'infanterie, et cinq cents chevaux ;

11. Et après un rude combat, Judas ayant réussi heureusement par le secours de Dieu, les Arabes qui étaient restés, se voyant vaincus, lui demandèrent qu'il composât avec eux, lui promettant de lui donner des pâturages, et de l'assister en tout.

12. Judas, croyant qu'effectivement ils pourraient lui être utiles en beaucoup de choses, leur promit la paix ; et la composition étant faite, ils se retirèrent en leurs tentes.

13. Il attaqua aussi une bonne place, nommée Casphin, forte à cause des ponts-levis, et environnée de hautes murailles, où habitait un mélange de diverses nations.

14. Ceux de dedans se confiant en la force de leurs murailles, et en l'abondance des vivres dont ils avaient fait provision, se défendaient négligemment, et disaient à Judas des injures mêlées de blasphèmes et de paroles détestables.

15. Mais les gens de Machabée ayant invoqué le Maître du monde, qui au temps de Josué fit tomber tout d'un coup, sans machines et sans béliers, les murs de Jéricho, montèrent avec furie sur les murailles ;

16. Et ayant pris la ville par la volonté du Seigneur, ils y firent un carnage incroyable, de sorte que l'étang d'auprès, qui avait deux stades de large, fut tout rouge du sang des morts.

17. Étant partis de là, ils marchèrent sept cent cinquante stades, et vinrent à Characa vers les Juifs, qui étaient appelés Tubianéens ;

18. Et ils ne purent prendre Timothée en ce lieu-là, parce que, comme il n'avait pu y rien faire, il s'en était retourné après avoir laissé en un certain lieu une garnison très-forte.

19. Mais Dosithée et Sosipatre, qui commandaient les troupes avec Machabée, tuèrent dix mille hommes que Timothée avait laissés pour la garde de cette place.

20. Cependant Machabée ayant mis en ordre autour de lui six mille hommes de ses troupes, et les ayant divisés par cohortes, il marcha contre Timothée, qui avait six-vingt mille hommes de pied, et deux mille cinq cents chevaux.

21. Timothée, ayant su l'arrivée de Judas, envoya devant les femmes, les enfants, et le reste du bagage, dans une place nommée Carnion, qui était imprenable, l'accès en étant fort difficile à cause des défilés qu'il fallait passer.

22. Mais la première cohorte de Judas ayant paru, les ennemis furent frappés de terreur par la présence de Dieu qui voit toutes choses, et ils furent renversés et mis en fuite les uns par les autres, en sorte qu'ils étaient percés plutôt par leurs propres épées que par celles des ennemis.

23. Judas les poursuivit avec la dernière vigueur, en punissant ces profanes ; et il en tua trente mille.

24. Timothée étant tombé entre les mains de Dosithée et de Sosipatre, les conjura avec de grandes instances qu'ils voulussent le laisser aller en vie, parce qu'il avait fait prisonniers plusieurs pères et plusieurs frères des Juifs, qui perdraient par sa mort toute espérance.

25. Et leur ayant donné sa foi qu'il leur rendrait ses prisonniers, suivant l'accord fait entre eux, ils le laissèrent aller sans lui faire aucun mal, dans la vue de sauver leurs frères.

26. Judas retourna ensuite à Carnion, où il tua vingt-cinq mille hommes.

27. Après la fuite et le carnage de ces ennemis, il fit marcher son armée vers Ephron, qui était une ville forte, habitée par une grande multitude de divers peuples ; ses murailles étaient bordées de jeunes hommes fort vaillants, qui les défendaient vigoureusement ; et il y avait dedans plusieurs machines de guerre, et toutes sortes de traits et de dards.

28. Mais les Juifs ayant invoqué le Tout-Puissant, qui renverse par son pouvoir toutes les forces des ennemis, ils prirent la ville, et tuèrent vingt-cinq mille hommes de ceux de dedans.

29. De là ils allèrent à Scythopolis. éloignée de six cents stades de Jérusalem :

30. Et les Juifs qui demeuraient dans cette ville ayant eux-mêmes assuré que ces peuples les avaient fort bien traités, et avaient usé

d'une grande modération à leur égard, dans le temps même de leur malheur,

31. Judas leur en rendit grâces ; et les ayant exhortés de continuer à l'avenir de témoigner la même bonté à ceux de sa nation, il vint à Jérusalem avec ses gens, lorsque la fête solennelle des semaines était proche.

32. Ils en partirent après la Pentecôte, et marchèrent contre Gorgias. gouverneur de l'Idumée.

33. Judas l'alla attaquer avec trois mille hommes de pied et quatre cents chevaux.

34. Et les deux armées en étant venues aux mains, quelque peu de Juifs demeurèrent sur la place.

35. Un certain cavalier de ceux de Bacénoris, nommé Dosithée, qui était un vaillant homme, se saisit de Gorgias ; et, lorsqu'il voulait le prendre vif, un cavalier de ceux de Thrace se jeta sur lui, et lui ayant coupé l'épaule, donna lieu à Gorgias de se sauver à Maresa.

36. Mais ceux qui étaient commandés par Esdrin, combattant depuis longtemps, et se trouvant fatigués, Judas invoqua le Seigneur afin qu'il devînt lui-même leur protecteur, et leur chef dans le combat ;

37. Et commençant à parler dans la langue du pays, poussant vers le ciel des cris avec des hymnes et des cantiques, il mit en fuite les soldats de Gorgias.

38. Judas rassembla ensuite ses gens, et vint à la ville d'Odolla, où se trouvant le septième jour, ils se purifièrent, selon la coutume, et célébrèrent le sabbat.

39. Le jour suivant Judas vint avec ses gens, pour emporter les corps de ceux qui avaient été tués, et pour les ensevelir avec leurs parents dans le tombeau de leurs pères.

40. Or ils trouvèrent sous les tuniques de ceux qui étaient morts dans le combat, des choses qui avaient été consacrées aux idoles qui étaient dans Jamnia, et que la loi interdit aux Juifs ; tout le monde reconnut donc clairement que ç'avait été la cause de leur mort.

41. C'est pourquoi tous bénirent le juste jugement du Seigneur, qui avait découvert ce que l'on avait voulu cacher ;

42. Et se mettant en prières, ils conjurèrent le Seigneur d'oublier le péché qu'ils avaient commis. Mais le très-vaillant Judas exhortait le peuple à se conserver sans péché, en voyant devant leurs yeux ce qui était arrivé à cause des péchés de ceux qui avaient été tués.

43. Et ayant recueilli d'une quête qu'il fit faire douze mille drachmes d'argent, il les envoya à Jérusalem, afin qu'on offrît un sacrifice pour les péchés de ces personnes qui étaient mortes, ayant de bons et de religieux sentiments touchant la résurrection.

44. (Car s'il n'avait espéré que ceux qui avaient été tués ressusciteraient un jour, il eût regardé comme une chose vaine et superflue de prier pour les morts.)

45. Ainsi il considérait qu'une grande miséricorde était réservée à ceux qui étaient morts dans la piété.

46. C'est donc une sainte et salutaire pensée de prier pour les morts, afin qu'ils soient délivrés de leurs péchés.

CHAPITRE XIII.

Arrivée d'Antiochus en Judée. Juste punition de Ménélaüs.

1. La cent quarante-neuvième année, Judas apprit qu'Antiochus Eupator marchait avec de grandes troupes contre la Judée,

2. Accompagné de Lysias, régent et premier ministre du royaume, et qu'il avait avec lui cent dix mille hommes de pied, et cinq mille chevaux, vingt-deux éléphants, et trois cents chariots armés de faux.

3. Ménélaüs se mêla aussi avec eux : et poussé d'un esprit de dissimulation et de tromperie, il faisait des prières à Antiochus, qui ne tendaient pas véritablement à procurer le salut de sa patrie, mais à s'établir par son moyen dans la souveraine autorité, selon l'espérance qu'il en avait.

4. Mais le Roi des rois suscita le cœur d'Antiochus contre ce méchant homme : et Lysias lui ayant dit que c'était lui qui était la cause de tous les maux, il commanda qu'on l'arrêtât, et qu'on le fît mourir dans le même lieu selon la coutume.

5. Or il y avait en cet endroit une tour de cinquante coudées de haut, qui était environnée de toutes parts d'un grand monceau de cendres, et du haut de laquelle on ne voyait tout autour qu'un grand précipice.

6. Il commanda donc que ce sacrilège fût précipité de là dans la cendre ; à quoi tout le monde applaudit en le poussant à la mort.

7. Ce fut de la sorte que Ménélaüs, prévaricateur de la loi, mourut sans que son corps fût mis en terre ;

8. Et cela sans doute arriva par un jugement bien juste ; car, comme il avait commis beaucoup d'impiétés contre l'autel de Dieu, dont le feu et la cendre étaient des choses saintes, il fut lui-même justement condamné à être étouffé dans la cendre.

9. Cependant le roi s'avançoit plein de fureur, dans le dessein de se montrer encore plus violent que son père à l'égard des Juifs.

10. Judas en ayant été averti, commanda au peuple d'invoquer le Seigneur jour et nuit, afin qu'il les assistât, comme il avait toujours fait,

11. Dans la crainte qu'ils avaient de se voir privés de leur loi, de leur patrie, et de son saint temple ; et qu'il ne permît pas que son peuple, qui commençait seulement à respirer quelque peu, fût assujetti de nouveau aux nations qui blasphémaient son saint nom.

12. Tous firent conjointement ce qu'il leur avait ordonné, et implorèrent la miséricorde du Seigneur par leurs larmes et par leurs jeûnes, se tenant toujours prosternés devant lui trois jours durant. Alors Judas les exhorta à se tenir prêts ;

13. Et ayant tenu conseil avec les anciens, il résolut de marcher contre le roi, avant qu'il eût fait entrer ses troupes dans la Judée, et qu'il se fût rendu maître de la ville, et d'abandonner au jugement du Seigneur l'événement de cette entreprise.

14. Remettant donc toutes choses au pouvoir de Dieu, créateur de l'univers. et ayant exhorté ses gens à combattre vaillamment et jusqu'à la mort pour la défense de leurs lois, de leur temple, de leur ville, de leur patrie, et de leurs concitoyens, il fit camper son armée près de Modin.

15. Et après avoir donné aux siens pour signal La victoire de Dieu, et pris avec lui les plus braves d'entre les jeunes hommes, il attaqua la nuit le quartier du roi, et tua dans son camp quatre mille hommes, et le plus grand des éléphants, avec tous ceux qu'il portait ;

16. Ayant rempli de la sorte tout le camp des ennemis d'effroi et de trouble, ils s'en retournèrent après cet heureux succès.

17. Cette action se fit à la pointe du jour, le Seigneur ayant assisté de sa protection Machabée.

18. Mais après que le roi eut fait cet essai de la valeur des Juifs, il tâchait de prendre les villes fortes par stratagème ;

19. Il vint donc mettre le siège devant Bethsura, qui était une des places des Juifs les mieux fortifiées ; mais ses gens furent repoussés et renversés, et ils souffrirent de grandes pertes.

20. Judas cependant envoyait aux assiégés les choses qui leur étaient nécessaires.

21. Mais un nommé Rhodocus, de l'armée des Juifs, allait découvrir aux ennemis les secrets de son parti ; et après quelques recherches qui en furent faites, il fut pris, et mis en prison.

22. Le roi ayant fait parler encore à ceux qui étaient dans Bethsura, leur donna sa parole, la reçut d'eux, et s'en retourna.

23. Mais il combattit contre Judas, et il fut vaincu. Or ayant reçu la nouvelle que Philippe, qui avait été établi pour le gouvernement de toutes les affaires, s'était révolté à Antioche, il en fut tout consterné ; et n'usant plus que de supplications et de soumissions à l'égard des Juifs, il jura de garder avec eux toutes les conditions qui parurent justes ; et après cette réconciliation, il offrit un sacrifice, honora le temple, et y fit des dons.

24. Il embrassa Machabée, et le déclara chef et prince de tout le pays, depuis Ptolémaïde jusqu'aux Gerréniens.

25. Lorsque Antiochus fut entré dans Ptolémaïde, ceux de cette ville, fort mécontents des conditions de l'alliance qu'il avait faite avec les Juifs, en témoignèrent leur indignation, dans la crainte qu'ils avaient que ce ne fût un sujet de rompre l'accord qu'ils avaient fait avec le roi.

26. Mais Lysias, étant monté sur le tribunal, exposa les raisons de cette alliance, et apaisa le peuple, et il retourna après à Antioche ; ce fut ainsi que le roi entra en Judée, et qu'il s'en retourna ensuite.

CHAPITRE XIV.

Démétrius, visité par Alcime, rompt l'alliance que son capitaine avait faite avec les Juifs.

1. Mais trois ans après. Judas et ceux qui étaient avec lui apprirent que Démétrius, fils de Séleucus, était venu avec une puissante armée et quantité de vaisseaux ; qu'ayant pris terre au port de Tripoli, il s'était saisi des postes les plus avantageux,

2. Et rendu maître d'un grand pays, malgré Antiochus, et Lysias, général de son armée.

3. Or un certain homme nommé Alcime, qui avait été grand-prêtre, et qui s'était volontairement souillé dans le temps du mélange des Juifs avec les païens, considérant qu'il n'y avait plus aucune ressource pour lui, et que l'entrée de l'autel lui était fermée pour jamais,

4. Vint trouver le roi Démétrius en la cent cinquantième année ; il lui présenta une couronne et une palme d'or, avec des rameaux qui semblaient être du temple ; et il ne lui dit rien pour ce jour-là.

5. Mais ayant trouvé une occasion favorable pour exécuter son dessein plein de folie, lorsque Démétrius le fit venir au conseil, et lui demanda sur quels fondements et sur quels conseils les Juifs s'appuyaient principalement.

6. Il répondit : Ceux d'entre les Juifs, qu'on nomme Assidéens, dont Judas Machabée est le chef, entretiennent la guerre, excitent des séditions, et ne peuvent souffrir que le royaume demeure en paix.

7. Car j'ai moi-même été dépouillé de la gloire que j'ai reçue de mes pères, c'est-à-dire du souverain sacerdoce ; et c'est ce qui m'a obligé de venir ici :

8. Premièrement pour garder la fidélité que je dois au roi en ce qui regarde ses intérêts, et pour procurer aussi l'avantage de mes concitoyens ; car toute notre nation est affligée de grands maux par la méchanceté de ces personnes.

9. Ainsi je vous prie, ô roi, que, connaissant tous ces désordres, vous vouliez bien prendre soin des intérêts de notre pays et de notre nation, selon votre bonté, qui est connue de tout le monde ;

10. Car, tant que Judas vivra, il est impossible qu'il y ait aucune paix dans l'état.

11. Après qu'il eut parlé de la sorte, tous ses amis animèrent encore Démétrius contre Judas dont ils étaient les ennemis déclarés.

12. C'est pourquoi il ordonna aussitôt à Nicanor, qui commandait les éléphants, d'aller en Judée, en qualité de général ;

13. De prendre Judas en vie, de dissiper tous ceux qui seraient avec lui, et d'établir Alcime souverain prêtre du grand temple.

14. Alors les païens, que Judas avait fait fuir de Judée, vinrent en foule se joindre à Nicanor, regardant les misères et les pertes des Juifs comme leur prospérité propre, et le rétablissement de leurs affaires.

15. Les Juifs, ayant appris l'arrivée de Nicanor, et que cette multitude de nations s'était unie contre eux, se couvrirent la tête de terre, et offrirent leurs prières à celui qui s'était choisi un peuple pour le conserver éternellement, et qui s'était déclaré par tant de marques éclatantes le protecteur de ce peuple qu'il avait pris pour son partage.

16. Aussitôt après ils partirent du lieu où ils étaient par l'ordre de leur général, et vinrent se rendre près le château de Dessau.

17. Simon, frère de Judas, ayant commencé à combattre contre Nicanor, fut effrayé par l'arrivée imprévue des ennemis.

18. Nicanor néanmoins, connaissant quelle était la valeur des gens de Judas, et la grandeur de courage avec laquelle ils combattaient pour leur patrie, craignait de s'exposer au hasard d'un combat sanglant ;

19. C'est pourquoi il envoya devant Posidonius, Théodotius, et Mathias. pour présenter et pour recevoir des propositions de paix.

20. Cette délibération ayant duré longtemps, et le général ayant exposé lui-même la chose à toute l'armée, tous furent d'avis d'accepter l'accord.

21. C'est pourquoi les deux généraux prirent un jour pour conférer entre eux en secret ; et on leur porta à chacun une chaise où ils s'assirent.

22. Cependant Judas fit tenir des gens armés dans des lieux avantageux, de peur que les ennemis n'entreprissent tout d'un coup quelque chose contre ses gens ; et la conférence qu'ils eurent entre eux se passa comme elle devait.

23. Nicanor demeura ensuite à Jérusalem où il ne fit rien contre l'équité ; et il congédia ces grandes troupes qu'il avait levées.

24. Il aimoit toujours Judas d'un amour sincère, et il sentait une inclination particulière pour sa personne.

25. Il l'invita même à se marier, et à songer à avoir des enfants. Ainsi Judas se maria, il jouit d'un grand repos, et ils vivaient l'un et l'autre familièrement ensemble.

26. Mais Alcime, voyant l'amitié et la bonne intelligence qui était entre eux, vint trouver Démétrius, et lui dit que Nicanor favorisait les intérêts de ses ennemis, et qu'il avait destiné pour son successeur Judas, qui trahissait le roi et son royaume.

27. Alors le roi étant aigri, et tout à fait irrité par les calomnies détestables de ce méchant homme, écrivit à Nicanor qu'il trouvait fort mauvais qu'il eût fait ainsi amitié avec Machabée, et que néanmoins il lui commandait de l'envoyer au plus tôt et garrotté à Antioche.

28. Nicanor, ayant reçu cette nouvelle, en fut consterné, et il souffrait une grande peine de violer l'accord qu'il avait fait avec Machabée, qui ne l'avait en aucune sorte offensé.

29. Mais, parce qu'il ne pouvait résister au roi, il cherchait une occasion favorable pour exécuter l'ordre qu'il avait reçu.

30. Cependant Machabée s'étant aperçu que Nicanor le traitait plus durement qu'à l'ordinaire, et que lorsqu'ils s'abordaient il lui paraissait plus fier qu'il n'avait accoutumé, il jugea bien que cette fierté ne pouvait avoir une bonne cause : c'est pourquoi, ayant assemblé quelques uns de ses gens, il se déroba de Nicanor.

31. Lorsque Nicanor eut su que Judas avait eu l'habileté et la force de le prévenir, il vint au très-auguste et très-saint temple ; et les prêtres offrant les victimes ordinaires, il leur commanda de lui remettre Machabée entre les mains.

32. Mais ces prêtres l'ayant assuré avec serment qu'ils ne savaient où était celui qu'il cherchait, il étendit sa main vers le temple,

33. Et il jura, en disant : Si vous ne me remettez Judas lié entre mes mains, je raserai jusqu'en terre ce temple de Dieu, je renverserai cet autel, et je consacrerai ce temple à Bacchus.

34. Après avoir parlé de la sorte, il s'en alla. Or les prêtres, étendant leurs mains vers le ciel, invoquaient celui qui s'était toujours déclaré le protecteur de leur nation, en disant :

35. Seigneur de tout l'univers, qui n'avez besoin d'aucune chose, vous avez voulu qu'on bâtit un temple où vous demeurassiez au milieu de nous :

36. Maintenant donc, ô Saint des saints ! ô Seigneur de toutes choses ! exemptez pour jamais de profanation cette maison qui vient d'être purifiée.

37. On accusa alors auprès de Nicanor un des plus anciens de Jérusalem, nommé Razias, homme zélé pour la ville, qui était en grande réputation, et qu'on appelait le père des Juifs à cause de l'affection qu'il leur portait.

38. Il menait depuis longtemps, dans le judaïsme, une vie très-pure et éloignée de toutes les souillures du paganisme, et il était prêt à abandonner son corps et sa vie pour y persévérer jusqu'à la fin.

39. Nicanor voulant donc donner une marque publique de la haine qu'il avait contre les Juifs, envoya cinq cents soldats pour le prendre ;

40. Car il croyait que s'il séduisait cet homme, il ferait aux Juifs un grand mal.

41. Lors donc que ces troupes s'efforçaient d'entrer dans sa maison, d'en rompre la porte, et d'y mettre le feu, Comme il se vit sur le point d'être pris, il se donna un coup d'épée,

42. Aimant mieux mourir noblement, que de se voir assujetti aux pécheurs, et de souffrir des outrages indignes de sa naissance.

43. Mais parce que, dans la précipitation où il était, il ne s'était pas donné un coup mortel, lorsqu'il vit tous les soldats entrer en foule dans sa maison, il courut avec une fermeté extraordinaire à la muraille, et il se précipita courageusement du haut en bas sur le peuple ;

44. Et tous s'étant retirés promptement pour n'être pas accablés de sa chute, il tomba la tête la première.

45. Lorsqu'il respirait encore, il fit un nouvel effort, et se leva ; et des ruisseaux de sang coulant de tous côtés, à cause des grandes plaies qu'il s'était faites, il passa en courant au travers du peuple ;

46. Et étant monté sur une pierre escarpée, lorsqu'il avait presque perdu tout son sang, il tira ses entrailles hors de son corps, et les jeta avec ses deux mains sur le peuple, invoquant le Dominateur de la vie et de l'âme, afin qu'il les lui rendit un jour ; et il mourut de cette sorte.

CHAPITRE XV.

Blasphème de Nicanor, et prière de Judas. Défaite de Nicanor. Jour de fête ordonné.

1. Or Nicanor, ayant appris que Judas était sur les terres de Samarie, résolut de l'attaquer avec toutes ses forces le jour du sabbat.

2. Et lorsque les Juifs qui étaient contraints de le suivre lui dirent : N'agissez pas si fièrement ni d'une manière si barbare, mais rendez honneur à la sainteté de ce jour, et révérez celui qui voit toutes choses,

3. Ce malheureux leur demanda s'il y avait dans le ciel un Dieu puissant qui eût commandé de célébrer le jour du sabbat.

4. Eux lui ayant répondu : C'est le Dieu vivant, et le puissant Maître du ciel, qui a commandé qu'on honore le septième jour,

5. Il leur répondit : Je suis aussi moi-même puissant sur la terre, et je vous commande de prendre les armes pour exécuter les ordres du roi. Il ne put pas néanmoins exécuter ce qu'il avait résolu.

6. Ainsi Nicanor, dans ce comble d'orgueil où il était, avait fait dessein d'élever un même trophée de Judas et de tous ses gens.

7. Mais Machabée espérait toujours avec une entière confiance que Dieu ne manquerait point de lui envoyer son secours.

8. Et il exhortait ses gens à ne point craindre l'abord de ces nations, mais à repasser dans leurs esprits les assistances qu'ils avaient reçues du ciel, et à espérer encore présentement que le Tout-Puissant leur donnerait la victoire.

9. Leur ayant aussi donné des instructions tirées de la loi et des prophètes, et les ayant fait encore ressouvenir des combats qu'ils avaient auparavant soutenus, il leur inspira une nouvelle ardeur.

10. Après avoir relevé ainsi leur courage, il leur représenta en même temps la perfidie des nations, et la manière dont elles avaient violé leur serment.

11. Il les arma donc tous, non de boucliers et de dards, mais avec des paroles et des exhortations excellentes, et leur rapporta une vision très-digne de foi, qu'il avait eue en songe, qui les combla tous de joie.

12. Voici quelle fut cette vision : Il lui sembla qu'il voyait Onias, qui avait été grand-prêtre, étendre ses mains. et prier pour tout le peuple juif ; Onias, cet homme vraiment bon et plein de douceur, si modeste dans son visage, si modéré et si réglé dans ses mœurs, si agréable dans ses discours, et qui s'était exercé dès son enfance en toutes sortes de vertus :

13. Qu'ensuite avait paru un autre homme vénérable par son âge, tout éclatant de gloire, et environné d'une grande majesté ;

14. Et qu'Onias avait dit en le montrant : C'est là le véritable ami de ses frères et du peuple d'Israël ; c'est là Jérémie, le prophète de Dieu, qui prie beaucoup pour ce peuple, et pour toute la ville sainte :

15. Qu'en même temps Jérémie avait étendu la main, et donné à Judas une épée d'or, en lui disant :

16. Prenez cette épée sainte, comme un présent que Dieu vous fait, et avec lequel vous renverserez les ennemis de mon peuple d'Israël.

17. Étant donc excités par ces excellentes exhortations de Judas, qui étaient capables de relever les forces et d'animer le courage des jeunes gens, ils résolurent d'attaquer et de combattre vigoureusement les ennemis, afin que la force avec laquelle ils les pousseraient fit la décision de cette guerre, parce que la ville sainte et le temple étaient exposés à un grand péril.

18. Car ils se mettaient moins en peine pour leurs femmes, pour leurs enfants, pour leurs frères, et pour leurs parents ; mais la plus grande et la première crainte qu'ils avaient était pour la sainteté du temple.

19. Ceux qui demeuraient dans la ville étaient aussi dans une extrême inquiétude au sujet de ceux qui devaient combattre ;

20. Et lorsque tous s'attendaient à voir quel serait le succès du combat, que les ennemis étaient en présence, l'armée en bataille, les éléphants et la cavalerie rangés au lieu qui leur avait paru le plus avantageux,

21. Machabée, considérant cette multitude d'hommes qui allait fondre sur eux, cet appareil de tant d'armes différentes, et la furie de ces bêtes formidables, étendit les mains vers le ciel, et invoqua le Seigneur qui fait des prodiges, et qui donne la victoire, comme il lui plaît, à ceux qui en sont le plus dignes, sans avoir égard à la puissance des armes.

22. Il implora donc son secours en lui parlant de cette manière : C'est vous, Seigneur, qui avez envoyé votre ange sous Ézéchias, roi de Juda, et qui avez tué cent quatre-vingt-cinq mille hommes de l'armée de Sennachérib ;

23. Envoyez donc aussi maintenant devant nous, ô Dominateur des cieux, votre bon ange qui inspire la terreur et l'effroi de la grande puissance de votre bras,

24. Afin que ceux qui, en blasphémant votre nom, viennent attaquer votre saint peuple, soient frappés de crainte. Il finit ainsi sa prière.

25. Cependant Nicanor marchait avec son armée au son des trompettes, et au bruit des voix qui s'animaient au combat.

26. Mais Judas, et ceux qui étaient avec lui, ayant invoqué Dieu, combattirent par leurs prières.

27. Ainsi priant le Seigneur au fond de leurs cœurs, en même temps qu'ils chargeaient les ennemis l'épée à la main, ils tuèrent trente-cinq mille hommes, se sentant comblés de joie par la présence de Dieu.

28. Le combat étant fini, lorsqu'ils retournaient pleins d'allégresse, ils reconnurent que Nicanor était tombé mort, couvert de ses armes.

29. Et aussitôt ayant jeté un grand cri, et un bruit de voix confuses s'étant élevé, ils bénirent le Seigneur tout-puissant dans la langue du pays.

30. Judas, qui était toujours prêt de corps et d'esprit à donner sa vie pour ses concitoyens, commanda qu'on coupât la tête de Nicanor, et sa main avec l'épaule, et qu'on les portât à Jérusalem.

31. Lorsqu'il y fut arrivé, il fit assembler près de l'autel ses concitoyens avec les prêtres, et il appela aussi ceux qui étaient dans la forteresse ;

32. Et leur ayant montré la tête de Nicanor, et cette main détestable qu'il avait osé étendre contre la maison sainte du Dieu tout-puissant avec tant d'orgueil et d'insolence,

33. Il commanda qu'on coupât aussi en petits morceaux la langue de cet impie Nicanor, et qu'on la donnât à manger aux oiseaux ; et qu'on suspendît vis-à-vis le temple la main de ce furieux.

34. Tous bénirent donc le Seigneur du ciel, en disant : Béni soit celui qui a conservé pur son temple saint !

35. Il suspendit aussi la tête de Nicanor au haut de la forteresse, afin qu'elle fût exposée aux yeux de tout le monde, comme un signe visible du secours de Dieu.

36. Il fut arrêté, d'un commun consentement, qu'on ne devait point laisser passer ce jour si célèbre sans en faire une fête particulière,

37. Et qu'on la célébrerait le treizième du mois appelé adar en langue syriaque, le jour de devant celui de Mardochée.

38. Telle fut la fin de Nicanor, après laquelle les Hébreux demeurèrent les maîtres de la ville sainte ; et je finirai aussi par-là ma relation.

39. Si elle est bien, et telle que l'histoire le demande, c'est ce que je souhaite moi-même ; que si au contraire elle est écrite d'une manière moins digne de son sujet, c'est à moi qu'on doit l'attribuer.

40. Car comme on a de l'éloignement de boire toujours du vin, ou de boire toujours de l'eau, et qu'il paraît plus agréable d'user de l'un et de l'autre successivement ; aussi un discours ne plairait pas aux lecteurs, s'il était toujours si exact. Je finirai donc ici.

Table Des Matières

APPENDICE

ANCIEN TESTAMENT.

Livres deutérocanoniques.

Printed in Poland
by Amazon Fulfillment
Poland Sp. z o.o., Wrocław
07 February 2024

c83b588f-93f6-453d-94e5-2f7a00597f63R01